DIFFUSION

Pour tous les pays

Éditions Naaman
Naaman Dilif
C.P. 697
SHERBROOKE
(Québec, Canada)
J1H 5K5   Tél.: (819) 563-1117

En France

L'École
Cluf
11, rue de Sèvres
75006 PARIS
(France)   Tél.: 222-94-10

EN VENTE

En Afrique noire: Éditions CLÉ, B.P. 1501, Yaoundé (Cameroun). – Librairie «Jeunesse d'Afrique», B.P. 1471, Ouagadougou (Haute-Volta).
En Allemagne: Dokumente-Verlag, Postfach 1340, D 7600 Offenburg/Baden (Allemagne).
Au Canada: John Coutts Library Services Limited, 4290, Third Avenue, Niagara Falls (Ontario, Canada) L2E 4K7.
Aux États-Unis: The Baker & Taylor Company, 501, Gladiola Avenue, Momence, Illinois 60954 (U.S.A.). – Blackwell North America, Inc., 1001, Fries Mill Road, Blackwood, New Jersey 8012 (U.S.A.), – Blackwell North America, Inc., 6024, S. W. Jean Road, Building G, Lake Oswego, Oregon 97034 (U.S.A.). – Info 21 Booksellers, P.O. Box 12, El Cerrito, California 94530 (U.S.A.). Info 21 Booksellers, P.O. Box 12, El Cerrito, California 94530 (U.S.A.).
En France: Librairie L'Harmattan, 16, rue des Écoles, 75005 Paris (France).
En Grande Bretagne: Grant & Cutler Ltd, 11, Buckingham Street, Strand, London, WC2N 2DQ (Great Britain).
En Haïti: Librairie Emmanuel Schutt-Ainé, 89-97, rue Pavée, B.P. 613, Port-au-Prince (Haïti). – Librairie L'Action sociale, 147, rue Roux, B.P. 2471, Port-au-Prince, (Haïti).
Au Maroc: Smer-Diffusion, 3 rue Ghazza, Rabat (Maroc).
En Suisse: Les Éditions Sans Frontière, 94, Taillepied, 1095 Lutry (Suisse).

Et chez votre libraire.

Envoi, sur demande, du catalogue général:
Auteurs de langue française.

DICTIONNAIRE DES ŒUVRES LITTÉRAIRES NÉGRO-AFRICAINES DE LANGUE FRANÇAISE

Collection «DICTIONNAIRES»

1. *Dictionnaire des œuvres littéraires négro-africaines de langue française, des origines à 1978,* sous la direction de Ambroise Kom, 672p.

À PARAÎTRE

2. *Manuel du créole haïtien (anglais-français-créole),* par Bryant C. Freeman.

Juin 1983

DICTIONNAIRE
DES
ŒUVRES LITTÉRAIRES
NÉGRO-AFRICAINES
DE
LANGUE FRANÇAISE

DES ORIGINES À 1978

SOUS LA DIRECTION DE
AMBROISE KOM

Éditions Naaman
C.P. 697
Sherbrooke (Québec, Canada)
J1H 5K5

**Agence de Coopération Culturelle
et Technique**
13, quai André Citroën
75015 Paris

AGENCE DE COOPÉRATION CULTURELLE
ET TECHNIQUE (A.C.C.T.)
13, quai André Citroën
75015 Paris

ÉGALITÉ, COMPLÉMENTARITÉ, SOLIDARITÉ

L'Agence de Coopération Culturelle et Technique, organisation internationale créée à Niamey en 1970, rassemble des pays liés par l'usage commun de la langue française à des fins de coopération dans les domaines de l'éducation, de la culture, des sciences et des techniques et, plus généralement, dans tout ce qui concourt au développement des Pays Membres et au rapprochement des peuples.

PAYS MEMBRES

Belgique, Bénin, Burundi, Canada, République Centrafricaine, Comores, Congo, Côte-d'Ivoire, Djibouti, Dominique, France, Gabon, Guinée, Haïti, Haute-Volta, Liban, Luxembourg, Mali, île Maurice, Monaco, Niger, Rwanda, Sénégal, Seychelles, Tchad, Togo, Tunisie, Vanuatu, Viêt-nam, Zaïre.

ÉTATS ASSOCIÉS

Cameroun, Guinée-Bissau, Laos, Maroc, Mauritanie, Sainte-Lucie.

GOUVERNEMENTS PARTICIPANTS
Nouveau-Brunswick, Québec.

ISBN 2 - 89040 - 242 - 8

© A.C.C.T. et Éditions Naaman de Sherbrooke, Québec, Canada
Dépôt légal, 2ᵉ trimestre 1983
Bibliothèque nationale du Québec, Montréal
Bibliothèque nationale du Canada, Ottawa
Bibliothèque nationale de Paris

AVANT-PROPOS

Lorsqu'on a commencé la préparation du présent ouvrage, l'objectif était de livrer au public une somme exhaustive d'articles portant sur les œuvres d'imagination produites en Afrique noire de langue française des origines à nos jours. On pensait pouvoir présenter non seulement les ouvrages d'écrivains dont la notoriété n'est plus à faire mais aussi des auteurs peu connus qui se contentent des éditions de fortune et dont la diffusion des œuvres n'a parfois jamais franchi les frontières nationales et même régionales. Chemin faisant, des difficultés essentiellement matérielles nous ont contraint à limiter la dimension de la recherche.

Il reste qu'on a voulu produire un document pouvant servir de point de départ à une histoire générale et complète des littératures du continent noir. Aussi n'a-t-on pas retenu comme critère la qualité de l'ouvrage à recenser. Il appartient à chaque collaborateur d'indiquer l'importance de l'œuvre et la place qu'elle occupe dans la production de l'auteur et de la littérature négro-africaine ou même de la production littéraire du monde noir en général. Les résultats plutôt modestes qu'on publie aujourd'hui inciteront, du moins tel est notre souhait, d'autres individus et d'autres institutions à aller plus loin que nous n'avons pu et à parfaire l'édifice.

La division des ouvrages à recenser s'inspire du Dictionnaire des œuvres littéraires du Québec (1978) et comporte trois grands groupes. Les œuvres les plus marquantes sont analysées dans des articles allant de 1000 à 2000 mots. Les œuvres mineures ou très peu connues sont groupées dans la catégorie des 300 à 500 mots tandis que les autres, c'est-à-dire l'immense majorité, se retrouvent dans une catégorie intermédiaire, celle des 500 à 1000 mots. On le voit, la souplesse de chaque catégorie laisse une marge de manœuvre au collaborateur. En dernier ressort, celui-ci peut modifier la classification de tel ou tel ouvrage, classification faite, il faut le signaler, à partir de l'accueil critique.

Afin de donner à l'ensemble de l'ouvrage une certaine uniformité de ton, un protocole de rédaction des articles a été soumis aux collaborateurs. Une fois de plus, il s'agissait davantage d'un guide que d'un canevas immuable et les destinataires l'ont ainsi compris.

Dans la mesure du possible, la référence bibliographique que l'on donne de chaque ouvrage renvoie à la première édition du volume. Le Dictionnaire des œuvres littéraires négro-africaines de langue française n'est pas un ouvrage de références bibliographiques.

L'index alphabétique des auteurs présentés (p. 651-659) donne autant que possible l'année et le pays de naissance (et/ou d'adoption) de chacun d'entre eux. Dans certains cas, des notices biographiques plus détaillées étaient accessibles mais on s'en est délibérément écarté car il s'agit bien d'un dictionnaire des œuvres et non des auteurs. L'(es) œuvre(s) recencée(s) de chaque auteur suit(vent) son entrée. L'ordre alphabétique est de rigueur quand il y a lieu.

On s'est aussi risqué à un index des genres (p. 660-666), index purement indicatif tant il est vrai, on le sait, que de nombreux ouvrages africains défient le découpage traditionnel des genres.

La liste des collaborateurs (p. 666-668) et, dans la plupart des cas, de leur institution d'attache, complète cet instrument de travail que l'on a voulu simple et facile à manipuler.

Il me reste à remercier le Centre d'Étude des Littératures d'Expression Française et son directeur, M. Rodolphe Lacasse, de m'avoir donné l'occasion d'entreprendre ce projet de recherche. Malgré les embûches qui ont parsemé mon chemin pendant sa réalisation, il est néanmoins salutaire qu'à une époque où la conjoncture économique réveille les instincts ethnocentriques des peuples et des institutions, le C.É.L.E.F. de l'Université de Sherbrooke ait poursuivi sa vocation résolument internationale et proprement universitaire en soutenant, ne serait-ce que moralement parfois, une recherche portant sur un sujet que d'aucuns qualifieraient d'exotique.

La sympathie et la collaboration dévouée du personnel technique et administratif du C.É.L.E.F., mesdames Lucette Brousseau, Suzanne Lemay, Sylvie Wieser et monsieur Marcel Rancourt, ont été pour moi une source constante de réanimation.

Mais par-dessus tout, c'est la responsabilité morale que j'ai contractée auprès des chercheurs — en tout une centaine de spécialistes répartis dans plus de vingt pays — du jour où je leur ai envoyé la première circulaire, qui m'aura déterminé à ne rien épargner pour mettre leur enthousiasme au service des lettres africaines. Leur collaboration, exemplaire dans bien des cas, m'a stimulé et m'a encouragé à faire fi des multiples obstacles de parcours. Puissent-ils être fiers de cette réalisation, si modeste et/ou si imparfaite soit-elle!

Ambroise KOM

INTRODUCTION

Au moment de rédiger la présente introduction, je me heurte aux tenants de deux écoles de pensée. Les uns croient qu'un ouvrage de ce genre devrait être précédé d'une étude substantielle, permettant de dire non seulement ce qu'est la littérature négro-africaine mais aussi de retracer son évolution en rappelant le contexte de son développement. Les autres pensent qu'un dictionnaire n'est pas un manuel d'histoire littéraire et que l'introduction devrait se limiter à une présentation du volume et éviter ainsi de faire double emploi en anticipant sur son contenu. Il me semble préférable de laisser à l'utilisateur le loisir de consulter les pages qu'il désire sans l'astreindre au préalable à un cours d'histoire ou d'anthropologie sur l'Afrique.

Il y a à peine vingt ans, c'était presque une hérésie de faire référence à une littérature dite négro-africaine auprès des tenants du bon goût littéraire. Wole Soyinka, dans *Myth, Literature and the African World*[1] (1976), ne parle-t-il pas de cette «bête mythique» qu'est la littérature négro-africaine, ironisant ainsi sur la perception que certains professeurs de littérature anglaise à Cambridge ont encore de la production littéraire du continent noir?

En fait, il y a moins de dix ans que la littérature négro-africaine fait partie des enseignements universitaires en Occident. Tout indique qu'au-delà même des indépendances qui ont éveillé le monde à la réalité africaine, c'est surtout la révolte des Noirs Américains, à la fin des années 60, qui a donné ses lettres de noblesse aux écrits négro-africains. La vague des *Black Studies* s'explique par la crise sociale qui secoua l'Amérique au cours des années 60 et qui obligea divers départements à offrir à leur clientèle noire des enseignements portant sur la culture du continent de leurs ancêtres. Bien que les problèmes économiques, causés notamment par la flambée du prix du pétrole, aient mis en péril nombre de programmes trompe-l'œil, il n'en reste pas moins que la culture africaine et singulièrement la littérature négro-africaine font désormais partie du paysage universitaire américain. L'exemple étant ainsi donné, il reste à espérer que les résistances de certaines universités européennes vont aller s'effritant...

Mais qu'est-ce donc que la littérature négro-africaine? De nombreux chercheurs, y compris ceux qu'on considère, en général, comme des pionniers dans le domaine, ont de cette littérature une conception des plus imprécises, pour ne pas dire confuse. En effet, les critiques distinguent mal la littérature négro-africaine de la littérature nègre (au sens de littérature du monde noir) qui englobe les écrits négro-africains et la production littéraire (francophone et/ou anglophone selon l'appartenance ou l'idéologie linguistique des chercheurs concernés) de la diaspora noire d'Amérique du Nord et des Caraïbes. Pourtant, la littérature afro-américaine s'affirme de plus en plus comme une production autonome tant à l'intérieur des écrits nègres que de la littérature américaine. La littérature des Caraïbes s'impose, elle aussi, comme l'expression d'une réalité complexe et passablement éloignée des préoccupations des Afro-Américains et des Négro-Africains. La littérature négro-africaine, quant à elle, n'est rien d'autre que la production littéraire des Négro-Africains portant sur des réalités africaines. Évidemment, spécificité ici ne signifie point cloisonnement et il va de soi que comparaisons[2] et rapprochements divers peuvent être recherchés entre les différentes créations littéraires du monde noir. Le *Dictionnaire des œuvres littéraires négro-africaines de langue française* porte donc exclusivement sur la production littéraire de l'Afrique sud-saharienne dans laquelle il convient d'inclure les auteurs de la grande île de Madagascar.

C'est un fait que la littérature négro-africaine n'est pas née de la rencontre avec l'Occident. Avant la colonisation, le continent noir possédait déjà une tradition créatrice vivace qu'on appelle aujourd'hui littérature ou tradition orale. Son origine se perd dans la nuit des temps et elle constitue, comme l'écrit Iyay Kimoni, «la source essentielle de compréhension du milieu social, procure des modèles sociaux, redonne vie aux mythes, consolide les structures sociales»[3]. En effet, c'est la tradition orale qui véhiculait les valeurs de la collectivité, qu'il s'agisse de l'organisation du groupe social ou des rapports entre les individus. L'histoire que racontait le griot rappelait le passé et donnait aussi une explication politique et même idéologique de la situation qui prévalait dans la communauté. La tradition orale, dans nombre de cas, a servi de base à l'élaboration de plusieurs œuvres écrites. On connaît les recueils de contes de Birago Diop et de Bernard Dadié; les contes et légendes de Boubou Hama et d'Ousmane Socé; les épopées de Ndong Ndoutoume, de Massa Makan Diabaté et de Djibril Tamsir Niane; les récits initiatiques d'Hampaté Bâ et bien d'autres récits oraux.

D'autre part, quelques romanciers ont tenté de reconstituer certaines collectivités du passé dans des fresques historiques. Aussi a-t-on vu resurgir, sous la plume de Paul Hazoumé (*Doguicimi*, 1938), un épisode de l'histoire du Dahomey dans la première moitié du XIXe siècle. Jean Malonga, dans *La Légende de M'Pfoumou Ma Mazono* (1954), reconstitue une société africaine vivant au Congo dans la deuxième moitié du XIXe siècle. *La Chronique du Bwamu* (1962) de Nazi Boni évoque trois siècles de la tradition des Bobo-Oulé, telle qu'elle était avant l'arrivée des Européens. De plus, des drames historiques tels ceux de Chèc (ou Cheik) Ndao (*L'Exil d'Albouri*, 1967), de Nénékhaly-Camara (*Continent-Afrique* suivi de *Amazoulou*, 1970), de Bernard Dadié (*Béatrice du Congo*, 1970), ou de Djibril Tamsir Niane (*Chaka*, 1976), renvoient le lecteur à la période précoloniale. Qu'il s'agisse, de la part des écrivains, d'un simple refuge dans les valeurs du passé, ou de la condamnation de l'Occident *civilisateur* par une sorte d'exaltation du patrimoine nègre, ce recours à l'histoire tend, ainsi que le souligne Nazi Boni[4], à faire connaître l'Afrique noire et surtout à familiariser les peuples avec la vie de leurs ancêtres.

Il importe cependant de souligner que la plupart de nos écrits s'inspirent avant tout des transformations sociales qu'a subies l'Afrique depuis la conquête européenne. Certes, la colonisation a déstructuré la société traditionnelle; mais la vie en milieu rural se trouve transposée dans plusieurs œuvres négro-africaines. Des récits autobiographiques tels que ceux de Laye Camara (*L'Enfant noir*, 1953), de Sissoko (*Crayons et por traits*, 1953), ou même de David Ananou (*Le Fils du fétiche*, 1955), ainsi que de nombreux recueils de poèmes personnels (certaines pièces de Léopold Senghor par exemple) évoquent la nature, l'environnement, le climat, la faune et la flore des villages. On comprend que Patrick Mérand, dans *La Vie quotidienne en Afrique noire à travers la littérature africaine* (1977), souligne la place de divers aspects de la vie familiale traditionnelle tels que la naissance, l'éducation et les rites initiatiques, le mariage, la condition paysanne et les manifestations culturelles dans les créations négro-africaines. Mérand a sans doute raison d'insister ainsi sur des éléments quelque peu «pittoresques» de notre production littéraire. Jusqu'aux années 50, en effet, l'Afrique a surtout donné naissance à une littérature destinée, dans la plupart des cas, à affirmer la présence de l'homme noir et à mettre en relief sa spécificité culturelle. Les écrivains évoquaient avec une certaine nostalgie la paix, la joie et l'équilibre d'un monde traditionnel habité par un Dieu juste et tout-puissant; un monde souvent gérontocratique où le vieux est le dépositaire du secret des ancêtres défunts et des principes éducatifs fondamentaux. Il s'agissait, compte tenu du très faible taux de scolarisation, d'une littérature dont le destinataire était à l'extérieur du continent noir. D'ailleurs, la quête de l'exotisme qui caractérisait nombre de critiques contribua à donner, des écrits négro-africains, l'image d'un vaste document ethno-sociologique.

Il faut reconnaître que les problèmes relatifs au passage d'une vie de type traditionnel en milieu rural à une société urbaine occupe une place importante dans la littérature du continent. Tandis que le village offre un cadre épanouissant et apparaît comme le berceau d'une humanité africaine authentique, la ville semble un espace plutôt aliénant. Ici, l'éthique occidentale entre directement en conflit avec le mode de vie et les valeurs africaines. Le spectacle de la misère dans l'entassement des faubourgs s'oppose à l'opulence du centre-ville et du quartier européen; l'effritement des valeurs morales et la désorganisation de l'équilibre économique traditionnel se confirment; les tracasseries policières et la guérilla administrative, la naissance de l'insécurité et le règne de la terreur «blanche» révèlent à quel point la ville est une souricière «cruelle». Anonyme et individualiste dans son essence, la ville consacre la mort de l'Afrique authentiquement africaine qui agonisait depuis la conquête coloniale.

C'est pourtant en ville que naîtront le syndicalisme, le militantisme politique et les différentes révoltes qui marquent le début des luttes africaines de libération nationale et la naissance d'une littérature de protestation. En ville, l'emprise du pouvoir colonial et la brimade des «indigènes» se font durement sentir. La collusion entre les soldats du Dieu chrétien et ceux de l'impérialisme est encore plus apparente. Le mercantilisme de ceux qui se disent porteurs d'une civilisation nouvelle trompe moins. L'opportunisme de certains ouvriers, petits fonctionnaires et autres dignitaires africains, qui cherchent désespérément à s'intégrer au pouvoir établi, révolte la masse des «laissés-pour-compte» de l'administration coloniale. Bref, le contexte urbain contribue à exacerber l'exploitation économique ainsi que l'oppression sociale et culturelle. Eza Boto (*Ville cruelle*, 1954), Ousmane Sembène (*Les Bouts de bois de Dieu*, 1960), Abdoulaye Sadji (*Maïmouna*, 1953), David Diop (*Coups de pilon*, 1956) et même Tchicaya U Tam'si (*Épitomé*, 1962) transposent avec force et perspicacité nombre de problèmes inhérents à la naissance d'un sous-prolétariat urbain en Afrique noire.

Du reste, l'expérience des Négro-Africains dans la métropole française et dans certains grands centres urbains du continent a permis l'élaboration d'ouvrages qui prolongent en quelque sorte les angoisses créées par les modes africain et européen de vie et d'appréhension du monde. L'aventure des écrivains de la Négritude est extrêmement significative à cet égard. C'est sans doute le contexte parisien, c'est-à-dire occidental, qui explique et justifie la naissance de ce mouvement qui, faut-il le souligner, a connu de nombreux avatars. Des critiques de tous ordres et de tous calibres ont tour à tour analysé, disséqué et illustré la Négritude. Citons entre autres Thomas Melone (*De la Négritude dans la littérature africaine*, 1967), Stanislas Adotévi (*Négritude et négrologues*, 1972), Abanda-Ndengue (*De la Négritude au Négrisme*, 1970) et Marcien Towa (*Négritude ou servitude*, 1971). De plus, la Négritude occupe une place importante dans les ouvrages d'histoire de la littérature du continent. Nous songeons ici aux critiques tels que Lilyan Kesteloot (*Les Écrivains noirs de langue française, naissance d'une littérature*, 1965), Jacques Chevrier (*Littérature nègre, Afrique, Antilles, Madagascar*, 1974) et Claude Wauthier (*L'Afrique des Africains*, 1964).

L'ère de la Négritude, c'est-à-dire des revendications raciales et culturelles, semble bel et bien révolue. Depuis les indépendances, de nouvelles tendances littéraires ont vu le jour et continuent de s'affirmer. Peu à peu, le monde colonial cède le pas au monde africain et aux problèmes posés par la présence de situations nouvelles, en l'occurrence: les difficultés que soulève l'introduction des techniques modernes de production et d'administration. Mais il y a surtout la dénonciation violente des plaies de la nouvelle société africaine. L'arrivisme dont font montre certaines classes dirigeantes, l'État-policier qui, un peu partout, a succédé au régime colonial, le goût du luxe et du lucre qui prévaut ici et là, voilà autant de thèmes qui permettent à l'écrivain de maintenir et d'accentuer son rôle d'éveilleur de conscience.

La transposition des désillusions qui ont suivi nos indépendances plutôt mort-nées s'accompagne souvent d'une recherche de formes nouvelles et de la quête d'une esthétique créatrice authentiquement africaine. Bien que les survivances de la tradition continuent d'être présentes dans quelques créations récentes, les écrivains dont les noms reviennent souvent à l'époque contemporaine sont ceux qui s'inspirent des réalités les plus cruciales de la période postcoloniale.

Il importe également de souligner que, de nos jours, l'écrivain africain se donne le recul nécessaire pour réfléchir sur son art. La question est essentielle car le continent vit à l'heure de la suspicion et de la répression des écrivains non-conformistes. Du nord au sud, de l'est à l'ouest, on tente de bâillonner quiconque pense différemment des oligarchies néo-coloniales qui ont confisqué le pouvoir politique dans maints pays du continent depuis la fin des années 50.

Passons outre aux multiples problèmes d'édition et de diffusion auxquels se heurtent nos écrivains pour dire qu'en Afrique la liberté créatrice est un luxe et un risque. Des écrivains qui ont tenté de donner libre cours à leur imagination en ont parfois payé un dur prix: intimidations et tracasseries policières, exils involontaires, prisons, tortures...

Pourtant, soucieux de l'avenir de son peuple et du destin de son continent, l'écrivain négro-africain est en quête d'un langage et d'une écriture qui lui permettront non seulement d'exprimer son angoisse personnelle et existentielle, mais aussi de traduire les réalités d'un monde en constante mutation.

Ambroise KOM

NOTES

1. Voir Wole Soyinka, *Myth, Literature and the African World*, London, New York, Melbourne, Cambridge University Press, 1976. Préface, p. VII.
2. Voir Ambroise Kom, «Pour une littérature comparée du monde noir», *Présence Francophone*, n° 16, Printemps 1978, p. 33-45.
3. Iyay Kimoni, *Destin de la littérature négro-africaine ou problématique d'une culture*, Sherbrooke, Naaman, 1975, p. 116.
4. Lire «Avant-propos», Nazi Boni, *Crépuscule des temps anciens, Chronique du Bwamu*, Paris, Présence Africaine, 1962.

AUTRES OUVRAGES CONSULTÉS

Bernard Mouralis, *Individu et collectivité dans le roman négro-africain*, Abidjan, Annales de l'Université, Série D, Tome 2, Lettres, 1969.

Gérard Dago Lezou, *La Création romanesque devant les transformations sociales actuelles en Côte-d'Ivoire*, Dakar/Abidjan, NEA, 1977.

Chukwuma Pat Ijomah, *Technique du roman négro-africain contemporain*, Thèse de Ph. D., Université de Sherbrooke, 1979 (inédit).

A

Abraha Pokou. Suivi de **La Voix grave d'Ophimoï**, Honfleur, P.J. Oswald, Coll. Théâtre africain, 9, 1971, 96p. Préface de J. Howlett et M. Dufrenne.

Écrits de Charles Zégoua Nokan (Pseudonyme de Charles Konan. – Signe ses ouvrages tantôt Charles Konan, tantôt Zégoua Konan).

Une légende africaine, qu'a transposée en français Bernard Dadié (dans *Légendes africaines et poèmes*, 1963), exalte l'acte héroïque de la Reine Abraha Pokou sacrifiant son enfant aux dieux pour obtenir leur intervention miraculeuse qui sauvera son peuple poursuivi par un ennemi puissant et arrêté dans sa retraite par l'obstacle d'un fleuve réputé infranchissable. Son peuple portera désormais le nom de Baoulé qui signifie «l'enfant est mort». Nokan a tiré son drame *Abraha Pokou* de cette légende dont il a modifié sensiblement le contenu. Il fait tuer l'enfant de Pokou accidentellement par une flèche qu'un renégat destinait à la mère. L'élément surnaturel et superstitieux est de cette façon aboli: l'effort des hommes (l'audace de volontaires recrutés par Pokou et l'aide que leur offrent les habitants d'un village riverain), et non plus un prodige, permettra de franchir le fleuve. D'autre part l'ennemi en question n'est plus tribal chez Nokan mais social. Ce sont les patriciens appuyant Ouaré que doivent affronter les plébéiens dont Pokou a pris la tête: elle a toujours détesté l'oppression dont les femmes, affirme-t-elle, ont été les premières victimes. Elle décide de quitter le royaume de Dankyira après que son frère, Dakon, candidat à la succession au trône, a été traîtreusement tué au cours du duel rituel l'opposant au candidat rival, Ouaré. Les esclaves la suivent. Ouaré lance ses guerriers derrière eux et c'est l'épisode du fleuve. Cependant rien ne pourra empêcher Pokou et ses Baoulés, qui l'ont choisie pour reine, de construire un nouveau pays où fleuriront la «liberté» et la «justice sociale».

Les libertés prises avec le récit légendaire s'inscrivent dans la perspective que définissent deux citations de Mao-Zedong qui figurent en épigraphe: les formes littéraires et artistiques du passé sont utilisables à condition d'être «refaçonnées» et de recevoir un «contenu nouveau» en vue d'«éveiller les masses populaires» et de les «aider... à faire avancer l'histoire». Le «zi» de la tradition africaine – la cérémonie spectacle qui reconstitue un grand événement historique ou mythique –, que continue en quelque sorte la pièce de Nokan, va donc s'actualiser entre ses mains et se transformer en théâtre militant.

Cela ne se manifeste pas d'emblée. Au départ nous voyons défiler des images de la société noble dans un ancien royaume d'Afrique: le prince et la bergère – en l'occurrence Dakon et l'esclave Talouamah dont les amours sont contrariées par les préjugés de caste – les funérailles du roi, le Conseil des Anciens, le combat singulier entre les deux prétendants au trône. Mais à partir de la scène huit, le passé cesse d'être distant et se met à ressembler au présent. Pokou et les esclaves ralliés autour d'elle sont maintenant au premier plan et expriment leurs colères et leurs espérances dans un discours révolutionnaire moderne. Des élections démocratiques désigneront le successeur de Pokou, qui ne portera plus le titre de roi. Ce ne sera pas son fils qu'elle-même a disqualifié parce que «réactionnaire» et dont elle n'hésite pas à préconiser la suppression «s'il se dresse contre le peuple». L'homme pour qui elle a recommandé de voter est le fils de Talouamah, qui «lutte pour la même cause qu'elle».

Pokou, la «Grande Africaine» comme la nomme le sous-titre, incarne l'idéal que l'auteur propose aux femmes d'Afrique à qui le drame est dédié. Jusqu'au bout, selon ses termes, elle n'aura fait que «servir le peuple». La formule est de Mao qui est ainsi pris comme modèle pour la deuxième fois. Il l'est une troisième lorsque l'exode de Pokou et des esclaves est appelé «une longue marche». Le même thème se trouvait dans *L'Exil d'Albouri* de Cheik N'Dao qui avait entrepris lui aussi d'actualiser l'histoire. Mais la thèse politique est plus rigoureusement explicite chez Nokan.

Elle l'est à travers le discours révolutionnaire moderne prêté aux personnages et qui, à cause de son anachronisme, fonctionne à la fois comme langage dramatique et comme métalangage: en même temps qu'il dénote l'action et les situations, il en connote les significations politiques par référence à une analyse marxiste de l'histoire. L'Épilogue, qui consiste en une tirade aux accents épiques que débite le «Poète d'aujourd'hui» et que les spectateurs sont censés reprendre en chœur, condense la thèse et la parachève: y sont rappelés, d'Abraha Pokou à nos jours, les visages successifs de l'oppression et la lutte renouvelée du peuple, qui sera longue et dure; «mais au bout du chemin rocailleux [...] il y aura la victoire des travailleurs» et «les hommes deviendront les roses de la vie».

Il n'y a pas de structure dramatique globale (crise et dénouement) mais un égrènement de seize schèmes où sont représentés les moments essentiels de l'action. La liaison entre eux est assurée par la narration et la scénographie verbales, souvent poétiques, confiées au Conteur et au Poète qui se partagent ainsi le rôle du chœur antique ou de l'accompagnateur dans le kabuki.

«La Voix grave d'Ophimoï» est un poème de 328 vers, divisé en deux parties et un épilogue. Dans la première, «L'hésitation», Ophimoï est le poète au seuil de la vieillesse, déplorant le vide et la stérilité de sa vie passée dans une tour d'ivoire à l'écart des misères du peuple éburnéen. Cette crise de conscience et les remontrances de ses amis provoquent sa métamorphose: il «construit un monument à la mémoire des martyrs de l'indépendance». Dans la deuxième partie, «Carnets de prison», Ophimoï est le poète persécuté parce qu'il «parle pour le peuple». Dans sa geôle, il se remémore ses amours, ses années d'exil où il s'est éveillé à la fraternité de la révolte («Blanc pauvre, tu es mon frère», «Je m'appelle Toussaint Louverture, Lumumba, Ben Barka»). Mais l'épreuve retrempe sa détermination de lutter contre ceux qui ont volé au peuple son indépendance, contre la corruption néo-coloniale. La négritude est dépassée. Le poète ne doit plus chanter mais pousser des cris séditieux, il ne doit plus pleurer les victimes mais prendre le fusil aux côtés des guérilleros.

L'Épilogue fait entendre la voix du fils d'Ophimoï qui veut aller plus loin que son père: c'est une profession de foi dans la «solidarité» des «ouvriers d'Occident» et des «révolutionnaires de tous les pays» afin que se lève «le soleil rouge» et naisse «le matin quiet».

Ophimoï est donc tantôt l'auteur lui-même tantôt une allégorie: l'Orphée noir imbu d'une nouvelle mission. Le poème est en vers libres parfois assonancés qui sont groupés en trente-deux strophes généralement courtes (la plus longue est de 21 vers). Nokan joue habilement de la mesure irrégulière du vers libre, qui peut se réduire à deux syllabes ou s'étirer jusqu'à en compter vingt, pour juxtaposer une pluralité de tons. Il est tour à tour lyrique, dramatique, satirique, élégiaque ou imprécatoire. Mais, pour reprendre une image hugolienne, c'est la corde d'airain de sa lyre qu'il fait surtout résonner.

Hassan el Nouty

Acteurs noirs, Avignon, Les Presses Universelles, 1965, 191p. Préface de Philippe Laburthe-Tolra.

Pièces de théâtre de Julien Alapini.

Dès l'avertissement l'auteur nous prévient que son but «n'est pas d'imiter Eschyle, le glorieux aïeul du théâtre, ni de se mesurer à ses illustres émules, Aristophane, Plaute, Térence, Shakespeare, Molière». Heureusement! Car les «pièces de théâtre» de Julien Alapini ne peuvent en aucun cas être présentées sur scène. Tout d'abord parce que les intrigues des «pièces» sont invraisemblables, les péripéties rocambolesques, les dénouements mécaniques et les indications scéniques contradictoires; ensuite parce que les personnages sont des marionnettes dénuées de toute épaisseur psychologique. Et pour couronner le tout, le style de Julien Alapini est d'une lourdeur inutilement alambiquée. De plus, la traduction littérale des expressions idiomatiques en français n'aide pas à la clarté de l'expression. Philippe Laburthe-Tolra, le préfacier d'*Acteurs noirs*, aurait dû dire la vérité à l'auteur au lieu de se montrer paternaliste: «Il est difficile», écrit-il, «de porter un jugement impartial sur une telle œuvre quand on *aime trop* l'auteur et les hommes qu'il dépeint.» Un amour aussi excessif est frère jumeau du mépris! Les «pièces» d'*Acteurs noirs* ne relèvent ni de la littérature, ni de la dramaturgie. Les éditeurs escrocs qui publient à compte d'auteur de tels ouvrages sont tout aussi condamnables que les auteurs qui écrivent pour ne rien dire.

Noureini Tidjani-Serpos

Africapolis, Yaoundé, Éditions Semences Africaines, 1978, 80p.

Tragédie en cinq tableaux de René Philombe (Pseudonyme de Philippe-Louis Ombede).

Écrite en 1974, la pièce *Africapolis* se passe dans un royaume africain imaginaire dirigé par le roi-despote, Ekamtid. L'action reprend le fil de celle des révolutionnaires dans le recueil de poèmes, *Choc anti-choc*, publié en 1978 par l'auteur. Ici, le pouvoir ne se trouve plus entre les mains de la «sombre trinité» coloniale (soldat, missionnaire et commerçant) que Philombe évoque dans «Vision» car il a été confié au leader noir Ekamtid. Aveuglé par son conseiller obséquieux et ses ministres inefficaces, le roi apprend qu'un parti politique, «Le Rassemblement Fraternel des Citoyens», sème la subversion dans le pays. Ce parti a été fondé par Boki, de retour en Africapolis après avoir étudié en France.

Lorsque Doumbé et lui étaient étudiants à Paris, ils s'étaient juré que, de retour au pays natal, ils se mettraient au service du peuple d'Africapolis. Pour réaliser ce vœu, Boki devient directeur de la Banque Nationale de Développement où sa politique bouleverse celle pratiquée jusqu'alors: il fait des prêts aux paysans, aux commerçants et même aux chômeurs plutôt qu'aux membres de la bourgeoisie. De son côté, Doumbé trahit le peuple car il devient chef de la Sûreté Nationale, admettant que: «La France, c'est la France, et l'Africapolis, c'est l'Africapolis! Il faut être pragmatique...»

La pièce montre que, dans le pays néo-colonial d'Africapolis, ni les valeurs traditionnelles (Boki est le seul à demander la bénédiction des anciens) ni celles d'un État moderne (la liberté d'expression, d'assemblée, le droit à l'éducation et à l'information, le droit au travail, etc.) n'influencent les affaires de l'État. La nature irrationnelle et despotique du régime se voit dans les mesures d'urgence introduites par Ekamtid pour éteindre le feu de la révolte. Malgré leur violence, ces mesures ne peuvent arrêter le peuple en colère car, comme l'exprime Boki: «Personne, mon ami, ne saurait revendiquer la paternité d'une révolution. Elle est allumée et alimentée par le fossé qui existe entre la majorité des pauvres et la minorité des riches égoïstes!»

Dans la dernière scène du cinquième acte, le peuple prend le pouvoir et envahit le tribunal où le Roi Ekamtid, la Reine et le Conseiller, Tom, sont jugés sous la direction de Kwassi Tamtam, le poète clairvoyant que l'on avait accusé de subversion.

Le sort d'*Africapolis* est problématique car depuis 1975, date de la première représentation de la pièce dans une petite ville de l'Ouest-Cameroun, aucun metteur en scène n'a osé la faire jouer. Est-ce parce qu'on espère qu'elle cessera de déranger les consciences et tombera dans l'oubli? Comment le savoir, dans un pays où le jeu littéraire est politique même quand il se joue de la politique!

Eloïse A. Brière

Afrika Ba'a, Yaoundé, Éditions CLÉ, 1969, 184p.
Roman de Rémy Gilbert Medou Mvomo.

Ce modeste ouvrage est un roman à thèse dont le but moralisateur est évident. Mvomo s'adresse directement à ses compatriotes, surtout à la génération de jeunes villageois, instruits, intelligents, qui ont tendance à mépriser la vie en brousse et à la fuir pour grossir la foule de chômeurs dans les villes. Il leur dit: «Retournez à votre village; luttez, travaillez avec acharnement à la régénération de la vie de campagne, en mettant à profit votre compétence, votre intelligence; par vos efforts, plutôt que par des préceptes, vous pouvez convaincre les vieux qu'il est possible de se libérer de sa mentalité de colonisé.» Ils pourront alors coopérer, eux aussi, à la gestion de leurs propres affaires, au lieu de sombrer dans la misère, le désespoir, en attendant passivement la mort. Afrika Ba'a est le nom d'un village au Sud-Cameroun, imaginaire – mais assurément semblable à tant d'autres qui sont tombés dans l'infortune depuis le départ des autorités coloniales. Les habitants s'étaient imaginé que l'Indépendance annoncerait du coup une sorte d'Utopie: un gouvernement idéal régnant sur un peuple libéré et heureux: une vie facile, le travail diminué, fini les impôts, fini les emprisonnements, bref la manne tombée du ciel. La réalité s'est avérée toute différente: le coût de la vie augmente, le niveau de vie baisse; la vieille génération, minée par des habitudes de colonisé et peu encline à agir avec énergie pour assurer l'avenir de la communauté, convaincue que l'Indépendance avait avorté, s'enivre et se laisse dépérir. Les jeunes sont démoralisés par la passivité des anciens et par la déchéance et la tromperie des chefs; pour ne pas mourir de faim, les filles s'adonnent à la prostitution et les garçons au parasitisme. Le cacao ne se vend pas, aussi en néglige-t-on la culture; la misère s'installe, les cases s'écroulent, la brousse envahit les pistes.

Kambara, jeune homme énergique et instruit, ayant cherché sans succès, en ville, un emploi en rapport avec son éducation, décide de retourner au village pour y persuader les habitants qu'il faut s'en remettre à soi-même si l'on veut remédier aux malaises sociaux. Il faut, d'ailleurs, encourager l'élite instruite à donner l'exemple aux autres, en travaillant méthodiquement, selon un programme scientifique de réhabilitation.

Dans les vingt dernières pages de son roman, Mvomo ébauche rapidement la renaissance miraculeuse d'Afrika Ba'a.

Kambara vainc la léthargie d'une petite bande de jeunes, auxquels se joignent les moins démoralisés des anciens, pour changer le rythme de vie du village. Peu à peu, ils établissent une sorte de kibboutz: un village florissant et progressiste, fondé sur les principes d'autogestion, d'activités communautaires, un village ouvert aux nouvelles méthodes de culture, ainsi qu'aux méthodes de vie nouvelles. Au bout de trois ans Afrika Ba'a sert de modèle à l'ensemble du peuple de la brousse.

Mvomo ne précise pas l'idéologie qui a présidé à l'organisation de cette communauté; d'ailleurs, Kambara lui-même l'ignore: s'agit-il du communisme? du socialisme africain? Aucun terme en «isme» ne justifie le succès de l'entreprise. Il s'agit surtout d'une grande foi, d'un désir aigu de survivre et d'une utilisation rationnelle des moyens qui permettent de parvenir aux objectifs fixés. L'auteur avoue que ces principes peuvent sembler simplistes et que certains auraient voulu qu'il arborât une étiquette en «isme». Mais il insiste sur la valeur de la démonstration: à savoir, qu'il est possible pour les Africains de prendre en main leur propre salut — la construction de leurs villages, de leurs régions, de leur pays «sans forcément agiter un des drapeaux des idéologies qui se disputent le monde!».

Cette histoire de la réalisation d'un bel idéal social n'a pas de grandes prétentions littéraires. Pourtant, l'action se développe avec entrain et crédibilité; les personnages principaux sont assez bien différenciés pour jouer leurs rôles sans donner l'impression d'être des fantoches, manipulés par l'auteur pour illustrer son propos militant. D'ailleurs, le livre présente une image réaliste des problèmes de survie, en brousse et en ville, du Sud-Cameroun dans l'immédiate post-indépendance.

Dorothy S. Blair

Afrique (L') a parlé, Paris, ORTF/DAEC, Coll. Répertoire théâtral africain, 12, 1972, 96p.
Pièce de Mbaye Gana Kébé.

Cette pièce de théâtre lyrique parle de l'épreuve qu'imposent à l'Afrique les rapports à établir avec un monde extra-africain qui l'a offensée. Paulin, jeune Européen personnifiant son continent d'origine, a été accueilli «comme un prince» chez Diogoma, roi africain. On accuse Paulin d'avoir volé «ce que l'Afrique a de plus grand», un masque sacré, «souffle d'Afrique». Reconnu coupable, il est condamné à mort. Premier coup de théâtre: on annonce le suicide de la gardienne du masque, la princesse Assata, sentimentalement attachée au jeune Blanc et convaincue de son innocence. Le roi devient encore plus furieux à cause de l'acte politiquement ignoble de sa fille. S'ensuit bientôt un autre coup de théâtre: un guerrier nommé Thiémoko vient annoncer le recouvrement fortuit du masque... ce qui accentue le chagrin de Salima, la reine, pour avoir perdu si malencontreusement sa fille unique. Le roi s'amollit et fait appel à la générosité habituelle de son peuple qui n'est pourtant pas prêt à disculper l'accusé. Diogoma recourt à des menaces dictatoriales qui renforcent le peuple dans son attitude hostile. Mais, grâce à la compréhension mutuelle ultime entre le roi et son peuple, Paulin (ou l'Europe) reçoit finalement le pardon de l'Afrique.

Pièce poétique (par son langage), *L'Afrique a parlé* est également politique par son contenu. Est soulevé le problème de réconciliation entre peuples et races. En dépit des torts portés à l'encontre de l'Afrique, celle-ci est sommée de dompter ses émotions par des efforts dictés par la raison. Le roi Diogoma n'a pas tort de vouloir la mort de Paulin car la perte du masque, ce «rubis de l'Afrique» qui lui a été confié par les ancêtres, est une atteinte à son prestige personnel et à la dignité de l'Afrique: le masque, cet «esprit de l'Afrique», n'est-il pas «la science des ancêtres» que les futures générations doivent défendre «au forum des civilisations... complémentaires»? Ce «masque au regard du patriarche dogon», «cette haleine d'un passé de gloire», n'allait-il pas se trouver dans un des musées de l'Europe où abondent déjà des «trésors d'Afrique»? Et le vol du masque ne constitue-t-il pas un mépris abominable de l'hospitalité nègre?

Si la colère de Diogoma s'apaise après le recouvrement du masque, si le peuple consent finalement à pardonner à Paulin, c'est grâce au «sentiment nègre qui veut que le Blanc et le Rouge et le Jaune soient nos frères»... sentiment fondé sur la volonté de rechercher la paix sans laquelle les rapports entre races seraient précaires. La réconciliation est donc d'une importance capitale. Elle est d'autant plus nécessaire que les fondements des problèmes et conflits pourraient être faux ou, à tout le moins, douteux. Le vieillard aurait accusé Paulin (qui pourtant respecte les valeurs noires) simplement parce que celui-ci est Blanc. Le charlatan Namori confirme la perfidie non prouvée de l'étranger pour des raisons égoïstes: il est jaloux de lui. Et puis, ce masque, «une pièce de bois façonnée par la main d'homme», vaut-il plus que l'homme?

Cependant, pour que la réconciliation puisse être réalisée, il faut un immense effort de la part de l'Afrique parce que c'est elle l'offensée. C'est ce qui explique l'accueil chaleureux accordé au fils de l'Europe, Paulin, en qui Diogoma voyait «l'ébauche de l'amitié future des races!... la bonne graine de la coexistence fructueuse»; le sacrifice d'Assata qui verse «le sang de l'Afrique... pour sauver celui de l'Europe» ne s'explique pas autrement.

Évidemment, sans l'accord du peuple, le roi n'aurait pu faire son geste prodigieux d'amitié envers le monde. C'est en vain qu'il tente d'imposer autoritairement sa volonté au peuple. Car, comme lui rappelle le vénérable vieillard, «le peuple est mille et tu es un!». *Vox populi, vox dei!* Si l'armée refuse d'intervenir, c'est que «l'armée n'est pas faite pour gouverner». Diogoma est roi, c'est vrai; mais le peuple est la raison d'être de l'armée. C'est une déclaration subtile en faveur de la démocratie dont la fortune en Afrique est diverse.

Bref, *L'Afrique a parlé* exprime la nécessité d'établir des rapports amicaux faits de bonne volonté, de compréhension et de respect mutuel entre peuples et entre races. C'est là un idéal que, d'après Mbaye, «toute œuvre d'art doit

exprimer». L'Afrique de Mbaye ignorera les couleurs et les origines, voudra être «la terre-carrefour, le continent où se mêleront les souffles du monde», et tendre sa main «vers les lointains points cardinaux» pour établir une «amitié vraie». L'Europe, pour sa part, délaissera ses canonnades et ses baïonnettes pour franchir l'avenir d'un pas égal avec l'Afrique. L'Europe reconvertie de Paulin et de Mbaye transmettra au monde le message de paix et «la charte des hommes décidés à ne faire qu'une seule chaîne de leurs bras».

Tous ces vœux sont poétiquement évoqués. En effet, *L'Afrique a parlé* traite d'un thème senghorien dans une langue et dans un style influencés par l'univers poétique des chantres de la négritude. Mais la pièce dépasse celle-ci pour frôler ce que Abanda Ndengue a appelé «le Négrisme».

Yaw Safo Boafo

Afrique debout! Paris, Seghers, Coll. Pierre Seghers, 58, 1950, 43p. Recueil de poèmes de Bernard Binlin Dadié.

On ne connaissait pas encore Bernard Dadié en France en 1948 quand Jean-Paul Sartre a fait entendre aux Français les voix de poètes noirs en invoquant «Orphée Noir». Mais, deux ans après, un petit recueil de quinze poèmes, *Afrique debout*, est publié à Paris. C'est la première œuvre poétique de celui qui va devenir le maître de la littérature ivoirienne. Un peu jeune pour appartenir au groupe fondateur de *L'Étudiant noir*, Dadié partageait néanmoins les sentiments de ce groupe: Senghor, Césaire, Diop. Conscient comme eux du passé noir, il l'a montré par ses recherches muséographiques et sa collection de contes folkloriques. Il dit de lui-même: «Je suis du peuple fort / En griot du siècle (16).» Dans *Afrique debout*, il dénonce les colonisateurs qui ont courbé le dos de son peuple; Jean-Paul Sartre avait écrit auparavant: «Voici des hommes noirs debout.» Dadié affirme la fraternité entre hommes, «Et les Blancs, Jaunes, Rouges et Noirs frères retrouvés (14)», comme le fera Césaire. Sartre avait perçu la négritude comme une expression nécessairement lyrique: «Qu'est-ce donc que vous espériez, quand vous ôtiez le bâillon qui fermait les bouches noires?» et Dadié d'affirmer: «Nous les empêcherons de nous mettre le bâillon (22).» Comme Damas qui revendique son passé «Rendez-les-moi, mes poupées noires», Dadié écrit: «Rendez-nous nos joies, nos chants, et nos espoirs (21).» Il est évident que Dadié est un poète de la négritude.

Dans ces quinze poèmes de jeunesse, Dadié se montre original et varié. Dans «Litanie d'un sujet français», il fait montre d'une ironie qui laisse présager les paradoxes et l'humour manifestes dans ses drames et romans ultérieurs. «Délivrez-nous, Seigneur / Des experts en questions africaines (21).» Georges Brachfeld dit de Dadié qu'il est un écrivain dynamique, spirituel et chaleureux. Bien que Dadié dénonce violemment les guerres et l'inhumanité de l'homme, il n'est ni dur ni froid. Il est plein de tendresse pour les petits animaux, les enfants et les oiseaux: «Les ides de Mars sur la Paix déchaînées / Et la petite colombe blanche qui ne sait où se poser (12).» Il se souvient de l'époque paisible où: «Par les matins de rosée [...] l'enfant joue à tisonner le feu (30).»

Ces poèmes méritent plus d'attention qu'ils n'en ont reçu jusqu'à présent. Les idées qu'ils expriment sont d'actualité. Ainsi le lecteur contemporain peut-il apprécier cette critique sociale et économique encore valable de nos jours? «Souviens-toi», par exemple, est une complainte pour un ami «mort de faim, à côté de l'abondance (20)». «L'Afrique veut la paix» est une protestation contre les géants économiques qui contrôlent notre existence: «la guerre pour le caoutchouc / La guerre pour le minerai, la guerre pour le pétrole... (25).» Dadié affirme d'autres droits de l'homme tels que le droit à l'éducation et à la liberté. Il affirme que la lutte continue: «planteur qui lutte pour ses produits, ...l'ouvrier qui lutte pour un monde meilleur, ...l'enfant qui, sans école, lutte pour s'instruire, ...la femme traquée, qui lutte pour un destin nouveau (18).» Il demande la liberté pour le peuple, la résistance contre la force des tyrans et leurs agents: «Et toutes leurs pourritures d'agents secrets / me sont sur le dos, parce que je menace leurs coffres (14).» Il proteste contre la corruption et implore l'abolition de la torture: «Les rois du pétrole et du fer / Les princes du diamant et de l'or / Les barons du bois et du caoutchouc / veulent me dompter (13).» *Afrique debout* traduit avec vigueur la fraternité et la sensibilité qui caractérisent l'œuvre de Dadié.

Charlotte H. Bruner

Afrique, nous t'ignorons! Paris, Lacoste, Coll. Voyages, 1956, 125p.
Roman de Benjamin Matip.

Ce récit se déroule au Cameroun pendant la Deuxième Guerre mondiale. On est au village de Bidoé, chez le vieux Guimous, ancien combattant des armées allemande et française. Patriarche doué de la sagesse des anciens, il élève ses vingt enfants avec fermeté. Attaché à l'Ancêtre Lô-Lômb (le dieu africain), «ses rêves sont aussi infaillibles qu'une prophétie». En 1938 on lui offre la médaille de l'Ordre des Notables pour la valeur de ses terres. Le vieillard l'accepte avec mépris pour ces Blancs qui ne comprennent pas la terre d'Afrique. Pourtant, s'il se méfie des Blancs et se plaint de ce que tout a tellement changé depuis l'arrivée des premiers Allemands dans le pays, Guimous aime bien la France et son ami Robert, commerçant français raciste, qui habite la ville de Kézzaé et auquel il envoie régulièrement des cadeaux peu appréciés.

Samuel, le fils préféré de Guimous, celui qu'il appelle «le meilleur de moi», n'aime pas les Blancs: il a cet air plutôt révolté et intelligent, «une sorte d'angoisse»; il cherche donc l'occasion tant attendue de mettre les Blancs en difficulté.

C'est le jour du marché de Kézzaé, le moment d'aller vendre les récoltes à Robert. Papa Guimous a eu ce rêve morbide, cette inquiétude, ce pressentiment de malheur craint de tous ceux qui l'entourent: «Je pressens un malheur dans l'horizon», dit-il à Sam. On se rappelle que c'est bien lui qui a prévu l'arrivée des Blancs, cette venue qui a été «l'anéantissement fatal de notre monde». Sam s'en inquiète. Mais il faut aller en ville. Là, des bruits courent: la guerre a éclaté chez les Blancs et un certain Hitler, qui se dit surhomme, veut régner sur le monde entier. Il est résolu à s'emparer du Cameroun, ancienne colonie allemande. De retour au village, Sam annonce à son père ce que celui-ci savait déjà. Le Conseil des Patriarches est convoqué pour décider de ce qu'on fera. On envoie des émissaires vérifier la nouvelle chez le missionnaire américain William, le commerçant Robert et Milkao, le sorcier indigène.

L'intérêt du récit provient des réactions des gens. Africains et Européens réagissent de manière différente à cette nouvelle, déconcertante pour les uns mais bien accueillie par les autres. Le romancier profite de l'occasion pour étudier à fond les relations entre colonisateurs et colonisés.

Par un jeu astucieux d'oppositions, Matip porte sa critique des Blancs à son paroxysme. Robert contre Sam. Robert contre sa femme Cécile. Robert contre Guimous. Zachée, Camerounais christianisé, contre le père William. Mais Robert est vraiment le scélérat du roman. Derrière son masque d'homme fort se cache un lâche égocentrique. Il est contraint de baisser les yeux devant le regard ardent et la fureur de Sam. Il garde une image du dieu Lô-Lômb chez lui. Depuis dix-huit ans, Cécile et lui vivent ensemble mais «séparés». Il est résolu à éliminer «cette espèce de prostituée qui croit que je suis dupe de son jeu [...] Coucher, toujours coucher avec le premier venu». Seulement il oublie que la femme n'est pas, elle non plus, dupe de son jeu car

elle pense à épouser le boy africain. Enfin, cette fameuse «rencontre des géants» qui est censée avoir lieu entre Robert et papa Guimous sert à démontrer définitivement la petitesse du commerçant escroc. En effet c'est le vieil Africain, déshumanisé et méprisé par le Blanc, qui donne à Robert des leçons sur l'existence humaine. De son côté, Zachée en fait autant à William qui croit que les âmes africaines doivent être maintenues dans l'ignorance.

L'Afrique des Guimous, c'est l'Afrique qui prévoit l'avenir, l'Afrique des messages du tambour, l'Afrique des mystères, l'Afrique du baobab: «Avec son air majestueux et solide, il est le seul survivant de la Grande Époque. Il incarne la force du temps qui s'écoule, la sagesse des générations qui s'éteignent, et les lois éternelles de l'humanité.» L'Afrique qui lie le passé au présent: «Il faut fixer le passé, mais non pas *piétiner* sur lui.» L'Afrique qui insiste sur la solidarité de la communauté et qui s'acharne à réaliser le bonheur et la paix. C'est cette Afrique-là qui s'exprime par la voix du vieux Guimous, en posant aux prétendus civilisés cette pertinente question: «Pourquoi vous qui êtes si 'forts', ne pouvez-vous pas découvrir le secret de la paix? Le secret de la paix, de la justice, et de la fraternité entre les hommes et les peuples?»

C'est enfin cette Afrique que recherche Sam, jeune «évolué» assoiffé de quelque chose de plus authentique que la sagesse plastique puisée dans le puits européen. Alors, pourquoi la chercher? C'est que cette Afrique-là est éternellement perdue pour nombre de ses enfants. S'il est vrai que papa Guimous pressent la guerre, il est aussi indéniable qu'on ne lui fait plus tellement confiance et que, exception faite de Sam, on ne sait vraiment que faire devant cette nouvelle inattendue. D'ailleurs, l'Afrique se colle encore au jupon de la mère nommée Europe; en témoigne la décision de ce sage Conseil villageois qui préconise d'envoyer des émissaires chez les Blancs.

On peut poser la question à l'Afrique: «Pourquoi vous qui savez la source de la paix, ne révélez-vous pas ce secret au monde? Pourquoi ne montrez-vous pas votre puissance? Pourquoi vous attachez-vous à l'Europe?» Et les mots de Frantz Fanon retentissent à l'oreille du lecteur: «l'homme noir a un destin blanc...»

La structure du roman de Matip met bien l'accent sur ce dilemme qui plane sur l'Afrique, dilemme qui cède heureusement le pas à l'espoir. Les trois parties, intitulées L'Alerte, L'Enfer, Les Patriarches, décrivent le mouvement psychologique de cette communauté du doute, à travers la certitude de la tragédie jusqu'à l'espoir, cet espoir vague de la fin. Les Patriarches sont là pour délibérer et pour résoudre les problèmes; malheureusement, ils n'y peuvent rien. On revient donc au doute du début. Voilà la vérité sur «cette Afrique — que nous ignorons — et qui m'inquiète, moi, par son silence». Il reste bien des questions à poser. «Afrique, qu'as-tu donc fait de ton passé? Que caches-tu pour demain? Ton silence, est-ce une mort éternelle, une agonie lente, ou une simple pause?» Il ne s'agit certainement pas de mort éternelle, puisque «le soleil naît derrière la forêt, portant avec lui les rayons d'espérance». Cette espérance s'est transformée en lutte pour l'indépendance nationale. Victoire. Liberté. Aube. Mais d'autres ouvrages en sont venus à décrire cette aube transformée en nuit néocoloniale.

Femi Ojo-Ade

Afrique (L') une, Radio-France Internationale, Coll. Répertoire Théâtral Africain, 22, 1975, 111p.

Poème dramatique de Mbaye Gana Kébé.

L'Afrique une, pièce primée au Concours Théâtral Interafricain, est une expression d'espoir en l'Afrique de demain. La princesse Niéli (héroïne de la pièce), après avoir réprimandé le chef de l'armée, le valeureux Bazoumana,

pour avoir «violé la démocratie» en mettant à mort le traître Kaladian Diabaté sans la permission du «grand et merveilleux peuple d'Afrique», demande passionnément à ses deux devins ce que l'avenir réserve à l'Afrique. L'un voit un avenir plein d'espoir, «un éclat du soleil de demain sur le buste du continent»; l'autre voit la gloire des générations futures, la naissance d'une nation forte dont la réalisation dépend toutefois d'un sacrifice humain, celui de la princesse elle-même. Celle-ci se soumet sans hésitation à la volonté du génie du peuple, Niambori, «pour qu'émerge notre Afrique». Cet acte de «courage aveugle» ébranle le génie qui propose au peuple de négocier avec l'Europe pour que s'établissent la liberté et la paix; proposition qui au début rencontre la désapprobation de la jeunesse secouée par la haine et outragée par «toute liberté mendiée», mais qui est finalement acceptée par le peuple. Le dialogue avec l'Europe ouvre l'ère de la symbiose, de l'unité et de l'humanité.

Les huit tableaux de cette pièce lyrique écrite entièrement en langage poétique chantent l'avenir splendide de l'Afrique; splendeur qui se traduira par l'esprit de pardon et de réconciliation, par l'établissement de l'unité concrète ou par la formation d'une nation africaine libre (l'Afrique une) — amalgame de toutes les races africaines —, une Afrique qui serait au «rendez-vous du donner et du recevoir».

Cette vision de l'Afrique nouvelle à la Senghor est celle de l'héroïne Niéli et de son père, Tangori. Le vif désir de la princesse de voir «le sourire lacté de l'Afrique» et son empressement à accepter la mort (comme tant d'autres d'ailleurs), car «le bonheur de tout un continent prime celui d'un seul homme», montrent un certain optimisme dans le devenir de l'Afrique. Comme les vieux, Niéli conçoit la nouvelle Afrique comme une nation «généreuse et poreuse aux souffles féconds du monde» qui rapprochera les races et les continents et «fondera les civilisations». Ce sera «une Afri-

que au verbe magique». Entendons-nous
bien: l'Afrique ne sera pas «celle des per-
roquets et des grillons», comme le craignent certains individus. Elle ne sera pas
non plus établie par la sagaie, le fer ou la
lance, car rien ne sert d'écrire l'histoire
«avec des lettres de sang». Elle sera plutôt créée par le «langage du Renouveau».
L'Afrique du pardon oubliera «les travaux forcés (imposés par la France), les
incendies et les rapts du Portugal, la
complicité du Royaume-Uni».

Malgré les brèves hésitations de quelques-uns, tout semble concourir à présager un avenir radieux pour l'Afrique: la
vaillance et la «succulence» du continent, la bonne volonté de sa jeunesse,
fière de la terre fécondante et «avide de
participation», dont l'exubérance est
freinée par la sagesse de la vieillesse, telles la mansuétude réfléchie du patriarche
Tangori, la disposition d'un Ganga (fiancé de Niéli) à taire ses émotions égoïstes
mais fortes et l'acceptation démocratique du principe de dialogue. C'est ainsi
que se prépare «l'Événement» lors duquel l'Afrique et l'Europe, ensemble,
écriront «sur l'ardoise du Temps... les
grands sonnets de l'Humanité». Si, pourtant, persistent toujours des éléments
réfractaires, telles certaines gens en Afrique du Sud, l'Afrique apportera à ses
frères en lutte pour la liberté ses muscles
et ses pensées. Et «rien ne pourra arrêter
le Déluge et l'Ouragan, pas même les
géants obscurs de la Tamise».

Véritable hymne à l'espoir, *L'Afrique
une* impressionne surtout par le pouvoir
des mots. Il s'agit ici d'une évocation
puissante des images qui sont presque
entièrement puisées dans le domaine
naturel: fluvial, végétal et animal. Certaines comparaisons inhabituelles et certains rapports insolites semblent donner
aux mots un caractère surréel. L'importance accordée au verbe, la sonorité des
mots et leur diversité, le ton déclamatoire de la pièce, tout trahit l'intention première de l'auteur: écrire pour la radio.

Yaw Safo Boafo

Agapes des Dieux, Tritriva, Paris, Présence Africaine, 1962, 266p.

Tragédie malgache de Jacques Rabemananjara.

Agapes des Dieux, Tritriva est une
tragédie en six tableaux inspirée de la
légende malgache relative au lac Tritriva.

Le lac Tritriva se trouve dans le fond
d'un cratère, près de la ville d'Antsirabé.
Une légende rapporte que deux amants
dont l'amour fut rendu impossible par
des querelles de famille s'y jetèrent
enroulés dans leur pagne et s'y noyèrent.

Rabemananjara a fidèlement respecté
cette légende dans sa pièce. Deux jeunes
gens, Ratrimo et Hanta, tombent profondément amoureux l'un de l'autre. Malheureusement, le père de Hanta, par des
manœuvres financières douteuses, provoque la ruine du père de Ratrimo qui se
suicide en se jetant dans le lac Tritriva.
Devenu tout-puissant, le père de Hanta
est à présent le beau-frère du roi. Il s'oppose à l'amour de sa fille et de Ratrimo
qu'il fait arrêter et jeter en prison. La
reine, elle aussi tombée amoureuse de
Ratrimo, le fait relâcher. Elle confesse
sa faiblesse et lui dit qu'elle fera tout
ce qui est en son pouvoir pour posséder
Ratrimo. Entre temps, la mère de Ratrimo meurt de chagrin et son corps est
jeté dans le lac Tritriva. Les deux amants,
Ratrimo et Hanta, se jettent eux aussi
dans le lac enlacés pour toujours dans
leur pagne. La reine, en apprenant la
nouvelle de leur suicide, s'empoisonne.

Agapes des Dieux, Tritriva nous
présente trois personnages différents
dont les destinées sont interdépendantes:
un personnage masculin, Ratrimo, aimé
par deux femmes, Hanta et la reine.

Hanta est la première victime de cette
tragédie. Le sentiment profond qu'elle
éprouve pour Ratrimo la pousse à affronter d'une part son père qui veut la perte
de Ratrimo et, d'autre part, la reine, sa
rivale directe. Obstinée envers son père
qu'elle sait pouvoir fléchir, résignée
envers la reine qu'elle sait être inflexible,
le personnage de Hanta a été modelé sur

celui d'Ondine de Giraudoux. C'est le personnage le plus complexe mais aussi le plus complet de cette tragédie.

Après Hanta, l'autre personnage important de cette pièce est la reine. Elle est «cruelle, cynique et dangereuse». Le modèle dont Rabemananjara s'est inspiré pour ce personnage est celui de la reine Ranavalona Première. Mariée très jeune pour les besoins du trône, la reine n'a jamais connu l'amour. Elle le découvre pour la première fois chez Ratrimo. Son amour pour lui est le véritable élan de la femme qui aime dans son cœur et dans sa chair.

De quelque côté qu'elle se tourne, la reine se trouve dans une impasse. Elle n'a jamais goûté au bonheur. Lorsqu'elle croit le trouver, il lui est refusé. Dans cette course sans fin, elle a toujours été la victime. Prisonnière de sa condition, elle devient amère et révoltée. L'amour est devenu pour elle une sorte de maladie incurable dont on ne meurt pas mais qui fait vieillir trop vite. La reine est synonyme d'ordre, de force et d'abnégation.

Le troisième personnage marquant de cette tragédie est Ratrimo. Il est la victime tragique de l'amour bafoué. On retrouve chez lui tous les différents aspects de l'amour: l'amour-ivresse, l'amour-douleur, l'amour-dédain et l'amour-victime. Ratrimo incarne le parfait héros amoureux. Son sentiment est à l'origine de tous ses malheurs. Il sait discerner, en fin psychologue, que chez la reine l'amour est égoïste et intéressé alors que chez Hanta il est pur et spontané. Aussi Ratrimo n'a-t-il pas eu à choisir.

La conception qu'a Ratrimo du bonheur en amour est bien celle de Rabemananjara. Le bonheur c'est l'amour désintéressé de deux êtres qui se rencontrent au hasard de la vie; c'est un sentiment qui se vit spontanément. C'est la conception romantique de l'affection si chère aux Malgaches. À partir de ce moment on retrouve dans cette pièce les mêmes personnages que dans *Tristan et Iseult*. La

seule raison de vivre de Ratrimo-Tristan est de rester auprès de Hanta-Iseult. La reine serait alors le roi Marc qui fait obstacle à ce bonheur.

Agapes des Dieux, Tritriva est la dernière et sans doute la meilleure œuvre tragique de Rabemananjara. Loin de tout obstacle constitué par les tabous, libre de l'influence des classiques, l'écrivain malgache a su construire une intrigue remarquable. Les événements auxquels les personnages sont mêlés constituent une trame solide.

Dans *Agapes des Dieux, Tritriva*, le spectateur assiste à l'anéantissement de trois existences à cause d'un amour bafoué. L'auteur malgache déroule devant nos yeux le destin de trois personnes envers qui le *mahery vintana* (le sort) a été très puissant. Plutôt que de nous les présenter, selon la coutume malgache, comme des monstres qu'il faut détruire, Rabemananjara a réussi, au contraire, à nous émouvoir et à nous toucher. Le vilain de la situation est la reine. Par son égoïsme, son manque de grandeur d'âme, sa mesquinerie et sa méchanceté, elle n'a été pour Ratrimo et Hanta qu'un objet de malheur. Mais *Agapes des Dieux, Tritriva* n'est pas aussi pessimiste qu'on serait tenté de le croire. Au contraire, Rabemananjara nous dévoile les beautés et les belles perspectives que la nature donne à l'homme pour lui faire prendre conscience de la plénitude du bonheur du couple. Aussi maudit-il à jamais les calculs et les machinations qui nous cachent la nature et la pureté.

Il faut enfin souligner ici que Rabemananjara reprend de façon plus véhémente que dans sa poésie ses attaques contre les insuffisances de la justice humaine. Il décrit cyniquement la manipulation de cette dernière par les tout-puissants à la tête du pays: ils en disposent à leur gré. Il dénonce les abus de pouvoir des forts et leurs intrigues contre les faibles. Malmené et bafoué par les autorités, lors de son procès, Rabemananjara, maintenant qu'il est libre, n'hésite pas à dresser un sombre tableau de la justice. Il en sape les fondements en dénonçant le déséquilibre provoqué par les forts dans la balance sensible du système judiciaire.

Jean-Paul Kœnig

Agba'nla, Paris, P.J. Oswald, 1973, 80p. Recueil de poèmes de Noureini Tidjani-Serpos.

Ce recueil qui comprend 55 poèmes traite de «la vie (p. 5)», de «l'imperfection de notre réel» et d'«une colère collective (p. 7)». «Jaillis du sein de la souffrance (p. 8)», ces poèmes, qui sont animés d'«une tristesse explosive (p. 46)», décrivent aussi «l'historicité de la vérité populaire (p. 20)». Ils mettent au pilori «l'humanisme qui cèle notre exploitation (p. 47)», attaquent «la combinatoire de l'homme de bien (p. 48)» afin de «mieux cerner le vide et revitaliser l'espoir (p. 8)», afin de «donner la parole à chacun», afin que «l'autre soi-même dise le concret de tous (p. 70)». Ainsi, «le lecteur au regard actualisé se [ralliera] aux autres opprimés (p. 7)» pour forger «l'homme concret, celui de tous les jours (p. 51)».

Il est évident que ce recueil est extrêmement engagé en faveur des peuples auxquels le poète donne des origines variées – Africains, Asiatiques, Chiliens, Cubains. L'usage fréquent des pronoms personnels tels que «nous» et «toi» indique que le poète établit un lien intime entre le lecteur et lui-même. On dirait que l'ambition du poète est d'aviver un dialogue entre les autres et lui. C'est ainsi que le pronom «je» se pose tour à tour en «implacable justicier du monde de fou de duperies (p. 14)», en «projecteur et projeté, assis dans le présent, le passé sur la nuque, l'avenir en ombres sur [son] écran (p. 5)», la gueule ouverte sur le monde (p. 44)». Il est celui qui sent «la faim de la justice [lui] lessiver l'intelligence (p. 55)».

L'auteur parle tour à tour de l'Afrique, des Africains et des autres opprimés: prolétaires comme le coolie, l'hom-me-daba, le sans-logis, le balayeur des rues (de Paris et de toute autre ville capitaliste), les paysans et les forgerons. Il n'oublie pas les habitants de Harlem, les Vietnamiens, les Chiliens et les Cubains qui, comme ces balayeurs des rues devant le Musée de l'homme (p. 51), ont faim et froid. La plupart de ces 55 poèmes sont comme des cris de combat – «combat contre les mandarins de la culture – combat pour que le concret soit le premier pas vers la vérité (p. 9)». Il invite les opprimés à faire une autocritique et à procéder à un réexamen de leur identité pour prendre conscience de leur situation. Chaque poème de combat, d'action, de révolte et de reconditionnement deviendra, par la suite, «un chant répercutant le surgissement d'une source d'espoir, [et] une bombe à retardement (p. 9)». Chaque opprimé est invité à assumer «la révolte de Lucifer, l'archange noir (p. 59)» et à avoir la prise de conscience d'un Kwame N'Krumah, l'invincible Osageyfo (le sauveur) du Ghana (p. 75). On comprend que les mots-clés dans ces poèmes de refus soient «justice» et «justicier». C'est grâce à cette «justice» que l'homme opprimé pourra «se lever de bon matin [pour] prendre le réel / Y être / Ne pas dormir (p. 77)», «avancer vite et très vite (p. 8)».

Mais le recueil ne traite pas uniquement du refus ou de la révolte; il parle aussi de la vie dans toutes ses dimensions. En ce sens, l'amour occupe une place privilégiée avec des pièces comme «Yawo fife», «Monologue», «Le Chant du départ» et «Copule». Loin de faire l'éloge de la femme africaine, comme font bien des poètes africains, Tidjani-Serpos souligne plutôt la joie, la tristesse et la nostalgie d'aimer, sans chercher à attirer l'attention sur la beauté physique de la femme. L'objet de son amour est tout simplement la femme et tout ce qu'elle comporte de passionnel. Les thèmes comme la naissance, la mort et même le sport («En hommage à Keino») occupent aussi une place de choix.

Tidjani-Serpos porte une attention particulière aux contradictions qui caractérisent l'homo sapiens.

À preuve, les oppositions qui pullulent dans ce recueil, véritables «poèmes-contradictions»: la naissance – la mort, la jeunesse – la vieillesse, le départ – le retour, ici – ailleurs, les larmes – les rires, «la nuit concentrationnaire [qui] devient l'étoile filante attirant l'attention», le soleil – la nuit, l'avenir – le présent, le présent – le passé. Pareil manichéisme explique le tragique de l'existence, la polarisation des idées, le racisme et l'exploitation des pauvres par les nantis.

Toutes ces notions sont évoquées dans un style qui rapproche le poète des surréalistes. Les ponctuations irrégulières et les mots recherchés ou «barbares» puisés dans le français et le yoruba («Yawo fife» – le mariage, «agbadas», «Lègba» et le titre même du recueil, «Agba'nla» – le grand/le brave/le vieillard vertueux) et d'autres «inepties du langage» (p. 35) donnent aux poèmes leur marque distinctive. On retrouve dans *Agba'nla* des thèmes qui nous rappellent les poèmes de Senghor et de David Diop. Il s'agit du rythme au niveau des mots et de la mélodie des vers. Le ton de «Densité» évoque «Nègre Clochard» de David Diop, la virulence de «Mise au point», le militantisme de «Défi à la force» et «Aux mystificateurs» font également penser à *Coups de pilon*. Il est du reste normal que David Diop, qui représente la voix la plus révolutionnaire de la négritude, séduise un jeune poète comme Tidjani-Serpos qui était un des plus énergiques animateurs, du moins à ses débuts, de la révolution marxiste-léniniste du gouvernement Kérékou.

Samuel Ade-Ojo

Aï di a j'ai vu, Yaoundé, Éditions CLÉ, 1969, 106p.
Poèmes en prose d'Agbossahessou, dessins d'Arthur Lishou.

Aï di a j'ai vu emprunte autant au style théâtral qu'au style poétique. C'est en connaisseur qu'Agbossahessou nous promène dans la faune africaine en recourant à une langue qui n'a d'égal que le rythme varié et trépidant du folklore nègre.

D'entrée de jeu, le poète rend hommage à l'Afrique dans tout ce qu'elle a de beau, de douloureux et de vital pour sa culture. Dans les dix poèmes de «Fleurs des Tropiques», un observateur au troisième œil plonge le lecteur dans le drame mais aussi dans la beauté de la nature et du monde animal. Il «sème la panique sur la brousse» et dans le cœur du lecteur. Les animaux, vus dans leur milieu naturel, tombent les uns et les autres dans les pièges qu'ils se tendent. Le poète nous fait vivre leurs angoisses, leurs joies, leurs douleurs et leur agonie. Il nous ouvre leur cœur pour mieux nous faire contempler en eux l'avènement de la mort qui planait et qui frappe enfin.

L'intensité dramatique de certains poèmes fait oublier leur extrême brièveté. En quelques mots, Agbossahessou sait créer puis entretenir le suspense et ménager les rebondissements. Sous la plume magique du poète, la gent animale retrouve son caractère de société mue par elle-même et régie par des normes dont le code échappe au commun des mortels. Pourtant, quand l'heure du destin sonne, Guiwa l'éléphant le reconnaît et s'incline tout autant que le léopard qui contemple sa mort, pris dans l'étreinte meurtrière d'Anaconda, le python.

Dans les dix poèmes de «Bêtes de case et de village», le narrateur quitte la brousse mais traite encore de la vie des animaux, domestiques cette fois. L'intérêt que l'homme porte à la bête en vie est essentiellement égoïste. À preuve l'indifférence dans laquelle la mort de l'animal laisse le maître. Par ailleurs, la loi de la jungle, souveraine dans la première partie du recueil, fait place à celle de la domestication. Mais la tragédie de la vie animale, reflet de la tragédie humaine, reste présente.

Ainsi, même si les animaux, les scènes quotidiennes de la vie du village reviennent dans les onze poèmes de «Silhouettes», ce sont avant tout les humiliations de l'Afrique qui retiennent davantage l'attention. L'esclavage, l'exploitation de la légendaire force brute des Africains par l'homme blanc, la pénétration des mœurs étrangères sont dénoncés dans certaines pièces de «Silhouettes». Mais l'Afrique souffre également de la tyrannie de ses enfants, tyrannie qui engendre des révolutions populaires.

Le mysticisme inconditionnel des croyants d'Allah prime dans le poème «El Asr». Le «soleil de plomb», «maître de la place», «brasier céleste» qui assiste, indifférent, à toutes les scènes, est un personnage omniprésent du recueil.

Agbossahessou traite de thèmes tantôt banals tantôt conventionnels mais il le fait toujours avec une verve tout à fait singulière. À la fin du recueil, un long lexique de termes savants et régionaux aide à une meilleure compréhension des textes.

Dorothée Kom

Aigle (L') et l'épervier ou La Geste de Sunjata, Paris, P.J. Oswald, Coll. Poésie/ Prose africaine, 13, 1975, 96p.

Poème populaire recueilli par Massa Makan Diabaté.

Cette épopée du grand roi Sunjata, fondateur de l'empire du Mali, au XIIIᵉ siècle, a été reconstituée selon la tradition orale et grâce à la mémoire intarissable de Kele Monson Diabaté, l'oncle et le maître de l'auteur. Alors que Djibril Tamsir Niane, dans *Soundjata ou l'épopée Mandingue*, a choisi la forme romanesque et s'est fié aux sources guinéennes, en prenant la version de Djeli Mamadou Kouyate, Massa Makan Diabaté, lui, a préféré la poésie pour transcrire la parole du griot.

L'arbre généalogique que décrit celui-ci présente toute une kyrielle de noms des personnes liées aux grandes familles anciennes du Mande. De cette profusion confuse se dégagent les origines du roi Sunjata. Plusieurs légendes s'entrelacent (à noter la multiplicité des noms du roi) dont celle des trois Sinbon et leur quête de Kabakou qui reste tout aussi remarquable et abonde en symboles. La lutte pour le pouvoir s'engage entre les trois frères et cette question d'hérédité préoccupe tous les anciens car il s'agit d'éviter des haines fratricides.

Lawali Sinbon, grâce aux recommandations du «panier dans le ciel», est enfin élu roi. Avec ses vaillantes épouses, venues de familles différentes, il devient un fermier prospère. Bien que Sama Berete, la première femme du roi, accouche la première, son enfant est déclaré second fils du roi; les droits d'aînesse reviennent ainsi au fils de Sugulun Konte, la deuxième femme du roi. Le prétexte en est que Sama Berete n'a pas donné assez tôt la nouvelle de son accouchement.

«Sunjata» est le nom que «le jeune bouc de Kakama à la clochette noire» vient donner au fils de Sugulun Konte. On soupçonne Mansa Dankaran Tuman, le fils de Sama Berete, d'être impur, sa mère l'ayant probablement conçu avant le mariage — chose abominable en pays Mande.

Se croyant déshonorée, Sama Berete demande à un marabout de jeter un sort à Sunjata, pour qu'il ne se lève pas. Celui-ci reste ainsi paralysé. Sa mère, inquiète et troublée, a recours aux ancêtres. Mais c'est peine perdue. Toutefois, quand elle coupe un Jonba noir et prononce une formule de fidélité et de pureté, Sunjata réussit à marcher. Les femmes organisent une fête et célèbrent l'événement dans l'euphorie.

À la suite de cette guérison miraculeuse de Sunjata, son frère aîné vient se réconcilier avec lui et demande d'excuser les actes de sa mère. Le frère cadet passe tout son pouvoir à Dankaran Tuman et lui devient loyal, obéissant et serviable. Tout cela ne change rien à la haine de Sama Berete. Elle conseille à son fils de chasser ou de tuer son frère dont la présence apparaît encombrante et de plus en plus menaçante.

Même quand Sunjata part avec sa mère, son demi-frère et la griotte, on ne le laisse pas tranquille puisque son frère est plus que jamais décidé à le tuer; c'est la chasse à l'homme qui débute. Partout où il se réfugie, il démasque toujours un complot pour l'assassiner. Et dans une tentative désespérée, Dankaran Tuman demande au roi Sumanguru d'envoyer une armée contre Sunjata. Sumanguru, qui n'a pas pu atteindre ce dernier, conquiert les Mandeka et leur inflige de sévères contraintes. La sœur de Sunjata s'échappe avec quelques notables et va à la recherche de son frère qu'elle supplie de revenir sauver le Mande.

Le voyage de retour est tout aussi épique que la fuite de Sunjata. Celui-ci, après avoir subi trois défaites aux mains de Sumanguru, reçoit les services de sa sœur à laquelle ce guerrier a révélé à son insu tous ses secrets. Fakoli, le neveu vengeur de Sumanguru, saisit l'occasion pour affaiblir son oncle en tuant le coq blanc et en tournant autour du tata de Sumanguru, symboles de la force du guerrier. Rendu impuissant, ce dernier est chassé. Mais il a tout de même pu se transformer en pierre pour éviter la mort. C'est ainsi que Sunjata reprend son royaume et s'y installe en roi puissant et absolu.

Dans cette épopée où l'auteur a préservé l'originalité du conteur, en suivant attentivement les paroles du griot, la légende de Sunjata reste vivante. Massa M. Diabaté a tout fait pour nous convaincre de la véracité des propos de son ancêtre. On assiste à la consécration de l'oralité: la divinité de la parole. Même quand Kele Manson Diabaté a des trous de mémoire, se trompe et se répète, c'est pour nous rappeler qu'on a affaire à un être humain qui n'est pas infaillible. Ce produit brut est reproduit tel quel, l'auteur n'ajoutant des corrections qu'en bas de page et se plaisant à répéter, comme le fait le griot, les phrases entières à plusieurs reprises ainsi que les noms des personnes et des lieux.

L'animisme africain est une tradition puissante chez les Mandeka qui, tout en pratiquant l'islam, ne se passent jamais de leurs jeteurs de sort, leurs marabouts et leurs sorciers. Le mystère, la sorcellerie et la magie relèvent de toute une mythologie qui sert de clef de voûte dans la vie des Mandingue. Tout en nous exposant des faits sociologiques réels qui marquent la vie de ce peuple nomade ouest-africain, le poète et le griot restent fidèles à la tradition des épopées antiques. Le sacrifice qu'on fait aux ancêtres reste actuel chez bon nombre de gens dans le continent. Le narrateur qui exalte la tradition africaine s'en prend à la modernité quand il raille la bureaucratie qui règle l'achat et la vente des terres, une méthode plus compliquée et moins efficace que celle des anciens.

Cet univers plein d'objets vivants et miraculeux, où les êtres humains sont en contact et en communion constante avec les objets, augmente l'effet épique des luttes entre les frères-ennemis, les peuples et les coépouses. Sunjata, sa mère Sugulun Konte et sa sœur sont les personnages nobles de cette histoire. Sama Berete et son fils Mansa Dankaran Tuman, vindicatifs et rancuniers, sont les vilains alors qu'on admire le mystère qui entoure la mort de Sumanguru, ce dernier se pétrifiant pour échapper à l'humiliation.

Le titre symbolique de l'épopée ne fait qu'évoquer l'atmosphère générale du récit qui présente les conflits et les luttes. Tira Magan, le grand conquérant et célèbre guerrier qui réussit si bien à détruire Kanbia pour le compte de Sunjata, est mort dans le même pays, tué par un incirconcis. L'épervier (Tira Magan) tombe sous les coups de son adversaire (l'aigle). C'est aussi la loi de la jungle, chose courante dans le monde d'aujourd'hui.

Eric Sahr Wongo

Aimer à en mourir, Kinshasa, Éditions Bobiso, 1976, 56p.

Recueil de nouvelles de Lonta Mwene Malamba Ngenzhi.

Aimer à en mourir contient quatre nouvelles sur le même thème: un amour fatal, un amour «à en mourir». Dans chacune d'elles, aucun personnage ne survit à la disparition de l'être aimé.

	1er décès	2e décès
1. *La mère d'Awina:*	la mère d'Awina(F)	Malamba(H)
2. *La Mort de Nkalu le polygame:*	Nkalu(H)	Sengelo(F)
3. *La Mort de Pambi:*	Pambi(H)	Bongesa(F)
4. *Les Fiancés de la vallée noire:*	Monangonda(F)	Muhetoagisupa(H)

Il y a au moins deux décès dans chacun des récits: le premier (excepté celui de Pambi) n'est pas voulu. Le second est la conséquence du premier. Deux femmes meurent en premier lieu (la mère d'Awina: mort naturelle; Monangonda: mort violente) et leurs amants meurent dans les mêmes conditions (Malamba: «[Il] referma les yeux pour de bon (p. 23)»; Muhetoagisupa: «[Il] arracha la même lance et se la planta au cœur (p. 58)». De même deux hommes (Nkalu: mort violente; Pambi: mort voulue) et leurs amantes (Sengelo: «Elle avala le poison et se pencha sur Nkalu pour expirer (p. 33)»; Bongesa: elle mourra après le sacrifice de son amant). L'équilibre est établi entre les deux sexes.

Un amour «bien fort, qui défie la mort», «un amour pur [...] où le corps a autant de part que l'esprit» hante les protagonistes. Nkalu-Sengelo et Monangonda-Muhetoagisupa le concrétisent, le «déchargent» alors que la mère d'Awina-Malamba et Pambi-Bongesa n'ont pas ce loisir. On note encore l'équilibre dans les couples.

Ngenzhi semble prisonnier du thème de l'amour. Un amour possible et introuvable, à la fois permis et interdit. Thème véhiculé également dans ses drames *La Fille du forgeron* (1969-1977) et *La Tentation de Sœur Hélène* (1977). On sent chez l'auteur une perpétuelle recherche d'équilibre entre l'esprit et le corps, l'amour platonique et l'amour charnel; la recherche d'une «certaine conception de l'amour». Un héros ne porte-t-il pas son post-nom (Malamba)?

Amour-don ou amour-sacrifice? L'auteur prêche un amour conscient, réciproque et contenu dans l'au-delà. Les amants (surtout les femmes) doivent lutter pour briser le carcan traditionnel (la mère d'Awina, Sengelo, Bongesa...).

Mal à l'aise dans la narration, Ngenzhi revient facilement au style théâtral dans lequel il excelle (Voir 2, p. 32; 3, entièrement théâtral). Les nouvelles manquent d'envergure quant au déroulement de l'action et l'intrigue est inexistante. L'auteur a simplement «coulé» une certaine conception dans un semblant de récit. Le discours emphatique des personnages diminue leur africanité et le comportement de certains d'entre eux paraît invraisemblable pour les Zaïrois, celui du vieux Mungo et de Pambi notamment. Tous ces héros qui se suicident s'apparentent plutôt à ceux de la littérature chevaleresque européenne, aux héros cornéliens ou raciniens.

Tshonga Onyumbe

Akossiwa mon amour, Yaoundé, Éditions CLÉ, Coll. Pour tous, 1971, 52p.

Roman de Victor Aladji.

Akossiwa mon amour est un récit autobiographique. Le jeune Féli y raconte son adolescence dans les localités d'Hanyigba et d'Akomé ainsi qu'à Ouagadougou, en Haute-Volta. L'ouvrage offre une série de tableaux où le lecteur voit défiler l'histoire d'un groupe de jeunes gens dans un village qui croit aux vertus du travail en équipe; surgissent aussi une description typique de l'école coloniale et les différentes figures qui marquent l'évolution du jeune homme: une mère exigeante, une tante patiente et aimable, un père plutôt effacé. Le récit révèle une atmosphère campagnarde et authentiquement africaine: comment vont tes amis, tes frères, tes mères, tes pères, demande-t-on à Féli. Même le «je» autobiographique change souvent en «nous» et embrasse la vie de l'ensemble du groupe social auquel appartient le protagoniste.

Akossiwa mon amour est un récit qui manque de point focal. L'auteur «déambule»: lyrique à ses heures, il s'apitoie sur son sort d'esclave instruit et civilisé; philosophe par moments, il s'insurge contre «cette civilisation gigantesque qui se dirige plus qu'on ne la dirige» et contre un certain «brigandage organisé» qui a cours dans la société. Bien plus, les événements de l'histoire n'éclairent en rien les affirmations du narrateur.

Akossiwa mon amour n'est pas, à proprement parler, un roman d'amour ou même un roman d'initiation à l'amour. L'idylle Akossiwa-Féli est à peine esquissée et ne couvre qu'une mince partie des chapitres III et IV. Toujours est-il que le style clair et limpide d'Aladji et la nature de la collection font du volume une agréable lecture pour adolescents.

Ambroise Kom

Aller retour, Issy-les-Moulineaux, Éditions Saint-Paul, Coll. Classiques Africains, 714, 1977, 136p.
Roman de Gaston Koné Ouassenan.

Ce roman traite de l'affrontement entre les cultures française et africaine. Deux jeunes gens, Jacqueline et Nagnin, s'aiment et doivent surmonter l'opposition de leurs parents à leur amour. Nagnin rentre en Côte-d'Ivoire pour essayer de faire changer ses parents d'avis. Là-bas il subit une sorte de rééducation dans les principes de sa culture et il tombe amoureux d'une Africaine. Il la quitte au moment où elle attend un enfant de lui. Il revient en France terminer ses études et retrouve Jacqueline qui, elle, de son côté, a tenu bon contre le racisme de ses parents. Elle devient enceinte de lui et de là le pathétique du récit – Nagnin doit choisir entre sa Blanche et sa Noire.

Ouassenan a su évoquer avec une certaine tendresse et une compréhension totale des réactions françaises et ivoiriennes à un tel mariage. Nous voyons les parents de Jacqueline lui présenter un Français dans l'espoir de lui faire oublier son Africain. De même nous voyons la famille de Nagnin essayer de lui montrer les difficultés que cette union peut engendrer. L'auteur est avant tout très sensible aux émotions de Jacqueline et de Nagnin. Il sait ce qu'ils pensent et, avant tout, il sait nous faire comprendre le «pourquoi» de leurs actions. Les coutumes et les rites africains font partie intégrante du récit. Ils sont évoqués au cours de la visite de Nagnin en Côte d'Ivoire; celui-ci les voit maintenant avec ses yeux de «Blanc».

L'univers de l'auteur est aussi métaphysique car il traite les problèmes psychologiques que subissent deux êtres de cultures très différentes qui s'affrontent, ce qui finit par briser le mariage. Le bonheur conjugal s'éteint quand Nagnin reprend ses vieilles habitudes africaines et que Jacqueline refuse de devenir une «femme africaine». L'auteur décrit avec habileté la réaction de Nagnin qui «redécouvre» son pays avec une mentalité blanche. Il sait aussi évoquer la frustration de Jacqueline quand elle se voit traitée en «Africaine» et on suit le développement de sa décision de retourner en France avec ses trois enfants.

Le récit s'ouvre sur le retour en avion de Nagnin en Côte-d'Ivoire et finit avec le retour en avion de Jacqueline en France. L'auteur partage ainsi son récit entre les deux protagonistes en présentant également et sans préjudice l'effet produit sur chacun d'entre eux par un mariage mixte. Il évoque la fierté de Nagnin vis-à-vis de sa négritude: «Nous avons une civilisation. Il suffit de la sortir de sous le boisseau où l'avait cachée le colonisateur d'hier pour affirmer la personnalité du Nègre à travers le monde.» Il évoque également le désespoir de Jacqueline devant l'échec de son mariage: «Elle avait frôlé le bonheur, mais d'autres après elle réussiraient. Elle en était sûre. Son sacrifice ne pouvait pas avoir été en vain.» Il nous rend conscients du fait que l'échec du mariage n'est pas la faute des deux jeunes gens mais de la société qui les entourait. Le père de Nagnin évoque cette pensée quand il suggère que son fils vit dans une époque de conflits: conflits de générations, conflits de civilisations, conflits de races.

Le talent d'Ouassenan consiste dans le fait qu'il peut vraiment entrer dans la peau de ces jeunes gens pour nous faire ressentir leurs angoisses face à leur décision de se marier et ensuite face à l'échec de leur mariage. Il souligne que notre monde ne peut pas accepter un mélange de deux cultures sans que l'une triomphe sur l'autre ou que toutes deux finissent par être déçues.

Regina Lambrech

Âme (L') bleue, Yaoundé, Éditions CLÉ, Coll. Clé-Poésie, 1971, 109p.
Recueil de poèmes de Jean-Pierre Makouta-Mboukou.

L'Âme bleue est un recueil de poèmes en vers libres qui disent toute une existence riche en expériences diverses. La première partie intitulée «L'enfant» (12 poèmes) évoque, comme l'indique le titre, les préoccupations de l'enfance; la seconde partie, «Ascension» (12 poèmes), chante l'amour, sentiment qui, selon l'auteur, arme l'individu d'une certaine maturité et lui permet de se tourner vers les autres et de pouvoir appréhender leurs problèmes, d'où la troisième partie, «Combat» (29 poèmes). L'écrivain y exhorte l'être humain à combattre pour améliorer le sort des autres êtres humains.

Le ton de l'ouvrage est fortement moralisant et trahit la tendance chrétienne dont le poète, au demeurant, ne se cache point: «Sauve-nous, sauve-nous mon Dieu / Afin que vienne le jour bleu / Dont l'âme est toujours désireuse (p. 73).» Symboliquement, le bleu est la couleur de la clarté, de la limpidité, de la pureté, d'où le titre du recueil; mais c'est aussi la couleur du rêve et de la fantaisie car les nombreuses roses bleues qui jonchent l'ouvrage ne poussent que dans le jardin du poète.

Les thèmes sont variés. D'un ton lyrique, Makouta-Mboukou évoque tendrement l'amour maternel débordant de chaleur et d'abnégation, la terre natale, pleine de charmes et de mystères, accueillante, attachante, source de paix et de sérénité, l'amour avec ses joies et ses peines. Il rend hommage à la nature en chantant le printemps, «saison des âmes aimantes», le soleil, création de Dieu pour les hommes, la pluie qui fait entendre «le murmure de la vie».

L'auteur utilise également le langage de la colère pour évoquer la colonisation qui ne sut qu'exploiter le continent africain et nier ses valeurs humaines; colère contre les puissants, les chefs, les nantis qui rejettent leurs responsabilités par cupidité, égoïsme ou gratuite cruauté; colère contre l'injustice, colère contre la faim, le dénuement; colère contre Dieu qui semble être, lui aussi, complice des hommes contre les hommes et qui permet l'injustice et l'assassinat au nom de la liberté. Pourtant le poète reste résolument optimiste. Il se conçoit lui-même comme un prophète que les «tribus sans Dieu» appellent à la rescousse. Il accepte «avec l'espoir que [son] âme bleue / éclairerait leurs noirs sentiers (p. 66)». Cependant on dénote parfois des accents de remords car l'écrivain est hanté par la question de savoir si sa vie a été aussi remplie qu'elle aurait dû l'être, au service de l'humanité.

La poésie de Jean-Pierre Makouta-Mboukou est une poésie universelle car celui-ci exprime ses préoccupations pour l'Afrique mais aussi ses expériences européennes. Il ne veut point être «condamné à ne traduire que les nuages de poussière de la saison sèche ou les grandes tornades tropicales» car, poursuit-il dans sa Préface, «une âme sensible doit être l'écho de toutes les sensations».

Le langage de Makouta-Mboukou est simple et direct, parfois d'une clarté trop limpide. Il s'en justifie dans la Préface où il explique qu'il se refuse à s'enfermer dans «un tiroir hermétique» et préconise par conséquent «une poésie claire et agréable». Si légitimes que soient ses aspirations, on ne peut s'empêcher de remarquer le style trop prosaïque par endroits et quelques expressions malheureuses comme dans le poème «Sortez du milieu d'eux». Cependant, le poète montre son originalité en entraînant parfois le lecteur dans un monde étrange placé entre la poésie et la légende, comme dans le poème intitulé «Rentre dans ta coquille» qui explique comment l'escargot entra dans sa coquille et pourquoi il y est encore.

Dans l'ensemble *L'Âme bleue* témoigne d'un certain engagement, mais si nobles que soient les objectifs, il demeure néanmoins empreint d'une curieuse naïveté. L'auteur se lance dans des déclamations prophétiques sur la fin certaine des mauvais, des «pots-de-fer», hommes puissants qui périront dans le néant. La justice, pense-t-il, triomphera avec l'ascension des pauvres au pouvoir, pauvres qui seront hissés sur la colline «pour régenter avec équité la ville assainie». L'engagement de l'écrivain est un engagement chrétien: la société sera meilleure grâce à la Justice divine. Il n'est point question dans ces poèmes de l'avènement d'une révolution d'hommes qui améliorerait le sort des classes opprimées.

Irène Assiba d'Almeida

Amilcar Cabral ou La Tempête en Guinée-Bissau, Paris, P.J. Oswald, Coll. Théâtre africain, 31, 1976, 96p.

Pièce-document d'Alexandre Kum'a N'dumbe III.

La pièce porte, dans son titre, le nom de Cabral, grand révolutionnaire guinéen dont le dramaturge tente de montrer l'action dans le contexte du *mouvement* pour la libération nationale. Vers la fin de la pièce, Cabral est assassiné mais nous n'assistons pas à l'apothéose du martyr. En effet, la seule vengeance que

chercheront ses camarades de lutte, c'est l'accomplissement de la révolution dans un climat renouvelé d'enthousiasme et d'efficacité.

N'dumbe fait de Cabral un pédagogue toujours soucieux de l'éducation révolutionnaire des masses. Il montre comment obtenir l'adhésion des chefs de village et d'ethnie à la révolution, en jouant des saynètes avec des militants dans la brousse. Cabral joue le rôle du vieux à convertir. Les deux échecs sont suivis de sessions d'autocritique où les militants cherchent à comprendre l'attitude des chefs dans le contexte plus large de l'histoire du colonialisme portugais.

Mais déjà, dès les premières scènes de la pièce, le dramaturge nous présente une mère dont le fils vient d'être tué par les Portugais.

Un deuxième fils essaie de lui expliquer ce qu'est la grève, la révolte contre l'humiliation et la brutalité des forces colonialistes mais la mère ne saisit pas la signification de ses paroles. Tout ce qu'elle semble comprendre, c'est la mort de son fils. Les préoccupations de la mère, sa résignation devant la puissance militaire et l'ordre établi par l'exploiteur rappellent l'attitude d'esprit de la mère du Rebelle dans *Et les chiens se taisaient* d'Aimé Césaire. Le style même de certaines répliques dans le dialogue entre mère et fils se ressemble dans les deux pièces. Les deux situations sont donc comparables et Alexandre Kum'a N'dumbe III sait bien profiter de l'attitude maternelle pour exposer l'urgence de libérer l'esprit du peuple par l'éducation. Malheureusement, accorder un tel rôle à une mère, et ceci au début de la pièce, relève du stéréotype. Dans la pièce il n'y a qu'une autre femme qui joue un rôle déterminant. Elle réussit à faire partir Cabral après plusieurs interventions dans ce sens (IV, 3). Pour citer encore une fois la pièce de Césaire mentionnée ci-dessus, l'Amante tente, elle aussi, d'éloigner le Rebelle des dangers qui le menacent. Comme l'Amante, la 1re Milicienne dans *Amilcar Cabral...* ne semble pas comprendre les exigences du rôle d'un chef révolutionnaire.

Il est fort significatif, dans la pièce, que les jeunes écoliers établissent rapidement le dialogue avec Cabral (IV, 2). Les enfants n'ont pas été accablés par la mort de leurs camarades, leur professeur et le médecin, tués dans un bombardement. Les enfants ont reconnu leurs responsabilités et les leçons du maître défunt ont contribué à leur survie. L'arrivée de Cabral, événement qu'ils attendaient lors du bombardement, attise leur enthousiasme et souligne l'optimisme révolutionnaire du peuple. De même, vers la fin de la pièce, après la mort de Cabral, maître révolutionnaire, cet optimisme fondamental accélère la libération.

La pièce est très soigneusement agencée. Dans plusieurs scènes ce sont les fascistes qui parlent, complotent, se moquent des Africains et réaffirment leur mission civilisatrice. Il ne s'agit pas de polémique de la part du dramaturge. La littérature produite par le régime colonialiste portugais insiste, d'une façon constante, sur la mission chrétienne et civilisatrice du Portugal. Mais Alexandre Kum'a N'dumbe démontre, par des scènes très brèves mais frappantes, le mercantilisme qui a motivé cette mission et la complicité des pays occidentaux ainsi que de l'Afrique du Sud dans les aventures impériales de Caetano.

Le dramaturge a utilisé plusieurs documents pour l'élaboration de la pièce. L'authenticité des faits et des paroles donne à ce genre de littérature — que l'auteur lui-même appelle «pièce-document» — une efficacité didactique que l'on devrait apprécier dans le contexte de ce que Cabral et ses camarades ont essayé d'établir en Guinée-Bissau.

C'est dans un long discours vers la fin de l'acte IV, scène 3, que Cabral, parlant des mariages et de la discrimination fondée sur le sexe, explique que la femme guinéenne et la Cap-Verdienne ont une chance exceptionnelle de transformer les rapports entre individus et «d'écrire notre propre histoire». Cette «chance exceptionnelle» existe également au niveau de la littérature africaine produite par ceux et celles qui reconnaissent les faiblesses idéologiques des formes littéraires héritées du colonialisme. Kum'a N'dumbe III a écrit une pièce que l'on pourrait mettre en scène dans la cour d'une école, sur la place du village ou dans une salle communautaire. Il soulève des questions qui par leur présentation et leur contenu pourraient susciter des discussions sur des concepts idéologiques et moraux fondamentaux. La structure de la pièce et son message ne permettent pas que l'action s'arrête avec la dernière scène. Elle se prolonge dans l'esprit de l'assistance et des acteurs.

Amilcar Cabral ou La Tempête en Guinée-Bissau est suivi d'une brève histoire de la lutte du peuple de la Guinée-Bissau et du Cap-Vert.

Frederick Ivor Case

Amour de féticheuse, Ouidah, Imprimerie de Mme d'Almeida, 1941. Paru en feuilleton dans *Togo-Presse*, Lomé, du 10 juillet au 30 août 1967.

Roman de Félix Couchoro.

Bien que Félix Couchoro soit mort près d'une décennie après l'accession de la plupart des pays africains à l'indépendance, son œuvre est restée jusqu'au bout tributaire de la vie traditionnelle authentique de son peuple.

Son œuvre se range ainsi dans l'œuvre des pionniers du roman négro-africain, caractérisée, non pas par les thèmes de l'opposition de la ville à la campagne ou de la fustigation de la colonisation occidentale, par quoi le premier courant sera amorcé, mais par la relation et la description de la vie «animiste» des populations de l'ancienne Côte des Esclaves.

Un exemple de ces anciennes œuvres romanesques est *Le Fils du fétiche* (1955), d'un autre Togolais, David Ananou. Ces œuvres poursuivaient toutes un double objectif critique: montrer aux Blancs (missionnaires, administrateurs) les véritables schémas de fonctionnement des Africains; apprécier les rites et la psychologie africaine par rapport au christianisme et à la culture occidentale.

L'œuvre de Félix Couchoro, en particulier *Amour de féticheuse,* tout en s'insérant thématiquement dans l'œuvre des pionniers, possède des caractéristiques stylistiques tout à fait personnelles. Après avoir exercé entre autres métiers ceux d'écrivain public et de journaliste, Félix Couchoro s'est consacré à la littérature pour assurer la subsistance de ses vieux jours. De la vingtaine de romans qu'il écrira, il n'en sera édité et publié que quatre. Faute de maisons d'édition en Afrique et d'accès à l'édition en Europe, il s'arrangera avec Éditogo, où il avait travaillé, pour que ses œuvres paraissent en feuilletons dans *Togo-Presse*, le journal local, pour lequel il écrira ainsi plus d'une dizaine de romans.

L'originalité des romans-feuilletons de Félix Couchoro, et d'*Amour de Féticheuse* en particulier, réside dans la présence constante de l'auteur qui, tout au long du récit, s'adresse au lecteur, lui sert de guide pour qu'il comprenne l'histoire et s'y intéresse, lui explique l'évolution des personnages et des situations pour orienter son interprétation des faits, à la manière d'un juge d'instruction s'adressant aux jurés.

L'histoire d'*Amour de Féticheuse* se passe dans le village de Zowla, dans la circonscription d'Aneho, entre trois personnages principaux: la jeune Massan, Paul Giraud, l'infirmier, et Zingan, fils du chef du «Couvent vodou Hêbièso» (la Foudre). En plus de Djimétri, féticheur, chef du couvent, il faut signaler l'existence dans le village de Kodjo le Bokônô (Consulteur du Sort) et d'Atisso le Guérisseur.

Peu de temps après l'implantation d'une école dans le village, un dispensaire est ouvert, où le métis Paul Giraud est nommé infirmier principal. Alors, on voit se concerter les trois responsables de la vie du village, le Guérisseur, le Consulteur du Sort et le Féticheur, car ces deux derniers estiment que l'avenir de leur science et leur subsistance sont menacés puisque le dispensaire va rafler une partie de leur clientèle. Ils vont chercher les moyens d'éliminer l'infirmier et entraîner la fermeture du dispensaire.

Malgré l'opposition d'Atisso le Guérisseur au projet de ses confrères et son refus de leur apporter toute contribution, c'est sur sa fille Massan que le Féticheur et le Consulteur du Sort comptent pour atteindre l'infirmier. Or, Massan est déjà amoureuse de l'infirmier, dont elle devient la maîtresse. Non seulement Djimétri le Féticheur oblige la jeune fille à regagner son couvent, auquel elle était promise par sa grand-mère, pour mettre fin à ses liaisons avec l'infirmier et se moquer du Guérisseur, mais il prend aussi Agboési, la femme du Guérisseur, la belle-mère de Massan, qui a contribué à l'intégrer au couvent.

Le Guérisseur mourra empoisonné par sa femme et son amant, le Féticheur, pour neutraliser sa vengeance. Massan, qui prend le nom de Hunsikpê dans le couvent, sera enlevée par l'infirmier et Zingan, le fils du Féticheur, et emmenée à Aflao, petite localité à la frontière du Ghana. Elle reviendra au village après une négociation entre l'infirmier et le Féticheur, et elle épousera Zingan, le fils du Féticheur, dont elle était enceinte au couvent. Agboési atteinte de la lèpre se donnera la mort avec le reste du poison dont elle avait tué son mari, le Guérisseur. Djimétri, le Féticheur, mourra aussi, de folie, pour avoir absorbé le poison qu'il avait versé dans le verre de l'infirmier. Entre-temps, une maternité sera ouverte, à côté du dispensaire, dirigée par une certaine Joséphine Leblond, métisse, qui deviendra la femme de l'infirmier.

À partir du texte introductif du roman, l'auteur nous révèle le but qu'il s'assigne: montrer, à travers le choc des passions, et par-delà les religions, que les notions du Bien et du Mal sont universelles, que la Morale et le bon sens ne sont pas l'apanage de telle ou telle civilisation, que l'intelligence et la logique sont présentes dans le comportement quotidien des populations rurales et analphabètes, et que l'animisme est aussi une croyance en un seul Dieu Tout-Puissant.

D'un autre côté, ce roman est une œuvre qui prend la défense du progrès, de l'évolution, que le Féticheur et le Consulteur du Sort semblent accepter avec réticence. «Qu'ont-ils fait, pensa Atisso, quand une école rurale fut ouverte dans cette localité? Rien, sans nul doute: ils étaient bien contents.» Oui, parce que qui dit école dit évolution sociale, civilisation... Mais l'école n'est que le début de l'œuvre d'évolution. Ce début instauré, le reste devra suivre, par étapes successives, il est vrai, mais le reste suivra certainement. «Aujourd'hui c'est le dispensaire. Demain, une maternité. Plus tard, une implantation hospitalière mieux outillée. Enfin, tout ce qui peut contribuer à rendre agréable à la campagne la vie de nos braves paysans.»

Toute l'Afrique contemporaine, écartelée entre la tradition et la modernité, doit faire face à l'égoïsme de gens comme notre Féticheur et son confrère le Consulteur du Sort, qui vivent de la crédulité des populations et sont capables de tout pour empêcher l'éveil émancipateur de celles-ci, pour retarder la promotion du développement des pays. Mais le progrès, l'évolution, relève d'un appel inexorable du temps, d'un mouvement effréné, irréversible, contre lesquels les adversaires du bien-être pour tous, les adeptes de l'obscurantisme ne peuvent rien. La preuve en est la mort de tous ceux qui représentent dans ce roman l'ordre ancien, et le triomphe de la nouvelle génération.

Yves-Emmanuel Dogbé

Amour et préjugés, Kinshasa, Centre Africain de Littérature, Coll. Théâtre, 1973, 47p.
Pièce de théâtre de Wembo Ossako.

D'une intrigue très simple, *Amour et préjugés* est le drame de deux jeunes gens qui s'aiment et décident de se marier. Le mariage n'aura pas lieu car la fille est d'une famille riche et le garçon, pauvre. Comme Roméo et Juliette, les deux jeunes fiancés s'empoisonnent. Le père de la fille, conscient d'être responsable de la mort de ces jeunes gens, consacre le reste de sa vie au bien-être de la jeunesse.

L'auteur a bien exploité cette situation dramatique. Malgré certaines expressions trop populaires, la pièce est une preuve irréfutable du talent de son auteur. Cependant, la structure de la pièce doit être retravaillée pour une mise en scène éventuelle. Au lieu de numéroter les différentes parties de la pièce, il faudrait peut-être la diviser en actes et scènes ou en tableaux et scènes.

Amour et préjugés est également intéressante par les différents thèmes qu'on y dégage. La corruption, le détournement, l'exploitation, le salaire de famine et la pseudojustice s'ajoutent au thème principal: le mariage impossible à cause des préjugés sociaux. C'est une société dépravée que l'auteur décrit dans sa pièce. Si le cadre choisi par l'auteur est le Zaïre, il ne faut pas croire que les problèmes soulevés par Wembo-Ossako sont seulement zaïrois. Le mariage d'intérêt que défend Mutamba est également traité par Guillaume Oyono Mbia dans *Trois prétendants... un mari*. L'exploitation est l'un des thèmes de *L'Homme qui tua le crocodile* de Sylvain Bemba et de *Monsieur Thôgo-gnini* de Bernard Dadié.

Nu-Kake Gatembo

Ancêtres (Les) zaïrois, Kinshasa, Les Éditions Belles-Lettres, 1964, 23p.
Recueil de poèmes d'Edmond Witahnkenge.

Dans sa préface aux *Ancêtres zaïrois*, Jean-Marie Kitiwa signale que le recueil forme, avec *La Kinoise* et *Les Billes kinoises*, «une trilogie traitant du problème de la civilisation avec pour centre successif la Tradition, le Modernisme dans sa phase conflictuelle, la Vie pratique». Selon l'auteur lui-même, «*Les Ancêtres zaïrois* est un essai de poème ethnographique qui comprend dix-huit chants dédiés à la mémoire de l'Afrique Ancestrale. Toutes les phases de la vie y sont passées en revue: naissance, mariage, travail, chasse, guerre, maladie, enfin la mort.» On admirera dans cette œuvre l'envergure et la clarté d'une démarche à la fois didactique et laudative qui s'efforce de redécouvrir un passé social et culturel, qui met à nu la trame intime des croyances et des traditions, des rites et des coutumes qui ont cimenté la société africaine traditionnelle, suggérant en même temps le phénomène de conflit et de déséquilibre causé, dans la période transitionnelle, par la confrontation à des valeurs nouvelles.

Le catalogue que nous présente Witahnkenge est d'une richesse ethnographique incontestable, qui sait cerner et faire revivre les valeurs sous-estimées ou méconnues d'une civilisation évoquée comme celle des *Temps meilleurs, Ô Époque d'or de ma race*. Au centre de cette société se dresse l'importante figure spirituelle de l'Ancêtre, réceptacle de sagesse qui préside par son omniprésence aux phases vitales du clan, sous la forme du vieillard «dont l'Œil sans face... a tout vu, découvert et jaugé dans l'être». Les références aux croyances et superstitions abondent, aux rites et règles qui structurent et équilibrent cette société, tels les rites de purification suivant la naissance («Lutula», chant IV) ou précédant la période de chasse («La chasse», chant XV); les rites d'initiation: celui de la circoncision et, pour la jeune fille, le «yano» à la veille du mariage («La majorité», chant XI); les rites de partage qui suivent ceux de la chasse («Mughabo», ou partage du butin, chant XVI); le pouvoir du Verbe et les rites d'incantation magique contre la maladie («Bughila», chant V).

Les chants de Witahnkenge s'adressent également aux nombreux règles et principes régissant le comportement du clan, comme la loi d'hospitalité et de solidarité («Muntu bene» et «Le pas-

sant», chants VI et VII), le droit d'aînesse («La loi d'airain», chant VIII) et le principe d'égalité sexuelle et de préséance masculine par la valeur de la force («La préséance», chant IX). Il est à noter que de ces structures sociales se dégagent pardessus tout une volonté éthique, une motivation morale de vertu, de pureté et d'honneur, composantes sacrées du code clanique («In memoriam», «Le mariage», chants I et XII).

La brièveté relative de ces chants leur confère une vigueur non dénuée d'humour et de truculence («Mulongolongolo», chant X), de vitalité sensuelle («Kibyille», chant III), de réjouissance et de festivité. La poésie de Witahnkenge se distingue par son ton puissamment oratoire, soutenu par un rythme au dynamisme constant.

Bernard Arésu

Antidote, Paris, Présence Africaine, 1961, 48p.
Recueil de poèmes de Jacques Rabemananjara.

Antidote se compose d'une série de sept poèmes en vers libres non rimés, dans lesquels l'auteur malgache retrace le procès qui l'a opposé au gouvernement français.

Pour une meilleure compréhension de l'œuvre, rappelons les faits politiques. Des élections ont eu lieu à Madagascar et trois candidats du Mouvement Démocratique de Rénovation Malgache (MDRM), parmi lesquels Jacques Rabemananjara, ont été élus députés. Ce parti politique, aux tendances révolutionnaires puisqu'il revendiquait l'indépendance de Madagascar, était très mal vu des autorités françaises. Le refus de la France de prendre en bonne part les revendications de ce parti provoqua une insurrection qui éclata le 27 mars 1947 et fit plusieurs milliers de morts, dont des Français.

Environ un mois plus tard, en mai 1947, Jacques Rabemananjara et les deux autres députés sont arrêtés et emprisonnés pour rébellion contre la France.

Antidote est le récit dramatique, le compte rendu vigoureux et impartial de ce procès qui a durement marqué le poète. On y trouve des détails de nombreuses perquisitions effectuées à son domicile. Elles tourneront d'ailleurs au vandalisme. Devant tant d'abus, le poète ne peut cacher sa rancœur: *Antidote* est le cri de désespoir de celui qu'on ne veut pas croire et qui souffre des mauvais traitements des autorités au pouvoir.

Antidote est aussi et avant tout le poème de la révolte car, il faut le reconnaître, Jacques Rabemananjara a été abandonné tant par les siens que par les Français. En effet, la seule chose que l'auteur malgache voulait obtenir était la liberté d'expression qui avait manqué à son prédécesseur Rabearivelo. Il espérait que la politique lui ouvrirait cette voie fermée jusqu'ici. Son adhésion au mouvement politique avait une fin littéraire. Il a été le jouet des événements auxquels il n'a pas participé. Il a subi un double échec et sa révolte s'en trouve d'autant plus forte.

Rabemananjara évoque la liberté dans *Antidote* sans toutefois lui donner une place prépondérante. En effet, le thème de la liberté sera plus amplement développé dans *Antsa*.

Antidote est un hymne à l'innocence. Le poète ne cessera de la revendiquer tout au long de son œuvre. C'est d'ailleurs en se réclamant de son innocence qu'il se désolidarise de ce parti politique dont les buts étaient tout différents du sien.

Dans *Antidote*, les faits sont sincèrement et simplement rapportés par l'auteur qui s'adresse à ses amis. Le style est celui d'une rubrique de journal: point d'images, point de symboles, aucune référence, aucune allusion à la culture malgache. Ce souci d'authenticité qui va jusqu'à la répétition fidèle des termes méprisants employés par ses accusateurs ne vise qu'un but: l'auteur veut tenir les amis au courant de toute l'affaire car il

est convaincu qu'ils prendront sa défense.

L'originalité d'*Antidote* repose essentiellement sur cette vérité qui est partout présente et qui donne à l'œuvre une valeur d'actualité historique. Mais ce trop grand souci de vérité porte préjudice à la pièce car les termes employés restent secs et manquent de couleur locale, élément remarquable dans les autres œuvres de Rabemananjara.

Jean-Paul Kœnig

Anti-grâce, Paris, Présence Africaine, 1967, 64p.
Recueil de poèmes de Paulin Joachim.

Anti-grâce est un recueil de neuf poèmes composés en France (sauf un, écrit à Dakar) pendant une période de quatorze ans: plus précisément, entre 1953 et 1967. C'est le deuxième poème qui a donné son titre au recueil doté d'une éloquente préface du poète, dramaturge sénégalais Lamine Diakhaté. Celui-ci souligne que «la mission / de Paulin Joachim / était de rendre audible...cette parole ...devenue Anti-grâce le jour où l'Occident commença de la nier, au nom de la «civilisation universelle» et «par la méthode que l'on sait».

Le recueil se divise en deux catégories: la première comprend six poèmes engagés ayant pour thèmes l'Afrique, la négritude, l'esclavage, la colonisation et l'espoir, et la deuxième, trois poèmes consacrés à des femmes dont la mère et les amantes du poète. Dans la première série, les poèmes traduisent un combat contre une force qui a arrêté la marche naturelle de l'Afrique, entravé son vol, ralenti, voire «immobilisé», son histoire bafouée au degré zéro de son écriture; c'était «le temps où nous étions en panne entre le nombril et l'Histoire / l'aiguille éperdument tremblait sur l'heure zéro». Cette force avait «cassé son élan», annihilé ses nobles aspirations, semé des embûches sur sa route, réduit son peuple à l'esclavage, «au point où nous étions affiliés à la misère».

Mais le poète ne s'appesantit point

sur ce facteur négatif qu'était la colonisation qu'il tient même à oublier: «Je
veux oublier tous les maux de la colonisation avec le temps qui cicatrise les
plaies.»

Il ne s'agit donc point ici de poèmes
d'amertume, de haine et de négation,
mais d'une poésie constructive où l'Afrique est invitée à reprendre sa course de
«bel athlète» après une interruption «par
décret des omnipotents». La dignité
recouvrée, c'est l'heure du dialogue
d'égal à égal. Joachim chante le «triomphe du dur désir de vivre», proclame le
«retour du plein chant», du «tam-tam
qui réinvente le Nègre d'Afrique», désormais réhabilité à hauteur d'homme. Il
exalte en même temps les vertus de sa
race, ses principes dynamiques, salue la
négritude, «force de l'Afrique». Et il est
partout question, dans cette poésie, de
lendemain qui chante, de renaissance, de
nouveau départ, du rôle futur de l'Afrique, réservoir de l'avenir, d'aînés disparus qui montrent la voie, de porteurs de
torche... C'est dire que l'espoir y constitue un thème majeur. Et même dans le
poème où il déplore la mort prématurée
de David Diop, Joachim écrit: «Il est vrai
que nous sommes blessés / au plus bas de
l'espoir / mais l'espoir en nous n'a jamais
battu de l'aile...» Parmi les poèmes consacrés aux femmes, celui dédié à sa mère
témoigne non seulement d'un profond
amour filial mais également d'un sentiment de nostalgie de l'Afrique à laquelle
le poète exilé à Paris reste fidèlement
attaché: «et j'aperçois près des eaux éta-
les et safranées / les cases rondes de mon
pays... / J'aperçois l'Afrique au fort de la
fête».

Du point de vue technique, Joachim
a adopté l'approche utilisée par la plupart des poètes de la négritude. L'expression surréaliste lui permet, en brisant
l'ordre établi des mots et des conventions, de traduire la révolte contre le
colonialisme et le racisme et de rompre
l'ordre traditionnel entre Blancs et Noirs.
Ce procédé est moins justifié cependant
et moins heureux, semble-t-il, quand il

s'agit de traduire les sentiments de l'auteur envers sa mère et envers les deux
autres femmes auxquelles il s'adresse.
L'écriture automatique paraît moins
innée, moins spontanée qu'apprise et
essayée.

Ces poèmes nous rappellent tour à
tour ceux de Césaire, Damas, Senghor
et Birago Diop qui sont certainement les
maîtres à penser et à écrire de l'excellent
disciple qu'est Paulin Joachim.

Daniel L. Racine

Antsa, Paris, Présence Africaine, 1962,
70p.
Recueil de poèmes de Jacques Rabemananjara.

Antsa, qui signifie chants élogieux
récités à l'intention du souverain, est un
long poème en vers libres non rimés écrit
en prison après l'arrestation du poète.
Deux thèmes déjà abordés dans *Antidote* sont ici repris et développés: l'innocence et la liberté.

Antsa est un poème de l'innocence
où Rabemananjara veut avant tout se justifier auprès des siens et les convaincre
de sa sincérité. Mais *Antsa* est aussi un
poème de la liberté. Pour obtenir la liberté, Rabemananjara n'a pas hésité à mettre sa vie en jeu. Pour lui, poète, la liberté ne signifie pas émancipation politique
pour laquelle il n'éprouve que de l'indifférence mais plutôt possibilité d'expression qui lui permettra de manifester ce
qu'il porte de plus profond et de plus
intime en lui-même. De là, une certaine
musicalité, une cadence du vers qui souligne l'émotion et qui s'adapte, comme le
dit Baudelaire, «aux soubresauts de
l'âme».

Un élément remarquable doit être
noté: lorsque Rabemananjara évoque
la liberté, il passe du temps passé au
présent. Mais il passe aussi du présent au
futur avant de revenir au présent. Ce procédé est typiquement malgache dans la
conception de la vie: le passé ne change
pas, le présent n'existe que pour former
l'avenir. De plus, ce mélange de temps

est une condamnation des guerres coloniales: l'avenir les blâmera et c'est dans cette conception du lendemain qui existe déjà que la liberté est chantée au présent.

De cette lutte, il découle que *Antsa* est aussi le poème du combat. En effet, le combattant considère l'émancipation comme un but, voire l'idéal, de cette confrontation.

Antsa est le poème de l'amour dans la mort, car pour le Malgache la mort est un retour vers les Ancêtres. Cette réunion prend alors l'aspect d'une fête ou d'une véritable noce.

Le ton de *Antsa* est très vigoureux au début et on dénote même une certaine colère chez le poète. Certains vers sont très violents et l'on sent que le poète contient difficilement sa haine. Mais la colère fait vite place à l'indifférence puisque la colonisation est vouée à l'oubli.

On retrouve dans *Antsa* la couleur locale propre au pays de l'auteur. Tout au long de son œuvre il a conservé des caractéristiques du monde malgache: tels sont les Ancêtres, le Chef de famille travaillant dans sa rizière, l'Aïeul trop vieux pour travailler mais n'en conservant pas moins une place importante dans la famille puisqu'il est le dispensateur de sages conseils.

Ce recueil pèche cependant par son imitation: l'auteur s'est visiblement inspiré de *Liberté* de Paul Éluard et n'a pas tout à fait réussi à se détacher de l'auteur français pour faire preuve d'originalité. Cette impression de déjà vu affecte la valeur de l'œuvre qui aurait beaucoup gagné en restant entièrement malgache.

Jean-Paul Kœnig

Arbre (L') fétiche, Yaoundé, Éditions CLÉ, 1971, 90p.
Recueil de nouvelles de Jean Pliya.

L'Arbre fétiche est un recueil de quatre nouvelles: «L'Arbre fétiche» (qui a donné son titre à l'ouvrage), «La Voiture rouge», «L'Homme qui avait tout donné» et «Le Gardien de la nuit». »L'Arbre fétiche» analyse le problème du comportement des nations africaines tiraillées par la course au développement et par le respect des traditions et des valeurs culturelles ancestrales. Faut-il détruire ces dernières pour promouvoir le modernisme? «L'Arbre fétiche» semble pencher pour la préservation des valeurs traditionnelles et leur intégration dans le processus de développement. Mais avec la deuxième nouvelle du recueil, «Le Gardien de la nuit», l'auteur met en garde contre une préservation indiscriminée. La lutte de Zannou contre la sorcière Ayélé, c'est aussi la détermination de l'Africain d'aujourd'hui — pourtant soucieux de protéger sa culture — de rejeter tous les aspects négatifs d'une civilisation où les forces occultes et les pesanteurs sociologiques peuvent constituer un frein à la liberté humaine. Le scientisme naïf de Lanta fait sourire mais la victoire partielle de Zannou nous oblige à reconnaître que l'Afrique est confrontée à un dilemme. Et la preuve qu'il n'existe pas de solutions préexistantes nous est fournie par les deux autres nouvelles: «La Voiture rouge» et «L'Homme qui avait tout donné». En effet, dans l'Afrique urbaine dite moderne, peuplée de ruraux attirés par les lumières factices de la ville, la situation n'est guère brillante: il en va ainsi de Mensavi à qui la vie moderne ne donne à manger que du rêve. Le père, un maçon, n'arrive même pas à nourrir sa famille. Comment songerait-il à acheter des cadeaux de Noël à ses enfants? Mensavi comme les petits danseurs de «Caletta» comprennent vite que la ville africaine est une ville double: une partie minable, miséreuse et puante: la leur; une autre avec ses mille lumières, avec des enfants aux désirs satisfaits, avec ses supermarchés bien achalandés. On peut noter les mêmes problèmes dans «L'Homme qui avait tout donné». En effet, le vieux Fiogbé ne pouvait faire aucune différence entre l'ère coloniale et l'ère des indépendances: le même chapelet de misères, de peurs tapies, de déceptions, le tout profondément ancré dans une vision du monde pessimiste et fataliste. La vie moderne lui avait appris que les déshérités étaient nés pour tout donner et ne rien recevoir. Aussi ne faut-il guère s'étonner si le dénouement heureux de ces deux nouvelles apparaît un peu factice; c'est que Jean Pliya en imaginant que, malgré tout, Mensavi reçoit un cadeau de Noël inespéré et le vieux Fiogbé une aide providentielle et désintéressée de l'Ingénieur, pense peut-être que le rôle de l'écrivain n'est pas de proposer des solutions aux maux sociaux. Jean Pliya a voulu surtout attirer l'attention sur les problèmes et inciter le lecteur à réfléchir. Il faut savoir gré à l'auteur d'avoir su enchâsser les deux nouvelles sur la vie moderne entre celles qui mettent l'accent sur la tradition. Il faut également noter à son actif la limpidité et le classicisme de sa prose. Il n'y a rien d'étonnant alors que ce livre ait non seulement obtenu le Prix de la Nouvelle Africaine, organisé en 1963 par la revue *Preuves* à Paris, mais aussi qu'il ait été traduit en anglais, en espagnol, en russe, en fon et qu'il figure en bonne place dans les programmes littéraires de l'enseignement secondaire.

Noureini Tidjani-Serpos

Aryens (Les), Yaoundé, Éditions CLÉ, 1977, 61p.
Tragédie en trois actes d'Antoine Letembet-Ambily.

Tandis que le thème de *L'Europe inculpée* était une mise en accusation de L'Europe et de l'Amérique blanches par l'Afrique et l'Asie devant le juge Humanité, cette pièce a pour sujet la discrimination raciale, expérience fondamentale de tout Africain.

Hito (contraction de Hitler et de Benito?) et son fils Dol, représentants de l'«aryanisme», héros négatifs incarnant le racisme, sont confrontés dans les prisons de Hito à leurs victimes: trois Noirs à peine individualisés — seul un d'eux porte un nom — apparaissant souvent en chœur et aux paroles interchangeables. Unis à eux dans la souffrance et

la résistance, on retrouve trois Asiatiques animés des mêmes idéaux. À la suite d'une révolte dans la prison, Hito et son fils sont jugés et condamnés à la peine capitale, alors que les détenus victimes de la ségrégation raciale retrouvent leur liberté et l'espoir de pouvoir réaliser leurs idéaux.

Hito, le «père de l'aryanisme», apparaît comme un personnage intemporel incarnant une idée hors de tout contexte social et économique, comme la personnification d'un conglomérat de toutes sortes de racismes dont la mort constitue la punition exemplaire. À travers ce personnage qui véhicule le mythe de la supériorité de sa race, qui s'enorgueillit des «actes héroïques» et des «fours crématoires» lors de la persécution des Juifs, qui bénit publiquement l'Apartheid, et son «fils bien fidèle» qui propage l'idée de l'«hygiène de la race» par le biais d'images expressives, traitant les non-Aryens de criminels en se fondant sur des critères purement biologiques, à travers lui donc se trouve condamnée toute forme de racisme, de l'extermination des Indiens jusqu'à l'Apartheid en passant par le national-socialisme.

Face à lui, les victimes ont des idéaux qui apparaissent dans presque toutes les constitutions du monde: liberté, égalité, fraternité, justice, paix, «l'union de tous les hommes de bonne volonté», concorde, amitié. La base et le point de départ de leur entente résident essentiellement dans l'expérience d'une souffrance commune dans les cachots du despote. Mais cette union dépassera-t-elle le stade du combat de libération, évitera-t-elle le danger d'une utilisation abusive de cet anti-racisme par une idéologie d'intégration fallacieuse?

Le dénouement, l'arrestation des deux héros négatifs, présenté sur la scène après le récit du soulèvement contre le geôlier afro-asiatique, et seul moment d'action de la pièce, est préparé par la force des paroles incantatoires: une incantation lyrique récitée en partie par le chœur en prose rythmée et scandée, abondante en allusions symboliques, empruntant les techniques de la tradition orale (principalement répétition et variation de mots) et que les racistes encore au pouvoir traitent de «mots cabalistiques», de «mascarade diabolique» et d'«envoûtement».

À la fin de la pièce, le spectateur entend les paroles optimistes de Makala, le héros positif:

L'aryanisme au pilori, l'humanité est
sauvée;
Sauvée de l'exploitation odieuse de
l'homme par l'homme,
Sauvée de l'impérialisme,
Sauvée du colonialisme,
Sauvée du néo-colonialisme,
Sauvée du fascisme
Pour que triomphe l'Internationa-
lisme.

Il n'empêche qu'on reste un peu sceptique en pensant à «l'internationalisme qui fut un beau rêve...» (Sartre). Une «démystification du racisme» (telle est la désignation employée dans la pièce) n'inclut-elle pas, se demandera-t-on sans doute, d'autres composantes passées ici sous silence? Une énumération verbale et abstraite des méfaits historiques du racisme suffit-elle pour atteindre une telle «démystification», en omettant les réalités concrètes des intérêts divergents qui se dissimulent derrière le phénomène du racisme? Ne faudrait-il pas présenter au spectateur de façon plus tangible ses implications et ses motivations sociales et économiques, dévoiler le fonctionnement des mécanismes de dépendance, de domination, d'asservissement et de destruction, dans ses conséquences néfastes d'exploitation ainsi que dans ses théories, ses arguments pseudo-scientifiques et ses tentatives renouvelées de légitimation et de justification?

Wolfgang Zimmer

Assimilados, Paris, ORTF/DAEC, Coll. Répertoire théâtral africain, 11, 1972, 90p.
Pièce de théâtre de Jean-Baptiste Obama.

Représentée à Yaoundé dès 1964, *Assimilados* remporta le Grand Prix du Concours Théâtral Interafricain de l'ORTF en 1970. Il s'agit d'une pièce en deux «Phases» et quatre tableaux, conçue dans un style «délibérément radiophonique et ciné-théâtral» (Avant-propos, 11).

Cette pièce offre un habile et intéressant mélange de «données mythiques du conte africain avec les réalités concrètes de l'Angola colonisée». C'est un «drame-griot» dont le principal personnage et meneur de jeu est le griot Mukoko, «prince exilé de San Salvador», dépouillé par les «Hommes-Revenants», représentés ici par l'Administrateur portugais, le Chefe do Posto. Ngola, la belle danseuse angolaise, femme de Mukoko et déjà mère de ses trois enfants noirs, a mis au monde un quatrième fils, Ndangho le «jaune», fils du Blanc. Ainsi le conte yoruba de Ndangho le «blanc» et Ekouagha le «noir», tous deux fils de Nzamô-Dieu, se trouve-t-il transposé en une «situation africaine d'actualité moderne» dont le cadre est l'Angola.

Les deux «Phases» d'*Assimilados* sont profondément intégrées à la musique et aux traditions africaines, qu'il s'agisse dans la Phase I du «Mariage à Lobito», des chants de danse d'un chœur de femmes accompagnées de tam-tam autour de la mariée peinte, et parée d'énigmes et de proverbes par lesquels celle-ci s'exprime, du chant du chantier, chœur d'hommes conduit par le griot jouant de l'arc et de la harpe, ou bien dans la Phase II, «Épopée à Nova Lisboa», de la berceuse chantée à l'enfant, puis de l'épopée du Mvet, où Mukoko, au son de la harpe-cithare fang, chante et récite l'arrivée des Européens au Royaume du Congo-Angola, «noire et blanche, l'histoire d'Angola», et sa propre histoire, avec noblesse et dignité. La forme rythmée du texte d'Obama s'accorde avec le fond musical, et le tout constitue un «drame mélancolique» tout en nuances et d'une prenante beauté.

Danielle Chavy Cooper

Asticots (Les), Paris, ORTF/DAEC, Coll. Répertoire théâtral africain, 1972, 127p. Pièce de théâtre d'Antoine Epassy.

L'action a lieu entre le crépuscule d'un soir et l'aube du lendemain dans Mboma, petit village africain, Ngomo, 9 ans, a blessé son cadet Edimo, 7 ans, à la jambe. Menacés par Toko, un fou, et par les hululements des hiboux, Muto, la mère des enfants, accompagnée de Ngomo, cherche des herbes dans la nuit pour soigner la blessure d'Edimo. Un serpent mord Ngomo, qui en tombe gravement malade. Muto demande à Matanga, ancien aide-infirmier, de lui venir en aide. Matanga exige qu'elle le paie tout de suite, l'obligeant ainsi à aller réveiller la veuve Konda à l'épicerie du village pour acheter plusieurs produits à crédit. Konda refuse le crédit et conseille à Muto d'abandonner Matanga, qu'elle traite d'assassin. Konda lui conseille d'aller voir Yssape, devin et guérisseur. Elle envoie Muto chercher deux coqs pour Yssape pendant qu'elle, Konda, va chez le guérisseur pour l'en avertir. Yssape, qui n'est qu'un charlatan, est de mèche avec Konda pour exploiter Muto. Pendant leur conversation, Boka, un fossoyeur qui fournit à Yssape des crânes et des fémurs, arrive et annonce que le mari de Muto s'est noyé pendant une expédition de pêche.

Bien plus qu'une pièce d'épouvante, Epassy a créé un drame symbolique anti-blanc, anti-impérialiste et anti-néo-colonial. Le passé et le présent sont en contraste tout au long de la pièce. Toko, le fou, sert les esprits traditionnels et prétend que tous les autres ont le cerveau à l'envers: «Jadis les hommes de ce village étaient braves, énergiques; la vertu avait sa place dans le cœur des hommes. L'intégrité, la fidélité étaient l'apanage des femmes. Ah! les vieux jours!... Autrefois la tribu était un agrégat de personnes. Autrefois la solidarité était une règle d'or. Aujourd'hui les individus ont remplacé la tribu. Aujourd'hui on contemple la misère du frère et on sourit. ... Qui a

émergé, sans qu'il n'ait vendu son frère. ...Aujourd'hui les héros sont des zéros.» Chaque action et chaque parole font écho à ce thème.

Ngomo a blessé son petit frère et ne veut pas veiller sur lui. Matanga, qui dans sa jeunesse guérissait les gens gratuitement parce qu'il les aimait, est devenu mercenaire. Konda ne pense qu'à elle-même et profite de la misère de sa famille. Le Ngambi d'Yssape, au lieu de se servir des puissances de la tradition pour secourir son peuple, a perverti sa fonction à son profit.

La perversion date de l'arrivée des Blancs et de la mort du grand-père de Muto, l'âme du village, grand guérisseur et interprète de rêves, de qui Muto avait appris les seuls rudiments de médecine désintéressée qui restent au village. La grand-mère avait commis le péché impardonnable de croire au Dieu des Blancs. Ngomo, qui voudrait aller à l'école traditionnelle d'initiation, ne le peut pas parce que c'est défendu. Il sera obligé d'aller «à l'école des Blancs où on élève des traîtres». Comme l'explique Konda, «la vie est devenue très difficile, très compliquée depuis que les Blancs sont venus...».

Les prétendus remèdes de Matanga sont repoussés comme «fétiches des Blancs» auxquels on ne doit pas faire confiance, mais le Ngambe d'Yssape n'a pas de connaissances valables non plus. Et si les crânes et les fémurs volés des tombeaux avaient auparavant une valeur médicinale, ils ne peuvent plus en avoir parce que les Blancs ont appris aux gens à sceller les tombes avec le béton, ce qui symbolise l'incarcération des ancêtres dans la terre par des moyens étrangers. Tous les malheurs dans la pièce paraissent, en effet, comme des représailles prises par les esprits des ancêtres. Le toit de chez Muto est en nattes fendillées; la pluie tombe sur eux et le père qui se meurt n'est pas là pour le réparer. Les enfants s'entre-tuent. Aucune génération ne porte l'espoir. Sans la libération des vrais ancêtres, les malheurs vont continuer. Sous l'influence de l'occupation des «modernes», les hommes d'Afrique, jadis braves et solidaires, vont rester «égoïstes, intéressés, odieux, répugnants», bref, des asticots qui mangent le cœur de l'homme.

Stephen H. Arnold

À triche-cœur, Paris, Éditions Hautefeuille, 1958, 81p.

Recueil de poèmes de Gérald Félix Tchicaya U Tam'si.

Après *Le Mauvais sang* (1955) et *Feu de brousse* (1957), *À triche-cœur* marque une nouvelle étape dans l'œuvre de Tchicaya U Tam'si. Comme à son habitude, l'auteur compose une somme; il ne s'agit pas ici — comme dans ses autres recueils — d'une suite de poèmes mais d'un ensemble où les vers s'entendent et se répondent d'un poème à l'autre pour ne plus donner qu'un seul et même poème, les titres n'intervenant que pour montrer les diverses faces d'un même homme, les diverses blessures d'une même plaie. Témoins de l'univers du poète, les titres des six poèmes qui composent ce recueil résonnent comme un écho à la douleur exprimée: «Agonie», «Étiage», «À triche-cœur», «L'Étrange agonie», «Équinoxiale» et «Le Corbillard».

À triche-cœur, comme le confiait récemment Tchicaya, c'est l'instant du compromis. Il ajoutait: «le compromis n'est pas un acte lâche, c'est accepter les différentes parties de soi-même et n'en rejeter aucune». Le compromis pour Tchicaya est donc d'accepter d'être un homme blessé, moralement et physiquement, c'est aussi être Nègre et vivre un «exil blanc», c'est enfin être un Congolais loin de sa terre. Par delà cette difficile identité, la mort ne serait-elle pas l'ultime compromis?

Un recueil dont le premier poème s'intitule «Agonie», un autre «L'Étrange agonie» pour s'achever avec «Le Corbillard», ne peut ignorer la mort. La mort rôde dans *À triche-cœur* comme elle réapparaîtra plus tard, avec plus d'insistance encore, dans *Épitomé*. Sans cesse

présente, refuge ou rupture, elle domine l'œuvre, inexorable et invincible comme «le fleuve que [le poète] mène à la mer / le fleuve qui [le] mène à la mort».

Trouble-fête ou apaisement, la mort s'immisce dans le poème où le délire, le rêve et la lucidité se côtoient pour dire la déchirure. Déchirure physique qui survient lorsque le poète révèle sa destinée dans «L'Étrange agonie»: «le cœur à la main ouvrant plusieurs portes / sur l'une je lus ce qu'on y grava / conquérant tu ne seras / pied bot tu auras»; ou plus loin: «je suis un homme sans histoire / un matin je suis venu noir / contre la lumière des soleils couchants». Déchirure de l'amour lorsque la femme (la terre et le fleuve parfois) se refuse, s'éloigne, alors que «le sexe musicien» semblait permettre l'évasion dans la luxure. Ainsi, lorsque «[s'envolent] les coccinelles / me laissant navré sur une plage trop mondaine», la déchirure revient: «et chemin faisant / il m'est venu le mal du pays». Voici donc cette autre blessure: l'Afrique. Le continent mais surtout le pays: le Congo. («Quel pays — le Congo — quel Congo nom de Dieu.») Le Congo de l'arbre et du fleuve, symboles permanents qui témoignent de l'attachement profond du poète à sa terre. Nommé ou suggéré, le Congo demeure un pays à l'identité incertaine: «Quel Congo reconquérir?» La détresse (La Passion) de Tchicaya U Tam'si ne peut être apaisée, même si, parfois, le poète «câline sa conscience». Il tente dans un ultime exorcisme de réunir la femme et le pays, l'amour et l'exil, les deux revers d'un même amour, d'une même blessure, et il lui reste, après avoir «joui en avalant toute [sa] tristesse», l'espoir d'un lendemain, mort et renaissance dans ces derniers vers de «L'Étrange agonie»: «en attendant demain / un enfant soliloque / un corbillard passe / j'ouvre mon cœur pour le saluer». Cet enfant soliloquera de nouveau au chevet de la femme d'«Équinoxiale», «sur le bord de son corps». Cette femme féconde qui «Laboure / trace un sillon pour écrire l'éternité /

et sème ses étoiles» ne pourra empêcher l'aboutissement ultime, la solitude absolue, lorsqu'il n'y aura plus rien qu'une passion accomplie... et transmise. Alors le poète pourra dire: «derrière chaque nuit / je marche derrière un corbillard / mais / quels souvenirs devoir à mon cerveau d'absent / la nuit porte mon deuil».

L'œuvre de Tchicaya U Tam'si n'est donc pas une œuvre de calme mais une œuvre de souffrances et de démesures partagées. Cependant, si le poète se livre avec ses mots et ses vers, il reste l'interligne, riche de tous les non-dits. L'intimité de la poésie de Tchicaya U Tam'si ne peut être violée; gardien de sa démesure, il en conserve les clefs. Il ne s'agit pas d'hermétisme mais d'authenticité, de ces choses qui n'appartiennent qu'à soi, de ces choses dites mais partiellement transmises.

Tchicaya U Tam'si ignore la gratuité et la parole inutile. Le mot, choisi avec soin, invite le lecteur à un ailleurs multiple, les connotations personnelles devenant plurielles par la magie du verbe. Car Tchicaya U Tam'si est, avant tout et surtout, un poète qui, au moyen d'une syntaxe qui (peut-être?) déraisonne, nous confie sa détresse dans un rythme à la mesure de celle-ci. Les mots choquent et s'entrechoquent afin de mieux servir le poète et sa cause, comme lorsqu'il évoque: «face dos de face / dix derrières fessus fourbus / de femme de tête debout». Les mots deviennent alors des outils dans la tête de celui qui les travaille. La poésie se met alors au service d'un homme et d'un idéal car l'immense qualité de ce recueil, paru en 1958, n'est-elle pas d'être au-delà de l'Histoire tout en ne l'ignorant pas?

Tchicaya U Tam'si mêle sa détresse à celle des hommes mais aussi à celle de son pays. «Il n'y a pas de meilleure clé des songes / que mon nom chantait un oiseau», dit-il, dans les deux premiers vers du recueil, lui dont le nom signifie: «petite feuille qui parle pour son pays»...

Bernard Magnier

Aubades, Monte-Carlo, Éditions Regain, Coll. Poètes de notre temps, 318, 1964, 45p. Préface de Léopold Sédar Senghor.

Recueil de poèmes d'Ibrahima Sourang.

Rappelant le caractère fonctionnel de la poésie négro-africaine, Léopold Sédar Senghor présente Sourang, dans sa préface à *Aubades*, «comme un homme à la fois de rêve et d'action», soulignant avec à-propos les deux pôles de l'inspiration du poète. Les sept longs poèmes d'*Aubades* reflètent directement le contexte historico-politique de l'époque à laquelle ils ont été composés, le début des années soixante. Ils font de Sourang un poète engagé dans son temps, et de cette poésie qui allie étroitement lyrisme et intellectualité se dégage un humanisme irradiant. Le poème «Perspective», qui se tourne résolument vers le futur, chante ainsi le rêve d'un «univers meilleur / qui bannira à tout jamais / Comme des limites étriquées / Les frontières artificielles / asphyxiantes». Le poète célèbre la victoire sur l'angoisse et la détresse, l'avènement d'un «Univers radieux / que tisse la Trame / du rêve généreux / des Hommes et des Peuples». Ce rêve visionnaire de «convergence panhumaine» éclate avec passion dans l'affirmation de l'humanisme de la négritude; dans le poème «Apôtres», vision quasi messianique, véritable éclaboussement cosmique de confiance et d'espoir, Sourang oppose les valeurs de vie (soleil, lumière, mélodie, sang, vigueur) à la sombre menace de mort de la technologie moderne: «Mais avec leur science et leur technique / ils forgent de leurs mains malhabiles / l'arme redoutable / de la destruction de l'humanité / ... / Mais nous voyons éclore le soleil / radieux / d'un monde enchanteur.»

L'affirmation des valeurs négro-africaines se fait plus personnelle dans «Enracinement» où le poète développe, dans une somptueuse incantation, le thème du retour à la source maternelle, nourricière, protectrice et créatrice. Cet enracinement-retour se veut plongée vivifiante aux sources profondes de la fécondité: «Je veux revenir vers toi, / Ô ma mère, / car je ne suis pas l'Occident / Et l'Occident n'est pas moi. / Je veux tirer à la mamelle / de ton Africanité / le lait de ta fécondité /le lait de ton originalité.»

Le tryptique «Algérie», «Les Armes se sont tues» et «Le Rêve» se fonde explicitement sur la réalité politique, et constitue, autour du thème de la lutte d'indépendance de l'Algérie, un hymne à la paix et à la reconstruction aboutissant à la très belle évocation érotique de «Le rêve». Dans l'évocation du cosmos africain, du monde des ombres et des esprits, Sourang clôt son cycle de poèmes par un chant sereinement lyrique, une mélopée pénétrante invitant à l'élévation cosmique et spirituelle («Écoute la voix du vent...»).

Plus que recueil de «poèmes», et comme son titre le souligne, *Aubades* reste avant tout une série de *chants* rythmés, à structure binaire, souvent construits en parallélismes et répétitions, et sans cesse fondés sur le réalisme de la quotidienneté. C'est donc non seulement par le contenu thématique mais dans le dessein artistique même que s'affirme la dimension avant tout fonctionnelle de cette poésie.

Bernard Arésu

Au seuil de l'exil, Paris, P.J. Oswald, 1976, 50p.
Recueil de poèmes de Fernando d'Almeida.

Même si la plupart des poèmes du recueil traitent de sujets intimes et personnels, d'Almeida est conscient de l'ironie de certaines situations politiques qui ont suivi la fin de l'époque coloniale. L'amertume à peine voilée du premier poème «Aube nouvelle» manifeste cette prise de conscience. D'Almeida rejette la littérature de revendication d'autrefois et refuse le thème d'enracinement ethnique, pour traiter l'aventure poétique de l'exil. Il se voit comme témoin/victime de cette aventure intérieure qui finit par lui révéler l'univers de l'imagination poétique. Malgré les résonances pessimistes du titre, le recueil ouvre parfois des perspectives lumineuses. Sa vie d'errance s'estompe et il va «puiser l'illimité de l'espoir / à la source des réalités ambiantes».

Le vers libre du recueil n'est pas le cri strident de la déclamation politique, mais un langage poétique conditionné par les péripéties de «son intime voyage». Il s'inspire de la poésie de Saint-John Perse et reprend non seulement un des thèmes principaux de son précurseur — celui de l'exil — mais la force onirique des images et des symboles de Saint-John Perse — la mer et les vents en particulier. Le vocabulaire recherché et précieux de ce poète aussi bien que son lyrisme élaboré révèlent que le verbe et sa foi dans l'imaginaire deviennent un idéal capable de combler le vide créé par la solitude de l'exil.

«Baptisé dans le Jourdain de l'assimilation», d'Almeida évite l'africanisme facile de la négritude et admet franchement sa condition de déraciné — «sa généalogie nébuleuse». Les accents de Tchicaya U Tam'si, qui a si bien exprimé les tourments de cette crise de conscience, se manifestent dans *Au seuil de l'exil* dans les images de la «pirogue qui tangue... chavire», d'un être solitaire «ballotté par les vents de fiel» et menacé par «les ombres qui barrissent». Le symbole du carrefour souvent répété dans ces vers souligne cette impression d'inquiétude. Le dernier poème situe ce drame personnel dans le contexte des «réalités ambiantes» de l'Afrique moderne. Son avertissement à «toi qui vends à l'encan l'âme de mon peuple» dénote le rapport avec le vécu politique mais il est subitement écrasé par la tristesse de la situation actuelle du poète et par le silence qui l'étouffe.

J. Michael Dash

Au Tchad sous les étoiles, Paris, Présence Africaine, 1962, 104p.

Recueil de contes de Joseph Brahim Seïd.

On ne résume pas les contes, on les lit ou on se les fait lire, on les écoute. Le titre de l'œuvre délimite le cadre spatio-temporel de l'œuvre. Seïd nous transporte au Tchad, la nuit: c'est l'heure propice où «les personnes âgées racontent de très belles histoires qui, parfois, ne finissent jamais et qu'elles doivent reprendre chaque soir sous la clarté de la lune».

Dans le premier conte de la série, intitulé *Le Tchad, pays d'abondance, de bonheur et d'amour*, l'auteur nous livre la version négro-africaine de la destruction du monde, non par le déluge, mais par «une pluie de feu». Ce premier conte sera une sorte de cosmologie et de cosmogonie. La marche de la tribu d'Alifa est semblable à celle du peuple élu de Dieu, traversant le désert et se nourrissant de manne. Il y a dans ce conte un rêve commun à tous les hommes: l'avènement d'un monde bâti sur l'entente et la bonté du cœur, un monde où «la force, l'habileté, l'intelligence ou le génie», tout ce que l'homme possède en naissant, serait «intégralement utilisé pour le bien de tous».

Djingué ou La Sagaie de famille fait également les louanges de la concorde. Mais celle-ci n'est pas donnée, elle est conquise au prix d'une lutte sans merci. Elle est donc le fruit d'une conquête douloureuse, la victoire de l'amour sur la haine. C'est ainsi que pour mettre fin à une guerre intestine qui déchire deux tribus-sœurs, les jeunes gens des tribus feront disparaître «la sagaie de famille» qui, bien que vouée à la divinité et au culte des ancêtres, est devenue un objet de perpétuelle discorde. L'action des jeunes gens prouve que la jeunesse n'est pas toujours cet élément perturbateur dont parlent les adultes; elle peut être une force réconciliatrice.

Le royaume Ouadaï sera non seulement l'histoire de l'apogée et de la déca-

dence des royaumes, mais aussi l'histoire de l'expansion de l'Islam par l'anachorète Saleh. Quant au *Sultan Saboun*, c'est l'histoire d'un prince dont la naissance et la vie vont profondément marquer l'histoire du Ouadaï. Les devins lui avaient prédit un avenir fabuleux. Saboun sera le symbole de la pureté et un génie dans tous les domaines du savoir. Il sera l'homme du destin qu'attendait l'histoire du Ouadaï. Héritier de son père Godeh, le règne de Saboun ouvrira pour son pays une ère prospère et grandiose. Saboun, c'est le modèle même des princes musulmans, la personnification de la vertu, de la grandeur et de la puissance. Son administration luttera contre la débauche, l'indécence des mœurs, la violence et le viol de la personnalité.

Dans *Bidi-Camoun, le cheval de Tchouroma*, Seïd nous raconte l'histoire saisissante d'une grande fidélité mais aussi d'un grand amour. Fidélité du cheval à son maître, amour de Tchouroma pour son cheval. Ce sera l'occasion pour Seïd de nous faire découvrir la perfidie du cœur féminin. C'est cette perfidie qui fera d'un prince un jardinier, un être réduit aux caprices de ses maîtres. Tchouroma sera jardinier chez le roi Dongo jusqu'au jour où, pour avoir été choisi par la princesse Aïcha comme époux, il sera chassé par le roi Dongo, qui le considère comme un pied-plat indigne d'être son gendre. Mais après de nombreuses difficultés, Aïcha et Tchouroma, comme dans tous les contes, connaîtront une vie heureuse.

Le bonnet, la bourse et la canne magique raconte l'histoire d'un jeune et riche armateur, Liman. Mais il est ruiné à cause d'une splendide beauté, Gada, la fille de son rival, le sultan de Goulfei. «Douce et tendre comme une fleur de saison de pluies», la jeune Gada exerce sur Liman un véritable magnétisme. Mais les femmes, d'Ève à Hélène, sont des beautés fatales sur le chemin de l'homme. Après avoir dépensé sa fortune pour demander Gada en mariage,

Liman est frustré par le refus du sultan. Au moment où, devenu pauvre, il désespère, il comprend bien vite, grâce aux conseils de sa grand-mère, que «la grande sagesse, ici-bas, consiste à passer sans efforts ni regrets de l'opulence fastueuse à la pauvreté».

Liman est l'image même de l'homme à la volonté anéantie dès qu'une beauté le fascine et le trouble. C'est ainsi que le bonnet, la bourse et la canne, conservés par sa grand-mère, seront entre ses mains une simple fumée. Malgré sa première mésaventure, il voudra utiliser chacun de ces objets aux vertus magiques pour éblouir Gada. Il les perdra donc en confiant leurs secrets à l'implacable Gada qui, l'ayant dépouillé, le transportera sur une île déserte. Liman en reviendra mûri et enrichi d'un artifice qui lui permettra de conquérir Gada.

Avec *Gamar et Guimerie*, Seïd nous introduit dans le monde des orphelins souvent maltraités, brimés. Sur les conseils de leur marâtre, Gamar et Guimerie connaissent les brimades de leur père qui pousse la cruauté au point de les dépouiller de l'unique vache que leur avait léguée leur mère sur son lit de mort; pis encore, il les chassera de la maison. Mais la providence prend toujours soin de l'orphelin. C'est ainsi qu'après avoir souffert mille maux, les deux orphelins, par l'entremise d'une fée prise au piège et qu'ils ont libérée, se retrouvent à la tête d'un florissant et puissant royaume. Et, malgré le traitement injuste de leur père, les deux orphelins, au sommet de la gloire, vivent dans l'espoir de le revoir un jour. Car ils savent «qu'il n'y a pas de bonheur sans joie familiale».

Dans la tradition orale, le conte n'est pas seulement une initiation à la vie, il est aussi l'occasion d'expliquer l'origine de certains phénomènes. Ce sera là le premier but du conte intitulé *L'éclipse de la lune*. L'auteur nous fait découvrir les deux pôles qui se partagent le monde. D'un côté le soleil et de l'autre la lune, respectivement symboles de l'ardeur virile et de la tendresse aimante. Le soleil, c'est l'image même de la ponctualité; la lune par contre est enjouée, cachottière. Lasse de cette existence folâtre, la lune veut rencontrer le soleil. C'est la rencontre de ces deux astres au tempérament opposé qui explique l'éclipse de la lune.

La sagesse recommande de ne point juger les êtres sur l'apparence. Seïd reprend cet adage dans *La plus belle fille de la terre cachée sous une peau d'ânesse*. C'est l'histoire d'Am-Sitep, «femme aussi pieuse que belle». Adaptant sa vie à ses conceptions, Am-Sitep décline toutes les demandes en mariage des nombreux prétendants de son village. Mais la solitude effraie, même quand on est pieux. Alors Am-Sitep veut peupler sa solitude. Elle demande à Allah de lui donner un enfant. Son vœu est exaucé, mais sa grossesse défraie la chronique et les mauvaises langues flétrissent sa chasteté. Am-Sitep met au monde «un ânon aux longues oreilles». C'est alors la consternation et la stupeur et Am-Sitep est abandonnée de tous. Mais jamais le désespoir ne l'effleure et elle chante pour son ânon des berceuses où elle compare son fils-contre-nature aux plus radieux des soleils, plus doux que le miel parfumé. Derrière la peau d'âne se cache, ô mystère, une ravissante petite fille. Abakar, grâce à la curiosité propre aux enfants, découvrira ce mystère. C'est cet ânon devenu ânesse qu'Abakar demandera plus tard en mariage au grand désespoir de son père. Lorsque celui-ci, fou de rage parce que son fils a épousé une bourrique, décide de laver cet affront dans le sang, il découvre à son tour la réalité. Son fils a épousé «une femme aussi belle que l'aurore». Émue par cette heureuse nouvelle, Am-Sitep en meurt de joie et sur sa tombe «poussa une fleur, symbole de la suprême beauté féminine».

Nidjema l'orpheline est la triste histoire d'une petite fille vertueuse, dévouée et bonne amie, victime innocente de la cruauté de sa famille adoptive. C'est à elle qu'on réserve les travaux les plus pénibles. Lassée des brimades de toutes sortes, elle veut mettre fin à ses malheurs en quittant la scène de la vie. Mais elle ne met pas à exécution ce funeste projet. Si «le destin de l'homme est inexorable», chacun doit attendre son heure au lieu de se précipiter au-devant de la mort. Le bonheur n'est pas absence de souffrance, mais la pratique de la vertu. À la suite de Socrate, Seïd reconnaît que «la vertu est pour les hommes la source de toute prospérité de tous les biens».

Seïd veut aller en guerre contre la dureté du cœur humain. Ce sera là l'essentiel de *La chasse au filet*. Dans la lutte pour la survie, il faut laisser à chaque parti les mêmes chances, lutter à armes égales.

Avec *La justice du lion* nous découvrons comment la lâcheté, la complaisance et le silence complice des autres animaux ont fait du lion ce maître féroce qui sème aujourd'hui la terreur dans la brousse. Seul le lièvre, symbole de la liberté d'opinion et de la sagesse, osera faire découvrir au lion son injustice. Par le truchement des animaux, Seïd nous introduit dans un monde hypocrite où la justice a mille visages, où triomphe le droit de la force et non la force du droit. «Le faible a toujours tort et les juges, toujours convaincus, le condamnent au nom d'un mot très vague, au masque souriant, qui s'appelle l'équité.»

Ce monde injuste explique chez l'homme l'éternel rêve d'un monde paradisiaque où l'épervier et la colombe, le loup et l'agneau, le lion et la biche vivraient en harmonie. *Le vagabond* sera pour Seïd l'occasion de chanter cette harmonie, en même temps qu'il parle de la genèse de la vie.

Régner sur les hommes n'est pas une tâche facile. Dans *Le Roi misanthrope*, l'auteur nous fait suivre l'itinéraire du jeune Choua. Héritier d'une longue tradition quand il succède à son père, il n'aurait qu'à continuer l'œuvre de ses prédécesseurs, à régner en maintenant le nom, l'honneur et la valeur d'une dynas-

tie ainsi que la force du royaume. Mais le jeune prince est vite dégoûté par les intrigues, «effarouché par toutes les mauvaises langues, délateurs et calomniateurs en quête de prébendes». Pour mettre fin à cette atmosphère malsaine où les hommes se déchirent comme des chats maladroits enfermés dans un sac, Choua ouvre ses portes aux hommes de toutes les conditions. Mais à sa grande surprise, il découvre que rien ne peut discipliner les remous des ambitions. Et «jusque dans les jours de fête, ni l'éclat des lustres, ni la beauté des choses, ni la vertu de l'art n'empêchaient l'activité affairée et bourdonnante de cette cohue en mal de privilèges». Découragé par tant d'intrigues, Choua décide en fin de compte d'abandonner le trône. Il veut trouver hors de la société humaine un endroit écarté où être homme d'honneur. Son séjour au milieu des animaux et loin des hommes l'instruit et il comprend bien vite que «l'être humain n'a pas de plus implacable ennemi que son semblable».

Les contes de Joseph Seïd ne sont pas innocents. En effet, comme dans la tradition consacrée par le genre, les contes seront pour lui l'occasion d'instruire les hommes, de porter une critique acerbe sur les hommes et leurs institutions. Le conte cesse d'être didactique pour devenir politique. La vision que l'auteur a des institutions humaines n'est pas du tout flatteuse. «La fraude et la violence font partie du système social et l'homme y tremble constamment devant l'homme. La superstition, la tyrannie, l'anarchie, le mensonge, l'arrivisme, les intérêts opposés des individus, des familles et des groupes entretiennent une lutte presque perpétuelle.» Dès lors, comment croire à la justice, surtout lorsque les gouvernements sont fondés sur la démagogie, faisant aux hommes des promesses mirifiques dont le but caché est de soulever l'enthousiasme populaire? Mais on ne trompe pas longtemps un peuple, surtout lorsque les gouvernants se hissent au rang des dieux et contraignent les citoyens à adorer les maîtres du jour. Tout devient alors «entraves et chaînes imposées» à la liberté. Cette grossière mystification va endormir les consciences «sous l'effet anesthésique d'une odieuse propagande». Il faut joindre à cette propagande la présence d'une «police tatillonne, vexatoire, qui se met en droit de contrôler le comportement et les paroles de chaque individu», et l'obligation faite «aux habitants du pays à prononcer chaque matin et chaque soir une formule incantatoire par laquelle le monarque est censé répandre sa bénédiction et sa grâce sur les âmes».

Si Joseph Brahim Seïd, comme l'indique le titre de sa première œuvre (Voir *Un enfant du Tchad,* 1967), se veut avant tout un écrivain régionaliste, son message est aussi celui des autres Africains de sa génération. Si l'âme humaine est une, alors, au-delà du Tchad, Seïd s'adresse aux autres enfants du monde qui, comme lui, sont avides de merveilleux, à cet âge où la candeur et l'innocence juvénile n'ont pas encore été blessées par les atteintes et les mensonges de la vie.

Joseph-Modeste Tala

Autour du Lac Tchad, Yaoundé, Éditions CLÉ, 1969, 184p.
Recueil de contes d'Isaac Tchoumba Ngouankeu.

Autour du Lac Tchad est un recueil de quinze contes appartenant à cinq ethnies différentes du Bassin du Lac Tchad. Mais en dépit de cette diversité originelle, il s'en dégage une profonde unité, de par les préoccupations sociales, morales, pédagogiques qui y sont exprimées, aussi de par les caractéristiques communes du milieu embrassé, enfin de par les soucis esthétiques qui sont partout les mêmes.

Ce sur quoi l'accent est d'abord mis dans ces contes, c'est la manière de s'assurer le succès dans un univers social où la force prime le droit, où les petits et les faibles n'ont aucun moyen de défense face aux riches et aux princes. Dans plus d'un conte, en effet, on découvre comment la ruse triomphe là où la puissance et la richesse échouent. Ainsi l'homme-caméléon épouse la princesse hautaine (*Le Mariage du Caméléon*); l'homme aux trois touffes de cheveux, malin et astucieux, échappe à la pendaison; le rusé chacal vient à bout de la panthère, son terrifiant ennemi.

Par ailleurs il se dégage du livre de Tchoumba Ngouankeu un véritable code de morale sociale où l'on met en garde contre l'orgueil et la prétention (*L'Homme le plus fort du monde*), la traîtrise, la fourberie et la supercherie qui sont toujours démasquées et leur auteur humilié, contre l'ingratitude et la méchanceté (*La Fille sans dot*), contre l'abus de pouvoir et la cupidité des princes qui ne songent qu'à leurs intérêts. On découvre aussi dans *Autour du Lac Tchad* comment l'infidélité des femmes est toujours punie, de même que la désobéissance des enfants; comment l'avis des vieillards doit être respecté comme sagesse suprême; comment en amour il faut se méfier de toute apparence et percer le masque pour découvrir l'être profond (*Zra et Tavano*). On découvre enfin dans ce recueil de contes un cycle de l'orphelin qui toujours triomphe de la méchanceté, de la haine, de la jalousie de ses ennemis; comme quoi il faut avoir pitié des malheureux (*L'Homme et les deux lions*). Nul doute dès lors que le conte fonctionne ici comme un véritable code moral s'adressant aux femmes, aux hommes et aux enfants; un code qui vise à assurer une formation sociale permanente.

Mais au-delà de ces aspects que l'on pourrait dire universels, les contes de Tchoumba Ngouankeu fourmillent d'indices et de connotations qui en font le produit d'un milieu spécifique. Ainsi, on trouve un peu partout le culte de la belle fille: «Une très belle fille», lit-on dans *Une enfant étrange*, «qui brillait comme un diamant dans le lit d'une rivière». Mais paradoxalement la femme fait l'objet d'un traitement qui n'a rien d'attrayant dans ce monde où l'on cultive la polygamie sans tolérer la moindre infidélité de la femme. «La coutume n'admettait pas qu'une femme puisse appartenir à deux hommes à la fois» (*Trois amis*). Ce qui est dit de la femme de Dakara (*Le Roi et Dakara*, qui, comme toutes les femmes du pays, ne sortait jamais de la concession familiale sous aucun prétexte», constitue un autre aspect du destin de la gent féminine. Il y a là, sans aucun doute, des caractéristiques de la société musulmane du Bassin du Lac Tchad, auxquelles il faut ajouter d'autres éléments comme l'invocation d'Allah, le vendredi, jour de prière, le mois du Ramadan, voire cette sorte de fatalité – «c'est la volonté du tout-Puissant», – qui caractérisent les musulmans.

Le Bassin du Lac Tchad est encore présent sous bien d'autres formes dans les contes de Tchoumba Ngouankeu. D'abord par l'abondance des bœufs que l'on fait paître partout et qui sont toujours partie composante des dots et autres amendes, par l'abondance aussi des chevaux présents dans toute fuite ou poursuite; par une faune grouillante d'animaux de toute espèce qui rendent la chasse, autre élément permanent du recueil, toujours fructueuse. Présent il l'est aussi par la rareté de l'eau; le pasteur, le cultivateur, le voyageur, tous la recherchent avec un certain acharnement; présent encore par l'omniprésence du mil, la base de l'alimentation: champ de mil, couscous de mil, difficile ramassage du mil mêlé au sable tout aussi abondant; présent enfin par un florissant commerce de tissus et par une cosmétique propre: cheveux rasés en touffes, boubous brodés, chéchias, turbans, toutes choses communes aux habitants du Bassin du Lac Tchad et qui montrent bien que le conte s'enracine dans un milieu précis.

Ce qui, sur le plan esthétique, retient l'attention dans ces contes, c'est la permanence d'une structure conflictuelle issue d'une situation de départ boiteuse: une belle fille face à un laid prétendant; la femme féconde face à la stérilité;

le poltron face au téméraire; un pays d'abondance face à un pays de famine; situation qui engendre un combat, et partant une élimination, mais toujours celle du mauvais parti. Cette structure se prête bien au didactisme du conte dont nous avons parlé plus haut. Moins heureuse peut-être est la manière dont l'auteur conduit les inévitables retours à l'histoire première qu'il faut rappeler sans néanmoins alourdir le récit. Mais en dépit de quelques maladresses qui émaillent le texte, *Autour du Lac Tchad* est écrit dans un style clair et agréable dont le contraste avec la langue très peu littéraire de la préface laisse à penser que l'auteur a bénéficié d'un précieux coup de pouce dans la mise en forme définitive. Quoi qu'il en soit, on doit reconnaître à Tchoumba Ngouankeu le mérite de n'avoir pas mêlé sa personnalité d'homme du sud à ces contes dont la structure, l'envergure, la forme, témoignent bien de la maturité de leurs auteurs réels, de leur maîtrise de la chose contée. Tout cela donne à l'ensemble une cohérence que l'on est loin de trouver dans un ouvrage semblable, *Les Contes du Nord-Cameroun* (1970), œuvres des lycéens de Garoua, traduites par Henriette Mayssal.

André Ntonfo

Aventure (L') d'Albarka, Paris, Éditions Julliard, 1972, 253p.
Roman de Boubou Hama.

Ce roman autobiographique est divisé en cinq parties dont chacune correspond à une étape précise de la vie d'Albarka, le héros-narrateur, avec lequel l'auteur s'identifie. On y voit tour à tour l'enfance d'Albarka à Fonéko où il renoue avec «l'éducation de la brousse», sa vie à l'école de Dori, la capitale Peule, et enfin, ses séjours à Ouagadougou et à l'île de Gorée respectivement.

Né en Igoq, Albarka est issu d'une famille paysanne. Son père, ancien combattant, est chef de Fonéko. À l'âge de 7 ans, Albarka devient «un homme» grâce à une cérémonie traditionnelle de passage propre aux Zarmas et aux Sonraïs.

Vers l'âge de huit ans, Albarka est brutalement enlevé à sa vie de brousse pour fréquenter l'école des Blancs. À Téra, il souffre de la rougeole, des oreillons. Au bout de huit mois, Albarka retrouve son village et reprend auprès de sa grand-mère l'éducation traditionnelle, faite de légendes, de contes et de récits.

En 1922, à l'âge de treize ans, Albarka est reçu au certificat d'études indigènes mais est refusé au concours d'entrée à l'École Primaire Supérieure de Ouagadougou. Toutefois, il réussit fin octobre 1923 et quitte ainsi Dori. Après avoir préparé en deux ans le concours d'entrée à l'École Normale William Ponty, il y entre à l'âge de dix-sept ans, en 1926. Albarka termine ses études en juin 1929 et devient le premier instituteur nigérien.

L'Aventure d'Albarka est un roman d'apprentissage ou de formation, où nous rencontrons des thèmes populaires du roman africain: la tradition africaine, les valeurs occidentales, la colonisation.

L'auteur décrit en détail la vie africaine symbolisée par la puissance de la parole, les proverbes, les devinettes, les contes et les mystères de la sorcellerie. Sont aussi évoqués la science des marabouts et du guérisseur, celle du géomancien qui fait augmenter la récolte, le rôle des esprits et des ancêtres dans la vie de l'individu et de la société. Les prêtres animistes, qui interviennent auprès des dieux pour solliciter leur aide ou pour calmer leur colère, suscitent également l'intérêt du lecteur.

Le héros doit suivre les conseils de sa grand-mère: «Il faut que tu apprennes beaucoup de notre pays, lui dit-elle. Tu vas encore retourner à l'école des Blancs. Ce n'est pas eux qui te l'apprendront...»

Mais il y a la puissance militaire et la supériorité technologique occidentales contre lesquelles les Indigènes n'ont rien pu faire pendant la partition du continent noir. Les esprits qui se trouvent dans de petits tourbillons de sable et

qu'une formule arabe peut détourner du chemin sont dépassés par la Land Rover, plus forte et plus rapide, symbole de l'avance technologique de l'Occident. De plus, l'école des Blancs impose, de façon permanente, les valeurs des colonisateurs.

Bien que la critique de l'œuvre coloniale ne soit pas aussi virulente dans ce roman que dans certains écrits négro-africains, Boubou Hama dénonce le système d'enseignement qui néglige les langues vernaculaires au profit du français, la brutalité et la grossièreté des maîtres, l'exploitation et l'aliénation des élèves («Nos ancêtres les Gaulois avaient les yeux bleus et les cheveux blonds»). Le manque de connaissances géographiques des enseignants français se répercute sur leurs élèves. La corvée ou le travail forcé et la ségrégation raciale sont aussi condamnés. Pour l'auteur, la colonisation n'est qu'une exploitation. Exception faite de quelques croyances fausses des Indigènes et du jeune narrateur, Boubou Hama exalte en général les traditions de ses compatriotes nigériens auxquelles il reste attaché. La famille étendue est une bénédiction chez ces peuples; leur hospitalité, leur courtoisie et leur solidarité sont légendaires.

Quant au dilemme de l'intellectuel africain pris entre deux cultures différentes, l'auteur le résout en affirmant qu'il n'y a pas de contradictions: «Maintenant, je sais que les connaissances africaines et les connaissances occidentales se complètent, que certaines s'expliquent l'une par l'autre...» C'est sans doute à cause de cette complémentarité qu'il propose les deux voies de formation à son héros.

La psychologie est très peu développée dans ce roman. Les parents d'Albarka et sa grand-mère sont les seuls qui soient peints en détail. Le portrait physique des personnages est presque absent. La plupart de ces individus, qu'ils soient Blancs ou Noirs, sont des caricatures ou des marionnettes dans les mains de l'auteur. Parmi les caricatures, citons monsieur Boivin, le directeur blanc de l'École de Dori. C'est un ivrogne qui insultait ses élèves et «projetait au village son haleine empuantie. Son nez, aussi rouge que le vin qu'il buvait, bourgeonnait...».

L'Aventure d'Albarka mélange agréablement la poésie, la fantaisie, l'histoire et l'imaginaire. Les contes y sont nombreux; le style en est simple, direct et parfois sec; le ton gai, rapide et léger en fait un roman digne d'intérêt.

Le premier instituteur nigérien fait montre d'un grand talent de conteur en terminant son roman sur un quiproquo politique qui reflète bien le legs colonial en Afrique. Bien qu'ayant fait une partie de ses études en Haute-Volta, Albarka (ou Boubou Hama) refuse d'y exercer son métier et préfère son pays, le Niger.

Soulignons cependant que le héros est trop idéalisé et trop romancé pour être crédible. Il n'est ni picaresque ni «débrouillard» et ne se heurte presque jamais aux problèmes réels de la vie. Il s'agit bien d'une aventure idéale. C'est un roman simple, sans plus.

L'Aventure d'Albarka peut se ranger aux côtés de *L'Enfant noir* de Laye Camara, de *Climbié* de Bernard Dadié, du *Rescapé de l'Éthylos* de Mamadou Gologo et d'*Un enfant du Tchad* de Joseph Brahim Seïd.

Eric Sahr Wongo

Aventure (L') ambiguë, Paris, Julliard, 1961, 209p. Préface de Vincent Monteil. Récit de Cheikh Hamidou Kane.

Dès sa parution en 1961, *L'Aventure ambiguë* connaît un grand succès. Samba Diallo, du pays des Diallobés, est un jeune écolier de l'école coranique. Pour lui faire acquérir correction et précision dans la lecture des textes sacrés, le maître du foyer ardent n'épargne aucune sévérité à son égard.

Mais bientôt se pose le problème de l'école étrangère, l'école nouvelle devant laquelle les responsables diallobés auront des conceptions plus ou moins divergentes. Tous reconnaissent le pouvoir que confère l'école nouvelle: elle apprend «à

mieux lier le bois au bois», et «l'art de vaincre sans avoir raison»; elle permet l'acquisition de la puissance technique et scientifique. Pourtant la décision n'est pas facile: l'accepteront-ils? la rejetteront-ils?

Pour Thierno, le maître du foyer ardent, il est normal que les Diallobés construisent des demeures solides; mais il est indispensable de sauver Dieu. Or le bien-être excessif est incompatible avec l'adoration de Dieu. Pour la grande Royale, sœur royale du Chevalier, nourrie de l'expérience du passé — la défaite de son grand-père vaincu par l'étranger —, l'élite doit s'initier aux deux cultures diffusées par l'école coranique et l'école étrangère. Pour Paul Lacroix, représentant l'Occident, seule la science, donc l'école étrangère, délivre la vérité absolue. Le Chevalier, quant à lui, est convaincu que seul Dieu détient la vérité; celle que révèle la science est partielle. Il ne la négligera pas, cependant; et c'est pour cette raison que de lui-même il a envoyé son fils, Samba Diallo, à l'école étrangère. Il a espoir que son fils ne sera pas victime de l'Occident qui a déclaré la mort de Dieu au profit de la science et du travail.

C'est alors qu'intervient le fou, cet être hybride, ancien combattant qui a passé un long séjour en Occident, qui en est revenu sans devenir un Blanc et qui a perdu une bonne part de son caractère originel. Il est rejeté de tous, et n'est accepté que par Thierno; lisant dans le futur, il annonce les transformations que subiront les Diallobés s'ils acceptent l'école étrangère.

Cependant le courant semble irréversible. Presque accaparé déjà par l'école étrangère au pays diallobé même, Samba Diallo l'est davantage en Occident où il fait ses études supérieures et où il sent venir le grand danger, la métamorphose qui le menace: il ne sait plus prier; sa foi faiblit; en vain il demande à Dieu de la ranimer. Faisant la connaissance des déracinés en la personne de Pierre-Louis, l'Antillais, il se sent de plus en plus déraciné; un vide spirituel effroyable l'environne. Balafon crevé, il ne «résonne plus», ayant perdu son identité. Ni Lucienne, gagnée au marxisme quoique fille de Pasteur et qui prêche la conquête de l'avenir par la conquête de la liberté, ni Adèle, fille de Pierre-Louis qui a une haine maladive du colonisateur, ne peuvent le rassurer.

Heureusement, une lettre du Chevalier le rappelle en Afrique: il faut que Samba Diallo revienne pour apprendre que Dieu n'est «commensurable à rien». Samba Diallo rentre au pays des Diallobés, et tout se précipite: il retrouve le fou qui le prend pour le maître; ils visitent ensemble la tombe de la vieille Rella; le fou invite Samba Diallo à prier. Mais celui-ci, qui a perdu la foi, ne sait plus prier; ce dont il a conscience lui-même. Le choix est-il possible? Retrouver Dieu et vivre? Perdre totalement le chemin qui mène à Lui et mourir? Pour le fou, seule compte la gloire de Dieu; et l'une ou l'autre solution y conduira Samba Diallo. Alors il le tue sans hésiter. Ainsi se termine tragiquement ce roman qui a débuté dans la douleur en vue de la «connaissance».

Le roman compte deux parties selon lesquelles peut s'organiser l'analyse: *l'école étrangère* (p. 13-118) et *l'hybridité* (p. 121-191). Mais nous adoptons une autre perspective, et nous étudierons successivement: *la rencontre, l'aventure, le choix* et *le compromis*.

L'Aventure ambiguë est une œuvre profondément engagée sécrétée par deux des contextes les plus importants qui ont donné naissance à notre littérature: *le contexte colonial* et *le contexte socio-religieux*, le contexte coranique. L'œuvre est donc avant tout une œuvre africaine et nègre.

La rencontre, c'est bien celle entre l'Occident à la technologie avancée, qui ne croit plus qu'en cette technologie et dans le travail de ses mains, et l'Afrique nègre qui a encore confiance dans les vertus du cœur et en Dieu. Mais cette rencontre se transforme bien vite en affrontement. L'Occident ne souffre pas que ceux qu'il rencontre sur son chemin pensent autrement que lui. Tout niveler à son profit, c'est son but qu'il atteint d'autant plus facilement qu'il pratique à merveille «l'art de vaincre sans avoir raison». Le Nègre peut-il éviter cet affrontement alors que son terroir est envahi? Les Diallobés qui représentent le Nègre en général ne l'ont pas pu. Ils se sont jetés dans la barque bien malgré eux.

Et ce fut *l'aventure*. S'ils savaient ce qu'ils quittaient et ce qu'ils oubliaient, savaient-ils clairement ce qu'ils obtiendraient en échange? Qu'y avait-il au bout de l'aventure? au bout de ce voyage incertain? Les Diallobés sentaient confusément qu'il n'y avait que la mort: la mort de leur foi, de leur spiritualité, de leur culture en dépit de la promesse de l'Occident de leur «apprendre à mieux lier le bois au bois», à construire des demeures solides.

Le drame c'est que les Diallobés devaient passer par l'aventure. Aucun *choix* ne leur était plus possible; ils étaient pris entre deux forces; seul un compromis pouvait les sauver. *La volonté de demeurer soi-même*, c'est-à-dire de résister à l'école étrangère et à la métamorphose, a poussé les Diallobés à sauver Dieu, et avec lui, la culture africaine: le passé, le présent et son avenir. Mais l'angoisse est pourtant là: «Avons-nous encore suffisamment de forces pour résister à l'école et de substance pour demeurer nous-mêmes?» C'est Samba Diallo qui s'interroge. L'école étrangère, ce modèle à imiter, est irrésistible; elle est un mirage qui capture définitivement et d'autant plus facilement que les Diallobés ont *des besoins immenses à satisfaire*, besoins envahissants, auxquels l'école étrangère promet des solutions sûres. Nous sommes déjà conquis par les réponses, infaillibles en apparence, que l'école donne à ces besoins. Ce qui signifie que nous sommes «vidés de nous-mêmes, de notre substance».

Vidés de notre substance matérielle,

morale et spirituelle, affaiblis par nos divisions symbolisées par l'opposition entre le grand maître, qui vit dans la nostalgie de la tradition, et la grande Royale, qui accepte les habits neufs pour habiller ses enfants, nous courons à la défaite.

Seul *un compromis* peut nous sauver: nul ne peut échapper à la rencontre des civilisations et des cultures, et les peuples d'Afrique encore moins. Mais Cheikh Hamidou Kane affirme qu'on ne peut impunément abandonner sa culture sans se détruire soi-même, sans détruire son âme. Samba Diallo, qui le tentera, en mourra, quoiqu'il le fasse involontairement.

Le salut consistera donc en la synthèse des deux cultures: l'occidentale et l'africaine. Mais le compromis, la synthèse, aura des conséquences très graves: la métamorphose des consciences d'abord: l'Occident façonne le Nègre comme le feu le métal. Cette métamorphose demeure inachevée et installe le Nègre dans l'hybride. Samba Diallo le confesse: «Il arrive que nous soyons capturés au bout de notre itinéraire, vaincus par notre aventure même. Il nous apparaît soudain que, tout au long de notre cheminement, nous n'avons cessé de nous métamorphoser et que nous voilà devenus autres. Quelquefois, la métamorphose ne s'achève pas, elle nous installe dans l'hybride et nous y laisse. Alors, nous nous cachons, remplis de honte.» Est-ce un métissage, résultat d'une nouvelle naissance? Les Diallobés sont-ils morts sous les flammes pour renaître? Une synthèse de cultures est-elle nécessairement un métissage culturel? Samba Diallo était-il un métis culturel? Beaucoup d'hommes de culture nègre donnent aujourd'hui dans le panneau du métissage culturel. Ils s'imaginent qu'il suffit d'être un Nègre instruit et formé à l'école occidentale pour être un métis culturel. Un métissage culturel est une nouvelle nature, sur le modèle du métis génétique: ni Nègre, ni Blanc; c'est-à-dire ni la civilisation africaine originelle, ni la civilisation occidentale cible. Or il ne s'agit en rien de la. Chez les Diallobés, comme chez Samba Diallo, il s'agit de la juxtaposition de deux cultures antagonistes, l'occidentale cherchant à assimiler ou à exclure l'africaine; le résultat devant être à plus ou moins brève échéance l'acculturation de l'être par rapport à la culture héréditaire.

La pensée de l'auteur s'appuie sur un emploi approprié de certains mots grammaticaux tels que *nous, notre*: «il arrive que *nous* soyons», «*nous* n'avons cessé de *nous* métamorphoser», «*nous* voilà devenus autres»; «elle *nous* installe»; «et *nous* y laisse, *nous nous* cachons»; «*notre* sort», «*notre* itinéraire», «*notre* cheminement» (voir citation ci-dessus).

Ces *nous* et ces *notre* représentent bel et bien le «Nègre» ou, si l'on veut, la race noire, par opposition au *vous* qui représente l'Occident. Chaque fois que Samba Diallo dit *vous*, il s'adresse à un Blanc, alors qu'il inclut dans le *nous* tout ce qui est *noir*: le Nègre et sa civilisation, sa culture, sa vie, son sort en général. Ceci montre bien que Cheikh Hamidou Kane n'échappe pas «à la donnée temporelle et politique de son sujet, l'angoisse d'être noir», comme l'ont prétendu certaines critiques récupératrices. Il nage à fond dans cette angoisse, d'un bout à l'autre de l'œuvre. Et la mort qui clôt le roman n'est pas la mort de l'homme universel mais celle du Nègre, de la race nègre et de sa culture assassinée par la présence envahissante de la culture étrangère.

Ce n'est que par un détour forcé et bien exagéré qu'on veut voir dans l'œuvre le classicisme occidental et la portée universelle de la réflexion philosophique prédominer, au détriment d'une réflexion qui privilégie la race et la culture nègres.

Le style est vigoureux et le vocabulaire technique et philosophique, approprié. Le ton mesuré et convaincant est adapté à l'angoisse que l'auteur veut communiquer.

Jean-Pierre Makouta-Mboukou

Aventures (Les) de Biomo, Libreville, Institut Pédagogique National, 1974/ Paris, l'Arbre du voyageur (Diff. L'École), Coll. Contes de la Gazelle, 6, 1975, 63p.

Recueil de contes de Jean-Baptiste Abessolo.

Personnage bien connu des veillées gabonaises, Biomo est le héros positif de ces contes. Au cours des six chapitres qui composent ce recueil, nous le suivons depuis son enfance, époque durant laquelle il fut «aux prises avec le monstre à sept têtes» (chapitre 1) — monstre qui interdisait l'accès aux récoltes alors que la faim sévissait dans le village — jusqu'à «la veillée nuptiale» (chapitre 6) qui consacre son mariage avec la fille d'un vieux magicien.

Au long de ces six chapitres, Biomo sortira vainqueur de bon nombre d'épreuves (tuer le monstre à sept têtes, subir l'humiliation de devenir un être hideux et d'être rejeté par les villageois, venir à bout de la réincarnation du monstre, déjouer les pièges de son futur beau-père, etc.). Outre ses qualités, Biomo est aidé en cela par ses pouvoirs et ses connaissances (la formule pour ouvrir la grotte-refuge semblable à celle d'Ali-Baba), par des artifices magiques (sa gibecière), par l'intervention de sa future épouse ou celle de *Mendzim-sesse* (oracle, guérisseur, magicien familier des contes gabonais).

Comme en de nombreux contes africains, la famine et la recherche de nourriture sont le point de départ des aventures. La nature et les animaux fabuleux sont constamment présents dans ce recueil et y perpétuent la tradition comme les lois du genre régissent son intrigue.

La réalité quotidienne de la vie d'une petite communauté et l'irréalité (ou la surréalité) du monde merveilleux se côtoient, se succèdent et s'entremêlent pour donner une leçon qui ne manque pas d'interprétations possibles, le plaisir et le divertissement n'en étant cependant jamais absents. La ruse, l'habileté, le courage sont les vertus qui permettent au héros de triompher des pires situations et d'être présenté en modèle.

Ce recueil est constitué de chapitres indépendants qui peuvent être lus séparément mais qui, néanmoins, se suivent et s'enchaînent comme les différents épisodes d'un feuilleton aux multiples rebondissements.

Les enfants, à qui ce recueil est dédié, composent, bien sûr, le public privilégié de Jean-Baptiste Abessolo mais il n'est pas interdit d'être, parfois, un enfant d'âge mûr... La jeunesse du personnage principal et les illustrations de Pierre Lataste (bien que celles-ci ne soient pas toujours à leur juste place) renforcent cet aspect.

Ainsi, essayant de sauver de la civilisation moderne la tradition africaine qui ne semble plus devoir être transmise oralement, Abessolo tente de préserver et de faire mieux connaître le patrimoine culturel gabonais et s'inscrit dans la lignée des Birago Diop au Sénégal, Hampaté Bâ au Mali, Dadié en Côte-d'Ivoire et de bien d'autres dans leurs pays respectifs, évitant de la sorte que «les bibliothèques ne brûlent».

Bernard Magnier

Aventures (Les) de Koulou-la-tortue, Yaoundé, Éditions CLÉ, Coll. Pour Tous, 1972, 63p.

Recueil de contes de Michel Meva'a M'Eboutou.

La tortue est le héros des contes d'animaux (l'une des trois catégories des contes en Afrique — les deux autres étant les mythes et les contes romanesques à personnages humains) au sud du Nigeria, et au Cameroun, chez les Douala et les Bamiléké. D'autres animaux comme l'hyène, l'araignée, l'antilope, la rainette et la mante religieuse sont les protagonistes des contes dans les autres communautés africaines. Ces animaux partagent tous les mêmes vertus. Tous petits, à l'exception de l'antilope, ils symbolisent les petites gens qui luttent contre les puissants. Avec leurs succès toujours assurés, ils personnifient la sagesse, l'habileté et la justice. Ils enseignent aux humains le triomphe de la ruse sur la force brutale, la revanche des petits opprimés par les grands et l'échec de l'injustice.

Dans ces aventures de la tortue à laquelle on donne, chez les Bulu du Cameroun, le nom de Koulou, ce dernier se présente comme le protagoniste au sens étymologique du terme. Bien que les dangers fussent «ses fidèles compagnons [...] il avait toujours des moyens de les contourner (p. 26)». Ces moyens venaient toujours de son esprit inventif, son génie débrouillard et sa sagesse sans borne. À travers ses différentes aventures et ses rapports avec les autres animaux, la tortue apparaissait comme l'animal le plus rusé, le plus sage, le plus intelligent. Elle dupait facilement les autres membres de la gent à quatre pattes. De plus, avec sa dure carapace dans laquelle elle rentrait à volonté sa tête chaque fois que le danger arrivait, elle parvenait à jouer des tours à toute l'assemblée des animaux qui la condamna deux fois à la peine capitale, mais elle arriva à se moquer tour à tour du plus petit, du plus grand, du plus faible et du plus fort. Elle alla même jusqu'à déjouer les plans d'Awu-la-Mort qui la menaçait. Elle se révéla donc rusée et se présenta souvent comme le redresseur de torts, la protectrice des faibles et des opprimés et comme celle qui déjoue les intrigues les plus tortueuses.

Au-delà de ces aventures qu'un lecteur non averti peut trouver puériles, le conteur nous révèle un univers sérieux qui met en relief une philosophie pragmatique. En effet, ce monde animal s'apparente à celui des hommes. En plus d'appeler la tortue «notre homme» et les animaux «nos gens», la société que l'on découvre est organisée comme celle des hommes. La hiérarchie sociale qui va du roi-Lion à ses administrés est nette. Chacun est censé garder sa position sans se plaindre. Pour survivre, les protagonistes exercent des métiers propres à la vie rurale comme la pêche, la chasse et l'agri-

culture. Dans l'exercice de leur métier, ils se servent des mêmes outils que l'homme. De plus, la distinction entre la forêt, les arbres et les trous où habitent normalement les animaux et les habitations humaines comme les villages, les cantons, les hameaux, les maisons, les cases, les tentes et le palais royal, semble volontairement ambiguë.

Comme le conteur traditionnel, Eboutou nous rappelle qu'il n'est qu'un collectionneur et un rapporteur, que son travail a consisté à recueillir, à arranger et à présenter les contes dans un style simple, adapté et plaisant qui respecte «le parler populaire» des Bulu.

L'auteur fait sentir sa présence avec quelques commentaires généralement mis entre parenthèses. De plus, il tient toujours compte de ses auditeurs. Il les présente au début assis autour du conteur nommé Eboutou, leur chef, après le repas du soir. Eboutou contribue énormément à la relance d'un genre littéraire dont la valeur sociale en Afrique demeure très importante.

Samuel Ade Ojo

Aventures (Les) de Moni-Mambou, Yaoundé, Éditions CLÉ, Coll. Pour Tous, 1971, 60p.
Aventures (Les) Nouvelles de Moni-Mambou, Yaoundé, Editions CLÉ, Coll. Pour Tous, 1971, 64p.
Aventures (Les) de Moni-Mambou 3, Yaoundé, Éditions CLÉ, Coll. Pour tous, 1974, 60p.
Récits de Guy Menga (Pseudonyme de Gaston-Guy Bikouta-Menga).

Si Guy Menga, écrivain, reste très attaché à la tradition populaire sur laquelle il jette un regard critique, il est, avant tout, le chantre de la liberté. Tous les personnages principaux de ses œuvres travaillent à se dégager des multiples formes d'oppression qui empêchent l'individu de s'épanouir.

Les Aventures de Moni-Mambou constitue le premier des quatre fascicules qui vont être publiés sur les aventures de ce héros légendaire de la forêt congolaise. Il comporte quatre récits: *Un nom prédestiné, Mon premier compagnon d'exil: un perroquet, Une bague royale, Chez les cannibales.*

Un nom prédestiné décrit les circonstances dans lesquelles Moni-Mambou est obligé de quitter son village, où règne une gérontocratie abusive et aveugle, car il a refusé d'épouser une jeune fille borgne que lui avait offerte son oncle. Avec *Mon premier compagnon d'exil: un perroquet* commencent à se manifester les nombreuses qualités humaines de Moni-Mambou. Toujours prêt à voler au secours des faibles, il tue un lion qui s'apprêtait à dévorer une jeune femme. Or ce lion était le double d'un vieillard qui, avant de mourir, lui laisse son perroquet.

Une bague royale montre comment Moni-Mambou, aidé de Yengui le perroquet, cherche et retrouve la bague du roi, bague volée par des trafiquants portugais.

Dans *Chez les cannibales*, Moni-Mambou réussit à détruire les cannibales de la forêt, délivrant ainsi les villages des alentours des agressions perpétuelles de ces derniers.

Ces récits ont toutes les qualités des contes populaires: un héros transcendant par ses qualités humaines; une assistance perpétuelle du héros par le surnaturel; un récit plein de suspense, de coups de théâtre mais où le comique reste présent. Grâce à la division manichéenne de l'univers de ces contes, les personnages qui sont écrasés sont toujours du mauvais côté.

À travers cet univers irréel, onirique même, Guy Menga dénonce des maux toujours présents dans notre société: méchanceté, cupidité, ambition, oppression. Il réhabilite des valeurs en voie de disparition de notre monde en proie au matérialisme: la solidarité, la générosité, le courage, la justice, la liberté.

Les Aventures de Moni-Mambou sont pour tout âge. Le courage et le goût de Moni-Mambou pour les aventures trouvent un écho particulier chez les jeunes alors que les intrigues de cour, les problè-

mes de ménage, de sexualité et autres suscitent plus d'intérêt chez les adultes.

Par l'humanisme qui s'en dégage, *Les Aventures de Moni-Mambou* sont de tous les temps et de tous les continents.

*

Avec *Les Nouvelles aventures de Moni-Mambou*, Guy Menga invite le lecteur à jeter un regard neuf sur notre société où l'arbitraire, sous diverses formes, semble gagner de plus en plus de terrain.

Ce deuxième fascicule de la vie de Moni-Mambou comporte quatre volets: *La Princesse Kobe, Lounkouma, Le Sadique de N'Godi* et *L'Eau de la rivière maudite.*

Moni-Mambou, à travers ces aventures, incarne les valeurs morales et sociales sur lesquelles reposent l'éducation et la vie dans les sociétés africaines traditionnelles et modernes. Il représente, en quelque sorte, les dieux sur la terre. Chaque récit illustre le comportement d'un être juste et bon dans des circonstances données.

La Princesse Kobe montre Moni-Mambou se défaisant des chaînes affectives d'une femme qui avait tout pour plaire: la fortune, le pouvoir (elle est princesse) et la beauté.

La virilité étant considérée comme une valeur suprême, la femme devient le symbole de la perte de cette virilité, de la castration. Moni-Mambou (comme tout homme digne de ce nom), pour remplir sa mission, devrait en premier lieu savoir qu'il lui faut éviter tout contact prolongé avec la femme dont les charmes ont une coloration diabolique.

Si *Lounkouma* apparaît comme le refus de la violence gratuite, il est aussi la dénonciation de la cupidité humaine.

Moni-Mambou, gardien des trésors d'une tribu, prend au piège des voleurs portugais. Les lois de la tribu prévoient comme punition, dans ce cas, «la lounkouma», c'est-à-dire l'introduction dans l'anus d'une broche rougie au feu. Moni-Mambou obtient que les voleurs soient seulement exécutés.

Le Sadique de N'Godi célèbre le courage presque surnaturel de Moni-Mambou dans son combat contre un génie qui ne se nourrissait que de chair humaine.

Dans *L'Eau de la rivière maudite*, Moni-Mambou délivre un village de la dictature de son chef.

Les Nouvelles Aventures de Moni-Mambou, tout en restant conformes à l'esthétique des contes africains (division manichéenne du monde, triomphe du bien sur le mal, présence perpétuelle du surnaturel, du fantastique, etc.), comportent des originalités qui nous semblent être les marques du génie de l'auteur.

La lecture aisée et agréable, le langage presque théâtral, synthèse de l'écrit et du parler donnent à l'auteur des ressources énormes. La création de situations à la fois réelles et irréelles (village de femmes exclusivement), l'intensité des aventures, font des *Nouvelles Aventures de Moni-Mambou* une œuvre très attachante où la fiction et la réalité se joignent pour traduire cette autre réalité mouvante qu'est la société africaine d'aujourd'hui.

*

Les Aventures de Moni-Mambou 3 comporte trois récits: *Le Passage de Téka, Le Retour des «oreilles décollées»* et *Le «Barracon» de Kimbubuzi*.

Avec ce recueil, on perçoit très nettement l'évolution de Moni-Mambou. Dans les trois récits, moni-Mambou n'attaque plus. Il réagit aux attaques que subissent les populations auxquelles il s'est intégré. En ce sens, son combat prend un caractère plus populaire, plus politique.

Le Passage de Téka dénonce la vanité, l'ambition et la jalousie humaine à travers le comportement de Téka, truand qui croyait pouvoir faire perdre

sa notoriété à Moni-Mambou. *Le Retour des «oreilles décollées»* glorifie la lutte armée contre des envahisseurs esclavagistes portugais et recommande une vigilance perpétuelle, faute de quoi les fruits de la lutte peuvent se trouver confisqués.

Dans *Le «Barracon» de Kimbubuzi*, l'auteur s'élève contre l'esclavage avec une vigueur particulière. Moni-Mambou, qui a toujours eu le souci de préserver la vie de ses adversaires, n'hésite pas ici à tuer les esclavagistes, blancs comme noirs.

La dictature, le colonialisme et l'esclavage sont les maux contre lesquels Guy Menga s'élève dans *Les Aventures de Moni-Mambou 3*.

En fait, le combat que mène Moni-Mambou est celui de la libération de l'homme de toutes les formes d'exploitation et d'oppression.

Les Aventures de Moni-Mambou 3, peut-être plus que les autres fascicules, porte sur des sujets d'actualité. L'Afrique reste la toile de fond de chacun des récits.

Bien que traitant de sujets graves, Guy Menga ne se départit pas de son humour. Il reste le chantre de l'espoir.

Les Aventures de Moni-Mambou 3 ne finit-il pas sur les images de la destruction du «barracon», sorte de prison où l'on enfermait les esclaves avant de les expédier en Europe, et de la libération de tous les esclaves?

A travers *Les Aventures de Moni-Mambou 3*, on retrouve, non pas l'écrivain, mais le conteur et l'humaniste qui part des réalités quotidiennes (parfois terribles) auxquelles il nous fait réfléchir, certes, mais dont le langage à la fois poétique et direct nous oblige, malgré tout, à rire.

Jean-Pierre Guingane

B

Balafon, Yaoundé, Éditions CLÉ, Coll. Poésie, 1972, 100p.

Recueil de poèmes d'Engelbert Mveng.

Composé de poèmes écrits depuis les années cinquante jusqu'aux années soixante-dix, *Balafon* garde une certaine unité dans les images et dans le style. Tout d'abord les poèmes inspirés par les pays étrangers reflètent la profession de l'auteur; les «Lettres à mes amis» sont adressées aux personnages représentatifs des cultures chinoise, européenne et américaine: Kong-Fu-Tseu (Confucius), Roland-Roger (le français moyen) et Moteczuma. Mveng invoque ces diverses civilisations en insistant sur l'apport fertile qu'a semé l'Afrique aux quatre coins du monde. Le style et le contenu de ses pièces rappellent les poètes de la négritude. Son poème, «New York», ressemble beaucoup à «À New York» de Senghor, même si Mveng, un peu plus moderne dans son choix de «sauveteurs» noirs, y inclut les «Black Panthers», Martin Luther King et Malcolm X. D'ailleurs, même à Moscou, ce sont les «Tam-tams» qui peuvent «[apporter] le salut de [ses] Ancêtres Bantous»: il les appelle «Tamstams d'amitié», et ils battent au-dessus du Kremlin. «Tam-tam, /Tam-tam/Tamtam sous la coupole, /Tam-tam sur la croix d'or, / Sur le globe de feu, / Sur l'Étoile rouge, / Tam-tam, / Tam-tam...» Tous ces poèmes de voyage, d'amitié internationale, révèlent une rhétorique, une attention pour les sonorités de langue, un ton et un esprit africains.

L'inspiration chrétienne, toujours présente dans ces rencontres, se fait de plus en plus intense dans la deuxième moitié du livre où les mêmes images chrétiennes, «le calice», «le feu», «la lèvre», «la mère», sont utilisées d'une manière beaucoup plus originale et frappante. Dans «Épiphanie» et «Offrande» le poète célèbre le mystère et la beauté religieuse d'une offrande à Dieu; dans le premier c'est «l'or pur» de tous les peuples, de tous les paysages, de toutes les sociétés en Afrique depuis le Drakensberg jusqu'au Sénégal, porté par un des trois Mages, ici symbole de l'Africain universel; et dans le deuxième une marmite simple, avec une lèvre «compacte et nette», que sa mère a donnée à Dieu. Mveng investit ce Christianisme d'une ferveur passionnante et personnelle, tout en perfectionnant un mode d'expression né dans les œuvres de son maître, Senghor. L'importance du «Verbe» se présente surtout dans un poème dédié à sa mère où il souligne le don de la parole, de la foi qu'elle lui a donné, et qu'il porte lui-même maintenant à travers le continent. Par contre, dans «Pentecôte sur l'Afrique», l'appel à l'Esprit surgit — «Oh! parle, mon Seigneur» — avec la promesse de se transformer: «Je serai Kotoko, Mousgoum, je serai Moungolu...», etc., et de répandre le parler partout: «Je dirai au Dogon, au Mossi...»

Non sans une conscience lucide, compréhensive de toute la gloire d'antan et de la perte de ce passé précolonial, Mveng choisit avec enthousiasme la voie chrétienne: «Nous avons bondi sur la tombe des Ancêtres, / Et nous voici, Seigneur, dans le Vent de l'Esprit: / Oh! parle seulement, / habille-nous de ta Parole. / Et nous serons ta Voix, de collines en collines, / D'océans en océans, de continents en continents.» Sa réussite consiste en l'unité des éléments personnels, particuliers – les images de sa mère, ou d'Enam-Ngal –, et des éléments universels, des images tirées de l'histoire, de l'Afrique globale, de la négritude, de sa foi revêtue d'images chrétiennes traditionnelles et de forme unique. Les chants de ce témoignage brûlent de la passion de l'auteur, comme nous le voyons à la fin de «Pentecôte sur l'Afrique»: «Le tam-tam dit: Pentecôte! / Pentecôte, Pentecôte! répond le balafon, / Le tambour, Pentecôte! / L'arc de vibration sur ma lèvre de silence, Pentecôte! / Ô mes grelots, Pentecôte! Ô mes clochettes, / Dans mes pieds de cadence, Pentecôte! / Dans mes mains, / Dans la jubilation de mes dix doigts, Pentecôte de jouvence!»

Kenneth Harrow

Ballades et chansons camerounaises, Yaoundé, Éditions CLÉ, Coll. Poésie, 1974, 56p.

Recueil de poèmes de Samuel-Martin Eno Belinga.

Les trente-neuf poèmes de ce recueil sont groupés par l'auteur en quatre catégories: «Mon peuple et mon pays», «Chansons pour Marie-Magdeleine», «Soirées au village» et «Légendes de mon pays». Dans le premier livre, le poète chante son amour pour son peuple. L'histoire et la musique s'unissent pour demander un ordre nouveau de justice, de liberté et un empire sans divisions. Les thèmes dominants sont le sacrifice, l'humilité et l'unité. Ces poèmes ne brûlent pas d'une ardeur révolutionnaire, mais plutôt d'un amour sincère et profond. Entre le poète et son public il y a un rapport d'égal à égal, car le poète croit que sa mission est de former le peuple et d'être instruit par lui.

Dans le second livre on trouve une collection de poèmes groupés autour du thème de l'amour. Ce sont des chants simples qui ressemblent aux chansons populaires du moyen âge français. L'amour dont s'inspirent ces chants est monogame, fidèle et sacré, et semblable dans son intensité à l'amour du poète pour son peuple dans le premier livre. L'amour est même la source de l'unité et peut effacer les «multiples différences» du couple ou d'un pays. Dans certains de ces poèmes, Eno Belinga improvise des rythmes; dans d'autres il présente des ballades qui racontent l'histoire d'un emprisonnement, d'une passion, de l'indépendance.

Les traditions villageoises sont évoquées dans le troisième livre. Le rythme y domine, le rythme des instruments traditionnels et de la veillée unificatrice. Des images concrètes foisonnent («palmier aux cent bras qui nagent / Dans le ciel»; «la lampe à l'huile... montée sur un trepied»). Même dans ces scènes domestiques se dressent les thèmes de l'union, de la paix et de l'amour. Les «Soirées au village» unissent le peuple, relient le présent au passé et chantent l'amour.

C'est dans le quatrième livre qu'apparaît l'historien et le professeur de sciences. Dans les «Légendes de mon pays», les dominantes sont les fleurs, les montagnes et les rivières du Cameroun. Le Mont-Cameroun, le Massif de l'Adamaoua et les cours d'eau donnent au pays un sens de permanence et de solidarité, et au poète un point de repère. Dans ce livre, comme dans les deux premiers, la diversité qui fait la beauté du pays apparaît sous le symbole du Mont-Cameroun, «lumière, source de la vie».

Dans tous ses poèmes, Eno Belinga veut se soumettre aux besoins de son pays («Cameroun béni tu es mon seul maître»), et se faire accompagner des instruments traditionnels – luth, balafon et tambour. Le souci principal du poète est l'harmonie, l'unité forgée de multiples différences. Le rôle du poète est d'éveiller l'amour et de célébrer l'unité du couple, du village, du pays et du peuple. Il réunit histoire, musique, géographie et poésie pour symboliser l'unité qui peut naître de la diversité.

Lauren Yoder

Bandoki, les sorciers, Kinshasa, Éditions Saint-Paul-Afrique, 1972, 87p. Préface de Masamba ma Mpolo.
Chronique de Batukezanga Zamenga.

Bandoki présente sous forme de chronique la croyance à la sorcellerie et l'attitude vis-à-vis de la maladie et de la mort d'un village bantou. En six épisodes successifs, Zamenga touche différents aspects de la vie collective d'un village: le travail des femmes aux champs, les croyances aux présages, aux songes prémonitoires, les interdits du clan, les traditions du mariage, de la dot, du veuvage, des funérailles, et l'exploitation de peurs superstitieuses par des charlatans ou des parasites sans scrupules. Plus qu'un roman, c'est une chronique, écrite dans un style simple et alerte, qui présente une vue objective, et incite à la réflexion. L'œuvre est empreinte de sagesse bantou («Regardez un peu le nez de l'homme; il est incliné vers le bas, ce qui signifie que l'homme doit mourir»). La vision bantou du monde s'y exprime, conciliable d'ailleurs avec les valeurs chrétiennes: «les souffrances existent depuis que Nzambi a puni Mahungu le premier homme», «le Nzambi A Mpungu a donné à chacun de nous quelque chose de comparable à une balance que nous pouvons appeler PÈSE-ACTES» (en capitales dans le texte); enfin, «il appartient à chacun de nous de choisir: être méchant ou bon».

L'importance de la vie collective et l'obligation de solidarité y sont soulignées. Le couple qui mange ou vend les porcs-épics que l'homme a pu prendre à l'insu du clan transgresse gravement la loi, d'où la chaîne de malheurs qui va s'ensuivre pour tout le village. L'auteur voit dans cette solidarité et cette vie collective la clé du caractère africain: «contrairement à ce qu'on pense, et malgré les apparences des citadins, le fond de l'homme africain reste intact; loin de chez nous et de nos clans, nous restons solidaires entre nous; l'anonymat et l'individualisme ne nous ont pas encore envahis». En cela, les déracinés, qui tendent «de plus en plus à devenir des occidentaux en adoptant servilement leurs modes de vie» (Voir *Les Hauts et les bas* du même auteur), ne sont pas différents des «mbuta za bantu» qui sont restés chez eux et s'en tiennent aux coutumes, comme les villageois terrifiés par le Ndoki.

Danielle Chavy Cooper

Bannis (Les) du village, Dakar/Abidjan, Nouvelles Éditions Africaines, 1974, 129p.
Recueil de nouvelles de Timité Bassori.

La formation de cinéaste de Timité Bassori nourrit son activité littéraire: ces nouvelles le montrent habilement réceptif aux couleurs, aux bruits, aux senteurs de la Côte-d'Ivoire lagunaire dont il aime être le fils. Il est aussi de formation européenne, attentif aux liens et aux contradictions existant entre sa civilisation maternelle et «sa» civilisation venue d'ailleurs. Le recueil, sans aucune mièvrerie, excluant tout manichéisme, refusant la caricature, baigne dans une générosité lucide et une tendresse critique qui lui donnent, malgré la diversité des thèmes abordés, une cohérence éthique et formelle.

La nouvelle, qui donne son titre à l'ensemble, *Les Bannis du village*, place en situation conflictuelle le jeune homme Mangoua, sa mère – veuve possessive qui entend diriger la vie de son fils –, et Adjo, épouse de Mangoua. Cette dernière a été éloignée du foyer par la haine que lui voue sa belle-mère; son mari tente de l'y ramener; elle finit par accepter et Mangoua, rentrant nuitamment de la pêche, fait l'amour avec la femme qu'il trouve dans son lit. L'inceste, transgression suprême, est consommé: la mère, s'attendant à la venue d'Adjo, a voulu lui faire croire qu'une autre femme occupait la vie – et le lit – de son fils. Mangoua se plante dans le ventre son harpon, sa mère s'éloigne dans le village qui s'éveille... Tout effet mélodramatique est exclu de ce scénario tragique: la maîtrise pudique des situations, les chants d'amour à la nature, les rêves prémonitoires, la présence des croyances traditionnelles donnent à cette nouvelle une dignité rare. Dignité qui interroge: jusqu'où peut aller ce despotisme des parents à l'encontre de leurs enfants? Comment, et pourquoi, un système social peut-il empêcher deux jeunes gens de s'aimer? Ainsi s'amorce une réflexion sur le bien ou le mal-fondé d'une société où tout pouvoir est dévolu aux «Anciens», quitte à faire le malheur des jeunes.

Jeux dangereux conte la vie et la mort de Bouka, dix ans, cancre et garnement, mais «Grand-Maître» (p. 37) d'un clan d'enfants, car il fabrique des jouets et des lance-pierres exceptionnels qu'il vend pour acheter des cigarettes... Il initie le narrateur – six ans – à l'escalade des arbres, au tabac... jusqu'au jour où, plongeant dans la rivière, il s'éventre contre une carcasse immergée.

Ce souvenir – à l'évidence personnel – préfigure «en brousse» la constitution dans les métropoles africaines contemporaines de bandes de jeunes, marginaux malgré eux, qui défient en permanence l'ordre et les valeurs d'«aînés» en qui ils ne se reconnaissent pas.

Humilié par des gardes-cercles coloniaux, le père du narrateur de *Vers les horizons du savoir* décide que son fils, grâce à une éducation poussée, assurera la pérennité de l'Afrique; et l'adolescent qui s'embarque pour la France, après une séparation déchirante d'avec sa mère (l'on songe à *L'Enfant noir* de Camara Laye, à *Climbié* de Bernard Dadié), compare l'océan au continent qu'il quitte – une permanence toujours renouvelée – tout en s'interrogeant: «qu'auront fait de moi ces horizons du savoir vers lesquels je m'oriente (p. 66)?».

Monsieur Dubois est un colon paternaliste («pour moi, les Noirs sont des enfants qu'il faut éduquer», p. 79) qui a fait fortune dans la boulangerie à Abidjan vers les années 40, au temps où le pain était une friandise convoitée. Ruiné par la concurrence, il doit, avec sa femme, se métamorphoser et vivre «comme les indigènes», tout en continuant à les mépriser chaleureusement. Jusqu'au jour où Monsieur Dubois, agressé par un paysan auquel il a chapardé, pour se rafraîchir, une pousse de manioc, est défendu par tous ses voisins africains. Timité Bassori offre, sans emphase, une leçon d'humanisme et de tolérance: «comme si un voile s'était levé devant ses yeux, Monsieur Dubois vit devant lui des êtres humains, tous vivant dans le même monde [...]. Lié à tous, il partageait les mêmes peines et les mêmes joies (p. 86)».

«Ce n'est pas un Blanc comme les autres» (p. 101). Dans *Le Pain de manioc*, l'auteur s'insurge, avec générosité, contre les clivages et les stéréotypes qui empêchent la communication entre les communautés noire et blanche. Parce qu'il veut être un travailleur égal à ses compagnons africains, un jeune camionneur européen est l'objet de l'ostracisme des Blancs («fous, snobs», p. 96) et de l'hilarité des Noirs, pour lesquels il est inconcevable qu'un Blanc mange du manioc en public au marché. Jusqu'au moment où ils s'aperçoivent que, sans être des leurs, il est avec eux; et que sa vie n'a rien de publicitaire: il pousse le camion dans la boue comme les autres.

La dernière nouvelle, *Abidjan 63*, reprend le thème dominant du recueil: comment s'entendre? Ces impressions abidjanaises – bloc-notes qui pourrait passer pour l'ébauche d'un scénario – promènent le lecteur d'une description sans fard du quartier populaire de Treichville aux souvenirs de l'étudiant «parisien» que fut Timité Bassori. La dernière phrase du livre le résume: «tu connaîtras le désarroi des déracinés!» (p. 129).

À l'interrogation de deux mondes, Timité Bassori répond par une série de textes parfaitement maîtrisés, lucides et généreux. Il veut affirmer que, si les hommes le voulaient, l'Homme n'aurait pas de couleur.

Jean-Pierre Gourdeau

Béatrice du Congo, Paris, Présence Africaine, Coll. Théâtre, 1970, 149p. Pièce en trois actes de Bernard B. Dadié.

Béatrice du Congo est une tragédie d'inspiration historique. Les faits sont précis, datés et localisés. Ce fut au dix-huitième siècle entre 1704 et 1706.

Cette pièce relate la rencontre entre les premiers Européens et les Africains. Au début, l'atmosphère était à la cordialité mais lorsque les Bitandais se sont mis à imposer leurs lois et à exploiter les Congolais, aussi bien au niveau matériel que spirituel, le conflit éclata. Lorsque Béatrice voulut récupérer le patrimoine culturel national, elle fut exécutée.

La pièce est en définitive une dénonciation de la néo-colonisation par le jeu de la technique de la distanciation. Elle s'articule sur deux grands centres d'intérêt: la conquête et l'occupation du Congo; la prise de conscience et la mort du roi suivie de la révolte et du martyre de Dona Béatrice.

Le premier Acte, qui comprend trois tableaux, nous situe tantôt en Europe (le Bitanda), tantôt en Afrique. Au lever du rideau, nous apprenons que les Bitandais, après des siècles d'oppression maure, viennent de se libérer.

HENRI. – Le ciel.

DIOGO. – Nôtre... Enfin travailler pour soi, peiner pour les siens et non plus pour distraire un occupant; parler des fleurs pour notre plaisir et non plus pour celui d'un maître.

Paradoxalement les Bitandais, à peine dégagés du joug des «barbares», projettent d'aller conquérir d'autres terres: «Il faut aller au-delà du Cap-Juby... pour l'honneur et la gloire du Bitanda... Pour l'amour de Dieu et par la grâce de Dieu, le Bitanda a abordé cette terre pour le plus grand bonheur des hommes. Les voilà partis pour conquérir le Congo ad majorem gloriam Dei.»

Le rideau du deuxième tableau s'ouvre sur un cadre typiquement africain. Les indigènes vaquent à leurs activités quotidiennes. Ils chassent ou rendent la justice. Au fort de leurs occupations, on leur annonce l'arrivée des Blancs dans le pays. La population est hostile à cette présence étrangère; le roi au contraire se montre accueillant, se référant aux principes de l'hospitalité: «Tout étranger est envoyé de Dieu.» Mais Mama Chimpa Vita prophétise déjà le malheur: «Le malheur vient de franchir les portes du royaume.»

Diogo fait connaissance avec la civilisation africaine: il est frappé par la densité de la population, par les mœurs «étrangères», un pays où les hommes se marient à plusieurs femmes, où la guerre est proscrite parce qu'elle n'est rentable pour personne.

Mais déjà le roi, très sensible aux propos flatteurs de Diogo, se laisse escroquer une signature et il hypothèque ainsi le Congo.

Le troisième tableau traite du retour au Bitanda. Diogo rejoint le Bitanda; il rend compte de sa fructueuse mission au roi – il décrit le pays – et il insiste particulièrement sur la richesse du territoire, sur la simplicité des mœurs. C'est en définitive une terre à exploiter et à civiliser. «La richesse du pays, Majesté, l'extrême richesse du pays... Un pays à civiliser.» Le roi donne alors le mot d'ordre de la conquête coloniale: se garder de former des cadres valables afin de mieux les exploiter: «Sachez mesurer et doser votre science.»

L'Acte II porte sur la période de l'assujettissement total. Au contact donc du royaume bitandais, le Mani Congo n'a pas su maintenir l'équilibre. Il a aliéné sa personnalité. Tout lui est imposé de l'extérieur: l'emblème du royaume, la religion, les orientations des systèmes économiques et politiques.

Diogo a mis au point, avec les autorités politiques de son pays, tout un programme en vue d'exploiter le Congo. C'est ainsi que les Bitandais ont décidé de s'occuper plus particulièrement des départements importants que voici: la Santé, l'Éducation, l'Agriculture, l'Économie. Mais avant de s'engager totalement dans cette exploitation matérielle, Diogo s'emploie à endoctriner le roi et l'amène à renoncer à ses propres institutions pour épouser celles des Bitandais. On le couronne sous le nouveau nom de Don Carlos 1er. Il renonce aux croyances de ses ancêtres. Désormais il consent à épouser une seule femme mais à entretenir des favorites. «Une femme déclarée devant Dieu et devant les hommes... Et ensuite des favorites qui doivent être luxueusement logées.» Devant cette abdication totale de la personnalité africaine manifestée par le roi, Dona Béatrice surgit et s'insurge contre le Mani Congo: «Pour ces morceaux de ferrailles, on sème la désolation dans le pays... tout accord avec le Bitanda est un accord d'intérêt... L'excès de pouvoir aveuglerait-il? Nous voyons les prétendus frères chrétiens s'infiltrer partout. Bientôt nous vivrons tous sous le joug de l'étranger si cela n'était déjà. Nous avons le devoir de prévenir, de nous battre et nous nous battrons.»

Malheureusement, Dona Béatrice prêche dans le désert. Le souverain s'aliène de jour en jour: il s'est partout entouré d'assistants techniques. Il n'est plus qu'un pantin que ceux-ci manipulent à loisir. Ils ont pour noms et fonctions:
Piedebiche: Conseiller au Monopole du sel, des Mines, des Terres de la construction.
Boisdur: Conseiller au Monopole des Enterrements et des Assurances.
Lapoudre: Conseiller à la Guerre.
Laboursepleine: Conseiller aux Intérêts du Roi.
Lapromesse: Conseiller des Conseillers.
Le roi est ainsi muselé et le pays est livré à une telle exploitation que la misère gagne toutes les couches sociales. Au marasme économique s'ajoute l'arbitraire: la famille du roi finit par en être victime. C'est alors que le souverain prend conscience de sa sujétion.

L'Acte III révèle la prise de conscience et la révolte du peuple. Dona Béatrice, de plus en plus meurtrie par le malheur du peuple, et indignée par l'apathie des hommes, incite à la révolte. Partout s'élèvent des cris de libération.

La prise de conscience s'amorce et le peuple dénonce: «Nous savons comment on édifie une fortune au nom de l'Amitié, de la Charité, de la Fraternité.» (p. 18)

Noël arrive et à l'église le prêtre invite les pauvres à la résignation et à l'amour du prochain. C'est le tableau 2 de l'Acte III.

Au tableau 3, le roi vient de subir un affront: les Bitandais qui opèrent de nombreux enlèvements des Congolais viennent cette fois de s'attaquer à des membres de la famille royale. Le souverain outragé décide de remettre en question les accords de coopération.

«Oui, Texeira, j'ai compris. Il faut que tout change. Les Bitandais! Les Bitandais. Susciter la guerre civile, alimenter la guerre civile, miner mon trône, me sourire, me décorer... La ruse, le mensonge! et les seules victimes: nous! Les armes distribuées ne tuent que les hommes du Zaïre... Après, il faut leur payer et les armes et la poudre et leurs soldats... Monopole de la navigation, monopole de la traite et monopole de la mort... Et tout ça sous le couvert de mener des âmes au Bon Dieu... La belle Duperie... Je veux interdire la traite... Toutes les traites. Pourquoi veulent-ils toujours que leur richesse ait pour assise la pauvreté des autres?» (p. 122) Le roi qui a réellement pris conscience de la domination étrangère fait son autocritique. Il s'aperçoit qu'il n'a été jusqu'à ce jour «qu'un jouet, qu'un pantin». Il s'oppose désormais à toutes les décisions de son conseiller Lopez, à ses flatteries, et ne craint nullement ses menaces. Il rompt ainsi avec ses amis d'hier et tente de retourner à l'Afrique traditionnelle qui «ne portait aucune corde au cou». Hélas cette nouvelle prise de position signait son arrêt de mort et Lopez dit: «Nous n'avons jamais eu pire ennemi que lui dans ce royaume. Ses intérêts ont sans cesse été à l'encontre des nôtres... (Donnant le coup de grâce...) Ainsi meurent ceux qui osent nous braver.» (p. 134)

La mort du roi sera suivie d'une grande agitation dans le pays.

Au dernier tableau, Dona Béatrice est cernée de toutes parts: par le Noir inconscient, par le Militaire, le Curé. Tous tentent de détourner celle qui est décidée à rétablir l'unité du royaume. En vain. Partout les femmes mobilisées par Dona Béatrice prêchent la révolte. Elles enseignent aux hommes le sens du courage et du patriotisme.

Quant à Béatrice, elle s'obstine à combattre l'ennemi; c'est ainsi qu'elle périra sur le bûcher.

Cette pièce de Bernard Dadié n'est pas une simple critique de la conquête coloniale. Elle est aussi une vive remise en question du pouvoir nègre inféodé au néo-colonialisme. C'est dire qu'elle dénonce la coopération afro-européenne dans toute sa conception néo-coloniale.

Barthélémy Kotchy

Bel (Le) Immonde, Paris, Présence Africaine, 1976, 175p. Préface de Jacques Howlett.

Roman de Vumbi Yoka (Valentin-Yves) Mudimbé.

Après *Entre les eaux* (1973), Mudimbé paraît vouloir de nouveau mettre l'accent sur la question du pouvoir africain tel qu'il se manifeste dans les nouveaux États indépendants depuis 1960 en nous dévoilant ici ce que nous pourrions appeler la face nocturne de la société zaïroise, aux alentours de 1965.

Le Bel Immonde retrace la liaison qui se noue entre un ministre et une prostituée rencontrée dans un bar. Rencontre banale sur laquelle ni l'un ni l'autre ne fondent d'espoir particulier. Pour lui, il s'agit d'échapper, l'espace de quelques heures, de quelques jours peut-être, aux contraintes qu'imposent à un personnage officiel le rythme et les exigences de la vie politique; d'échapper aussi au cadre monotone de la vie familiale. Pour elle, c'est l'occasion de fréquenter un des grands du régime et de connaître ainsi une expérience nouvelle qui l'attire, à vrai dire, bien plus que la recherche d'un nouvel amant ou d'un protecteur fortuné. L'intérêt, d'ailleurs, n'entre guère dans son caractère, sa vie affective se situant en effet sur un tout autre plan, dans la relation fervente et amoureuse qui l'unit à son amie dont elle partage l'existence.

Mais ce qui selon toute vraisemblance ne devait être qu'une rencontre sans lendemain va prendre une autre forme. Lui se découvre rapidement pris dans une aventure dans laquelle il voit «l'expression d'ivresses d'occasion» (p. 40) et éprouve une fascination pour cette prostituée dont la liberté physique et intellectuelle produit sur lui l'effet d'un philtre. Celle-ci, de son côté, s'abandonne progressivement au charme de celui qu'elle aime appeler son «pirate». Ainsi, la rencontre occasionnelle et banale d'un homme et d'une femme dans un bar se transforme en un amour durable, donnant naissance à ce couple insolite qui tente d'échapper aux contraintes et aux préjugés de la société. Mais tous deux sont des otages. Ya appartient à une des ethnies qui sont entrées en rébellion contre le pouvoir central et ses compatriotes la mettent dans l'obligation de profiter de sa situation auprès du ministre pour devenir un agent de renseignements. Quant à lui, malgré les gages qu'il donne au Maître d'une société secrète d'initiation, allant jusqu'à accepter le sacrifice de l'amie de Ya, sa liaison le rend de plus en plus suspect aux yeux de collègues. Il sera sacrifié froidement — «ACCIDENT OU ATTENTAT? Un ministre brûlé vif dans sa voiture. Il partait en mission d'inspection en province... Un grand défenseur de la Nation» (p. 155) – aux exigences de la raison d'État. Ya, arrêtée, puis relâchée, reprend la vie qu'elle menait naguère et le récit se clôt sur une nouvelle et dernière image du bar nocturne.

C'est dans une perspective politique que nous sommes tout d'abord tentés de lire ce texte, comme semble d'ailleurs nous y inviter la «Note» qui suit le récit et dans laquelle l'auteur précise notamment que celui-ci «se déroule à Kinshasa, capitale de la République du Zaïre, naguère dénommée République Démocratique du Congo», et indique quelques-unes des sources qu'il a utilisées: un discours du président M.J. Kasavubu, «prononcé au Palais de la Nation [...] lors de l'ouverture de la première session ordinaire de la deuxième législature, le 7 octobre 1965», l'ouvrage de B. Verhaegen, *Rébellions au Congo,* celui de V. Mulago, *Les Religions africaines comme source de valeurs de civilisation,* qui a servi à imaginer la «farce anthropophagique», un article de P. de Vos, paru dans *Le Monde* du 30 juillet 1964 et, il est vrai, «sciemment déformé» pour les besoins de la narration.

Le lecteur qui, s'appuyant sur cette «Note», s'attend à trouver dans *Le Bel Immonde* une évocation précise et circonstanciée de la «crise congolaise», risque de se trouver plutôt déçu. D'abord parce que le texte écrit par Mudimbé ne se situe absolument pas dans la perspective du roman historique, au sens que l'on peut donner à cette expression depuis Lukács. En effet, le romancier se refuse à évoquer des faits ou des acteurs réels, précisant en reprenant la formule consacrée que «le récit comme les personnages qui y apparaissent sont fictifs et imaginaires; et [que] toute ressemblance avec des événements ou des personnes réels ne peut être que le fait du hasard (p. 171)». De plus, il déploie toute une stratégie pour ne donner des faits et des acteurs historiques – aucun

d'entre eux n'est nommé – qu'une vision fragmentaire, allusive et éclatée. Et, sur ce plan, on sera sensible à tout ce qui peut séparer *Le Bel Immonde* de romans comme *Les Bouts de bois de Dieu* ou *L'Harmattan* dans lesquels Ousmane Sembène, même s'il recourt à la fiction, s'efforce de construire un univers cohérent et repérable, historiquement et géographiquement.

Cet éclatement de la réalité historique congolaise – stratégie romanesque qui nous paraît être autre chose qu'un processus visant à mettre le réel «à l'arrière-plan» – trouve son contrepoint dans l'organisation générale de la narration et la focalisation qui s'opère sur les deux protagonistes du récit.

La narration est constituée par un ensemble de quatre grands chapitres comprenant chacun cinq séquences distinctes. Il y a, certes, une progression qui se dessine, de la première à la dernière page, ponctuée par une succession d'événements qui confère au récit un rythme dramatique. C'est dans cette perspective qu'il faut, par exemple, envisager la rencontre entre les deux protagonistes (I, 2), la décision que prend Ya de rompre avec son nouvel ami sans que l'on sache exactement si cette décision est prise à la suite de la visite que lui font les représentants de son ethnie (II, 1 et 2), le contrat que passera le ministre avec le «Maître» qui exigera de lui un sacrifice humain (II, 4 et 5), la visite de Ya à son ami avec lequel elle «décide» de renouer et qui l'installe dans une vie dorée (III, 1), la mort stupide du jeune enfant du ministre (III, 2), le caractère officiel de leur liaison (III, 5 et IV, 1), la réunion du Conseil au cours de laquelle on soupçonne le ministre de transmettre à la rébellion les décisions du gouvernement (IV, 2), l'arrestation de la jeune femme et la mort de son amant (IV, 3 et 4).

Mais en fait, une lecture attentive révèle que la structure du roman repose moins sur le principe d'une progression dramatique des événements que sur un processus de *redoublement.* En effet, la liaison qui unit le ministre à la prostituée s'exprime sous deux formes successives. Une forme banale tout d'abord, «romanesque», serait-on tenté de dire, qui est exposée dans les deux premiers chapitres. À ce stade, l'auteur n'hésite pas à recourir à un certain nombre de développements obligés. Par exemple, l'évocation du bar, la façon dont il souligne l'opposition entre les activités officielles du ministre et sa vie privée. Il n'hésite pas non plus à imaginer des épisodes typiques du roman sentimental ou même du roman d'aventures. Parmi ceux-ci, on notera les séquences évoquant la rupture et le désarroi dans lequel se trouve plongé alors le ministre ainsi que la scène du sacrifice humain que l'auteur qualifiera lui-même dans la «Note» finale de «farce anthropophagique».

Puis, dans un deuxième temps, cette même liaison va être évoquée sous une forme sensiblement différente dans les chapitres III et IV. Certes, l'aspect romanesque ne disparaît pas complètement. Pour que l'action reprenne, il faut en particulier que Belle revienne sur sa décision de rompre et, sur ce plan, on retiendra l'épisode de la visite qu'elle effectue auprès du ministre qui la reçoit dans son bureau entre deux audiences et de multiples communications téléphoniques. Mais si l'on excepte cet épisode initial qui joue un rôle de transition, la suite de la narration se développe désormais en suivant un mouvement qui n'est plus à proprement parler romanesque ou dramatique mais essentiellement *tragique*. En effet, à partir de ce moment-là, les deux protagonistes cessent d'intervenir positivement dans l'action, malgré leur désir d'approfondir leur amour et de l'exposer aux yeux du monde. Ils subissent les événements: pressions exercées sur Belle par les représentants de son ethnie; mort du fils du ministre qui apparaît comme un coup du destin; soupçons laissant entendre que le ministre trahirait le secret des délibérations du Conseil; arrestation et interrogatoire de Belle qui,

piégée, charge son amant; mort de ce dernier. Ce redoublement qui s'opère au niveau de la conduite du récit pour évoquer la liaison entre les deux protagonistes, ce passage d'un mode d'expression romanesque ou dramatique à un mode tragique paraît ainsi s'inscrire dans une perspective visant à interroger le pouvoir d'illusion propre à la fiction romanesque, voire à le remettre en cause par une sorte d'annulation progressive.

Il convient d'autre part d'être attentif à la façon dont le narrateur concentre l'essentiel de son attention sur le couple lui-même. À cet égard, le titre choisi par le romancier ne doit pas être interprété dans un sens restrictif qui ne concernerait que l'amant et qui viserait en particulier le comportement qui est le sien lorsqu'il accepte lâchement la mise à mort de l'amie de Belle. Elle aussi fait preuve d'une lâcheté comparable lorsqu'au cours de l'interrogatoire elle sauve sa vie en laissant entendre que son amant pouvait trahir le gouvernement, attitude que l'inspecteur de police qualifiera en lui disant: «Vous êtes une immonde p..., Mademoiselle.» (p. 162)

Mais en fait, ce n'est pas dans une perspective morale qu'il faut situer ce couple que le narrateur fait revivre sous nos yeux. Si ce couple est *immonde*, ce n'est pas parce que l'un et l'autre font ou feraient preuve de lâcheté mais parce qu'ils tentent tous deux de vivre une aventure qui va à l'encontre des lois de la société qui, de ce fait, ne peut les considérer que comme des êtres *impurs* et avec lesquels il faut se garder de tout contact. On entrevoit ainsi le caractère profondément ambivalent de ce couple: ce que la société considère comme une impureté foncière correspond, en fait, chez l'un comme chez l'autre, à une exigence de dépassement de soi et même à une soif de pureté, au sens premier du terme. Ce qui va ainsi dans le sens de cette tonalité tragique qui marque le récit dans la deuxième moitié du texte.

Cette ambivalence («Qui est immonde? se demande Jacques Howlett dans la Préface, le fort et la belle ou l'ordre aveugle?»), le romancier la souligne d'autre part en refusant de constituer la narration à partir d'un point de vue privilégié. Sur ce plan, on sera sensible à la façon dont le narrateur écarte délibérément tout recours à l'illusion réaliste en adoptant une sécheresse de style qui se traduit en particulier par une désignation schématique des personnages («elle», «lui», «il», etc.). Par ailleurs, le récit classique à la troisième personne alterne fréquemment avec des séquences où s'exprime le «je» des personnages (par exemple, pour la jeune femme, IV, 3 et 4). Ce monologue pouvant prendre la forme d'un discours imaginaire adressé à l'Autre et dans lequel l'intimité devient inséparable de l'absence du partenaire.

Refus de l'illusion réaliste qui se confond pour beaucoup avec une sorte de nature du genre romanesque, refus d'une typologie morale des personnages, y compris et surtout celle qui découlerait d'une conception «engagée» de la littérature, refus d'une narration élaborée à partir d'un point de vue unique et arbitraire: c'est sur ce triple refus que nous paraît se fonder pour l'essentiel l'originalité du *Bel Immonde*. Et, paradoxalement, l'ascèse qui se manifeste au niveau de l'écriture, la distance que le narrateur établit sans cesse entre lui-même et ce qu'il narre, conduit à un dévoilement audacieux de deux personnalités, de deux sujets psychologiques, saisis dans une ambivalence fondamentale où leur rapport singulier avec l'Histoire joue en définitive un rôle déterminant.

Bernard Mouralis

Bonheur de misère, Paris, La Pensée Universelle, 1974, 140p. Préface de Louis-Marie Ongoum.

Recueil de poèmes de Claude Nana Sunji.

Bonheur de misère est un recueil autobiographique. «Chaque poème, chaque vers s'épanche de l'«entaille profon-

de» que la vie a faite au cœur de leur auteur», constate Louis-Marie Ongoum dans sa préface. Les différents tableaux de la vie de Nana Sunji, avec toutes ses péripéties, ses hauts et ses bas, ses espérances et ses déceptions, ses efforts et ses luttes, ses souffrances et ses joies, défilent sous nos yeux. C'est le combat pour la vie, combat pour se faire accepter dans une société qui s'apparente à un océan houleux où le poète nage à contre-courant. Dans ce monde, bonheur et misère coexistent intimement.

Dans «Désespoir», «Je m'éteins», «L'état de mon âme», «Mon intérieur», «Triste vie», «Le verdict», «Sans valeur», «Désert fleuri», Nana Sunji est la proie du désespoir, de la peur, de l'angoisse et de la déception. Cependant, il est consolé par cette «chère misère» et cette «douce souffrance» et il se méfie des gens qui l'entourent («Ce que pensent les gens») et de l'«univers maudit» qui l'étouffe («Désespoir»). Il vit dans une insécurité permanente et connaît une existence cauchemardesque («L'état de mon âme»). Le poète s'interroge: «Qu'ai-je encore à faire dans cette vie?» («Le verdict»). Le monde est injuste et l'écart entre les pauvres et les riches se creuse de plus en plus. L'hypocrisie, la corruption et l'incompétence sont à l'ordre du jour.

Le monde absurde et insupportable réapparaît dans «Discrétion comique», «Atmosphère irrespirable», «Comédie comique», «Comédie», «Je me suis souvent demandé» et «Charbon ardent». L'auteur est torturé, écrasé et accablé par tout ce qui l'entoure. C'est le traumatisme psychique, suivi de la déchéance physique («Le silence du bruit»). Il a beau travailler à l'école, il a beau sacrifier son corps pour briller dans ses études: rien à faire; il est récompensé par la maladie. Des cris de douleur viennent interrompre le silence de sa solitude.

Les déconvenues scolaires occasionnées par la maladie rendent amer et agressif Nana Sunji qui blâme son professeur pour ses malheurs («Mon Prof»,

«Haine Saine»). La chance ne lui sourit pas non plus dans sa vie sentimentale où il connaît déboires et déceptions. «J'ai pleuré», «Beauté fanée», «Le temps passé», «Vie impossible», «L'Étoile disparue». Le poète reproche à ses amies diverses leur volupté et leur légèreté.

Nana Sunji se replie alors sur son enfance dans «Chronologie» et retrouve la chaleur familiale. Il existe une personne, sa mère, qu'il aime sincèrement et dont l'attachement ne se fane jamais («À ma mère»). Bien que sa vie scolaire dans «le dortoir trois» ne soit pas nostalgique, il évoque ses petits camarades d'école avec beaucoup de réalisme, se rappelant surtout leur bruit, leur vantardise et leurs railleries.

Pour Nana Sunji la musique est une consolation même si elle reste avant tout quelque chose d'intellectuel. Il rend hommage au talent des compositeurs et des musiciens tels Mozart, Beethoven, Carl Orff et Joseph Haydn. Après avoir brossé un tableau pessimiste d'une vie sans signification, dans «Embouteillage d'idées», «Après le souci», «L'espace vide» et «Double mort», il essaie de se revaloriser dans «Je m'aime» et «La vie me vibre».

Nana Sunji tombe ensuite dans le rêve. Il veut fonder un monde idéal, un monde nouveau «Je veux créer mon monde»). Il nous dessine un monde sans souffrance, sans travail, sans gouvernement, sans discrimination. Un monde où la vie est inépuisable.

Il consacre quelques poèmes à la tradition et à la culture africaines: «Afrique! ne te perds pas», «Notre village», «Tamtam» et «Où va le peuple?».Dans ce dernier, l'auteur s'inquiète de la frivolité de la jeunesse et se soucie du peuple sans guide et sans direction qui imite la culture des Européens au lieu de rester fidèle à la sienne. Il demande aux Africains de définir et d'assumer leur destin. L'Afrique doit prendre conscience du progrès et mobiliser toutes ses ressources («Tamtam»). Le village en Afrique est considéré comme la «mère de notre existence»,

le berceau et le symbole de la tradition et de la sagesse africaines. C'est l'asile des Africains («Notre village»).

Ces poèmes, pour la plupart lyriques, sont tantôt de forme fixe, tantôt de forme libre. Le ton y est monotone et le style sans prétention.

Eric Sahr Wongo

Boutriers (Les) de l'aurore, Paris, Présence Africaine, 1957, 232p.
Tragédie en trois actes, 6 tableaux de Jacques Rabemananjara.

Les Boutriers de l'aurore retrace l'arrivée à Madagascar des premiers boutriers venus de l'Asie du Sud-Est. La princesse Ananda, fille du voyant, devient l'épouse de Kashgar, chef des boutriers. Elle attend son premier enfant. Entre temps, Kashgar rencontre le prince Anjali, le seul habitant de l'île. Ils font un pacte entre eux, l'alliance du sang qui les lie comme deux frères. Ananda, par cette alliance, devient la sœur d'Anjali. Celle-ci tombe amoureuse d'Anjali qui, désemparé, s'enfuit. Lorsque Kashgar apprend l'infidélité de sa femme, il est ivre de colère et cherche à se venger. Anjali court au suicide en sortant en canot dans la baie lors d'un cyclone. Il est englouti par les flots. Sous le coup du choc, Ananda perd la raison et reste cinq ans dans une amnésie totale. Finalement elle revient à ses esprits et tout rentre dans l'ordre.

Dans cette tragédie, Rabemananjara fait reposer toute l'action sur une coutume bien malgache: celle de l'alliance du sang. Kashgar et Anjali déclarent sous la foi du serment devenir frères. Ananda, femme de Kashgar, devient ainsi la sœur d'Anjali selon cette promesse.

L'amour d'Ananda pour son frère de sang, Anjali, est incestueux. Lorsqu'elle confesse sa faiblesse à ce dernier, son aveu précipite les événements et provoque sa perte. Anjali en appelant Ananda «sa sœur» repousse cet amour incestueux dans lequel il ne veut avoir aucune part.

Des trois personnages, Ananda, Kashgar et Anjali, ce dernier est la vraie figure tragique de la pièce. Innocente victime d'une passion qu'il désapprouve, c'est lui qui doit cependant disparaître car il constitue l'élément perturbateur de la famille malgache qui est en train de se fonder. Le prince Anjali fera preuve de grandeur d'âme en acceptant le blâme pour une faute qu'il n'a pas commise. Son suicide prend toute sa valeur tragique.

La seconde victime ou plutôt la victime secondaire est Kashgar. On ne peut donc pas s'empêcher de le condamner tant il tombe sous les coups d'un orgueil démesuré. Chef des boutriers et futur père de famille, il se fait une trop grande idée du respect qu'on lui doit. Il refuse d'admettre qu'Ananda ait pu avoir un sentiment pour un autre. Dès lors, sa colère démesurée, son refus d'écouter les faits et sa conduite abominable envers sa femme rabaissent le héros qu'il a toujours voulu paraître au rang du plus commun des mortels.

Dans cette tragédie, Rabemananjara s'est beaucoup inspiré de Racine tant pour l'intrigue que pour les principaux caractères. Mais si le ton est racinien, notons que le mélange de prose et de vers brise l'élan dramatique et détruit l'atmosphère de tragédie que l'auteur voulait créer. Soulignons toutefois que le style reste fluide.

Dans cette pièce, comme dans son théâtre en général, Rabemananjara s'élève contre les tabous et les interdits créés par certaines pratiques malgaches qui n'ont plus leur raison d'être. Pour l'auteur, ces croyances devraient être abolies. Le traditionalisme est l'antidote du progrès.

Le drame d'Ananda est de vivre dans un univers qu'elle n'a pas choisi. Elle supporte les conséquences du serment déclaré entre Kashgar et Anjali. Elle souffre de vivre dans un monde créé par le caprice des deux hommes. Ainsi se présente une partie du drame. Mais il y a le sort de son enfant qui, pendant cinq ans et à cause de l'amnésie de sa mère, sera privé de toute l'affection maternelle. Dans l'univers malgache, tout ce qui entrave l'établissement et encore plus le bon fonctionnement du noyau familial va à l'encontre des coutumes et de la nature et constitue donc un tabou.

La philosophie de Rabemananjara est de vouloir créer un monde éloigné des tabous et des interdits. Il sait très bien qu'il essaye d'unir des valeurs qui, dans la réalité quotidienne et empirique de la vie et des tabous, sont contradictoires. Ce qu'il veut et croit pouvoir réaliser, c'est l'union de la pureté absolue et de l'amour interdit, de la vérité et de la vie. Rabemananjara considère que l'amour, pour pouvoir s'épanouir, doit être libre de toute contrainte et de toute entrave. Rien ne doit faire obstacle à son évolution et ceux qui en jouissent doivent bénéficier d'une liberté absolue, gage de créativité.

Jean-Paul Kœnig

Bouts (Les) de bois de Dieu. Banty Mam Yall, Paris, Le Livre Contemporain, 1960, 381p.
Roman d'Ousmane Sembène (ou Sembène Ousmane).

Ousmane Sembène relate dans *Les Bouts de bois de Dieu* la grève des cheminots du Dakar-Niger qui dura du 10 octobre 1947 au 19 mars 1948. C'est le *Germinal* de l'Afrique francophone, son premier roman sur une classe ouvrière de formation récente puisqu'elle s'inscrit dans le phénomène, à la fois positif et négatif, de modernisation / urbanisation / prolétarisation consécutif à l'agression coloniale.

Au Sénégal, les «bouts de bois de Dieu» sont une métaphore qui désigne les êtres humains. Le titre du roman nous réfère ainsi à son véritable héros, les masses ouvrières, d'une façon poétique, à moins que ce ne soit par antiphrase puisque, à en juger par la peinture qui nous est offerte de leur état, on serait plus porté à les appeler les «damnés de la terre». Des concessions de Dakar, où une certaine décence s'efforce de se maintenir malgré la misère, à l'immense bidonville de Thiès où «les gosses nus [...] disputaient aux vautours ce qui restait de charogne», partout dans les quartiers populaires sévit la faim «qui faisait grossir le ventre des enfants, maigrir leurs membres et voûtait leurs épaules». Au cortège des souffrances aggravées par les privations supplémentaires que cause la grève, il arrive que le train-train de la vie quotidienne mêle une note cocasse: le porteur d'eau toucouleur battu par les femmes à qui il a osé demander — en plein dénuement! — de l'argent! les gamins affamés qui chapardent les poules et le riz de l'inévitable marchand syrien, une bataille de femmes.

L'intérêt du roman réside dans le fait que son réalisme social suggère une lecture socialiste. L'auteur s'est engagé dans la foulée, non de Sartre, mais de Marx dont il applique le précepte: il ne s'agit plus désormais d'interpréter le monde mais de le transformer. À travers l'agencement romanesque, c'est l'art d'organiser et de mener à bien une grève, autrement dit un modèle opératoire qui est présenté comme si l'ouvrage était destiné à un public de militants en puissance qu'il instruirait et galvaniserait de la même manière que *La Condition humaine* inspire Tiemoko, le secrétaire du syndicat. Les grévistes africains reçoivent une aide d'Europe. Les patrons «toubabs» (européens) sont soutenus par des Africains. La ligne de démarcation n'est pas entre Blancs et Noirs. Les uns et les autres se définissent par leur situation de classe qui efface les frontières raciales. Ousmane Sembène se situe dans l'éclairage du matérialisme historique et donne son congé à la négritude senghorienne férue de différences ontologiques entre les races et tournée vers les valeurs du passé. Il en accuse par implication le caractère réactionnaire lorsqu'il nous montre les «collaborateurs» africains recrutés justement dans les milieux traditionalistes et plus spécifiquement religieux: le dévot El Hadj Mabigué «au fez enturbanné à la manière des Mecquois» prêche la soumission; les «guides

spirituels», imans et prêtres des autres confessions, apportent leur concours au chef de police, agitent l'épouvantail communiste et entreprennent par leurs sermons une campagne de démoralisation des grévistes. Ce n'est pas le «paysan noir» ni l'«émotion nègre», complaisamment mis au contraste avec l'«ingénieur blanc» et la «raison hellène» à la mode des tenants de la négritude, qu'on trouve chez Sembène, mais des Africains entrés dans l'ère technologique et qui sont «en communion avec la machine». Les ouvriers grévistes sentaient que «quelque chose de nouveau» avait germé en eux et aimaient à répéter une phrase de Bakayoko, leur leader charismatique, cœur et cerveau de la grève: «L'homme que nous étions est mort et notre seul salut pour une nouvelle vie est dans la machine, la machine qui, elle, n'a ni langage ni race.»

Ce qui nous est signifié, dans cette dernière citation, *par* le discours, savoir que le devenir historique est progrès, l'est aussi *dans* le discours global du roman. L'action s'y distribue entre trois centres: Bamako et Dakar aux deux extrémités de la ligne de chemin de fer, au milieu, Thiès où siège la Compagnie. Par translations successives qui nous font alterner, pas toujours dans le même ordre, d'un centre à l'autre, nous embrassons les événements, parfois même — c'est le cas notamment des heurts entre les grévistes et la troupe — dans leur déroulement simultané. Ubiquité, unanimisme, caractère spectaculaire et épique de l'action où abondent les plans panoramiques avec grands rassemblements humains, on devine déjà, derrière le romancier, le futur cinéaste que deviendra Sembène et qui a su tirer parti des leçons d'Eisenstein. Tout cela contribue pour beaucoup à donner une allure de vague irrésistible au mouvement ouvrier.

Y contribue aussi la dialectique de ce mouvement, qui se développe par tensions et chocs. Il lui faut d'abord surmonter ses contradictions internes: les hésitations des bureaucrates représentés par Bachirou qui se sent moins «prolétaire» que les autres. Ensuite surgira le problème des «jaunes», qui sera réglé de façon expéditive: ils seront rossés par les grévistes. Cela fournira une occasion d'enrichir l'aspect «modèle opératoire». On assiste à la mise en place d'un tribunal du peuple devant qui est traduit un «jaune», le receveur de billets Diara. Mais il faut surtout faire face à l'appareil de répression qui se déchaîne contre la grève: charges meurtrières des soldats contre les manifestants, brutalités également meurtrières de la police au cours de ses perquisitions, camp d'internement et de torture pour grévistes arrêtés, que commande le Corse Bernardi pour qui les Noirs sont des macaques et que gardent des soldats noirs au langage inconnu amenés d'Afrique centrale. Le roman dresse l'inventaire des méthodes et des cruautés de l'oppression coloniale.

Mais les opprimés font courageusement front. Malgré certains reculs — tel le repli tactique des ouvriers de Thiès avec leurs familles sur la campagne environnante à la recherche de nourriture dans les villages —, la vague revendicatrice ne cesse d'enfler et son déferlement finit par tout emporter dans un crescendo final que ponctue théâtralement la double confrontation au sommet des deux camps adverses. C'est d'abord à Thiès la réunion avec une délégation de grévistes dirigée par Bakayoko, que doivent accepter les directeurs de la Compagnie. Il les y écrase de sa superbe et de la force de son argumentation puisée dans la stricte orthodoxie marxiste: il n'invoque pas le nationalisme mais les intérêts du prolétariat en conflit avec le *Capital*. C'est ensuite le meeting solennel de Dakar où, cette fois, ce sont les échelons supérieurs de l'ordre colonial (le gouverneur français, le Grand Serigne, le député noir) que Bakayoko affronte dans une joute oratoire. Parlant successivement en français, en toucouleur et en ouolof, il réussit à gagner à la cause des cheminots les représentants des autres catégories de

travailleurs. Une grève générale est décidée qui oblige la Compagnie à céder.

Chose remarquable, les deux rencontres au sommet sont chacune le produit d'une action collective: la manifestation des mères et des épouses à Thiès, la grande marche des femmes de Thiès à Dakar. Le problème féminin, que Ousmane Sembène ne perd jamais de vue dans ses récits ni dans ses films, est traité ici d'une façon originale. Certes, au niveau du roman social, nous avons le tableau réaliste de la condition de la femme africaine saisie à travers des caractérisations individuelles où l'on distingue autant de types: la femme séduite et abandonnée, la mère de famille à la nombreuse progéniture, la jeune fille qui se rebelle contre la polygamie, l'épouse qui voudrait «moderniser» les rapports conjugaux (elle rêve, sans oser le demander à son mari, d'un baiser à l'européenne comme au cinéma). Cependant à cet échantillonnage réaliste s'adjoint la nouveauté du personnage idéalisé de Penda, la femme totalement «libérée» des conventions établies, religieuses et morales, et que son zèle politique désigne comme le pendant féminin de Bakayoko: c'est elle qui propose, organise et mène la fameuse marche des femmes. Elle symbolise la voie à suivre pour les Africaines, celle de l'égalité absolue avec les hommes. Elle introduit aussi la nuance sentimentale qui plaira au grand public à qui l'auteur s'adresse ainsi ostensiblement: tout pousse Bakayoko et Penda à s'aimer mais cet amour, qu'on devine, restera chaste et avant même qu'il ne s'exprime, Penda sera fauchée par les balles des tirailleurs pendant la marche sur Dakar. Bakayoko conservera d'elle un souvenir auréolé auquel il demeurera fidèle. Peut-être pour faire contrepoids aux idées reçues sur la supériorité masculine, Ousmane Sembène a-t-il fait pencher un peu la balance du côté des femmes, sans leur attribuer toutefois une perfection invraisemblable puisque dans ses pages elles sont aussi querelleuses et superstitieuses: leur intervention dans la lutte à côté des hommes, aussi bien sur la scène publique, quelquefois même au prix de leur vie, que sur la scène domestique où, face à la pénurie, elles déploient un admirable esprit de ressources, s'avère décisive, mais il y a surtout le fait que parmi elles ne figure aucune brebis galeuse qui soit de mèche directement ou indirectement avec l'ennemi comme le sont quelques personnages masculins.

Une œuvre militante ne permet aucune confusion entre les *amis* et les *ennemis*, entre les *bons* et les *mauvais*. D'où la moralité sans ambiguïté des *Bouts de bois de Dieu*. On y prend totalement et passionnément parti pour les opprimés dont le sort est rendu plus pathétique par la présentation en gros plan de scènes particulièrement odieuses de répression: le bébé de la pauvre mendiante aveugle Maïmouna écrasé sous les bottes des soldats, la vieille Niakoro assommée par les gendarmes. Alors nous apparaissent comme les effets d'une justice immanente, les punitions exemplaires qui frappent les persécuteurs et leurs complices, soit sous une forme comique (le bélier d'El Hadj Mabigué enlevé par les femmes et dépecé: ce sera de la viande pour leurs enfants), soit, plus fréquemment, sous une forme mélodramatique. Le gardien Sounkaré, qui a voté contre la grève, finira dévoré par les rats. Isnard, l'adjoint du directeur de la Compagnie, a tué deux jeunes apprentis africains à coups de revolver: sa femme, prise d'une rage hystérique parce que les «Nègres» ont gagné, sera abattue par les soldats. Le clivage entre «bons» et «mauvais» est déterminé par leur fonction historique (pour ou contre la cause des ouvriers) et non par un manichéisme élémentaire. Le «Vatican», comme les Africains ont surnommé la ville européenne à la périphérie de Thiès, rassemble en un microcosme le meilleur et le pire de l'humanité européenne coloniale: le directeur de la Compagnie, Dejean, pétri de racisme, se révèle par ailleurs un parangon de sobriété et d'ardeur au travail; l'anthropologue Leblanc, déchiré entre son amour pour l'Afrique et sa situation de colonisateur, s'est réfugié dans l'ivrognerie tout en envoyant de l'argent en cachette aux grévistes. L'«ennemi» n'est pas dépouillé de sa complexité humaine, par une magnanimité qui fait écho à celle des héros guerriers d'autrefois. Tiemoko récite *Soundiata* et le livre s'achève par ces paroles de la *Légende de Goumba,*

«la vieille complainte de Maïmouna
l'aveugle:
Pendant des soleils et des soleils,
Le combat dura
Goumba, sans haine, transperçait ses
ennemis,
Il était tout de sang couvert.
Mais heureux est celui qui combat
sans haine».

Désormais classique de la littérature africaine de langue française et réédité en format de poche, le roman de Sembène s'est taillé une réputation mondiale qu'attestent les traductions qui en ont été faites en anglais, en néerlandais et en japonais, sans compter celles deux fois plus nombreuses dans les pays socialistes.

Hassan el Nouty

Brise (La) du jour, Yaoundé, Éditions CLÉ, 1977, 350p.
Roman de Lydie Dooh-Bunya.

La Brise du jour est un roman psychologique. Il traite du développement de l'amour de Zinnie pour son cousin, Pat. Cet amour adolescent qui a débuté lorsque Zinnie avait dix ans, et Pat, douze ans et demi, devient vite une obsession pour Zinnie qui en est si perturbée qu'elle ne voit pas clair. En effet, elle est victime d'un amour non partagé et ne peut y renoncer qu'après avoir vu son cœur se briser complètement. Elle n'accepte la réalité qu'après le départ de Pat pour l'école et son silence pendant des mois. Elle doit enfin supporter de le voir se marier à quelqu'un d'autre.

Le récit se situe au Cameroun, pays natal de l'auteur. Dooh-Bunya nous fait suivre les dépressions et l'angoisse mentale de Zinnie, proie de l'humeur capricieuse de son bien-aimé, Pat. Elle trouve d'une manière ou d'une autre une excuse pour toutes ses inconstances espérant qu'il lui reviendra et c'est cet espoir qui la fait vivre. Elle est capable de tout supporter pour lui, à cause de lui et de trouver même le bonheur dans cette souffrance car il en est la cause. L'émotion et la conviction avec lesquelles elle écrit nous font vivre son histoire avec elle.

Des scènes de la vie quotidienne se trouvent habilement tissées dans son récit. Elles sont tirées d'un milieu où les superstitions et les coutumes tribales foisonnent. Un sarcasme cynique pénètre la première partie du récit où l'auteur montre sa frustration quant à la conduite des hommes vis-à-vis des femmes. Elle qualifie un contrat de mariage «d'acte de vente, appelé aussi acte de mariage» qui met des femmes sous une «autorité propriétaire» comme des «possessions». Beaucoup d'autres personnages font partie de la vie d'Aurore, mais chacun reste à l'ombre de sa passion pour Pat. Le caractère d'aucun d'entre eux n'est aussi affirmé que celui de Pat. Elle nous le décrit comme un Don Juan avec un ton sarcastique qui nous prépare à la suite du récit.

L'univers de l'auteur est purement psychologique. Une bonne partie de l'histoire se compose de monologues qui ont lieu dans l'esprit de Zinnie. Elle essaie de comprendre la conduite de Pat et à force de trop y penser elle finit toujours par l'excuser: «Quel mal est donc la passion amoureuse? Lorsqu'elle vient à vous terrasser, vous devenez inapte à toute logique. On vous offre le remède susceptible sinon de vous guérir, du moins de vous soulager. Au lieu de saisir cette aubaine, de toutes vos forces au contraire, vous la repoussez. En revanche, vous épiez en vous-même les moindres symptômes d'aggravation ou même de rechute; au besoin vous les suscitez, vous les choyez, vous les entretenez avec amour, pour l'amère liesse de prolonger votre mal.»

Avec un style familier, parfois enjoué et sarcastique, Dooh-Bunya essaie de montrer ce qu'elle a tiré de la réalité quotidienne qui tisse la trame de notre vie à tous. Employant ses talents de journaliste pour créer la situation pathétique d'une adolescente africaine emportée par le courant de son amour non partagé, l'auteur nous entraîne dans un voyage dont le but est d'explorer la conscience de Zinnie. Ce voyage ne ressemble en rien à celui qui nous fait découvrir la Madame Bovary de Flaubert parce que, justement, ce récit se situe en Afrique et est teinté par ses coutumes. Du point de vue sociologique, le livre n'est pas très riche car Dooh-Bunya n'a pas essayé de nous faire connaître et apprécier le Cameroun. Elle a, par contre, écrit une histoire qui ne saurait laisser indifférent, quelle que soit la nationalité du lecteur; car n'importe qui peut connaître, à des degrés divers, l'expérience et la détresse de Zinnie.

Le titre du livre provient du *Cantique des cantiques*: 2, 16-17: «Mon bien-aimé est à moi et je suis à lui... avant que souffle la brise du jour et que l'ombre s'enfuie, Reviens...» On s'attend à ce que le livre traite un peu du rôle de la religion mais Dooh-Bunya n'en parle pas. Elle dit tout simplement que le dimanche ils allaient au temple. Ce manque d'intérêt en ce qui concerne la religion surprend car à la fin du récit on trouve que seule la foi va l'aider à renoncer à son amour non partagé. «Mon Dieu, aide-moi à oublier Pat, ou tout au moins à ne plus penser à lui avec ce douloureux pincement au cœur.»

La leçon pour Zinnie à la fin de ce récit, c'est d'avoir assez de courage en elle-même pour affronter les obstacles rencontrés dans la vie. Il faut qu'elle laisse couler ses larmes mais «toujours en dedans» car il ne faut pas que tout le monde soit au courant; comme elle finit par se dire «que tes yeux te servent pour des usages meilleurs que répandre des pleurs sur cet amour assassiné». Le lecteur apprécie qu'elle ait finalement accepté la réalité telle qu'elle est et qu'elle puisse s'en sortir honorablement.

Nous assistons à la progression (lente, certes) d'une prise de conscience chez Zinnie. Elle finit par comprendre que la vie doit continuer malgré ses hauts et ses bas et qu'en s'affirmant, elle trouvera de quoi s'armer pour l'affronter. L'univers de Dooh-Bunya n'est donc pas sociologique; il est plutôt moral et métaphysique. Les innombrables monologues intérieurs de Zinnie nous font assister à la progression de la destruction de son esprit et enfin à sa renaissance grâce au courage qu'elle a trouvé en elle-même et grâce à sa foi.

Regina Lambrech

Brouillard, Paris, Éditions Louis Soulanges, 1967, 111p.
Recueil de nouvelles d'Aimée Andria.

Brouillard emprunte son titre à la première nouvelle (roman si l'on en croit la couverture du livre) de ce «recueil»; la seconde s'intitule: *La voie ferrée*.

Brouillard: Hortense, jeune-fille-de-bonne-famille, s'éprend d'Antoine, pauvre métayer exploitant le domaine familial. L'idylle est contrariée par les parents d'Hortense... Hortense tombe malade... Ses parents consentent à rappeler Antoine exilé à Bucarest... Fiançailles... Mariage... Deux beaux enfants.

Moralité: l'amour a triomphé des préjugés et principes bourgeois. *Love story* désuète où les personnages, figés dans leurs rôles sans originalité, véhiculent des idées reçues et vieillies.

La forme est à la mesure du fond.

La voie ferrée: Un homme d'affaires, Alexis, doit se rendre en Bretagne afin d'inaugurer une succursale. Olga, sa femme, refuse de l'accompagner et part chez sa tante, à Nice.

Alexis est hébergé par son collaborateur, Pascal, et la femme de ce dernier, Pauline. Alexis s'éprend de Pauline.

Ils parlent de... Chateaubriand.

Olga, chez sa tante, rencontre Auguste, jeune homme sur le point d'accomplir son service militaire. Olga s'éprend d'Auguste.

Ils citent... Montaigne.

Alexis, après une brève explication, quitte Pauline et rejoint sa femme.

Aveux réciproques.

Un télégramme arrive: Auguste s'est tué dans un accident de voiture.

Alexis et Olga se retrouvent et partent ensemble.

L'intrigue est maigre! Les démêlés amoureux d'un couple bourgeois saturé de réceptions mondaines, les occupations professionnelles de Monsieur, le besoin d'évasion de Madame, l'adultère, le couple déchiré-retrouvé. Le thème n'est pas nouveau, les personnages connus. Il reste le titre symbolique...

À la lecture de ces deux nouvelles, nous ne pouvons douter de la bonne foi et des bons sentiments de l'auteur. Le projet d'Aimée Andria est louable mais celui-ci n'aboutit pas car le lecteur ne peut s'empêcher d'avoir un sentiment de «déjà lu» et rien ne saurait briser cette impression. La fin heureuse et moralisatrice ne surprend personne. La moralité triomphe mais ne convainc pas.

Bernard Magnier

Buur Tilleen, roi de la medina, Paris, Présence Africaine, Coll. Écrits, 1972, 112p.
Roman de Cheik Aliou Ndao (Utilise aussi Chèc Ndao).

Gorgui Mbodj, aristocrate de naissance et défenseur fervent des préceptes de la tradition, se considère déshonoré par sa fille unique, Raki, dont la grossesse est contractée hors des liens du mariage. Malgré les protestations de sa femme, Maram, Gorgui Mbodj renie sa fille et la chasse de la maison. Raki, réfugiée chez sa tante, sera vite rejointe par son amant, Bougouma, qui subit le même sort que Raki auprès de son père. Frappés d'ostracisme, tous deux attendent l'heureux événement qui semble annoncer aussi la réconciliation des familles. Mais Raki et son enfant meurent durant l'accouchement; cette nouvelle bouleverse tous les personnages et les laisse hébétés et désespérés.

Cheik Ndao, à travers cette tragédie,

soulève certains des problèmes fondamentaux qui caractérisent l'Afrique, à savoir la juxtaposition de l'Afrique traditionnelle et de l'Afrique moderne. Le roman progresse selon un système d'oppositions où les différents aspects de chaque Afrique sont comparés les uns aux autres. Nous découvrons surtout l'opposition passé-présent. Gorgui Mbodj est un personnage fier de son passé historique et légendaire. Descendant de la souche originelle de l'aristocratie, il revit avec joie, quoique dans les souvenirs, les délices de ce passé. Il s'agit d'un passé caractérisé par l'harmonie existentielle, le respect des traditions et de la hiérarchie sociale, où l'homme vit dans et pour la communauté. Le drame de Gorgui consiste à vouloir transposer dans la société sénégalaise moderne des valeurs qui ont peut-être perdu leur raison d'être. D'autant plus que, dans le présent, personne ne reconnaît plus son statut princier; il ne lui apporte qu'une existence misérable et malheureuse. Ainsi, face au progrès technologique douteux, à la civilisation négatrice de l'humain, il oppose la joie de vivre traditionnelle.

La grossesse de Raki constitue le point culminant de ce grand fossé existant entre le passé et le présent, entre le village et la ville. En effet, la vie urbaine à Ndakarou, voire à Medina, est caractérisée par la décadence morale et sociale. Le comportement de Raki s'inscrit dans une politique générale de révolte contre la tradition, les coutumes rétrogrades et l'idéalisation du passé. Il s'agit donc d'un acte de révolte contre les valeurs établies et considérées comme sacro-saintes. Le champion avoué de cette révolte est Bougouma, qui oppose son discours moderniste au discours passéiste de Gorgui Mbodj. Pour Bougouma, ce qui est primordial, c'est la liberté individuelle, cette liberté de choisir qui le rend maître de son destin. Cette liberté ne sera possible que lorsque sera éliminée la dimension répressive des valeurs du passé ou de la tradition. Sa révolte contre l'autorité paternelle, actualisée par la grossesse de Raki, lui permet de se libérer du poids du passé. Pour accomplir pleinement cette libération, Raki et Bougouma doivent s'assumer. Mais l'incapacité de Raki d'aller jusqu'au bout — sa mort et celle du bébé — traduit symboliquement l'impossibilité d'une rupture totale vis-à-vis du passé.

Cheik A. Ndao démontre donc que les deux positions, prises séparément, sont intenables. En effet, en ce qui concerne l'éducation de Raki, Gorgui pratique une politique qui consiste à marier l'éducation formelle acquise à l'école à l'éducation familiale qui doit «assurer la continuité de la lignée dans le sens de la noblesse, du combat contre la compromission». Gorgui Mbodj admet donc la nécessité matérielle et sociale de l'éducation à l'occidentale. Inversement, l'un des intellectuels faisant partie du groupe de Bougouma considère que les valeurs qu'incarne Gorgui, telles que le sens de l'honneur et l'amour de la vérité, modifient qualitativement le matérialisme excessif de la société moderne.

Ainsi, Cheik A. Ndao semble rejeter toute position extrême. Gorgui, après avoir renié sa fille, aura par la suite un comportement paternel, souhaitant que sa fille accouche sans problème. Même Maram, habituée à une soumission absolue à son mari, se révolte contre l'obstination et l'intransigeance de celui-ci. Tout porte à croire donc que la naissance de l'enfant aurait annoncé un nouveau statu quo et un système de rapports fondés sur le respect d'autrui, la tolérance et la volonté de compromis.

Cette tentative de réconcilier les extrêmes, de réduire sérieusement la bipolarisation caractéristique du début du roman, est rendue plus vivante par une écriture où se mêlent la poésie et le discours philosophique, le rire et le sérieux, et surtout une retenue dans l'expression, qui rendent cette œuvre à la fois dense et très agréable à lire.

Kester Echenim

C

Ça tire sous le Sahel, satires nègres, Paris, P.J. Oswald, Coll. Poésie/Prose africaine, 15, 1976, 64p.

Recueil de poèmes de Frédéric Pacere Titinga.

Ça tire sous le Sahel est une des premières collections de poésie satirique écrite par un auteur négro-africain. L'originalité de ces poèmes se traduit par la capacité de Titinga de se servir des traditions orales pour bâtir un acte d'accusation contre la société contemporaine. La littérature orale fournit au poète ses procédés satiriques.

Le Sahel, de la «Sénégalie» jusqu'à la «Tchadie», est dépeint comme un monde pourri où ...«le serpent/ A vendu/ Son enfant/ Sa maison/ Sa forêt/ Son âme et son dieu». Derrière des jeux de mots et des calembours se profile une vision pessimiste qui évoque les rivalités mesquines, l'hypocrisie religieuse et la corruption des partis politiques et des régimes militaires. «Sur cette terre/ C'est toujours la Nuit» nous révèle l'intensité de la tristesse du poète devant un monde inhumain que traduisent les images du désert, du sable et de la nuit. Mais Titinga ne veut pas se résigner à cette triste comédie où «la force/ Détermine la victoire». Sa satire suppose qu'il existe des possibilités de changement. Dans les dernières pages du recueil l'auteur se présente comme un tam-tam qui s'inspire de la tradition ancestrale pour renforcer sa lutte et revendiquer l'amélioration des rapports humains.

Titinga associe des images comiques et tragiques pour exprimer son indignation devant la pourriture contemporaine. Le lecteur a souvent l'impression que ses vers sont destinés à l'audition plutôt qu'à la lecture. Comme dans les chansons folkloriques, l'artiste emploie des techniques orales comme le refrain qui sert d'appui et aide à mieux saisir son message. Pareil mouvement traditionaliste s'accentue depuis l'indépendance dans la littérature africaine. Ce courant est évident dans *Ça tire sous le Sahel*. Il faut signaler qu'au-delà de l'humour que révèle le recueil, le poète se voit comme un artiste politiquement engagé et non pas comme un amuseur public.

J. Michael Dash

Caméléon, Paris, P.J. Oswald, 1976, 67p.

Recueil de poèmes de Mamadou Gaye.

Dans la présentation du recueil, Mamadou Gaye explique ses buts. Il souhaite «être au service de [ses] frères de tous les horizons», «s'associer aux forces productives» et encourager le Noir à combattre patiemment les difficultés dues à sa position politique et sociale actuelle, à l'instar du caméléon qui survit dans la nature (d'où le titre). Il a groupé ses poèmes en quatre chapitres; le premier s'adresse aux modestes travailleurs, le deuxième évoque les Noirs qui ont combattu l'oppression, le troisième les dangers qui menacent l'homme moderne et le quatrième est une envolée lyrique.

Contrairement à un auteur comme Mongo Beti, Mamadou Gaye regrette l'effritement de la vie traditionnelle (symbolisée par le baobab, p. 30-31), la disparition des petits villages au profit des villes qui prostituent les êtres (p. 51, 57) et la libération des femmes qui veulent ressembler aux hommes (p. 38). La nostalgie de Gaye pour le passé provient de ce que la science et la technique ont surtout apporté la discorde et le racisme (p. 58). Quant à l'écriture, elle empêche tout contact intime entre les gens, elle établit des barrières et des inégalités (p. 27, 49). Même l'école, au lieu de donner un enseignement enrichissant, éloigne l'enfant de la nature et perpétue des mensonges (p. 49).

Ne sachant pas qui il est, le Noir pourra néanmoins se trouver une identité s'il se tourne vers la religion (p. 14, 40), écoute le message que les Noirs américains lui envoient à travers leur musique (p. 34-35), se rappelle tous ceux qui ont souffert, les esclaves, l'humble cultivateur aussi bien que les héros comme Yacine Boubou ou Silmankha Diop (p. 9, 11, 13, 45), renonce à sa léthargie, aux diverses factions politiques et à «l'Africanitude» (p. 52-53). Mais comme le Noir ne peut vivre sans la sagesse des anciens, l'auteur espère qu'avant de mourir les vieillards transmettront leur savoir aux générations suivantes (p. 28, 53). Sans leur aide, les enfants d'aujourd'hui ignoreront les douceurs de la vie ancestrale et connaîtront seulement le monde inhumain de la civilisation industrielle (p. 29). Malgré ses inquiétudes, Gaye termine sur une note optimiste en exprimant son amour pour la femme aimée, pour les enfants, pour les hommes en général et pour la nature (p. 65-67).

Cherchant à éviter une imitation trop servile, l'auteur réussit, grâce à un ton personnel, une langue claire et un lyrisme sobre, à composer un livre agréable. Son message est accessible à un large public.

Claire L. Dehon

Cannibalisme, Paris, P.J. Oswald, Coll. Théâtre africain, 21, 1973, 83p.
Pièce d'Alexandre Kum'a N'dumbe.

Cannibalisme est une pièce en prose et en vers libres de treize scènes où le verbe est plus important que l'action. Le prétexte de l'intrigue est un incident dans un restaurant universitaire en France: un Noir prend un sachet de sucre de trop et se fait interpeller par quelqu'un à qui il donne un coup de tête. Bien que la pièce ne soit pas organisée autour d'une intrigue qui se déroule dans le temps, elle s'articule néanmoins autour d'une série de thèmes-clés qui font contraste — le juge et l'accusé, la civilisation et la barbarie, l'acteur et le spectateur, la communication et le manque de communication.

Rien n'est sacré dans cette pièce. Les acteurs se rient de toutes les institutions, y compris la négritude («Dansez / La Négritude/ oubliez/ vos droits») et le développement économique («Regardez-nous. Admirez le modèle. Le développement ça paie, hein?»). La farce se mêle au pathétique, l'ironie à la provocation.

Les acteurs sont anonymes. Dans certaines scènes, les acteurs noirs et les acteurs blancs se distinguent les uns des autres; dans d'autres, ce sont simplement des acteurs. Les scènes sont souvent entrecoupées de danse et de musique. La danse joue d'ailleurs un rôle essentiel dans *Cannibalisme*. Elle sert tantôt à réunir («Eh bien voilà! Maintenant, nous avons dansé. Maintenant nous sommes des amis»), et tantôt de symbole des différences profondes entre les civilisations européenne et africaine. Après une cérémonie où les Blancs «acceptent» les Noirs comme «dignes de l'humanité», les Blancs les invitent à valser. C'est le refus catégorique: «Nous danserons toujours/ Au rythme du balafon».

Les deux premières scènes établissent le ton de la pièce. La première présente une grande soirée dansante où les acteurs ne se distinguent pas des spectateurs et où l'on peut voir des affiches qui proclament: «Ligue fraternelle pour le cannibalisme», «La race, la sale race», ou simplement «NON». Et dans la deuxième scène les acteurs réprouvent l'exploitation de l'homme et le culte du dieu argent. Mais ils admettent que leur rôle, en tant qu'acteurs, est de vendre «des consciences/ des consciences endormies/ des boîtes de consciences tranquilles».

Le premier des thèmes-clés, le thème du jugement, constitue le cœur de la pièce. Qui jugera qui? D'après quels critères? Parfois c'est un Blanc qui joue le rôle du juge, parfois c'est un Noir. Chacun accuse l'autre de freiner le progrès de l'humanité. Quelle que soit l'accusation, elle se retourne toujours contre l'accusateur. Le juge est toujours jugé.

Un deuxième centre thématique est celui de la civilisation. Kum'a N'dumbe se sert du mot cannibalisme dans le titre pour choquer public et lecteur, pour envoyer dos à dos les valeurs traditionnelles et modernes. Tous s'accordent làdessus: le cannibalisme est acceptable à condition qu'il soit civilisé. C'est-à-dire qu'il faut ouvrir des écoles de cannibalisme et établir une agrégation de cannibalisme. Alors tous les acteurs fondent «La Ligue fraternelle pour le cannibalisme».

Quand on dit aux Noirs que leur histoire est vide, que leurs ancêtres n'ont rien fait pour eux, ils récitent la leçon qu'ils ont apprise à l'école: «Nos ancêtres les Gaulois»! Ensuite, ils accusent les Blancs: «Ils ont peur de notre héritage. Ils veulent nous déraciner. Ils cachent la vérité.» Les Blancs sont donc aussi accusés, mais accusés d'exploitation, d'individualisme et d'hypocrisie, encore qu'on persuade les Noirs de participer à cette exploitation, à cet individualisme et à cette hypocrisie. Comme ils avaient fondé La Ligue, ils sont tentés de devenir collaborateurs («D'un continent à l'autre/ la race/ se jugera la fraternité/ Et pacifiquement/ Avec patience/ elle conjurera/ contre/ l'homme»). Il est clair que l'expression «la sale race» du début de la pièce ne s'applique ni à la race noire ni à la race blanche, mais à la «race» des exploitants et des hypocrites.

Le thème de la théâtralité parcourt toute la pièce. Les personnages s'interrogent sur le rôle du théâtre, sur la distinction entre acteur et spectateur et sur la séparation entre la vie sur scène et la vie personnelle. Apparemment Kum'a N'dumbe veut que les frontières traditionnelles disparaissent. Les acteurs croient d'abord qu'ils ne font que jouer, qu'ils ne font qu'interpréter des rôles («Chers acteurs, votre vie privée ne nous intéresse pas»). Ils essayent de «démasquer le mensonge», sans se rendre compte, du moins au début, que le théâtre est aussi illusion, c'est-à-dire mensonge. De toute façon, chaque fois que les passions s'éveillent, les acteurs laissent tomber leur masque.

C'est dans la dernière scène que les acteurs révèlent leurs vrais sentiments. Tous les acteurs, sans distinction de couleur, refusent la collaboration avec la «race» des exploitants. Et la pièce se termine sur une note optimiste, sur le mot «liberté». «Dansons le début de l'histoire/... libération/ nous te dansons/liberté.»

Lauren Yoder

Cantate de l'ouvrier, Paris, P.J. Oswald, Coll. Poésie/prose africaine, 9, 1974, 73p.

Poème socio-religieux de Jean-Pierre Makouta-Mboukou.

Le poème se compose de 152 strophes de huit vers libres dont la longueur varie de 8 à 15 pieds, avec une majorité de décasyllabes et d'hendécasyllabes.

Les voix de cette cantate sont celles de l'auteur lui-même et de l'ouvrier dans la première partie (strophes 1 à 119), celle de Dieu dans la seconde partie (strophes 120 à 157).

Un bref Avant-propos indique que l'auteur entend s'adresser aux ouvriers dans une langue claire. Répondant, comme il l'avait déjà fait dans l'Avant-propos de *L'Âme bleue* (1971), à ceux qui avaient qualifié sa langue de «bourgeoise», il écrit: «Fini donc le langage bourgeois de la poésie hermétique. L'homme souffrant n'est pas une machine à décoder des énigmes.» Suivent les deux premiers vers de «L'Internationale» et la dédicace «Aux ouvriers de Sarcelles la Géante, aux ouvriers nègres de mon pays, à tous les déshérités sous le soleil!».

Un poème liminaire de 17 vers interpelle ironiquement les «nègres sages du terroir»: cette interpellation semble viser à la fois les poètes de la négritude et l'esprit de superstition. Le poète annonce, en hommage à l'ouvrier, une cantate langoureuse, mélancolique, douloureuse et tendre à la fois.

Dans une première partie de la cantate, on distingue les principales séquences suivantes:

Strophes 1 à 12. D'une fenêtre du troisième étage d'un immeuble de l'avenue Paul Valéry à Sarcelles, l'auteur voit passer des ouvriers, principalement du bâtiment, en tenue de travail. Tristesse et silence caractérisent ce défilé imaginaire, cadencé par l'expression «ils vont se taisant» que répète le poète. Sarcelles, devenue le symbole de l'urbanisme déshumanisant des grands ensembles dans la France des années 60, est désignée dans tout le poème par l'expression à résonance épique, «Sarcelles la Géante».

Strophes 17 à 22. Un enfant, la fille de l'auteur, chante les mains des ouvriers et compare l'ouvrier, homme par qui passe l'histoire, à son père, le poète, créateur d'«idées fumeuses».

Strophes 25 à 36. On trouve ici une sorte de Ballade de la Fille de l'Ouvrier. La poésie de la jeune morte et du tombeau solitaire, enrichie de symboles séduisants (tel celui des tulipes blanches, image des espoirs déçus), rejoint celle de la romance populaire («L'hirondelle du faubourg»).

Le thème de la mort de la fille de l'ouvrier, victime de l'indifférence d'une société sans idéal, ressurgit en maints endroits de la première partie.

Strophes 37 à 44. Le poète présente sélectivement quelques traits de la condition ouvrière: les sentiments d'oubli et de mort dominent.

Strophes 45 à 50. Le sort de l'ouvrier noir est évoqué.

Strophes 51 et 52. Le poète découvre l'apparente démission de Dieu. Son chant en prend de la force (53-54). La critique du Dieu-Bourgeois sera reprise dans les strophes 76 à 92.

Strophes 56 à 75. La pensée va vers l'Afrique, vers les «ouvriers-nègres du terroir». Le chant se confond longuement avec le sacrifice (libation de vin de palme) aux ancêtres et morts inconnus. «La fille de l'ouvrier, c'est vous, ouvriers-nègres» (61)! La pitié du poète à l'égard des sacrifiés de toutes conditions s'exprime par le dépôt des palmes ou couronnes «de roses vertes, jaunes et bleues» que permettent d'identifier les poèmes de *L'Âme bleue*. Le vert est la couleur des arbres (couleur liturgique et divine par excellence), le jaune celle de la broussaille africaine ou des jonquilles, le bleu celle de l'eau.

Strophes 93 à 97. La fille de l'ouvrier, messagère des hommes, s'élance dans le cosmos.

Strophes 98 à 119. Le poète développe une réflexion personnelle sur la notion de Tiers-Monde — qu'il nie en constatant l'universalité des exploitations et des injustices —, sur le progrès («infâme progrès du cœur sans amour») et sur l'esclavage.

La seconde partie de *Cantate de l'ouvrier* contient la réponse accusatrice de Dieu. Le Créateur pourrait simplement supprimer la vie et les hommes, non les contraindre. Ceux-ci sont seuls responsables des injustices qu'atteste l'histoire car ils sont libres. «Est-ce mon métier de bâtir la société humaine?» demande Dieu. «Créateur des mondes innombrables», expression qui martèle le discours final, Dieu est le changement, le contenant de tous les temps accomplis et à venir.

La pensée qui s'exprime dans *Cantate de l'ouvrier* est plus théologique que sociale. Le Dieu qu'imagine J.P. Makouta-Mboukou adresse sa réponse à l'homme pris dans sa totalité, non à l'individu appartenant à une classe sociale exploitée. Cette réponse condamne les rébellions et les impatiences (st. 143-144).

L'oscillation entre deux enseignements – celui du marxisme et celui du christianisme évangélique – est manifeste. Cette oscillation et la force de certaines visions, rares mais personnelles, toujours liées à la pensée de la mort, donnent son originalité à la *Cantate de l'ouvrier*.

Le rythme est marqué par la répétition des dénominations épiques, le retour de courtes propositions et de strophes presque identiques.

La syntaxe est trop souvent artificielle. La *Cantate de l'ouvrier* n'appartient par sa forme ni à la littérature populiste ni à la littérature populaire. Le rejet fréquent du verbe en fin de phrase, les inversions systématiques verbe-sujet et complément-verbe, les ellipses du pronom sujet, requièrent une facile mais incessante gymnastique mentale. Ces pratiques, jointes à la désuétude d'un certain vocabulaire académique, ont suscité des critiques (voir Roger Chemain et Arlette Chemain-Degrange, *Panorama critique de la littérature congolaise contemporaine*, 1979, p. 156-158).

Malgré ces artifices, J.P. Makouta-Mboukou a su communiquer, en maintes strophes, son émotion de père, d'observateur de la condition du travailleur dans la banlieue parisienne, de membre d'un lignage congolais. Son angoisse dépasse de beaucoup le cadre personnel en se libérant. C'est pourquoi ce long poème, unique dans la littérature africaine d'expression française, peut susciter adhésions et vocations.

Robert Pageard

Cantiques, Dakar/Abidjan, Nouvelles Éditions Africaines, 1976, 176p.

Recueil de poèmes de William J.F. Syad.

Cent soixante pages de poésie, dont chacune ne contient que quelques vers (13 en moyenne, groupés en deux strophes, parfois trois) d'un, deux ou trois mots – le texte est généreusement parsemé de mots en majuscules. À part la différenciation linguistique (moins de 20 pages sont en anglais: poèmes, citations),

il n'est pas toujours facile d'établir la délimitation des poèmes. Ce n'est pas en fonction des thèmes qu'ils sont groupés en trois «Cantiques»: I: «Shoukry doux instants de mon tout» (p. 5-59; 13 poèmes); II: «Caprices des instants vibrants Lovable my love» (p. 61-150; 15 poèmes); III: «Es Salaam» (p. 151-175; 4 poèmes).

Le thème dominant est la femme et l'amour qu'elle rend possible et donne. Dans *Khamsine* (1959) le poète (il avait 29 ans) traitait plus gratuitement ce thème qu'il dissociait d'un second volet (dont les poèmes ont été écrits en anglais) où se manifestait un engagement politique. Ici, le thème est brodé sur une étoffe métaphysique où le poète pose moins de questions qu'il ne propose de réponses découlant des postulats reçus de la tradition et vérifiés expérimentalement avec toute sa lucidité. Les trois «Cantiques» constituent une suite dramatique qui épouse un certain ordre chronologique.

Le «Cantique premier» pose au départ le problème de l'écart entre la présence physique et l'absence de l'âme «vagabonde». L'adolescence est charnelle, mais le poète sait déjà que cette même chair est une «fenêtre / ouverte / sur un autre / monde» («Notes insolites»). Chez les «Belles Filles d'Éthiopie» elles-mêmes, en cette «Terre d'Éthiopie [...] refuge du Christianisme» (le poète somali dédie ces deux poèmes à ses «frères les Abyssins»), le don le plus précieux est l'âme, «cet indomptable mystère / de la Force Divine» (poésie somalie citée par Syad). Les «Chants pour Naët» – qui fait «rêver / de choses à ne pas dire / tout haut» – sont l'occasion pour le poète de souhaiter qu'on respecte davantage «ce feu dévorant / que l'on a souvent / exprimé / avec légèreté». Décidément, Syad n'est pas de la lignée des érotiques à la 'Umar Khayyàm. Il faut situer l'homme face au divin, le temporel face à l'éternel. Ce sont là les perspectives mêmes de Tagore.

Le «Cantique deuxième» commence

avec un dilemme. Le poète sent que toute définition de l'amour est provisoire. Pourtant il sait ce que les êtres attendent de lui: «que l'aube vienne / de ma raison» («Oreille mon amie»), mais ce sera l'étape suivante. Il raconte d'abord un grand amour: «Rencontres» (pourquoi le «s»?). C'est à Genève dans un bar — «dans cette ambiance / de fumée / de musique», précisera-t-il cinquante pages plus loin — qu'il rencontra celle qui n'a pas de nom, sinon Madone, Ange ou Démon... capable de dédaigner les dieux païens. Aucune «ne te ressembl(e) [...] exceptée Naët» («En vain»). «Te», est-ce Vera R. de la dédicace de «Ma Noirceur Humaine» ou la Basira N. en dédicace au «Cantique troisième»: «À celle / qui a su mieux / que / toute autre / vibrer / à l'appel / de / mon / Âme»? Un regard a troublé son âme. Les corps s'enlacent et les âmes se découvrent. Ainsi l'a voulu le Destin, catalysant la con-sistance du double triangle: Hier, Jourd'hui, Demain («trilogie sacrée»: note, p. 49), image de cet autre: Divinité, Femme-Âme et (l'autre) Moi. Ah! que cette femme me conte «l'histoire / de cet au-delà» et qu'elle m'écoute lui raconter cet autre Moi... C'était le signe suprême, et combien de fois le poète répète ces mots: «Tu as vibré à l'appel de mon âme.» L'amour vient comme il veut: laisse-le te broyer, conseillait le prophète de Gibran. Le «Cantique» se termine avec «Souvenances...», évocation sur un ton presque familier, comme un reportage, des circonstances de la rencontre genevoise (vraisemblablement): chambre rose, numéro de téléphone 32-47-45 ou 49?; et une «Prière» pour celle qu'il cherche toujours: «qu'elle puisse / vibrer / à l'appel / de mon âme.»

La recherche continuera, machinalement peut-être, car le poète du «Cantique troisième» a déjà été catapulté dans la haute initiation de la Vérité. Quelqu'un l'écoute. Il doit parler. Ici éclate l'intellectualité de Syad: ce qui expliquerait la brièveté de ce «Cantique». Il avait antérieurement pesé l'entreprise symbolique d'un Senghor à la Sorbonne dans le poème «Hymne à la Négritude», qui se trouve un peu hors cadre à la fin du «Cantique premier»: ce fleuve du «savoir technique», il faut attendre qu'il rejoigne «l'humaine pensée / Rivage de l'Océan de mes Ancêtres / Espoir de l'homme». C'est toute l'entreprise humaine qu'il lui faut à présent envisager. Il l'explique dans un langage quasi ésotérique: «Il a fallu / ces étapes primaires / passant par l'Animal / du Premier / et du Deuxième degré / pour devenir / Cette Force Consciente / l'Âme» («Concours des étincelles dans ce rien ambiant»). La formulation de son message est équationnelle: « Je / [...] tu / pour faire cet Il / et concevoir / ce grand nous» («Concours...»). L'image est électromagnétique et musicale: «vibra(nt)(e)(s) (ations)» (11 fois), «arpèges», «harmonie», «cadence», «rythme»; elle est génétique: «Pour que mon Grain / Trouve ton Grain» (7 fois), «nos étincelles» (3 fois). Géométrique, le projet de «former cette pyramide / Colossale / l'Univers Pensée / Lumière / régissant toutes / Dimensions», où «la verticale parallèle / [...] / Transcend(e) l'Horizontale» («Il a fallu»). Toute cette structuration baigne dans une hantise cosmique. Bien que l'image reste essentiellement abstraite: «IMAGE / de ce rien INFINI» («Sans cesse je me renouvelle»), ne s'agit pas de fin par dilution ou disparition, mais de commencement, de renouvellement «à chaque instant» dans «le Creux / Main divine / du Grand Tout» («Concours...»). Comment ce cycle expérimental a-t-il été amorcé? «Il a fallu / que je danse / pour me rendre / compte.» Le poète n'a pas oublié la Genevoise.

Le style de Syad est plus généralement philosophique que poétique par l'image, la musicalité, l'envoûtement sensoriel. Certains poèmes révèlent un curieux souci didactique du poète. Le texte des deux poèmes éthiopiens, où le souffle ne réussit pas à être senghorien, est accompagné de quinze notes infrapaginales de portée linguistique, onomastique, encyclopédique (géographie, ethnologie, histoire...).

Léo A. Brodeur

Cap Liberté, Yaoundé, Éditions CLÉ, Coll. CLÉ-Poésie, 1969, 76p.
Recueil de poèmes de Richard Dogbeh.

Les dix poèmes de ce volume sont des commentaires sur l'Homme, ses idéaux et ses défauts, ses inquiétudes et ses espérances. À travers lui, la société et la nation sont scrutées en profondeur. Invitant le lecteur à réfléchir sur les problèmes de l'existence, le poète béninois se sert de son pays et du Nigeria voisin pour illustrer ses pensées. La liberté est la plaque tournante de ces réflexions poétiques.

«Salut Lagos» révèle les paradoxes que présente la capitale nigériane. Des gens en guenilles, maladifs, affamés, abandonnés, coléreux, criminels, oisifs et chômeurs sont entourés par la grandeur et la splendeur d'une ville qui n'a rien à envier aux métropoles européennes. L'opulence, la misère et la violence se côtoient. Richard Dogbeh se demande si ce Nigeria, «héros de la renaissance africaine», va libérer ces grandes foules de tous ces maux. Pour le poète, Lagos n'est qu'une prison.

«Dahomey», «Hommages à Aimé Césaire» et «Nation» traitent de l'action, celle qui doit améliorer le sort du Béninois en particulier et de l'Africain en général. Richard Dogbeh réclame une révolution totale qui se répandra chez tous les opprimés du monde; il s'agira d'une purification de la terre. Être maître de son destin implique évidemment le pouvoir de contrôler son économie. Mais il faudra également abattre les ennemis intérieurs qui s'appellent: maladies, faim, viol, vol, tribalisme et désunion. La priorité revient désormais à la reconstruction du Bénin. Le Dahomey d'antan, ce peuple endormi, doit maintenant s'éveiller aux réalités de la modernité et du progrès. Le poète-soldat-prophète, ou le poète-politicien, le nouveau meneur de

l'action créatrice et libératrice, sonne le glas de l'inertie.

Le nouveau pays, selon la vision du poète, sera régi par les lois de l'amitié et de la franchise. L'Afrique traditionnelle et mystérieuse doit être modérée de même que celle d'aujourd'hui. La future Afrique tirera sa force de la solidité de la tradition.

Richard Dogbeh évoque l'idéalisme et l'innocence de l'enfance dans «Vous évoquerai-je» et «Te rappelleras-tu», tout en dénonçant les malfaiteurs. Devant les fléaux de son pays, le poète est angoissé et les souvenirs de son amour se volatilisent vite face aux réalités qui l'accablent: jalousie, envie, injustice et paresse. S'il reste optimiste pour son pays du fait de sa foi en l'homme, le pessimisme resurgit dans «Assiaba», «Fuyez formes» et «Déception». Bien que des querelles intestines aient divisé la population béninoise et que «la vie de toujours» reste laide, douloureuse et désespérante, l'homme remettra de l'ordre dans cet univers de désordre.

Dans «Ballade macabres pour Daniel», la soif du pouvoir montre son visage barbare, sa sauvagerie et sa criminalité. Malgré tout, c'est l'homme qui a le dernier mot. Il appartient à un sauveur de corriger les «salauds», les assassins, les bandits, représentants du fanatisme politique, qui ont tué Daniel, simple fonctionnaire et victime innocente. La révolte ultime des Dahoméens contre le crime et l'injustice donnera raison au poète qui sait que le pouvoir n'est jamais monopolisé en permanence pour une seule personne.

Richard Dogbeh fait preuve de maturité et nous communique sa grande sensibilité dans ces vers libres. Ces poèmes allégoriques et symboliques dont la personnification, l'apostrophe et les parallèles sont les figures dominantes constituent autant de cris d'alarmes, d'accusations, de dénonciation et de dénigrements. On sent l'influence du romantisme de la négritude dans cette entreprise pleine d'espérance et d'enthousiasme. *Cap Liberté* est une poésie «engagée» qui porte en elle toutes les caractéristiques universelles des grandes œuvres littéraires.

Eric Sahr Wongo

Caprices (Les) du destin, Lomé, *Togo-Presse*, du 8 juin au 2 août 1966.
Roman de Félix Couchoro.

Jean Bosco Tenoukpor, caissier de banque, a organisé à l'occasion de la Noël 1936 une petite sauterie chez lui. Il a invité sa voisine Clara de Souza, une jolie sage-femme. Peu de temps après, elle devient, comme bien d'autres, sa maîtresse. Pour corser l'aventure, Jean Bosco fait de la servante de Clara, Jeannette, sa maîtresse en même temps. Mais celle-ci devient enceinte; Clara l'apprend incidemment et risque de voir s'envoler son projet de mariage avec le beau parti qu'est Jean. Celui-ci renvoie Jeannette et refuse de reconnaître son enfant. Clara, elle, simule une grossesse et arrive à ses fins: elle épouse Jean Bosco.

La pauvre Jeannette qui était en tutelle à Lomé n'a plus pour solution que de s'offrir au premier venu, en espérant qu'il sera dupe de la manœuvre. Elle devient la maîtresse d'un chauffeur de camion, Peter Akpeh, qui accepte, une fois qu'il la sait enceinte, de l'épouser. Le bébé naît huit mois après; Jeannette confesse tout à Peter qui accepte d'élever quand même l'enfant. Cette attitude «chevaleresque» lui vaut l'estime des parents de Jeannette qui l'aident à monter une entreprise de transport. En 1945, il est sur la voie de la richesse, tout comme Jeannette dont le commerce de revendeuse prospère.

Jean et Clara ont eu une fille. Celle-ci échoue dans ses études et épouse un maître dactylo, infirme et coureur. Par contre, Caroline, la fille de Jeannette, reconnue par Peter, fait de brillantes études et devient la première avocate togolaise. Jean Bosco, son père, malgré le doute que les frasques de Jeannette peuvent laisser subsister, est fier d'elle une fois qu'il l'entend plaider au palais. Il est, à vrai dire, jaloux du succès de Jeannette et de

sa fille. Pour se venger, il menace d'intenter une action en reconnaissance de paternité si Jeannette ne lui verse pas 20 000 francs. Elle feint de s'exécuter, mais le fait arrêter. Avec son avocat, Maître Koublanou, fiancé de sa fille, elle obtient la mise en liberté de Jean Bosco et lui fait valoir qu'il bénéficie d'un sursis moral. Le dossier suivrait son cours s'il s'avisait de récidiver. Maître Koublanou et Caroline se marient. À cette occasion, Clara révèle à Jean Bosco qu'elle a toujours su qu'il était le père de Caroline et il pleure sur leur vie médiocre, sur l'échec de leur unique enfant. Ce sont les «caprices du destin».

Les aventures galantes dans le milieu de la petite bourgeoisie sont typiques de l'univers de Félix Couchoro. Les péripéties, la vivacité des dialogues et la fantaisie des inventions verbales maintiennent en éveil l'attention du lecteur.

Alain Ricard

Carnets d'Amérique, journal, Paris, Éditions Saint-Germain-des-Prés, 1976, 204p.
Récit de Vumbi Yoka Mudimbé.

Ce sont les notes prises au cours du voyage que V.Y. Mudimbé effectua aux États-Unis, de septembre à novembre 1974, à l'invitation du Département d'État américain. L'ouvrage ne comporte aucun plan particulier; la relation suit simplement les étapes du voyage; neuf chapitres parce que neuf villes visitées avec leur région: Washington, New York, Atlanta, la Nouvelle-Orléans, Los Angeles, San Francisco, Madison, Chicago, puis le retour à New York.

Cependant ces *Carnets d'Amérique* ne constituent pas une banale relation de voyage comme pourraient le faire des touristes qui sauraient observer et raconter. L'Amérique est finalement un prétexte aux réflexions de l'auteur qui continue le dialogue avec lui-même et cherche sans cesse à enrichir sa vision du monde. C'est tour à tour l'homme de lettres cultivé, l'universitaire africain, le chrétien qu'habite la grâce, qui regarde autour de lui, interroge, s'indigne ou s'émeut, se souvient...

Écrire est devenu une nécessité pour Mudimbé, comme il l'a avoué à plusieurs reprises. Il s'est souvent interrogé sur le sens du mouvement de la négritude et sa rencontre avec L.G. Damas, dans son bureau de Howard University, l'université noire la plus ancienne, revêt une importance exceptionnelle. C'est l'écrivain contemporain qui interroge l'aîné, avec respect et admiration. C'est à travers le compte rendu que Mudimbé nous fait de l'entrevue une déclaration de foi sincère chez celui qui a toujours vécu dans sa chair toutes les contradictions et toutes les souffrances qu'engendre la situation du Nègre.

Jamais l'auteur de cette relation de voyage ne perd contact avec les livres... Malgré les multiples visites et rencontres organisées à son intention, il a toujours un livre en main; aussi ses notes de voyage sont-elles truffées de notes de lectures, de citations, de réminiscences qu'appellent une image, un mot, ou une idée. Sensible à toutes les manifestations du génie gréco-latin, Mudimbé reconnaît avoir ce «vice» en commun avec celui qui lui a servi de guide pendant tout son voyage.

L'universitaire africain, professeur de linguistique générale mais curieux aussi de bien d'autres disciplines, effectue un nombre impressionnant de visites d'Instituts, de Bibliothèques, rencontre un lot tout aussi impressionnant de responsables de la culture et de l'enseignement. Il est agréablement surpris par l'organisation et l'efficacité de la Bibliothèque du Congrès, à Washington, mais il se montre beaucoup moins enthousiaste lorsqu'il visite l'Institut du Monde noir, à Atlanta. Ces hommes et ces femmes qui veulent aider le Noir américain à se libérer et à s'exprimer ne sont-ils pas, après tout, que des «révolutionnaires romantiques»? Mubimbé constate aussi combien sont minces les liens qui unissent le monde des Noirs d'Amérique à son Afrique si lointaine. Il réaffirme, à cette occasion, le droit des Africains à gérer eux-mêmes leur indépendance et à juger par eux-mêmes de ce qui peut leur convenir.

Mais ce sont surtout les manifestations de la personnalité riche et complexe de Mudimbé qui devraient, nous semble-t-il, retenir l'attention du lecteur. Il manie l'humour comme une arme redoutable, devinant aisément ce qu'il y a à la fois de puissant et de naïf chez bon nombre d'Américains. Sa formation d'humaniste et son expérience vécue d'un catholicisme exigeant font de l'écrivain un homme soit angoissé, soit heureux du moindre plaisir offert. Cet amour profond de la vie qui le conduit à chanter l'Hymne au soleil, à profiter sans arrière-pensée d'un moment de détente totale, ce culte solide de l'amitié qui lui ménage parfois d'étonnantes rencontres, cette fatigue doublée de lassitude qu'on sent croître au fil des pages, au fur et à mesure que le voyage approche de son dénouement, nous révèlent les diverses facettes d'un esprit brillant et original, d'un chrétien engagé et d'un humaniste averti qui refuse de se laisser enfermer dans des catégories figées.

Le style est souple et s'adapte aux différents types de relations: poétique, lorsque Mudimbé évoque des paysages ou de vieux quartiers pleins de charme, satirique et moqueur lorsque quelque éminent spécialiste est sur la sellette, rigoureux et logique lorsqu'il rend compte de discussions sérieuses, style qui se révèle enfin vigoureux et ému lorsqu'il aborde les rapports de l'homme avec Dieu.

Si Pierre Landu, le héros d'*Entre les eaux*, échoue dans ses tentatives de dialogue, il semble au contraire que lorsqu'il est débarrassé des pièges de la semi-création, Mudimbé réussisse avec une aisance remarquable ses relations avec autrui, au cours de ce voyage aux États-Unis.

Jacqueline Falq

Carte postale, Kinshasa, Éditions Basenzi, 1974, 138p.

Roman de Batukezanga Zamenga.

Carte postale met à profit une expérience de l'étranger et complète ainsi les autres romans de l'auteur, présentant une facette nouvelle de la vie sociale contemporaine, les réactions et mésaventures d'un Africain en contact pour la première fois avec le monde blanc.

Sans doute, nombre d'autres écrivains noirs de talent, Bernard Dadié, Cheikh Hamidou Kane, Bertène Juminer, Ousmane Sembène entre autres, l'ont fait avant Zamenga. Mais avec *Carte postale*, Zamenga est le premier «Belgicain» à décrire les rapports Noirs-Blancs, au lendemain des troubles de l'indépendance de son pays, en Belgique même et non en France. Il s'agit donc d'un point de vue différent et neuf, un milieu littérairement moins exploité, d'où l'intérêt particulier du livre. *Carte postale* commence et finit au Zaïre, mais la majeure partie du récit (douze chapitres sur seize) a trait à l'adaptation et à l'intégration d'un jeune homme de vingt-cinq ans, Zoao, dans une ville universitaire belge, d'abord en compagnie de trois de ses compatriotes, étudiants comme lui, puis avec sa femme et ses enfants qu'il fait venir auprès de lui en Belgique jusqu'à la fin de ses études.

Pour les jeunes «basenzi» de l'intérieur, «de vrais primitifs» qui, leur formation scolaire mise à part, «n'ont pas eu l'occasion de côtoyer le monde moderne», tout est choc, tout est cauchemar: le voyage en avion, le changement d'heure, la rigueur du climat belge, l'habillement, la nourriture, les habitudes de vie dans les plus insignifiants détails. C'est là l'occasion d'observations cocasses. Mais Zoao et ses camarades savent s'adapter petit à petit, malgré incompréhensions ou préjugés de part et d'autre, pour conclure finalement «que les hommes sont les mêmes partout et que les apparences sont trompeuses».

C'est donc un message de bonne volonté et d'effort de compréhension que transmet ce livre, en même temps qu'il s'amuse des différences superficielles et ridiculise les fausses conceptions. L'inégalité sociale, l'injustice, l'exploitation de l'homme par l'homme préoccupent davantage l'auteur que les différences de race ou de religion. Zamenga fait ressortir tout au long la curiosité mutuelle que Noirs et Blancs éprouvent les uns pour les autres, en Afrique comme en Europe, curiosité qui s'exprime parfois de façon naïve, ridicule ou gênante, mais qui éventuellement triomphe des préjugés.

La couleur spécifiquement belge du récit est intelligemment exploitée. Ainsi, notre «Ingénu» assez voltairien (chapitre IX) se trouve mêlé à ces «conflits tribaux qu'on appelle là-bas querelles linguistiques» et participe avec ses camarades aux manifestations et contre-manifestations des «wasigots» (qui parlent fanfare) et des «fasigots», la cible étant la capitale «qui depuis des années constitue la pomme de discorde entre les communautés», et dont la Grande Place devient presque un champ de bataille pour les manifestants – il s'agit bien sûr des Wallons, des Flamands et de Bruxelles. La manifestation prend pour Zoao, du côté des wasigots, et pour Ramazani, du côté des fasigots, un caractère passionnant de fête, jusqu'à ce que les étudiants s'avisent eux-mêmes qu'ils n'ont rien à voir dans ces «conflits tribaux» et que, «devenus indépendants», ils servent, loin de chez eux, de «marionnettes» aux problèmes propres aux Blancs.

Malgré quelques maladresses ou négligences de composition ou de style, peut-être dues à une rédaction trop hâtive, et d'occasionnelles invraisemblances ou même bizarreries, l'ouvrage est d'un intérêt certain. Il a le caractère et l'attrait d'un témoignage vécu, depuis la veillée familiale précédant le grand départ jusqu'au retour du jeune homme dans son pays, où ce qu'il fait alors «n'a rien à voir avec ce qu'il a appris», ironie suprême. Les mésaventures de Zoao et de ses amis (envoyés tous les quatre en Europe par un parti politique, mais laissés sans ressource — «œtte bourse-là, on l'a attendue, on l'attendra jusqu'au retour de Jésus-Christ») sont narrées sur le mode sarcastique, avec gentillesse et cocasserie. Certains des épisodes sont des canulars, des farces de potache en liberté. D'un bout à l'autre, le roman déborde d'observations notées sur le vif, sans acrimonie et avec humour. *Carte postale* est l'œuvre d'un «homme de bonne volonté» qui sait porter un regard critique sur le monde.

Danielle Chavy Cooper

Casse-tête congolais pour Berto, Paris, P.J. Oswald, 1970, 88p.

Énigmes avec solutions présentées sous forme d'histoires par Gilbert Mfouo-'Tsially.

L'écrivain se présente à son public dans un avant-propos où il explique aussi le but principal de ses casse-tête: «élever au plus haut degré l'esprit par la culture intellectuelle». Il se vante d'avoir «créé un genre nouveau qui consiste à présenter des jeux d'esprit sous forme de petites histoires».

Le héros vraisemblable de toutes ces histoires se nomme Berto. Il commence par avoir un rêve où il rencontre Œdipe, celui qui va l'aider à résoudre chacune des énigmes posées pendant son voyage à travers le Congo. Voilà donc que l'auteur nous donne la structure de son livre: chaque énigme est suivie d'une page d'Œdipe où on nous donne le sens de l'histoire. À vrai dire, la plupart des histoires sont très répandues dans la tradition négro-africaine. Elles rappellent au lecteur ces nuits au clair de lune ou autour du feu familial. Le vieillard édenté sert de vedette et de dépositaire d'une sagesse inconnue de la jeunesse émerveillée.

Il y a des explications du destin des animaux et des oiseaux dans l'univers: le rossignol, célèbre musicien auquel on a décerné le premier prix de musique devant un public important; l'hirondelle a mérité le titre de «recordbird» à cause de son vol à travers les continents; l'abeille, emblème du courage, attaque quiconque viole l'entrée de sa ruche; le cobra, animal inférieur, mène une lutte désespérée contre l'homme dont il est jaloux; le rat est un voleur connu de tous.

Il y a aussi des vérités sur l'homme: le Japonais armé de son karaté en veut au «tigre en papier qui détruisit Hiroshima»; le destin de la femme passe du charme de la jeunesse à «une vive répulsion et un grand dégoût» de la vieillesse. Bref l'être humain apparaît immoral, déséquilibré et imbu de sa supériorité. En visant l'homme, l'écrivain contemple surout le Congolais dans sa culture et les notes d'ordre culturel — il nous explique, par exemple, les croyances se rapportant aux jumeaux — sont l'un des éléments les plus intéressants du livre.

La portée socio-politique de l'ouvrage reste pourtant importante, car Mfouo-'Tsially sait que le monde en général et l'Afrique en particulier sont au bord de la catastrophe à cause de la bêtise humaine. Cette question est abordée dans la conclusion intitulée «Réflexions». L'écrivain s'attaque au racisme blanc. Il critique les éléments violents de l'humanité qui veulent toujours résoudre les problèmes par la force des armes. Il ridiculise le fétichisme, «lequel a échoué devant l'intelligence». Le véritable sens du fétichisme demeure quand même ambigu. Mfouo-'Tsially semble croire que toute la tradition africaine — énigmes, contes, folklore — est fétiche, et qu'elle est condamnée devant la civilisation européenne. L'éducation chrétienne de Mfouo-'Tsially a peut-être fait disparaître, chez lui, toute trace de culture africaine.

La technique et le style de *Casse-tête...* font penser aux contes de Birago Diop et certaines réflexions se rapprochent des idées des humanistes européens et/ou africains. Malgré l'ambiguïté déjà remarquée, les derniers mots du texte sont à retenir: «La valeur de l'homme s'établit en fonction de son intelligence et non de la couleur de sa peau ni de son compte bancaire.»

Femi Ojo-Ade

Ce dur appel de l'espoir, Paris, Présence Africaine, 1960, 127p. — Préface de Jacques Howlett.

Recueil de poèmes de Joseph Miézan Bognini.

Pendant longtemps, les poètes négro-africains avaient pour la plupart fui la note personnelle dans leurs compositions, craignant surtout de pécher par ce que Sartre dénonçait comme «les effusions du cœur». Voici que Bognini ose exprimer ses moments d'angoisse, sa propre ferveur, sa recherche de l'espoir et de l'harmonie avec l'univers, dans un langage d'un lyrisme dépouillé, dans des cadences d'une musicalité sobre.

La négritude de Joseph Bognini — si négritude il y a — n'est pas celle, plus manifeste, de David Diop, son aîné de six ans, vouée à une polémique acharnée contre le racisme et contre tous les maux d'un régime colonial, mais celle de l'inspiration puisée dans la terre natale de l'auteur, sans pour autant tomber dans l'exotisme de pacotille. C'est l'univers de la savane, de la forêt, avec «le vent/ Qui ravage et foudroie la nature» ou «la chaleur qui crépite sur [son] toit» /, qui trahit subrepticement les origines africaines du poète. Mais, en général, la beauté de la nature qu'il exalte, la grandeur des forces cosmiques qu'il évoque, ont une universalité et même parfois un écho des infinis pascaliens.

Il ne s'agit pas ici d'une poésie «nourrie par le rythme des tam-tams» comme dit Léopold Sédar Senghor, mais de vers libres scandés par des assonances et riches en associations subjectives: «Le ciel et la terre sont des infinis/ Où nul cri ne peut s'aventurer./ J'ai engagé ma tête contre deux pierres/ Cherchant en vain l'Abri. / Seule ta splendeur me délivre./ J'ai couru dans le vide/ Traversant mille villages./ Où pourrai-je puiser mon souffle/ Sans porter atteinte à ton décor?»

Parfois nous ne trouvons que la suggestion d'un vague décor tropical, où le jeune poète berce son mal de vivre: «Les caféiers ont fleuri sur mes jours/ L'enfance n'a plus sa raison.»

Tantôt nous sommes arrêtés par des vers merveilleusement évocateurs: «Ici le sol est fin/ Au milieu de la savane parfumée/ Au cœur de la forêt chantante./ Berceau des petits oiseaux,/ Antre paisible de la faune,/ Où la vie semble être envieuse./ Et l'horizon demeure interminable/ Où nous avons pavané nos étuves,/ Avec lenteur nous allons dans le vent/ Et pataugeant dans la boue,/ Nos pieds alourdis éternisent l'espace.»

Cette introspection attentive, revêtue d'images sobres et d'harmonies discrètes, est la marque d'un jeune poète authentique. Si, selon Lamine Dikhaté, «dans le domaine strictement négro-africain», c'est le poète qui «doit émaner de l'essence de son peuple [...] qui livre à son peuple des mots, des sentiments, que tout le monde peut faire siens», il faut en déduire que Joseph Bognini dépasse la seule définition d'un poète négro-africain: il est celui dont la voix semble dirigée vers l'humanité entière. Comme Bernard Dadié, comme David Diop, il parle de son expérience de Noir, d'Africain, mais il faut déceler son message sous le voile du lyrisme subjectif. Plus proche en fait de la poésie de son contemporain Tchicaya U Tam'si que de celle de David Diop, son œuvre a des profondeurs imaginatives qui livrent à chaque lecture de nouvelles aires de suggestion.

Dorothy S. Blair

Ce monde nu, Paris, Nouvelles Éditions Debresse, Coll. Debresse-poésie, 1969, 83p.

Recueil de poèmes d'Oumar Willane.

Le titre du recueil exprime la volonté de décrire le monde sans affectation et de composer une poésie plus quotidienne et familière qu'intellectuelle. Dans la préface, l'auteur défend son entreprise en expliquant les buts économiques et

sociaux de l'ouvrage. Pour lui, la fabrication d'un livre procure des emplois,
son contenu encourage au travail et satisfait l'homme qui a toujours besoin de
poésie.

Les idées qu'il présente sont relativement communes dans la littérature africaine d'expression française (Senghor,
par exemple, en avait déjà utilisé un certain nombre dans *Chants d'ombre*). Ainsi, il reconnaît que la vie ressemble à une
arène où les hommes sont enfermés et
menacés continuellement par des forces
destructrices. Dans ce milieu inaltérable,
l'individu ne peut même pas se révolter,
car, pareille à ces arbres que l'on plante,
cultive et abat, la mort de l'un permet à
l'autre d'exister (p. 27-28; 31-32; 57-58).

En outre, fidèle au désir de rendre la
poésie utile grâce au message qu'elle contient, Willane s'en sert pour glorifier le
travail, pour vanter les réussites politiques et sociales d'un pays comme la Côte-
d'Ivoire et pour célébrer la création de la
compagnie aérienne d'Air-Afrique qui
symbolise l'unité africaine (p. 19-21;
35-36; 75-76). Il admet que l'unité du
continent dépend aussi d'une «négritude» bien comprise, c'est-à-dire qui ne
rejette pas automatiquement toute la
civilisation occidentale et, en même
temps, qui ne reste pas esclave d'une tradition désuète (p. 33-34; 45-46).

Il applique ce qu'il prône car, pour
varier le ton du recueil, et pour perpétuer certains aspects caractéristiques de
la culture africaine, il imite des techniques poétiques traditionnelles, entre
autres: composer un poème à partir d'un
jeu de mots ou d'une répétition. Au premier groupe appartiennent des œuvres
écrites avec des mots ordinaires tels que
«griffes», «nombre», «pieds» et à partir
des couleurs symboliques: rouge, noire
et blanche (p. 12-14; 15-18; 37-39;
40-42). L'humour de la présentation
mérite d'être souligné. Dans le second
groupe, l'auteur préfère persuader le lecteur en lui répétant des expressions comme «il faut vivre» et «tout n'est que racine» (p. 22-26; 29-30).

Conscient des dangers de l'élitisme
pratiqué à l'occasion par la première
génération d'écrivains noirs, Willane
montre la voie à de jeunes artistes, tels
Mamadou Gaye, Pacere Titinga, en publiant des poèmes fondés sur des thèmes assez courants mais facilement compréhensibles par un public qu'il espère
convaincre de rester africain tout en l'encourageant à mener une vie laborieuse.

Claire L. Dehon

Cendres et lumière, Kinshasa, Éditions
Propoza, 1977, 56p.
Recueil de poèmes de Tito Gafudzi
Yisuku.

Il est bien connu que sous les cendres, couve le feu. Et des «cendres» jaillit la «lumière». Dans les vingt-trois poèmes du recueil, Tito Gafudzi Yisuku
revient à son thème de prédilection déjà
exploité dans *Cœur enflammé* (1973),
c'est-à-dire sa «soif d'aimer et de se faire
aimer». L'originalité est d'avoir intercalé
parmi les poèmes des lettres écrites plus
ou moins dans la même veine par une
jeune Zaïroise de dix-sept ans, témoignage d'une banale crise d'adolescence et
en même temps d'un désir de «vivre» et
d'aimer. Il s'agit donc ici d'émotions
«intensément personnelles», mais de ces
émotions «que tout le monde ressent»,
ce qui est bien dans la ligne du concrétisme, mouvement littéraire zaïrois, lancé par Tito Yisuku en 1972, qui se veut
avant tout accessible et populaire. L'é-
crivain refuse la «décalcomanie» de l'Occident, et le concrétisme s'appuie sur la
politique du recours à l'authenticité. Le
président Mobutu Sese Sako est d'ailleurs
cité en exergue du recueil.

Le style reste volontairement simple,
utilisant la langue de tous les jours. Il y
est question de lucioles, de rossignol,
d'étoiles, de fleurs, de «feuilles qui tombent une à une», aussi bien que de «sable
mou/ que le fleuve emporte» et du «vent
chaud de la saison sèche», de pattes, de
draps de raphia, de calebasses et de vin
de palme. On y trouve aussi un vocabu-

laire assez cru et des notations fort peu «poétiques», telles que: «tintamarres, klaxons», ou «les morsures/ des moustiques sous la véranda». Cela peut d'ailleurs conduire à des images fortes comme «la poubelle de l'oubli» où craint de tomber l'amant mal-aimé.

Le poète passe par toutes les émotions de l'amour satisfait ou frustré, comme l'indiquent les titres des poèmes: «Amour, bonheur», «La peur d'aimer», «La joie du présent», «L'argent et l'amour», «Enthousiasme», «Qu'importe?», «Reviens-moi», «L'abandon», «Espérance», «Dernier jour», «Je te dis au revoir», «Éternité». Certains des poèmes ont un charme réminiscent des *Chansons des rues et des bois,* tels «À la campagne», «L'entourage», «Chaque matin». L'auteur sait trouver des accents pleins de discrétion et de tendresse, soutenus par le rythme et les assonances, dans le délicat «La joie du présent» par exemple: «Ma joie est celle du présent/ de chaque moment agréable, de chaque soirée inoubliable,/ de chaque instant mémorable que nous passons à l'unisson.»

Tito Gafudzi Yisuku, également auteur d'une étude, *Négritude et tendances de la poésie zaïroise,* parue la même année que *Cendres et lumière,* a obtenu pour l'ensemble de son œuvre la Médaille en Argent du Mérite des Arts, Sciences, Lettres de son pays en 1977.

Danielle Chavy Cooper

Cercle (Le) des tropiques, Paris, Présence Africaine, Coll. Écrits, 1972, 256p.
Roman de Mohamed-Alioum Fantouré.

Le roman retrace, à travers le récit d'un homme du peuple, Bohi Di, sous la forme d'une chronique que l'on peut situer aux alentours des années 1958-1960, l'accession à l'indépendance d'un État de l'Afrique de l'Ouest, les «Marigots du Sud», puis décrit le régime politique et social qu'y instaure après cette date Baré Koulé, le «Messie Koï», appuyé par la milice et le parti unique.

L'intrigue s'articule ainsi autour de ce moment crucial de l'indépendance. La première partie, intitulée «Porte Océane» (p. 11-121), évoque les dernières années de la période coloniale dans les Marigots du Sud. Sur le plan politique, le fait dominant est constitué par la lutte qui oppose le «Club des Travailleurs», mouvement d'opposition au régime colonial animé notamment par Monchon, le docteur Maléké et Mellé Houré, au «Parti Social de l'Espoir» dont le leader est Baré Koulé. Lutte inégale dans la mesure où le Parti Social de l'Espoir est soutenu par les grandes sociétés installées dans les Marigots du Sud et le pouvoir colonial lui-même, avec des exceptions notables, il est vrai, comme le révèle l'attitude du commissaire de police Sept-Saint-Siss. Baré Koulé et ses hommes de main fomentent des troubles, créant de toutes pièces une véritable hystérie collective, la «folie des marchés», qui chaque jour surgit et se développe dans une agglomération différente.

Lorsqu'à son tour Porte Océane, la capitale, est atteinte par la folie des marchés, la police réussit à arrêter un certain nombre d'agitateurs parmi lesquels figure Bohi Di, obscur porte-faix qui ne se doute guère alors qu'il travaille pour Baré Koulé.

L'autorité judiciaire ouvre une enquête et inculpe notamment Monchon et divers responsables du Club des Travailleurs que Baré Koulé présente comme un repaire de révolutionnaires. Les charges retenues contre Monchon et ses amis sont cependant bien faibles et le juge d'instruction conclut à un non-lieu. Le gouvernement colonial confie alors l'affaire à un tribunal militaire mais le procès ne se déroule pas comme prévu. Le principal témoin à charge, Baré Koulé, ne convainc personne et le procès est renvoyé sine die. Le camion qui reconduit les accusés à la prison est attaqué par un mystérieux commando: Monchon est tué et Bohi Di est blessé. Un non-lieu posthume sera prononcé au bénéfice de Monchon mais Baré Koulé ne sera jamais inquiété.

Ce dernier d'ailleurs renforce de jour en jour sa position. Il apparaît comme l'interlocuteur privilégié de la puissance coloniale qui le considère déjà comme le futur dirigeant du nouvel État indépendant. À la veille de l'indépendance, il réussit à obtenir des entreprises qu'elles licencient leurs employés membres du Club des Travailleurs, et qu'elles les remplacent par des hommes du Parti Social de l'Espoir. Le gouvernement, de son côté, empêche le Club de mener sa campagne électorale. Dès lors la route est libre pour Baré Koulé: les élections seront un triomphe pour lui. Les membres du Club des Travailleurs doivent désormais se cacher; quelques-uns, des cadres, notamment, entrent dans l'armée...

La deuxième partie intitulée «Le cercueil de zinc» (p. 123-252) retrace les premières années de l'indépendance dans les Marigots du Sud. À travers le récit de Bohi Di, c'est à une véritable descente aux enfers que nous assistons. Les derniers survivants du Club des Travailleurs sont pourchassés. La milice commandée par Halouma se livre à toutes sortes d'exactions et de trafics. Une minorité de privilégiés proches du pouvoir vit dans l'opulence tandis que le reste de la population se trouve condamné au chômage, à la misère et à la peur. Tristes réalités que le Messie Koï qui règne sans partage s'efforce de dissimuler derrière le culte de la personnalité et une phraséologie révolutionnaire.

Quelques-uns cependant sont prêts à résister et le Messie Koï connaîtra sa première défaite lors de l'arrestation de Ben Na et de Mellé Houré qui coïncide avec le premier anniversaire de l'indépendance. En effet, Maléké réussit à faire évader Mellé Houré et à sortir le corps de Ben Na qui a péri sous la torture. Les obsèques de ce dernier seront l'occasion d'une grande manifestation populaire de protestation contre le régime. Le Messie Koï, à juste titre, soupçonne Maléké mais ne peut retenir aucune charge sérieuse contre lui. Il se retourne alors contre certains éléments de la milice qu'il accuse de comploter contre son pouvoir. Le processus fatal est engagé. Le système commence à se détruire de lui-même: découverte de «complots», purges, destitutions de hauts responsables, etc.

C'est dans ce contexte que les anciens cadres du Club des Travailleurs entrés dans l'armée — notamment le colonel Fof et Baba Sanessi — vont se décider à agir. Dans un premier temps, ils persuadent le Messie Koï que la milice et de nombreux dirigeants du Parti ont cessé d'être les soutiens du régime. Le Messie Koï confie alors à l'armée le soin d'assurer le maintien de l'ordre. Fof et ses amis, désormais maîtres du jeu politique, décident sans tarder de destituer le Messie Koï. Leur victoire sera cependant de courte durée. En effet, un bref épilogue nous apprend que Fof, Maléké, Mellé Houré et les autres responsables du coup d'État devaient être quelques mois plus tard «mystérieusement assassinés».

Alioum Fantouré entend ici nous livrer une *fiction* et il serait vain de vouloir chercher à identifier les personnages historiques qui ont pu servir de modèles au romancier pour tracer le portrait de ses protagonistes ainsi que le cadre géographique — ces Marigots du Sud — dans lequel se déroule l'action.

En adoptant ce parti pris de fiction, Alioum Fantouré s'écarte de la conception du roman historique proprement dit et, à cet égard, on sera sensible aux différences qui peuvent par exemple séparer le *Cercle des tropiques* des *Bouts de bois de Dieu* ou de *L'Harmattan* dans lesquels Ousmane Sembène se référait explicitement à des moments précis de l'histoire contemporaine de l'Afrique de l'Ouest, facilement repérables par les lecteurs.

Le roman de Fantouré ne relève pas pour autant de la politique-fiction. En effet, si les personnages mis en scène et le cadre géographique demeurent imaginaires, ils ne sont pas dépourvus de vraisemblance. Et, sur ce plan, on remarquera la façon dont Fantouré, grâce justement à la liberté même de la fiction, donne forme à un certain nombre de situations historiques particulièrement typiques et, à la limite, tout à fait reconnaissables. Ainsi, la lutte qui oppose, dans les dernières années de la période coloniale, le Club des Travailleurs et le Parti Social de l'Espoir, rappelle une donnée historique essentielle et trop souvent négligée. À savoir que l'indépendance, dans la forme qu'elle devait prendre dans la plupart des nouveaux États africains issus des fédérations de l'A.-O.F. et de l'A.-É.F., ne s'est pas jouée de façon décisive lors du référendum de 1958 et de la constitution de la Communauté par le général de Gaulle mais sensiblement quelques années auparavant. D'une part, dans les luttes qui ont opposé le R.D.A (Rassemblement Démocratique Africain) aux partis suscités par le colonisateur, tel le célèbre Parti Progressiste auquel le Parti Social de l'Espoir de Baré Koulé ressemble comme un frère; d'autre part, dans la crise qui a secoué le R.D.A lorsqu'il s'est agi de savoir si les représentants de ce parti devaient ou non, notamment au moment de la guerre d'Algérie, participer aux gouvernements français de la IVe République. Crise qui devait se terminer par la victoire des partisans de la participation qui allaient devenir dans la plupart des cas les premiers dirigeants des nouveaux États. À quoi s'ajoute, il convient de le rappeler, la lutte qui oppose, dès le début des années 50, ceux qui, tel L. S. Senghor, envisagent une indépendance sur la base des anciennes fédérations à ceux qui, tel Houphouët-Boigny, penchent plutôt pour la formule d'une indépendance territoire par territoire.

Par ailleurs, la deuxième partie du roman, centrée sur les premières années de l'indépendance dans les Marigots du Sud, évoque avec beaucoup de précision le mécanisme par lequel de nombreux régimes politiques tentent de masquer leur incapacité à agir sur les principes économiques fondamentaux et leur soumission aux intérêts de l'ancienne puissance coloniale par le développement conjoint d'une surveillance policière sans cesse accrue et d'une phraséologie exaltant l'indépendance nationale et la révolution.

De même, l'épisode final du coup d'État militaire organisé par les anciens membres du Club des Travailleurs qui ont rejoint l'armée au moment de l'indépendance apporte un éclairage intéressant sur le rôle croissant que joue l'armée, à partir de la chute de N'Krumah, dans un grand nombre d'États africains. Cet épisode permet en particulier de comprendre que l'opposition entre civils et militaires à l'intérieur des États du type de celui qui est ici décrit n'est pas toujours aussi simple qu'on pourrait le penser de prime abord puisque l'armée, à travers Fof, Baba Sanessi et les autres, représente la fidélité aux idéaux de la lutte anticoloniale et anti-impérialiste. Mais, comme le révèle le bref épilogue sur lequel se clôt le roman, cette fidélité s'avère impuissante à modifier le cours des choses car elle ne s'articule pas — pas encore — sur un mouvement véritablement populaire.

Sur le plan du récit, on sera sensible tout d'abord à la façon dont le romancier élabore sa narration à partir du point de vue de Bohi Di. S'il finit par adopter les idéaux du Club des Travailleurs et par agir concrètement pour ce dernier, Bohi Di n'est pas à proprement parler un militant. Comme pour la grande majorité de ses compatriotes, le chômage, l'attentisme, la prudence, la peur constante d'une arrestation sans espoir demeurent son lot et, à cet égard, on appréciera la façon dont Fantouré a su en faire un personnage concret et attachant qui se demande continuellement si le régime instauré par le Messie Koï doit être considéré comme une calamité imposée aux hommes par un destin hostile ou, au contraire, un phénomène historique contre lequel ces derniers devraient pouvoir agir.

Cette incertitude dans laquelle se trouve plongé le narrateur est soulignée, d'autre part, par la structure générale du récit. En effet, les deux grandes parties,

que nous avons évoquées précédemment
(«Porte Océane» et «Le cercueil de zinc»)
et qui correspondent respectivement à la
période antérieure à l'indépendance et à
celle qui la suit immédiatement, n'ont
rien de linéaire. Le romancier a procédé
à de fréquents retours en arrière qui nous
permettent de mieux saisir la personnalité complexe de Bohi Di (par exemple,
lors du voyage en train qui le conduit de
Porte Océane au village de l'intérieur où
sont restées sa femme et sa fille, p. 51-97)
et le scepticisme qui ne peut manquer
d'être le sien au cours ou au terme de
son histoire individuelle.

Le Cercle des tropiques est, sans
aucun doute, une œuvre qui fera date.
Il représente une tendance nouvelle et
qui n'a fait que se confirmer par la suite
dans l'évolution générale du roman négro-
africain. En effet, l'éclairage cette fois
n'est plus dirigé sur le pouvoir colonial
comme c'était le cas jusqu'aux alentours
de 1960 mais sur les phénomènes de
pouvoir tels qu'ils se manifestent dans les
nouveaux États indépendants de l'Afrique noire. À ce titre, Le Cercle des tropiques annonce bien évidemment le Récit
du cirque de la vallée des morts que va
publier peu après Fantouré. Il peut également être rapproché des Soleils des Indépendances de Kourouma, d'Un fusil dans
la main, un poème dans la poche de Dongala, d'Une aube si fragile de Signaté, du
Bel Immonde de Mudimbé ainsi que de
la trilogie de Mongo Beti, Remember
Ruben, Perpétue et l'habitude du malheur et La Ruine presque cocasse d'un
polichinelle: tous romans où l'optimisme, et parfois le militantisme, qui se faisaient jour dans la production des années
50-60, cèdent la place au désenchantement et au scepticisme devant le spectacle de la chose politique.

Bernard Mouralis

Cet «autre» de l'homme, Paris, Présence
Africaine, 1972, 216p.
Roman de Boubou Hama.

Cet «autre» de l'homme est un roman philosophique, psychologique et
initiatique divisé en trois parties inégales.
La première partie présente la vie du
héros tandis que les deux dernières sont
faites des protestations, des contes et
légendes du pays Songhay.

Assa, le héros, est un bébé déifié, un
symbole, un rêve, une vision, une mémoire, un personnage, un ange, une divination et une personnalité africaine. Dans
le passé, le narrateur voit un «autre»
homme qui, tout en restant différent,
n'est personne d'autre que lui-même.
L'enfant de deux ans qui a maintenant
plus de 60 ans essaie aujourd'hui de se
souvenir de ce qu'il était. «Il faut bien
que je pose des questions au bébé de
deux ans que j'étais», dit le narrateur.

La mère d'Assa, une femme vaillante,
fait montre d'un grand attachement pour
son fils. Elle fait tout à la maison et en
brousse pour l'élever dans de bonnes
conditions malgré les moyens limités
dont dispose une villageoise de Fonéko.
Hama Trandaké, le père d'Assa, est un
chef et un cultivateur célèbre. Son fils
aîné, Dagada, et sa fille aînée, Bouli,
sont industrieux et servent d'inspiration
à Assa qui travaille avec acharnement à
leurs côtés dans les champs de mil. Parmi
les activités les plus passionnantes de la
brousse, c'est la chasse qui le captive.
Pour être un bon chasseur, il faut être
fort et courageux afin de relever les défis
de la brousse: les épines, les trous, les
pierres, les termitières, etc. Dagada
apprend au garçon que «la chasse est un
rude métier. Sa poésie austère est faite
d'endurance, de râles et de sang».

La vie scolaire d'Assa est vite narrée.
Il change d'écoles, de villes et de pays
pour ses études; plus tard il devient instituteur et homme politique de grande
envergure.

Le village de Fonéko est évoqué dans
tous ses aspects car l'auteur reste fermement lié à ses origines. Il s'adresse à
«cette première cellule» de son être et
exprime des sentiments d'amour pour
son village, ses traditions, ses habitants
et ses ancêtres. Il prie pour le salut de
ceux-ci. Grâce aux sacrifices tradition-

nels que fait ce peuple aux ancêtres, ces derniers peuvent protéger les champs de mil, les récoltes, les individus et la terre. Ce sont les sacrifices qui précèdent les semailles.

On voit les diverses aventures d'Assa en brousse, avec un serpent ou un taureau; il s'égare même dans la brousse avant de retrouver son chemin. Les caprices du troupeau deviennent parfois une source d'amusement pour le lecteur; à preuve la confrontation entre Bounel le taureau et Assa ou les fromages du chatvoleur que vole Assa à son tour. Il décrit avec précision les menus actes des animaux, la nature et les êtres humains: le tourbillon de vent, les premiers pas d'un bébé qui apprend à marcher, le ruisseau, la solidarité des villageois devant un feu de brousse destructeur, les plaintes de la vache contre l'homme; le narrateur observe minutieusement ce qui l'entoure.

Les légendes et les contes du pays Songhay sont riches du point de vue culturel et historique. Kassey, la sœur de Sonni Ali Ber, roi du Songhay, met au monde un fils qui tuera le roi. Toutes les précautions que prend celui-ci ne peuvent empêcher ce qu'a prédit le devin. Ce fils, Mohammed, a comme père le génie de l'île de Kangaga qui le protège. Plus tard, il tue son oncle, lui succède et fonde une dynastie Songhay de l'Empire Songhay de Gao qui porte son nom, Askia.

Sonni Ali Ber, selon la légende, est présenté comme un roi très puissant. Son fils Sonni Bakary Da'a ne veut pas renoncer à l'animisme: d'où une guerre entre les animistes et les musulmans, c'est-à-dire entre Sonni Bakary Da'a et Askia Mohammed Touré.

La révolte des Touareg de Tuareg de Tera en 1916 ou de l'Aïr contre la France est un fait historique important au Niger, une affaire qui se termine par une guerre tribale sanglante entre des villages voisins. La famille d'Assa se réfugie à Namga avant de s'installer à Dibilo en 1917.

Dans «Les nouvelles légendes africai-

nes» l'auteur introduit des thèmes protestataires. Dans «Les fleurs contre le racisme» il condamne le racisme, la ségrégation et propose l'égalité entre les hommes. Il s'élève contre la guerre et les conflits inutiles dans le monde. L'unité et la paix doivent primer sur la couleur de la peau. Que les hommes cessent de se servir de la technologie destructrice, qu'ils cessent de semer la faim, constate Boubou Hama. Les fleurs sont ainsi le symbole de ses idéaux: la pureté, l'innocence, l'égalité, la paix, la fraternité, la justice et la liberté.

L'auteur maintient un équilibre remarquable entre le contenu sociologique du roman et son message philosophique et psychologique. La mémoire s'obscurcit, se perd ou est revivifiée selon les conditions atmosphériques; il existe une affinité entre les espaces cosmiques et la vie psychique.

Dans ce psychodrame, Boubou Hama souligne que le passé de l'individu est l'essence de l'homme; «l'homme que nous portons, sa qualité, son bonheur, son avenir», voilà ce qui compte pour chacun de nous. Ici se trouve l'idée centrale de l'œuvre. L'avenir est incertain, voire menacé par la technologie et le progrès. Le passé, le présent et le futur ne constituent parfois que des «drames intérieurs déchirants» que le romancier s'engage à démontrer.

Par sa facture essentiellement cinématographique, cet ouvrage est un des Nouveaux Romans africains, propice à une analyse psychanalytique. Sur ce plan, il se démarque nettement de *L'Aventure d'Albarka* du même auteur.

Eric Sahr Wongo

Cette Afrique-là!, Paris, Présence Africaine, 1963, 242p.
Chronique de Jean Ikelle-Matiba.

Il est une négritude dite «assumée», «triomphante», qui dépasse la violente dénonciation des maux du colonialisme — souvenirs de l'esclavage et de l'exploitation coloniale, manichéisme dans l'occupation de l'espace, préjugés de couleur, christianisation complice de la colonisation, etc. – et, dans un sursaut de fierté, «ramasse le mot de nègre qu'on lui a jeté comme une pierre» (Sartre) et prône le «retour aux sources» mythifiées de la civilisation noire afin d'y découvrir, en même temps que des figures prestigieuses d'une ère révolue, des témoignages authentiques d'une culture bafouée. Bien qu'il ne proclame pas expressément son appartenance au Mouvement de la négritude, Ikelle-Matiba, avec son ouvrage *Cette Afrique-là!*, pourrait se ranger parmi les tenants de cet aspect de cette «doctrine» politico-sociologique et culturelle. Ne déclare-t-il pas dans une affirmation liminaire: «Ce livre est un document, c'est un récit authentique. L'auteur a voulu faire parler des voix d'outre-tombe»; et ne conclut-il pas dans l'épilogue: «J'ai été objectif. Je n'ai rien changé, rien dénaturé, c'est un document qui doit servir à l'histoire»?

Cette Afrique-là! se présente, en effet, comme une chronique. Le héros, Franz Momha, essaie de retracer sa vie et celle de son époque depuis sa naissance – qu'on peut situer approximativement en 1890 – jusqu'au 26 janvier 1955. Les événements se succèdent, grosso modo, selon l'ordre chronologique (d'où absence d'intrigue): les moqueries subies par sa mère considérée comme stérile, sa naissance quasi miraculeuse et son enfance joyeuse, la pénétration et la colonisation allemandes, ses années de scolarité et de fonctionnariat, la Première Guerre mondiale, l'épidémie de fièvre jaune, son mariage en 1920, la colonisation française, l'Indigénat et le Travail Forcé, les premières élections à l'Assemblée Nationale Constituante en 1945 et enfin la période s'étendant de 1945 à 1955. Se voulant un «document», l'ouvrage nous place devant un drame de l'histoire qui présente une structure circulaire se déployant en une série de spirales sur la droite du temps à trois segments.

C'est d'abord la peinture idyllique de l'Afrique traditionnelle, période édénique, continuation de l'Âge d'Or, à en croire le héros. Le Noir, dans son «primitivisme», jouit de l'harmonie constante de son contact avec la nature. La médecine qui se pratique avec des écorces d'arbres est efficace. Le culte de l'Être-Suprême Hilôlombi assure la stabilité de la société, favorise l'accomplissement du bien et empêche la perpétration du mal. Droiture et honnêteté règnent: point besoin de la police ni de prison. Ignorance complète du vêtement qui ne sert qu'à cacher les laideurs. Les gens vivent dans une atmosphère de ludisme permanent (danses ou veillées culturelles par les soirs de clair de lune ou autour du feu). Maintes circonstances sociales viennent consolider les rapports humains: les cérémonies initiatiques, les palabres dans la plus pure tradition africaine à l'occasion des règlements de litiges, des pourparlers de fiançailles... Bref, la vie, essentiellement sinon exclusivement paysanne, se mène insouciante au fil des saisons, sans saillies incongrues, sans ambition démesurée. L'acceptation sans rancœur de la vie est une forme de bonheur. C'est cette période de vie simple qui fait découvrir l'âme de l'Afrique libre qui n'a pas subi la salissure de l'homme blanc.

La flétrissure ne tarde pas à apparaître sur le front de la Vierge Afrique, comme un épais crachat de honte indélébile expectoré d'abord par les Allemands, ensuite par les Français.

L'arrivée des Allemands s'accompagne de la guerre. Telle un tocsin, retentit un soir, dans le paisible village de Bitutuk, la clochette du héraut de l'agglomération. Et la quiétude séculaire se mue soudain en une inquiétude corrodante: la puissante race, jusque-là invincible, des guerriers a montré le talon devant l'envahisseur. La capitulation de Suhe Malon préfigure celle de toute l'Afrique.

Le conquérant dicte: il ouvrira des écoles, construira des dispensaires, tracera des routes, établira la religion chrétienne... À la réalisation de ce programme politique, économique, culturel, social et religieux, qui se résume en cette formule: «germaniser jusqu'aux os», il s'attelle avec des méthodes qui, pour être barbares, n'en sont pas moins efficaces. De partout, après quelques réticences, les enfants affluent dans les écoles; des églises surgissent qui le dimanche se remplissent à craquer, faisant reculer la religion traditionnelle; l'on inaugure bientôt la première ligne de chemin de fer du Cameroun; de l'appareil colonial par excellence qu'est l'école sortent des élites à l'image de leurs maîtres: Momha en fait partie. Il reçoit sa première affectation de fonctionnaire en 1910. Comme la plupart de ses compagnons, il rêve d'épopée et de gloire. Mais il doit déchanter, car ces rêves tendrement caressés s'écroulent comme un château de cartes avec l'arrivée des Français en 1912.

L'ère coloniale française, qui s'installe, elle aussi, après une guerre contre les précédents envahisseurs et leurs fidèles amis, et où, une fois de plus, des vies africaines sont offertes en holocauste pour une cause qui n'est pas la leur, est une ère antithétique de l'époque allemande. Elle instaure le système de compartimentation régionale et des classes sociales montées les unes contre les autres. Au sommet de l'échelle trône l'Administrateur, sorte de dieu inaccessible, entouré de Noirs cupides, corrompus et corrupteurs, eux-mêmes très distants, abordables seulement quand la patte de leurs plantons a été copieusement graissée. Les fonctionnaires, loin de servir le peuple, s'en servent pour «faire fortune sur sa misère». Partout les mœurs se relâchent, et apparaissent la corruption, la délation, la débauche et l'ivrognerie. La religion elle-même, cette religion importée si rigoriste naguère, s'assouplit et «les polygames ne sont plus excommuniés». La Liberté, l'Égalité et la Fraternité se présentent comme des slogans lancés pour endormir la vigilance du Noir qui s'aperçoit bientôt qu'elles sont bafouées par la politique honteuse de l'Indigénat avec son cortège d'humiliations (laissez-passer, ségrégation racia-

le...) et du Travail Forcé avec sa kyrielle de brimades et de vexations (flagellations à mort, privations, morts sous les éboulis des chantiers ou sous les fûts d'arbres abattus...). Quels remords aurait-on à traiter de la sorte ceux que l'on considère comme «le sous-produit de l'humanité»?

Cette situation eschatologique postulait un miracle. Celui-ci s'accomplit bientôt. En effet, «l'aube du renouveau» point, prédite par le pasteur Johnson aux rescapés du chantier de la Dibamba. Quelques mois après la fin de la Seconde Guerre mondiale, les Camerounais sont convoqués à Édéa pour les premières élections. La lutte est serrée entre les cinq candidats en compétition. Alexandre Doumb'a Douala Manga Bell en sort victorieux et se présente comme le Messie qui sauve son peuple en faisant abolir l'Indigénat et le Travail Forcé. Le pays va s'acheminer désormais, lentement mais sûrement, vers son Indépendance.

Tel est le déroulement triparti de la tragédie de l'histoire d'un peuple et telle l'histoire de la tragédie d'un homme.

L'aspect documentaire de cet ouvrage ne doit pas faire perdre de vue que son auteur n'est pas un historien à proprement parler. Faisant certes preuve d'un grand sens critique, une des qualités indispensables à l'historien, il a inventé un procès à l'Histoire. Les Blancs se sont rendus coupables de maintes perturbations dans la société, la personnalité, les croyances noires. Des massacres ont été perpétrés tant par les Germains, «la horde sauvage» de nos chansons d'écoliers, que par les descendants de «nos ancêtres les Gaulois». Des répartitions administratives arbitraires ont disloqué la cellule communautaire. Un retournement complet de l'échelle des valeurs s'est opéré dans la société où l'on a vu le pouvoir être remis entre les mains d'un «ramassis d'enfants d'esclaves», les nobles ayant refusé de collaborer avec l'envahisseur. Dans ces camps de concentration qu'étaient les chantiers administratifs, le Noir n'était rien de moins qu'une bête de somme. L'assimilation («Nous entendons faire de ce pays une province germanique») et l'acculturation («nous apprenions... à mépriser tout ce qui n'était pas allemand») se doublaient de l'action corrosive des missionnaires qui sapaient les croyances traditionnelles au profit d'un christianisme qu'au reste «nous avons embrassé si mal et si tard». Le verdict après ce procès: «Cette période fera toujours la honte des Blancs.»

Ainsi Ikelle-Matiba, par ce qu'il a d'historien, lutte avec la mort pour reprendre, reconquérir sur elle les pensées, les sentiments, les actions des hommes d'une génération passée et les faire connaître aux générations présentes et futures.

Néanmoins, son plaidoyer est un «plaidoyer pro domo», comme il l'affirme lui-même, avec ce que ce genre de prise de position suppose de partial et de partiel dans l'exposé des faits. *Cette Afrique-là!* est «l'histoire d'une âme» qui touche parfois aux *Confessions* à la Jean-Jacques Rousseau et aux *Mémoires* à la Saint-Simon, histoire d'une âme sensible «au fond romantique qui constitue l'âme germanique». Écrit pour tirer des oubliettes du temps une période par trop méprisée, «l'auteur a voulu faire parler des voix d'outre-tombe», réagir contre «la tendance générale qui est de ridiculiser cette époque» de la colonisation allemande. Il se fait ainsi le porte-parole de son père et de son oncle qui, comme les Camerounais qui ont vécu cette ère, somnolent leurs vieux jours en entourant leur jeunesse d'un halo romantique que l'on comprend bien. Par conséquent il ne peut qu'être de parti pris, en dépit de ses serments, de ses dénégations sous la foi d'Edmond Rostand, lui qui entreprend de rappeler pour le revaloriser «le bon vieux temps» de la colonisation allemande. Si son ouvrage recouvre un aspect historique indéniable, il ne pèche pas moins par une sentimentalité qui n'est pas toujours compatible avec l'objectivité. L'historien doit certes avoir de la sympathie pour l'époque qu'il étudie,

une sensibilité qui lui fait pénétrer les passions des hommes et les émotions suscitées par les faits qu'il expose, mais c'est pour les décrire mieux, les transmettre avec fidélité, et non pour les partager, les faire siennes, au risque d'être partial. Ikelle-Matiba n'a pas su et n'a pas pu éviter ce danger pour lui-même et pour son héros. Franz Momha parle avec l'enthousiasme d'abord d'un jeune homme émerveillé devant la force et l'efficacité germaniques, puis de l'adulte adulé et privilégié par l'administration allemande qu'il vénère, en dépit de sa cruauté, pour son sentiment du devoir, son sens de la discipline et sa rigueur morale, enfin d'un vieillard nostalgique qui se souvient d'un passé idéalisé et mythifié. Son excuse est qu'en demeurant dans une appréciation erronée il est sincère avec lui-même. L'auteur, qui prétend n'être que le traducteur fidèle de cette histoire dont il a été le dépositaire, lui reste aussi sincère. L'on doit, en fin de compte, lui savoir gré d'avoir jeté la lumière sur un demi-siècle d'histoire mal connu et effectivement «ridiculisé parce que les choses ont changé».

Louis-Marie Ongoum

Chaîne, Paris, Denoël, 1974, 316p.
Roman de Saïdou Bokoum.

Chaîne raconte l'histoire de Kanaan Niane, jeune Africain immigré en France. Si ce sujet a été souvent examiné par d'autres auteurs, si le milieu de l'étudiant ou de l'ouvrier africain a déjà été décrit en détail, c'est tout de même Bokoum qui offre la synthèse la plus complète de «cette condition humaine» et il nous frappe non seulement par le portrait parfois réaliste ou surréaliste qu'il nous peint mais aussi par la puissance verbale de son style.

La structure du roman n'est pas toujours linéaire. L'auteur s'est laissé influencer par certaines tendances du nouveau roman. Le lecteur pénètre dès la première page dans un monde surréaliste peuplé des rêves du héros qui traverse une crise spirituelle et morale.

Obsédé par l'engrenage inutile de la vie qu'il mène comme étudiant à Paris où il doit lutter pour subsister, le héros, ou plutôt l'antihéros, sombre dans un cauchemar où les liens entre Kanaan, la chaîne et le cri «Maudit soit Cham» reviennent comme un refrain. Chaîne de l'esclavage d'autrefois, chaîne de la cadence industrielle meurtrière d'aujourd'hui, chaîne des habitudes et des ambitions futiles, toutes ces chaînes sont comme des symboles d'une condition maudite. Nous rencontrons Kanaan au moment même où il en devient férocement conscient et où il va passer par une crise assez semblable à celle du héros de *La Nausée* de Sartre.

Devant l'absurdité de son existence Kanaan cesse d'étudier, rompt avec la Blanche qu'il fréquente depuis quelque temps et commence une descente aux enfers qui se caractérise par une espèce de paralysie intellectuelle et spirituelle. Il sombre dans l'indifférence envers tout — idées, amis, amour-propre. Il accepte une liaison dégradante et passe son temps à dormir le jour et à errer le soir dans les rues de Paris. Victime d'une attaque sexuelle par une bande de voyous, il est si dégoûté de lui-même que le suicide semble la seule solution.

Le salut de Kanaan provient de ce qu'il renoue avec les siens. Il ne s'agit plus du monde des étudiants immigrés mais des ouvriers. Tombant un soir par hasard sur un incendie dans un foyer pour ouvriers africains, il risque sa vie pour aider un inconnu et retrouve la fraternité. À travers une sorte d'apocalypse, Kanaan redeviendra Malinké et s'associera peu à peu à la lutte de ses frères pour la justice. Libéré de l'idéologie factice, typique du milieu des étudiants et des intellectuels, le héros se révolte et s'engage sans illusions dans un combat réel. Il sort des promenades nocturnes à travers les horreurs des bas quartiers de Paris pour retrouver la lumière et la clarté de la solidarité sans laquelle la condition humaine est impossible à supporter. La petite bande de gens simples qui se

réunit au Caïlcédrat, minable restaurant africain, lui rend son humanité. Mais il ne faut pas croire que tout finit bien. Si le roman commence par un cauchemar, il se termine de la même façon par l'évocation de la violence au cours d'une manifestation; l'auteur finit son livre en s'exclamant: «Quelle nuit! vague souvenir d'une terrible explosion, lointaine et proche. Il faudra que je note mes rêves d'hier. Dès que je serai de retour de l'autre bout de la chaîne.» Le héros fait maintenant partie d'une équipe.

Le roman de Saïdou Bokoum est puissant par la richesse du vocabulaire et par l'énergie du style, avec ses passages lyriques et violents. La vision de l'auteur est apocalyptique. Le défaut en est que les personnages, hormis le héros, sont à peine esquissés et restent souvent fragmentaires. Mais le but de l'auteur est moins de présenter un portrait psychologique que de brosser un tableau vivant de l'Afrique à Paris. En cela la réussite est totale.

Edward C. Rathé

Chalys d'Harlem, Dakar-Abidjan, Nouvelles Éditions Africaines, 1978, 232p. Roman de Lamine Diakhaté.

Chalys d'Harlem se passe surtout aux États-Unis d'Amérique. Omar, jeune Sénégalais, arrive à Harlem, «le plus gros village nègre du monde». Assailli par des sectes religieuses multiples, il finit par chercher refuge dans un restaurant au nom étrange: «Leye Lunchonett». Leye est un nom sénégalais et Omar ne tarde pas à faire la connaissance du maître des lieux: Chalys Leye, Sénégalais fixé à New York et ayant acquis la nationalité américaine. L'aventure d'Omar dans Harlem devient secondaire.

C'est la vie de Chalys qui est alors la matière de tout le roman. Chalys raconte sa vie de marin pendant la Première Guerre mondiale, son installation à New York, son combat de Noir américain, etc. De plus, la rencontre entre Omar et Chalys réveille quelque chose chez ce dernier: l'appel du pays natal. Chalys fait un voyage au pays natal, le Sénégal, retrouve quelques compagnons d'âge et subit les critiques souvent faites aux déracinés. Cependant, Chalys réussit, seul, sa réconciliation avec les ancêtres. Apaisé, il repart en Amérique et promet de revenir plus souvent.

Ce roman est donc une épopée, celle de Chalys Leye, celle de ses compagnons sénégalais restés avec lui en Amérique; l'épopée aussi des Noirs américains entraînés par les idées de Marcus Garvey et de Du Bois et luttant pour leur survie dans une Amérique secouée par les crises économiques. Chalys raconte sa vie et touche à une multitude de thèmes. Le plus important de ces thèmes semble être la lutte des Noirs, lutte dans laquelle Chalys apparaît comme un symbole. Il incarne l'Afrique; il est le «pater africa». Chalys perd sa place à cause de la lutte pour les droits civiques. Mais Davidson, en ami sincère, lui donne le poste de directeur dans un de ses «supermarkets». Surgit alors un autre thème, celui de la solidarité nègre. Chalys refusera même la proposition de Davidson d'en faire son associé. Car il préfère sa liberté. Il y a aussi le thème de la nostalgie traité fort discrètement dans le roman. L'émotion de Chalys et celle de sa femme Maight devant le drapeau sénégalais en témoignent. L'appel du pays pousse Chalys à retourner aux sources. Un des intérêts de ce retour aux sources, c'est qu'il ne se fait pas de façon merveilleuse. L'auteur nous décrit les difficultés de Chalys à s'intégrer dans un monde devenu nouveau pour lui.

Épopée de Chalys et de ses frères, ce roman est également une épopée de l'Amérique de 1919 à 1959. Chalys nous parle du contexte américain pour bien nous situer la place du Noir américain. Et ce roman est un document intéressant pour qui s'intéresse aux problèmes américains.

Enfin, il faut souligner la dimension mythique de l'histoire. Chalys Leye reste attaché à la tradition. Et quand il commence à raconter son histoire, il se ratta-che directement à *Tounka* et à *Ngalka*, les ancêtres fondateurs de Toung-Ouetch.

Chalys d'Harlem est une œuvre romanesque qui essaie de se rapprocher du mode de narration traditionnel. L'auteur, le narrateur implicite, participe peu à la narration. Très tôt, Chalys prend le relais. Et c'est lui qui raconte, comme un vieux chasseur raconterait ses aventures au coin du feu. La langue, souvent, porte la marque du poète Diakhaté et la lecture du roman n'en est que plus agréable.

Amadou Koné

Chansons païennes, Paris, P.J. Oswald, 1969, 46p. — Préface de Madeleine Rousseau.
Recueil de poèmes de Jean-Baptiste Tiémélé.

Chansons païennes évoque un univers poétique qui s'imprègne des souvenirs d'un monde idéal disparu et des espoirs d'un exilé à la recherche d'une vision humaniste de l'avenir. Il est parfois difficile de trouver une trace d'identité nationale dans ces poèmes qui présentent le témoignage d'un exilé. Sa profession de foi se voit dans «Le passé est passé» où il affirme que, malgré la distance qui le sépare de son pays natal, il refuse de verser dans un sentimentalisme nostalgique, tel qu'on le rencontre chez les poètes de la négritude. Son état d'exilé devient le point de départ de sa vision du potentiel humain... «il ne reviendra plus/ il n'a qu'un DEVENIR».

Dans certains poèmes du recueil on a l'impression que le poète s'emploie moins à chercher des idées qu'à simplement chanter — comme le titre l'indique. Nous sommes bien loin de la poésie de révolte ou d'engagement politique car l'auteur nous invite simplement à approfondir nos réflexions sur un sentiment personnel ou à contempler le paysage évoqué. Ainsi, «Un soir d'orage» n'est qu'une prise de vue rapide d'un orage électrique. La plupart des poèmes sont écrits en vers libres — un style haché et dépouillé qui se sert d'anaphores et d'allitérations pour capter une impression fugitive ou bien exprimer une révolte latente. Ces monologues dramatiques rappellent *Pigments* de Léon Damas.

Cependant, des accents senghoriens se manifestent dans le choix des thèmes. Dès le commencement du recueil le rapport avec la poésie de Senghor est apparent quand Tiémélé chante une Afrique mythique qui a «vu renaître la nature» et qui crée «la fusion des Âmes et des Choses». Des tons solennels évoquent les valeurs ancestrales et le paradis «des Vierges Forêts de [son] enfance». Mais Tiémélé n'est pas bouleversé par la névrose de l'exil. Il dépasse ce stade et insiste plutôt sur une vision lyrique de l'avenir. Ce n'est pas par hasard que la collection se termine avec le poème intitulé «Espoir» qui se sert des images de pirogues, de la perdrix et de la nature pour exprimer cette recherche des «aubes nouvelles».

J. Michael Dash

Chansons populaires Bamiléké, Yaoundé, Imprimerie Saint-Paul, S.D., 24p.

Recueil de chansons populaires de Patrice Kayo.

«Je suis retourné seulement dans le village où j'ai partagé la vie du peuple. Au cours des cérémonies et des danses, j'ai recueilli et traduit ces chants», dit Patrice Kayo dans l'Avertissement de son opuscule intitulé *Chansons populaires Bamiléké*. À l'en croire, il a restitué au peuple ce qu'il lui a pris «sans faire œuvre de chercheur».

Il ne faut pas prendre au pied de la lettre ces affirmations, erronées par modestie d'auteur. Si Patrice Kayo n'a pas fait «œuvre de chercheur», c'est-à-dire d'anthropologue, d'ethnologue ou de sociologue, il s'est livré à une recherche non moins érudite, celle de littérateur, dans toutes les acceptions du mot.

Pour nous, qui sommes de l'aire culturelle de ces «chansons», qui y avons effectué des recherches d'ordre littéraire et qui avons par-devers nous collecté et traduit certains de ces textes dans les

mêmes conditions, tels ceux des pages 6, 9, 14 et 15, ce petit recueil témoigne et de l'influence négative de Patrice Kayo, écrivain, poète plus précisément, de métier — qui a revêtu les textes oraux primitifs d'une écriture à sa mesure, portant une griffe de maître et sentant le littérateur —, et de son empreinte positive qui conserve aux textes leur saveur native et leur caractère spécifique de poèmes Bamiléké.

Cette hybridité, au sens noble du terme, fait de chacune de cette douzaine de chansons un pur joyau dont il est malaisé de dire si le lustre et l'orient lui viennent de la traduction française ou si la langue originelle les enchâssait déjà à l'état brut. C'est elle aussi qui donne à Patrice Kayo la physionomie harmonieuse de l'homme de deux cultures ayant fait et gagné le pari de servir l'une sans trahir l'autre.

Incontestablement, Patrice Kayo se présente au Cameroun comme le poète le plus remarquable qui se place à la charnière de l'oralité et de l'écriture.

Louis-Marie Ongoum

Chant d'accusation, suivi de **Espace carcéral**, Paris, Éditions Saint-Germain-des-Prés, Coll. Poésie sans frontière, 1976, 87p. — Préface et poème d'Alfred Melon-Degras. Postface de T. Casati.

Recueil de poèmes de Paul Dakeyo.

L'ouvrage est divisé en trois parties distinctes mais complémentaires: «Chant d'accusation», «L'espace carcéral» et «Angola... jusqu'à la liberté». Paul Dakeyo, avec ce recueil, a incontestablement atteint un moment où sa maîtrise de la langue poétique est à son maximum. En effet, d'aucuns mettront l'accent sur le thème de l'accusation alors qu'en fait c'est le chant, la parole poétique qui est à l'honneur. La parole ici ne chante pas la paix. Elle éclate en rythmes où la «peine absolue», «l'insoumission virile» et «l'insoumission glaireuse» éclatent. Les images du sang et de la sueur rendent encore plus explicites les termes d'une longue complainte dans laquelle le silex, le quartz et autres roches connotent le refus de la résignation et du fatalisme. La parole poétique est proférée «jusqu'à l'écume finale» par un «rebelle couleur de nuit» au nom de la fidélité à la terre, une terre giflée avec des mots «triturés d'abus et de délits». Comme l'a noté avec beaucoup de pertinence Alfred Melon-Degras, le «paysage, pourtant précis, suggestif, concret, ne décrit pas une contrée définie».

Comme dans *Les Chants de Maldoror*, l'invective, le flux des métaphores, la violence appliquée à la langue française pour l'obliger à exprimer le non-dit et l'absent de toute palabre mondaine et protocolaire font du *Chant d'accusation* une colère meurtrière célébrant «un peuple oublié aux quatre coins du monde». Ce n'est point étonnant puisque Dakeyo rejette «cette négraille complice à odeur de vétérance rance» qui dans son élitisme outrancier se fait «affameur de l'homme». Avec *Chant d'accusation* les intempéries jouent les grandes orgues pour effacer les miasmes, les puanteurs; l'exil prend le dessus sur le thème du retour et de la dignité enfin reconquise. Le ton de maints poèmes relève de l'impératif: «je veux la force des vents», «je reviendrai», «je veux donner», «je veux entendre», et «qu'on me porte haut». Et c'est là qu'éclate l'originalité de Paul Dakeyo. La poésie engagée est très souvent un conglomérat de poncifs éculés: «vipère lubrique», «la poubelle de l'Histoire» et que sais-je! *Chant d'accusation*, au contraire, est la douloureuse parturition qui, à travers un homme exilé, donne naissance à une esthétique nouvelle. T. Casati l'a bien remarqué quand il écrit qu'avec *Chant d'accusation*, «une nouvelle étape est franchie». Notre crainte, c'est qu'une telle pureté mélodique ne soit près de l'aphonie. Le silence poétique de Rimbaud, d'Aimé Césaire ou le refuge absolu dans l'hermétisme d'un Mallarmé nous font craindre que Paul Dakeyo, ayant maîtrisé son verbe prophétique, ne se décide pour le silence. Oh! Que nous aimerions avoir tort!

Noureini Tidjani-Serpos

Chant de la terre, chant de l'eau, Paris, P.J. Oswald, Coll. Théâtre africain n° 24, 1973, 78p.

Pièce de théâtre de Lisembé (Philippe) Élébé.

La terre n'est rien sans l'eau, et les hommes ne sont rien sans le travail de la terre, «le travail de tout le monde dans un climat d'entente». Tel est le message social de *Chant de la terre, chant de l'eau*. Il s'agit d'une adaptation fidèle en dix-huit scènes de *Gouverneurs de la Rosée* (1946) de Jacques Roumain. On y retrouve non seulement la même situation et les mêmes personnages, mais aussi les expressions mêmes de Roumain dans nombre de répliques et dans les indications scéniques. Cependant, malgré des mentions spécifiques de réalités haïtiennes (les mornes, le dieu Legba, Port-au-Prince), la scène est bel et bien transposée en Afrique. Des scènes ont été ajoutées dans le contexte des mœurs africaines, notamment au sujet du mariage. Fonds-Rouge fait place à un authentique village africain, simplement désigné comme «le village», et le père Savane est remplacé par le féticheur. Le vin de palme et les noix de kola ont remplacé le clairin haïtien. Ce n'est plus sous une tonnelle que délibèrent les hommes du village; tous se transportent sur la place publique où Manuel, tel un jeune chef du M.P.R., gagne à ses idées la population assemblée au son du tambour. On n'y entend plus d'expressions créoles, mais des expressions congolaises (Nzambi ya mpungu, lokole, salongo). Quand Manuel meurt, sa mère psalmodie qu'il «s'en va au Kongo dia Ntolita... il s'en va au pays Ashanti, il retourne vers la terre des ancêtres: San Salvador, San Tomé, Tombouctou, Congo». L'expression «terre des ancêtres» revient comme un leitmotiv d'amour et de vénération à travers toute la pièce, en contraste avec «la terre des étrangers», jamais autrement nommée, où Manuel a passé quinze ans. Manuel voudrait que «les connaissances acquises à l'étranger» servent à son village. Celui-ci, comme Fonds-Rouge, est «saccagé par la sécheresse et plongé dans une misère sans pareille». C'est ainsi que «le heurt régulier et répété des pilons dans les mortiers» ne s'y entend plus, et la famine provoque un exode massif vers la ville. Tout autant que la sécheresse, «l'individualisme et le clanisme» sont à blâmer, car causes de malheurs collectifs. On croit entendre les mots d'ordre du gouvernement du président Mobutu, dans lequel d'ailleurs Lisembé Élébé a rempli plusieurs fonctions officielles: «Retour à la terre. Zaïre uni.» Manuel prêche la réconciliation («donnons-nous la main, oublions nos querelles d'hier», «nous devons abandonner nos querelles tribales») et le travail («il faut que le salongo devienne l'affaire de tout le monde», «les enfants de ce pays [vont] bâtir un monde nouveau»). Le chant de la terre, le chant de l'eau deviennent «le chant du salongo».

L'originalité de Lisembé a été d'utiliser les données de Jacques Roumain à ses propres fins dans un contexte zaïrois. Cette africanisation du roman haïtien est portée au plus haut point dans les scènes relatives au mariage projeté entre Annaïse et Manuel. La demande en mariage de Manuel n'est plus une lettre qu'il fera écrire par l'écrivain public et porter par son père. C'est l'occasion d'une visite officielle du père, de la mère et du fils, accompagnés d'amis, chez les parents d'Annaïse, tous rassemblés, y compris l'aîné, une création de l'auteur zaïrois, Lianza, porte-parole de la famille, qui assume la direction des négociations avec beaucoup de sagesse. Ce n'est plus un modeste foulard de soie verte pour Annaïse qu'apporte Manuel, mais toute une série de cadeaux pour les parents: «une chèvre, une dame-jeanne de vin de palme, un régime de bananes, une houe, une machette». Le père d'Annaïse préférerait que sa fille épouse le «riche cultivateur» qui la demande en mariage (Annaïse a déjà refusé deux «riches cultivateurs», ce que le père ne peut comprendre). La mère voudrait résoudre,

grâce au mariage d'Annaïse avec ce riche prétendant, le problème de la dot à donner au fils: «Le Monsieur apportera une forte dot avec beaucoup de chèvres, de poules et de boissons fortes.» Qu'importe qu'il ait déjà dix femmes et quarante enfants! L'opposition au mariage d'Annaïse et de Manuel ne vient donc pas de l'inimitié entre les deux familles, du sang répandu, de la rancune, comme chez Roumain, mais d'un conflit d'intérêts. Par le biais de cette scission entre les aspirations des jeunes et les attitudes traditionnelles des familles, préoccupées avant tout de l'importance de la dot, Lisembé Élébé fait entendre ses propres vues sur le mariage. Son personnage Lianza tranche la question en faveur des jeunes: «Nous devons essayer de les comprendre. Nous devons aussi chercher leur bonheur.» Et il ne sera pas question de «forcer l'enfant à aimer contre son gré». Avant de se décider tout à fait cependant, les parents d'Annaïse vont consulter le féticheur et Annaïse participe à une cérémonie magique pour assurer le bonheur de son futur mariage. Ces deux scènes (XII et XIII) sont entièrement de l'invention de l'auteur zaïrois, et accentuent l'africanité de la pièce et l'accent personnel du message. Elles ajoutent aussi à l'intérêt dramatique de l'œuvre.

Danielle Chavy Cooper

Chant (Le) du lac, Paris, Présence Africaine, 1965, 153p.
Roman d'Olympe Bhêly-Quénum.

Le Chant du lac décrit le rapport entre les divinités lacustres et le peuple du bourg de Wésê. L'héroïne, Noussi Ounéhou, part pour la foire de Déhâ avec ses enfants Codjo et Gbénoumi, et son piroguier Fanouvi. Ils doivent affronter, sur le chemin lacustre, une tempête, des rapides et le déchaînement des dieux du lac. Ces derniers trouvent la mort lorsque Noussi et sa famille s'efforcent de se sauver.

Inspiré d'un mythe fon, ce roman pose le problème de la place de l'héritage traditionnel dans une Afrique qui se modernise. Il accentue ainsi la polarisation entre le modernisme et la tradition. La croyance aux divinités, symbole de la tradition, se présente comme une force oppressive. Les dieux sont mangeurs d'hommes. Ils ne protègent pas le peuple de Wêsê qui leur voue un culte. Le lac où ils demeurent devient un lieu sacré qu'on ne peut pas aménager sans commettre un sacrilège et ainsi s'attirer la colère des sectes de féticheurs. Ce frein à la modernisation rend très dangereux tout déplacement sur le lac, qui est pourtant l'unique voie de communication du peuple lacustre.

En montrant les aspects négatifs de la croyance aux dieux, l'auteur souligne l'importance de la modernisation du continent africain. Il est nécessaire de se débarrasser des éléments de la tradition qui sont nuisibles au progrès. Ainsi s'explique la démystification du mythe des dieux de Wêsê. Les étudiants lancent une campagne qui vise à détruire la légende des dieux du lac. Ils exhortent le peuple à s'en méfier. Les dieux, censés être invulnérables, sont pourtant tués. Qui plus est, on constate qu'ils sont de simples monstres aquatiques. L'auteur démontre que la multiplicité des dieux et le manque de hiérarchisation dans leur confrérie sont une source de désordre qui désoriente l'homme. Il s'agit donc d'une invitation au monothéisme.

Les personnages principaux sont des révoltés prêts à commettre des sacrilèges. Il en est ainsi de Houngbé: assassin déporté, ce personnage retourne au pays avec l'idée arrêtée de tuer les dieux du lac de son village. Il meurt en mer sur le chemin du retour. Mais les étudiants, ses compagnons de voyage, soutiennent ses derniers vœux et en parlent aux grandes familles du bourg. Ils prennent aussi des mesures pour combattre les dieux. Outre des propos blasphématoires, ils partent à la chasse aux dieux, fusils en main, et se servent des lampes interdites sur le lac. Cocou Ounéhou aussi bien que sa femme Noussi avancent des idées modernes qui

touchent à l'aménagement du lac, à la construction des phares et à l'emploi des bateaux à moteur. Noussi remet en cause la nature de ses dieux protecteurs lorsqu'elle découvre que les dieux du lac sont des boas marins à tête de chien.

Au niveau politique, deux parties s'affrontent. Les progressistes s'opposent aux féticheurs traditionalistes. L'issue de leur campagne électorale revient souvent à la croyance aux dieux du lac. Le parti progressiste qui détient un programme pour l'aménagement du lac l'emporte sur le parti adverse dans l'esprit du peuple de Wêsê.

Le Chant du lac se veut un appel à la révolution et à la modernisation de l'Afrique.

Julie Emeto

Chant funèbre pour un héros d'Afrique précédé d'**Un chant populaire adapté par Sembène Ousmane**, Honfleur, P.J. Oswald, Coll. J'exige la parole, 11, 1962, 75p.
Poème de Pierre Makombo Bamboté.

Long poème d'un ton révolté dédié à la mémoire de Patrice Lumumba et portant en exergue une chanson populaire retraçant l'itinéraire politique et idéologique du leader congolais, *Chant funèbre pour un héros d'Afrique,* divisé en trois mouvements d'inégale longueur, se veut un vibrant réquisitoire contre ceux qui ont conquis, asservi, dominé, exploité les Noirs à travers le monde, un émouvant rappel de tout ce que ces derniers ont enduré, une prophétisation de leur triomphe futur. Ce poème qui embrasse au départ toute la diaspora noire rétrécit progressivement son champ pour se fixer sur l'Oubangui-Chari, et plus précisément sur Bangui la capitale, d'où l'on part à la découverte du destin du colonisé et du néo-colonisé que symbolise le personnage de Bodo.

Le premier mouvement du *Chant funèbre* se veut essentiellement le temps du constat et de la prise de conscience; constat du mensonge et de l'hypocrisie de ceux qui imposent, en même temps que «le quatorze juillet», l'asservissement et l'assassinat, constat de leur exploitation multiforme, de leur mépris pour des valeurs séculaires devenues objet de distraction «des banquiers somnambules». Constat aussi de l'apathie du Nègre qui ne réagit pas au massacre de ses frères au Congo, qui subit la prison, le chômage, la misère dans toutes ses subtilités, qui se résigne à vivre comme «un peuple de boys». Mais avec le constat viennent l'invitation à la prise de conscience, l'appel à la révolte contre les «coqs» qui dominent le monde, contre le missionnaire auxiliaire du colonisateur, qui mène la bonne vie, mais prêche la pauvreté, et dont le spectre est lié à «la civilisation». L'appel aussi à l'unité africaine. Autant d'aspects de la réalité du monde noir que le poète embrasse de son regard vigilant dans ce premier mouvement.

Et si, dans le deuxième mouvement, Bamboté ne peut s'empêcher de revenir sur les horreurs dont les Blancs se sont rendus coupables en Afrique: guerre, prison, pendaison, apartheid, famine, torture, etc., l'accent est néanmoins mis sur la volonté de changement, les exigences de la lutte violente contre les auteurs de l'esclavage, de la colonisation, des massacres qui ont endeuillé la diaspora comme le continent. «Un peuple pacifique a pris la parole», lit-on au seuil du deuxième mouvement. Et sortir ainsi du silence, s'emparer d'une tribune jusque-là confisquée par les autres — les Blancs pour ne pas les nommer — constitue le premier acte de cette lutte au bout de laquelle on entrevoit une victoire certaine, inéluctable, mais victoire qui sera celle d'une Afrique unie, l'œuvre de deux cents millions d'hommes, ou ne sera pas. Et si Pierre Bamboté situe son action aux heures chaudes du Congo: «je parle en octobre mil neuf cent soixante», c'est pour en présenter la victoire — Congo, tu ne peux être vaincu — comme le symbole du triomphe futur de toute l'Afrique. Avec cette prophétisation, le poète proclame aussi les autres exigences de l'Afrique: exigence de justice, de dignité, de bien-être matériel, de grandeur, de paix, de beauté reconnue, de force, mais aussi de technologie. Le poète se veut à la fois messager de la vérité et porte-parole de ceux — comme Bodo — à qui l'on a enlevé les moyens de s'exprimer. Une parcelle de cette vérité éclate à la fin du deuxième mouvement où il apparaît que la lutte des classes doit se substituer à la lutte des races, dans une Afrique où l'oppresseur n'est plus forcément le Blanc; «je dis le racial n'existe pas [écrit Bamboté], il n'existe que le problème social».

Le troisième mouvement du *Chant funèbre* apparaît comme une sorte de récapitulation de tout ce au nom de quoi le Blanc s'est imposé au Noir: supériorité raciale, droit du plus fort, suprématie morale, recherche de débouchés au mépris des civilisations les plus avancées détruites de fond en comble, et bien sûr le Dieu Trinitaire. Dès lors, Bamboté ne saisit plus le Nègre seulement au Congo, à Bangui, mais aussi à Paris où, qu'il soit balayeur de rues, faiseur des tâches viles, clochard, il a toujours pacte lié avec la misère et droit au mépris des autres. Et pour montrer que cette misère n'épargne personne, le poète ne peut s'empêcher de rappeler sa condition de fils de fonctionnaire pourtant, disputant à l'aube, dans la poubelle du Blanc au regard amusé, «les crêtes, les yeux, la tête, la langue, les pattes, du poulet de la veille». Et si à la fin de son poème, Bamboté s'insurge contre son père, Nègre fonctionnaire, utilisé contre les autres Nègres, il se livre surtout à une pathétique condamnation de l'hypocrisie démasquée des Européens, de leur avidité, de leur inhumanité, de ces prétendus civilisés et chrétiens.

Chant funèbre pour un héros d'Afrique tient du réquisitoire, du témoignage, de l'appel au combat libérateur. Par son style et la violence de son ton, par son ironie aussi, rappelle bien *Le Cahier d'un retour au pays natal* d'Aimé Césaire. Mais il convient d'ajouter qu'il en diffère par une thématique d'où est bannie toute exaltation de l'Afrique des Ancêtres. C'est dire que Bamboté n'entend pas se situer dans le sillage des écrivains de la négritude.

André Ntonfo

Chants d'angoisse, Kinshasa, Union des Écrivains Zaïrois, 1973, 46p.
Recueil de poèmes de Nkunzimwami Chirhalwirwa.

Chants d'angoisse se présente comme une suite de petits poèmes, autour de certains thèmes privilégiés comme celui de la solitude, de la «panique» devant le frissonnement des feuilles et des nuages. Mais un grand nombre de poèmes sont consacrés à cette Afrique actuelle, spoliée de toutes ses énergies, et qui palpite d'un souffle pénible dans ses «râles et dans son agonie». La poésie de «Chirha» trahit souvent la violence de Léon-G. Damas, fascinant poète de la solitude, à qui il a lui-même consacré un «mémoire de Licence»: «Sur le bord/ de ce fleuve/ où s'abreuve/ le condor/ Frêle, agile et belle/ frissonne une gazelle.»

Il faut observer cette poésie discrète, qui brise sa violence au rythme d'un syllabisme régulier, qui évoque des rimes euphoriques, et qui plaît par sa résonance nouvelle. Les petits croquis que donne Chirha deviennent alors des symboles particuliers: ceux de la couleur et de l'angoisse. Il s'agit donc de «petits chants», et c'est heureux que le recueil lui-même s'appelle *Chants d'angoisse*. La même inspiration se retrouve dans d'autres poèmes, comme celui de cette femme «prise en faute sur les bords du fleuve Kwa», dans lequel la révélation n'éclate qu'au dernier vers. Ce poème a été repris dans un grand nombre d'anthologies au Zaïre même.

L'angoisse demeure donc un thème privilégié. Elle se densifie autour des nouvelles sociétés africaines, mal accordées à leurs mythologies de puissance avortée. S'appuyant sur les drames des nouveaux «pouvoirs», elle se donne dans cette poésie comme la dynamique

d'une épopée nouvelle: «coups d'État» successifs, exodes et transhumances, luttes tribales et fratricides. Alors surgit le visage d'un être nouveau: le militaire débroussaillé, fils du viol et de la violence, qui ne sait plus comment s'appelle l'image de sa terre. Ainsi les poèmes consacrés au Rwanda et à la mort de Ngouabi, ce «forgeur des consciences».

C'est dire que Chirha a institué dans notre poésie un langage plein de charme et de sortilèges. Un langage profondément marqué par un souffle d'enchantement et d'incantation. Parole vraiment incantatoire, qui se veut également parole d'«exorcisme». Et c'est parce que Chirha tente d'exorciser les «monstres intérieurs», en lui et dans sa société, que ses «charmes» opèrent effectivement, et se muent dans un humour irrésistible. Et les fleurs se métamorphosent alors en des «buissons ardents», donc l'implacabilité achève la panique de l'homme africain.

Le fait que ce recueil ait été publié par l'Union des Écrivains Zaïrois est à la fois un signe et un symbole; car l'«Union» voulait réellement que cette poésie soit un «appel» pour toute la jeunesse. Les thèmes développés se modulent donc véritablement autour de notre situation concrète: ils s'inspirent d'événements connus de tous, et la poésie s'articule alors autour des mythes qui séduisent tous les jeunes, à la recherche des «valeurs» nouvelles qui chantent leur «gloire».

Il existe, dans toute littérature, des «monstres consacrés». Ceux-ci sont installés sur leurs socles, mais sont régulièrement déboulonnés, au profit des monstres nouveaux. Ce sont là des gloires installées. Mais il existe également une catégorie d'écrivains que chaque lecteur murmure dans des moments d'angoisse. Ils ne se font pas applaudir dans les stades des glorifications officielles. Mais ils marquent tous les rêves. Ils sont le fondement d'un sacerdoce nouveau et d'une liturgie silencieuse. Chirhalwirwa est de ceux-là. Et ce n'est pas parce que les anthologies officielles mettent son nom en petits caractères que son inspiration ne cesse de nous étonner. C'est même là, me semble-t-il, le destin des poètes éternels, parce que les plus authentiques avec eux-mêmes comme avec les autres, qu'ils célèbrent réellement comme des êtres de la «Liberté».

P. Nkashama Ngandu

Chants d'ombre, Paris, Éditions du Seuil, Coll. Pierres Vives, 1945, 117p.

Recueil de poèmes de Léopold Sédar Senghor.

Il est important de souligner que *Chants d'ombre* est le premier recueil de poèmes publié par Senghor. L'édition originale date de 1945 et contient 25 poèmes composés avant et pendant la Deuxième Guerre mondiale au cours de laquelle le poète fut mobilisé puis fait prisonnier par les Allemands.

La tonalité de ces poèmes est essentiellement lyrique. Dans un certain nombre d'entre eux, le poète sénégalais exprime les sentiments nostalgiques qu'il éprouve par son exil dans un pays si différent de son paradis perdu «où fleurissent les oiseaux...» («Vacances»). À Paris surtout, le contraste est violent: le sinistre paysage de toits hérissés de «cheminées tristes et nues» qu'il perçoit un dimanche de la Toussaint, de sa «tour de verre qu'habitent les migraines» («In memoriam»), n'offre rien de comparable avec son éden tropical. Et ce sera la «mort blanche» quand il verra ces mêmes cheminées couvertes des linceuls blancs de l'hiver, le 25 décembre. Même en plein mois de juillet, le jeune universitaire ne parvient pas à oublier «l'été royal du Sud là-bas» dont aucun livre ne saurait lui procurer «la ferveur de réverbération». Et dans son langoureux dépaysement c'est à Duke Ellington qu'il s'adressera pour lui jouer un air de «blues» («Ndessé ou 'Blues'»). À la recherche du royaume de l'enfance, il a élu résidence à la Porte Dorée, «entre la Ville et la Plaine», dont le nom évoquera au moins un lieu de son Joal natal: «me souvenant de Joal l'Ombreuse» («Porte Dorée»). Il a cependant du mal à s'adapter à ces «toits qui saignent au bord des eaux», au taxi qui lui donne mal au cœur, à la cigarette qui lui cause la nausée. Et quand, malgré une appréhension fébrile des gares provinciales, des chambres anonymes d'hôtels, de la solitude des villes, de la «batterie» des trains... il devra parfois, de gré ou de force, voyager, il espérera toujours retrouver quelque paysage qui lui rappelle son pays («C'est le temps de partir»). À la faveur des associations et des contrastes, son imagination créatrice parviendra à lui reconstituer des scènes familières: c'est ainsi que l'étang de Berre dans le Massif Central lui fait penser au «paysage d'outre-océan de nos hiers». D'où la vision de la main maternelle le retenant au bord de l'eau, «l'hirondelle, le félin au bond souple...» («Départ»). Mais l'intoxication du voyage et ses mirages hallucinants n'écartent point la réalité de l'exil ni les affres de la mort dont il est parfois assailli: «Ô Mort jamais familière, trois fois visiteuse...» («À la mort»). C'est surtout dans sa cellule de prisonnier de guerre qu'il en sentira «le feu de [ses] griffes dans [ses] reins». Plus que jamais il se verra seul, embrigadé dans un conflit européen qui lui est étranger. Et durant ses longues insomnies il sera en proie au désespoir, à l'angoisse de l'«enfermement» et des transfèrements, jusqu'à en devenir amnésique: «...j'ai perdu la mémoire des jours et des sous-préfectures» («Libération»).

Et quand il se trouve libéré de la captivité allemande, en est-il plus heureux puisqu'il doit continuer à traverser le désert de l'exil allant jusqu'à regretter le «pain bis et le bas-flanc des insomnies»? Les pluies rhumatismales de l'hiver lui donnent des idées macabres. Dans la force de l'âge, du désir et du vouloir, il aime pourtant la vie qu'il voudrait dévorer à pleines dents comme «un lourd fruit».

Seize années d'errance en Europe et une formation universitaire qui le fait devenir pour un temps «pasteur de têtes blondes» dans les cadres de l'enseignement français ne parviennent point à détourner la pensée du poète de l'Afrique. Intimement liée à son enfance et à son être tout entier, celle-ci est source première de sa poésie qui s'inspire des «légendes véridiques» de sa race chantée par les griots, de l'épopée de son peuple que des années de guerre n'ont jamais conduit à se soumettre. Fidèle au message de ce Prince d'Elissa, «gardien du sang», qui le met en garde contre l'impact européen («Le message»), il ne confondra pas les «ancêtres gaulois» avec ses vrais ancêtres. Il n'oubliera point l'histoire de l'Afrique, ses héros et ses morts dont il doit suivre l'exemple. Et la seule voie à emprunter sera la voie royale de MBissel à Fa'oy, «chemin de Croix de Gloire».

L'exil n'aboutira donc qu'à mieux lui faire prendre conscience d'une identité originelle et de la différence entre l'Europe et l'Afrique. C'est ainsi qu'une chute de neige sur Paris déclenche chez lui toute une série d'images évoquant l'opposition historique entre les deux continents. Les mains blanches armées de fusils ont anéanti les empires de l'Afrique, réduit à la servitude, flagellé et giflé son peuple, exploité ses paysans à vingt centimes l'heure, mobilisé sa jeunesse pour la guerre, abattu ses forêts pour faire des traverses de chemins de fer ou «sauver la civilisation, parce qu'on manquait de matière première humaine» («Neige sur Paris»). De là cette mise en garde à l'attention des Africains qui veulent mimer les Européens dans les domaines culturel, vestimentaire, cosmétique, sexuel et autres: «Vous êtes docteurs en Sorbonne, bedonnants de diplômes,/ ...Vos filles, m'a-t-on dit, se peignent le visage comme des courtisanes./ Elles se casquent pour l'union libre et éclaircir la race!»

Cette poésie de contrastes fait donc ressortir la distinction entre deux mondes, deux cultures: les croyances et les valeurs africaines sont posées d'emblée en s'opposant à celles de l'Europe. On peut s'en rendre compte dès le premier poème du recueil où le poète s'indigne contre l'indifférence de la France à l'égard des morts et des ancêtres, par rapport à son pays («In memoriam»). Il montre «l'impatience» des Africains disparus dont on a reporté la fête tombée un dimanche. Il rappelle le devoir que la France a d'honorer les Sénégalais qui ont répandu leur sang pour elle. Jusque dans son exil européen, Senghor reste sensible au culte des morts qui, selon lui, ont droit au respect des vivants qu'ils protègent, conseillent, bénissent et assagissent: «Que je respire l'odeur de nos Morts, que je recueille et je redise leur voix vivante» («Nuit de sine»).

Et parmi ces morts, ses propres ancêtres, que le poète n'hésite point à mettre au rang des princes et des dieux, occupent une place privilégiée. Désignés sous les vocables de mânes, d'anciens, d'aïeux, d'esprits ... ces ancêtres peuvent revêtir des formes totémiques variées qu'on retrouve dans les masques qui sont «condensateurs d'esprits». Un des ancêtres du poète est représenté par un lion, un autre par un éléphant, l'éléphant de MBissel: «Éléphant de MBissel, par tes oreilles absentes aux yeux entendent mes Ancêtres ma prière pieuse» («Le retour de l'enfant prodigue»).

Un autre encore a une «peau d'orage sillonnée d'éclairs et de foudre» («Le totem»).

Ce culte des ancêtres qui s'inscrit bien dans la culture animiste de l'Afrique explique l'importance attribuée à la connaissance de sa généalogie; et ceux qui ne peuvent la reconstituer doivent s'adresser au griot de la famille («Le retour de l'enfant prodigue»).

Mais la dévotion aux ancêtres n'atténue en rien chez le Sénégalais les relations étroites et profondes qu'entretiennent les membres vivants de la famille. Celle-ci est en effet d'une importance fondamentale dans la société sérère, importance qui ressort bien dans *Chants d'ombre* où la famille de Senghor occupe une place de premier choix. Son père qui appartient à une lignée royale nous est présenté dans es rapports avec son cousin, le roi Koumba Ndofène Dyouf, régnant à Dyakhâw, qui lui rendait visite et l'appelait familièrement «Tokor»; l'oncle Tokô'Waly qui portait le jeune Senghor sur son dos ou lui tenait la main («Que m'accompagnent kôras et balafong»). Mais c'est la mère, «servante fidèle de son enfance», qui est la plus fréquemment nommée. Dans la société matriarcale qu'est celle du poète, elle se situe au centre de la cellule familiale. Quand il revient au village, après une longue absence, c'est d'abord à elle qu'il s'adresse en lui demandant l'imposition de «ses mains balsamiques» sur son front, et il se plaira à contempler son sourire: «Et de nouveau le blanc sourire de ma mère» («Le retour de l'enfant prodigue»).

N'est-ce pas encore l'image de la mère, dans son rôle tutélaire, qui apparaît dans l'un des plus beaux poèmes du recueil, «Femme noire»: «J'ai grandi à ton ombre; la douceur de tes mains bandait mes yeux.»

Mais, par extension, c'est la femme africaine en général, avec son prestige, sa jeunesse éternelle, sa beauté, sa fécondité, sa présence permanente comme symbole de la pérennité des valeurs africaines, qui est célébrée dans ce poème comme dans ceux qui s'intitulent «Masque nègre» et «Chants d'ombre». Le premier peint en effet la tête de la femme noire comparée à un masque «fermé à l'éphémère», ou à une sculpture de bronze qui dans sa perfection n'a point besoin de «cosmétique»: «Que ne souillent fards ni rougeur ni rides,... / Visage tel que Dieu l'a créé.» Le second insiste à nouveau sur la beauté de la femme africaine que le poète exilé perçoit dans une vision et qui le fait renaître «à la terre qui fut mère»: «Tu fus africaine dans ma mémoire ancienne.» Dans le même temps, Senghor féminise l'Afrique à laquelle il attribue également l'émotion, la beauté, le prestige éternel, la fécondité, la tendresse et la sagesse.

Ce culte de la femme manifesté sous ses différents aspects ne fait qu'affirmer les tendances masculines du poète sérère dont la poésie reste parfaitement virile comme on peut le remarquer dans «Par delà l'éros»: «Seule, je sais, cette riche plaine à la peau noire / Convient au soc et au fleuve profonds de mon élan viril.»

Cette allusion phallique qui revient souvent chez les poètes qui ont chanté la négritude ne fait que confirmer, s'il en est besoin, l'appartenance de Senghor à ce mouvement. Mais «ce qui fait, dit-il, la négritude d'un poème, c'est moins le thème que le style, la chaleur émotionnelle qui donne vie aux mots, qui transmue la parole en verbe». Ce style, cette chaleur émotionnelle se manifestent surtout dans le rythme mâle qui marque toute sa poésie accompagnée souvent d'instruments de musique («Que m'accompagnent kôras et balafong»). Aussi n'est-il pas étonnant que dans «Lettre à un poète» il insiste sur l'aspect rythmique de la poésie de Césaire, le destinataire: «Les tamtams, dans les plaines noyées, rythment ton chant.»

Et s'il est quelque chose qui rapproche le plus Senghor de ses deux compagnons de négritude, Césaire et Damas, c'est précisément le rythme si africain de sa poésie. Comme eux, il fait preuve d'une maîtrise arrogante de la langue du colonisateur et il saura, lui aussi, la colorer d'éléments de sa propre culture, sur les plans lexical, toponymique, onomastique et métaphorique. À l'instar de *Pigments* (1962) de L.-G. Damas et de *Cahier d'un retour au pays natal* (1947) d'Aimé Césaire, *Chants d'ombre* confirme donc une nouvelle dimension dans la poésie d'expression française: celle de la négritude illustrée par les poètes francophones de la diaspora noire.

Daniel L. Racine

Chants de la rivière fraîche, Dakar/Abidjan, Nouvelles Éditions Africaines, Coll. Woï, 1975, 64p.

Recueil de poèmes de Kiné Kirama Fall.

Rufisque prête son étymologie, le «rio fresco» portugais, au titre du recueil. C'est surtout le lieu géographique de la presqu'île du Cap-Vert qui fournit à Kiné Kirama Fall le cadre physique de sa poésie. Toute personnelle et psychologique, cette poésie est faite de lyrisme ardent et d'intense introspection, enracinée dans le génie d'un lieu ressenti avec une sensibilité aiguë.

Le monde poétique des *Chants* est avant tout l'univers spirituel, affectif et mental du moi, un monde que domine uniformément une perspective individuelle, des références voilées mais nombreuses à la découverte personnelle de l'amour. Les trente-deux poèmes représentent un long itinéraire d'exaltation et d'attente, d'appel et d'angoisse, de sérénité. C'est également un itinéraire d'analyse constamment introspective, comme dans la longue interrogation de «Qui es-tu?». L'effusion lyrique joue un rôle prépondérant, comme dans «Don de Dieu», «Donne-moi», «Un jour de brume», «Dans la nuit chaude» où la tendresse et l'érotisme de l'amour transfigurent la femme et l'amant dans une vision contemplative très senghorienne. Des chants de paix («L'espoir», «Demain») s'entremêlent à ceux, stoïques, de souffrance («J'ai mis longtemps», «La lumière viendra») définissant, à travers la richesse de leurs modulations, une éthique toute personnelle de l'amour. Ce processus d'autodévoilement atteint son paroxysme lyrique dans «Sur le chemin où je vais», confession révélatrice aux accents lucides et émouvants.

La vision de Kiné Kirama Fall est une vision sensuelle, mais d'une sensualité aussi bien métaphysique qu'individuelle. Rejoignant l'optique philosophique de la négritude, cette inspiration poétique établit une relation ontologique étroite avec les forces spirituelles de l'univers. Anthropomorphe et émotive, elle accorde une importance primordiale à la nature et aux mouvements cosmiques, au rythme desquels l'expérience humaine est sans cesse liée. Les thèmes du souffle, à la fois humain et cosmique, de l'ombre et de l'obscurité, du soleil et de la lune, de la nature, du cycle nuit-matin, de la traversée de la forêt, de la femme consolatrice, prennent ainsi une signification toute particulière dans des poèmes tels que «La forêt», «Les étoiles brillent pour moi», «Le soleil dans le cœur», «Jusqu'à toi», «Le vent» et surtout «Lac de Guiers».

Dans d'autres poèmes, l'élan mystique et religieux domine. «Qui est tout» est une célébration de la création et des attributs suprêmes de la divinité chrétienne. «Rêve», un poème sur le pouvoir transcendant de l'imagination créatrice, chante l'ascension «dans l'univers de Dieu»; et le chant «Des louanges nouvelles», de par son thème et sa force, constitue une hymne d'imploration et d'adoration religieuses.

On est frappé dans la poésie de Kiné Kirama Fall par l'extrême variété des rythmes et des cadences, par l'étonnante élasticité du vers et par la richesse des procédés rhétoriques et incantatoires: apostrophe ou interrogation répétées, structures en parallèle ou en écho. Ces procédés aboutissent à la création d'une strophe à la forme sans cesse changeante qui joue un rôle fondamental dans le lyrisme poétique du recueil.

Bernard Arésu

Chemin d'Europe, Paris, Julliard, 1960, 196p.
Roman de Ferdinand Oyono.

Chemin d'Europe, comme le suggère le titre, est un roman d'aventure, aventure dans son double sens physique et moral à travers le chemin envoûtant mais hasardeux où se rencontrent l'Afrique et l'Occident. C'est l'histoire d'un ancien séminariste, Aki Barnabas, qui, désireux d'aller en France, fait tout ce qu'il peut dans son pays pour atteindre son but. On le voit d'abord chez le commerçant grec, M. Kriminopoulos, où il devient rabatteur auprès des clients indigènes. On le retrouve ensuite chez un couple français, les Gruchet, où il est précepteur de leur fille unique. Puis il obtient l'appui de sa mère qui l'emmène dans leur village où ils tentent en vain d'obtenir l'aide de leur clan. Après cette déception, Barnabas écrit une belle lettre sollicitant une bourse du gouverneur, lettre qui restera sans réponse. Alors il tente sa chance de nouveau chez les Hébrard, propriétaires de l'Hôtel de France où l'on engage des guides pour les touristes européens. Il s'adresse à M. Dansette, un fonctionnaire colonial. Celui-ci lui suggère d'aller d'abord en France et d'obtenir son bachot avant qu'on puisse considérer sa requête. Finalement, et comme par hasard, il entre dans une secte religieuse, celle de la Renaissance Spirituelle. Là-bas, son discours improvisé lui ouvre enfin le chemin de l'Europe.

L'action se déroule entièrement en Afrique, dans une colonie française, sans doute le Cameroun. Le héros, un jeune déraciné injustement renvoyé du séminaire après y être resté sept longues années, est obsédé par l'idée de s'échapper du contexte colonial et cherche éperdument le chemin qui pourrait le conduire en France. Aussi frappe-t-il à toutes les portes dans l'espoir de rencontre l'agent providentiel qui l'aidera à réaliser son rêve. Ce rêve naît de ses frustrations de colonisé. Il désire être «un Nègre arrivé» et résoudre ainsi le paradoxe qui fait de lui un Nègre instruit parlant latin et français mais ne pouvant plus vivre comme ses concitoyens ordinaires et ne pouvant pas non plus jouir des avantages légitimes de son occidentalisation. Il nous dit qu'il a enfin frappé à la bonne porte chez les adeptes de la Renaissance Spirituelle mais il n'affirme pas qu'il part effectivement pour la France. On se demande alors s'il n'y a pas d'autres obstacles inattendus à franchir et si, même en France, il ne cherchera pas encore longtemps le chemin de l'Europe.

Aki Barnabas est à la fois protagoniste et narrateur. Ces deux aspects du personnage ne doivent pourtant pas être confondus. Barnabas le protagoniste est jeune, naïf et rêveur. On le dit parfois romantique parce que les choses qu'il désire sont, par rapport à la réalité qu'il vit, «des châteaux en Espagne». Cependant, malgré sa jeunesse et ses idées extraordinaires, il est très lucide devant les injustices du système de domination installé chez lui au nom de la civilisation.

Par ses attitudes et son comportement, c'est un personnage représentatif de l'aventure nègre avec l'Occident. Il écarte le travail de l'administration coloniale parce que c'est un empêchement plutôt qu'un moyen pour réussir. Il travaille avec les ressortissants européens parce qu'il veut gagner de l'argent tout de suite. Puisque les Blancs sont les nantis, il lui paraît logique de travailler avec eux. Il envisage de revenir de France comme commandant ou commissaire de police pour remplacer les Blancs qui occupent ces postes chez lui.

Bien que Barnabas avoue chercher de l'argent pour se mettre sur le chemin de l'Europe, il est déjà sur ce chemin: il y était pendant ses années de séminaire et il y est encore plus aujourd'hui qu'il travaille pour des Blancs en Afrique. Il quitte son travail chez M. Kriminopoulos parce que celui-ci l'humilie en le faisant travailler seulement à l'extérieur, hurle son nom et le traite comme un chien. Il est aussi désabusé de son nouvel emploi de précepteur: sa personne n'a aucune importance pour M. Gruchet. Madame Gruchet fait peu de cas de lui malgré l'amour interdit qui brûle dans son cœur. Mademoiselle Gruchet, son élève, le traite constamment de Nègre menteur. Chez les Hébrard, il subit les caprices des touristes européens en mal d'exotisme et de sensation et s'expose aux sautes d'humeur de la patronne.

Barnabas, le narrateur, jouit d'un recul temporel et d'une maturité intellectuelle par rapport à Barnabas, le protagoniste. Ainsi peut-il intervenir dans le récit pour préciser le point de vue de l'auteur. Le narrateur laisse souvent entendre qu'il ne partage plus les sentiments optimistes et illusoires du petit Barnabas. Parfois il va jusqu'à suggérer ce que le protagoniste aurait dû faire pour réaliser son rêve. Oyono veut nous parler de l'Afrique victime de l'oppression coloniale.

Chemin d'Europe, écrit dans un style lapidaire, est construit autour d'éléments antithétiques. L'humour d'Oyono s'y révèle dans toutes ses formes: ironie, caricature, rire, satire, sarcasme. Le vocabulaire en est plus recherché que celui du *Vieux Nègre et la médaille* et d'*Une vie de boy*, ce qui en rend la lecture plus difficile. Néanmoins, le roman est intéressant et jouit de la faveur de nombreux critiques.

Peter I. Okeh

Chemin de tous les cœurs, Yaoundé, Éditions Saint-Paul, 1973, 112p.

Recueil de poèmes de Samuel Nkamgnia.

Il serait difficile de dire de prime abord que toutes les pièces de ce recueil sont consacrées à l'amour. En fait, il y a trois sortes de poèmes: d'abord, ceux consacrés à Mlle Derah, sorte de muse absente mais présente à laquelle sont adressés bon nombre de poèmes, tous ayant trait à un rapport d'amour infructueux entre le narrateur et son «inspiration». Ces poèmes suivent une courbe, le ton ne cesse de monter du début à la fin comme s'il s'agissait pour le poète d'une «autothérapie» destinée à le libérer d'un amour à la fois fascinant et impossible. Mlle Derah paraît être la femme impossible. Et il n'y aura que la violence des mots du poète pour exorciser ce désir, cette soif d'amour inassouvie.

Viennent ensuite des poèmes consacrés à des événements quotidiens et à des personnages politiques, tels ceux dédiés à l'équipe de football «le Canon» ou au président Ahidjo. Ici le texte, dans le très ancien style «griot», se remplit de verbes et d'adjectifs, devient une sorte de poème hypertrophié où le sens se perd sous les mots.

Il y a finalement ceux qui traitent de choses poins facilement saisissables tels les problèmes sociaux courants: corruption, tribalisme, racisme.

La poésie de Nkamgnia est presque naïve, dans la mesure où, sans fuite, il «dit», il «montre», il «indexe» ce dont il parle. Ici il n'y a pas de bataille au niveau du langage et cela rappelle la poésie orale où la profondeur des mots se cache sous leur apparente simplicité. Les mots sont ceux de tous les jours, leur arrangement sans grande recherche. Et alors on se demande s'il n'y a pas une autre dimension qui échappe à la première lecture de ce recueil. On sent le besoin de relire des poèmes comme «Le pêcheur» ou «La pluie» et il y en a plusieurs du genre.

On ne pourrait, à moins d'un abus, rapprocher cet auteur ni des poètes de la première génération («Négritude») ni de ceux qui aujourd'hui, comme Pacere Titinga, dénoncent les premiers: il appartient à une catégorie de poètes qui sont rarement connus: les poètes de tous les jours, ceux qui écrivent à propos de tout, tous les jours: des femmes, des enfants, des caractères. Et de tout le reste que l'on dissimule sous une sorte de naïveté.

Abdoul Doukouré

Chemins du monde, Paris, P.J. Oswald, 1973, 51p.

Recueil de poèmes de Christophe Nguedam.

Le présent recueil comprend trente-cinq poèmes en vers libres et de longueur variable, avec des illustrations de l'auteur. *Chemins du monde* est à la fois évocation poétique et réflexion sur l'expérience humaine. Entre l'angoisse d'être et la lutte que l'homme mène pour survivre, Christophe Nguedam nous révèle les merveilles de la nature, de l'enfance et de la jeunesse.

Poète, il se découvre non point matière atone comme bois mort/ mais grain d'humanité, ou force vive/ vivant au milieu des siens avec/ qui il œuvre pour un monde meilleur, «sans inégalité de traitements». «Oiseau-soleil», il apporte la lumière, la clarté, la vie. Il chasse les ténèbres et la misère engendrées par les vilenies humaines et «déloge la haine des cœurs trop secs». Poète dans un monde en lambeaux/ où le bien et le mal sont confondus/, il se trouve tiraillé entre sa répulsion pour toute forme d'exploitation et d'oppression et la crainte de ne plus pouvoir se reconnaître comme être humain. Aussi ne cesse-t-il de se «chercher partout/ dans le néant de son être», de tenter de s'assigner une personnalité fixe au milieu de ses multiples moi discordants. La gratuité du mal l'intrigue, son idéal de justice et de liberté s'intimide devant les flots de sang et les crasses de la misère! Il sent le vide l'envahir à la vision de cet homme «usé et trompé dans le sillage/ d'un métier ingrat» et dont la vie n'est qu'une suite de négations. Il rejette le vol qui s'institue en droit et refuse l'aliénation qui fait de l'homme un robot dévoué à ses maîtres... «Dans la lutte pour la vie / j'ai juré d'aller/ toujours/ au-delà des apparences.»

Mais autant les poèmes de *Chemins du monde* s'attaquent avec violence à l'injustice sociale, à la domination d'une classe d'hommes par une autre, autant certains d'entre eux font de l'individu un être insignifiant devant les forces de la nature. La vie n'est possible que lorsque l'homme fort de sa conviction politique prend conscience de sa véritable place au sein de la nature et de ses capacités vis-à-vis d'elle. Car si dans la société on se définit par rapport à ses biens matériels, il en va tout autrement lorsqu'il s'agit de se situer au sein de la nature. Le lien qui unit celle-ci à l'homme ne fait intervenir aucun élément externe. Il est direct. «L'homme vient de l'Éternité/ les mains vides/ il se montre. Puis il rentre/ les mains vides/ dans le sein de l'«Éternité.» Vivre en sage, c'est vivre en accord avec la nature, former un tout indivisible avec celle-ci; c'est accepter que les lois de la nature, contrairement aux lois sociales, sont immuables. Que l'on soit pauvre ou riche, Blanc ou Noir, la mort reste l'ultime finalité de la vie. C'est l'élément égalisateur par excellence. À la découverte de cette vérité le doute s'empare du poète et le sens de l'histoire lui échappe. «J'aimerais être un peu mort/ ...Je voudrais être un homme sans histoire.» Un grand rêve d'innocence l'envahit.

La plupart des poèmes se présentent sous forme d'illustration d'une prémisse placée en tête. Images et métaphores tirées de la nature tentent de rétablir ce lien vital que l'homme entretient avec cette dernière, le libérant ainsi d'un isolement aliénant qui facilite son exploitation.

Niang Sada

Chimpanzé (Le) amoureux, Le Rendez-vous et La Palabre de la dernière chance, Issy-les-Moulineaux, Éditions Saint-Paul, Coll. Classiques africains, 713, 1977, 96p.

Recueil de nouvelles de Jean Pliya.

Le Chimpanzé amoureux regroupe trois nouvelles dont chacune possède sa tonalité particulière. La première évoque des souvenirs d'enfance au village natal d'Assanlin: au premier plan la camaraderie de jeunes garçons, en demi-teinte le pouvoir de séduction d'une cousine adolescente. Une partie de chasse se termine par la capture d'un jeune chimpanzé, qui paraît s'apprivoiser peu à peu, mais finit par s'attacher sensuellement à la jeune fille: idylle contre nature qui s'achève par un drame bref.

La deuxième nouvelle, *Le rendez-vous*, met en scène une jeune fille de la capitale, Cotonou, affolée de luxe, égratignée par diverses passades, et trompée une fois de plus par un escroc de l'amour et de l'argent: une vie sentimentale manquée qui conduira l'héroïne au suicide. *La palabre de la dernière chance* fait revivre une de ces longues discussions de jeunes gens sur le sens de la vie, sur le bonheur, sur le rôle de l'individu; les aléas d'une conception individualiste de l'existence y sont confrontés avec un projet plus ample d'insertion dans un mouvement patriotique à visée communautaire.

Dans chacune des nouvelles, on voit très bien autour de quoi tourne l'intention du narrateur: questionnement d'existences humaines, voulues ou subies, qui aient, si possible, force de témoignage, à égale distance du constat et de la leçon morale. Les personnages sont ceux de la commune mesure, à qui rien d'exceptionnel n'arrive: effleurés un moment par le texte, ils n'entrent en littérature que pour en sortir aussitôt. Le propos de l'auteur, semble-t-il, n'a pas suffisamment d'ampleur pour justifier sa mise en texte: on est dans un registre éloigné à la fois du conte traditionnel et (hormis quelques pages de description) de ce qu'on entend habituellement par littérature. L'intérêt de ces récits, tant auprès des Africains que des peuples d'autres continents, fait problème à nos yeux. S'agit-il de «classiques» d'une période de transition? Dans le Bénin d'aujourd'hui apparaissent des lignes de force qui ne manqueront pas de susciter un jour de véritables «œuvres».

Régis Antoine

Choc anti-choc (Écrits de prison 1961), Yaoundé, Éditions Semences Africaines, 1978, 39p.
Roman en poèmes de René Philombe.

En 1960, l'engagement politique de René Philombe lui valut cinq mois de prison, le temps d'écrire les neuf poèmes de *Choc anti-choc*. À sa libération, il fit polycopier la collection qui s'intitulait alors *Peuple debout, monstre sans âge*. Alors que les éditeurs acceptaient de publier les autres œuvres de Philombe, ces poèmes restèrent sans éditeur jusqu'en 1978.

Le premier poème s'intitule «Dédicace»; ici le rôle du poète rappelle celui du prêtre qui offre le sang du Christ pour la rémission des péchés pendant la messe. Le poème lui-même est un calligramme et prend la forme d'un calice; ce calice est rempli des souffrances de ceux qui ont encore le courage de regarder la vérité en face. Cet offertoire, comme celui du prêtre, connaîtra son achèvement dans la communion. C'est dans le dernier poème de *Choc anti-choc*, «In memoriam», que ce moment suprême sera atteint car la communion des vivants et des morts se réalisera dans la révolution.

Le deuxième poème, «Hymne des révolutionnaires», est chanté par des rebelles qui, ayant brisé l'immobilité qui caractérise le poète dans «Sur la tombe de mon père» (*Hallali*, 1964), vont de l'avant, sûrs qu'aucun tyran ne saura arrêter leurs pas: «Rien n'étouffe nos chants; rien n'arrête nos pas!»

Le motif musical du poème précédent est repris dans «Cantilène à un petit chat» qui doit être accompagné au balafon (xylophone camerounais). Le mot «cantilène» indique que ce poème est une manière de chant. Cependant il n'est plus question de chant aux rebelles du poème précédent; ici, c'est un petit chat qui est le témoin innocent de l'intrusion des «pontifes de la terreur et de la mort» dans l'«humble cambuse» du poète. Lorsque les intrus barbares ont éventré sa cambuse et profané ses livres, le poète est déclaré terroriste et mis en prison. Le petit chat, lui, continuera à jouir de la liberté alors que le poète sera «claquemuré derrière la terreur de ces barreaux-bourreaux».

Dans le poème suivant, «Mais pourquoi», le poète veut savoir pourquoi il a été mis en prison. La question rhétorique «mais pourquoi» forme la structure rythmique du poème qui est accompagné sur me mvet et le nkêng[1]. La répétition de ces deux mots souligne la frustration du poète qui cherche à comprendre pourquoi il a été mis au ban de la société «comme un fauve dangereux».

«Le chant des maquisards», également-

---

1. Mvet: Instrument à cordes qui accompagne la poésie orale au Cameroun. Nkêng: Instrument traditionnel à gongs jumelés.

ment écrit en vers alexandrins, fait écho au ton héroïque et élevé de «L'hymne des révolutionnaires». Le ton du vers alexandrin contraste avec celui, plus intime, du vers libre que Philombe utilise dans les poèmes de nature plus personnelle. Les premiers quatrains évoquent la période trouble (1950-1960) au Cameroun quand les Upécistes, membres de l'Union des Populations du Cameroun, se heurtaient à l'armée française. Les images employées par Philombe traduisent toute l'horreur de ce moment de l'histoire. Évoquant Ruben Um Nyobé et Félix Moumié, leaders morts pour la cause des rebelles, le poète s'identifie totalement avec le mouvement de libération, cherchant, lui aussi, à rejoindre le maquis.

«Muetismes» est une condamnation d'un régime où la liberté d'expression est inconnue. Le lecteur peut supposer que le «monstre muet», dont il est question ici, est en fait le mouvement de l'UPC, obligé de se réfugier dans la clandestinité. C'est dans «Vision», l'avant-dernier poème, que ce monstre retrouve l'usage de la parole: «Et leurs bouches bavent de mots imprécatoires/ [...]/ Et leur langue désormais ne tient plus/ Qu'un langage d'airain/ Peuple Debout Monstre Sans Âge.»

«Le cœur d'un pendu» est le dernier des poèmes écrits en alexandrins dans *Choc anti-choc*. Le poète évoque l'horreur de la mort infligée aux maquisards et leur acceptation héroïque du martyre. Rappelant les images religieuses de «Dédicace», le gibet devient un autel sur lequel le sang pur des maquisards est versé.

«Vision» est un poème en cinq mouvements, chaque mouvement étant accompagné par des instruments traditionnels différents. La finale de cette «pièce» prend progressivement une dimension apocalyptique. Ce crescendo trouve son écho dans l'accompagnement musical qui, initialement, se fait au mvet; puis, le nkěng, le balafon, la flûte et le tambour s'y ajoutent successivement. En même temps, le poète amplifie la violence verbale suggérée dans «Dédicace», le premier poème du recueil; à cet effet, il se sert de l'allitération et de la répétition pour évoquer l'explosion de la colère trop longtemps contenue et le bouleversement soulevé par la révolution.

Les poèmes de *Choc anti-choc* révèlent le côté jusqu'ici inconnu de René Philombe dont la carrière d'écrivain cache une longue familiarité avec l'univers carcéral camerounais. Alors qu'il écrivait *Lettres de ma cambuse, Sola ma chérie* et les autres œuvres publiées chez CLÉ, on venait régulièrement perquisitionner chez Philombe, ce qui le conduisit plusieurs fois en prison et suscita l'éclosion de fleurs amères dont la gerbe à la révolution qu'est *Choc anti-choc*.

Eloise A. Brière

Chômeur (Le), Yaoundé, Centre d'Édition et de Production de Manuels et d'Auxiliaires de l'Enseignement, Coll. Théâtre camerounais, 1968, 64p.

Tragi-comédie en cinq actes de Stanislas Awona.

Stanislas Awona est un de ces opiniâtres Camerounais qui œuvrent humblement et efficacement depuis 1960 pour le développement d'une littérature qui soit le miroir de la société camerounaise. Pièce jouée pour la première fois au Lycée Leclerc en juillet 1960, *Le Chômeur* est le fruit de ce travail assidu.

Au lendemain de l'indépendance du pays, Eboutou, un jeune lycéen de Yaoundé, malgré ses talents artistiques (il est poète, musicien et peintre), ne peut continuer ses études. Intellectuel errant, il frappe vainement à toutes les portes à la recherche d'un emploi, n'ayant personne pour recommander son dossier à qui de droit. Pendant ce temps, ses compagnons Abada et Messi, employés sans qualification dans l'administration locale, sont promus «hauts fonctionnaires de l'État» grâce aux combines qui ont cours dans la société postcoloniale. Abada et Messi méprisent l'infortuné Eboutou conformément à la nouvelle éthique selon laquelle l'amitié n'est qu'un commerce où l'égoïsme se propose toujours quelque chose à gagner. Eboutou parvient tout de même à obtenir un emploi, mais juste au moment où Abada tombe en disgrâce. Magnanime, Eboutou vole à son secours, intervention qui empêche son ingrat compagnon de se suicider.

De par sa fin, *Le Chômeur* se classe dans la littérature moralisatrice. La conduite d'Eboutou contient une double leçon de morale: il faut garder l'espoir même dans les situations les plus difficiles; en outre, il nous est donné d'apprendre à aimer même nos ennemis.

S'appuyant sur un réalisme thématique et topologique, *Le Chômeur* est surtout une œuvre topique. L'arrivisme incarné par Abada et Messi, que satirise l'auteur, est certainement un des fléaux de la société camerounaise postcoloniale. Celle-ci n'accorde de place qu'à ceux qui acceptent la règle du jeu illicite: il suffit d'être connu des gens haut placés pour trouver facilement du travail; peu importe la qualification. Conséquence néfaste, elle regorge de jeunes gens qualifiés mais réduits au chômage; incapable d'exploiter au mieux leur disponibilité et leurs talents, elle se dégrade dangereusement.

Eboutou est un génie asphyxié par une société caractérisée par le trafic d'influences. Le lecteur le déplore, emboîtant le pas au personnage et à l'auteur. Cependant, celui-ci ne parvient pas à lever une équivoque: Eboutou n'est-il pas lui aussi un égoïste qui ne se plaint que tant que le système lui est défavorable? Qu'il précise que sa demande d'emploi a été remise «entre les mains de [son] oncle Mvondo, Adjoint-Administratif...» est significatif dans cette société où les relations particulières importent beaucoup. Le même personnage exploite ses relations personnelles avec le Procureur Général pour obtenir la réhabilitation (frauduleuse) d'Abada, mettant ainsi à profit des voies et moyens qu'il prétend critiquer. Et pour célébrer cet événement, il offre un whisky – autre symbole de la décadence sociale dont il se plaint pourtant. Tout ceci compromet la portée didactique de la pièce et le message (s'il y en a un) reste ambigu.

La préciosité du langage des personnages ne s'accorde pas toujours avec leur condition sociale et intellectuelle. Le texte est aussi ponctué d'allusions littéraires suivantes, l'auteur faisant souvent appel à ses connaissances des lettres et cultures étrangères.

Le Chômeur n'est sans doute pas un chef-d'œuvre du genre. L'intérêt du livre réside surtout dans l'intuition qu'a eue Awona d'attirer très tôt l'attention des lecteurs sur des fléaux qui, deux décennies plus tard, causent des ravages dans la société camerounaise en pleine mutation.

Isaac-Célestin Tcheho

Chômeur à Brazzaville, Dakar/Abidjan, Nouvelles Éditions Africaines, 1977, 78p. Roman de Pierre Biniakounou.

L'intrigue du roman repose sur un paradoxe. Le héros, Guillaume Mapouata, jeune aventurier de tempérament primesautier, quitte son village natal à 17 ans pour aller s'installer dans un pays qui n'est pas précisé mais qu'on peut identifier puisqu'il est situé «de l'autre côté du fleuve Congo». Il trouve asile dans une banlieue de ce pays, soit à Putumuyindu, désormais nommée Bulumatadi. Le jeune homme cultive la terre, et «tout alla mieux». Il épouse Hélène N'sona, jeune Africaine, courageuse et travailleuse. Le couple a plusieurs enfants qui arrivent «très rapprochés». Il se construit une maison de six pièces, bien meublée, entourée d'un jardin qui lui procure des produits vivriers.

Guillaume Mapouata a déjà passé plus de vingt ans à Bulumatadi. Ses contacts avec le Congo-Brazzaville sont rares. De toute évidence, il se sent chez lui à Bulumatadi. Mais coup de théâtre! Le premier ministre du pays «de l'autre côté du fleuve» décrète une loi ordonnant que tous les ressortissants du Congo-Brazzaville soient expulsés. Dès lors,

Mapouata, sa famille et plusieurs centaines d'autres Brazzavillois sont contraints de quitter ce pays de «l'autre côté du fleuve». Un énorme bateau fait de nombreuses traversées du fleuve Congo pour aller les débarquer «au beach de Brazzaville». La grande majorité de ces expatriés considèrent Brazza comme un nouveau monde, «car il y en avait qui ne l'avaient pas revue depuis 60 ans ou plus».

Dans un bidonville, un appartement de deux pièces appartenant à un neveu de Mapouata sert de refuge à ce dernier et à sa famille. Pendant quelques mois il cherche en vain du travail. Il connaît plusieurs déboires. La faim et la misère rongent sa famille. Comble de malheur, son épouse met au monde un enfant mort-né. Mais plus tard les choses s'arrangent pour le mieux. Il est engagé comme charpentier dans un chantier de construction. Pendant quelque temps, Mapouata et sa famille mènent une vie relativement aisée. Chaque mois il épargne une partie de sa paie et prête même un peu d'argent à des créanciers. Cependant son bonheur est de courte durée, car des événements imprévus surgissent pour donner un accent grave à son nouveau mode de vie. Son chef de service est un tribaliste astucieux qui se sert de l'alibi d'une mauvaise situation financière pour réduire le personnel. Il pousse Mapouata à chercher une sécurité introuvable: obtenir après seulement quatre ans de travail un droit de retraite auprès de la Caisse de Prévoyance Sociale. Mapouata redevient chômeur alors que le chef du personnel cède les postes vacants à des chômeurs de son clan. Mais le hasard frappe Mapouata d'un coup encore plus dur. Sous une pluie torrentielle, les murs de sa «minuscule cahute» s'écroulent, formant un débris d'où «le plus apprécié» des enfants de Mapouata est dégagé, la jambe cassée. L'Adjoint du Maire vient porter secours à Mapouata et sa famille. Il les envoie à une baraque destinée aux sans-logis. Cependant l'aide matérielle promise par l'Adjoint n'arrive jamais et Ma-

pouata, devenu chômeur confirmé, croupit dans la misère, avec ses neuf enfants et un nouveau bébé que Hélène, toujours féconde, vient juste de mettre au monde...

Chômeur à Brazzaville est inspiré par une sensibilité à la fois révolutionnaire et réformatrice. Le roman est l'expression vivante d'un art pathétique dont le retentissement dépasse le cadre du Congo-Brazzaville. Il est difficile, dirait l'auteur, de croire que ni le départ des colonisateurs blancs (autrefois accusés d'être les auteurs de tous les maux de l'Afrique), ni l'avènement de l'indépendance n'auront eu aucune portée messianique. Biniakounou souligne que la libération de l'Afrique n'a pas entraîné la fin de l'insécurité, de la peur, de la faim, du chômage, de la souffrance. L'indépendance instaure un régime des dirigeants africains qui, eux, inaugurent un nouveau type de colonisation. Cette dernière se caractérise par une structure unique qui permet à ces dirigeants avares, ineptes et despotiques, de transformer l'Afrique en un continent de guerres civiles, de présidents à vie, de partis uniques, de fonctionnaires corrompus. Il est question aussi d'un continent où la discrimination persiste, une discrimination fondée sur un nationalisme mal conçu et sur un tribalisme rampant.

Le thème que traite Biniakounou n'est pas nouveau. Il a déjà été abordé dans *Le Mandat* (1965) d'Ousmane Sembène, dans *A man of the people* (1966) de Chinua Achebe, dans *One man, one wife* (1967) de T.M. Aluko, dans *Les Soleils des indépendances* (1968) d'Ahmadou Kourouma. Comme ses congénères, Biniakounou rejette toute orientation de l'écriture vers une louange outrancière des valeurs positives de l'Afrique ancienne. Il veut plutôt transformer l'Afrique d'aujourd'hui en faisant une satire réaliste de ses problèmes. Il emploie un style essentiellement descriptif et direct qui engage le lecteur à suivre sans effort le flux de sa pensée. Il sait imaginer des segments narratifs bien agencés même si certaines séquences du récit manquent parfois d'élaboration. Son plus grand mérite réside dans un portrait impressionnant d'une masse populaire africaine crispée par la souffrance, une masse dont le prototype est le pauvre Guillaume Mapouata...

Willy A. Umezinwa

Chroniques congolaises, Paris, P.J. Oswald, Coll. Poésie/Prose africaine, 6, 1974, 140p.
Recueil de nouvelles de Jean-Baptiste Tati-Loutard.

Après avoir publié trois recueils de poèmes (*Poèmes de la mer* (1968), *Les Racines congolaises* (1968), *L'Envers du soleil* (1970)), Jean-Baptiste Tati-Loutard abandonne pour un temps la poésie et nous propose sa vision de la société congolaise à travers douze nouvelles formant les *Chroniques congolaises*.

Si nous nous référons au dictionnaire, la «chronique» serait: «l'ensemble des nouvelles qui circulent»; il s'agit bien de cela ici, de ces petits faits, ces «petits riens» qui composent le quotidien de la vie.

Tel un journaliste soucieux d'être proche des personnages qu'il décrit, Tati-Loutard nous offre un documentaire dont les images ne sont pas gratuites mais, au contraire, dénoncent les tares d'une société qui bouge et se métamorphose, stigmatisent les défauts de certains de ses concitoyens et mettent en valeur leurs qualités. Regard impitoyable jeté sur les hommes et les femmes de toutes conditions sociales, ce livre est aussi une approche de la société congolaise d'aujourd'hui. Préoccupé de l'avenir et du devenir de son pays, Tati-Loutard semble vouloir mettre en garde ses concitoyens contre les abus que suscite une civilisation imparfaitement adaptée à leurs besoins. Pour cela, Tati-Loutard expose, sans violence mais sans concession, les problèmes auxquels se heurtent un grand nombre de ses compatriotes: le retour au pays et les difficultés de réinsertion (*Le retour aux sour-*

ces, *L'intégration*, *L'arrestation*), la malhonnêteté, la corruption (*Le commerçant failli*, *L'arrestation*), la prostitution (*La croqueuse de diamants*), les difficultés du mariage mixte (*Le retour aux sources*), le chômage (*Un voyage pour rien*), etc.

L'échec paraît obséder l'auteur qui conduit inexorablement ses héros vers une déchéance physique ou morale. L'homme, confronté à la société qui l'entoure mais surtout à lui-même, devient lâche, cupide, vaniteux et se laisse aisément corrompre. Pris dans l'enfer de l'argent et de ses attraits (puissance, pouvoir, supériorité apparente, luxe, luxure), il se livre aux pires bassesses et, dès lors, se perd. Moraliste, Tati-Loutard confronte ses héros à leurs propres détresses et permet ainsi le triomphe de l'éthique. Le voleur est volé à son tour dans *Un commerçant failli*; la «croqueuse de diamants» est abandonnée de tous après avoir eu toutes les facilités; Kitounga, nouveau directeur des conserveries nationales, est condamné à six ans de prison pour avoir détourné de l'argent, ses amis l'abandonnent, sa maîtresse s'enfuit, c'est pour lui, comme pour bien d'autres, «l'heure du bilan».

Ce schéma se renouvelle très souvent dans ce recueil. Après avoir tout obtenu: argent, respect, honorabilité, le héros connaît l'instant de la condamnation et c'est alors la déchéance, l'oubli, la ruine, l'humiliation, l'abandon, la solitude. Il ne lui reste plus «qu'un petit bouquet de rêves tout rongé de soucis».

Si l'on excepte *Dix minutes dans l'autre monde*, cet étrange dialogue avec la mort et *Le cimetière de V.* qui semble évoquer avec nostalgie un passé qui n'est plus mais s'achève sur cette conclusion ambiguë: «Jadis les morts imposaient silence aux vivants, maintenant [c'est] la vie qui déborde la mort», une seule nouvelle échappe à ce schéma menant du crime au châtiment: *Un pari d'artiste*.

Pomolo, jeune peintre, choisit délibérément la solitude, les privations et la misère pour vivre son art. Il vaincra après de longs jours d'une existence précaire. Réussite donc pour ce personnage, pour cet artiste auquel Tati-Loutard a confié la charge d'être le «héros positif» des *Chroniques congolaises*.

«Poète de l'élément», tel qu'il se définit lui-même, Tati-Loutard est devenu, pour ce livre, «un poète de l'événement». Il souhaitait que ce livre «contribue à l'effort national entrepris pour changer les mentalités»; l'avenir lui donnera peut-être raison mais, dès à présent, ce recueil de nouvelles vient enrichir son œuvre poétique et lui donner une nouvelle dimension.

Bernard Magnier

Chroniques de Mvoutessi. Tome I. Le Sermon de Yoannes Nkatefoé. La Petite Gare. Les Sept fourchettes, Yaoundé, Éditions CLÉ, Coll. Pour tous, 1971, 62p.
Chroniques de Mvoutessi. Tome 2. Na-Mongô ou Le Voyage à Ebolowa, Yaoundé, Éditions CLÉ, Coll. Pour tous, 1971, 64p.
Chroniques de Mvoutessi 3. Madame Matalina ou Comment grimper dans l'échelle sociale, Yaoundé, Éditions CLÉ, Coll. Pour tous, 1972, 47p.
Chroniques de Guillaume Oyono M'bia.

Les *Chroniques de Mvoutessi* laissent peu de place à la fiction. Les faits et les lieux cadrent avec la réalité camerounaise au lendemain de l'Indépendance. Le premier tome des *Chroniques* contient trois récits: *Le sermon de Yohannes Nkatefoé*, *La petite gare*, *Les sept fourchettes*. Dans *Le sermon de Yohannes Nkatefoé*, Oyono M'bia nous introduit dans son royaume d'enfance et nous fait vivre une féroce rivalité entre Nkatefoé, le catéchiste et Atememe, le chef des buveurs. Les paroissiens sont tiraillés entre ces deux forces jusqu'à ce matin mémorable de Noël où, Atememe, échappant comme par miracle à la chute d'un palmier qu'il abattit pour sa sève juteuse, objet de son culte bachique, se

convertit. Mais cette conversion inattendue va priver Nkatefoé d'un sermon spécialement conçu pour ébranler les cœurs, même les plus insensibles à l'appel du Seigneur.

La petite gare est l'histoire de Silas Aloga, chef d'une petite gare perdue dans un petit coin de brousse qui, à l'occasion du séjour d'un Président Directeur Général dans sa localité, veut faire preuve d'un grand zèle, non par conscience professionnelle, mais en prévision d'une nouvelle promotion. Mais cet homme voit son rêve s'écrouler lorsqu'après avoir tenté de gagner les bonnes grâces de cet important personnage, on lui annonce par téléphone que le train ne pourra pas partir, à cause d'un déraillement. Et voilà que le Président Directeur Général, qui avait reçu les soins préférentiels du chef de gare, doit attendre comme tout le monde.

Avec *Les sept fourchettes*, Oyono M'bia traduit avec humour le degré d'évolution de certains de ses congénères. Mais ce sera surtout l'occasion pour Tita Mezoe de nous parler de son séjour à Yaoundé, chez le cousin de sa cinquième femme.

Dans le deuxième tome de ses *Chroniques*, intitulé *Na-Mongô ou Le Voyage à Ebolowa*, Oyono M'bia, comme Ferdinand Oyono dans *Le Vieux Nègre et la médaille*, ou Mongo Beti dans *Mission terminée*, amorce la littérature du voyage. Sans faire des confessions à la Rousseau, l'auteur est au centre de l'histoire. Examinateur lors d'une session du Brevet Élémentaire à Yaoundé, l'auteur, par un heureux concours de circonstances, jouira «d'une confortable estime» dans son Mvoutessi natal et dans les villages environnants. Mais l'héroïne du second tome des *Chroniques* reste Marie-Thérèse Medjo me Ndongo, dite Na-Mongô, qui, grâce à l'obtention du Brevet Élémentaire, voit s'ouvrir devant elle un brillant avenir.

Avec le dernier tome des *Chroniques*: *Madame Matalina ou Comment grimper dans l'échelle sociale*, Oyono M'bia nous fait assister à l'ascension spectaculaire d'une habile prostituée, Madame Matalina, fille aînée du vieux Essindi et mère de Charlotte, beauté ensorcelante, fruit de son séjour auprès de l'ancien chef de Région. Charlotte fera le malheur de plusieurs hommes tels le jeune Instituteur, le Préfet de la place et le Contrôleur financier. Assurément, c'est une beauté fatale.

Dans l'Avant-Propos de ses *Chroniques de Mvoutessi*, l'auteur reconnaît que «les temps changent, certaines choses passent, d'autres demeurent». Certes, peut-être n'avons-nous plus au Cameroun des personnages comme l'auteur en décrit dans ses récits; l'on ne rencontre peut-être plus de filles naïves comme Na-Mongô et Charlotte, bien qu'à la vérité l'on rencontre un peu partout des jeunes gens qui en sont encore à prendre une grosse voiture pour un grand monsieur. Les préfets, les sous-préfets, les hauts fonctionnaires en mission ne se transforment plus en exploiteurs officiels du peuple. Est-ce à dire que les *Chroniques* sont une œuvre dépassée?

Avec les *Chroniques de Mvoutessi*, Oyono M'Bia se présente comme un peintre clinique de la société de son temps. Avec la conversion d'Atemeteme, c'est la victoire des forces religieuses sur les forces du mal. Pourtant les choses ne sont pas si simples. La victoire inattendue de Nkatefoé, l'homme de Dieu, sur le buveur Atemeteme, annonce le triomphe des valeurs importées, par exemple, celles de la religion sur les valeurs traditionnelles. Avec Silas Aloga, l'auteur nous fait revivre la vie des petits fonctionnaires qui, en mal de promotion, lieraient un pacte avec le Diable; dans les villages, le rêve de tout père de famille est d'avoir un fils administrateur, voire Ministre, non par souci de la bonne marche des affaires de l'État, mais à cause du prestige et des nombreux avantages attachés à de telles fonctions.

Dans les *Chroniques de Mvoutessi*, nous retrouvons cette atmosphère des pays du Tiers-Monde où règnent le népotisme et la vénalité. Les conseils que Tita Mezoe donne à Oyono M'bia sont fort révélateurs. Dans la hiérarchie des métiers, la fonction administrative est la plus convoitée. Quant à la carrière enseignante, l'auteur, tout en reconnaissant qu'elle est la plus ingrate de la terre, puisque la craie ne saurait engraisser son consommateur, admet qu'elle peut être, pour celui qui l'exerce, l'occasion d'une gloire inattendue.

Soucieux de démystifier la société de son temps, Oyono tente de détruire le mythe si habituel qui confond grandeur et honorabilité avec le port de la veste et de la cravate, l'évolution avec l'usage du fard et le port de la perruque. C'est cette erreur d'appréciation qui fera le malheur de Na-Mongô, victime de la mystification d'un de ces pseudo-grands hommes qui, avides de chair fraîche, promettent ciel et terre aux jeunes filles naïves. Celles-ci, à l'instar de Marie-Thérèse Medjo me Ndongo, pour une promesse d'un séjour à Paris, perdent tout sens critique et se laissent facilement séduire par l'inflation verbale de leurs séducteurs. Ce qui chagrine l'auteur, c'est la légèreté condamnable de certaines mœurs, l'inconscience de certains fonctionnaires qui profitent de leur situation pour se transformer en exploiteurs officiels du petit peuple. Pour les bonnes grâces d'une femme, ils vident les caisses de l'État et se livrent à toutes sortes de folies.

Les *Chroniques de Mvoutessi* ont le mérite de baigner dans la vie quotidienne. L'auteur attache une telle importance à ces choses qu'il dit que les *Chroniques de Mvoutessi* deviendront la source d'inspiration de son œuvre dramatique.

Joseph-Modeste Tala

Clairière dans le ciel, Paris, Présence Africaine, Coll. Poésie, 1973, 91p.

Recueil de poèmes de Sikhé Camara.

Les vingt-quatre poèmes en vers libres du recueil sont écrits avec une verve de jeune militant et nous offrent des thèmes variés sur l'existence humaine.

D'un caractère à la fois guinéen, africain et universel, ces poèmes sont des plaidoyers, des panégyriques, des prières, des dénonciations et des expressions personnelles du poète.

«Légende de la petite graine», «Conakry», «Variations sur le seizième jour», «Je n'oublierai jamais», «Bientôt sonne la cloche», «La chanson de Syli Sékou», «Pour tous», «L'arrière-pays», «Bassikölö», «La chaîne idéale», «Nostalgie», «Salut à vous qui revenez» et «Cependant il n'a jamais douté» portent tous sur la Guinée et son peuple. Sikhé Camara exalte la révolution guinéenne, le courage passé ou présent de ce peuple ancien, le dynamisme et la clairvoyance de son président Sékou Touré et dénonce la colonisation et son héritage.

Le poète est reconnaissant aux martyrs de la liberté non pas seulement en Afrique mais partout dans le monde où ils ont sacrifié leur vie pour des idéaux humains comme en témoignent des poèmes aux titres expressifs: «Ils ont tué Albert Luthuli», «Toi qui n'es plus», «Pour la révolution», «Black Power», «Martin Luther King le crucifié» et «Images d'hier et d'aujourd'hui» et «L'Afrique silencieuse et présente». Ces deux derniers poèmes portent et éclairent le titre du recueil: la «Clairière», c'est l'Afrique nouvelle qui se trouve dans ce «ciel» (le reste du monde, notre univers) perturbé par d'autres civilisations destructrices.

Le poète, en tant qu'individu, s'adresse également à ses parents qu'il remercie de leur tendresse, leur dévouement, leur affection et leur enseignement dans «Je n'oublierai jamais», qui revêt aussi un caractère symbolique, représentant la Guinée natale. Sikhé Camara dédie un de ses poèmes à David Diop, pionnier de la poésie protestataire, décédé accidentellement avant même que ses percutants *Coups de pilon* n'aient eu tout leur effet. Camara se voit comme un bon disciple de ce glorieux aîné dans «Feux follets ou Rama Kam».

Militant et révolutionnaire convaincu, traditionaliste, patriote et nationaliste africain, l'auteur veut être le porte-parole d'une nouvelle génération de poètes africains, combatifs et créateurs. L'heure n'est plus au rêve («Les poètes ne rêvent plus») mais à l'action, à l'inspiration, à la philosophie, à la doctrine et à l'écologie.

Le style est vibrant, puissant et exubérant. Le poète s'exprime «en termes de feu». Toutefois, ces poèmes ne sont pas toujours aisés à pénétrer et Madeleine Rousseau a raison quand elle écrit que «chaque poème est lourd de pensées profondes, si multiples qu'il faut le relire souvent, pour en percevoir la portée».

Eric Sahr Wongo

Climbié, Paris, Seghers, 1956, 191p.
Roman de Bernard Binlin Dadié.

Climbié est la seule œuvre de type romanesque écrite par Dadié, poète, conteur, auteur théâtral et chroniqueur. On peut considérer cette œuvre, en partie autobiographique, comme le premier volet d'une quadrilogie qui s'intitulerait *Le Monde vu par un Noir*. Écrit en 1953, *Climbié* pourrait être sous-titré «Un intellectuel noir dans son A.-O.F. natale». Les trois autres volets sont *Un Nègre à Paris* (1959), *Patron de New York* (1964), sous-titre possible: «Un Africain à New York», et *La Ville où nul ne meurt* (1969), ayant comme sous-titre «Un Africain à Rome». Le tableau humoristique de mœurs, qui forme la matière commune de ces quatre ouvrages, est déjà amplement présenté dans *Climbié*. Ce roman contient, outre de tendres souvenirs de jeunesse, de graves réflexions sur la crise de la société coloniale et la formulation d'un véritable «gai savoir». Pour bien le comprendre, il faut se référer aux renseignements biographiques qu'apporte l'étude de C. Quillateau, *Bernard Binlin Dadié, l'homme et l'œuvre* (1967), et à la notice figurant dans le dictionnaire de Richard Bonneau, *Écrivains, cinéastes et artistes ivoiriens. Aperçu bio-bibliographique* (1973).

Climbié est divisé en deux parties. La

première (100 pages) est consacrée à l'enfance, à la scolarité et aux études du héros. Dans cette partie, 55 pages décrivent la vie à Grand Bassam, en particulier à l'École Régionale installée dans cette ancienne capitale de la Côte-d'Ivoire. C'est dire l'importance qu'eut pour Bernard Dadié cette époque de son enfance. La deuxième partie (89 pages), plus diffuse, traite de l'expérience du héros, devenu commis dans l'administration coloniale, et ceci depuis sa sortie de l'École William Ponty (1936) jusqu'à sa libération (1949) après une incarcération pour raisons politiques.

Il est intéressant d'observer comment l'autobiographie et l'art se combinent dans *Climbié* pour produire une alternance de zones d'ombre et de lumière, d'intimité et d'expression publique.

Le roman est écrit à la troisième personne. Le héros romanesque présente une vie plus ou moins intense selon que sa trajectoire colle à l'expérience personnelle de l'auteur ou s'en éloigne. Il existe en effet des éclipses.

La première partie de l'œuvre est divisée en vingt sections non numérotées. La première section fait surgir Climbié enfant s'échappant d'une école qui ressemble à un bagne. Cette scène vivante, mémorable, correspond à une réalité vécue. Traumatisé par une première expérience scolaire malheureuse, l'auteur fut éduqué pendant quelques années hors des salles de classe. La deuxième section décrit la vie et la sagesse de l'oncle N'dabian, planteur ivoirien, lequel pourrait être l'oncle Mélantchi qui prit tout d'abord le jeune Bernard en charge. Ce parent est aussi un conteur traditionnel; Dadié, qui devait publier avant *Climbié* les recueils de contes *Légendes africaines* (1954) et *Le Pagne noir* (1955), nous donne un exemple du talent de son oncle. Les sections 3 à 5 évoquent le drame de l'école primaire: la difficulté d'y être admis dans les années 20, la lutte menée contre l'usage des langues locales dans l'enceinte de l'école, la violence assimilationniste, tout

cela tempéré déjà par l'ironie bon enfant de l'auteur. La mort de l'oncle et ses funérailles sont rappelées avec émotion; l'aspect ethnologique est présent; on s'aperçoit que le christianisme vit en symbiose avec la coutume ancestrale.

Sept sections sont consacrées à Grand Bassam et à son École Régionale où Bernard Dadié fut, semble-t-il, élève de 1928 à 1930. L'impasse est faite sur les années de travail solitaire: nous savons qu'en 1925 le petit Bernard fut confié à un instituteur de Dabou, Satigui Sangaré, et rattrapa son retard avec beaucoup de courage. Cette période extra-scolaire est occultée dans le roman. Fraîcheur et tendresse marquent les souvenirs de Grand Bassam. Les tableaux charmants ou pittoresques abondent; l'arrosage du potager scolaire par des équipes de garçons et de filles, source d'idylles, est l'un des plus séduisants. Le sérieux perce sous l'humour, notamment quand il s'agit de montrer les effets de la ségrégation dans la ville coloniale. Dans toutes ces sections, les tableaux se bousculent et laissent finalement une impression de vie heureuse; la malice africaine vient à bout de l'autoritarisme convaincu et parfois naïf de l'Européen. L'importance des Dahoméens et des originaires de la Gold Coast dans la vie du Grand Bassam de l'époque apparaît clairement.

La section 12 (pages 61-65) retient particulièrement l'attention. Une librairie bien pourvue (la S.A.C.O.) fait le bonheur de Climbié qui se passionne encore pour la littérature du Far West. L'un de ses oncles, Assouan Koffi, lui commente un ouvrage américain prohibé traitant du racisme aux É.-U. On sait qu'à cette époque, Dadié lit les œuvres de Marcus Garvey (Quillateau, p. 14). Par la bouche de l'oncle Assouan Koffi, puis directement, le narrateur fait le point avec humour et pondération sur l'état de la mentalité coloniale: influence croissante de l'argent, effort de connaissance et de compréhension de la part de quelques Européens, persistance du «style exotique» dans la littérature: «L'originalité de l'Afrique Noire, c'est l'homme nu; son génie, c'est la femme à plateau.» L'Afrique, pourtant, bouge: «Ce pénible effort de tout un peuple qui lentement change de mœurs, rejette son fonds; les soubresauts d'un génie qui étouffe, se débat; la lutte incessante, constante, avec soi, avec le passé, avec le présent, avec les vieux, avec tout, non, ça ne compte pas» (p. 65).

Quatre sections seulement sont consacrées à l'École Primaire Supérieure de Bingerville où Bernard Dadié fut élève de 1930 à 1933. L'entrée dans cette école est l'occasion pour le narrateur de parler de la mère de Climbié, dont l'absence dans l'œuvre contrastait jusqu'alors fortement avec l'importance de la figure maternelle dans la plupart des œuvres de la littérature africaine: «Sa mère, il ne la connaissait pas très bien pour l'avoir quittée très jeune.» L'explication est donnée à la page 70: trois frères et sœurs de Climbié sont morts brusquement dans leur quatrième année. Une telle série de décès ne pouvait passer pour naturelle; «dans la famille, on accusait la grand-mère de les donner aux festins nocturnes des sorciers»; il avait donc été décidé d'éloigner le jeune Climbié du village. Dans sa biographie de Dadié, C. Quillateau note: «Bernard Dadié a eu deux sœurs et un frère utérins. Hélas, le sort devait le laisser seul. Aussi, vers 1922, il fallait séparer le petit Bernard de sa mère» (p. 12). La consultation d'un oracle est probable mais Quillateau comme le roman sont muets sur ce point. Apparaît ici dans le livre un lointain souvenir d'enfance qui montre la place que l'Océan a joué dans l'éveil de la sensibilité du petit Bernard-Climbié.

Les descriptions réalistes, pas toujours flatteuses, sont nombreuses dans les sections relatives à l'É.P.S. de Bingerville. Peu après l'entrée de Dadié, l'école fut dirigée par Charles Béart, désigné par la lettre B... dans le roman. La section 16 (p. 86-90) forme une nouvelle parenthèse rurale: elle évoque la plantation de l'oncle Assouan Koffi, lequel attire l'at-

tention de son neveu sur l'importance de l'indépendance personnelle.

Le cours du temps s'accélère. Le narrateur ne consacre que trois sections (p. 95-106) aux études à l'École Normale William Ponty, qui se trouvait alors à Gorée (Sénégal), où Dadié passa lui-même trois années (1933-1936). On ne trouve rien dans le roman sur les nombreuses lectures, sur le travail acharné de l'auteur au cours de ces années, ni sur la rencontre avec Ouezzin Coulibaly, grande figure du R.D.A. et de l'Ouest voltaïque. Rien non plus sur la vie à William Ponty, où Dadié retrouva Charles Béart qui l'encouragea à écrire pour le théâtre. D'excellentes lignes sont en revanche consacrées à l'atmosphère physique de Gorée (p. 100-101). La méditation sur la Maison des Esclaves (p. 105) est d'une émouvante beauté: «Et plein de tristesse, il poursuivait sa promenade en se demandant si les hommes ne donneront jamais à l'homme sa véritable valeur.»

La deuxième partie est autobiographique quant au cadre: Dakar de 1936 à 1947, région d'Abidjan de 1947 à 1949. Le personnage de Climbié devient plus anonyme; il se rapproche d'un type, celui du fonctionnaire noir d'A.-O.F. protestataire. Alors que Bernard Dadié eut, pendant cette période, des responsabilités politiques et journalistiques importantes, il n'est question, très brièvement, qu'à la page 175 des «discours et articles de presse» de Climbié et de ses amis. Climbié, jusqu'à ce moment, n'apparaît que comme un observateur sensible poussé à la révolte par d'incessantes difficultés économiques qu'aggrave le spectacle de choquantes inégalités. À la page 109, on repère toutefois l'hommage que rend Dadié au comportement fraternel de son chef de l'I.F.A.N. en 1936, André Villard, qui n'est pas nommé. L'évocation très vivante de l'atmosphère de Dakar pendant les grèves de 1946 fait l'objet des sections 4 à 7 (p. 126-142). L'assistance à la messe dans la cathédrale de Dakar (section 5, p. 133-137) est pour le narrateur l'occasion d'exposer les réflexions de Climbié sur le message évangélique: les inégalités économiques et les égoïsmes de classe sont dénoncés; la méconnaissance par l'Européen des problèmes que pose la «chaude vie de la grande famille africaine» est déplorée; cédant à son penchant pour la caricature humoristique, Climbié constate: «Les patrons ne sont pas tous des saint Martin, mais plutôt des saint Georges dontptant le fougueux dragon des revendications...» Deux dialogues entre Climbié et son ami togolais Dassi (p. 119-123 et p. 185-187), le dialogue entre Climbié et Targe (p. 143-148), le dialogue entre Climbié et le marin sarakollé Diarisso sur le cargo du retour sont autant d'occasions pour Dadié de mettre en valeur la civilisation ancestrale et de prôner une fraternité autre que formelle. Dadié prend ici place dans le mouvement senghorien de la négritude dont il adopte l'équilibre malgré les épreuves qu'il a personnellement subies:

«Tam-tams des funérailles et tam-tams des jours de fête! Vous avez beau jouer le 14 juillet et le 11 novembre, vous avez beau répéter des refrains émaillés de mots français, vous demeurez spécifiquement africains et retenez les gens au bord de l'abîme sans fond de la dépersonnalisation.»

«Or vous ne chantez que la joie de vivre en commun dans la paix. Car vous n'êtes pas des tam-tams de guerre, mais des tam-tams de joie, des tam-tams de vie...» (p. 188).

Les événements de Côte-d'Ivoire en 1949 sont traités avec brièveté et discrétion. Dadié formule une critique du régime carcéral qui dépasse les circonstances de l'époque et qu'il demeure utile de méditer. On sait qu'il fut lui-même détenu seize mois.

Mémorial généreux et équanime, plein de vitalité, étonnamment souriant, *Climbié* présente un abrégé de toute l'œuvre poétique, narrative et théâtrale de Bernard Binlin Dadié. Cet enseignement va au-delà des problèmes de l'Afrique coloniale. Nombreux sont les responsables du monde actuel qui pourraient, par exemple, tirer profit de cette remarque: «Beaucoup de personnes, sur ce point capital de l'entendement, sont comme le varan [devenu sourd]. Elles ne peuvent plus faire le moindre effort pour s'adapter, pour comprendre les faits nouveaux, se mettre au niveau des nouvelles générations» (p. 160).

Robert Pageard

Cœur d'Aryenne, Paris, Présence Africaine, nᵒ 16: **Trois écrivains noirs**, 1954, p. 161-285.
Roman de Jean Malonga.

Cœur d'Aryenne traite de la vie au Congo après la Deuxième Guerre mondiale. C'est l'un des romans les plus critiques du régime colonial publiés dans les années cinquante.

C'est l'histoire d'un jeune Congolais, Mambeké, qui, tout enfant, tombe amoureux d'une petite Française, Solange Morax. Son père, Roch Morax, un sadique et un raciste extrême, s'oppose à tout rapport entre les deux enfants, même après que Mambeké a risqué sa vie pour sauver Solange de la gueule d'un caïman. Plus tard, lorsque Mambeké devient un brillant étudiant à Brazzaville, Solange se donne à lui. Rentrée au village, où Mambeké devient directeur d'école, Solange ne peut rien avouer à son père et réussit même à lui cacher sa grossesse. Quand il découvre le bébé mulâtre, Roch essaie de le tuer. En sauvant son enfant, Solange tue son père par accident, puis elle se jette dans le fleuve. Mambeké voudrait se tuer aussi, mais décide de vivre pour leur enfant.

Dans le portrait de son héros, Malonga donne libre cours à ses fantaisies. Mambeké, à qui Solange a appris «parfaitement» le français dans leur enfance, réussit à devenir directeur d'école à l'âge de dix-sept ans. Il est beau, fort, courageux; son appartement à Brazzaville témoigne de son goût «exquis». C'est Solange qui prend l'initiative d'une liaison, que Mambeké accepte malgré sa grande pureté morale. Le roman est plein de personnages invraisemblables, tout bons ou tout malveillants. Solange et sa mère sont très belles et très pures. Presque tous les autres colons sont des racistes sans principes. L'intrigue se compose d'incidents invraisemblables et mélodramatiques. L'histoire d'amour surtout semble trop idéalisée. L'analyse psychologique sonne faux.

Le roman critique souvent la politique de «l'Union française», les sociétés commerciales françaises qui exploitent les Africains et l'Église catholique qui semble cautionner cette exploitation. C'est dans une perspective à la fois marxiste et traditionaliste que Malonga attaque le système colonial. En même temps, cependant, son héros admire toujours la culture française. Lorsqu'il rentre au village, Mambeké est fier de la bibliothèque d'auteurs français qu'il rapporte. C'est une union entre deux races, symbolisée par son fils mulâtre, qu'il veut conserver. À la fin de son aventure, Mambeké lance un appel à la nouvelle génération de jeunes Français qui, comme Solange, réussiront à coopérer véritablement avec l'Afrique.

S'il s'agit là du message explicite du roman, la description des personnages français produit plutôt un effet contraire. On imagine mal la coopération que pourrait offrir un pays représenté par des déchets de l'humanité tels que Roch Morax ou le vieux prêtre qui le soutient dans sa débauche. Le roman ne contribue donc pas à créer une sympathie mutuelle entre des cultures différentes, sympathie essentielle à la coopération que Malonga semble vouloir. Sans doute faut-il conclure que le désir de coopération exprimé à la fin importe bien moins à l'auteur que celui de montrer les injustices de la colonisation française au Congo.

Adèle King

Cœur enflammé, Kinshasa, Chez l'auteur, 1973, 19p.
Recueil de poèmes de Tito Gafudzi Yisuku.

La Préface de *Cœur enflammé*, «Pour-quoi tant de peine?», a la valeur d'un manifeste. L'auteur y rappelle que la poésie africaine «ne peut pas être faite uniquement de révolte, d'opposition, de critique». Il s'agit désormais de reconquérir amour, dignité et authenticité. «Notre peuple a un grand besoin de poésie d'amour», affirme Yisuku, car «L'amour occupe le premier plan de nos valeurs culturelles», et «l'amour est universel en tant que remède qui guérit le racisme et les rivalités tribales». Pour Tito Yisuku, chanter l'amour est donc faire acte de patriotisme, d'attachement aux valeurs «authentiques» de son pays. Dans les douze poèmes en vers libres de *Cœur enflammé* (les vers libres semblant mieux convenir à l'auteur que les vers rimés à «l'éloquence poétique africaine»), Yisuku se concentre sur «sa soif d'aimer et de se faire aimer». Il chante la beauté, la dignité de la femme zaïroise, dont son amie, Elembo, est «l'image, le symbole, le portrait». C'est la «fille authentique» que célèbre le poète, vêtue du pagne traditionnel, le cou paré d'amulettes, de gris-gris, de «chaînes multicolores», «les cheveux tressés à la main»: «Tu es belle, ô fille du Zaïre/ Dans ta grâce authentique./ Tu es souple comme une gazelle/ Et digne comme une lionne.» («Ne me demande pas»). Elembo, «chatte d'or/ Qui dort insouciuse», est la Muse «aux longues mains», «couleur d'argile», qui inspire «le chant chimérique» et «le méli-mélo mellifique» du poète. «Pose pour mon œil» («que je t'admire/ dans ta splendeur») et «Je t'aime telle que tu es» («Fille de mon pays») sont deux poèmes déjà célèbres. Cette poésie «concrète» est étroitement liée aux choses de la nature: la source, les plantes des champs, le grain, la semence, la germination, la sève, le jardin et la vallée, un lac, «les laves d'un volcan», l'océan, les nuages, le vent. Ceci, non pas en tant que décor, mais sous forme de comparaisons et métaphores qui font partie de l'acte poétique. Répétitions et parallélismes de structure, jeux verbaux, sont aussi essentiels pour une poésie qui se veut chantée, «comme au temps des griots», selon le vœu de Yisuku.

Le poème «Le feu et le vent» semble particulièrement réussi à cet égard, dans un contexte authentiquement africain qui paraît venir du fond des âges, comme une légende ou un conte. Le poème est entièrement bâti sur l'opposition «Je suis le feu...»/ «Toi, Elembo, tu es le vent/ Tu es le vent/ Qui me donne la force...». Ce poème exprime la ferveur de l'amour avec les moyens les plus simples. La poésie de Tito Yisuku garde ainsi le charme de la poésie orale et se prête à être chantée au son des guitares.

Pour Tito Gafudzi Yisuku, «chantre de l'amour», que ses compatriotes ont salué du nom de «griot» (*Salongo,* avril 1973), «le retour des griots» sous-entend «la recherche du patrimoine ancestral», la revendication des valeurs culturelles zaïroises, bref, «l'authenticité». «Au stade où nous en sommes», a dit Yisuku au cours d'une interview l'année où a paru *Cœur enflammé,* «notre poésie doit avoir une finalité socio-culturelle, et tendre à servir de lieu de redécouverte de notre société». *Cœur enflammé* joue bien ce rôle.

Danielle Chavy Cooper

Colère (La) de Baba, Paris, ORTF-DAEC, (Répertoire Théâtral Africain), 1969, 62p.
Pièce de théâtre de Mamadou Berté.

Dans *La Colère de Baba,* Mamadou Berté nous transporte dès le début dans un milieu rural où des tensions existent entre éleveurs et paysans. Ceux-ci sont moins riches et mènent une vie rude et simple loin de l'opulence de la ville. Le décalage matériel qui existe entre ces deux endroits se voit dans les références assez fréquentes à la vie aisée de «la capitale». La pièce se termine d'ailleurs avec le triomphe de «la capitale» et la migration du héros à la ville où il subit des humiliations pour gagner assez d'argent et se faire respecter de son village. En se servant de ces données socio-économiques comme toile de fond, le dramaturge traite la question de l'injustice dans un monde où les autorités compétentes – le chef du village «dépassé par le monde d'aujourd'hui», aussi bien que le sous-préfet qui s'évade dans ses abstractions nobles et inutiles – sont paralysées et deviennent incapables de remplir leurs rôles.

La pièce de Berté est simple et réaliste. Elle évoque vivement la colère des cultivateurs, celle de Baba en particulier, qui sont furieux de voir leurs champs ruinés par les troupeaux des éleveurs. Voyant son champ envahi par ces animaux, Baba prend la décision d'en abattre le meilleur. Toute l'intrigue de la pièce naît des conséquences qui découlent de cette action. Baba est jugé coupable par le chef qui exige qu'il paie 10 000 francs comme compensation à son voisin Sadio. Incapable de payer cette somme, il fait des démarches auprès du marabout qui est non seulement inutile mais agit dans l'intérêt de l'ennemi de Baba. La pièce pourrait aussi s'intituler «La déception de Baba» parce que le héros découvre progressivement qu'il ne peut rien faire contre l'influence exercée par les éleveurs dans cette communauté. À la fin, le héros, devenu indépendant et versé dans la sagesse traditionnelle, cède aux mœurs de la société et accepte le pouvoir des biens matériels.

Même si le sujet traité dans la pièce paraît au commencement un peu banal, Berté finit par suggérer que ces faits sont produits par une société en pleine convulsion. Nous assistons à la métamorphose d'un individu culturellement désorienté, qui est obligé de faire des compromis avec une nouvelle réalité socio-économique où les valeurs du passé sont bafouées.

J. Michael Dash.

Collier de cauris, Paris, Présence Africaine, 1970, 61p. – Suivi d'une étude de Thomas Melone.
Recueil de poèmes de François Sengat-Kuo (Pseudonyme: Francesco Nditsouna).

Collier de cauris est un recueil de quinze poèmes regroupés autour du thème central de la condition négro-africaine. Outre le Cameroun, auquel l'auteur consacre plusieurs poèmes, l'Angola, l'Afrique du Sud, le Zimbabwe et Harlem servent de jalons géographiques pour délimiter l'espace poétique que François Sengat-Kuo veut évoquer. Mais le «collier de cauris» que l'auteur veut chanter n'a pas un sens univoque. C'est aussi à travers les dédicaces un défilé d'hommes noirs qui, positivement ou négativement, ont marqué le tempo de toutes les phases de la libération négro-africaine; en ce sens, les perles du collier ont pour nom Ahmadou Ahidjo, Léopold Sédar Senghor, Mario de Andrade, Myriam Makeba, Chaka, Louis Armstrong, Martin Luther King.

Mais dès le poème liminaire l'auteur nous met en garde contre cette première impression car, dit-il, «Mis côte à côte les mots ont/ l'insipidité de la vie quotidienne/ enfilés comme un collier de cauris/ ils sont un poème». Il faut par conséquent questionner le verbe poétique de Sengat-Kuo pour dégager la nature des gemmes qui font l'unicité de ce recueil. L'auteur nous y aide quand il proclame que «les mots sont des totems sous toutes les latitudes». Justement, le propre de tout totem est d'être un langage pour initiés: Thomas Melone, avec un rare sens de la litote, l'a senti quand, dans sa Postface au recueil, il nous dit que «c'est la difficulté même des jeunes pays où la liberté de l'art se rétrécit nécessairement sous la pression des contingences, voire des exigences de la sécurité politique». En effet le recueil est nettement divisé en deux parties: la première partie, consacrée au Cameroun et à son dirigeant, semble complètement renier *Fleurs de latérite* et *Heures rouges*, publiés dans la ferveur de la période nationaliste; la deuxième partie, consacrée au reste du monde négro-africain, élimine toute réticence et le souffle épique, la sorcellerie incantatoire éclatent en de magnifiques images. Ce phénomène curieux qui consiste chez maints écrivains africains à ne pas être prophète chez soi produit une sorte de distorsion idéologique: pour déterminer l'ampleur de l'engagement littéraire (sauf pour les exilés) il faut appliquer également ce qui est dit sur Harlem, le Zimbabwe, l'Afrique du Sud au contexte national de nos écrivains. C'est pour cette raison que Thomas Melone a tort quand il croit qu'avec *Collier de cauris*, il existe une sorte de reniement des thèmes révolutionnaires propres aux recueils antérieurs. L'écriture totémique de François Sengat-Kuo, une fois décryptée, montre dans les méandres et les sinuosités métaphoriques une réelle aptitude à dire tout bas la pensée souterraine des peuples de l'Afrique des Indépendances.

Noureini Tidjani-Serpos

Collier (Le) de coquillages, Andrézieux (Loire), Imprimerie Moderne, 1958, 72p. Roman d'Ibrahima Mamadou Ouane.

Georges de Champault, fils d'un diplomate français, a grandi en Égypte et fait ses études à l'École Coloniale à Paris. À bord du paquebot qui l'emmène à son poste d'administrateur en Cochinchine, il fait la connaissance d'Hélène de Villeneuve. C'est le coup de foudre. Georges lui achète un collier de coquillages avant d'apprendre, une fois arrivé à Colombo, qu'il est appelé à un poste à Tondidarou, dans la brousse soudanaise, pour y remplacer Jean, le chef de subdivision. Hélène l'y rejoint. Après avoir tenté sans grand succès de démêler les problèmes politiques du pays, Georges, devenu alcoolique, renvoie sa femme en France et la rejoint peu après.

Le roman met en scène les difficultés que rencontre l'administration coloniale dans les premiers jours de l'Union Française. Ouane essaie de montrer que l'Africain a des raisons d'être mécontent de son nouvel état de citoyen français: les paperasses pullulent, les affaires de justice traînent sans être réglées, les impôts montent, et seuls semblent en profiter ceux qui travaillent chez les

Blancs. L'auteur se lamente de la méconnaissance de l'indigène, de sa langue et de ses mœurs par les Français. Par exemple, Jean, en soutenant Boubou Diallo, avait mal résolu la querelle de succession qui opposait ce dernier à Boubakary Diallo. Jean agissait selon une vieille politique coloniale qui, en dépit des désirs et des traditions des Africains, maintenait au pouvoir les hommes les plus soumis au régime français. Georges se trouve donc obligé de trancher de nouveau le problème, cette fois-ci avec l'aide du marabout et de la tradition. Malgré la revendication de la personnalité et de l'héritage africains, Ouane, dans ce roman à thèse, accepte assez servilement un paternalisme éclairé de la part des colonisateurs. Son porte-parole n'est pas, en fin de compte, le marabout, mais l'inspecteur français envoyé en Afrique pour mettre de l'ordre dans les affaires de la subdivision. Celui-ci recommande, en plus du développement économique et social de la région, le maintien d'une autorité française assez forte pour parer aux dissensions intérieures du pays, et propose des réformes à l'anglaise qui assureraient «le passage de la promotion des droits à celle des responsabilités».

Ouane croit fermement à «l'entente franco-indigène» et à la supériorité de la civilisation française. Au fond, l'histoire de Georges et d'Hélène, laconique, aux motivations obscures, n'est qu'un prétexte qui permet à l'auteur de faire une apologie de la politique coloniale de la France. La manière de Ouane peut nous paraître obsèquieuse aujourd'hui. Peut-être vaudrait-il mieux voir en lui un exemple de cette ouverture d'esprit et de cette confiance débordante qui ont caractérisé certains hommes de bonne volonté dans une période trouble de l'histoire africaine.

Gerald H. Storzer

Complaintes d'un forçat, Yaoundé, Éditions CLÉ, 1970, 124p.
Chronique de Henri-Richard Manga Mado.

Complaintes d'un forçat est un exposé sur les travaux forcés au Cameroun pendant la colonisation française. L'auteur place son œuvre sous le sceau de la littérature concentrationnaire. Écrit à la première personne, ce livre est, à première vue, une chronique dans le sens traditionnel du terme: c'est à la fois un reportage qui se veut objectif sur les conditions dans les camps des travaux forcés et le recueil des souvenirs d'un homme qui y a vécu. À la lecture, cependant, on découvre certaines incongruités dans le texte qui contredisent l'intention apparente. Par exemple, dans la première partie, dont l'action a lieu à l'époque de l'arrivée des Français en 1916, le narrateur est plus âgé que dans la deuxième partie qui se passe à l'époque de la Deuxième Guerre mondiale. De même, le lecteur se sent quelque peu dérouté en apprenant que le narrateur de la deuxième partie, adolescent vers 1940, est déjà arrivé, dans la troisième partie, à un «âge avancé» lors de l'indépendance en 1960. En réalité, Manga Mado nous présente, non pas les expériences d'un seul homme, mais plutôt, par le truchement de ce narrateur, un condensé de l'expérience du village de Nanga-Eboko sous la colonisation française.

Les trois parties du livre, portant chacune le nom d'un camp, correspondent à trois sortes de travail: Ndjock (travail sur le chemin de fer), Bétaré-Oya (travail dans les mines d'or) et Dizangue (défrichement dans les grandes forêts du sud). Que ce soit au «Balaton», dans les mines, ou dans la forêt, le travail à la chicotte et les dangers toujours présents ne sont pas les moindres maux que le narrateur doit affronter. Il décrit avec minutie l'atmosphère inhumaine qui règne dans ces camps: la nourriture insuffisante et malsaine, les maladies non soignées, la cruauté des chefs français et africains. Les prisonniers passent par toutes les humiliations, y compris celle qui les oblige à envoyer leurs épouses coucher avec les chefs et leurs boys. *Complaintes d'un forçat* est donc avant tout une mise en accusation virulente de tout un côté mal connu de la vie coloniale, celui de l'institution des travaux forcés.

Le manque de développement entre les trois parties du livre et la répétition du même format dans chacune d'elles (circonstances de la «conscription», voyage au camp, horreur des travaux et des abus, retour à Nanga-Eboko) donnent au livre un caractère statique qui nuit à son efficacité littéraire. Deux variations servent à revivifier un peu cette facture. Les premières pages de la deuxième partie sont consacrées à la description des sentiments de confusion et de joie naïve que le jeune narrateur ressent en découvrant la sexualité. Sa désorientation résulte en grande partie de ce qu'il n'a pas subi l'épreuve du Sso, le rite ayant été défendu par le régime français. Ainsi s'établit un thème en sourdine dans cet exposé: l'institution des travaux forcés, qui arrache les hommes à leur famille et les sépare de leurs traditions, n'est qu'un aspect d'une confrontation de cultures menant à la désintégration des valeurs africaines. Dans le contexte de ce choc de cultures, le passage de l'adolescence à la maturité s'avère malheureux: à cause des intrigues que la beauté du jeune homme fait naître dans le village, et de la collusion entre ennemis africains et colonisateurs, le narrateur se trouve contraint à faire un tour de deux ans à Bétaré-Oya.

Une autre variation, stylistique cette fois-ci, fait ressortir un peu plus ces idées de désorientation et de désintégration. La première moitié de la troisième partie du livre se compose d'une longue «complainte présentée par un joueur de mvet». Ce beau poème en vers libres, avec ses répétitions, ses refrains et ses rythmes variés, donne à l'expérience du narrateur un ton personnel et pathétique. La complainte sert à accentuer l'incompréhension et la confusion de l'homme, arraché de son lit au milieu de la nuit, confronté au viol de sa plus belle femme, jeté dans un train sans savoir où il est ni où il va, au moment où une autre de ses femmes donne naissance à son premier fils. Le narrateur ne verra cet héritier que trente-cinq ans plus tard, le jour où, après des années de travaux et de vagabondage, il rentre, vieillard, dans son village décimé, et éclate en sanglots devant la dévastation.

Ainsi, *Complaintes d'un forçat* est une chronique dans la tradition du *Roi miraculé* de Beti: l'histoire émouvante de la décimation d'un groupe ethnique par le fait colonial. Il est vrai que l'intérêt principal de ce récit concentrationnaire réside surtout dans sa valeur d'exposé et de document et que sa structure un peu décousue et sa conception quelque peu limitée ne révèlent pas le talent admirable de Mongo Beti. Il reste que ce cri contre l'injustice de l'institution des travaux forcés, important en lui-même, nous fait entrevoir, de plus, le déchirement qui marque la période coloniale au Cameroun.

Gerald H. Storzer

Complaintes (Les) du Zaïre, Kinshasa, Éditions Belles-Lettres, 1967, 43p.
Recueil de poèmes de Mwana-Ngo Ayimpam.

Divisée en trois parties, cette plaquette ronéotypée est composée de poèmes dont les sujets sont puisés dans les milieux divers de la vie. En effet, le recueil dévoile une variété de thèmes: le repos du malade, l'angoisse de la mort, le cimetière, le dégoût de la vie. L'impression qui s'en dégage est que l'auteur a l'âme en peine.

L'auteur explique cette atmosphère d'angoisse par le fait que «dans ce monde, l'homme est plus près des larmes et de la mort que du rire et de la vie». Pour lui, accepter ce qui est révèle une preuve de réalisme. Ces propos expliquent du coup le déséquilibre qui caractérise la plaquette de Mwana-Ngo Ayimpam. Une deuxième partie est composée de vers romantiques, tandis que les première et troisième parties sont essentiellement constituées de poèmes lugubres. En fait, la première partie n'est que le reflet de la situation qu'a connue le Zaïre au lendemain de son accession à la souveraineté nationale. À l'instar de beaucoup d'autres écrivains qui s'en sont largement inspiré, Mwana-Ngo Ayimpam ne pouvait rester indifférent à la vague de malheurs et de violences qui avait déferlé sur l'ensemble du pays. Les poèmes de cette partie ont été d'ailleurs écrits entre 1963 et 1966. Les allusions au cimetière, aux corbeaux sanguinaires, aux corbillards et aux cérémonies funèbres ne trompent pas.

Misère, pauvreté, situations sociale et économique déplorables sont autant de thèmes qui reviennent tout au long de la dernière partie du recueil. Le poète se voit comme un témoin de son temps, ou pour reprendre la bonne formule du poète martiniquais Aimé Césaire, «un homme ouvert à tous les souffles du monde». Car, plutôt que de s'appesantir sur les misères de son propre peuple, c'est la situation de l'homme, à quelque pays qu'il appartienne, qu'il présente ici. Pour Ayimpam, il s'agit «d'accepter un fait qui est là, sous nos yeux, un fait de tous les instants, un fait que l'on côtoie ici, là, partout où les hommes naissent, vivent et meurent».

Tel apparaît Ayimpan dans ce recueil: un poète enraciné dans les réalités de son terroir et ouvert sur le monde. Et pour ses rimes, il a choisi des mots de tous les jours, qui vont droit au cœur. Par conséquent, on ne peut que regretter qu'Ayimpam, qui aurait pu s'imposer comme un poète de talent, se soit tu depuis la parution de sa première plaquette.

Yamaina Mandala

Confession (La) du sergent Wanga, Kinshasa, Éditions du Mont Noir, 1973, 95p. Nouvelle de Mbiango Kekese.

Cette longue nouvelle se passe au Congo belge à la fin de l'époque coloniale et a pour cadre le camp militaire de Luluabourg, aujourd'hui Kananga. Le père missionnaire Dorst, aumônier du camp, s'interroge sur la personnalité du sergent Wanga, homme solitaire, apparemment hostile à la religion, et il découvre par une sorte d'enquête longue et minutieuse le secret du sergent: adolescent, Wanga avait eu des relations avec sa sœur, qui accoucha d'un enfant et l'obligea à fuir le village natal. Au camp de Luluabourg le hasard a fait se retrouver le père et le fils et tous deux mourront accidentellement.

Inceste, fuite, retrouvailles, mais aussi colère du village, colère de la jeune mère, solitude du père profondément culpabilisé, innocence du fils, voici bien des thèmes qui pouvaient faire de cette confession un feuilleton plus proche des romans populaires du XIXᵉ siècle que d'une œuvre africaine. Il n'en est rien: le sergent Wanga est un personnage profondément africain, et spécifiquement congolais, au sens où il évolue dans un univers parfaitement situé historiquement, géographiquement et socialement, et tel quel une figure quasi unique dans la littérature de cette partie de l'Afrique. Une comparaison avec la nouvelle de Ousmane Sembène, *Véhi-Ciosane*, elle aussi histoire d'un inceste, montrerait suffisamment l'originalité «congolaise» du texte de Mbiango Kekese.

L'univers du camp de la Force Publique, l'armée coloniale belge, la ville de Luluabourg également, sont entrevus par le personnage du père Dorst, «présence» importante à l'instar de celle de la religion chrétienne — et en particulier des pères de Scheut dans cette région de l'actuel Kasaï Occidental — dans l'ancienne colonie belge, personnalité que l'auteur nous décrit avec une sympathie que l'on ne retrouve pas dans *Une vie de boy* de Ferdinand Oyono, par exemple. D'ailleurs, l'auteur lui donne directement la parole, et son texte est comme un dialogue à plusieurs voix, celle du père Dorst, du frère Soka et du sergent Wanga, structuré sur un «flash-back» avec une subtilité très attachante.

Wanga est un personnage à la psychologie complexe, profondément marqué par la religion chrétienne, qui ne se sentira digne de participer à la vie religieuse du camp qu'après s'être confessé. Il nous ouvre à la fois au monde de la tradition — l'attitude du milieu traditionnel par rapport à l'inceste, de multiples remarques sur la vie au village — et à la mutation de cette Afrique bouleversée par la colonisation: l'appel de l'aventure, la grande ville, et finalement la vie militaire et la guerre, mais aussi, encore une fois, l'intériorisation de valeurs morales nouvelles qui reposent sur les notions de conscience, de liberté, de bien et de pureté.

La fin de Wanga et de son fils, accidentelle certes — le père est renversé par des militaires ivres, le fils meurt d'un tétanos —, donne un sens tragique à cette aventure amoureuse et nous incite à en faire une lecture symbolique, comme d'ailleurs la nouvelle de Ousmane Sembène. *La Confession du sergent Wanga* devient alors la condamnation sans détour d'une Afrique toujours prise dans les interdits de la tradition, les sollicitations du monde actuel et des valeurs encore insuffisamment pratiquées. C'est l'œuvre d'un moraliste et d'un témoin.

Pierre Haffner

Contes (Les) d'Amadou Koumba, Paris, Fasquelle, Coll. Écrits français d'outre-mer, 1947, 189p.
Recueil de contes de Birago Diop.

Lorsque, dans l'entre-deux guerres, Birago Diop se rend en France pour continuer ses études, *L'Étudiant noir* est fondé. Diop compte aussitôt parmi les membres du groupe. Son nom est toutefois moins souvent cité que ceux de Léopold Sédar Senghor, d'Aimé Césaire ou de Léon-Gontran Damas: c'est qu'en dépit de la part prise à la naissance de la négritude, son œuvre ne s'insère pas tout à fait harmonieusement dans la tournure que Césaire et Senghor ont fait prendre à ce mouvement, du moins au début: théorie agressive, combat politique, vitupération contre le Blanc et le Colonialisme...
Bien que *Les Contes d'Amadou Koumba*, écrits en 1942, paraissent en

1947, c'est surtout l'*Anthologie de la nouvelle poésie nègre et malgache*, parue en 1948 et où il figure, comme poète par conséquent, qui la rend célèbre. Ce qu'écrit Jean-Paul Sartre de la poésie de Birago Diop dans la célèbre préface de cet ouvrage, et que nous pouvons appliquer aux *Contes*, explique à la fois sa marginalité et son originalité: «Elle [la poésie] seule est en repos parce qu'elle sort directement des récits des griots et de la tradition orale. Presque toutes les autres tentatives ont quelque chose de crispé, de tendu et de désespéré parce qu'elles visent à rejoindre la poésie folklorique plus qu'elles n'en émanent.» Ainsi ce qui caractérise *Les Contes*, c'est leur authenticité, non pas celle allusive et de surface dont on vernit les élucubrations poétisantes et mythifiées, mais une authenticité véritable parce qu'elle s'enracine dans une Histoire et une aire géographique données, dans la réalité d'une quotidienneté vécue, et parce qu'elle peint des personnages déterminés par des traits de mœurs identifiables dans une société villageoise précise que l'auteur a pénétrée, d'abord à la suite des Africanistes qui l'enthousiasmaient au lycée: Frobénius, Delavignette, Delafosse, Hardy, et ensuite, par son expérience personnelle acquise au cours de ses nombreuses randonnées de vétérinaire de brousse.

Passons outre le recours à l'histoire et à la géographie qui, pour donner plus de crédibilité, plus d'agrément et plus de réalisme au conte, n'en forme pas moins un expédient fort utilisé, pour nous pencher sur le projet réussi de Birago Diop de faire du conte oral une œuvre littéraire écrite, d'où il tire son originalité, qu'il atteint en ne se contentant pas d'exhumer la littérature orale traditionnelle, mais en s'affirmant comme le créateur d'une littérature africaine moderne alliant l'apport du passé oral aux techniques d'expression du présent écrit.

Toutefois, si le problème est aussi simple dans son énoncé, il ne se présente pas tel dans sa solution: il faut à Birago Diop, tout en restant fidèle à Koumba et à l'Afrique, faire montre de ses propres talents dans la manipulation des registres modernes de l'écriture. Autrement dit, il s'agit pour lui de tenir la gageure de servir deux maîtres. Mais il convient de lui faire avouer tout de suite qu'il conserve une certaine fidélité à la tradition et qu'il la trahit pour mieux la servir.

La fidélité se manifeste dans la préférence que l'auteur accorde à la saveur du mot ouolof dans certaines expressions humoristiques plutôt que de recourir à une traduction approchante. Elle apparaît encore dans la linéarité du récit qui n'admet pas le dédoublement du temps, la concomitance des actions, l'éclatement des coups de théâtre (*L'os*). Elle se rencontre aussi dans la collection anarchique des contes, à l'instar de la veillée traditionnelle. Elle se révèle dans le réalisme de l'expression de la morale, hérité de l'intime caractère du conte, qui reflète les aspirations et le mode de vie du peuple qui l'a élaboré: stigmatisation des défauts à l'échelle individuelle (sottise, égoïsme, vanité, mauvaise foi, lâcheté, paresse, méchanceté...) ou sociale (parasitisme, conflits domestiques...), exaltation des vertus salutaires pour la communauté (solidarité, hospitalité, discrétion...) – et dans le pragmatisme, le simplisme de cette morale qui ignore la spéculation pour l'adhérence au réel le plus immédiat, l'orientation de l'action dans la vie de tous les jours avec pour visée la pondération des rapports des hommes entre eux et l'intégration harmonieuse de ceux-ci à l'ensemble communautaire. La fidélité éclate enfin dans le constant souci de l'auteur de ne pas faire perdre au conte une de ses fonctions primordiales, la fonction ludique, qu'il assume par la participation et la coopération de l'auditoire non seulement aux formules qui servent d'introduction à sa récitation, mais au dialogue, au chant et à la danse au cours de celle-ci et au plein effet du comique et de l'humour qui dérident et détendent, du merveilleux qui dépayse, angoisse et horripile, en un mot, à la réussite complète du spectacle tout de poésie que constitue une veillée de contes.

Sur ce fond antique, Birago Diop fait des contes nouveaux. Et d'abord, il s'émancipe dans les introductions, très longues le plus souvent, au point de constituer quelquefois une histoire entière, et construites avec des techniques aussi fécondes que variées où son esprit d'invention se manifeste. Misant sur la curiosité du lecteur qu'il se plaît à piquer, il laisse libre cours à sa fantaisie et se répand en considérations si éparses qu'on se demande par quel biais il va pouvoir enfin aborder le sujet (*Jugement*, *Prétexte*, *Liguidi-Malgam*, *Ngor Nyebe*).

Ensuite, nous trouvons, dans le corps même du récit, diverses techniques qu'autorise l'écriture mais qui n'auraient pu être utilisées dans l'oralité. C'est le cas du «flash-back» où l'auteur, faisant craquer la succession chronologique des faits, reconstruit les scènes suivant un ordre de son choix (*Sarzan*), imbrique les récits (*Le Boli*), subordonne deux contes de manière à faire servir l'un d'introduction à l'autre (*Ngor Nyebe*).

La distance que Birago Diop prend avec le conte traditionnel se marque aussi dans le dosage qu'il fait du récit et du dialogue. Prenant le contre-pied du conte oral où il existe un certain équilibre entre ces deux éléments, il donne la prééminence au récit sur le dialogue, allant jusqu'à reléguer celui-ci à la queue du conte (*Prétexte*).

Dans les portraits des personnages, le passage de l'oralité à l'écriture donne encore à Birago Diop une marge assez importante d'initiative et, bien que son souci de fidélité à la tradition le contraigne souvent à les ébaucher simplement, néanmoins, il ne sait pas toujours éviter une peinture complaisante des mœurs – dans le besoin de comique – et peut en faire quelquefois l'essentiel de quelques contes, comme le montre, dans *Mauvaises compagnies*, le cycle de Ganar-la-Poule.

Le recours à l'écriture permet encore à Birago Diop de s'affirmer dans un certain langage — dans des tons qu'il n'a pas inventés, mais qu'il a agencés dans une diversité et des contrastes originaux. Le comique, l'élément le plus important et le plus permanent du conte, qu'il soit de mot, de situation, de geste ou de caractère, Birago Diop le conserve, dans sa volonté de témoignage, mais le conjugue avec l'humour, qu'il ne crée pas non plus, pour donner au conte une saveur dont se délecte, non plus le peuple grossier, mais l'initié, en allant l'extraire du creux d'un jeu de mots ou d'une fine allusion, des plis malicieux d'un proverbe ou des procédés propres à la langue française: amplification, répétition, accumulation, etc. Le comique et l'humour ne marchent pas sans la compagnie de la satire qu'ils rehaussent de leurs attributs et dont ils font une arme redoutable afin qu'elle puisse mieux couvrir de ridicule ses victimes traditionnelles que sont le marabout, la femme, le griot, les ethnies extra-ouolofs: peule, mauro et sérère.

En fin de compte, la célébrité de Birago Diop lui vient de l'heureuse alliance qu'il a su faire de la fidélité et de l'originalité et qui lui donne son style bien à lui. En effet, à réussi à transposer et à maintenir intact dans l'écriture française le trésor patrimonial africain; ce qu'il a emprunté au conte traditionnel: son sens du rythme, son amour des répétitions, du chant, du merveilleux — il sut si bien l'assimiler qu'il a fini par le faire sien dans une utilisation personnelle qu'agrémentent la vivacité de son imagination, la finesse de sa sensibilité et la fantaisie de sa poésie. On retrouve cette dernière qualité dans les rapprochements inattendus mais gracieux entre le réel et l'imaginaire, les comparaisons hardies («le soleil... une pastèque géante»; «les cases... des poussins blottis», etc.), une personnification de la nature qui répand sur elle un animisme vivifiant.

Birago Diop fait figure d'individualiste et de marginal dans le mouvement de résurrection des Lettres africaines. Il ne soulève pas de problèmes politiques et sociaux, certes, mais il a choisi, non pas la voie large du passéisme impénitent ou de la contemplation narcissique, mais plutôt la voie étroite et salutaire de l'universalisme qui s'ouvre avec d'autant d'assurance qu'elle prend le départ au point de convergence du passé et du présent.

Cette originalité de Birago Diop est un signe des temps. Ses contes sont devenus une littérature de l'isolement: isolement de l'écrivain qui s'enferme désormais dans une tour d'ivoire et crée dans la solitude de son «autel de papier blanc», isolement des lecteurs enfermés, eux aussi, entre les quatre murs de leurs chambres. Plus d'assemblée fervente, plus de communion! Ils sont aussi un constat d'échec, échec d'une restitution intégrale de la négritude qui, construite qu'elle est, n'est plus spontanéité, n'est plus vie. Cette originalité marque une évolution vers les techniques de l'écriture qui signifient du coup l'arrêt de mort de l'oralité, c'est-à-dire d'une partie de nous-mêmes.

Louis-Marie Ongoum

Contes de l'Afrique noire, Sherbrooke, Éditions Naaman, Coll. Création, 3, 1973, 79p.

Recueil de deux contes d'Alkaly Kaba.

Dans le premier conte, *Kikoulouboura «la Précieuse»*, Alkaly Kaba, dans la progression dialectique du récit, pose certains problèmes se rapportant à la valeur moralisatrice de la pensée traditionnelle.

Contrairement à l'avis de ses parents, et malgré la présence de nombreux prétendants venus des villages et des royaumes avoisinants, N'Goumbouri, surnommée Kikoulouboura «la Précieuse», à l'instar de l'oiseau considéré comme «l'incarnation de la fierté et de l'orgueil», choisit pour mari Moupépé «le Vent». Son entêtement, le manque de respect pour ses parents, son égoïsme foncier constituent autant d'actes antisociaux dans le milieu traditionnel où sont valorisés l'humilité, le respect des aînés et le sentiment d'appartenance à la collectivité.

Ainsi, l'acte de Kikoulouboura constitue une transgression de la morale traditionnelle qui exige un châtiment. La «Précieuse» constate que la beauté de Moupépé «le Vent» est apparente. En réalité, c'est un homme-serpent qui vit dans un tombeau dans un royaume caractérisé par son étrangeté et sa laideur. C'est le moment de la prise de conscience de la transgression initiale et de la nécessité de retrouver la paix et la réalité abandonnées au village natal.

Dans ce conte, où le naturel côtoie le surnaturel, où la seule réalité valable est celle qui tient compte du surréel, où les êtres humains partagent le même sort que les animaux, les plantes et les cailloux, Alkaly Kaba suggère qu'il est indispensable pour l'homme de déceler la vérité cachée de l'existence.

Cette découverte de la réalité ne sera cependant possible que grâce à l'initiation préalable de l'individu. C'est seulement à travers l'expérience vécue et les vicissitudes de l'existence que l'homme découvrira ce que l'auteur appelle «la vie positive» où «les roses se fanent, les beautés se brûlent, les âmes se meurtrissent». La prise de conscience, conséquence de cette initiation, permet à l'homme d'affronter d'une manière positive la problématique de l'existence.

Au bout de son itinéraire, N'Goumbouri, assagie et mûre, est désormais prête à jouer le jeu communautaire. L'orgueil cède la place à la modestie, l'égocentrisme au travail collectif de construction. C'est la marque de l'intégration complète de l'individu à la vie communautaire.

Alors que *Kikoulouboura «la Précieuse»* est consacré au cheminement d'un seul personnage révolté au départ, mais qui s'intègre finalement aux valeurs de la société, on trouve dans *Fou-Fa-Fou «Rien de Rien»* deux démarches opposées dont la fonction didactique est reprise par ce que Alkaly Kaba appelle

«les devises de l'homme»: un code de conduite indispensable pour une existence réussie et moralement significative.

En effet, si Djidji, né dans la pauvreté, trouve, grâce au hasard, la fortune qui est l'objet de sa quête, on constate qu'une fois devenu roi, riche et opulent, il oublie consciemment sa femme (l'architecte de cette fortune) et son rejeton, Fou-Fa-Fou. Il transgresse ainsi les principes de reconnaissance et de justice, fondement des valeurs ancestrales. Fou-Fa-Fou, victime de l'injustice de son père et du complot de ses frères, part à la recherche de la fortune. Selon la progression de l'intrigue marquée par la succession épreuve-réussite-récompense, il revient chez lui riche et devient roi du pays. Cependant, contrairement à son père, il fait montre de qualités de pardon, de reconnaissance et de justice qui coïncident avec les exigences des valeurs traditionnelles, voire universelles.

Dans ce récit, Alkaly Kaba révèle les conditions permettant le plein épanouissement de l'individu dans la société. La nature normative du conte, traduite par «les devises de l'homme», démontre le fonctionnement d'un esprit qui tient à poser sa positivité face à sa situation sociale et à son angoisse existentielle. La positivité de Fou-Fa-Fou relève non seulement de son désir de refuser le statu quo négatif, mais surtout, une fois l'objet de sa quête atteint, de considérer le bien-être de tous comme une condition *sine qua non* pour son propre épanouissement. Au sommet de la gloire où l'amour de soi devrait transcender toute autre considération, Fou-Fa-Fou fait preuve d'une grande largesse d'esprit: à la haine dont il est victime, il oppose l'amour d'autrui; à l'orgueil, l'humilité.

En outre, Alkaly Kaba révèle le thème de la persévérance. Malgré la négativité de leur situation initiale, Djidji et Fou-Fa-Fou triomphent finalement de leur pauvreté. Le conteur dénonce ainsi la résignation et la passivité. L'homme dans sa lutte existentielle doit tenir compte de la nature mouvante de la condition humaine. En réalité, un apprentissage positif de l'existence ne peut s'accomplir que si l'individu accepte la dialectique malheur-bonheur comme intrinsèque de la nature même de la vie terrestre. Il est essentiel, cependant, que le comportement de l'homme soit conforme aux exigences de la société – le respect des valeurs stabilisatrices du groupe et le partage d'un destin commun.

Contes de l'Afrique noire rejoint ainsi la grande tentative de la conservation de la littérature traditionnelle. Certes, l'écriture ne permet pas une restitution complète de l'univers de l'oralité. Mais Alkaly Kaba, grâce à l'emploi d'un langage imagé où l'abstrait est concrétisé, où le symbole est roi, apporte sa contribution à la conservation du patrimoine culturel africain.

Kester Echenim

Contes (Les) du Nord-Cameroun, Yaoundé, Éditions CLÉ, Coll. Abbia, 1970, 155p.

Contes recueillis par les élèves du Lycée de Garoua sous l'instigation d'Henriette Mayssal, illustrés par le club Unesco du même établissement, introduits par Anne Chanel.

Les Contes du Nord-Cameroun sont un recueil de 34 pièces d'inégale longueur appartenant à sept ethnies différentes: les Baya, les Massa, les Mambaye, les Moudang, les Guidar, les Foulbé et les Fali.

De prime abord ce qui frappe le lecteur de ces contes, c'est le retour fréquent de certains personnages. Ainsi les contes Baya sont dominés par Wantho qui apparaît d'abord comme une sorte de Prométhée dont la ruse met les biens divins au service de l'homme. Présent dans six des sept contes Baya que contient le recueil, Wantho est celui par qui la nourriture, l'eau, le bien-être arrivent (*Origine de la nourriture*), par qui les êtres prennent naissance (*Origine des oiseaux*); il symbolise aussi l'apprentissage humain, l'exploration et l'appropriation du monde, tout cela sans se départir d'une certaine joie de vivre, d'une certaine insouciance qui semblent caractériser les Baya.

Djiré ou l'écureuil est, par sa fréquence, le second personnage des *Contes du Nord-Cameroun*. Présent dans trois des cinq contes Foulbé, on le retrouve aussi dans les contes Massa. Djiré est rusé et insolent, capable des plus grands exploits tels recueillir les larmes d'un lion, traire un buffle; mais c'est aussi un personnage dont on se méfie, à cause de ses flatteries séduisantes et trompeuses. C'est pourquoi le dénouement du conte n'est jamais en sa faveur comme on peut le constater dans *Djiré et le marabout* où il est renvoyé sans ménagement: «Que veux-tu savoir de plus? [...] Va-t'en! Tu n'auras rien.» De même dans *Djiré et les arachides*, il doit s'avouer vaincu face au cultivateur. Et dans *L'écureuil, Hlo et la mort*, il ne s'en tire à bon compte qu'en sacrifiant sa femme mise à mort.

On retrouve également le personnage de l'hyène dans de nombreux contes: *L'hyène, le lion, l'éléphant, la panthère et Danga* chez les Mambaye, *La mort et l'hyène*, chez les Guidar, *L'hyène, le lion et le jeune homme*, chez les Foulbé, etc. Mais quelle que soit la tribu, l'hyène fait figure de celle par qui le malheur arrive, d'un personnage plein de peur et de bêtise, peu aimé, parce que stupide, vorace. Elle ne trouve paradoxalement que la Mort pour avoir pitié et lui laisser la vie sauve.

C'est d'abord de ces personnages, présents dans les contes des unes comme des autres ethnies, que le recueil tire son unité. Mais cette unité passe encore plus par le caractère hautement didactique de l'ensemble des contes. Il en ressort une manie des grandeurs désavouée, la gourmandise et la méchanceté punies, l'orphelin protégé, l'usurpateur bafoué (*Le monstre du lac*), l'intelligence récompensée; il en ressort aussi qu'il ne faut jamais forcer le destin, toutes choses relevant d'un code universel et qui confère à l'ensemble une indéniable valeur éthique. Ce qui fait encore l'unité de ces contes, c'est le souci partout présent d'expliquer le monde ainsi que l'origine des choses et des êtres; ce qui donne lieu à des contes cosmogoniques, œuvres d'esprits simples peut-être, mais non dépourvus d'astuce et d'humour.

Mais au-delà des préoccupations universalisantes, on trouve à toutes les pages des *Contes du Nord-Cameroun* un monde vivant d'êtres, de choses, de traditions vestimentaires, culinaires, agraires et pastorales, de coutumes, de culture, d'activités économiques, propres à cette partie du Cameroun. En effet, ce que l'on découvre dans le recueil, c'est une faune grouillante d'animaux de tout genre, le troupeau en quête d'herbe fraîche, le bœuf gras que l'on égorge, la vache que l'on sacrifie, le mil et le lait, nourriture quotidienne, l'eau, bien précieux dont l'appropriation pose de sérieux problèmes (*Kayo et Gollo*). Ce que l'on découvre enfin c'est une société de type féodal, un monde de chefs tout-puissants, un monde de marabouts à la sagesse incomparable. C'est dire que l'univers des contes fonctionne comme un kaléidoscope par rapport à la réalité quotidienne du Nord-Cameroun.

Mais en dépit d'une certaine unité d'ensemble, en dépit de la diversité des ethnies embrassées, en dépit d'un style alerte, simple et agréable dû à Henriette Mayssal, traductrice probable, *Les Contes du Nord-Cameroun* cachent mal, dans leur structure et parfois leur envergure, la naïveté, la jeunesse, l'inexpérience de leurs auteurs réels. Mais cela n'entame en rien leur côté savoureux et vivant, de même que cette technique narrative qui confère à l'ensemble une indéniable valeur esthétique.

André Ntonfo

Contes et berceuses béti, Yaoundé, Éditions CLÉ, 1968, 93p.

Recueil de contes et de berceuses de Léon-Marie Ayissi.

Contes et berceuses béti est un recueil de sept contes et dix berceuses. L'auteur,

dans son introduction, nous donne quelques éclaircissements sur ces contes. Il y a deux catégories: «les contes sans mélodie ou Nlan» et «les contes avec complainte ou envoi chanté, le Nkana» (p. 8). Les thèmes de la première catégorie viennent toujours de la nature et les dénouements sont rarement malheureux. Le Nkana est divisé en deux sous-genres: «le premier ressemble à un mélodrame [...] tandis que le deuxième est le récit ayant un dénouement malheureux» (p. 9). C'est le genre Nkana qui est présenté dans ce recueil.

Les cinq premiers contes diffèrent des deux derniers sur deux plans: chacun nous offre une morale ou nous explique les origines d'une chose ou d'une habitude. De plus, il ne s'agit que de la gent animale. Dans les deux derniers contes, le monde des animaux et celui des hommes s'entremêlent. Nous avons des morales à déduire, certes, mais elles ne sont plus données directement en guise de conclusion.

La malédiction du crapaud explique l'origine de l'absence «des honneurs de la sépulture» (p. 17) chez les animaux. Mère-crapaud meurt mais, au lieu de l'enterrer, les animaux passent leur temps à vouloir connaître celui qui a causé sa mort. Les fourmis-soldats viennent interrompre la palabre, chassent les animaux et dévorent le cadavre. Outré, le crapaud-fils maudit les animaux et les condamne à connaître le même sort que sa mère: jamais d'inhumation.

Le crabe et la carpe noire nous met en garde contre la méchanceté. Suite à une querelle, le crabe tue son amie, la carpe noire. La mère de la défunte venge sa fille en faisant écraser le meurtrier avec une lourde pierre.

Le hibou est un oiseau craint de la gent ailée. C'est ce que nous apprend *Le prestige du hibou*.

«Voulez-vous vivre avec les malins,/ gagnez votre pôle/ quand il a gagné le sien» (p. 41), nous dit en conclusion *Le secret du porc-épic*. Celui-ci défie les animaux de se battre contre lui. Aucun ne réussit à le terrasser. La tortue finit par découvrir le secret du porc-épic: il se cachait derrière une souche à laquelle les animaux venaient se heurter. La tortue l'invite à venir se battre au milieu de l'arène, loin de la souche...

L'histoire d'Angon Mana et d'Abomo Ngélé est le conte le plus long du recueil. Il s'agit d'un garçon «Beau comme une étoile / charmant comme une fée» (p. 52) qui part à la recherche d'une fille «d'au-delà du monde immortel» (p. 63). Le père de celle-ci, jaloux, fait passer à Angon Mana de dures épreuves sous prétexte qu'il s'agit du prix à payer pour avoir sa fille. Pris au piège dans la dernière épreuve, Angon Mana invoque l'amour d'Abomo. Celle-ci vient l'aider contre son propre père. Il triomphe donc de la dernière épreuve «parce qu'il avait aimé d'un amour éternel» (p. 80).

Dans son introduction, Ayissi nous dit qu'il ne s'est pas donné comme tâche «de sauver un genre littéraire traditionnel qui tend à disparaître» (p. 10). Il veut que son recueil soit perçu comme une œuvre de création. La grande différence entre ce recueil de contes et ceux d'autres «conteurs» négro-africains est qu'Ayissi écrit en vers pour mieux garder la poétique des contes.

Les *berceuses* sont «des poèmes faits pour être chantés» (p. 81). Elles s'adressent non seulement à l'enfant mais aussi à la nourrice. Ainsi, la cinquième berceuse est une satire «contre les filles exaltées» (p. 85), et la sixième est la plainte d'une mère qui n'a pas de sœur pour l'aider.

Les sujets des berceuses varient mais le but demeure le même, faire dormir l'enfant ou simplement le consoler.

Tar Adejir

Contes et lavanes, Paris, Présence Africaine, Coll. Contes africains, 1963, 257p.
Recueil de contes de Birago Diop.

Contes et lavanes est divisé en trois parties: «Mauvaises rencontres», «Bouki sans Leuck» et «M'bandes et lavanes».

Les deux premières parties contiennent les contes proprement dits, «M'bandes et lavanes» étant des récits d'un genre légèrement différent. Cette différence entre les contes et «M'bandes et lavanes» a été élucidée par Mohamadou Kane dans *Les Contes d'Amadou Koumba* (1968). Il explique que le conte, qui se dit généralement le soir, reflète la réalité quotidienne de la vie africaine dans toute sa variété. Au service de la communauté, le conte sert à amuser l'auditoire tout en lui donnant des leçons de conduite. Alors que l'on distingue plusieurs catégories de contes et que ces derniers peuvent être sérieux, merveilleux ou fantastiques, les «lavanes» et les «M'bandes» ont souvent pour but d'amuser non seulement par l'histoire qu'ils racontent mais surtout par la manière de la raconter; la verve, les subtilités du langage et les jeux de mots étant d'une importance primordiale.

Les contes des deux premières parties du recueil mettent en scène des animaux et tout particulièrement le personnage de Bouki-l'Hyène déjà présent dans *Les Contes* et *Les Nouveaux Contes d'Amadou Koumba*. Dans ces derniers, Bouki était généralement accompagnée de Leuck-le-lièvre, petit personnage malicieux, intelligent et sage qui servait de contrepartie à la bêtise, à la gloutonnerie et à la sotte méchanceté de Bouki. Mais dans *Contes et lavanes*, «Comme la dupe sans son charlatan, Bouki-l'Hyène allait vivre sans Leuck-le-lièvre», et nous écouterons à la place les multiples aventures de Bouki ou celles des autres animaux qui peuplent la brousse et l'imagination du conteur, alias Amadou Koumba. Chaque conte a une morale, une morale pratique, facile à comprendre et fondée sur les valeurs morales et sociales nécessaires à l'harmonie de la vie quotidienne. Considérons par exemple le conte qui a pour titre *La peau de Bouki* et qui illustre le genre d'esprit qu'on trouve dans la majorité des contes. Nous sommes en présence de Bour-Gayndé, le lion, roi vieillissant, abandonné par les siens qui sont partis au loin vivre leur vie. Malgré ses forces déclinantes, le lion-roi toujours craint est entouré de courtisans, «la gent parasite» nous dit le conteur, qui lui font une cour assidue dans l'espoir d'un profit facile et important. Ce parasitisme si commun est condamné à travers ceux qui le pratiquent et non pas à travers ceux qui le provoquent. C'est le manque de sagesse que le rôle de courtisan entraîne automatiquement avec lui qui est mis en question. Bouki, favori du roi, perd, tout à la fin du conte, même sa vie pour avoir essayé de tout gagner. La sagesse des contes n'est pas faite de grands sentiments et ne prône pas l'héroïsme moral mais le bon sens, la mesure, le respect de soi et des autres.

La troisième partie du recueil, «M'bandes et lavanes», présente principalement des êtres humains. Ces récits sont très riches en détails sociologiques et nous sommes pour la plupart du temps en pays musulman où les versets sacrés du Coran sont souvent mêlés à la satire de ceux qui les récitent sans s'y conformer. La parole joue un grand rôle dans ces histoires et le personnage principal est fréquemment puni ou récompensé par ce qu'il dit, les mots ayant un sens magique inconnu de celui qui les prononce. À titre d'exemple, dans *Le prix du chameau*, le jeune Barane est chargé par son père de vendre le dernier chameau qui leur reste «avec de la chance». Le jeune homme déclinera plusieurs offres avantageuses et vendra son chameau pour un peu de bois mort au seul acheteur qui aura prononcé les mots fatidiques. Ce marché sera propice à Barane et à sa famille et le bois mort sera la cause de tous les bonheurs. L'histoire ne comporte pas de morale mais elle donne tout son poids à la force et à la puissance du verbe.

Ce qui fait la valeur et le charme de *Contes et lavanes*, c'est l'inégalable style de B. Diop. Le conteur nous enchante par la saveur de sa verve, l'ironie de sa phrase, la profondeur de sa sagesse, la poésie et la fraîcheur de ses métaphores.

De tous les conteurs ouest-africains tels que Dadié, Socé, Menga, Tutuola pour n'en citer que quelques-uns, Birago Diop reste incontestablement le plus grand.

Sonia Lee

Contes et légendes d'Afrique noire, Dakar, Éditions Gensul et Garcin, 1935/ Paris, Nouvelles Éditions Latines, 1962, 156p.

Recueil de contes d'Ousmane Socé (en politique: Ousmane Socé Diop).

C'est après l'accueil peu enthousiaste réservé à *Mirages de Paris* (1937), roman qui essayait un peu maladroitement de peindre les amours d'un Africain et d'une Française et qui avait le tort de battre en brèche certains préjugés métropolitains, qu'Ousmane Socé décida, semble-t-il, de changer de genre et de réunir cette dizaine de récits et nouvelles. Il s'y contente le plus souvent d'adapter assez fidèlement la tradition orale de son pays et des territoires environnants.

Le dernier samba linguerë est l'histoire presque anecdotique d'un fermier courageux qui réussit dans les arachides à force de travail; pour ne pas voir fondre son pécule, il l'investit dans une factorerie; son honnêteté inhabituelle lui vaut de nombreux clients et il fait bientôt commerce de la production de ses voisins avec un plein succès. Cependant, l'année suivante est désastreuse; ses nombreux débiteurs l'abandonnent et il se trouve ruiné parce que son sens de l'honneur lui interdit une faillite frauduleuse à l'occidentale. Par contre, *La légende de Ghana* a pour base des documents communiqués à l'auteur par son ami Manby Sidibé. C'est une fresque historique: «Voici Ghana ressuscité par un griot, lors des veillées galantes ou familiales, dans la nostalgie vibrante de la guitare...» Elle retrace le mythe du serpent d'Ouagadou. Ce berceau des populations d'Afrique noire jouissait d'une prospérité miraculeuse due à l'énorme serpent Bida, auquel chaque clan sacrifiait en retour une jeune vierge chaque année. Lorsque Sia, la fiancée d'Amadou Séfékodo, se trouve soustraite par la violence à la faim du monstre à sept têtes, c'en est fait de l'eau et de la prospérité de la contrée. Suit une légende peule, *Ham Bodedio*. Elle évoque les Ardos chevaleresques et leur chef, «Le Rouge», au cheval de guerre qui danse. Sa seconde femme lui donnera l'occasion d'exécuter un exploit célèbre: Fatoumata lui annonce en effet que sa mère a été humiliée par le vice-roi bambara et Bodedio redescend le Niger et capture le vice-roi. *Tara ou la légende d'El Hadji Omar* se présente comme à mi-chemin entre la légende et l'histoire, la première «relatant des faits tout aussi vrais que la seconde mais leur attribuant des causes merveilleuses». Ainsi des «notes historiques» servent-elles à rectifier les erreurs commises par le guitariste. Celui-ci, nous précise-t-on, est le conteur Diali Ahmed Sako, du cercle de Kayes. Omar a été pèlerin à La Mecque et détient une touffe de cheveux de Mahomet qui sauve l'âme des trépassés; il a des pouvoirs merveilleux, tel celui de nourrir son fils avec du lait qui coule de son index; sa femme le rejoint dans son voyage; il lève une armée contre Mamadou Kandia qui se soumet après avoir été retransporté chez lui par magie. Omar, avec ses guerriers foutankés, bat les Bamavaras, défait le roi de Ségou et sa femme magicienne. Il livrera maintes batailles jusqu'à rencontrer la défaite quand ses fidèles soldats l'abandonneront; mais s'il disparaît alors, son neveu Tidiani prend sa relève.

L'histoire intitulée *Penda* est extraite de *Mirages de Paris* où elle occupait une place un peu incongrue. Penda est une jeune belle qui refuse d'épouser un prétendant parce qu'il porte des cicatrices rituelles. Elle part sur son cheval rejoindre un prince mais son escorte se trouve soudain changée en forêt par un lion-fée qui emporte la jeune fille. Lorsque le lion, affamé, veut la dévorer, son cheval, Nelevane, la sauve; il l'emporte sur une planète, mais celle-ci est interdite aux femmes. Sous son déguisement, Penda est découverte et ne doit d'être

changée en homme puis retransportée chez elle par magie qu'au sacrifice de son cheval. Ses tribulations l'auront au moins rendue moins difficile dans le choix d'un mari. Tout aussi proche du conte populaire et du mythe ethnographique – alors que la légende suivante relate seulement les exploits guerriers du souverain de Bayol et Caor – le récit intitulé *Au temps où l'homme et la bête se parlaient* commence par le traditionnel «les anciens racontent, et cela peut être ou n'être pas»: au royaume magnifique de Tekrour, le jeune Samba trouve un lionceau dont il devient l'ami en dépit des interdictions de la lionne; celle-ci tue la mère de Samba mais le lionceau la fait périr dans un piège pour venger la mère de son ami. L'âge adulte vient pourtant séparer les amis orphelins (la circoncision de Samba est d'ailleurs l'occasion de digressions ethnographiques et nous voyons le lionceau lui offrir cent bœufs, cent moutons et cent chèvres pour la cérémonie) bien que, grâce à son ami, Samba devienne le gendre du roi qui a promis sa fille à qui lui amènerait un lion vivant. Roi à son tour, Samba reçoit un lion puis un troupeau qui sauvera les siens de l'épizootie, mais il dévoile le préjugé des hommes en traitant son bienfaiteur d'«animal à la gueule puante», et c'est la rupture définitive.

L'homme qui avait la passion des cerises est Mamadou, un bon cultivateur mais un fieffé gourmand. Rendant visite à ses futurs beaux-parents, il se lève la nuit pour piller leur cerisier et met le feu à leur case avec sa torche. Conscient de sa confusion et de son déshonneur, il se trouve changé en un horrible épineux. *Sara-Ba* est une nouvelle ethnographique qui rappelle certains passages de *Karim* (1935). Un jour d'orage à Khasso, la belle Safiétou va danser son premier «ko-fili» d'initiation de jeune fille. Moussa la désire et ils se rencontrent chez une voisine où les guitaristes célèbrent les anciens traitants de Médine au son de l'hymne sara-ba. Le vieil Omar marie Safiétou à un étranger et elle se morfond jusqu'au jour où, répudiant la tradition, envoûtée qu'elle est par la mélodie de sara-ba, elle choisit la liberté et s'enfuit. Revenant à l'hagiographie guerrière, *La légende de Silimakan* traite d'un enfant valeureux qui se fait féticheur pour lutter contre le roi de Ségou auquel son père doit payer tribut. Aidé d'un marabout, il supprime les envoyés du roi et met l'armée en déroute, mais il périt lui-même d'une pointe de flèche enduite de son sang qu'on a prélevé en utilisant un pou.

Ousmane Socé ne cherche visiblement pas à faire œuvre d'historien ou d'ethnographe mais de conteur, de raconteur, sans prétendre au titre de griot. C'est à Kayes, au Soudan français, qu'il a rassemblé ces nouvelles de 1938 à 1939.

Michel Fabre

Contes et légendes du Bamiléké, Tome I, Yaoundé, Imprimerie Saint-Paul, 1968, 110p.
Recueil de contes de Martin Nkamgang.

Dans la Présentation du tome I des *Contes et légendes du Bamiléké*, Mgr Albert Ndongmo, évêque de Nkongsamba, le mécène de ce recueil de quarante-huit récits, annonce que «les fables et les contes» de Nkamgang Martin «constituent le premier pas vers un ressourcement plus profond qui nous conduira aux richesses spirituelles et sapientielles de nos ancêtres». Moins modeste, l'auteur, dans son Avant-propos, forme le projet de partir de «l'effort salutaire de ce ressourcement pour contribuer à asseoir leur [de nos cadets et de nos enfants] humanisme sur des bases solides» en «permettant de pouvoir comparer ces sages du lointain» — que sont La Fontaine, Florian, Ésope — «à œux non moins glorieux bien qu'anonymes de chez eux». C'est donc dire qu'en affirmant son «souci constant [...] de rester le plus près possible du sens littéral, de respecter au mieux la formulation même de la pensée originale sans pourtant parler charabia», l'auteur veut allier l'utile et l'indispensable de l'exhumation des valeurs littéraires patrimoniales à l'agréable d'un art personnel. Voilà, assurément, dessein qui place notre auteur dans le sillage des Ousmane Socé Diop, Birago Diop et Bernard B. Dadié.

Malheureusement, promettre n'est pas tenir et l'on ne fait pas de la bonne littérature avec de belles intentions. En dépit de ses serments d'allégeance envers une sorte de négritude, ce n'est pas de ses aînés négro-africains que Nkamgang a voulu se faire l'émule mais des fabulistes français qu'il cite: ce qui le conduit à affubler les personnages de ses contes de titres ou de prénoms à la française qui sentent quelquefois le Moyen Âge (Dame Tortue, p. 13; Dame Panthère, p. 15; Altesse Panthère, p. 16; Modeste, p. 24; Jalouza, p. 26; Unovicus, Binovicus, Triovicus, p. 50-51; Monsieur Tortue, p. 83-84; Don Lièvre, p. 90), à leur déterminer un sexe — lorsque la langue originale se contente de leur donner un nom asexué — parce qu'il tient à traduire leurs noms, commettant ainsi des solécismes regrettables («l'Araignée [...] le plus habile tisserand du royaume», p. 12), alors qu'il eût bien agi en leur conservant leurs appellations autochtones, comme il s'est oublié parfois à le faire (Nzandjwe, p. 87; Sa'sua, p. 95). Nous disons «oublier» car ce retour à l'authenticité provient moins d'une évolution consciente que des inégalités, dans la traduction, par exemple, où se perçoivent plusieurs mains: nous savons que le texte du conte *La clé du bonheur* (p. 30), entre autres, est de Louis-Marie Ongoum.

Nkamgang ne reste donc pas «le plus proche possible du sens littéral». Sa présence jure au contraire avec celui-ci jusqu'à l'invraisemblance. Ainsi dans le Bamiléké l'on trouve des écus (p. 24, 43), des diamants (p. 28); l'on découpe le temps en heures (p. 41, 47), en minutes (p. 13) et en secondes («au quatrième top», p. 14); l'on connaît la saison du printemps (p. 49); l'on coupe à la faux (p. 93) les régimes de noix de palme...

L'on ne peut prétendre coller au texte, «respecter la formulation même de la pensée originale», si l'on ne maîtrise pas et la langue de la traduction et celle du texte à traduire. Or les maladresses de Nkamgang en ce domaine ne lui font pas honneur («par derrière», p. 56; «le père sortit de sa cachette en rampant. Il marchait sur la pointe des pieds», p. 57; «essoufflé comme s'il tombait d'un arbre», p. 66; «embaumement de case», p. 83; soumis à l'épreuve de se rendre au conseil «monté sur un cheval», le lièvre «fait de la panthère sa monture», p. 48)... Elles confinent parfois à une équivoque de mauvais goût («par pitié pour le sexe de sa mère», p. 48).

Surtout se retourne contre lui ce qui aurait pu constituer un apport personnel: son effort pour faire œuvre de novation créatrice tout en demeurant dans la fidélité à la tradition. Faute d'avoir été préparées précautionneusement, certaines réflexions propres à l'écrivain sonnent comme faites par le conteur traditionnel qu'il traduit et, de ce fait, étonnent et détonnent dans le récit. Ainsi il est fait allusion à «l'enfant prodigue de l'Évangile» (p. 44), à la force herculéenne» de Samson (p. 45) et l'on déplore l'inaptitude de la «plume» pour décrire une émotion (p. 47).

Enfin, plus que ces maladresses, c'est une inintelligence du milieu culturel ou une lecture superficielle du texte oral qui desservent gravement le récit. Contrairement à l'affirmation contenue dans la note de la page 10, seul le Caméléon est détesté chez les Bamiléké. Le Crapaud avait opté pour la résurrection des hommes; même s'il n'en a pas proclamé le message, celui-ci lui a comme conféré le pouvoir de faire renaître et il symbolise la fécondité et la reproduction indéfinie.

Il y a pis! L'initiative – louable à l'origine – de tirer une moralité s'avère malheureuse dans le conte, dont elle restreint la polysémie et va jusqu'à dénaturer le message originel (p. 14, 23, 61, 74, 80). Le fait que plusieurs moralités puissent se dégager d'un même conte (p. 16, 21, et 87) prouve l'aléatoire d'un tel procédé.

Tout bien considéré, quel mérite reste-t-il à ce recueil? Celui d'être un des premiers recueils, sinon le premier recueil, de contes Bamiléké.

Louis-Marie Ongoum

Contes et légendes du Niger, Tome I, Paris, Présence Africaine, 1972, 214p. Recueil de légendes de Boubou Hama.

La princesse et la jument, L'aventure de Weyza-Goungou (p. 7-87): «Ce n'est pas de l'histoire. C'est une variante de la légende du pays songhay, parvenue jusqu'à nous» (p. 10). Cette légende de fondation – Weyza-Goungou, l'héroïne, est à l'origine des Songhay – présente une telle diversité/complexité d'événements que tout résumé s'apparente à une mutilation. Cependant, la linéarité du texte, sa division en trois sequences (qui font penser à un feuilleton contemporain) permettent de le «lire» comme un prototype de récit mi-historique, mi-mythique.

Le thème universel du double est d'emblée présent: deux princes amis (dans le nord de l'actuel Nigeria) se ressemblent tant que l'épouse de l'un d'eux doit avoir recours au génie du puits pour s'assurer que l'homme dont elle partage les nuits est bien son mari... Devenus rois, les deux hommes – auxquels nous donnerons, par commodité, le nom de leurs royaumes, Zanfara et Kebbi – se séparent après avoir échangé des bagues-reflets» par lesquelles ils restent sans cesse en contact. Outil magique par excellence... Le fils du premier procède à l'échange des bagues; Kebbi, ayant ainsi perdu son «reflet», sombre dans le désespoir. Sa fille Weyza-Goungou s'offre à récupérer la bague, faisant de son père le complice accablé d'une transgression: elle s'efforcera de pénétrer à la Cour de Zefara déguisée en garçon («ils te tueront pour te punir de ton travestissement interdit par nos coutumes», p. 20). «La route est longue et difficile» (p. 23), mais la princesse chevauche une jument magique qui interprète les signes de la nature et vient à bout d'une série de quatre épreuves: les lions, les panthères, les hyènes et les voleurs.

À la Cour de Zefara, Weyza-Goungou doit affronter une multitude de pièges que la jument déjoue. Découverte malgré tout, elle se lance dans une longue fuite où des outils magiques la sauvent: la paille se fait forêt, la pierre devient montagne, l'œuf se transmue en fleuve... Après une série complexe de péripéties, Zanfara demande à son «reflet» Kebbi la main de la princesse; elle lui est accordée, mais Zanfara livre la jeune fille à son général en chef. L'indomptable princesse réussit à ne pas consommer cette union, mais, par vengeance, partage à son insu la couche de Zefara... et il lui naît alors des héritiers. Elle dénonce la félonie du roi, qui est destitué par un tribunal populaire: «Weyza-Goungou devint reine de Zefara et princesse héritière de Kebbi» (p. 86).

Cette légende eût ravi l'auteur de la *Morphologie du conte*, Vladimir Propp, car on y rencontre tous les éléments de structure qu'il a décelés dans le conte russe — et mondial: la transgression, l'épreuve, l'outil magique... Mais ce n'est là qu'un niveau «élémentaire» du récit, qui est bien plus qu'un conte merveilleux. Boubou Hama précise en conclusion que «cette reine appartient à la protohistoire des Songhay. Le «Tarickh-el Fettach» la mentionne expressément» (p. 86). L'intérêt historique est donc évident. Il est doublé d'une richesse documentaire fascinante: les descriptions sont nombreuses où le lecteur semble vivre à la Cour des anciens rois africains, parmi les costumes, les rites, les prières hiératiques: au cœur d'une civilisation spécifique et intacte dont la conscience collective perpétue la mémoire, grâce à la tradition orale, très présente dans cette transcription nourrie de dialogues, d'invocations, de chants littéralement traduits.

Bania (p. 89-168). Cette légende en six parties s'est diffusée parmi tous les

peuples soudaniens. Le mot «légende» est ici polysémique: *Bania* relève à la fois du conte merveilleux, du document historique, de l'essai philosophique et politique.

Dans un royaume songhay, Bania, chasseur et «fils du peuple», s'est épris de Fanta, princesse dont la générosité fait oublier la laideur (ses rivales l'ont surnommée «laideronne au cœur blanc», p. 100). Elle lui rend son amour, mais la différence de rang, dans une société féodale fortement castée, exclut toute union. Fréquente dans le conte universel, cette situation initiale suscite le débat central du récit: dans quelle mesure peut-on remettre en cause les traditions ancestrales?

Fanta prend le risque et, par fidélité à Bania, emprunte avec son amie Adiza un long itinéraire magique, jalonné de palais éblouissants, de mares féeriques, de métamorphoses stupéfiantes... Toutes les composantes du merveilleux sont là, non seulement pour distraire, mais pour provoquer une réflexion. Car le monde où évoluent les deux amies est «la société sans classe des lutins et des génies» (p. 135), et Bania qui les y guide révèle sa vraie nature: il incarne l'âme du peuple et veut insuffler à sa princière «amante» l'amour de la masse, l'absolue fidélité au Bien, la nécessité de l'évolution de traditions désuètes... Une étreinte symbolique a lieu; Fanta dit à Bania: «notre mariage est un pacte conclu entre notre dynastie et le peuple» (p. 150).

Grâce à un anneau d'or — exemple même d'instrument magique — Fanta rejoint ses parents, éperdus de joie. Mais le peuple et les notables sont sceptiques: la princesse a-t-elle préservé son «honneur» de la passion de Bania? Oui: après sa nuit de noces avec le beau prince que son père lui destinait (elle a donné Adiza en mariage à Bania), son pagne maculé de sang virginal et exhibé, selon la coutume, dans toute la ville, prouve à tous qu'elle est restée une princesse digne de son peuple, tout en ayant su, au moment opportun, défier un interdit social traditionnel.

Ainsi, ce récit richement orné, empreint d'une tendresse authentique pour la nature et les hommes, mène poétiquement à une double leçon: culturelle – «c'est le peuple qui crée la coutume et la tradition» (p. 167) – et politique: «il y a une nuance entre la révolte et la révolution. Je préfère la révolution qu'on dirige à la révolte qui éclate et qu'on ne contrôle pas. Cette révolte-là détruit, elle ne construit pas», déclare le roi à ses sujets (p. 167). Légende où s'épanouit, parmi les rites, les rêves, les mythes, un réformisme volontaire et tranquille.

Toula (p. 169-212). Cette aventure légendaire a d'évidentes implications contemporaines: le substrat en est la sécheresse au Sahel.

Impuissant devant le fléau, un roi fait appel à un devin: quel sacrifice offrir au serpent-génie de la mare pour que revienne la pluie nourricière? Le géomancien interroge le sable (le récit possède ici une richesse documentaire qui rappelle *L'Étrange Destin de Wangrin* d'Amadou Hampaté Bâ), dont la «réponse» est tragique: le roi doit immoler sa fille, ou du moins une jeune fille qu'il affectionne. Accablé, il privilégie l'intérêt de son peuple, et décide de mettre à mort Toula, fille de sa sœur. Toula, belle, douce, dont la Terre grondante, parlant au roi, accepte le sacrifice. Les jeunes filles du village, y compris Toula, ignorent le choix du roi et implorent le génie: la pluie tombe, emplit la mare, le serpent enserre la jeune fille – qui accepte sa mort – et le village ressuscité pleure Toula, symbole de vie par-delà la mort.

Alertée, la mère de la victime se rend au bord de la mare, et sa fille engloutie réapparaît, devenue pour l'éternité l'Esprit de l'eau salvatrice: «ne te plains pas, ma mère, je suis vivante. Je suis devenue la vie qui ne meurt pas» (p. 211). Mais il appartiendra désormais aux seuls descendants de la branche «masculine» d'être les victimes sacrificielles.

La pratique traditionnelle – toujours en usage comme le précise Boubou Hama

en note, (p. 211) – est ainsi légitimée par une légende qui établit un rapport de causalité et d'échange entre un «événement» colporté par l'oralité et un usage socio-religieux. Le sacrifice des humains peut satisfaire les dieux; mais les hommes devenus dieux imposent aux humains le sacrifice d'autres hommes. Il n'existe donc pas de frontière tangible entre les deux mondes; leur osmose peut être l'occasion d'une vengeance, et l'Esprit de l'eau peut, par son absence, envahir la Terre des hommes.

Dans ce recueil, *Toula* témoigne sans maquillage, avec un lyrisme discret mais efficace, de l'imbrication vécue de la praxis – immédiatement perceptible – et des forces mythiques qui déterminent l'ordre du monde.

Jean-Pierre Gourdeau

Contes et légendes du Niger, Tome II, Paris, Présence Africaine, 1972, 152p. Recueil de contes de Boubou Hama.

Le tome II, plus encore que le premier, met en œuvre la quasi-totalité des mécanismes et des structures du conte universel, selon des modalités/tonalités différentes toutefois: les textes, beaucoup plus courts, expriment un didactisme plus «moral», plus proche de l'éthique quotidienne des habitants de la brousse. Par exemple, la femme n'y est plus une créature demi-mythique capable de fonder une dynastie (comme dans *La princesse et la jument* du tome I), mais un être concret dont il faut savoir qu'on ne peut sans danger lui confier un secret («Il ne faut pas jurer d'une femme», p. 87-95). Le changement de registre est notable...

Il serait vain de vouloir résumer/analyser dans l'ordre les dix contes du recueil, qui semblent destinés plus à un public d'enfants qu'il faut éduquer – instruire et doter d'une morale – qu'à une assemblée d'adultes voulant remonter aux sources de leur «proto-histoire» (tome I, p. 86).

L'ensemble des récits baigne dans l'atmosphère d'une société féodale islamo-animiste et fortement contrastée; on y chercherait vainement un «juste milieu». La dichotomie y est omniprésente, et génératrice des conflits qui déclenchent les aventures des personnages — antagonismes entre riches et pauvres, nobles et roturiers, hommes et femmes, parents et enfants... On y observe aussi la perpétuelle imbrication du monde animal, du monde humain et du surmonde des génies, le passage d'un monde à l'autre — ou le conflit entre un monde et un autre — étant le ressort narratif essentiel. Telle femme se révèle être un génie (*La conjonctivite*, p. 81), tel génie vient au secours d'un petit orphelin (*Le secret*, p. 29) ... Satan lui-même intervient en tant que chef des mauvais génies (*Le diable et le sage*, p. 55). Le merveilleux ici n'est pas miracle, mais contact presque «naturel» entre les différentes expressions vivantes de l'univers. La communication est le plus souvent amorcée par une certaine parole: rien d'étonnant à ce que plusieurs de ces contes aient pour thème majeur le secret, c'est-à-dire la non-parole.

Ici interviennent les femmes, éternelles bavardes qui dérangent l'Ordre Masculin. La relation entre les deux sexes est presque toujours conflictuelle; certains titres le disent sans fard (*Ne confie jamais, jamais, ton secret à ta femme*, p. 37 / *Il ne faut pas jurer d'une femme*, p. 87 ...). La femme n'est plus l'avenir de l'homme (contrairement au tome I, où elle est fondatrice), mais sa perte, s'il n'y veille pas...

Ces récits traduisent donc implicitement la réalité sociale du peuple songhay: toute femme, sans être inférieure à proprement parler, possède un statut d'«étrangère» et, fût-elle princesse, n'existe que sous le regard des hommes. Et la femme et le secret sont à jamais antagoniques.

Le recueil n'est évidemment pas consacré à cette seule «morale». Certains contes apprennent, «preuves» légendaires à l'appui, que, «indulgent sur ses travers, ses défauts et ses fautes, l'homme les voit, volontiers, chez les autres» (p. 28); que l'amitié est une valeur exemplaire (*Les deux mahama* — *La force de l'amitié*, p. 97-108); que la moucharbise est toujours punie (*A-Si-Ba-Taali*, p. 109-124); et que pour être un bon chasseur, il faut savoir utiliser l'art du secret (secret qui veut qu'«aucun chasseur ne peut atteindre un animal suivi de l'esprit qui le protège», p. 146 — *Le secret des chasseurs*, p. 133-146)...

La tradition orale marque la texture des récits: abondance des réitérations, fréquence des proverbes, «collage» de chants songhay (immédiatement traduits en français). Boubou Hama affirme (p. 122): «la vie n'est pas neutre. Elle est la vie. Elle se nourrit d'histoires» (*A-Si-Ba-Taali*). Il reste que ces contes mettent l'imaginaire au service de la norme, et que le merveilleux y mène la guerre contre la déviance. Paradoxe?

Jean-Pierre Gourdeau

Contes et légendes du Niger, Tome III, Paris, Présence Africaine, 1973, 153p. Recueil de contes de Boubou Hama.

De longueur très inégale, les six récits qui composent ce recueil ont deux traits communs: leur découpage en «séquences» (dûment numérotées et sous-titrées) et leur moralisme débridé.

De toute évidence, il s'agit de légendes, de fables, de contes qui sont, si l'on ose dire, pré-découpés: des histoires que l'on égrène plusieurs journées — ou plusieurs soirées — afin de tenir en haleine un auditoire sans doute juvénile.

Les deux premiers récits sont conjoints. *Le voyage du marabout* (p. 9-14) narre l'aventure d'un docte musulman qui chemine en compagnie de ses élèves et d'une hyène et qui, à chaque étape, procure par magie de la nourriture à tous. L'hyène ambitieuse et félonne (c'est là sa typologie traditionnelle dans le conte ouest-africain) prétend rivaliser avec le marabout, rentre au village, repart avec ses petits, armée d'une lance «magique» qui, au lieu d'abattre du gibier, se tourne contre elle-même. Et c'est depuis que les hyènes vivent dans la brousse, à l'écart des hommes... Ainsi s'achève *Le voyage de l'hyène* (p. 15-24): «c'est dans le cadre de sa condition qu'il convient de faire effort pour s'élever au-dessus de la médiocrité» (p. 23).

La calebasse de la petite mère (p. 25-50), dont la structure narrative est beaucoup plus complexe, développe une morale et un thème universels du conte: «Ne maltraite pas l'orphelin, car Dieu le protège» (p. 50). Charles Perrault (*Cendrillon*) et Bernard Dadié (*Le pagne noir*) auraient pu être les coauteurs de cette fiction. Bouli, orpheline persécutée par sa marâtre, parcourt une longue route semée d'embûches et d'épreuves qu'elle domine toutes par la grâce de sa gentillesse, de sa courtoisie, qui suscitent des métamorphoses et font pleuvoir sur elle richesses... et mariage avec le roi de son pays. La marâtre, dépitée, en meurt.

Ce conte, très explicite, fondé sur la féerie, met le rêve au service de la générosité et de la justice...

Profondément inscrite dans la réalité politique de la société songhay, l'aventure intitulée *La pépite d'or* (p. 51-78) est nourrie de l'éternel conflit de l'amour et du pouvoir. Un roi très puissant tombe amoureux fou de l'épouse de son meilleur ami, chef des esclaves et des armées. Il se livre à une multitude de machinations et de turpitudes, et conquiert enfin cette femme idolâtrée. Mais «Dieu est grand» (p. 75): l'époux bafoué élimine son rival, devient roi, récupère sa femme... pour la répudier aussitôt. Et toute l'aventure trouve sa raison d'être dans cette mise en garde réitérée: «les Anciens ont raison, que Dieu te protège de la femme!» (p. 77). C'est clair et net... que, «en toute chose, il faut considérer la fin» (p. 25), proverbe zarma... (en conclusion de *La femme de l'aigle et la femme du caméléon*). Relativement complexes, les contes sur lesquels le recueil se termine sont marqués au sceau d'une morale populaire qui ne connaît ni âge ni frontière, et témoignent de l'existence d'un certain «humanisme» universel.

Jean-Pierre Gourdeau

Contes et légendes du Niger, Tome IV, Paris, Présence Africaine, 1973, 140p.

Recueil de contes de Boubou Hama.

Ce quatrième recueil possède une originalité certaine par rapport aux précédents. Le noyau en est constitué par des contes narrés – sous l'égide de l'UNESCO – par des écoliers du Niger, ce qui confère à ces brefs récits une spontanéité et une sorte d'innocence inhabituelles.

On y retrouve cependant une forte tradition didactique. Comme dans *L'enfant terrible* (p. 47-49) où un fils a le courage de réclamer justice pour son père, face au chef de village qui finit par reconnaître ses propres torts: ainsi, prendre conscience de ses fautes est une vertu. *Deux filles et leur petit frère* (p. 50-51) propose le même schème que *Le petit Poucet*, et la morale est identique à celle du *Lion et du rat*: «on a besoin d'un plus petit que soi» (p. 51). D'autres histoires – il y en a dix-neuf – fournissent aussi des leçons de morale vivante: «soyez tranquilles l'un et l'autre, pour bien vivre dans le monde» (*L'aveugle, le pou et la femme du roi*, (p. 63-65), «une amitié sincère peut conquérir le cœur des gens les plus difficiles» (*Une amitié sincère*, p. 66-67). Un conte (*La vieille, le mendiant et le chef*, p. 74-75) se clôt explicitement sur une citation de La Fontaine: «La raison du plus fort est toujours la meilleure et on risque de tout perdre en voulant trop gagner» (p. 75)... Une éthique primordiale circule donc dans ces récits où, comme à l'accoutumée, il n'y a pas de frontière entre le monde animal, le monde humain et le monde divin; tout ce qui vit cohabite. Mais l'important est d'être homme, et d'en être digne.

Plus singuliers sont les contes qui questionnent: une intrigue, des péripéties de toutes sortes... et pas de conclusion. «À vous de décider» (p. 60) suspend *Un mari frivole* (p. 59-60). Il n'y a même pas d'interrogation à la fin de plusieurs textes. L'oralité est ici manifeste: l'histoire est conçue pour provoquer une réflexion, un débat collectifs; il appartient à la communauté de contester, de prolonger, d'inventer. Ouverture collective, mise en œuvre d'un échange: ces récits volontairement inachevés sont peut-être les plus achevés de tous.

Les contes qui encadrent ces dires d'enfants sont d'une facture beaucoup plus traditionnelle. On y apprend «qu'il faut se contenter de ce qu'on a» (p. 11) quand on est «une femme ambitieuse et cupide» (*A Si Nda Moy*, p. 14); que «l'habitude est comme la peau de la fesse, elle ne quitte jamais son porteur» (proverbe mis en exergue à *L'hyène, chef de village*, p. 17).

Plus politique, *Funya le vaurien* (p. 79-151) est une méditation mouvementée sur les rapports entre le peuple et le pouvoir. D'Nunya, «le plus beau prince de la terre» (p. 84), en a assez de «l'Empire paradisiaque» (p. 80) sur lequel règnent ses parents. Voulant briser les barrières entre puissants et misérables, il prend la route à la recherche d'un monde nouveau, exerce plusieurs métiers «populaires» après avoir donné à son père quelques leçons — bien tempérées — de progressisme («Roi, mon père, ce monde n'est pas figé [...] il doit pouvoir se renouveler dans ses forces vives [...] bien dirigées de sa jeunesse», (p. 101). Le prince errant connaît tous les aléas d'une existence sans cesse improvisée: rencontre avec une princesse sadique, combat contre un lion herculéen qu'il défait, élimination de génies réputés invulnérables, extermination de «rezzous» (pillards) jusqu'alors invaincus... «Voilà qui édifie un prince soucieux du bien de son peuple» (p. 140). Au terme de cette série d'épreuves, le prince gagne — on pouvait s'y attendre — la confiance de la princesse, désormais convaincue de «l'inutilité de la violence» (p. 149). Et le récit s'achève sur une façon de discours électoral: «combiner sans violence tradition, évolution, progrès» (p. 150).

Les hommes demandent à Dieu de supprimer la mort. Il consent à recevoir deux émissaires: le chien qui réclamera la mort de la mort, et le caméléon qui exigera son maintien. Le chien ne cesse de s'arrêter en route et vit d'une mendicité éhontée, tandis que le caméléon poursuit lentement, mais obstinément, son chemin — et arrive le premier. Ainsi Dieu a maintenu la mort. *Rien ne sert de courir, il faut partir à point* (p. 151-153), tel est le titre de cette brève fable qui clôt le tome III. Se référant implicitement à La Fontaine, Boubou Hama conclut: «La mendicité est la pire des maladies, ajoute l'Afrique» (p. 153).

On voit que ce recueil constitue une sorte de manuel d'instruction civique et morale. Ce qui ne va pas, quelquefois, sans une certaine pesanteur didactique et stylistique, accrue par les difficultés évidentes que crée le passage d'une langue africaine orale au français écrit. Il reste qu'un précieux témoignage est donné au lecteur sur les préoccupations éthiques, culturelles et politiques de la société songhay.

Jean-Pierre Gourdeau

Contes et légendes du Niger, Tome V, Paris, Présence Africaine, 1976, 139p.

Recueil de contes de Boubou Hama.

Placée sous l'aile de l'«Oiseau Blanc, retour de moisson» (p. 7), cette cinquième suite de récits, malgré ses variantes narratives, possède une certaine homogénéité thématique. En effet, la famine y est presque omniprésente, soit comme motif central, soit comme «déclencheur» des aventures des héros.

Le recueil s'ouvre sur une fable allégorique (*Le mil de la mort*, p. 9-19). La famine est absolue; seule la Mort possède encore du mil. Trois hommes vont successivement voir la Mort, prête à leur fournir du mil s'ils lui cèdent leur âme à la moisson prochaine; tous s'enfuient épouvantés. Une vieille femme les traite de «lâches», accepte de mourir et revient avec le mil de la Mort. Puis, des années durant, elle va berner la Mort en simulant la maladie, la fièvre... jusqu'à ce que la Mort excédée abandonne. Ainsi cette histoire — qui côtoie la réflexion métaphysique — est un hommage rendu au courage et à l'habileté des «vieilles», personnes respectées et assez souvent craintes dans les sociétés traditionnelles; à l'inverse — dans la littérature orale du moins — des femmes jeunes en qui se concentrent sans riposte toutes les menaces du monde.

La Fontaine est de nouveau présent quand, «en toute chose, il faut considérer la fin» (p. 29), conclusion de *Samba le citadin et Samba le campagnard* (p. 21-29). *Le chemin de la patience* (p. 31-36), conte éminemment moral, est une leçon musulmane d'hospitalité, sur fond de famine, là encore. *Ada et Boulo, les deux frères* (p. 39-41) enseigne de façon brève et manichéenne que «fortune mal acquise ne profite jamais» (p. 41).

On rencontre dans les contes animaliers qui suivent un décalque flagrant de la société humaine, menant à des proverbes/morales qu'on ne saurait contester, comme «l'union fait la force» (p. 99). Ces récits où agissent — ou s'agitent — les animaux familiers du conte africain — l'hyène, le lièvre, le caïman, etc. — brossent en vérité un portrait de la société qui les a engendrés, reproduisant ses structures féodales et la rigueur de sa morale.

Le dernier conte *Le chasseur, le Caïman, le Lièvre et le Pique-bœuf* (p. 129-135), propose — comme les histoires du tome IV racontées par des enfants du Niger — une bouffée de liberté: il ne se termine pas sur une morale brutalement assenée, mais sur une invitation à discuter qui, «du chasseur ou du Caïman et du Lièvre, est le plus ingrat, le plus méchant» (p. 135).

On peut estimer — et cela vaut pour les autres tomes — que les «contes et légendes» construits sur une structure «ouverte» qui permet à l'auditoire de faire fonctionner son imaginaire sont préférables à ceux que clôt sans nuance une leçon de morale autoritaire.

Jean-Pierre Gourdeau

Contes et légendes du Niger, Tome VI, Paris, Présence Africaine, 1976, 112p. Recueil de contes de Boubou Hama.

«Des enfants de toutes les couleurs [...] ont repris mon chant de paix» (p. 7). Sur ce message humaniste, apporté par «l'Oiseau Blanc», s'ouvre le dernier tome de cette cohorte de contes et légendes où se lit un «art de vivre» nourri de préceptes, mais aussi d'interrogations.

Comme dans toute littérature populaire, on peut y déchiffrer un reflet permanent de l'idéologie et de la praxis environnantes. Le Dieu de l'Islam y est omniprésent/omnipotent: «Dieu donne sa grâce à qui il veut, même à l'âne si telle est sa volonté» (conclusion de *L'âne, sa femme, le lion et la lionne,* p. 20). Dieu sanctionne, mais protège également les hommes, les femmes, les enfants qui se conforment à une morale sociale à la fois généreuse et rigoureuse: «Dieu protège l'enfant poli, respectueux de ses parents, des vieux et des malheureux» (p. 44).

La société implicitement décrite n'est cependant pas une théocratie. Le pouvoir y est distribué entre les représentants de l'Islam — imams, cadis... — et les êtres multiformes vivant dans la profonde mémoire collective. Ainsi, *Fati-Dara ou l'origine de la sorcellerie* (p.45-56) est l'histoire mouvementée d'une jeune fille «belle et difficile» (p. 50) que séduit un horrible génie travesti en homme merveilleux (le conte occidental eût dit: un prince charmant...). La mère de Fati-Dara démasque le monstre, le pousse dans une marmite bouillante, et ceux qui consommèrent cette chair «devinrent les Tchierko, les sorciers mangeurs de doubles humains» (p. 56). Le fantastique devient ici didactique, légitimant une croyance ancestrale.

D'autres récits sont réprobateurs quant à certains «usages» de la société contemporaine. Le manichéisme affirmé de *Tchimi, la vérité et Taari, le menson-*

ge (p. 57-65) conduit à un constat et à une mise en garde désabusée: «le mensonge, triomphant, conduit en maître les affaires du monde» (p. 65). Cette conclusion péremptoire relève moins du conte traditionnel que du pamphlet moral...

Il semble que dans cet ultime recueil, Boubou Hama ait voulu ouvrir sur l'univers présent la richesse immense de la littérature orale de son pays. Mais une sorte de surcharge moralisatrice nuit peut-être à la spontanéité de ces récits où les hommes, les bêtes et les dieux, cohabitant et se combattant, se font, sans trêve et sans humilité, éternels donneurs de leçons.

Jean-Pierre Gourdeau

Contes gabonais, Paris, Présence Africaine, 1967, 384p.
Recueil de contes d'André Raponda Walker.

Les *Contes gabonais* représentent un cas particulier dans l'œuvre d'André Raponda Walker. Ces contes furent d'abord édités en 1953 par l'imprimerie Saint-Joseph de Libreville pour l'école Montfort. Bientôt épuisé, cet ouvrage bénéficia d'une nouvelle édition revue et augmentée par Présence Africaine en 1967 avec 47 compositions originales de Roger L. Sillans et une préface de Pierre Alexandre, professeur de langue bantoue. L'introduction de l'auteur situe la place de la littérature gabonaise ainsi que l'importance du mvet chez les Fangs.

Il ne semble pas que l'auteur ait lu les *Contes indigènes de l'ouest africain (1913-1915)* de F.V. Equilbecq qui comportaient la première méthodologie raisonnée de collecte de contes.

Aussi ne propose-t-il qu'une division en deux grands groupes (p. 12-13):
1. Des contes de fées ou récits merveilleux qui se passent dans un pays enchanteur (G'Awiri), dont les acteurs sont des esprits (imbwiri) bons ou mauvais, comme l'ogresse Ngwè-Mbolo qui se repaît de chair humaine et va jusqu'à manger sa propre fille Antsandye; ou comme le jeune Omw'ibambo qui aspire à la main de la belle Ilòmbè, fille du grand chef R'Agnambyè.
2. Des contes proprement dits, apologues, fables où défilent tour à tour gens et bêtes.

Parmi les humains, c'est R'Agnambyè, Rer'Agnambuè ou Rè-Mburu-Akinda, le principal personnage, riche et puissant, avec son compère du même nom, l'un habitant le littoral, l'autre établi au fond des bois.

Ngwè-Nkondé, la première femme ou la préférée, jouit de toute la confiance de son mari et en profite pour surveiller ses compagnes et faire des rapports désobligeants sur leur compte. C'est le type de la femme acariâtre, autoritaire, jalouse et soupçonneuse. Elle a peu d'enfants.

Ngwè-Lèguè, la dernière femme ou la moins aimée, personne très douce, effacée, supporte toutes sortes de brimades de la part de ses compagnes, surtout de Ngwè-Nkondé. Bien qu'elle soit la plus féconde, son mari l'estime peu. Mais elle a toujours le beau rôle. Elle passe souvent des moments difficiles, mais finalement son innocence est publiquement reconnue.

Il y a aussi Essèrènguila, aux jambes fluettes, toujours à l'affût de nouvelles vraies ou fausses. Il rapporte tout ce qu'il voit ou entend dire, ou invente des histoires quand il ne trouve rien.

Ompounga (le vent), homme d'affaires, messager de R'Agnambyè, est le Mercure des contes gabonais.

Pivya (le penseur) est comparable au vieux Nestor des Grecs: conseiller prudent et expérimenté, il tire toujours son maître d'embarras dans ses difficultés.

Pènguè et Londo sont les serviteurs fidèles; Nkombé et Ogoula, fils du chef, l'un né de Ngwè-Nkondé, l'autre de Ngwè-Lègè, sont aussi différents de tempérament que leurs mères le sont entre elles.

Efakè, autre fils de R'Agnambyè est un grand orateur.

Ilòmbé, fille de R'Agnambyè, remarquable par sa beauté attire à elle de nombreux prétendants venant de partout.

Enfin, Ngwè-Akinda, tête légère, veut

imiter tout ce qu'elle voit faire et s'attire ainsi toutes sortes de désagréments.

Les contes sont ensuite présentés par ethnies, envisagées dans l'ordre alphabétique: Apindji, Baduma, Bakele, Balumbu, Banzali, Bapunu, Bavili, Bavungu, Benga, Enenga, Eshira, Fang, Galva, Ivea, Masango, Mindumu, Mitogo, Mpongwe, Ngowe, Nkomi, Orungu, Sekyani.

L'ensemble est remarquable et demeure jusqu'à présent la contribution la plus complète jamais apportée à la littérature orale du Gabon.

Robert Cornevin

Contestant (Le), Paris, La Pensée Universelle, 1973, 256p.
Roman de Jean-Pierre Makouta-Mboukou.

Jean Kayilou, maître de conférences de philosophie à l'Université, époux fidèle d'Évelyne, se trouve épris de Myriam, une secrétaire. C'est de cette liaison amoureuse, désapprouvée par la société, que naît le désir chez Kayilou de se transformer en contestant pratique et conséquent du statu quo politique. À travers la vie et la mort de Kayilou, Makouta-Mboukou pose certains problèmes se rapportant à la vie politique, sociale et économique de l'Afrique indépendante.

Ainsi, le thème de l'amour constitue le facteur à l'origine de la quête de justice qui provoquera un affrontement direct entre Kayilou et les structures religieuses et politiques dans le pays des Kalawala. En effet, l'amour vécu par Kayilou et Myriam est, au fond, la transgression d'un interdit. Dans le milieu occidentalisé et chrétien, la pratique de la polygamie est condamnée et considérée comme un acte antisocial quoiqu'elle soit l'un des éléments caractéristiques de la vie sociale en Afrique. Cependant, en scellant leurs rapports par un pacte du sang, Kayilou et Myriam démontrent leur volonté collective d'assumer pleinement cette transgression et de se situer au-delà des exigences et de l'hypo-

crisie de la société. Mais, malgré leur bonne volonté et leur ténacité, ils sont conscients de l'impossibilité de réaliser pleinement cette aspiration, d'où le désir de vivre autrement mais avec la même intensité cette liaison amoureuse.

Pour Makouta-Mboukou, le véritable amour doit être transcendantal, dépourvu de toute bassesse et de toute mesquinerie. Car, en dernière analyse, l'expérience du ménage à trois, vécue par trois êtres qui s'aiment, a quelque chose de divin, permettant à l'homme de se rapprocher de la perfection divine. L'amour humain n'est-il pas l'expression de l'amour divin? Même si l'acte en lui-même est condamnable et condamné selon la logique de la société, il est cependant la traduction chez Kayilou, Évelyne et Myriam des sentiments et des qualités qui constituent les manifestations pratiques de la doctrine chrétienne. L'esprit de sacrifice, l'amour du prochain et la capacité de pardonner sont autant d'éléments qui caractérisent cet amour véritable.

Le choix conscient de Kayilou et de Myriam de se faire respectivement pasteur et religieuse s'inscrit dans la logique de leur amour. Ils ont la conviction que la meilleure manière de vivre pleinement cet amour contrarié par les exigences individuelles et sociales, c'est de consacrer leur vie au triomphe de la justice et à l'amélioration du sort des opprimés. Autrement dit, il s'agit de se sacrifier pour le bien-être de tous, comme en témoigne surtout le séjour de Kayilou en prison.

Or l'Église, pourvoyeuse de ces valeurs humaines, se montre incapable dans sa conduite quotidienne d'assumer ce rôle. Prisonnière de la rigidité de ses structures, elle refuse de s'identifier avec les aspirations louables de Kayilou qui critique à juste titre son hypocrisie et son indifférence face aux excès du régime et au sort subi par les opprimés. En choisissant d'accomplir sa tâche sacerdotale à l'extérieur des structures existantes, Kayilou expose le rôle mystificateur de l'Église et dénonce son abdication totale vis-à-vis du peuple. C'est d'ailleurs la raison pour laquelle il sera trahi par l'un des représentants de l'Église.

Car la hiérarchie religieuse est avant tout l'alliée privilégiée du régime politique. Au lieu de dénoncer les injustices du pouvoir, de défendre la cause des opprimés, elle se montre une collaboratrice fidèle et acharnée dans l'entreprise d'exploitation et de répression. Makouta-Mboukou condamne donc l'opportunisme de l'Église vis-à-vis du parti dont la tâche est pourtant de détruire la base même de son existence.

Néanmoins, c'est au niveau de la critique du pouvoir politique que l'auteur se montre le plus virulent. Tout d'abord, il dénonce le contenu mystificateur d'un discours idéologique caractérisé par la méconnaissance des bases théoriques du socialisme scientifique. Le concept est vidé de son véritable contenu et le socialisme scientifique s'identifie avec l'oppression et le manque de respect pour la vie humaine.

Ensuite, il démontre que l'existence des structures sociales et politiques érigées au nom du socialisme scientifique permet au groupe dirigeant de satisfaire ses instincts les plus bas – la torture, le viol, le chantage et la trahison. Tout se réalise et se justifie au nom du parti unique, ce dieu suprême dont les exigences sont interprétées au goût des exploiteurs et des oppresseurs.

Enfin, le socialisme scientifique à la Kalawala constitue un frein à l'épanouissement de l'individu. Dénié de toute liberté, celui-ci devient une loque humaine, condamné à se plier aux caprices des dirigeants. Les arrestations arbitraires, le mensonge, la parodie de justice sont autant d'armes employées pour assurer l'obéissance inconditionnelle et la déshumanisation de l'individu dans ce système répressif. Jean Kayilou, torturé, bafoué et anéanti physiquement et moralement, trouve la mort à sa sortie de prison. Évelyne, méconnaissant l'hypocrisie des autorités et l'état de santé réel de son mari, meurt sous le coup d'une crise cardiaque. Myriam, noyée dans le chagrin, trouve aussi la mort – une mort qui vient consacrer la signification du pacte du sang. La boucle est ainsi bouclée. C'est le triomphe de la raison d'état, du socialisme scientifique à la Kalawala, mais c'est aussi la mort momentanée de l'Homme libre, pensant et agissant selon les règles de sa conscience.

Certes, l'alternative idéologique proposée par Makouta-Mboukou n'est pas bien précise. Mais le système envisagé semble être un socialisme à vocation humaine «...qui enterre la haine et la misère en instaurant la prospérité et «la concorde, en laissant à chacun le droit d'adorer le Dieu de son cœur» (Avant-propos). Il s'agit donc d'un socialisme fondé sur les sentiments de charité et d'amour, un amour unissant d'une manière mystique – comme le pacte du sang – les aspirations individuelles et reconnaissant la primauté du bien-être collectif. D'ailleurs, c'est grâce à l'intervention de l'Occident chrétien que le système répressif sera détruit. Bien que rien ne soit précisé au sujet de la nature et de la dimension de cette intervention, Makouta-Mboukou semble dire que l'Afrique ne connaîtra le véritable socialisme qu'après avoir accepté la pertinence des valeurs chrétiennes eu égard à l'épanouissement de l'individu et à l'évolution qualitative de la société.

Ce roman, où se trouvent imbriqués le sérieux et le comique, le sublime et le quotidien, demeure original en son genre. C'est une véritable entreprise de démystification des régimes dits socialistes. Poussé par le désir de critiquer les excès de ces régimes, Makouta-Mboukou pèche parfois au niveau de la vraisemblance. En effet, l'intelligence déconcertante des enfants de Kayilou, les rebondissements fantastiques, les sauts incroyables dans le temps et l'espace posent le problème des limites du possible romanesque. Néanmoins, ce ne sont là que des points de détail qui ne dénaturent pas l'impact idéologique de son message.

Kester Echenim

Continent Afrique, Honfleur, P.J. Oswald, Coll. Théâtre africain, 1970, 42p.

Pièce de théâtre de Condetto Néné-khaly Camara.

Continent Afrique est une évocation épique des temps forts de la préhistoire et de l'histoire négro-africaines. La pièce est structurée en un prologue suivi de deux «Visions» qui se subdivisent en actes puis en scènes (A,B,C) reprises alternativement. Dans la «Première vision», l'auteur satirise la conspiration de l'Europe occidentale destinée à déper-sonnaliser l'*homo africanus* par une falsi-fication de l'histoire universelle. Les hommes de science honnêtes et objectifs qui osent démontrer le rôle primordial de la race noire dans l'histoire de l'huma-nité sont assassinés par des «pseudo-savants» [sic] négrophobes, pour délit d'insultes à la race blanche. À cette inculpation de l'Europe succède, dans la «Deuxième vision», «l'heure de la renais-sance qui culmine ici avec le testament de Lumumba» relatif à la victoire inéluc-table de l'Afrique au nord et au sud du Sahara.

Le ton en est donné dans le prologue où le dramaturge propose en exemple à l'Afrique révolutionnaire l'illustre Antar, le symbole de «la permanence de l'éclat du génie africain», en qui la race noire se mit debout pour la première fois en Arabie pré-islamique. Pour l'auteur, les héros que l'Afrique a produits depuis lors (Soundiata, Chaka, Lumumba, Sekou Touré ...) sont les dignes conti-nuateurs de l'œuvre révolutionnaire com-mencée par Antar. La pièce est plus que laudative à leur égard.

L'unité thématique et topologique fait défaut à ce livre. Traitant tour à tour de la polémique sur l'origine de l'hom-me, des ravages de la bombe atomique au Japon, de la conférence de Bandoeng, de la célébration de l'indépendance à Cona-kry ou du destin tragique de Lumumba, l'auteur nous fait passer (trop rapide-ment, il faut le dire) d'Afrique en Asie, en Europe ou en Amérique latine. En outre, on y assiste à un défilé de nom-breux personnages (anonymes pour la plupart) dont la peinture physique et psychologique est rarement fouillée.

Malgré tout, la lecture est facilitée par la limpidité de l'écriture. L'œuvre d'érudition qu'est *Continent Afrique* s'appuie sur une solide documentation anthropologique et historique, mais le langage des personnages est habilement débarrassé des encombrements stylisti-ques pouvant brouiller le message.

Là où l'écrivain déçoit en concision et en analyse de profondeur, il intéresse en défendant ses thèses. En effet, malgré la superposition thématique et topologi-que, l'on perçoit dans l'œuvre «une mé-ditation sur l'Afrique, [...] une quête sur son devenir». À l'acquis de l'écrivain gui-néen, il y a, par-dessus tout, une vision optimiste du destin de l'Afrique: «une Afrique totalement libérée, fraternelle et solidaire des autres peuples engagés, comme elle, à construire une société nouvelle» contre vents et marées.

Isaac Célestin Tcheho

Corbeille (La) d'ignames, Yaoundé, Édi-tions CLÉ, Coll. Pour tous, 1971, 61p.

Récit de Penda.

Pourquoi ce titre? Il était une fois un roi qui s'appelait Foué-so. Il était entou-ré de chindas (ministres) hypocrites qui, d'une part, l'encensaient et, d'autre part, affamaient le petit peuple en confis-quant, au nom du roi, les plus belles ignames qu'on trouvait sur la place du marché. Les chindas étaient aussi l'âme de nombreux gangs qui «saccageaient» le royaume de Foué-so. Pour en avoir le cœur net, Foué-so se déguise en fou par un jour de marché et tombe dans un cer-cle où l'on met au point une stratégie pour piller son grenier d'ignames. De retour au palais, le roi se cache dans l'une des corbeilles de son entrepôt. Le vol a lieu comme prévu et voilà Foué-so cavalant dans une corbeille d'ignames.

La corbeille passe de main en main ou plutôt de gang en gang, à telle ensei-gne que le roi se retrouve, au terme de plusieurs jours de pérégrination, dans la cabane de sa préférée, la mère du prince héritier. Un des pages du monarque a acheté les ignames avec l'argent de ce dernier. C'est ici que le roi apprend l'ultime vérité: ce page qui le vole et le cocufie est le père naturel du prince héritier.

On pourrait croire que j'ai raconté *La Corbeille d'ignames* mais comment donner ici toutes les articulations d'un récit à suspense et aux rebondissements aussi captivants les uns que les autres? À la manière du conteur traditionnel, Penda allie avec art le réel au merveilleux. Les croyances populaires sont fort bien exploitées. Langage parlé et dialogues, l'interpellation du lecteur/auditeur («chers lecteurs, imaginez-vous...», p. 53) évoquent les soirées au coin du feu et les échanges entre le griot-conteur et son public. L'atmosphère villageoise et les noms authentiquement bamiléké – l'auteur s'est lui-même gardé de s'affubler d'un prénom chrétien – contribuent à la re-création de l'univers de jadis.

Mais il importe de souligner que le message de *La Corbeille d'ignames* est tout a fait d'aujourd'hui. Certains princes qui nous gouvernent auraient long à apprendre de cette petite fable. Enfermés dans leur palais-tour d'ivoire, ils se contentent trop souvent des rapports de quelques courtisans sur la vie du peuple. Ceux-ci ne peuvent, eu égard à leurs égoïsmes, véhiculer qu'une image tronquée de l'opinion publique. Foué-so a été sage, malgré les risques encourus, de descendre dans l'arène prendre le véritable pouls du royaume. Il a ainsi pu démasquer faux dévots et diseurs de bonne aventure. Son pari gagné, Foué-so n'a pas tardé à transformer un règne naguère perçu comme un cauchemar par le petit peuple en un règne des «plus brillants, des plus prospères et des plus florissants de l'Afrique centrale» (p. 67).

Ambroise Kom

Coups de pilon, Paris, Présence Africaine, 1956, édition définitive et augmentée de huit poèmes retrouvés (de «Contribution au débat sur la poésie nationale» et de cinq poèmes), Présence Africaine, 1973, 63p.

Recueil de poèmes de David Diop.

Depuis que David Diop publia ses premiers poèmes dans la revue *Présence Africaine* en 1948, les critiques ne cessent de souligner qu'il est un poète extrêmement militant. Pour Gerald Moore, Diop est «le Maïakovsky de la Révolution africaine et le principal représentant de la poésie protestataire». Pour Roscoe, il est «la voix extrémiste de la négritude», alors que Kennedy et Troute le considèrent comme «le plus courroucé de tous les jeunes poètes de la négritude». Selon Awoonor, il est de tous les poètes de la négritude... «le plus direct, le plus attaché au renouveau politique et à la restauration de la liberté à l'Afrique et à tous les Noirs du monde». En tout état de cause, il est le plus radical, le plus positif de tous les poètes de la négritude et «l'expression violente d'une conscience raciale aiguë», ainsi que le souligne Léopold Sédar Senghor, ancien professeur de Diop au Lycée St-Maur-des-Fossés.

Cette négritude raciale, ce virulent militantisme se lit à travers chacun des poèmes de l'unique recueil de Diop, qu'on peut considérer comme l'œuvre la plus révolutionnaire et la plus anticoloniale de toute la littérature négro-africaine. Chaque pièce est une plainte, un cri de douleur ou un réquisitoire. Il exprime même parfois les trois thèmes en même temps. En effet, chacun des 30 poèmes de Diop, dont les premiers ont été écrits vers l'âge de 15 ans, est comme une bombe ou un coup violent qui veut détruire le colonialisme, les colonisateurs ou tout ce qui représente et soutient la civilisation qui a reçu sa raison d'être du colonialisme et du capitalisme. Il cherche par là à reconstruire l'Afrique déjà défigurée par le système impérialiste depuis ses premiers contacts avec les Européens au XVe siècle. Ainsi s'explique le titre – *Coups de pilon* – qui suggère l'assènement de violents coups verbaux sur l'âme, la conscience et le corps du Blanc pour qu'il laisse l'Afrique tranquille et lui permette de se forger un nouveau destin. Diop considère la poésie comme un instrument de libération et de lutte qui «[claquera] comme des coups de verge sur les égoïsmes et les conformismes de l'ordre».

Hormis les huit pièces inspirées par les problèmes sentimentaux et physiques du poète, la plupart des poèmes sont des pièces publiques qui traitent du moment historique où l'Afrique fut victime d'une tragédie inhumaine. Chacun de ces poèmes se compose de deux parties antagonistes mais complémentaires.

Dans la première partie, qui est toujours la plus longue, Diop nous présente sa fureur et son courroux contre les Blancs. Ces derniers sont perçus dans leurs multiples conjurations de colonisateurs, d'esclavagistes et de missionnaires. Ils ont détruit ou bouleversé le paradis d'antan avec le matérialisme impérialiste et une philosophie égotiste et hypocrite qui se traduisent par le vol, le viol, la violence, le lynchage, la bastonnade, le meurtre, le sac des villages, la spoliation des tribus et l'humiliation. Les lieux de l'oppression des Noirs sont les plantations, les mines, les camps d'épouvante, les prisons, alors que les symboles et les instruments d'humiliation sont l'esclavage, la colonisation, les chaînes, les cordes, les fers et les fouets. Ceux qui ont abâtardi et dépersonnalisé le Noir, qui ont transformé sa vie en enfer, sont représentés dans ces poèmes comme «des hommes étranges qui n'étaient pas des hommes», «des conquérants aux yeux d'acier» et des diables, dénués de sentiments humains. Ils «s'engraissent de meurtres» et «mesurent en cadavres les étapes de leur règne». Étant donné qu'ils se conduisent comme des sauvages et qu'ils sont responsables du carnage, de la rapacité matérielle et du chaos spirituel

en Afrique, les Blancs sortent de ces poèmes marqués des qualités carnassières. Ils sont représentés comme des «vautours», des «monstres», des «hyènes», des «panthères», des «reptiles» et des «parasites». Devant cette race rapace, le Nègre est «noir comme la Misère». La souffrance et l'humiliation du Nègre sont évoquées pour faire naître un sentiment de pitié. Soumis à son «état de misère», le Noir est poussé à la passivité, il «se tait», «plie», «veille» et obéit au maître en sujet docile. Ainsi, au lieu d'introduire une civilisation (comme le prétend Senghor), les Blancs sont des exploiteurs, des mystificateurs, des usurpateurs, et des racistes qui sèment le désordre et la peur, introduisent l'obscurantisme et la misère. Les verbes et les substantifs qui présentent les activités des Blancs sont ceux de la mutilation, du désordre et de l'humiliation «étrangler», «éteindre», «marteler», «arracher», «foudroyer», «briser», «plaies», «blessures», «zébrures» et «pleurs». Pour dresser son réquisitoire contre l'injustice, la méchanceté et la brutalité des Blancs, Diop se sert d'images directes: aucune diplomatie dans le choix des mots. Contrairement à Senghor, il appelle les choses par leur nom. Mais pour dénoncer une civilisation que le Blanc a décrétée «universelle pour la circonstance», il a souvent recours à l'ironie qui, comme chez Nicolas Guillen et Palés Matos, «cingle comme un coup de fouet».Pour stigmatiser le Renégat, cette victime du syndrome de l'homme divisé, il se sert également de tous les artifices de l'ironie: antiphrase, périphrase, circonlocution et antithèse.

Dans la première partie de chaque poème c'est l'antithèse Noir / Blanc qui l'emporte. Alors que le Noir représente l'innocence, la simplicité et la beauté, le Blanc symbolise l'avidité, l'hypocrisie, la rapacité, la brutalité et l'artifice.

La deuxième partie et la fin de chacun des poèmes contiennent la véritable révolte de Diop. Il y appelle le Noir piétiné, exploité, nu, brutalisé, déchiré, bousculé et dédaigné, à mettre en question son humiliation et à combattre tous ceux qui en sont responsables. Avec des mots d'ordre qui appellent à l'action iconoclaste et qui renforcent l'opposition Blancs/Noirs — comme «briser», «brûler», «exploser», «claquer», «déchirer», «écraser» —, il invite ses «camarades» et «frères» noirs, dont chacun est interpellé avec le pronom de familiarité «tu», à se relever «pour crier non» aux Blancs. De la révolte, de la lutte spirituelle, physique comme du refus psychologique va naître la libération. Avec cette deuxième partie qui est présentée avec des thèmes d'agressivité, de fertilité et de renouveau, des verbes au temps futur ou préfixé de *re* pour indiquer la renaissance, on voit surgir une note d'espoir et d'optimisme. Cette idée est encore appuyée par l'alliance invincible des Noirs avec les forces naturelles («les tempêtes», «le soleil», «le feu») contre les forces technologiques des Blancs.

Mais il n'y a pas que les Noirs «d'Afrique aux Amériques» qui peuplent le paysage géographique de la poésie de Diop. Son univers s'étend à tout endroit où l'homme est humilié par un quelconque système exploiteur et aliénant. Cet engagement panhumain de Diop est nourri par le militantisme du poète qui devint officiellement membre du Parti Communiste une dizaine d'années avant sa mort.

La violence et l'agressivité de Diop rappellent celles de l'Haïtien Jacques Roumain, du Martiniquais Aimé Césaire et du Malgache Jacques Rabemananjara. Sa révolte s'apparente aussi à «l'orage déchaîné» du Chilien Neftali Ricardo Reyes (dit Pablo) Neruda et à la rage antiraciste des Sud-Africains James Mathews et Gladys Thomas. C'est d'ailleurs pour ce militantisme agressif que les jeunes poètes africains comme Francesco Nditsouna, Théophile-Joseph Obenga, Paulin Joachim, Cheikh Ndao, Oumar Bâ, Epanya et plusieurs autres encore voient en Diop le premier de la génération des poètes africains révolutionnaires.

Samuel Ade Ojo

Couronne (La) aux enchères, Paris, Millas-Martin, Coll. Paragraphes littéraires de Paris, 1956, 47p.

Drame social en trois actes et six tableaux de François-Joseph Amon d'Aby.

F.-J. Amon d'Aby appartient à cette génération d'écrivains africains qui prenaient très au sérieux leur devoir d'utiliser leur formation, leur rôle d'élite et leurs talents personnels au profit de leurs compatriotes moins émancipés. Sorti de l'École Normale William Ponty, où il avait participé aux célèbres représentations dramatiques de l'entre-deux-guerres, il fonda une vingtaine d'années plus tard «Le Théâtre indigène de la Côte-d'Ivoire».

Tenant compte du fait que le théâtre offre une tribune exceptionnelle pour parler directement au peuple, il composa entre 1955 et 1958 diverses pièces didactiques et morales qui avaient pour but de lutter contre les influences et les préjugés qui freinaient le progrès de l'Afrique noire: superstition, charlatanisme, régime matriarcal, destitution de veuves et d'orphelins. En ses propres termes, il voulait: «présenter sur scène avec la plus rigoureuse fidélité, les divers états d'âme du Noir, transformé par la civilisation occidentale ou soumis encore à ses coutumes et croyances séculaires» («La Côte-d'Ivoire dans la cité africaine», cité par R. Cornevin, *Le Théâtre en Afrique noire et à Madagascar*, 1971, p. 76).

Encouragé par le succès de sa première pièce, *Kwao Adjoba* (ou procès du régime matriarcal en Basse Côte-d'Ivoire), publiée en 1955, avec une note sur la primauté des droits du père, Amon d'Aby compose un second «drame social» dans lequel il propose de soumettre à la jeune élite de son pays natal le problème de la succession des rois traditionnels, problème auquel il ne donne cependant pas de solution.

Dans le premier tableau de *La Couronne aux enchères*, le nouveau roi est désigné de façon péremptoire sans débat ni dissentiment; il s'ensuit le couronnement selon les rites coutumiers. Au deuxième acte, trois prétendants au trône se présentent au Commandant européen et exigent une élection démocratique. Un de ces candidats, un Soudanais, attaqué par ses rivaux comme un «parvenu étranger», les dénonce à son tour comme «racistes». Le Commandant convoque une palabre ou «consultation populaire» au cours de laquelle les trois candidats font valoir leur droit de vote en raison de l'argent et des cadeaux qu'ils ont distribués. Comme ces arguments ne prévalent pas, ils forment un «Front Uni» pour s'opposer à l'héritier légitime qui meurt de saisissement. Un des Anciens du village prononce l'épilogue: «mes frères, la destitution, le remplacement et la mort de Mian Aoussi, chef vénérable élu suivant la coutume, posent dans toute son acuité le problème de notre évolution au contact des Européens.»

Les mérites littéraires de cet ouvrage sont assez minces; il est regrettable que la thèse soutenue par l'auteur ne ressorte pas plus clairement; Amon d'Aby est-il en faveur de la tradition, ou bien propose-t-il de la remplacer par ce qui paraît être dans son drame un système démocratique plutôt douteux?

Dorothy S. Blair

Coutume (La) qui tue, Yaoundé, Éditions CLÉ, Coll. Clé-théâtre, s.d., 22p.
Drame en un acte de Jean-Laforest Afana.

La Coutume qui tue raconte l'histoire de la mort d'un homme. Les villageois accusent le père du défunt d'avoir tué son fils parce que ce dernier avait «aimé» sa plus jeune femme. Malgré son innocence, Onambala, l'accusé, doit, comme le veut la coutume, manger de l'écorce d'elon pour prouver qu'il n'est pas sorcier. Il en meurt. L'infirmier, venu trop tard, explique pendant les funérailles qu'Onambala n'était pas sorcier et que son fils est mort d'une hépatite. Il exhorte les villageois à supprimer cette coutume car l'écorce d'elon est un poison.

L'intérêt de la pièce réside dans la richesse des thèmes et dans le suspense qu'il entretient. Ce n'est qu'à la fin que le spectateur-lecteur comprend bien l'œuvre. Cependant cette pièce, écrite après l'année des Indépendances africaines (1960), ne suit pas la tendance du théâtre négro-africain contemporain. Elle se compare plutôt aux pièces de l'époque coloniale. Dénigrer les valeurs culturelles africaines est la grande thématique de la plupart des pièces composées entre 1931 et 1957.

L'attitude d'Afana est résolument négative. Même si cette coutume est dépassée, le dramaturge aurait pu profiter de la situation pour faire une critique constructive de certaines coutumes traditionnelles africaines. *La Coutume qui tue* n'a rien de comparable à *La Fille du forgeron* d'un Ngenzi Charles où la remise en question de tout un ordre de valeurs sociales, dont l'interdit fait aux femmes de travailler à la forge, est soigneusement présentée.

Nu-Kake Gatembo

Crayons et portraits, Mulhouse, Imprimerie Union, 1953, 79p.
Écrits de Fily-Dabo Sissoko.

Les deux termes du titre désignent bien le double contenu de ces textes, «crayons» devant être pris, semble-t-il, au sens de «description rapide et sans prétention».

Ce qui est ainsi évoqué, ce sont essentiellement des images et des scènes concrètes de l'enfance demeurées vivantes dans la mémoire de l'adulte. Elles dominent dans la première partie, la plus longue et la plus attachante, dédiée à la mère de l'auteur avec une épigraphe de Marc-Aurèle: «Le 'Petit Poucet' ou Premier 'crayon'» en manière d'Avant-propos où se lisent les travaux et les jours, les rêves et les visions, les joies et les peines d'un petit Nègre du Niambia, à l'ouest du Mali, jusqu'à son entrée à l'école vers 1907, où se lisent aussi d'intéressants détails sur les croyances et les pratiques des Malinkés peu après la conquête française.

Les «portraits» sont classés par races: *Les Blancs*, dédié à son «maître F. Froger» avec une épigraphe sarcastique de Saint-Simon (p. 33-49); *Les métis*, très peu développé: trois portraits, deux pages, avec une épigraphe empruntée à M. Leiris; *Les Noirs* enfin (p. 57-59), dédié «à Tiécoura Coulibaly (martyr)». Dans ces trois catégories, les modèles sympathiques alternent avec les modèles odieux. Quelques noms propres apparaissent (dont celui de Georges Hardy) mais, le plus souvent, l'original est désigné soit par l'initiale de son nom ou par son sobriquet, soit par le type auquel, selon l'auteur, il appartient: «Le Conciliateur», «L'Avaricieux», «Le Révolté», etc.

À cette dualité formelle correspond une dualité d'intention: l'une est individuelle, l'autre collective. «Au dedans de toi est la source du bien», dit l'épigraphe de Marc-Aurèle (p. 3), affirmation conforme aux conseils des Anciens: «Les vieux de mon pays me disent: Savoir monter à cheval, savoir conduire un âne, savoir les vertus des plantes, tout cela ne vaut pas: se connaître soi-même» (p. 14).

Nul doute que Sissoko demande à son enfance quelques-uns des secrets qui ont défini son *destin* (p. 13). Il trouve, en outre, dans l'évocation de «ces années bénies un prétexte à évasion, surtout quand l'horizon s'obscurcit devant [l]ui et que sa volonté «tendue dans la nuit» se résout au combat» (p. 13). La conclusion révèle une intention moins égotiste et plus enracinée dans l'histoire: «Le problème de l'évolution culturelle des Noirs, dans le cas concret du Soudan [...] sous l'influence de la colonisation, est loin d'être résolu et semble même avoir fait fausse route. [...] Pour orienter l'évolution culturelle d'un peuple dans le sens qui convient, il faut avoir tout d'abord l'intelligence de ce peuple [...]» (p. 78). C'est à faire un pas dans ce sens que Sissoko invite ici son lecteur, à l'évidence le lecteur français des années 50.

Avec ce livre de souvenirs, Sissoko aborde, à l'âge mûr, un genre original auquel il restera fidèle et qu'affineront les œuvres ultérieures.

Michel Hausser

Crépuscule (Le) des silences, Paris, P.J. Oswald, 1975, 84p.
Recueil de poèmes de Magang-Ma-Mbuju Wisi.

La forêt équatoriale («Ô l'île verte/ de ma forêt»), la savane, les rizières, le fleuve, les chutes d'eau du «pays des Bajag» sont à l'arrière-plan des trente-sept poèmes qui constituent le recueil. Magang y évoque aussi (non sans affection) «Le Boul'Mich et ses pavés», les cafés du Quartier latin et sa vie d'étudiant à Paris, où il a passé une licence et une maîtrise en lettres modernes. Les éléments qui dominent *Le Crépuscule des silences* sont la nostalgie du pays natal, accompagnée du dégoût de la vie occidentale («Je vis au milieu de masques publicitaires/ respirant la fiente des machines/ Rien que des cœurs en mark/ et des regards en francs») et l'ardent désir de retour («je brûle, je brûle de revenir») pour revendiquer sur «la terre des symboles» «l'héritage sacré des griots».

Le premier de ces poèmes, «Muil», est le seul à avoir été écrit à l'occidentale, en octosyllabes de rimes plates, sept des huit quatrains se terminant par le vers-refrain «mon amour et mon doux berceau». Nous sommes d'emblée dans le monde des souvenirs.

Tous les autres poèmes, de longueur variable (de dix vers à plusieurs pages), sont écrits en vers libres, brefs et fortement rythmés, parfois même syncopés, suivant en cela le rythme du tam-tam ou du jazz. Il y a d'ailleurs identité entre le cœur du poète gabonais et la voix du tam-tam, dont le son se trouve mêlé à tous ses souvenirs et tous ses espoirs («Tam-tam»). D'autres poèmes sont du reste des chants «pour guitare, tam-tam ou ingidi» comme le dynamique «Battez des mains», ou uniquement pour guitare, comme le «Chant du coupeur d'okoumés». De par le rythme même et les sonorités, on croit entendre tam-tams, cithares et balafongs, même dans le «Clair de lune» «en souvenir d'un récital de piano»! Ce dernier poème donne le ton pour une série de nocturnes qui sont en même temps des poèmes d'amour: «L'absente» («Lune/ sortilège masqué de mon ciel d'adolescent»), «Cette nuit», «Dernière nuit», «Ma septième escale», et «Mwets».

Les principaux thèmes d'inspiration de Magang-Ma-Mbuju sont en effet l'amour, la mère et l'Afrique, le glissement de l'un à l'autre se faisant insensiblement d'un poème à l'autre, voire au cours du même poème. Évocation des amours anciennes: «Mon cœur se souvient», «La ultima vez», «Sur mon chemin», «Je te veux», «Bonsoir, Ercia» où le poète chante «la commune envolée vers Cythère/ à la cadence des pagaies sur l'Ogoué». Magang sait y trouver des accents presque apollinairiens, comme ces vers: «se sont consumées les heures vertes/ et ma jeunesse» («De poème en poème»). À sa mère sont dédiés «Souvenir», «Moi qui suis ton fils», «Maa Mame». «Mourir en ton sein» est dédié à l'Afrique ainsi que les quatre poèmes «Me voici nostalgique I, II, III, IV», qui prennent d'ailleurs tous comme point de départ les deux premiers vers de «Souvenir», montrant bien ainsi l'imbrication totale de cet amour que Magang porte à sa mère et à l'Afrique mère. Tous ses poèmes débordent d'amour pour la terre africaine, dans la réalité ou dans le souvenir. Cette ferveur s'étale dans des poèmes comme «Muil-Mangondu» et les deux Éloges/Élégies, «Pour pleurer Paul Thomo» et «Pour pleurer Mutsing-Nyond». Un thème complémentaire en est la «révolte-en-bras-de-chemise», «la cadence des indigènes/ la danse des illusions», qui s'expriment dans plusieurs poèmes libertaires contre l'oppression, le chômage, l'exploitation, la guerre («Détresse», «L'épopée des héros», «Arrête-toi un moment», «Chant du coupeur d'okoumés», «Vietnam», «Sur tous les fronts»).

Tous ces thèmes se retrouvent magnifiés et unifiés dans le plus long poème du recueil, «Quelle fête sans heurts», où se trouve l'octosyllabe qui sert de titre à l'ensemble, «le crépuscule des silences». «Quelle fête sans heurts» mérite une mention spéciale, de par la longueur du souffle sans doute (quatorze pages), mais surtout de par la variété et la beauté des images, l'intensité de la ferveur, et surtout la vitalité des rythmes. Le poème s'articule autour du même refrain sept fois répété (l'importance magique des nombres impairs cinq et sept est à noter dans l'œuvre): «Yélo Yélo quelle fête / ainsi dit la mère des jumeaux/ ainsi dit la fiancée du Soleil/ Et tous Yélo Yélo.» Dans ce poème comme dans les autres, Magang utilise des mots-blocs qui resserrent l'expression, par exemple «ma forêt d'arbres-sentiments» (presque un leitmotiv), «étoile-lumière», «cadence-vol-de-chérubin». Nombreuses sont les phrases de même structure, se répétant avec des variations, ceci donnant un rythme caractéristique et l'impression de l'oralité.

Dans ce poème, la femme et le pays se rejoignent, s'identifient à l'échelle cosmique. Retrouvant les mythes, célébrant les rites, sonnant haut et fort «l'hymne du retour», le poète gabonais chante tour à tour l'amour et la révolte, «ma révolte pressoir des jours tristes», «rafale ma colère déshéritée/ dont l'unique richesse est/ ton amour». L'exaltation grandissante et communicative traduite par un rythme saccadé s'achève en «fête délirante»: «nous danserons/ nous danserons/ nos coups de hanche/ feront tache d'huile/ aux quatre coins du globe».

Comme il le dit dans le dernier poème du recueil, «Ce que tu murmures», Magang-Ma-Mbuju Wisi a «l'arc-en-ciel» au bout de ses doigts («et avec lui le ciel oublié/ de notre cosmologie enfantine»). C'est un poète ardent et inspiré, chez qui oralité et poétique se rejoignent dans la chaleur de la communication humaine, à la fois intime et collective. Poète tourné vers l'avenir, Magang est ancré dans le passé, «debout sur les jambes/ de l'enfance». C'est un nom à retenir.

Danielle Chavy Cooper

Crépuscule des temps anciens. Chronique du Bwamu, Paris, Présence Africaine, 1962, 256p.
Chronique de Nazi Boni.

Le héros du récit en est tout le peuple du Bwamu qui, au fil des ans, sera incarné par quelques hommes exceptionnels: Mya d'abord, puis Térhé. Trois siècles d'histoire! C'est l'histoire du Bwamu, des Bwawa, les habitants du Bwamu.

La vie des Bwawa est une parfaite symbiose entre la nature et l'homme sous le puissant regard de Djokandjo, le père de l'humanité. Dombéni ou Dieu-le-Grand pourvoit à tout. Mais Dombéni partage ce pouvoir avec d'autres puissances: les seigneurs de la brousse tels que l'éléphant, le lion, la panthère, l'hippopotame; les dieux des cours d'eau; les mystérieux êtres des grottes, les Nanyê-Kakawa ou hommes-génies; les Doandoanwa ou génies guerriers; les Nanninipoa, ou génies rouges des cavernes qui procurent les albinos aux hommes; les Nihin'his, petits hommes qui enseignent la divination et la nécromancie aux charlatans; Karavanni, le tonnerre et Mayovanni, sa sœur, la déesse débonnaire. Les Bwawa obtiennent les faveurs des dieux, des esprits et des mânes à coups de sacrifices de toutes sortes.

Le pays du Bwamu vit dans l'insouciance qui est source de bonheur, d'autant plus qu'il est très riche. Mais par-dessus tout, les Bwawa aimaient la beauté sans fard, l'amour (en évitant l'adultère), la guerre, les sports. Le bêro, le guerrier le plus respecté, le plus adulé, est celui qui rapporte le plus grand nombre de sagettes, de carquois et de têtes ennemies.

L'année est partagée d'une part entre l'hivernage, la saison des pluies consacrée aux travaux des champs, sous la haute administration de Dô,

divinité de la culture, et, d'autre part, la saison sèche consacrée à la moisson et à la chasse.

La semaine comprend cinq jours consacrés à cinq marchés, et le jour va de midi à midi.

La société est divisée en classes d'âge: les *Anciens* qui possèdent la sagesse; les *Yenissa*, les initiés, qui ont la réalité du pouvoir non dévolu aux Anciens; les *Bruwa*, les futurs initiés.

Parmi les Bruwa émerge une figure, Térhé, qui va incarner l'idéal du peuple du Bwamu, jusqu'au début des conquêtes coloniales.

Mais ce bonheur si parfait va graduellement s'effilocher d'abord parce qu'une femme transgresse les recommandations de Dombéni; le ciel va ainsi s'envoler très haut, emportant avec lui les richesses et tout ce qui alimentait le genre humain. Cet éloignement du ciel par rapport à la terre apparaît comme «le *crépuscule des temps anciens*», et «l'aurore des temps nouveaux».

A ce retrait du ciel s'ajoutent ensuite les diverses calamités: hivernage trop pluvieux ou trop sec; apparitions des *koyos* ou criquets voyageurs et dévastateurs; disette; intoxication mortelle par les racines mangées faute de nourriture; mort massive, et partant impossibilité de funérailles; oubli d'offrandes aux mânes, aux dieux, aux fétiches, aux génies qui désertent tous; famine, affaiblissement de la population à laquelle la variole donne le coup de grâce.

Ces malheurs provoquent la prise de conscience nécessaire. Mais il est trop tard. Car déjà apparaît le Blanc conquérant sous le visage de Binger en 1888. Cet homme rouge qui est d'abord pris pour un être surnaturel descendu du ciel et considéré comme un envoyé de Dombéni se trouve être simplement un homme avec ses défauts et ses qualités. Il s'est d'emblée signalé comme celui qui viole les coutumes des Bwawa; et c'est grâce à la loi de la solidarité qu'il n'a pas été tué.

C'est alors que les oracles annoncent

la domination du Bwamu par les étrangers blancs. Une guerre éclate effectivement au cours de laquelle des fils du pays viennent en traîtres au secours des envahisseurs blancs. Et au moment où l'invasion du Bwamu devient inéluctable, le pays, comble de malheur, perd son plus grand héros, Térhé, empoisonné par un jaloux, le vieux Lowan, avec une poudre humaine, pour sauvegarder la réputation de son fils Kya.

Cette chronique couvre près de trois cents ans d'histoire du Bwamu jusqu'au début de l'ère coloniale. L'œuvre sera étudiée selon trois lignes de force: une théorie littéraire, une chronique attestée, une chronique romancée.

Les romanciers, les nouvellistes, les poètes et les dramaturges négro-africains en général ne «théorisent» pas, ne réfléchissent pas sur leur technique. Ils appliquent les techniques, les théories existantes. Les conteurs, en revanche, ont souvent associé à leurs œuvres une réflexion sur leur art. C'est ce que fait Nazi Boni dans l'Avant-propos à *Crépuscule des temps anciens*. Toute préface ou tout Avant-propos, selon nous, fait partie intégrante de l'œuvre et doit donc être analysé avec l'œuvre.

Nazi Boni distingue entre la chronique, œuvre littéraire sans être de pure imagination, et l'œuvre de recherche scientifique dont la technique est passe-partout. Et il affirme que la chronique relève d'une méthode intermédiaire: «Pour faire connaître un peuple d'Afrique noire, hormis la technique de la pure recherche scientifique, la meilleure méthode consiste à le vivre, à le regarder vivre, à collecter ses vieilles traditions auprès de leurs conservateurs, les «Anciens» dont les derniers survivants sont en voie d'extinction, et à transcrire le tout sans rien farder» (p. 18).

L'œuvre d'art qui en résultera ne sera ni un code coutumier, ni un formulaire de recettes incantatoires, mais l'expression de la vie (paysanne, religieuse, guerrière, sentimentale).

Il ne faut donc pas farder la vérité, mais la révéler au monde, même si elle est défavorable à l'Afrique. Car c'est de cette vérité bien assumée que renaîtra l'Afrique. De cette conception littéraire est née l'œuvre de Nazi Boni.

Une grande partie du *Crépuscule des temps anciens* est parfaitement attestée par des faits d'archives coloniales, ou par des témoignages des Anciens, ces conservateurs de la tradition. Les archives coloniales authentifient l'histoire événementielle. Et celle-ci n'est vraiment connue que depuis la rencontre du Bwamu avec le colonisateur. Les archives datées des Blancs vont confirmer la mémoire des Bwawa ainsi que celle de Nazi Boni. C'est de cette manière qu'ont pu être datés certains événements importants qui ponctuent cette chronique:

La mort en 1887 de Kya, le héros du Bwamu, dont le père assassinera par jalousie le héros des héros, Térhé, ce qui entraînera la conquête facile du Bwamu, privé de son général invincible. La mort de Kya a pu être aisément localisée dans le temps par rapport à la date d'arrivée de Binger à Bonikuy. Binger y a séjourné, en effet, du 15 au 17 mai 1888.

L'attaque de Bwan en 1896-97 par le commandant Destenave (p. 221).

L'attaque de Bonikuy par Maubert en 1915 (p. 224); complétant les archives coloniales, et appliquant sa théorie, Nazi Boni s'est livré à une profonde enquête auprès des Bwawa qui ont survécu aux événements dont ils témoignent. Ainsi se trouve aisément scandée l'histoire du Bwamu par les événements suivants: la mort de B'êêni, compagnon de Térhé, Yenissa redouté, fils du détenteur du fétiche Dô, la divinité des cultures, et fusillé en 1916 (p. 110); la mort de Térhé, empoisonné, à situer avant la mort de B'êêni; la mort de Gninlé, grand guerrier fusillé en 1916 (p. 176); la mort, à cent ans, en 1924, du grand guerrier Kââgnounayi (p. 112); la mort de Kafa, chef de canton de Wako, en 1927; la mort en 1938 de Yezouma, griot, conteur et amuseur public (p. 92); la vie tumultueuse de Kamma, le traître, qui meurt en 1960 (p. 227); la trahison de Grand-Lamoussa qui a 75 ans au moment où Nazi Boni écrit sa chronique — il n'a pas manqué de l'interroger — (p. 226); la fin du culte dédié à Dô: ce culte n'est plus pratiqué à partir de 1958.

Là où les archives, ou les témoignages susceptibles d'être datés, ont fait défaut, Nazi Boni a fait confiance à la mémoire, quoique fugitive, des Anciens. Cherchant à se convaincre lui-même et à convaincre le lecteur, il joint au texte, aux faits, la note: «Récit authentique».

Ainsi, après la scène de strip-tease à laquelle se livrent en pleine nature douze jeunes femmes pour s'admirer en toute quiétude, scène suggérée par la querelle nocturne de Halombo avec son mari Kya, l'auteur ajoute: «Récit authentique» (p. 54). La scène où le mari et l'amant tuent d'un commun accord la «cocufieuse», pour l'empêcher de toujours «cocufier», est ponctuée par la note «Récit authentique» (p. 70). Le récit où une femme fait l'amour avec son amant dans une bergerie à porte basse, tandis que son mari lui tient les bras au niveau des aisselles, pour lui prouver que sa jalousie ne peut pas l'empêcher de le tromper sous ses yeux, eh bien! ce récit est aussi ponctué par: «Récit devenu classique, dont les Bwawa affirment l'authenticité» (p. 87). Enfin la mort de Kya, percé de flèches par les paysans dont il voulut rapporter les têtes à son village, se termine par la note: «Récit authentique» (p. 211).

Il ne s'agit pas de rendre à tout prix crédibles des faits qui ne seraient pas vrais. Ils le sont; mais leur insertion dans l'histoire leur confère bon gré mal gré un caractère de légende. Il faut tuer la légende pour revenir à l'histoire événementielle qui replace l'œuvre dans l'esprit de la chronique que Nazi Boni a décidé de lui conférer.

Pourtant, quoi qu'il fasse, l'auteur ne peut échapper à la tentation de romancer les faits, c'est-à-dire de les soumettre au pouvoir plus ou moins déformant de son imagination. Il ne peut couvrir trois cents ans d'histoire de faits authentiquement vrais d'un bout à l'autre de la vie du Bwamu. Il y a eu forcément des vides très grands, des espaces, des interstices qu'il a fallu combler par l'imagination. Les faits ont certainement existé, mais qui sont aujourd'hui perdus dans la nuit des temps, ou tout au moins dans le «Crépuscule des temps anciens», non encore éclairé par l'aurore des «temps nouveaux». Alors l'auteur crée en comblant les vides entre les faits: les vides temporels et les vides spatiaux. Mais il n'invente pas. Il fait appel à l'imagerie populaire, à la foi animiste. Car ici le problème est de demeurer dans le vraisemblable, même si celui-ci n'a jamais existé, n'a jamais été vécu.

C'est surtout dans sa tentative d'expliquer la vie que Nazi Boni romance le mieux sans pourtant inventer des états d'âme nouveaux, sans rien farder, ainsi qu'il le proclame lui-même.

Par exemple, comment expliquer l'éloignement, le retrait des dieux (p. 23), l'hivernage excessivement pluvieux qui a anéanti les récoltes (p. 110), les multiples fléaux qui frappent le Bwamu (p. 215)? Dombéni, Dieu-le-Grand, s'éloigne du Bwamu à cause de la démesure des Bwawa: a) lieu sacré profané: une femme a transgressé les lois divines, ou a simplement coupé du bois mort dans la forêt sacrée, ou un couple s'est uni dans la brousse; b) mais la maison est peut-être aussi la démesure des Yenissa: la dernière promotion des initiés n'avait que dix ans de pouvoir, de gouvernement, selon la loi de l'initiation, la loi divine, qui régit le fétiche du Dô, divinité de la culture. Alors il faut hâter l'initiation des Bruwa, leurs successeurs, pour que le dieu se calme. Car plus de dix ans de pouvoir! c'est trop!

Et cela provoque toutes les cérémonies et les fêtes connues; mais aussi toutes les catastrophes; par exemple le dépit de Kya, la jalousie de son père Lowan, et l'assassinat de Térhé.

Les multiples fléaux sont encore dus

à la démesure des hommes. Car chez les Bwawa, aucun mal n'arrive en dehors de la faute de l'homme et de l'offense faite aux dieux, aux génies, aux mânes, etc. L'homme doit donc les prédisposer en sa faveur par des sacrifices propitiatoires, ou les apaiser par des sacrifices expiatoires. Nazi Boni emploie un terme savant: *piaculaire* (p. 218).

Le sacrifice humain se justifie aussi. C'est la gravité de la faute qui le commande, et seulement lorsque les dieux l'exigent. Car *Makô*, l'âme, est sacrée et personne n'a le droit d'en disposer en dehors de la volonté divine.

D'autres phénomènes naturels doivent aussi être expliqués: l'existence génétique des albinos, les phénomènes naturels de la chaleur et de la pluie. Les albinos sont l'œuvre des génies rouges des cavernes qui en gratifient ainsi les ménages amis. La chaleur est l'excès de colère de l'enfant terrible karanvanni qui, dans sa fureur, débouche les écluses célestes de liquides enflammés pour incendier le monde. C'est le tonnerre. La pluie est l'excès de bonté de sa sœur, la déesse débonnaire *Hayovanni,* qui la produit. Pour apaiser la colère de son frère Karanvanni, Hayovanni «accourt et ouvre toutes grandes les vannes des écluses d'eau froide. Ainsi nous vient la pluie, cette eau-du-ciel qui féconde la terre et entretient la vie» (p. 27).

L'amour joue un rôle important dans la chronique. Au sein de ce peuple où la polygamie est la relation la plus courante dans la vie conjugale, il y a une place pour les rapports extra-conjugaux. En plus de ses trois femmes, Térhé a une amante: Hakanni, qui est sa préférée, et à qui il le liera un pacte de sang qui veut que la mort de l'un entraîne celle de l'autre. Effectivement Hakanni ne survivra que de quelques jours à celui qu'elle appelle «son tout». Tout y est donc permis, sauf le *Kiro*, l'adultère, qui est sévèrement puni.

L'aspect romancé de la chronique s'exprime aussi par la poésie dans laquelle baigne l'œuvre. Cette poésie est à multiples facettes: poésie macabre telle que la scène de l'exhumation de corps pour y prélever des parties (p. 170); sacrifice des êtres innocents (p. 245). Poésie de l'identification où les canaris brisés s'identifient à la personne au nom de laquelle ils ont été brisés, et qui meurt par ce seul fait (p. 170); transformation de l'âme du mort, la *Makô*, en âme du chacal, avant même la vraie mort de Térhé (p. 244). Poésie des rêves prémonitoires où le vieux Lowan rêve que Térhé est devenu un aigle majestueux, et son fils Kya une tortue se traînant dans la poussière. Et il sera fait comme il a rêvé (p. 167); la vision de Hakanni couchée sur la tombe de Térhé qu'elle rejoint. Elle le rejoindra effectivement dans la mort et dans le caveau (p. 256).

Cinq traits caractérisent le style de Nazi Boni: des images suggestives: («les capokiers effeuillés confiaient leurs bourses au courrier de l'harmattan», p. 173; «je vais partir comme un déserteur qui fuit les champs de bataille», dit Térhé qui regrette de mourir avant la bataille décisive où l'envahisseur va livrer au Bwamu, p.246; Hakanni, mourant, murmura: «Térhé... Térhé... Térhé... puis ...rendit sa silhouette», p. 256); un vocabulaire précis (feuler, ragréer); recherché (couple léonin, vénusté, spumeux); rare (s'aheurter, maringouin); savant (offrande votive); vieux et poétique (piaculaire, aréner); latin (singularis porcus); dialectal et familier (dépiauter); scientifique (vésicatoire, cuspide); néologique (conurbation); onomatopique, quelquefois familier (zonzonner, zozoter); des termes locaux importants: kiro (adultère), nihanboloho (cité des fantômes), nihio (cadavre); humu (la mort); Makô (l'âme); lokoré (carcasse humaine); soutanni (le démon); emploi des féminins rares: forgeronne (p. 91); et recours constant aux proverbes.

Jean-Pierre Makouta-Mboukou

Crépuscule équinoxial, Lubumbashi, Éditions Folange, 1977, 89p.

Recueil de poèmes de Pius Nkashama Ngandu.

Crépuscule équinoxial se présente sous la forme d'une suite de poèmes, de longueur différente, qui se donnent sous la forme d'un monologue intérieur, à la fois sublime et atroce, autour d'un personnage, simultanément incarnation de son propre rêve et cauchemar projeté sur les «ombres de la nuit». Ce personnage peut se lire comme une confidente: sa mère, sa sœur, sa fille, mais aussi son songe.

Le recueil est divisé en deux parties: «Fleurs équinoxiales» et «Le crépuscule». Le vers y garde sa forme brève (souvent c'est l'octosyllabe qui est utilisé); mais il y a des vers plus courts, et même plus longs.

Cette poésie s'affirme comme un «supplice de la parole», tant le «verbe» y invoque des «terres nouvelles». Les thèmes développés ne peuvent pas être ramassés dans une phraséologie correcte, tant ils s'abandonnent à l'onirisme du poète. Dans un même poème, le rêve continu transpose les «images» de la terre des soleils aux ténèbres noires, de la jeunesse au crépuscule de l'imaginaire.

L'inspiration religieuse qui semble marquer un grand nombre de poèmes ne doit pas être interprétée comme un modèle de compréhension chrétienne. Elle n'acquiert son sens que dans la mesure exacte où elle évoque des mythologies concrètes. Car la «faute» qui marque le «destin» du poète ne se conçoit qu'au niveau d'une mythologie de la «divinité avortée». Ngandu tente d'engendrer des «dieux nouveaux», qui ne menacent plus l'homme, ni du «péché originel», ni du «feu des enfers». En fait, ne peut-on pas dire qu'il s'agit réellement d'une nouvelle mythologie de la rédemption, où les hommes «rédiment» la «faute» de Dieu en lui infligeant ses limites et ses «crépuscules»? C'est l'homme qui deviendrait alors infini, et Dieu serait soumis à la mort.

Pour échapper à une telle solitude, il n'y avait que l'appel de l'«amour». Ngandu ne sacrifie cependant pas à un lyrisme facile. Et même quand il parle de son «amie», il s'agit toujours d'une métaphorisation cosmique dans laquelle se confondent les hommes et les éléments: aime-t-il «ma petite fille la Folle», «Folle, Fol Ange», ou seulement les brumes du matin qui ne préfigurent même pas les «aubes nouvelles»? Il n'y a pas de mystère (encore moins de mysticisme) dans un tel «Amour», mais seulement une réconciliation totale de soi à soi, un univers nouveau qui rédime les rêves de l'homme, qui les sublime dans un soleil éblouissant.

Dans ce sens, cette poésie si simple apparaît comme un refuge à la détresse du poète et à ses «passions complexes»: refuge contre soi-même, contre ses propres cauchemars, contre les fantasmes d'un univers désarticulé par les contradictions des sociétés africaines actuelles, contre la peur de l'anéantissement. La poésie de Ngandu est également une poésie d'espoir. Non que le message «proféré» soit apocalyptique, mais uniquement parce que cette souffrance-là, cette solitude-là, étreignent le cœur de tout homme, impliqué dans un processus social qui nie sa propre liberté. Il ne lui reste donc qu'à se créer un monde nouveau, qui puisse assumer ses songes et prolonger ses désirs dans une gloire éternelle.

Poésie d'apostasie et de violation des «demeures des dieux», et c'est pourquoi la souffrance y est devenue le thème privilégié. Passion et souffrance, ce n'est pas une acceptation béate et masochiste de la situation déplorable dans laquelle se débattent nos pays paupérisés, mais la préfiguration d'une gloire possible de l'homme.

En quoi Ngandu demeure, pour les lettres africaines, une des grandes voix qui ne crient plus dans le désert (puisqu'elles commencent par créer l'homme), et qui annoncent, non des naissances nouvelles, mais réellement, la création du monde, comme au premier jour de la «Genèse».

Florence Boloko-Mularika

Crépuscules invraisemblables, Dakar/ Abidjan, NEA, 1977, 100p. Préface de Pierre Klein.
Recueil de nouvelles d'Ibrahima Sall.

Les treize nouvelles du recueil sont narrées par Grand Oussou, alias Ousmane Diop, ancien combattant devenu débardeur. Les quatre épouses du conteur sont toutes des «dévergondées» qui mènent des existences plus scandaleuses l'une que l'autre. Jadis homme de Dieu à la réputation solide, Grand Oussou sombre peu à peu dans la désillusion, s'adonne au culte de la bouteille et entretient une prostituée qui finit par lui casser une bouteille sur le crâne. Dans le contexte traditionnel africain, l'expérience de Grand Oussou aurait fait de lui un sage.

C'est dire que, toute proportion gardée, Grand Oussou est un Amadou Koumba contemporain. Ses récits s'inspirent des angoisses et des problèmes quotidiens de l'Afrique moderne. Sont privilégiés les sketches ayant rapport aux conflits de cultures: l'opposition entre les pratiques chrétiennes et musulmanes, les peintures de la vie des «couples-domino[s]» sont particulièrement vives. Les maux de la nouvelle société africaine sont passés en revue: alcoolisme, prostitution, vandalisme et arrivisme en particulier. Les incongruités et les excentricités qui caractérisent la vie des élites africaines contemporaines sont également traitées.

Crépuscules invraisemblables s'apparente à une série de films documentaires réalisés par un observateur attentif, perspicace et fasciné par les situations «invraisemblables», voire absurdes, que peut créer la mise en contact de civilisations étrangères. La vie du couple Mamadou Sow et Nafissatou dans *Délirium*, titre significatif, est particulièrement éloquente à cet égard: «Nafissatou se faisait appeler Fifi [...], embrassait les gros chats et chiens en leur disant d'une voix mouillée 'mes trésors à moi'. Mamadou [un musulman, bien sûr] vivait comme un Blanc et se faisait appeler maintenant Frankie, sa femme Nafissatou se faisait bronzer! Mamadou Sow s'enivrait sans pudeur...», s'empiffrait de côtes de porc, ne priait pas et sa femme non plus. Il se gaussait de l'École coranique. Sa femme traitait les danses africaines de pantomimes obscènes. «Mamadou Sow et Nafissatou se réclamaient de toutes les cultures pour pouvoir n'appartenir qu'à une seule. Mamadou Sow était bien incapable de décliner son arbre généalogique et se vexait quand on lui parlait autrement qu'en français...» (p. 27). Et dire que cette nouvelle relève essentiellement de l'authenticité culturelle!

Le recueil d'Ibrahima Sall est un peu caricatural mais il est écrit avec une grande verve. Ses descriptions sont savoureuses et sa langue tout à fait maîtrisée.

Ambroise Kom

Cri (Le) pluriel. Suivi de: Le Défi de la sécheresse et la lutte des classes en Afrique soudano-sahélienne, conférence par Pierre Fougeyrollas, Paris, Éditions Saint-Germain-des-Prés, 1976, 84p. – Préface de Noureini Tidjani-Serpos.
Recueil de poèmes de Paul Dakeyo.

Le Cri pluriel représente une étape importante de la nouvelle poésie africaine dont la première caractéristique est la rupture des ponts avec la négritude qui a voulu, peu à peu, «cadavériser» le lyrisme poétique africain. L'auteur pousse un cri pluriel parce qu'il veut d'abord rejeter le cri narcissique de la négritude. Et où, dans ce plongeon dans les combats de l'heure, trouver la première force sinon dans «Mon enfance ventre-creux / Et l'École buissonnière / Portez-moi les flores, les faunes / Et les matins obscurs de / Mon Afrique affamée.» Le ton est ainsi donné: *Le Cri pluriel*, c'est la profération, du fond de la gorge d'un homme mûr mais à l'enfance à jamais blessée, d'un cri de combat; «C'est parmi nos balles / Que naîtra le jour.» Mais ce combat n'est ni celui d'un homme seul, car «Mon peuple défait des peurs / Et des lâchetés quotidiennes / La force plurielle / À l'assaut des escadrilles, ni celui d'une race particulière: «Sans chaînes noires pour mon peuple / La négritude éventrée.» Le cri pluriel c'est d'abord le cri de tous les opprimés, des damnés de la terre. C'est pourquoi le poète peut s'écrier: «Je suis l'homme / En liberté provisoire.» Mais pour Dakeyo l'homme abstrait n'existe pas. Il laisse cela aux métaphysiciens. On ne peut défendre les droits de l'homme que si l'on s'ancre quelque part: «Et mon pays s'appelle / AFRIQUE / Terre fertile / Terre fertile / Terre violemment contrastée.» Et voilà que ce continent, cette «Terre / est une immense prison / où planent les vautours». Mais Dakeyo, lucide jusqu'à la démence, cite pêle-mêle comme héros africains – tous martyrs – Lumumba, Guevara, Moumiè, Mondlane, Marighela, Allende, N'krumah. Ce n'est point hasard. C'est la volonté de situer le cri pluriel dans la zone des tempêtes. À la limite, pour Dakeyo, être pour le changement radical, s'intégrer dans son peuple pour mieux le comprendre, quelle que soit votre race, est la clé d'or qui ouvre la porte menant vers une nationalité sans frontières: «Mon peuple réclame le cri / Contre les brins de silence / Et le vide.» Mais cela n'empêche pas Paul Dakeyo d'être d'un lyrisme personnel où «Tes yeux fatigués / Regardant mon âme saignée / Mon univers est partout / où ton nom est beauté». Mais cet éclair fugitif ne dure pas longtemps. Et c'est peut-être pour cela que la «critique» semble vouloir bouder *Le Cri pluriel*. Pourtant, aussi bien dans la facture de l'écriture où les images vous éclaboussent et vous violent que dans la versification en roue libre, on dénote la patte d'un poète au souffle si puissant, si actif que les conventions telles que les points et la virgule sont de rares spécimens. *Le Cri pluriel* est un recueil de poèmes dérangeants pour ceux qui ne veulent pas se poser de questions embarrassantes. Mais Dakeyo est un inquisiteur. Mieux, à la lumière de sa parole poétique, il nous fait comprendre que l'Afrique doit sortir de sa somnolence: «Quand viendra le jour / N'oubliez pas amis / L'éveil des Étoiles / Avec vos poings durs.» Et ce conseil, il le répète en d'autres termes: «J'ai porté durement / Le long des nuits / La naissance du Jour.» Que les protagonistes de la négritude le veuillent ou non, avec *Le Cri pluriel*, l'Afrique poétique est de nouveau bien partie.

Noureini Tidjani-Serpos

D

Dairou IV, Yaoundé, Éditions CLÉ, Coll. Théâtre, 1973, 47p.

Tragédie historique d'Adamou Ndam Njoya.

Dans le royaume bamoun de l'Ouest-Cameroun, à l'époque pré-coloniale, règne l'usurpateur Dairou IV. Sa politique toute négative provoque le mécontentement général. Le jeune Nad organise un mouvement insurrectionnel et investit le palais, forçant le roi détesté à se donner la mort.

Pour étayer son propos politique, l'auteur a structuré la pièce en trois actes équitablement distribués entre les deux parties en conflit. L'acte I est consacré à la description des préparatifs pour hâter la chute du despote sanguinaire. L'acte II met en scène Dairou IV et ses fidèles. Mais ici la reine Fagam et la princesse captive Mina se marginalisent, en ce sens qu'elles seules s'opposent au roi. Dans l'acte III les deux camps ennemis s'affrontent, et Nad en sort vainqueur.

Dairou IV représente le héros négatif: tous ses dits et faits sont répréhensibles. En effet, non content d'usurper le trône et d'exiler Nad, il organise un génocide généralisé à l'intérieur et à l'extérieur de son territoire, enlève les princesses des pays vaincus pour en faire ses épouses contre leur gré. Nad au contraire est le leader politique idéal et idéalisé: les mots paix, fraternité, équité, bonheur (du peuple) sont ses leitmotive. Il réalise l'exploit de faire tomber le monarque honni sans toutefois verser de sang.

L'auteur montre que la victoire du peuple est rendue possible grâce à l'entente parfaite des trois composantes de la société: les jeunes (Nad, Salif, Namon), les hommes adultes (Njodou) et les femmes (la reine Fagam et Mina). La jeunesse travaille à donner au peuple une conscience révolutionnaire, la vieillesse met son expérience et sa sagesse à sa disposition, tandis que la femme crée des foyers d'opposition à l'intérieur du palais. L'action concertée de cette trinité révolutionnaire est constamment soutenue par les ancêtres et les dieux: le politique et le spirituel sont ici intimement liés, et Nad, qui accède au pouvoir dans ces conditions, a les attributs d'un monarque populaire et croyant.

Qu'il s'agisse des noms des personnages, de la musique d'accompagnement ou de l'atmosphère sacrée dans laquelle baigne le livre, *Dairou IV* est profondément enraciné dans la culture et l'histoire bamoun. Malgré l'importance accordée à la couleur locale, l'auteur puise aussi aux sources littéraires extra-africaines, notamment dans celles du théâtre classique français. Les nombreuses inversions, et surtout le style de cette déclaration toute «cornélienne»: «...cours, vole / Et sauve ce qui peut être sauvé», trahissent l'influence des dramaturges classiques français sur l'écrivain camerounais.

Les deux scènes en tableaux (I, 1, et III, 3) où le dramaturge, en peintre habile, contraste mouvements, couleurs et rythmes, ainsi que la forme poétique dont il se sert pour traduire la vision onirique de Nad, rehaussent certainement la qualité esthétique de la pièce.

Tout en parlant du passé bamoun, Ndam Njoya évite l'écueil d'un passéisme et d'un particularisme anachroniques. S'il choisit un moment significatif du passé pré-colonial bamoun c'est, en réalité, pour mieux parler à la société africaine postcoloniale d'un problème qui la préoccupe au premier chef. Le sujet développé, à savoir l'instauration de la meilleure forme de gouvernement dans la meilleure des sociétés africaines possibles, est très pertinent.

Œuvre «sérieuse», la tragédie historique de Ndam Njoya comble un vide dans un théâtre camerounais jusque-là abondant en comédies de qualité parfois douteuse.

Isaac-Célestin Tcheho

Dalanda, ou la fin d'un amour, Dakar/ Abidjan, Nouvelles Éditions Africaines, 1975, 179p.
Roman de Biram Sacko.

Dalanda, c'est l'histoire d'un jeune homme, Bachir Cissoko, qui recherche sa voie dans la Guinée moderne, sans savoir vraiment où il veut arriver. Le héros, qui raconte ses aventures à la première personne, a montré du talent comme peintre, mais n'arrive pas à trouver l'énergie suffisante pour réussir. Il devient soldat de profession, et renonce à sa cousine Dalanda, qu'il aime, parce qu'il ne peut se décider à la demander en mariage. Bachir s'observe en train d'agir, et observe la société qui l'entoure, mais refuse d'analyser les raisons de son manque de volonté; il termine son récit laconiquement: «Le premier chapitre de ma vie était terminé.»

Bachir commence avec un Avant-propos présentant l'histoire de sa famille. Son grand-père, griot célèbre, perd sa place à la cour après des intrigues politiques, devient aveugle, et est délaissé par son fils, le père de Bachir, qui réussit comme boulanger à Conakry, mais qui perd son argent à cause des femmes. Ce double destin — renier la famille, se ruiner avec les femmes — pèse lourdement sur Bachir. Peut-être s'en sert-il pour excuser ses propres faiblesses! Lui aussi quitte la famille pour aller étudier à Dakar. Lui aussi court les femmes; après des années d'études passées dans la pauvreté à Dakar, Bachir revient en Guinée à la suite d'une aventure avec une riche marchande qu'il laisse enceinte. À Conakry il habite chez le père de Dalanda mais lui refuse un mariage arrangé depuis leur enfance. Quand il tombe amoureux d'elle, il croit que cet amour le laisse libre de prendre comme maîtresse une fille moderne, fiancée à un chef de cabinet du gouvernement. Celui-ci, une fois l'affaire terminée, offre à Bachir un poste de soldat. Pendant une permission à Kouroussa, Bachir fait une seule fois l'amour avec Dalanda, mais ne parle pas du mariage, voulant qu'elle l'attende jusqu'à ce qu'il soit installé. Quand elle se laisse marier à un riche marchand de Sierra Leone, Bachir pense: «Une partie de mes rêves, de mes projets s'était volatilisée... j'éprouvais une espèce de bonheur que tout fût fini.»

Le thème essentiel, c'est donc la lassitude du héros, qui ne peut pas expliquer son action, ou son inaction. Il croit toujours au destin qui transforme la vie, un destin contre lequel l'homme ne peut vraiment rien. Il évoque souvent sa peur de revivre les malheurs de son père. En même temps, cependant, c'est de son père et de son grand-père griot qu'il tient, semble-t-il, son talent de peintre. Il a un frère qui a réussi dans un théâtre en Europe et un autre qui veut être écrivain; l'art, c'est «l'héritage des Cissoko».

Une des parties les plus réussies du roman, c'est la description de la vie du héros à Dakar au sein d'un groupe de pauvres, qui essaient de garder une certaine dignité, même s'ils se trompent mutuellement. Ils ne laissent pas maudire leurs familles, même s'ils les ont depuis longtemps abandonnées. Malgré leur promiscuité, ils sont choqués quand le plus viril d'entre eux prend une mendiante dans la rue pour son plaisir sexuel, et quand Bachir couche avec une femme de l'âge de sa mère. Bachir appelle les parias de la société moderne «les ratés de la concession»: «Tous ces gens ne vivaient pas dans la misère. C'était la misère qui vivait en eux.» Cette misère vit aussi dans presque tous les personnages: Hadja, la riche marchande qui séduit un jeune homme qu'elle sait être sans passion; Assé, la fille moderne qui recherche le plaisir et se moque de son fiancé; la mère de Bachir qui a passé des années dans l'attente du retour de l'amour de son mari; le père de Dalanda qui exige une obéissance absolue de sa fille, pour son propre salut, mais qui est déshonoré: «Il n'irait pas au paradis. Toutes ses filles avaient conservé leur virginité jusqu'à leurs noces, sauf la septième.» C'est ce monde de gens malchanceux, incapables de trouver leur rôle dans la vie moderne, que Bachir observe, tout en restant lui-même, par bien des côtés, leur égal. Par contre, à Kouroussa, il trouve des fêtes communales, de vraies familles, de la solidarité humaine. Même là-bas, cependant, il est confronté à la mort mystérieuse d'un jeune garçon, causée peut-être par la puissance d'un sorcier.

La présence du destin, la puissance de l'héritage familial, l'incohérence de la vie moderne, la nostalgie d'un passé plus tranquille, tels sont les thèmes de *Dalanda*. On pourrait s'étonner de l'absence des thèmes politiques. Il y a quelques mentions des remaniements gouvernementaux: ainsi Bachir attend d'être envoyé avec son régiment à Cuba, mais la vie de la nation, les thèmes politiques et sociaux ne semblent pas préoccuper l'auteur.

Dalanda fait preuve d'une indépendance culturelle assez récente dans l'histoire de la littérature négro-africaine. C'est un roman résolument postcolonial. Bien qu'écrit dans un français métropolitain, avec quelques détails expliqués pour l'étranger, le roman s'adresse surtout au lecteur africain. Il n'y a pas de conflit entre l'Afrique et l'Europe, pas même de personnages européens. Le malheur qui précipite le destin de Bachir, c'est-à-dire l'abandon par son père du grand-père griot, se passe un an avant que le Fouta-Djalon ne tombe

sous la domination française. Il prend soin de nous le dire.

Si Biram Sacko nous fait penser à *L'Enfant noir* de Camara Laye dans les descriptions de la vie communale à Kouroussa, c'est pour mieux nous faire sentir la distance parcourue par la Guinée moderne. Un grand pont en fer traverse le Niger à Kouroussa. Mais il y a plus important encore: la culture est décrite tout à fait de l'intérieur, sans allusion ni à la présence française ni à la nécessité de bâtir un nouveau pays, thème qui importait beaucoup pour la génération de Laye.

Adèle King

De la chaire au trône, Paris, Radio-France Internationale, Coll. Répertoire Théâtral Africain, 24, 1975, 64p.
Pièce d'Amadou Koné.

Amadou Koné doit beaucoup à la pièce *De la chaire au trône* qui lui a permis de remporter le 1er prix du jury du concours théâtral inter-africain de Radio-France Internationale et de se faire ainsi découvrir du grand public.

De la chaire au trône retrace l'expérience d'un professeur d'université qui, après avoir échoué dans sa tentative de faire instaurer la justice sociale en parlant aux hommes, accepte de devenir le roi d'une tribu dans l'espoir de pouvoir changer quelque chose à l'ordre du monde. Mais il n'accède à ce trône qu'à une condition: exercer un pouvoir absolu pendant douze ans et puis mourir. La pièce commence le jour où devrait mourir le Prince.

De la chaire au trône ne s'arrête pas au constat de l'injustice et à son analyse. Elle la dénonce avec courage. L'injustice, il faut la combattre et essayer d'y mettre fin même au risque de sa vie. Les deux personnages principaux, l'Étranger et le Prince, n'ont pas d'autre fonction que de donner cette leçon. L'Étranger représente le peuple, il a été boy, manœuvre, docker, etc., mais parce qu'il n'a jamais voulu se laisser exploiter, il est réduit à devenir un vagabond mais un vagabond conscient qui ne cesse de dénoncer l'injustice. Le Prince a fini par comprendre que son métier d'enseignant (qui consiste à parler) ne peut rien changer à la réalité. En acceptant de devenir un mort en sursis, il a voulu se donner les moyens de transformer le monde: le pouvoir.

De la chaire au trône pose aussi l'éternel problème de l'Homme face à la mort. Le vrai drame que vit le personnage du Prince réside dans le fait de ne pas pouvoir se faire comprendre. Et cela, pour un intellectuel, est pire que la mort physique, dans la mesure où le héros réduit à néant toute sa carrière d'enseignant, malgré les nombreuses conférences qu'il dit avoir prononcées.

Devenu prince, il n'arrive pas non plus à faire comprendre le sens de son action, même à la jeune fille qui, depuis plusieurs années, partage sa vie. Pour tous, il est venu au palais par goût du pouvoir.

La conscience de n'avoir finalement servi à rien, sa vie durant, torture le Prince, le pousse à accepter et à désirer sa mort comme une délivrance.

Une des originalités de *De la chaire au trône* réside dans sa composition. L'auteur a préféré aux découpages classiques en Actes ou Tableaux une articulation autour des principaux mouvements de la pièce. Les quatre parties de la pièce s'intitulent respectivement: Prologue, Dehors, À l'intérieur, Épilogue. En fait la pièce se compose de «Dehors» et «À l'intérieur» qui ont respectivement vingt et vingt-cinq pages alors que les Prologue et Épilogue en comptent deux et cinq.

Ce découpage est en étroite relation avec le thème principal de l'œuvre. «Au Dehors» (sous-entendu du Palais), il y a les petites gens, le prolétariat, «ceux qui sont venus au monde pour accompagner les autres» et à «l'Intérieur» se trouvent «les autres».

L'art de l'auteur réside dans ce qu'il a pu trouver un trait d'union entre ces deux mondes et montrer qu'il ne peut exister de vrai bonheur «à l'intérieur» tant que le malheur règne «au dehors».

Un élément «Au dehors», l'étranger, tout vagabond qu'il est, exprime, en d'autres termes, les idées du Prince. Alors que «À l'intérieur», la jeune fille, malgré «la vie provisoire» qu'elle mène avec le Prince depuis des années, reste du peuple. À travers ce jeu d'interversion des situations, l'auteur arrive à instaurer le dialogue entre les deux camps.

De la chaire au trône d'Amadou Koné jette un regard neuf sur les problèmes sociaux de l'Afrique moderne en même temps qu'elle propose une composition dramatique tout aussi nouvelle.

Jean-Pierre Guingane

De Tilène au Plateau, une enfance dakaroise, Dakar/Abidjan, Nouvelles Éditions Africaines, 1975, 133p.

Récit autobiographique de Nafissatou Diallo.

Nafissatou Diallo a composé ce récit de son enfance et de son adolescence au cours des moments de liberté que ses fonctions de sage-femme et de puéricultrice lui laissaient au Centre de Protection Maternelle et Infantile de Ouagou-Niaye. Tilène est un quartier de la Médina et le Plateau le quartier riche de Dakar. Le titre pourrait donc suggérer que le livre traite de l'ascension sociale et économique d'une femme. Mais il n'en est rien. Nafissatou Diallo est née dans une famille aisée habitant l'une des rares maisons civiles du Camp des Gardes, sur l'emplacement actuel du stade Iba Mar Diop. Son père dirigeait avec son grand-père une entreprise de construction et devint plus tard agent voyer à la municipalité de Dakar. La petite Safi n'a donc jamais souffert de la pauvreté. Son enfance heureuse, au milieu d'une famille unie, fut dominée par sa grand-mère et son père à qui elle dédie le livre. Sa vie à la maison, dans le quartier, son éducation à l'école coranique, à l'école primaire, au collège, au lycée et enfin à l'école des sages-femmes, servent de toile de fond à de multiples incidents et événements heureux ou malheureux: espiègleries d'enfants, fêtes dakaroises, cérémonies familiales, distribution de cadeaux à la résidence du Gouverneur, inondations, déménagements, mariages, enterrements, premier voyage en automobile, première séance de cinéma, vacances à Saint-Louis, et surtout premiers émois amoureux, premier bal, premiers chagrins d'amour. Le livre se termine sur le mariage de Safi, la mort de son père, son départ pour la France où son mari doit effectuer un stage. Cette autobiographie, écrite dans un style simple et direct, est en quelque sorte l'équivalent, pour une citadine au Sénégal, de ce qu'est *L'Enfant noir* de Camara Laye pour un campagnard en Guinée. Les deux livres se terminent d'ailleurs, après des itinéraires similaires, par un départ pour la France qui marque une rupture avec le passé.

C'est la grand-mère qui domine le récit: altière, toujours très bien soignée, Mame s'enorgueillit d'avoir visité Paris en 1900. Elle joue le rôle d'une véritable mère auprès de Safi. Elle lui inculque une morale traditionnelle et forme un écran protecteur entre elle et son père, beaucoup plus emporté. Le père, après des études à Gorée et Bamako, avait sillonné l'Afrique et connaissait plusieurs langues. De haute taille, la démarche majestueuse, portant d'imposants boubous, musulman très pieux, il veille sur ses filles avec une jalousie maladive. Un des chapitres importants du livre raconte son départ et son retour du pèlerinage à La Mecque. Il représente la tradition et quelquefois s'oppose à sa fille qui représente le changement dans les années d'après-guerre.

Nafissatou Diallo, dans son Avant-propos, déclare avoir écrit ce livre de souvenirs pour les nouvelles générations de jeunes filles sénégalaises. Elle appartient à la génération qui a vécu les changements importants de la société urbaine du Sénégal. Son témoignage, en plus de son caractère spécifiquement dakarois, a une valeur universelle. La plupart des autobiographies africaines de langue française sont écrites par des hommes. *De Tilène au Plateau*, dans son style très simple et très classique, évoque la vie des jeunes filles qui ont grandi dans les villes au cours des années cinquante.

Émile Langlois

Déboussolé (Le), Sherbrooke, Éditions Naaman, 1978, 96p.
Roman d'Abdoul Doukouré.

Le Déboussolé traite des aventures d'un jeune universitaire qui échappe aux troubles politiques dans son pays et se réfugie à Paris. Ce roman d'aspect politique et philosophique témoigne d'une observation aiguë de la situation politique de l'Afrique postcoloniale, ainsi que des travailleurs africains qui vivent dans des conditions déplorables à Paris. À travers des visions hallucinées et des monologues intérieurs, le héros désaxé fait le procès non seulement du monde occidental mais aussi des valeurs inhumaines de sa propre culture.

Le récit se déroule en deux parties: l'arrivée de l'étudiant musulman à Paris et son retour au bercail. L'itinéraire spirituel et géographique du roman rappelle l'ouvrage beaucoup plus dépouillé et pudique de Cheikh Hamidou Kane, *L'Aventure ambiguë*. Malgré ces similitudes, la narration d'Abdoul Doukouré se caractérise par un style criard et orné qui tient parfois du mélodrame. On y rencontre des scènes crues qui présentent Paris comme un monde en pleine dégénérescence. De temps en temps cependant, un certain lyrisme vient relever l'impression pessimiste de l'ensemble.

Le lecteur assiste à l'évolution psychique du héros qui passe de l'idéalisme politique de sa jeunesse aux déceptions tragiques qui l'attendent chez lui. L'ironie domine dans ce roman qui évoque, comme le titre l'indique, la désorientation du héros face à sa propre culture et à ses pérégrinations parisiennes. Il s'accroche à la chaleur qu'offre le petit noyau de concitoyens isolés comme lui à Paris et aussi à l'amour de sa fiancée qui l'attend au pays natal. Aucun manichéisme ne se manifeste dans ce roman car notre «pèlerin dans le désert» de Paris y trouve un protecteur et s'engage dans une liaison amoureuse dans cette ville pour laquelle il n'a que répulsion. Le dénouement tragique du texte est assuré par sa décision de quitter Paris pour poursuivre ses rêves nostalgiques et sentimentaux. À travers cette vision amère, Doukouré soulève les problèmes de l'individu idéaliste qui cherche à se frayer un chemin dans un univers hostile; mais aucune solution ne se dégage du récit.

J. Michael Dash

Débrouillard (Le), Paris, Gallimard, Coll. «L'Air du Temps», 1964, 224p.
Autobiographie de N.G.M. Faye.

«Le débrouillard», c'est N.G.M. Faye qui avoue n'avoir aucune ambition littéraire. Il adresse son Introduction à ses «chers auditeurs et auditrices», ce qui suggère qu'il désire *parler* à ses lecteurs, et non rédiger une autobiographie littéraire. Il s'excuse de ses «fautes de français et de composition», car «ce livre n'est pas écrit par un écrivain ni par un professeur».

La première partie du livre évoque sa vie au Sénégal de 1948 à 1957; la seconde, les années 1958-1962 à Paris. Comme tout écrit autobiographique, c'est en partie une justification de ses actions et de ce qui lui paraît être la réussite de sa vie. Le livre commence par une phrase toute simple: «À l'âge de dix ans je voyageais beaucoup avec mon père, à cheval, à travers le Siné-Saloum.» Mais «le débrouillard» n'est pas «l'enfant noir»; Faye n'est pas Camara Laye. Fils de chef, Faye vit dans la terreur de ce père qui le fait travailler durement et le punit à la moindre incartade. Sa mère, lasse des mauvais traitements, abandonne son mari. Faye lui-même profite des grandes vacances scolaires pour s'enfuir. Il a treize ans, et pendant près de quatre ans il va vivre en vagabond de Kaolack à Dakar, de Rufisque à Saint-Louis. Prétendant être sourd-

muet, il porte les paniers des ménagères revenant du marché. Toujours recherché par son père, il devient apprenti-maçon à Dakar. Cette première partie du livre évoque donc la vie d'un enfant vagabond au Sénégal. Faye se présente comme un rebelle. Sa haine pour son père apparaît partout: c'est «le vieux», «petit bonhomme tout noir avec de larges épaules». Et pourtant ce père n'est peut-être pas aussi cruel que Faye le dit: chef, il veut que son fils lui succède. Comme fils de chef, «il faut qu'on arrive à être plus travailleur, plus courageux, que les fils des autres». À l'école il faut être meilleur que les autres. Ce n'est pas très différent de ce que dit le père de Samba Diallo, mais ce que le héros de *L'Aventure ambiguë* de Cheikh Hamidou Kane accepte, Faye le refuse. De même il rejette les griots qui viennent chanter les exploits de ses ancêtres: «Moi, je me moquais de tout ça.» Fils aîné, il est en fait aussi cruel avec ses jeunes frères et sœurs que son père l'est avec lui: «Pauvres gosses, car aux champs c'est moi qui faisais la loi. Je leur faisais faire mon travail de force... Ils n'osaient pas dire qu'ils avaient travaillé pour moi: autrement, je leur crèverais les yeux en l'absence du père.» Nous avons en fait le sentiment que Faye est peut-être un rebelle qui exagère la sévérité de son père pour justifier son désir d'évasion et son rejet des valeurs traditionnelles.

Ce qui va changer son destin, c'est la boxe. En 1953, à dix-sept ans, il entre par hasard dans une salle de boxe à Dakar. Trois ans plus tard, il est champion poids coq du Sénégal; l'année suivante, il est champion poids plume de l'Afrique-Occidentale Française. C'est alors le départ pour Paris et les championnats de France, des combats dans toute la France et toute l'Europe. Mais le livre n'est pas un livre à la gloire de ses exploits pugilistiques. Certes, Faye est fier de ses victoires et tente de justifier ses défaites, mais bien souvent les combats ne sont évoqués qu'en une ou deux lignes rapides. Pour lui la boxe n'a été qu'un tremplin. À un moment, il a l'espoir de faire une carrière professionnelle; présélectionné pour les jeux olympiques, il se fait même battre volontairement par un adversaire plus faible pour échapper au veto du comité olympique qui ne permettait pas à un excellent amateur de passer professionnel avant les jeux.

La chance de Faye est d'avoir été choisi en 1960 par François Reichenbach comme vedette de son film *Un cœur gros comme ça,* qui évoque la vie à Paris d'un boxeur sénégalais selon la technique du cinéma-vérité. Le film reçut en 1962 le Prix Louis Delluc décerné au meilleur film français de l'année, choix d'autant plus surprenant que *Jules et Jim* de François Truffaut et *Cléo de 5 à 7* d'Agnès Varda étaient aussi en compétition. Le film reçut également le Prix du Festival de Locarno, et la dernière page du livre décrit Faye quittant la Suisse après avoir reçu le Prix.

Cette dernière partie du livre est peut-être la moins réussie. Faye évoque très bien sa double vie d'ouvrier dans une usine de produits pharmaceutiques pendant la journée, et de vedette de cinéma le soir. Il dit qu'il veut rester simple et ne pas se monter la tête, mais sans cesse il se complaît à énumérer les vedettes qu'il a rencontrées. Il décrit son réveillon avec le Tout-Paris, la réception pour l'inauguration du paquebot Le France: après tout, les millionnaires et les vedettes sont des gens simples et humains! Mais n'est-il pas un peu aveuglé par ce Tout-Paris? Lorsqu'il reçoit avec François Reichenbach la Médaille de la Ville de Paris, il ne remarque même pas que le président du Conseil municipal le tutoie après avoir vouvoyé Reichenbach. D'ailleurs dans tout le livre, il n'y a aucune allusion aux problèmes des travailleurs noirs à Paris, aucune allusion aux événements politiques de l'époque: et pourtant c'est l'époque qui suit le retour de De Gaulle au pouvoir, l'époque de l'indépendance des pays africains francophones, et surtout l'époque de la Guerre d'Algérie. Lorsque Jean-Luc Godard lui signe un autographe

«Jean-Luc Godard, petit soldat», lui qui vit dans le milieu du cinéma ne sait même pas que *Le Petit Soldat* est un film de Godard interdit par le gouvernement pour des raisons politiques. Quand on le lui dit, sa réaction est: «Sûrement que le film n'était pas bon à voir, autrement il serait sorti.» En fait, «le débrouillard» se débrouille surtout parce qu'il est égoïste, ne pense qu'à lui et ignore tous les problèmes sociaux et politiques de l'époque. Rebelle en Afrique, il devient conformiste en France, et son conformisme comporte beaucoup de naïveté.

Cet égoïsme se retrouve aussi dans ses relations avec les femmes: à Dakar, il tombe amoureux d'une jeune femme mariée qui divorcera à cause de lui et aura un enfant de lui, mais qu'il refusera d'épouser pour des raisons égoïstes qu'il voile sous le couvert de la religion ou de son amour pour sa mère: «Je ne pouvais pas me marier et avoir commerce avec d'autres femmes, donc si je l'avais épousée, j'aurais été obligé ou de rentrer à Dakar ou de l'emmener en France. Car si je la laissais à Dakar, il y aurait d'autres péchés en plus de ceux qu'on a déjà et cela serait de ma faute.» Les femmes, à Dakar comme à Paris, ne sont pour lui que des objets: il aime sortir avec une belle femme au bras, car cela met en valeur sa masculinité, mais à part Awa, la Dakaroise, les femmes restent anonymes ou impersonnelles dans le livre. La seule exception est sa mère qu'il idéalise à cause de la haine pour son père.

Ainsi, ce recueil de souvenirs laisse une impression aigre-douce: le lecteur est prêt à aimer le petit vagabond devenu champion de boxe et vedette de cinéma, mais il découvre peu à peu que «le débrouillard» n'est peut-être pas aussi bon, aussi religieux, aussi humble, en un mot aussi parfait, qu'il veut bien le dire.

Émile Langlois

Déchirures, Kinshasa, Éditions du Mont Noir, Coll. Objectif 80 no 3, série Jeune Littérature, 1971, 45p.

Recueil de poèmes de Vumbi Yoka Mudimbé.

Déchirures est un recueil de quinze poèmes que Mudimbé appelle «stations». «Stations» dans la mesure où, semble-t-il, on pourrait les considérer dans l'ordre qui leur a été donné comme les jalons d'un itinéraire, d'un cheminement à partir de la conscience des sollicitations contraires.

Poésie intellectuelle, «mallarméenne», elle traduit de prime abord le refus du poète d'être esclave de la forme. Ce sera donc une réflexion sur la forme à l'instar de Mallarmé qui voulait que le poète puisse épouser les affres de l'écriture; car, désirant exprimer quelque chose de profond, il est bloqué par la forme qui se fait rebelle. Et cette difficulté que Mudimbé rencontre sur le plan de l'écriture se retrouve au premier contact qu'il a avec le réel, qui est pénible. Le motif, c'est la misère de son peuple dès le départ: «À gauche, des caillots de sang, mur violent, défendent l'aurore; à droite, l'amitié des pauvres, barrière sanguinolente, ferme la nuit» (p. 40). Avec des images insolites et une facture recherchée, au style vif et alerte, Mudimbé traduit dans une «langue sertie de joyaux» le destin triste d'un peuple – son peuple – avec un regard dont la force et l'expression sont poignantes: «Un songe: la joie de l'écoulement du sang dans des bouches peuplées de mouches au soir de cette centième journée des cadavres vivants» (p. 16). Ici, la figure est le drame que connut le Zaïre – son pays – dans son martyre avec les malheurs et les luttes intestines au lendemain de l'Indépendance (1960). Il s'agit donc d'une poésie de la révolte contre les «Déchirures», du déchirement et de l'événement historique. De plus, loin de se limiter au Zaïre, la dimension de ce drame renvoie à tout un monde (le Tiers-Monde), alors confronté à une autre partie du monde (le monde capitaliste). Là aussi, c'est la désolation: «Les morts du Vietnam/Les affamés des Indes» (p. 30). Face à cette situation, que peut espérer le poète sinon appeler de tous ses vœux la Fraternité, ce bienfait précieux au cœur de l'homme, qui,

à elle seule, efface la haine pour le bonheur? C'est dire que Mudimbé ne s'est pas laissé aller au désespoir, car son recueil se clôt par des mots d'espérance où il prône: «la fraternité / des mains liées» (p. 45). Dans son ensemble, l'écriture poétique de Mudimbé est une démarche raisonnée, offerte de façon difficile et rationnelle aux rythmes profonds du monde. Sa poésie est complexe, riche et ésotérique. N'a-t-il pas déclaré lui-même: «La poésie chez moi est une sorte d'exercice spirituel, réservé à un certain groupe d'amis qui me sont familiers, qui discutent souvent avec moi»?

Kankolongo Mbuyamba

Délivrance (La) d'Ilunga, Paris, P.J. Oswald, Coll. Théâtre africain, 1977, 152p.

Drame en trois actes de Pius Ngandu.

L'auteur exalte dans ce drame l'amour de la liberté, à travers la résistance héroïque d'Ilunga à l'envahisseur d'abord, puis à Ntambue, le frère de race, qui a trahi et est devenu plus vil et plus atroce que ceux dont il est à la fois le jouet et la victime. Le malheureux pays s'est trouvé affaibli, divisé par les guerres tribales, «village contre village, tribu contre tribu», puis exploité sans merci – qu'il s'agisse des terres («tous les champs, toutes les plantations») ou des «pierres précieuses» de la région dont surtout le «diamant brillant» (la ville natale de l'auteur est la ville du diamant alluvial).

Au premier acte, qui s'ouvre dans la forêt, Ilunga père est capturé à la suite d'une trahison. Désespoir du fils qui sera désormais appelé Ilunga et qui, grandi par la douleur, devient l'incarnation même du courage et de l'audace, reprenant «les consignes» du père («la révolte de l'homme contre son oppresseur fait sa propre grandeur»). Le fils de l'ancien chef, Ntambue, beau parleur, mais couard et pusillanime, propose de «discuter» avec l'ennemi (parce qu'ils sont les plus forts, avec leurs fusils); les guerriers, qui ne sont armés que de lances, de flèches et de sagaies, hésitent, mais Ilunga veut aller «jusqu'au bout» et venger les morts. En fait, Ntambue a trahi les siens, et les guerriers sont «cueillis comme des mangues mûres dans la forêt» par l'ennemi victorieux. Ilunga refuse de se renier et de se soumettre; il est traité de «chien enragé» et jeté en prison. Ntambue, au contraire, nommé chef par «les autorités supérieures du gouvernement unifié», sera intronisé selon les coutumes et traditions locales.

Le deuxième acte s'ouvre avec la grande scène du couronnement, qui n'est qu'une pitoyable mascarade, dans la désapprobation générale. L'Officier qui préside la cérémonie fait un discours très officiel, où l'on trouve des échos du fameux discours de Basilio dans *Une saison au Congo* de Césaire. Clichés, paroles flatteuses, tournent vite aux menaces et aux insultes. Kalala, le féticheur du village, appelé par l'Officier pour «bénir» le nouveau chef («C'est prévu au programme»), a le courage de faire des reproches à Ntambue, en lui rappelant que chez eux «les traîtres ne sont jamais épargnés». La foule se trouve alors hâtivement dispersée, et l'Officier fait sentir à Ntambue qu'il est responsable de la soumission du village et qu'il lui faudra «filer droit». Les troupes d'occupation seront là en «force de dissuasion» et «force de frappe» pour veiller à la «soumission totale à tous les ordres que le gouvernement du salut national de la province réunifiée daignera prendre...». Sur ce, arrive la nouvelle de l'évasion d'Ilunga. Ntambue envoie chercher Ngalula, la jeune femme d'Ilunga, et essaie successivement de la séduire et de la menacer. Mais Ngalula lui tient tête avec courage et dignité, ce qui lui vaut d'être jetée au cachot par Ntambue. Celui-ci reçoit un ultimatum de ses supérieurs: il a trois mois pour éliminer le sorcier qui a nargué les autorités le jour de l'intronisation et qui «freine le progrès avec ses sortilèges», et pour faire un exemple d'Ilunga. En échange, le gouvernement promet des vivres (dons des Nations unies) pour le village affamé.

Au troisième acte, les scènes alternent entre la forêt où se cachent Ilunga et les guerriers qui l'ont rejoint et le «palais» de Ntambue. La tension dramatique atteint son maximum, et les événements se précipitent. Fou de peur et ivre de pouvoir, Ntambue fait une nouvelle tentative auprès de la pauvre Ngalula. Celle-ci lui crache son mépris à la figure, mais elle sera cruellement assassinée à coups de lance avec l'enfant qu'elle porte. Kalala est attiré dans un traquenard et assassiné. Ces meurtres odieux (la femme, l'enfant à naître, le féticheur) déchaînent la fureur vengeresse d'Ilunga et de ses guerriers, qui marchent alors sur le village avec cordes et tambours, pour faire justice. C'est «l'heure d'expiation» pour Ntambue, mais ce n'est pas «l'heure de la délivrance», car des renforts ennemis arrivent à la rescousse, massacrant et brûlant tout sur leur passage. Les partisans se dispersent. Ilunga, qui a tout perdu et que le peuple n'a pas soutenu («Ils se sont tous terrés de peur»), ne peut «supporter de vivre plus longtemps dans cette honte. Dans cette monstrueuse complicité de cette masse abrutie». Il reste sur place et attend la mort qui peut seule le délivrer.

L'esprit de la pièce est d'une inspiration proche de celle d'*Une saison au Congo*, et le noble personnage d'Ilunga n'est pas sans rappeler le Rebelle de *Et les chiens se taisaient* d'Aimé Césaire. Personnage exemplaire de l'Afrique malheureuse, l'Ilunga de Ngandu prend sa place dans la légende et l'épopée aux côtés de Lumumba et de Chaka. Quant à Ntambue, il est le type même du roitelet dont la cruauté ne connaît plus de bornes au fur et à mesure qu'il s'enfonce dans le pouvoir et dans la peur. Par certains aspects, il fait penser au personnage de Nahoubou dans *Les Voix dans le vent* de Bernard Dadié. Ngalula est une émouvante figure de femme, aimante, fidèle, et courageuse, digne en tous points d'Ilunga. Autour du «triangle» Ilunga/

Ntambue/Ngalula, gravitent les autres personnages: guerriers, gardes et soldats de l'armée gouvernementale, femmes et enfants du village, et le sorcier visionnaire. Le vieux Kafueta, ancien soldat retraité que l'on prend pour «un rigolo», parce qu'il tient des propos égrillards aux femmes réfugiées dans les grottes, joue un peu le rôle d'Eschu (réminiscence de Césaire, *Une tempête*). Kafueta apporte un élément comique dans cette pièce si tendue, et mérite une mention spéciale pour le soutien moral qu'il apporte au peuple avec ses contes et parce qu'il reste le dernier survivant de ce drame, «tout seul au milieu des fourmis».

Chargée d'action et d'émotion, la pièce de Ngandu est solidement construite. Elle a une forte tension dramatique, et une flamme lyrique qui se manifeste en particulier sous forme de poèmes insérés aux moments de grande émotion, véritables arias ou récitatifs: Ntambue enivré de son pouvoir de nouveau chef (Acte II, scène 3), Ilunga dans la forêt chantant la Liberté (I, 3), l'amour de la patrie blessée («Notre terre, mon pays», III, 1), ou son chant du cygne («je m'abandonne à la nuit qui m'engloutit», III, 10).

Danielle Chavy Cooper

Dépossédés (Les), Bruxelles, Éditions de la Francité, 1973, 228p.
Roman d'Aké Loba.

Toute l'histoire se passe à Abidjan. Au musée de la ville, Païs, le gardien sexagénaire, époussette statuettes et sculptures pour lesquelles il n'éprouve d'ailleurs aucun respect: il ne s'agit que de «vieilleries», de divinités devenues muettes puisque d'autres les ont remplacées. C'est en travaillant et en déplorant le manque d'égards de la jeune génération qu'il va revivre toute une part de son existence: il était jeune, la ville naissait, le Blanc régnait toujours...

Parvenu, à dix-neuf ans, au certificat d'études, il se marie à la jeune Akrébié et part s'installer à Abidjan, alors ville de troisième catégorie mais qui, «fiancée à la lagune» (p. 110), va sortir des limbes (p. 31). Le commissaire Guillot, républicain dans l'âme, y règne et s'efforce, au nom d'un sincère idéal démocratique, d'instaurer ordre et justice parmi «une troupe de tribus rivales» et une minorité européenne qui peut prétendre à tout. Installé au quartier d'Adjamé, le Révérend Père Tourbillon, quelque peu porté sur le bon vin, l'aide à «refouler la barbarie», à combattre le paganisme et à réconcilier le genre humain. L'assiste son catéchiste, un certain prince Kablanokoffidia de Pompadour d'Artagnan.

Le livre nous retrace alors les multiples aventures de Païs, devenu magasinier dans une quincaillerie du quartier du Plateau, et de sa jeune épouse. Leur adaptation à la ville n'est guère aisée, surtout pour Akrébié, heureuse d'avoir échappé à la monotonie du travail épuisant au village, mais déconcertée par cette agglomération en expansion. D'autant plus que si Païs veut s'adapter à l'esprit nouveau, il veut que sa femme reste inchangée: «un raccord avec le passé» (p. 61).

Païs est en proie aux attaques d'un des autres commis du magasin, Douézo, qui est un Joug alors que Païs est un Tété — ce sont là deux tribus ennemies depuis toujours. Le couple envisage de tuer Douézo.

Le récit s'attache alors (p. 85) aux événements de l'existence de Guillot dont la carrière a été retardée par divers incidents au cours desquels il a pris parti en faveur des Noirs — pour s'apercevoir que ceux-ci mentent automatiquement aux Blancs (p. 90): une affaire de viol, une autre de vol, enfin une grotesque histoire d'anthropophagie morale... Il en a conclu que le seul moyen de régler les palabres des Noirs était d'envoyer toutes les parties en prison!

L'auteur revient à Païs qui essaie en vain d'offrir son amitié à Douézo pour pouvoir ensuite l'empoisonner. Un jour, les deux hommes se battent en ville et se retrouvent sous les verrous! Le Prince Kablanokoffidia vient apprendre la nou-

velle à Akrébié qui le roue de coups.
Affolé, le catéchiste se réfugie chez le
père Tourbillon à qui il demande de faire
incarcérer cette femme en furie. Le prêtre envoie son protégé chez Guillot mais
celui-ci est déjà exaspéré par la complica-
tion absurde des problèmes que lui
posent les dissensions entre Africains
qui mentent sans cesse, mêlent les chro-
nologies, font intervenir les morts aussi
bien que les vivants. Lorsque le plaignant
lui défile tous ses noms, la coupe déborde et lui aussi rosse le Prince.

Akrébié décide alors de faire libérer
son mari (on apprendra plus tard qu'il
a été incarcéré plusieurs semaines): elle
se jette sous la voiture de Guillot! Il s'ensuit une mêlée à laquelle participent les
gens du marché. Dégoûté de tout, se sentant «condamné à la paralysie sociale et
morale» (p. 145), le commissaire fait
libérer les deux combattants...

Surprise: ceux-ci, au cours de leur
incarcération, se sont pris d'une amitié
indéfectible. Douézo a même confié à
son nouvel ami qu'il est en rupture de
tribu pour avoir, lors de jeux gymniques,
tué son adversaire — ce qui, selon la coutume, l'obligeait à se suicider, mais il a
préféré s'enfuir du «royaume des pendaisons». S'il voulait tuer un Tété, c'était
un acte rituel propre à lui permettre une
réintégration dans sa tribu. Tout le reste
du roman tourne autour des aventures
familiales de Païs.

Les Dépossédés est un livre bien
étrange, mais il éveille un intérêt certain.
Il déconcerte d'abord par son titre: le
commissaire Guillot en donne l'explication lorsque, devant son impuissance à
réussir «un renouveau», devant sa déception de n'avoir pu parvenir à faire germer
ses idéaux républicains, devant l'impossibilité où il se trouve d'établir une liaison
avec des gens d'une mentalité totalement
différente de la sienne, il confie à sa femme: «les vrais dépossédés, ce sont nous
[sic]» (p. 145). On voit mal comment
cette formule a pu être retenue comme
titre à ce livre où il est tout le temps
question d'autre chose que du pouvoir

des Blancs... Si l'on tente d'appliquer
l'épithète aux Noirs (comme pourrait y
inciter le passage de Paul Éluard mis en
tête du chapitre I), on s'aperçoit que le
roman n'illustre nullement cette idée...

Le texte d'Aké Loba n'est que très
peu révélateur de l'évolution d'Abidjan.
C'est à peine si la ville est évoquée et on
ne la voit guère changer au cours des
quelque quarante ans qu'y a passé Païs
et qui constituent le sujet du livre.

Le roman est mal construit. Deux
récits se disputent l'attention du lecteur:
d'une part, les démêlés entre Païs et
Douézo; d'autre part, les péripéties de la
vie familiale du même Païs. L'auteur passe d'un thème à l'autre. Cette technique
est particulièrement sensible lorsqu'est
évoquée l'existence de Guillot et l'affaire d'anthropophagie morale (p. 94...), ou
au moment où Païs doit être hospitalisé:
rien n'amène cette péripétie qui ne sera
pas développée et qui pourtant est extrêmement importante puisqu'elle va justifier toute la suite de l'histoire: c'est à
l'hôpital que Païs rencontre «la fille des
Sœurs»...

Les personnages sont de simples figu-
rines tout d'une pièce. Païs est un jeune
Noir désireux d'étaler son opulence par
l'accroissement du nombre de ses épouses. Naïf, couard, dénué de toute force
de caractère, il accepte, sans la moindre
hésitation, l'assimilation qu'apporte le
colonisateur; Akrébié, quant à elle, est
une jeune mariée dont les états d'âme
confus bénéficient, au moment où elle
fait connaissance avec un monde nouveau, de quelque attention, mais qui va
s'enliser dans des querelles de coépouses;
Douézo est un personnage fort invraisemblable qui n'est qu'un comparse. Du
côté des Blancs, Guillot est un scrupuleux, un rêveur devenu policier; le père
Tourbillon est un grotesque aviné qui
veut convertir à grands coups de gueule...

En réalité, tous ne sont que des caricatures: du Nègre-qui-veut-s'intégrer au
Commissaire-humanitaire-et-roulé, en passant par le Révérend Père-inculquant-
la-foi-à-coups-de-pied...

Aké Loba excelle quant il peint sur le vif ce monde agité. Mais on sent qu'il entend, sous le rire, nous révéler quel fossé d'incompréhension, de méfiance, de méconnaissance sépare — malgré des élans sporadiques de bonne volonté — ces deux mondes aux civilisations si différentes.

Le livre abonde en détails extrêmement intéressants sur la vie des Abidjanais, ou plutôt des Adjaméens: leurs problèmes, leur esprit d'entraide, leurs rancœurs, leurs faiblesses, leur compréhension, leur roublardise, leur amour pour les enfants, leur jalousie, leur crédulité fétichiste. Bref, il s'agit d'une fresque en couleurs et débordante de vie.

Le style est en général fort simple et même assez monotone. Il lui arrive de se perdre dans le prétentieux et l'ampoulé, d'atteindre au lyrisme dans les descriptions, de réserver (à l'occasion) d'heureuses trouvailles: l'antagonisme Joug — Tété et leur volonté de ne pas se fréquenter sont ainsi imagés; ils n'accepteraient jamais de mélanger «les pamplemousses avec les suaves oranges» (p. 127).

Bien que ressortissant davantage à l'ethnologie qu'au roman, le livre d'Aké Loba se laisse lire avec un plaisir indéniable, et sa caricature de ce mélange de personnalités si diverses de cultures et de croyances mijotant dans une Afrique en plein bouleversement restera comme une satire des plus burlesques, des plus vraies et des plus frappantes.

François Salien

Dernière genèse, Paris, Éditions Saint-Germain-des-Prés, Coll. Miroir oblique, 1975, 32p.
Nouvelle de Christine Kalonji.

Dernière genèse est une nouvelle philosophique qui nous dévoile la conscience ambiguë d'un être inquiet qui s'interroge. Son interrogation a pour point de départ une souffrance innommable qui a fini par le placer dans une solitude tragique et dans l'impossibilité de communiquer avec l'autre. De sorte que les réflexions de cette personne qui n'est pas nommée et qui ne se nomme pas vont porter sur le sens de l'existence, sur l'absurdité de la vie et même sur le néant qui nous entoure.

L'homme est un être en situation qui subit comme un jouet la pression des forces qui échappent à sa volonté: «Ça avait dû commencer le jour de sa naissance. / Peut-être même avant? / [...] / Mais sur le fond sombre, «Ça» subsistait [...]» (p. 9).

Le «Ça» qu'il porte en lui va donner lieu à une souffrance indéfinissable qui s'extériorise chez cette personne par un malaise permanent. Ainsi, dès le début du récit, la personne s'ennuie à cause de la «lourdeur» de la vie, de l'appréhension d'une insatisfaction vague: «[...] / Mais même dans son sommeil le plus lourd, [...], il voyait encore «Ça» » (p. 10).

Dès lors, la différence qu'elle pressent vis-à-vis des autres l'oblige à vivre à l'écart de la communauté des hommes: «Toujours. Toujours, il serait en marge.» (p. 10). Et s'enfonçant davantage: «[...] / Il s'est replié sur lui-même, [...] / il s'est enfermé en lui et dans le / noir de son âme, tout à coup» (p. 12).

Cependant, elle va s'efforcer de sortir de la «lourdeur» de sa vie solitaire: «[...] Il voudrait tant sentir... la douce chaleur réconfortante» (p. 12).

Mais ce «paradis perdu» que le narrateur se représente ici par l'enfance est-il encore à sa portée? Il le croit et entreprend d'opérer un retour à la source pour se purifier de ses avanies comme l'enfant prodigue: «La Source! / – C'était donc ça la Vie! la Vie! la Vie...» (p. 14).

En définitive, cet être va-t-il rester éternellement victime de déchirements secrets, de désarticulations sournoises, d'illuminations, de doutes qu'il assume en lui? Il semble que non puisque le récit se termine sur une note optimiste: «Alors l'aube d'un sourire ami illuminera le désert» (p. 28).

Kankolongo Mbuyamba

Dessein contraire, Ouagadougou, Presses Africaines, 1967, 174p.

Roman de Roger Nikiema.

Dessein contraire se présente comme un plaidoyer en faveur des jeunes ruraux. Dans l'Avertissement au lecteur, Nikiema écrit: «Je n'écris pas pour toi haute élite; / Mais pour toi, frère de la masse resté parmi / la masse avec ton âme africaine.»

Le succès de *Dessein contraire* tient moins à ses qualités littéraires qu'au fait qu'il s'insère profondément dans le terroir voltaïque.

Trois jeunes paysans, Hamado, Per et Katin, vivent paisiblement dans leur village du fruit de leur travail. Arrive le moment où chacun d'entre eux souhaiterait se marier. Une très grande déception amène Hamado à s'enfuir dans un pays voisin. Quelques mois plus tard, Per est obligé de lui emboîter le pas, mais avec sa fiancée Kané que ses parents voulaient obliger à épouser un riche commerçant. Katin, enfin, périra avec sa fiancée Guéda, après avoir refusé de choisir la fuite.

L'exode rural, décrit dans *Dessein contraire,* est un des plus grands problèmes sociaux auxquels est confrontée la Haute-Volta, pays enclavé, n'ayant aucun débouché sur la mer.

De nombreuses causes d'ordre économique et humain sont à la base de l'exode rural. Si l'auteur de *Dessein contraire* choisit de s'attaquer à celle de la deuxième catégorie, c'est sans doute parce que leurs solutions sont à la portée de l'homme.

À travers *Dessein contraire,* l'égoïsme des vieux et les coutumes dépassées constituent la raison majeure de cet exil qu'est l'exode rural.

Par une subtile division manichéenne du monde qui oppose d'une part les jeunes, les aspirants au bonheur, et d'autre part les vieux et les adultes, ceux qui croient être les maîtres du monde, Roger Nikiema instaure une atmosphère d'une férocité implacable. Les personnages jouent leur bonheur et même leur vie. On ne peut que gagner ou perdre. On ne

peut que choisir un camp. Il n'existe pas de troisième terme. Et les relations familiales ou autres qu'il peut y avoir entre des membres des deux camps ne teintent en rien cet affrontement. Le fait que Nembi soit le père de Katin ne l'empêche pas de se mettre du côté de Zoukougho pour le traquer.

L'égoïsme des vieux se manifeste à travers leurs comportements. Katin a pour père le septuagénaire Nembi, chef du village de Rassam Kandé, qui entretient un véritable harem. Lorsque le chef de Bingo donne une jeune fille à Nembi, toute la cour espère qu'il la donnera en mariage à son fils. On ne découvre les desseins du monarque que lorsqu'on s'aperçoit que la jeune Missiri attend un enfant du vieillard. La déception est profonde.

De même, Guéda, la fiancée de Katin, avait été promise par ses parents à Zoukougho, le féticheur, qui est lui aussi de la même génération que Nembi. Pourtant il n'hésite pas à empoisonner les deux jeunes gens quand il se rend compte que Katin risque de l'emporter sur lui.

Face aux manifestations d'un tel égoïsme il ne reste aux jeunes, représentés ici par Hamado, Per et Katin, qu'à se battre ou s'enfuir. L'exil semble être la seule solution de salut. En effet, des coutumes dépassées empêchent de dire la vérité, d'aider à trouver une solution à l'amiable.

Parce que Nembi est chef, il peut se permettre d'avoir un harem et d'épouser à 70 ans une jeune fille de dix-sept ans. Toute la cour et surtout les conseillers de Nembi constatent cette injustice mais personne, au nom du respect du chef, n'osera le lui dire. On préfère le laisser nouer cette liaison contre nature.

N'est-ce pas aussi cette même coutume qui fait de la femme (de la jeune fille en l'occurrence) un objet-cadeau?

Tout se passe donc comme si cette coutume n'était là que pour aider les vieux et c'est pourquoi la seule issue pour les jeunes réside dans sa transgression: Per «vole» sa fiancée et s'enfuit.

Katin refuse de reconnaître la valeur du serment fait à Zoukougho par les parents de Guéda.

Finalement, toute la société est mise en accusation dans la mesure où tout le monde cautionne plus ou moins (même par le silence) cet état de fait.

Dessein contraire est écrit très simplement. L'auteur a fait l'objet de nombreuses critiques pour y avoir toléré des incorrections de style. Il répond: «Je n'ai pas écrit pour les grammairiens.»

Jean-Pierre Guingane

Deux adorables rivales, Les Soleils de la terre, Yaoundé, Éditions CLÉ, Coll. Pour Tous, 1971, 52p.
Recueil de nouvelles de Roger Nikiema.

Deux adorables rivales est un recueil de deux nouvelles: *Deux adorables rivales* et *Les soleils de la terre*.

Dans *Deux adorables rivales*, Cyrille, jeune médecin, se remet difficilement de sa rupture avec sa fiancée Madeleine. Il finit par se fiancer à nouveau à Jacqueline. Au moment où ils s'apprêtent à célébrer leurs noces, Cyrille reçoit une lettre de Madeleine annonçant son arrivée. Madeleine reçoit le pardon de Cyrille qui l'épouse le jour même où il devait épouser Jacqueline.

Jacqueline écrit une lettre à Madeleine dans laquelle elle lui avoue son amour pour Cyrille et lui recommande de prendre grand soin de lui. Cyrille et Madeleine, en reconnaissance de la grande amitié que Jacqueline leur témoigne, donnent son prénom à leur petite fille.

Dans *Les soleils de la terre*, Zoungrana, roi du Gambaga, découvre, dans une bergerie, au cours d'une nuit d'orage, Powgtenga. Il s'agit d'une femme très laide et de surcroît barbue. Malgré tout il l'aime. De cet amour va naître Oubri qui deviendra, plus tard, un grand empereur.

Deux adorables rivales comme *Les soleils de la terre*, quoique situées à des époques différentes (l'une au 20e siècle et l'autre au 17e siècle), traitent d'un thème commun. Roger Nikiema cherche à montrer dans ses deux nouvelles que le véritable amour, le grand amour, transcende tout. Devenant comme une sorte de destin, il dépasse même les personnes qui l'abritent. Ainsi Madeleine a beau trahir publiquement Cyrille, le déshonorant aux yeux de toute sa société, dès qu'elle revient, celui-ci lui pardonne tout et l'épouse. De même, Zoungrana ne peut avoir d'yeux pour la laideur et la barbe de Powgtenga, lui qui, en tant que roi, a l'embarras du choix pour prendre femme.

Si d'un côté cet amour débouche sur une amitié solide et vraie et de l'autre sur la naissance d'un grand prince, c'est peut-être pour l'auteur une manière de rappeler que chaque époque possède ses valeurs et que le monde moderne aspire, peut-être, à plus d'amitié, d'amour et de solidarité entre les hommes qu'au génie militaire de quelque prince qui dominerait tout.

Deux adorables rivales trouve sa place dans la littérature africaine de mœurs. L'auteur y critique essentiellement la jeunesse à travers ce qui lui paraît la détourner de son vrai rôle: le goût immodéré de l'argent, l'imitation servile de mœurs étrangères (habillement, loisir, etc.), le refus de se marier, etc.

Les soleils de la terre donne une leçon de modestie, d'humilité et d'abnégation aux princes qui nous gouvernent en leur rappelant que les intérêts du pays ne se confondent pas toujours avec ceux des gouvernants et qu'il faut avoir le courage de choisir.

Deux reproches pourraient être faits à l'auteur qui fait preuve de trop d'idéalisme d'une part et, d'autre part, embrasse trop de sujets à la fois.

Jean-Pierre Guingane

Deux (Les) Amis, Abidjan/Dakar, Nouvelles Éditions Africaines, 1978, 71p.
Recueil de nouvelles d'Isaïe Koulibaly.

Les Deux Amis est un recueil de onze récits très brefs ou anecdotes touchant les sujets les plus divers. De l'état d'âme du *Traître* au curieux dénouement du *Coup d'État*, l'auteur, dans des textes qu'on ose à peine appeler nouvelles, s'attaque à une multiplicité de thèmes et de situations de l'Afrique moderne. Il n'y a pas, à proprement parler, d'unité dans ce recueil. Le thème unifiant, c'est la société africaine avec ses contradictions. Étant donné la nature du recueil, il semble nécessaire d'examiner quelques-unes de ces «pièces».

Le traître raconte la crise d'un intellectuel africain qui a fui son pays de tendance politique socialiste pour vivre dans un pays de tendance capitaliste. Il dénonce les contradictions dans les deux systèmes. Mais la conscience politique de cet intellectuel est si floue qu'on peut se demander ce qu'il veut réellement. Le mépris de la «populace» s'accorde mal avec la critique de la société capitaliste. Le personnage est simplement contradictoire.

Les deux amis, nouvelle qui donne le titre au recueil, raconte une amitié et nous plonge dans la société traditionnelle. Ahmed et Ibrahim partagent une amitié si forte qu'Ibrahim accepte de partager sa femme avec Ahmed. Heureusement l'autre finit par avouer qu'il n'a jamais touché à la femme de son ami. Un conte dans lequel les personnages sont pleins de noblesse.

Le candidat, *La lettre*, *La vérité* sont des textes qui touchent aux thèmes des marabouts, de l'argent, des gens qui vivent au-dessus de leurs moyens.

À cause du Grand Meaulnes et *La mort de la fiancée* introduisent à la fois le thème de l'amour et celui de la mort. L'amour d'Albertine pour le narrateur se termine par le suicide de la fille, cloîtrée par ses parents qui ne veulent pas qu'elle épouse un Noir. Quant à la jeune étudiante, elle meurt car sa pauvreté l'oblige à trop travailler.

Enfin *Le coup d'État* raconte comme il se doit un coup d'État, thème déjà rencontré dans *La lettre*. Le narrateur, sorti de son lit, apprend qu'il y a un coup d'État. Et il se voit nommé ministre des Affaires étrangères, ce qui est la réalisation de l'un de ses fantasmes; il accepte et se voit déjà à l'estrade des Nations unies.

Les textes regroupés dans ce livre ne manquent pas d'intérêt. Ils sont même quelquefois savoureux. Il est malheureux qu'à certains moments ils frisent gratuitement la pornographie. D'autre part, il est dommage que le texte n'ait pas été sérieusement corrigé. De plus, il est difficile de comprendre la logique de certaines nouvelles. Par exemple, on se demande quel intérêt peut revêtir *Le coup d'État*. Leçon politique? Certainement pas. Le narrateur, qui semble critiquer le régime favoritiste, n'analyse même pas la signification d'un coup d'État politique. Tout de suite il accepte sa nouvelle fonction et pense aux privilèges.

Ces textes qui font souvent allusion à la politique sont plutôt naïfs de ce point de vue. Autrement ils auraient parfaitement pu se comparer aux nouvelles de *L'Arbre et les fruits* de Kitia Touré ou même de *Tribaliques* d'Henri Lopes.

Amadou Koné

Deux filles... un rêve fugitif..., Paris, La Pensée Universelle, 1977, 37p.
Nouvelle de Victor M. Hountondji.

Une scène d'ébats lubriques, servant de prologue, le récit de deux amours de jeunesse inassouvies, tel est l'essentiel de cette nouvelle marquée au coin d'une vacillation puérile et frivole qui amène le narrateur à renoncer à l'amour.

La voix de Hountondji est celle même de l'amour. Son narrateur chante bien l'amour et l'amour charnel avant tout autre, car il ne conçoit pas «un amour uniquement platonique, dissocié de la passion charnelle, sexuelle».

Comme l'indique d'ailleurs le titre, cette courte nouvelle toute pétillante d'amour se place à l'enseigne de la rêverie à l'état éveillé — le gros de la nouvelle en apporte la preuve. Pourtant, elle commence par une scène très réelle — celle de l'étreinte du narrateur avec une nommée Carole, à l'instigation de qui se déclenche la narration.

Deux filles... un rêve fugitif..., paru dans le volume intitulé *Couleur de rêves*, est, abstraction faite du Prologue, le récit de deux amours ratées par désinvolture et dont le narrateur nous raconte, sous des rubriques peu nécessaires, les tenants et aboutissants. D'abord, il y a Frida («Quand vient l'amour»), une camarade de lycée et premier béguin du narrateur. Mais, malgré des billets doux, des soirées où l'un attise la jalousie de l'autre, cette amourette ne connaît pas de suite, du moins pas la suite — charnelle — que voudrait le narrateur. Frida est bientôt loin des yeux et du cœur. Il y a ensuite Juliette («Juliette») avec qui le narrateur a de petites scènes de réticence, de jalousie et de vacillation. Ayant renoncé à cette nouvelle «déesse», parce que trop jeune pour lui, il apprendra par la suite qu'elle est enceinte d'un autre qui ne l'aime peut-être pas.

Là s'arrêtent ces souvenirs amoureux. Et le narrateur d'en tirer des leçons, à savoir que rien ne peut égaler le premier amour et celui-ci étant inassouvissable, la foi du narrateur en l'amour s'en trouve diminuée: «Ne croyant plus à l'amour», il cherchera désormais à s'immortaliser «dans des poèmes jusqu'ici jamais rêvés».

Narré presque toujours à la première personne du singulier, à l'adresse d'une troisième personne également impliquée dans l'histoire (technique mise au point par Michel Butor dans *La Modification*), *Deux filles... un rêve fugitif...* tient un peu du roman en forme de mémoire où le narrateur mûr et désabusé intervient pour commenter son comportement d'autrefois. De tels commentaires, qui se réduisent à des réflexions générales sur l'amour, impriment à la nouvelle un cachet poétique, comme en témoignent la reprise de mots et l'allure généralement lyrique.

Enfin, première œuvre du jeune Victor Hountondji, *Deux filles... un rêve fugitif...* (dont le ton ne va pas sans rappeler *Ramitou, mon étrangère*, de Joseph-Jules Mokto, ou *Mon amour en noir et blanc* de Rémy Medou Mvomo) est marqué par un élan juvénile assez rafraîchissant. Il est à souhaiter que la plume de Hountondji donne naissance à des œuvres plus élaborées mais tout aussi imprégnées d'amour et de poésie.

Victor O. Aire.

Deux (Les) Oiseaux de l'Oubangui, Paris, Éditions Saint-Germain-des-Prés, 1968, 76p.
Nouvelle de Pierre Makombo Bamboté.

Dans *Les Deux Oiseaux de l'Oubangui*, nouvelle en forme de vers, Bamboté raconte l'histoire fort touchante d'Oudambi et Naloto qui s'aiment d'un amour sincère, naturel, sans calcul. Tout semble aller pour le mieux entre les deux amants quand Ngawaya, mère de Naloto, prend le parti de la jeter dans les bras du citadin Albert. L'arrestation et l'emprisonnement tout à fait arbitraires d'Oudambi laisseront sa fiancée sans défense face à une mère cupide et un rival plein de vices. Au moment où, libéré, Oudambi retourne à Bao, Naloto a suivi Albert à Bangui. Mais, abandonnée, elle se livre à la prostitution et finit par se donner la mort, mort qu'Oudambi, menuisier heureux, époux de deux femmes et père de nombreux enfants, apprendra sans grande émotion comme «la meilleure des choses qui pouvait lui arriver».

Dans le cadre de cette nouvelle relativement courte, Bamboté aborde néanmoins un certain nombre de problèmes de la société coloniale. Ce qui retient d'abord l'attention, c'est la privation de liberté et l'exploitation dont Naloto et Oudambi sont victimes, et qu'illustrent la culture et la vente obligatoire du coton sous l'œil vigilant des miliciens. Le plus terrible c'est que ce travail d'un genre nouveau est loin de mettre à l'abri de la misère, d'ouvrir la voie à une vie aisée, à la satisfaction des besoins les plus urgents. Il permet juste de s'acquitter du montant des impôts.

Bamboté met aussi l'accent sur le nouveau maître du monde qu'est l'argent et dont il fait «le père et la mère de tous». Et si le Blanc qui se l'approprie sous forme d'impôt constitue sa principale cible, les indigènes, telle Ngawaya qui n'hésite pas à vendre sa fille, ne sont pas pour autant épargnés. Mais si les événements se précipitent en faveur d'Albert, c'est à cause d'autres abus qu'a engendrés la venue de l'homme blanc, dont la présence prive de tout, jusqu'au droit au repos et à la maladie. Comment comprendre que les miliciens, ces auxiliaires du colonisateur que Bamboté a en horreur à cause de leur zèle coupable, s'emparent d'Oudambi et le conduisent en prison pour cause de paresse, lui dont on connaît l'ardeur au travail?

Cette ville de Bangui où il purge sa peine, où Albert conduit Naloto, sa femme, attiré par la force de l'argent, sera pour la jeune fille, à l'instar des autres villes coloniales, le lieu de la misère, de la souffrance, de la perdition et de la mort.

Le sort réservé aux principaux personnages du livre révèle bien que pour Bamboté le salut est du côté de ceux qui restent fidèles à «Bao», au village et à ses valeurs. Naloto est vaincue par la ville; Ngawaya malade et abandonnée est punie pour sa cupidité, son amour de l'argent. Albert est simplement oublié dans ses vices de citadin. Par contre, Oudambi, qui ne s'est jamais compromis, recommence une vie heureuse à Bao.

Ce qui caractérise le style de Bamboté dans *Les Deux Oiseaux de l'Oubangui*, c'est ce réalisme que renforcent les nombreuses interventions du narrateur qui sort souvent du récit pour s'adresser directement au lecteur, donner des précisions, éclairer l'histoire, voire prendre position. Par ailleurs, le ton calme, presque indifférent, tranche avec la violence de *Chant funèbre pour un héros d'Afrique*, du même auteur.

André Ntonfo

Deux Vies, un temps nouveau, Kinshasa, Éditions Okapi, 1973, 188p. — Préface de Robert Cornevin.
Roman de Mbala Ngombo.

À travers l'histoire de trois générations, l'œuvre de Ngombo Mbala retrace l'évolution culturelle de l'élite congolaise au tournant de la décolonisation. Le processus s'effectue selon deux lignes de force majeures qu'il s'agit de concilier: fidélité aux valeurs traditionnelles de la civilisation noire d'une part, intégration au monde du progrès représenté par les Blancs d'autre part. C'est en ce sens, croyons-nous, qu'il convient d'interpréter le titre: *Deux Vies, un temps nouveau* Engo et Miese représentent deux étapes successives d'un laborieux itinéraire qui débouche en fin de compte sur le succès spectaculaire de Son Excellence John, du peintre Miese et du chanteur Rossignol.

Les trois premiers chapitres, consacrés à Engo, sont une mise en garde contre le danger de stagnation que constitue un attachement excessif aux modes de vie ancestraux. Fasciné par la Vieille aux fables d'or, grisé de musique et de danse, envoûté par les rythmes du tambour «plus ensorcelants que le secret des lettres ou le mystère des nombres» (p. 24), le jeune homme se révèle incapable de se plier à l'austère discipline que supposent les études collégiales et se voit, en conséquence, privé des avantages qu'elles procurent. Condamné à végéter dans son village natal, il médite amèrement la leçon de son échec et rêve de prendre sa revanche en la personne de ses fils, qu'il fait vœu d'instruire, de gré ou de force.

Les six chapitres suivants, qui constituent le corps du récit, sont consacrés à l'expérience de Miese, en qui s'opère la difficile conversion d'un mode de vie à un autre. Tous les auteurs africains s'accordent à dénoncer les difficultés presque insurmontables qu'impose au jeune Noir un système d'éducation conçu par les Blancs et fondé sur des critères complètement étrangers à l'élève. Ngombo Mbala ne fait pas exception à la règle mais son témoignage, teinté d'humour, se distingue par sa conclusion optimiste: son héros parvient non seulement à assimiler le savoir des maîtres mais encore à leur faire accepter une étude où sont résumées «les valeurs qui commandent la vie des siens et de tous ceux qui vivent près de la terre et de la nature» (p. 79). L'auteur ne résiste pas au plaisir d'illustrer ce qu'il considère comme une innovation capitale et, sous prétexte de présenter la thèse de Miese, nous offre une anthologie de chansons populaires commentées en bonne et due forme. Un séjour en Europe permet d'autre part au jeune homme de vérifier les connaissances acquises et de réévaluer à leur juste prix les valeurs étrangères. De retour au pays, après avoir franchi les inévitables barrages d'une administration complexe et bornée, le sage Miese saura concilier les avantages d'une existence moderne et le respect des vertus ancestrales. Cependant le mouvement qu'il inaugure ne portera ses fruits qu'à la génération suivante et c'est à ses fils qu'est réservée la consécration officielle du succès.

À l'échec et à l'humiliation incarnés par Engo répondent dans les trois derniers chapitres la griserie du triomphe et l'exaltation des temps nouveaux. L'Afrique joue désormais un rôle sur la scène politique internationale et son «Son Excellence John» dialogue d'égal à égal avec les plénipotiaires européens. Les messagers de la culture noire sont reçus avec honneur dans toutes les capitales et n'ont pas à rougir de la comparaison avec les troupes locales. Cette glorification un peu naïve de la nouvelle élite africaine s'accompagne heureusement d'une dénonciation savoureuse des dessous de la célébrité. C'est le cas notamment du chapitre consacré à Son Excellence John qui dévoile, avec une ironie piquante, les secrets d'une délégation officielle, partagée entre les rendez-vous galants et la course aux souvenirs.

C'est donc en toute lucidité et sans se laisser duper par les apparences que la jeune génération décide de se conformer aux exigences de la vie moderne dont elle a appris à reconnaître et à pratiquer les règles, tout en conservant par rapport à celles-ci une distance critique. L'Histoire dira si elle est capable de préserver cet équilibre.

Laure Hesbois

Devoir (Le) de violence, Paris, Seuil, 1968, 208p.
Roman de Yambo Ouologuem.

Tenant à la fois de la légende, de l'épopée, de la chronique et du roman, *Le Devoir de violence*, couronné par le célèbre Prix Renaudot, est un ouvrage inclassable. Sorte d'histoire apocryphe de l'Afrique occidentale, il retrace à sa façon l'aventure des «Nègres» à partir de 1202, sous les Saïfs de l'Empire fictif du Nakem (en réalité, très probablement le Kanem-Bornu qui rayonna vers 800 au nord-est du lac Tchad et dont les rois se nommaient «Sefawa») jusqu'aux temps modernes (1947). Divisé en quatre parties de longueurs inégales, le roman traverse donc, tantôt à grande allure (quatre siècles sont adroitement télescopés), tantôt au pas, une période de sept cent quarante-cinq ans.

Dans la première partie, intitulée «La légende des Saïfs», on apprend que l'histoire de la «Négraille» fut au début un véritable tableau d'horreurs qui mena à la fuite et à la dispersion des Noirs à travers l'Afrique. Pour se venger des fuyards, les tyranniques Saïfs recoururent à de sanglants crimes et à des exactions tribales, lesquels devaient durer deux longs siècles (premier long télescopage temporel). En 1420, le dernier Saïf de cette époque décadente, Saïf Moché Gabbaï de Honaïne, entend prédire la naissance, au cours de l'année, d'un enfant qui le renversera. Tout comme le fit Hérode à l'avènement du Christ, ce Saïf fait tuer tous les nouveau-nés de l'Empire, mais une mère Tiébiramina arrive à sauver le sien, lequel, devenu Saïf Isaac El Heït, allait régénérer l'Empire vermoulu du Nakem. Malheureusement, le ton railleur du romancier ne nous permet guère de bien savourer cette seule lueur dans les ténèbres que constitue jusqu'ici l'histoire des Noirs: «Véridique ou fabulée, ricane-t-il, la légende de Saïf Isaac El Heït hante de nos jours encore le romantisme nègre et la politique des notables en maintes républiques.»

Quoi qu'il en soit, à sa mort en 1498, au juste Saïf succède le cadet de ses trois fils, Saïf El Hilal, l'aîné s'étant «sacrifié à Dieu» et le puîné s'était fait déshériter et maudire sept ans auparavant pour s'être moqué de la chute de cheval du père. Mais à peine deux semaines plus tard, ce fils maudit, Saïf El Haram, renverse et fait tuer son frère. Incestueux éhonté, il épouse sa mère et ses trois belles-mères, après quoi il instaure un règne des plus ignobles dans ce que le romancier appelle «cette Afrique fantôme». Son crime le plus odieux est sans doute l'intensification de la traite au cours de laquelle trente pour cent des esclaves périssent en voyage (pour ne pas parler des scènes d'anthropophagie et d'aberrations sexuelles qu'occasionnent les razzias).

Après la mort, en 1532, de Saïf El Haram, suivent plusieurs règnes de courte durée, dont ceux des trois fils du Saïf maudit, lesquels vite détrônés «sont ravis en un même soir». Profitant de la situation précaire provoquée par une épidémie de fièvre jaune, Rabban Yohanan ben Zaccaï, dernier descendant de Saïf El Haram, usurpe le pouvoir mais est assassiné au bout de huit ans. C'est alors que s'installe la suprématie des Gondaïtes qui, deux cents ans durant (deuxième long télescopage temporel), allaient faire du Nakem une sorte de Sodome et Gomorrhe et permettre l'installation de la Conquête arabe et, avec

elle, sous des devants de spiritualisme et d'intellectualisme, de la traite orientale camouflée.

Après les brefs règnes des petits-fils de Saïf Rabban Yohanan ben Zaccaï (branche paternelle), le territoire nakémien connaît une balkanisation qui permet l'installation des colonisateurs européens. Mais, comme le note le narrateur: «ces puissances colonisatrices arrivaient trop tard déjà, puisque, avec l'aristocratie notable, le colonialiste, depuis longtemps en place, n'était autre que le Saïf, dont le conquérant européen faisait — tout à son insu! — le jeu». Et ce jeu se fera on ne peut plus machiavélique avec le protagoniste du *Devoir de violence*, le nouveau Saïf ben Isaac El Heït, issu de la branche maternelle des Saïfs et qui se veut le fils spirituel de son aïeul Saïf Isaac El Heït à qui son avènement avait été prédit.

* * *

Que les Africains, quoi qu'en dise l'histoire officielle, n'aient pas accueilli les envahisseurs européens à bras ouverts, que l'Europe ne se soit pas imposée sans coup férir, c'est ce que laisse entendre la deuxième partie assez brève intitulée «L'extase et l'agonie». Après le partage de l'Afrique, le nouvel empereur nakémien Saïf ben Isaac El Heït mène un combat acharné contre les colonisateurs français attributaires du Nakem. Mais cette résistance ne tarde pas à se muer en déroute. Et ce sont les pillages, les razzias d'esclaves et la boucherie sauvage, pratiqués par les résistants et les envahisseurs, qui poussent les populations à se jeter de leur propre gré dans les bras des «protecteurs» français.

Quant au chef de la résistance, Saïf ben Isaac El Heït, un dernier assaut désastreux et un suicide raté l'amènent enfin à s'avouer vaincu. Le traité de paix ayant été signé le 20 décembre 1900, il accepte à titre de «récompense» l'invitation à Paris de son fils aîné Madoubo qui, comblé de cadeaux, devient «prétexte de la coopération». Et le narrateur d'en tirer la leçon: «Crépuscule des dieux? Oui et non. Plus d'un rêve semblait en train de se faner; et il s'agissait, tout autant que de son tournant, de la convulsion d'une civilisation.»

***

Et c'est sur le «seul vestige de ces rêves avortés» – le serf – que s'ouvre la troisième partie – et la plus longue du roman – intitulée «La nuit des géants» et subdivisée en dix parties sans titres.

On rencontre donc, dès la première subdivision, la vie dure faite, à la cour impériale, aux serfs et aux captifs. Dans ce tableau se détache le couple amoureux formé du cuisinier Kassoumi et de la servante Tambira, lesquels vivent avant leur mariage une idylle dont la description sobre et poétique rachète quelque peu la complaisance du romancier pour l'érotisme et la grivoiserie. Après avoir subi la cruelle pratique de l'infibulation, en vue de l'exercice du droit de cuissage du roi (l'épousée n'étant plus vierge), Tambira ne tarde pas, une fois le mariage célébré, à accoucher, à terme, de quintuplets aux noms ronflants: Raymond Spartacus, Jean Sans-Terre, Anne-Kadidia, René-Descartes et René-Caillé.

Entre temps à Krébbi-Katséna, à trois kilomètres de la cour impériale de Tillabéri-Bentia, s'installe le personnel colonisateur (gouverneur, fonctionnaires militaires et administratifs, missionnaires, dont l'abbé Henry). Après avoir entendu annoncer le programme colonial (instruction obligatoire, constructions de routes et chemins de fer), Saïf, contenant sa rage, amorce une résistance violente mais clandestine: il ordonne de n'envoyer à l'école que les fils de condition servile; il fait brûler des centaines de Bibles et, étrennant son arme meurtrière, il fait assassiner au moyen de vipères aspics des Jésuites et presque tout le personnel administratif, y compris le gouverneur.

Le nouveau gouverneur, Jean Chevalier, quoiqu'il tente de jouer le jeu de Saïf en cherchant à l'empoisonner, finit par succomber lui aussi, le tyran ayant tout appris par l'intermédiaire de l'espionne Awa introduite chez l'assassin assassiné.

Promu Chevalier de la Légion d'honneur (hommage indirect à son astuce), Saïf continue toujours clandestinement l'élimination de toute opposition à son hégémonie. Ainsi, quand le nouveau gouverneur Vandame institue l'École laïque des fils de chefs, Saïf ordonne-t-il de n'y envoyer qu'orphelins ou enfants nobles nés de mères répudiées. Quand les nouveaux convertis révèlent à l'abbé Henry l'existence d'une traite clandestine que pratique le Soudanien Doumbouya, Saïf, indirectement impliqué, fait assassiner le trafiquant par le forgeron-coiffeur Jean Barou, lui aussi vite éliminé par après.

Se tournant ensuite vers la présence chrétienne, Saïf, dans un long cahier de doléances, accuse l'Évêque de Saignac d'avoir ourdi son bannissement avec la collaboration du sorcier Bourémi. Peu après, l'Évêque est rappelé et Saïf se voit attribuer une allocation mensuelle, alors que Bourémi passe de la folie au trépas.

Au mois de juillet 1910 arrivent au Nakem l'ethnologue allemand Fritz Shrobénius (le Leo Frobenius attesté par l'histoire), sa femme et leur fille Sonia. Suivent ensuite les descriptions assez détaillées d'abord de la fastueuse réception réservée par Saïf à ce «marchand-confectionneur d'idéologie» et puis de la défloration, par le prince Madoubo, de Sonia dans une scène où se conjuguent le strip-tease, le voyeurisme (l'agent Sankolo regarde sans être vu), la masturbation (il s'excite jusqu'à l'orgasme) et le crime sadique (il tue sa fiancée Awa surgie sur la scène). Mais, aperçu par Kassoumi qui le dénonce, Sankolo est emprisonné pour son délit.

Libéré au bout de trois ans, Sankolo revient à Krébbi-Katséna, mais guetté par les agents de Saïf, il est bientôt transformé en zombie ou mort-vivant (enterré vivant et puis déterré), nourri de drogues aphrodisiaques et de femmes et utilisé comme main-d'œuvre gratuite. Dans le récit qu'il fait au gouverneur six mois plus tard, il révèle que Saïf fait créer des milliers de morts-vivants qu'il échange contre d'autres, envoyés du Sud. Informé par ses espions du récit de Sankolo, le tyran prend les devants en faisant assassiner Vandame (son troisième gouverneur) et son épouse alors que Sankolo, accusé du crime, est bêtement tué à son tour.

Après la Première Guerre mondiale à laquelle participent des tirailleurs noirs au zèle suicidaire, et en raison de laquelle Saïf, à court d'argent, recommence la traite; après l'accord de Paris du 8 septembre 1919, divisant le Nakem entre la France et l'Angleterre (on pense ici à l'histoire réelle du Cameroun actuel), et annexant le Ziuko au Nakem «français», nous retrouvons (dans cette huitième subdivision de la troisième partie) le couple serf de Kassoumi et Tambira dont les enfants fréquentent l'école française et missionnaire de l'abbé Henry. Voulant mettre la chance de leur côté à l'examen du Certificat d'études primaires, Tambira consulte un sorcier lubrique et signe du coup son propre arrêt de mort. Car, après s'être accouplée avec le sorcier en paiement de ses promesses, la pauvre mère, épiée par Kratonga et Wampoulo (deux agents de Saïf), est également possédée par ceux-ci en vengeance de Sankolo, jadis dénoncé par Kassoumi. Suicide ou assassinat, le corps pendu de la femme est retrouvé deux jours plus tard dans les latrines des serfs.

Mais, triomphe posthume, tous ses enfants sont reçus à l'examen et, alors que les moins doués deviennent commis d'administration, Raymond Spartacus réussit en 1924 le brevet élémentaire. Saïf, voyant en ce fils de serf instruit «l'instrument de sa politique future», l'envoie poursuivre ses études en France, mais non sans avoir pris la précaution de le fiancer à une servante à la cour, afin d'assurer son retour au Nakem-Ziuko.

En France, Raymond fait des études d'abord médiocres mais finit par terminer une thèse à l'École d'architecture, après quoi il épouse une Française, Suzanne. Parmi les expériences qui jalonnent sa vie universitaire, il faudrait mentionner d'une part l'inceste commis à son insu dans un bordel parisien avec sa sœur Kadidia devenue putain et qui lui donne des nouvelles de la mort de sa fiancée, de la folie de deux frères insoumis à Saïf et de la vente du père; et, d'autre part, la liaison homosexuelle de dix-huit mois avec un bourgeois, autre épave, amoureux de sa mère. Raymond est en train de jouir de sa nouvelle vie bourgeoise de «nègre-blanc» quand éclate la Deuxième Guerre mondiale. Enrôlé, il combat en Italie et en Provence. Laissé pour mort sous des décombres, il survit et traverse dix-huit mois d'errance, de misère et de demi-folie, avant d'apprendre à Orléans, en octobre 1945, que Paris avait été libéré depuis le 23 août. Il est bientôt rejoint par son épouse qui lui fait part de la destruction de sa maison ainsi que de la mort de ses trois enfants et de sa belle-mère.

Rentré au Nakem-Ziuko où il est nommé candidat unique à l'élection du député du pays à l'Assemblée nationale à Paris, Raymond «saisit avec horreur que par sa présence, ou par sa mort, il donnerait sans cesse à Saïf la publicité, ou le mérite de l'édification». Désemparé, ruminant son légitime devoir de violence révolutionnaire ainsi faussé d'entrée de jeu, l'ancien élève de l'école missionnaire va trouver, la veille de son élection, Henry, devenu depuis Évêque. Mais ce dernier n'arrive qu'à lui donner une conscience encore plus aiguë de son impuissance devant Saïf qui, en accomplissant avec Raymond «l'œuvre de soumission de la négraille instruite», aura réussi à se jouer de tous les personnages, à l'exception peut-être d'Henry.

* * *

Et c'est sur ce motif du jeu que se termine *Le Devoir de violence* dans une sorte d'épilogue intitulé «L'aurore».

Conscient de se précipiter dans la gueule du loup, l'évêque Henry se présente chez Saïf et, de la violence, les deux hommes en viennent à discuter de l'amour et de Dieu avant de jouer aux échecs, alors que, entre eux, tangue une flûte contenant une vipère aspic que Saïf destinait sans doute à l'Évêque mais qu'il jette plus tard au feu.

C'est peut-être en fonction de cet ultime jeu d'échecs qu'il faudrait considérer le sens du *Devoir de violence* et, notamment, le rôle des personnages. «Chaque joueur, déclare Saïf, est un objet fonctionnel dont le joueur est le jouet et l'enjeu.» Mais c'est le téméraire Henry qui déchiffre on ne peut mieux l'échiquier que constituent les personnages: «Mais voyez! les carrés, la ligne des pions qui se dressent comme autant de fantassins dans la nuit Nakem, les deux fous, tels Chevalier et Vandame, les deux cavaliers, Kratonga et Wampoulo, les deux tours, Kassoumi et Bourémi. [...] Et tout ça, tout ce bagage, c'est uniquement pour sauver la tête du roi...»

Ainsi donc Saïf, le roi mi-Noir mi-Blanc (étant d'origine négro-juive), pièce maîtresse du jeu, mène à sa fantaisie, non seulement les pions (les Noirs, les fantassins, la chair à canon servant de rempart au souverain), mais aussi les pièces tenues pour plus importantes (les gouverneurs), lesquelles intègrent de la sorte le statut de pions ou de fous, selon Henry.

Tout se passe d'ailleurs comme si tous ceux qui s'opposent à Saïf devenaient fous ou étaient tenus pour tels avant de sombrer le plus souvent dans la mort: le sorcier Bourémi et deux des fils de Kassoumi deviennent fous; alors que le premier meurt, on ignore ce qui arrive aux derniers. Qualifiés de fous, Chevalier et Vandame meurent eux aussi; les morts-vivants (tels Sankolo et Kassoumi-père) vivent une existence hallucinatoire et cauchemardesque qui débouche le plus souvent sur la folie. De deux Évêques (des fous de par leur position sur l'échiquier), seul l'évêque de Saignac

«meurt à l'Afrique», ayant été obligé de rentrer prématurément au pays, tandis que l'évêque Henry est tenu un moment pour fou.

Ainsi presque tous ceux qui se veulent «sains» deviennent ou sont traités de fous, de même que tous ceux qui se veulent joueurs se voient joués. Il n'y a pas jusqu'au pillard de l'art africain, Shrobénius («Écrevisse humaine frappée de la manie tâtonnante de vouloir ressusciter, sous couleur d'autonomie culturelle, un univers africain qui ne correspond à plus rien de vivant»), qui ne soit joué par Saïf qui lui fait prendre pour des pièces authentiques des objets ne datant que de trois ans!

Quant à Saïf ben Isaac El Heït, fin et rusé joueur, assassin invétéré, à la fois «Judas» et «Machiavel», il reste invincible maintenant et à tout jamais: «Saïf, pleuré trois millions de fois, renaît sans cesse à l'Histoire, sous les cendres chaudes de plus de trente Républiques africaines...» Ce qui exprime l'ironie de cette dernière partie qui, intitulée «L'aurore», n'a pourtant rien d'auroral, rien qui indique un nouveau départ. À supposer que l'on puisse voir dans Saïf la figure allégorique du dirigeant africain, cela revient à dire que l'oppression du peuple africain est aussi vieille que le monde et ne cessera pas de sitôt. Cette tyrannie a beau changer d'apparence, elle reste foncièrement la même. D'où sans doute l'allure cyclique imprimée au roman par l'évocation en fin de volume des tout premiers Empereurs de la dynastie Saïf.

Bref, les écuries d'Augias mettront longtemps à trouver un nettoyeur efficace. En attendant, les maîtres de l'heure continueront à sévir contre le peuple, qu'il soit instruit ou ignorant. Comme le dit l'un des morts-vivants: «Peut-être est-ce un peu cela, une vie de Nègre. Esclave. Vendu. Acheté, revendu, instruit. Jeté aux quatre vents...» À preuve, Raymond Spartacus Kassoumi, bâtisseur de son état (!), l'homme le plus instruit du Nakem-Ziuko, n'en est pas moins acculé à une vie en porte-à-faux et «tenu par la notabilité dans une prostitution dorée».

* * *

Il semble donc que l'intention profonde de l'auteur du *Devoir de violence* relève de l'ordre de la démystification. Il cherche à «faire violence» à une certaine image de l'Afrique telle qu'elle est colportée par de nombreux écrivains — ethnologues, historiens et même romanciers. C'est-à-dire l'image d'une Afrique innocente et paisible, violée par le contact avec l'Occident. Bien loin d'être innocente, l'Afrique, insinue le romancier, a connu des siècles durant la violence la plus raffinée, l'inhumanisme le plus endurci et la politique la plus machiavélique. En témoignent pleinement la traite et son avatar, la «zombification», pratiquées tant par les Européens que par les Africains, et qui, telle une sombre musique de fond, résonnent tout le long de l'histoire apocryphe de la «négraille», malgré l'abolition officielle de l'esclavage.

Mais Ouologuem ne se borne pas à démontrer la pérennité de la tradition violente en Afrique. Il semble faire en même temps l'apologie de la violence, considérée peut-être comme une dynamique révolutionnaire: «Ce qui importe, [fait-il dire à Henry] c'est que toute vibrante de soumission inconditionnelle à la volonté de puissance, la violence devienne illumination prophétique, façon d'interroger et de répondre, dialogue, tension, oscillation, qui, de meurtre en meurtre, fasse les possibilités se répondre, se compléter, voire se contredire.»

Peut-être est-il permis de croire que de cet accouplement de contradictions pourra naître une synthèse originale et efficace qui fera de la violence non pas une arme vulgaire et répréhensible, mais bien plutôt ce que Friedrich Engels voyait en elle: à savoir «l'accoucheuse de toute vieille société qui en porte une nouvelle dans ses flancs». Et peut-être les nombreuses scènes de violence sanglante, d'anthropophagie et d'aberrations sexuelles ne sont-elles destinées qu'à choquer afin de faire prendre conscience de

l'innéité et de l'efficacité de la violence.

*

L'un des mérites du *Devoir de violence* tient au fait que l'aspect formel s'avère consubstantiel au fond. C'est-à-dire que l'auteur cherche à «faire violence» non seulement au style de son œuvre mais aussi à la conception traditionnelle du roman. En effet, puisant à de nombreuses sources (l'histoire, la légende, l'épopée, les annales talismaniques, la tradition orale des griots), *Le Devoir de violence* est d'une facture très hétéroclite. Quant au style, on relève, entre autres, une syntaxe souvent déroutante, la présence de nombreux termes étrangers au français, des images disparates et hermétiques et des figures conjuguant le merveilleux, le surréel et l'insolite: «Je suis né au fond d'un cimetière, et cent mille étoiles à ma naissance jaillirent de mes narines, éclaboussant la nuit de déchirures d'étincelles.» Cette hétérogénéité formelle nous autorise-t-elle à traiter le roman de «bâtard»? Nous ne le croyons pas. Car il se peut que l'auteur respecte par là la conception artistique authentiquement africaine qui n'admet pas de fragmentation parce que tous les genres correspondent à des éléments différents mais nécessaires pour donner une image concrète et réaliste de la vie.

*

Il serait difficile, enfin, de rendre pleinement compte du *Devoir de violence* sans évoquer l'accusation de plagiat portée contre l'auteur quatre ans après la parution de son œuvre (accusation en outre justifiée en partie par la présence de nombreuses citations dont la provenance n'est pas signalée). Yambo Ouologuem fut accusé par Eric Sellin (dans *Research in African Literatures*, vol. 2, n° 2, 1971) et par un critique anonyme du *Times Literary Supplement* (du 5 mai 1972) d'avoir pillé *Le Dernier des justes* d'André Schwarz-Bart et *It's a battlefield* de Graham Greene. Vilipendé, dénigré et presque renié par la suite, Ouologuem n'a cependant pas manqué de trouver des défenseurs dont le tout premier fut Schwarz-Bart lui-même qui, déjà en 1968, s'était réjoui du fait qu'un écrivain noir eût bien voulu s'inspirer de son œuvre (Lettre aux Éditions du Seuil, citée dans *Research in African Literatures*, vol. 4, n° 1, 1973, p. 129). Méritent d'être citées aussi les vibrantes défenses de Keith Wolitz (*Research in African Literatures*, vol. 4, n° 1, 1973) et de Gilles Charpentier (*Présence Francophone*, n° 7, 1973).

Quoi qu'il en soit du plagiat, l'essentiel serait pour les critiques de dépasser cette fameuse controverse pour apprécier l'œuvre à sa juste valeur. Car, malgré les emprunts possibles, il s'y trouve toujours quelque chose d'original et d'éminemment pertinent à l'histoire sinon à l'actualité africaine. En outre, le roman enrichit à sa façon la littérature africaine tant du point de vue thématique (de par son ton ironique et sa tendance démystifiante, il s'inscrit dans la lignée des œuvres comme *Négritude et négrologues* de Stanislas Adotévi) que du point de vue formel (il partage avec *Les Soleils des indépendances* d'Ahmadou Kourouma le même désir de forger un style «différent» qui sera peut-être l'amorce d'un style authentiquement africain). Enfin, *Le Devoir de violence* a le mérite d'avoir battu en brèche certaines idées reçues de l'Histoire africaine.

Victor O. Aire

Dialogue d'une rive à l'autre, Saint-Louis, IFAN, Études Mauritaniennes, 1966, 23p.
Recueil de poèmes d'Oumar Bâ.

Cette plaquette de 21 poèmes libres a été écrite à l'époque coloniale. Le poète, Oumar Ba, descendant des Ly, Torobé de la Vallée du Sénégal, y évoque la dureté de son existence.

Il se plaint des malheurs qui ont assombri sa vie. Un homme sans scrupule lui a arraché la mère de ses enfants («Une famille»); le destin sans pitié a tué son frère en terre étrangère («Mort au champ d'honneur»); l'entente avec les maîtres blancs se révèle impossible. (Ses ancêtres, qui n'étaient pourtant pas des traîtres, s'étaient déjà laissés abuser!)

Le poète sait aussi surmonter sa souffrance personnelle pour brosser différentes silhouettes de parasites: l'interprète qui ne connaît que la langue du profit («L'interprète»), les faux-témoins qu'on achète («La loi du silence»), les chefs malhonnêtes qu'on soudoie («Un homme heureux»).

Malgré cette atmosphère de mensonge, de délation et de corruption, le poète veut chanter la noblesse de sa race («Noblesse»). Les Blancs accordent leurs faveurs aux fils des esclaves, mais un jour viendra, cependant, où triompheront la justice et le droit («Testament»).

En attendant cette aube qui ne peut manquer de se lever, le poète, tour à tour lyrique et satirique, utilise à ses fins «l'art du langage et de la subversion» qui ont toujours appartenu aux siens.

Jacqueline Falq

Dieux (Les) délinquants, Ouagadougou, Éditions Coulibaly Frères, 1974, 227p.
Roman d'Augustin-Sondé Coulibaly.

Titenga, jeune homme «sérieux, serviable et courageux, travailleur», quitte le village d'Outabou pour Ouagadougou. Ce départ émeut les vieux du village car Titenga est l'incarnation des vertus ancestrales. À Ouagadougou, le jeune homme est recueilli dans une école coranique. Ses condisciples qui vivent de maraude et dans des conditions précaires l'aident à retrouver son cousin qui l'accueille mal et finit par le renvoyer de sa maison. La rencontre de Titenga et de Sortinata est décisive. Réfugié pendant un moment chez des filles de joie, Titenga finit par organiser les jeunes délinquants de la ville et par s'attaquer à une société qui lui semble hostile. Il arrive même à inquiéter le pouvoir et se voit proposer un poste ministériel. «L'Organisation des chômeurs douaniers et des yéyés» déclenche la «révolution», la prise du pouvoir par l'armée.

Les Dieux délinquants est donc une sorte de roman picaresque. L'itinéraire suivi par le personnage de Titenga permet à l'auteur d'aborder de nombreux thèmes aussi importants et actuels les uns que les autres. Au village, la discussion entre les vieux après le départ de Titenga met à nu le conflit entre vieux et jeunes: une forme du conflit de génération perverti par la nouvelle situation sociale. Les jeunes, se sentant brimés, s'en vont en ville. Et c'est aussi le crucial problème de l'exode rural que connaissent nombre de pays africains.

Le corollaire de l'exode rural, c'est le chômage et surtout le chômage d'adolescents sans qualification professionnelle. Augustin-Sondé Coulibaly se range clairement du côté des jeunes chômeurs qu'il peint sous des traits sympathiques. La délinquance juvénile, dit implicitement l'auteur, est un phénomène entretenu par le pouvoir politique. Nos délinquants ne sont donc pas des démons mais des dieux, d'où le titre antithétique de l'œuvre.

En effet, tous les jeunes gens dans le livre sont sympathiques. Même les vieux et le Sous-Préfet d'Outabou reconnaissent que Titenga est un bon garçon. Seules la vie impitoyable et l'hypocrisie de la ville ont pu le conduire à la délinquance qui est pour lui une forme d'action tout à fait légale. De son côté, Tihila, leader du clan adverse puis lieutenant de Titenga, n'est pas vu comme un mauvais garçon. Enfin, l'égérie du groupe, Sortinata dite Marie Noire, est une fille merveilleuse digne de son surnom de Reine de Tiedpalgo.

En fait, ce qui est en cause ici, ce ne sont ni les délinquants ni leurs méthodes; c'est la société et même un certain régime politique. L'action des délinquants met le régime en péril. Les militaires prennent le pouvoir: allusion à la chute de la Première République Voltaïque? Enfin, il faut signaler un autre thème important: le respect de la tradition et des ancêtres. Titenga ne cesse jamais

d'invoquer l'ancêtre Pazo qui reste une référence, un symbole vivant.

Les Dieux délinquants est un livre dense, touffu même. Cette densité qui trahit une certaine faiblesse de la composition de l'œuvre sert néanmoins l'action du récit. La langue, à certains endroits, est lourde, à la limite de la correction. Cependant elle ne choque pas car elle correspond au milieu qu'elle dépeint.

En bref, ce roman peu connu – ce qui est regrettable – traite de façon originale l'essentiel des thèmes des sociétés africaines traditionnelles et modernes. Il est l'un des rares romans africains à s'attaquer au problème de l'exode rural.

Amadou Koné

Divin (Le) Amour, Paris, Éditions Akpagnon, 1979, 111p.
Recueil de poèmes d'Yves-Emmanuel Dogbé.

D'un ton simple et direct, ce recueil de poèmes traite de l'amour mais d'un amour bien défini celui que l'auteur éprouve pour son pays natal et avant tout celui qu'il ressent envers ses frères et sœurs humains. Dogbé appartient à l'école des écrivains qui louent la négritude mais il insiste davantage sur l'importance de la fraternité humaine. La paix et le bonheur sont intérieurs; ce qu'il nous faut c'est «Le divin amour» (l'amour pur et vrai) qui pousse à l'entraide et à la bienveillance envers les autres êtres humains. À maintes reprises on voit son exaspération devant l'oppression causée par la hiérarchie des races. «Jusques à quand», répète-t-il, faut-il accepter le statu quo? Il compare l'humanité à un arc-en-ciel: «L'arc-en-ciel doit son charme à ses couleurs – L'humanité doit sa beauté à la diversité de ses races.» Pour Dogbé la réponse à l'oppression est un engagement non violent: il faut aimer son prochain.

Il parle avec force quand il aborde les inégalités raciales dans notre monde mais son ton devient brusquement tendre quand il parle de son pays ou de sa ville natale. Dans «Parole de gratitude», il remercie Lomé pour ses divers aspects. Il évoque son pays par des images saisissantes telles que les maisons rougeâtres et la vie rythmée par les tam-tams. Dans les poèmes de la première partie, «De chair et de sang», on voit bien que son premier amour est l'Afrique et qu'il y a laissé une partie de lui-même: «Ô Afrique terre mienne! Que de souffrances j'ai endurées pour te mettre autour un pagne bien à toi! Que de renoncements, de sacrifices et de tourments pour te voir libre» («Liberté»)! On sait que Dogbé a subi quelques mois de détention dans son pays pour avoir écrit *Civilisation noire et devenir de l'Afrique*.

Le recueil chante l'amour que l'auteur définit en citant Martin Luther King: «The love of which I speak is not a love about which songs are written.» Pour Dogbé il y a trois sortes d'amour. Il y a l'amour envers un être chéri comme celui qu'on voit dans «Écoute la neige, mon amour», «Hymne à amour», «À la naïade», «Aveu intime» et «Viens avec moi»; l'amour de son pays («Lettre à un poète», «Adieu», «Liberté», «Parole de gratitude», «Remember») et l'amour des autres qu'on voit exprimé dans tous les poèmes de la seconde partie intitulée «Le branle-bas».

Dans la troisième partie qui s'intitule «Le mystique», il annonce son propre engagement dans la lutte de tout homme qui veut vivre en Paix, «en frère(s) dans cette ARÈNE comme les membres d'un même corps». Il est fidèle à la lutte: «Advienne que pourra je ne renoncerai point au combat avant que la cible soit atteinte, maintenant que j'ai pris goût à l'inéluctable morsure divine – la condition humaine.»

Désireux de définir cet amour qu'il vient de proclamer dans ses poèmes, Dogbé termine par un essai métaphysique sur l'amour. Ici l'univers mystique et socio-politique du poète est souligné dans tout le lyrisme qu'offre un texte en prose. Pour Dogbé toute l'existence humaine est une énorme comédie, «La divine comédie», dont les principaux acteurs sont la Providence et l'homme. Ensemble ils jouent la pièce, Amour, qui est divine car c'est l'héritage souverain que Dieu a légué à l'homme. Mais beaucoup plus qu'une définition de l'amour («par ce vocable nous entendons l'Amour divin, l'amour pur et vrai, par-delà la concupiscence, les passions et l'amour-propre»), Dogbé montre comment l'amour doit s'exprimer. C'est un don de soi, un sacrifice insatiable de dévouement et de pardon dont chaque homme est capable. Cette méditation sur l'amour est à la fois tendre, vigoureuse et sympathique.

L'œuvre de Dogbé est originale car bien que l'amour ait été traité depuis l'invention de l'alphabet, il est peint ici avec un rare lyrisme. Ce sujet, devenu banal de nos jours, prend sous sa plume une certaine vivacité car l'amour ici présenté est pur. La vision qu'il projette de l'univers (un monde où tous vivront dans la chaleur de la fraternité humaine) est simple mais difficile à réaliser faute du «Divin amour» universel.

C'est une œuvre qui incite à la réflexion car l'auteur chante, à travers sa simplicité, le drame de notre monde en proie aux conflits raciaux. Ce recueil a reçu le Prix de poésie Charles Vildrac en 1979.

Regina Lambrech

Djigbô, Abidjan, CEDA, 1977, 93p. Roman de Fatou Bolli.

L'action de *Djigbô* est semée de tableaux nocturnes. La terreur règne dans sa topographie diégétique. L'homme y est constamment tenu en éveil par des scènes révoltantes qui se déroulent soit à Abidjan soit à la campagne krou, village de Kopè Yacinthe, un des principaux personnages. Les agents provocateurs du mal, ce sont des alliés du démon. La victime en est presque toute la gent krou mais surtout la famille Kopè. Il ne s'agit pas d'une menace qui oppose un krou à un adversaire quelconque, mais d'une lutte à mort dressant de proches parents les uns contre les autres. C'est justement un affrontement singulier dont la férocité exige absolument le sang ou la chair des frères. Il s'ensuit qu'au village krou trop d'enfants, de femmes, d'hommes meurent ou voient leur aspiration freinée et leur fortune ruinée.

À Abidjan le cadre de la confrontation est la maison de Kopè Yacinthe. Celui-ci s'installe dans la capitale ivoirienne où il devrait mener une vie aisée. Mais une confrérie de sorciers parmi lesquels se trouvent son frère aîné, Victor, et sa belle-sœur, Yégou, ternit son prestige. Dans le but de se «rafraîchir» avec de la chair humaine, ils attaquent incessamment les enfants de Kopè. Trois de ces derniers ont, l'un après l'autre, subi de graves accidents en un mois, mais les cibles visées sont avant tout Mathilde et Agathe. Victor et Yégou tentent d'éliminer physiquement ces deux jeunes filles. Mais la famille Kopè et quelques autres individus sont «momentanément libérés de crainte ancestrale». Mansoua, sorcier-guérisseur, conjure et bannit tous les sorciers malfaisants au cours des cérémonies rituelles. Certains effets de ces aventures persistent. C'est ainsi qu'Agathe est condamnée à coiffer Sainte-Catherine. Son fiancé, à peine rentré au pays après une formation en médecine, se dit secoué par les agissements et les confessions des sorciers. Il abandonne Agathe et retourne précipitamment en Europe pratiquer son métier en toute sécurité.

Prenant la sorcellerie comme thème de son ouvrage, Bolli aborde un problème qui subsiste dans l'arrière-plan de chaque culture humaine. L'un des objectifs de l'auteur est de montrer, par accumulation de preuves irréfutables, l'existence d'une science occulte. Peu de lecteurs resteront indifférents devant les témoignages ingénieux qu'il réunit sur les activités des sorciers. Le lecteur est constamment tenu en haleine en lisant le récit d'une sorcière qui vole les principes vitaux des nouveau-nés, qui suce des fœtus dans le sein de leur mère ou qui avoue elle-même avoir retenu dans une bouteille le sang d'un confrère parjure, alors que les médecins blancs luttent inutilement pour sauver la vie de la victime anémiée. Le lecteur reste abasourdi par un phénomène de transfert vectoriel au cours duquel une autre sorcière stérile devient féconde grâce à la «poche de fécondité» qu'elle enlève à une nièce. Saisi de frayeur, le lecteur assiste à une autopsie où il constate avec le médecin européen que le corps de la défunte est intact, alors que le cœur sensiblement absent a déjà été «bouffé» par des sorciers. On est totalement bouleversé de voir une victime émettant des cris étouffants se débattre avec un adversaire invisible, la langue pantelante, le front ruisselant de sueur.

Bolli semble croire fermement à la sorcellerie. Il souligne qu'elle peut avoir une explication rationnelle qui reste à trouver. Il imagine un univers africain où le mauvais emploi de la sorcellerie est d'usage et nous invite à condamner un monde où même le Chef du village est «mangeur d'âme». En revanche, il fait l'apologie des sorciers-guérisseurs et accorde un rang honorable à Mansoun qui assainit son univers endiablé avec des rythmes de tam-tam, mêlés de formules imprécatoires.

Bolli s'inspire du patrimoine culturel africain. Comme Seydou Badian dans *Noces sacrées*, Dillibe Onyeama, dans *Juju* et dans *Revenge of medecine man*, il cherche à comprendre la signification de la sorcellerie. Son style est froid et discret. Sans laisser paraître ses émotions personnelles, il traite avec autorité un problème actuel.

Willy A. Umezinwa

Docker (Le) noir, Paris, Nouvelles Éditions Debresse, 1956, 221p.
Roman d'Ousmane Sembène.

Le titre du roman évoque les deux éléments fondamentaux de la vie de Diaw Falla: docker à Marseille, il écrit un roman qu'il confie à une romancière parisienne qui doit le faire publier. Le roman paraît sous le nom de la Française. Falla la tue et son procès donne l'occasion aux racistes de s'exprimer librement à travers la presse et les institutions judiciaires. Du reste, le docker et ses camarades de Marseille avaient déjà l'expérience d'un prolétariat de race minoritaire. Le chômage, la faim, les insultes, l'hébétude et les luttes désespérées contre l'exploitation déterminent le sort de ces ouvriers dont plusieurs sont des anciens combattants. Dans ce milieu on trouve aussi quelques familles, c'est-à-dire des femmes, noires et blanches, et des enfants. Autour de la jeune fiancée de Falla se déroule une série de drames sociaux qui permettent au lecteur d'approfondir sa découverte du contexte social de la vie ouvrière.

Le roman commence par les réflexions de deux femmes. Premièrement, celles de la mère de Falla assise sur la plage de Yoff au Sénégal où elle se rappelle le départ de son fils et médite sur le comportement des Français qui avaient inculpé de meurtre un enfant incapable «d'égorger un mouton». En même temps que la mère de Falla regarde dans les journaux la photographie de son fils, à Marseille, Catherine Siadem lit les coupures de presse où apparaissent les descriptions physiques de Falla, descriptions qui évoquent l'image des bêtes fauves, obsédées par une sexualité incontrôlable. La présomption de viol est fondée sur le raisonnement raciste des journalistes, de l'avocat général et d'un professeur de la Faculté de médecine qui déclare, quant à lui, que devant une Blanche «les hommes de couleur» deviennent des psychopathes. S'il est vrai que Richard Wright avait déjà traité de ce genre de racisme aux États-Unis (*Native Son*, 1940), il importe de souligner que dans *Le Docker noir*, Sembène prouve l'existence d'un racisme virulent au sein des institutions françaises et surtout dans la presse. Quatre personnages du roman agissent directement en fonction des préjugés de la presse et le romancier sénégalais nous en montre les effets moraux sur les Africains en France. Ayant lui-même vécu les humiliations du prolétaire noir en France, Sembène identifie avec précision et les sources et les effets de la haine raciale dans les institutions du pays des colonisateurs.

À l'instar de Claude MacKay (*Banjo*, 1929), Sembène lève le voile sur un milieu d'ouvriers dépossédés qui annonce la mise à nu des conditions de survie des milliers d'ouvriers immigrants dix ans plus tard. Dans le livre, Sembène aborde le rapprochement idéologique entre lutte des classes et lutte des races. C'est aussi en 1956, on le sait, qu'Aimé Césaire publie sa *Lettre à Maurice Thorez* dans laquelle il souligne l'importance de la classe et de la race dans la lutte des colonisés. Sembène nous montre aussi les faiblesses du syndicalisme face au racisme. Les ouvriers noirs sont de véritables parias qui forment un sous-prolétariat immédiatement identifiable. Dans leurs discussions de groupe les ouvriers révèlent leurs difficultés matérielles et procèdent avec une très grande lucidité à l'élaboration d'une analyse de leur condition.

Leur situation est d'autant plus précaire qu'ils ne sont pas solidaires entre eux. La bagarre entre Falla et le chef d'équipe N'Gor traduit un drame bien connu. L'exploité à qui on a accordé quelques privilèges est prêt à humilier ses camarades pour garder sa place. N'Gor réussit à exclure Falla des équipes de débardeurs et celui-ci se voit réduit à l'indigence. N'Gor à Marseille ou le fonctionnaire africain à Dakar sont des intermédiaires dans un système qu'ils connaissent mal. Aussi, le fonctionnaire se fait expulser de l'autobus parce qu'il ose suggérer que Falla est un dégénéré et que le massacre récent d'Ivoiriens à Dimbokro est une décision politique des maîtres blancs. De la même manière que N'Gor n'a pas de sympathie pour Falla, le fonctionnaire n'a pas de compassion envers la mère du docker inculpé de meurtre. Pourtant, si Falla est impuissant devant N'Gor, le chauffeur de l'autobus fait montre de sa solidarité en expulsant le fonctionnaire.

Assez paradoxalement, ce fidèle serviteur du régime colonial est extrêmement inquiet de ce que lui coûtera son retard au travail. Sembène insiste beaucoup sur les effets néfastes du travail capitaliste sur la santé mentale des employés. À plusieurs reprises il évoque l'hébétude des ouvriers noirs accablés et surmenés par un travail déshumanisant. Même ceux qui chôment souffrent d'une fatigue morale qui les rend impuissants.

Déchiré entre ses ambitions intellectuelles et les exigences de sa vie de prolétaire, Falla vit l'aliénation telle qu'elle a été définie par l'idéologie marxiste. La condition sociale de ceux qui l'entourent ne sert qu'à étayer la synthèse de Sembène. Car si l'on peut parler d'analyse de la vie ouvrière, du racisme, de la presse, des institutions judiciaires et de la moralité capitaliste en général, on peut également parler de synthèse quand il s'agit des lacunes profondes qui séparent les travailleurs nègres de la société qui les opprime.

C'est précisément dans ce contexte que l'auteur soulève la question de la responsabilité de l'écrivain. Il importe de noter que c'est au tout début de sa carrière d'écrivain que Sembène jette les bases de son engagement idéologique et les principes de son art littéraire. Pipo, militant de la C.G.T., explique à Falla comment un écrivain devrait utiliser son talent pour défendre les intérêts des opprimés et, peu après, celui-ci se rend compte de la réalité de ses responsabilités artistiques et sociales.

Le Docker noir annonce l'engagement social du romancier et les grands thèmes de son œuvre littéraire et cinématographique. Ici comme ailleurs, Sembène aborde aussi le problème crucial de la condition socio-économique de la femme.

Catherine Siadem, la fiancée enceinte de Falla, est tiraillée entre un homme de plus en plus déprimé, un père adoptif des plus aigris et l'ombre du cousin de son père à qui celui-ci menace de la marier. Dans le roman, elle passe la plupart de son temps dans une chambre: soit celle qu'elle habite avec son père adoptif, soit celle de Falla. Très souvent, Falla, en qui elle a mis tout son espoir, est au travail, dans sa chambre, à Paris et finalement en prison. Son existence devient l'attente de Falla et, comme Assistan dans *Les Bouts de bois de Dieu* du même auteur, elle ne joue aucun rôle dans la vie active de son homme. L'avenir de Catherine, son bonheur futur, ne dépendait pas de son travail mais du succès du roman de Falla. Le vol du roman, le meurtre de la romancière parisienne, et la condamnation de Falla aux travaux forcés à perpétuité signifient l'effondrement des aspirations de Catherine.

Le Docker noir est divisé en quatre parties. La première partie commence par un chapitre consacré à la mère de Falla, le deuxième chapitre est consacré à sa fiancée, Catherine, le troisième aux camarades de Falla et le quatrième au procès. La deuxième partie nous permet de suivre dans l'ordre chronologique les événements qui ont abouti au meurtre tout en étalant la misère des ouvriers de Marseille. La troisième partie consiste en une lettre de Falla à son oncle. Elle nous révèle à la première personne les réflexions du prisonnier sur sa vie et la société. L'action du roman se déroule au Sénégal, où les détails topographiques produisent l'impression de grands espaces qui permettent aux individus une certaine liberté physique; à Marseille, où les détails topographiques évoquent les limites d'un espace restreint qui étouffe les aspirations des individus (c'est ainsi que les voyages de Falla à Paris représentent une tentative audacieuse d'évasion d'un lieu et des circonstances de son existence); et finalement à l'intérieur d'une prison. L'univers du roman comme celui du protagoniste se rétrécit au fur et à mesure que la narration progresse.

Le narrateur omniscient des deux

premières parties n'est pas neutre. On peut croire que son engagement s'apparente à celui de l'auteur. Ce qui gêne dans le texte est une certaine prise de position à travers le langage. Les Arabes qui parlent dans le texte s'expriment en un français approximatif tandis que tous les Négro-Africains s'expriment dans une langue tout à fait correcte. C'est également à travers le langage de Catherine Siadem et de David Sène que Sembène révèle la situation sociale des jeunes métis élevés en France.

Frederick Ivor Case

Doguicimi, Paris, G.P. Maisonneuve et Larose, 1935, 511p. — Préface de Georges Hardy.
Roman de Paul Hazoumé.

Fruit de vingt-cinq ans d'expérience et de longues recherches sur le royaume d'Abomey, *Doguicimi* représente d'une part un monument à la tradition locale, recueillie dans les chroniques et récits de griots d'autre part, une imitation poussée et compétente aux arcanes de cette société au dix-huitième siècle. C'est surtout, à plus d'un titre, une réussite littéraire de grande classe.

Le roman nous présente le royaume fon tel qu'il était à la veille de la colonisation, faisant revivre les fastes et les intrigues de la cour du roi Ghézo, le Maître du monde. Malgré l'apport historique important et la peinture des mœurs d'une époque, Hazoumé ne s'attache cependant pas à une exactitude contraignante; l'histoire est davantage un cadre, un arrière-plan à l'intrigue qu'un but recherché, et le romancier ne se prive pas d'adjoindre aux héros reconnus par la tradition des personnages imaginaires, ou de substituer des événements fictifs aux faits enregistrés par l'histoire. Il vise surtout à faire ressortir l'éthique d'un peuple et sa psychologie collective, par exemple, dans l'atmosphère exceptionnelle des fêtes où le Danhoménou se déride, ne surveille plus sa langue, rit aux éclats en présence du souverain, mais reste sur ses gardes: «L'œil vigilant du chef féticheur veillait cependant... une maladresse, un propos léger, des défauts de mémoire répétés dans les chansons ou la langue sacrée seraient cruellement expiés dans le couvent.» Hazoumé montre les limites de la liberté du peuple, le statut de chacun et la conduite qui s'y attache, l'importance du milieu et des normes. Les personnages ne sont cependant pas stéréotypés. Parfois, la richesse de la documentation et le ton épique, en même temps que le souci d'exactitude ethnographique et le cadre historique lui-même, éloignent ce récit du roman et semblent revendiquer une peinture fidèle, voire mimétique. Pourtant, le romanesque a plus d'importance que l'histoire et Hazoumé est surtout fidèle à l'esprit d'une époque déjà en partie révolue dans l'éloge qu'il brosse de la femme africaine traditionnelle.

Doguicimi, qui donne son nom au roman, est une princesse qui symbolise la fidélité que doit incarner la femme dahoméenne: certes, le sacrifice par lequel elle se fit enterrer vivante est réel mais Hazoumé, à travers ce cas héroïque, vise à dégager une image plus complexe de la condition féminine dans les rapports de la femme avec son foyer, son mari et ses coépouses, puis dans ses rapports avec la cour et la politique. Très belle jeune femme, décrite avec sensualité, Doguicimi fait l'admiration de tous par sa beauté physique. Son mari, Toffa, ne lui donne-t-il pas un nom qui signifie justement «distinguez-moi»? Cette beauté hors pair la signale aux regards, bientôt concupiscents, du fils du souverain.

Toffa est comblé par une épouse qui sait lui parler doucement d'amour, mais il est «danhomènou», chef des armées, et ses responsabilités militaires, politiques et sociales l'accaparent. Patriote, il est prêt à tout pour empêcher son pays d'aller au devant de sa perte; or, il juge insensée la guerre que projette le roi contre son voisin: elle n'aurait pour but que de venger deux Européens massacrés par la Mahis d'Hondjroto! C'est par ce biais que Toffa s'oppose au danger que représentent les «troncs blancs» qui incarnent «des choses opposées à nos mœurs, à nos coutumes». Libres dans leurs propos, les Européens ne respectent ni le roi, ni la tradition; même leur monogamie («se laisser commander par cet être à sept paires de côtes qu'est la femme!») déconcerte l'Africain. En bon Dahoméen, Toffa ne fait ici que refléter l'opinion établie sur le statut inférieur de la femme en société traditionnelle, vouée qu'elle est par la création à suivre l'homme en tout pour le seconder et lui obéir.

Quant à elle, Doguicimi ne remet jamais en question ce système: choisie parmi d'autres un peu comme un animal, elle éprouve pour Toffa crainte et admiration; pourtant, fait notoire, elle refuse de se laisser englober dans le mépris auquel son seigneur et époux voue la gent féminine: «Pure fiction que notre infériorité physique tant décriée par les hommes. Et ce serait une réalité qu'elle donnerait alors davantage de mérite à notre bravoure guerrière. Sur le champ de bataille les femmes le cèdent-elles à leur maître à neuf paires de côtes?» À ce plaidoyer plein de sincérité, de verve, de pathétique en faveur d'un début d'égalité entre les sexes, Toffa oppose une «conviction si solide que tes babillages sur ta fidélité, le dévouement et la probité de ton sexe n'arriveront pas à l'ébranler». Doguicimi va donc s'attacher à ne pas faillir à sa parole après avoir juré que son amour ne subirait aucune altération, qu'elle ne connaîtrait aucun autre homme.

Toffa, donc, tout en jugeant stupide la campagne entreprise par son souverain, rejoint l'armée et laisse son épouse seule et désespérée. Elle doit en effet affronter les difficultés inhérentes à sa condition de femme seule, dans un milieu où sa beauté lui attire la jalousie de ses coépouses et suscite le désir des hommes.

Lorsque Toffa est fait prisonnier par l'ennemi, Doguicimi n'hésite pas, dans sa hâte à faire revenir son mari par n'importe quel moyen, à mettre en cause la politique royale et à insulter le roi – manquement grave, mais dont le souverain ne daigne pas tirer vengeance.

Lorsque Vidaho, le prince héritier, s'éprend de la femme du captif et s'emploie à la séduire, Doguicimi ne peut rester insensible à ses charmes physiques même si elle refuse d'envisager les perspectives de promotion sociale que représente une liaison avec lui. Pourtant, l'éducation reçue et le sens des convenances lui permettent de résister aux pratiques magiques (Noucouzin, la sœur de Vidaho, fait alterner la ruse afin d'envoûter Doguicimi et la menace la plus brutale pour la séduire). L'orgueil de mâle de Vidaho éconduit accepte le complot; la jalousie des courtisans et des reines peut dès lors se donner libre cours – on accuse Doguicimi d'avoir fait des avances à Zambounou, un esclave Mahi. Il faut noter que Doguicimi ne met pas en cause le principe même de l'ordalie, or celle-ci est truquée: il suffit que l'opérateur brise habilement la patte du coq pour que celui-ci ne puisse plus supporter le poison...

C'est dans l'épreuve que se révèle la grandeur de Doguicimi. Fouettée par le bourreau, jetée au cachot, elle endure un véritable martyre, mais la douleur qui finit de la déchirer est spirituelle: puisque Toffa ne lui a donné aucun enfant, qu'il ne lui a jamais fait boire aucun philtre, l'aimait-il vraiment? La décision de se donner la mort plutôt que de céder à Vidaho ou à ceux qui la tourmentent provient-elle d'abord du vœu de Doguicimi de rester fidèle malgré tout, ou, plus subtilement, de la tentation d'un certain suicide moral? Tout, dans la culture traditionnelle qui sous-tend le récit, nous interdit de le penser, et pourtant...

Doguicimi a établi d'emblée la réputation d'Hazoumé, confirmant le jugement qu'en donnait René Maran dès la publication de ce «chef-d'œuvre... qui tient de l'Iliade et de la Chanson de Geste... avec sa fin qui est d'une sauvage et cruelle grandeur».

Michel Fabre

Douces rosées, Kinshasa/Kalina, Éditions Belles-Lettres, 1969, 29p. – Préface de Paul-Olivier Musangi.

Recueil de poèmes de Grégoire-Roger Bokeme.

Douces rosées est un recueil de dix-huit poèmes divisé en deux parties. La première partie est un monologue dans lequel le poète «se découvre» et «se cherche» encore. Plus qu'un étalage de sa sensibilité, il s'agit surtout d'un examen de conscience du poète et de celui d'un chacun de nous face aux problèmes brûlants et aux situations angoissantes de notre existence: «La souffrance pousse l'homme / À se réfugier dans la solitude / Et force l'âme à la persévérance» (p. 15).

La deuxième partie est un dialogue. Le poète parle à ceux qui veulent l'écouter, au lecteur bien disposé. Il se montre attentif aux peines de ceux qui l'entourent: «De loin, j'ai perçu tes cris d'angoisse, / le bruit de ton cœur brisé» (p. 21).

Enfant de l'Afrique, il se présente à elle comme celui qui est décidé à accomplir la mission sacrée qu'il a reçue d'elle: «Je veux être le sacerdoce de ma négritude» (p. 21).

Loin d'être une poésie pessimiste telle qu'elle apparaît de prime abord, toute l'œuvre est dominée par le thème de la recherche d'un monde meilleur bien que la vie soit généralement caractérisée par la souffrance, les malheurs, les injustices, les laideurs. À l'instar de la plupart des poètes de sa génération, Bokeme a subi l'influence du romantisme qui se fait sentir dans la sensiblerie des sentiments exprimés et celle de la négritude lorsque le poète chante l'Afrique à la «senghorienne».

Kankolongo Mbuyamba

Drame d'amour à Anecho, Lomé, *Togo-Presse,* du 27 avril au 15 juillet 1968.
Roman de Félix Couchoro.

Gilbert Stanley Kuanvi et deux de ses amis, tous trois employés de commerce à Lomé, sont venus passer leur dimanche à Anecho. En ville, ils rencontrent trois jeunes filles qu'ils invitent à pique-niquer avec eux. Lors de la surprise-partie improvisée qui suit, Gilbert s'éprend de l'une d'elles, Mercy Laté. Seulement, Gilbert et Mercy appartiennent chacun à un des deux clans qui se disputent la chefferie d'Anecho et il est impossible qu'ils puissent songer à se revoir.

Peu de temps après, Gilbert est muté à Anecho. Les parents de Mercy entrent dans une violente colère et envoient leur fille à Lomé chez sa tante. Comme Gilbert a obtenu une nouvelle mutation, ils la font revenir à Anecho. Entre temps, l'idylle a progressé: Mercy s'est donnée à Gilbert et ils se sont juré de devenir mari et femme. Pour se débarrasser de Gilbert, les parents de Mercy, qui ignorent le progrès de sa liaison, songent à la marier avec un jeune homme d'Anecho, un parent éloigné, un membre de leur clan politique employé au Congo. Ce dernier revient au pays prêt à épouser celle que ses parents lui auront réservée, Mercy Laté. Celle-ci semble se prêter au jeu à tel point que Gilbert en est inquiet, puis furieux. Les deux prétendants en viennent aux mains en pleine rue, mais Mercy rassure Gilbert en aparté. La veille du mariage, Mercy disparaît et le «fiancé» doit repartir célibataire au Congo. Mercy demeurant introuvable, les soupçons se portent sur Gilbert. La police perquisitionne chez lui, mais ne trouve rien contre lui.

Pendant ce temps, Mercy s'est réfugiée à Lomé chez son oncle Job, à qui l'éloignement d'Anecho a permis de prendre un peu de recul par rapport aux querelles de chefferies, et qui désapprouve l'attitude des parents de Mercy. En tant qu'oncle de la jeune fille, il dispose d'une grande autorité dans la famille et il entreprend de gagner à sa cause d'abord la tante, puis les parents de Mercy. Finalement, revenus à de meilleurs sentiments, ceux-ci acceptent le mariage et la cérémonie est l'occasion d'une démonstration d'unité politique.

De tous les romans écrits par Félix Couchoro avant le début de sa carrière de feuilletoniste, celui-ci est le seul à ne pas avoir été réédité. La raison en est sans doute qu'il s'agit, plus que les précédents, d'une œuvre de circonstance mettant en scène des querelles de chefferie qu'il n'est plus pertinent d'agiter dans les premières années d'indépendance du Togo.

On retiendra ce roman publié au Dahomey en 1950 dans l'histoire de la littérature africaine comme l'un des seuls représentants d'une littérature locale lue sur place et traitant de problèmes spécifiques.

Alain Ricard

Drame de Déguembéré, in **Fâdimâtâ, la princesse du désert**, suivi du **Drame de Déguembéré**, Avignon, Les Presses Universelles, 1955, p. 79-107.
Récit d'Ibrahima Mamadou Ouane.

Dans ce récit, Ibrahima Mamadou Ouane nous présente «une page d'histoire du Macina». Il s'agit de retracer certains moments de la vie d'El Hadj Oumar. Le texte ne manque pas d'intérêt mais il est difficile d'identifier un but didactique, idéologique ou moral à cette succession de faits historiques, querelles et procédés magiques.

Dans ses déclarations sur telle ou telle autre ethnie ou communauté religieuse, l'auteur nous révèle ses propres préjugés comme s'il s'agissait de faits sociologiques bien documentés. En outre, il nous parle de «L'hospitalité et la libéralité, qui sont les qualités essentielles de la race noire...». Ce genre de déclarations doit être soigneusement étudié eu égard à la dédicace qui précède les deux récits de ce volume et où l'auteur exprime sa «sincère gratitude» à toute une liste de colonisateurs français.

Le Drame de Déguembéré fait contraste avec *Fâdimâtâ, la princesse du désert*. Dans *Le Drame de Déguembéré*, la composition est moins soignée et le

discours décousu. De plus, de nombreuses coquilles émaillent le texte.

L'intérêt du récit provient de la discussion qui figure aux deux dernières pages, portant sur le tombeau d'El Hadj Oumar. La comparaison entre la mort d'Issa ben Mariama (Jésus) et celle d'El Hadj Oumar donne une perspective tout à fait particulière aux événements de la vie du grand chef musulman. El Hadj Oumar ayant reçu son ordre de mission sous l'influence d'Issa ben Mariama, le critique est obligé de relire le texte à la lumière de ce renseignement qui survient très tard. Mais la deuxième lecture ne nous éclaire pas sur le rapprochement à faire entre la vie d'Issa ben Mariama et celle d'El Hadj Oumar. Les détails qui, à la fin du récit, semblent si intéressants et importants, ne sont que des faits littéraires et des données mythologiques gratuites.

Frederick Ivor Case

Dramouss, Paris, Plon, 1966, 253p.
Roman de Laye Camara ou Camara Laye.

Lu après *L'Enfant noir* et *Le Regard du roi*, *Dramouss* se révèle le dernier volet d'une trilogie, dont l'impact a été réduit par la décision de son auteur de retarder de douze ans la publication du dernier volume, jugé trop compromettant pour l'heure, à cause de ses visées nettement politiques.

Dans une dédicace à ses jeunes compatriotes «partis par le monde à la recherche de moyens de lutte plus efficaces», l'auteur propose son récit comme «base à des critiques objectives, profitables à la jeunesse, avenir du Pays» (p. 8). L'axe de son entreprise romanesque est ainsi établi.

L'œuvre se divise en huit parties, respectivement de 48, 51, 46, 13, 26, 35, 8 et 6 pages.

«Conakry» (p. 11). Après six années passées à Paris, Fatoman prend deux semaines de congé. À Conakry, il retrouve Mimie et apprend de son oncle qu'ils sont dès à présent mariés civilement. Les nouveaux époux partent en train pour Kouroussa, village natal de Fatoman. «Une nuit blanche» (p. 59). Arrivé chez ses père et mère, Fatoman souffre d'une insomnie au cours de laquelle il revoit le «film» de son séjour à Paris, depuis son arrivée à Orly (voir la fin de *L'Enfant noir*) jusqu'à son départ pour Conakry: la vie a été dure, mais il n'est pas aigri, ayant plutôt su approfondir sa compréhension de la vie.

«Kouroussa» (p. 111). Fatoman rencontre ses amis d'autrefois avec lesquels il a une discussion sur la situation politique guinéenne. Le soir même, un griot chante le long conte de «L'homme jaloux, l'Imam Moussa» (p. 128-155).

«Dans l'atelier» (p. 157). Fatoman reçoit de son père orfèvre une éloquente leçon sur les changements que subit la civilisation africaine: la «camelote» importée est préférée aux créations artistiques, plus coûteuses, car on perd le sens véritable de l'art africain traditionnel qui a une fonction essentiellement religieuse.

«Réunion de comité» (p. 171). Entraîné par ses amis Konaté et Bilali, Fatoman assiste à une réunion publique où il entend quatre orateurs vanter le parti du Rassemblement Démocratique Africain (RDA), victorieux du Bloc Africain de Guinée (BAG) aux élections du 2 janvier 1956. La kyrielle de thèmes stéréotypés de la propagande politique mondiale de l'heure est développée surtout par Keïta: «paix universelle» (p. 179), «avenir radieux» (p. 182), participation des femmes («grève aux hommes», p. 179), opposition «aux ex-chefs traditionnels et à l'impérialisme» (p. 183), démocratisation («la hiérarchie administrative [...] n'est qu'une émanation du pouvoir populaire», p. 180) — jusqu'à l'appel à la violence, au terrorisme: «Incendiez leurs cases!» (p. 181). Après la réunion, Fatoman déclare à ses amis, partisans du RDA: «Vous avez trahi le RDA» (p. 186) et les intentions réelles de son fondateur, «un grand humaniste»

(*ibid*), et le prestige de l'Union française. Au lieu de violence, il faudrait «plus d'amour fraternel» (*ibid*). Ayant «dénonc[é] tous ces mensonges» (p. 185), il fait une prédiction: «Si la colonisation, vilipendée par ce comité, a été un mal pour notre pays, le régime que vous êtes en train d'y introduire sera, lui, une catastrophe, dont les méfaits s'étendront sur des dizaines d'années» (*ibid*). Fatoman rentre au foyer paternel et s'entretient avec son père qui conclut «d'un ton amer»: «Dieu seul connaît l'avenir» (p. 195).

«Dramouss» (p. 197). Cette nuit-là, Fatoman fait un cauchemar épique. Le rêveur est prisonnier avec tout un peuple, derrière une très haute muraille, dont le gardien est un géant, bourreau et tortionnaire. La veille de son exécution, le rêveur-narrateur est libéré, en réponse à sa prière, par Dramouss, personnage fantastique qui se métamorphose en serpent, en fantôme blanc géant, en femme extraordinaire belle... Dans une scène cosmique, le rêveur est emporté par la lune-vaisseau venue le chercher, lui, le Lion Noir, futur guide «juste, humain et sage» (p. 228) du Pays et «le peuple de ses frères [...] dans son ascension merveilleuse vers le soleil [...] vers le progrès» (p. 231).

«Incendie» (p. 233). Fatoman se réveille au milieu des flammes qui dévorent sa case. On ne peut que s'interroger sur l'origine de l'incendie. Deux jours plus tard, c'est le départ du jeune couple africain pour la France.

«Retour» (p. 241). C'est un épilogue. Après quelques années en France, les époux et leurs enfants rentrent en Guinée. Ils ne peuvent que constater les effets de la révolution prédits par Dramouss. Konaté et Bilali, entre autres, ont été liquidés. Fatoman commente fermement que si tous adoraient le Très-Haut, «notre pays serait loin de cette misère» (p. 245).

Laye Camara adresse au lecteur un message beaucoup plus positif que négatif. S'il constate que le présent est cruel et craint que l'avenir ne le soit davantage, il s'intéresse cependant davantage à un au-delà de cet avenir révolutionnaire. Il rêve de paix universelle, de fraternité réelle entre les hommes: c'est un projet de régime idéal, ouvert au monde plutôt que tourné vers le seul pays natal — bien que devant cette double perspective le narrateur de *Dramouss* se sente «un homme divisé» entre l'universalisme et le patriotisme (p. 187-188).

Qui lit *Dramouss* comme troisième volet d'une trilogie est amené à lui accorder plus de valeur et d'importance que les critiques ne sont portés à reconnaître à une œuvre qu'ils jugent péremptoirement trop engagée politiquement. La trilogie reflète trois étapes différentes de la vie de l'auteur: son enfance et ses années d'école primaire et secondaire en Guinée; ses six années à Paris; sa visite de deux semaines dans son pays, visite suivie du retour à Paris qu'il quitte de nouveau après un séjour de quelques années. La continuité entre *L'Enfant noir* et *Dramouss* est évidente, malgré le changement du nom de Marie à celui de Mimie, alors que l'anonymat du narrateur le cède au nom de Fatoman: les deux récits sont narrés à la première personne (*Le Regard du roi* à la troisième); l'atelier paternel a une place importante dans les deux romans; pour ce qui est de la reprise littérale dans *Dramouss* (p. 61) d'un passage de *L'Enfant noir* (p. 250), il ne faut pas y voir «une faiblesse d'invention» comme le pense Peter Okeh (*L'Enracinement dans l'œuvre de Camara Laye*, thèse de doctorat, Université Laval, 1972, p. 225), mais un des signes de la structure échographique caractéristique de la trilogie. Cependant la chronologie de la trilogie pose un problème. Les six années passées à Paris semblent faire l'objet de deux récits: le deuxième, à la manière réaliste, prend la forme d'un flash-back au chapitre deux de *Dramouss*, alors que le premier, sous une forme symbolique, constitue *Le Regard du roi* en entier, où l'auteur aurait inversé selon le procédé photographique en un négatif

blanc-sur-noir (Clarence en Afrique) l'expérience profonde qu'il a vécue en France en tant que Noir parmi les Blancs: cela reste à étudier. Mais la lecture de la trilogie exige des clés: elles sont dans *Dramouss*.

Dramouss (plus «fourre-tout» que roman?) recèle une puissance de communication, efficace et insoupçonnée de prime abord, qui tient à des facteurs typiquement africains: l'inspiration religieuse de l'auteur; son imaginaire mythique qu'exploite l'art du griot et qu'illustre un épisode onirique (ces deux épisodes, les commentaires qui les suivent mis à part, constituent plus du quart du roman); une sagesse africaine à la fois concrète et intuitive; son profond respect de certaines valeurs humaines dont la pérennité est menacée dans le monde occidental contemporain.

L'œuvre suggère la cohabitation de l'Islam, du Christianisme et du Fétichisme (p. 187). Le message fondamental de Laye est spirituel. La vie des humains entre eux doit refléter celle de l'homme face à son Dieu, comme dans la prière: «Nous sommes créés [...] pour Le prier et pour Le remercier de ses bienfaits» (p. 37). C'est là même, dans cette obscurité, nous dirions mystique, que se trouvent tous les ressorts qui ont assuré l'audacieux cheminement de Clarence dans *Le Regard du roi*: «C'est ainsi [dans le dépouillement] qu'on approche de Dieu, pas autrement» (p. 203), dit le narrateur face à son accusateur: «Tu n'es qu'un naïf [...] un crédule!» (p. 202). Le message politique circonstanciel de Laye Camara est soumis aux mêmes impératifs de sa foi. Aussi conclut-il que les doctrines importées (matérialistes) créent le malheur actuel (p. 240), car «le mystère et le pouvoir ne sont plus où ils étaient» (p. 166) et «nous avions été heureux, et nous ne l'avions pas été par hasard» (p. 239). «Le régime en gestation» dénoncé par le romancier «renierait Dieu après avoir triomphé, [...] il transformerait nos églises et nos mosquées en cabarets, nos forêts sacrées en lieux de répétitions théâtrales» (p. 187). Le même principe, on le voit, s'applique à l'art, déjà manifestement dégénéré, dont le rôle était «d'accomplir une expression spirituelle donnée» (p. 167); c'est ainsi que dans un exposé didactique, le père de Fatoman remonte à l'âge totémique.

Une mythologie vivante (serpent, homme ou femme oiseaux, géants, fantôme, déluge, astres-vaisseaux), qu'elle soit africaine et/ou universelle, et les dynamismes de l'esprit humain qui y correspondent polarisent les moments forts de la trilogie. Dans *Dramouss*, l'auteur illustre les principes établis dans les leçons didactiques portant sur la plénitude de toute puissance résidant dans la divinité, sur l'importance très secondaire des questions matérielles par rapport à la destinée spirituelle des hommes et sur le bonheur qui dès ici-bas ne tient qu'à la capacité des créatures de s'unir à Dieu. Le conte de «L'homme jaloux» que chante le griot, accompagné de sa *kôra* et tenu en haleine par l'intervention du public, touche toute la problématique politique de l'heure et la dialectique qui a servi autant à la créer qu'à y apporter une solution illusoire: ce qu'il faut c'est «conserver la confiance en l'homme. C'est cela la vie! Le contraire, c'est la mort lente» (p. 219). Et le cercle se complète dans la Providence. C'est surtout la vision cauchemardesque de Fatoman qui montre à quel point l'imaginaire layen (jungien et non freudien) est tissé *utilement* dans la trame de la vie humaine (prémonitions, bénédiction de Dieu: «Que Dieu t'éclaire sur l'avenir...», p. 196); ce que condense le père du narrateur: «Que Dieu vous protège de Satan» (p. 168) – en langage symbolique du rêve, selon l'Ange Dramouss (il y a aussi un ange dans le conte de «L'homme jaloux»): «Si tu avais accepté les points de vue de ton géant [le bourreau], je ne t'aurais pas sauvé» (p. 219). Le traitement layen de la parabole «Dramouss» pourrait être la pièce de résistance d'une étude exemplaire de l'écho-

structure dont il a été question plus haut. Son rôle apparaît conforme à la triple typologie de la mise en abîme: réflexion ou duplication, de la fiction (ou énoncé), de l'activité de production (ou énonciation) et du principe soustendant le texte (ou code).

Vie quotidienne et vision du monde de l'Africain sont en interaction constante comme il ressort des rapports entre la perception directe et sensorielle des choses concrètes (v. les images qui truffent le texte, telles: «habillées comme épis de maïs», p. 234) et l'intuition sans cesse émergente du sens de la condition humaine dans une conception cosmique de la réalité (par exemple: la gratuité de la création entière saisie dans cette observation: «le champ de coton avait fleuri; personne ne l'avait moissonné», p. 156), expression malinké qui se traduit par: «La nuit scintillait d'étoiles. La nuit était un champ d'étoiles» (note de l'auteur dans le roman, *ibid.*). Proverbes et apologues ne sont que de passagers reflets de cette métaphysique qui est liée aussi à une psychologie spécifique, sous-jacente aux décisions et options humaines. Citons l'apologue du père: «N'oublie jamais, fils, que l'insecte se fait manger par la grenouille, et la grenouille par le serpent» (p. 168), suivi de l'explication: «L'insecte, c'est l'homme riche. La grenouille, c'est l'intellectuel. Et le serpent, c'est le roi» (p. 169); une parabole aussi, de même source, qui pourrait s'intituler «L'épervier et le poussin» (p. 243-244). Au plan poétique, une irisation surréaliste éclaire l'illustration des symboles «du travail, de la justice et de la solidarité»: «Leur contenu est à notre pays ce que les rails sont à la locomotive, ce que le cerveau est à l'homme» (p. 182). L'enjeu d'une telle poétique? Fatoman a observé son père sculptant une biche en bois et réfléchit: «Il cherchait à être vrai [...] à être aussi près de la réalité qu'il est possible de l'être» (p. 164).

Le mystère humain exige un respect presque égal à celui de Dieu. L'un et l'autre sont conçus dans la globalité d'un équilibre dont Laye Camara donne un bon exemple par son entière adhésion à la foi («[la] réussite d'un homme ne dépendait pas uniquement de ses efforts, il fallait surtout que ces efforts fussent soutenus par Dieu», p. 32), et en même temps sa disponibilité sincère vis-à-vis de la société qu'il veut servir dans la compétence: c'est l'ingénieur diplômé qui parle des ressources de son pays (p. 40-41) et des moyens de les exploiter sagement (p. 174-175). Aussi, aux problèmes qui surgissent à tous les tournants de la vie importe-t-il de choisir la meilleure des solutions. D'un côté l'assaillant: «À coups de marteau, s'il le faut, je t'enfoncerai dans la tête que la raison du plus fort (si elle n'est pas la meilleure chez le bon Dieu) [sic] est sur cette terre la seule qui compte» (p. 214); de l'autre, l'élaboration d'une stratégie: «Non, pensai-je, on ne peut fuir sous les yeux d'un homme de cette stature, de cette envergure. Mieux vaut tenter de le convaincre autrement, par la force du raisonnement, plutôt que par celle des bras» (p. 199) – qui ne reconnaîtrait l'universel petit rusé dans les contes de tous les pays, tel le célèbre Ti-Jean du riche folklore québécois? Certes, «dans la jungle [...] prime la loi du plus fort» (p. 214), mais l'Africain a triomphé de la jungle.

Ainsi *Dramouss* se révèle véritable roman à thèse, en même temps que roman-clé pour la lecture en profondeur de la trilogie.

L'écrivain guinéen avait déjà étonné dans *Le Regard du roi* par sa facilité d'assimilation d'un style qui lui est prétendument étranger, à savoir celui de Kafka; il n'abandonne pas cette veine dans *Dramouss*: le rêve est nettement kafkaïen (le condamné à mort des pages 200-201 n'est-il pas celui-là même du *Procès*?). Mais *Dramouss* est écrit à la fois dans ce style, qui devient chez lui incantatoire plutôt que métaphysiquement dialectique et débouchant sur l'absurde, et avec le même souci réaliste, le même ton simple, la même présence intime que dans *L'Enfant noir*. Comment ne pas évoquer la clarté, l'innocence du *Petit Prince* (1943) et son serpent, de Saint-Exupéry, et du Julien Green de *Partir avant le jour* (1963) – comparer Green (p. 16) et Camara (p. 188-189)? Le style de *Dramouss*, plus cahoteux, parfois un peu inégal par quelques tournures désuètes, des bavures, des gaucheries, souligne encore, après *Le Regard du roi*, la facilité plus grande qu'a Laye Camara de s'exprimer sous l'inspiration onirique que de tenter une description scolaire, commandée, des événements du banal quotidien. Sa langue de poète a plus de ressources que celle du chroniqueur. Tant par le contenu que par la forme, son œuvre s'épanouit dans la liberté et ne sait souffrir la contrainte. Achiriga a vu juste: «[La] signification de *Dramouss* ne réside pas tant dans son authenticité quant à la situation de la République de Guinée, que dans l'évolution qui s'est effectuée dans l'esprit de l'auteur» (*La Révolte des romanciers noirs*, Sherbrooke, Naaman, 1973, p. 186). Et Peter Okeh de souligner que Laye Camara «faisait sa recherche intérieure en écrivant ses romans» (*op. cit.*, p. 182).

Léo A. Brodeur

E

Eaux (Les) du Comoé, Paris, Éditions
du Miroir, 1951, 64p.
Recueil de poèmes de Léon Maurice
Anoma Kanié.

Le diplomate Anoma Kanié rassemble ici trente-deux poèmes écrits depuis 1947. La date de publication explique le choix des thèmes, des métaphores et même du climat intellectuel qui l'inspire. Kanié encadre ses poèmes de deux métaphores. La première, comprise dans le titre, suggère que sa poésie ressemble au fleuve Comoé, fleuve qui traverse toute la Côte-d'Ivoire du nord au sud et dont les eaux enrichissent le pays. La deuxième se trouve dans une note à la fin du livre. L'auteur affirme que ses poèmes ressemblent à des «cris jetés, au hasard, comme des graines à la volaille» (p. 64). À son désir de participer à la culture artistique de son pays, s'ajoute la volonté de rendre aux Noirs leur fierté. Kanié cite ces mots de Louis Mordy Guirandou: «je laverai toutes ces humiliations, / Car je suis jeune, / Je suis fort, / Et je suis Noir» (p. 7).

Malgré ces prémices, le ton du livre n'est pas agressif. L'auteur critique les Blancs («Codivoir», «Savanes», «Femmes âgées»), mais ses critiques ne sont jamais unilatérales. Ainsi, dans «Envol», il souhaite acquérir la connaissance des Blancs afin de «forger la clé qui ferme ou qui brise les prisons» (p. 9) tout en acceptant le fait que le Noir peut devenir un étranger chez lui s'il s'assimile trop au monde occidental («Tam-tam de malheur»). Les poèmes de revendication

constituent une petite partie du livre car Kanié y inclut aussi des œuvres qui évoquent les paysages; de la Côte-d'Ivoire («Rivages verts», «Cocotiers», «Hivernage»), d'autres expriment une forte sensualité («Laissez-moi vous regarder» et «Bain de femme noire»). Quelques poèmes rappellent la sagesse traditionnelle: quels qu'ils soient, les hommes ne peuvent échapper à leur destin d'êtres mortels («Fatalité»); «La fleur n'appelle jamais l'abeille, / Mais c'est l'abeille qui va vers elle» («La valeur»); ou encore: «Quelque grand que l'on soit, il y a toujours quelque chose ou quelqu'un / Que l'on craint» («La peur»). Dans «Poètes invertébrés», il observe qu'il vaut mieux se tourner vers l'avenir et ignorer le passé (p. 61, voir *Le Fils d'Agatha Moudio*, 1967, de *Francis Bebey*, p. 130, qui illustre la même idée).

Par moments, le style du recueil fait penser à Baudelaire. Pourtant, Kanié cherche des images originales qui ne doivent rien à la littérature française: «mon corps est une marmite pleine de soupe» (p. 24) et «je vais aux festins où l'on dévore l'Afrique, / J'en vois qui tordent ses jambes écartées, rôties, / J'en vois qui déchirent sa lèvre tendre» («Mangeoire», p. 21). Finalement, Kanié a le courage de publier deux poèmes en «pidgin» ou «petit nègre»: «Telle vie, telle femme» et «Libiate» («Liberté») dans lequel le poète demande aux Blancs de ne pas chercher la liberté pour les Noirs, mais

de les laisser la chercher eux-mêmes
(p. 57).

Claire L. Dehon

Ébéniques, Dakar/Abidjan, Nouvelles
Éditions Africaines, Coll. Woï, 1975,
48p.
Recueil de poèmes de Mbaye Gana
Kébé.

Le recueil *Ébéniques*, dont le néologisme du titre fait écho aux *Éthiopiques* de Senghor, est une superbe
expression lyrique des valeurs idéologiques et intellectuelles de la négritude.
Il se divise en deux groupes de poèmes,
«Ébéniques» et «Prince noir». Dans
les thèmes essentiels que le titre souligne, la référence à une statue en bois
d'ébène représente un nœud d'associations symboliques dont le réseau va
s'amplifier sans cesse d'un poème à l'autre.
«Le buste noir et vertical / comme
tronc orgueilleux de filao» (dans «Ébène», le premier poème) annonce le
thème de la fierté raciale, celui de
la révolte et du redressement, celui
de la création dans sa motivation à la
fois artistique et cérémonielle. L'image
de la verticalité joue un rôle clef dans
l'imagination poétique de Kébé, surtout
à cause des réverbérations affectives et
idéologiques qui lui sont attribuées.
«L'ébène est debout», s'écrie le poète
à plusieurs reprises, célébrant la qualité primordiale de ce bois (création
artistique, édification rituelle), la couleur qu'il glorifie, ainsi que les qualités
anthropomorphes qui y sont symboliquement associées dans la vision de
renaissance contemporaine de l'Afrique.
L'image de la verticalité s'associe aussi
à celle de la marche et de l'initiation
dans la souffrance («l'itinéraire» et
«l'arène» reviennent souvent dans le
vocabulaire de Kébé), à celle de la lutte
et du relèvement («Tamango») et de la
recherche du progrès («Exaltation»,
«Renouveau»). L'acte poétique représente ainsi pour son auteur un acte d'exor-

cisme et de célébration: exorcisme de
l'inquiétude, de la menace d'exploitation
et d'acculturation («Antiquaire»), exorcisme du souvenir d'un passé de honte
et d'asservissement («J'ai peur»); célébration d'une africanité spirituelle et
vitale, de nature prophétique («Siga»,
«C'est l'heure d'être ce que l'on fut»),
célébration de la révolte et de la renaissance, comme véritable réveil de fertilité et de passion créatrice («Hostie»,
«Floraison», «Nègres»).
La beauté des formes («Rires»), la
spiritualité du masque ancestral («Antiquaire», «Résurrection»), les figures
éternelles du passé tribal et légendaire
(«Exaltation»), la beauté rituelle de la
femme et de l'univers qu'elle illumine
de sa sensualité («Regards», «Désir»)
ainsi que le contact vivificateur avec
l'univers cosmique («Terre», «Pluie»)
sont les lieux communs les plus riches
de cette poésie.
L'art de Kébé se distingue par son
inspiration fougueuse et passionnée,
par une diction vigoureusement rythmée
dont les accents rappellent souvent
Aimé Césaire. Tantôt Kébé puise avec
avidité dans le registre de son vocabulaire natal, que ce soit noms communs,
onomatopées, références patronymiques
ou toponymiques dont il sait faire
vibrer la musicalité. Tantôt il conjugue,
par l'emploi du mot rare et la densité
syntaxique du vers, signification thématique et amplitude phonique en un verbe
poétique puissant. Chez Kébé, le rythme
demeure toujours fiévreux et agressif,
un rythme de célébration, de chant et
de danse, mais un rythme parfois aussi
méditatif qui vient donner au «genre
poétique» une dimension et un sens
singulièrement féconds.

Bernard Arésu

Écho, Paris, P.J. Oswald, 1977, 56p.
Recueil de poèmes de Manki Man
Tseke.

Tel Victor Hugo, Manki Man Tseke
se veut un «écho sonore» du monde

qui l'entoure. Le rapprochement est autorisé, non seulement par le titre choisi pour ce recueil de trente-cinq poèmes, mais aussi par le vers hugolien placé en exergue.

Les poèmes de Manki Man Tseke se distinguent par leur fierté agressive et douloureuse. Dès le départ, l'invocation à la «Muse» établit le but recherché: chanter «les merveilles du bas-monde» et «vaincre l'ombre / La nuisible». Les quatre poèmes qui suivent sont dédiés aux grands prédécesseurs de Manki: Léopold Sédar Senghor («Tu es le maître») et trois poètes congolais: Tati-Loutard, Tchicaya U Tam'si, Maxime Ndebeka, s'établissant ainsi dans leur lignée en leurs propres termes et célébrant leur grande œuvre. Les étapes de la pensée douloureuse, passion et ascèse de Manki Man Tseke, sont clairement marquées par les titres choisis pour ses poèmes comme autant de jalons, de «Liberté perdue», «Larmes», «Luttons» et «Espoir» à «Colère», «Rêve», «Panique», «Querelle», «La haine de vivre», «Ma vie», «Testament» et «Transfiguration». Le mouvement ascendant de ces poèmes est notable.

Un incisif poème dialogué, «Le fusil», introduit le thème de la violence et de la domination. Le poète à l'âme généreuse se scandalise de constater une telle différence entre ce qu'on «proclame tout haut» et ce qu'on fait en réalité («Prix Nobel»). «Égalité» n'est qu'un mot creux. «Où est l'égalité des peuples / Du grand Abraham Lincoln?» Le poète se fait l'écho sensible des souffrances, des injustices, des guerres qui déchirent le monde («Apartheid», «Vietnam», «Le Palestinien»). Manki chante «Cabral l'immortel», Che Guevara («Les maquisards»), tous «les peuples opprimés»: «Angola / Mozambique / Guinée-Bissau / Tiers-Monde» («Panique», 2). Bref, Manki est tourmenté par toute atteinte aux Droits de l'Homme, où que ce soit. L'ironie cruelle qu'il y avait derrière «Prix Nobel» (on prêche la paix et on fait la guerre) reparaît dans «Pacifique»,

l'océan mal nommé: «Tu devais être un pont / Entre les nations / Mais pas / Un lieu de combat.» Hiroshima est pour tout l'Extrême-Orient et le Tiers-Monde un «cauchemar interminable» («Angoisse»). Le poète se sent crucifié par toutes ces horreurs et ces contradictions («Et pourtant...»), et son réquisitoire aboutit au poème «Querelle», où, comme Tchicaya U Tam'si, Manki Man Tseke demande des comptes à Dieu: «Dieu / Qui suis-je / Et quelle est la couleur de ta peau?»

Manki Man Tseke fait preuve d'une imagination de visionnaire dans les poèmes qui constituent l'apogée du recueil: «Go home», «Colère» (2 poèmes), «Rêve» et «Panique» (3 poèmes). L'Impérialisme abhorré y est érigé en monstrueuse idole du «regard hypnotiseur» («Go home»). Le poète, «fou de colère» devant «la statue de marbre blanc / La statue du Dieu Tout Blanc / Qui reflète les rayons du soleil / Sur mon ciel noir-encore» («Colère», 2), se sent, lui, devenir «une statue de bois», de «ce bois précieux / Intarissable dans nos immenses forêts» («Panique», 1). Le défi s'incarne dans des images de la nature africaine: «je suis un lionceau / Vivant dans son vert royaume», ou encore, «je deviendrai du feu... je fouillerai fourrés et buissons / Et ceci jusqu'au bord de la mer» pour y rejeter l'ennemi («Colère», 1). L'image de «la roue de l'histoire» passe plusieurs fois à travers ces poèmes, à la fois simples et grandioses. Partout, le ton est ferme et plein de dignité. La beauté de la nature semble étinceler dans cette ardente poésie («vagues d'or aux écumes d'argent», «terre de feu», «pagnes chatoyants» de la liberté, «disque rouge» du soleil).

Danielle Chavy Cooper

Élan, Paris, Éd. de l'Athanor, 1977, 64p.
Recueil de poèmes de Claude Kiswa.

Élan comprend dix-neuf pièces très courtes, la plupart en vers, mais aussi des poèmes en prose, du genre rimbaldien, et un seul conte allégorique. Kiswa indique les lieu et date de la composition de chacune de ses pièces. La collection date des années 1962-1974, une douzaine d'années pendant lesquelles l'auteur a voyagé du Zaïre en France et a vécu à Dijon et à Chalon-sur-Saône.

Kiswa explore les thèmes connus de la négritude: l'homme moderne «accroché aux rocs de la négritude» (11), déchiré entre le passé africain et le présent technologique; le désir d'émancipation, *Uhuru*; la quête, «l'élan» du poète pour échapper aux chaînes des négriers et de la domination européenne contemporaine. «Mon souffle chante l'élan créateur qui plonge ses racines dans l'humus pétri de sang ancestral et se perd dans la modernité du cubisme» (9). Il affirme «les valeurs du monde noir». Senghorien, lui aussi, il parle pour toute l'Afrique. Il emploie fréquemment l'assonance et la répétition des consonnes, typiques du style de Senghor. «Je suis l'Homme-Afrique, livré dès ma naissance aux griffes gourmandes des éperviers rapaces. / Mon sang bouillonne de chaleur coulant dans les veines du fleuve Congo...» (8). Comme Senghor, il invoque les masques des ancêtres dans sa «Prière aux masques». À Dijon, il se rappelle tout le paysage de sa patrie, «la forêt vierge des raphias tissés, une trombe de sangliers en furie écrasant l'herbe folle, les cannes à sucre, les tsé-tsé, les champs de coton, les rizières entières, les tubercules des maniocs suspendus à la chaîne des montagnes volcaniques...» (26). Il défie les diplomates orgueilleux et leur *raison* qui détruit l'être: «l'âme, l'esprit, le cœur découpés à la hache aux abattoirs de l'homme total; la croix et le fusil mariés dans un drôle de ménage...» (25).

Souvent, en sa pensée, résonnent les tam-tams. À l'étranger il rêve de rentrer chez lui — où sa culture reste liée aux gloires ancestrales. «Et quand d'un pays lointain,... je revins hanté par l'antique quiétude... je pris caravelle, camion, bicyclette et arpentai la piste menant au village à pied; le village tout le village était toujours assis autour du griot» (22).

Le mélange poème/prose rappelle *Au seuil de l'exil* de Fernando d'Almeida. Kiswa chante, comme Yves-Emmanuel Dogbé dans *Flamme blême*, les thèmes de l'histoire de l'esclavage et de la mère patrie. Il partage le chant, le rythme des tam-tams avec Titinga Pacere qui fête aussi la «terre de ses pères» et qui fait danser les mots.

Charlotte H. Bruner

Élégies des alizés, Paris, Seuil, 1969, 32p. — Lithographie originale en trois couleurs de Marc Chagall.

Poème de Léopold Sédar Senghor.

Poème de 199 vers réédité dans *Élégies majeures* (1979); bien que, par son titre, il semble compléter les cinq élégies réunies dans *Nocturnes*, ce poème rappelle singulièrement, par son contenu, les élégies «de Minuit» et «des Eaux».

Deux indications permettent de dater assez précisément la composition de ce texte, le premier vers d'abord: «Ce Juillet, cinq ans de silence, depuis les trompettes d'argent.» Si l'on admet que «les trompettes d'argent» désignent la proclamation de l'indépendance de la précaire Fédération du Mali (20 juin 1960), le poème est écrit à partir de juillet 1965. Confirmation en est donnée par une seconde notation temporelle: «J'ai laissé sept ans la négritude sans eau pour que naisse la vision» (p. 19). Sept ans, c'est à peu près le délai qui court depuis la publication, en revue, des élégies mentionnées ci-dessus (1957-1959), pendant lequel aucun poème ne fut édité ni, sans doute, écrit.

Silencieux, peut-être le poète le fut-il, mais non l'homme politique, élu président de la République en septembre 1960. C'est dire que la parole politique, insoucieuse du cycle des saisons, du rythme de la vie et des «splendeurs de l'Esprit» (p. 24), vouée qu'elle est, selon Senghor, à la solution de problèmes purement matériels, n'est qu'une forme abâtardie du Verbe. De même le poète compte pour rien la prose théorique et vulgarisante dont il n'est pas avare pendant toutes ces années (v. *Liberté 1* et *3*).

Pourtant, le sujet qui s'exprime ici est conscient de ses responsabilités politiques. Ne doit-il pas nourrir son «troupeau de têtes laineuses» qu'il conduit dans le désert de la liberté (p. 11)? Ainsi que dans quelques poèmes antérieurs, notamment d'*Éthiopiques,* Senghor cherche à concilier poésie et politique en essayant, lui, «le Maître-de-langue» (p. 13), de mettre au service de son peuple le don qu'il a reçu du Verbe. Le propos est net: abreuver son peuple du «miel fauve» de la poésie, «lui chanter paroles de vie fortes comme l'alcool de mil» (p. 11) afin «que meure le vieux nègre et vive le Nègre nouveau» (p. 23). Pour la première fois, la négritude n'est plus seulement définie de façon abstraite («soleil de l'âme», «vue et vie»), elle est aussi dotée de vertus concrètes: «Ma négritude est truelle à la main, est lance au poing» (p. 17). Le peuple, ce sont «tous les travailleurs noirs», mais le poète conserve sa vision d'une Afrique traditionnelle: il envisage plus particulièrement «tous les paysans pêcheurs pasteurs»: le vrai «labeur», c'est celui du «laboureur» (p. 21).

Trois remarques s'imposent qui permettent de s'interroger sur la réussite de ce propos, sinon sur sa validité.

Peut-être est-ce *pour* son troupeau que le poète entend chanter, mais ce n'est guère *à* lui qu'il parle. Sans doute est-ce lui qui est visé quand il s'écrie: «Ô mes frères» (p. 21, 23) ou, moins certainement, «mes amis» (p. 16), mais l'adresse est exceptionnelle parmi tant d'autres allocutaires: les «tornades de Juillet», «Sopé» (p. 12), la «Nuit d'Afrique» (p. 19), les «politiques», l'«Esprit» (p. 23), la «sagesse», son épouse («ma blonde ma normande ma conquérante») (p. 25), etc. Il semble que le poète échoue à nouer le dialogue avec son peuple ou, du moins, qu'il ne se sente pas enclin à s'adresser directement à lui.

En second lieu, concernant le miel et le mil nourriciers, un temps fait défaut: le présent. Le discours est tenu sur le mode du futur, de l'attente, de l'espoir, du désir et du souhait. On lit: «Ma tâche est d'éveiller mon peuple aux futurs flamboyants / Ma joie de créer des images pour le nourrir, ô lumières rythmées de la Parole!» (p. 17). Les alizés qui fournissent son titre au poème ne soufflent pas encore, ils sont espérés au milieu des tornades de l'hivernage. Pour l'heure, ce sont les crues, l'eau trouble, le poto-poto, les miasmes. Le poète ne peut qu'annoncer «les noces du Printemps» (p. 13), les «prémices promesses de l'Été» (p. 19).

Enfin, comme le montrent déjà les deux vers qui viennent d'être cités, le poète paraît incapable d'échapper à la fascination lyrique de lui-même. Il écrit «ma tâche», «ma joie». Des «noces avec [son] peuple», il dit: «que je m'y prépare par la veille et le jeûne» (p. 18). Ce qui le hante, ce sont les fantasmes de l'insomnie, son «sang chaud monotone», les «délires d'hiver en hivernage» (p. 13), les souvenirs d'enfance, telle la rentrée des classes (p. 15), son travail solitaire et nocturne de «bon lamarque» (p. 19), la nuit consolatrice (p. 20), «le sourire [des] yeux alizés» de sa femme (p. 25), etc. Ce qui le hante, c'est aussi le burinage exact d'un vers aristocratique et savant que ses figures isolent du parler quotidien. On note ici, entre autres, beaucoup plus répandue qu'ailleurs, l'omission des «mots-gonds», en particulier des articles: «[...] l'île où jeunes filles se nourrissent de glace» (p. 16).

Bref, dans ce poème dont les intentions politiques sont battues en brèche par le contenu thématique mais qui justifie néanmoins une lecture politique, Senghor, plus qu'un aîné qu'il révère, Saint-John Perse, montre une confiance absolue dans les vertus pratiques d'un verbe somptueux, mais là où Perse suscite un moi multiple cheminant «à hauteur d'homme» «sur la chaussée des hommes de son temps», Senghor s'enferme en son propre moi, offert, comme son Kaya Magan, à la consommation populaire: «Paissez mes seins forts d'homme, l'herbe de lait qui luit sur ma poitrine (*Éthiopiques*)». Propos généreux mais, somme toute, hautains, dont l'effet ne peut être, comme le montrent les réactions des divers publics, qu'une acceptation envoûtée ou un refus violent.

Michel Hausser.

Élucubrations (Les) sauvages, Paris, La Pensée Universelle, 1976, 107p.
Écrits de Mamadou Lamine Diawara.

Les quatorze élucubrations dont le roman se compose sont précédées de six lettres que le jeune Sénoufo nouvellement arrivé en France écrit aux siens en Afrique. Dans ces lettres est exposé le sujet essentiel du roman: l'angoisse métaphysique suscitée par ce moment, dans le passage de l'adolescence à la maturité, où l'on constate le décalage entre le rêve et le réel. La mère avait transmis au fils un amour sans bornes de la France, la conviction qu'une connaissance du français garantirait une vie utopique, une croyance exagérée en la droiture, la sagesse et la compassion des hommes et une foi illimitée en la bonté d'un Dieu que l'on voit se refléter dans la création. Chez le fils, pour qui le voyage en France est une prise de contact avec les grands problèmes sociaux des années 1970, un tel idéalisme ne pouvait mener qu'à la déception. Ainsi les élucubrations esquissent les contours d'une conscience déçue et blessée.

Certaines élucubrations (la onzième, «Apollo XI», et la douzième, «Homo Sapiens») développent encore l'espoir que la science moderne mènera à l'amitié, l'amour et la paix universelles. Mais le rêve d'une France ennoblie, siège de «l'Universelle Pensée», a vite fait de céder le pas aux réalités des tests, du bac et du travail à l'usine. En même temps, le rêve de l'amour sombre dans l'aliénation et la solitude: la troisième élucubration, décrivant les peines de l'amant éconduit, se prolonge et s'approfondit dans la sixième («Regrets») où nous voyons que l'égoïsme inné de l'homme l'empêchera toujours de connaître cet amour pur et constant qui est l'obsession du narrateur. Il en est de même du rêve de l'amitié universelle qui fait naufrage sur les rochers de la méfiance et du racisme: dans la septième élucubration («Psaume de la haine»), par exemple, il semble bien que l'égoïste qui nuit au dessein du jeune homme, et que celui-ci jure de tuer, soit le raciste; ce thème réapparaît dans la treizième élucubration («Sympathie pour le diable») où la haine du raciste se transmue en une violence de désespéré. À un autre niveau, l'interview d'une mère-poisson de la Seine polluée (neuvième élucubration) est une fine moquerie de cette vision, transmise par la mère au garçon, d'un monde où l'homme vit en harmonie avec la nature. Finalement, le rêve de la paix universelle se dissipe comme les autres: l'ironique «Ode à une mère supérieure» (quatrième élucubration) rappelle l'intransigeance et le manque de compréhension qui caractérisent le conflit judéo-arabe; le «Retour dans un nid de flammes» (dixième élucubration) met en relief la convoitise et la domination africaines; la quatorzième élucubration, sur la Guerre du Viêt-nam, est un émouvant cri d'indignation devant la souffrance de l'orphelin vietnamien, sacrifié dans un holocauste qui résume et symbolise le mal universel.

De ce fait, la huitième élucubration, «L'homme et le jeune homme», où la conscience du garçon lui apparaît sous la forme d'un chamelier du Hedjaz, se situe au centre du livre. La conscience essaie de parler raison à cette «tête ardente plutôt que lucide». Dans cette prise de conscience, le garçon retrouve en lui-même l'inconstance et la petitesse des «petits hommes à deux bras et à deux jambes» qu'il observe autour de lui. L'angoisse métaphysique qui s'ensuit mène au désir de se réfugier dans la vie inconsciente de la pierre (rappel de Ruben Dario, le poète hispano-américain cité dans le texte, certes, mais aussi du jeune Camus et de Le Clézio, romancier français contemporain, lui-même né au Sénégal). C'est dans ce contexte que «Le réveil dans l'Hadès» (deuxième élucubration) prend toute sa signification. La naissance se conçoit comme une chute de l'éther de l'Éternité dans la matière grossière, et la vie, comme «une véritable traversée de l'Oronte et du Styx». Il n'est pas surprenant que quelques portraits touchants de ceux que l'existence a blessés viennent clore ce poème de la naissance.

Cette œuvre de Mamadou Lamine Diawara se caractérise tout d'abord par son universalité: y sont contenues des allusions à toutes les traditions littéraires et philosophiques, de tous les niveaux, de l'Occident et de l'Orient, de Otis Redding au Rigveda. Le vocabulaire extrêmement riche, imagé et précis aussi bien que les rythmes fluides des élucubrations font d'elles un long poème. *Les Élucubrations sauvages* se situent dans la tradition de la chronique à la Dadié, sorte de méditation sur l'homme et sur la diversité de ses valeurs. À l'encontre de la chronique de Dadié dont le but est de créer un nouvel humanisme à l'intérieur duquel tous les hommes pourraient retrouver la paix dans un respect mutuel, *Les Élucubrations sauvages* mènent à la constatation que la haine, la violence, l'incapacité d'aimer, font partie intégrante de la nature humaine. Par le fait qu'il considère le colonialisme et le racisme, comme les guerres, dans le contexte plus général de cette vision pessimiste de l'homme, par son désir d'échapper à l'holocauste de la vie pour se réfugier dans la vie inconsciente, par son effort d'intégrer tous les niveaux de culture dans une nouvelle synthèse culturelle, Mamadou Lamine Diawara se place bien au centre de la génération des jeunes auteurs des années 1970 de tous les pays. Dans *Les Élucubrations sauvages* l'angoisse méta-physique de l'adolescence sert de paradigme: ce narrateur est représentatif de toute une génération angoissée et perdue, à la recherche de valeurs nouvelles.

Gerald H. Storzer

Embarras et Cie: nouvelles et poèmes, Yaoundé, Éditions CLÉ, Coll. Abbia, 1968, 115p.
Recueil de nouvelles de Francis Bebey.

Francis Bebey a publié cette collection de huit nouvelles, en 1968, l'année qui a suivi la publication de son premier roman, *Le Fils d'Agatha Moudio.*

Dans *New Stanley Hotel 1961,* le narrateur médite dans une baignoire à quatre heures du matin sur deux phrases écrites sur le mur de sa chambre: «Faites attention à votre argent» et «Stanley passe, Livingstone civilise», dictons appris pour son examen d'entrée en sixième. Il en vient à conclure que la mission de Stanley était d'instaurer le vol en Afrique, et que l'argent sert à isoler chaque individu du genre humain.

Le mariage d'Edda présente avec beaucoup d'humour un conflit entre un jeune homme qui a grandi en ville et qui a été à l'école, et les rites de mariage de son village de brousse.

Le même conflit entre traditions africaines et traditions de la ville introduites par les Blancs est à la base du *Père Noël de Fanta.* Un jeune assimilé essaie de convaincre son père d'installer la célébration de Noël, tradition blanche s'il en est, dans la famille.

Jimmy et l'égalité développe le thème de «peau noire, masque blanc». Vingt-quatre heures avant d'arriver à Accra, où il sera assez bourgeois pour pouvoir se permettre d'employer un boy cuisinier qui s'appelle Jimmy Smart, le narrateur était un homme triste parmi les foules du métro parisien. Jimmy le traite de «nègre blanc» et d'«Européen», qui ne diffère de ses frères blancs que par la couleur de la peau. Cette nouvelle de l'exploitation de l'homme par l'homme dans un système néo-colonial se termine par une leçon sur «l'égalité» que donne Jimmy à son patron.

Le mot de Martine traite des différences entre le caractère d'une Française et de son ami intime africain. Elle lui pose la question qui est «la chose la plus gentille qu'une Française» lui ait jamais dite: «Pourquoi fais-tu le Nègre important?»

Dans un train en route pour Cologne, le lecteur assiste à la rencontre de Betty, «La Pie voyageuse», une Belge bavarde, et d'un jeune Africain. D'une façon touchante, l'auteur montre combien les Européens connaissent mal les Africains. Mais au-delà des différences linguistiques et culturelles, l'amitié véritable reste possible.

Assisastanas et le commissaire de police est l'histoire d'un commerçant grec cocufié par Evindi, un coiffeur itinérant. Monsieur Neuf, le chef des policiers coloniaux à Douala, qui succède à Evindi comme amant d'Eléna, donne à Bebey l'occasion de montrer que les colonisateurs n'ont pas de scrupules. Les relations interraciales dans la période coloniale sont froidement et ironiquement mises à nu.

La dernière nouvelle du recueil *Les révélations de la Chambre Noire*, met en scène un narrateur très naïf pour nous révéler les fourberies de Mbete, un sorcier fort astucieux.

Il est évident que les thèmes abordés dans *Embarras et Cie* sont des plus divers. Ce qui lie le tout est l'humour et l'ironie. Beaucoup de thèmes sont implicites dans le récit. Bebey se garde de commentaires et présente une critique sévère mais subtile de divers aspects de la vie de l'Africain chez lui et à l'étranger dans les années 50 et 60. L'effet de distorsion que la langue étrangère inflige à l'expérience africaine est important dans ces nouvelles. Tout se passe comme si le langage trahissait constamment la réalité: un père enragé crie de la porte d'une maison sans fenêtres: «Tu veux que je jette l'argent par la fenêtre»; dans le poème «Mensonge», l'auteur se demande «comment une Négresse peut passer une nuit blanche?».

Ne dépassant jamais le niveau de l'ironie, Bebey se contente de laisser le lecteur chercher des solutions aux problèmes qu'il soulève. Néanmoins, on ne peut pas douter du respect profond que cet auteur éprouve pour les êtres humains, surtout pour les damnés de la terre. Si la haine des exploiteurs et de leur système n'est pas assez mise en évidence pour que Bebey soit appelé un écrivain engagé, la recherche de compréhension que révèlent ses textes fait de lui un écrivain humaniste.

Stephen H. Arnold

En quête de la liberté ou une vie d'espoir, Yaoundé, Éditions CLÉ, Coll. Abbia, 1970, 168p.
Roman de Jean-Pierre Makouta-Mboukou.

Chacun des 31 chapitres qui constituent le livre de J.-P. Makouta-Mboukou est un tableau illustratif de ses expériences familiales et sociales. Celles-ci expliquent sa position politique actuelle, que résume un long et douloureux appel au dialogue: «Il ne faut pas humilier les hommes, il ne faut pas les briser: chacun d'eux est une parcelle du Dieu vivant. Il faut palabrer» (p. 161).

L'auteur retrace comment il apprit à pleurer dès le premier âge, ses humiliations et ses souffrances sous la domination coloniale, l'oppression de l'administration et la complicité de l'Église, sa solitude après la mort des siens, et son pénible cheminement à travers la vie. Il eut le bonheur de rencontrer quelques amitiés, qui lui permirent de devenir l'homme qu'il devait être. Un bon Samaritain de vingt ans dont il devint le boy l'envoya à l'école, et la famille Sarrazin de Bordeaux lui permit de parfaire son éducation. Peut-être pourrions-nous reprocher à l'auteur d'associer le nom de sa bienfaitrice (Mme Sarrazin) à l'esprit colonisateur, accusation qu'elle ne mérite certes pas (p. 110). Il semblerait qu'ici l'auteur ait été trahi par sa passion politique. Mais Makouta-Mboukou s'efforce le plus souvent de rester objectif. À l'aide de faits dont nous ne pouvons douter, l'auteur essaie de donner une image précise de toutes les formes de torture physiques et morales qui furent mises en place par les Blancs du Congo. Après l'Indépendance, l'auteur dénonce la nouvelle oppression et le despotisme noir: «Mais la loi du plus fort triomphe dans nos murs. Et les enfants du pays, désintéressés et loyaux, succombent sous l'impétuosité sanguinaire des arrivistes et des ambitieux» (p. 119). «Les chefs se vendent à l'Orient, et le Congo n'est plus qu'un lieu de violence et de danses macabres» (p. 157). Impuissant à combattre, l'auteur choisit l'exil, tout en gardant au cœur l'espoir qu'un jour, peut-être, la nation retrouvera sa liberté. Alors, il sera là.

Malgré l'incontestable validité du message qu'*En quête de la liberté* essaie de traduire, le style de l'auteur reste par endroits peu littéraire. Quelques métaphores obscurcies par la passion de l'auteur et des exagérations enlèvent au récit le degré de crédibilité que le lecteur serait prêt à lui accorder. Ce livre mérite cependant d'être lu par le grand public soucieux de mieux comprendre le contexte social de l'Afrique contemporaine.

Josette Hollenbeck

Enfant (L') noir, Paris, Plon, 1953, 255p.
Roman de Camara Laye, ou Laye Camara.

L'Enfant noir est un récit à tendance autobiographique dans lequel on trouve narrées sous une forme personnelle l'enfance et la vie d'écolier d'un fils de forgeron guinéen. Camara Laye y retrace les étapes de sa prime jeunesse, qu'il fixe à cinq ou six ans. Il décrit la vie quotidienne dans le village de sa mère, Tindican, et reconstitue pour le lecteur les cases blondes, les champs de mil et la forge, antre de son père. Enfin, il évoque les amis avec qui il a fait «société». Le livre se termine par une première rupture avec ce monde familier; à quinze ans, l'enfant quitte ses parents et va à Conakry où il s'inscrit dans un collège d'enseignement technique. Il obtient ensuite une bourse pour des études en France.

Trois lieux – Kouroussa, Tindican et Conakry – fournissent le cadre direct de l'action dans le roman. Le rôle d'un quatrième, Paris, est indirect mais important car la métropole représente la force irrésistible qui attire tout vers elle et qui provoque les événements décisifs dans les trois lieux africains. Elle représente surtout l'espace où l'auteur entreprend, grâce à l'écriture, son voyage dans un passé marqué par des liens familiaux et communautaires très forts.

Le déroulement de cette action suit douze divisions équilibrées qui sont numérotées. L'auteur a mesuré les diverses parties du livre sans les intituler et sans pour autant perdre le lecteur. Les numéros un et deux traitent du petit ami des serpents et du travail à la forge. Les numéros trois et quatre nous introduisent dans le monde rural de Tindican. Les numéros cinq et six couvrent la vie quotidienne dans la famille de Kouroussa et les expériences sociales dans l'école française. Les numéros sept et huit décrivent les deux grandes étapes de l'initiation de l'enfant: les cérémonies de Konden Diara et la circoncision. Les numéros neuf et dix traitent de ses expériences en Basse-Guinée pendant ses études à Conakry. Le numéro onze donne des détails importants sur les vacances passées régulièrement par l'étudiant et ses amis en Haute-Guinée. Enfin, le numéro douze ouvre la voie de l'Occident à l'enfant noir.

Dans ces tableaux de souvenirs d'enfance, Camara Laye se sert de quatre personnages principaux: son sosie, l'enfant noir; sa mère, Daman; son père, Komady; et son oncle, Mamadou. L'enfant est à la fois le personnage clé et le narrateur.

Ce dédoublement voulu permet à l'auteur de voir son monde tantôt avec les yeux d'un enfant qui raconte son bonheur, tantôt avec les yeux d'un adulte qui regarde en arrière et qui analyse ce «paradis perdu». Destinataire des valeurs représentées par ses aînés, sa famille, sa société et la nouvelle civilisation venant de la France, l'enfant enregistre des réactions partant de la crainte, de l'ambivalence et de l'incertitude et aboutissant à un choix définitif. Son entourage et lui sont attirés par la «réussite» qui attend ceux qui ont fréquenté l'école française. Mais l'Africain sait déjà que l'école lui apportera l'isolement et la séparation d'avec son groupe caractérisé par la solidarité de ses membres. Il lui arrive alors de ne plus savoir s'il doit continuer d'aller à l'école ou s'il doit demeurer dans l'atelier. Sa participation aux rites de l'initiation et aux récoltes du riz lui montre déjà qu'un fossé se creuse entre lui et les siens. Son séjour à Conakry et son progrès remarquable dans les études font mûrir sa personnalité, accentuent son sens d'accomplissement individuel et décident son engagement irréversible dans la voie de l'Occident. En tant que narrateur exilé, il revoit et évalue son expérience humaine avec nostalgie, regret, perspicacité et affirmation.

L'importance des autres personnages se mesure par ce que chacun d'eux apporte à l'enfant qui grandit. S'il faut juger de cette importance par l'attachement de l'enfant, il est évident que sa mère, Daman, n'a pas d'égale. Comme un enfant, Camara Laye se confond avec celle qui a été l'épine dorsale de ses premières impressions de vie. Son grand amour pour elle se constate tout de suite dans la dédicace et se montre dans les événements marquants du roman tels que les départs pour Conakry et pour la France, les cérémonies d'initiation, ses mises en garde à propos des serpents, et sa surveillance du jeune vacancier. L'enfant adore sa mère et celle-ci le mérite par sa tendresse, sa bienveillance, ses vertus domestiques, qui sont autant de manifestations de son grand amour maternel. En plus, c'est par Daman que passent les valeurs africaines qu'on trouve dans le roman: la famille étendue, le totémisme, les pouvoirs mystiques et les rapports sociaux entre les sexes.

On constate ensuite que l'enfant a beaucoup d'estime pour son père, Camara Komady. Ce dernier l'a profondément impressionné dans l'exercice de son métier de forgeron-orfèvre et par ses qualités de père de famille. La forge paternelle signifie pour l'auteur la survivance de la famille car c'est grâce à elle que son père et ses ancêtres ont pu subvenir à leurs besoins matériels. Elle est aussi une sorte de fenêtre par laquelle l'écrivain a pénétré l'univers culturel du monde nègre. Pour pratiquer son art, le forgeron a recours à des procédés mystiques acceptés comme tels par ceux qui l'entourent. C'est aussi un père fier de ses enfants, un homme qui ne manque pas à ses devoirs. Tout le porte à enseigner le métier ancestral à son fils aîné. Mais faisant abstraction de sa façon de penser et de sa façon de sentir, il a laissé le petit suivre la nouvelle vague, fréquenter les écoles des Blancs qui lui ouvrent un avenir plus prometteur. Mamadou, le dernier personnage de notre liste, symbolise l'extension de la famille de l'enfant noir à Conakry, une famille qui a ses racines à Kouroussa et à Tindican. C'est l'attitude de ce comptable et celle des membres de sa famille qui aident l'enfant à se sentir chez lui à Conakry autant qu'en Haute-Guinée. Voilà qui illustre la force dynamique de la famille africaine. D'autre part, la paix et la tranquillité dans ce foyer polygame fait honneur à ce mode de vie différent de celui de l'Occident. Mais il ne faut pas oublier que le tableau n'est pas toujours aussi rose dans chaque famille africaine et qu'on peut reprocher un peu à l'auteur d'avoir idéalisé l'image de sa famille dans *L'Enfant noir*.

Parlant de ce livre à Dakar en mars 1963, Laye affirme: «Je ne pensais qu'à moi-même et puis, à mesure que j'écrivais, je me suis aperçu que je traçais un portrait de ma Haute-Guinée natale.» En lisant le livre, en effet, on comprend tout de suite que le pays natal de l'auteur, avec ses traditions et ses usages, a une place de choix dans son cœur. Mais il ne s'agit là que de l'espace explicite du roman. Son espace total, explicite et implicite, englobe l'Afrique noire tout entière et le monde nègre dans sa globalité. Le lecteur de *L'Enfant noir* goûte aux charmes de la géographie africaine, se rend compte de la noblesse des relations humaines dans nos sociétés traditionnelles, reconnaît l'originalité de la culture malinké et, par extension, de la civilisation négro-africaine.

Les éléments importants de cet univers sont d'abord l'esprit de parenté ainsi que l'amour réciproque qui animent les membres de la famille de l'enfant à Kouroussa, à Tindican et à Conakry. C'est ensuite, au niveau de la société, le développement et le resserrement des liens d'amitié avec les personnages de Kouyaté, Check, Fanta et Marie qui retiennent notre attention; la puissance du sens communautaire à travers la circulation continuelle des êtres à Kouroussa, l'hospitalité universelle chez ces paysans, l'entraide et le secours mutuel dans les tâches et les malheurs de la vie, et les échanges fréquents de cadeaux entre les individus et les familles doivent être également soulignés. Au niveau culturel, la vision du monde des habitants est fondée sur un mélange fécond d'aninisme et d'islamisme. À cela s'ajoute l'agrément que la musique, la danse et l'art plastique donnent à la vie. L'auteur ne manque pas de souligner l'érosion de ces valeurs dans un présent perturbé qui fait craindre un avenir bouleversé.

En ce qui concerne l'aspect esthétique de l'œuvre, on peut dire qu'avec *L'Enfant noir*, Camara Laye révèle une incontestable assimilation des grands secrets de la langue française. De plus, il a su conjuguer la clarté de la langue française avec la spécificité de l'âme africaine. L'auteur recherche une parfaite harmonie entre l'idée et l'expression et nous offre une peinture détaillée des traits physiques et moraux de ses personnages. Ce qu'il doit à son instinct africain, ce sont le culte du mouvement et du rythme, l'art de parler aux yeux plutôt qu'à l'esprit et un effort particulier pour présenter son héritage africain dans le cadre d'un français assoupli.

L'Enfant noir a donné lieu à des louanges et à des critiques sévères. D'aucuns y voient une œuvre agréable et sans prétentions qui apporte une leçon sur la politesse et sur un monde invisible. D'autres reprochent à Laye de s'être situé en marge des problèmes coloniaux et de manquer ainsi d'objectivité. Quoi qu'il en soit, *L'Enfant noir* est un chef-d'œuvre par ce qu'on y trouve plutôt que par ce qu'on n'y trouve pas, car les renseignements qu'il nous donne sur l'Afrique sont authentiques.

Peter I. Okeh

Enfants d'Orphée, Île Maurice, The General Printing and Stationery Ltd, 1931, 83p.

Écrits de Jean-Joseph Rabearivelo.

Enfants d'Orphée est un ouvrage tout à fait à part dans la somme des poèmes et chansons qui constitue l'essentiel de l'œuvre de Rabearivelo. C'est en effet un essai de critique littéraire, si l'on veut bien entendre par là le fait de parler à un public hypothétique des ouvrages d'autrui. Et d'en parler heureusement, ce qui n'est pas la moindre qualité du critique.

Les ouvrages sur lesquels Rabearivelo s'est penché sont, il faut le dire, inconnus du public actuel. Leurs auteurs aussi: sur les cinq poètes élus par Rabearivelo, un seul peut-être a «quelque» chance de rappeler «quelque» chose à «quelqu'un» aujourd'hui, parce que ...son père était célèbre. Paul Fierens, le plus connu, Marcel Ormoy, Armand Godoy, Robert-Jules Allain, Georges Heitz, publièrent surtout dans des revues dont la très respectable *N.R.F.* et les *Nouvelles Littéraires*.

Mais ce ne sont pas les poèmes de ces écrivains qui nous intéressent, c'est l'opinion qu'en avait l'un d'entre eux. Ce qui fait l'intérêt d'*Enfants d'Orphée* n'est pas, en fait, le jugement d'esthète apporté par l'auteur; il n'y a là, il faut le craindre, rien de transcendant d'un point de vue littéraire: du bon sens, mais pas de génie.

Ce qui rend attachant cet ouvrage, c'est l'identité qui s'établit tout au long de ces quatre-vingt-trois pages et de plus en plus nettement entre le critique et ses victimes. Ce n'est pas un hasard: la critique n'étant pas le gagne-pain de Rabearivelo, il lui était loisible de choisir ses sujets. Et ici les motivations de son choix sont évidentes: ils se ressemblent! La poésie de l'un ou de l'autre n'est qu'un reflet (pâle bien souvent, mais un reflet quand même) de la poésie de Rabearivelo à cette époque: tant de points les unissent: même âge, ou plutôt même génération de poètes issus du même itinéraire poétique, imprégnés des mêmes influences qui les poussent des parnassiens aux symbolistes, de Mallarmé aux surréalistes. Mêmes lectures et mêmes réminiscences littéraires. Et cette érudition un peu pédante qui est le fait des très jeunes auteurs, et ce qui les fait passer de Keats et de Shelley à Daumier, Cocteau ou René Ghil, c'est le clin d'œil où ils se reconnaissent et s'identifient.

Pour parfaire l'assimilation, Rabearivelo avec les cinq poètes sur lesquels il se penche un autre trait commun, une même douleur: le manque de célébrité. C'est à propos de Marcel Ormoy, mais cette phrase s'adresse aussi bien à lui: «Les hasards des maisons d'édition, hélas, semblent seuls régler le destin des poètes.» Ou encore, dans le chapitre consacré à Robert-Jules Allain, métis malgache, «être poète est une situation bien périlleuse en terre d'Emyrne et pour noble que soit la prétention d'y réussir, elle n'en porte pas moins le signe du danger».

Enfants d'Orphée est donc, en fait, sous couvert des cinq poètes cités plus haut, une autocritique sans complaisance de la poésie de Rabearivelo en 1931. Il y dénonce l'imitation, les influences mal digérées, le pédantisme, la superficialité, il y vante la primauté accordée à la forme, les correspondances, tout ce qui peut lui être reproché dans ses premiers écrits.

On y trouvera cependant, trop peu souvent, le coup de plume que nous reconnaissons au critique de métier: dans les pages consacrées à Fierens, une très bonne analyse du surréalisme et du dadaïsme, et en peu de mots, mais quels mots, ce que l'on n'ose pas souvent dire de Jean Cocteau.

Enfin, Rabearivelo, critique, se rattache, en son temps, au dernier courant de la critique littéraire en France: familier de Valéry, pour qui, de même que chez Rabearivelo, la réflexion critique est inséparable de l'activité créatrice, qui célèbre lui aussi «les vertus de la *sympathie* indispensable au critique pour saisir l'intention de l'auteur», Rabearivelo, à l'exemple de son maître, recrée tout d'abord le climat intellectuel original où s'est inscrite l'œuvre. Aucune référence à la vie de l'auteur puisque tout «est indépendant des aventures, du genre de vie, des incidents et de tout ce qui figure dans une biographie». Si l'on s'en tient à cet objectif, et Rabearivelo le fait, il faut faire mentir le vieil adage: la critique aussi est difficile!

Claude Ralambo

Enfer (L'), c'est Orféo, Paris, ORTF/DAEC, Répertoire Théâtral Interafricain, 1969, 117p.

Pièce en trois actes de Martial Malinda (Pseudonyme de Sylvain Bemba — Autre pseudonyme: Michel Belvain).

L'action se situe pendant la guerre d'indépendance de la Guinée-Bissau. Réfugié dans un pays voisin, Orféo, médecin, s'adonne à la débauche.

Intellectuel sceptique devant l'action révolutionnaire, il n'en est pas moins plein de mépris pour l'égoïsme, l'esprit terre-à-terre et l'avidité de jouissance caractéristiques de la bourgeoisie post-coloniale dont il partage les privilèges et le genre de vie. Il y a en lui, toutes proportions gardées, du Lorenzaccio: même dégoût de soi-même et du monde, même volonté de s'autodétruire dans la débauche.

Mais, loin de chercher un salut hypothétique dans une action individuelle, Orféo se «régénérera» en se joignant à l'entreprise collective de son peuple: la lutte de libération. Traversant la frontière, il rejoint les maquisards qui tiennent une partie du pays. Il met sa science médicale à leur service, participe aux combats, aide à démasquer un traître, bref, parvient à trouver sa place au sein de la lutte populaire.

Il trouve également une sœur née après son départ pour l'Europe et qu'il n'avait jamais connue, Eurydice fraternelle échappée de l'enfer colonial.

Si cet épisode rattache Orféo au mythe d'Orphée, il est aussi un témoignage du goût de l'auteur pour certains poncifs mélodramatiques, tels que les reconnaissances du type «la croix de ma mère» dont on relève d'autres exemples dans son œuvre dramatique.

L'Enfer, c'est Orféo est d'abord une pièce politique, traitant le thème de l'intellectuel devant l'action révolutionnaire, que reprendront après lui des romanciers congolais comme Henri Lopes ou Emmanuel Dongala.

On trouve aussi, et successivement, dans cette pièce, un tableau satirique d'une société néo-coloniale dans la première partie, une fresque évoquant une guerre de libération dans la seconde.

L'œuvre réussit à éviter le schématisme qui menace souvent le théâtre politique, grâce à une forme originale de distanciation et au recours à la réactualisation du mythe.

La première est obtenue par la juxtaposition aux scènes où apparaissent les personnages principaux d'épisodes secondaires, non directement intégrés dans le mouvement dramatique, où des personnages épisodiques et populaires commentent les faits et gestes des héros, à la manière du chœur antique, créant ainsi

une certaine profondeur de champ.

La seconde tient moins au personnage d'Anne-Marie-Eurydice qu'à l'enfer intérieur que porte en lui Orféo, et dont il parvient à sortir. Enfer qui se manifeste par la hantise du feu: feu de la débauche, infernal et destructeur, qui ruine l'âme du héros dans la première partie; feu purificateur de l'action et des combats dans la deuxième.

En bref, et sans que cette première pièce soit une grande pièce, s'y manifestent déjà ce goût de la recherche et ce sens de la théâtralité qui font la valeur du théâtre de Sylvain Bemba.

Roger Chemain

Entre deux mondes, Bujumbura, Éditions des Presses Lavigerie, 1970, 151p. Écrits de Michel Kayoya.

L'auteur affirme qu'après la publication de *Sur les traces de mon père* (1968), il a reçu de ses neveux et nièces une lettre de félicitations pour son œuvre. Incidemment, les siens lui reprochaient de s'être montré peu accessible, et surtout de les avoir qualifiés de «génération sacrifiée». *Entre deux mondes* est un éclaircissement de la pensée de Kayoya puisqu'il reprend les préoccupations de Léon Laleau et de Jean-Joseph Rabearivelo dans cet «écho affaibli en son expression, En son verbe étranger, Mots de France à peine assimilés».

Le livre porte en sous-titre: «Sur la route du développement». Quelle gageure de vouloir traiter dans une forme poétique des thèmes comme: «Salut au paysan, à l'ouvrier dans le sous-développement», «Chant sur la dégénérescence sociale», «Chant sur l'hébétude sociale», «Chant-confession sur la myopie sociale», «Chant sur la bougeotte sociale»!... On comprend que Kayoya ne réussisse pas toujours; seule la «finale» de son livre constitue un succès.

Le thème est sans originalité et l'auteur a déjà développé toutes ces idées dans *Sur les traces de mon père*; mais ici, Imana joue un rôle presque effacé et l'état de «doublure» y est moins fréquemment mentionné. Kayoya se dit encore «à califourchon entre deux mondes», mais il rejette à la fois la nostalgie illusoire du passé, si merveilleux que fût ce dernier, et l'admiration béate de certains jeunes devant la technologie occidentale. Après avoir loué l'esprit d'entreprise du Murundi, un «primitif» aux belles vaches, des nobles bagabo armés de lances et de vertus, piliers d'une moralité pré-coloniale impeccable, il critique très sévèrement les siens qui se sont laissé prendre aux pièges d'un modernisme importé. Il brosse un tableau effrayant mais réaliste des dégâts causés à la société murundi par le sous-développement qu'a provoqué le contact déstabilisant avec l'Occident. Les valeurs traditionnelles ont été dégradées par l'alcool, la paresse, la vanité des toilettes, le chômage, la maladie, la saleté, le mariage à l'essai, le divorce, la religion du dimanche (qu'il appelle «religiose»), la paperasserie administrative, le mépris des vieux, l'appât du gain, l'hébétude sociale... Prenant en exemple son propre cas, il se dit coupé de la majorité de son peuple (lui dort entre ses draps tout blancs) et stigmatise le rôle négatif d'un enseignement supérieur acquis à l'étranger et qui l'a conduit à l'abdication des valeurs paternelles au profit d'un confort bourgeois.

Quelques poèmes célèbrent ensuite la dignité, la respectabilité des coutumes ancestrales, de la vie conçue selon un idéal purement africain. Les derniers chants sont les plus beaux. Ce sont de véritables hymnes qui glorifient la splendeur et la richesse de son pays: la grande plaine de la Rusizi enfantant le progrès; Bujumbura, ville jeune et altière, ville de promesses, sa patrie, Mère du Nil et du Congo. Enfin, Kayoya appelle à une mobilisation générale des énergies qui devra d'abord panser les plaies causées par le sous-développement résultant d'une acculturation mal comprise, avant de parvenir à une paix profonde tout empreinte de charité, de bienfaisance. Le temps n'est plus aux dissertations mais à la galvanisation des forces vives et au travail pour que le Burundi se présente fier de lui au rendez-vous des nations du monde.

Il semble que Kayoya ait franchi, dans ce livre, une étape de mûrissement. Il a abandonné le côté négatif de sa critique assez stérile des Autres et spécialement de l'Occident et de ses idéologies; il a limité les invocations à Imana, pour revenir aux réalités quotidiennes et inciter, par delà les particularismes des races et des religions, à une guerre sainte contre la paresse et la facilité, à une attitude constructive puisant ses ressources dans le trésor des vertus traditionnelles ancestrales des nobles bagabo de son bien-aimé pays.

Cet ouvrage a fait l'objet d'une critique très élogieuse et très fouillée du père Guy Musy, intitulée: «Un poète-témoin: Michel Kayoya» et publiée dans *La Source*, Bulletin d'Information de la Communauté chrétienne de l'Université Nationale du Rwanda, n° 12, 3e année, février 1974, Butare/Rwanda, p. 31-40.

François Salien

Entre les eaux. Dieu, un prêtre, la révolution, Paris, Présence Africaine, Coll. Écrits, 1973, 192p.
Roman de Vumbi Yoka Mudimbé.

L'intrigue du roman se situe au Zaïre, dans les années 60-70. Le héros, Pierre Landu, jeune prêtre noir, quitte la paroisse où il est vicaire pour rejoindre un maquis d'obédience marxiste. Mais cette expérience nouvelle dont il attendait beaucoup ne fait que souligner davantage ses contradictions intérieures. Incapable d'embrasser la foi révolutionnaire et d'accepter l'anonymat du combattant, il est en même temps profondément choqué par l'égoïsme du clergé catholique qui se détourne des pauvres. Il participe à différentes opérations au cours desquelles il s'initie au combat et au maniement du couteau. Il écrit, à la même époque, une longue lettre à son évêque pour l'adjurer de ne pas couper tout contact avec les maquisards. Mais la lettre est interceptée par le chef du camp. Pierre fait alors figure de traître. Il ne doit d'avoir la vie sauve qu'à l'intervention inattendue des troupes gouvernementales. Considéré comme suspect par les prêtres, il tente la voie du mariage; mais ne parvenant à établir entre sa femme et lui aucun lien profond, il l'abandonne bien qu'elle attende un enfant. Désemparé, Pierre Landu se réfugie alors dans un couvent cistercien.

Ce roman psychologique, le premier qu'ait écrit Mudimbé, trace l'itinéraire spirituel d'un prêtre noir qui s'interroge sur lui-même et sur la place qu'il voudrait occuper au sein de sa société. Il remet en cause le rôle de l'Église catholique, trop occidentalisée et trop bourgeoise à ses yeux, qui s'est coupée des masses en ne vivant plus la pauvreté évangélique. Pourtant, quand il partage la vie des maquisards, Pierre Landu souffre beaucoup plus des conditions de vie médiocres que les paysans qui sont avec lui. Son statut de prêtre, connu de tous, l'isole de ses compagnons et suscite la méfiance du chef dont il admire pourtant la détermination. Quand les maquisards apprendront qu'il a cherché à communiquer avec son évêque, personne ne sera surpris par son comportement: on aura simplement acquis la certitude que Pierre Landu est un traître.

Sa position ne sera pas plus confortable lorsqu'il aura retrouvé les membres du clergé. Au village non plus, il n'est pas compris. Il ne peut s'habituer au comportement de sa femme qui persiste à le considérer comme le maître alors qu'il la voudrait son égale. Il choisit donc la voie de la solitude, de la réflexion et de la prière. La discipline cistercienne lui permettra de continuer ce dialogue avec lui-même, devenu indispensable à sa vie. Après l'impossible fusion avec ceux de sa race, après l'échec de la concrétisation de ses idées marxistes, ce dialogue devient désormais celui de l'autodéfense, qui n'exclut pas pour autant la haine de soi-même et la conscience de la part de men-

songe que contiennent les mots!

Mudimbé va bien au-delà de l'analyse que de nombreux écrivains négro-africains ont faite de la situation ambiguë qui est celle de l'intellectuel au sein de la société. Plus qu'une critique de l'assurance et de l'égoïsme des prêtres occidentaux, c'est le drame personnel d'un prêtre noir que le romancier évoque ici. Il évite avec adresse le piège des lieux communs que constituent dans trop d'œuvres antérieures le retour aux sources ou les considérations théoriques et savantes sur l'authenticité, pour s'attacher aux difficultés d'adaptation d'un prêtre africain qui souffre dans sa chair et dans son âme et qui, à ce titre, mérite notre attention et peut-être même notre compassion. Pierre Landu, malgré les apparences, n'est pas un «raté». Il ne met jamais en doute sa vocation et ne refuse à aucun moment la «sacralisation» qui s'attache au prêtre.

Ce sont les rapports à établir avec ceux qui l'entourent qui se révèlent difficiles. À travers ce dialogue souvent impossible, Mudimbé met en lumière quelques-uns des problèmes que connaît la société africaine en pleine mutation, depuis l'indépendance: choc de deux cultures dont l'une, pendant longtemps, a étouffé l'autre; nécessité d'adapter le christianisme, venu d'ailleurs, aux réalités africaines; options politiques peu conciliables si l'on veut adhérer au capitalisme ou au marxisme. Pierre Landu a-t-il échoué? L'auteur ne nous fournit aucune réponse définitive, le romancier n'étant là que pour faire naître les questions... Le héros, dans les dernières pages du roman, nage «entre deux eaux», ce qui constitue peut-être une définition originale de la difficulté d'exister.

La lecture de ce roman n'est pas facile. Elle suppose, chez le lecteur, de la curiosité pour les choses spirituelles et une certaine connaissance de la religion chrétienne. Ce long monologue pourra parfois sembler monotone et révéler chez le prêtre un penchant au narcissisme. Mudimbé n'écrit-il pas dans les *Carnets d'Amérique*: «Je sens ce qu'il y a de délicieusement écartelé dans les angoisses que je traîne.» Mais cette lente asphyxie de tous les espoirs n'est peut-être, après tout, que le symbole d'une nouvelle naissance!

Ce long monologue est entrecoupé de brefs retours en arrière, selon un procédé couramment utilisé au cinéma. Le lecteur apprend ainsi quelle a été la formation du prêtre. Ces «flash-back» sont teintés de nostalgie; ils évoquent des jouissances disparues: la contemplation émue d'œuvres d'art, le contact presque sensuel avec la musique classique, les paysages de Rome ou de Venise. Ces souvenirs démontrent combien la culture peut être un refuge trompeur... Ils se révèlent incapables de soulager la détresse de Pierre Landu; ils ne font que souligner davantage la fissure qui s'est faite en lui.

Le style de Mudimbé s'adapte remarquablement à ce long examen de conscience. Les mots choisis sont riches, révélateurs de la culture raffinée de l'auteur, de son amour du terme juste, tant pour le concept qu'il recouvre que pour sa valeur esthétique.

La phrase est diverse et multiple; elle peut se traîner dans les méandres du souvenir; elle peut se disloquer pour traduire l'hésitation, se briser pour évoquer les souffrances du prêtre ou se dépouiller et se purifier pour devenir la matière de ces conversations essentielles, chocs d'idées, de visions diverses d'un monde changeant.

Jacqueline Falq

Envers (L') du soleil, Honfleur, P.J. Oswald, 1970, 70p. – Illustrations de Guy-Léon Fylla.
Recueil de poèmes de Jean-Baptiste Tati-Loutard.

Livre charnière que ce recueil: après l'exil, les voyages, les études (*Les Poèmes de la mer,* 1968), après l'émerveillement du retour au pays (*Les Racines congolaises,* 1968) et avant les recueils suivants (*Les Normes du temps,* 1974 et *Les*

Feux de la planète, 1977), Tati-Loutard entreprend un inventaire de *L'Envers du soleil.*

«Poète de l'élément plus que de l'événement», comme il se définit lui-même, Tati-Loutard utilise, ici encore, un décor et des personnages qui lui sont chers pour composer ce recueil de 29 poèmes divisé en cinq parties: «La vie des eaux», «Dans le labyrinthe de la vie», «La part des sentiments», «Matière de foi», «Hors des frontières». Ces cinq parties font suite au «Poème liminaire» dont l'épigraphe donne le ton à l'ensemble: «À présent plus de soleil fertile / Où Midi cultivait des rayons / pour l'enchantement du retour.»

Dans ce décor familier qu'il faut évoquer, invoquer, c'est-à-dire ensemencer, la mer doit parfois céder sa place à la terre («Nous avons d'autres espaces»), à moins que, toujours en quête d'un ailleurs, le poète ne remonte le cours des eaux (de l'histoire?) et, de la mer, s'en retourne vers le fleuve, le Congo («Nous avons d'autres eaux»). Cinq poèmes constituent cette première partie, «La vie des eaux», et le pêcheur, fidèle compagnon de Tati-Loutard, sert de lien entre chacun de ces textes.

«Mais à présent je suis descendu des hauteurs de mes rêves», confesse le poète qui découvre la réalité du «Labyrinthe de la vie». Le chômeur, le gueux, l'artiste mort, la pauvre vieille dont «le maigre cou s'achève en fagot de bois», le suicidé forment le cortège de misère. La révolte («La révolte gronde») et la richesse du passé rendent néanmoins possible l'espoir, en ce pays qui «n'est point pauvre [car] l'esprit des Ancêtres veille sous la terre / Sur les métaux qui dorment encore / En sa tourbe millénaire».

Tati-Loutard sait également donner «La part des sentiments». Huit poèmes, dans cette troisième partie, vont mettre en scène la femme: «fille-oranger» ou «fille prenant son élan / vers la femme dans toute la germination / de sa poitrine», fiancée ou adolescente, mère ou amante. Bien que l'espoir subsiste («La force du couple»), l'amour est meurtri, éprouvé, éprouvant et il appartient au passé.

La foi ne sera pas d'un plus grand secours. «Matière de foi», quatrième partie du recueil, voit Tati-Loutard préférer «à défaut de Dieu [suivre] le ciel brumeux des nuées».

Les trois derniers poèmes de «Hors des frontières» évoquent tour à tour l'Éthiopie, Alger et Carthage, lieux qui réconcilient le présent avec «le brouillard des souvenirs millénaires».

Le recueil est empreint de nostalgie, de tristesse avec en filigrane la permanence de l'espoir. Le lyrisme y est, une fois encore, présent. La quête du passé existe toujours et elle est envisagée non comme une fin mais comme un moyen.

Le «soleil fertile» s'est donc éteint et le poète regagne les coins d'ombre. Derrière cet écran de lumière, Tati-Loutard va à la recherche de ceux qui ont refusé ou n'ont pu connaître le soleil. Recueil du «retour au pays natal», de la désillusion, de la déception, du désenchantement, il est aussi celui de l'invisible, de l'indicible, de l'intime.

Après avoir retrouvé le pays et vécu la fièvre des premiers instants, Tati-Loutard va plus loin, il se veut protecteur, confident mais surtout témoin d'une misère lasse. Tati-Loutard n'exhorte ni ne critique, il constate. Libre est son lecteur de tirer les enseignements qu'il convient...

«La vie poétique» fait suite à ces textes et permet au poète de poursuivre son «Art Poétique» comme il l'avait déjà fait dans *Les Racines congolaises* et comme il le fera à nouveau dans *Les Normes du temps*. Analyse lucide et précise de l'art, de la poésie, du poète, de son «matériel» (les mots, les images, le rythme), de ses volontés, de ses espoirs et de son rôle.

«La vie poétique» est l'outil théorique du poète, un moyen pour lui de se définir et pour son lecteur de le connaître.

Bernard Magnier

Épitomé. Les Mots de tête pour le sommaire d'une passion, Tunis, Société Nationale d'Édition et de Diffusion, Coll. L'Aube dissout les monstres, 28, 1962, 135p. – Préface de Léopold Sédar Senghor.

Recueil de poèmes de Gérald Félix Tchicaya U Tam'si.

«Épitomé» signifie, selon le *Grand Larousse*, «abrégé d'une histoire». Le poète ajoute au recueil un sous-titre: «Les mots de tête pour le sommaire d'une passion».

On connaît l'importance des titres qui, chez Tchicaya, sont l'objet d'un choix mûrement réfléchi. À ceux qui trouvent son œuvre obscure et sollicitent de lui une explication, il aime à répondre: «les clés sont sur la porte», entendant par là que le sens de chaque recueil est explicitement contenu dans le titre.

«Passion», on le sait, signifie tout à la fois l'élan impétueux de tout l'être vers ce qu'il désire, ou ce désir lui-même, l'amour (déclarer sa passion), ou l'objet d'une affection très vive.

De la psychologie classique qui l'opposait à la raison, la passion garde des connotations négatives lorsqu'elle interfère dans un jugement.

Enfin, «la Passion» est le récit évangélique de l'arrestation, du jugement et du supplice du Christ.

Si le discours prosaïque, essentiellement discriminatoire, fonctionne en distinguant soigneusement l'une de l'autre les diverses acceptions d'un même mot, la poésie, au contraire, plus synthétique, joue volontiers sur l'ensemble de l'«aura» sémantique d'un terme: ainsi, dans *Épitomé*, si l'une des significations du mot «passion» vient à être momentanément privilégiée, les autres, loin d'être exclues, restent présentes à l'arrière-plan, créant ainsi un halo de connotations diverses, riches de résonances affectives.

* * *

«Au sommaire d'une passion», soit! mais de quelle passion? (Quel genre de passion, passion pour quoi, et pour qui?)

Que la passion, quelle qu'elle soit, comporte son poids de douleur, est manifeste dès le sous-titre par le jeu de mots «mots de tête/maux de tête»: le lecteur doit se garder de se laisser abuser par l'apparente légèreté, les pirouettes d'un poète qui ne se départit jamais de la pudeur propre aux âmes bien nées, même dans l'expression des sentiments les plus authentiques ou des douleurs les plus vives.

La passion dont le recueil se veut le «sommaire» est ici la passion du Congo. *Épitomé* fut en effet écrit au sortir des événements de Kinshasa, alors Léopold-ville, en 1959-60, événements auxquels l'auteur, alors rédacteur en chef du journal *Congo*, fut mêlé de très près.

Donc d'abord la passion pour ce pays, sa liberté, son avenir, son unité, car pour le poète, il n'est qu'un seul Congo de part et d'autre du grand fleuve.

Mais aussi passion du Congo, car le rêve avorta, le pays fut déchiré, vendu, trahi, humilié, bref, supplicié.

Et passion d'un homme qui eut, plus que tout autre, la passion de son pays, Patrice Lumumba, qui fut lui aussi diversement trahi et vendu, d'abord par les siens, et dont l'action, les souffrances et la mort n'ont aux yeux du poète rien perdu de leur exemplarité. Il est le véritable Christ des Noirs, peuple qui fut, à l'instar des Juifs, vendu, dispersé, victime de divers génocides.

De Jésus, Tchicaya U Tam'si retient surtout la révolte contre le pouvoir de l'occupant romain. «Je vois en Christ, déclare-t-il dans une interview accordée à Marc Rombaut, le plus illustre des colonisés, le révolté, le leader, serait-on tenté de dire, du Juif opprimé par Rome, des pauvres que les docteurs de la loi, les négrologues d'alors, endormaient dans une soumission aveugle à l'occupant tant que leurs privilèges étaient préservés.»

Si l'exemplarité du sacrifice fascine le poète, la dimension surnaturelle de Jésus — sa résurrection, son assomption — est totalement absente de l'œuvre. Parce que l'église chrétienne a toléré la traite, facilité la pénétration coloniale, parce qu'elle lui paraît complice de l'élimination de Lumumba, parce que enfin les missionnaires, en détruisant les «fétiches», ont perpétré un véritable génocide spirituel, le Christ, non plus le Christ-Messie d'un peuple, mais celui de l'Église instituée, est aussi l'objet d'attaques virulentes: «Suis-je seulement ton frère / On m'a déjà tué en ton nom / En baisant ta croix le sang rougit ma / Bouche.» Ou encore: «Christ je crache ta joie / Le Soleil est noir de nègres qui / Souffrent.»

À ce Christ-là, figure de la trahison, vient se joindre Sainte-Anne: c'est qu'à la tragédie politique de Kinshasa vient s'ajouter un drame personnel où est impliquée une certaine «Annie». Par ailleurs, à Brazzaville existe une basilique Sainte-Anne, construite par souscription dans les années quarante, et dont la masse imposante, écrasant les masures du quartier de Poto-Poto en bordure duquel elle est bâtie, tourne le dos à Kinshasa, comme indifférente au drame qui s'y joue.

Aussi, Sainte-Anne incarnera-t-elle la trahison cléricale du message évangélique: «Or face à Kinshasa / Sainte-Anne à son heure critique / Hausse l'échine / Elle n'a plus la chair fine du messie / Ni le sang clair du messie.» Mais elle représente aussi la trahison de l'amante: «Ma Marie-Madeleine à moi eut nom Annie / Moins sale que la tienne et donc moins / absolvable.»

Pour le poète, rentré en Europe après le drame, et qui n'est pas loin de se sentir coupable d'avoir survécu, contraint de vivre «à triche-cœur» son exil: «J'esquive / En trichant sur mon cœur je meurs de me / ressembler», la femme est tentatrice, coupable de le détourner du drame en l'invitant à de futiles fêtes galantes: «Elle: / Non! non! Parlez-moi des roses de septembre».

Mais la femme peut aussi être la martyre ou la combattante, telles «ces filles de la Souman», celles qui «jettent leur pudeur au combat».

Le Congo, Lumumba, ne sont qu'un moment du long martyrologe des Noirs et des opprimés en général. Outre les nombreuses allusions aux Juifs, nous trouverons dans *Le Ventre* une partie intitulée «Comme à Montségur» et, dans le même recueil, des vers comme: «Ah j'en écrirai le poème au couteau / Comme d'autres piaffent la peinture / Du désastre.» Ils évoquent irrésistiblement le cheval du *Guernica* de Picasso, et par-delà le tableau, le massacre.

Or, aux origines du malheur des Nègres, il y eut la mer, d'où viennent les négriers, la mer porteuse des caravelles portugaises, le premier grand mouvement d'expansion et de colonisation, dont les prêtres du Christ furent, déjà, les complices, soit que l'entreprise masquât ses vrais buts sous le prétexte de l'évangélisation, soit que le Pape y intervînt directement comme au traité de la Tordesillas, partageant les terres à découvrir entre l'Espagne et le Portugal: «L'encyclique du vent qui effeuille les roses / l'embonpoint de maints Papes / la terre qui fut ronde / le capital humain tête par tête.»

Peut-être la première image est-elle suggérée par la contemplation des vieux portulans où un Éole joufflu est souvent représenté soufflant sur la rose des vents...

De la traite, de la destruction du royaume Congo, de l'irruption des envahisseurs étrangers, «ces mânes un matin tout leur fut désastre», date la quête de l'identité, la recherche des origines, qui occupera une si large place dans *Le Ventre* et qui est représentée dans *Épitomé* par l'omniprésence du symbole de l'arbre: «Ô ma généalogie improbable! / De quel arbre descendre? Quelles fleurs / cet arbre fanait-il avant le glas?» Ou encore: «De faux suffixes / aux racines de mon arbre / me donnent une sale terminaison.» Or, dans cette quête, nous retrouvons la mer: «Cachez-vous aussi, Mer, l'arbre absent de ma vie.» On passe de la mer, milieu primordial, source de vie, à la Mère: «Or la mer ovulant à chaque promontoire / trop galbé.»

Ce coït cosmique aboutit à la danse du poète et de la mer qui est, elle aussi, danse nuptiale: «La mer s'en va je m'en vais / Ainsi nous dansâmes / Toute une nuit d'équinoxe / Selon un code.» De cette danse naît un ébranlement cosmique qui prélude au thème du voyage, que nous retrouverons dans le recueil suivant «Arc musical». Et selon ce code: «Immobiles cinq continents / vont à la dérive.»

Une théorie géologique moderne, la dérive des continents, ne vient-elle pas ici informer une image qui est l'écho très direct du «tohu-bohu des péninsules démarrées» du «Bateau ivre» rimbaldien?

Mais au bout du voyage, sur l'autre rive de la mer, c'est encore la souffrance nègre que retrouve le poète, avec le jeune Emmet Till lynché pour avoir sifflé d'admiration sur le passage d'une femme blanche: «Le désert pend par le menton / un Nègre aux cornes de la lune / près de Wall Street — un tel Emmet / Till.»

* * *

Tels sont les principaux thèmes, telles sont les principales images d'*Épitomé*, véritable autobiographie spirituelle du poète dans l'année qui suivit son retour de Kinshasa.

Les nécessités de l'exposé nous ont contraint de séparer ce qui est étroitement imbriqué, d'aligner, de tirer au cordeau ce qui est foisonnant inextricable. Aussi craignons-nous de n'avoir pu donner au lecteur qu'une faible idée de l'extraordinaire richesse de ce recueil; recueil qui, par delà les invectives nées de l'espoir déçu, reste hymne pieux à la mémoire d'un héros, et qui s'achève par ces vers: «De quel amour / À quel prix / Je meurs à chaque chant d'amour!»

Roger Chemain

Épopée (L') camerounaise mvet: Moneblum ou l'homme bleu, Yaoundé, Centre d'édition et de production pour l'enseignement et la recherche, 1978, 287p.

Épopée bulu par Samuel-Martin Eno Belinga.

Moneblum ou l'homme bleu est un long texte versifié d'une épopée (mvet)

bulu livrée à Eno Belinga par un artiste
(mbomomvet) renommé, Daniel Osomo
du Dja et Lobo.

Le sujet en est simple: estimant avoir
atteint l'âge de la maturité, un jeune
homme du pays (imaginaire) d'Engon
Zok, Mekui Mengomo Ondo, fait part à
son père Ondo Mba de son désir de se
marier. Le père en est offusqué, raison
pour laquelle il pousse Akoma Mba, le
souverain du peuple Ekan-Mebe'e dont
font partie les Engon Zok, à condamner
le fils déclaré coupable à l'exil sans
espoir de retour. Le lieu d'exil est désigné: Bengobo, le pays des hommes bleus
(d'où le titre). Il y fait la connaissance de
Nlem Okclc Abum, la ravissante et jeune
épouse d'Efen Ndon, le chef des hommes
bleus. Cette femme se fait enlever par le
jeune homme. Mais Efen Ndon livre
bataille à Mekui Mengomo pour l'en
empêcher. Sans succès: l'homme bleu
perd son epouse et son sceptre car Mekui
rentre épouser Nlem à Engon Zok tandis
qu'Efen Ndon devient le captif des Ekan
Mebe'e.

Ce récit est présenté dans une série de
50 chants de longueurs variables. La structure est linéaire, comme il est de règle
dans le récit traditionnel africain. L'ordre
chronologique événementiel est rigoureusement respecté. L'oralité ne permet pas
à l'imagination d'opérer des inversions
chronologiques dans la trame du récit.
Ainsi s'explique cette linéarité narrative.
Celle-ci est du modèle tripartite. Suivant
l'évolution du héros, les trois segments
narratifs ainsi agencés sont: naissance et
jeunesse du héros au pays natal; sortie
du héros et séjour à l'étranger; et retour
au pays natal. Nous avons ici une évolution typologique cyclique (on part du
pays pour revenir au pays), ce qui n'est
pas pour nous étonner dans la mesure où
cette épopée est, en fin de compte, un
récit initiatique dont l'action principale
se découpe en trois parties: amélioration
à obtenir (Mekui veut se marier); processus d'amélioration (travaux chez les
hommes bleus et guerre contre Efen
Ndon pour enlever Nlem); amélioration

obtenue (il épouse la femme convoitée et
enlevée).

Les personnages, plus nombreux que
dans un conte, sont de tous les âges, de
toutes les conditions sociales et des deux
sexes. Hommes et femmes, adultes et
enfants, monarques, nobles et prisonniers, mortels (les Ntumu ou hommes
bleus) et immortels (les Ekan Mebe'e)
passent et repassent sur la scène épique.
Les animaux ne sont pas de reste. La
tenue des palabres chez Akoma Mba, les
interminables festins sur la route de
l'exil, les rassemblements en prison chez
les Ntumu, les multiples batailles, sont
les mille et une occasions que le narrateur met à profit pour faire défiler dans
cette fresque des foules hétéroclites.

Le titre du mvet donne à penser que
l'Homme Bleu en est le héros. En réalité,
il s'agit d'un titre trompeur: la véritable
figure de proue de la fresque bulu est
plutôt Mekui Mengomo Ondo. Du premier chant au dernier, les conversations
tournent autour de lui; c'est par rapport
à lui que chacun des nombreux personnages se définit; on est pour ou contre
Mekui. Son image occupe tout l'espace
textuel.

L'évolution de ces héros offre deux
voies complémentaires d'interprétation.
Du point de vue sociologique, le jeune
homme est puni pour s'être conduit de
manière répréhensible devant son père
(celui-ci était peut-être bien intentionné)
tant il est vrai que l'éthique bulu recommande au fils d'aller de son propre gré
chercher une fiancée. Du point de vue
psychanalytique, les relations intimes
entre Mekui et sa mère, le fait qu'Ondo
Mba est le seul à dramatiser la situation
(plusieurs jurés ne lui demandent-ils pas
en vain de pardonner à son fils?) sont
des indices qui permettent de penser que
le père s'acharne plus sur un rival que sur
un fils. La source inavouée du conflit
entre le père et le fils serait la rivalité
auprès d'une même femme («jeune»,
précise-t-on): la mère du jeune homme.
Dans ce cas, Mekui est un Œdipe bulu: à
la tentative de mise à mort entreprise par

le «père dévorant» ou castrateur, le fils (soutenu par sa mère) riposte pour sauver sa peau. Mais il lutte plutôt contre le substitut du père, Efen Ndon, pour posséder le substitut de la mère, Nlem Okele (jeune et toujours prête à le secourir, comme sa mère). Le châtiment qu'Ondo Mba par le tribunal Ekan réserve à Mekui est semblable à celui qu'a reçu le héros mythique grec: Mekui est condamné à l'exil; le voyage de son pays natal au lieu d'exil est tellement long qu'on pourrait l'associer à un voyage sans fin. L'idée du long voyage imposé à titre de puniton rappelle l'errance perpétuelle dans la cécité à laquelle est condamné le héros grec. Le voyage œdipien est donc le motif commun entre les destins des deux héros.

On le devine, la guerre et l'amour sont les deux thèmes principaux. Bien des détails nous sont fournis sur l'armement, la logistique, les techniques de combat. Les passes magiques ponctuent les affrontements; toutes les actions d'éclat, en temps de paix comme en temps de guerre, sont entreprises à l'aide d'objets magiques (machines et sacs volants, coussin et plénipotentiaire, fusils dont la détonation fait perdre aux ennemis leur sexe...).

L'amour, lié au mariage, naît du premier regard. Par son intensité, l'amour entre Mekui et Nlem les pousse à ne plus se soucier du qu'en-dira-t-on. Efen Ndon, l'époux légitime, n'est plus que le gêneur: les amants s'unissent pour l'éliminer, avec la complicité de tous les Ekan Mebe'e. Éloge de l'infidélité conjugale et des enlèvements d'épouses?

Pour les Ekan Mebe'e, la conduite de Mekui perd son caractère illicite dès lors que tout se passe en dehors de leur territoire et, de surcroît, chez des peuples rivaux: ce qui est répréhensible chez soi est encouragé au-dehors. Ainsi l'impose l'égocentrisme des peuples!

Tel apparaît ce beau et riche récit épique qu'Eno Belinga a su traduire en français sans lui faire perdre sa saveur originale. Son informateur, Daniel Oso-mo, y manie la parole avec l'aisance du maître. Les nombreuses illustrations photographiques utilisées à bon escient par Belinga constituent des textes auxiliaires que les collectionneurs de textes traditionnels oublient trop souvent de nous donner. La présentation bilingue du livre (bulu-français) permet à ceux qui parlent la langue natale du mbomovmet de retrouver ce qui a pu être perdu dans le processus de traduction.

Isaac-Célestin Tcheho

Équilibriste (L'), Yaoundé, Éditions CLÉ, Coll. Pour Tous, 1972, 52p.
Roman de Victor Aladji.

Le titre de ce roman est révélateur du thème traité. Koumi Agbewone est «un rescapé miraculeux» d'un incendie qui a détruit toute sa famille. À cause de nombreuses contraintes, l'oncle paternel chez qui Koumi a été placé en tutelle ne peut garder l'enfant. Koumi devient alors un cambrioleur stylé. Son dernier exploit est un vol à la douane de Sanvée Kondji.

L'Équilibriste s'insère aisément parmi les ouvrages de désillusion parus en Afrique depuis les Indépendances. Au début de l'histoire, les réflexions du héros reprennent la désillusion d'un peuple pour qui l'indépendance devait être la panacée de tous les maux imposés par le colonialisme. Le roman est aussi la mise en relief d'autres préoccupations caractéristiques de la littérature africaine, telle que l'infériorité de l'Afrique par rapport à l'Occident. Un personnage blanc, au service de Koumi, essaie d'expliquer ce phénomène tandis que ce dernier se contente seulement de le constater. Assez curieusement, François Duval, un Marseillais, cherche à «revaloriser» le passé africain en faisant remonter l'infériorité technologique de l'Afrique à l'esprit par trop philosophique des ancêtres africains. Dans les romans africains en général, ce sont les personnages autochtones eux-mêmes qui assument cette tâche. Dans l'ensemble cependant, le comportement du héros ne nous convainc pas. Loin d'«équilibrer» la société qu'il juge corrompue et marquée par la domination de quelques riches, Koumi s'enrichit du butin de son dernier exploit. Il ne redistribue pas la richesse acquise au peuple dont il est censé être le défenseur. Un tel geste se serait accordé avec sa mission d'équilibriste; son comportement donne une saveur pessimiste à l'histoire. Où se trouve le salut si ceux qui se sont donné une mission salvatrice oublient aussi facilement leur idéal?

La réponse à cette question est fournie par un autre thème qui détonne quelque peu dans le texte. La remise en question de l'institution du mariage et de la procréation semble être la source de déséquilibre dans la société. D'après le père Kodjo qui souffre entre les mains de son épouse unique et autoritaire, le mariage n'est pas nécessaire, même pour la procréation. La vie conjugale asservit l'homme. Quant aux enfants qui servent de prétexte au mariage, il suffit de faire en sorte que ceux-ci n'appartiennent pas à des individus, mais à une institution publique. Cette démarche détruirait l'inégalité car dans la pratique traditionnelle, les mieux nantis sont bien nourris, bien habillés et fréquentent de bonnes écoles. Les autres vont pieds nus et traînent dans la misère. Koumi est de cette dernière catégorie.

Mais la solution d'Aladji est un peu simpliste car l'auteur prend l'exception pour la règle. En Afrique, la voix de l'homme reste prépondérante, ce qui n'est pas le cas entre le père Kodjo et sa femme. La monogamie qui est un apport extérieur donne lieu à la domination de l'homme par sa femme; Aladji ignore ce fait.

L'Équilibriste tourne le dos au phénomène polygamique et se cantonne dans la mode générale des ouvrages post-coloniaux. Son envergure idéologique est cependant trop ambitieuse pour être étalée sur une cinquantaine de pages.

Sabit Adegboyega Salami

Esanzo, chants pour mon pays, Paris, Présence Africaine, 1955, 45p. — Préface de Léopold Sédar Senghor.

Recueil de poèmes d'Antoine-Roger Bolamba.

Esanzo: «un instrument de musique qui se joue en pinçant des lamelles d'acier» (p. 66) — comme une guimbarde africaine, en somme? Après deux petites plaquettes publiées à Élizabethville, ce recueil a paru une première fois en 1955 dans *Présence Africaine*. La musique nègre est la métaphore de base de l'œuvre. Sous-titrés, *Chants pour mon pays*, ce sont 14 poèmes, relativement courts et accessibles, sur le bonheur africain en pays Mongo. Quatorze poèmes situés à la limite de la nuit et du soleil, du cauchemar et du réveil, de l'orage et du calme, du danger et du courage, souvent résolus en faveur de l'optimisme et de la joie, mais où perce néanmoins parfois une sourde colère. Des instruments de musique (lokolé, bonguemba ou benguemba, esanzo, tam-tam...), des chants et deux proverbes dialogués (l'un banal, l'autre misogyne) donnent les titres et la tonalité. Les mots, les images et les sons battent le rythme comme pour illustrer la poésie nègre selon Senghor, scandée plutôt que rimée, associant l'auditif et le visuel, d'une facilité populaire apparente et sans prétention: elle ignore l'érudition et le dictionnaire.

De structure libre, à refrain ou boucle, écrits dans un présent quasi total, ils expriment la tradition d'un mode d'être Mongo natal, intemporel et éternel, où le Je «devant la fenêtre de mon oreille» (p. 60) n'est que la perception d'une vie toujours couplée ou plurielle. L'ennemi qu'on devine, car ses poèmes simples ne sont pas clairs, s'appelle oubli, peur ou folie. De plus en plus secrets, plus ambigus, les chants semblent gagner en densité vers la fin du volume, sous-tendus de combats, de victoire future mais voilée, mêlant sexualité et rébellion, on ne sait trop, comme les deux clés du «Pays Noir domaine du mystère» (p. 36). On peut regretter que ce soit aussi en se chargeant paradoxalement d'abstractions concrétisées en métaphores trop proches de la poésie blanche (le cerveau de l'espace, p. 62, le corps de l'aventure, p. 58, le panier des résolutions, p. 66). Ils s'encombrent alors d'un vocabulaire occidental douteux — à moins qu'il ne serve à dénoncer subrepticement (gynécée, péché, enfer, oriflamme, obreption, équidée, chapelet...). Certains poèmes valent mieux que leur titre plat: «Les voix sonores» (que je préfère) est un superbe chant de fiançailles ou d'union; «Poignée de nouvelles», un cauchemar de monstres maléfiques; «Bamboula» (sait-on que c'est une danse mais surtout l'insulte belge pour Nègre?) est plus lourd de révolte latente contre les semeurs de bonnes paroles («La Rédemption a violé son serment», p. 62), mais aussi le plus gâché par l'abstrait («l'esprit se colle à l'étroite limite du réel, p. 62), si bien que le dernier poème sur l'attente prudente de l'engagement intitulé «Agir» en arrive à perdre toute pigmentation.

Heureuse idée que l'édition bilingue et parfois trilingue mongo/français/anglais: Jan Pallister, poétesse américaine, s'est efforcée de restituer en anglais (Sherbrooke, Naaman, 1977) l'équivalence et la cadence de l'original sans ajouter ni retrancher selon la règle d'or de la traduction. Comment transcrire, par exemple, les onomatopées? La présentation sur deux pages invite au jeu des corrections qui n'est pas un des moindres plaisirs de cette édition canadienne. Pallister n'échappe pas à des glissements sémantiques que le contexte révèle. Ainsi pour crocs je lis

fangs	*plutôt que:*	hooks	p. 53
sort	spell	fate	p. 55
glace	mirror	ice	p. 55
sens	meaning	sense	p. 61

Les altérations («l'air mouillé de papillons» n'est pas «damp air of butterflies», p. 63), les omissions («my chosen one» ne précise pas le sexe de «mon préféré», p. 49; «some coins» est faible pour «des pièces d'argent», p. 45), les additions

(slippery, p. 41, chomy, p. 47, arena, p. 35) sont relativement rares. Bref, sans cuisterie, il convient de saluer le courage d'une tentative qui participe du tour de force.

Par contre, puisqu'il s'agit d'une édition universitaire, on peut regretter que l'œuvre de Bolamba présentée avec respect soit cependant dépourvue de tout appareil critique et que les annotations si nécessaires soient si rares. Si les généralités de la préface de Senghor sont discutables, comme le suggère Pallister, il n'y en a pas d'autres et on aimerait que les éléments d'une discussion soient mis à la disposition du lecteur paresseux (relation bantou/dogon, renseignements géographiques, ethniques et artistiques sur les Mongo du Zaïre, animisme et anthropomorphisme, surréalisme et négritude, imageries et métaphores, Tempels et anti-Tempels, etc.). Sans parler de l'obsessionnel «parler nègre en français» qui, plutôt que de «faire chanter son peuple» (dixit Senghor, p. 8 et 12), coupe le poète, il faut bien le dire, irrémédiablement de lui.

Pour situer Bolamba il faut imaginer, en oubliant les préséances de la chronologie, du Senghor très simplifié, du Damas décoloré, du Diop dilué et quelques échos de Fodéba qu'il précède. Comment ne pas aimer pourtant, avec sa douceur, sa vitalité, sa simplicité, Bolamba tel qu'il se présentait, flanqué de ses animaux-totems et de leur qualité indispensable sous le colonialisme catholique de l'époque: la patience de l'okapi, l'entêtement du scorpion, le courage du pachyderme. Il s'est éloigné ensuite dans le silence.

Depuis, le très bel article de l'attentif Albert Gérard sous-titré «La révolution subreptice», dans ses *Études de littérature africaine francophone* (Dakar/Abidjan, NEA, 1966), prend figure de réhabilitation. Il montre comment Bolamba a su «exprimer une conviction profonde et la dissimuler, aux yeux des non-initiés, sous les dehors de quelque exotique nègrerie».

Senghor, qui a lancé Bolamba, a pris la peine de souligner que ce paysan nègre n'est pas un universitaire et il conclut un peu rondement «Il faut féliciter le poète d'être resté Nègre et Bantou. Bien mieux de n'avoir pas d'idées» (p. 10). Or, rien n'est moins rassurant. Avec Bolamba, on n'est jamais sûr de ce qui se passe dans la nuit.

Jean Decock

Esclave (L'), Paris, Éditions de «La Dépêche africaine», 1929, 304p.
Roman de Félix Couchoro.

L'Esclave est encore aujourd'hui l'un des romans les plus importants sortis du Togo. Publié d'abord comme ouvrage d'un Dahoméen, il paraît en feuilleton dans *Togo-Presse* du 27 avril au 30 septembre 1962, vingt-deux ans après que Couchoro eut adopté la nationalité togolaise. Sa première importance réside dans cette double publication. Le fait d'avoir paru quand l'écrivain était dahoméen, et d'avoir été réédité sans modification après la naturalisation de Couchoro, souligne bien les étroites relations culturelles des deux régions, le bas-Togo et le Dahomey côtier. C'est pourquoi il serait difficile de cantonner ce roman dans l'un ou l'autre des deux pays.

L'Esclave paraît à un moment où la création littéraire en Afrique noire est encore embryonnaire, mais par rapport aux ouvrages de la même époque, à savoir, *Force bonté* (1926) de Bakary Diallo et *Doguicimi* (1938) de Paul Hazoumé, le roman de Couchoro est très peu connu. Les critiques n'en parlent presque pas. Ce silence s'explique mal car la qualité littéraire et le souci de documentation quasi ethnologique dont l'auteur fait preuve sont aussi valables que ceux des deux romans cités.

Le thème de *L'Esclave* est des plus simples. Il s'agit de la jalousie entre deux «frères» au sens africain du terme. Mawulawoé a été acheté dans un marché d'esclaves. Komlangan l'élève comme son propre fils. Cependant, à sa mort, Komlangan octroie à Mawulawoé déjà adulte une partie de ses biens, laissant l'autre partie, la plus grande, à son fils. Mécontent de ce geste, Mawulawoé devient jaloux, et s'en prend à son «frère». De cette jalousie naît le désir de vengeance et le point de départ sera l'adultère de Mawulawoé avec Akoêba, la dernière des épouses de Komlangan. Ces relations sont nouées en cachette et tous ceux qui le savent sont systématiquement éliminés. La femme de l'esclave est assassinée. Son amie à qui elle a confié le secret subit le même sort. Komlangan meurt empoisonné. Le couple malfaiteur Mawulawoé/Akoêba sème le désordre dans une maison jusque-là paisible.

Au-delà de la simplicité de son thème et de sa saveur «régionaliste», *L'Esclave* garde un cachet d'universalité. Mawulawoé, le héros du roman, témoigne d'un bovarysme propre à la nature humaine. Esclave d'abord et ensuite émancipé, Mawulawoé est un homme qui se voit autre qu'il n'est. De la recherche d'égalité avec le fils de son maître naît une situation qui détonne dans un milieu où la hiérarchisation est fortement accentuée. Une société, soucieuse de la sauvegarde de l'équilibre consacrée par la tradition, tolère mal une ambition individualiste outrée surtout si l'individu appartient à la base de la pyramide sociale. Chaque membre doit rester à sa place. Le drame de Mawulawoé réside dans son ambition. Il ne sera pourtant pas seul à périr, puisqu'il précipite la famille et la société dans l'instabilité. Mais comme tous les fauteurs de troubles, il connaît une fin honteuse: il se suicide.

À l'instar du conte traditionnel, *L'Esclave* se termine, malgré des péripéties tragiques, dans l'allégresse. Dans le conte traditionnel africain, c'est ce souci de ne pas laisser un goût amer à l'auditoire qui commande sa fin généralement comique. Mais *L'Esclave* révèle un autre aspect important. La transformation totale du milieu animiste du début de l'ouvrage en un milieu marqué des empreintes du christianisme à la fin traduit une obsession particulière de la génération des écrivains à laquelle appartient Couchoro. C'est Gabriel, le fils de Komlangan, formé en Occident, qui tentera d'assainir l'atmosphère du foyer paternel. Il y parvient effectivement et son succès se traduit par la construction d'une maison peinte en blanc, couleur assez significative dans l'œuvre de Couchoro, car elle est souvent rattachée au triomphe. De plus, les noms traditionnels que portent les personnages au début sont remplacés par des noms chrétiens. Enfin, le tam-tam auquel Couchoro a consacré tout un chapitre dans la première partie du roman cède la place aux instruments de musique occidentaux et à la valse (p. 293). La voiture, un indice éloquent de la modernité, fait son entrée dans la vie du peuple transformé. C'est dire que Couchoro, comme les autres écrivains de sa génération, s'est laissé séduire par les valeurs occidentales.

Le style de Couchoro reflète le souci qu'il a d'écrire de manière colorée. Quant à la structure, les deux parties du roman comportent chacune sept chapitres; mais un examen attentif prouve qu'une telle facture est presque gratuite. Bien qu'il y ait une certaine recherche de la symétrie, les divisions ne tiennent pas au niveau même des correspondances antithétiques que semble rechercher l'auteur. Soulignons cependant que *L'Esclave* se rapproche de l'oralité de par sa linéarité et du niveau unique de l'action. Mais comment expliquer que Couchoro étende sur plus de trois cents pages une histoire aussi simple? La longueur du récit est expliquée par les interventions moralisatrices, explicatives, ontologiques de l'auteur. Nombre de ces interventions n'ont aucun rapport avec l'intrigue. Mais elles rappellent la narrativité orale et les relations entre le conte et le public. Couchoro, qui a perdu l'ambiance dans laquelle crée son homologue traditionnel, a su adapter à l'écriture la complicité créatrice qui caractérise la narration ora-

le. Il s'agit en quelque sorte de «l'oralité écrite».

C'est dans le mariage heureux entre l'oralité et l'écriture que se trouve le charme de *L'Esclave*. De plus, l'option de Couchoro pour la civilisation occidentale, du moins dans l'idéologie que sous-tend la fin du roman, ne doit pas cacher un autre aspect de cet écrivain. Qu'il ait pu fermer les yeux sur les méfaits du colonialisme est la preuve que la littérature africaine peut transcender les préoccupations du moment. L'engagement politique n'est, après tout, que transitoire, surtout par rapport à un sujet aussi fondamental à la nature humaine que la jalousie. C'est à nos yeux ce qui va donner à *L'Esclave* de Couchoro sa pérennité.

Sabit Adegboyega Salami

Éthiopiques, Paris, Éditions du Seuil, 1956, 127p.
Recueil de poèmes de Léopold Sédar Senghor.

Le titre de ce recueil est inspiré des *Olympiques, Pythiques et Isthmiques de Pindare*. Du grec aithiops: noir, les *Éthiopiques* se veulent un chant en l'honneur de la négritude. Elles sont la plus africaine des créations de Senghor, la plus engagée aussi. Née dans des circonstances particulières (lors des tournées électorales du poète-député à travers le Sénégal), aucune œuvre senghorienne n'est aussi riche de résonances politiques, ne s'était faite jusqu'alors aussi volontiers narrative. Enfin «Ambassadeur du peuple noir», «détenteur de la récade bicéphale» (force et sagesse), le poète y apparaît pourtant souvent partagé entre la France et l'Afrique, entre l'Art et la Politique, entre l'Amour personnel et la Passion de son Peuple. Ces conflits, ces déchirements donnent naissance à une œuvre complexe, riche, contradictoire, à la fois plus personnelle et plus impersonnelle que les autres, toujours optimiste et souvent hermétique. Seule une connaissance profonde des deux cultures de l'auteur (la française mais surtout l'africaine) permet de vraiment la déchiffrer, de comprendre le rôle messianique du poète se profilant à travers toute l'œuvre; il est là pour résoudre les antinomies, pour annoncer «la cité de demain qui doit renaître des cendres de l'ancienne», riche de son syncrétisme culturel europoafricain. Le ton, souvent épique, sait se faire à l'occasion plus intime, plus direct que dans les autres recueils et l'amour y tient maintenant une place capitale.

Éthiopiques regroupe des poèmes publiés dans diverses revues, notamment dans *Présence Africaine*. «L'Absente», «Chaka», «À New York» en sont la clef de voûte et regroupent les thèmes essentiels de l'œuvre. «L'Absente», inspiré par les élections législatives de 1961, symbolise, à la fois, la victoire politique incertaine, la poésie, la femme aimée, la négritude; «Chaka», poème dramatique à plusieurs voix (inspiré du héros sudafricain du même nom), se veut une personnification du libérateur et présente la prise de conscience de l'Homme Noir et la culpabilité de l'Homme Blanc, la lutte entre la Poésie et la Politique, entre l'Amour et les Devoirs du chef. «À New York», rédemption de l'Humanité Blanche, grâce au sang de Harlem, résout toutes les contradictions dues au choc de cultures et de sensibilités différentes, dans une civilisation de l'*Universel*. Ces trois œuvres sont précédées de cinq poèmes consacrés à la défense et à l'illustration de la civilisation africaine et sont suivies de «Épîtres à la Princesse» et «D'autres chants», dédiés tour à tour à la Femme Blanche et à la Femme Noire, aux douleurs et à la joie de l'enfantement poétique, aux difficultés de la politique et à l'espérance de la victoire. Dans les «Épîtres», Senghor, tel Chaka, est écartelé entre l'Amour d'une femme, Belborg, et l'Amour de son Peuple. Dans «D'autres chants», il souffre et célèbre Sopé, la Femme Noire et l'Amour Noir (l'Afrique) difficile, douloureux, souvent impossible; une note d'espoir apparaît cependant: «Laetare Jerusalem», «Mais

c'est midi». Le recueil se termine sur une «Postface», essentielle à la compréhension de la poésie négro-africaine, celle de Senghor tout particulièrement.

Les thèmes se combinent, se juxtaposent, s'entrecroisent, exprimés par des images, «réceptacles d'échos multiples», à travers tout l'ouvrage. Celui-ci se veut avant tout un *accès à la civilisation africaine* («Éthiopienne» comme l'appelle Senghor, à la suite de Frobenius), un miroir de son univers esthétique et mental. Aussi, fidèle à la prosodie de sa race, réhabilite-t-il le poème chanté, indiquant désormais, en tête de *toutes* ces pièces, les instruments africains qui doivent les accompagner. Quittant le Royaume d'Enfance du Sine, si présent dans *Chants d'ombre* et qui désormais n'apparaîtra plus, qu'ici et là, en filigrane, Senghor part à la Quête de l'Afrique tout entière, de sa diaspora, de ses traditions, de ses us, de ses coutumes. Riches en connotations ethnographiques et historiques, la plupart de ces poèmes ne peuvent être compris que des Africanistes; aussi le professeur sénégalais, Papa Gueye N'Diaye, s'est-il vu obligé d'en donner une édition critique commentée et l'historien, Djibril Tamsir Niane, d'en faire une exégèse que tout lecteur peu familiarisé avec le passé de l'Afrique traditionnelle aura intérêt à consulter. Non seulement Senghor chante la beauté de tout le pays noir («Congo»), fait l'éloge de ses langues vernaculaires, de son oralité, rend hommage à sa danse, à ses rythmes, définit une essence nègre (assez proche dans ses grandes lignes de celle décrite par Gobineau), mais il ressuscite aussi une Afrique d'épopée, très différente de l'humble Afrique de *Chants d'ombre* (celle de Joal, de Djilor où il vivait enfant). Il plonge («L'Homme et la Bête» — «Messages» — «Teddungal» — «Le Kaya» — «Magan») dans le riche fonds de l'Histoire, des Traditions, des Mythes du continent africain. Le critique antillais, René Ménil, y vit une victime de «l'exotisme contre-exotique». Mais l'exaltation des vertus des cultures peule, mandingue, nord-soudanienne, se voulait avant tout, chez Senghor, un encouragement pour les Africains engagés dans la lutte des Indépendances. Riches d'allusions aux fêtes organisées en l'honneur du poète, lors de sa campagne politique, ces œuvres visaient à les ressourcer. Bien qu'écrites en français, elles conservent presque toujours les images, les tournures de style «des Farba, des Guewols, des Djali» et même, tel le Keya-Magan, la structure formelle et rythmique des rhapsodies consacrées aux Gestes des rois de l'Afrique ancienne. En fournissant des modèles aux Africains d'aujourd'hui, Senghor voulait hâter leur prise de conscience populaire. Cissé, premier roi noir du Ouagadou, Chaka, le Zoulou sanguinaire, conducteur de peuple, deviennent sous la plume du poète des héros de la négritude, à l'image du Rebelle de Césaire, dans *Et les chiens se taisaient* (1945). Senghor n'hésite pas à transformer la vérité historique (ce qui lui sera reproché) et fait du roi bantou un champion de l'anticolonialisme, un défenseur des Noirs contre les envahisseurs blancs (il n'eut, en réalité, jamais le moindre contact avec eux). Mais c'est qu'*Éthiopiques* se veut aussi une dénonciation violente — sur le mode impersonnel — de la *décolonisation,* qui n'est pas sans rappeler, à nouveau, Césaire (*Cahier d'un retour au pays natal*, 1947, *Et les chiens se taisaient*) et annonce Bernard Dadié, *Béatrice du Congo* (1970). Ce thème apparaissait à peine, dans les recueils précédents de Senghor, mais entre-temps, l'agrégé de grammaire est devenu un politicien qui se consacre à la libération de l'Afrique. Chaka, héros-symbole, partagé entre la politique et la poésie, sacrifiant l'amour personnel à la passion de son peuple, est plus proche de Senghor, le poète-politicien (qui n'a pas eu, lui, à sacrifier son amour!), que du Chaka historique. Aussi, n'est-ce pas par hasard, si «Les épîtres à la Princesse» font suite à cet oratorio. Elles traitent du même thème, du même conflit mais sur un mode plus personnel, avec plus de nuances et d'ambiguïtés. La princesse de Belborg, seule femme blanche importante dans l'œuvre de Senghor, appartient à la race de l'envahisseur; «l'Ambassadeur du Peuple Noir», tout en dénonçant la conquête, ne peut s'empêcher de chanter la langue de «*sa* dame» (la langue du conquérant), en des termes inoubliables, de célébrer l'Afrique et d'avouer en même temps que «le deuil du Septentrion sera [son] deuil», qu'il a «offert ses yeux à la nuit pour que vive Paris». Une seule issue pour réduire ces antinomies, le *métissage culturel.* De même, qu'après «Chaka», Senghor rêvait d'enrichir New York du sang de Harlem, «À New York; il rêve avec les «Épîtres» d'enrichir le monde occidental des valeurs négro-africaines, de sauver l'humanité dans sa totalité, grâce à la race noire rédemptrice. «Et mon pays de sel [L'Afrique et ton pays de neige, la France] chantent à l'unisson». Ce thème qui deviendra une constante de la pensée senghorienne est explicite, ici, pour la première fois. Cette négritude dépassement, épanouissement dans une *civilisation de l'Universel* (prophétisée par Teilhard de Chardin, que Senghor admire profondément) et qui serait la somme de tous les particuliers, rejoint celle de Césaire des *Armes miraculeuses* (1945). Chantre, tour à tour, de la Femme Blanche et de la Femme Noire (jamais l'*Amour* n'a occupé une place aussi importante dans l'œuvre de Senghor, il se montre ici le parfait fils d'un régime matriarcal), chantre de l'Afrique et de l'Europe, le poète-politicien d'*Éthiopiques* met son art au service de son idéologie (certains critiques diront: «de ses contradictions personnelles»). Ses *méditations sur la poésie*, sur le processus créateur, sur la mission du poète deviennent un des thèmes récurrents de son œuvre. «La poésie ne doit pas périr car alors, où serait l'espoir du monde?» s'écrie-t-il.

L'africanité de cette œuvre est indéniable. Elle se manifeste, non seulement sur le plan thématique, mais aussi sur le plan métaphysique (animisme, vision globale du monde) et, avant tout, sur le plan esthétique (comme il le dit lui-même et comme quelques-uns de ses critiques l'ont prouvé). Si Senghor a sans doute lu Claudel et Saint-John Perse, les similitudes avec certaines de leurs œuvres participent davantage de la vérité des images-archétypes déposées au fond de l'inconscient collectif de l'Humanité que de l'imitation. Il a, par contre, sciemment imité les poètes noirs (qu'il traduisit en français, avant d'écrire lui-même). Sa syntaxe d'émotion, de juxtaposition, ses images, son lexique, se rapprochent de ceux du groupe sénégalo-guinéen. Ainsi «Congo» est la pure traduction, en français, d'images et de métaphores africaines; «Teddungal», transcrit en sérère, littéralement, deviendra tout de suite populaire: le peuple y reconnaissant ses rythmes traditionnels.

Cet incontestable «Maître-de-sciences-et-de-langue» (comme il définit lui-même le poète) sait aussi, à l'occasion, marier la rhétorique occidentale, et plus particulièrement hégélienne, à la rhapsodie du griot, les néologismes hardis, les archaïsmes, les latinismes aux mots ouolof ou malinké, les onomatopées africaines à la langue impeccable du grammairien et la poétique française, ses alexandrins bien frappés, son rythme binaire, à l'obsédant tam-tam africain. «Assimiler sans être assimilé», toute l'esthétique d'*Éthiopiques* tient dans cette formule du poète. Aussi, Georges Balandier pouvait-il écrire: «cette œuvre est à l'image de l'homme Senghor, situé avec toute sa sensibilité entre l'Afrique et l'Europe». *Éthiopiques* est aussi la parfaite illustration du programme que s'était fixé, lors de sa parution, en 1947, *Présence Africaine:* «affirmer les valeurs des cultures nègres, dégager l'apport des Noirs à la culture universelle, instaurer un dialogue fécond entre les cultures des peuples noirs et celle des autres peuples du monde».

Qui l'a lu? Qui le lit? Au début, quelques «happy few», des intellectuels, des Français d'Afrique et de la Métropole, mais de plus en plus des Noirs (et ses épigones, à son grand regret, sont nombreux) que les tournées de conférences à travers la brousse tendent à initier à leur propre culture et à celle de tout le continent africain. Avec *Éthiopiques*, Senghor a ouvert la voie à une authentique poésie nègre; le Malien Siriman Cissoko comme le Nigérien Christopher Okigbo ou le Congolais Tchicaya U Tam'si s'en souviendront.

Jacqueline Leiner

Étrange (L') Destin de Wangrin ou les roueries d'un interprète africain, Paris, Union Générale d'Éditions, Coll. 10/18, 1973, 445p.
Roman d'Amadou Hampaté Bâ.

Hampaté Bâ a écrit une phrase partout citée: «En Afrique, tout vieillard qui meurt est une bibliothèque qui se consume.» Spécialiste éminent de l'histoire et de la littérature orale de son peuple peul, le vieux sage malien conjugue, par ce livre, l'oralité et l'écriture. On ne peut en effet parler de «roman»: ces «roueries» ont été bien réelles. Hampaté Bâ en a recueilli le récit à plusieurs sources, *toutes orales*; préfigurant, en 1927, la «littérature au magnétophone», il a durant trois mois noté les souvenirs de Wangrin puis, après la mort de ce dernier, les témoignages de gens qui le connurent. Le livre est donc la mise en forme écrite d'une *parole* multiple; d'où un récit vivace, souple, qui abonde en parenthèses, en dérapages, en latences — une parole libre couchée sur le papier...

L'effervescence du texte ne masque pas son importance documentaire. L'aventure de Wangrin se déroule dans l'univers colonial de la Haute-Volta, avec quelques échappées vers Dakar, Bamako et la Gold Coast (actuel Ghana). Les repères chronologiques sont fort rares, mais permettent d'inférer que Wangrin a vécu dans les quarante premières années de ce siècle.

Voici donc naître un homme d'exception, dans une société bouleversée par l'intrusion européenne. Échappant à la dichotomie Noirs-Blancs (telle que la présentent, entre autres, les romans d'Oyono), Wangrin apparaît comme le fleuron d'une nouvelle classe, celle des «Blancs-Noirs». De culture africaine – bambara, plus précisément –, né sous le signe des rites, des chants et des mythes ancestraux, Wangrin reçoit une éducation française et devient un interprète recherché. Il ne perçoit aucune antinomie entre ce qui vient de «sa» terre et ce qui est venu de «l'autre rive du grand lac salé» (p. 41). Son don majeur est la pratique du syncrétisme: tout lui est bon – religions, langues, comportements – pour amorcer une ascension sociale fulgurante. Il évolue, tout à son aise, à la fois dans le milieu des administrateurs «Blancs-Blancs» (qu'il séduit par son intelligence et sa diplomatie) et dans le milieu indigène (auquel, de par ses fonctions, il est indispensable). On ne saurait résumer ses dizaines de «roueries»; mais il réussit toujours à berner les uns et les autres, à force d'astuce, de ténacité, de ruse, conquérant un pouvoir que le lecteur juge vite mérité...

L'évocation itinérante de la société coloniale ouest-africaine est frappante, car elle refuse tout manichéisme racial. Certains coloniaux sont généreux, d'autres brutaux, d'autres un import de France leur stupidité; les Africains peuvent être fins, bons, pitoyables ou sadiques. Hampaté Bâ a déclaré lors d'une interview: «La beauté d'un tapis vient de la variété de ses couleurs. Ainsi en va-t-il de l'humanité.»

Il ne faut pas croire pour autant que ces souvenirs agités constituent un éloge dissimulé du système colonial. Loin de là: en toute lucidité, Wangrin engage une sorte de guérilla contre l'exploitation de ses pairs. Fonctionnaire de l'administration française, il reste révocable à tout moment, et sait qu'il n'aura de vrai pouvoir qu'économique. Il commence à concurrencer les colons sur leur propre terrain, crée un hôtel-restaurant-dancing, le plus grand garage du pays, il achète et revend les récoltes... Jusqu'au jour où, trahi et ruiné par ses associés européens, il bascule dans l'alcoolisme, devient un sympathique clochard qu'on retrouve un jour noyé dans un fossé.

Cette interrogation politique – puisque l'on assiste à la naissance d'un capitalisme indigène – se double d'une peinture incessante des pratiques religieuses de la société traditionnelle. Wangrin, quoique musulman, manifeste une fidélité inconditionnelle à l'animisme. Devins, géomanciens, interprétateurs de songes et d'empreintes d'animaux jouent un rôle primordial dans son existence. Il prévoit son déclin après avoir écrasé, au volant de sa torpédo, le python sacré de son village natal; il sombre dans le désespoir à la perte de son «borofin», petit sac fétiche qui, depuis sa naissance, a symbolisé son alliance avec Gongoloma-Sooké, dieu des contraires. Il a la certitude de sa mort prochaine après avoir vu chanter la tourterelle dont le devin lui a dit qu'elle lui serait fatale... Évitant toute préoccupation ethnographique, le récit donne à ces croyances leur pleine charge existentielle. Wangrin les a faites siennes, c'est tout.

Son intégration à la culture ancestrale est aussi mise en évidence par la forme même du récit, tapissé de chants sacrés, de louanges des griots, de vieux récits épiques, de contes, de proverbes, de fables directement issus de l'oralité bambara. Les mots et les expressions de langue(s) africaine(s) abondent (pour le lecteur non initié, ils/elles sont traduit(e)s en notes). D'ailleurs, Wangrin déchu se fait «philosophe-conteur» (p. 415) public, tirant pour le profit des badauds les leçons de sa vie: «moi qui fus tout et vivais en riant, je devins rien, sans cesser de rire» (p. 420). La parole, énergie de l'existence, s'est faite sève du récit.

Œuvre inclassable, *L'Étrange Destin de Wangrin* a de multiples dimensions. Le récit renoue avec la tradition épique encore vigoureuse dans les sociétés peule et bambara: la stature du héros, la succession de combats que fut sa vie, sa rencontre avec la mort l'apparentent à une figure de légende. Tout en faisant de lui un héros de la littérature populaire mondiale (dans certains passages, Hampaté Bâ n'est pas loin d'Alexandre Dumas, un des auteurs favoris de Wangrin...). Enfin, méditation sur la vie, la mort, le destin, ce récit énergique est un confluent inscrit dans la droite ligne des grands textes initiatiques auxquels Hampaté Bâ a consacré sa vie.

Jean-Pierre Gourdeau

Europe (L') inculpée, Paris, ORTF/DAEC, Répertoire Théâtral Africain, 7, 1970, 123p.
Drame en quatre actes d'Antoine Letembet-Ambily.

Le sujet de *L'Europe inculpée* est inspiré de l'histoire de Noé et de la malédiction dont il avait frappé son fils Cham et sa descendance, c'est-à-dire la race noire. On se souvient que les deux autres fils de Noé, Sem, l'ancêtre des Asiatiques, et Japhet, père des Européens, avaient en revanche reçu la bénédiction de leur père. Dans ce drame, l'Europe, fille de Japhet, a été accusée par l'Afrique, fille de Cham, et doit comparaître devant le juge Humanité. Pour empêcher le procès, Japhet supplie son père d'intervenir auprès du juge à qui il a jadis sauvé la vie, mais ce dernier reste inébranlable. Le procès aura donc lieu, l'Asie faisant office de ministère public et l'Océanie s'érigeant en défenseur de l'Europe. Malgré les preuves accablantes qui établissent sans l'ombre d'un doute la culpabilité de l'Europe, elle sera acquittée grâce à la clémence et à la générosité de l'Afrique. La pièce se termine dans la joie et la réconciliation des peuples: «la paix des continents est retrouvée».

Letembet-Ambily, en choisissant la malédiction biblique comme prétexte à son drame, place ce dernier dans un contexte symbolique judéo-chrétien et lui donne en même temps une portée philosophique. C'est en effet toute la civilisation occidentale, ou l'Euro-Amérique comme dirait Senghor, qui est mise en question et cela au nom de ses propres principes. L'Occident est coupable de contradictions philosophiques et éthiques puisqu'il prêche la démocratie et la charité chrétienne tout en pratiquant le fascisme, le colonialisme et le racisme. L'auteur semble ainsi mettre en doute non seulement le sens moral de l'Occident mais le pivot même de sa pensée, c'est-à-dire le rationalisme dont il est si fier.

Le début de la pièce frappe par la solitude morale de Cham, isolé dans son indignation et son désir de justice. Il fait l'effet d'un trouble-fête dans la bonne conscience universelle. Même le frère asiatique, Sem, se fera quelque peu tirer l'oreille avant de s'unir pleinement à la revendication de son frère noir. Il prétexte en effet la sacralité des liens filiaux, mais Cham refuse la paternité de Noé. Il déclare: «Je tiens ma vie de Dieu et de ma mère», proclamant ainsi une fois pour toutes son humanité à part entière qui est l'héritage de son père, géniteur universel, et son africanité qui lui vient de sa mère. Ce rôle donné à la femme, symbole de la terre africaine dans toute sa fécondité et toute sa générosité, est un des piliers de la symbolique africaine. L'auteur élargit la métaphore puisque dans sa pièce l'Afrique est à la fois mère et fille, force vitale transmise par la parole de l'égérie Meo, et du chœur qui intervient deux fois dans le drame pour réconforter Cham et pour annoncer l'avenir glorieux de l'Afrique.

Letembet-Ambily se veut le poète de la réconciliation mais il faut noter que les arguments présentés par la défense ne sont pas très convaincants. De plus, l'indulgence montrée envers l'Europe est quelquefois fondée sur des raisons très discutables, comme, par exemple, la tolérance religieuse de l'Europe. Enfin, la pléthore de bons sentiments exprimés au dernier acte fait sombrer le drame dans un sentimentalisme naïf quelque peu agaçant. Ceci dit, en littérature il est plus facile d'être révolutionnaire que modéré et l'auteur a le courage d'exprimer une opinion à contre-courant.

Finalement, le langage de la pièce malgré quelques fautes de goût au niveau du vocabulaire révèle un talent oratoire et poétique remarquable.

Sonia Lee

Exil (L') d'Albouri suivi de **La Décision**, Honfleur, P.J. Oswald, Coll. Théâtre africain, 1, 1967, 134p. – Préface de Bakary Traoré.

Pièces de théâtre de Cheik Aliou N'Dao.

L'Exil d'Albouri évoque en neuf tableaux un épisode de l'histoire des Ouolofs vers la fin du 19e siècle. Le royaume de Djoloff (au nord-est du Sénégal) est menacé par une invasion d'«hommes couleur de terre cuite» venus de la mer, et dans lesquels l'on aura deviné les mercenaires coloniaux utilisés par la France dans sa conquête de l'Afrique. Grâce à l'armement supérieur dont ils disposent, «des machines qui crachent le feu et font crouler les tatas», ils ont déjà imposé leur loi aux royaumes voisins. Le roi Albouri, qui juge la partie inégale mais refuse la soumission déguisée en «compromis négocié», choisit l'exode vers l'est avec son peuple afin de rejoindre les forces d'Ahmadou, successeur d'El Hadj Omar, à Ségou et de constituer avec elles un front plus puissant contre les envahisseurs. Cependant le frère du roi, le prince Laobé Penda, et les hauts dignitaires, les Diaraffs, sous prétexte que l'exil aurait l'air d'une fuite, en réalité pour sauver à tout prix leur situation privilégiée de notables, choisissent de «négocier» plutôt avec le «gouverneur», chef des envahisseurs.

Appartiennent à l'histoire dans la pièce, comme nous en avertit le Prologue, le départ d'Albouri pour Ségou et l'intronisation de Laobé Penda à sa place. Le reste est invention de l'auteur

qui s'est proposé un but précis, celui «d'aider à la création de mythes qui galvanisent le peuple et portent en avant. Dussé-je y parvenir en rendant l'Histoire plus historique». Ce degré supplémentaire d'historicité consiste sans doute dans l'osmose que Cheik N'Dao réussit à réaliser entre l'histoire passée – déjà faite – et l'histoire immédiate – en train de se faire –, dans la mesure où il a donné à la première une exemplarité qui ne se saisit que sous l'éclairage de la dernière.

Le passé nous offre le spectacle d'une double crise qu'affronte le Djoloff, l'une interne, l'autre externe, mais qui sont en étroite corrélation. C'est en effet l'agression étrangère qui fournit au prince Penda l'occasion d'assouvir son ambition de monter sur le trône qu'occupait son frère. Et, dans ce conflit dynastique, Penda reçoit l'aide des envahisseurs qu'initialement il devait mieux combattre après s'être rebellé contre l'autorité d'Albouri. «Nationalistes» mués en «collaborateurs» avec l'occupant, une Résistance qui leur tient tête; jadis, naguère et aujourd'hui on trouve dans l'Histoire des situations analogues. Il suffisait d'appuyer, voire de forcer un peu, sur les analogies pour actualiser le passé et transformer un drame historique aux significations «démonétisées» en pièce politique aux significations ayant encore cours. Les classes dirigeantes, féodales ou bourgeoises, autrefois comme aujourd'hui, ne cherchent qu'à défendre leurs intérêts de classe. Les mobiles véritables des Diaraffs qui, groupés derrière Penda, ont de nobles discours à la bouche – nécessité de sauver avant tout le trône en ne fournissant pas à l'étranger une excuse pour y installer un usurpateur, donc rester prêts à négocier «pour le bien du pays» – se trahissent dans l'aveu qui échappe au Diaraff de Thinghe au cours d'un conseil secret chez Penda: «Vais-je risquer mes domaines, mes greniers pleins, mes vallées qui retentissent du beuglement de mes troupeaux pour voler au secours d'un marabout [Ahmadou]?» (4e tableau). L'ombre de Mao Tsé-Toung se profile derrière Albouri. L'exil où le roi entraîne son peuple — à qui il ne promet, dans la harangue du 9ᵉ tableau, ni or ni rien de sûr à Ségou mais (en accents pré-churchilliens) «la faim, la poussière, les fauves et la guerre» — ressemble à une Longue Marche. La stratégie qu'Albouri adopte contre l'envahisseur est celle de la guerre populaire: se replier devant l'ennemi lorsqu'il avance en force mais en le harcelant pour ne lui laisser aucun répit, d'où le raid-surprise (8ᵉ tableau) de l'arrière-garde qui bouscule les troupes de Penda renforcées de «spahis». Jusqu'aux commandements d'Albouri à ses guerriers où l'on discerne un écho du code moral qui, du temps de Mao, réglementait les rapports de l'Armée Rouge avec la population civile.

Dans son Prologue, Cheik N'Dao déclare avoir fondé ce qu'il a inventé sur ce qu'il sait de la vie de cour et des institutions féodales. On peut à la rigueur admettre le paternalisme qu'il attribue aux princes de Djoloff vis-à-vis de leurs sujets: il y eut bien Saint-Louis. Le Diaraff des esclaves (3ᵉ tableau) nous apprend que ses ancêtres étaient des esclaves que les rois de Djoloff, pour récompenser leurs mérites, ont affranchis et anoblis. Il y a dans ce précédent une promesse de radicalisme démocratique qu'Albouri va tenir en mettant les intérêts du peuple, sans qui le royaume «ne serait rien», au-dessus de ceux de sa Maison, et en rêvant de faire du Djoloff «l'incarnation de la liberté». Cet amour qu'il a pour son peuple, celui-ci le lui rend et, par le truchement du Diaraff des esclaves, le seul de tous les dignitaires à se ranger — ce qu'il paiera de sa vie — derrière le roi contre Penda, exprime son consentement à suivre Albouri en exil avec un enthousiasme que n'entame pas la perspective des périls et des souffrances à braver. C'est sur le cri du peuple: «Vers Ségou, ô Albouri» que s'abaisse le rideau du dernier tableau.

La suite nous est racontée dans l'Épilogue par le poète-griot Samba qui a suivi Albouri dans l'exil après avoir vainement prêché au nom des Ancêtres la réconciliation entre le roi et son frère. La réunion avec Ahmadou s'est bien effectuée puis il y a les rudes combats livrés à l'envahisseur où a brillé le génie militaire d'Albouri, sa mort par une flèche empoisonnée et la dispersion consécutive de son peuple. Quand s'achève l'histoire, la légende commence ainsi que l'avait annoncé Samba en Poète-Vates dans une tirade de belle envolée: «Peuple! notre nom sera une étoile échappée du ciel! Nos descendants se réchaufferont de son feu sur le chemin des écoles. [...] Il y a ceux qui meurent et ceux qui reviennent. Nous, nous sommes déjà éternels fantômes, à brides abattues sur les océans, hantant les rêves des braves...» L'aventure d'Albouri et de son peuple n'aura pas été une entreprise désespérée vouée à l'oubli. Par la puissance du Verbe qui «ne ment pas», elle sera immortalisée en épopée héroïque où les générations futures trouveront un enseignement et une source d'inspiration. Le Verbe c'est Samba. Par lui, qui est demeuré fidèle aux vieilles croyances dans un entourage récemment converti à l'Islam et qui sait dialoguer avec la rosée, les tourterelles, la Lune et toute la Nature, s'exprime l'âme indomptable, et que Cheik N'Dao semble donc définir comme essentiellement animiste, de l'Afrique: «Chaque fois que vous verrez le peuple hésiter sur le chemin de l'honneur, frappez le sol du pied, et surgira Samba: il attise la flamme de l'espoir.» C'est Samba qui affirme cela dans la pièce de N'Dao, c'est-à-dire Samba re-né en N'Dao par le truchement de qui le passé parle au présent et l'exil d'Albouri s'offre aux combattants de la liberté dans l'Afrique d'aujourd'hui sous la figure d'un mythe qui galvanise. Le message est clair: la mission de l'artiste africain consiste à s'engager au service de son peuple.

L'idéalisation d'Albouri en prototype du chef capable de mobiliser les masses contre l'occupant étranger ne s'est pas faite au détriment de sa vérité humaine. La geste enrobe un drame psychologique et moral. Albouri est individualisé dans la mesure où le conflit politique qui l'oppose à son frère est aussi un conflit de tempéraments. Au bouillant Penda qui, à l'annonce de l'invasion, voudrait sans tarder courir sus à l'ennemi, le sage Albouri rétorque qu'il convient de s'accorder d'abord le temps de la réflexion. L'amour que le roi nourrit pour sa jeune épouse, Seb Fall, qui, au début, tout à sa coquetterie, ne comprend pas la hauteur de ses desseins mais qui, ensuite, au moment de l'épreuve, se montre digne de lui, ses épanchements auprès d'elle lorsqu'il lui confie ses inquiétudes, ses fatigues, tout cela révèle sous l'enveloppe stylisée du héros, la complexité et la fragilité d'un homme. À l'intrigue politique qui sous-tend la pièce s'ajoute ainsi une intrigue domestique qui est double en réalité puisque les rapports difficiles entre le roi et la reine se compliquent de ceux, antagonistes, qui dressent celle-ci contre la sœur et la mère d'Albouri dont elle jalouse l'ascendant sur le roi, et où l'on peut déceler un signe du matriarcat africain.

Dans une importante préface au recueil, le critique sénégalais Bakary Traoré décompose le caractère *épique*, qu'il juge indispensable au théâtre africain, en trois aspects: l'aspect intellectuel (faire connaître les civilisations africaines), l'aspect moral («...rester fidèle à nos valeurs. L'essentiel n'est pas de montrer mais, en montrant, de rester soi-même»), l'aspect prospectif («essai de participation totale à la réalité d'un peuple, passant par une participation commune»). C'est implicitement poser comme modèle *L'Exil d'Albouri*, où ces trois aspects ne manquent pas de frapper. Il est plus malaisé de les reconnaître dans *La Décision*, la deuxième pièce du recueil, un court drame moderne en trois actes qui met en scène le destin d'une famille noire, certes, mais américaine du sud des États-Unis, dans la ville fictive de Dagas, et dont l'action, confinée à l'intérieur de la maison de la veuve Wilson, est moins propre à stimuler la «participation» populaire que les grands tableaux spectaculaires à figuration nombreuse de *L'Exil d'Albouri*. La veuve Wilson, dont le mari a été tué à cause de ses activités syndicales, s'est usée à faire des ménages afin de pouvoir donner une bonne éducation à ses deux fils. L'aîné, Jacques, s'est effectivement distingué dans ses études et une bourse lui a été offerte pour les compléter à l'Université de New York. Alléché par la perspective d'une carrière brillante, il est disposé à l'accepter et à jouer, en somme, le jeu selon les règles de l'ordre établi. Ce serait trahir la cause de ses frères noirs, lui reproche son cadet Ted, un réfractaire absolu qui a boudé l'école et l'enseignement des Blancs et qui milite dans le «Mouvement» en vue d'un «changement radical». Ted souhaite un coup d'éclat: que Jacques brave, quel qu'en soit le prix, le racisme local et le Ku Klux Klan en exigeant d'être admis à l'Université de Dagas. Ted a pour lui l'Oncle Chiffon, ainsi appelé parce qu'il vit du ramassage des vieux chiffons dans les poubelles. Il a contre lui sa mère, qui se rappelle le sort tragique de son mari, mais surtout Monsieur Collins, un riche commerçant noir, dont la fille est fiancée à Jacques. Monsieur Collins déclare réprouver tout extrémisme et se prononce pour la «patience». Ted est tué par un commando raciste. Jacques décide alors d'entrer à l'Université de Dagas. Dans le contexte des années cinquante qui virent le démarrage du mouvement pour les droits civiques parmi les Noirs américains, *La Décision* pose le même problème que dans *L'Exil d'Albouri*: celui du choix entre le compromis et l'intransigeance face à l'ennemi. *La Décision* développe aussi le même thème des frères ennemis mais en lui donnant une conclusion cornélienne inattendue: l'hostilité implacable qui, dans *L'Exil...*, sépare les deux frères jusqu'au bout, se transforme ici par un coup de théâtre en un désir d'émulation: Jacques reprend le flambeau que Ted, assassiné, vient de laisser tomber.

Hassan el Nouty

Exilés (Les) de la forêt vierge ou le grand complot, Paris, P.J. Oswald, Coll. Poésie/ prose africaine, 10, 1974, 208p.
Roman de Jean-Pierre Makouta-Mboukou.

Les Exilés de la forêt vierge... est un roman où l'auteur combat avec des armes culturelles la dictature politique. Le livre raconte l'histoire de Kinalonga qui découvre dans la forêt vierge les secrets de la guérison des maux sociaux et politiques de son peuple. Le héros séjourne dans ce lieu reclus après avoir vécu plusieurs années en ville, à l'occidentale. Pour bâtir son roman, l'écrivain a essentiellement recours à son passé, à ce qu'il a vu et vécu dans son pays natal devenu indépendant.

L'intrigue du roman est concentrée sur un campement dans la forêt vierge où le poète, vivant pratiquement seul pendant six ans, réussit avec le temps à créer un village en devenir. Il s'agit d'un village africain authentique qui se souvient des malheurs collectifs et des racontars sur les tristes événements que connaît la ville. L'instrument de travail désigné pour les réalisations de Kinalonga sera le président déchu qui finira par le rejoindre en réfugié dans la forêt vierge. Avec le concours d'autres personnages secondaires, Kinalonga raffermit les assises culturelles de son peuple pour ensuite faire bénéficier tous ses concitoyens de son œuvre salutaire.

Le roman célèbre donc le retour à l'authenticité et le triomphe des constantes de la culture qui forment un ensemble tout à fait cohérent. Ainsi, dès que le héros arrive dans ce milieu idéal et se met au travail, aussitôt que les renseignements culturels se multiplient, le lecteur prévoit déjà le dénouement de l'histoire: l'avènement de la paix et de la fraternité dans une société naguère désorientée à cause du bouleversement de son système de valeurs, bou-leversement qui a produit un déséquilibre profond. C'est ce déséquilibre qui caractérise Durménie avant l'intervention de Kinalonga.

Les attitudes et le comportement de Kinalonga sont les points lumineux qui éclairent tous les coins de la scène romanesque. Il a appris sa leçon d'une façon très dure car sa tête est mise à prix par le président de la République. Il a lu en public un malheureux poème qui était pourtant retentissant de vérité. Dans ses efforts pour avoir la vie sauve, il se retire dans la forêt vierge. Ici, il a le temps d'écouter les oiseaux chanter, d'entendre le vent siffler dans les feuillages, de vi-vre dans la nature et de réfléchir pendant plusieurs mois. Il découvre dans la solitude, loin de la ville et de la «civilisa-tion» que c'est une erreur de s'aligner sur l'Occident pour construire l'Afrique. L'Occident a trop imposé à l'Afrique noire des manières de faire et de voir qui n'étaient pas celles des habitants d'autre-fois. Il faut maintenant rebrousser che-min, embrasser la vie ancestrale, s'en ser-vir tout en faisant la distinction entre les valeurs qui doivent être rejetées et celles qui méritent d'être conservées.

Le deuxième personnage important, Kinouani, permet à Kinalonga de mettre en pratique ses nouvelles découvertes. Son portrait est délibérément grossi pour lui faire incarner les indésirables, mais très puissants, de l'Afrique politique. La corruption, la haine, l'assassinat, les exé-cutions sommaires, bref toutes les atroci-tés font partie de ses procédés normaux. C'est un dictateur dont le régime baigne dans le sang des humains. Sans doute est-il appuyé par des puissances extérieures qui ne cherchent qu'à poursuivre l'exploi-tation d'un pays qui leur a échappé offi-ciellement, par l'indépendance. Il faut que le Noir se dresse contre lui pour retrouver la liberté, la justice et la paix. Il faut qu'il s'éveille à la triste vérité que les ennemis de l'Afrique sont de plus en plus les Africains eux-mêmes. Grâce à cet éveil, le président qui a pris le pou-voir par la force en est écarté par la force et c'est ainsi qu'il se trouve démuni, dans le camp de Kinalonga à la forêt vierge.

Avant l'arrivée de Kinouani, Kinalonga a déjà appris dans sa retraite qu'il était bon de pardonner, qu'il valait mieux suivre le chemin de la réconciliation plutôt que celui de la vengeance. Et il est resté fidèle à sa nouvelle conviction malgré les pressions contraires de ses compagnons. Les deux anciens adversaires se réconcilient donc et travaillent ensemble afin d'amener toute la nation à suivre leur exemple. Puis, ils reviennent à la ville pour proposer à leurs frères le sens de l'unité, du pardon et de la réconciliation. Leur proposition est acceptée et marquée par une grande fête qui enterre la Haine sur la place publique. On devine alors que l'enterrement de la Haine nationale et individuelle conduira ensuite à la réconciliation générale et au progrès collectif.

Jean-Pierre Makouta-Mboukou est un écrivain audacieux: il n'a pas peur de parler de l'échec de nos indépendances et de se lancer ainsi sur un terrain extrêmement glissant dans le climat politique de l'Afrique actuelle. *Les Exilés de la forêt vierge ou le grand complot* illustre bien cette préoccupation de l'auteur. Mais ce n'est pas là que réside l'importance littéraire du roman. L'héritage culturel du Congolais constitue la toile de fond sur laquelle s'appuient les visées socio-politiques évidentes du livre. On y reconnaît une voix solide qui affirme la pérennité des acquis culturels. Cette voix est celle du Nègre authentique.

La culture apparaît ici comme un ensemble de pratiques vénérées par les habitants d'un milieu donné et qui se situent en marge des rapports sociaux proprement dits quoique influençant ceux-ci. Ces pratiques comprennent la vision africaine du monde et son reflet sur la vie des gens, l'adaptation de ces êtres au monde qui les entoure et des phénomènes esthétiques tels que la musique, la danse, l'art et les créations du langage.

Le déroulement de l'action est jumelé à une présentation d'un contenu culturel d'une grande envergure. On y dénote dix unités culturelles significatives: appréhension de l'espace, appréhension du temps, conception de l'être, art de parler, tradition orale, monde des esprits, moyens de survivance, importance des noms, guérison traditionnelle, amour et mariage. La plupart de ces unités sont présentées assez tôt et elles sont expliquées avec force détails tout au long du livre.

Ces explications détaillées nous font connaître avec précision la culture congolaise, les cultures africaines et la civilisation négro-africaine: l'homme africain se situe dans l'espace en termes visuels et concrets consistant en des ensembles spatiaux perceptibles englobant le relief, les cours d'eau, la flore et les modifications apportées à la terre par les humains. Le Nègre procède par une mesure active du temps qui s'écoule en utilisant le soleil et des indices parasolaires. Il y a deux principes de vie – l'âme et l'ombre intelligente – chez la personne africaine et cette croyance a des implications sur le comportement des habitants. Vivant très près de la nature, l'Africain acquiert un sens de l'observation très poussé. L'humour nègre chatouille souvent les sens et déconcerte ainsi quelques initiés du mysticisme occidental. La tradition orale millénaire est toujours là et c'est grâce à elle que les Africains transmettent des connaissances de bouche à oreille, de génération en génération. La cosmologie africaine reconnaît un Dieu suprême laissant agir des forces inférieures. Les noms des individus et des clans sont toujours motivés; ils ont un sens, contrairement à la tradition occidentale. La façon africaine de guérir les maladies est efficace malgré ses faiblesses. L'amour et le mariage ont quelques aspects importants, tels la retenue dans l'amour, le sérieux de l'union maritale et la primauté de l'enfant.

Du point de vue esthétique, *Les Exilés de la forêt vierge...* est une œuvre réussie, à cheval entre la tradition occidentale et la tradition africaine. C'est un roman qui comporte des personnages qui agissent pour réaliser une intrigue comme on voit dans la littérature française. Mais le style, les idées, le vocabulaire et les thèmes de l'œuvre restent profondément africains. Le roman fait apparaître la valeur analogique et suggestive du français en Afrique, une valeur née ici des interpénétrations entre la langue française et la culture congolaise. Chercher la simplicité et la clarté dans l'écriture, voilà la devise de Jean-Pierre Makouta-Mboukou. Néanmoins, cette simplicité et cette clarté n'excluent pas de fines nuances sur le plan de l'expression et une riche poésie inspirée de nature, de la souffrance, de la vie.

Pendant longtemps les critiques se sont peu intéressés aux écrits de Makouta-Mboukou, sans doute à cause de leur contenu politique explosif. Josué Ndamba, dans un numéro de *Présence Francophone*, parle de «conspiration du silence» à propos de ses œuvres. Mais ce silence devrait prendre rapidement fin surtout avec *Les Exilés de la forêt vierge...* qui a un contenu culturel aussi percutant que les idées politiques qui s'en dégagent. de la vie.

Le titre de l'ouvrage est chargé de significations. La forêt vierge signifie d'abord une végétation naturelle de l'Afrique équatoriale. Cette végétation signifie à son tour une région authentique sauvée de l'influence néfaste de la civilisation occidentale. Cette région signifie ce que les habitants y pratiquent. Ces pratiques, un peu négligées ailleurs, ont plusieurs ramifications, notamment la ramification culturelle.

C'est dans cette forêt que Kinalonga est allé «se rhabiller le cœur, puiser à l'origine une force nouvelle et une sagesse neuve»; c'est là qu'il a «appris à être un homme». C'est elle qui a fait dire à Kinouani vers la fin du roman: «Qui veut devenir le maître des hommes doit être l'élève des sages, cela je l'ai appris dans la forêt vierge.» Il faut apprendre de nouveau parce que la triste histoire de l'Afrique est grosso modo

celle d'un déséquilibre culturel. Le geste de Kinalonga souligne la croyance des Nègres, c'est-à-dire qu'il est encore temps de rétablir cet équilibre puisque les outils pour ce faire sont toujours accessibles.

«Tout écrivain [affirme Makouta-Mboukou], surtout l'écrivain africain, a un message, il a quelque chose à dire. S'il n'a rien à dire, qu'il se taise.» *Les Exilés de la forêt vierge...* est une application à peine déguisée de ce précepte.

Peter I. Okeh

Exilés (Les) du Gourmel, Dakar/Abidjan, Nouvelles Éditions Africaines, 1975, 61p.

Drame historique en trois actes et six tableaux de Youssouf Guèye.

Les Exilés du Gourmel s'inspire d'un épisode historique qui eut lieu en septembre 1716 au Sénégal. Youssouf Guèye présente l'histoire de la libération du peuple sénégalais opprimé et corrompu par les visées mercantilistes et impérialistes de l'Europe.

Deux monarques en exil, Satigui Boukar Siré et Barak Beur Thiâka, essayent de reconquérir leur trône usurpé par deux de leurs proches, Satigui Guéla-Diégui, frère du premier, et Yérim M'Bagnik, cousin du second. Tous deux sont acquis aux puissances coloniales dont les cadeaux (tissus, fusils, poudre, eau-de-vie et autres) assurent la continuité de leur influence. Mais six ans de dépravation, de déprédation et de persécutions ont graduellement mené le pays vers l'anarchie complète. Le royaume ne constitue plus qu'un «chaos que noient l'alcool des grands, les larmes des petits et la honte de tous» (p. 39). André Bruë, directeur de la Compagnie Française, devient l'amant d'une jeune princesse vivant à la Cour. Anxieux de sauvegarder les intérêts financiers de sa compagnie, il intervient afin de gagner la confiance des monarques exilés, qu'il sait prêts à reconquérir leur pays. Leur but: redonner à l'homme sa dignité – la liberté à l'opprimé –, rouvrir les écoles et les mosquées. Ils s'assurent l'aide militaire de leurs amis, l'émir de Trarza et le sultan de Fez, et ils lancent l'offensive. Entre-temps, l'un des usurpateurs, repentant, refuse l'aide des Blancs de N'Dar et de Yérim M'Bagnik. Mû par un esprit d'orgueil et de jalousie, il se lance dans la bataille dans l'espoir d'y trouver une mort digne d'un roi. Son frère Boukar Siré le protégera, le soignera et lui pardonnera. Guéla-Diégui se convertira à la loi islamique, seule garante de la foi, de la pureté des mœurs, de la justice et de la légalité. Le retour au travail et aux traditions est aussi une forme de bonheur retrouvé.

En faisant revivre un événement vécu, Youssouf Guèye revendique, de façon évidente et persuasive, ses convictions profondes. Il défend des valeurs positives que nul n'oserait contester. S'il dénonce les effets corrupteurs de l'influence européenne, c'est afin de les corriger sur des bases plus honorables et plus équitables que celles sur lesquelles elles se sont établies. Les échanges entre Blancs et Noirs doivent se faire entre hommes libres et dignes de respect. Plus qu'en partisan, il semble que Youssouf Guèye ait voulu présenter les valeurs culturelles et morales du peuple sénégalais au lecteur, afin qu'il le comprenne en toute objectivité, et qu'il établisse lui-même la part de l'intelligence et du cœur dans ce qui constitue la civilisation noire.

Cette œuvre s'apparente à l'idéal de la négritude en tant que recherche et affirmation d'une authenticité raciale. La qualité du style, la tempérance et le contrôle que l'auteur exerce dans le ton contribuent à donner à l'œuvre une portée qui ira sans doute en grandissant.

Josette Hollenbeck

Exode (L') d'Agni, texte ronéocopié, déposé à la bibliothèque de Radio France Internationale, 116, avenue du Président Kennedy, Paris.

Pièce de théâtre de Joseph Kouacou N'Draman.

Cette dramatisation modeste et assez mince de la légende des Baoulé fut soumise en 1971 au Concours Théâtral Interafricain, organisé par l'O.R.T.F. sous l'égide de l'Office de la Coopération Radiophonique. La pièce ne fut pas primée et reste par conséquent inédite. Une émission radiophonique en fut donnée pourtant en janvier 1972 dans la série «Première chance sur les ondes».

L'auteur n'a nullement exploité le potentiel dramatique du sujet. L'ouvrage n'est donc qu'une explication prosaïque de la succession matriarcale des Agni.

Le fils du roi Agni ayant giflé l'héritier Ashanti, les deux princes vont se battre en duel. Un sabre en or tombe miraculeusement du ciel; le prince Ashanti ne s'empare que de la lame, ce qui présage la fin de la domination de son peuple au profit des Agni que le roi Ashanti décide de tuer. Les Agni s'enfuient. Ils parviennent à passer un fleuve infranchissable grâce au sacrifice de la princesse Assoh qui immole son fils aux dieux du fleuve en colère. Pour récompenser ce sacrifice la société deviendra matriarcale. La princesse Assoh joue le rôle généralement attribué dans la légende des Baoulé à la reine Pokou, mais son personnage paraît d'une importance secondaire dans l'action.

Ce texte témoigne de l'attraction que la mythologie indigène continue à exercer sur les jeunes écrivains africains. Les versions françaises les plus connues sont, par ordre chronologique, celle de Maximilien Quénum dans ses *Légendes africaines* (1946) et celle de Bernard Dadié, dans *Légendes africaines* (1953). Deux autres versions dramatiques existent: *Abra Pokou* (1969) d'Eugène Dervain est une pièce en un acte qui dramatise très fidèlement la version de Charles Nokan: *Abraha Pokou, une grande Africaine* (1970) et offre dans une série de tableaux une interprétation plus libre, plus politisée des incidents majeurs de la vie et du règne de la reine qui mena l'exode agni et fonda la lignée des Baoulé.

Dorothy S. Blair

F

Fables et devinettes de mon enfance, Yaoundé, Éditions CLÉ, 1978, 60p.

Recueil de fables et contes bamiléké par Patrice Kayo.

Tout choix suppose un parti pris. Les thèmes principaux du recueil de Patrice Kayo révèlent une orientation politique même si les dix dernières pages sont des devinettes d'un aspect amusant et tout à fait caractéristique de l'imagination villageoise.

Un grand nombre de fables portent sur la façon dont les faibles peuvent neutraliser les forts. Souvent c'est la bonté qui «désarme» la méchanceté: à leur insu les villageois généreux transforment un voleur en pénitent; ensemble les fourmis peuvent attaquer un serpent alors que seules elles seraient une proie facile; un chien et une chèvre peuvent conquérir un lion. La vertu de la solidarité s'annonce: quand les souris conjurent le chat, leur complot échoue puisque chacune pense à son propre avantage. Nous sommes tous liés, nous dit Kayo, dans cet univers, du plus petit jusqu'au plus grand, et personne, si fort soit-il, ne peut tout dominer.

En général les fables ont une morale, et la morale révèle plusieurs vertus: l'obéissance des enfants, la sagesse des femmes. Mais dans l'ensemble on perçoit très vite un engagement politique qui donne une certaine orientation globale. Souvent, il s'agit d'une lutte entre le bien et le mal. Pour triompher du mal, il faut que les faibles, tels les colombes, les fourmis, les souris — le peuple —, s'unissent contre les forts ou plutôt le fort, qui prend la forme du lion, de l'épervier, ou, le plus souvent, du chef. Le réquisitoire est clair: en 1978, date de la parution du livre, le président du Cameroun, Ahmadou Ahidjo, a célébré le vingtième anniversaire de son ascension au pouvoir. Le grand Monument de l'Unité à Yaoundé a été inauguré et tout le pays a célébré l'événement. Kayo, qui joue subtilement le rôle d'intellectuel indépendant, fait entendre sa voix d'opposant dans l'une des rares formes d'expression permises au Cameroun, la création littéraire.

En moralisant sur l'antipathie entre l'épervier, le fort, et les poussins, ses victimes, Kayo conclut: «Tant que l'épervier sera le plus fort, il rendra ainsi justice, car tant qu'on est fort on peut se prendre pour mesure et modèle des choses. Ainsi se bâtissent les nations. Ainsi se font les lois.» L'auteur dénonce davantage l'autoritarisme dans le segment de la fable où les animaux se laissent duper par la tortue qui devient ainsi leur roi: «C'est sur la sottise des uns que d'autres fondent leur sagesse et la couronne des rois ne repose que sur l'imbécillité des peuples.» L'appel au peuple se manifeste de plus en plus: quand un roi meurt et que son peuple souffre, les sages prient Dieu de le remplacer en choisissant un successeur parmi les princes. Le peuple, en bon orphelin, pleurait le chef perdu: mais la morale n'a rien de fabuleux: «Que pleurait le peuple? Un autre joug peut-être. Il a pleuré quand il en était écrasé. Il pleure quand le destin l'en libère. Peuple, peuple, éternelle race d'esclaves, quand luira le jour sur ta conscience...»

Cet appel à la révolution populaire est maintenu jusqu'à la fin où la logique nous mène à la conclusion que rien ne peut prévaloir contre la force d'un peuple uni.

Kenneth Harrow

Fadimâtâ, la princesse du désert, in **Fadimâtâ, la princesse du désert**, suivi du **Drame de Déguembéré**, Avignon, Les Presses Universelles, 1955, p. 1-77.
Nouvelle d'Ibrahima Mamadou Ouane.

La dédicace qui sort de leur obscurité plusieurs administrateurs coloniaux — œuvrant «pour les bienfaits de l'Afrique noire française au nom de l'Islam, de la France et de la Civilisation» — prépare le lecteur aux écrits de I.M. Ouane. Un avant-propos de neuf pages nous permet de percevoir l'idéologie politique de l'auteur. On y lit les craintes et les préjugés sociaux et politiques d'un Nègre qui se méfie des Arabes, qui dénonce telle ou telle ethnie africaine, se sert d'un langage nettement colonialiste et prétend critiquer le pouvoir colonial sans jamais s'attarder à des faits. Publié à une époque où le peuple algérien luttait pour la liberté, à une époque où des milliers de Négro-Africains démontraient leur solidarité vis-à-vis de leurs congénères arabes dans la lutte pour la liberté culturelle, Ouane écrit: «C'est peut-être en Afrique noire française que se réalisera la grande synthèse des cœurs. Là l'indigène accepte alors que le Nord-Africain refuse.»

Le premier chapitre de la nouvelle donne des détails sociologiques et historiques sur les Touareg et d'autres peuples du désert. L'exotisme paternaliste de Ouane le pousse très loin dans la description des Touareg qui, «après l'occupation française même, sont restés dans leur genre de vie primitive, en conservant avec amour leur ignorance relative dont ils n'ont jamais voulu sortir». Il s'agit là de propos dignes d'un observateur étranger extrêmement naïf.

La nouvelle elle-même présente un drame fort rare dans la littérature africaine. Le mari étant stérile, Fadimâtâ, héritière d'un riche domaine, résout le problème en cherchant un amant qui réussit à la féconder l'unique fois de leur rencontre. Elle se débarrasse de «l'amant» sans scrupule et, malgré son isolement et les tabous moraux et religieux qui la poursuivent, elle reconnaît qu'elle n'avait pas d'autre alternative. Il fallait prolonger la lignée et assurer l'héritage du domaine. Ouane nous invite à accorder une autre valeur au mot adultère par la pénétration psychologique de son protagoniste. Teldiatte, mari de Fadimâtâ, s'éloigne de plus en plus de la palmeraie de Telemsi où habite sa femme et il s'abandonne à l'alcool. Mari trompé, il cherche le bonheur dans une vie oisive. Capturé par des Arabes, il est humilié et torturé. Symboliquement, la capture n'est que la démonstration de son impuissance. C'est l'amant de sa femme qui le retrouve et le libère de l'asservissement.

Ouane est un véritable maître des mots. Le style de la nouvelle ne cherche pas à impressionner le lecteur: pas de détails exotiques superflus, respect entier de l'intelligence du lecteur; l'auteur est précis et clair et la pénétration psychologique des personnages est faite de suggestions plutôt que d'explications.

Dans le texte, l'emploi de la chanson est important parce qu'il fait avancer l'action du drame. L'auteur a dépouillé ses écrits de tout ce qui aurait pu détourner l'attention. Même si elle ne contient pas de message didactique, la nouvelle sert à ébranler certaines conceptions acceptées dans un monde toujours dominé par les hommes. Bien que l'on dénonce l'héritage, l'organisation féodale de la société et l'oisiveté d'une certaine classe sociale, les fléaux deviennent secondaires à la lumière du drame de Fadimâtâ. Tout finit bien dans cette nouvelle. Un garçon naît et Teldiatte l'accepte comme le sien.

Tous ces détails rendent le travail de Ouane fort curieux. Pourquoi une dédicace et un avant-propos qui le font passer pour un serviteur fidèle du colonialisme? Pourquoi les passages de la nouvelle où l'auteur procède à la négation de la dignité des Touareg? S'agit-il du prix de la publication?

Il est aussi difficile d'établir un rapport entre l'apologie du colonialisme et l'analyse psychosociologique de Fadimâtâ que d'établir les liens entre le *Batouala* (1921) de René Maran et la préface qui l'accompagne.

Frederick Ivor Case

Faire médicament, *Cultures au Zaïre et en Afrique*, n° 4, Kinshasa, 1974, p. 137-167.
Légende de Londema, suzeraine de Mitsoué-ba-Ngomi, *Cultures au Zaïre et en Afrique*, n° 5, Kinshasa, 1974, p. 137-161.
Nouvelles de Lomani Tshibamba (ou Paul Lomami-Tshibamba).

Lomami publia ces deux nouvelles dans le cadre de ses recherches à l'ONRD. *Faire médicament* et *Londema* n'ont apparemment de rapports que stylistiques, se situant en des lieux et en des temps très différents, décrivant d'une part les tractations d'un village oubanguien accablé de tracasseries administratives, tentant d'échapper au colonisateur par l'exode, mais finalement exterminé, et de l'autre, *Londema*, la fin mystérieuse d'un noble Anzikou devenu pêcheur après la destruction de son royaume par le roi des Batékés, et les retrouvailles de ses enfants dans une merveilleuse cité immergée au large de Kinshasa. Sa fille aînée Londema devient la suzeraine de la grande île Mitsoué-ba-Ngomi. Mais si *Faire médicament* est situé au cœur des troubles coloniaux, vers 1920, et si *Londema* a pour horizon les guerres tribales pré-coloniales, ces nouvelles sont toutes deux des méditations sur l'exil et sur la mort.

Pas plus que *La Récompense de la cruauté* ou *N'Gobila des Mswata*, *Faire médicament* n'est un récit rigoureusement historique, mais comme ces pré-

cédentes nouvelles, c'est un précieux témoignage sur la résistance au colonisateur, centré en particulier sur le quiproquo engendré par une expression relative aux procédés des agents de la médecine européenne. «Faire médicament, pour l'indigène», n'avait qu'un sens: empoisonner, envoûter, prendre la vie d'autrui par sorcellerie. D'où une opposition vigoureuse à la culture blanche, symbolisée d'abord par la médecine et les piqûres, puis par l'armée et les fusils. La fuite en avant du village Sukasa, la révolte et l'incendie de l'hôpital et de la prison de Libenge sont des évocations hallucinantes qui s'achèvent dans le feu et le sang.

Londema est davantage une revanche, mais totalement inventée et profondément mystique, sur la mort. La vie elle-même, celle du père noble devenu pêcheur, celle des deux enfants qui survivent un moment par leurs propres forces, n'est qu'un tissu de douleurs, de jalousies et de haines.

La cité subaquatique apparaît dès lors comme une sorte d'utopie, où les hommes et les bêtes vivent en accord dans le luxe, où le temps et la mort sont supprimés à jamais, comme fondus dans l'eau, symbole de vie éternelle. Dans l'œuvre de Lomami, cette nouvelle, d'une émouvante beauté, est une revanche personnelle sur le mal, obsession constante de l'auteur de *Ngando*.

Pierre Haffner

Faralako, Roman d'un petit village africain, Rennes, Imprimerie Commerciale, 1958, 190p.
Roman d'Émile Cisse.

Ce roman est l'histoire d'un jeune métis, Ni, abandonné par son père blanc, et de ses amours tragiques avec une jeune fille noire, Makale. Au début du livre, Ni est revenu au village natal, Faralako, en Guinée, abandonnant ses études à Paris pour répondre à l'appel angoissé de sa mère, Na. Celle-ci est en butte à l'hostilité et aux mauvais traitements de son

242 / *Fer de lance*

mari, Modou, qui veut épouser une jeune fille, Khady. Or, Na constitue un obstacle à ce mariage, car la jeune fille ne veut pas être la co-épouse d'une femme ayant eu un fils né d'une liaison avec un Blanc. Par ailleurs, Samake, un marchand ambulant, est amoureux de Makale, une amie d'enfance de Ni. Samake et Modou complotent la mort de Na et celle de Ni. Na mourra effectivement, victime du poison d'un féticheur avec lequel Modou et Samake se sont abouchés. Peu après, c'est la «fête des sabres», au cours de laquelle les filles pubères doivent choisir leur futur époux. Les sabres sont en bois, mais Samake compte utiliser un véritable sabre enrobé d'une gaine de bois lors de la fête. Makale, qui a repoussé les avances de Samake, se jette dans les bras de Ni, et, au moment où le marchand ambulant se prépare à assener un coup mortel à son rival, elle l'atteint au front d'une pierre qu'elle a lancée avec une fronde dissimulée dans son pagne. Tandis que Samake s'effondre, Ni et Makale s'enfuient dans la forêt. Survient alors un crotale, envoyé par le féticheur. Il mord Makale qui meurt sur le coup. Ni, protégé par un talisman légué par son grand-père, tue le serpent.

Ni, fou de douleur, échoue dans une ville où, sur le marché, il passe ses jours à chanter une complainte relatant son tragique destin et ses amours malheureuses.

En marge de cette histoire romanesque un peu naïve, le roman de Cisse abonde en digressions politiques, qui sont la plupart du temps exprimées par Ni. Celui-ci, au cours de ses discussions avec différents personnages, évoque les grandes figures du passé africain, Congo Moussa (pour Kankan Moussa), Soundiata, Samory, Lat Dior, Alpha Yaya, celles des premiers parlementaires noirs, Houphouët-Boigny, Senghor, Lamine Gueye, Modibo Keita, etc., pour affirmer la grandeur, la culture et les capacités de la race noire, supérieure en un sens à celle du Blanc, «affadi, déformé et dénaturé par la civilisation mécanique». Il tient

des propos anticolonialistes, mais affirme que le prolétariat souffre en France comme en Afrique, et déclare que la libération des Noirs «entraînera à coup sûr la libération du bon peuple de France que nous avons toutes les raisons d'aimer».

Aussi, l'auteur a-t-il dédié son livre à «une Afrique unie, politiquement libre, économiquement prospère»; il est en outre préfacé par Diallo Saifoulaye, président de l'Assemblée territoriale de la Guinée alors encore française – qui sera longtemps par la suite le numéro deux du gouvernement du président Sékou Touré. Diallo Saifoulaye y félicite l'auteur d'avoir abordé les problèmes de l'unité et de l'émancipation africaines, et d'avoir évoqué le «douloureux» problème des enfants métis abandonnés par leur père blanc à une mère africaine.

Claude Wauthier

Fer de lance, Livre I, Paris, P.J. Oswald, Coll. Poésie/prose africaine, 11, 1975, 51p.
Recueil de poèmes de Bernard Zadi Zaourou.

Fer de lance, Livre I, n'est pas écrit d'un seul jet. C'est le résultat de «deux projets avortés» de l'auteur. Il s'agit en effet des poèmes sélectionnés de ses différents recueils inédits et des premiers poèmes de son épopée interrompue par son emprisonnement en 1964. Il s'agit des poèmes écrits entre 1958 et 1975 qu'il a rassemblés ici mais avec une inspiration tout à fait nouvelle. C'est ce qui explique le caractère apparemment désordonné du recueil.

Fer de lance est un livre de combat, un livre militant et nationaliste où l'auteur a mis une forte dose de sa sensibilité. Dans le projet de l'auteur, *Fer de lance* est composé de trois livres où Zadi examine le sort de l'Afrique. Le Livre I est un regard vers le passé; le Livre II, dont le manuscrit porte le titre de «Césairiennes», est un regard analytique sur le monde noir d'aujourd'hui, tandis que le Livre III représente une vision de l'Afrique de demain.

Le Livre I de *Fer de lance* s'organise autour des «piliers» ou des «hymnes» qui constituent les thèmes principaux traités par l'auteur. Le recueil s'ouvre sur le thème de l'art et de l'artiste. Il y a d'abord un éloge à quelques grands maîtres de l'auteur – Césaire et Dibéro – et à tous les anciens maîtres de la littérature orale. Il y critique en même temps les petits artistes «semeurs de mensonges». L'hymne à Kwame chante l'héroïsme révolutionnaire de Kwame Nkrumah, tandis que l'hymne à Diena est dédié à la mémoire de l'héroïsme patriotique de cet homme qui symbolise la résistance du peuple africain face à la colonisation européenne. La complicité de l'Église catholique est aussi dénoncée. L'hymne à Samory met l'accent sur la nécessité pour tout leader africain d'être avec son peuple, de respirer au rythme de son peuple. L'hymne aux morts, écrit en prison en 1964, chante l'espoir qui ne doit jamais cesser d'habiter l'artiste et la nécessité de la lutte pour changer sa vie.

Sur le plan structurel, tout le poème est ponctué par «Doworé» et «Didiga», ce qui donne une unité au livre. Inspiré par la poésie orale, une poésie qui a toujours et nécessairement besoin d'un interlocuteur, l'auteur fait appel à une autre voix – celle de Doworé. Et pourtant Doworé c'est aussi l'auteur lui-même, son double poétique, le secret de sa propre puissance verbale; c'est lui qui dit la vraie parole; c'est lui qui donne au poème sa force et sa vigueur. Il est donc un personnage très important dans ce poème. Quant à Didiga, c'est lui qui exprime la vision du poète. Didiga (un mot «bété» qui signifie «chasseur extraordinaire») est employé symboliquement. Didiga, c'est le défi à la logique. Les relations de l'Afrique d'aujourd'hui avec le reste du monde (relations d'infériorité, de servilité, etc.) ne sont-elles pas des relations qui défient toute logique?

Fer de lance est donc une revendication politico-culturelle, une mise en garde des Africains contre toute exploitation étrangère et un appel aux Africains à être toujours en éveil. Le Livre I de *Fer de lance* n'est qu'une première étape. Et déjà on sent le souffle puissant d'un poète qui n'a pas fini de nous interpeller.

Raymond O. Elaho

Feu de brousse, Paris, Caractères, 1957, 85p.

Poème parlé en 17 visions de Gérald Félix Tchicaya U Tam'si.

Dans *Feu de brousse*, la douleur personnelle et l'angoisse provoquées par la contemplation de la condition humaine, qui sont perceptibles dans le premier ouvrage de Tchicaya U Tam'si, atteignent leur plénitude. Cependant dans *Feu de brousse* il ne s'agit plus de l'ennui plutôt romantique de *Mauvais sang*. Ce spleen mélancolique qui se voit dans ses premiers poèmes est maintenant remplacé par une poésie de témoignage qui associe le destin de l'individu à celui de sa race et de son pays – le Congo. Le poète qui vivait en ce moment-là à Paris se sentait isolé de sa propre culture et dans *Feu de brousse* il nous offre une chronique de sa vie d'exilé... «de juif-nègre errant». Dans «Natte à tisser» il dit franchement le point de départ de cette collection:

«[...] ici commence son poème-de-vie
il fut traîné dans une école
il fut traîné dans un atelier
et il vit des chemins plantés de sphinx.»

Feu de brousse représente une narration du voyage d'un déraciné à travers son pays natal. Cette aventure poétique se voit dans le premier poème «À travers temps et fleuve» dès le début... «Un jour il faut se prendre / marcher»... et continue jusqu'au dernier qui s'intitule «Marche». Ces poèmes, contrairement à ceux de *Mauvais sang*, sont tous liés par le thème de la recherche de la continuité avec le passé ancestral.

Le retour de l'enfant prodigue si souvent évoqué par les poètes de la négritude n'est pas pour Tchicaya une simple descente nostalgique dans le passé. La réalité que le poète découvre est en pleine convulsion. Le monde qu'il explore est représenté par un paysage contingent où les vestiges du passé culturel ont disparu (plus de totems) et les agitations violentes dominent: «mais voici / la mer saute l'écueil / mais voici / l'écueil culbute la mer...» Pour la première fois Tchicaya évoque précisément le drame collectif du peuple congolais. Les images de désordre sont symboliques de l'Afrique trahie par l'expérience coloniale. Le titre moqueur de «Vive la mariée» présente les efforts de l'Église catholique pour rendre la messe plus africaine... «on marie sainte Anne / aux piroguiers congolais»... Pour Tchicaya ce n'est qu'une tentative de masquer la vraie menace de cette religion. Les valeurs authentiques sont perdues et l'homme noir est désormais aliéné; «on n'a plus de totems / alcool à gogo / .... / et je suis mort assassiné sur l'autel du christ.» L'image du bâtard et de l'orphelin introduite dans *Mauvais sang* est souvent répétée dans *Feu de brousse* et donne une vive impression de l'état d'âme du poète. Dans «Le forçat» la honte du passé est suggérée dramatiquement par l'idée d'être souillé par le mauvais sang: «pour le scandale dans ma famille / je m'avoue une sourde parenté de corps / avec un certain Arthur...».

L'horreur du passé familial traitée par Rimbaud dans *Une saison en enfer* devient un symbole de sa propre condition. Aussi, «Présence» évoque la vie d'errance du poète dans l'image du fleuve qui débouche dans l'inconnu de la mer... «je me suis ouvert au monde / des algues / où grouillent des solitudes». Le symbole de l'enfant innocent mais rejeté et abruti par les hommes «entre marteau-pilon et enclume» suggère un monde profane où l'idéalisme du poète est écrasé.

Bien que la plupart des pièces du recueil soient des confessions amères de l'angoisse du poète/témoin d'une réalité déprimante, *Feu de brousse* cherche à présenter l'engagement du poète et sa vision d'un ordre nouveau. Tchicaya ne s'arrête pas à une sortie contre le passé colonial mais cherche à se frayer un chemin à travers cet univers en pleine évolution – tout comme le fleuve qu'il appelle «la clé des songes» et qui est symbolique du destin du poète. Le désir de transformer ce monde s'exprime dans «La joie manquée» où il se donne pour mission «d'agrandir le monde / d'une mesure de deux mains». Cet engagement problématique est symbolisé par le fleuve que le poète doit enjamber. Traverser le fleuve, lier les deux rives devient la mission poétique de Tchicaya. Mais cette tâche reste pour le moment inachevée parce que le poète a perdu les moyens de l'accomplir... «mais où a-t-on égaré mes pagayeurs». Ce n'est que vers la fin du recueil que l'espoir renaît. Dans «Debout» le poète annonce sa foi dans l'imaginaire en déclarant qu'il veut se muer en arc-en-ciel pour enjamber ce fleuve. Dans le dernier poème, «Marche», l'importance de cet idéal artistique s'accentue et on assiste à l'éclosion des forces de l'imagination poétique. Dans cette dernière vision le chemin-fleuve (le Congo) est créé du cil de l'enfant, l'arc-en-ciel surgit et le poète traverse le fleuve. La fin décrit le poète à l'aube de la création purifié par l'eau et le feu: «paix sur mon âme / allumez ce feu qui lave l'opprobre.»

Même si le style parfois halluciné et la syntaxe obscure de *Feu de brousse* donnent l'impression que cette poésie doit beaucoup aux techniques surréalistes, ces poèmes sont consciemment construits de certains symboles qui réapparaissent dans toute l'œuvre de Tchicaya. Comme les surréalistes, Tchicaya est convaincu que la vérité réside dans l'imagination poétique mais chez lui les forces de l'inconscient ne sont pas libérées de la même façon. Son univers est celui du feu et de l'eau. De ces deux éléments de purification, il cherche à créer, à l'instar de Rimbaud qui réclame «une goutte de feu» dans «Nuit de l'enfer», sa vision d'un monde purifié où des continuités spirituelles pourront s'établir.

J. Michael Dash

Feuilles d'olive, Kinshasa, Éditions du Mont Noir, 1973, 29p.
Recueil de poèmes d'Ikole Botuli-Bolumbu.

Feuilles d'olive est une somme de dix-huit poèmes imprégnés d'une même inspiration et d'une même structure, de sorte qu'au cours de la lecture l'on sent une certaine monotonie.

Les motifs qu'exploite Botuli-Bolumbu sont multiples et variés: joie de la nature à travers le message du vent, le sourire de l'enfant, la danse des étoiles...; son inspiration est toujours sereine.

Mais l'élément dominant du recueil est la résignation d'un amour déçu qui n'empêche nullement cette frénésie de vivre à tout prix: «Je savoure mon sort accroché au spectre d'espoir» (p. 5).

À l'instar des poètes de sa génération, Botuli chante son africanité: «L'Afrique bercera seule sa cardiaque avec une symphonie aborigène [...]» (p. 25).

En somme, il s'agit d'une poésie non intérieure, souvent alourdie par des images trop recherchées dans un ramassis d'expressions trop figées.

Kankolongo Mbuyamba

Feuilles (Les) de mai / Le Chant du tam-tam, s.l.n.d. Éditions Revue Afrique.
Recueils de poèmes de Jean-Baptiste Mutabaruka.

Tout ce que l'on possède de ce brillant et mondain poète, ce sont quelques vers mentionnés, sans référence d'édition, par Thérèse Baratte dans sa *Bibliographie d'auteurs africains et malgaches de langue française* (p. 77-79). Quatre poèmes ont été publiés par Lylian Kesteloot dans son *Anthologie négro-africaine* (1967) (p. 332-334). Ils sont intitulés: «Souvenir» (16 v.), «Tam-tam»

(28 v.), «Au réveil» (16 v.) et «Présence» (16 v.).

Il s'agit d'aimables pastiches (de facture française) écrits (avec cinq ou six autres) vers 1963 pour exploiter l'avidité des intellectuels français en mal d'un exotisme dit «africain» qu'on trouvait dans ces brefs poèmes au sens souvent évanescent: «les durs rayons du soleil canicule» («Souvenir»), un «chant soutenu / tendu comme l'arc par la flèche» («Tam-tam»), des «ventres caverneux des tam-tams» («Au réveil») — notons que le Rwanda ne connaît que les tambours... —, à côté de «vieux souvenirs rhabillés / de notre enfance commune» («Présence»). Par ailleurs, l'influence de Camara Laye et Senghor se fait sentir lorsque Mutabaruka met la Mère en scène: «mains de ta mère modelant ton visage» («Souvenir»), l'Enfance: «Souviens-toi, souviens-toi de la course folle / dans les plaines sèches» («Souvenir»). Toko'Wally n'est pas bien loin... Et lorsque notre poète s'écrie: «gloire à la liberté reconquise / à la paix, à l'amour / gloire, ultime gloire enfin / à la fraternité de ceux qui luttent» («Tam-tam»), on retrouve les échos de la «Prière de Paix» de Senghor.

Bien qu'insuffisamment initié à la poésie rwandaise dynastique, Mutabaruka a accepté de se laisser interviewer sur la poésie traditionnelle de son pays et s'est même lancé dans la composition de textes en kinyarwanda. Dans «Au réveil», il évoque cette littérature épique orale avec des formules comme «Les roulements du tambour royal» et «La parure bigarrée des danseurs». Mais il n'y a aucune commune mesure entre le superficiel — parfois assez brillant pour faire illusion — de ces menus poèmes «à-la-manière-de» composés à Louvain par des universitaires rwandais pour se moquer de l'engouement factice pour une Afrique caricaturée, et la profondeur de l'inspiration poétique qui caractérise la littérature traditionnelle dynastique du Rwanda. Aussi est-on assez surpris de voir ce frêle talent inscrit comme le représentant de la poésie rwandaise de langue française par Mme Kesteloot. Il eût été préférable de ne citer personne plutôt que de donner, de la poésie rwandaise, une image aussi mièvre.

François Salien

Feux (Les) de planète, Dakar/Abidjan, Nouvelles Éditions Africaines, 1977, 47p.

Recueil de poèmes de Jean-Baptiste Tati-Loutard.

Ce recueil reprend, non sans humour ni clins d'yeux au lecteur, les thèmes des livres précédents. Référence est faite aux œuvres antérieures dans les titres des chapitres ou des poèmes: «Encore la mer», «La femme», «Le sens de la vie». Or la première plaquette publiée par l'auteur rassemblait les *Poèmes de la mer* (1968). Un poème des *Racines congolaises* (1968) s'intitulait «Ève congolaise» et plusieurs recueils dont *L'Envers du soleil* (1970) et *Les Normes du temps* (1974) comportaient une interrogation sur «Le sens de la vie».

Les allusions aux problèmes sociaux, la sensibilité aux misères morales, aux difficultés des humbles: «Nous avons repris place auprès du peuple / Qui peine» résument certains récits développés dans les *Chroniques congolaises* (1974). La femme décrite n'échappe pas à l'esclavage des tâches quotidiennes. («La femme de ménage», p. 27).

Autant dire que ce recueil se pose comme le prolongement de l'œuvre entreprise et tente une nouvelle fois d'apporter des réponses aux questions fondamentales de l'amour, de la vie, de la mort, et, cela est nouveau, de sa place dans l'espace auquel le terrien est confronté.

L'opposition de la terre et de l'eau implique l'opposition du rivage natal aux tâches de l'adulte en pays aride, ingrat: «Loin des sables / [...] / Lorsque nous voyageons sur la peau sèche des continents.» Le retour à la mer est présenté comme un retour aux origines, la régéné-ration, la vigueur recouvrée. Le symbolisme des mouettes, oiseaux de liberté, leur cri, leur attirance pour les grands espaces et leur retour incessant aux récifs est reconduit. Leur vol constitue pour le poète un langage, entre autres, celui des souvenirs. «Oiseaux légers / [...] / Qui tracent des hiéroglyphes en mon ciel intérieur» (p. 11).

Les vagues sont lourdes du poids du passé collectif comme le laissaient entendre les «Poèmes de la mer», mais rythment aussi la destinée individuelle.

Mer et terre arable se réconcilient quand les «retombées d'embruns» fertilisent: «Une herbe grasse / Où ne germe point de sueur paysanne.» Elles se rejoignent encore lorsque l'inhumation posthume est imaginée comme un retour mythique au milieu marin: «Lorsqu'on mènera ma dépouille à la terre / Vous l'entendrez battre dans le flux et le reflux.» La symbiose est complète entre l'homme et les éléments. La vague s'emparera de sa mémoire et scandera son souvenir. La mer est à l'homme son principe et sa fin. Elle est à l'origine de la vie et l'absorbera à sa mort.

Le lien entre le premier chapitre intitulé «La mer» et le second, «La femme», est simple, au niveau thématique. La mer était appréhendée comme une maîtresse. La mer stimulait la sensualité, l'érotisme: «S'en vient aux lèvres / Un chant obscène que suscitent les lames qui refluent / Des corps de femmes se lèvent parmi les eaux / D'érotiques voix courent sous la peau...» La mer trouve son développement dans le fleuve et l'homme s'unit à la femme comme le fleuve fertilise l'herbe (p. 17).

Le lac bleu (réalité congolaise, à 100 km au nord de la Capitale, creusé dans les plateaux Batéké) est salué comme ayant engendré la femme. Celle-ci est célébrée en même temps que ses origines lacustres: «J'ai découvert la source dont tu proviens / Ce lac-œil-bleu entre les monts / Qui appelle comme un sexe.» «Œil» et «sexe» ont leur équivalent dans la tache d'eau du paysage. Nous constatons à nouveau une érotisation du décor naturel.

Est célébré non pas l'amour balbutiant, hésitant des commencements, les premières amours au sortir de l'adolescence, mais l'amour épanoui, maîtrisé, dans sa réalisation et sa plénitude. Le poète cherche et trouve «la compagne de feu et de joie» (p. 22).

Est célébrée l'épouse, ou assimilée — dans «Voyage de noce». Hommage est rendu à l'Égyptienne, à la femme antique, incidemment, «femme éblouissante»: «Comme un sacrifice dans l'Égypte solaire d'Akhenaton.» Son rayonnement défie l'oubli et le temps. Dans le charme des ruines, le poète retrouve: «L'âme de la plus belle femme / Qui fut le génie des lieux.» Sont rappelées les amours passagères: «Des filles jadis franchies comme des ponts / Par temps de bruine.» Le poète chante l'exotique «Havanaise»; entre le soleil qui rougit et la lune qui blanchit, elle rentre toute brune. La femme au pouvoir destructeur «de laminoir» laisse l'amant brisé: «[...] la douleur / De l'abandon / M'a fait plus mince qu'une feuille morte.»

Il dit la tension de l'absence: «Je crie par le sang qui flambe / Dans mes veines comme la résine des arbres.» Plus grave est l'absence définitive de «la femme morte». Car ces créatures ont en commun d'être des concentrés de vie, d'exalter la vie en relation avec l'eau de pluie bienfaisante.

Elles l'entretiennent en relation avec le feu, astre ou âtre: «[...] près du feu qui bat des cils dans / le crépitement / des charbons.» Ceci nous conduit tout naturellement aux poèmes sur «le sens de la vie». Les poèmes regroupés sous ce titre montrent l'homme à l'épreuve de la mort, du temps qui passe, ou le représentent confronté au Cosmos.

Ils sont inspirés par une grande sagesse et le sentiment de la permanence de l'homme: «Nous avons visité cent lieux de partance / [...] / Il n'y a point d'homme nouveau sur les routes.»

«Le voyage dans la nuit» symbolise la vie et la quête qui l'inspire; l'angoisse la mine: «La vie est parfois plus obscure que le fond / de ma gorge.» Ces ténèbres sont une réapparition de «L'envers du soleil». Le poids du passé et les drames de l'histoire accablent le poète conscient: «J'ai vécu en des lieux où la femme seule porte ce sac au dos du soleil des champs [...]
Nous avons construit nos villages en des bois
où fermentaient les esprits.»

Le poète nous conduit de l'atavisme ancestral aux drames de l'histoire récente représentés par «Des nuages de feu / Qui montent des Saigon et des Beytouth». Cette violence destructrice l'émeut: «Sommes-nous encore l'herbe des champs / Que l'on brûle?»

«Le sens de la vie» est une tentative pour apprivoiser la mort inéluctable. La contemplation du squelette mis au jour sur les pentes du Mongo-Pokou réintroduit le thème de l'archéologie et des «couches préadamites» citées dans les recueils antérieurs.

Le poète a une conscience aiguë de sa condition de mortel. Il renouvelle l'image du nautonier de manière saisissante: «Chacun près de la tombe fait de son corps une barque / Et de ses bras, des rames; il cherche à fuir / Et l'embarcation frêle fait naufrage.»

Ce recueil est marqué par la prise de conscience, un peu anticipée il est vrai, de l'âge: «D'un soleil à l'autre je descends les marches / [...] / J'aborde aux premières blancheurs de l'âge.» Ou encore: «Je n'ai plus de soleil à perdre.» L'expression saisissante du temps qui passe prend pour intermédiaire l'oiseau: «Nous restons transis au bord des routes / Oiseaux blessés qui perdent sans voix le sang des jours.» Résumant le cours des ans, certaines réussites ont la brièveté des haïkaï japonais: «Nous sommes sur terre à la fenêtre / D'un train de nuit; / L'herbe perçoit le mouvement et non le visage.»

Entre les deux dernières parties du recueil s'intercale un double échange de lettres en forme de poème: l'appel de l'exilé, poignant de solitude et de détresse, rejoint celui de tout homme devant son destin. La réponse permet au correspondant de s'identifier, de se substituer à l'ami en peine, preuve que chacun est concerné. Le dernier vers ose une construction qui défie la concordance des temps, pour signifier l'âpre condition vécue: «Comme si mon cœur bat aussi dans le 'froid'.» Les dernières paroles de l'exilé fournissent le titre du recueil «Je flaire la nuit qu'il fera dans ma tombe / Car je n'ai plus de feu dans notre planète», et aident à le comprendre.

À l'obscurité de la condition humaine fait échec la lumière de mille scintillements qu'il appartient au poète de découvrir pour entretenir l'espoir; l'éclat des astres se reflète ici-bas dans la lampe dont le poète empoigne l'anse, dans l'éclat du sourire, dans les braises du foyer, dans les noctuelles, les noctiluques qui constellent la nuit, dans les feux follets allumés spontanément sur les tombes.

Enfin le recueil comporte un élargissement du passé à l'avenir et de la nuit immédiate à l'énergie solaire captée («une force qui capte le soleil», p. 27). Les feux de la planète peuvent être aussi brillants chez nous, sur notre planète, que dans le Cosmos.

Arlette Chemain-Degrange

Fiancés (Les) du grand fleuve, Yaoundé, Éditions CLÉ, 1973, 198p.
Roman de Samuel Mvolo.

Les Fiancés du grand fleuve traite de l'aventure personnelle de Sondo, un enfant du village qui a osé tomber amoureux d'une femme-paria de la société à une époque particulièrement difficile pour les rapports entre son pays et les maîtres coloniaux. Il s'agit du récit d'un amour idyllique et contrarié qui s'inscrit aisément dans le contexte du «dialogue des civilisations» préconisé par Senghor.

Cependant le roman ne comporte pas qu'une histoire d'amour. Le récit d'amour s'y trouve inextricablement mêlé au sentiment de scepticisme et de confusion qui règne dans l'esprit du peuple de cette région d'Afrique, sentiment qui relève du fait que dans toute l'Afrique occidentale, le Cameroun partage avec le Togo la distinction d'avoir subi non pas une mais deux expériences coloniales: l'allemande et la française. On comprend que le héros-narrateur souligne l'insignifiance des petites nuances qui différencient les deux visages du colonialisme. De même, il compare avec complaisance la situation des indigènes sous les deux colonialismes à la vie traditionnelle des Africains.

La vie des habitants de la région d'Akonolinga s'organise autour du fleuve Nyong: «La vie quotidienne et l'existence même des populations de la région sont liées à ce grand cours d'eau... Le Nyong procure à ces tribus des ressources diverses: ses eaux sont particulièrement poissonneuses et la plaine qu'il parcourt fort fertile...» (p. 19). Ce fleuve sert en outre de lieu privilégié pour la pratique de sports tels la natation et la course de pirogues.

Autres caractéristiques du tableau évoqué avec nostalgie par le romancier: les interminables soirées de palabre auxquelles assistent les hommes adultes du village (p. 6); la frénésie que suscite la fête chez les indigènes (p. 10); l'importance accordée au monde imaginaire des jeux d'enfants (p. 31); le respect sans réserve dont jouissent les vieux (p. 76); et la pratique répandue des rites d'initiation (p. 37).

Il n'est donc pas étonnant que le héros-narrateur ne trouve aucune différence essentielle entre le colonialisme allemand, obsédé par le souci de la sécurité (p. 9), et celui plus détendu et plus souriant des Français. Tous deux cherchent à imposer des valeurs étrangères en Afrique par des méthodes qui menacent constamment l'existence même des indigènes.

Dès que les villageois d'Akonolinga prennent conscience de cette réalité, ils organisent une révolte subtile contre la machine administrative française. Bien qu'ils n'hésitent pas à faire leur la fête nationale française et à chanter, au cours des célébrations du 14 juillet, l'hymne national français, ils n'oublient pas que les problèmes de la Deuxième Guerre mondiale à laquelle on leur demande de participer leur sont tout à fait étrangers.

Adoptant comme seule solution l'évasion, Bidja feint la folie pour échapper à la mobilisation forcée dans l'armée et aux souffrances d'une guerre à laquelle il n'a jamais rien compris (p. 81). Sazoua endosse les habits d'une femme, se fait tresser les cheveux et prend le nom d'une fille pour la même raison (p. 82). Evina, l'écrivain-interprète, s'exile et prend sa nièce Tonia avec lui. L'escapade solitaire de Sondo, qui domine la seconde moitié du roman, est due à ce souci généralisé de fuir une guerre qui ne concerne en rien les Africains.

Mais une fois dans les forêts sacrées, lieu d'habitation du monstre Sangla'ah, l'évasion de Sondo se transforme vite en une aventure personnelle et devient par la suite une véritable quête d'amour. Les épreuves difficiles que surmontera le héros sur son chemin constituent les étapes importantes d'un voyage qui le conduit vers celle qu'il aime: Tonia.

Cette dernière est doublement indigne pour la société d'Akonolinga. D'abord parce qu'elle est métisse (elle est la fille d'un mécanicien blanc et d'une femme noire). De plus c'est une enfant naturelle. Orpheline, maudite par son père légitime et méprisée par tout le village, elle est recueillie par son oncle maternel qui l'élève selon des principes ascétiques. Et si, à la fin du roman, Sondo, enfant élu du village, épouse cette fille, c'est parce que l'auteur veut donner à son récit une fin heureuse en reprenant ainsi le principe senghorien du «métissage» universel.

Egbuna Modum

Fille de nationaliste, Lomé, *Togo-Presse*, du 13 février au 17 avril 1969.

Roman de Félix Couchoro.

Laetitia, jeune sage-femme, est courtisée par Louis, assistant de police. Ce dernier a déjà une femme, épousée religieusement, et deux enfants. Laetitia éconduit un prétendant, Henry Tamakloe, médecin, et refuse d'écouter les conseils de ses parents qui la mettent en garde contre une liaison avec ce Louis, coureur bien connu. Finalement, Laetitia devient enceinte de Louis et doit se résigner à l'épouser, mais civilement. Elle exige qu'il chasse sa première femme, ce que fait Louis.

Laetitia se rend vite compte du peu d'intelligence de Louis et méprise son acharnement à poursuivre, pour un peu d'avancement, les Leaders Nationalistes, parti auquel appartient son père. Un jour, elle surprend Louis tout guilleret: une rafle a été décidée. Comme il a un peu bu, elle subtilise ses documents et trouve la liste des nationalistes visés. La police n'arrête personne. Les chefs de Louis tiennent son épouse responsable de cet échec et exigent son divorce. Il s'entend avec Laetitia pour un divorce légal qui satisfera ses supérieurs mais ne changera rien à leurs relations. Néanmoins, Laetitia revient chez ses parents. Pendant ce temps, la première épouse de Louis, Hermina, a pris un amant musulman et vit à Aflao, en zone anglaise, avec lui. Louis voudrait bien renouer avec elle, mais rien n'y fait. Il se met à boire, s'absente régulièrement du bureau et finalement est surpris en galante compagnie alors qu'il s'était fait porter malade. Il est révoqué.

Hermina se prépare à épouser son amant musulman. Elle accepte la dot que la première épouse de celui-ci lui apporte. Laetitia, elle, est mutée à Tsevie, mais elle tient, avant son départ, à demander pardon pour sa conduite indigne à Hermina, qui accepte bien volontiers ses excuses et tient à demeurer en bonne amitié avec elle. À Tsevie, Laetitia devient la collègue du soupirant malheureux d'avant son mariage avec Louis.

Légalement divorcée, elle le retrouve célibataire et ils peuvent alors s'aimer. Louis est accablé quand il entend à la mairie l'annonce de leur futur mariage. Il comptait bien, en effet, reprendre Laetitia et faire valoir le caractère fictif de leur divorce. Le voilà chômeur et sans espoir de reprendre son épouse fonctionnaire qui aurait pu le nourrir.

Sa première épouse le cite devant le tribunal coutumier pour un divorce. Et il a beau s'abriter derrière le caractère religieux de son mariage, le divorce est prononcé et Hermina est libre d'épouser son amant musulman qui n'est autre qu'un collègue de Louis. Ce dernier comprend alors combien son collègue l'a manœuvré et a sans doute aidé le destin à s'acharner contre lui.

Il pense se venger, mais l'hérédité est plus forte: comme son père, il se suicide dans un moment de désespoir. Les deux «demi-veuves», mères des trois enfants de Louis, observent deux semaines de veuvage. Seule demeure pour pleurer Louis sa pauvre mère.

Félix Couchoro n'a pas publié ce roman de son vivant. Était-ce une précaution, en somme inutile? Il est certain qu'aucun autre texte ne réfère explicitement à l'histoire politique récente du Togo vue du côté des nationalistes, c'est-à-dire des opposants à la puissance coloniale. Comme toujours chez Félix Couchoro, l'histoire apparaît à travers des aventures galantes pleines de péripéties et de bouleversements.

Alain Ricard

Fille (La) des Dieux, Les Amazoulous, in *Théâtre,* Paris, Présence Africaine, Coll. Théâtre, 1972, p. 9-76.
Pièces d'Abdou Anta Kâ.

Les Amazoulous est une pièce de théâtre en trois actes écrite à Dakar en 1968. Difficile du point de vue de la structure chronologique, cette pièce rend épique le personnage de Chaka. Dans sa Préface l'auteur s'interroge: «Avec *Les Amazoulous,* suis-je parvenu à donner à Chaka la place qui lui revient dans la Pyramide des Héros de la Race?» Il nous offre son propre Chaka en admettant qu'il veut l'ajouter au Chaka d'un poète-président de République (Senghor) et au Chaka d'un ministre (Badian). Il se voit homme de la rue et sa perception de Chaka sera influencée par cette vision.

Las de voir les traitements de la mort de Chaka, Kâ tente de saisir le nœud même de la vie de ce roi noir. Ce point central est pour lui le choix que Chaka doit faire entre le bonheur de son peuple et la vie de Nolivé, son épouse. Chaka est torturé par le choix qu'il lui faut faire entre Nolivé et son peuple mais il finit par décider en faveur de son peuple car, exaspéré, il dit: «Puisse un jour que les hommes s'en souviennent... Amazoulous aujourd'hui, Zoulous demain, les Dieux m'ont exigé le sang du sein de Nolivé.» C'est précisément ce sacrifice qui montre au premier plan ce que le dramaturge appelle dans sa Préface le «signe de l'éthique négro-africaine: la Vie est partage». Nolivé explique pourquoi Chaka a décidé sa mort: «Pour demeurer Chaka de l'Empire du Partage de la Vie.» La raison de ce sacrifice est l'écho de celle pour laquelle Senghor a fait tuer Nolivé par Chaka — le roi avait besoin d'une augmentation de puissance que seule la vie d'un être humain pouvait donner. C'est le sacrifice suprême de tuer quelqu'un qu'on aime pour le bien-être d'un peuple.

Après la présentation de sa thèse de partage, Kâ fait de Chaka le visionnaire qu'il était chez Senghor et chez Badian. Il prévoit l'arrivée des étrangers en disant «nous deviendrons les esclaves de leurs compas et de leurs équerres». Quand on lui demande ce qu'on peut faire contre ces envahisseurs, Chaka conseille «le don» qui sera la mort de son «amante noire», sa Nolivé. Avant la pénombre de l'obscurité, Nolivé annonce la portée de la pièce: elle loue Chaka en disant «Va à présent mourir... pour renaître partout où l'homme du Partage, le Nègre, sera humilié».

Ainsi l'univers représenté par Kâ nous montre-t-il un Chaka qui hésite aux portes de son destin car il doit choisir entre sa femme et son peuple. Le dramaturge prêche dans cette pièce une politique qu'il suggère comme efficace pour toute l'Afrique: celle du partage. Ce n'est pas un partage de pouvoir entre les Blancs et les Noirs mais plutôt un partage des biens que possèdent les Noirs. Chaka est là, partout où les hommes partagent ce qu'ils possèdent pour le bien du peuple.

La Fille des Dieux a été jouée pour la première fois au Théâtre du Palais en 1957 et a été imprimée en 1972. Il s'agit d'Awa et de son frère, Madhi, orphelins affamés, qui ont subi le vil mépris de la population de leur village. Ils quittent le village pour aller vivre dans la forêt loin des injustices.

Kâ met en jeu le choix entre les anciennes valeurs (la lune, Mahdi, le frère) et les valeurs nouvelles (l'étoile du matin, Awa). Mahdi continue à haïr les gens du village qui riaient de sa misère. Il refuse d'accepter un avenir qui préconise un pardon pour les injustices du passé. Awa, par contre, est prête à aller au secours de son village et à se sacrifier pour que le village soit libéré de ses ennemis et pour que les dieux noirs reviennent: «Dieux noirs / Arrivez dans la forêt; / Répandez la lumière des libérateurs.» Un chasseur qui arrive rompt le bonheur des enfants car il symbolise les besoins de la réalité et il rappelle à Awa qu'elle a un devoir envers le village. D'après une légende c'est une jeune fille qui doit sauver le village de ses ennemis et le chasseur est convaincu qu'Awa est le messie. Elle médite sur son destin et finit par accepter son rôle. Elle veut rompre les liens qui l'attachaient à son enfance et renaître avec la force d'oublier.

Madhi, par contre, refuse d'accepter la réalité qui l'entoure d'abord parce qu'il refuse de voir que la femme avec qui il vit est en réalité sa sœur et ensuite parce qu'il ne peut pas pardonner. À la fin de la pièce, il se trouve seul sur la scène et s'appelle Adam. Ceci symbolise un retour au commencement car Adam était le premier homme et la lune, dans une histoire racontée par Awa, était elle aussi le premier homme. Elle raconte que Mahdi est la lune et que l'étoile du matin (Awa) est partie en laissant la lune seule. Madhi n'a rien compris de cette histoire. Voilà ce qu'il lui arrive à la fin de la pièce car Awa le laisse parce qu'il est incapable de comprendre la réalité et ses exigences, tout comme la lune qui n'a pas compris le départ de l'étoile du matin.

Kâ évoque l'Afrique contemporaine. Elle doit comprendre sa situation et son peuple doit être prêt à faire des sacrifices pour qu'elle évolue en oubliant le passé (la colonisation) pour construire un avenir fondé sur les besoins de l'Afrique elle-même.

Regina Lambrech

Fille (La) des eaux, Dakar/Abidjan, Nouvelles Éditions Africaines, 1975, 64p.
Recueil de nouvelles de Sada Weïndé Ndiaye.

Les trois nouvelles du recueil amplifient l'idée que l'amour et l'esprit révérenciel permettent aux hommes de surmonter le désespoir dans un monde dominé par la mort et la souffrance.

Chaque récit commence avec une situation qui augure le malheur. Dans *La fille des eaux*, une jeune femme mélancolique passe son temps à contempler la mer, où son amant s'est noyé. Dans *Au pays de la soif*, une famille autrefois prospère vient de perdre la dernière tête de son bétail à cause de la sécheresse. Dans *Les hommes en bleu*, un vieux Diola abattu est admis dans un hôpital dakarois, où ses trois compagnons de salle souffrent de maladies diverses. Ndiaye traite donc des problèmes propres aux petites gens de son pays.

Il veut transmettre un message qui les aidera à supporter les nombreux maux qui caractérisent leur vie quotidienne. Ce message s'inspire des croyances traditionnelles et de la foi musulmane. Ainsi, le vieux Diola, dans *Les hommes en bleu*, a perdu deux fils et toute la récolte de sa petite ferme, ce qui l'oblige à travailler dans une usine déshumanisante pour subvenir aux besoins de sa famille. Pourtant, il garde les attaches spirituelles qui l'unissent à la tradition et font vibrer son cœur «au rythme lent et paisible de sa brousse natale». Pour ne pas oublier les souffrances de son peuple, il s'est attribué le nom de «Singta-bou-Tiôra» («Assieds-toi et pleure») en hommage à son village, où des milliers d'Africains éplorés se sont agenouillés avant d'être fouettés par les négriers. En même temps, il remplit fidèlement ses devoirs de musulman pieux. Dès que la douleur le pousse vers le désespoir, il s'appuie sur sa foi en Allah et sur sa solidarité avec son pays et ses traditions. C'est cela qui produit pour lui la lumière qui «peut percer les ténèbres». En effet, l'image dominante des *Hommes en bleu* est la lumière dans l'obscurité, la confiance qu'il y a quelque chose de précieux qui dure malgré la misère des hommes. Comme Cheikh Hamidou Kane, Ndiaye veut que ses lecteurs saisissent cette lumière et qu'elle les aide à résoudre leurs problèmes.

C'est la foi, l'amour et la compassion qui permettent à l'individu de voir cette lumière. Par exemple, le fermier Oumar dans *Au pays de la soif* est aussi sage et calme que Singta-bou-Tiôra; lorsqu'une pintade épuisée se pose sur son lit, il refuse, musulman pieux, de la tuer pour assouvir sa faim. Bien plus, il la ranime en lui donnant une écuelle de sa précieuse eau, et lui permet de s'envoler dans l'espoir que Dieu leur accordera un amour semblable pour sauver le pays dévasté. Dans *La fille des eaux*, une jeune femme épouse le petit frère de son amant décédé, met un enfant au monde, et meurt. Mais sa mort n'est pas une défaite, parce qu'au lieu de s'abandonner aux remords, elle trouve moyen de franchir la barrière qui la séparait de l'homme qu'elle aimait. Ce moyen consiste à donner naissance à un enfant qui symbolise une alliance spirituelle qui passe outre à la souffrance et à la mort. Comme la pintade libérée, cet enfant figure ce qui survivra à la misère, si l'on garde les sentiments d'amour et de révérence devant la vie.

Le point culminant de cette attitude est la fraternité panafricaine dans le sillage de la négritude. Les quatre malades dans les *Les hommes en bleu* viennent des quatre coins du pays. Il y a Diola, un Wolof, un Maure et un Sérère. En dépit de leurs ethnies différentes, se développe entre eux un sentiment d'appartenance à une seule communauté. Le vieux Sérère aide Singta-bou-Tiôra à rétablir ses rizières, et celui-ci lui trouve un guérisseur qui arrive à bout de sa maladie. Le jeune Wolof embrasse le Sérère, et leur lien symbolise l'union entre deux générations. Un amour aussi fraternel permet aux hommes de donner au monde le sens qui paraît lui manquer. Par extension, Ndiaye donne à entendre que l'Afrique pourrait triompher du tribalisme, comme l'ont fait ces quatre représentants de la société sénégalaise.

Richard Bjornson

Fils (Le) d'Agatha Moudio, Yaoundé, Éditions CLÉ, Coll. Abbia, 1967, 208p.
Roman de Francis Bebey.

Le Fils d'Agatha Moudio a connu une fortune littéraire remarquable. Paru en 1967, aux Éditions CLÉ de Yaoundé, il décrochait en 1968 le Grand Prix Littéraire de l'Afrique Noire. En 1976, le roman en était déjà à sa cinquième édition. De plus, il a été traduit en anglais, en allemand et en polonais.

Le Fils d'Agatha Moudio est la première des cinq œuvres littéraires de Francis Bebey, parues à ce jour. Elle occupe cependant une place tout à fait spéciale dans la littérature négro-africaine, particulièrement dans la littérature camerounaise d'après l'Indépendance. Elle le doit, pour une part, aux conditions nouvelles de sa publication, mais aussi au renouvellement de la perspective narrative qu'elle représente.

C'est donc aux Éditions CLÉ de Yaoundé que paraît le roman. Cette maison fondée en 1963, en terre africaine, s'est fixé des objectifs qui ont, d'une part, guidé le choix des œuvres retenues pour la publication et qui ont, par voie de conséquence, orienté la production littéraire. Grâce à une politique qui a maintenu les prix de vente à un niveau relativement bas, CLÉ a rejoint un nouveau public-lecteur, avant tout africain, tout en stimulant d'une façon remarquable la création littéraire et en permettant à de nouvelles générations d'écrivains d'émerger. Étant donné ces circonstances, conscient donc que ses lecteurs devaient être prioritairement des Africains, l'écrivain a opéré un changement très net de perspective narrative. *Le Fils d'Agatha Moudio* l'illustre bien.

En effet, l'espace romanesque est essentiellement celui du village, un village de pêcheurs. Même si ce dernier est situé dans la lointaine banlieue d'une grande ville, symbole de la présence des Blancs, la focalisation du récit porte totalement sur la société africaine, de sorte que la ville, les Blancs, l'administration sont relégués dans une zone périphérique, marginale. Le monde villageois possède une vie qui lui est propre et, pour une part, il doit intégrer des valeurs nouvelles et résoudre les difficultés soulevées par l'introduction des moyens techniques modernes.

Au centre de l'œuvre, Mbenda, un jeune homme de vingt-deux ans, se retrouve, comme il le dit lui-même, «au carrefour des temps anciens et modernes» (p. 60). Le héros a quitté l'école, il avait quinze ans, choisissant le village et le métier de pêcheur, comme les siens, de préférence à la ville où il aurait pu devenir manœuvre ou commis dans une entreprise. Les problèmes qu'il connaît n'ont pas qu'une dimension personnelle, ils intéressent toute la société villageoise. Aussi, l'événement choisi par le romancier comme nœud de l'action est-il capital: il s'agit du mariage de Mbenda, acte qui donne lieu à une large peinture sociale où la rencontre de la tradition et du modernisme ne s'accomplit pas sur un mode tragique, car l'intervention fréquente de l'humour manifeste une sagesse profondément humaine.

Le mariage est l'un des grands moments pour l'individu et il est vital pour le groupe. Aussi est-il entouré des traditions les plus sacrées. Le mariage de Mbenda est toutefois spécial. Son père, Edimo, au moment de sa mort, a engagé la parole de Tanga, son ami, pour qu'il donne comme épouse à Mbenda la première fille qui naîtrait de l'une de ses femmes. Or, la parole d'un homme devant la mort lie davantage qu'un testament écrit. Le héros-narrateur — le roman est à la première personne — disserte longuement sur la supériorité de la parole par rapport à l'écriture. Le point de vue exposé renverse les normes occidentales et marque la spécificité de la conception africaine.

La cérémonie la plus spectaculaire qui entre dans le processus du mariage traditionnel est sans conteste la grande palabre au cours de laquelle les deux familles s'entendent sur les conditions du mariage, en particulier sur la dot. Dans le roman, deux conceptions de la dot s'affrontent. Selon la première et conformément à la tradition, la dot représente le dédommagement donné aux parents en compensation de l'aide que leur fille leur apportait, position raisonnable et juste. La seconde conception est une déformation engendrée par les conditions et les valeurs nouvelles: la dot devient l'occasion de tirer le maximum du prétendant. Dans le cas précis de Mbenda, la dernière volonté du père et son caractère sacré fournissent l'occasion de faire monter les enchères. Cet affrontement se précise tout au long de la palabre qui réunit les deux partis intéressés par le mariage de Mbenda.

La palabre représente un exercice unique de la parole. Chaque groupe possède son porte-parole et c'est l'orateur le plus brillant et le plus astucieux qui a le plus de chances de l'emporter. Au cours de cette joute oratoire l'important consiste non pas à comprendre ce que dit le protagoniste, Njiba en l'occurrence, mais bien à découvrir ce que cachent ses paroles. Il s'agit, en effet, de mettre à jour la tactique employée par l'adversaire. À ce jeu, le roi Salomon, porte-parole de Mbenda, se montre très habile et c'est lui qui aura le dernier mot.

L'œuvre de Francis Bebey comporte beaucoup d'autres scènes qui nous montrent l'Afrique de l'intérieur. Il y a, entre autres, tous ces rites mystérieux qui entourent la naissance d'un enfant. Nous sommes alors plongés dans un monde qui nous paraît insolite, où les forces invoquées sont d'ordre spirituel, lorsqu'elles ne se perdent pas dans la magie. Mais il y a aussi la vie de tous les jours dans un village africain, les problèmes particuliers que posent la polygamie, l'incorporation très difficile de l'individu qui veut vivre à l'européenne, les mutations engendrées par l'introduction de techniques nouvelles, une borne-fontaine par exemple, sans oublier les interventions épisodiques mais gênantes du pouvoir colonial.

Tous ces éléments sont reliés à l'action principale que constituent les amours et les déboires de Mbenda. Lui qui aime Agatha Moudio, la fille aux mœurs apparemment légères, lui que la volonté de son père lie à Fanny, fille de l'ami Tanga, réussit cependant à concilier, mais à quel prix, ses devoirs de fils et ses aspirations amoureuses légitimes. Toutefois, cela ne va pas sans problème et, selon la prédiction de sa mère, Mbenda en voit «de toutes les couleurs» (p. 208): la fille que lui donne Fanny n'est pas de lui, mais d'un ami; le fils d'Agatha est un métis.

Les catégories cartésiennes sont complètement renversées par les conseils que le roi Salomon donne à Mbenda: «Je te le répète, tes yeux n'ont pas besoin de regarder derrière, puisque tu les as devant. Derrière, il y a l'adultère de ta femme, que tu n'as pas besoin de voir. Devant, il y a ce que deviendra «ta» fille. C'est là que tu dois regarder» (p. 144). Voilà pour la fille de Fanny. Quant au garçon d'Agatha, il est vu de la même façon: «Et puis, tu sais, qu'il vienne du ciel ou de l'enfer, un enfant, c'est toujours un enfant» (p. 204).

Cette conclusion étonnante, ce dénouement inattendu – Mbenda accepte les deux enfants –, sont tout à fait conformes à la logique interne de l'œuvre: une société qui sait respecter la parole possède aussi un respect sans borne de la vie et de l'homme. *Le Fils d'Agatha Moudio* nous montre les lois qui régissent le fonctionnement de la société villageoise et les personnages qu'il fait vivre possèdent une vie intérieure suffisamment intense pour n'être dupes à aucun moment, ni de l'ancien, ni du nouveau. Le roman de Francis Bebey représente donc un renouvellement important du roman camerounais et aussi du roman négro-africain.

Fernando Lambert

Fils (Le) de Kouretcha, Nivelle, Éditions de la Francité, Coll. Romans contemporains, 1970, 172p.
Roman d'Aké Loba.

Ancien commis expéditionnaire des commandants coloniaux et donc bras droit de ces hommes importants d'une ère révolue, Pierre Dam'no, sexagénaire en perte de vitesse depuis l'indépendance de son pays, n'occupe plus un seul poste administratif, même pas celui de chef de canton des «fils de Kouretcha» qu'il convoite depuis la veille du départ des administrateurs coloniaux. Tout au plus aura-t-il été le conseiller de l'ancien chef de canton destitué depuis que lui et les siens ont réussi, les armes à la main, à empêcher la construction d'un barrage sur le fleuve Kouretcha, leur dieu.

Tout cela ne tarit cependant pas les rêves de grandeurs de Dam'no qui, se souvenant de ses expériences d'ancien agent colonial, se croit promis à la députation. Son aveuglement est tel qu'il se laissera facilement berner par Moussa Dombyia, sergent à la retraite qui, s'étant découvert une vocation de féticheur, réussit à soustraire des moutons et des milliers de francs CFA à Dam'no en lui promettant le succès. Quand ce dernier découvrira la supercherie de Dombyia, il le tuera avant d'aller chercher refuge auprès du préfet Tougon, l'un des personnages principaux de ce roman qui a obtenu le prix littéraire Houphouët-Boigny.

Malgré les premières impressions, ce n'est pas de l'histoire d'un homme qu'il s'agit dans ce roman mais plutôt de celle d'un village aux prises avec les problèmes que soulèvent les «impératifs de développement»: c'est parler, du coup, de l'opposition entre la tradition et la modernité en Afrique noire. Si Tougon se voit affecté dans cette circonscription, c'est dans le but «d'amener à la raison» les farouches «fils de Kouretcha». Par sa persévérance, sa connaissance des hommes et moyennant quelques astuces, il réussira à faire accepter par les «fils de Kouretcha» l'idée de laisser reprendre les travaux sur le barrage. Son rôle aura donc été celui d'un habile médiateur entre les villageois qui ne veulent rien changer au milieu dans lequel ils vivent et les techniciens venus d'ailleurs et qui ne pensent qu'à la prospérité qui, d'après eux, suivra la construction du barrage.

Les plus en vue parmi les techniciens sont les Français Demblin et Franblanc. Si le premier ne cache pas son zèle de missionnaire laïc, le second, lui, a appris à mieux se faire voir des Africains. Cela lui vaut non seulement de recevoir son surnom de Franblanc mais aussi et surtout d'accéder à des postes de responsabilité auxquels rien, dans son passé, ne le destinait. Ses liens avec Douk, son employé et associé commercial, et des histoires de fausses factures montrent aussi à quel point son vrai nom, Derobet (comment ne pas penser à *dérober*?), est révélateur.

Face à ces techniciens, les personnages influents parmi les «fils de Kouretcha» se divisent en deux groupes: d'un côté, Dam'no qui se posera inutilement en défenseur inconditionnel de la tradition, le nouveau chef de canton, homme tout en faux-fuyants qui finira par se convertir au catholicisme et le Vieux, Kouretchami, chef spirituel et donc véritable guide des «fils de Kouretcha» et que Tougon amènera à changer d'avis sur le problème du barrage; de l'autre côté, il y a Bayolaboyard, l'instituteur qui se dépense continuellement pour assurer la formation des jeunes du village.

Nous retrouvons deux personnages de *Kocoumbo, l'étudiant noir*, le premier roman de Loba: il s'agit du préfet Tougon et du commerçant Douk. Au deuxième chapitre du roman, ils se rappelleront leur misère commune à Paris quand ils y étaient encore étudiants.

Contrairement à ce qui était le cas dans *Kocoumbo* où il nous révélait ses personnages importants, Loba se borne ici à nous les présenter et à les analyser. Le résultat en est que nous n'avons finalement que des personnages conventionnels: Franblanc, l'expatrié qui est en Afrique pour faire fortune; Dam'no, vieil homme ridicule et symbole d'une Afrique dépassée; Bayolaboyard, l'intellectuel toujours prêt à se sacrifier pour les siens; et Tougon, l'administrateur modèle qui trouve toujours le moyen d'accomplir les missions qu'on lui confie... pour ne citer que ceux-là.

On ne saurait nier l'intention didactique de Loba dans ce livre. Signe des temps, Franblanc et Demblin seront promus Chevaliers de l'Ordre National et du Mérite d'Aide à la Coopération au septième et dernier chapitre du roman alors que les travaux de barrage n'auront toujours pas été achevés.

Jonathan Ngaté

Fils (Le) de l'Almamy suivi de **La Case de l'homme**, Paris, P.J. Oswald, Coll. Théâtre africain, 20, 1973, 76p.

Drame historique de Cheik Aliou Ndao.

Cheik A. Ndao évoque ici un épisode de la résistance à la pénétration européenne dans l'Afrique de l'Ouest pendant le dernier quart du dix-neuvième siècle.

Pendant une période de trêve avec la France, l'Almamy Samori a envoyé son fils Karamoko en mission en France. L'action de la pièce commence au moment où Karamoko, après une absence d'un an, rejoint le camp de Samori. À la grande déception de Samori, pour qui la mission devait être l'occasion de se renseigner sur les secrets militaires de l'ennemi, Karamoko se montre impressionné par la supériorité technique des Peuples de la Mer, surtout par leurs fabriques d'armes, et ébloui par la chaleur de l'accueil qu'ils lui ont réservé. Malgré les supplications de son épouse, Sendi, et de sa grand-mère, Sohna, et en opposition consciente à la volonté formelle de l'Almamy, Karamoko se voue à défendre activement la cause de la paix. Encouragé surtout par Kéné, la première femme de l'Almamy qui est jalouse du choix de Karamoko comme héritier désigné au détriment de ses propres fils, Samori décide de trancher le conflit en faisant emmurer son fils rebelle.

Comme dans *L'Exil d'Albouri*, les deux protagonistes, bien qu'animés l'un et l'autre par le sens de l'Honneur et du Devoir, incarnent des réactions divergentes devant la menace de l'invasion étrangère. Karamoko est persuadé que les Peuples de la Mer sont magnanimes et désirent la paix alors que Samori est «attentif au rugissement des canons sur notre sol» et rappelle que les Français font la guerre à Ba Bemba, à Albouri et à Béhanzin. Karamoko craint le massacre des soldats de Samori par les troupes françaises mieux armées et renforcées par des mercenaires noirs alors que Samori ne redoute rien de plus que le doute, «ennemi mortel d'un soldat». Mais la différence fondamentale entre les deux personnages

réside dans l'importance accordée par Samori à l'autodétermination («Ayons notre destin entre les mains pour l'acquérir») et celle accordée par Karamoko à l'avantage immédiat («Assurer le bonheur immédiat, la certitude d'un sommeil paisible dans l'attente d'aucun besoin»).

Le Fils de l'Almamy reprend en partie le matériel de l'*Entrevue de Samori et du capitaine Péroz* composée et jouée par les élèves guinéens de l'École normale William Ponty en 1936. Dans la pièce de Ponty, Samori, convaincu par le rapport que lui présente Karamoko sur la puissance des armées françaises, accepte de signer la paix avec les Blancs. Cette pièce présente Samori comme un tyran qui fait régner la terreur sur les populations locales mais qui, intimidé par les réprimandes et les menaces du capitaine Péroz, renonce à la guerre et s'associe à l'œuvre civilisatrice de la France. La pièce de Cheik Ndao corrige cette image faussée de Samori en situant ce personnage comme l'un des constructeurs de grands ensembles politiques supratribaux, tels Chaka et El Hadj Omar. Ce phénomène constitua en effet un dernier sursaut d'indépendance avant la conquête européenne.

Mais le personnage-charnière de la pièce, comme l'indique le titre, n'est pas l'Almamy lui-même, mais son fils, Karamoko, victime innocente de son propre mirage et des intrigues de Kéné. Cette pièce, montée par l'auteur avec la Troupe des Écoles Normales de Thiès en mai 1967, nous paraît autant une mise en garde contre les séductions de l'Occident qu'une présentation nuancée de l'option d'une indépendance effective. Les témoignages des griots Samba (*L'Exil d'Albouri*) et Maliba (*Le Fils de l'Almamy*) nous permettent de connaître le passé et d'en tirer des leçons à réinterpréter à la lumière des exigences du présent. Dans ce sens, comme nous dit le Prologue, «le verbe ne meurt pas».

Gary Warner

Fils (Le) du fétiche, Paris, Nouvelles Éditions Latines, 1955, 207p. – Préface de Jacques David.
Roman de David Ananou.

Le roman se déroule à Séva, village situé à l'est de Lomé, capitale du Togo. C'est dans cette localité que Sodji s'installe sur la ferme de son oncle au sortir du couvent du Tonnerre. Il s'enrichit rapidement et épouse deux femmes à six mois d'intervalle. Il mène cinq ans de vie malheureuse, se laissant aller au désespoir et noyant ses soucis dans l'alcool. Sodji tombe amoureux d'une jeune fille de vingt ans, Avlessi, adepte qu'il a connue au couvent. Ses deux femmes s'opposent à cet amour. Elles tentent de faire manger à leur mari une poudre noire préparée par un charlatan et qui devrait provoquer la rupture entre lui et Avlessi. Sodji les surprend un soir qu'elles se préparaient à glisser la fameuse poudre dans sa nourriture. Il les répudie et célèbre un mariage pompeux avec son amante. Mais leur bonheur n'est pas total parce qu'aucune naissance ne vient couronner trois ans de vie conjugale. L'intervention des charlatans, des grands féticheurs du Tonnerre et de Dan est vaine. Sur les conseils d'une cousine de Lomé, Avlessi se fait traiter par un médecin blanc du nom de Merlin. Le résultat ne se fait pas attendre. Deux mois après, la femme de Sodji est enceinte. Elle accouchera d'un garçon. Les cérémonies du huitième jour se déroulent comme le veut la coutume et on donne à l'enfant le nom de Dansou (fils de Dan) pour honorer la promesse faite au fétiche de ce nom (Dan signifie serpent). L'enfance de Dansou n'est marquée par aucun événement extraordinaire. Il vit sous la protection de tous les féticheurs de la région. Adolescent, il fait preuve de qualités exceptionnelles et devient à la fois pêcheur, poète et penseur. Déjà célèbre dans sa tribu, il tombe amoureux d'Afiavi, une jeune fille de seize ans. Ayant accompli selon la coutume toutes les formalités de mariage, il épouse cette dernière. Le vieux Sodji expire quelques lunes après cet heureux événement. Dansou quitte son village pour s'établir à Sekondi, au Ghana, où il se convertit au christianisme.

Le Fils du fétiche s'inscrit dans le droit fil des romans de mœurs des années 1950. À travers une intrigue simple, les difficultés de ménage de Sodji et l'ascension glorieuse de son fils Dansou, David Ananou dresse un tableau complet des mœurs de la société du Sud Togo. Les pages du roman constituent un véritable document ethnologique sur le mariage, la naissance, l'éducation, la religion, la médecine, les cérémonies funéraires, etc. Mais le regard que pose le romancier sur cette société n'est pas celui d'un témoin impartial qui cherche à décrire les faits avec objectivité. David Ananou veut entreprendre une œuvre d'édification et concevoir un type d'Africain nouveau. Pour lui, certaines pratiques de la société traditionnelle ne répondent pas aux exigences du monde moderne et doivent être bannies. Sont à condamner le mariage forcé, les ripailles lors des cérémonies funéraires, l'étrange traitement qu'on fait subir au mort. Par contre la vie communautaire, la soumission à l'autorité paternelle, l'amour du terroir sont des valeurs qu'il célèbre. David Ananou réprouve la pharmacopée indigène: son empirisme met en doute son efficacité. Il fait passer la mère de Dansou par une période de stérilité, créant ainsi l'occasion de démystifier la supercherie des charlatans. Le défilé des féticheurs, leurs pratiques les plus élaborées et leur faconde n'ont en rien aidé Avlessi. De l'autre côté, il n'a fallu au docteur Merlin qu'un traitement de deux mois pour guérir la patiente de sa stérilité.

Somme toute, *Le Fils du fétiche* apparaît comme une apologie du christianisme, valeur suprême aux yeux du romancier. Dansou est le type d'homme nouveau dont l'attitude offre un modèle. Le fils de Dan refuse le syncrétisme résultant de la coexistence de la pratique animiste et de la religion chrétienne.

Certes il aime la patrie, mais il est indigné de constater que certains de ses amis demeurent à la fois chrétiens et animistes. Le christianisme est la seule voie possible et Dansou se convertit.

Le Fils du fétiche est une œuvre presque contemporaine de *L'Enfant noir* (1954) de Camara Laye. Les deux écrivains posent sur le milieu africain le même regard d'intériorité mais là s'arrête la ressemblance. Camara Laye, avec une étonnante facilité, retrouve la vision de l'enfant qui découvre un monde à qui il prête la douceur et l'innocente beauté de son âme. *L'Enfant noir* se développe comme un vaste poème où la langue française acquiert la fluidité du parler africain, annihilant toutes les aspérités qu'auraient pu créer les imparfaits du subjonctif. David Ananou, quant à lui, a le regard de l'adulte, juge et réformateur. Son œuvre témoigne également d'une grande maîtrise de la langue française mais le souci du détail ethnologique et les nombreux commentaires du narrateur enlèvent au roman son unité de ton.

Simon Agbéko Amégbléame

Flamme bleue, Paris, Éditions de la Revue Moderne, 1969, 84p. – Préface de Roland Colin.
Recueil de poèmes d'Yves-Emmanuel Dogbé.

Poèmes militants, poèmes politiques parfois, mais aussi témoignage d'un attachement profond à la terre natale, d'une croyance en l'Homme, le recueil d'Y.-E. Dogbé aborde les thèmes les plus divers avec ce lien qui confère l'unité: la personnalité de l'auteur.

Son humanisme, son militantisme le conduisent parfois à exhorter son peuple, les jeunes tout particulièrement («Combattez, combattez le mercantilisme»). Prière véhémente qui, dès lors, implique la volonté farouche de convaincre, c'est-à-dire de schématiser, de porter l'idée à son paroxysme, de laisser le militant se substituer au poète («En marche»). Mais peut-il en être autrement?

Dogbé choisit de défendre une cause et le poète doit alors céder la place au militant. Qu'il nous soit toutefois permis de préférer le poète (celui qui évoque «les esclaves en quittance sur un globe en hâte») même si Dobgé ne peut accepter une telle dichotomie.

On peut être gêné mais néanmoins comprendre la grandiloquence de certains propos («Louange au fleuve Mono», «Ô patrie»); on ne peut douter de leur sincérité et de leur générosité. Là encore, nous préférons la sobriété d'autres poèmes («Affres»), sobriété qui s'épanouira dans le recueil suivant: *Le Divin Amour*.

Le recueil recèle cependant d'autres horizons: l'émotion est présente («Douce grand-mère»), l'enfance avec la berceuse «Dors coco», l'évocation de la terre natale. Les images du continent («Mère Afrique»), du pays («Ô patrie»), de la ville («Lomé») s'imposent au poète qui jette cependant un regard sur lui-même, sur ce «solitaire», ce «singulariste d'un ciel sans sœur». Le rythme des mots, les jeux sur les mots, les allitérations («Commun limon») ne sont pas dédaignés et certains poèmes, principalement les poèmes en prose, laissent entrevoir des qualités que le poète devra affirmer absolument.

Bernard Magnier

Fleurs de cuivre, Kinshasa, Centre Africain de Littérature, 1973, 31p.
Recueil de poèmes de Tschimanga Membu Dikenia.

Poèmes de désarroi et d'angoisse profonds, les vingt-six pièces en vers libres et sans ponctuation du recueil expriment toutes un vide que l'auteur cherche à combler. Elles décrivent un passé rempli de besoins sentimentaux inassouvis. Le cri du «je» sort ici baigné de tout un lyrisme jaillissant d'un cœur meurtri par la déception, la tristesse, les remords, la recherche éperdue mais vaine du bonheur et de l'innocence première toujours fuyants. Le «je» est avec le «tu» les deux personnages entre lesquels se partagent les douloureux sentiments d'inassouvissement. Alors que le «je» est le poète lui-même, le «tu» est surtout cette amante, reine de son «paradis perdu», qui est parvenue à créer le néant dont le poète a peur («Rumeur»). Le dialogue que le «je» tente de nouer avec le «tu» est comme celui des sourds qui ne peuvent pas communiquer ou comme celui des aveugles qui cherchent à tâtons mais ne trouvent pas. Rien ne peut rendre au poète l'équilibre psychologique qui lui échappe. Même le sommeil («Si tu voyais») — ce retour à l'existence prénatale, ce moyen de défense contre la triste réalité, cet état de non-être par lequel s'abolit le temps — qui lui aurait donné le baume tant souhaité ne lui vient pas en aide. Le poète devient donc un tissu de contradictions et de crises. Cela devient particulièrement évident dans l'ode intitulée «Amani Fleur de cuivre», dans laquelle la femme est tantôt vouvoyée pour marquer son inaccessibilité, le respect et la distance, et tantôt tutoyée pour indiquer l'intimité et l'amour réciproque.

Le sort du poète ainsi que les secours auxquels il fait appel le rapprochent beaucoup de Baudelaire dans *Les Fleurs du mal*. Comme Baudelaire, le poète zaïrois est particulièrement attiré par la chevelure de son amante qui est pour lui le symbole de la beauté féminine. Les parties et le mouvement du corps soulignent aussi la sensibilité et la beauté ravissante de la femme chez Dikenia. Alors que Baudelaire cherche dans le vin et le haschisch («Le poison») des moyens pour créer un idéal artificiel et pour atténuer le malheur de sa vie, le poète africain cherche, lui aussi, à illuminer la tristesse de son existence par la musique, la danse, la cigarette, le parfum et l'alcool. Comme dans *Les Fleurs du mal*, l'impression qui ressort de ces poèmes est celle de la recherche éperdue mais futile du bonheur qui est toujours lointain même dans «Main dans la main», poème de la fraternité.

Mais Dikenia n'est pas Baudelaire.

Pour rendre la sensualité de sa maîtresse aussi séduisante que possible, il emprunte ses images aux arbres fruitiers comme l'ont fait nombre de poètes noirs, surtout les Antillais. Alors que le vers chez Baudelaire respecte scrupuleusement les règles de la versification française, les vers de Dikenia, comme ceux des poètes africains, sont affranchis de ces contraintes et respectent plutôt le rythme du chant africain. La qualité poétique de ces vers se révèle au niveau des mots et des groupes rythmiques. Le mouvement des vers libres répond ainsi à cette effusion incontrôlable du cœur qui caractérise les poèmes personnels. Finalement, le choix des mots est dicté par la simplicité du langage et par le paysage local, y compris le vocabulaire de la vie rustique.

Samuel Ade Ojo

Fleurs de latérite, Monte-Carlo, Éditions Regain, Coll. Poètes de notre temps, 89 / **Fleurs de latérite. Heures rouges** (d'abord édité dans *Bulletin de l'Association des Étudiants Camerounais en France* en 1954), Yaoundé, Éditions CLÉ, Coll. Poésie, 1971, 54p.

Recueil de poèmes de François Sengat-Kuo.

Les treize poèmes de *Fleurs de latérite* et les trois de *Heures rouges* sont autant de poèmes de la négritude et de la «révolution». Ils ont été composés à la même époque que les *Coups de pilon*, de David Diop, et les plus récentes des œuvres des trois ténors du mouvement de la négritude, Damas — Césaire — Senghor. Ils revendiquent le rétablissement de la dignité du Nègre, la place qui revient de droit à la race noire au sein de la communauté humaine, à travers l'expression de l'indignation et de la révolte du poète face au sinistre passé de sa race, la survivance de ce passé dans les temps présents.

Les poèmes, dont l'auteur se plaît à dire qu'ils constituent des œuvres de jeunesse, sont simples, très simples, comme si le souci principal du poète était de se faire comprendre, instantanément. Plus particulièrement, les poèmes de *Heures rouges*, dédiés à la mémoire des vaillants compatriotes de l'auteur tombés au champ d'honneur au cours du soulèvement populaire de septembre 1945 à Douala, qui dénotent la prise de position du poète et condamnent le système colonial et les diverses structures qu'il a mises en place pour exploiter les masses indigènes et réprimer toute révolte contre la domination et la misère.

Dans un premier temps, Sengat-Kuo se réfère au passé de servitude de la race noire et prend à son compte les souffrances du Nègre, à l'instar des premiers tenants de la négritude. Bien sûr, un poète est, par définition, un être fort sensible aux conditions de vie de ses congénères. Mais qu'est-ce qui explique qu'il ressasse ici encore quatre cents ans d'un esclavage aboli fort heureusement depuis longtemps, si ce n'est les manifestations des formes nouvelles qu'il a prises maintenant, et les conséquences de cette métamorphose.

Avant-hier, quand les Blancs sont venus sur le continent africain, ils ont acheté nos ancêtres. Récemment, en nous imposant par le biais de la colonisation leur culture et leur civilisation, «ils sont venus... / bibles sous le bras / fusils en mains / les morts se sont entassés / l'on a pleuré...». Le combat de libération que la race noire a livré hier est un combat encore actuel, affirme Sengat-Kuo.

Les poèmes de Sengat-Kuo ne sont fleurs que par euphémisme. Ce sont de véritables braises qui vous brûlent et vous réveillent, pour obtenir votre adhésion au combat du «renouveau» africain. Ils sont, plus qu'un dialogue intérieur, personnel, et avec le lecteur africain, un *appel* devant le *constat* «décevant» de la confiance peut-être forcée que le Noir a faite jusqu'à présent au colonisateur.

Dans «Ils m'ont dit», Sengat-Kuo reprend, après Du Bois et Senghor, le thème du Nègre enfant, bon sauvage, dont chaque action, chaque geste, est l'objet de la risée et de la moquerie du Blanc, qui le dénature ainsi pour pouvoir l'asservir et l'exploiter davantage.

«La mémoire du sang», «Fidélité», «Fierté», «Préjugé» sont les derniers poèmes de la première série consacrée à l'esclavage. Je suis l'esclave d'hier, constate Sengat-Kuo, mais je porte en moi un avenir certain. On a «blanchi» ma cervelle, mais je ne renierai point ma négritude. Donc, Noir mon frère, tu ne dois pas renier non plus ta négritude, car tu portes en toi un avenir certain.

Puis Sengat-Kuo, au plus profond de son indignation, de sa révolte et de l'espoir pour la renaissance certaine de sa race, aborde le thème de la non-haine et du pardon propre à Césaire et Senghor. Ils triment (les Nègres esclaves), le dos couvert de sang et de sueur sous la chicotte du garde-chiourme, mais ils chantent, non pas la vengeance et la haine, mais la joie et la douceur d'aimer.

«Lettre à un combattant», «Je veux être la fronde», «Le temps de se ceindre les reins», «Mystification», «Nostalgie» et «Aux dimensions de l'humain» constituent la deuxième série des *Fleurs de latérite* et elle est consacrée à la colonisation en tant qu'institution prorogeant l'esclavage insidieusement, rendant la misère du Nègre plus atroce encore, parce qu'elle entretient le mythe de l'indépendance. Le système colonial est autrement et psychologiquement plus exploiteur, plus avilissant et plus répressif que l'esclavage.

Sengat-Kuo constate que, d'un bout à l'autre de la rencontre de sa race avec l'Occident, les relations demeurent celles du colonisé et du colonisateur, du faible et du fort, de l'esclave ou serviteur et du maître. Mais ses «tam-tams préfigurent la danse de demain...» et ses «fleurs jaillies de latérite» «convieront toutes les races de la terre / à la danse au clair de lune / à la danse de la vie / au festin du renouveau». Et il faut faire appel à tous les Nègres pour qu'ils participent à l'espoir pour l'entente et la fraternité entre les races, en tant que condition sine qua non du renouveau africain.

Mais dans les trois poèmes de *Heures rouges*, Sengat-Kuo se montre plus dénonciateur et plus intransigeant, car il estime qu'il a assez pardonné, qu'il a assez fermé les yeux sur les sévices et les massacres de citoyens revendiquant leur droit au pain et à la joie. Et l'on comprend mal comment le critique qu'est Thomas Melone ait pu qualifier ces cris du poète de «naïveté révolutionnaire». Quoi de plus légitime et réaliste que de soutenir un mouvement populaire de grève et d'y prendre part, parce qu'on en a assez de voir ses enfants hurler de faim, alors que les patrons indigènes, les agents de l'administration coloniale et leurs familles vivent dans l'abondance!

Malgré les massacres et le sang versé, dans le «silence peuplé de voix», «nous continuerons la grève / nous continuerons le combat... / pour qu'enfin entre / dans nos maisons / dans nos poumons / tout le soleil du monde... / pour que tombent / de nos corps lourds de promesses / les sangsues voraces de nos lendemains / pour qu'enfin le nègre / dans les cités à venir / ne soit plus qu'un homme / comme les autres / un homme tout court / et pour que vive le Cameroun».

Malgré la minceur du recueil de Sengat-Kuo, de trois à sept poèmes selon les séries, abordant les thèmes de l'esclavage, de la colonisation et des conditions coloniales propres à son Cameroun natal, il a su traduire, avec presque la même verve que les ténors de la négritude, l'univers de révolte et d'espoir pour la renaissance africaine.

Yves-Emmanuel Dogbé

Force bonté, Paris, Rieder et Cie, 1926, 211p.
Roman autobiographique de Bakary Diallo.

À Bakary Diallo on attribue généralement l'honneur d'être le premier auteur africain d'un roman original en français; ce qui n'est vrai qu'à condition de ne pas considérer le *Batouala* (1921) de René Maran comme un «roman africain» et de ne pas tenir compte des *Trois volontés de Malic* d'Ahmadou Mapaté Diagne.

Bakary Diallo était un Fulani analphabète, de parents nobles et aisés, dont il garda les troupeaux jusqu'en 1911 quand il fut recruté dans l'armée française. Après trois ans de service au Maroc, au cours desquels il apprit à lire et à parler français, il fut envoyé en France, au début de la Première Guerre mondiale. Une blessure grave dans la Marne – la mâchoire fracassée – lui valut une longue période d'hospitalisation et une série d'opérations. Il attira l'attention d'une «marraine», Mme Lucie Cousturier, fille d'un haut fonctionnaire colonial en Guinée française. À cause de ses blessures, Diallo ne pouvait pas rentrer en Afrique à la fin des hostilités; Mme Cousturier continua à s'intéresser à ses protégés expatriés, dont ce jeune Sénégalais, à l'âme poétique, qu'elle encouragea à raconter les souvenirs de sa jeunesse idyllique et ses expériences des horreurs de la guerre. C'est l'éditeur qui avait publié *Des inconnus chez moi* de sa «marraine» qui fait paraître *Force bonté* en 1926, avec une préface de Jean-Richard Bloch.

Cette autobiographie romancée et idéalisée s'ouvre sur une description rousseauiste de la vie simple et heureuse du jeune pâtre rêveur, qui contemple les cieux, les arbres et les étoiles au lieu de surveiller ses troupeaux, qu'il perd régulièrement. Fasciné par les merveilles de la nature, il médite sur la toute-puissance du Créateur. Mais son idylle est brutalement interrompue lorsqu'on l'enrôle et l'entraîne aux manœuvres militaires dans une langue incompréhensible pour lui. Au plus fort de ses épreuves sur le front et de ses souffrances dans les hôpitaux, Bakary ne perd jamais sa foi en la bonté inhérente à l'Homme et au Français en particulier. Il réagit avec une incompréhension embarrassée à la brutalité et aux injustices, dont il est le témoin et même parfois la victime. Il n'en retient que des souvenirs de générosité, de loyauté, de

262 / *Force bonté*

«force bonté», et une confiance inébranlable dans la possibilité d'une coopération et d'une compréhension permanentes entre les races noire et blanche. Le titre de ce livre ne comporte aucune trace d'ironie.

Ceux qui ont connu Bakary Diallo dans les années d'après-guerre, dont Robert Delavignette, ancien directeur de l'École Coloniale de la France d'Outre-mer, et Mme Marie-Rose Paupy, fille du poète Marcel Martinet (le lecteur qui recommanda le manuscrit à la maison Rieder), ont confirmé que le caractère de poète qui ressortait de son livre était le sien propre. Il aurait eu un naturel doux, rêveur, très sensible, assez mélancolique, entièrement conforme aux effusions lyriques de sa prose. D'ailleurs, en 1920, l'ancien tirailleur sénégalais devient citoyen français, marquant ainsi d'un sceau officiel l'amour qu'il ressent pour la France, et affirmant sa confiance dans une entente éventuelle entre les colonisés et le pouvoir colonial. N'est-ce pas le thème essentiel de son livre? Quelque sincères que fussent ces nobles sentiments, ils n'étaient pas de nature à lui attirer la sympathie des jeunes intellectuels noirs, disciples de la nouvelle doctrine de la négritude, qui, dans l'entre-deux-guerres, lançaient les premiers réquisitoires contre les maux du régime colonial français en Afrique. Aussi, ces derniers ont-ils préféré prendre comme premier «véritable roman nègre» le *Batouala* de René Maran. Les critiques et les africanistes subséquents vont juger *Force bonté* selon des critères plus purement littéraires, le considérant, en raison de sa valeur, comme le précurseur d'une longue lignée de romans autobiographiques, en en négligeant l'intention morale et le message politique plutôt naïf de l'auteur.

La nostalgie d'une enfance bucolique, le regret des simples joies d'une existence rustique, non corrompue par l'occidentalisation, imprégneront maintes pages de ces ouvrages, dont *L'Enfant noir* de Camara Laye sera le plus célèbre. On retrouve ces mêmes échos dans la première partie d'*Un piège sans fin* d'O. Bhêly-Quénum, qui raconte l'enfance sereine et l'adolescence vouée à la musique et à l'adoration de la nature d'Ahouna, son héros tragique.

Paradoxalement, en dépit de la naïveté apparente de Bakary Diallo face à la réalité coloniale, son roman marque quand même le début d'une prise de conscience, dans la littérature noire naissante, du conflit dans l'âme du colonisé, tiraillé entre les valeurs de son ancien mode de vie et celles de l'Occident. C'est là la thématique fondamentale qui nourrira toute une génération de romans négro-africains d'avant les Indépendances. La plupart déploreront le conflit culturel qui promet de détruire les traditions africaines; les plus militants lanceront une polémique contre les maux du colonialisme. Seul, Ousmane Socé, dans son roman *Karim* (1935), se montre le disciple de Bakary Diallo en recommandant à ses compatriotes de prendre en exemple la civilisation européenne et en exprimant le vœu d'un rapprochement entre Noirs et Blancs.

Outre l'intérêt thématique, c'est-à-dire une «lecture instructive et réconfortante», rapidement dépassée d'ailleurs, cette première création littéraire très originale pose le problème de la langue et du style. Comment, en effet, celui qui, selon son préfacier, «n'est pas un Noir de convention... même pas un Nègre instruit, un instituteur, un fonctionnaire», mais celui qui au Maroc et en France, «a commencé à balbutier le français», est-il arrivé à maîtriser toutes les ressources stylistiques de la langue, cette limpidité poétique et ces rythmes infaillibles qui évoquent si souvent les cadences de J.-J. Rousseau? À défaut de témoignages irréfutables il faut conjecturer que l'auteur doit à Mme Cousturier au moins quelques corrections grammaticales qui ont donné au style son élégance.

Dorothy S. Blair

Frasques (Les) d'Ebinto, Paris, La Pensée Universelle, 1975, 156p.
Roman d'Amadou Koné.

Ebinto, aîné d'une famille de pêcheurs, rêve d'une réussite scolaire lui assurant une «bonne situation». Les encouragements de ses professeurs et de ses amis, ses résultats et son farouche orgueil semblent devoir le conforter dans cet espoir.

Sa rencontre avec deux adolescentes vient modifier ses projets. Laissant partir Muriel, jeune fille riche dont il n'est pas aimé, Ebinto est contraint d'épouser Monique lorsque celle-ci tombe enceinte.

Ebinto ne retourne pas au lycée. Il doit abandonner ses rêves et affronter la réalité. Il est contremaître et agit durement avec ses subalternes. Quant à Monique, son amour se transforme en calvaire: son enfant ne vit pas et elle devient l'exutoire des désillusions de son mari, rendu violent et méchant.

Monique quitte son mari et lui laisse le long récit de ses souffrances. Ebinto comprend alors ses erreurs et va retrouver sa femme. Réconciliés, ils décident de partir en vacances au pays natal. De nuit, la tempête renverse leur embarcation. Ebinto ramène sur la grève le cadavre de Monique. Il lui reste sa solitude.

À 17 ans, Amadou Koné nous propose donc, avec ce que cela comporte de sincérité, d'émotion mais aussi de maladresse, le récit tragique de la vie d'un adolescent déchiré entre la douceur de ses rêves et la violence de la réalité.

La jeunesse du héros est bien sûr le caractère fondamental de ce livre. Confronté sans transition aux vicissitudes de la vie adulte, Ebinto ne supporte pas son destin. Contraint de renoncer à ses ambitions et trop jeune pour assumer cette charge, il se condamne au drame, à l'échec, à la solitude.

Koné insiste sur cette injustice qui frappe son héros. Égoïste et ambitieux

par nécessité, Ebinto doit apprendre le partage et la modestie. Ce qu'il voulait se refuse à lui comme il se refuse à être aimé par celle qu'il a simplement désirée. La «faute» ne trouve pas de pardon. Le couple réuni par devoir ne peut vivre. Monique doit accomplir sa tâche jusqu'au bout: être la victime expiatoire. Le mariage est, pour eux, la brisure irréparable, la rupture.

Malgré ses excès, ses «frasques», malgré son égoïsme forcené, malgré sa conduite impardonnable, Ebinto demeure sympathique. Accablé par un destin contre lequel il ne peut rien, sa jeunesse nous le fait excuser (il vient d'obtenir son B.E.P.C. — Brevet d'études du premier cycle — lorsqu'il doit épouser Monique). En quelques pages (quelques mois), l'enfant précoce du début du livre est devenu un adulte immature. Il dira à la fin du roman: «Moi-même je n'arrive plus à comprendre. Me retrouver dans tout ça? Le rêve, la réalité: non vraiment, je ne pourrai jamais savoir où ces deux choses se séparent.» Monique, quant à elle, avouera dans sa confession: «je me suis trompée sur tous les problèmes de la vie».

Derrière cette trame romanesque, Amadou Koné évoque le quotidien, la scolarité avec ses complicités, ses rivalités, ses échecs irréparables; l'inégalité des chances devant l'avenir (riche, Muriel peut partir en France afin d'y poursuivre ses études); la soumission féminine, la forte influence de l'environnement familial, la précocité du mariage. Autant de thèmes qui donnent un poids à ce roman et lui permettent d'échapper à la sensiblerie.

Roman de jeunesse comme tant d'autres, ce livre, malgré ses faiblesses, laisse percevoir de réelles qualités. Cette analyse d'un adolescent par un adolescent (l'auteur est bien, en effet, le contemporain immédiat de son héros et le «je» du héros-narrateur-auteur renforce les liens qui unissent Ebinto et Amadou Koné) révèle un écrivain prometteur. Père et frère de son héros, Amadou Koné ne sombre jamais dans le mélodrame pesant et sans intérêt, même si certains passages auraient pu être enrichis et d'autres allégés.

Si, à la lecture des *Frasques d'Ebinto*, certains héros romantiques de la littérature européenne peuvent être évoqués, Ebinto se place, plus naturellement, dans la lignée des «enfants noirs», des Samba Diallo, des Climbié. Il reste donc à Amadou Koné à suivre le chemin de ses aînés: Camara Laye, Bernard Dadié ou Cheikh Hamidou Kane.

Bernard Magnier

Fruit (Le) défendu, Yaoundé, Éditions CLÉ, 1975, 145p.
Roman d'Honoré-Godefroy Ahanda Essomba.

Le Fruit défendu met en scène Alima, fils du riche comptable Mbida, qui, se voyant enfin doté d'un fils, comble celui-ci à l'excès et néglige son éducation traditionnelle. C'est ainsi qu'Alima tombe amoureux de sa cousine Mengue Rose. Sage villageoise éduquée par les religieuses, celle-ci tient à respecter l'interdit qui rend sacrilège les liens charnels entre cousins. Citadin affranchi de ces «superstitions», Alima passe outre et viole sa cousine. Cette transgression devient la source des malheurs qui poursuivent les deux cousins jusqu'au jour où tout sera avoué devant les anciens du clan qui organisent alors des cérémonies de purification pour dissiper la malédiction née de cette faute.

Le message que veut transmettre Ahanda-Essomba dans *Le Fruit défendu* est ambigu. Le roman est-il une défense et illustration de la tradition des Beti du Sud-Cameroun? Certains aspects de l'intrigue pourraient nous le faire croire. Cependant, on pourrait aussi penser que l'auteur veut montrer que l'homme africain doit s'affranchir du poids de la tradition.

Le héros, Alima, représente peut-être un point extrême, mais combien courant dans les villes africaines, du jeune homme qui ignore tout, ou presque, de sa généalogie comme des traditions ancestrales. Son père représente le stade intermédiaire entre Alima et les anciens conservateurs. Car Mbida vit «comme un Blanc» et «croit en Dieu» sans toutefois avoir coupé le contact ni avec sa famille au village, ni avec la tradition.

Par certains côtés, la trame du *Fruit défendu*, bien que ses personnages évoluent dans la haute bourgeoisie de Yaoundé, ressemble à un conte didactique. Malgré le titre à résonance biblique, on est tenté de penser au conte *La Belle au bois dormant*. C'est en effet à la fête d'une somptuosité légendaire, organisée au village par Mbida à l'occasion du baptême d'Alima, que le courroux d'un des oncles, Fouda, se fait jour. Mbida avait déjà fêté la naissance d'Alima entre amis à Yaoundé, réunion secrète qui fut une «entorse aux rites familiaux». L'oncle, porte-parole de la tradition, récite un conte où il est question du viol d'un interdit; ce conte deviendra le leitmotiv du roman comme pour en souligner la portée morale.

Jusqu'au jour où il viole sa cousine, Alima, comme l'héroïne de *La Belle au bois dormant*, croît en sagesse et en beauté. C'est à partir de ce viol, réalisation de la prophétie voilée du vieil oncle Fouda, que le mal fait son entrée en scène. C'est ainsi que le mariage de Rose avec un jeune fonctionnaire ne pourra se faire, vu son obstination à cacher le nom de celui qui l'a violée. De surcroît, sa beauté n'est plus puisqu'elle est devenue borgne, ce qui n'est pas sans rappeler la défiguration de l'héroïne de *Maïmouna* (1958) d'Abdoulaye Sadji. Toutes deux ont été sacrifiées au nouvel homme de l'Afrique, l'homme des villes qui ne respecte plus les contraintes qu'imposait la sagesse traditionnelle.

Dans *Le Fruit défendu* ce n'est pas un prince charmant qui sauve les personnages du mal mais plutôt la tradition beti avec son appel à l'aveu devant la tribu, aveu suivi du rite purificateur du tsogo. La malédiction est levée, les cousins Mengue Rose et Alima partent en paix, et la tradition se trouve renforcée. Vu de cette façon, *Le Fruit défendu* se place dans le sillage des œuvres qui défendent la sagesse traditionnelle (cf. *Noces sacrées* [1977] de Seydou Badian; *Les Fils de Kouretcha* [1970] d'Aké Loba). Cependant, le contraire pourrait également être dit car n'y voit-on pas des personnages dont la vie est broyée par une croyance tenace en la tradition? Après tout, la tradition dont nous parle l'auteur ne forme plus un ensemble cohérent car elle a été abâtardie par les exigences du modernisme. Le lecteur se demande si H.-G. Ahanda Essomba ne cherchait pas à montrer l'inanité d'interdits dépourvus de leur bien-fondé d'alors et qui sont devenus des entraves au désir de l'homme africain de se mettre au diapason du monde moderne. *Le Fruit défendu*, œuvre mi-figue, mi-raisin, peut être interprété de diverses façons.

Eloise A. Brière

Fuseaux (Les), parfois..., Paris, Éditions Saint-Germain-des-Prés, Coll. Poésie sans frontières, 1974, 48p.

Recueil de poèmes de Vumbi Yoka Mudimbé.

Sortir le corps de l'humain
À la lumière de la nature
Le plonger vif dans la lueur de la
         nature
Où le soleil l'épousera enfin.

Tel est le mot d'ordre que V.Y. Mudimbé a repris à Antonin Artaud pour son recueil de poèmes. Celui-ci, comme les précédents, *Déchirures* (1971) et *Entretailles* (1973), est fulgurant d'images et empreint d'un mysticisme ardent. Pour Mudimbé, poète, essayiste, romancier, sociologue et linguiste, éminent universitaire, l'écriture est non seulement «un moyen d'expression et de communication, mais aussi et de manière singulière, un lieu de réconciliation avec soi-même, avec les autres». De son propre aveu, «toute expression, pour être véridi-

que, doit être ascèse» (Interview accordée à Monsengo Vantibah en 1974 pour *Elima*, Kinshasa). Les vingt-quatre poèmes du recueil *Les Fuseaux, parfois...* (titre pris au poème initial) demandent à être relus attentivement pour être pleinement appréciés et savourés car ces admirables pièces sont l'expression d'une vérité extérieure qui s'exorcise et ne se livre qu'à travers «des mots qui glissent et s'envolent dans l'orage», sous les «violentes caresses d'un autre monde» (I).

Le poète a choisi d'être «un lieu de sensibilité», et le présent recueil traduit donc en rythmes souples et musicaux «les grâces d'une espérance» et des «traces de bonheur manqué»: «Exubérances hagardes / à la fois / perdues et réglables dans mes frissons» (III).

Mudimbé associe curieusement le concret et l'abstrait. Il invente ainsi des expressions frappantes et très personnelles pour communiquer sa «détresse à mille degrés» ou évoquer «les bouquets champêtres / des enfances d'autrefois», parcourir «les allées de l'instinct», retrouver «les ornières de l'enfance», s'abriter sous «un auvent de songes» ou «les charmilles de [ses] triomphes».

D'autre part, une nature irréelle et miraculeuse à la Douanier Rousseau enveloppe le poète «dès le parvis des cris de feuilles», «des rêves en fougères», «des cristaux d'orchidées / d'un autre temps», «des jacarandas en éveil», «des corolles éventrées», «des pétales déchiquetés» des «sentiers meublés de perles», «des voûtes de saphir», «des générations de nébuleuses», «une nichée de sortilèges». Tout un univers poétique est recréé à partir d'éléments simples et familiers qui parlent au cœur, tels «l'odeur des bûches», «des senteurs d'oliviers» ou «le bruissement des roses». «Pouvoir dire ... dire ...dire ...dire enfin» (III) exprime l'effort du poète pour qui écrire est une tentative d'ascèse, transcendant le réel.

Au cœur du recueil, quatre petits poèmes en prose (IX-XII) de trois strophes chacun paraissent très rimbaldiens de ton, de sentiment et de rythme, dans la fièvre délirante d'un débordement d'images utilisant la synesthésie («avalanches et rumeurs d'or autour de ton corps»). «Ô les parfums de tes déboires» (XVIII) semble un écho soudain de «Ô Saisons, ô Châteaux». Cependant, la «Poésie sans frontière» de Mudimbé sait également s'exprimer à l'africaine, dans le même poème: «Aux croisements des tombes et des honneurs / Dans la lumière des parages et des rites / j'entonne le refrain des pêcheries / et je chante l'hymne des semailles / et je danse le ballet des récoltes.» Ce recueil plein de «spasmes d'agonie» n'en est pas moins «un poème à la vie» (XXII) où «les rites des dieux s'étalent» (XXIII).

Le recueil s'achève en apothéose avec un «Post-scriptum» de six strophes dédiées «à la fleur de cactus» («sourires radieux» / «joie de tes yeux»), reprenant les mêmes émotions mêlées, «retour des échos / et des vagues», «torrents et ouragans» savamment orchestrés pour l'effet final: «Au bord de tes mots / un carrefour / de sonates / l'aube des flots / et l'écume / de nos nuits / .... / À l'ombre de tes ciels / la cantate / de nos ferveurs / corbeille de fruits / offrande / sacrée des dieux.» La disposition typographique de ces vers brefs suggère une lecture scandée et souligne donc le rythme intérieur, ajoutant à la vibration de l'émotion et des images. Maître de la langue, poète plein de dignité et de ferveur, V.Y. Mudimbé est aujourd'hui une des voix majeures de la poésie zaïroise.

Danielle Chavy Cooper

Fusil (Le), Paris, ORTF/DAEC, Coll. Répertoire théâtral africain, 8, 1970, 125p.
Pièce de théâtre de Patrice Ndedi-Penda.

Ndo, le héros, vient d'obtenir la médaille du meilleur planteur de cacao. C'est le moment propice pour l'achat du fusil longtemps rêvé: cela affirmera son importance dans la communauté. Ndo invite le village à fêter la médaille et annonce le projet d'acquisition du fusil.

La pièce narre l'ascension précipitée de Ndo dans l'échelle sociale du village. Les villageois attachent beaucoup d'importance à ces objets, qui sont autant de produits du colonialisme. Mbosi, un ancien combattant, déclare que la médaille fait de Ndo «un vrai homme» et Ndoumban, le chef, fera de lui son deuxième notable. Le catéchiste annonce au village que Ndo sera sacré Ancien de l'Église. Même Kapa, le commerçant bamiléké, honore Ndo et lui accorde de nombreux achats à crédit.

Ndo doit aller vendre son cacao et acheter son fusil à Douala, la grande ville commerciale malsaine où la corruption et le brigandage font la loi. Ndo se fait accompagner par son ami Mbosi, mais il n'est pas moins désorienté par les habitudes de la ville. Par exemple, les deux hommes se sentent insultés par des expressions comme «faire la queue» et «chèque au porteur» parce qu'ils n'ont pas de queue et sont trop vieux pour porter des charges! Leur excès de générosité, tendance caractéristique de nouveaux vendeurs de cacao, leur procure l'autorisation pour l'achat du fusil. Cependant Ndo et Mbosi rentrent bredouilles: deux voyous les attaquent et les dépouillent! Ndo ne trouve pas de sympathie au village; l'engouement de la veille se dissipe au moment où il raconte sa mésaventure à Douala. On s'aperçoit alors qu'il a un caractère très léger. Ses créanciers viennent à la charge et Ndo est obligé de donner ses terres comme gage de ses dettes. Un coup de théâtre met fin à sa détresse: il reçoit en cadeau de sa nièce Ndome et de son mari un fusil et de l'argent, ce qui ramène les «amis de convenance» à ses pieds.

Le Fusil met en relief plusieurs problèmes des sociétés de l'Afrique moderne; entre autres la corruption, la malhonnêteté et le déséquilibre qui s'ensuit, surtout chez les villageois. Toutefois certaines des attitudes des villageois sont nettement exagérées – ils sont d'une ignorance, d'une naïveté et d'une crédulité singulières. Par exemple, ils trouvent normal que la femme du chef «voie» et «entende» le rêve de son mari. Le portrait du chef paraît faux: Ndoumban est plus profiteur que gardien de son peuple; son féticheur est un escroc et un complice.

Le ton de la pièce est assez distrayant et le langage, vivant. Le style s'apparente à celui du théâtre classique. Mais la satire est dissimulée. Le texte est plutôt ambitieux: il soulève des problèmes sans les traiter à fond. Cependant il a su plaire car *Le Fusil* a été couronné du Grand Prix du Concours Théâtral Interafricain en 1969.

Gertrude Edem

G

Gazouillis, Kinshasa, Éditions Ngongi, 1977, 28p.
Recueil de poèmes de Buabua Wa Kayembe Mubadiate.

Gazouillis est un recueil de quatorze poèmes gravitant autour des thèmes aussi divers que l'amour filial, la mort, le combat pour l'égalité des races en Afrique, la condition humaine, l'amour. Le titre de l'œuvre lui-même constitue une véritable toile de fond. «Ô ma mère» est, comme le titre l'indique, dédié à la mère du poète. Que l'auteur l'ait placé en première position dans ce recueil est significatif à plus d'un titre. Après le décès de son père, Buabua doit sa survie et sa situation actuelle aux sacrifices consentis par sa mère. Les images employées sont claires: «Je voudrais te voir mère / T'avoir / Et caresser ces braves mains / Dont la chaleur secrète / M'offrait le souffle de vie.» L'auteur laisse d'ailleurs entendre que de tous les poèmes de son recueil, c'est celui-là qu'il aime le plus. Viennent alors «Étoile», et «À ma chère enfant X» qui sont successivement dédiés au père et à la première fille du poète. La partie des poèmes consacrés à l'amour filial se termine avec «La lune», dans lequel la source d'inspiration a été la sœur du poète.

On arrive ensuite aux poèmes consacrés à la libération de l'Afrique («Tété et tam-tam») et à la condition humaine («Résurrection et jours»). Cela n'étonne pas, car de tout temps, les écrivains ont, au moyen de leur plume, milité en faveur d'un monde débarrassé de toute trace d'injustice, d'aliénation, d'exploitation, de racisme, ces fléaux qui empêchent l'homme d'atteindre le stade suprême de la liberté. Ces poèmes se situent donc dans ce contexte. Et bien qu'au nombre de quatre seulement, ils pèsent de tout leur poids dans ce recueil. Car, situés au milieu même du recueil, ils en forment l'infrastructure, l'essence.

Le recueil se termine par six poèmes consacrés essentiellement à l'amour, affection entre deux individus, affection sans laquelle le monde ne serait pas monde. Déferlent alors des mots qui, manifestement, font penser à la joie, à la foi dans la vie. À travers ces poèmes, qui sont une aventure faite de déceptions mêlées de joie, Buabua Wa Kayembe Mubadiate s'est tracé une voie propre. Ses poèmes sont des chants mélodieux, des supplications, des cantiques. *Gazouillis* est un recueil exclusivement composé en vers libres. En les lisant, le lecteur est immédiatement pénétré par une musique, une cadence et un rythme très profonds. Il s'agit en fait des souffles superposés, des rythmes, «bouillonnement de l'Éros», qui emportent irrémédiablement vers la cime du rêve poétique.

Cette douceur, émaillée parfois d'humour, peut être comparée à celle qui caractérise l'œuvre d'Aimé Césaire. Avec *Gazouillis* et *Ironie de la vie* (1978), Buabua se révèle être une étoile montante de la littérature zaïroise de langue française.

Yamaina Mandala

Génération (La) spontanée, Dakar/Abidjan, Nouvelles Éditions Africaines, Coll. Woï, 1975, 39p.

Recueil de poèmes d'Ibrahima Sall.

Ce recueil veut affirmer la spontanéité et la révolte d'une jeunesse à la fois désabusée et idéaliste. Avec une riche imagination métaphorique et une énergie verbale peu commune, le poète «conteste» les civilisations et les idéologies sclérosées et chante une génération «qui n'a rien demandé à Dieu sinon une terre d'amour»: «Je hais votre compréhension / abhorre votre politique / déteste votre vieille peau ridée de tolérance / tuerai le sourire qui caractérise vos lèvres/ quand devant vous la Jeunesse ouvre la bouche.» Ibrahima Sall souligne pourtant dans sa dédicace non seulement une obligation devant l'avenir mais une dette envers le passé. Tout en répétant l'esprit du colonisé, il avoue l'impact sur lui des poètes français. Tout en répétant les idéologies formalisées telles que négritude et «blanchitude», il ne s'éloigne pas trop des thèmes, des enthousiasmes et surtout de l'humanisme fondamental de ses aînés, Césaire et Senghor.

L'on aurait tort de chercher une philosophie précise et cohérente dans un recueil de poèmes «spontanés», mais on pourrait mettre en question une spontanéité inspirée et marquée par ses grands prédécesseurs. Nous retrouvons le même sentiment de déracinement et d'aliénation, la même envie de retrouver au-delà de l'interférence européenne l'essence authentique, l'unité et la solidarité du monde noir. Faisant écho à Césaire, Sall écrit: «Eia pour ceux qui n'ont rien inventé.» Avec Senghor il cherche à évoquer le rythme sensuel de la musique de Harlem et de l'ancienne cora. Mais Ibrahima Sall reflète aussi sa génération, celle qui refuse le néo-colonialisme des nouvelles classes dirigeantes. Dans «La pirogue», il résume les déceptions et les trahisons et fait le catalogue des hypocrisies de notre époque: «Ah! le néologisme délirant des euphémismes / répression pour ordre / ordre pour torture — ou le contraire / sévérité-austérité pour haine / meurtre pour inaptitude / capitulation pour sagesse.» Et pourtant, fidèle au rêve humaniste de l'amour il revient à sa vision: «D'aussi loin que fleuret l'amour dans mes os / une pirogue ailée aux yeux de sphinx / ancrée dans la rade des nuages sablonneux / retenant encore pour cinq siècles / le baiser de la lune / sur les lèvres des amants persécutés.» Si le poète avoue sa «confusion dans l'âme entre le Bien et le Mal», il reste pourtant solidaire de ceux qui s'aiment. C'est là l'essence de *La Génération spontanée.*

Edward C. Rathé

Gestes interrompus, Lubumbashi, Éditions Mandore, 1976, 49p.

Recueil de poèmes de Madiya Nzuji (Clémentine Faïk Nzuji Madiya).

Gestes interrompus est une plaquette de vingt-six poèmes qui célèbre les dix ans de mariage de Nzuji Madiya avec Sully Faïk. C'est un chant du couple qui veut immortaliser une existence, éphémère certes, mais sentie comme pleine de bonheur, épanouie et de parfaite communion, à en croire la poétesse elle-même: «Cette vie qui de moi s'échappe à si grands flots / en toi s'anéantit et rejaillit en moi» (p. 41).

Tous les poèmes de ce recueil traduisent de façon explicite son expérience personnelle en amour et en même temps sa communion parfaite avec l'autre. De sorte que chaque poème est un élan qui porte Nzuji Madiya vers la présence du bien-aimé, vers un amour qui est don de soi et fusion de deux êtres: «je me suis languie, vautrée / dans les braises brûlantes...» (p. 13).

L'absence de pudeur témoigne d'une poésie qui sort du for intérieur de la poétesse. Pour elle, toute la vie intérieure, tout l'épanouissement sensible, doit durer et être répétitif. Car, s'écrie-t-elle: «Faisons revivre les gestes interrompus / Pour nous...» (p. 7).

Le langage poétique est simple, détaché, plein de douceur et de lyrisme. C'est une poésie intimiste, individualiste.

Kankolongo Mbuyamba

Gouverneur de la Rosée, in *Théâtre*, Paris, Présence Africaine, Coll. Théâtre, 1972, p. 141-203.
Pièce d'Abdou Anta Kâ.

Fallait-il adapter Jacques Roumain? Du roman au théâtre, l'optique modifie le thème comme déjà le titre du pluriel au singulier. Abdou Anta Kâ est pourtant un adaptateur exemplaire comme en témoigne ce volume. «L'œuvre d'art est à l'ère de sa reproductibilité technique» et Kâ y contribue puisque ses deux pièces précédentes reflètent dans la diaspora nègre une littérature des origines dont le Blanc est absent. *La Fille des Dieux* (qui a inauguré le Théâtre Daniel Sorano à Dakar) reprend *Le Chant de Madhi* de Sidiki Dembele; quant aux *Amazoulous* c'est le *Chaka* de Thomas Mofolo (dialecte sotho). Le français cursif de Kâ suggère le plus en disant le moins, conservant la part de mystère de ce que la légende ne dit pas explicitement. Ce recueil de ses trois adaptations (et sa pièce originale *Pinthioum Fann*) a pour thème de base l'exaltation des valeurs africaines.

Le roman de Roumain fait figure de classique et la pièce en cinq actes suit fidèlement l'itinéraire de ce Retour au Pays natal – en Haïti – de Manuel, immigrant revenu de Cuba. Il trouve son village envahi par la poussière: la sécheresse des défrichages imprudents a réduit Fonds-Rouge à la prostration. Manuel va revoir ses vieux parents. Dans sa quête de l'eau il découvre l'amour d'Anaïse dont il veut faire sa compagne. Leur détermination et un vol de ramiers vont les conduire à la source cachée où il fera l'amour avec elle. Le roman se termine par le sacrifice de Manuel, blessé à mort par le méchant cousin d'Anaïse, Gervilen. Mais la mère perpétue le message du fils et plaide devant les hommes

du village pour qu'ils entreprennent le travail collectif, le coumbite, qui ramènera la vie et l'eau au village. Anaïse est enceinte du fruit des œuvres de Manuel. Demain, le Regain.

Abdou Anta Kâ a su rendre à la scène le côté déjà daté du réalisme poétique et socialiste des années 40 – un peu outré dans la lutte optimiste du Bien contre le Mal propre à cette littérature populaire «stalinienne», fraternelle et sans humour comme l'époque. La bonne conscience de gauche et les lendemains-qui-chantent nous touchent moins peut-être maintenant. La pièce prône comme le roman les valeurs socialistes-communistes du travail collectif, de la famille et du couple (non) marié, du respect des Anciens et des usages.

Les inconditionnels de Roumain y retrouveront les chants collectifs en haïtien, les citations les plus connues des anthologies de littérature africaine. Le ton légèrement socio-évangélique de Roumain a influencé Kâ vers un dialogue un peu solennel plus explicite que dans ses deux pièces antérieures. Heureusement la saveur et le vocabulaire du parler franco-haïtien sont conservés.

La fresque de Roumain devient sur scène une sorte de découpage cinématographique mais le décor stylisé, glissant d'une case à l'autre, coagule nécessairement les épisodes. Assez astucieusement, Kâ a rassemblé dans la gargote de Hilarion toutes les discussions de la mauvaise et de la bonne volonté dans le village. D'une façon révélatrice de son souci (propre à tant d'auteurs africains contemporains) de ne pas succomber au folklore, et à l'encontre de l'indigénisme haïtien, Kâ a supprimé l'obligatoire cérémonie vaudou. La comédie familiale m'a paru moins pénible que chez Roumain: le Père est moins bougon, la Mère Délira moins bigote.

Du côté négatif – on saisit mal chez Kâ les raisons de l'inimitié, racontée et illustrée par un tableau vivant à la fin du IIIe acte, entre les deux clans du village qui font de Manuel et Anaïse des Roméo et Juliette haïtiens. De même on comprend moins la rapacité du gendarme Hilarion et de sa vorace compagne Florentine à s'approprier des terres maintenant stériles. Anaïse surtout est sacrifiée par Kâ – et l'amour. La découverte de l'eau qui lui est associée est désignée à la cantonade et prend place entre les actes III et IV.

Enfin ce qui manque essentiellement est facile à deviner: le Temps et l'Espace. Peut-être est-il impossible de les rendre pleinement au théâtre? Chez Roumain il y a le rythme de l'aurore et de la nuit qui sous-tend la vie de cette région, le va-et-vient des longues marches qui arpentent et fatiguent le récit, la sexualité même du paysage haïtien où la femme et l'eau se confondent en un seul corps géographique. Tout le récit de Roumain est frémissant de la musique et des vols d'oiseaux dans les arbres, c'est par eux que Manuel découvre le chemin de l'eau – ils ont disparu ici.

Heureusement Manuel, lui, reste égal à lui-même: de Cuba il ramène l'esprit de la révolte des «proléteurs» (*sic*) et de la Huelga, la grève. Il est celui qui fera venir l'eau: le Maître des sources fait son devoir de Gouverneur de la Rosée. La colère de Manuel contre les exploiteurs cubains ou haïtiens qui donne son sens à la lutte prolétarienne est placée d'emblée au prologue de la pièce.

Le chef-d'œuvre épique de Roumain est ainsi perpétué respectueusement à la scène; Manuel incarne toujours le courage face à la condition misérable de ces damnés de la terre, les paysans. «L'eau enjambera le sang», disait Roumain. Aujourd'hui en Haïti, 40 ans plus tard, la dynastie des Duvalier règne sur un gouffre de famine et de répression.

Jean Decock

Grand (le) Destin de Soundjata, Paris, Répertoire Théâtral Africain de l'O.R.T.F., 1971, 89p.
Pièce de théâtre de Sory Konaké.

Le Grand Destin de Soundjata raconte la vie et la gloire de Soundjata, le grand empereur du Manding. Un chasseur devin annonce au roi Naré Maghan qu'un de ses fils sera un grand empereur. En effet naît Soundjata, enfant paralysé jusqu'à l'âge de sept ans. Et un jour, le «lion» se lève et marche, faisant ainsi espérer la réalisation de la prédiction. Mais brimé par son demi-frère Dankara et sa mère, il s'exile. Soundjata reviendra d'exil pour chasser l'envahisseur Sosso et constituer un vaste et puissant empire.

Le titre de la pièce est significatif. Le grand destin de Soundjata est minutieusement monté par les forces divines et rien ne peut le compromettre. Toute l'histoire est la réalisation progressive d'une prédiction. Soundjata, comme le héros épique, est prédestiné.

Le thème de la fatalité est donc très important dans l'œuvre. Le premier chasseur-devin annonce l'arrivée de la mère de Soundjata et la naissance de l'enfant. Les autres devins seront unanimes à prédire une grande destinée même à un enfant infirme.

Mais la pièce de Konaké est surtout l'exaltation des valeurs traditionnelles. Aussi prend-elle un ton exemplaire. Elle nous donne un exemple de patience, de courage et de noblesse. C'est grâce à sa générosité que le deuxième chasseur réussit à tuer le buffle de Do. En effet, c'est parce que ce chasseur se montre généreux que le buffle métamorphosé en vieille femme lui révèle son secret.

Le destin de Soundjata, certes, semble déjà tissé et irréversible. Cependant, la réalisation de ce destin dépend de certaines qualités. Et le personnage de Soundjata se veut un modèle de bonté, de bravoure, de noblesse. Ce sont la bonté et le respect de l'âge qui le sauvent quand les sorcières envoyées par sa jalouse marâtre vont le provoquer; au lieu de chasser les femmes-sorcières, il leur offre beaucoup de légumes. La grandeur de Soundjata est également hymne au courage, à la volonté.

La pièce de Konaké est originale du point de vue de sa forme. Nous avons affaire à une veillée, nous dit le griot

Madi. En effet, c'est lui qui raconte toute l'histoire, cédant la parole à chacun des personnages au moment opportun, commentant les événements. On a d'ailleurs le sentiment qu'il peut parfaitement faire les différentes «voix» et jouer la pièce tout seul. Du coup, il rapproche le théâtre moderne du spectacle traditionnel et évite le découpage de la pièce en actes et scènes. Le langage est imagé et émaillé de proverbes. À certains moments, la parole — celle de Balla Fasseké surtout — devient incantation.

Le Grand Destin de Soundjata s'inscrit dans le théâtre historique inauguré par Cheick N'Dao avec *L'Exil d'Albouri*. Dans la même lignée, on peut citer *Kala Jata* et *L'Aigle et l'épervier* de Massa Makan Diabaté. Enfin, rappelons que la pièce de Sory Konaké suit assez fidèlement l'œuvre de Tamsir Niane, *Soundjata ou l'épopée mandingue*.

Amadou Koné

Grandes (Les) Eaux noires, Paris, Éditions du Scorpion, 1959, 122p.
Roman d'Ibrahima Issa.

Cet ouvrage décrit une rencontre imaginaire du peuple du Sahara (région du Mali et du Niger du nord) avec une légion romaine, vers 182 avant J.-C., après la guerre de Carthage. Sept soldats romains pénètrent dans le royaume de Barbe-Blanche, où ils sont pris comme otages. Le peuple veut les tuer mais le roi les fait libérer. Ils réussissent à rejoindre d'autres légionnaires et reviennent au royaume pour le détruire. Le fils de Barbe-Blanche, parti en mission diplomatique, rentre ne trouver que sa mère et sa fiancée encore en vie; un légionnaire dont Barbe-Blanche a sauvé la vie les a protégées de la mort.

L'intrigue sans profondeur est plutôt le prétexte à une série de réflexions philosophiques sur les contacts entre deux cultures. Issa veut rétablir la gloire de la civilisation ancienne du Sahara. Il présente Barbe-Blanche comme un roi plein de miséricorde et de justice. Malgré sa sympathie pour ses ancêtres du Sahara, Issa juge leur culture d'un point de vue moderne. Le diable qui hantait une région dite malsaine était, dit-il, un moustique porteur du paludisme. Bien qu'il critique l'Europe pour avoir pillé les trésors du passé africain, c'est de l'Europe que viennent ses comparaisons, ses images. Le livre fait donc voir le déchirement de l'auteur, dont la foi semble être la seule certitude. Ce dernier réfléchit sur la volonté de Dieu qui détruit les êtres et les cultures. C'est du point de vue islamique qu'il critique les superstitions du royaume de Barbe-Blanche et le pouvoir de ses prêtres.

Le livre, sans structure formelle, est assez mal écrit et mal édité. S'il peut être comparé à d'autres qui ont tenté de retrouver le passé de l'Afrique, Issa essaie de récupérer un passé bien plus reculé, pour lequel il ne trouve aucune base historique ou légendaire solide. Le seul intérêt des *Grandes Eaux noires* réside dans le portrait du narrateur qui n'arrive ni à trouver le passé glorieux qu'il recherche, ni à se débarrasser d'une perspective européenne.

Adèle King

Guirlande (La) des verbes, Paris, Jean Grassin, Coll. Poésie nouvelle, 22, 1961, 32p.
Recueil de poèmes de Maurice Koné.

Avec *La Guirlande des verbes*, Maurice Koné compose un recueil d'une très (trop peut-être?) grande rigueur dans son classement thématique.

C'est tout d'abord la nature qui occupe les premières pages. Les titres sont significatifs: «Le marigot», «L'appel de la nature», «Ô nature», «Rivière de ma jeunesse», «Chantez oiseaux», etc. Le marigot, les rivières, les arbres, les plantes forment le décor tandis que les oiseaux tiennent les premiers rôles. Cette nature bienveillante subit une description naïve où se multiplient les clichés.

L'auteur propose ensuite une longue série de poèmes où sont évoquées les amours adolescentes et adultes du poète («Femme noire», «À une jeune fille noire», «La jouvencelle», «À une femme», «Toi qui n'as pas voulu m'aimer», «Ô femme»).

Manquent à l'appel: la tradition et son évocation bienfaisante; le passé et la sagesse séculaire sont présents. La Côte d'Ivoire, la vie africaine, quotidienne et immuable, ponctuent ce recueil et constituent le thème de l'ultime partie («Retour», «Le village des morts», «Soir de fête», etc). Rien n'est oublié, ni les danses et le tam-tam, ni le charme de l'enfance, ni l'exil dans la capitale et le retour à la ville natale, ni les ancêtres et la famille... Il manque cependant l'essentiel: l'authenticité.

Parfois imitative («Ô femme noire / Femme sombre...»), parfois trop conventionnelle ou simpliste («Ô fille noire, étoile de mes yeux / Toi et moi soyons deux...»), la poésie de Maurice Koné gagnerait en puissance si l'auteur oubliait de... «faire de la poésie». Le vocabulaire, les thèmes, l'emploi répété du «ô» vocatif témoignent d'un manque d'originalité en ce qui concerne les sujets abordés mais aussi — ceci étant plus grave encore — en ce qui concerne la forme.

Malheureusement donc le contenu de ce recueil ne semble pas avoir tenu les promesses du très beau titre qu'il annonçait: la fête des mots.

Bernard Magnier

H

Hain-teny, Paris, Publications Orientalistes de France, Coll. D'Étranges pays, 1975, 48p.

Poèmes traduits du malgache par Flavien Ranaivo.

«Hain-teny» signifie étymologiquement «mot savant». Il serait bien difficile de donner une idée de ce que l'expression représente, car pour les étrangers elle ne signifie absolument rien et la traduction ne réussit pas à rendre les subtilités du langage tant prisées par les autochtones et qui constituent toute l'âme et la trame des «hain-teny». C'est là qu'il faut chercher toute la valeur de cette poésie subtile, de ces poèmes pleins d'énigmes hermétiques au lecteur qui ne les lit pas dans le texte original.

Je ne veux citer en référence que les études remarquables de Jean Paulhan: *Les Hain-teny Merinas* (1913) et *Les Hain-teny* (1960) dans lesquelles il réussit à percer la signification des hain-teny.

Flavien Ranaivo a accompli l'exploit singulier de traduire fidèlement ces combinaisons de mots en leur conservant toute leur valeur poétique. Il a en effet respecté les jeux de mots sur lesquels repose tout le secret de cette façon malgache de s'exprimer. Sa traduction, ou plus exactement peut-être son interprétation, nous fait partager la subtilité remarquable de cette poésie musicale pleine de couleur locale.

Il est incontestable que Flavien Ranaivo n'a pas su tout traduire et que, comme dans toute traduction, il y a toujours quelque chose qui se perd ou «qui ne passe pas la rampe». Mais son talent

de poète, la sensibilité de son âme malgache et par-dessus tout son lyrisme particulier, parce qu'empreint de culture européenne mais restant profondément malgache, nous font goûter l'essentiel des hain teny, à savoir leur charme, leur musique et surtout leur rythme changeant. Son style sylleptique forgé tant par son origine mérina (les Mérinas, en particulier, emploient beaucoup les hain teny) que par la véritable gymnastique intellectuelle imposée par cette forme de poésie convient parfaitement à cette transposition. Par exemple, les termes «village-de-la-perplexité, hameau-de-la-franchise, maîtresse-qui-a-son-maître, la reine-de-la-nuit-à-foison» coulent directement de la langue malgache et conservent leur fraîcheur par leur sobriété et leur sincérité.

Flavien Ranaivo, par sa formation et son origine, est l'un des rares poètes malgaches qui ait pu nous faire goûter cette poésie si particulière au monde africain et chère aux cœurs des Malgaches.

Jean-Paul Kœnig

Hain-teny d'autrefois (Haintenin'ny Fahiny), Tananarive, Librairie Mixte, 1969 (?), LXIV-336p. – Préface de A.R. Ratsimamanga.

Introduction et traduction de Bakoly Domenichini Ramiaramanana.

Cet ouvrage présente un ensemble de poèmes traditionnels malgaches (hain teny), recueillis au début du règne de Ranavolona I (1828-1861), dont le manuscrit a été redécouvert par Bakoly

Domenichini Ramiaramanana, qui a consacré une thèse importante à l'étude des anciens genres poétiques malgaches.

Dans son introduction, la présentatrice démontre que ces hain teny anciens ont été collectés par deux personnages importants de la cour royale, très certainement à l'instigation directe de la souveraine. Très méfiante vis-à-vis des nouveautés introduites par les missions, celle-ci était cependant fort consciente de l'intérêt de certaines techniques modernes: elle a fait utiliser l'écriture pour noter en malgache (fixé en caractères latins par les professeurs des premières écoles de Tananarive) le legs d'une culture authentiquement nationale. La conservation de ces hain teny témoigne d'un premier effort conscient de préservation d'un patrimoine culturel authentiquement malgache.

Les 152 hain teny que contenait le manuscrit sont édités dans leur version malgache et dans une traduction française. Comme ces poèmes n'ont pas encore subi les attaques sournoises des missionnaires, ils présentent des textes beaucoup moins affadis ou censurés que dans les recueils ultérieurs. Ils affichent leurs significations fortement sexualisées, parfois d'une verdeur désarmante.

Le lecteur le moins averti pressent que ces textes portent un riche témoignage sur les valeurs d'autrefois. Qui voudrait retrouver les valeurs de vie authentiquement malgaches devrait, en oubliant l'actuel syncrétisme qui submerge la pensée malgache sous un christianisme importé, se plonger dans ces poèmes anciens, presque seuls vestiges de la vie d'autrefois.

Mais l'entreprise est ardue. Texte conjectural, manuscrit parfois lacunaire, traduction imprécise: le hain teny se refuse souvent à l'interprétation qui l'enfermerait dans une signification unique. La nudité de l'édition, qui réduit au minimum les notes explicatives, oblige le lecteur au contact direct avec le langage en action du hain teny. À travers la nudité du langage joue le chatoiement de la signification multiple.

Jean-Louis Joubert

Hain-tenys (Les), Paris, Gallimard, 1938, 216p.

Poèmes malgaches, réunis et traduits par Jean Paulhan.

Si Jean Paulhan peut être intégré à la littérature malgache, c'est parce qu'il a joué un rôle essentiel dans la consécration et la révélation à un large public, à travers la langue française, de l'un des trésors de la littérature traditionnelle de Madagascar: le hain teny. Ayant vécu dans la grande île avant la Première Guerre mondiale, y ayant appris le malgache (qu'il enseigna par la suite à l'École des Langues Orientales de Paris), il avait été fasciné par le hain teny, forme de poésie ancienne, dont il avait cherché à percer les secrets et qu'il avait appris à improviser lui-même. Une première étude publiée en janvier-février 1912 dans le *Journal Asiatique*, sous le titre «Les hain-tenys merinas», fut reprise et légèrement modifiée pour être publiée en volume en 1938, sous le titre abrégé: *Les Hain-tenys*. Les lecteurs français furent en général sensibles à la séduction du hain teny, mais quelques-uns soupçonnèrent une mystification: Jean Paulhan n'était-il pas le véritable auteur de ces poèmes prétendument exotiques? Les lecteurs malgaches (qui savaient que les textes cités par Paulhan étaient authentiquement malgaches) furent très attentifs à la théorie du hain teny développée par Jean Paulhan; et beaucoup de jeunes poètes furent encouragés dans leur tentative d'utiliser la langue française pour transcrire et faire (re)connaître la poésie malgache traditionnelle.

L'ouvrage se divise en deux parties: une introduction («Les hain-tenys, poésie de dispute»), qui analyse le genre littéraire du hain teny; et une anthologie de 127 hain teny, en traduction française, choisis parmi les 800 à 900 poèmes que Jean Paulhan avait réussi à réunir.

L'analyse de Paulhan décrit son expérience du hain teny. Il le perçoit d'abord comme une forme de poésie obscure. Ce que signifierait la traduction française du terme même «hain-teny», qui pourrait être: science du langage, science des mots; ou paroles savantes, paroles sages. Les recueils classiques des malgachisants en citent un certain nombre, mais en les considérant comme de curieuses absurdités ou en les accablant sous l'accusation de dévergondage érotique. En décomposant le hain teny en ses éléments constituants, Jean Paulhan croit percevoir une régularité d'organisation: chaque hain teny est composé d'une partie claire (conseil, confidence, petit drame, etc.) qui s'achève en un passage plus obscur: image ou symbole qui surprend. Mais cette analyse reste décevante, car fondée sur une approche trop abstraite: celle d'un lecteur, en face du texte écrit et refroidi du hain teny.

Tout autre est le hain teny saisi en situation, le hain teny vécu. Jean Paulhan le découvre à travers la singulière coutume des duels poétiques. Dans l'ancienne société malgache, il était courant de régler certains litiges par un débat oratoire, où les arguments échangés étaient... des poèmes. Poèmes composés de moments faibles (au début) et de moments forts (à la fin). Or ces poèmes se révèlent être des hain teny. Et les vers forts de la fin (les vers plus obscurs, dans la première approche) sont des proverbes ou des vers d'allure proverbiale. Ce qui permet à l'un des antagonistes du duel poétique de l'emporter sur son adversaire, c'est, semble-t-il, une sorte d'arithmétique: quand on réussit à glisser dans le hain teny davantage de proverbes ou de vers gnomiques que le rival.

Cependant, quand Jean Paulhan apprend lui-même à improviser des hain teny, il s'aperçoit que l'attention méticuleuse portée aux «règles» ne suffit pas pour composer le meilleur poème. Le meilleur est toujours celui qui vient «pour ainsi dire tout naturellement», comme appelé à la fois par le sens et par la situation.

Tous les hain teny traitent du même sujet: la relation amoureuse (d'où l'effarouchement des missionnaires devant ces «poèmes érotiques»). Dans l'anthologie, Jean Paulhan les classe suivant les différents aspects de la thématique amoureuse: désir, consentement, refus, hésitation et rivales, séparation et abandon, regrets et reproches, orgueil, raillerie. On peut dire que tout hain teny présente le schéma d'une querelle (ou d'un débat) d'amoureux. Et cette querelle peut devenir l'image symbolique d'une autre querelle. Le sens d'un hain teny dépend toujours de la situation dans laquelle il est interprété ou improvisé.

N.B. On a conservé dans les titres de Jean Paulhan l'orthographe de *hain-teny*, avec tiret et marque du pluriel, qui n'est plus utilisée par les malgachisants actuels.

Jean-Louis Joubert

Haleines (Les) sauvages, Yaoundé, Éditions CLÉ, Coll. Poésie, 1972, 94p.

Recueil de poèmes d'Agbossahessou.

Constitué de vingt-huit poèmes, *Les Haleines sauvages* s'ouvre sur une invocation aux muses à qui le poète, perdu dans l'immensité du désert et de la création, demande l'inspiration et l'assistance pour pouvoir célébrer les innombrables charmes de ces paysages écrasés de chaleur mais débordants de vie et d'activités diverses. Puis vient l'évocation de la vie agricole et pastorale. Le poète promène le lecteur dans les champs à la suite des pâtres, des bûcherons et des cultivateurs. Il montre le berger et ses ouailles pantelants de soif sous la chaleur torride, le bûcheron acharné contre les géants de la forêt et les paysans affairés autour des monticules des récoltes. Ces activités sont rythmées par le concert des oiseaux qui chantent la victoire du jour sur la nuit. Au-delà de la nature, le poète nous amène à la découverte de son âme.

Seule et triste, cette âme souffre d'être loin de la personne qui faisait briller la joie et le bonheur. Et le poète est «Malheureux d'être loin / de toi / de toi / Si douce, si aimante, si bonne». Son rêve est de posséder sa belle qu'il va souvent attendre le soir, près de la fontaine. Il n'aspire qu'à s'en faire aimer, à se fondre en elle.

Le charme de ces poèmes provient de leur fraîcheur, de la simplicité de la langue et du merveilleux foisonnement des images. C'est la poésie ramenée à hauteur d'homme.

Patrice Kayo

Harmattan (L'). Tome I: Référendum, Paris, Présence Africaine, 1964, 302p.
Roman d'Ousmane Sembène (ou Sembène Ousmane).

Dans la préface de *L'Harmattan*, Ousmane Sembène annonce qu'il veut être comme le griot, c'est-à-dire le témoin de son temps. Cette œuvre témoigne en effet d'un des plus grands moments de l'histoire de l'Afrique francophone, le Référendum du 28 septembre 1958. Et de ce fait, les divers événements qui en tissent la trame se déroulent dans un pays africain non nommé, quelques jours avant le vote du Référendum. Les nombreux personnages du livre forment une fresque illustrant les différents groupes sociaux qui coexistaient dans une ville coloniale à la veille de l'Indépendance. Les cinq premiers chapitres du roman, qui en comporte dix-neuf, servent à présenter ces différents milieux. Tout d'abord, il y a la brousse dominée par le sorcier-chasseur Bita Hien, politiquement indifférent, mais farouchement attaché à son mode de vie ancestral et qui lutte à sa manière contre les interdits imposés par le colonialisme. Il y a l'hôpital dirigé par le docteur Tangara, Africain marqué par la science occidentale mais ne reniant pas pour autant l'Afrique du passé et son savoir. Cette connaissance traditionnelle est incarnée par la sage-femme Manh Kombéti, femme savante-illettrée connaissant les secrets des plantes médicinales dont on se sert en brousse depuis la nuit des temps. Pour le docteur, ce savoir séculaire pourrait servir de lien entre la médecine moderne et la médecine tradi-

tionnelle. Il y a aussi le Front, organisation politique de tendance marxiste qui regroupe une partie des jeunes, des intellectuels et des artistes. Le peintre-poète Lèye en est l'âme et la jeune institutrice Tioumbé, la militante la plus active et la plus dévouée. Enfin, il y a les coloniaux pour la plupart corrompus et profiteurs parmi lesquels il faut inclure les colonisés, c'est-à-dire la bourgeoisie noire qui s'apprête à remplacer les colons ou à les aider dans le maintien du statu quo politique. Après les cinq chapitres d'introduction, le reste du livre est consacré aux derniers jours qui ont précédé le Référendum, ce dernier ayant abouti comme chacun sait à un Oui de la communauté à laquelle appartient le pays fictif du roman et au retentissant Non de la Guinée.

Ce roman sociologique et politiquement engagé comme toute l'œuvre de Sembène recrée le climat de fièvre, d'exaltation et de déception qui a précédé le Référendum et qui a marqué toute une génération d'Africains. À travers les principaux protagonistes, l'auteur met en évidence les diverses tendances politiques qui animèrent les intellectuels de l'Afrique des années 1950. Le docteur Tangara, par exemple, homme de science d'une honnêteté et d'une intégrité sans faille, est sans goût pour le militantisme politique. Ce manque d'enthousiasme pour l'engagement politique ne correspond pas à un manque d'idéal, Tangara est pour l'indépendance et il votera non à la communauté, mais il vit une contradiction qu'il n'arrive pas à comprendre et encore moins à résoudre. Ce médecin africain nous rappelle l'instituteur de *L'Hôte* de Camus qui, lui aussi, voulait ne pas avoir à prendre parti et pensait pouvoir exercer son métier en ignorant la politique. «Tangara ne comprenait pas encore ce qui lui arrivait. Il appartenait à ces gens qui, avec orgueil, s'acharnent au travail, mais vivent hors des réalités de leur temps.» Comme pour le personnage camusien, la réalité, elle, s'immiscera dans la vie du médecin, qu'il le veuille ou non, et il perdra son poste, bêtement, par malentendu. L'attitude hésitante et ambiguë de Tangara est contrebalancée par celle du militant Lèye, peintre, poète et journaliste. Artiste engagé, témoin de son temps et porte-parole du peuple, il est évidemment très proche de l'auteur. Pour Lèye, il n'y a pas d'hésitation quant à la conduite à suivre, il est résolument décidé à voter non et à faire voter non. L'engagement politique est pour lui une raison de vivre qui domine aussi bien l'homme que l'artiste. Sa sensibilité et sa conscience politiques vont de pair et, bien qu'il soit poète, il ne veut plus écrire car écrire c'est enrichir la langue française; il préfère peindre l'histoire de l'Afrique. Toute son inspiration et son engagement lui viennent de cette terre africaine qui est sienne. Pour lui, l'harmattan n'est pas qu'un vent sec et chaud, «c'est un sanglot! Un sanglot de quatre siècles, soufflé par des millions et des millions de voix ensevelies. Un cri intarissable à nos oreilles, venu des nuits anciennes pour des jours radieux». Cette métaphore de poète définit l'esprit qui anime le livre, esprit de lutte pour la liberté si longtemps attendue et espoir d'un avenir meilleur. Mais il ne suffit pas d'avoir raison pour être vainqueur et le Premier ministre Tamban Youssido, au nom de la bourgeoisie africaine qu'il représente, s'oppose au rêve de Lèye et du Front. Il ne faut pas compter non plus sur la vieille génération de colonisés dont particulièrement le catéchumène Joseph Koéboghi et sa clique. Ce dernier est le père de la jeune militante Tioumbé dont il ne comprend pas l'engagement et qu'il poursuit de sa rage de chef de famille outragé dans son orgueil de maître absolu. C'est un personnage caricatural sur lequel l'auteur déverse tout son mépris et tout son sarcasme car il est l'image même de l'oppresseur prêt à tout pour conserver ses privilèges.

L'Harmattan apparaît comme un ouvrage de transition dans l'œuvre d'Ousmane Sembène. Publié quatre ans après *Les Bouts de bois de Dieu*, il n'en a

pas le souffle. Il n'a pas non plus la poésie et l'intensité dramatique de *Véhi-Ciosane* ni la terrible et superbe satire sociale de *Xala*. Par contre, tous les grands thèmes de l'auteur y sont présents: critique acerbe de la bourgeoisie africaine, engagement politique, anticléricalisme, importance de la femme dans la société africaine contemporaine. De plus, Sembène développe deux thèmes qui ne sont pas présents dans les romans qui précèdent *L'Harmattan* et sur lesquels il n'est pas revenu, du moins jusqu'à maintenant. Il s'agit du rôle de l'artiste dans l'Afrique d'aujourd'hui et de l'importance du passé et du savoir ancestral. À propos de ce dernier thème, l'auteur s'est toujours défendu d'être traditionaliste et a de plus beaucoup critiqué la tradition en dénonçant ses abus et ses faiblesses. Toutefois, il n'a jamais pris une attitude marxisante à l'égard du passé et dans ce roman il démontre ce qu'il n'a qu'ébauché dans ses autres ouvrages, c'est-à-dire que la tradition doit être réexaminée à la lumière du présent afin de servir l'avenir. Si *L'Harmattan* n'est pas à nos yeux la meilleure œuvre de Sembène, c'est uniquement parce qu'elle n'est pas tout à fait à la hauteur du grand talent d'un des plus importants écrivains de l'Afrique contemporaine.

Sonia Lee

Hauts (Les) et les bas, Kinshasa, Éditions Saint-Paul-Afrique, 1971, 64p.
Roman de Batukezanga Zamenga.

Le héros en est le jeune Difwayame, «un garçon très intelligent, débrouillard», anxieux de s'instruire et de connaître «ces choses qui viennent des Blancs» (le récit se passe à l'époque coloniale, qui fut celle de la jeunesse de l'auteur). Difwa obtient de sa famille la permission de quitter son village pour aller à l'école des Pères missionnaires comme interne. Une fois le diplôme convoité obtenu («honneur et servitude»), il va travailler à Léopoldville et, d'abord, végète. Il devient un «mundele ndombe» et se trouve désormais pris entre deux systèmes de valeurs, celui de l'Afrique traditionnelle et celui des Blancs.

Le roman relate ses tribulations et celles de sa jeune femme, fraîche émoulue de son village natal, fort dépaysée et malheureuse dans la capitale où elle est la naïve victime d'aigrefins. Difwa change graduellement, alors que Diasuka, sa femme, s'accroche à ses traditions. La situation devient sans issue pour l'un comme pour l'autre. Le désenchantement et la discorde s'installent au foyer. Difwa se dégrade de plus en plus et fait passer ses ambitions sociales «d'évolué» avant sa vie familiale et les obligations de la vie coutumière. Après la mort de sa mère au village, Difwa finit par prendre conscience de lui-même, lorsqu'il se trouve à la fois «rejeté par les siens et par les étrangers», «plus qu'étranger dans sa société». La rédemption vient de façon soudaine dans les deux dernières lignes du roman, où Zamenga annonce que son héros malheureux sera «l'un des partisans de la libération et un artisan de l'indépendance de son pays».

Les neuf chapitres de ce roman social sont écrits dans un style très simple et alerte, où les faits se suffisent à eux-mêmes. Zamenga s'y révèle toujours intéressé avant tout par les problèmes des sociétés africaines en mutation. Il s'agit cette fois du conflit entre la vie à la ville et les habitudes du village, du contraste entre la vie traditionnelle laissée derrière soi au village et les exigences de la vie moderne. Le romancier présente la non-adaptation (Diasuka) et la trop grande adaptation (Difwa), les chagrins et les déboires qui s'ensuivent sur le plan personnel et le plan familial, les catastrophes même qu'un tel déséquilibre et un tel déracinement ne peuvent manquer d'entraîner malgré toutes les meilleures intentions du monde. De là le pathétique réel du livre à travers sa simplicité, et en même temps un cri d'avertissement sans prêchi-prêcha. L'auteur semble suggérer que la solution est dans un juste milieu et dans une prise de conscience de ce qui constitue les vraies valeurs.

Le roman *Les Hauts et les bas* au titre si expressif «a le mérite de baigner dans la réalité journalière» comme l'a souligné un critique kinois, le Dr Jean Manga. C'est un livre qui incite à la réflexion tout autant qu'il intéresse par les faits.

Danielle Chavy Cooper

Herbe féconde, Paris, P.J. Oswald, Coll. Poésie/Prose Africaine, 1973, 67p. — Préface de Richard Bonneau.

Recueil de poèmes de Joseph Miézan Bognini.

Herbe féconde, terminé en 1967 à Abidjan, plusieurs années après l'indépendance de la Côte-d'Ivoire, évoque les problèmes de l'Afrique postcoloniale. Bien que le sous-titre du recueil soit «Poèmes», il s'agit en fait d'un long poème écrit en versets et divisé en quatre grands mouvements.

Dans le premier mouvement, Bognini évoque le lendemain immédiat de l'indépendance: «Nous empruntions un matin sous un ciel pur le chemin des hommes libres en quête de nobles âmes oubliées...» C'était un «soir sans remous ni angoisse, soir de vie et d'heureuses nouvelles, pour qui tout enfant pleure de joie et d'espérance, pour qui toute naissance gémellaire annonce le Réveil». Le travail succedera à l'exaltation de l'indépendance pour que «l'herbe» soit «féconde»: «Ô herbe féconde! Pour nous ta présence / Pour nous ta constance / Pour nous la fin des holocaustes —/ Premières lueurs de vies nouvelles / Pour nous la moisson des généreuses gouttes de pluie —/ mouvements rythmés en proie à la condition énergétique...»

Mais dans le second mouvement, l'euphorie fait place à l'inquiétude. Il voit «des mains invisibles cacher le secret des Millénaires» et il découvre que «le ciel, entre les feuillages, est rouge de causalgie». C'est que «les hommes en possession légitime ménageaient les portions prépondérantes qui leur étaient assignées». Dans le mouvement suivant l'espoir revient peu à peu: «Voici les champs couverts de verdure germe des lendemains des heures puissantes.» En effet «l'amour est plus fort que la crainte». Le dernier mouvement commence par une exhortation: «Laissez le temps couler sur le versant des horizons; / Laissez naître l'enfant dans le taillis des heureux siècles.» Bognini termine son poème en prévoyant un temps où «des cités calmes poussent comme les bourgeons de flamboyants en fleurs. Et les gais citoyens s'engagent dans le processus de la vie commune, ainsi que les écoles qui défrichent tous les sentiers de l'ignorance». On aura enfin défriché la mauvaise herbe et l'«herbe féconde» apportera «la lumière universelle.»

Dans sa préface, Richard Bonneau qualifie la poésie de Bognini de «précise, claire et virile, résolument optimiste, tournée vers l'avenir». Ces qualificatifs s'accordent mieux au premier recueil de l'auteur. En effet, *Herbe féconde* représente une seconde étape dans la pensée et le style du poète. Certes, Bognini est encore optimiste et tourné vers le futur, mais il sait maintenant que l'avenir de l'Afrique «n'est qu'une large traversée à son point de partance» et que son propre chant n'est que «le message singulier des prémices de la sagesse». La nature est désormais au second plan, l'«herbe féconde» ne peut pousser qu'avec le travail de l'homme: l'enfant du village dont les «yeux charmés s'écarquillent dans le reflet doré de l'eau» de la source; la «femme de nos rêves infinis»: le vieillard «sur le seuil de l'âge»; et les ancêtres dont la sagesse permettra de triompher de toutes les difficultés.

Le verset de Bognini, plus souple que les vers libres du premier recueil, est aussi moins clair et sacrifie souvent le lyrisme à la force de la pensée. Les images sont en général moins descriptives et plus dynamiques. C'est que dans ce second recueil, la voix de Bognini s'est faite plus violente et plus impatiente.

Émile A. Langlois

Héritage (L'), cette peste, Lomé, Éditogo, 1963, 159p.
Roman de Félix Couchoro.

Par rapport à la production romanesque de son temps, l'œuvre de Félix Couchoro présente une originalité remarquable, tant sur le plan de l'écriture que sur celui des thèmes abordés. Au début de *Amour de féticheuse au Togo*, Couchoro écrit lui-même que son roman est bourré de «fortes leçons de morale sociale». En réalité, toute son œuvre est une œuvre de moralisation, et il est resté en cela fidèle à l'objectif essentiel de la littérature orale africaine. Même sa manière de présenter son histoire, en évoluant d'un bout à l'autre du récit pour guider et influencer le jugement du lecteur, est inspirée de la tradition orale.

L'Héritage, cette peste nous paraît, malgré une expression qui n'est pas toujours impeccable, une œuvre majeure, par l'organisation du récit et l'intensité des traits psychologiques des principaux personnages. L'histoire se déroule à Baguida, dans la ferme de John Atsou, à une vingtaine de kilomètres de la capitale togolaise. Ce riche propriétaire d'immense cocoteraie, de troupeaux de bœufs et de biens immobiliers meurt, laissant à sa fille, Éléonore, un testament et des instructions pour qu'elle empêche la division et la dilapidation de ses biens par ceux qu'il redoutait: ses deux fils jumeaux (Côme et Damien) vivant au Gabon. Les jumeaux rentrent au pays dès qu'ils apprennent le décès de leur père, et, pour se rendre maîtres des biens de la famille, éliminent Léon, considéré jusqu'ici comme leur frère aîné, de la liste des ayants droit à l'héritage. Léon est le fils adoptif du défunt. Pour éloigner leur demi-sœur, Éléonore, ils lui proposent en mariage un de leurs amis, Isaac Gbébléwou, vivant aussi au Gabon. Mais Éléonore déjoue toutes leurs ruses, les incite à partager ferme et compte en banque, à vendre leurs parts de la plantation, qu'elle rachète par ami interposé. Les jumeaux, vaincus, repartent au Gabon. Éléonore devient propriétaire des biens de son père et fait réintégrer la cellule familiale par Léon et sa mère en devenant l'épouse de ce fils adoptif.

Couchoro développe dans ce roman, de façon pathétique et réaliste, l'éternel drame de l'héritage dans la plupart des familles africaines analphabètes, où le testament écrit n'existe pas pour préciser la part qui revient à des ayants droit voraces et cupides. «Les paroles s'en vont, les écrits restent.» Aussi un testament oral est-il souvent contesté dès que la convoitise et les intérêts individuels égoïstes entrent en jeu. Et l'on voit ici que l'auteur donne toute son importance à l'écriture, même en langue locale, en authentifiant le rôle de sauvegarde du patrimoine familial joué par Éléonore avec un testament écrit qu'elle pouvait en définitive présenter à qui chercherait à mettre en doute sa bonne foi et sa mission.

Dans cette famille, dans ce pays, comme partout ailleurs, l'argent est un élément capital et, par conséquent, diviseur, même entre frères. Ce qui fait, par surcroît, la faiblesse de Léon et Éléonore vis-à-vis des jumeaux Côme et Damien, c'est que Éléonore n'est pas la fille de la mère des jumeaux, et que Léon sans qu'il s'en doute le moins du monde – il est le seul à ignorer qu'il n'est pas le fils légitime de John Atsou – est traité en frère adoptif par nos «Gabonais». En Afrique noire, les liens familiaux qui existent entre frères et sœurs issus de la même mère sont bien plus solides qu'entre enfants de même père dont les mères sont différentes. Ceci révèle un autre aspect des problèmes d'une famille polygame. Pour comprendre le contexte psychologique de cette famille, il faut ajouter au fait que Léon, Éléonore et les jumeaux sont de mères différentes, le désir manifeste des jumeaux de s'approprier tous les biens de leur père en traitant Éléonore comme une pauvre fille

sans importance – les filles n'ont pas voix au chapitre dans les familles négro-africaines traditionnelles en matière d'héritage et de succession du père, surtout quand elles ont des frères, si jeunes soient-ils, et des cousins directs, c'est-à-dire fils des sœurs de leur père.

Mais, moralisateur, l'auteur introduit ici sa propre vision des choses, qui nous révèle le double souci de John Atsou: celui de veiller à ce que lui survivent intégralement des biens qu'il s'est donné du mal pour amasser, et celui de les faire profiter à tous ceux qui lui sont chers dans la paix et en toute équité. Et c'est ce qui arrive, grâce à l'action magnifique d'Éléonore une fois les deux jumeaux écartés.

À une époque où le «féminisme» est à la mode, le personnage d'Éléonore est tout à fait moderne. Se plaçant au-dessus de la tradition qui fait de la fille un être mineur par rapport au garçon, et la prive de toute aspiration à l'héritage de son père, Éléonore a mené tout le monde d'un bout à l'autre de cette affaire avec intelligence et dynamisme, et remplit au-delà de ce que son père aurait attendu d'elle la délicate et très importante mission qu'il lui a confiée.

Dans les années 1920-1930 où les pionniers du roman négro-africain sont tournés vers l'extérieur pour satisfaire la soif exotique de l'Europe colonisatrice de récits écrits par les propres fils d'Afrique, présentant ce continent de manière à justifier l'œuvre civilisatrice de l'Église et du pouvoir politique, il faut rendre hommage à Félix Couchoro, dont les romans sont au contraire tournés vers le dedans et destinés à promouvoir une vie sociale meilleure, une mentalité positive, constructive. En cela, il est resté au-dessus de l'influence de son temps, caractérisée dans le cadre de la littérature coloniale par les thèmes de la Civilisation de l'Universel, du métissage culturel, de la négritude...

Yves-Emmanuel Dogbé

Histoire d'un enfant trouvé, Yaoundé, Éditions CLÉ, Coll. Pour Tous, 1971, 60p.

Récit autobiographique de Robert Zotoumbat.

Comme tout récit autobiographique, l'ouvrage traite de l'évolution physique, morale et intellectuelle du héros en s'arrêtant sur les étapes les plus décisives de sa vie. Les rôles de tous ceux qui ont marqué sa vie sont aussi évoqués avec nostalgie. Le milieu où grandit le héros pourrait être n'importe où en Afrique. Cependant, les précisions sur les noms des villages (comme Nkemboma et Baya), des personnages (tels que Honkô, Ngaga, Ngoye, Mboula, Idjida, Imbouda, Issombo, Eboyi, Nokou, Ngougou et Mbakotsé) et certaines activités socio-culturelles comme les danses, telles celles du Magnala et d'Ekota, ainsi que le nom donné au vin alcoolisé de fabrication indigène, Maona-Mboka, montrent que l'action se situe au Gabon. À part ces précisions, l'histoire de Ngoye (surnommé Moana — wa — za qui veut dire «l'enfant de la famine») pourrait être celle de tout autre enfant ayant le même destin que lui, c'est-à-dire orphelin de père et de mère dès l'âge d'un an, et élevé par des parents adoptifs.

Lors de la grande famine qui a sévi sur la région en 1905, le père de celui qui allait porter le nom de Ngoye meurt. À la suite de ce décès, sa mère, meurtrie par les «rites odieux du veuvage» et les ravages de la faim, prend la route de Nkembona, localité épargnée par la famine et la sécheresse, pour y trouver de quoi manger. Mais elle meurt en chemin, laissant aux affres du destin son bébé d'un an. Heureusement, Mboula, le plus riche colporteur de la région, chef de Mkemboma, passe par là au moment même où meurt la mère de Ngoye. Il décide d'adopter le jeune orphelin.

Mais alors que Mboula est un généreux qui cherche à rendre Ngoye heureux et à bien l'élever, sa femme Idjida est une marâtre qui traite l'enfant comme un esclave.

À l'école, Ngoye, plus intelligent mais physiquement plus faible, plus jeune et plus docile que ses congénères, devient très vite la victime des mesquineries de ces derniers.

Le malheur s'accentue à la mort de son père adoptif. Privé de la protection et des soins de Mboula, le jeune homme est livré «aux lèvres agiles» et aux machinations tyranniques de sa marâtre. La vie du jeune homme devient infernale. Mais le destin est résolument de son côté. Idjida décide de l'empoisonner en lui faisant boire les déjections mortelles d'un hippopotame qu'elle a sournoisement diluées dans un gobelet d'eau. C'est malheureusement le demi-frère du héros qui avale le mélange et en meurt. Il faudra l'intervention d'un tribunal présidé par un notable-juge du village voisin pour prouver l'innocence de Ngoye qu'Idjida présente comme le responsable de la ruse.

Pour présenter ce récit, Zotoumbat se sert de la technique narrative qui consiste à s'éclipser derrière l'histoire et à permettre à un personnage, qui n'a pas participé à l'aventure, de la raconter. Dans *Histoire d'un enfant trouvé*, le premier narrateur est cette vieille dame anonyme chez qui se cache Ngoye quand la foule atteinte de délire cherche à le liquider à la suite de l'empoisonnement de son demi-frère. Cette vieille sage qui sauve Ngoye et son histoire de l'oubli se chargera de lui raconter tous les événements de son enfance et de son adolescence. Il y a ensuite Ngoye qui apparaît dans le roman comme le narrateur spécialement invité par l'écrivain, nommé Honkô, pour lui raconter l'histoire de «sa vie tumultueuse». Cet écrivain, qui est le romancier lui-même et qui ne participe guère à l'action, occupe donc le dernier et le troisième niveau de cette échelle narrative. Il intervient de temps en temps au cours de la narration, après s'être présenté dans le premier chapitre intitulé «Présentations», qui est le prologue du récit.

Samuel Ade Ojo

Histoires queue-de-chat (Quelques scènes de la vie camerounaise), Yaoundé, Éditions CLÉ, 1971, 112p.

Recueil de nouvelles de René Philombe.

Histoires queue-de-chat contient cinq nouvelles. Les quatre premières sont centrées sur la vie villageoise du Sud-Cameroun. Dans la première nouvelle, Bekamba, absent du village pendant six mois, se fait passer pour un revenant, réussissant ainsi à escroquer les villageois crédules et impatients de suivre les conseils de celui qui connaît les morts. Dans la quatrième nouvelle, il est également question de la crédulité, celle d'un jeune paysan qui souffre d'une maladie psychosomatique infligée par un sorcier et dont il ne sera libéré que lorsque le Dr Tchumba, docteur en médecine «blanche», le guérira par un tour de passe-passe. Dans *La route des amants maudits*, les villageois, sous l'égide du sorcier, trouvent les présumés coupables de la mort du vieux Belinga: sa plus jeune épouse et son neveu, devenus amants à force de vivre sous le même toit. Se trouvant ainsi au ban de la société, ils ne pourront pas profiter de leur exil qu'ils regardent comme la preuve de leur malédiction et non de leur libération. Les villageois dans la troisième nouvelle sont également prisonniers de rites traditionnels: ils ont employé un sorcier pour invoquer la foudre et contraindre les filles du vieux Mbarta à rester auprès de celui-ci. C'est que les villageois cherchent à enrichir le village, sachant que les prétendants n'y viendront pas les mains vides. La foudre est une arme à double tranchant car elle peut s'acharner sur tout un chacun; ceci fait que les villageois vivent désormais dans la terreur de se voir abattre par le Dieu Zeyang. Ancrée dans la réalité urbaine, la dernière nouvelle met en scène des personnages «sophistiqués», une fille de joie devenue femme d'affaires, un ministre, etc., mais qui, devant le malheur, sont tout aussi prêts à croire au premier charlatan venu, ici un «professeur» du Nigeria qui, moyennant de grosses som-

mes d'argent, garantit la libération d'un haut fonctionnaire emprisonné pour détournement de fonds. Le véritable escroc est démasqué par un commissaire de police.

Dans son Avertissement au lecteur, René Philombe souligne qu'il cherche à sensibiliser son public «à certaines pratiques qui, pareilles à des boulets aux pieds des esclaves, entravent la marche en avant...». Dans chaque nouvelle il s'agit d'illustrer le pouvoir abusif des charlatans qui se servent de la tradition pour servir leurs propres fins. Mais l'auteur blâme aussi ceux qui sont assez crédules pour accepter, sans examen, les propos de faux sorciers. Dans la deuxième nouvelle, Philombe se moque de l'attitude profondément africaine qui veut que la mort ne soit jamais gratuite. À la mort de Mbarta, cette croyance se voit aggravée par la polygamie, source de l'animosité des premières épouses de Mbarta envers la plus jeune des leurs. C'est cet état de choses qui transforme la vie de celle-ci et de son amant en enfer, car ils sont perçus comme étant nécessairement coupables.

Dans la troisième nouvelle, tout le village vit terrorisé par la tradition; mais ici nous pourrions y voir l'œuvre de la justice poétique car les villageois avaient voulu retenir les deux filles de Mbarta qui, comme leur mère, avaient profité du vent libérateur de l'indépendance pour fuir leur vieux père ruiné. Si le moyen de les retenir fut un rite traditionnel, ce n'est que justice si les villageois sont à leur tour terrorisés par Zeyang, Dieu de la foudre.

Dans ces deux nouvelles qui se passent entièrement en milieu traditionnel, nous n'avons ni une vision édifiante de ce milieu, comme chez Camara Laye (v. *L'Enfant noir*, 1953), ni un regard attristé sur un mode de vie beau et cohérent mis en ruines par la colonisation comme chez Chinua Achebe (v. *Arrow of God*, 1964). Philombe s'élève plutôt contre les ténèbres du milieu traditionnel du Sud-Cameroun où la crédulité des villageois et le manque d'honnêteté des sorciers contraignent les hommes à vivre dans la peur et l'ignorance.

Dans les trois autres nouvelles, Philombe ne démasque pas la superstition en nous montrant ses faiblesses de l'intérieur de la société traditionnelle. Ici le sorcier est toujours mis en opposition avec un personnage qui représente l'ordre nouveau et l'esprit rationnel qui veut que chaque effet ait sa cause. Dans la première nouvelle, c'est au commandant de brigade qu'incombe le rôle de démasquer Bakamba, faux revenant qui s'est installé comme sorcier dans son village[1]. Dans *Le petit serpent du Dr Tchumba*, c'est le médecin, représentant de la science occidentale, qui est mis dos à dos avec le sorcier qu'il réussit à déjouer. Dans *L'affaire Sango Mbedi*, c'est le commissaire de police de Yaoundé qui révèle l'escroquerie du charlatan, sorcier moderne, qui se fait passer pour un «professeur».

Alors que dans les deux nouvelles évoquées au début de cette étude, les villageois restent prisonniers de la peur et de l'ignorance, ici ce sont des personnages représentant la vie moderne qui agissent comme des *deus ex machina* pour écarter les ténèbres de l'ignorance et de la crédulité. C'est comme si Philombe nous disait que, sans cet apport extérieur, le village serait incapable de remettre en cause les faiblesses de la tradition afin de l'adapter au monde moderne. Toutefois n'est-ce pas sonner le glas de la tradition que de faire appel à des institutions occidentales, comme c'est le cas ici[2]?

Eloise A. Brière

1. Dans *Le Roi miraculé* de Mongo Beti (Paris: Buchet/Chastel, 1958), le roi, Essomba Mendouga, est un exemple de «vrai» revenant, étant passé chez les morts lors d'une maladie.
2. À l'instar de Yambo Ouologuem (v. *Le Devoir de violence*, 1968), on voit chez Philombe la même volonté de s'élever contre le mythe de la tradition, source de bien, propagé par la négritude.

Homme (L') qui tua le crocodile, Yaoundé, Éditions CLÉ, Coll. Théâtre, 1972, 72p.

Tragi-comédie de Sylvain Bemba.

La pièce raconte la lutte entre un honnête instituteur de quartier et un homme d'affaires, prêteur et usurier. Les exactions de ce dernier finissent par le conduire en prison alors que sa fille épouse le fils de l'instituteur courageux.

Sur ce canevas très simple, Sylvain Bemba propose une série de réflexions pour des spectateurs peu instruits. Il s'élève contre la corruption des nantis (p. 13, 19, 36), se lamente sur les difficultés de trouver un emploi modeste et convenablement rémunéré (p. 53-54), critique les femmes qui manquent de moralité et qui se laissent acheter pour quelques babioles (p. 8-9, 23, 36) et soulève le problème des jeunes, désireux de choisir leur conjoint sans interventions familiales (p. 41-47).

Bemba critique et propose à ses spectateurs des remèdes à leur portée. Il les encourage à vivre fièrement et librement («Ne sais-tu pas qu'une chaîne en or autour du cou reste toujours une chaîne quand même?»; «il est plus facile, plus «naturel», je dirais, de subir l'esclavage et beaucoup plus difficile d'oser vouloir sa liberté» (p. 54, 56). De plus, il observe que l'homme est son pire ennemi: «Mais un autre crocodile reste encore vivant au fond de nous. C'est notre penchant inconsidéré, démesuré pour des besoins que très souvent nous ne pouvons satisfaire. Ce penchant fait que nous devenons des esclaves [...]» (p. 71). Finalement, l'homme doit se montrer responsable dans sa vie privée car le vrai danger vient de ce qu'«À une échelle plus grande, un tel penchant fait notre pays risque de ne pas briser avant longtemps les chaînes de la dépendance vis-à-vis de l'étranger» (p. 71).

Pour dire ces vérités, Bemba choisit la «tragi-comédie». Il reste que la pièce doit davantage au fond traditionnel qu'au théâtre français. L'œuvre est un échange de dialogues; le rôle le plus important revient à l'amuseur public, personnage qui n'influence pas l'action, mais qui − à la manière du conteur − la commente avec l'aide d'un groupe de badauds.

Claire L. Dehon

Homme (L') qui vécut trois vies, Issy-les-Moulineaux, Éditions Saint-Paul, Coll. Classiques Africains, 710, 1976, 112p.
Roman de Gaston Koné Ouassenan.

L'Homme qui vécut trois vies est l'histoire d'un indigène de l'Afrique noire, Kinantigui, qui, soumis par un destin capricieux aux lois ancestrales, coloniales, et enfin à un régime politique d'Indépendance, met au point un système d'administration moderne, permettant une coopération harmonieuse entre Blancs et Noirs, et un contrôle subtil et positif par l'élite noire des masses profondément attachées aux mythes africains et à leurs coutumes.

L'histoire de Kinantigui est divisée en trois parties presque égales. Nous sommes en 1943. La première partie nous présente la fuite de Kinantigui de son village natal, lorsque des gardes-cercles (anciens militaires ayant des fonctions policières) arrivent pour procéder à leur rafle habituelle en hommes (jeunes et vigoureux pour la guerre) et en vivres. La violence et le viol imposent l'autorité. Kinantigui traverse la forêt sacrée qui le fait passer pour mort et se réfugie chez les mangeurs de lion qui l'adoptent. La deuxième partie du livre nous présente alors l'importance des coutumes ancestrales au sein d'une tribu vierge de toute influence extérieure. Après l'avoir reconnu digne d'être des leurs, les mangeurs de lion font croire à Kinantigui que sa femme et ses enfants sont morts avec le village dont «toutes les cases ont été brûlées, les champs dévastés, le bétail anéanti. Tout a été détruit. Il ne reste plus rien, rien de ce qu'étaient ce grand peuple et ses grands

villages. Des Blancs comme des Noirs sont morts dans cette guerre, engloutis par les flammes. Les corps ont grillé. Le sang a coulé. L'herbe a brûlé. Les pierres ont fondu. L'eau des marigots a séché» (p. 56). Kinantigui refait sa vie avec Néta qui attend son deuxième enfant lorsque les gardes-cercles font leur apparition. Le village se prépare à fuir dans le plus grand secret, et dans la troisième partie du livre, la tribu s'enfonce dans la forêt encore inexplorée. Elle trouve une sorte de forteresse naturelle aux terres fertiles où elle vivra trente ans, jusqu'à ce qu'un avion de reconnaissance la découvre dans son nouveau village. Cet événement fortuit met Kinantigui en présence de son fils Kipéya qu'il croyait mort, et qui, devenu sous-préfet, lui fait connaître les merveilles de la modernité. L'histoire finit dans l'allégresse générale que ternit seulement la nouvelle fuite des mangeurs de lion vers un nouvel et lointain horizon.

Le livre de Gaston Ouassenan est extrêmement bien écrit. D'un style simple et vivant, l'humour y alterne avec une naïveté naturelle et une pensée typiquement africaine et ô combien attendrissante! *L'Homme qui vécut trois vies* est digne de compter parmi les meilleurs livres que la littérature africaine ait pu produire et présente autant de mérites que les classiques africains les plus connus. Sa qualité didactique est incontestable.

Josette Hollenbeck

Hommes de tous les continents, Paris, Présence Africaine, Coll. Poésie, 1967, 103p.
Recueil de poèmes de Bernard Binlin Dadié.

Les quarante-quatre poèmes en vers libres de ce recueil reflètent la situation coloniale aussi bien que l'ivresse de l'indépendance, car le premier date de 1943 et les derniers de 1965.

Le poète s'interroge sans cesse sur son rôle et la fonction de la poésie.

D'après Dadié, le poète devrait jouer un rôle social. Il chante pour «attendrir le maître et l'esclave» («Rêve»), pour clamer la détresse («Audience»), pour briser les chaînes («Chaînes») et pour faire entrevoir le futur: «Je soulève pour vous, / un coin du voile, / un pan de ciel» («Prière de nouvel an»). Mais le poète insiste davantage sur son rôle d'unificateur: «Nous unissons les horizons, les couleurs, les hommes» («Sur la route»).

Quatre motifs dominent dans ces poèmes et créent des réseaux de signification – les barrières, la mer, les tisons et la lumière. Les barrières, c'est tout ce qui entrave la liberté de l'homme: cages, cales de négrier, frontières, tours, créneaux, chaînes, douaniers, barbelés, etc. Et dans ces poèmes, les barrières ne sont jamais naturelles. Elles sont dressées par l'homme pour limiter la liberté de ses semblables. Quand l'homme aura démoli toutes ces barrières, il pourra vivre pleinement, car «La vie, c'est l'espace» («Essor»). Par ses chants, Dadié cherche à faire tomber les murs comme l'avait fait la trompette de Jéricho («Que s'envole notre chant»).

La mer, qui chez d'autres poètes est souvent le symbole de l'évasion, de la liberté, est un élément négatif chez Dadié. Elle est toujours agitée et menaçante: «L'Océan hurle et inonde / le village des hommes» («La porte d'airain»); «l'Océan a gardé sa voix de colère» («Black Star»). Pour l'Africain, la mer a été la route qui menait vers la mort ou l'esclavage.

Les tisons symbolisent ceux qui continuent, pendant les moments difficiles, à lutter pour une vie meilleure et pour la liberté. De ces tisons peut jaillir «la flamme / Qui éclairera le nouveau trajet de l'homme» («Tisons dans la nuit»). «Sur la faim et la soif des hommes, dit le poète, je braque / le plein feu de mes yeux» («Plein feu»).

La lumière est le quatrième motif dominant. Le poète insiste sur le passage de l'ombre à la lumière, ce qui équivaut au passage de l'esclavage à la liberté, de la misère au bien-être. Après «mille ans de nuit pourpre / de nuit noire / de nuit blanche» («Et...»), la «nuit devient lumière» («Kouame Amelan») et l'on commence à «contempler le soleil» («Ramasseur de balles»).

L'Afrique ne figure pas dans sept poèmes de cette collection. Mais que les poèmes aient pour cadre Harlem, Rio ou Budapest, la réconciliation en demeure le thème essentiel. Dadié s'adresse aux Africains et aux «hommes de tous les continents». Il veut effacer toutes les vieilles distinctions de race, de frontière et de religion: «Nouvel arc-en-ciel / Nous unissons... la voix des autres continents» («Sur la route»). L'image de l'arc-en-ciel revient dans plusieurs poèmes pour symboliser l'espoir et l'unité de toutes les couleurs. Dadié l'appelle «l'arc-en-ciel de la Réconciliation». Dans sa «Prière de nouvel an», il demande que «les isles se marient aux isles, / les forteresses aux forteresses / et les frontières aux frontières».

C'est dans le dernier poème, «Retour au foyer», que l'on trouve réunis tous les thèmes et tous les motifs dominants. Le poète veut effacer tout ce qui divise pour redonner à l'homme sa «valeur intrinsèque». La nuit sera dissipée et l'homme entrera dans le grand jour. «Car JE VEUX que / les hommes chantent et dansent / à la lueur de toutes les étoiles.»

Dans *Hommes de tous les continents*, Dadié se veut poète de l'espoir et de la réconciliation.

Lauren Yoder

Hommes (Les) du Bakchich, Paris, ORTF/DAEC, Coll. Répertoire théâtral africain, 16, 1973, 159p. – Préface de N'Tji Idriss Mariko.

Drame en six actes d'Alkaly et Diama Kaba.

Les problèmes de la décolonisation, des rapports avec la tradition, de l'influence étrangère – et tout particulièrement celle de l'ancienne puissance coloniale –, les problèmes posés par les relations de l'Afrique avec les autres continents et avec son propre passé forment la trame de cette pièce. Ils sont représentés par plusieurs figures allégoriques ayant entre elles des rapports réciproques.

C'est un drame à caractère didactique qui cherche à nous sensibiliser à l'Histoire en la réduisant à trois générations, cadre qui permet une vue d'ensemble concrète. La pièce réunit deux domaines nettement distincts: la vie d'un continent, l'Afrique, difficilement accessible au spectateur dans l'espace et dans le temps, et ses rapports avec d'autres continents, sont concrétisés par les relations individuelles entre représentants de générations différentes en faisant appel à l'expérience vécue de chaque membre du public. Par ce procédé, la comparaison se charge à tout instant d'une signification supplémentaire: il en résulte une compréhension plus juste de phénomènes inaccessibles à l'expérience personnelle: l'histoire de l'Afrique ressentie comme patrimoine collectif vécu inconsciemment.

Le prologue souligne déjà — sous forme de métaphores empruntées au langage amoureux et appliquées à l'histoire — que celle-ci est perçue comme quelque chose de très personnel, d'existentiel et de saisissable par l'expérience. Il a une fonction préparatoire: son objectif est d'unir le public par une mise en cause et par une culpabilisation collective («nous sommes tous coupables et concernés»); l'auteur obtient l'identification et l'intégration de chaque spectateur au groupe formé par le public par l'évocation d'éléments communs à tous: la mère Afrique courtisée par mille prétendants, les colonialistes; une histoire commune avec pour conséquence une crise d'identité de l'homme noir, caractérisé par sa «volonté d'appartenir à tous sauf à lui-même», une crise qui n'épargne personne.

Les figures allégoriques féminines, qui apparaissent au cours de la pièce dans des constellations diverses et à des périodes différentes de leurs relations, ont une dimension historique ou géographique; leurs divergences se manifestent moins dans des actions opposées que dans des caractères aux tendances différentes et dans des conflits verbaux.

Le premier personnage est l'«Afrique d'Avant-Hier», couverte de rides, omniprésente comme une sorte de conscience vivante, avertie, rusée, prudente, une Afrique que l'âge et des expériences douloureuses ont rendue méfiante; symbole de l'Afrique précoloniale, idéalisée en «Afrique des grandeurs», simple, imposante, inaltérable, elle montre à sa fille et à sa petite-fille la dignité et l'authenticité envers soi-même, les met en garde contre les offres d'aide extérieures, jamais désintéressées; à travers ses objections et ses questions apparaît toujours la triste expérience de la colonisation.

Sa fille indigne, Afrique d'Hier, se laisse séduire dans sa naïveté juvénile par l'Europe et succombe à ses tentations matérielles après avoir cru découvrir en elle-même des besoins que sa mère ne peut plus satisfaire. Oubliant ses origines et sa spécificité et cédant aux promesses et aux slogans tels que progrès, évolution, assimilation qui feront d'elle une prétendue «Grande Afrique», elle s'abandonne à l'Europe et brigue l'assimilation malgré les avertissements de sa mère pour qui l'Europe ne parviendra jamais à faire d'elle une seconde Europe. Jalousement surveillée de part et d'autre et tiraillée entre des comportements différents (en matière de musique, d'habillement, de croyances, de médecine), elle commence, au cours de la pièce, à discerner ce qu'elle a perdu sans compensation.

L'Europe, leur adversaire commune, et personnage extrêmement antipathique, joue tout au long de la pièce un rôle ambivalent. Séductrice et conquérante, fautrice de dissensions et coopérante tour à tour, impérieuse, portée par un esprit belliqueux et remplie d'un zèle missionnaire, elle tient la Bible dans une main et dans l'autre un fusil. Prétentieuse, gonflée d'orgueil, profiteuse, voleuse et hypocrite, elle offre son aide, s'en sert comme prétexte pour s'infiltrer et l'impose tour à tour à ses partenaires qu'elle exploite. Son succès, elle le doit à des intrigues qui lui ont permis de séparer l'Afrique d'Hier et l'Afrique d'Avant-Hier. Dans son programme d'assimilation elle prêche: «Si tu veux être comme moi, il faudra accepter, sans réticence aucune, tout ce que je te dis et tout ce que je fais.»

C'est à ces influences diverses et contradictoires qu'est exposée l'Afrique d'Aujourd'hui, une Afrique métisse, fruit de l'union des contraires, consciente de sa nature bâtarde. Elle se sent déchirée entre la tentation de l'Occident et ses rapports problématiques avec son propre passé et elle est le seul personnage qui évolue, mûrit et trouve son identité au cours de la pièce. «Malade depuis sa naissance», elle est animée par une soif existentielle de connaître les différences entre ses grands-mères de races différentes. Elle veut distinguer en chacune d'elles le bien et le mal afin de faire un choix pour elle-même, mais toute décision la prive d'une partie essentielle d'elle-même. Avec l'âge elle s'émancipe et s'éloigne de plus en plus de l'influence de l'Europe. Elle exige son indépendance mais continue d'être traitée comme une enfant par les Blancs. Elle finit par recevoir une «indépendance folklorique» accompagnée des remarques cyniques de l'Europe: «Prends-la avec toutes ses conséquences, mais j'ai la certitude que tu me reviendras [...] mutilée et davantage appauvrie.» Elle s'ouvre par la suite à de nouvelles influences et noue de nouvelles amitiés avec l'Asie, l'Amérique, l'Océanie, et danse avec elles au son de leur musique. De nouveau, elle apprend qu'aucune aide n'est désintéressée: les nouvelles amies s'implantent chez elle et lui prennent au cours d'un strip-tease symbolique sa dernière chemise.

La fin de l'apprentissage s'annonce; l'Afrique d'Aujourd'hui reproche à sa mère: «Tu m'as appris à danser la valse et le tam-tam; aujourd'hui je danse toutes les danses de par le monde; je ne sais s'il le fallait mais je sais que je les danse toutes très mal y compris le tam-tam.» La grand-mère, Afrique des grandeurs, à qui sa petite-fille demande conseil – pensant tirer du contact vivant avec le passé un enseignement pour les problèmes actuels –, lui suggère d'abandonner toutes les religions et les espérances importées: «Regarde la terre au lieu de regarder le ciel; là, tu t'y trouves, tes problèmes s'y trouvent», et comme premier sacrement elle lui recommande sa propre personne «afin de mieux vivre ta vie terrestre». Se fondant sur l'identité retrouvée au contact avec sa propre histoire et comptant sur l'Unité africaine – pour laquelle la grand-mère se montre optimiste, mais qui dans la pièce repose moins sur la solidarité que sur la communauté dans la faute – elle espère être reconnue dans l'avenir comme véritable associée dans ses échanges avec ses nouvelles et anciennes amies où elle n'aura plus besoin de jouer le rôle de «négresse du folklore», mais celui d'une Africaine acceptée comme égale entre égales.

L'intention de l'auteur est, comme Alkaly Kaba le confiait dans une interview dans l'*Essor* du 3-11-1971, de «recommander aux hommes de s'unir afin de bâtir une société juste, viable et prospère»; la même impression ressort de la réponse de l'auteur, lorsque, interrogé sur le rôle du cinéaste en Afrique, il déclare: «Le cinéaste africain doit tenir compte de l'Afrique d'avant-hier, d'hier et d'aujourd'hui» (*Afrique littéraire et artistique*, n° 49, 1978, p. 75).

Wolfgang Zimmer

Hon si suba ben (Aujourd'hui n'épuise pas demain), Paris, P. J. Oswald, Coll. Poésie/Prose africaine, 4, 1973, 176p.
Écrit de Boubou Hama.

Hon si suba ben (Aujourd'hui n'épuise pas demain) est la suite d'une autre œuvre, *Le Double d'hier rencontre demain* (1973), de sorte que l'ordre de lecture de ces textes doit respecter cette continuité. Dans les deux cas, il s'agit de récits initiatiques impliquant trois personnages: Bi (Hier), le Maître-Initiateur, son double Bi-Bio et Souba (Demain), le fils d'homme, l'initié. *Le Double d'hier rencontre demain* se déroule sous la forme d'un voyage initiatique, à la recherche du savoir, de la sagesse, et le but du Maître-Initiateur est de faire «partager la sagesse du continent noir» (p. 15), «d'enseigner l'Afrique» (p. 17). Dans *Hon si suba ben*, «il ne s'agit pas [...] de revivre l'Afrique d'autrefois, mais celle d'aujourd'hui qu'enrichit la technique, apport de l'Occident... il s'agit, en réalité, [...] de la renaissance de notre continent, de sa résurrection que personne ne fera à notre place» (p. 7).

Souba (demain) est toujours au centre de *Hon si suba ben*. Il est «le messager de l'Afrique nouvelle, sa conscience et son destin nouveau» (p. 8). D'une part, il est profondément initié à l'Afrique et, d'autre part, il a fréquenté l'école européenne. Il est donc comme un grand nombre d'Africains, à la croisée des chemins, et c'est à lui et à ses semblables qu'il appartient de faire surgir un homme nouveau, l'Africain nouveau. *Hon si suba ben* prolonge et complète *Le Double d'hier rencontre demain*. Après le voyage initiatique rapporté dans ce dernier texte, le premier rend compte de la rencontre du Maître-Initiateur, Bi, avec son disciple et héritier, Souba. Ce texte est à la fois le bilan de l'initiation et le parachèvement de cette initiation. Aussi, au delà de l'expérience vécue par Souba, le dialogue entre Bi et son disciple porte-t-il sur les grandes questions: le bien et le mal, la vérité, la sagesse, l'homme, la religion, la tradition, la science et l'apport de l'Afrique noire au monde.

Beaucoup d'idées connues sont reprises dans ce texte. Les structures et les articulations du récit sont moins fonctionnelles que dans *Le Double d'hier rencontre demain*. On y retrouve cependant l'illustration d'un mode de fonctionnement de la pensée africaine qui progresse de façon circulaire, chaque reprise ajoutant des éléments nouveaux. L'exposé du Maître est également exemplaire; il intègre contes, fables, légendes et histoire, ce qui donne à l'enseignement un caractère pratique et vivant. La conception de l'homme en devenir, en marche vers sa perfection, n'est pas isolée; si elle possède une coloration et une spécificité africaines, elle est reliée à l'histoire universelle de l'homme et des civilisations. Un souci marqué tend à dégager l'apport de l'Afrique au monde: «Seul le continent noir est sur la ligne de départ d'un tel homme capable de saisir la totalité de l'univers matériel et spirituel» (p. 61).

Hon si suba ben est donc, avant tout, une réflexion sur «le destin passionnant de l'homme» (p. 76). La sagesse qu'il exprime rejoint, à travers les mythes africains, la sagesse universelle: «Ainsi est le monde, un perpétuel recommencement où la nature se renouvelle par son propre effort [...] parce que 'aujourd'hui n'épuise pas demain'» (p. 153).

Fernando Lambert

Hosties noires, Paris, Éditions du Seuil, Coll. Pierre Vives, 1948, 93p.

Recueil de poèmes de Léopold Sédar Senghor.

Hosties noires est généralement considéré comme le recueil de la poésie militante. Dans son livre *Léopold Sédar Senghor et la défense et illustration de la civilisation noire* (1968), Okechukwu Mezu sous-titre «La poésie au service de la politique» le chapitre qu'il consacre à *Hosties noires*.

Le titre est parlant. Il désigne les Noirs d'Afrique et de la diaspora qui se sont sacrifiés ou ont souffert pour qu'apparaisse «l'aube transparente d'un jour nouveau» («À l'appel de la race de Saba»). Cette désignation est faite au moyen d'un symbole chrétien, d'une image chromatique paradoxale qui a valeur de mise en garde et de revendication.

Les poèmes les plus importants sont datés et localisés. À l'exception du poème liminaire, ils sont placés dans l'ordre chronologique. Ce sont autant de jalons dans la vie du poète entre 1936 et 1945. Pour comprendre les sentiments exprimés, il faut avoir présentes à l'esprit les principales circonstances de cette vie.

En tout premier lieu, on se souviendra que L. S. Senghor a reçu des Pères du Saint-Esprit à la fois une éducation religieuse et une formation gréco-latine au collège de N'Gazobil, puis au collège Libermann de Dakar jusqu'en 1926. Ce que l'on appelle parfois la «conversion au socialisme» s'est produit en France entre 1928 et 1935.

L'année 1935 est particulièrement importante dans la vie du poète. Après un début de service militaire pénible à Verdun, haut lieu de la guerre 1914-18, il bénéficie d'un régime favorable à la caserne Lourcine à Paris, peut poursuivre la préparation de l'agrégation de grammaire et réussit ce concours en 1935. La même année, il devient professeur au lycée Descartes de Tours. Il milite au sein du Syndicat du Personnel de l'Enseignement Secondaire. Il enseigne le français et la littérature aux ouvriers qui fréquentent gratuitement les cours organisés à la Maison de la Culture par la C.G.T. 1936 voit la fin de la guerre coloniale d'Éthiopie (prise d'Addis Abeba par les Italiens, 5 mai 1936) et l'avènement du Front Populaire. Au cours de l'été 1937, Senghor fait l'objet d'une campagne de charme qui lui vaut une invitation officielle au Sénégal. Déclinant de hautes responsabilités dans les services d'enseignement de l'A.-O.F., il revient en France et est affecté au nouveau lycée Marcelin Berthelot, à Saint-Maur-des-Fossés, dans la banlieue parisienne. C'est là que la guerre le surprend. Fait prisonnier en juin 1940 sur les bords de la Loire, il passe deux années comme soldat de 2e classe en stalag au milieu de ses compatriotes. Ce sera un Autrichien de l'armée allemande, sinologue devenu ami du poète, qui se chargera de mettre en lieu sûr certains des manuscrits du futur recueil *Hosties noires* et qui les portera au domicile de Georges Pompidou, camarade de Senghor depuis Louis-le-Grand (voir Ernest Milcent et Monique Sordet, *Léopold Sédar Senghor et la naissance de l'Afrique moderne*, Seghers, 1969, p. 72).

Libéré pour raison de santé en 1942, Senghor reprend son enseignement au lycée Marcelin Berthelot et participe aux activités de résistance du Front National Universitaire. Entre 1942 et 1944, il rencontre Sartre, Tristan Tzara, Picasso, fréquente le groupe qui se constitue autour d'Alioune Diop et qui va donner naissance à la revue *Présence Africaine*. La conférence de Brazzaville (30 janvier - 8 février 1944) appelle de nouvelles conceptions dans les rapports entre la France et ses colonies africaines. Suivant Lamine Guèye, son aîné, Senghor s'engage en 1945 dans le combat politique en se faisant élire député du Sénégal (2e collège), sous l'étiquette du parti socialiste S.F.I.O., à l'Assemblée constituante. Il approfondit sa connaissance des auteurs socialistes (Marx, Engels, Lénine, mais aussi — lectures nouvelles — Fourier et surtout Proudhon) et incline de plus en plus pour le fédéralisme. La défense de l'autonomie africaine se précise. En 1948, Senghor publie *Hosties noires*, la *Nouvelle Anthologie de la poésie nègre et malgache* préfacée par Sartre (*Orphée noir*), et se sépare de la S.F.I.O. pour adhérer au groupe parlementaire des Indépendants d'Outre-Mer.

Les trois parties de cette tranche de vie sont aussi celles d'*Hosties noires*:
- 1935-1940: l'intellectuel noir dans l'avant-guerre et la «drôle de guerre»,
- 1940-1942: la captivité,
- 1942-1945: l'intellectuel noir sous l'occupation et sa réflexion sur le problème colonial à l'époque de la Libération.

On voit que les poèmes d'*Hosties noires* auraient pu être publiés à peu près en même temps que ceux de *Chants d'ombre* (1945). Ce tri et ce retard de publication intriguent les historiens. Okechukwu Mezu se demande si certains poèmes n'ont pas subi des modifications que pourraient expliquer des considérations d'ordre politique. Ce qui est certain, c'est que, malgré une volonté de sagesse et une modération de ton soigneusement cultivées, *Hosties noires* est le plus accusateur des recueils de Senghor.

Le poème liminaire, dédié à Léon Gontran Damas, intransigeant compagnon de route (*Pigments*, 1937), est daté «Paris, avril 1940». Parmi ses vingt-six longs versets (plus de quinze syllabes), l'un des plus célèbres («Mais je déchirerai les rires *banania* sur tous les murs de France») exprime bien la volonté du poète de modifier l'image du Noir dans la conscience française, de restaurer sa dignité. Déjà connu pour sa valeur guerrière, le Noir doit l'être pour sa culture, qui représente un autre classicisme: le poète veut être le rythme et le cœur de son peuple, «sa bouche et sa trompette». Ce poème, dont le relatif chaos reflète un état critique («Ah! ne suis-je pas assez divisé?»), contient quelques versets d'une musicalité très étudiée, tel celui-ci qui se trouve dans la partie consacrée à la critique de la poésie européenne de l'art pour l'art: «Ils chantaient la nonchalance des chalands sur les canaux de moire et de simarre.»

Les poèmes de la période 1936 - avril 1940, au nombre de six, sont groupés sous la rubrique «Éthiopie». Il s'agit de:

– «À l'appel de la race de Saba» (66 versets), ode en six strophes avec accompagnement de deux kôras, scandée par l'invocation «Mère, sois bénie», qui s'a dresse autant à la charnelle qu'à l'Afrique (Tours, 1936); la guerre d'Éthiopie est évoquée en plusieurs endroits; le mot «libération» est deux fois écrit; la condamnation conjointe du capitalisme et de la colonisation est clairement énoncée; la longueur des versets (jusqu'à 46 pieds) permet de parler ici de prose musicale;

– «Méditerranée» (18 versets, avec encadrement et coupures par six vers de 6 ou 8 syllabes, harmonieuse structure), fraternel et grave entretien avec un compatriote peul sur le pont d'un navire (1938);

– «Aux tirailleurs sénégalais morts pour la France» (Tours, 1938), composé de 26 versets consacrés aux morts de la Grande Guerre et qui, comme le poème précédent, contient des allusions à la guerre d'Espagne;

– «Luxembourg 1939» (16 versets avec rythme accéléré en fin de composition), condamnation de la guerre qui ruine la vie;

– «Désespoir d'un volontaire libre» (26 versets), vision sublimée d'un suicidaire sénégalais dans laquelle apparaît une triste image de l'Afrique coloniale;

– «Prière des tirailleurs sénégalais» (49 versets divisés en cinq strophes, Paris, 1940), dont l'idée dominante est celle de fraternité entre Blancs et Noirs dans le sacrifice.

Les poèmes de la captivité, regroupés sous le titre «Camp 1940», sont au nombre de sept:

– «Au Guelowar» (Camp d'Amiens, septembre 1940, 17 versets), composé de deux parties introduites par le mot «Guelowar» (noble guerrier), est une exhortation au redressement «dans l'égalité des peuples fraternels» et une réponse positive aux appels de la France Libre; à noter cette condamnation de certains égoïsmes du moment: «Les princes de l'Église se sont tus, les hommes d'État ont clamé la magnanimité des hyènes / Il s'agit bien du nègre! il s'agit bien de l'homme! non! quand il s'agit de l'Europe»;

– «Au gouverneur Éboué» (Paris, 1942), comprenant 19 versets, où apparaît le symbole du Lion noir que reprendra Camara Laye dans *Dramouss* et où l'image de l'hostie noire voisine avec trois versets consacrés à la traite négrière;

– «Camp 1940», localisé «Front stalag 230», dédié à Abdoulaye Ly, le futur auteur de *La Compagnie du Sénégal*, qui évoque en 31 versets les peines des prisonniers noirs, victimes d'une défaite soudaine et inattendue («Saccagé le jardin des fiançailles en un soir soudain de tornade...», prélude et final);

– «Assassinats», de même localisation, composé de 14 versets, dont toute l'ambiguïté repose sur le beau verset n° 2: «Les sveltes peupliers, les statues des dieux sombres drapés dans leurs longs manteaux d'or»;

— «Femmes de France», dédié à une parente de Claude Pompidou, poème de gratitude à l'égard des marraines des prisonniers de guerre africains (18 versets);

— «Taga de Mbaye Diob», éloge avec accompagnement du tam-tam d'aisselle d'un tirailleur ayant refusé de quitter ses camarades de captivité, où Senghor se fait griot au souffle puissant et inspiré, chantre du courage humble et fraternel (25 versets);

— «Ndessé», poème de 24 versets écrit également au Front stalag 230, qui est le pendant de l'«Appel à la race de Saba», humble évocation du réconfort maternel dans le malheur («Mère, je suis un soldat humilié qu'on nourrit de gros mil : Dis-moi donc l'orgueil de mes pères!»).

La «Lettre à un prisonnier» (35 versets), écrite à Paris en juin 1942, forme charnière entre les poèmes de la captivité et ceux de la méditation d'après-guerre. On sent dans cette pièce de très belle facture combien cette vie fraternelle de deux années au milieu de compatriotes souffrants et courageux a motivé le poète pour son futur combat contre les sujétions impériales et la ségrégation raciale. L'oralité retrouve sa noblesse:

«Je t'écris parce que mes livres sont blancs comme l'ennui, comme la misère et comme la mort.

Faites-moi place autour du poêle, que je reprenne ma place encore tiède.

Que nos mains se touchent en puisant dans le riz fumant de l'amitié.

Que les vieux mots sérères de bouche en bouche passent comme une pipe amicale.»

«Chant de printemps» (Paris, avril 1944) est un dialogue en trois parties (12 - 18 - 18 versets) entre le poète et une jeune fille noire, Naett, qui lui rappelle la situation tragique du monde écrasé par la guerre. Dans ce fragment d'églogue, Senghor transfigure son interlocutrice pour en faire le symbole de l'Afrique, de la jeunesse et de l'amour.

«Pour un F.F.I. noir blessé» et «Aux soldats négro-américains» se rapportent aux péripéties de la Libération (été 1944).

«Tiaroye» (16 versets, la plupart courts) est l'un des poèmes les plus significatifs du recueil. Daté de Paris, décembre 1944, il se rapporte à la répression qui s'abattit sur les tirailleurs ayant manifesté dans cette garnison (15 km de Dakar) pour protester contre la discrimination opérée, sur le plan administratif et financier, entre les soldats citoyens français et eux-mêmes. Les exécutions qui sanctionnèrent ce mouvement sont connues au Sénégal sous le vocable de «massacre de Tiaroye». Excellemment composé (6 - 4 - 6 versets), ce poème exprime successivement une accusation contre l'autorité française sous forme d'interrogations («Prisonniers noirs je dis bien prisonniers français, est-ce donc vrai que la France n'est plus la France?»), la crise de conscience que les exécutions provoquèrent chez Senghor («Sang ô sang noir de mes frères, vous tachez l'innocence de mes draps»), la colère dominée et l'espoir que de nouveaux rapports vont naître entre la France et ses anciens sujets africains, rétablis dans leur honneur:

«Non, vous n'êtes pas morts gratuits. Vous êtes les témoins de l'Afrique immortelle

Vous êtes les témoins du monde nouveau qui sera demain.

Dormez ô Morts! et que ma voix vous berce, ma voix de courroux que berce l'espoir.»

«Prière de Paix» (pour grandes orgues), poème en cinq parties et 59 versets, constitue une sorte de bilan des sentiments de Senghor à l'égard de l'Europe en général et de la France en particulier. Il est normal que ce bilan poétique soit offert à Georges et Claude Pompidou, qui firent beaucoup pour aider le jeune Sénégalais à se familiariser avec la vie française. Comme dans l'«Appel à la race de Saba», le lyrisme prend souvent ici l'aspect de la prose musicale, avec l'emploi de versets pouvant atteindre 46 pieds. Au passif de la France, un christianisme initialement intolérant, le mépris des mœurs africaines, le mercantilisme qui a détruit la vieille et noble société, les ravages de la traite, les excès de la conquête, les divisions entretenues, l'exploitation économique et militaire par le colonisateur, le travail forcé et les méfaits des grandes concessions. Ce passif, c'est pour le poète «la France qui n'est pas la France, ce masque de petitesse et de haine sur le visage de la France». À l'actif: l'idéal de la Révolution Française, l'évangélisation, la constitution d'un empire universel rapprochant des civilisations fort distantes, surtout la soif de liberté. Ce bilan restera et il sera d'autant plus lu des Français qu'il a été fait par un homme qui a aimé profondément leur pays, ce que cache mal cette confession incidente: «Car j'ai une grande faiblesse pour la France.»

Certains commentateurs ont comparé défavorablement *Hosties noires* à *Chants d'ombre*, regrettant une perte trop fréquente de simplicité (Lilyan Kesteloot, Okechukwu Mezu, entre autres). De nombreux poèmes d'*Hosties noires*, en particulier ceux de la captivité et «Méditerranée», sont pourtant de simples et purs chants de fraternité. D'autres apportent les ressources d'un art auditif raffiné à l'expression d'une pensée sociale et politique, voire d'une révolte, qui était courageuse dans les années 1935-1945 et qui, quarante ans plus tard, n'est encore, dans notre monde, qu'un germe fragile appelant protection. Un tel art et de tels buts rendront longtemps féconde la lecture d'*Hosties noires*.

Robert Pageard

Hymnes et sagesse, Honfleur, P. J. Oswald, 1970, 31p.
Recueil de poèmes de Patrice Kayo.

Hymnes et sagesse est un court recueil d'une quinzaine de poèmes, mais qui frappe le lecteur par l'abondance de ses thèmes: l'appel angoissé de l'amour et de la fraternité universels, le désir de l'homme d'éterniser le temps, la méditation sur la vie, les douleurs de la solitude, l'invitation à la révolte et enfin l'espoir en des jours meilleurs. Mais au-delà de cette variété thématique, il se dégage de ce recueil une indéniable valeur esthétique due à cette aptitude du poète à faire passer chacun de ses thèmes privilégiés par les mailles lubrifiantes d'un réseau d'images riches et variées. Ainsi, pour figurer l'amour et la fraternité dans un monde de justice, un monde de paix et de liberté, un monde sans frontière, sans haine, sans race ni cloisonnement, un monde avec «la main noire dans la main jaune / la main blanche dans la main rouge», Kayo recourt à une série d'images où prédomine l'idée de clarté, de blancheur: «le limpide sourire de l'aurore», «l'aube vermeil» (*sic*), ciel lacté de l'aube («Le grand collier», «Lumière»)

C'est précisément cet «aube vermeil» (*sic*) que le poète veut éterniser, d'où cette autre série de vers où le temps est comme arrêté: «Je ne suis plus que présence / je fête mon éternité [...] / Nous trônerons sur l'immobilité première.» Il aspire à une sorte d'éternité, à la plénitude de l'être dans un monde sans temps. Mais tout cela n'est que rêve et utopie devant une horloge dont le balancier ne connaît point d'arrêt («Utopie»). *Hymnes et sagesse* est aussi l'évocation d'un monde difficile qui devient chez Kayo «une toge d'épines», un «verger de pierres», un monde où l'âme est un bourbier, où les rêves crèvent comme des écumes, où gloire et honneur sont passagers. Et la vie y est d'autant plus amère que le poète souffre de l'absence de l'être cher, de la femme aimée. L'expression de cette souffrance passe par des images contrastantes: «les champs débordent de fraîcheur» mais «le cœur du poète est assoiffé de douceur»; «au ciel plus d'étoiles que le sable des déserts», mais la nuit du poète «sera sans astre», cet astre qu'est la femme de son cœur.

Mais comment ne pas s'arrêter un instant sur ce qui apparaît comme un des thèmes majeurs de *Hymnes et sagesse*, à savoir l'appel à la révolte dû au désir d'être présent au monde autrement qu'en situation de dominé, d'humilié. Dans les poèmes où éclate cette révolte, les images tendent à en figurer la soudaineté et la violence: «la tempête a déraciné le baobab de l'attente / Notre patience n'est pas un matelas, mais [...] une bombe.» C'est que l'on ne peut venir à bout de cette «lumière à l'allure d'un tigre», de ce «cimetière d'humiliation» qu'est le monde moderne, qu'au moyen de la violence. Et il faut nécessairement le vaincre pour rendre possible l'espoir, pour retrouver la joie de vivre, pour sentir son âme vêtue «de pans de langes angéliques.» Rêve de poète, dira-t-on, mais qui a le mérite de susciter un certain optimisme à la fin du livre.

Si, dans ce petit recueil de composition très régulière, Patrice Kayo se montre peu soucieux de se situer par rapport à un pays, à une race, voire à un courant littéraire et se préoccupe surtout de dire «l'Homme» en général, il n'en demeure pas moins conscient d'appartenir au camp des pauvres et des faibles dont il exprime les aspirations profondes.

André Ntonfo

Ici-bas, tout se paie, Lomé, *Togo-Presse*, du 5 décembre 1967 au 16 janvier 1968. Roman de Félix Couchoro.

Nous retrouvons, dans ce roman, la contrebandière Ruth Akwa sortie de la prison où l'avaient envoyée ses aventures dans *Max Mensah*. Pour faire repartir sa profitable et répréhensible industrie, elle devient la maîtresse de Bob Kweshie, surnommé «l'insaisissable», roi des passeurs d'Aflao. Ce faisant, elle suscite la jalousie de Léontine, une autre des maîtresses de Bob, qui va chercher tous les moyens pour se venger de Ruth.

Les douaniers, las d'être bernés par Bob (une perquisition à son logis ne donnant rien), décident de lancer des détectives à ses trousses. Peu de temps après, Bob, de retour d'Accra, emmène un passager en qui il croit reconnaître un détective: il le pousse à l'extérieur de son véhicule.

Un des détectives a disparu, mais comme son cadavre est retrouvé en Gold Coast, la police ne peut rien faire contre son meurtrier présumé. Jean Kouglenou, chef douanier, décide de mener son enquête personnelle. Il bénéficie de l'aide de Léontine, jalouse de l'emprise de Ruth sur Bob. Jean Kouglenou arrive à ses fins: il retrouve le béret du douanier mort chez Bob. C'est la preuve que ce dernier est bien un assassin. Mais on ne peut rien au Togo contre lui.

Jean continue sa surveillance et attend le moment pour «coincer» Bob. Grâce à Léontine, il tombe en possession, pour quelques heures, du calepin sur lequel Bob note tous ses coups à venir. Il dé-chiffre un message en code annonçant un prochain débarquement de «poudre de traite».

Il monte alors une souricière sur la route côtière. Bob, qui ne sait pas ce qui l'attend, prend livraison des marchandises; quand il se voit pris, il préfère se jeter contre un arbre, ce qui, avec un chargement de poudre, équivaut à un suicide; Ruth Akwa, à ses côtés comme d'habitude, périt dans l'incendie du camion. Bob, lui, a été tué sous le choc.

Ainsi finit le roi des fraudeurs; la fraude est une industrie dangereuse et «ici-bas, tout se paie».

Félix Couchoro s'est essayé ici au roman policier. En même temps, il peint un aspect essentiel de la réalité loméenne: la présence de la contrebande, en particulier à l'époque coloniale. On retrouve dans ce petit roman les qualités traditionnelles de Félix Couchoro: imagination débridée, verdeur de langage, goût de l'observation du quotidien.

Alain Ricard

Île (L') de Bahila, Paris, Présence Africaine, Coll. Théâtre, 1975, 72p.

Drame en cinq actes de Cheik Aliou Ndao.

Cette pièce porte sur le renversement du régime du dictateur, Amago, qui exerce un pouvoir arbitraire et impopulaire sur l'île mythique de Bahila. De leurs sanctuaires dans les montagnes, des insurgés le harcèlent et, finalement, envahissent le palais et s'emparent du pouvoir. L'action de la pièce se déroule au palais, où est emprisonné Pedro, théoricien de la guérilla; elle met en scène les motivations et les manœuvres des forces antagonistes.

Amago, Général-Président et symbole du pouvoir tyrannique, prétend être un démocrate et un défenseur de l'ordre et des institutions, justifiant ainsi la répression et les exécutions sommaires. Il jouit d'un pouvoir absolu, se permet «d'incarcérer n'importe qui sous n'importe quel prétexte». Il est soutenu par le Colosse, la superpuissance qui entraîne ses soldats, lui fournit du matériel militaire, y compris du napalm, et chez qui il peut toujours chercher asile. Mais il est haï du peuple – qu'il méprise – et n'ose pas s'aventurer hors de la capitale. Malgré les forces de répression dont il dispose, il ne peut contrôler le cœur de ses sujets, ni celui de Lolita qu'il épouse de force, ni même celui du peuple qui prépare une cachette d'armes pour la révolution.

Chez les insurgés victorieux, deux tendances se précisent. Celle qui est présentée de manière plus détaillée est incarnée par Pedro-la-justice, partisan du respect scrupuleux de l'ordre. Sa position se fonde tout autant sur la connaissance des conditions objectives d'oppression du peuple qu'il faut combattre et transformer que sur une conscience aiguë des droits de l'homme sur les plans individuel et collectif. Il travaille à sensibiliser Alphonso, l'indicateur, et s'oppose à «l'instinct bestial» de vengeance sans discernement et aux exécutions sommaires. Quant à Diego, le chef militaire de la guérilla, il est partisan de la manière forte. Il préconise «la liquidation totale, rapide, de nos ennemis afin d'avoir les mains libres pour le travail qui nous attend». Après sa conversion, Alphonso tue Amago d'une balle dans le dos, adoptant ainsi la même attitude que Diego.

Si les noms espagnols et la révolution victorieuse lancée des montagnes suggèrent une forte ressemblance entre Bahila et l'île de Cuba, les conditions générales de misère et d'oppression du peuple («Notre île de pestilence, au ventre gonflé de vermines...» – allusion au *Cahier*

d'un retour au pays natal d'Aimé Césaire?) sont celles de maints pays du Tiers Monde; les rafles des mendiants par décret présidentiel ne sont pas inconnues en Afrique. En définitive, le choix de l'île mythique de Bahila permet à Cheik Ndao de poser clairement le problème de la nature du pouvoir politique sans se préoccuper du contexte racial ou spatial.

Gary Warner

Îles de tempête, Paris, Présence Africaine, Coll. Théâtre, 1973, 144p.

Pièce en sept tableaux de Bernard Binlin Dadié.

Îles de tempête retrace les grandes étapes de la colonisation d'Haïti. La pièce s'ouvre avec l'enrôlement des premières vagues de colons, et, passant par l'apogée de la colonisation française au XVIIe siècle, puis les différentes révoltes d'esclaves marrons soutenus par des esprits éclairés au XVIIIe siècle, elle nous conduit jusqu'à la mort de Toussaint Louverture, en France, en 1803. Sa fin est mise en parallèle avec celle de son adversaire, Napoléon, à Sainte-Hélène en 1821.

En nous promenant à travers les siècles, Dadié se contente en fait de nous donner ici et là quelques repères historiques connus, tels que la révolte de Makandal, la révolution française, la victoire de Toussaint Louverture, puis la reconquête de Bonaparte. Mais, selon une technique chère à Brecht, il puise avant tout dans la fiction pour nous présenter des scènes exemplaires, essentiellement symboliques des aspects de la colonisation qu'il veut mettre en évidence. L'auteur n'a donc pas cherché à faire œuvre d'historien, et il apparaît clairement qu'Haïti n'est qu'un prétexte pour illustrer un point de vue plus général sur toute forme de colonisation: le cynisme hypocrite de la métropole qui déguise ses intérêts économiques sous des prétextes humanitaires, la cruauté brutale et le racisme borné des colons locaux, et surtout — c'est sans doute là le plus grand intérêt de l'œuvre, et sa résonance la plus moderne — les pièges qui guettent toute tentative de décolonisation.

Toussaint Louverture, qui incarne ici le symbole de tous les chefs des jeunes États d'Afrique, ne parvient pas, malgré une volonté sincère de promouvoir un État digne de ce nom, à échapper à ses contradictions. Il demeure grandement aliéné par un système de valeurs hérité du colonisateur qui l'empêche de mener jusqu'au bout sa révolution, comme le lui fait remarquer Moyse, son neveu et allié d'hier, qu'il finit par éliminer. L'entreprise de Toussaint est vouée à l'échec parce qu'elle est avant tout conçue en fonction de l'idée qu'il veut donner de lui-même et de son peuple au colonisateur, représenté symboliquement dans la pièce par Bonaparte, général, comme lui.

L'idée fondamentale de Toussaint est de constituer au plus tôt une bourgeoisie «à la française» qui représentera l'image de marque de son pays, montrant à la métropole, qui reste constamment le point de référence, l'accession de l'homme noir à la «culture». Jamais il n'envisage de rompre avec cette métropole dont il espère une coopération sincère.

Mais l'idéalisme du général Louverture est bien mal payé, car son partenaire ne s'embarrasse guère de considérations humanitaires, et, plus raciste que jamais, se gausse au contraire de ces prétentions à la dignité d'homme. La métropole ne pense qu'à une chose, préserver ses intérêts économiques qu'elle estime menacés, et c'est pourquoi elle n'hésite pas à reconquérir l'île par traîtrise.

On comprend donc que cette pièce, écrite une dizaine d'années après les Indépendances des États africains, a valeur de parabole. L'action se déroule au dix-neuvième siècle, mais le spectateur ne saurait être dupe. Elle dénonce l'absence de décolonisation culturelle dans l'Afrique d'aujourd'hui, l'aliénation de la bourgeoisie et de ses leaders, elle suggère un envers au décor rutilant d'une coopération présentée comme idéale entre les États et leurs anciennes métropoles.

Avec *Îles de tempête*, Dadié donne donc le deuxième volet de sa réflexion sur le colonialisme, amorcée trois ans plus tôt avec une autre pièce, *Béatrice du Congo*. Leur succession chronologique est aussi une succession logique: la première dénonçait la colonisation, la seconde montre surtout les pièges de la situation «néo-coloniale» dans laquelle se trouvent aujourd'hui bien des États du tiers monde.

Îles de tempête peut être rapprochée des pièces d'Édouard Glissant, *Monsieur Toussaint* (1961) et d'Aimé Césaire, *La Tragédie du Roi Christophe* (1970), qui s'inspirent également d'épisodes plus ou moins semblables de l'histoire haïtienne.

Dans une autre perspective, on peut également la mettre en rapport avec *Une saison au Congo* (1973) de Césaire, qui traite aussi les difficultés de la décolonisation dans un contexte différent.

Jean Dérive

Imaitsoanala, fille d'oiseau, cantate, Tananarive, Imprimerie officielle, 1935, 23p.

Poème dramatique de Jean-Joseph Rabearivelo.

Imaitsoanala, fille d'oiseau est un vieux conte anonyme du folklore imerino-imamo que Rabearivelo monta pour la scène en 1936 et que l'Administration Générale fit représenter sur un théâtre de verdure. Joué par des troupes malgaches dans le jardin d'Ambohijatovo, au milieu d'une très grande affluence, ce montage poétique constitue sans doute le seul succès que le poète ait connu de son vivant. «D'après ses indications — écrit son biographe, R. Boudry —, il se serait adressé à Serge Lifar pour faire jouer en France *Imaitsoanala, fille d'oiseau*, conçue comme un ballet. La mort aurait arrêté ce projet.» Le gouverneur général de Madagascar refusera cependant de publier le livret dans la *Revue de Madagascar*, prétendant, dit Rabearivelo dans son Journal, «ne pas aimer du tout la chose: il ne comprend pas».

Imaiṭsoanala, cantate: c'est que la musique y tient beaucoup de place, puisque plus de la moitié du spectacle y est consacrée. Chœurs et authentiques vieilles chansons composent une bonne partie du livret, Rabearivelo faisant office de simple traducteur. Dans l'Argument de cette œuvre, il s'efface d'ailleurs en ces termes: «Seules les chevilles et les quelques modifications nécessitées par le montage du spectacle sont de nous – encore nous sommes-nous conformé, ici et là, à l'esprit des ancêtres.»

Donc, il était une fois sur un îlot, un oiseau, Ivorombe, qui couvait. Près de lui, son esclave humaine, Ingoria. Les œufs éclosent, à l'exception d'un seul, sans doute avorté, que l'on réserve pour une omelette. Mais ô miracle, de l'œuf sortent bientôt des pleurs et une jeune fille jaillit de la coquille. Imaitsoanala (c'est-à-dire Verte-en-forêt ou Verdure des bois). Elle coule des jours paisibles entre ses jeunes frères ailés et les travaux quotidiens, lorsque le roi Andriambahoaka, qui passait par là en pirogue, aperçoit la jeune fille sur son îlot, en tombe éperdument amoureux, et en l'absence d'Ivorombe séduit et ravit la bien-aimée.

À peine installée à la cour du roi, Imaitsoanala la favorite suscite la jalousie des autres épouses royales irritées par les présents, les promesses et les marques publiques d'amour qu'Andriambahoaka prodigue à sa belle. C'est alors qu'Ivorombe, la mère-oiseau, furieuse de l'enlèvement de sa fille, entre brusquement dans le palais et lui ordonne de rejoindre le nid sans tarder. Devant le refus d'Imaitsoanala, l'oiseau, fou de colère, lui arrache les yeux et l'écorche vive, à la grande joie des épouses rivales qui espèrent bien que désormais le roi répudiera cet amas de chairs sanglantes enveloppé dans un lamba. Mais, pris de remords et d'amour maternel, sans doute, Ivorombe revient et lui fait recouvrer la vue et la peau – si l'on peut dire –, à l'insu de quiconque.

Pendant ce temps, les épouses royales, sûres de leur triomphe, ont convoqué le peuple et son roi, pâle de douleur, afin que ce dernier prononce publiquement la répudiation: car une épouse royale aveugle et écorchée – même accidentellement! – ça ne se tolère pas et le peuple est très justement indigné. Alors, à la stupéfaction de tous, Imaitsoanala rejette le lamba qui la couvrait, apparaît de nouveau dans sa beauté première et se jette dans les bras du roi. Le conte finit dans les chants, les danses et la liesse populaire, tandis que les rivales, huées, s'enfuient et... «courent encore».

Et voilà ce que Monsieur le Gouverneur Général ne comprenait pas. Si le livret est très mince, 23 pages, le spectacle devait, lui, durer plus de deux heures sans doute, car tout est ici prétexte à chants et danses et n'a été écrit et monté que dans ce but: on y retrouve les thèmes principaux de la poésie mérina qui sont aussi ceux du folklore dansé et de la chanson des plateaux: l'amour, la jalousie, la douleur.

C'est là une intéressante tentative de spectacle total, très en avance pour son temps, qui, semble-t-il, n'a jamais été reprise depuis à Madagascar. Il faut admirer l'extrême éclectisme du poète, son sens aigu de la scène, son intuition ancestrale de conteur.

La tradition théâtrale est pourtant vivace sur les Hauts Plateaux de Madagascar, où chaque cérémonie importante de la vie sociale et religieuse donne lieu à des manifestations populaires où s'affrontent les troupes de «mpilalao» (acteurs, danseurs, chanteurs). Le scénario d'*Imaitsoanala* n'est pas fait pour surprendre le public tananarivien: le canevas en est celui de tout conte «merina» et l'esprit sinon la lettre scrupuleusement respecté. La seule nouveauté est que ce spectacle se joue en français, mais il y a des précédents: dès 1907, on joue à Tananarive avec plus ou moins de succès des œuvres dramatiques d'auteurs malgaches d'expression française. Mais ceux-ci sacrifient soit aux goûts de l'occupant, et se mettent à l'école française, soit aux goûts d'un public populaire auquel il faut du sang et des grands sentiments bruyants. *Imaitsoanala* ne répond ni à l'un ni à l'autre de ces genres. C'est une féerie qui montre le passage d'un monde où l'amour est rendu impossible par la mesquinerie des sentiments humains à un monde où il devient possible par l'intervention du merveilleux. En quelque sorte, le *Songe d'une nuit d'été*.

Claude Ralambo

Indiscrétions (Les) du Vagabond, contes et récits du Congo, Sherbrooke, Éditions Naaman, 1974, 94p.
Recueil de contes de Guy Menga.

Rompant avec la tradition de composer des contes peuplés principalement d'animaux, Menga nous présente surtout des situations où l'homme occupe le centre de la scène. Sur les onze contes de ce recueil, deux seulement correspondent à la fable traditionnelle. Le personnage le plus intéressant du livre est le conteur lui-même, le Vagabond.

Le Vagabond regroupe ses contes en ce qu'il appelle des «centres d'intérêt». Il veut examiner «tour à tour le monde des animaux, celui des vivants et des morts et l'homme parmi ses semblables» (p. 8-9). Les deux contes qui ressemblent à la fable traditionnelle, *Quand Mbua-le Chien fit le mort* et *Le chien, l'éléphant et le sage*, sont typiques en ce qu'ils expliquent l'origine de certains traits de caractère ou de certaines habitudes de ces animaux.

Plus intéressants sont les trois contes où le surnaturel joue un rôle important. Il s'agit deux fois de diables qui se transforment en êtres humains, soit pour tromper les hommes, soit pour tromper d'autres diables. Il est clair que le passage du monde naturel au monde spirituel est facile, et que la présence des diables ne surprend personne. Dans ces deux contes un diable malfaiteur est trompé ou puni à cause de manquements tout à fait

humains — pour ne pas avoir tenu sa promesse ou pour avoir refusé de payer ses dettes. Dans un troisième conte, *La sœur d'Awé-Agondo*, un oiseau magique aide à déjouer la traîtrise d'une esclave qui a usurpé la place de la fille de son maître. Là aussi le malfaiteur est puni.

La troisième catégorie de contes, selon le Vagabond, est celle où il traite des rapports humains. La plupart de ces contes n'ont pas été transmis par les ancêtres, mais sont le fruit de l'imagination du Vagabond ou le témoignage de faits vécus. Un exemple de ces récits imaginés est *Le passeur*, où le Vagabond présente de façon très poétique un amour tragique. Mais dans d'autres récits il s'agit plutôt des rapports entre les colons et les colonisés, entre les villageois et l'autorité administrative. Le Vagabond se moque légèrement des administrateurs, que ce soit dans *Le boy-cuisinier*, où le boy devient l'amant de sa patronne, ou dans *La matrone d'Indza* où les villageois souffrent de la corruption des autorités.

Mais le personnage central est le Vagabond lui-même, qui se décrit autant qu'il récite ses contes. Il ne possède rien, n'a pas de famille, et ne reste jamais longtemps dans les villages de sa tournée. Il laisse entrevoir qu'il a été chassé de chez lui pour des activités politiques, ce qui explique peut-être le ton caustique de certains de ses contes. Il essaie de joindre l'utile à l'agréable, «[de faire] la joie de beaucoup de gens» et «[d'enrichir] beaucoup d'esprits».

Le lecteur voit travailler le conteur, et observe la situation sociale du village. Car le Vagabond y reste six nuits et, au début de chaque veillée, discute avec ses interlocuteurs, les taquine et leur pose des questions. Il est très conscient du rapport entre conteur et public. Parfois il se fait encourager par le public; parfois il entonne une chanson que tout le monde reprend. Après des fables et des devinettes pour les enfants, le Vagabond modifie son répertoire pour les adultes. Chansons et refrains maintiennent l'attention des auditeurs.

Le Vagabond, maître conteur, sait aussi qu'il est acteur. «On eut l'impression qu'il nous... lisait dans un livre invisible. Mais on eut aussi l'impression qu'il en faisait une représentation théâtrale» (p. 78). Et le pouvoir envoûtant des paroles du conteur transforme la réalité quotidienne en poésie et le public en acteurs. Comme le lui explique une vieille femme, «Avec toi on vit le récit, on en devient l'objet. Un objet maniable à volonté» (p. 32). Lors de sa dernière soirée dans le village, alors que le Vagabond présente la triste histoire du passeur, ceux qui écoutent sont complètement absorbés par le spectacle: «Nous étions ailleurs, dans la nature... Nous étions lui, le héros de ce récit pathétique» (p. 78).

Le ton de la plupart de ces contes fait contraste avec le ton des soirées où le Vagabond fait chanter et rire son public. Les contes ne sont nullement comiques; y figurent des injustices, des morts, des malheurs. Après avoir raconté l'histoire des trois orphelins (qui n'est pas reproduite dans cette collection), le Vagabond explique la nature de ses contes: «Dans tout ce que je raconte il y a du tragique, même si, parfois, on en rit aux larmes» (p. 32).

Même si le conteur explique un peu trop sa façon de travailler, la collection de Menga est une tentative d'apporter une unité artistique aux contes traditionnels et à l'art du conteur. Il réussit à intégrer le moderne et le traditionnel et surtout à faire revivre le Vagabond.

Lauren Yoder

Initiés (Les), Yaoundé, Éditions CLÉ, 1970, 88p.
Nouvelle de Jean-Pierre Makouta-Mboukou.

Les Initiés raconte les tragiques expériences de Rarimanari, jeune Malgache élevé par une mère pieuse dans la rigueur de la foi luthérienne où même la danse est interdite car «un pas de danse est un pas dans l'enfer». Après avoir réussi aux deux parties du baccalauréat, Rarimanari se retrouve étudiant à Paris, tout seul, confronté à ce monde nouveau où hommes et femmes s'enlacent dans la rue, s'embrassent au vu et au su de tous, vont danser jusqu'aux petites heures du matin, font l'amour sans être mariés ni même fiancés. Profondément choqué et dégoûté, il se promet de résister à ces tentations venues de Lucifer et de ne pas transiger avec sa conscience. Cependant, pour se débarrasser des nombreux sobriquets que lui donnent ses camarades, pour échapper à la solitude, Rarimanari décide de «faire semblant de faire comme tout le monde». Mais il se prend à son propre jeu et vit bientôt, passionnément, une aventure amoureuse avec Rosine, une charmante camarade de faculté. Celle-ci tombe enceinte et va en Suisse, avec son ami, pour se faire avorter. Tout se passe bien. Ils se marieront plus tard malgré les problèmes posés par les mariages mixtes. Mais le sort en décide autrement et Rosine meurt dans un accident de voiture. Rarimanari ne lui survivra pas bien longtemps. Sous l'effet du choc il s'éteint bientôt, plein de repentir.

Cette nouvelle captivante décrit des personnages bien campés. L'initiation de Rarimanari est très progressive: séance de cinéma, sortie à la piscine avec des copains et premières amours avec Rosine. Son portrait psychologique est fait de façon très convaincante et rappelle à bien des égards celui de Samba Diallo, héros de *L'Aventure ambiguë* de Cheikh Hamidou Kane. Rarimanari Tara, sa mère, est un personnage très peu développé, mais elle est sans cesse présente à travers l'éducation par trop pieuse et quelque peu bornée qu'elle a inculquée à son fils. Les compatriotes de Rarimanari, Rantsoua et Rouatsira, sont typiques des étudiants africains ou malgaches bien intégrés au mode de vie européen. Ils chahutent les nouveaux venus et tentent de les initier aux mœurs de l'Occident. Rosine, fille intelligente et sensible, est prête à tout sacrifier pour sauvegarder son amour. Même les personnages d'intérêt mineur sont esquissés avec vigueur. C'est le cas de Madame Corry, femme très chrétienne mais avertie et pleine de bon sens. Elle tente de faire comprendre à Rarimanari que la religion ne doit pas être rigide et bornée mais que les chrétiens devraient suivre «L'Évangile de la Liberté».

Le thème central est celui des Africains qui arrivent en Europe non préparés ou mal préparés à vivre la grande liberté qui s'offre à eux. L'éloignement, le dépaysement, la solitude les métamorphosent souvent de façon négative. Certains n'arrivent point à se remettre du choc des cultures. À côté de ce thème central, certains problèmes marginaux sont soulevés: la relation qui existe entre les étudiants africains et malgaches et leurs gouvernements qui essayent de les empêcher de faire de la politique en supprimant les bourses des prétendus agitateurs. Il y a également une critique sévère des hommes au pouvoir qui exploitent les masses à leurs propres fins. Enfin les problèmes posés par les mariages entre Noirs et Blancs sont abordés. Ces problèmes essentiellement liés aux différences culturelles ne peuvent être résolus que si l'un des conjoints renonce à sa culture au profit de l'autre.

La trame de l'histoire est bien tissée et a un grand pouvoir dramatique. Le drame, c'est l'avortement et la mort de Rosine, deux événements qui ont été bien préparés, longtemps avant qu'ils ne se déroulent dans la réalité, par le rêve de Mlle Zézer, logeuse de Rarimanari. L'intérêt du lecteur est maintenu jusqu'à la fin où l'on apprend que le narrateur avait été chargé par Rarimanari mourant et par son infirmière de transmettre à Rarimanari Tara les dernières paroles de son fils et de retracer pour elle les dures expériences de ce dernier. Le ton est plein de remords: «Dis à ma mère que je suis mort parce que j'ai méprisé ses conseils et l'enseignement de la Bible», mais aussi plein de reproches pour une mère qui n'a pas su préparer son fils aux réalités de l'existence. Elle n'a pas su lui apprendre l'usage difficile de la liberté: «Maman, si j'ai succombé, c'est en partie de ta faute. Tu m'as trop tenu prisonnier dans ta maison.»

S'il a sans aucun doute un objectif didactique, s'il est par trop moralisant par endroits, ce récit bref mais extrêmement dense soulève néanmoins des problèmes profondément humains et touche par la sobriété du style, l'intensité des sentiments et l'exactitude des situations.

Irène Assiba d'Almeida

Innombrable (L') Symphonie, Yaoundé, Imprimerie du Gouvernement, 1959, 43p.

Recueil de poèmes de Louis-Marie Pouka.

L'Innombrable Symphonie célèbre la communion du poète avec la nature. Cette symphonie, c'est l'immense concert de la nature dont le poète entend les multiples voix et déchiffre la musique. Il comprend non seulement les chants des oiseaux et les murmures des ondes, mais aussi le langage des parfums et des fleurs qui, en cadence, «dans un brillant concert saluent le jour radieux». Tout dans la nature vit, chante et danse. Pouka a retenu la leçon de Victor Hugo qui voyait en chaque élément de la nature un être vivant. Cet immense concert, cette «innombrable symphonie» est l'hommage de la création «à l'ensemble des dieux».

Mais dans cette nature, à ce concert, le poète est solitaire parce qu'il ne peut être compris de ses semblables, isolé qu'il est par son désir de connaître, de déchiffrer les mystères de la nature.

«La poésie ne s'achève qu'en prière», disait Henri Bremond. *L'Innombrable Symphonie* se termine par des sermons dans lesquels le poète paraphrase l'évangile et nous invite à suivre l'exemple de Jésus-Christ sur le chemin de l'amour.

Patrice Kayo

Inutiles (Les), Dakar, Bingo, 1960, 130p.
– Préface de Georges Duhamel.
Roman de Sidiky Dembele.

Les Inutiles raconte l'histoire d'un jeune Ivoirien de 27 ans, Kanga Koné, qui revient au pays natal après un séjour de plusieurs années à Paris. Il avait décidé de quitter l'Afrique à la suite d'une déception amoureuse causée par la rigidité du système de caste. Il s'était en effet vu refuser la main d'Astou, la jeune fille qu'il aimait, parce qu'il était descendant d'esclaves. Outre son échec sentimental, il ne pouvait plus supporter les contraintes financières auxquelles l'astreignait l'hospitalité traditionnelle. Dans l'avion qui le ramène en Côte-d'Ivoire il rencontre Cissé, ancien camarade de classe dont il était autrefois le souffre-douleur et avec qui il se lie désormais d'amitié. Ce dernier va maintenant devenir l'instigateur du bonheur de Kanga Koné car c'est grâce à lui que le héros retrouvera Astou, devenue veuve. Le roman se termine dans l'optimisme puisque dès son retour au pays natal le protagoniste trouve à la fois le bonheur personnel et une bonne situation au Service Social de la Côte-d'Ivoire.

Dans *Les Inutiles*, Dembele reprend à son compte le thème de l'aliénation, grand sujet du roman ouest-africain d'avant les Indépendances. L'époque coloniale, que le protagoniste du roman évoque sans s'y attarder, est le décor dans lequel évoluent les personnages. Kanga Koné, comme la plupart des jeunes «évolués» de sa génération, est tourmenté par son hybridité culturelle. Sa première réaction «d'évolué» est le refus du milieu traditionnel et de ses coutumes. Il s'insurge contre cet esprit communautaire de la société africaine qui exige de celui qui possède qu'il soit charitable presque jusqu'au dénuement. Il n'y voit qu'une habitude parasitaire qui fait de lui non pas un homme généreux mais une victime. Le héros se révolte aussi contre l'esprit de caste qui maintient la société dans une rigidité sans avenir. Qu'importe

à Kanga Koné que son grand-père ait été esclave; pour lui ce qui compte dorénavant c'est la valeur personnelle de l'individu, non pas celle de ses ancêtres. Paradoxalement, c'est au marabout qu'il s'adressera pour essayer de fléchir le père de la belle Astou. Le marabout qui, contre toute logique, connaît le secret de l'avenir et dont les prédictions s'avéreront justes: «tu te marieras avec cette jeune fille, in'challah», semble être le lien entre le passé et l'avenir, les deux mondes qui déchirent le héros. On sera sensible au rôle positif que joue le marabout dans ce roman car ce n'est pas souvent le cas dans l'univers romanesque de l'Afrique noire. Mais ici l'homme de Dieu est le seul à tenir sa promesse dans une société en pleine mutation où l'on n'est plus sûr de rien.

Déçu par l'Afrique, Kanga Koné le sera tout autant par l'Occident. Son séjour à Paris en lui donnant une certaine perspective lui révèle que «pas plus ici qu'en Afrique, l'homme n'était meilleur pour l'homme» et que la société française n'était pas, elle non plus, sans problèmes. Pourtant les Français restaient fiers de leurs traditions et de leur histoire. Cette constatation a l'effet d'une prise de conscience pour le jeune homme et il se voit à Paris comme un étranger de plus, un inutile dont l'existence ne sert à rien ni à personne. Son exil lui apparaît dès lors comme une erreur de jugement, une fuite, un échec qu'il faut redresser en rentrant au pays.

Malheureusement la prise de conscience de Kanga Koné qui s'annonçait comme un espoir s'avère n'être en fait que de la résignation. Le lecteur découvre avec un certain étonnement que si le héros a quitté l'Afrique par révolte il semble y retourner par fatigue, peut-être même par intérêt. Il obtient en effet immédiatement et sans effort une situation enviable et un appartement confortable. Il s'installe comme de droit dans sa place de privilégié, conscient des problèmes qui existent dans sa société mais prêt à s'en accommoder en attendant des temps meilleurs. Le titre du roman prend de ce fait une connotation ironique non prévue par l'auteur, et son héros a toutes les chances de ressembler comme un frère à un de ces petits-bourgeois égoïstes et suffisants sur lesquels Ousmane Sembène déverse des sarcasmes.

Malgré l'attitude décevante de son héros, le roman de Dembele offre un certain intérêt sociologique par la description des mœurs et l'incertitude psychologique des personnages pris entre deux mondes qui s'affrontent au sein d'une même société. Notons aussi que l'histoire est racontée sans longueur grâce à un style simple et alerte. Il est toutefois évident qu'au brillant palmarès du roman ouest-africain des années cinquante où se distinguent déjà M. Beti et F. Oyono, l'œuvre de Dembele s'inscrit en mineure.

Sonia Lee

Ironie de la vie, Kinshasa, Éditions Ngongi, 1978, 81 p.
Pièce de théâtre de Buabua Wa Kayembe Mubadiate.

Ironie de la vie raconte l'histoire d'un jeune homme (Matondo) qui épousera, sans le savoir, sa propre sœur (Makenga). Les deux héros de cette pièce avaient été séparés l'un de l'autre au cours d'une razzia que la police coloniale fit à Kisangani en juin 1957. Il aura fallu l'arrivée à Kinshasa de la mère nourricière (Ntshinga) de Matondo pour convaincre les parents de Makenga que ce dernier était réellement l'enfant dont ils avaient perdu la trace depuis de nombreuses années. La photo que la nouvelle venue présentera aux parents de Makenga finira par lever toute équivoque sur l'origine familiale de Matendo qui est devenu leur beau-fils par un malheureux hasard. Ces derniers découvrent en effet que le jeune homme qu'ils avaient ridiculisé était le fruit de leur propre sang.

Avec ce drame social, Buabua Wa Kayembe Mubadiate se range résolument dans la catégorie des dramaturges qui puisent leurs thèmes d'inspiration dans les réalités concrètes de l'Afrique moderne. En effet, avec ce cas imaginaire d'inceste, l'auteur nous renvoie en fait aux problèmes brûlants qui se posent à nos pays durant cette période postcoloniale. Le contact avec les cultures étrangères et, principalement, l'avènement de l'ère technologique opèrent irrémédiablement une profonde mutation des mentalités et relèguent dans l'ombre le respect rigoureux des principes moraux qui régissaient les sociétés anciennes. D'où cette cascade de maux (viol, vol, assassinat, corruption, etc.) qui accablent les jeunes nations tiraillées, par les exigences du monde moderne d'un côté, et par les traditions ancestrales de l'autre.

Ainsi donc, en posant ce problème d'une manière très simple, et dans un style sans détour qui, à certains moments, prend les contours d'un langage parlé, mais plein d'humour et de poésie, Buabua témoigne de sa prise de conscience des fonctions sociales du théâtre. Car, moyen d'éducation et de prise de conscience nationale, le théâtre négro-africain doit, comme le disait Bakary Traoré, «partir des faits de tous les instants, pour amener l'homme africain à une profonde réflexion sur son existence». C'est par conséquent un problème de tous les jours, qui, à des degrés divers, nous concerne tous, qui est posé dans ce livre. Le style en rend la lecture facile, et par-là même, captivante.

Avec *Ironie de la vie* et *Les Flammes de Soweto* (1979), Buabua, à qui d'aucuns ont trouvé des ressemblances avec Marivaux, est en passe de devenir un des jeunes et dynamiques dramaturges du Zaïre.

Yamaina Mandala

J

Janjon et autres chants populaires du Mali, Paris, Présence Africaine, 1970, 112p. – Préface de Djibril Tamsir Niane.
Recueil de contes de Massa Makan Diabaté.

Janjon et autres chants populaires du Mali est un recueil de «chants» qui sont en réalité des contes maliens traduits en français par l'auteur. Précédé d'une «Introduction» par l'auteur lui-même, le livre s'ouvre sur un chant «à la mémoire de David Diop», autre poète sénégalais qui a contribué à la revalorisation des contes africains. Les douze chants présentés ici évoquent les luttes et les exploits de l'Afrique, les échecs et les succès de ses héros... L'auteur chante aussi l'amour, la fraternité et la joie de vivre. À part le chant dédié à David Diop («David Diop qu'on dit mort Vivra pour nous!»), tous les chants du recueil sont les fruits de la grande tradition africaine à laquelle l'auteur a eu accès grâce à son oncle, le conteur Kélé Monson Diabaté, et à l'historien Boubou Hama du Niger.

Le deuxième chant – «Une mère chante son fils» – révèle un thème classique, celui de l'amour maternel. Cette chanson qui est attribuée par les traditionalistes à Sogolon Kutuma Konte, la mère de Sun Jata, évoque la douleur et la tristesse d'une mère qui a eu le malheur de mettre au monde Nara Magan Kouate, un enfant paralytique. Mais, avec l'aide de Dieu, son enfant est guéri et la tristesse est vite remplacée par la joie: «Battez des mains pour moi ô vous femmes! Ne savez-vous pas combien j'ai souffert? Aujourd'hui femmes, Nare Magan s'est levé.» Ce petit chant évoque donc les thèmes de la maternité, de la jalousie et de la souffrance.

«Sun Jata Faasa», c'est ainsi que s'intitule le troisième chant du livre. Il s'agit cette fois de l'évocation des exploits de Sun Jata, l'un des plus grands rois du Manding. On y fait aussi l'éloge d'autres rois-conquérants comme Sogolon Magan et Sumangurun. Ce chant qui est généralement attribué à une vieille griotte nommée Tumu Manian s'ouvre aussi sur l'avenir. Les «Chants à la mémoire de Sun Jata», tout en louant les exploits militaires de Sun Jata, mettent plutôt l'accent sur l'*homo oeconomicus*: le chasseur, le travailleur des champs, et l'homme de commerce: «Oui, retournons à la terre. Rien ne vaut la culture. Le Mande a commencé par la culture, le Mande reviendra à la culture.»

Le cinquième chant intitulé «Janjon» et qui figure sur le titre du livre est l'un des plus populaires du Mali. Il a pour thème la victoire sur la peur et sur l'ennemi. Il est considéré aussi comme un chant à l'honneur de tous ceux qui se sont distingués par des actions d'éclat. C'est le cas par exemple de Sun Jata, cet homme fort, avide d'honneur et de gloire: «Sun Jata a dansé le Janjon devant la foule accourue Sur la place du Mande. Je te salue ô triomphateur Des soirs de bataille.» D'après la tradition, le chant intitulé «Tira Magan ni Kankejan Faasa» a été improvisé par Sun Jata lui-même en l'honneur de Tira Magan qui menaçait de s'enterrer si on ne lui permettait pas de tuer Jolofin Mansa, l'homme qui avait osé défier Sun Jata. Les deux chants suivants, respectivement intitulés «Keme Biroma Faasa» et «Duga», sont des hommages à l'action. Mais contrairement à «Keme Birama Faasa» qui est consacré à un individu, le jeune frère d'Almamy Samory Touré, «Duga» (qui signifie «vautour» en langues malinke et bambara) est une chanson pour tous les hommes d'action et de courage.

Avec «N'nyaro», on quitte le cycle des chants épiques purs pour entrer dans le cycle des chants d'amour. Ce chant nous rappelle que bien souvent c'est la femme qui pousse l'homme à la galanterie et aux grands exploits. Ici une femme amoureuse est louée parce qu'elle s'engage dans le combat aux côtés de son mari: «Le jour où Ardo Galo reçut la balle fatale, / Elle s'arma d'un pilon / Pour prendre la place de son mari / Contre trois cent trois jeunes gens d'Hamdaliaye.» «Tara», le deuxième chant, est à la fois un chant épique et un chant d'amour. Évoquant la mémoire du griot Moustapha Diabaté, il loue le courage du guerrier conquérant, tout en expliquant la tristesse et l'inquiétude de la femme laissée seule à la maison. L'amour est aussi le thème prédominant du onzième chant, «Sara». Bien qu'il chante aussi la gloire de l'homme qui honore sa parole, il nous donne essentiellement la définition de l'amour, comme le montre cette déclaration d'une jeune fille: «Je t'aime d'amour, et l'amour est un don gratuit. Je t'aime sur terre et au ciel. Et l'amour voit ce que l'œil ne perçoit pas. Et l'amour sait ce que la bouche se plaît à taire, car je t'aime pour toi-même.»

«Kononi», le douzième et dernier chant du recueil, traite du thème universel de l'oiseau bleu. Il s'agit justement du chant de l'oiseau d'amour, où apparaît le rêve d'une jeune fille dans l'attente de son amant. Voici par exemple comment l'oiseau chante son besoin d'être auprès de Tiéro: «Enveloppe-moi de ta chaleur, Tiéro. Dans ce grand lit, loin de toi, J'ai froid à mourir! Chauffe-moi de ton corps, Tiéro. Je veux m'endormir Dans la tiédeur de ta peau musquée.»

Un peu comme Diop (à qui il a dédié le premier chant), Massa Diabaté a su, grâce à sa grande sensibilité et à son style moralisateur, «s'abreuver aux sources vives de notre passé, et revaloriser tant de génie bafoué ou méconnu...». Tel est le but de Diabaté dans ce recueil qui lui a valu en 1971 le Grand Prix Littéraire de l'Afrique noire.

Raymond O. Elaho

Jean le fou, Dakar/Abidjan, Nouvelles Éditions Africaines, 1976, 96p.
Drame en deux actes d'Ibrahima Seck.

Jean le fou repose sur la conviction qu'il existe une spiritualité africaine authentique, qui a été obscurcie par la superstition et par des idées étrangères. Dans une société où l'on vit les coutumes traditionnelles de façon mécanique, celui qui s'engage dans la quête de cette spiritualité devient, comme le héros du drame, un paria. Jean s'est retiré d'une telle société pour vivre sur un mont sacré au bord de la mer. Il s'ouvre à la nature et refuse de se soumettre à un système rigide de croyances. S'étant lancé dans l'exploration, il rencontre la déesse du lieu, qui l'assure qu'il jouera un rôle majeur pour amener ses compatriotes à une foi qui leur est propre. Au début, les rochers entonnent des lamentations, et une jeune femme se précipite sur la scène. Elle fuit devant un fiancé qu'elle n'aime point et découvre en Jean une âme sœur. Les deux s'abandonnent aux jeux pastoraux et aux rêves d'un monde unifié par l'amour, mais Jean se querelle avec le fiancé et le tue; il comprend qu'il doit mourir, parce qu'il a violé les commandements de la déesse. Jean se jette alors dans la mer, mais avant qu'il ne meure, la femme aussi voit la déesse, un enfant remue dans son sein, ce qui fait espérer que la mission de Jean s'accomplira dans la génération prochaine.

Chargé d'une allégorie moralisante et d'un symbolisme panthéiste, *Jean le fou* pourrait difficilement être porté à la scène. La pièce témoigne de la générosité d'esprit de l'auteur. Seck se veut un libre penseur qui a subi l'influence de l'humanisme français mais qui reste absolument fidèle à son pays, à son peuple et à son héritage culturel. Sa pensée se révèle nettement vers la fin de la pièce: un chœur d'esprits naturels chante l'âme du pays, alors qu'un nuage s'élève du mont sacré et se fond avec deux nuages venus de loin. Les trois nuages se séparent: le premier (le Christianisme) vole vers l'Ouest, et le deuxième (l'Islam) s'enfuit à l'Est, tandis que le dernier (la spiritualité africaine) reste sur place et flotte au-dessus des spectateurs ébahis. Cette vision fantasque, qui fait songer à la deuxième partie du *Faust* de Goethe, annonce le jour où les croyances étrangères disparaîtront laissant le champ libre à l'épanouissement d'une véritable religion africaine moderne.

Seck ne prône pas le retour aux superstitions traditionnelles. À l'instar de son héros, qui sort vainqueur de débats avec un prêtre, un calife-maire et un sorcier, il veut que les Africains se regardent avec fierté et acceptent une identité qui plonge ses racines dans un passé vivant.

Richard Bjornson

Joconde (La) d'ébène, Paris, Éditions Saint-Germain-des-Prés, Coll. À l'écoute des sources, 1977, 86p. – Préface de Maurice Carême.
Recueil de poèmes de Lisembé Élébé.

La Joconde d'ébène est divisé en quatre parties, de 12, 10, 14 et 13 poèmes de 22 vers en moyenne exacte (2 poèmes exceptés, de 50 et 56 versets), libres, sans rimes, groupés en «strophes» irrégulières dans 22 d'entre eux.

Le préfacier reconnaît que «les formes poétiques [du] classicisme [...] sont ici [...] dépassées». Refusées serait plus

juste. Aux exigences européennes, l'art africain a préféré les siennes propres: l'histoire du surréalisme et du concrétisme en est la preuve. Dans cet équilibre du génie africain, qu'on pourrait qualifier d'utilitariste ou de fonctionnel, se trouve l'authenticité d'Élébé.

Le poète énonce clairement sa poétique. L'expérience poétique n'est pas dans l'écriture: celle-ci ne peut tout au plus que la ré-actualiser pour le lecteur. S'adressant à sa bien-aimée, il écrit: «Penser à toi reste mon poème» (p. 75). S'il s'exprime par l'écriture, il préférerait le faire par la parole: «Tu es le poème que je voudrais réciter» (p. 48). L'expression poétique d'Élébé révèle la double influence de l'oralité africaine et de la littérature occidentale. D'où deux types de poèmes: le premier, linéaire et plutôt logique; le second, musical et répétitif.

L'incompatibilité de l'amour avec la séparation et la solitude est le grand thème. La Première Partie évoque les amours africaines; les IIe, IIIe et IVe Parties, l'amour de l'épouse, qui est européenne et blanche. Si un fort contraste oppose deux périodes de la vie du poète, une nette progression des sentiments et du psychisme structure l'œuvre. Le poète passe des images et symboles africains à ceux de la civilisation de l'épouse. Il garde un profond attachement aux valeurs spécifiquement africaines liées au sens de la vie communautaire (famille, enfants): il est loin d'oublier «l'Afrique maternelle». Son universalité rappelle parfois Valéry Larbaud, le poète-voyageur.

La progression thématique est doublée d'un dynamisme auquel participe le lecteur grâce à une dramatisation du contenu de l'œuvre, dramatisation qui est plus essentielle que ne le laisse paraître l'émergence d'une problématique vitale pour le poète, bien qu'elle n'ait inspiré qu'un seul poème: «Blanche colombe». Élébé y exprime sa crainte des réactions racistes à son mariage, mais il garde toute sa confiance, fondée sur une vision cosmique de la vie et des choses, que n'est pas sans marquer une dimension religieuse, tant chrétienne qu'animiste. Au-dessus des contingences dont l'humanité aspire à se libérer, le poète pressent une réalité et un avenir spirituels qu'il illustre par le feu et la lumière, comme aussi par la danse et la fête.

Le «langage à la fois heurté et neuf» que souligne Carême ne donne pas au recueil son caractère principal, qui n'est pas dans la gratuité esthétique mais dans un romantisme envahissant où la Nature et le vécu quotidien sont les points d'appui de la communication efficace que veut s'assurer le poète. Il réalise son projet par l'intermédiaire d'une puissante *«sensorialité»* qu'il met au travail aux niveaux de la perception et de l'expression: rien d'étonnant à ce qu'il y déploie ses ressources de peintre (il a exposé des tableaux en Afrique et en Europe).

Élébé a mis en exergue à la 1re Partie une citation de Senghor, à la IIe, une citation de Lorca; aux IIIe et IVe, des vers tirés de ses poèmes. Le recueil contient une «Note [biographique] sur l'auteur» (p. 85-86).

Léo A. Brodeur

Journal (Le) de Faliou, Yaoundé, Éditions CLÉ, 1972, 180p.
Roman de Rémy Medou Mvomo.

Faliou, jeune universitaire sans travail, s'embarque un jour dans le train à destination de Douala. Le but de son voyage est celui qui attire tant de gens vers les métropoles: «faire quelque chose avec sa vie», autrement dit «réussir» et vivre heureux avec sa femme et ses enfants qu'il vient d'envoyer au village de celle-ci.

Être bon musicien, avoir un diplôme universitaire et être chômeur n'est pas courant dans les rues de Douala; c'est pourtant ce qui attend Faliou, le héros. Il sera tantôt chef d'orchestre, tantôt instituteur dans un collège privé qui ne cesse de fermer et de rouvrir ses portes selon les caprices des services d'ordre et de contrôle sanitaire.

Entre ces deux occupations, le narrateur nous fait vivre et voir les mille facettes d'une ville africaine (ici Douala). Nous pénétrons au fond de ces ghettos qui se sont constitués autour de Douala et de toutes les villes artificielles qui sont autant de pôles d'attraction. On y voit la misère, la corruption, la dégradation des mœurs et une sorte d'aliénation propres à des populations complètement dépassées par le mode de vie qui leur est imposé en ville et qui n'a qu'un leitmotiv: faire de l'argent à tout prix. L'auteur nous mène au delà des mythes, des nostalgies et nous met en présence de certaines réalités trop souvent ignorées: le côté artificiel de nos villes supraoccidentalisées et la misère croupissante de tous les ghettos que l'on appelle par un étrange euphémisme «quartiers populaires». Le paysan devient manœuvre, la femme se prostitue, l'enseignement devient une sorte de commerce où les propriétaires de collèges ne sont pas différents des trafiquants.

Faliou ne semble pas tirer profit de son diplôme universitaire qui le rend suspect aux yeux de tout le monde, car avoir un diplôme est le signe infaillible de la réussite.

Après quelques sorties avec un de ces innombrables orchestres avec lesquels il joue sporadiquement. Faliou décide d'aller chercher sa femme. Il découvre qu'elle est tombée amoureuse d'un autre homme. Il la bat, et avec l'aide des villageois (ceux-ci ne voulant pas garder la jeune femme de peur d'avoir à rembourser l'énorme dot que Faliou avait payée) il finit par l'abandonner dans une gare. À son retour à Douala, les choses empirent. Il erre comme un fantôme dans la ville, sans parents, sans amis. Après avoir dormi sur des bancs publics et dans des salles de classes, il finit par demander l'aide d'un organisme de charité et s'en va...

Écrit dans le style du journal comme son titre l'indique, le récit est mené à la première personne. Malgré la présence de quelques personnages-types auxquels on est habitué dans le roman africain (comme le Blanc propriétaire, l'intellectuel déboussolé entre les deux milieux), l'accent est surtout mis sur les conditions de vie et non sur les personnages eux-mêmes.

Le *Journal de Faliou* pourrait être classé parmi les romans de la «seconde génération», celle qui s'attaque à l'Afrique des indépendances pour remuer le couteau dans la plaie».

Abdoul Doukouré

Jumeau (Le) ou mon enfance à Agoué, Cotonou, Éditions du Bénin, 1966, 75p. Roman de Damien d'Almeida.

Au premier abord, le livre paraît avoir été publié surtout pour «attendrir» le lecteur (p. 7), mais en fait, Damien d'Almeida avait une raison plus personnelle. Il désirait préserver les souvenirs de son enfance qui le rattachaient à la vie traditionnelle. Dans le livre, il veut rappeler les liens l'unissant au passé et chercher, comme tant d'auteurs africains (Ikelle-Matiba, Owono, Willane entre autres), à recréer une «réalité vécue», sans artifice ni fantaisie (p. 7, 9). Dans ce but, l'auteur évoque une série de moments qui le touchèrent fortement.

L'ouvrage se divise en deux parties: la première est centrée sur le narrateur et la seconde sur sa grand-mère. Le début raconte les relations heureuses de d'Almeida avec son frère jumeau et avec ses premiers compagnons de jeux, les impressions que lui firent l'école, la gaieté des jours de congé et de marché et l'exaltation de sa communion. À ce début paradisiaque succède une période pénible et l'auteur insiste sur les mauvais traitements qu'il reçut de son institutrice et ensuite de deux employeurs successifs, suggérant que la brutalité faisait autant partie de la vie traditionnelle que les relations agréables avec parents et amis. Ainsi, mélange de moments heureux et désagréables, son enfance se termine quand il quitte Agoué pour aller continuer ses études à Cotonou. Ce départ

lui donne l'occasion de décrire les charmes et les lenteurs des moyens de transport à cette époque (vers 1940).

Bien qu'il ait parlé de quelques souvenirs de la vie traditionnelle, comme la cérémonie pour les jumeaux, d'Almeida sent le besoin d'en évoquer certains aspects supplémentaires. C'est pourquoi il consacre la deuxième partie à sa grand-mère, à ses sentiments religieux, à ses raisons de perpétuer certains rituels, à sa manière de vivre et de sentir. Ces passages lui permettent en plus d'exprimer, indirectement, que l'on peut passer de la vie ancestrale et coutumière à une vie christianisée et moderne sans trop de conflits. L'auteur prend soin à la fin du livre d'expliquer que, dans un sens, le village d'Agoué connut un destin similaire à celui de sa grand-mère. Il dépérit d'abord sous les premières influences du régime colonial, mais ensuite il retrouva une nouvelle prospérité et un nouvel équilibre.

Le Jumeau, dont le récit s'interrompt parfois pour faire place à un poème, sert donc à préserver le passé et à permettre au lecteur de se remémorer, à travers l'expérience de d'Almeida, une période disparue.

Claire L. Dehon

Jusqu'à nouvel avis, Yaoundé, Éditions CLÉ, Collection CLÉ-Théâtre, 1970, 48p.

Comédie en un acte de Guillaume Oyono M'bia.

Matalina, fille d'Abessolo, se marie en France à un médecin. Rentré au Cameroun, le couple s'installe à Yaoundé où on veut nommer le mari au poste de secrétaire général malgré sa formation de médecin. La dot de Matalina n'est pas encore versée mais le père ne s'impatiente pas: il pourra exiger toute sorte de choses une fois les formalités du mariage remplies. Mais comment savoir que Matalina ne viendra même pas lui présenter son mari... Trois mois après le retour du couple, Abessolo reçoit une lettre de son gendre qui décide enfin

d'aller faire la connaissance de sa belle-
famille. Cependant la visite n'aura pas
lieu: le médecin est devenu secrétaire
général et ses hautes fonctions lui prennent tout son temps.

Cette pièce porte sur la longue attente d'Abessolo, lui qui avait invité les
siens et préparé une fête au village pour
célébrer l'arrivée de son gendre. La fête
aura toujours lieu puisqu'à la vue du vin
et des provisions qu'envoie le gendre,
Abessolo oublie la visite manquée et se
félicite plutôt d'avoir un gendre nommé
«grand homme».

L'attente d'Abessolo est encore allé-
gée par une causerie pour le moins banale mais révélatrice. La causerie consiste en de nombreux retours en arrière
qui situent l'action de la pièce et soulignent certains traits caractéristiques des
Camerounais. Oyono M'bia dépeint le
mode de vie au village comme en ville; ici
et là les choses vont à l'envers. Les fonctionnaires sont paresseux, corrompus et
avides. Or, les villageois les admirent et
les imitent. Bien qu'analphabètes, les
jeunes ruraux abandonnent la terre pour
travailler dans des bureaux. Les pères
font instruire leurs filles pour en faire
des objets d'échange, le moment du mariage venu. Les filles doivent rembourser
les frais de scolarité à partir de leur salaire. Or, les fonctionnaires s'intéressent
aux filles instruites justement pour leur
salaire.

Le texte est une caricature de ce que
les parents ont fait de la dot, une des
plus vieilles coutumes africaines. Oyono
M'bia satirise également les abus des intellectuels, la frivolité des filles instruites
et l'étourderie des jeunes. Certaines attitudes sont exagérées mais l'auteur reste
quand même dans les limites de la vraisemblance.

Le discours théâtral est, par sa nature, difficile à manier; un dialogue qui n'a
pas le renfort d'une bonne action l'est
davantage. C'est sans doute pour cette
raison que le dialogue de *Jusqu'à nouvel
avis* paraît naïf.

Gertrude Edem

Jusqu'au seuil de l'irréel, Dakar/Abidjan,
Nouvelles Éditions Africaines, 1976,
144p.
Chroniques d'Amadou Koné.

Jusqu'au seuil de l'irréel, soulignons
l'expressivité du titre, plonge le lecteur au
cœur même de l'Afrique et aborde un
thème qui laisse sceptiques non seulement
les Occidentaux mais beaucoup d'Africains «évolués».

L'auteur de *Jusqu'au seuil de l'irréel*
en a bien conscience puisqu'il refuse
d'engager son lecteur sur le terrain du
raisonnement logique. Il ne démontre
pas; il donne à voir des événements dont
la véracité ne semble pas mise en doute
et qu'il refuse cependant d'imposer comme tel. Par ce procédé, l'auteur opère
pratiquement un viol psychologique, semant un trouble profond dans les esprits
les plus réfractaires à tout ce qui n'emprunte pas la voie du cartésianisme.

Et pourtant la fable, au sens brechtien du terme, de *Jusqu'au seuil de l'irréel* n'a rien d'extraordinaire. Karfa, un
vieil homme, est de ceux contre qui s'a-
charne le destin. Il a perdu père et mère
et il croit résoudre le problème de sa
solitude en se mariant. Mais il perd aussi
sa femme. Il s'enfuit alors avec Lamine,
le seul fils qu'elle lui a laissé, et trouve
refuge dans un village au nom étrange:
Soubakagnadougou. Lamine grandit à la
grande satisfaction de son père. Puis un
matin, on trouve son corps sans vie au
bord du marigot.

L'angoisse dans *Jusqu'au seuil de l'irréel* naît du fait que le personnage principal, Karfa, est aussi «aveugle» que le
lecteur. Il n'a pas double vue et il assiste, témoin impuissant, comme le lecteur,
à sa propre ruine. Les circonstances des
décès ne laissent aucun doute sur la culpabilité des sorciers.

Fou de rage, de douleur et surtout
de désespoir, Karfa va à la recherche de
BOUA OUATTARA, celui qui détruira
tous les sorciers du village. Le lecteur,
plus ou moins convaincu de l'existence
des sorciers, assiste avec beaucoup de

soulagement à leur destruction.

Jusqu'au seuil de l'irréel, c'est aussi la description d'une région africaine pendant la période coloniale. Un peu comme dans *L'Enfant noir* de Camara Laye, l'auteur fait défiler devant les yeux du lecteur des tableaux typiques de la vie africaine: le labour, la chasse, la venue des criquets, les fêtes, les funérailles, etc. *Jusqu'au seuil de l'irréel* chante, à travers ces tableaux, la foi, l'inquiétude, l'espoir d'un peuple dominé qui ne croit plus totalement à un avenir de liberté mais qui refuse aussi de se soumettre parce qu'il se rappelle un passé d'honneur et de gloire. Le personnage de Fanhikroi n'a pas d'autre signification.

Jusqu'au seuil de l'irréel révèle aussi en Amadou Koné le moraliste africain pour qui existe un Dieu qui veille sur le pauvre, l'orphelin et le déshérité. Tout semble s'être ligué contre Karfa, le personnage principal. Mais s'il n'arrive pas à réaliser ce qu'il croit être son bonheur (mener une vie paisible auprès des siens), il est, en dernière analyse, le vainqueur de ce combat: il triomphe des malfaiteurs sans avoir utilisé leurs moyens maléfiques. Si BOUA OUATTARA devient l'homme du destin de Karfa, c'est parce qu'il a su partager sa pitance et sa couchette le jour où, étranger, celui-ci était venu se présenter devant sa porte pour demander l'hospitalité. Or un proverbe de cette région ne dit-il pas que chaque étranger est un Dieu qui se promène?

Ce thème de l'étranger qui vient au secours et qui sauve, on le retrouve dans presque tous les écrits d'Amadou Koné. N'est-ce pas là une marque d'espoir dans cette littérature trop souvent empreinte de pessimisme? En tout cas il est rassurant de savoir qu'aucune situation, si désespérée soit-elle, n'est condamnée à rester telle.

Jean-Pierre Guingane

K

Kaala Sikkim, Dakar/Abidjan, Nouvelles Éditions Africaines, 1975, 63p.

Recueil de nouvelles de Mbaye Gana Kébé.

Ce recueil doit son titre aux première et dernière nouvelles intitulées respectivement *Kaala* et *Sikkim*.

Kaala raconte la mésaventure d'un marabout charlatan, Sérigne Diobaye, qui, après s'être enrichi aux dépens des clients crédules, est discrédité par Galaye à qui il escroque de l'argent et des biens sans pouvoir accomplir la promesse qu'il lui a faite: à savoir que sa femme pourrait avoir un enfant. Déshonoré et poursuivi partout par Galaye, il devient finalement fou.

Némali, la deuxième nouvelle, décrit la concupiscence de Ndiobo, un polygame qui néglige sa première épouse, Kirima, avec qui il a eu six enfants; il s'amuse démesurément avec Daba, sa jeune femme sans enfant qu'il accable, et s'endette à la fois matériellement et sentimentalement. À celle-ci, il donne beaucoup de «némali», parfum qui aiguise l'appétence sexuelle. Complètement ratiboisé, il est délaissé dans la misère par sa favorite; mais Kirima, obligée auparavant de se séparer de son mari, réintègre la maisonnée pour recommencer la vie avec Ndiobo.

Dans *La médaille*, Kébé traite des tribulations d'un homme, Balinga, qui gaspille tout son bien pour offrir, lors de sa décoration, un «festin gigantesque et humide, digne de Gargantua». Ruiné, abandonné par sa concubine et n'ayant pu obtenir les avantages socio-économiques escomptés, il rend la «médaille maudite» au Préfet.

Avec *Madame la Civilisée*, nous assistons à l'embourgeoisement d'une belle campagnarde, Kadio, qui s'adapte mal à la nouvelle situation voulue par son mari, Souman. Après avoir emprunté de l'argent à un commerçant ayant «deux nationalités, deux flèches à [son] arc», et qui lui expose les problèmes posés par une bureaucratie paralysante, Souman s'en va dans le village de Kadio pour l'épouser. Celle-ci confesse son ignorance de la cuisine moderne tout en promettant de se civiliser une fois mariée. Bientôt la villageoise, choyée par son mari et rebaptisée Germaine, devient une grande bourgeoise connue dans les cercles sociaux importants. Elle oublie complètement ses parents et la vie rurale. Mais un jour, au cinéma, elle se ridiculise par un comportement tellement agreste que Souman la répudie.

Dans *Sikkim*, qui clôt le recueil, il est question d'un conflit entre les générations, conflit provoqué par une tentative de mariage forcé. Daour qui a reçu beaucoup de cadeaux de la part du richissime polygame, Babacar Dramé, promet de marier sa fille évoluée, Yâma, à ce dernier qui est illettré et... barbu! Mais Yâma a horreur des barbes, «du sikkim», symbole du vieux mode de vie! «Quel affront, demande un quidam, de vouloir unir une barbe maxi et une robe mini, la bouilloire et le disque?» C'est que pour les parents «les diplômes sont bons, mais la richesse prime». Devant le refus obstiné de Yâma, le père qui ne comprend pas la conduite de sa fille la chasse de la maison.

Kaala-Sikkim est une critique socio-morale de la société sénégalaise, critique où Kébé emploie souvent la satire et l'humour pour dénoncer certains vices. Le charlatanisme du marabout est dévoilé lorsqu'il est dépossédé de son «turban turbulant» qui symbolise fort éloquemment son prétendu pouvoir occulte. On observe qu'aujourd'hui «un coup de piston vaut plus que trois charlatans renommés et deux experts marabouts» (*Madame la Civilisée*). Tout cela montre à quel point, grâce à l'arrivisme grossier fondé sur l'opportunisme facile et la course à l'argent, le travail est dévalorisé. On recourt aux moyens les plus faciles pour arriver. Et «la grande politique» avantage souvent ceux qui ont le moins de mérite: tel l'individu à l'esprit épais, Kakou Anzé Nanga devenu «Président de l'Assemblée Nationale» (*La médaille*). Dans ce monde où l'on se contente de «paraître» au lieu d'«être», où l'on a trop de rêves et de soucis, il n'est pas étonnant que règnent souverainement l'égoïsme et la vanité, la corruption et l'incompétence administrative.

Dans ce recueil, dont la critique rappelle celle d'Ousmane Sembène dans *Le Mandat* (1965), le lecteur est frappé par la présentation pittoresque des personnages et des événements, et par des allusions suggestives, succinctes et pertinentes, qui tendent à une certaine condensation. Comparé à *Voltaïque* (1962) (recueil de nouvelles d'Ousmane Sembène), celui de Kébé présente moins de variété thématique mais sa peinture est plus colorée, plus imagée et plus piquante.

Yaw Safo Boafo

Kaddu, Dakar, Imprimerie A. Diop. 1966, 29p.

Recueil de poèmes d'Annette M'baye D'Erneville.

Kaddu est un recueil écrit entre 1952 et 1966. Le titre veut dire «Paroles», et l'on y reconnaît effectivement la voix d'un poète authentique qui se fait porte-parole de ses sœurs, tout en leur ouvrant son propre cœur. Bon nombre de ces dix-neuf courts poèmes sont dédiés spécifiquement à des femmes, aux compatriotes de l'auteur, à ses parentes, mortes ou vivantes, et à toutes celles que M'baye a connues à Paris: la Togolaise, l'Antillaise, la Nigérienne. Le ton en est à la fois très personnel – l'expression d'une expérience vécue – et universel. Lamine Diakhaté, dans un entretien avec Marc Rombaut dans *La Nouvelle Poésie négro-africaine* (1976), explique que dans le domaine strictement négro-africain on pense que le poète doit émaner de son peuple, doit lui livrer des mots, des sentiments que tout le monde peut faire siens. Avant Annette M'baye, cependant, l'expression de la négritude, les accents de révolte, de souffrance, d'amour et de fraternité dont parle Senghor dans sa définition des thèmes essentiels de la poésie négro-africaine, ne s'appliquaient qu'aux entités nations. Et voici qu'une femme noire nous rappelle qu'il y a une souffrance, un amour, une révolte à la fois spécifiquement féminins et spécifiquement africains.

L'auteur dédie le premier poème de la plaquette à son fils. «Kassack» (un chant de circoncision) résume l'expérience unique et universelle, faite de supplice et de joie, vécue par toutes les mères du monde entier dans les douleurs de l'enfantement. Mais seule l'Afrique peut rapprocher les douleurs endurées par le jeune circoncis de celles qu'elle a elle-même vécues dans sa maternité. Vient ensuite la chanson «Labane», la plainte pour les virginités perdues. Il ne s'agit pas de la jeune fille qui se donne dans l'enivrement de l'amour partagé (celle du poème «Ardu»), mais de toutes les vierges africaines déflorées dans la nuit de noces par un mari que des parents lui ont imposé et qui n'ont qu'une seule préoccupation: étaler le lendemain le «pagne-témoin» de la sagesse de leur fille. L'écho de ce sacrifice à «l'Aigle-Royal» qui «de son bec nacré / Fouille les cœurs immolés» se retrouve dans le souvenir du mythe de la vierge offerte au dieu-serpent qu'évoquent les accents de la guitare monocorde «Qui dans le pays de sable rythme les contes d'amour».

Il y a plusieurs chants d'amour dans cette brève collection: l'amour impossible («Nous nous sommes connus»), l'amour trahi («Nostalgie»), l'amour-volupté («Initiation», «Ardu»), l'amour maternel aussi et surtout l'amour du poète pour ses semblables et pour toutes ses sœurs. Mais en filigrane, on entrevoit aussi les grands thèmes de la négritude: l'Afrique-Sainte, l'Afrique-Mère; la honte de l'esclavage et de la femme violée pour enfanter une «Négresse-Marron» («Envoûtement», «Mulâtresse») et finalement l'exultation de l'Afrique debout dans son Indépendance qui «va vers la lumière».

Il reste que le mode mineur l'emporte dans ces chansons: nostalgie, amertume, deuils, solitude, isolement moral, regrets, spleen, désespoir. C'est la raison pour laquelle les poèmes d'Annette M'baye nous saisissent au cœur. L'autre élément essentiel est l'appel à l'oreille et à l'imagination: la musique et les images sont toujours présentes dans les vers. M'baye utilise tantôt des anaphores litaniques, tantôt le tempo des blues, tantôt le battement envoûtant des tam-tams; parfois ce sont les échos d'un disque qui fait danser dans une boîte de nuit à Paris, ou bien le souffle haletant, sensuel, des vers impairs qui expriment un érotisme explicite. On se souviendra de ces images qui frappent par leur justesse: «Tu cultives ta haine / Comme rose rare / Et polis ta rancœur / Comme statue d'ivoire.»

Dorothy S. Blair

Kafra-Biatanga, tragédie de l'Afrique, traduit de l'allemand par Yvette Revellin, Paris, P.J. Oswald, Coll. Théâtre africain, 22, 1973, 82p.

Pièce d'Alexandre Kum'a N'dumbe III.

Le titre de la pièce de Kum'a N'dumbe est un anagramme dont la signification est à la fois évidente et fort révélatrice: Katanga-Biafra. On connaît le drame vécu par ces deux régions du continent noir dans les années 1960. *Kafra-Biatanga* est une pièce d'antithéâtre, une parodie du théâtre tant il est vrai que l'œuvre ne franchit jamais le stade des répétitions. Kum'a N'dumbe invite le lecteur à se pencher sur certaines périodes troubles de l'histoire de l'Afrique et à réfléchir aux causes des crises meurtrières qui ont marqué l'évolution de la plupart de nos pays.

Kafra-Biatanga qui se déroule «quelque part dans une nation industrialisée» pourrait aussi bien s'intituler «J'accuse l'Occident» car Kum'a N'dumbe met ouvertement en cause les pays industrialisés qui, en champions de la manipulation, font et défont les nations africaines. D'un autre côté, les pays occidentaux ressemblent eux-mêmes à des pions sur l'échiquier des compagnies multinationales du pétrole et des ressources minières. Au nom de l'intérêt national, ces compagnies poussent les gouvernements de leur pays d'origine à créer des tensions et à provoquer des guerres civiles (guerres de libération selon elles) pour leur permettre de mieux piller les richesses naturelles de l'Afrique.

La tâche des pays industrialisés est d'autant plus facile que, solidarité nationale oblige, toutes les couches de la population soutiennent presque sans hésitation la cause de leur gouvernement: les journalistes reproduisent aveuglément les manchettes fabriquées par le pouvoir et défendent ardemment la cause du peuple biatangais dans la guerre de *libération* qu'il livre au Kafra; au nom des droits de l'homme et des droits à l'autodétermination des peuples, l'Église vole au secours du peuple bafoué du Biatanga. Bref, on assiste à une levée de boucliers du peuple de la nation industrialisée en faveur des droits d'une ethnie du Kafra.

Qui saura jamais que ce sont les stratèges (historiens et sociologues africanistes) de la nation industrialisée qui ont mis au point un projet machiavélique de subversion dans le but d'aider leur État à satisfaire la gourmandise des compagnies transnationales? Aucun moyen, si cynique fût-il, n'aura été épargné: le Biatanga et son élite ont été corrompus, manipulés et finalement massacrés autant par l'armée nationale que par les parachutistes de la nation industrialisée; l'image du Nègre cannibale et «violeur» de femmes est utilisée à fond pour convaincre les nations industrialisées du génocide dont le peuple biatangais est victime; on tente même d'ameuter l'opinion onusienne pour mieux brouiller les cartes. Il faut signaler que la puissance industrialisée qui élabore le conflit du Kafra n'est pas l'ex-puissance coloniale mais une rivale.

Presque tous les personnages de la pièce sont anonymes et se présentent toujours sous leurs titres ou leurs attributions: Le Président, L'Agent pétrolier, L'Agent minier, 1er membre du cabinet, Le Sociologue, L'Historien, etc. De la même manière que Kafra-Biatanga figure la tragédie de «n'importe quelle république d'Afrique», la nation industrialisée représente «n'importe quelle nation industrialisée».

Kafra-Biatanga est une œuvre militante qui dénonce avec ironie la responsabilité des gouvernements et du peuple souvent inconscient de l'Occident dans nombre de conflits qui secouent l'Afrique et le Tiers-Monde en général. Les élites africaines ne sont pas épargnées puisqu'elles sont parfois et même souvent des victimes consentantes. Il faut sans doute voir dans l'échec de la sécession biatangaise une leçon d'espoir et un acte de foi dans l'avenir et dans l'unité du continent. *Kafra-Biatanga* renouvelle de manière significative la théâtralité dans la littérature négro-africaine.

Ambroise Kom

Kahotenor, Dakar/Abidjan, Nouvelles Éditions Africaines, Coll. Woï, 1977, 38p.

Recueil de poèmes d'Adam Loga Coly.

Les officiers des armées africaines sont bien connus pour leur anti-intellectualisme, leur amour des coups d'État et leur désir d'imposer aux civils la raideur mécanique de la toute-puissante discipline militaire. Et lorsque l'un d'entre eux devient poète, la critique littéraire s'émeut et s'interroge. Adam Loga Coly, officier d'état-major, fait partie de ces rares militaires qui nous obligent à repenser nos clichés vis-à-vis des soldats et à voir, au-delà de l'uniforme, des êtres humains qui sont également doués de la faculté de rêver et de traduire ce rêve en images, en rythmes et en sonorités.

Dans un langage éloigné de l'hermétisme de la poésie moderne, Adam Loga Coly nous livre tous les thèmes obsessionnels qui le hantent: l'amour du terroir, la tendresse envers la femme aimée, le souvenir lancinant d'une mère trop tôt perdue. Adam Loga Coly est un poète replié sur lui-même et qui pourtant a peur de la solitude. C'est pourquoi presque tous ses poèmes s'adressent à un «Toi» multiforme qui se résume très souvent à un archétype féminin (la mère, la femme aimée, la fille). Mais le vrai souffle poétique d'Adam Loga Coly ne s'étale vraiment qu'au moment où, délaissant la poésie domestique, le poète se révolte. Les quatre derniers poèmes du recueil, à savoir «À David Diop», «Le messager», «Aujourd'hui» et «Attitude», relèvent de cette veine. L'auteur n'essaie plus d'écrire comme ses poètes préférés (Senghor et Éluard). L'écriture devient absolument originale, le corset militaire avec son vœu d'obéissance aveugle éclate et le poète apparaît, nu dans sa colère. Jean Brierre, dans sa préface, note avec pertinence que chez Adam Loga Coly «l'accent, les images, les mots sont liquides: sirène, fontaine, sang, flux, déluge, source, sève». La muse militaire est encore toute neuve. Il faut espérer qu'en acquérant un peu plus de métier, elle délaissera les effets faciles qui consistent à alourdir inutilement le poème de mots diola ou wolof. La couleur locale ou ce que l'auteur appelle sa «négritude» n'est pas fonction de l'utilisation de mots tirés des langues africaines. L'authenticité du message découle, comme Adam Loga Coly l'a brillamment démontré à la fin du recueil, de la sincérité des sentiments et du choix heureux des divers moyens de la prosodie.

Noureini Tidjani-Serpos

Kairée, Grenoble, Imprimerie Eymond, 1962, 49p.
Recueil de poèmes de Chèc Ndao.

Le sort de l'Afrique, la vie quotidienne de l'homme noir et les menus éléments qui la font, constituent les thèmes essentiels de la poésie de Chèc Ndao. Les concepts qu'on rencontre dès l'ouverture de *Kairée* sont «cœurs inexpugnables», «cœur qui saigne», «mémoire», «pas», «prière», «odeurs de manguiers», «baiser des épis», «eau claire dans laquelle on roule» et, bien sûr, «Kairée – Mère des Initiés».

On pourrait s'attendre à lire d'un bout à l'autre du recueil des poèmes systématiquement militants, à l'instar de ceux des fondateurs de la négritude. Mais bien vite, on découvre la préoccupation du poète qui est d'évoquer, d'apprécier, d'aimer et de faire aimer la vie africaine, la beauté des femmes noires et leurs parures, leurs «perles». En témoignent des poèmes comme «Ndeysa», «Poème pour Laora», «Soir d'hiver», «Perles», «Veillée», «Kermesse», «Guinté», «Filles des cimes».

Or, ces poèmes ne servent que d'introduction à l'expression d'un militantisme soutenu à l'égard de la libération et de l'émancipation de la race noire, telle qu'on la trouve chez presque tous les poètes nègres.

Des quinze poèmes qui composent *Kairée*, cinq sont des poèmes forts, de «Pleurs», dédié à David Diop, aux «Larmes de flammes pour Lumumba» en passant par «À Samba», «À Jomo Kenyatta» et «South Africa». Ce sont des poèmes d'indignation et de révolte contre l'asservissement occidental et ce qu'il vaut à l'homme noir de sévices, d'humiliation et de misère. Poèmes de condamnation des Africains qui sont des complices intéressés de l'action dominatrice des Blancs. Et poèmes d'éloge de l'héroïsme et du militantisme libérateurs des vrais fils du continent, qui ont pour noms Kenyatta, N'Krumah...

«Nimbali... C'est bien là / Que des bottes rouges / De sang / De sang noble / De sang chaud / Enjambèrent / Le corps des Ancêtres / Pénétrèrent / Dans mon Saloum... / Samba Niambali / Rallume en mon cœur / Les racines de Bakkaa Bâsine / Et toi Nibou / Te cloue un seul jet de ma lance / Toi que mon peuple / Abattra / un jour / oui un jour / Un jour.» Comme tous les poètes africains, Chèc Ndao est persuadé qu'un jour viendra où l'Afrique sera libre et prospère de nouveau, où la vie sociale et politique sera ordonnée, restructurée et saine.

Le chemin est long et pénible qui mène à ce «rivage tant attendu / Liberté», mais le rivage sera atteint. L'univers du renouveau que prophétise *Kairée* est la caractéristique de la poésie négro-africaine d'hier et d'aujourd'hui. Les poètes nègres sont des poètes de la foi, la foi dans le devenir heureux de l'Afrique et des Africains.

Yves-Emmanuel Dogbé

Kala Jata, Bamako, Éditions Populaires du Mali, Coll. Hier, 1970, 96p.
Récit de Massa Makan Diabaté.

Massa Makan Diabaté, neveu du grand griot malien, Kélé Monson, traduit ici l'histoire de Sunjata, fondateur de l'empire mandingue. Symboliquement, c'est la vie du grand chasseur, le lion à l'arc, Kala Jata, qu'il choisit de raconter.

L'originalité de cet ouvrage vient de la présentation même. Massa Makan Diabaté reconstitue en quelque sorte la veillée au cours de laquelle Kélé Monson chante Sunjata, devant son jeune frère Sékou. Ce récit revêt donc trois aspects successifs: l'intervention de l'auteur qui décrit avec émotion le griot en action et qui vit son récit au point d'être épuisé lorsqu'il chante la mort de Sunjata: le dialogue réduit à l'essentiel entre le griot et Sékou; enfin, le texte lui-même, composé du récit original de Kélé Monson adapté en français avec un très grand soin par Massa Makan Diabaté, et les chants immuables transmis depuis l'ancêtre des Diabaté, Kalajan Sangoï, qui chassa trois ans avec Sunjata.

Kélé Monson commence par évoquer ses ancêtres... Puis il fait remonter son récit à l'époque du Prophète lorsque celui-ci remit à son esclave Bilal trois malles destinées à ses trois petits-fils qui allèrent ensuite au Mandé fonder le village de Kikoroni. Il retrace l'histoire du Mandé à partir du rôle joué par les trois Simbon. Il en vient aux circonstances exceptionnelles de la naissance de Sunjata. Il raconte l'enfance malheureuse de l'enfant infirme, puis le merveilleux exploit qu'il accomplit pour sécher les larmes de sa mère, Sogolon Konte. Il évoque ensuite le dur exil auquel Sunjata fut condamné par la co-épouse de Sogolon, Sama Berete. Il raconte les grandes heures du royaume, la lutte avec Sumangurun, l'expédition contre Jolofin Mansa, au pays des Sérères. Enfin arrive le jour où «le chasseur forcené», «le conquérant irréductible», n'est plus...

L'histoire de Sunjata comporte des épisodes susceptibles d'enthousiasmer le lecteur mais il faut savoir gré à Massa Makan Diabaté d'avoir adapté ce récit avec autant de finesse. Les chants sont poétiques; quant au récit lui-même il semble respecter la respiration du griot, nous laissant l'illusion que c'est Kélé Monson lui-même que nous sommes en train d'écouter, malgré la trahison que représente toujours une traduction.

Jacqueline Falq

Kamerun! Kamerun!, Paris, Présence Africaine, 1960, 95p.
Recueil de poèmes d'Elolongué Epanya Yondo.

Kamerun! Kamerun! est un recueil de vingt-sept poèmes bilingues écrits en duala et en français. On sent à leur lecture le souci constant du poète de rester enraciné dans son terroir. On y retrouve également la fraîcheur de la poésie traditionnelle, fraîcheur qui résulte à la fois de l'apparente spontanéité de l'inspiration et de la limpidité du message. Ces relents de la poésie traditionnelle se retrouvent aussi dans la monotonie du rythme, monotonie marquée par la reprise des strophes, des vers ou des mots.

Tout en s'inspirant de la poésie traditionnelle, Epanya Yondo modernise son message. Paraphrasant Chénier, on peut dire à son endroit que sur des modèles antiques, il fait des vers modernes. Il dépasse en effet le «griotisme» de la poésie traditionnelle et embouche la trompette du militantisme et de la révolution.

Ces poèmes se présentent à la fois comme la stylisation des émotions du poète et une vaste fresque du Cameroun assujetti, courbé sous le joug du colonialisme. Ils font ressortir le contraste entre la beauté du pays et la triste condition de ses enfants. Le poète dénonce la pratique des travaux forcés. Les colons sont présentés comme des sangliers semant la souffrance et la mort sur leur passage.

Epanya Yondo a été profondément marqué par la négritude. Mais sa négritude n'a rien de raciste ni de chauvin. Elle est pour lui un ardent patriotisme, volonté de l'authenticité nègre. Le poète sait que certains Noirs ont été les complices des colons dans tous leurs crimes et qu'on ne pouvait pas, comme l'ont fait certains poètes de la négritude, parler de l'innocence de la race noire. C'est pour cela qu'il dirige ses attaques non seulement contre les colons blancs, mais aussi contre leurs auxiliaires noirs.

Ainsi Elolongué Epanya Yondo apparaît dans *Kamerun! Kamerun!* comme le poète de la renaissance et de la libération de l'Afrique.

Patrice Kayo

Karim, **roman sénégalais**, Paris, Imprimerie Marcel Puyfourcat, 1935 / **Karim, roman sénégalais**, suivi de **Contes et légendes d'Afrique noire**, Paris, Nouvelles Éditions Latines, 1948, 238p. – Préface de Robert Delavignette.
Roman d'Ousmane Socé.

Commencé à Saint-Louis du Sénégal où l'auteur sortait alors de l'École Normale William Ponty, *Karim* vit le jour à Paris en 1935, alors que Socé poursuivait des études vétérinaires à Maisons-Alfort. Succédant au roman peu original de Bakary Diallo, *Force bonté, Karim* fut salué pour l'authenticité de son évocation de l'Afrique traditionnelle par des critiques comme René Maran. Jusqu'aux années quarante, il demeura le meilleur roman africain francophone et, en 1960, L.S. Senghor parlait encore de lui comme d'un «classique essentiellement sénégalais», et du livre qui fut le plus lu dans son propre pays.

Karim n'offre pourtant pas une perspective très originale et il doit être apprécié surtout dans ses rapports avec le roman colonial de l'époque et la situation coloniale à laquelle il dut son succès. C'est l'histoire d'un adolescent, un samba linguère, qui est aimé de la belle Marième dont le cousin, Badara, préféré par la mère de celle-ci, l'emporte cependant sur Karim parce qu'il est plus fortuné. La rivalité commence par un tournoi de cadeaux et de louanges chantées par le trouvère. Karim se ruine en griots qui jouent «Soundiata», rappellent la gloire de la lignée de Karim et les charmes de Marième. Bientôt, le jeune homme se prend pour un chevalier d'antan et néglige ses études. De son côté, Badara étale ses largesses avec une prodigalité qui rend Karim jaloux; il l'emporte d'une pièce d'or au terme d'une séance de concurrence diamalé réclamée par la mère de la belle. Marième commence alors à se laisser fléchir et Karim se morfond. Il obtient d'un marabout, le vénérable Samba, une prière comme gris-gris et décide d'aller tenter sa chance à Dakar. Il

part avec son plus fidèle compagnon et trouve d'abord un emploi de comptable chez M. Rivière, à la Compagnie Coloniale. Se laissant séduire par la vie nocturne et les plaisirs de la capitale, il s'éprend d'une riche divorcée, Aminata, pourtant déjà nantie d'un amant en titre. Karim se ruine à nouveau en nuits de plaisirs, en dépit des efforts de l'instituteur Abdoulaye pour l'aider à se dominer et à se cultiver (il lit alors les classiques français et les romans de Loti ou Maran). Un flirt, d'abord discret, rapproche Karim de la très catholique Marie N'Diaye lors de la grande procession à Gorée. Fiancée à un navigateur, Marie résiste à ses avances. De bal en fête, Karim arrive de plus en plus tard au travail, supporte mal les remontrances et se fait renvoyer. Il doit faire avorter Marie, enceinte de lui, lorsqu'une lettre providentielle de son ami Babacar lui annonce que son rival se trouve évincé: Badara a puisé dans la caisse de son patron et va être arrêté. Karim prépare donc son retour au bercail: il revient à Saint-Louis et à Marième qu'il épouse lors d'un somptueux mariage islamique.

Au-delà des péripéties amoureuses, le roman offre une peinture réussie des mœurs traditionnelles et pose bien le problème des changements qu'il est utile d'apporter à cette tradition. Avec ses boubous blancs, ses rituels pleins de noblesse, la musique de ses khalams et de ses tam-tams lors des grandes fêtes de l'agneau de Tabaski, le monde réglé et lent de Saint-Louis s'oppose aux rythmes artificiels d'un Dakar déjà européanisé, avec ses quartiers indigènes misérables, ses cinémas clinquants et ses dancings; même la procession à Gorée y est l'occasion de manifestations plus mondaines que religieuses. Au goût du faste qui honore succède celui de l'argent pour l'argent. Certes, à maintes reprises, le narrateur insiste sur la nécessité d'une civilisation métisse, et il est probable que cette ouverture aux valeurs européennes valut, en 1948, le Prix de l'Afrique Noire au roman. Mais les personnages hésitent à «rompre avec le vieux Sénégal pour épouser les mœurs de l'Europe dont certaines s'imposaient». Dans la mosquée du marabout Amadou Bouba, «l'existence naturelle et semblable à celle des végétaux» est tout aussi louée que critiquée. Le roman montre bien le conflit de l'Islam et du catholicisme, et aussi, entre une conception passéiste de la religion et le changement technologique qui s'impose, en particulier lors du tableau de l'hôpital européen où les Noirs se sentent mal à l'aise puisqu'une opération est considérée comme un sacrilège. Par ailleurs la peinture des coutumes, souvent décrites avec minutie et souci d'authenticité, est nettement valorisante.

Michel Fabre

Kasala et autres poèmes, Kinshasa, Éditions Mandore, 1969, 54p.

Recueil de poèmes de Clémentine Nzuji (Faïk Nzuji Madiya).

Kasala s'ouvre par un admirable poème, du même titre que le recueil et qui donne à l'ensemble sa tonalité spécifique. Nzuji y affirme d'un ton ferme et allègre son identité africaine. Il s'agit d'un véritable acte de foi et d'un hymne au continent. C'est un poème très rythmé et fortement charpenté, où les mots clés sont «cœur», «pays» et «chez moi».

Le second poème, «Nostalgie des temps anciens», contraste avec le premier par la forme et par le ton, mais exprime essentiellement le même amour, celui du paradis perdu, de l'héritage ancestral à demi oublié, et le malaise, voire l'angoisse, du dépossédé. Ce poème est plus occidental par sa forme classique — trois quatrains d'alexandrins —, mais deux autres vers viennent rompre cette apparence. Le dessin irrégulier des rimes ne retient que les effets auditifs de l'alternance des voyelles aiguës (-é, -ées, -er) et des nasales graves (-in, -an, -on) qui favorise l'expression de la plainte d'une âme anxieuse. Nzuji y évoque les «beautés des temps anciens», c'est-à-dire les «beautés» des aïeux, enterrées, délaissées:

«Ombres qui parcourez mes chemins du destin
Mortuaires masques de ma vie partagée
. . . .
Gestes moribonds de la foi d'antan
Rumeurs embrouillées d'un moi-même oublié.»

La scène est alors préparée pour le chant tribal de résurrection: sept poèmes en langue tchiluba, la langue maternelle de Nzuji. Quatre de ces poèmes ou chants sont accompagnés de leur traduction française. Dans «Mwetu mundela», Nzuji présente avec chaleur et enthousiasme son pays natal: «Venez voir où je suis née.» «Katende» chante un «petit oiseau prudent» et «voyageur», à l'approche de qui «les bananiers applaudissent» et qui, par certaines de ses qualités, est poisson et bélier, en une unité parfaite des airs, des eaux et de la terre. «Ekelekelee!» est un chant de deuil, inspiré sans doute par les malheurs du Congo: «Cela ne peut se raconter / Cette année compte de mauvais jours...» Mais «Mushamusha» contrebalance cette tristesse et invoque l'«oiseau des champs moineau friquet» qui, telle la poésie qui réconforte Nzuji et l'emporte, heureuse, dans le monde de l'espace, aide à traverser les ténèbres de la forêt, le «bois d'oubli» et ses «lianes embrouillées».

«La chanson pour Sully» et «Tant de tourments» sont d'une inspiration plus intime, comme dans les poèmes du recueil *Le Temps des amants* (1969). On y trouve non seulement le thème de l'amour où Nzuji excelle, mais aussi la hantise des temps révolus:
«Le temps n'est plus à notre taille
De l'éternité nous sommes détrônés
Les tam-tams ont cessé de battre
Et avec eux notre histoire s'est tue.»

Les six derniers poèmes présentés sous le titre «Poèmes d'autrefois» sont des écrits de jeunesse, composés entre 1962 et 1964, c'est-à-dire quand Nzuji avait entre dix-huit et vingt ans. Trois d'entre eux sont des poèmes élégiaques: «J'irai...», «Mon cœur est un taudis délaissé» et «Adèle Yowa». On y perçoit pourtant une force vitale tenace et un espoir invincible qui triomphent dans les trois derniers poèmes: «Immortalité», «Pleure / Chante mon âme» et «Espoir». La poésie est l'arme par laquelle la jeune Clémentine Nzuji se défend et peut échapper à «cette planète infâme» où règnent «des gens infernaux et des calamités sans borne», pour une ultime ascension à la Jules Supervielle vers les espaces interstellaires, «loin de ce monde / Dans l'étoile du Berger» ou bien «Loin de Terre»:

«Au-delà de tout tourment
. . . .
Avec la Voie Lactée» («Espoir»)
. . . .
«Pour sommeiller éternellement
Dans les astres d'or» («J'irai...»).

Le recueil *Kasala et autres poèmes* est quelque peu disparate, mais il séduit par ses images, ses rythmes et ses émotions. Faïk Nzuji Madiya s'y révèle authentiquement africaine («Je suis une fille à la peau noire, fine et luisante...»), mais en même temps elle rejoint l'universel, et a sa place parmi les poètes de tous les temps.

Danielle Chavy Cooper

Khamsine, Paris, Présence Africaine, 1959, 72p. — Préface de Léopold Sédar Senghor.
Recueil de poèmes de William J.F. Syad.

Les 25 poèmes de *Khamsine* sont l'œuvre d'un «nègre marginal» (Senghor, Préface). Inspirée par des sources profondément somalienne et arabique, cette poésie peut très facilement porter l'étiquette «poésie noire marginale», parce qu'elle a une saveur orientale qui ressemble peu à la poésie «noire» de l'époque. Des 25 pièces, 16 sont écrites en français et neuf en anglais. Celles qui sont en français forment une unité divisée en trois parties sous les titres: «Du sable au creux d'une main», «L'aube d'une vision» et «Crépuscule». À première vue, c'est une collection de chants d'amour.

Mais des résonnances philosophiques ne cessent de se faire entendre, la lecture achevée, et bientôt elles conduisent vers d'autres sujets. Le poète s'adresse à «Tu», une femme qui l'a quitté («Amour»). Ensuite elle se métamorphose pour devenir sa «Muse / oh Muse chérie». Puis elle devient Dieu, totalité, néant, esprit de la nature et «âme promeneuse». Vers la fin, l'adorateur rêve d'une légende dans laquelle cette force naturelle devient un «Ange Noir», qui finit par se nommer «Naftaye»: «Oh! Naftaye / tu m'as conté / le passé de ma culture / Pensée ivre de ma race / Somale / Et comme / ce sable fin / au creux / d'une main / tu glissais / dans le passé / où l'esprit / seul / peut glaner.» Le «Tu» désigne donc la femme, Dieu, la Muse, l'Ange, et même le poète lui-même. Il devient la voix de la race Somale, et les poèmes précédents, qu'on aurait pu prendre pour des poèmes d'amour, se transforment en poèmes nationalistes et engagés.

Syad est un poète mystique qui ne présente pas directement sa vision du monde. Le dieu de l'indépendance ne s'est pas encore réincarné depuis sa retraite de la période coloniale. Le poète a recours à la métaphore, au paradoxe et autres figures pour nous révéler son univers. Ainsi «Khamsine» désigne le vent chaud du désert qui, en été, emporte beaucoup de sable avec lui. Le désespoir a été banni dès le début de sa mission poétique par les contes de Naftaye qui lui ont légué le «répit de grâce». Syad nous présente un *cogito* remanié: il vibre, donc il est. Il se dit «une pensée vouée à l'éternel *néant* / où tout est vibration / dans l'engrenage transitoire / où tout est rien / je ne suis qu'une vibration / dans la myriade des mortels». Il voit le cosmos entier comme un état de transition perpétuelle, et c'est là le principe même de son optimisme. Syad rêve d'un paradis terrestre, et c'est pour cela que ses abstractions ne sont pas liées à d'autres abstractions. Elles ont — comme c'est souvent le cas dans les religions orientales — une liaison avec le concret.

Par exemple, on trouve maintes épithètes contradictoires qui expriment l'idée que le concret est la base de l'abstraction: «pensées palpables», «éternel instant», «un futur présent», «le néant irréel», «man, this flesh thought» («l'homme, cette pensée de chair»).

La beauté et la subtilité des poèmes en français sont par endroits tachées de «chutes» du sublime, comme par exemple: «Ne m'oublie pas mon chéri / je t'aime» (parole de l'Ange), et «Dis-moi / es-Tu Ange ou Démon / ou sors-Tu...», où les échos de Baudelaire sont patents et regrettables.

Trois des poèmes en anglais ruminent philosophiquement des «Questions Irrésolues»: «What is Truth» («Qu'est-ce que la Vérité»), «Lie» («Mensonge») et «Nothingness» («Le néant»); mais les six derniers poèmes de l'œuvre, groupés sous le titre «Nationalisme», rendent plus lisibles les préoccupations sociales des dix-neuf poèmes précédents. L'auteur prévoit l'indépendance et l'unité des cinq Somalies subjuguées, il dénonce les mirages de liberté et de démocratie promises (par les colonisateurs), et il célèbre le rêve de l'unité africaine.

Stephen H. Arnold

Kocoumbo, l'étudiant noir, Paris, Flammarion, 1960, 272p.
Roman d'Aké Loba.

Salué peu après sa publication, et à juste titre, comme étant «à la fois un *document* véridique, lucide, poignant et une œuvre d'art par le souci de transposition qui s'y affirme à chaque page», ce coup d'essai place Loba à la hauteur du Laye de *L'Enfant noir*, du Kane de *L'Aventure ambiguë* et du Beti de *Mission terminée*. Car l'univers auquel nous nous trouvons induits à participer est celui d'un adolescent d'Afrique noire qui reçoit mission d'aller étudier en France et dont l'aventure reste, en fin de compte, ambiguë.

Titulaire du certificat d'études primaires, Kocoumbo est revenu à Kouamo, son village natal isolé et comme perdu «dans les entrailles mêmes de la forêt vierge». C'est là que son père, le patriarche Oudjo, entend le maintenir à l'abri des mauvaises influences de la ville pourtant proche. À une exception près (son ami Gand lui reproche de ne pas connaître les filles du village et leur «fausse honte» et met cela au compte des années qu'il a passées à l'école), Kocoumbo, dans son comportement, ne se distingue en rien des autres adolescents du village qui n'ont pas fréquenté l'école française.

Dans ce milieu africain traditionnel dont il a fait siennes les croyances et les valeurs, Kocoumbo montre, par ses actes, qu'il croit à l'existence d'une nature invisible qui est non seulement meilleure que la nôtre mais aussi plus puissante et qu'il faut savoir se concilier. C'est ainsi que, lorsqu'il ira seul à la chasse au sanglier, il prendra la précaution de faire une offrande au dieu de la forêt avant de se cacher pour guetter la bête au passage. Si Kocoumbo tient tant à réussir cette chasse, c'est que son fruit doit lui permettre de mieux faire la cour à la jeune Alouma dont il est amoureux: «Il tuerait cette bête sans faute. Il exposerait même sa vie pour l'abattre! Ensuite, sans fausse honte, il en donnerait la tête à Alouma. Son geste serait plus éloquent que tout ce qu'il pourrait lui-même balbutier.»

C'est de ce milieu traditionnel dans lequel il s'était réintroduit sans difficulté que Kocoumbo se voit soustrait quand le patriarche Oudjo change subitement d'avis et décide d'envoyer son fils poursuivre ses études en France. Ainsi commence l'aventure de ce «broussard» timide qui aura l'occasion de découvrir le vrai visage de tout un univers (la France!) qui l'a toujours fasciné. Cela n'ira pas sans surprises et sans chocs.

Ayant réduit la France à Paris, et ébloui par ses rêves de futur Parisien, Kocoumbo commencera à se donner de l'importance au village, ce qui lui fera perdre des amis et finira par dévaloriser Kouamo: «Le village maintenant lui semblait trop petit. Il y étouffait, le parcourait sans goût, avec même un peu de dédain. Tout ce qui s'y faisait, tout ce qui s'y disait, le laissait froid: il ne pensait plus qu'à la grandeur de Paris.» Au port où il doit s'embarquer pour la France pourtant, Kocoumbo se sent très mal à l'aise dans son lourd costume de laine et ses nouveaux souliers, et sa timidité l'empêche de se joindre au groupe d'étudiants de son pays qui attend le même bateau que lui. De Marseille où il débarque, il prendra le train, avec trois de ses compatriotes, pour Paris qu'il aura le loisir de découvrir. La vue de certains quartiers sales de la ville commencera à lui faire perdre certaines de ses illusions sur la capitale de la France.

S'étant fait inscrire au lycée d'Anenon-les-Bains, il y débute ses études secondaires à l'âge de vingt et un ans. Il se rend vite compte que ses préoccupations ne rejoignent pas celles de ceux parmi lesquels il se trouve, et en particulier ses camarades de classe qui sont tous beaucoup plus jeunes que lui. Pendant longtemps il se sent étranger à ce nouveau milieu, mais son courage et sa persévérance lui permettent de continuer jusqu'en première. C'est à ce moment que l'hostilité d'un nouveau surveillant général le contraint à quitter le lycée. Il se retrouve à Paris chez son compatriote Durandeau, ensuite à la Cité des Étudiants d'Afrique Noire où il connaît les affres de la misère en compagnie de ses autres compatriotes, Nadan et Mou. Démuni et découragé (il aura été candidat malheureux au baccalauréat), il trouve Paris dégoûtant mais se fait un devoir de ne pas rentrer en Afrique les mains vides: «Si je repartais, je crois que je ferais du tort à mon pays. Les pères diraient à leurs enfants: «Inutile d'essayer de vous instruire, vos aînés ont échoué».»

Décidé à trouver du travail, il se fait embaucher et licencier presque immédiatement trois fois de suite avant de trouver un emploi plus sûr dans une usine où la plupart des travailleurs sont inscrits au Parti communiste. Incompris par eux, il ne tarde pas à devenir le souffre-douleur de l'usine et après la mort de Denise, la militante chargée de le convaincre et dont il devient l'amant, il refuse d'y remettre les pieds. Cette fois-ci, il n'est sauvé de la misère que par Monsieur Gabe (administrateur colonial et ami de sa famille en Afrique) qu'il rencontre par hasard à Paris et qui lui trouve un poste qui lui permet aussi de reprendre ses études. Quelques années plus tard on le retrouve magistrat, «depuis peu affecté en Afrique comme juge de paix» et en instance de départ.

Dans ce roman, Loba se sert très bien de l'humour pour révéler des traits de caractère. Mais c'est surtout par l'accumulation des faits et un ton généralement calme et naturel qu'il réussit à nous faire voir l'aventure de Kocoumbo comme un double rite de passage au cours duquel «l'étudiant noir» se révèle à nous tout en jetant des lumières sur les milieux dans lesquels il évolue. Parce que son succès à la chasse au sanglier à Kouamo est la preuve de son habileté et de son courage, il lui donne désormais le droit de se considérer comme un homme dans ce contexte africain et traditionnel comme nous le rappelle l'un des villageois: «Oudjo, si ton fils a tué tout seul cet animal, il est en âge de se marier.» Ses succès à la fin de son séjour en France font de lui, une fois de plus, un homme mûr, mais sur un tout autre plan: le «broussard» du début, facilement intimidé par Durandeau, l'évolué «qui se disait plus Européen qu'Africain», l'adolescent timide et très peu au courant des choses — son ignorance du problème colonial en Afrique, par exemple, est frappante — devient, après ses tribulations et ses études en France, un homme plus sûr de lui-même et de ses opinions.

Entre-temps, il aura beaucoup souffert de toujours se sentir *autre* (surtout en France) et de ne pouvoir établir facilement des contacts humains. C'est peut-être ce qui explique que ceux des personnages principaux qui sont des Européens et qu'on voit à travers ses yeux se réduisent tous à des personnages conventionnels, qu'il s'agisse des membres de la famille Brigaud (qui héberge Kocoumbo à son arrivée à Paris), du proviseur et du nouveau surveillant général du lycée d'Anenon-les-Bains ou de Denise et des militants de l'usine. Même Monsieur Gabe que Kocoumbo connaissait déjà en Afrique n'est finalement qu'une sorte de *deus ex machina* qui n'apparaît toujours que pour le tirer d'affaire.

Toujours est-il que Kocoumbo réussit en fin de compte à s'adapter aux Français et à la France, au prix de beaucoup d'efforts, il est vrai. Son succès a cependant pour conséquence objective de le rapprocher des agents du colonialisme en Afrique. Affecté sur ce continent, c'est en qualité de fonctionnaire colonial qu'il y retournera. Et puisque l'auteur et le personnage se gardent bien d'épiloguer sur ce point, il appartient aux lecteurs d'en tirer les conclusions qui s'imposent. Gageons que la plupart des lecteurs africains de ce roman publié au cours de l'année des Indépendances africaines ne manqueront pas de relever le caractère ambigu de la réussite de Kocoumbo.

Jonathan Ngate

Kondo, le requin, Porto-Novo, Institut de Recherches Appliquées du Dahomey, 1966, 91p.
Drame historique en trois actes de Jean Pliya.

Kondo, le requin est un drame historique solidement documenté qui retrace la résistance de Gbêhanzin, dernier roi libre du Danhomè, à la conquête française. L'action de la pièce se déroule sur quatre ans environ, depuis la mort du roi Glèlè et l'intronisation de Gbêhanzin (fin décembre 1889) jusqu'à la reddition de celui-ci au général Dodds, commandant en chef du Corps Expéditionnaire français (janvier 1894). La première scène d'exposition annonce le conflit entre la «mission civilisatrice» de la France, incarnée par la mission Bayol, et la volonté d'indépendance du Danhomè,

incarnée par Kondo, l'héritier présomptif de Glèlè qui est sur son lit de mort. Bayol présente trois demandes: qu'Abomey cesse tout acte hostile contre Toffa, roi de Porto-Novo, et protégé de la France, sous peine de guerre; qu'Abomey reconnaisse les deux traités accordant des droits à la France sur le territoire de Cotonou; enfin qu'Abomey cesse les sacrifices humains condamnés par toutes les nations civilisées. Kondo, lui, rejette la prétention des Étrangers d'intervenir dans des querelles internes entre frères, de considérer — en violation de la coutume africaine — comme propriété de la France toutes les parties du territoire du Danhomè, et de porter des jugements offensants sur les mœurs de son pays.

Glèlè mort, Kondo, son successeur, prend le nom de Gbêhanzin et choisit comme emblème le requin, symbole de l'acharnement avec lequel il entend défendre son territoire contre les prédateurs. Il commence son règne avec une vision de renaissance et d'extension du pouvoir du Danhomè. Mais la joie et l'apparente unanimité de l'intronisation cèdent bientôt la place à la jalousie et à la trahison de son frère Kinvo, à la prédiction par le devin Guédégbé de l'occupation du Danhomè par l'Étranger, aux défaites successives de ses soldats et de ses amazones aux mains des troupes françaises, enfin à son isolement grandissant. À la fin, seule une poignée de fidèles l'entoure lorsqu'il décide de se rendre au général Dodds.

Kondo, le requin est une «tragédie optimiste», selon la formule de Césaire, dans la mesure où, malgré l'échec du héros, la pièce se termine sur une note d'espoir. Le devin Guédégbé prédit la renaissance du Danhomè et Gbêhanzin accepte fièrement de s'engager «dans la longue nuit de la patience où germent des clartés d'aurore». Gbêhanzin est présenté comme un personnage exemplaire en lutte contre un sort implacable qui prend la forme historique de la consolidation de l'empire colonial français. Il est vigilant dans la défense de sa patrie, c'est un héros volontaire à la Christophe («l'armée qui incarne ma volonté de résistance, va-t-elle faillir?») et un visionnaire («...l'âme du Danhomè n'habite point les murs, ni les toits ni même les reliques sacrées. Tant que battra le cœur d'un vrai Danhoméen, le Danhomè vivra»).

Cette pièce reprend en partie le matériel traité dans *La Dernière Entrevue de Béhanzin et de Bayol* jouée par les élèves dahoméens de l'École Normale William Ponty en 1933, mais en transforme radicalement l'orientation idéologique. La pièce de Ponty reflétait une vision colonialiste de l'histoire africaine et présentait Gbêhanzin comme un despote farouche. Par contre, le Gbêhanzin de Pliya est un nationaliste, un héros de la Résistance dahoméenne à la domination étrangère. L'auteur réussit à recréer l'atmosphère authentique de la cour d'Abomey à la fin du dix-neuvième siècle tant par la précision des détails ethnographiques, telles les cérémonies mortuaires, l'intronisation du roi, l'ordalie, que par la solide documentation historique. Ainsi, la lettre de Ghêhanzin (II, 4) est une refonte de deux lettres réelles adressées par Gbêhanzin à Victor Ballot.

Cependant, avec *Kondo, le requin*, Jean Pliya ne se complaît pas dans la contemplation d'un passé récupéré et idéalisé. Son Gbêhanzin, qui domine la pièce par sa stature, incarne des valeurs exemplaires des dirigeants de l'Afrique indépendante, telles le respect du peuple, la fidélité à l'esprit de la tradition, l'honneur. Ce drame historique est à la fois une réhabilitation de l'Histoire et un mythe qui «porte en avant».

Gary Warner

Kotawali, Dakar/Abidjan, Nouvelles Éditions Africaines, 1977, 283p.
Roman de Guy Menga.

Kotawali satisfait l'une des premières exigences de la création romanesque: plaire au public à qui l'œuvre s'adresse. Ce roman, en effet, se lit avec plaisir tant

l'intérêt du lecteur est sollicité jusqu'aux dernières pages.

Kotawali, c'est une cascade d'événements qui font de l'intrigue un véritable roman d'aventures, genre assez peu représenté jusqu'à présent dans la littérature négro-africaine d'expression française. Le héros de l'histoire, Bélindao, chauffeur de brousse de son métier, va d'aventure en aventure: il risque sa vie à plusieurs reprises, est arrêté par la milice, va en prison, se brouille avec sa femme, tombe amoureux fou d'une autre femme... Tout cela parce qu'il a rencontré un jour au bord de la piste une certaine Kotawali, une maquisarde qui ne manque pas de caractère!

Ces aventures pourtant ne sont pas gratuites comme peuvent l'être celles qui constituent habituellement l'intrigue des romans policiers. Elles s'enracinent dans un contexte bien précis, celui de la jeune République du Kazalunda, quelque part en Afrique centrale. Les dirigeants, médiocres et avides, semblent «vissés» sur les sièges où le peuple les a placés, ce peuple qui sait parfois prendre son destin en main, lorsque l'occasion se présente. Entre gouvernants et gouvernés, un groupe marginal fait beaucoup parler de lui, celui des maquisards réfugiés dans la forêt pour y fuir les représailles et une justice répressive autant qu'expéditive...

L'adresse du romancier est de décrire cet univers plein de contrastes à travers les yeux étonnés et naïfs d'un héros sympathique et vulnérable. Bélindao, c'est l'homme moyen dont les jugements à l'emporte-pièce l'ont aidé jusqu'alors à mener une vie sans histoire, mais le destin va se jouer de lui avec une malice teintée d'humour. Car Bélindao, c'est un mélange étonnant de force et de faiblesse; il connaît toutes les ficelles de son métier mais deux choses le terrorisent: mériter les flammes de l'enfer s'il se laissait aller à aimer une autre femme que la sienne et rencontrer un jour sur sa route ces maquisards redoutables dont il comprend mal les activités... Or toutes ces craintes vont s'incarner en la personne de Kotawali, une jeune femme de caractère qui préfère, à la vie facile aux côtés d'un homme en vue, le manque de confort et l'espoir de venger un jour celui qu'elle aimait...

Aux longues tirades moralisantes sur l'engagement politique dans l'Afrique des Indépendances ou la corruption choquante des gens en place, Guy Menga substitue la morale en action... Il lutte, à sa façon, avec bonne humeur et mesure, contre les idées toutes faites qui nuisent au progrès moral et social.

Bélindao n'est pas un surhomme mais un être fait de chair et d'os qui se montre parfois bien faible devant la tentation. Le véritable héros, c'est une femme, belle et courageuse, intrépide et rusée, sensuelle et sensible, qui plaide pour l'émancipation de la femme par la façon dont elle s'acquitte de ses responsabilités au maquis.

L'auteur nous donne aussi du Blanc une vision assez différente de celle qu'avaient dessinée les romanciers de l'époque coloniale. Padykiros, certes, aime l'argent mais il en consacre une partie à aider les maquisards ou les syndicalistes en difficulté. Il n'a pas peur d'habiter Gozala-Bas, loin de Gozala-Haut où se sont concentrés les hauts fonctionnaires, nationaux ou expatriés...

Guy Menga touche donc à des problèmes graves, heurts entre communautés que sépare la race ou le niveau de vie, tribalisme, népotisme, écrasement des oppositions politiques légitimes, répression sanglante exercée par des hommes sans scrupule, mais son style alerte et vif et son adresse évidente à développer une intrigue riche en rebondissements le préservent de l'outrance, de la caricature grossière et de la démagogie facile dont regorgent trop de romans contemporains.

Jacqueline Falq

L

Lac (Le) des sorciers, Yaoundé, Éditions CLÉ, Coll. Pour Tous, 1972, 47p.
Recueil de nouvelles de Faustin-Albert Ipéko Etomane.

Le Lac des sorciers est un recueil de quatre nouvelles, ayant leur source à la fois dans les légendes traditionnelles africaines et dans la vie moderne. Les quatre nouvelles traitent des thèmes chers aux Africains, des thèmes qui baignent tantôt dans le réel et tantôt dans le fantastique. La première nouvelle — *Le lac des sorciers,* qui est le titre même du livre — raconte l'histoire d'un jeune homme qui doit subir l'épreuve de la circoncision. L'auteur décrit minutieusement la «douleur» et le «supplice» de la mère de l'enfant parce qu'elle est privée de son enfant pendant les trois mois que durent les rites d'initiation. Elle part donc à sa recherche sans savoir que cet enfant est déjà mort dans des circonstances mystérieuses pendant les rites. Arrivée à l'endroit où se déroulent les festivités pour marquer l'entrée des initiés dans les rangs des hommes, «une dépression grande comme le cratère d'un volcan engloutit danseurs et spectateurs», laissant jaillir une énorme vague «mugissante» et «écumante». La «vengeance» de la mère accomplie par la nature, un lac «aux eaux noires» naît à l'endroit même et on le baptise «le lac des sorciers». Etomane conclut l'histoire en établissant un lien entre cette légende et la vie réelle et en nous rappelant que ce lac existe encore aujourd'hui comme «le lieu de pèlerinage des affligés». On a dans cette nouvelle le thème sacré de la circoncision comme condition nécessaire du passage à l'âge adulte.

L'amour et le mariage sont les thèmes principaux de la deuxième nouvelle intitulée *Marché de coton à Ippy.* Orpheline de mère, Yassémara attend avec impatience «Tchékra tendé» — le jour du marché de coton. Ce jour est très important pour la jeune fille parce que N'Dékété a promis de l'épouser peu après le marché. Le récit se termine sur un ton optimiste parce qu'on apprend que N'Dékété «allait épouser Yassémara, la fiancée de ses rêves». Tout en mettant l'accent sur l'importance du mariage dans la culture africaine, Ipéko Etomane attire l'attention du lecteur sur certains éléments importants de la société traditionnelle: l'annonce des grands événements par les griots, le phénomène des jours du marché qui servent de calendrier, etc.

Si Yassémara a épousé le mari de ses rêves, Nassémé n'a pas eu cette chance. Dans la troisième nouvelle intitulée justement *Nassémé,* l'auteur raconte comment les grands-parents de cette belle orpheline l'ont forcée à épouser un chef polygame, Madongueré — un homme de 70 ans. Jalouses de la beauté de Nassémé, les autres épouses du chef réclament la tête de leur co-épouse. Après avoir tué l'enfant unique de Nassémé, Nadjimé (la première épouse) est traduite en justice devant les Anciens et elle est tuée à l'aube. Il s'agit ici des problèmes de la polygamie.

La dernière nouvelle intitulée *La fon-*

taine de Kanago contient plusieurs «histoires». Ipéko Etomane met en scène des personnages qui essaient de rivaliser dans «la compétition des conteurs». Toutes les histoires fantastiques relatées par ces personnages-conteurs se terminent par une morale.

L'intérêt de ce recueil ne réside pas seulement dans les thèmes traités mais aussi dans le fait qu'Ipéko Etomane, grâce à son style limpide et oratoire, et grâce surtout à sa bonne mémoire, nous donne des aventures à la fois moralisatrices et divertissantes. Il réalise un heureux mariage entre le fantastique et le réel dans ces nouvelles où, d'après l'auteur lui-même, «le réel et le mystérieux s'accordent».

Raymond O. Elaho

Lamba, Paris, Présence Africaine, 1956 et 1961, 85p. — 2ᵉ édition enrichie d'une préface d'Aimé Césaire.
Poème de Jacques Rabemananjara.

Jacques Rabemananjara est la figure de proue des écrivains malgaches d'expression française. Né en pays Betsimisaraka, sur la côte nord-est de Madagascar, il exprimera tout au long de sa carrière les deux tendances qu'il réussit parfois à concilier avec bonheur: poète et homme d'État. Littérature et politique, tels sont les deux pôles de sa vie: Georges Mandel et *Présence Africaine*; la députation et les cercles littéraires; la prison et l'exil.

C'est en prison, à la maison de force de Nosy Lava, que fut écrit le triptyque de poèmes: «Antsa», «Lamba» et «Antidote». Alors que les premier et troisième volets révèlent une poésie politique dont la valeur est «inexorablement liée à sa charge révolutionnaire», «Lamba» est un poème d'amour. Lamba ou Madagascar, l'idée est presque pléonastique: il faut savoir, en effet, que cette pièce d'étoffe, plus ou moins précieuse, qu'hommes et femmes enroulent sur leurs épaules, dont le drapé signifie la joie ou le deuil et qui suit le Malgache de sa naissance à sa

mort, représente à elle seule l'essence même du peuple malgache, ce qu'un autre poète malgache, Rabearivelo, définit ainsi: «tu es le feuillage, tu es le parfum, / tu es la pulpe du vieil arbre / qu'est ma race, ô lamba...». Le poème est dédié à la femme malgache, et à travers elle, comme le souligne si justement Aimé Césaire, dans la présentation de l'ouvrage, «on la devine, c'est-à-dire l'Île, c'est Madagascar». Femme, c'est-à-dire tour à tour amante et mère. C'est pourquoi l'on trouvera dans *Lamba* un érotisme sophistiqué et très intellectuel mêlé à l'amour pur. En cela, Rabemananjara abandonne la tradition malgache de lyrisme pudique et s'inspire, très nettement, de ses maîtres en négritude, dont Senghor, bien sûr...

L'architecture de ce long poème qu'Aimé Césaire se plaît à appeler «un Cantique des Cantiques» est destinée à produire le même effet qu'un crescendo musical, où les femmes, d'abord individualités séparées, Voahangy, Velo, Noro, Bao, Bakoly, se fondent, à mesure que s'étire ce chant d'amour en la Femme essentielle, par un retour au ventre originel, à la Terre-Utérus. Ce mélange, subtilement dosé de sensualité agressive et d'offrande absolue, fait de *Lamba* l'un des plus curieux poèmes de Rabemananjara. Ajoutées à cela, comme un refrain incantatoire, certaines phrases, autour desquelles s'articule et se déroule le couplet, «Je te reconnais entre cent, entre deux, / Je te reconnais entre mille, à ton clin de cil prémonitoire», contribuent à créer cette atmosphère quasi magique, secouée de formules volontiers ésotériques. Car c'est à un mystère que nous participons, et l'auteur ne nous le laisse pas oublier. Que ce soit dans ces «gavials des eaux lointaines», dans ces «troncs des landolphies sans feuilles et saignants de morves lactifères», ces «fushines fulminatoires», cette griserie de mots à laquelle se livre le poète passe mal pour le non-initié.

«Là est le risque bien sûr; trop d'exotisme encore et l'abus d'un vocabulaire

post-symboliste français», écrit Césaire.
Mais à côté de cela, quelle simplicité
dans l'émotion, lorsque le poète évoque,
de sa prison, son île et ses couleurs,
«quel temps fait-il là-bas en amont de
l'Ivoundre où j'ai planté des flamboyants», quel art du verbe dans ces
apostrophes amoureuses: «ohé pour toi,
Bakoly, ma lisse porcelaine, / mon am-
phore de terre cuite où clapote le flot
mousseux de mon désir»!

C'est pourquoi l'on est en droit de se
demander, au terme d'une lecture qui
découragera les moins audacieux, si
l'extrême recherche formelle du poème
d'où toute pédanterie n'est pas absente
ne dessert pas la poésie plus qu'elle ne la
sert. Car si tout poème a, n'en déplaise à
certains, une fonction évidente de communication, si comme le veut Rabemananjara lui-même, le poème est un message qu'il adresse au grand public et non à
un cercle littéraire restreint, le recours
rendu nécessaire au dictionnaire en
gâche les plus beaux effets.

C'est d'ailleurs là un paradoxe fréquent chez beaucoup d'auteurs africains
de langue française, qu'une poésie, qui
se veut un lien direct avec le peuple, et
qui part d'excellentes intentions, ne soit
plus ressentie à destination, si l'on ose
écrire, que comme un pur exercice de
style gonflé de prétentions. Il reste
cependant suffisamment de beaux vers
dans *Lamba* pour que le recueil mérite
mieux que ce jugement. La Muse y
reconnaîtra les siens...

Claude Ralambo

**Légende (La) de M'Pfoumou Ma Mazo-
no**, Paris, Présence Africaine, 1954,
155p.
Roman de Jean Malonga.

L'œuvre est une légende romancée
qui fait éclater les frontières du Congo
pour s'insérer dans la réalité de toute
l'Afrique noire, par l'importance des problèmes qu'elle pose et tente de résoudre.

Son schéma est simple: un couple, ya

Bidounga, du clan Nsundi, et son épouse
Mpolo, se prépare à recevoir Mi-Nsembo,
le père de Mpolo qui vient demander
pour Bitouala, son neveu, la main de
Hakoula, sa petite-fille et fille de Mpolo.
Bitouala et Hakoula sont cousins. Mais
la coutume autorise leur mariage. Celle-
ci permet, en effet, qu'en cas de décès
d'une épouse, l'une de ses petites-filles la
remplace dans la famille du mari, en
devenant l'épouse de l'un des neveux de
celui-ci.

Le mariage de Bitouala et Hakoula
est donc conclu avec force cadeaux.
Quelques jours plus tard, tout le clan
Nsundi accompagne Hakoula à son foyer
conjugal. En cours de route la jeune fille,
déjà initiée à la vie de femme par sa
mère, subit une initiation philosophico-
religieuse qui la fera entrer dans la société
secrète du fétiche de Nsundi.

Une fois chez son mari la jeune épouse n'honore pas ses origines: elle le trompe avec un esclave, qui est abattu à coups
de fusil par l'époux. Hakoula, craignant
la peine capitale que lui réserve la coutume en raison de cette grave faute, s'enfuit de la maison conjugale. Cette disparition entraîne la guerre entre le clan de
son père et celui de son mari, guerre qui
consacre l'écrasement et la ruine de la
puissance du clan de son époux. Pendant
ce temps Hakoula est accueillie dans une
vallée merveilleuse par l'esprit de Mazonga, sa grand-mère, mère de Mpolo et feue
épouse de Mi-Nsembo. On apprend que
Hakoula est enceinte de Bitouala. Cela
est confirmé par l'esprit de Mazonga.
Hakoula donnera le jour, en exil, à un
fils aux grandes destinées. L'enfant s'appellera *Mia Mazono* («les problèmes
d'hier»); par une déformation consciente, il deviendra *Ma Mazono* («Oncle
Mazono»).

Bien qu'il soit un prince, *Ma Mazono*
se considère, par sa position d'exilé,
comme un opprimé. À la tête de plusieurs
esclaves-marrons, il reviendra de l'exil
vers les hommes pour fonder le village
Nsangou («Renommée»). Il retrouvera
son père, sera intronisé chef du clan des

esclaves par les esclaves. Son nom de sacre sera *Mpfoumou Ma Mazono* (Mfumu: chef).

Mpfoumou Ma Mazono sera souverain d'un vaste royaume, mènera la guerre contre les chefs oppresseurs, supprimera l'esclavage, créera de nouvelles lois, revalorisera le travail, instaurera la paix, l'égalité et la liberté. Mais ce puissant royaume qui sera partout respecté, bien qu'épargné par la traite des Noirs grâce à des lois strictes, sera balayé par le pouvoir colonial. Il ne restera de ces institutions politiques, sociales et économiques que le Centre commercial qui s'éternise par le souvenir: *Boukonzo bwa Ma Mazono.*

L'œuvre est sous-tendue par deux pôles d'attraction: un pôle socio-traditionnel et un pôle socio-moderne. Le pôle socio-traditionnel est essentiellement dominé par la vie initiatique à double face: une initiation sociale et une initiation philosophico-religieuse. L'initiation sociale est une admission dans la vie sociale, voie d'accès à la classe d'hommes ou de femmes responsables. La cérémonie d'initiation a lieu entre trois personnages qui occupent les trois sommets d'un triangle isocèle: au sommet *A* la société, l'initiateur en *B* et l'initié en *C*.

L'éloignement du sommet A par rapport à la base BC n'est pas l'expression d'une transcendance de la *société* par rapport à l'individu initié. Celui-ci est fondu en elle. Car c'est par l'ensemble des individus que la société se manifeste, s'exprime et vit: l'initié c'est la jeune fille, Hakoula, qui n'a que onze ans, mais qui est parfaitement préparée par sa mère à la vie d'épouse. En effet «c'est l'éducation et le rang social qui font la femme et non l'âge» (p. 13). L'initiatrice, c'est la mère Mpolo, qui a formé sa fille à la façon dont Mazonga, sa défunte mère, l'a initiée.

Cette initiation sera réussie: Hakoula sera une épouse accomplie, en dépit de son âge, aussi bien sur le plan sexuel que sur le plan ménager. Elle tient la maison et les champs comme une femme adulte.

Et pourtant son petit cœur, trop tendre, trop sensible, va «décrocher»: elle sera infidèle.

Hakoula subira également une initiation *philosophique et religieuse.* Ce qui lui permettra de pénétrer le mystère des fétiches familiaux et de la terre. L'initiation est une admission dans la société secrète de la famille. C'est ya Bidounga, le père, qui est ici l'initiateur. Et comme ci-dessus, les protagonistes occupent les sommets d'un triangle initiatique. Hakoula est initiée au fétiche du clan Nsundi par son père.

L'initiation comporte des gestes, des paroles et un secret murmuré à l'oreille de l'initiée par l'initiateur. La phase finale de l'initiation est la remise à la fille par le père des insignes de pouvoir du fétiche de la famille. Ici comme ci-dessus, l'initiation a parfaitement réussi, puisque Hakoula devient, aussitôt après, un médium: elle parle aux esprits, qui lui obéissent.

Il faut cependant retenir que la qualité d'initié, de prêtre ou de médium ne met personne au-dessus de la loi de la coutume. Par ailleurs le sommet A du triangle initiatique occupé par le fétiche par rapport à la base BC ne traduit pas une transcendance absolue par rapport aux *initiés* et à l'*initiateur.* C'est bien au contraire l'immanence qui caractérise le fétiche du clan Nsundi, comme du reste tous les mânes, les esprits et les dieux négro-africains. Les mortels vivent en totale symbiose avec eux.

L'initiation, formation de la personne, ne se limite pas à Hakoula. Si celle-ci est le prototype de la jeunesse féminine, Bitouala, son mari, est celui de la jeunesse masculine. Bitouala sera initié par Mi-Nsembo lui-même, le seigneur de Kadi-Kadi, qu'il remplacera comme chef.

D'une manière générale, la tradition, c'est-à-dire la coutume, constitue la toile de fond de cette fresque historique qui permet à l'auteur de développer sa conception de la future société nègre, c'est-à-dire, en fait, son idéologie politico-économique moderne.

Le pôle *socio-moderne* permet de dire que *La Légende* est une note originale versée au dossier de la négritude. Il ne s'agit plus de cette négritude contemplative, narcissique, qui se nourrit d'un passé éternellement beau, qui se meurt de paresse dès qu'on lui demande d'envisager son futur, et qui ne se soucie même pas de son présent. L'idéologie politico-économique de Jean Malonga est un vaste programme à dix chapitres:

La négritude, pour être une idéologie politique et sociale, doit proposer le renouvellement total de l'homme noir, un changement de sa mentalité, une Révolution de sa conscience.

L'homme nouveau ainsi créé, pour vivre totalement sa négrité, doit savoir d'où il vient, pour comprendre ce qu'il est devenu, et bien préparer son avenir. Un tel retour aux sources n'est ni passif, ni contemplatif, ni narcissique, mais agissant.

Cette prise de conscience de «l'esclave» qu'a toujours été le Nègre est le début de la libération que personne d'autre que lui n'assurera s'il n'y travaille lui-même. Car l'oppresseur, de son propre gré, ne libérera jamais ses victimes: il faut le renverser. Cependant l'esclave ne peut se libérer seul: le salut des esclaves, des opprimés, des victimes du «Pouvoir», est collectif, ou n'est pas.

Le mot esclave ne peut tomber en désuétude que si l'acte qu'il exprime tombe lui-même en désuétude. La vraie négrité ne sera restituée en conséquence que si l'esclavage et l'oppression sous toutes leurs formes sont abolis, et si l'opposition dialectique maître-esclave disparaît au profit de «l'homme» tout court. Cela n'est ni un mythe moderne, ni une utopie. Cela est tout simplement possible.

L'esclave doit tout faire pour reconnaître sa race, celle des opprimés, des pauvres, pour élever sa conscience jusqu'au niveau de la plus haute responsabilité, afin de fonder solidement son royaume, non «le royaume d'enfance perdu»,

le royaume senghorien symbolisant la pureté originelle, l'innocence, mais tout simplement celui de la lutte en commun pour «le pain quotidien».

Mais «le pain quotidien» ne s'obtient jamais sans travail. La négritude de Jean Malonga place donc au-dessus de toutes les lois celle du travail dans l'amour, la paix et la liberté. C'est à cette condition seulement que les esclaves, les opprimés, peuvent prouver aux oppresseurs, leurs maîtres sans amour, qu'ils peuvent se passer d'eux.

Dans la société, le pouvoir doit revenir aux meilleurs, aux hommes intègres. Et lorsque les bons ont renversé les mauvais, ils doivent se garder d'en faire des esclaves, de refaire l'esclavage. Que changeons-nous à la société si nous faisons seulement passer dans le plateau de gauche ce qui était dans le plateau de droite, ou vice-versa?

Lorsque les esclaves se sont libérés, ils ne doivent plus faire appel à la pédagogie de l'oppresseur pour construire la société, mais à une pédagogie nouvelle, à des lois nouvelles, humaines. Il faut éviter le retour au pouvoir des anciens oppresseurs. La condition des esclaves serait pire que la première. Il faut donc prévenir le retour à l'esclavage, à la répression.

Pour Jean Malonga, le meilleur régime est sans aucun doute la République fondée sur la règle de la majorité: la minorité au pouvoir est remplacée par les anciens esclaves, qui constituent désormais la vraie majorité. Pourtant si l'individu obéit à la majorité, la majorité, elle, tout comme l'individu, doit obéir à Dieu. Jean Malonga préconise donc une société avec Dieu.

Enfin, l'idéologie de Jean Malonga devient un racisme antiraciste lorsqu'il aborde les rapports Blancs/Noirs. Son héros ne s'élève pas contre les Blancs parce qu'ils sont des Blancs, mais parce qu'ils sont des oppresseurs, des ennemis de l'humanité. Il préconisera contre eux le même combat que contre les oppresseurs nègres. Racisme antiraciste, car la lutte que Jean Malonga préconise part de la race pour s'élever au-dessus des races, et n'être plus que celle de l'homme contre l'oppression.

L'idéologie socio-politico-économique de Jean Malonga est une idéologie défensive et de non-agression. De ce fait, elle est vécue, assumée, prêchée par l'exemple, et sans propagande. Car la propagande est une forme de déclaration de guerre.

L'auteur retient la notion de l'intraduisible et du calque impossible, d'où la fréquente exploitation de la langue maternelle, et le recours aux notes explicatives permettant de saisir ces tableaux éclatants de beauté, ces images grandioses.

Jean-Pierre Makouta-Mboukou

Légende (La) de N'zi le grand guerrier d'Afrique, Abidjan, Centre d'Édition et de Diffusion Africaines, Coll. Lire et savoir, 1967, 99p.
Légende recueillie par Gabriel Kouadio-Tiacoh.

Dans *La Légende de N'zi le grand guerrier d'Afrique*, Kouadio-Tiacoh raconte aux enfants africains l'histoire d'un célèbre guerrier du royaume Akan-Ashanté, l'actuel Ghana. Toutefois, la vie de N'zi ressemble davantage à celle d'un persécuté qu'à celle d'un héros, et dès sa naissance il est marqué par l'injustice et le malheur. En effet, sa mère injustement accusée de sorcellerie est chassée du village alors qu'elle le porte en son sein. N'zi naît donc en exil et ne retourne au village qu'après la mort de sa mère, tout en ayant soin de cacher son identité. Après quelques années de bonheur auprès du vieux chef Koblé, N'zi doit quitter le village car sa valeur et sa vertu provoquent la jalousie. Il part pour éviter un drame. Son existence sera ensuite une succession d'incidents du même genre. C'est-à-dire que dès son arrivée dans une nouvelle région, il se fait immédiatement aimer et apprécier des habitants et des notables mais inévitablement, après un séjour d'une durée variable, il est forcé de partir. Il est en quelque sorte victime

de sa grande âme ou plutôt, comme il le dit lui-même, de la dureté du cœur humain. Ses qualités morales, ses exploits guerriers et son courage font de lui une sorte de héros maudit. Sa vie errante et glorieuse se terminera encore plus tragiquement qu'elle n'avait commencé puisque N'zi se suicide.

En dépit de son titre, cet ouvrage est davantage l'épopée du royaume Akan-Ashanté que celle de N'zi. La légende du grand guerrier sert presque de prétexte aux récits des différents événements politiques qui ont à la fois ébranlé et consolidé cet ancien royaume ainsi qu'à une description de ses mœurs et coutumes. Sur cette toile de fond que constitue l'histoire du pays, la vie de N'zi se détache comme un conte moral destiné à l'édification des jeunes lecteurs. Car ce sont surtout les qualités de cœur du héros qui sont prônées et en particulier sa fidélité et son dévouement au pays natal. Plus qu'un grand guerrier, N'zi apparaît comme un redresseur de torts, un chevalier sans peur et sans reproches. Néanmoins, par certaines données biographiques — jeunesse malheureuse, mère admirable et persécutée, exil —, N'zi nous rappelle Soundjata, le grand héros mandingue. Mais contrairement à ce dernier, N'zi ne représente pas tout un peuple et sa destinée n'est pas de fonder un empire mais plutôt de symboliser un ordre moral, un idéal.

Kouadio-Tiacoh, dans son ouvrage, veut tout à la fois retenir l'attention de ses jeunes lecteurs et leur apprendre le français. La langue dans laquelle est racontée l'histoire est très simple et le vocabulaire, clair et sans recherche. Le livre est aussi accompagné d'un lexique imagé très précis. Finalement, les illustrations de M. Abauzit sont tout à fait remarquables et contribuent grandement à l'attrait de l'œuvre. Cependant il faut ajouter que le livre de Kouadio-Tiacoh reste un ouvrage pour enfant, un excellent outil pédagogique d'ailleurs, mais d'un intérêt littéraire restreint. Il lui manque le style, ce style épique qui, avec ses répétitions, ses métaphores, sa démesure, son rythme, est l'âme même de ce genre de récit. C'est précisément ce souffle épique qui a inscrit le *Soundjata* (1960) de D.T. Niane et plus récemment *Le Maître de la parole* (1978) de Camara Laye au rang des grandes épopées de la littérature mondiale.

Sonia Lee

Légendes africaines, Paris, Seghers, 1954, 127p. – Préface d'Alioune Diop.
Recueil de contes de Bernard Binlin Dadié.

Légendes africaines est un recueil de seize contes qui, suivant les thèmes dominants, peuvent se regrouper en trois parties. Le premier groupe de contes analyse essentiellement la vie sociale des hommes et les personnages humains y jouent un rôle prépondérant; dix contes peuvent être placés sous cette rubrique. Le second groupe s'occupe du monde des animaux et des plantes (cinq contes), tandis qu'un seul conte relève du monde mixte, celui de l'interaction des hommes et des animaux. Bien sûr, comme toute classification par thèmes, celle que nous proposons peut sembler arbitraire car dans presque tous les contes, les hommes, les animaux, les plantes et les phénomènes naturels jouent des rôles précis, permettant d'accélérer ou de ralentir l'intrigue, de rendre le dénouement heureux ou malheureux. En effet, dans chacun des contes, le rôle imparti à l'homme, à l'animal ou à la nature est simplement une question de degré. Par exemple, dans les contes à dominance humaine, Bernard Dadié s'attache à vouloir illustrer un certain nombre de faits moraux: l'offrande du prince aux dieux dans *La légende baoulé* nous enseigne qu'en face d'un danger menaçant la collectivité, les intérêts égoïstes doivent céder la place au sentiment de sauvegarde de la communauté; dans *L'aveu*, Aka, le notable puissant et riche, tue Kouassi, et bien que tout le monde le sache, le crime demeure impuni. Par contre dans *Lueurs*

du soleil couchant, la trahison d'Amantchi, qui tue par jalousie son meilleur ami Kouassi, est révélée et punie de folie. Ces problèmes moraux ne sont pas, néanmoins, l'apanage de la société humaine. Dans *Le règne de l'Araignée*, l'ingratitude est dénoncée tandis que dans *Araignée, mauvais père*, Bernard Dadié s'attache à critiquer l'égoïsme de l'Araignée. L'on peut donc dire que chaque conte de Bernard Dadié est l'illustration d'un fait moral qu'il veut louer ou flétrir ou l'explication d'un phénomène naturel dont il s'agit de décrire ou d'expliquer l'origine. Mais si l'on devait s'arrêter aux thèmes traités, Bernard Dadié apparaîtrait comme un auteur peu original car, après tout, combien de contes et de légendes de par le monde ne peut-on citer comme illustration d'une vertu ou d'un défaut humain? L'on ne devrait pas non plus trop insister sur le fait qu'il utilise des animaux ou des phénomènes naturels pour désigner des comportements humains. Ésope et La Fontaine en ont fait autant.

L'originalité de Dadié dans *Légendes africaines* est d'abord d'avoir dépassé le stade anthropologique de collecte des contes du terroir et de leur reproduction mécanique. Bernard Dadié a fait ici œuvre de recréation littéraire. Les contes de ce recueil ne parlent pas seulement du temps passé. L'auteur reprend les vieux contes et les réactualise en fonction de l'époque et des nécessités du moment. Par exemple, nul ne peut lire ces contes sans se rendre compte qu'ils ont été écrits dans la période de la montée des nationalismes africains. Ce n'est pas un hasard si *La légende baoulé*, avec la fuite devant les envahisseurs et le sacrifice du prince pour sauver la tribu, débute le recueil de contes. Bernard Dadié opère un acte de baptême, un acte de nomination. Si les Baoulé ont pu naître de cette façon, pourquoi les nations africaines sous le joug de l'envahisseur ne pourraient-elles point en faire autant? Dans *Le règne de l'Araignée*, l'appel à la révolte contre le règne dictatorial de la reine et de ses courtisans, la prise de conscience du peuple et l'attaque victorieuse contre le monarque sont tout un art de réveiller le lecteur et de l'inciter à en faire autant pour se libérer de la colonisation. Dans *La mort des hommes*, l'arrivée des maladies est connotée par un parler «aux inflexions choquantes pour l'oreille délicate des hommes». Dans *Légende de la fumée*, la vieille fumée ancestrale permet à l'auteur de parler d'une autre fumée qui est celle, polluante, des usines modernes. Des exemples du genre abondent dans le recueil et ils tendent à prouver que Bernard Dadié n'est pas un simple collectionneur qui veut montrer à l'Occident que l'Afrique a une littérature orale riche. Pour Dadié, les contes n'ont de valeur que dans la mesure où leur message réactualisé et ajusté aux problèmes contemporains permet aux lecteurs de comprendre un peu mieux la nature des maux qui les hantent.

Le deuxième aspect de son originalité est l'application de ce que Jacques Stephen Alexis a intitulé le *réalisme merveilleux*. En effet, l'on pourrait être tenté de ne voir que l'aspect féerique et surnaturel des actes des personnages. En fait, le merveilleux n'est qu'un masque. Ce dont parlent les contes c'est la vie quotidienne des populations du sud de la Côte-d'Ivoire; la forêt est partout présente avec la multitude de ses hôtes inquiétants; les souvenirs des guerres, des famines qui, avant de passer à la mythologie, ont dû effectivement avoir lieu, hantent presque tous ces contes. Le merveilleux n'implique donc pas le refus de la réalité. Il est tout simplement la dose de levain nécessaire pour faire gonfler le réel et l'obliger à nous montrer ses aspects les plus cachés. Et c'est dans cette perspective que le style adopté par l'auteur prend toute son importance. Tantôt l'écriture de Dadié est épique et, dans un large mouvement accumulatif, elle déroule la geste épique dans laquelle les hommes de la forêt se sont engagés dans leur effort pour comprendre leur environnement, pour mieux le contrôler. Le style

de Dadié procède également d'accumulations intensives d'objets ou d'événements qui, en créant une atmosphère dramatique, maintiennent le lecteur en haleine jusqu'au dénouement final.

Noureini Tidjani-Serpos

Lenga, et autres contes d'inspiration traditionnelle, Lubumbashi, Éditions Saint-Paul, 1976, 80p.
Recueil de contes de Clémentine Nzuji Madiya.

Lenga comprend sept contes luba.
1. *Lenga*: la fille du roi Musakaayi ne doit faire aucun effort physique, interdit rigoureusement respecté dans sa famille. Un jeune homme, émerveillé par sa beauté, l'épouse en promettant de respecter l'interdit. Ce qu'il fait malgré le veto familial. Un jour, cependant, il transgresse l'interdit et Lenga en meurt.
2. *L'oiseau qui faisait pleurer*: un oiseau fit pleurer une mère. Elle en fit part à son époux et à ses trois fils, Mutombo, Ilunga et Bukasa. Il lui fallait cet oiseau sinon elle s'en allait. Le père confia à ses enfants la mission d'aller chercher l'oiseau. Ceux-ci voyagèrent loin. Les deux premiers s'arrêtèrent en chemin, attirés par des plaisirs mirifiques. Bukasa alla jusqu'au bout, obtint l'oiseau, des femmes et autres dons. Sur le chemin du retour, il sauva ses frères d'une mort certaine. Mutombo et Ilunga, ingrats, cherchèrent par deux fois à se débarrasser de lui. Celui-ci s'en remit au conseil des chefs. On lui donna raison. Cependant, le cadet partagea équitablement ses biens avec ses aînés.
Les cinq autres contes se ressemblent:
3. *Kaji Matumba*.
4. *Le chef Kamonyi Mputa*.
5. *Kapafu*.
6. *Katupa*.
À l'instar de *Lenga*, l'intrigue de ces contes traite d'un interdit: ne jamais danser (3), ne pas voir de plaie (4), ne pas travailler (5), ne pas regretter le chien (6). L'interdit est transgressé et le chef Kaji Matumba redevient le gueux qu'il

était auparavant (3); le chef Kamonyi Mputa est légalement tué par ses hommes (4); Kapafu meurt pour avoir travaillé (5); et Katupa redevient tout petit (6). Le héros transgresse lui-même l'interdit, volontairement (5) ou involontairement (3), ou encore il subit la transgression de son interdit (1, 4, 6). 7. *Ditetembwa*: La Mouche Maçonne avait mordu la marchande de farine et déclenché une suite de dérangements inhabituels: le Pilon, le Van, la Calebasse, l'Eau, le Serpent, l'Éléphant, l'Arbre, le père Grenouille et le Coq. Ce dernier réveilla le village avant l'heure habituelle par la faute de Ditetembwa. Dieu interpella tout le monde et punit la fautive en lui rétrécissant la taille.

Histoires courtes, à intrigue simple, bien menées, où l'on retrouve les caractéristiques des contes africains: intervention des esprits (3), personnification des animaux et des objets (7), les interdits à sauvegarder (1, 3, 4, 5, 6), répétition par chants (1, 5), intrigue en «vis» ou en colimaçon (2, 7).

Ces contes enseignent diverses leçons morales: on n'épouse pas une femme uniquement pour sa beauté (1), un frère reste un frère (2), l'égalité devant la loi (4), le respect de l'authenticité d'un chacun (1, 5)... D'un style léger et limpide, *Lenga* se lit agréablement. Bien que Nzuji Madiya ait oublié l'interpellation du Van (v. 7), cela ne diminue en rien le mérite de l'ensemble.

Tshonga Onyumbe

Lettres d'hivernage, Paris, Éditions du Seuil, 1973, 62p. — Illustrations originales de Marc Chagall.

Recueil de poèmes de Léopold Sédar Senghor.

Deux au moins des trente poèmes, le quatrième et le dernier, ont fait l'objet d'une prépublication en revue (1971 et 1972). Comme, de son aveu même, Senghor «rumine» ses poèmes durant des mois, sinon des années, et ne les rédige qu'à l'occasion de ses vacances, il est vraisemblable que les débuts de la composition précèdent sensiblement 1970.

Le poète, au seuil de la vieillesse, renoue avec un genre pratiqué jadis dans *Éthiopiques*: les «Épîtres à la Princesse». Mais le nouveau titre s'oppose clairement au précédent: non pas «épîtres» mais «lettres», ce qui laisse attendre (mais on risque d'être déçu) un ton plus libre et familier, non pas «à» mais «de», c'est-à-dire écrites aussi bien *à partir de* qu'*à propos de;* enfin l'orientation se déplace de la destinataire, très présente néanmoins, vers une saison particulière, l'hivernage, dont l'«argument» initial précise la signification: la saison des pluies qui, au Sénégal, s'étend de juin à octobre, d'où une ambiguïté foncière: cet hivernage a lieu l'été. L'auteur signale en outre qu'«il y a aussi l'hivernage de la *Femme*», ce qui ajoute un sens métaphorique. La lecture montre que l'hivernage concerne non seulement la femme mais l'homme et le poète.

Le texte, à l'évidence, est centré sur le sujet. Le premier mot est «je» («Je me suis réveillé sous la pluie tiède, cette nuit»); il figure également dans le dernier vers. La théorie de la négritude, à laquelle Senghor demeure indéfectiblement fidèle, exige que le poète s'exprime au nom de tout un peuple, voire de toute une race, qu'il préfère donc «nous» à «je» ou que, à tout le moins, «je» prenne une dimension largement collective, ainsi qu'on le voit chez Sissoko et Dadié. Rien de tel ici, comme dans les recueils précédents: le «je» senghorien est et demeure individuel et, selon la tradition du lyrisme occidental, exprime les sentiments qui l'étreignent: un amour d'automne où dominent la tendresse et la fidélité, l'émotion devant les spectacles naturels, la permanence des angoisses nocturnes: «Et me voici déchiré, calciné, entre la peur de la mort et l'épouvante de vivre», etc. En un seul poème, peut-être le plus important du recueil, le 26e, «je» prend un caractère complexe et ambigu. Sous ce masque, c'est, semble-t-il, la négritude qui parle avec ses multiples voix, tantôt masculines, tantôt féminines.

Mais si le poète ne veut ni ne peut échapper aux contraintes de son moi, celui-ci, tout en restant strictement individuel, se soustrait au narcissisme par sa relation à l'espace et au temps qui l'entourent. Cette présence au réel spatial et temporel est remarquable par sa constance. Elle n'est pas absolument nouvelle. Cependant, la plupart des poèmes antérieurs laissaient incertain sur le moment et le lieu de l'écriture, d'où l'impression fréquente d'une parole sinon abstraite du moins passablement désincarnée qui suscita chez certains critiques africains l'accusation de froideur intellectuelle. Ici, au contraire, le lecteur n'ignore rien de ce que le poète a sous les yeux, qu'il soit à Dakar dans son palais présidentiel, ailleurs au Sénégal, généralement au bord de la mer, ou voyageant en avion: les maisons rouges, les vaisseaux du port, les filaos de la plage, les pêcheurs aux muscles rythmés, la pointe des Almadies, la rondeur des Mamelles, etc. À partir de ces paysages proches, d'autres, plus lointains, sont appréhendés par la mémoire ou la pensée, le Cap-Vert, les rivières du Sud et, au-delà, les quatre coins du monde, l'imagination portée par les cargos en partance vers Glasgow ou Yokohama, Valparaíso ou Rio de Janeiro.

De même interviennent dans chaque poème, ou presque, les précisions temporelles. Le plus grand nombre concerne le cycle des vingt-quatre heures: la nuit, le matin, l'après-midi, le soir, le matin surtout: le recueil s'achève sur «le salut du jeune soleil»; moins régulière la mention des mois et des saisons où domine septembre, ce qui, eu égard au titre et à l'âge du poète, ne surprendra pas; plus rare celle du cycle hebdomadaire où seul est nommé dimanche, jour privilégié dès les poèmes de jeunesse. Si l'espace s'élargit au-delà de l'horizon, il n'en est pas de même du temps. Le futur est exceptionnel («je serai la flûte de ma bergère») et, pour participer au jeu de l'écriture, le passé n'est qu'occasionnellement ranimé.

«Je» se définit donc en tant qu'il est ici et maintenant et noue avec l'espace présent qui l'environne: l'air, la terre et la mer, les arbres et les fleurs, les oiseaux, les insectes, la femme surtout, la pensée de la femme aimée, présente-absente, des liens «sensuels» étroits et constants. Bien que, selon Senghor, le Nègre et, donc, le poète nègre soient fondamentalement des auditifs, qui perçoivent toutes les subtilités du rythme, ensuite des olfactifs et, accessoirement, des visuels, les bruits, les timbres sont des plus discrets. Le rythme est, certes, maintes fois signifié mais qualifie des images et des mouvements. Les poèmes sont, en revanche, remplis de senteurs qui, en général, émanent de la femme ou la suscitent mais qui, toujours, si l'on peut dire, concrétisent l'*essence* des êtres et des choses; ils offrent, plus encore, une munificence de lumières et de couleurs: «Je vis la vague vis le bleu, et la blondeur du sable blanc / Et la rougeur du cap de Nase [...].»

Le poète est dans la ville, il est dans la nature, il est dans le présent, mais les hommes, à quelques exceptions près, sont absents. L'Afrique est là, bien visible avec ses formes et ses teintes, sa faune et sa flore chatoyantes, mais non l'Afrique de l'Histoire avec ses soubresauts, ses conflits, ses problèmes de tous ordres. Dans nombre de poèmes antérieurs (*Éthiopiques*, *Élégie des alizés...*), le politique perçait sous le poète et donnait le jour à une sorte de poésie politique. Il semble bien qu'ici la poésie soit devenue résolument un antidote à la politique. Un monde est ainsi créé, luxuriant, mais aussi luxueux, aristocratique, mais également mondain, symétrique du royaume protégé de l'enfance à nouveau, deux fois, évoqué.

«Bien mort le politique, et vive le Poète!» s'écriait le chœur dans «Chaka» (*Éthiopiques*); et Chaka, dans une certaine mesure, mourait d'avoir tué en lui le poète. Senghor a maintes fois déclaré que l'acte poétique avait beaucoup plus d'importance et de valeur que l'acte politique, concerné par la seule vie pratique et matérielle. Il le redit ici: «Car elle existe, la fille Poésie. Sa quête est ma passion.» Il s'efforce donc de construire un univers poétique «forclos» à tout ce qui n'est ni spirituel ni essentiel, un univers autonome où règne en maître un langage forclos lui aussi à toute contamination du langage quotidien. Dès l'origine, Senghor adopte une écriture fortement *marquée*, celle des lettrés africains, dit-il, des «talbés». L'origine africaine est possible encore que discutable, les procédés stylistiques échappant, pour la plupart, à l'emprise d'une langue et d'une culture particulières et ceux qu'adopte Senghor ayant tous de nombreux garants dans la tradition poétique française. Au reste, Saint-John Perse et Valéry sont, ici, explicitement cités. Quoi qu'il en soit de l'origine et des modèles, on assiste dans les *Lettres d'hivernage* au triomphe de la rhétorique: les figures se suivent, se répètent, se pressent, des métaphores génitives («la nuit de mes angoisses») aux anacoluthes, en passant par les allitérations, les syllepses, les prolepses, les oxymores, les attelages synesthésiques («tes senteurs bruissantes»), etc., etc. On parlerait de déferlement ou de déchaînement rhétorique si cette exubérance de figures n'était parfaitement maîtrisée.

Faut-il donc voir dans ce dernier recueil un testament poétique? Ce serait plutôt le bilan de trente-cinq années de poésie, tant l'auteur reprend les thèmes et les procédés qui lui sont chers, tant il se plaît à pratiquer l'autocitation. Non renouvellement ni déploiement mais approfondissement d'une nature fixée dès les débuts de l'âge d'homme.

Michel Hausser

Lettres de ma cambuse, Yaoundé, Éditions Abbia avec la collaboration de CLÉ, 1964, 62p.

Recueil de nouvelles de René Philombe.

C'est à la manière de Daudet, comme l'indique ostensiblement le titre, que sont rédigés les neuf petits textes dont se compose le recueil de Philombe. Installé comme il se doit dans une pittoresque retraite à la lisière de la ville, le narrateur, tout comme son illustre modèle, se livre à l'observation amusée de la population locale dont il s'applique à fixer le comportement typique et la mentalité originale.

De la place du marché où s'ébattent les poules et les cochons à la rudimentaire école de brousse où l'on utilise une vieille jante de voiture en guise de cloche, sans oublier l'impressionnant bureau de poste assailli de badauds, les descriptions pittoresques abondent et, en quelques scènes choisies (fuite-éclair d'un voleur, licenciement d'un locataire, batailles de rues, sentences du Chef, etc.) l'auteur parvient à recréer l'atmosphère caractéristique d'une petite ville africaine, telle qu'on se plaît à l'imaginer. La «couleur locale» est insistante et le style, directement calqué sur celui du maître, affecte la légèreté railleuse qui fit le succès des *Lettres de mon moulin*. On serait même tenté de parler de démarquage pur et simple si l'auteur ne se trouvait tout à coup conquis par son sujet et pour ainsi dire contraint de prendre position vis-à-vis d'une réalité qui le touche directement. Les *Lettres de ma cambuse* ne sont pas l'œuvre d'un intellectuel parisien séduit par les mœurs provinciales, mais celle d'un Africain cultivé qui juge ses concitoyens avec un mélange typique de sympathie et de sévérité. À la voix de l'artiste se superpose celle d'un moraliste qui, à l'occasion, réprimande et conseille. Chez Philombe le plaisir de peindre cède souvent le pas au souci d'instruire et une fable comme *Le bouc sanguinaire de Papa Mboya* avoue clairement ses intentions politiques. Replacée dans ce contexte, l'imitation acquiert une signification nouvelle et l'évocation des particularismes locaux équivaut à un témoignage d'appartenance culturelle.

Laure Hesbois

Lettres kinoises, Kinshasa, Centre Africain de Littérature, 1974, 32p.

Roman épistolaire de Nsimba Mumbamuna.

Nsimba Mumbamuna appartient à la génération du concrétisme. Il s'agit ici, dans le cadre de la capitale zaïroise, d'un exquis marivaudage à l'africaine, une sorte de ballet amoureux à trois personnages. Le pivot de l'intrigue est un jeune employé des Douanes, poète à ses heures, Mumbamuna, homonyme de l'auteur. Autour de lui gravitent, s'éloignent ou se rapprochent son ancienne amie Longo, étudiante, et une «vieille copine» de l'école primaire, Nsenga, devenue infirmière. Malgré l'homonymie de l'auteur et de son personnage, Nsimba Mumbamuna insiste sur le fait que *Lettres kinoises* est une œuvre romanesque, que l'échange de correspondance à travers laquelle l'intrigue se révèle peu à peu est purement imaginaire, et que par conséquent, «toute similitude de situations ou de noms de personnes ne pourrait être... qu'une fortuite coïncidence».

Quoi qu'il en soit, le roman épistolaire qui fut cher au dix-huitième siècle français et anglais n'est pas très courant en littérature africaine. Le roman épistolaire convient excellemment à la présentation graduelle d'un amour qui finit et d'un amour qui naît. Le changement de partenaire s'opère en quatre mois, à travers dix-huit lettres dont le style réussit à individualiser chacun des trois interlocuteurs. L'écrivain sait différencier ses trois personnages par le style qu'il leur prête, avec grande habileté. Trois voix se font entendre tour à tour: celle de Longo, sèche, coupante, brutale, vociférante; celle de Nsenga, vive et gaie, pleine de verve, douce et tendre; enfin, celle de Mumbamuna, lyrique et romantique, par tout poétique.

Dans les lettres de ce dernier, écrites avec aisance dans un style fluide et limpide, quelquefois avec une pointe de grandiloquence qui est un trait de jeunesse, on trouve une préciosité de bon aloi («Les paupières alourdies rapetissent la flamme de ma lampe»), une recherche d'effets auditifs («une haleine hallucinée»), et surtout de très belles images telle cette notation à propos du passé qui surnage à la surface du présent: «toujours vivant et admirable comme les jacinthes sur notre fleuve Zaïre. Il eût fallu les cueillir». L'africanité de Mumbamuna est marquée par aphorismes et proverbes, et des références constantes au concret. La qualité musicale est notable et révèle bien un authentique poète.

Un poète-né qui n'en est pas moins habile romancier. Car ce roman épistolaire est bien construit et bien écrit; il sait susciter et garder l'intérêt du lecteur. L'opposition fondamentale de caractère entre les deux jeunes femmes − l'une égoïste, l'autre dévouée et bonne − est finement mise en valeur, les lettres reprenant les mêmes incidents vus sous un angle différent (la visite à la Foire de Kinshasa par exemple), et ce constant parallélisme de structure est habilement révélateur et des caractères et du développement de l'intrigue. À chacun sa vérité! Le livre frappe par sa connaissance du cœur humain et le caractère universel de la situation. «Tu gardes le naturel», écrit Nsenga à Mumbamuna, et cet éloge adressé au personnage fictif s'adresse aussi bien à l'auteur qui, pour son «coup d'essai» dans le domaine du roman, malgré les dimensions réduites de l'œuvre, a réussi un «coup de maître», rafraîchissant par son lyrisme et sa jeunesse.

Danielle Chavy Cooper

Lettres sans cendres, Kinshasa, Centre Africain de Littérature, 1973, 29p.

Recueil de poèmes de Kal'ngo Kinuana-Ngo Wayisa Yebeni.

L'auteur est un nostalgique de la prêtrise et les quinze poèmes et prières de *Lettres sans cendres* en sont une preuve.

Dédiées à «tous [ses] frères et sœurs en Christ», *Lettres...* représentent, selon le préfacier, «l'indigénisation du message chrétien» dans la société africaine. Prières d'adoration, de confession, de contrition, poèmes d'aspirations au paradis, les vers ont un seul objet de culte: Dieu. Dieu donne la vie pour toujours. Dieu est l'ami des humbles. Dieu pardonne les «fautes jadis impardonnables» et «purifie [le] cœur à la couleur de charbon». La foi triomphe de tous les adversaires, résout tous les problèmes, dompte la mort. Ceux qui refusent le Dieu chrétien sont «les athées».

Pour le poète, l'africanisation du message chrétien passe par un abandon total de la tradition africaine. Yebeni semble ignorer les tristes réalités socio-politiques transposées par plusieurs écrivains africains.

Même lorsqu'il évoque Lumumba, symbole de la révolution africaine, c'est sans conviction qu'il le fait. Pour lui, Lumumba n'est pas un révolutionnaire, mais celui qui unit les chrétiens «dans la paix reconquise», et tout cela au nom et à l'aide de Dieu.

Pastichant les chansons chrétiennes, *Lettres...* s'adressent à un public chrétien.

Femi Ojo-Ade

Leurres et lueurs, Paris, Présence Africaine, Coll. Poésie, 1960, 87p.
Recueil de poèmes de Birago Diop.

Birago Diop a conquis la célébrité par ses contes. Sa brève poésie, qui paraît ne représenter pour lui qu'un passe-temps occasionnel, est généralement méconnue sinon méprisée par la critique africaine qui n'y trouve pas, à quelques exceptions près, un caractère assez nègre (lequel reste à préciser).

De fait, les influences occidentales sont fortement accusées, ce que l'auteur reconnaît volontiers: il n'a jamais voulu renoncer à la rime et se plaît aux poèmes à forme fixe: le pantoum («Mélopée», dédiée à René Florio) et surtout le sonnet: 23 sur les 49 poèmes du recueil (mais ils sont nombreux aussi chez son contemporain Rabearivelo et son cadet Rabemananjara). À défaut, le texte est découpé en strophes régulières. En outre, non content de respecter assez rigoureusement la versification française traditionnelle (deux sonnets seulement sont irréguliers), B. Diop adopte le vocabulaire, la facture et l'inspiration du symbolisme post-verlainien: «un sanglot qui se brise», des «rêves enclos / dans leur linceul», «un calme et doux nonchaloir», etc.

Pour être inféodée à une tradition désuète (les poèmes les plus anciens sont datés de 1925: la révolution surréaliste bat son plein), cette poésie n'en offre pas moins des recherches, peu originales, certes, mais intéressantes. On peut négliger certaines rimes acrobatiques dont l'ironie est patente, mais on ne doit pas ignorer, dans les derniers poèmes, un travail subtil sur les rimes qui s'atténuent en assonances plus ou moins approximatives ou en contre-assonances, sinon même en vague écho de telle sonorité antérieure qui ne figure pas nécessairement en fin de vers. Peut-être plus significatif encore, un rythme parfois incertain qui fait fi des contraintes néo-classiques remises à la mode par Valéry. Le *e* caduc, en particulier, reçoit un statut variable et ambigu.

Mais l'originalité du recueil est ailleurs. On est tenté de la voir essentiellement dans la dernière section intitulée «Lueurs», douze poèmes où le lyrisme complaisant calqué sur le goût décadent occidental (ce qui ne veut pas dire que Birago Diop n'ait pas profondément éprouvé ces sentiments d'importation) cède la place à une influence et à une inspiration africaines plus conformes aux vœux de la négritude (deux dédicaces: l'une à Damas, l'autre à Senghor), encore que l'auteur ait reconnu sa dette envers *Les Orientales* de Hugo. L'un de ces poèmes, le plus long du recueil, s'est acquis une grande notoriété. Reproduit dans l'*Anthologie* de Senghor puis dans la plupart des livres de morceaux choisis, il est connu de tous les écoliers africains. Il s'agit de «Souffles», publié pour la première fois (comme le poème précédent, «Abandon») dans l'un des *Contes d'Amadou Koumba, Sarzan*: «Écoute plus souvent / Les Choses que les Êtres.»

Dans cette dernière partie «je» disparaît presque totalement. Le lyrisme est devenu collectif et s'enracine dans la sagesse, les croyances, les coutumes, les pratiques sénégalaises. Quelques-uns de ces poèmes relèvent, selon Senghor, du *kassak*, chant initiatique dénué de signification apparente où sont recueillis cependant les «rudiments de la sagesse des anciens», comme le rappelle Diop. L'un d'eux, du reste, porte ce titre («Qui donc s'était servi du sinistre Hoyau?»). Ce sont là des textes étranges, volontiers incantatoires, dans lesquels les gestes rudes, les sortilèges nocturnes, l'angoisse latente semblent ouvrir sur un symbolisme primitif.

S'il est normal de privilégier cette section d'expression et de contenu plus personnels et, sans doute, beaucoup plus «authentiques», on ne peut méconnaître le fait que l'auteur l'a intégrée dans une œuvre plus vaste qui, comme telle, est porteuse de signification. Les dates qui accompagnent certains poèmes (de 1925 à 1946), les différences de style, l'articulation en cinq sections, à quoi s'ajoute une publication tardive (le manuscrit était prêt avant 1950), prouvent que Birago Diop entend livrer aux lecteurs la totalité de son itinéraire poétique et les étapes de son évolution. Certes, le classement des poèmes n'est pas chronologique: la quatrième section remonte à 1925, la seconde à 1932, mais voilà, précisément, qui doit retenir l'attention.

Ce qui importe au poète, ce n'est pas sa démarche, telle qu'il l'a réellement vécue, mais la valeur que peut lui accorder l'expérience acquise. Leurres et lueurs, dit le titre en associant deux paronymes. Le poème «Liminaire» dégage un premier degré de sens, tout individuel: «LUEURS qui jalonnez mon hésitante Route, / LEURRES des Jours partis vers je ne sais plus où.» Mais le classement adopté et les sous-titres choisis pour chaque partie montrent l'existence d'un second degré de portée plus générale qui relève, évidemment, de l'interprétation. Le poète ne laisse-t-il pas entendre que, parti des «Leurres» de l'assimi-

lation, il est parvenu jusqu'aux «Lueurs» que permet d'entrevoir un retour aux sources ancestrales? La route du poète africain serait, dans ces conditions, jalonnée par de simples «Décalques», puis par la perception de la terre promise: «Presque» (où commence à se manifester la nouvelle esthétique), enfin par les «Réminiscences» du passé individuel et collectif qui autorisent la repossession de soi-même. Si l'on accepte une telle interprétation, le cheminement de Birago Diop prend une valeur exemplaire. Il rend compte de l'évolution des intellectuels africains de sa génération.

Michel Hausser

Lève-toi amie, viens, Images et textes de l'auteur, Dakar, Librairie Clairafrique, 1966, 58p.
   Recueil de poèmes d'Engelbert Mveng.

Lève-toi amie, viens a été édité à l'occasion du premier Festival mondial des arts nègres, en avril 1966.

Cette plaquette de 58 pages se compose de poèmes en prose commentant ces étapes de la vie de la Vierge Marie que les chrétiens appellent les «mystères joyeux» du Rosaire: l'Annonciation, la Visitation, la Nativité, l'adoration des bergers, le chant de Siméon, l'adoration des mages, la fuite en Égypte, Jésus au milieu des docteurs du Temple, Joseph et l'enfant Jésus, la Vierge et l'enfant Jésus.

Ces poèmes s'inspirent donc librement de passages du Nouveau Testament et constituent des sujets de méditation à l'usage des chrétiens du monde entier.

L'intérêt de cette plaquette réside dans la confrontation de trois éléments: une citation du Nouveau Testament, point de départ de la méditation, une illustration originale du père Mveng, à partir de quatre couleurs symboliques (le blanc, le rouge, le jaune et le noir), un poème en vers libres destiné à prouver aux lecteurs africains que la Vierge Marie peut leur servir de modèle.

Ce recueil constitue donc, dans l'esprit de son auteur, un véritable message mais la démonstration reste peu convaincante. Ce ne sont pas les allusions au tam-tam ou à la flore africaine, à la peau noire et au symbolisme des masques qui peuvent guider efficacement les chrétiens d'Afrique sur les sentiers empruntés par la Vierge Marie.

Jacqueline Falq

Leyd'am, Paris, P.J. Oswald, 1967, 46p.
Recueil de poèmes d'Assane Diallo.

Lorsqu'une collectivité aliénée accède à l'indépendance, le devoir de ses poètes est de l'aider à établir ses propres valeurs, de cristalliser les aspirations éparses en formules dynamiques et de lui proposer une image d'elle-même à laquelle elle puisse s'identifier. Depuis *Légitime défense* et *L'Étudiant noir*, les poètes africains se sont fixés comme tâche essentielle de rendre au Noir, défiguré par des siècles d'esclavage et de colonialisme, le sentiment de sa dignité. On saura gré à Assane Y. Diallo d'avoir participé au mouvement de réhabilitation amorcé par Senghor, Césaire, Damas, et d'avoir su lier son expérience personnelle au sort tragique de tous ses frères de couleur. Pour lui comme pour les grands aînés, il s'agit avant tout d'exorciser l'infériorité séculaire du Noir. Il s'agit de convertir les stigmates de la honte (*fouet, cales, carcans et cordes*) en signes de ralliement et de transmuer les souvenirs d'humiliation en un chant libérateur (*Blues*, p. 12-13). Il s'agit de proclamer fièrement sa négritude et de revendiquer son héritage culturel. C'est à partir de ce double postulat que s'organisent les poèmes de Diallo.

Comme beaucoup d'intellectuels noirs formés à l'école des Blancs, l'auteur éprouve le sentiment d'avoir trahi ses origines et manifeste le désir d'un retour purificateur à la tradition ancestrale. Dans «Remords», il s'accuse d'avoir méconnu la beauté déchirante de sa terre natale et d'avoir cédé à l'attrait «douceureux» d'une civilisation d'emprunt. La contrition du fils prodigue s'exprime avec des accents émouvants et la sincérité de ses serments ne fait aucun doute. Le programme de sa conversion est exposé en détail dans le poème intitulé «Leyd'am» qui donne son titre au recueil. Avec la ferveur confiante du pêcheur repenti, l'auteur y exprime sa volonté de réapprendre les gestes et les paroles de la vie authentique, en harmonie avec les forces de la nature.

C'est de ce ressourcement que dépendent à la fois le salut individuel et la régénération collective. C'est en lui que s'opère la fusion entre l'expérience personnelle du poète et le destin d'un peuple. La charge émotive dont s'accompagne ce leitmotiv prouve une fois de plus que pour l'opprimé l'engagement n'est pas un choix idéologique mais une urgence vitale.

Laure Hesbois

Liaison d'un été et autres récits, Paris, Éditions Sagerep, L'Afrique Actuelle, 1968, 241p.
Recueil de nouvelles d'Olympe Bhêly-Quénum.

Les huit récits, de longueur inégale, réunis dans ce recueil, ont été composés entre 1949 et 1966. L'intérêt du recueil vient de ce qu'il comprend le premier texte littéraire qu'a écrit Olympe Bhêly-Quénum: *Promenade en forêt*. Il s'agit d'une aventure surréelle au pays des morts, née d'un rêve qu'avait fait l'auteur et qu'André Breton l'avait encouragé à développer quand il apprit son ambition de devenir écrivain. Ce même goût du merveilleux, mélangé cependant à un réalisme plus cru, se retrouve dans *Les brigands* et dans la *Suite fantastique* de cette histoire, ainsi que dans *La reine au bras d'or* — un conte traditionnel de la vertu récompensée et la malice punie. La *Suite fantastique* raconte la disparition du cadavre du célèbre brigand Akpanan, abattu à la fin du récit précédent par une balle au front, et son retour pour délivrer ses compagnons des cachots de la prison.

Le surnaturel prend une place importante dans cet ouvrage. Cette préoccupation continuera jusqu'en 1965, date de la publication du *Chant du lac*. Or, l'auteur semble vouloir exorciser les pouvoirs mystérieux qui hantent le lac et contrecarrer la superstition en offrant une explication scientifique du «Chant» mystérieux. Déjà dans *Un piège sans fin* (1960), il avait condamné les sorciers qui s'enrichissent aux dépens de leurs compatriotes superstitieux. Le fait que la composition des deux récits sur les brigands coïncide avec la publication du *Chant du lac* prouve qu'il continue à être préoccupé par la problématique du surnaturel africain.

Six des huit nouvelles, révèle Bhêly-Quénum, sont nées de faits authentiques qui ont eu lieu quelque part en Afrique. Parfois il est même question de ses souvenirs ou de ses expériences personnelles. L'ouvrage doit son titre à une nouvelle qui ne se situe pas en Afrique: il s'agit d'une histoire de cœur, assez banale, entre un étudiant noir et une jeune Anglaise qui passe ses vacances en Normandie avec ses parents racistes.

Malgré le dénouement tragique, Bhêly-Quénum n'exploite pas tout le potentiel dramatique de la situation, quand son Roméo noir se heurte à la vendetta que ces Capulet anglais poursuivent contre les gens de couleur. La profondeur de la passion de la jeune fille, qui entraîne son suicide, n'est guère suggérée; on soupçonne plutôt le déséquilibre d'une jeune exaltée. Le titre plutôt frivole et le dialogue peu plausible — surtout quand l'auteur prête à son héroïne un anglais quelque peu farfelu — ne permettent pas de prendre cette brève rencontre trop au tragique.

Cette histoire de racisme en Europe a sa contrepartie avec un «happy ending» dans l'*Aventure africaine* où les rôles sont renversés. Ici, un jeune fonctionnaire libéral normand, qui travaille dans les anneées cinquante en Afrique

noire française, s'attire les foudres de ses collègues racistes à cause de son amitié pour un couple «domino». Il s'est lié d'amitié avec une jeune institutrice noire et a refusé de s'allier à ses compatriotes pour persécuter un domestique. Sommé de retourner en France, le héros apprend que sa maîtresse est enceinte et choisit de rester en Afrique pour devenir «un Français d'Afrique». Le pays où se passe cet épisode n'est pas précisé. Est-ce à dire qu'il s'agit d'une situation courante et même banale dans les colonies françaises de l'époque?

Ces deux récits sont les seuls où Bhêly-Quénum traite, de façon explicite, les problèmes sociaux des rapports entre Noirs et Blancs. Pourtant, il met un grain de malice à raconter la déconvenue d'un Français, employé au «Service des Oléagineux», qui ignore «les lois de la forêt» dans le récit ainsi intitulé. Il doit sa vie à son collègue africain, qu'il avait auparavant nargué et traité de fou quand celui-ci, sentant instinctivement un danger caché, avait insisté pour rebrousser chemin. Le jeune Normand qui pleure et appelle sa maman pendant que le boa l'étouffe, fait piteuse figure devant le sang-froid et la fermeté du fonctionnaire noir.

Le récit intitulé *Un après-midi à Toubéra* n'a d'africains que la scène, où la moitié de l'action a lieu — un pays anglophone non identifié —, et le fait que les acteurs sont noirs. On devine facilement la personnalité de l'auteur lui-même derrière son narrateur; mais tous ces personnages seraient des Anglais, des Français, des Brésiliens ou des Hindous, cela ne changerait rien à l'essentiel de l'histoire: le viol d'une fillette innocente par le jeune voisin, professeur de mathématiques dans la ville de Toubéra. Elle perd son bébé et part en Irlande pour y continuer ses études chez des religieuses; à la mort de sa mère elle refuse de rentrer chez elle pour se venger de son père qui s'est remarié et essaie de se faire une carrière comme mannequin à Paris, tout en composant des chansons à la mémoire de sa mère.

En mars 1962, Bhêly-Quénum publie une sorte de manifeste du roman africain: il adjure le romancier de donner dans son ouvrage un aperçu de «l'Afrique éternelle» et d'y créer des peronnages qui soient «tout simplement africains». Selon sa propre définition, le roman africain serait une synthèse d'un passé archaïque, immuable, et d'un présent voué à l'évolution, voire à la révolution. Si nous appliquons ces critères à ce recueil de récits, nous en trouvons bien qui ont leurs racines dans le passé archaïque; d'autres font entendre les grondements de colère des colonisés qui n'auront de cesse s'ils n'obtiennent leur reclassement comme êtres humains à part entière. Mais les petites tranches de vie, «nourries d'événements réels» qui continuent la tradition des nouvelles de Guy de Maupassant, mais sans dépasser l'evenementiel, n'ajoutent pas de dimension particulière à la littérature romanesque africaine.

Dorothy S. Blair

Lianes, Kinshasa, Éditions du Mont-Noir, Coll. Objectif, 80, Série Jeune Littérature, n° 4, 1971, 31p.

Recueil de poèmes de Clémentine Nzuji.

Qui dit «lianes» dit poussée végétale, vigueur, enchevêtrement, solidité, continuité et souplesse. Étymologiquement, «lianes», dans le français des Antilles, signifiait «liens». Tous ces aspects se retrouvent effectivement au niveau thématique comme au niveau formel dans le recueil de Clémentine Nzuji.

Le poème initial, dédié à son fils, Gaétan Francis Nico, exprime une maternité triomphante et la continuité de la vie, de la mère à l'enfant et au-delà de l'enfant, comme une poussée de sève qui se prolonge à l'infini. Ce poème, comme beaucoup de ceux qui suivent, est bâti sur des contraires: tristesse/allégresse, peine/joie, mort/vie; et il unit inextricablement aujourd'hui/hier/demain.

Les autres poèmes de *Lianes*, une vingtaine, oscillent entre l'angoisse et l'inquiétude, «sans cesse renaissantes», et la joie, «le temps d'un sourire». Ils traduisent une grande pitié pour «ceux qui vivent faim au ventre», «ceux qui ne peuvent parler ni se défendre / Rapaces affamés de justice et de vie», tous ceux qui souffrent, «aux cimetières des ossements / Que sont nos places publiques», les mendiants, les enfants, les massacrés, les tués. L'obsession de la mort hante ces poèmes: un oiseau mort, les râles d'un enfant, les jeunes, fauchés par les balles, les larmes des mères, une «beauté morte», «mariée avec la mort». La nature même réveille cette hantise: «À la chute des feuilles / j'avoue ma crainte / De voir cette Mort / qui déshabille les arbres.»

Des éclats de lumière traversent la nuit des *Lianes*; la chaleur humaine de l'affection ou de l'amour est associée à des évocations de fleurs: «Et sur le fleuve / les hyacinthes d'eau: / les feux follets / de tes yeux...», ou «L'orchidée s'ouvre / dans les sépales / de tes doigts». Malgré le «feu effervescent / Qui fait sans cesse renaître» son émoi, la tonalité dominante reste la grisaille, «gris de peine / au gris de joie», «gris yeux brouillés», «clarté nocturne diaprée de gris». Cependant les «espoirs» luttent sans cesse contre la «désespérance», et la poésie de Nzuji n'est nullement débilitante. On y sent la vibration d'un cœur généreux, épris de justice, qui se révolte devant le mal, et qui partage les souffrances d'autrui. Nzuji Madiya assigne à la poésie un rôle sublime de porte-parole et de consolatrice:

«Mon poème se veut délire
Mon poème se veut folie
délire de ceux qui souffrent
folie de ceux qui ont perdu la joie.»

Le poème devient «ambassadeur de ceux-ci ! Ceux qui ne peuvent parler ni se défendre». D'autre part, les poèmes de Nzuji trahissent un ardent désir de vivre («fais-moi de nouveau vivre / dans ta mortalité»), une grande avidité de la vie («saisir la vie dans un virage»). La simplicité de l'expression sert l'émotion profonde. Mais cette simplicité n'est qu'apparente, car Nzuji sait enrouler ses vers comme des lianes et utiliser des rythmes subtils comme dans le poème «L'écho de notre misère...», où elle tire un effet très personnel de répétitions en écho et d'enjambements d'un vers à l'autre ou d'une strophe à l'autre, créant ainsi la texture même des lianes, qui plongent vers les profondeurs de la forêt comme sa poésie plonge dans l'âme humaine. Art caché sous la simplicité aussi, ces images insolites qui tout d'un coup surprennent par leur justesse et parlent au cœur, comme «la tresse de nos doigts emmêlés». Poésie discrète et prenante qui est un «écho» et un «reflet» de tout ce qui préoccupe l'humanité. Les «sauvages rêveries» de la poétesse zaïroise contrastent sans cesse entre l'éternité et l'instant, la mort et la vie, et touchent à l'universel.

Danielle Chavy Cooper

Lisa la putain de..., Paris, P.J. Oswald, Coll. Théâtre africain, 29, 1976, 96p.
Pièce d'Alexandre Kum'a N'dumbe.

Ce n'est ni le thème ni l'intrigue de cette pièce qui en fait la valeur, mais plutôt la conception théâtrale qui s'y concrétise.

Tous les personnages sont des Noirs. Le lieu est Douala au Cameroun. Deux groupes sont en scène: les putains du quartier Mozart où Lisa prend la vedette (beauté, générosité) et une troupe de bandits (fauves et poètes) ayant à leur tête Dragon Sauvage. L'opposition n'est pas entre eux, comme on pourrait s'y attendre: ils sont unis dans le camp des opprimés, avec les quêteurs, les mal mariés... Tous découvrent un ennemi commun. Les gouvernants dont bon nombre sont des «clients» ont posé un grand geste destiné à purifier la ville — non pas de la prostitution, mais du vol. Ils proclament un nouveau décret de justice fondé sur le principe musulman

de la punition du péché par la mutilation ou l'amputation et même la mort. Vient le jour où doit tomber sous le coup de la loi le premier contingent de victimes, parmi lesquelles se trouve le frère de Lisa. Celle-ci et Dragon Sauvage réussissent à «faire marcher» un «monsieur très important» (pour ne pas le nommer) qui fait arrêter l'exécution.

Tout cela se passe en onze scènes, dont dix sont systématiquement divisées en trois sections de diverses longueurs, sauf la scène VI qui, en deux lignes de directives, livre à l'orchestre une espèce d'intermède.

Dans une atmosphère de comédie de mœurs plutôt que de drame idéologique, une manifestation est organisée pour faire tourner un événement redoutable à l'avantage des intéressés. Leur pauvreté (ou cupidité) à tous les lie dans une fraternité facile à expliquer: fraternité d'ailleurs qui semble plus africaine que politiquement socialisée. Sous ce rapport, cette pièce tranche sur les deux autres, nettement révolutionnaires, publiées la même année par N'dumbe.

Le fait que les filles aient dans l'entreprise le même poids que les bandits du Dragon suffit à la colorer d'un certain féminisme à la mode. Le grand cœur de Lisa se répercute dans celui de toutes ses congénères qui n'hésitent pas à dénoncer en chœur la vilenie des hommes. Le thème est renforcé par une sous-intrigue, ou épisode: une jeune fille que ses parents veulent «vendre» comme neuvième femme à Penda, un riche commerçant, est seule à plaider inefficacement la cause du mariage d'amour mais réussit à prendre la fuite pendant la cérémonie.

H.A. Waters voit dans cette pièce une influence du *Bal des voleurs* d'Anouilh. Au-delà de ce thème il y a avant tout un rapprochement à faire avec la conception même du théâtre de Brecht, superficiellement (on se rappelle l'intervention de Mr Peachum qui arrête une exécution à la fin de *L'Opéra de quat'sous*), et de Claudel, plus techniquement. C'est moins d'influences qu'il faut parler que de la forte originalité qui a pu s'assimiler des influences possibles, ou bien faut-il invoquer une profonde affinité? La technique de N'dumbe tient peut-être autant, sinon plus, à l'arrière-plan de la vie sociale africaine (le théâtre sous forme de rites et de jeux y joue un rôle important) qu'à l'acculturation de l'auteur, un lettré, qui n'est pas sans avoir appris des auteurs occidentaux qu'il a pratiqués.

La pièce entière se présente comme un spectacle à participation: «Ce n'est pas un théâtre, mais un bal populaire [...] où la musique bat son plein», et «la scène de jeu se trouve devant, derrière [...]» (I, 1). Le parallèle saute aux yeux de qui connaît *Le Soulier de satin*. Un meneur de jeu est indispensable pour assurer la participation, l'immersion des spectateurs (V, 1; VII, 1) – Lisa elle-même fait crier «La vie» trois fois de suite aux spectateurs. L'auteur fait plus, il aiguise la prise de conscience de l'expérience théâtrale en cours «au milieu des spectateurs». Non pas qu'il n'y ait pas de scène. Le 1er Acteur sort «de la foule» et «s'avance vers l'estrade». Le «rideau» permet plusieurs changements de décors: des cases de raphia du quartier Mozart à la brousse où même se déclenche «une effroyable tempête». La salle n'est pas oubliée pour autant: à la fin, «l'orchestre joue jusqu'à l'aube, à la grande joie des spectateurs devenus acteurs». La fête donne à la pièce son ambiance contagieusement africaine, où fermentent d'autres thèmes typiquement négro-africains: la mort et les ancêtres présents, la fonction hiératique du nom donné, les pourparlers traditionnels conduisant au mariage. Ajoutons la personnification des animaux empruntée au conte africain et illustrée par la mascarade des bandits-animaux transformés en devins ou prophètes.

Cette ambiance à elle seule pourrait racheter l'apparent manque d'unité de la pièce. Mais la succession de scènes disparates, à la Shakespeare-Claudel, n'empêche pas de suivre un cheminement convergent à des niveaux différents, le spectateur étant entraîné de l'un à l'autre un peu comme dans les pièces à décors simultanés issues de la liturgie médiévale: les affinités entre le théâtre médiéval et le théâtre africain sont fort éclairantes pour la compréhension de l'un et de l'autre. On peut en voir un écho dans l'humour, fondé sur une vaste vision du monde et un sentiment de certitude intérieure (par la foi), qu'il faut reconnaître à N'dumbe face à la mort, aux gros vices humains et à la vie réelle. N'dumbe est à la fois poète et auteur dramatique.

L'action assez mouvementée ne semble ralentir qu'aux moments où émerge un chaud lyrisme: Lisa surtout s'exprime alors par le chant, qu'elle interrompt assez particulièrement ici ou là par des apartés parlés (II, 3; XI, 1, 2). Le style de l'auteur est varié, généralement rapide, souvent haché et prend fréquemment la forme de courts versets, parfois litaniques, dont certains se groupent en strophes épicées de rimes et sous-tendues de rythmes accentués au moyen de répétitions. La pièce pourrait se prêter à une étude précise de la musicalité et de la diversité rythmique de plusieurs scènes parlées qui font penser aux ballets de paroles de Molière (V, 1; IX, 1, 2). Les trente et un secteurs des onze scènes se répartissent comme suit: 6 en vers, 11 en prose et 14 en prose et en vers. *Lisa la putain de...* est sans doute la moins engagée des pièces de N'dumbe et du point de vue esthétique peut-être la meilleure.

Léo A. Brodeur

«Lyre à sept cordes», in *Anthologie de la nouvelle poésie nègre et malgache de langue française* de Léopold Sédar Senghor, Paris, PUF, 1948, p. 195-203.
Poème de Jacques Rabemananjara.

«Lyre à sept cordes» est le poème que Jacques Rabemananjara avait choisi pour être présenté à un large public dans les deux anthologies qui ont marqué l'émergence des littératures d'expression française: *Poètes d'expression française,*

1900-1945 de Léon Gontran Damas (Paris, Seuil, 1947) et *Anthologie de la nouvelle poésie nègre et malgache de langue française* de Léopold Sédar Senghor (Paris, PUF, 1948). La version confiée à l'ouvrage de Damas ne comprend qu'un extrait du poème (sous le titre: «Les chants du Capricorne») et présente quelques variantes, notamment d'ordre typographique. Paradoxalement, ce long poème (dont le «volume» est à peine inférieur à celui d'*Antsa* ou de *Lamba*, du même auteur) n'a pas été repris dans les *Œuvres complètes. Poésie* (Paris, Présence Africaine, 1978).

On peut ranger «Lyre à sept cordes» dans l'un des genres dominants de la poésie négro-africaine et malgache de langue française: le cahier d'un retour au pays natal, dont le poème illustre d'Aimé Césaire constitue l'archétype. En l'occurrence, il ne s'agit nullement d'imitation, mais de la convergence de situations d'énonciation poétique. Dans «Lyre à sept cordes», le poète prend la parole depuis l'Europe, pour accomplir un retour vers la «Terre natale», dont les prestiges simples et vrais sont opposés aux fascinations vaines de Paris. D'un côté «le tumulte du massacre», «l'embrasement des incendies» (on peut entendre là un écho de la violence coloniale qui s'abat alors sur Madagascar), mais aussi les «merveilles» de la «fabuleuse et froide Europe». De l'autre côté: «Là-bas, tout est légende et tout est féerie [...] Là-bas, c'est le soleil! C'est le bel été, caressant et tragique!» Or le poète n'accomplit pas seul le chemin du retour au pays des ancêtres: le poème est une invitation à la Femme aimée («Tu viendras, Sœur pâle, au pays du rêve, au bord des sources royales»), une présentation du pays natal à la Femme étrangère, que l'amour initie aux mystères sacrés de la terre malgache. Poème de fidélité (au pays) et de réconciliation (des civilisations).

À travers l'épreuve initiatique de l'amour, le poète et la femme aimée *renaissent* dans la ferveur, communient dans l'émerveillement devant une magie inopérante pour d'autres («Trop vieille es-tu, trop vieille, Europe, pour renaître à ces choses-là»). «Et tu l'aimeras mon pays / mon pays où le moindre bois s'illumine de prestiges divins.» Ces deux vers condensent admirablement la tonalité et la portée de «Lyre à sept cordes», – et définissent aussi une dimension capitale de l'univers poétique de Rabemananjara: la poésie comme rite de sacralisation de l'île natale.

Jean-Louis Joubert

M

Ma terre perdue, Kinshasa, Éditions Belles-Lettres, 1969, 19p.

Recueil de poèmes de Ntemo Musangi.

Ma terre perdue repose sur un thème principal qui est celui de la souffrance de l'Afrique, le continent du poète dépouillé et saccagé; cette Afrique en proie aux douleurs les plus atroces parce que perdant chaque jour davantage ses valeurs premières qui faisaient autrefois sa «spécificité». Pour ce faire, le poète voudrait ressusciter l'Afrique en sauvegardant le patrimoine en péril: «Terre enterrée que je déterrerai» (p. 9).

Les malheurs, les souffrances de son peuple doivent être dévoilés: «Je lirai sur tes joues ces tatouages immortels / Sillons éteints des flammes de mon peuple» (p. 9).

Aussi, à l'instar de la plupart des jeunes auteurs qui écrivent leurs «premiers essais» poétiques entre 1960 et 1965, l'influence de la négritude senghorienne n'est pas absente. Le poème «Masques lubas» est inspiré de «Prière aux masques» dans lequel Senghor montre que, malgré la métamorphose qu'a connue l'Afrique, les masques demeurent encore la marque de la pureté, de l'authenticité nègre: «Je retrouverai dans les traits mystérieux des masques / les messages des mânes lubas...» (p. 17).

Toujours dans la même perspective, le poète glorifie ses ancêtres et les morts voulant recréer par là le lieu sacré qui unit le monde des vivants et celui des morts: «Je veux être entre mon peuple et les divinités / entre les vivants et les ancêtres / pour recréer le lieu sacré qui unissait ces deux mondes.»

L'écriture poétique de Musangi est correcte, soutenue. La thématique, bien que subissant l'influence de la négritude, et surtout senghorienne, révèle un jeune homme à la recherche d'un ailleurs qui doit le libérer du poids écrasant de l'existence.

Kankolongo Mbuyamba

Maïmouna, petite fille noire, Dakar, Les Lectures Faciles, Coll. Le livre populaire africain, 1953/Paris, Présence Africaine, 1958, 252p.

Roman d'Abdoulaye Sadji.

Maïmouna est l'histoire d'une jeune Sénégalaise de la campagne qui connaît une existence heureuse dans le cadre villageois de Louga, auprès de sa mère Yaye Daro, dont la sollicitude sans limites se traduit en pagnes, bijoux, produits de beauté sans nombre. Mais les appels incessants de la sœur aînée Rihanna, mariée à Dakar et soucieuse d'introduire la petite dans la société moderne, développent chez Maïmouna une telle hostilité à l'égard de tout Louga, êtres et choses, que la mère Daro doit consentir, la mort dans l'âme, à la laisser partir pour Dakar. Séduite par la grande métropole, Maïmouna en devient rapidement une des merveilles — l'étoile de Dakar — grâce à la science de la toilette dont sa sœur connaît le secret. C'est au moment où Rihanna et son époux Bounama croient pouvoir la placer auprès de Galaye Kane, bourgeois de leur choix, qu'ils découvrent que Maïmouna n'a pas échappé à l'envers destructeur de cette vie citadine tant souhaitée pour elle.

En effet, avec la complicité de Yacine la responsable, elle a mené une vie parallèle à celle de la maison avec un certain Doudou Diouf de qui elle attend un enfant. Il ne reste plus à Rihanna, d'autant plus humiliée par l'événement qu'elle en est la dernière informée..., qu'à dépouiller et à chasser sa jeune sœur qui s'en retourne à Louga, vaincue et mortifiée par son aventure malgré la promesse de mariage que le galant Diouf vient lui donner jusque dans le train.

Les événements vont dès lors se précipiter, car non seulement elle fait l'objet de la raillerie commune, mais encore elle doit laisser, dans la violente épidémie de variole qui s'abat sur la localité peu après son retour, aussi bien le fruit de son amour interdit – l'enfant est mort-né – que ce qui lui reste de sa beauté. Et comme la promesse de Doudou Diouf ne résiste pas à l'épreuve de l'épidémie, Maïmouna n'a pas d'autre choix, comble de l'humiliation, que de suivre sa mère au marché du bourg, pour y faire un nouvel apprentissage de la vie.

Maïmouna ainsi présenté fonctionne comme un roman à thèse dans lequel Abdoulaye Sadji prend ouvertement parti dans le combat que le monde africain traditionnel et le monde moderne se livrent. Tout se passe comme si la fidélité à la tradition pouvait seule assurer le bonheur de l'individu, tandis que toute adhésion, même involontaire, au monde moderne ne peut qu'engendrer échec et déception.

Louga symbolise dans le roman le monde traditionnel où tout est réglé par la sagesse, où tout obéit à un primitivisme sans heurt, sans violence, ni viol d'aucune sorte, où la vie est pratiquement sans problème et sans surprise pour Yaye Daro comme pour sa fille. C'est en définitive le seul lieu où soit possible un bonheur véritable, à condition que l'on accepte d'être soi-même, d'être fidèle aux exigences du terroir, à la sagesse des anciens. À ce propos, Maïmouna

aurait pu contracter un mariage heureux dans ce cadre villageois, aussi bien avant qu'après son aventure dakaroise. Doudou Khary, dont l'amour ne semble point ébranlé par les misères de son amie d'enfance, lui en donne l'occasion, au contraire de Doudou Diouf qui fera de fausses promesses comme tout bon citadin. La jeune fille sera punie pour s'être obstinée à ne montrer que répugnance à l'égard de tout prétendant qui ne fût pas auréolé d'un vernis de modernisme.

Louga apparaît aussi comme le lieu du rachat possible. Et il y a lieu de voir dans la grande disponibilité de Yaye Daro, insultée et bafouée seulement un an auparavant, mais qui n'a pas un seul mot de reproche pour sa fille, le symbole de l'Afrique-mère, toujours prête à accueillir et à réintégrer ces enfants prodigues, cette Afrique que Sadji veut toujours disponible, compréhensive. Si Maïmouna passe à côté de cette main tendue de Doudou Khary comme de la mère Afrique, c'est pour avoir goûté à la ville et pour en être demeurée la proie.

En effet, Dakar, dont le désordre fait déjà irruption chez la mère Daro par l'intermédiaire des lettres de Rihanna, revêt sous la plume de Sadji le visage de la perdition. Et s'il met l'accent sur la vie aisée que mènent Rihanna et son mari, sur leur rang social, sur leur apparent bonheur, s'il fait faire à Maïmouna une entrée remarquée dans le monde moderne qu'est Dakar, c'est pour mieux préparer leur échec et le rendre plus retentissant. Car ce que l'on retient de son roman, ce ne sont pas les journées oisives, les soirées de gala avec un cortège de griots, les réceptions interminables, les toilettes sophistiquées; c'est simplement l'image d'un couple humilié, d'une fille dont le retour discret à Louga est en contradiction avec le tapage qui avait accompagné son arrivée; des êtres vaincus par leurs prétentions modernistes et leur folie des grandeurs.

Sadji montre ainsi à travers *Maïmouna* tout le mal que peut engendrer l'irruption, sans éducation préalable, vers une nouvelle forme de vie, démarche qui ne peut entraîner qu'un échec. Cet échec, l'auteur choisit de l'illustrer par un certain nombre de personnages féminins qu'il engage dans des processus amoureux qui n'aboutissent pas. Et, contrairement à ce que l'on peut croire, Maïmouna n'est pas seule à en faire l'expérience.

Le mariage de Rihanna vu sous l'angle de la tradition est aussi un échec, parce que sans fruit, malgré les vœux réitérés dont Rihanna a fatigué le ciel. C'est qu'elle a constitué avec Bounama un couple hybride. Et à propos de cette hybridité l'auteur ne fait que reprendre un thème déjà abordé dans *Tounka* et *Nini* où l'amour apparaît comme une quête impossible hors du rituel prévu par la tradition. C'est parce que Maïmouna s'en écarte qu'elle sera, comme dit Sadji, «la grande vaincue de la vie».

Mais il y a plus dans *Maïmouna*! Sadji se montre aussi préoccupé d'y décrire ce qui, à la campagne comme en ville, rythme la vie, lui donne un cachet particulier. Il s'arrête volontiers sur les danses au clair de lune, les veillées, les nombreuses séances de maraboutage dues au désir de maîtriser l'avenir et signe de la prééminence de l'Islam dans l'univers où évoluent ses personnages. Il s'arrête aussi sur cette sorte de parasitisme, de mendicité déguisée qui sévissent en ville, vestiges de l'antique et légendaire solidarité africaine aujourd'hui prostituée. Et si à cela on ajoute l'arrivisme de certains personnages, l'esprit malsain de compétition des autres ainsi que ce goût de la raillerie et de la médisance présent à Louga comme à Dakar, bref des rapports sociaux et un état des mœurs en constante détérioration, on peut estimer avoir fait le tour des problèmes que Sadji pose dans son livre.

Qu'il nous suffise d'ajouter que si l'auteur de *Maïmouna* se veut, comme les autres romanciers des années cinquante, Mongo Beti, Ousmane Sembène, Ferdinand Oyono, etc., peintre de la société coloniale, il se montre néanmoins peu soucieux de la libération politique ou économique de l'Afrique. Ce qui l'intéresse par contre c'est d'exposer les effets néfastes, sur la personnalité et la société africaines, d'un modernisme non maîtrisé. De ce point de vue, il peut être considéré comme une sorte de précurseur de Cheikh Hamidou Kane, auteur de *L'Aventure ambiguë*.

Sur le plan de l'écriture, *Maïmouna*, par la prééminence de la description extérieure au détriment de l'analyse intérieure, par cette manière de l'auteur de saisir le monde comme une succession de tableaux vivants et pittoresques, par son style linéaire qui confère à la marche de l'héroïne le caractère d'un parcours initiatique, par son action traînante, son caractère parfois épisodique et son déséquilibre structurel, est un roman où prédomine la technique du conte.

André Ntonfo

Maité, Cotonou, Éditions A.B.M., 1968, 48p.

Recueil de poèmes de Noureini Tidjani-Serpos.

Ce premier recueil de poèmes écrit par le jeune Dahoméen alors âgé de 22 ans comporte quarante poèmes tous écrits entre septembre 1967 et août 1968 à Toulon où l'auteur était en train de se préparer au concours d'entrée à l'École Normale Supérieure. De nombreux poèmes portent la marque de la révolte estudiantine de mai 1968 à laquelle Tidjani-Serpos participa activement comme président du Comité de grève des «Prépas».

Le mot «Maité», anagramme de *T'aime*, désigne l'ensemble des poèmes divisés en trois sections. La première section, «Vagissement», comporte onze poèmes dans lesquels l'auteur, exilé en France, sans nouvelles des siens, fait resurgir tout le monde de son enfance. Comme il le dit dans le poème liminaire «peindre le soleil dans la nuit / et puis tomber mort / Broyé par l'insolence des flammèches». «Vagissement» est le premier cri collectif poétique qui ouvre le chemin de *Maité*; et dans ce premier appel poétique, les images pétillent. En effet, pour sa mère il «épile les rides du monde / pour tirer du regard de toutes les mères du monde / la sonorité incolore / Qui tinte sur le clavier feutré du rêve / Le rêve de tous les enfants du monde»; tantôt, il dit à sa Maison Natale «où les étoiles ont scintillé le piment de mes rires / L'obole du souvenir / A tinté dans la charité du matin». Mais l'auteur ne batifole pas longtemps. Dans la deuxième section, «Campanile», des problèmes plus urgents commencent à le préoccuper. Face au racisme il avoue que «le bourreau a peint de vermeil / l'hostie blanche de mon sacrifice»; au spleen qui le gagne et le ronge il avoue: «j'ai un continent à procréer sans toi»; à ses deux chiens qui ont fui en lui mordant la main, il avoue avec joie: «Ils sont repartis à jamais côte à côte / La panse vide de ma pâtée servile / Vers les frontières inachevées de la liberté.» Dans «Cran d'arrêt», la dernière section du recueil, un ton plus violent domine nettement. Le poème «Révolte», dédié à Madame Luther King, exprime une colère désespérée; dans «Je suis venu», le poète s'exclame: «Mais seules les cendres de mon espoir / ont rempli ma poitrine»; sa solidarité avec les mouvements de libération nationale fait que sa «conscience explose chaque matin / Dans les graffiti ondulatoires / Du Journal Parlé».

L'originalité de *Maité* ne réside pas seulement dans la fulgurance des images qui éclatent là où on les attend le moins. Elle surgit aussi du fait que les poèmes nous présentent dynamiquement les mille facettes du talent du poète. Un poème d'amour cache un joyau de violence; un souvenir d'enfance permet de comprendre pourquoi l'auteur hait tant l'injustice et surtout un Avant-propos extrêmement dense et incisif permet à l'auteur de dénoncer la poésie de la négritude senghorienne avant de reconnaître la dette contractée envers des aînés comme Baudelaire, Prévert, Éluard et Césaire. *Maité*, en ce sens, annonce *Agba'Nla*, le second recueil de poèmes où l'auteur, totalement maître de sa plume et de son style, va obliger les mots à exprimer l'indicible.

Evelyne Gonçalves Tidjani

Maître (Le) d'école, suivi de **Minuit,** Paris, Seghers, 1952, 29p.
Écrits de Keita Fodeba.

Le Maître d'école est un sketch qui met en scène un instituteur plutôt vaniteux et borné et ses élèves. Le maître interroge sa classe: donnez-moi le nom d'un savant. Un élève nomme Victor Hugo, un second Pasteur. Le maître répond que Pasteur est bien plus qu'un savant. Un troisième, prié de définir la notion de savant, propose comme exemple le maître d'école lui-même qui, visiblement ravi, se défend à peine d'en être un. Survient alors un retardataire qui donne pour excuse qu'il avait dû chanter à une fête de famille, en l'occurrence des fiançailles. L'instituteur, oubliant de sévir, lui demande de chanter pour la classe et la leçon se termine dans l'allégresse.

Minuit est un conte. L'histoire remonte à 1892, en Guinée. Les troupes françaises poursuivant Samory ont construit un fort, nommé Gallieni, un des généraux français qui participa à la conquête de l'Afrique occidentale. Dans un village proche, deux jeunes gens s'aiment, Balaké et la belle Sona, qui attire les regards de l'interprète du fort, et peut-être même du grand chef blanc. Une nuit, un sous-officier blanc est tué près de la case de Balaké. Celui-ci est arrêté et condamné à mort. Par crainte d'un soulèvement de la population locale, il est exécuté à la hâte, à minuit, le 30 septembre 1892. Sona, désespérée, s'enfuit dans la forêt et se suicide en s'empoisonnant.

Claude Wauthier

Maître (Le) de la parole: Kouma Lafôlô Kouma, Paris, Plon, 1978, 316p.

Récit de Camara Laye ou Laye Camara.

Le Maître de la parole est une version de l'histoire de Soundiata, racontée par un vieux griot et reprise par Laye dans une transcription moderne et littéraire. Le sous-titre, *Kouma Lafôlô Kouma,* indique une des quatre catégories de la parole dans le système malinké, et veut dire «l'histoire de Soundiata».

Fondateur de l'Empire du Mali au XIIIe siècle, Soundiata eut une conception et une naissance miraculeuses. Possesseur de trois puissants totems qui l'empêchent de grandir normalement, il ne marche qu'à l'âge de dix ans. Du coup, il trouve une énergie énorme. Condamné à l'exil pendant six ans par un demi-frère jaloux, il est recherché par son peuple au moment où le dictateur Soumaoro (qui eut, lui aussi, une naissance miraculeuse, ayant séjourné comme fœtus tour à tour dans le ventre de trois mères) tyrannise la région. Soundiata forme une armée qui détruit celle du tyran, mais celui-ci reste invulnérable jusqu'à ce qu'une de ses femmes, sœur de Soundiata, réussisse à trouver le secret de ce qui peut détruire la puissance de ses totems, l'ergot d'un coq blanc. Après la victoire, Soundiata partage le pouvoir avec douze rois fidèles.

Le Maître de la parole comprend aussi un lexique du malinké et plusieurs chapitres d'introduction où Laye parle de l'importance de recueillir des vieux griots — pendant qu'il est encore temps — les renseignements sur la tradition et de les utiliser comme base culturelle de l'Afrique moderne. Il voit dans l'acceptation du sacré du monde traditionnel une valeur oubliée de ses contemporains, trop assimilés à la culture matérialiste moderne. Le griot se sert d'un «expressionnisme» qui accentue le mystère du monde en même temps qu'il amuse l'auditoire. Laye lui-même essaie d'atteindre ce double but pour un auditoire moderne.

Les valeurs que Laye trouve dans l'histoire de Soundiata sont sociales, morales et religieuses. Le pouvoir de l'ancienne société du Mandén réside dans les petits royaumes. Bien qu'il ne parle à ses sujets que par l'intermédiaire de son griot, le roi doit toujours tenir compte de la communauté. Elle est plus importante que l'individu; le bonheur personnel est sacrifié au bien-être du groupe. La politique est conservatrice. L'autorité est fondée sur la volonté divine; on ne se révolte pas contre un chef, même tyrannique, sans être certain de suivre le chemin que Dieu a choisi. C'est aussi une société d'une politesse bien réglée, qui reçoit chaleureusement les étrangers, comme le prouvent les expériences de Soundiata en exil. Dans la société malinké la volonté de Dieu se manifeste par des moyens naturels et surnaturels; l'esprit divin est en communication directe avec l'homme qui doit rester près de la nature et observer les signes présents dans le ciel ou dans le comportement des animaux. C'est un monde où la quête de Dieu l'emporte sur la recherche des biens terrestres, un monde analogue à celui évoqué dans *Le Regard du roi.*

L'histoire de Soundiata est bien connue de nos jours, grâce à la traduction de l'épopée par D.T. Niane. Mais, tout comme le griot répétait les histoires connues pour enseigner les valeurs morales à son auditoire, Laye veut montrer la pertinence et l'actualité de l'histoire au lecteur moderne. Implicitement, la dictature de Soumaoro rappelle des dictatures en Afrique contemporaine. Comme le griot aussi, Laye ajoute ses propres commentaires. Après avoir tracé la généalogie des descendants de Bilali l'Esclave, fondateur du royaume du Mandén et ancêtre de Soundiata, il note qu'une branche de la famille s'appelle Barry et que les Barry (qui formaient une opposition politique en Guinée jusqu'à l'assassinat de leurs chefs par le gouvernement actuel) «sont originaires du Haut-Niger, et non des étrangers, comme le prétend Sékou Touré». Laye parle souvent du besoin de tolérance et décrit les tortures subies par Bilali à cause de sa foi islamique. En évoquant les déchirements de Soundiata et de son frère pendant leur exil, il ajoute: «mais ils ne le disaient pas, car leur séjour dans leur propre patrie avait été insupportable à bien des égards». Le parallèle avec sa propre situation d'exilé est évident. L'amour du pays natal que Laye ressent, et qui est si présent dans *L'Enfant noir*, se développe ici dans une perspective historique. La civilisation malinké atteignit son sommet au quatorzième siècle; depuis, dit Laye, elle reste figée. L'Afrique contemporaine ne peut donc blâmer le système colonial. Une renaissance exigera le rappel des traditions de l'époque de Soundiata, traditions à relier aux apports du monde moderne.

Comme le griot traditionnel, Laye raconte aussi l'histoire à sa façon. Les analyses psychologiques, les descriptions du pays et de la société (bien plus réalistes que le portrait idéalisé de *L'Enfant noir*) sont ajoutées aux événements épiques et souvent miraculeux. Un portrait réaliste de la jalousie d'une co-épouse voisine, par exemple, avec l'explication d'une tempête miraculeuse en pleine saison sèche, au moment de la naissance de Soundiata. L'analyse de la peur des frères chasseurs chargés de tuer une femme-buffle et de préparer le mariage des parents de Soundiata donne un accent réaliste à l'épopée, accent qui fait vivre l'époque, qui fait accepter au lecteur moderne le surnaturel.

Le style est marqué par des répétitions qui rappellent l'origine de l'histoire dans la narration orale et par des comparaisons typiquement africaines: «comme un poisson étourdi s'offre à la gueule ouverte d'un crocodile affamé»; «tel l'harmattan fouettant la moisson». En reliant les techniques romanesques européennes à une perspective traditionnelle, *Le Maître de la parole* continue la recherche d'une forme nouvelle pour le roman africain, recherche déjà apparente dans *Le Regard du roi* et *Dramouss*, et il s'adresse à l'Africain moderne, habitué aux romans européens mais sensible aux valeurs traditionnelles.

Adèle King

Mal, Dakar/Abidjan, Nouvelles Éditions Africaines, 1975, 30p.
Recueil de nouvelles d'Abdou Anta Kâ.

Situé dans un contexte postcolonial, ce mince recueil de quatre nouvelles traite presque exclusivement du thème de l'aliénation. Le titre de l'ouvrage nous plonge d'emblée dans un univers morbide où Kâ dévoile le déséquilibre profond de ses personnages dans une grande ville africaine. L'analyse de ce mal se poursuit dans les nouvelles. Dans la première, *La mal aimée*, on assiste aux pensées morbides d'un écrivain essoufflé, usé par la vie, et dans la seconde, *Le mal mort*, l'auteur révèle le drame intérieur d'un assimilé, d'un asocial. Une tendance plus positive se précise dans les deux dernières nouvelles. Ainsi, *Le Nègre de service*, montre un homme d'affaires déçu qui se révolte contre les exigences de la vie matérialiste. *La terrasse* nous présente un musulman ingénu qui mène une vie d'errance mais qui est versé dans la culture authentique de son pays. Les voies de rédemption ne sont indiquées, pour ces déracinés, que dans la dernière nouvelle où l'auteur préconise de s'accrocher aux traditions ancestrales de la société africaine.

Mal est une somme de récits fragmentés où Kâ nous offre des témoignages du drame de l'Afrique actuelle. Il s'agit de confessions hallucinées où les monologues intérieurs créent ici l'impression d'une société en pleine décomposition. L'image clé qui résume la vie torturée des protagonistes est celle d'un crabe inquiet dont la démarche anxieuse et boiteuse suggère une réalité déprimante.

Kâ cherche à mettre le doigt sur le malheur de l'Afrique et la signification de ces existences aliénées dépasse le particularisme local pour atteindre à un commentaire plus général sur une crise morale plus universelle. On peut reprocher à l'auteur de n'avoir pas dépeint le cadre social qui a provoqué ces crises. Les deux premières nouvelles sont plutôt une succession d'états d'âme où des esprits non conformistes insistent sur la valeur de l'individu et se moquent des gens refoulés qui «se laissent malmener par la vie». Victimes et complices de ce monde conservateur, ces exilés sont enlisés dans une impuissance. Le contexte social et politique est pourtant plus défini dans *Le Nègre de service*. Bien que l'horizon politique soit bouché et que la prise de conscience proposée soit une tentative futile de liberté, la scène où l'action se déroule est clairement brossée. Kâ a bien envisagé les deux Dakar — le succès social et les compromis honteux du monde commercial aussi bien que «la misère souriante» de l'autre Dakar «caché derrière ces maisons de commerce». Dans cette amère confession le héros, mal à l'aise dans ce monde, refuse la complicité de ses propres compatriotes corrompus. Dans *La terrasse*, deux visages de l'Afrique s'affrontent — le monde musulman où l'on est éduqué «dans les meilleures traditions du pays», et la nouvelle bourgeoisie africaine, assimilée et inauthentique. Dans une nouvelle qui rappelle parfois l'univers d'Ousmane Sembène, le nouveau Dakar et ses prétentions sont caricaturés par le sourire désabusé de Kâ. C'est seulement dans cette nouvelle qu'un salut possible est offert dans le retour aux sources de la fin du récit.

J. Michael Dash

Malheurs (Les) de Tchakô, Honfleur, P.J. Oswald, Coll. Théâtre africain, 3, 1968, 98p.
Pièce en cinq tableaux de Charles Nokan.

La pièce se déroule dans le milieu baoulé. Tchakô se plaint de sa laideur qui l'éloigne du peuple pour lequel il a jadis lutté. Il est amoureux de Fatouma mais elle ne l'aime que pour son intelligence et sa délicatesse. Tchakô apprend enfin à s'accepter et à continuer la lutte pour son Afrique bien-aimée.

Dans son Avant-propos, Nokan avoue son désir de créer des situations poétiques car, selon lui, l'écrivain doit «exprimer les peines, les joies de son peuple, son combat pour l'amélioration de sa condition». Son théâtre est engagé car il croit que tout artiste africain doit lutter contre le colonialisme, le néo-colonialisme et l'impérialisme culturel. Les attitudes de ses personnages reflètent sa préoccupation: «Cessons de nous plaindre, et rendons la vie meilleure pour les générations à venir»; «L'homme ne vit pas que pour remplir son ventre. Il doit penser, remuer des idées. La plus chère de ces dernières, c'est l'idée de liberté. Nous avons à être des hommes délivrés, pleinement libres». Il est intéressant de noter que Nokan fait parler non seulement les fonctionnaires mais aussi la classe ouvrière — chacun doit continuer à réaliser la liberté.

L'action de la pièce se passe à un niveau métaphysique car la seule action est la décision de Tchakô de ne pas abandonner la lutte pour la liberté de l'Afrique. Il a été une fois l'homme du peuple et l'a dirigé en temps de lutte. Mais maintenant il se sent écarté du peuple à cause de sa laideur (il est bossu, aveugle et lépreux). Il comprend le besoin de lier la théorie à la pratique et de mener le combat jusqu'à ce que la théorie se concrétise.

Toute la société participe à la recherche de la liberté depuis le simple ouvrier jusqu'au fonctionnaire: «Nos mains transforment la vieille Afrique.» Ainsi tout le monde accepte-t-il son rôle de soutien et même de bâtisseur de l'Afrique en plein devenir. L'univers produit par Nokan évoque une participation engagée et Tchakô représente, en quelque sorte, l'Africain en lutte avec lui-même qui finit par accepter son rôle de créateur de son pays. La vision de Nokan est à la fois morale, politique, philosophique et métaphysique. Son univers est réel et contemporain. Il évoque une prise de conscience de tous les peuples africains. Tout comme Tchakô ne renonce pas à la lutte, les autres doivent se comporter ainsi car on n'arrive pas seul à être libre. C'est un travail collectif et il faut renoncer à soi-même pour le bien des autres. Tchakô renonce à vivre dans la solitude; Fatouma renonce à son amant pour être auprès de Tchakô dont elle admire les idées; les maçons, les femmes et les paysans renoncent à penser à leur pauvreté pour travailler pour l'Afrique de demain.

Regina Lambrech

Mandat (Le), in **Vehi-Ciosane ou Blanche-Genèse** suivi du **Mandat,** Paris, Présence Africaine, 1965, p. 125-219.
Nouvelle d'Ousmane Sembène ou Sembène Ousmane.

Le Mandat raconte l'histoire banale d'Ibrahima Dieng, qui essaie d'encaisser le mandat qu'un neveu installé à Paris vient de lui envoyer. L'histoire est banale parce que l'insensibilité, l'incompétence et la corruption administratives dont parle Sembène sont des caractéristiques bien connues du néo-colonialisme. La misère des habitants des grandes agglomérations urbaines, accablés par la nécessité de subvenir aux besoins de leurs familles nombreuses malgré le taux élevé de chômage et le prix exorbitant des denrées et des services, est accentuée par le niveau de vie de la nouvelle bourgeoisie aisée.

Le Mandat est un commentaire social dans lequel l'auteur fait une critique morale acerbe de l'attitude de l'individu face à l'argent. Même Ibrahima Dieng, lui-même victime d'un système administratif qui ne tient pas compte de la dignité humaine, n'est pas épargné car l'écrivain révèle, dans toute leur laideur, les ravages de l'avarice. Avant de se présenter au bureau de poste, Dieng a déjà pris à crédit plusieurs denrées et a même obtenu une avance de fonds. Un ami de Dieng se colle à lui peu après l'annonce de l'arrivée du mandat et ne l'abandonne qu'au moment où il se rend compte que les 25 000 francs ne seront pas facilement perçus. Les voisins se succèdent à la porte de Dieng pour demander du riz ou de l'argent. La sœur d'Ibrahima et mère de l'expéditeur du mandat arrive pour réclamer sa part d'argent. Finalement, c'est le parent d'une des femmes d'Ibrahima qui lui vole le mandat mais lui offre un sac de riz et un peu d'argent. Après les humiliations que lui font subir des fripouilles de toutes classes et de tous âges, Ibrahima fait un dernier geste apparemment démentiel. Il distribue à tout venant le riz que lui a donné le beau-parent. Les femmes d'Ibrahima arrêtent cette «folie» qui dépossède la famille d'une denrée vitale. Les femmes ont profité de l'arrivée du mandat pour nourrir la famille à crédit et, tout comme les femmes de Thiès dans *Les Bouts de bois de Dieu* de Sembène, les deux épouses d'Ibrahima le servent et s'affairent pour nourrir les enfants sans que lui, le «chef» de famille, ne semble s'en soucier. Elles ont le courage de lutter pour conserver les biens de la famille mais ne semblent pas conscientes de l'absurdité de leur situation devant un mari qui se comporte pourtant en maître. Le fervent Dieng est prêt à subir toutes les humiliations pour encaisser le mandat. Il accorde à l'argent une valeur morale supérieure à celle de sa dignité personnelle. C'est précisément son échec dans la perception du mandat qui permet à Sembène de révéler la force morale de l'homme dans une société où une administration néo-coloniale profondément inadaptée ne permet guère l'épanouissement du peuple. L'indépendance signifie que les fonctionnaires se constituent en classe, se cantonnent dans des structures figées et oppriment le peuple dont le seul espoir est la vénalité des employés.

L'histoire banale d'Ibrahima Dieng devient donc un document social important parce que l'absurde et l'aliénation ne sont pas abordés comme des théories abstraites. Ces deux notions sont concrétisées par les expériences de Dieng. Sembène les érige en barrière réelle qui ne permet pas la communication entre citoyens.

Parmi les romans contemporains qui révèlent la signification socio-culturelle et économique de l'aliénation, il faudrait signaler *Native Son* de l'Afro-Américain Richard Wright et *Petals of Blood* du Kenyan Ngugi Wa Thiong'o et surtout *The Beautiful Ones are not yet born* du Ghanéen Ayi Kwei Armah. Les réalités du racisme inhérent au capitalisme nord-américain et celles d'un néo-colonialisme au service du capitalisme international produisent les mêmes résultats sociaux. Sembène a donc traité d'un thème universel mais la concision du style, l'emploi fréquent de juxtapositions pour faire ressortir l'incohérence d'un monde où règne l'individualisme, et le pathétique évoqué par un procédé littéraire qui crée continuellement l'espoir pour l'anéantir, accentuent les conséquences tragiques du néo-colonialisme.

Il faut signaler que ce roman a été porté à l'écran sous le titre *Mandabi* (1968). Il s'agit d'un film célèbre dont la diffusion a beaucoup contribué à faire connaître la production littéraire d'Ousmane Sembène.

Frederick Ivor Case

Mânes sauvages, Paris, P.J. Oswald, 1975, 39p.
Recueil de poèmes de Bekate Meyong.

Ce bref recueil présente des poèmes où les sujets traditionnels et personnels alternent avec les sujets politiques. Contrairement à ce que suggère le titre, il ne s'agit pas ici d'évoquer les ancêtres, mais plutôt les héros contemporains qui ont combattu le colonialisme et l'impérialisme.

Le seul poème d'inspiration vraiment traditionnelle évoque le masque Mefe me Nguelé «Celui de la sagesse» (p. 29), exprimant ainsi le désir du poète de rechercher dans la sagesse ancestrale la force

nécessaire pour vivre. Les poèmes personnels ont pour thèmes l'espoir, la fierté d'être noir, la sensualité, la création artistique, la vie et la mort. La vie ressemble à un «diamant», à «un passage d'un inconnu / À un autre inconnu» et la mort à une «visiteuse capricieuse» (p. 6-7).

Dans les poèmes politiques, Bekate Meyong s'élève contre l'inhumanité du colonialisme, il encourage les Noirs à se libérer et il les exhorte à se souvenir des héros morts tels Chaka, Samory, El Hadj Omar et Lumumba, «notre Jésus-Christ» (p. 13, 19). Il espère que le désespoir poussera enfin les Noirs à se révolter car alors «Le feu décorera l'azur verte [sic] Et la sève des baobabs étouffera le cri des mirages [...] le grand corps impérial/ S'affalera sur le sol pur de l'Afrique [...] Car la Victoire sera celle du Peuple» (p. 24, 26).

Les poèmes politiques contiennent quelques thèmes qui se réfèrent à la vie quotidienne et que l'on rencontre souvent dans les romans négro-africains. On trouve le thème de la danse dans *Sola, ma chérie* et le *Roi miraculé*. Mais dans *Mânes sauvages*, il est associé à la lutte politique: «Afrique, danse! [...] Danse la tempête [...] Prends les armes pour briser tes chaînes» (p. 35). L'effritement de la cohésion sociale, autre thème de la vie quotidienne, est représenté avec la même ambiguïté que dans le roman *Sur la terre en passant*, car d'un côté les auteurs critiquent le tribalisme et de l'autre ils déplorent la disparition des liens sociaux.

La variété qui existe dans l'inspiration se voit aussi dans le style. En effet, quelques poèmes comme «L'Amour avec la femme soleil» imitent les surréalistes français, d'autres comme «Attributs du Nègre» rappellent Jacques Prévert, et d'autres encore comme «Afrique, danse» se souviennent de la tradition orale. Cependant, en dépit des emprunts, le poète réussit à se créer un ton personnel, lyrique et militant.

Claire L. Dehon

Marais (Les) brûlés, Kinshasa, Centre Africain de Littérature, 1973, 40p.

Recueil de contes de Bosek'llolo-Baleka Lima.

Dans *Les Marais brûlés*, l'auteur transcrit quatre contes traditionnels de sa région. Il répond ainsi à l'appel lancé par Tito Yisuku Gafudzi dans le manifeste de son mouvement artistique et littéraire: *le concrétisme*, mouvement qui veut promouvoir une littérature fondée essentiellement sur les contes, les proverbes, les légendes et les chansons traditionnels. Cette tendance littéraire s'inscrit dans le recours à l'authenticité prôné par le président du Zaïre, Mobutu Sese Seko.

Les Marais brûlés promène le lecteur dans la forêt équatoriale, jungle pleine de mystère où tout parle et agit non seulement à la manière des hommes mais aussi et surtout avec eux. Dans le premier conte, *Le rat à quatre queues*, Botamba, rat pris dans le piège de Bokungu, demande à ce dernier de le sauver. Quelques jours après, ce rat libérera Bokungu et sa femme des ogres et dira à la femme qui voulait que son mari tue le rat de ne «jamais être mauvaise envers n'importe qui».

Le deuxième conte, *L'écureuil et la noix,* est l'histoire d'un écureuil mécontent de la force que la Nature lui a donnée. Aussi va-t-il chez le féticheur serpent demander une autre défense. Le serpent lui donne un venin avec la prescription de ne jamais manger de noix de palme. L'écureuil désobéit à la prescription et perd aussitôt sa force. Le serpent lui dit de se contenter de ce que la Nature lui a donné.

Le troisième conte, *Un-coup-sept-personnes*, raconte la témérité d'un paresseux qui, devenu miraculeusement l'homme le plus fort du monde, est battu par une femme. *Nk'Ekolo* clôt le recueil. Né sans bras ni jambes, Nk'-Ekolo, pour avoir rendu service à un ogre, sera pourvu de membres.

Écrits dans un style très simple et lisible, *Les Marais brûlés* révèlent les qualités littéraires de Bosek'llolo-Baleka Lima. Même si l'on ne peut y dégager une technique semblable à celle de Birago Diop, Bosek'llolo-Baleka Lima est un conteur de talent.

Dans *Les Marais brûlés*, on dégage deux grandes caractéristiques du conte négro-africain: le didactisme et l'anthropomorphisme.

Nu-Kake Gatembo

Marche, pays des espoirs, Paris, Présence Africaine, 1967, 56p. – Préface d'André Terrisse.

Recueil de poèmes d'Étienne Tshinday-Lukumbi.

Marche, pays des espoirs – recueil de vingt et un poèmes – est un long chant qui traduit la déception d'une vie faite d'espoir et de désespoir où chacun se reconnaît. D'entrée de jeu, Tshinday définit la poésie comme la connaissance de l'autre qui est à la fois autre et nous-même, car il considère ses vers comme: «Les abominables ténèbres / Où seul un être se reconnaît» (p. 13)!

Cependant, tout le recueil gravite autour de trois constantes: l'Afrique, le doute et la mort. L'Afrique, c'est évidemment la Mère et à travers le drame du poète c'est toute une sombre période de l'histoire africaine qui est évoquée. À côté d'une Afrique des forêts, des savanes, des volcans, des montagnes, naturellement belle et paisible, vient se greffer une Afrique au «passé obscur», une Afrique qui sort d'un «sommeil millénaire» en même temps que de l'enfer de la colonisation: «Éloigne de toi ces mœurs non nôtres, / Inscris sur tes portes: malheur aux diables ambulants» (p. 16-17)!

Cette poésie est celle d'un homme qui veut se délivrer de la sclérose d'une civilisation qui se reniait et se dévorait, et sortir enfin d'un système colonial destructeur de toute vie, destructeur de toute humanité. L'idéal du poète de se libérer, de retrouver son moi authentique devient une mission évangélique qui annonce le message de la liberté.

Cependant, Tshinday constate la carence de cette Afrique d'hier, pourtant pleine de forces et de potentialités, qui est désarmée dans le présent. Il souhaiterait sauver les siens, leur tracer la voie à suivre. Mais comment y parvenir lorsque l'on est soi-même habité par le *doute*: «Dans ces airs de consolation, un point: l'arrivée des ailes et d'un rien...» (p. 31-32).

À travers cet être qui se cherche, qui ne comprend pas le pourquoi de son existence, qui s'interroge sur ce qu'il doit faire – là est la dimension métaphysique présente dans ce recueil – nous devinons tout l'avenir politique et social de son pays encore voué à des lendemains incertains; car, dit-il: «Cet enfer, cet enclos qui me plaît, las de me ceindre, éclate. / [...] / Je suis là, à tâtons luttant avec la bassesse...» (p. 31-32).

Surgit, par moments, la hantise de la mort, une mort présente, familière, traduite non point en termes macabres mais élevés, poétiques. De sorte qu'elle est parfois espérance: «Là, tout près, tout près de l'abîme mortel, / L'espoir toujours renaît» (p. 44).

Au total, une poésie lucide, militante, aux accents poignants mais qui a encore une lueur d'espoir.

Kankolongo Mbuyamba

Mare (La) aux crocodiles. Contes et légendes populaires de Côte-d'Ivoire, Dakar/Abidjan, Nouvelles Éditions Africaines, 1973, 123p.
Recueil de contes de François-Joseph Amon d'Aby.

Ce recueil comprend quarante contes et légendes de la Côte-d'Ivoire, dont la plupart mettent en scène le bestiaire familier de la littérature orale de la région: les bêtes de la savane – Soukoukou l'hyène, Foné le singe, Eègonon la tortue et, naturellement, le lièvre Saran.

Le héros de la zone forestière est, bien entendu, Ekèndèba, petit-fils d'Akou Ananzé, l'araignée.

Une vingtaine d'années avant la publication de cet ouvrage, Amon d'Aby s'était fait connaître parmi ses compatriotes pour son rôle dans la fondation du Théâtre Indigène de la Côte-d'Ivoire. Sa réputation d'écrivain s'est plutôt limitée à son pays natal; entre 1955 et 1958, il a composé des pièces didactiques et morales, qui avaient pour but de lutter contre toutes les influences qui retardaient la civilisation noire.

Ce même désir de préserver les meilleures valeurs morales et culturelles de l'héritage indigène lui inspire ce retour aux contes traditionnels, dont cet ouvrage offre une version en français. Le rôle du conte étant d'instruire tout en divertissant, d'éduquer tout en renforçant la cohésion du groupe, Amon d'Aby s'en sert pour expliquer les coutumes ou les croyances de la région, pour enseigner une sagesse pratique ou des vertus civiques. On apprend, par exemple, pourquoi l'apparition d'une mante religieuse est considérée comme un heureux augure. Le conte qui donne son titre au recueil entier avertit que le tort fait aux autres se retourne en général contre soi, thème qui se retrouve dans *L'hyène et le singe*. La leçon de *L'araignée et sa fiancée*, c'est qu'un homme trop malin est souvent victime de ses propres manigances (v. *La cigogne et le renard* de La Fontaine). Les ruses de l'araignée, déjouées par le singe et la mante, illustrent le proverbe: «Bien fou qui fonde son bonheur sur la mort d'autrui.» *Le mulot et l'écureuil* recommande la prévoyance; *Dame Zinimo* prêche la fermeté en face du danger. La nécessité d'être toujours hospitalier est illustrée par la moralité des *Hommes de pierre de Soulilé*: en tout étranger se cache un dieu, aussi faut-il lui ouvrir la porte de sa maison et de son cœur. Dans *À qui appartient le veau*, il est question du triomphe du bon sens et de la raison sur la supercherie: en même temps, l'emploi dans ce conte d'un enfant de cinq ans pour déjouer les ruses des aînés et pour expliquer les énigmes et les paradoxes (qui d'ailleurs nous rappelle l'enfant Kem Tanne dans *L'héritage* de Birago Diop, dans ses *Contes d'Amadou Koumba*) nous apprend qu'il ne faut pas se fier aux apparences quand on recherche la sagesse, la vérité et la justice. Les contes qui mettent en scène des bêtes en présentent le caractère traditionnel. Les deux personnages principaux sont, d'une part, le lièvre qui incarne l'adresse et l'espièglerie, et, d'autre part, son homologue, l'araignée, qui est un amalgame de qualités et de défauts, voire de vices: grâce à son bon sens, à sa finesse d'esprit, à sa parfaite connaissance des hommes, Ekèndèba mérite ses triomphes; mais il doit aussi ses nombreuses déconvenues à sa gourmandise et à son égoïsme. Parfois le conte prêche la vertu pour elle-même, et non pas en raison d'une récompense immédiate quelconque: la leçon de l'allégorie, *Le premier habitant de la terre,* c'est que la vérité finit toujours par rattraper le mensonge, même si elle paraît lente comme le caméléon. Cependant, la survivance de l'individu et la force de la communauté ne dépendent pas uniquement de leur éthique: la sottise peut se révéler être aussi dangereuse, aussi condamnable, que le vice; aussi l'intelligence, la ruse, le savoir-vivre sont-ils exaltés comme des qualités authentiques, comparables au courage. Tantôt, c'est le lièvre qui est admiré pour sa capacité de l'emporter sur la naïveté ou l'imbécillité des autres habitants de la brousse (*Le lièvre triomphe du buffle et de l'éléphant, Le lièvre épouse la fille du roi, Le lièvre, l'hyène et les œufs de pintade*); tantôt c'est l'araignée qui manifeste autant de ruse et de roublardise pour tromper ses rivaux ou ses ennemis.

Amon d'Aby conteur ne possède pas le talent de Birago Diop ou de Bernard Dadié, qui avaient été parmi les premiers à reconnaître, sous l'impulsion de la négritude, l'importance de la conservation des contes et légendes. Amon d'Aby se contente de traduire fidèlement le fond de la matière traditionnelle, sans la renouveler par un style personnel, par l'animation du dialogue, par la caractérisation des personnages, par des traits d'humour ou d'ironie individuels.

Dorothy S. Blair

Marmite (La) de Koka-Mbala, Monte-Carlo, Éditions Regain, Coll. Le Pied à l'étrier, 1966, 75p.

Pièce en deux actes de Guy Menga.

La Marmite... a été représentée pour la première fois en 1966, lors du premier Festival des arts nègres à Dakar.

L'action de *La Marmite...* se déroule à Koka-Mbala, capitale d'un petit royaume du Kongo. Les lois y sont rigides: il est interdit aux hommes comme aux femmes de «lever les yeux» les uns sur les autres; toute contravention, même le vol, est punie par la mort dans une fosse. Les juges, eux, sont inflexibles et impitoyables. Pire encore, Bobolo, le grand féticheur et premier conseiller du royaume, invente la «marmite à esprits» afin d'intimider le tribunal lors des jugements. Or, ces lois punissent surtout les jeunes et gardent toute leur clémence à l'endroit des adultes.

Le texte dramatise le conflit des générations qui résulte de l'administration arbitraire et abusive de la loi à Koka-Mbala. Bintsamou, le roi, fait un rêve épouvantable. Son devin voit en ce rêve la désapprobation des morts pour le massacre des jeunes. Incité à la clémence par cette explication et par les conseils de sa première femme, Lemba, le roi refuse d'envoyer le jeune Bitala à la fosse, bien que le malheureux ait épié la femme de Bobolo au bain. Bitala est banni du royaume. Ce témoignage d'humanité est acclamé par les femmes et les jeunes, mais Bobolo se sent humilié et, criant à l'outrage contre les esprits, complote la destitution de Bintsamou.

La révolte des jeunes, dirigés par Bitala, sauve la vie au roi et le maintient sur le trône. À la demande des jeunes, la fameuse marmite est détruite et le conseil, dissout. Le roi propose la représentation des jeunes au conseil. Bobolo est arrêté.

Le conflit des générations est un des problèmes les plus cruciaux dans les sociétés africaines en mutation. Si le roi se voit pris entre les vieux et les jeunes, c'est à cause du caractère inhumain, cruel et injuste des traditions telles qu'elles sont prescrites par les féticheurs. Le triomphe des jeunes ne veut point dire moins d'égards pour les vieux et Bitala le souligne bien. La solution semble être la connaissance et l'acceptation mutuelles. La femme aura un rôle important dans cette nouvelle existence.

La Marmite révèle une action claire, simple et originale. Des éléments comme le songe qui provoque l'attitude humanitaire du roi, le complot contre lui, la reconnaissance de la reine Lemba au conseil et la révolte des jeunes, font l'originalité du dramaturge. Cependant certains éléments, telle la précision des âges, sont étrangers aux habitudes africaines: on se réfère plus souvent à des groupes d'âge. Le langage et les manières des personnages sont très raffinés et plutôt invraisemblables. L'action a une fin classique: la récompense du roi et de ses bienfaiteurs, la punition des méchants, comme cela se voit dans le conte traditionnel. Le mélange du comique et du tragique et l'ambiguïté didactique qui en résulte conviennent tout à fait au thème des conflits traités.

Gertrude Edem

Masques nègres, Yaoundé, Multigraphié, 1969 / Yaoundé, Éditions CLÉ, Coll. Poésie, 1972, 64p.
Recueil de poèmes de Samuel-Martin Eno Belinga.

L'inquiétude que traduit l'œuvre poétique de Belinga résulte essentielle-ment du *conflit* entre le chaos primordial (les «forces anarchiques» qui semblent régir la vie humaine) et l'unité de profondeur que ressent le poète dans l'extase de sa création.

Dans *Masques nègres*, le problème essentiel que tente de résoudre le poète est celui qui concerne l'existence humaine. Le poète se soucie constamment de conférer à cette existence un sens cohérent et harmonieux. C'est ainsi que tous les poèmes du recueil constituent des étapes conduisant Eno Belinga à un point qui permet de contempler la luminosité et l'unité du Cosmos. On comprend donc que la difficulté de l'entreprise l'oblige à adopter une démarche ésotérique de type initiatique.

Si l'on accepte le concept de l'imaginaire tel que le définissent Gilbert Durand, Léon Cellier, Simone Vierne et Mircea Eliade, on sait que l'une des caractéristiques majeures de la pensée initiatique est la notion de quête. Pour Simone Vierne, «Les épreuves, les souffrances, les pérégrinations du candidat à l'initiation survivent dans le récit des souffrances et des obstacles que traverse, avant d'arriver à ses fins, le héros» (*Romantisme*, n° 4).

L'émouvante et pénible quête qui nous est racontée par Eno Belinga dans *Masques nègres* est celle de l'âme cherchant à parvenir à la vérité absolue et à l'immortalité. Et il est essentiel de ne pas perdre de vue le fait que c'est le poète lui-même qui est le sujet des poèmes. Ceci permet non seulement de voir les poèmes comme une entreprise spirituelle mais aussi de tenir compte de la particularité du rôle que veut se donner le poète. Eno Belinga veut être perçu comme un élu, un être à part, appelé à s'emparer du «secret des choses et des êtres».

La volonté, exprimée par le poète dans «Proverbes», de soumettre sa propre âme à un examen minutieux tient au fait que l'on sait, depuis Jung, que l'homme ne peut connaître l'Absolu que dans la mesure où il se connaît lui-même, et ne peut se connaître que dans la mesure où il connaît l'Absolu. C'est l'essentiel de ce que proclame Eno Belinga dans «Air de tambour» lorsqu'il se reproche de vouloir «découvrir les plus hauts sommets» sans avoir préalablement mesuré «l'étendue de l'abîme». C'est aussi le message contenu dans l'exhortation suivante:

«Si tu persévères, de la vérité profonde
De toi-même à toi-même
Tu voudras si tu oses tu sauras,
Dans le silence t'épanouir, éclairé
Par la lumière qui éclaire tout homme»
(«Les trois épouses»).

Dès lors, la tâche du poète consistera à trouver les voies les plus convenables pour arriver à cette connaissance de soi. Dans «Proverbes» et «Le chemin de pierre», il poursuit la voie descendante qui le conduit notamment dans «les larves ardentes» et les «bouches de feu» d'un volcan; tandis que dans «La montagne», on ressent une certaine prédilection pour le chemin ascendant. Cette opposition traduit le paradoxe, bien connu depuis les romantiques, que la descente et la montée ne sont que deux façons d'arriver au même but. Et c'est dans le sens de la réconciliation de ce paradoxe qu'Eno Belinga laisse entendre dans «Le chemin de pierre» qu'il n'existe pas d'autre voie que celle qui passe par l'abîme pour atteindre le sommet.

Passer par l'abîme c'est, dans la pensée d'Eno Belinga, subir des épreuves difficiles car, comme l'exprime fort bien Simone Vierne, il s'agit pour le candidat de passer successivement par «les épreuves destructrices de l'homme profane et génératrices de l'homme nouveau» (*Romantisme*, n° 4).

Tous les poèmes du recueil traduisent cette notion dualiste de mort et de renaissance: mort symbolique dans l'expérience du passage par les «larves ardentes» et les «bouches de feu» dans «Le chemin de pierre»; mort symbolique du voyage dans le labyrinthe souterrain dans «L'émotion créatrice», «Aube vespérale», «Les trois épouses» et «La descente». Les expériences que traverse le poète lui permettent de manifester trois qualités: l'héroïsme, l'humilité et le sens religieux.

Fortifié par ces vertus, le poète pourra apprécier le sentiment de la renaissance dans «La descente» et dans «Aube vespérale»; après avoir remonté le cours de l'Histoire, il parvient au point extratemporel et extra-spatial où il peut contempler la pureté de «la lumière qui éclaire» d'«un jour très grand». C'est également renaître que d'éprouver le sentiment salutaire qu'annonce le message d'amour proclamé par les trois sibylles dans «Les trois épouses».

Grâce à cette découverte de l'amour, Eno Belinga affirme dans «Cantique» et «Rêve d'un rêve» être parvenu à l'harmonie, à «l'unité retrouvée», qui seules confèrent un véritable sens à l'existence humaine.

Egbuna P. Modum

Masséni, Dakar/Abidjan, Nouvelles Éditions Africaines, 1977, 253p.
Roman de Tidiane Dem.

Le récit commence par l'histoire du riche Dady Konaté et de son épouse Minignan qui habitent Ganda, un village du nord de la Côte-d'Ivoire. Mariés depuis cinq ans, ils n'ont pas encore d'enfant! Selon la vieille pythonisse Fourougnoniouman, cette stérilité serait causée par un sortilège jeté par une voisine, Nakaridia. Elle est furieuse parce que Dady Konaté dédaigne sa fille.

Au début du roman, Dady et Minignan reçoivent les vœux d'un ami tisserand, Mory, qui héberge chez lui un marabout renommé: Karamoko. Après bien des marchandages, ce personnage extorque une forte somme à Dady contre une amulette.

Intervient alors un nouveau personnage: Djinémakan, chasseur versé dans la géomancie. Ce mode de divination lui permet d'assurer au couple que s'il se rend dans un village situé à trois jours de marche, il y rencontrera quelqu'un de piètre apparence mais nanti d'un pouvoir providentiel. Dady choisit Kata où habitent son ami Bouakari et sa femme Adiata. Or, dans sa concession, Bouakari héberge Nadia Konaté, une vieille femme originaire de Ganda. Cette femme possède un médicament à base de sperme d'éléphant pour soigner la stérilité. Miracle! Minignan est enceinte et accouche d'une fille qu'on appellera Masséni — qui signifie «plus précieuse que mère (Ma) et or (Seni)».

À partir de la page 115, le roman porte sur l'histoire de Masséni qui croît en intelligence et surtout en beauté, avec ses seins de Vénus, sa taille de fée et ses yeux de boa... Présidente d'un club de jeunes, elle possède, selon la tradition, un sigisbée (protecteur), un amant (responsable de sa virginité) et un fiancé naturel (futur époux choisi dans la famille de sa mère). Son angélique pureté attise les désirs des hommes: un garde cercle puis un représentant (de l'Administration) veulent à tout prix la posséder. Le représentant (un incirconcis) la réquisitionne pour porter le coton à la ville, espérant profiter d'une occasion favorable pour la courtiser. Ses desseins sont contrecarrés: au cours d'une étape à la cour d'un Chef de canton, celui-ci tombe follement amoureux de la belle Masséni et veut en faire sa «femme de parade».

L'oncle maternel, qui refuse d'abord de renoncer à «la peau de chèvre», finit par accepter un mariage qui garantira la paix du village. La cérémonie a donc lieu et l'amour du Chef pour sa dernière épouse est tel qu'il lui pardonne de n'être plus vierge; en effet, Masséni, avant d'entreprendre sa route du coton, s'est donnée à son «amant», le jeune Bâbou. Celui-ci, incorporé de force dans l'armée à la suite d'une intervention du Chef, disparaîtra au Soudan pour ne revenir à Ganda qu'après la mort de son rival heureux. Masséni, qui n'a révélé le nom de Bâbou que parce que sa faute l'empêchait d'accoucher, donne alors naissance à une fille, Mariama.

La fin du livre relate diverses intrigues de harem, la favorite du Chef n'ayant guère apprécié l'ascendant que Masséni a pris sur leur époux. Elle complote donc avec le sorcier Orokélé et essaie de faire avaler au Chef un philtre d'amour. Découvert, Orokélé passe en jugement et est condamné à l'exil, sentence commuée en amende à vie sur l'intercession de l'Iman. Mais, comme Orokélé et ses confrères forment une association très redoutable, on initie le Chef à la sorcellerie au cours d'une cérémonie spectaculaire.

Autre scandale: celui du «petit pagne»: la favorite fait voler un linge intime de Masséni et un magicien se charge, moyennant un anneau d'or, de jeter un sortilège à la triomphante Masséni. La jalousie d'une des co-épouses révèle l'affaire; la favorite sombre dans la folie d'où seule l'intervention de l'Iman peut la sortir. Un pardon général s'ensuit. Puis subitement le Chef meurt; le «représentant», à l'amour persévérant, réapparaît et réussit à épouser la veuve. Mais lorsqu'il entend l'obliger à quitter la cour et à venir habiter sous son toit, elle divorce. Comme selon la religion, elle doit, pour pouvoir entrer au paradis, être mariée, elle épouse Baladji, un commerçant sans scrupule, qui l'astreint à la corvée d'eau. Masséni, peu habituée à ce genre d'activité, glisse sur la berge du marigot, se fracture le bassin, et meurt entre les bras d'une amie, Mabroutie, qui a accouru à son chevet.

Comme on s'en rend compte, le grand défaut du livre est le manque d'unité de l'intrigue qui, d'abord centrée sur le couple Dady-Minignan (cent quatorze pages), passe ensuite à leur fille Masséni (cent trente-sept pages).

La fin est d'une invraisemblance totale; elle condense en onze pages une paralysie, un décès, deux mariages, un divorce et un accident mortel! Ce désintérêt vis-à-vis du schéma romanesque se manifeste aussi dans la gaucherie des enchaînements entre épisodes («Que se passait-il dans ces clubs? Quels rôles jouaient-ils dans la vie du village? C'est ce que nous allons aborder dans le présent chapitre», p. 115). Aucun portrait des personnages principaux; seules l'exceptionnelle beauté de Masséni (c'est «une femme de grande étoile», p. 224) et ses somptueuses parures sont décrites à plusieurs reprises.

Pour Tidiane Dem, l'architecture romanesque est secondaire: la trame narrative n'est là que pour lui fournir des occasions de s'attarder, avec un évident plaisir, à ressusciter une foule de coutumes traditionnelles aujourd'hui désuètes (l'affaire se situe bien avant 1940). Ainsi: le kouroubi, danse des jeunes filles organisée en pays Dioula pendant les trois ou quatre derniers jours du Ramadan; les clubs de jeunes, révélant une très complexe structure sociale; de croustillantes scènes de marchandage, par exemple chez Karamoko ou chez Ouassaga le marchand de calebasses, au cours desquelles intervient toujours un conciliateur; les palabres à propos de la tenue que portera la mariée au cours des pompeuses célébrations du mariage religieux du Chef et de Masséni – on pense à Francis Bebey –; la façon pittoresque et poétique dont un jeune homme déclare son amour à l'objet de sa flamme («la baguette a flambé»); la rouerie cupide des «marabouts-commerçants», fripouilles grugeant honteusement les crédules paysans; le cérémonial des pratiques magiques et occultes des sorciers et devins puis (car on craint malgré tout leur puissance) les rites d'une initiation du Chef à la sorcellerie avec hiboux, cagoules, arbre mystérieux dans une clairière, la nuit; des séances du tribunal de famille royale avec interventions de l'Iman; des considérations sur la condition féminine et les modalités du choix des époux; des réflexions sur les mœurs d'hier et d'aujourd'hui... Sans doute, s'agit-il là de digressions qui entravent la progression narrative et perturbent le fil de l'intrigue, mais, répétons-le, elles constituent, aux yeux de l'auteur, l'important de son message.

Le style est simple et convient parfaitement à cette sorte de documentaire sur la vie quotidienne, d'une petite bourgade perdue d'il y a un demi-siècle.

Masséni, avec sa profonde nostalgie pour un passé et pour une vie tradionnelle à jamais disparus, s'inscrit dans la lignée de *L'Enfant noir*, du *Crépuscule des temps anciens*, du *Sang des masques*. Paru en 1977, il ressemble, malgré tous ses attraits ethnographiques, au temps qui va être celui des *Crapauds-brousse*, de *L'Écart* ou de *La Vie et demie*, à une résurgence mélancolique d'un courant en voie de tarissement: la négritude...

François Salien

Matins (Les) blafards, Paris, P.J. Oswald, 1977, 70p.
Recueil de poèmes de Joseph Anouma.

Les Matins blafards est un recueil de vingt-quatre poèmes écrits en vers libres très rarement ponctués, qui ont été dédiés à ceux qui sont morts pour la liberté. L'originalité de ce recueil vient de ce que le thème dominant de chaque poème est illustré par l'image d'une lithographie (burin, eau-forte ou bois nature ou en couleur), qu'inspirent la mythologie et les rites africains.

Le poète remplit le rôle qu'il considère être le sien et il exhorte ses frères à se révolter contre l'oppression, l'injustice et l'hypocrisie, afin que renaisse la culture noire. Mais Joseph Anouma est lucide: «Je sais aussi que jamais la rivière / Ne renoncera à son cours initial / Pour remonter les versants de la montagne / Dans l'espérance de la survie / Un noyau peut encore se cramponner à la matrice de la terre» («Elegia»). Mais l'auteur dont l'existence à Paris fut «mille fois écorchée» retourne dans son pays natal. Et il implore: «Afrique mère / Me voici de retour / Couvre-moi d'amour» («L'enfant prodigue»). Alors se confrontent le rêve ancestral et la réalité du devenir.

L'auteur chante sa confiance dans la résurrection finale: «Loin de toute parole perfide et venimeuse / Nous ressusciterons au seuil de la nouvelle cité / Baignés par la lumière timide du petit matin» («La source»). Mais c'est en irréconcilié que l'auteur accepte finalement sa «pitance quotidienne / Pour semer l'espoir sur les bouches aphones» («Glaive invisible»).

Le vocabulaire étendu de Joseph Anouma et ses nombreuses références à la faune, à la flore et aux mythes africains caractérisent ce recueil, où de violents sarcasmes et l'ironie contrastent avec une exquise tendresse. La poésie de Joseph Anouma reflète l'enthousiasme, l'impatience et la jeunesse de son auteur, indéniablement présents dans une Afrique nouvelle en gestation.

Josette Hollenbeck

Matraqué par le destin ou la vie d'un talibé, Dakar/Abidjan, Nouvelles Éditions Africaines, 1973, 200p.

Roman d'Amar Samb.

Omar Guévane, *talibé* (élève à l'école coranique), nous raconte sa vie. Il nous présente sa région natale du Cayor, la famille de ses parents, ses maîtres à l'école coranique et, enfin, ses maîtres à l'école française. La vie du jeune homme est un calvaire. Victime de la méchanceté des malins – tels son oncle Tolé, son premier maître à l'école coranique, sa sœur Nabou et son frère Mamadou –, Omar est bien «matraqué par le destin». Il sera heureusement sauvé de l'enfer familial et traditionnel par sa mère, Aminata Sall. Le récit va du village à la ville, du hameau à la maison, de l'école coranique à l'école française, pour se terminer au moment où le malheureux héros prend l'avion pour la France. Il nous assure avec fierté qu'il y trouvera le bonheur.

En principe, on devrait avoir pitié du jeune prédestiné dont le père tombe malade alors qu'il est encore dans le sein de sa mère. Selon la superstition traditionnelle, le destin devra choisir: «Ou bien je naîtrai fille et le père sera sauvé ou bien garçon et le père alors mourra.» L'enfant qui naît est un garçon. Le père meurt et Omar devient ainsi le souffre-douleur de la famille.

Toujours est-il que la pitié du lecteur se transforme vite en étonnement, voire en mépris, car peu à peu on se rend compte que Omar est plutôt content de la mort de son père. En effet, Papa Birame était un musulman fanatique qui n'envoyait jamais ses enfants à l'école. Sa mort laisse Omar libre de toute contrainte! «Sans cet accident, je serais sans doute aujourd'hui un ignorant buté et un fanatique stupide.» Il y a chez Omar une prémisse absolue, à savoir que la société est remplie de deux sortes d'individus, les bons et les méchants. Le bon est celui qui s'attache à la civilisation européenne et le méchant celui qui s'y oppose. Or civilisation européenne veut dire école française et christianisme. Les malins, les diables, les fétichistes et musulmans qui n'acceptent pas le Dieu chrétien ne savent ni lire ni écrire et n'envoient pas leurs enfants à l'école nouvelle. Omar sera le seul des seize enfants Guévane à fréquenter l'école française. Il sera donc le seul *civilisé* de la famille. Parmi les méchants, citons sa sœur Nabou, «ce monstre, cette méchanceté en chair et en os»; son frère Mamadou, d'une nature irascible, nerveuse, belliqueuse, changeante, sera même accusé de la mort d'un de ses petits frères; l'oncle Tolé est un bourreau d'enfants dont la qualité essentielle est qu'il sait réciter le Coran par cœur. Dans ce clan stupide et ignorant, il y a deux exceptions: Omar et sa mère. «Dans cette nuit aux ténèbres opaques qu'est la famille, seule brille par bonheur une lumière sublime et divine: la Mère.» En envoyant l'enfant à l'école française, Aminata Sall fait un «geste divin» sans lequel Omar «serait encore inculte comme une bête sauvage». Le jeune Omar se révèle «un élève intelligent, travailleur et discipliné». C'est le meilleur de sa classe et la coqueluche des maîtres. La modestie ne fait pas partie de son vocabulaire. Omar est un enfant modèle qui ne mérite point les durs châtiments que les vauriens lui infligent. Omar est donc un citadin supérieur aux villageois avec leurs manières millénaires. Omar est un poète, symbole de la politesse et quintessence de la bonté.

On se demande s'il s'agit ici d'un roman africain; car tout ce qui est africain y est condamné, alors que tout ce qui est blanc est exalté. La région natale du héros, c'est la savane, la brousse, «c'est surtout le scorpion et le serpent», la chaleur intolérable et la sécheresse. La religion traditionnelle africaine est barbare et ne sert qu'à étouffer l'âme du peuple. L'Islam est considéré comme une religion inférieure au christianisme. Le symbole de cette infériorité et de cette ignorance est le personnage du marabout que le héros de Samb observe avec haine. Le marabout est un tartuffe exploitant à plaisir la crédulité des gens et l'oncle Tolé représente une classe socio-religieuse exécrable. Tolé est «grand, très noir, bien campé sur ses larges pieds, laid comme un vieux singe, le visage renfrogné et sévère...». Sa laideur physique est symptomatique d'un caractère encore plus laid, d'une férocité de bête sauvage. À cause de Tolé, le pauvre Omar devient à l'école coranique une loque humaine. Le marabout est «un être qui n'a rien d'humain, qui ne sait goutte, qui ne fait que réciter comme un perroquet, qui ne sait de l'Islam que le nom».

Omar n'est pas un Sénégalais comme les autres à cause de son éducation à l'école française. Il ne cesse de louer la France, voire tout ce qui est blanc. Il emprunte constamment à l'Europe ses exemples et ses modèles: Lacroix, Sacha Distel et Ray Anthony, Hugo, Napoléon, Camus. Avec ses compagnons d'école, le héros salue avec zèle le drapeau bleu-blanc-rouge. Le français, c'est la seule consolation d'Omar devant l'obscurantisme des maîtres coraniques. L'éducation française forme l'Homme, civilise le sauvage, sauve l'Africain de cette nature qui le ravale au rang des bêtes féroces. D'après Omar, l'objectif définitif est de conduire la masse à «l'ère des cosmonautes». À part sa «parfaite mère», tous les amis d'Omar sont instruits. Tel N'Diaye, directeur d'école française devenu membre du mouvement scout français. De plus, il a beaucoup voyagé en Europe. Tel ce Maure qu'Omar rencontre à Dakar. Tel ce beau juge blanc chargé du procès d'Omar arrêté pour avoir volé au secours de son frère qui se disputait avec un apprenti chauffeur. Ce dernier qui est analphabète est considéré comme un voyou bon à jeter en taule. Omar est un bon garçon qui répond aux questions en gardant tout son sang-froid. Son accusateur, voyou, «ne sait rien en français [...]; les paroles qu'il débite ne sont comprises que par le monde provocant et peu recommandable des autres truands». Et ce juge, c'est «un Français jeune, élégant et beau; il a les cheveux très blonds; le geste lent, mais sûr; la voix traînante; son regard qui jaillit de ses yeux bleus respire la compréhension et la perspicacité». Dès le début, le beau juge assure Omar de la liberté et ne donne aucun espoir à l'apprenti chauffeur mauvais et inculte. Il s'agit vraiment de la justice du beau et du blond...

Toute l'histoire est une série de banalités destinées à prouver la beauté d'Omar instruit et la laideur de l'analphabète. Omar, le plus beau, le meilleur, le civilisé, est réellement un petit nègre acculturé ébloui par l'image de la parfaite France, honteux de ses origines africaines et résolu à monter vers le paradis terrestre qu'est l'Europe.

Certaines idées que révèle l'ouvrage sont néanmoins pertinentes. L'auteur explique le Coran et la nécessité de faire de toute religion, non pas une doctrine déprimante et absolutiste, mais un corpus dynamique accordant aux pratiquants la possibilité de s'épanouir heureusement. De plus, Omar semble prôner un métissage culturel fondé sur le besoin de vivre son époque, en changeant les «habitudes millénaires» de l'Afrique.

Femi Ojo-Ade

Mauvais (Le) Sang, Paris, Caractères, 1955, 45p.
Recueil de poèmes de Gérald Félix Tchicaya U Tam'si.

On peut considérer rétrospectivement la parution de *Le Mauvais Sang* comme la première prise de parole d'une nouvelle génération de poètes africains, distincte de celle des «pères fondateurs» de la négritude.

Rétrospectivement, car à sa parution, le recueil suscita surtout l'incompréhension et le malentendu. D'abord chez l'éditeur même, qui exigea que le titre prévu par l'auteur «Quasi una fantasia», pourtant conforme à la structure de composition musicale prévue par l'auteur — cf. la première partie «andante» et la deuxième «largo» —, fût changé car insuffisamment exotique.

Cette incompréhension eut d'heureuses exceptions, avec une lettre chaleureuse d'Aimé Césaire, auquel le père du poète avait soumis un des textes retranchés du recueil, cependant que L.S. Senghor devait écrire dans la Préface à la première édition d'*Épitomé*: «En 1955, *Le Mauvais Sang* de Tchicaya m'avait frappé, m'était entré dans la chair jusqu'au cœur. Il avait le caractère insolite du message.»

Il est plaisant qu'aucun des censeurs qui signalaient à l'envi des «influences» subies par le poète ne se soit avisé de montrer la référence explicite à Arthur Rimbaud auquel est emprunté le titre du recueil.

S'il est vrai que l'on trouve dans *Le Mauvais Sang* des maladresses, un goût gratuit de la virtuosité verbale, des allitérations parfois peu heureuses, un ton parfois impersonnel, il n'en reste pas moins que l'on peut y suivre la naissance d'un lyrisme. Sur le plan formel, les formes fixes (sonnet), le vers rimé, la strophe régulière cèdent peu à peu la place aux vers libres groupés en versets.

S'y manifeste déjà ce goût des retournements foudroyants, destructeurs, de cette ironie envers soi-même qui vient saper les envolées lyriques au moment où elles risqueraient de devenir déclamatoires.

Les principaux thèmes de l'œuvre à venir sont déjà présents. D'abord le souci de se démarquer de ses grands devanciers, à l'image de l'Afrique-Mère, objet d'amour et source d'énergie vitale, il substitue la vision d'une mère vénale, déchue, abjectement soumise à qui la domine ou l'achète. «Dans chaque lit on voit / Ta mère ivre en rut pouaf» (Poème XII).

L'absence de révolte contre l'oppression apparaît au jeune poète impatient comme un scandale insupportable: «Belle et nue mais ivrogne / Tu te veux sans courage.» À l'amertume de la situation de dominé, de colonisé, se mêle le souvenir de la traite, ce temps du mépris, instauré par les négriers venus jadis sur la mer complice.

Ainsi s'instaure chez le jeune exilé une dialectique de l'amour et du rejet envers la terre natale: «Ta terre te refoule / T'a vendue haut la houle / Ah! crève donc de rage» (Poème XII).

Les images inspirées par l'Océan, nombreuses et riches chez cet enfant du littoral congolais, sont toujours affectées peu ou prou par une connotation de danger et de traîtrise et cette ambivalence de la mer fascinante et traîtresse se retrouve dans l'image de la femme, ensorcelante et vénale.

C'est que la blessure est ancienne, douloureuse. Dès l'enfance, l'amour offert fut rejeté, l'élan déçu: «Ils ont craché sur moi, j'étais encore enfant, / Bras croisés, tête douce, inclinée, bonne, atone» («Le mal»).

De là sans doute ces retournements auxquels nous faisions allusion, et qui sont autant de précautions contre les blessures pressenties, redoutées, qu'une amère expérience lie dans le souvenir du poète à l'élan vers autrui, au besoin d'aimer.

Car il veut aimer, il veut lutter pour les siens, pour bâtir l'avenir: «La logique veut, il faut construire le monde.» Pour cela, il se refuse à exalter les valeurs ancestrales: «Le destin des divinités anciennes en travers du mien est-ce raison de danser à rebours la chanson» («Le signe du Mauvais Sang»).

Si le poète est prêt à s'offrir en sacrifice pour les siens il pressent qu'ils le trahiront: en cela s'amorce déjà la fascination de Tchicaya U Tam'si pour la Passion du Christ, trahi et vendu par les hommes. Fascination ambiguë car il ne retient de la Passion que le sacrifice et la trahison, refusant d'abdiquer l'orgueil d'être homme: «De mémoire d'homme l'orgueil fut vice j'en fais un Dieu pour vivre à la hauteur des hommes d'honnête fortune.»

Et jamais le Christ n'est évoqué dans ce qui fait sa surnaturalité, à savoir la résurrection. Par contre, le Christ a été trahi par ses prêtres qui se sont faits les auxiliaires de la colonisation et les complices des puissants, d'où les nombreux blasphèmes: «j'irai partout chercher où sont dispersés tous mes fétiches à clous pour leur retrancher les trois clous de la croix» («Le signe du Mauvais Sang»).

L'image du fleuve, symbole d'un pays, le Congo, qui pour l'auteur, est le même sur les deux rives, est encore peu présente dans *Le Mauvais Sang;* elle s'épanouira dans les recueils ultérieurs.

L'interrogation face au destin personnel se traduit par une fascination certaine pour les procédés divinatoires: chiromancie, cartomancie, oniromancie.

Malgré l'exil, malgré le refus des stéréotypes négro-africains, *Le Mauvais Sang* est écrit dans une langue dont les images sont nourries de références aux réalités de son pays: sa faune, sa flore, ses plages, ses paysages, ses croyances et ses traditions.

L'intérêt de ce recueil réside dans ses imperfections mêmes, ou plutôt dans la juxtaposition des maladresses et des réussites: toute genèse est un ordre tiré du chaos. Or, dans *Le Mauvais Sang* nous avons le privilège de voir un jeune poète essayer sa voix, chercher et trouver sa voie.

Roger Chemain

Max Mensah, Lomé, in *Togo-Presse*, du 14 octobre au 14 novembre 1962.

Roman de Félix Couchoro.

Max Mensah, fils d'un gros propriétaire de Porto-Seguro, est employé à Lomé comme magasinier. Il vit avec une belle métisse, Confort, qui succède à plusieurs autres maîtresses, dont Ruth Akwa. Confort veut garder Max pour elle et empêcher son «retour à la terre», c'est-à-dire à Porto-Seguro, vœu le plus cher du père de Max.

Pour arriver à ses fins, ce dernier suscite à Max une fiancée, Victoria, qui vient rendre visite à Max à Lomé. Confort se déchaîne contre elle et se fait réprimander par Max, mais, comme toujours, elle réussit à rentrer dans ses bonnes grâces. Confort ne peut pas se battre sur deux fronts. Elle fait la paix avec Ruth. Ceci permet à Max de se lancer avec cette dernière dans des opérations de contrebande, facilitées par la promotion de Max, grâce à une forte caution, au rang de gérant du magasin de Lomé. Il consent à Ruth l'exclusivité des fournitures et espère grâce à diverses opérations de contrebande faire un large bénéfice.

Ses manœuvres irrégulières ont été repérées par Judas Sewa, un ancien amant de Ruth, furieux d'avoir été abandonné et employé au magasin de Max. Celui-ci commet l'imprudence de confier à Judas une lettre à porter chez Ruth. Judas lit la lettre, ce qui lui permet d'avertir les douaniers d'une opération de contrebande.

Quelques jours plus tard au moment où Ruth vient prendre livraison de la marchandise, amenée en pirogue du Ghana, elle tombe dans un guet-apens tendu par la douane. Elle reconnaît son dénonciateur Judas. Max réussit à s'enfuir et Ruth est condamnée à trois mois de prison.

La saisie de la marchandise de Ruth fait un trou dans les livres de compte de Max. Son patron s'en aperçoit et lui donne quatre jours pour combler le déficit. Il s'en ouvre à Confort qui réussit à lui trouver un prêt important, à seule fin d'éviter que Max ait recours à son père.

Ruth, sortie de prison, réussit à faire arrêter Judas pour une affaire de bijou volé. En prison, Judas meurt dans un accident. Max, sauvé par Confort, est pris de soupçons. Confort l'a peut-être trompé pour obtenir de l'argent?... Cette jalousie l'amène à chasser Confort, qui ne lui a pas donné d'enfants.

Il revient alors à Porto-Seguro, ce qui lui permet d'emprunter à son père l'argent nécessaire au remboursement du prêt de Confort. Il est maintenant décidé à rester à Porto-Seguro. Le roman se termine sur le mariage de Max et de Victoria qui reçoivent tous les vœux de bonheur de Ruth.

Ce roman-feuilleton est l'un des premiers rédigés par Félix Couchoro. Le portrait de Max, l'homme à femmes, est brossé avec ironie, et les mœurs des revendeuses togolaises sont détaillées avec réalisme et humour.

Alain Ricard

Mélodie africaine, Laon (France), Éditions l'Étrave 02, Revue de la Nouvelle Pléiade, 1970, 119p.
Recueil de poèmes de Lisembé Elébé.

Le premier recueil de poèmes d'Elébé demeure incontestablement le livre qui l'aura le plus révélé au public. On comprend, dès lors, qu'il ait été chaleureusement salué dans tous les milieux littéraires et culturels du pays. Livre capital, il est en effet l'un des meilleurs recueils de poèmes publiés jusqu'ici au Zaïre.

Mélodie africaine est constitué essentiellement de réminiscences du passé. L'auteur y exalte le passé de l'Afrique (traite négrière, colonisation, problèmes de la communauté noire américaine, etc.) et débouche sur les difficultés que connaît le continent africain sur la voie de la véritable indépendance.

Fruit des méditations d'Elébé sur ses pérégrinations à travers l'Afrique et l'Allemagne de l'Est où il a fait ses études supérieures, ce recueil est une remontée du cours de l'histoire africaine. Mêlant de temps à autre l'humour à la mélancolie, l'auteur y pense d'abord à son pays en proie à de profondes convulsions internes: «Congo, Congo! / Les cadavres des milliers de tes enfants / Jonchaient ton sol / Comme des morceaux de bois.»

Vient ensuite une partie consacrée aux héros qui ont illuminé le chemin de l'homme noir sur la voie de la dignité (Lumumba, Martin Luther King, Simon Kimbangu, etc.). En fait, dans ce livre, l'auteur, pour occuper sa solitude, passe en revue tous les problèmes qui se posaient à son pays, à l'Afrique et à la diaspora noire. Il s'agit en d'autres termes d'un chant de l'exil, que l'auteur chante pour ne pas rompre les liens avec sa terre natale, et pour participer, bien que de loin, à la nomination, pour les exorciser, des maux de tout genre qui accablent l'Afrique.

Mais, comme le disait le poète français Paul Éluard, le rôle de la poésie est non pas tant de s'appesantir sur le passé que de jeter une nouvelle lumière sur l'avenir, de manière à faire naître en l'homme de nouveaux espoirs en son destin. Aussi, *Mélodie africaine* apparaît-il, en fin de compte, comme un chant de l'espoir et de la foi en l'avenir de l'homme et de l'Afrique. Car l'Afrique libérée «ne veut plus être pays des tristesses / Elle ne veut plus être pays des pleurs et des plaintes / Elle ne veut plus être pays des mauvais décors / Elle veut être l'Afrique des Africains / Elle veut garder son génie».

Toute la production littéraire d'Elébé tourne d'ailleurs autour de ces thèmes qu'il esquisse dans ce premier recueil de poèmes.

Yamaina Mandala

Mensonges des soirs d'Afrique, Yaoundé, Éditions CLÉ, Coll. Pour Tous, 1973, 63p.

Recueil de contes de Komenan Brou de Binao.

Mensonges des soirs d'Afrique fait partie de la collection «Pour Tous» des éditions CLÉ où sont rassemblés des ouvrages pour la plupart d'inspiration traditionnelle, épique ou populaire. Cette collection a pour but de sauvegarder la littérature orale, de préserver la sagesse ancestrale et en même temps de moderniser le texte pour le rendre plus intéressant. Dans le cadre des contes à animaux traditionnels, l'auteur raconte des histoires qui satirisent certains travaux de l'homme tout en encourageant une attitude morale.

Le livre contient cinq contes. Les quatre premiers ont pour personnage principal Jean Abafri, l'Araignée. L'animal sert à montrer l'importance de l'intelligence inventive (p. 32), car il représente l'homme qui sait faire face à l'adversité en employant un dur labeur tout aussi bien que la ruse la plus éhontée pour réussir à vivre et à vivre mieux que les autres. Il semble indestructible puisque Dieu lui-même ne parvient pas à s'en débarrasser dans *Le malin méritait d'être puni, mais...* La Famine, ou le sort (p. 6), dont ni homme ni dieu ne peut apaiser le pouvoir maléfique, résume les difficultés rencontrées par Jean. Lui seul trouve les moyens d'en diminuer la force tandis que beaucoup d'animaux, moins inventifs, meurent. Quant au dernier conte, *L'épreuve*, il a pour personnage principal un lépreux et il reprend le thème de la parabole du bon Samaritain. Les éléments moraux dominent ce conte car un paragraphe au début et à la fin du texte rappelle les grandes lignes de la morale ancestrale: «Humain, l'univers est grand et tu es petit [...]. Écoute, tu es aveugle [...] tu es un être borné [...] Tu ignores tout de toi-même [...]. Abandonne ta présomption [...]» (p. 53, 62). Les contes soulignent la valeur de la patience

(p 35). Ils se moquent des défauts comme la gourmandise et la vanité (p. 16, 47), de l'administration (il faut toujours offrir des pots-de-vin, p. 45), de la politique («Cet homme célèbre ne s'occupe point de politique. Sa vie, il voulait la passer à sauver les êtres et à faire le bien», p. 61).

Malgré l'intrusion du monde moderne et d'expressions d'origine européenne (un fusil, une Citroën D.S., le Chien qui s'appelle Dagobert et le médecin Caméléon Claude Bernard, p. 20, 30, 40, 47), les contes ont gardé beaucoup de traits venant de la littérature traditionnelle, comme la structure cyclique (dans *Où a-t-on vu Araignée* [...], par exemple) ou le jeu de mots («Ivoiriens» et «N'y voit rien», p. 45). Le titre même du recueil reprend la confusion qui existe dans plusieurs langues vernaculaires entre «mensonge» et «conte».

Claire L. Dehon

Mery, Dakar/Abidjan, Nouvelles Éditions Africaines, 1975, 80p.

Recueil de nouvelles de Djibril Tamsir Niane.

Mery est un recueil de trois nouvelles dont la première donne son titre à l'ouvrage. La deuxième s'intitule *Kakandé* et la troisième, *Bambougouba*. Le cadre des deux premières pièces est la Guinée. La troisième se déroule au Mali.

Niane présente l'aventure de deux jeunes Africains de l'ère coloniale. L'héroïne de *Mery*, fille d'un instituteur, est une enfant de l'arrière-brousse mais elle est «émancipée» et «évoluée» grâce au lavage de cerveau qu'a eu dans une École Normale. Son homologue, Abdourahmane, est instituteur et fils d'ancien combattant. Tous les deux sont naturellement liés par un idéal commun, marqué par la pratique des coutumes d'importation. Pendant les vacances, les deux «évolués» jouissent d'une énorme considération au milieu des paysans «incultes». Leurs pères, autrefois amis intimes, se brouillent. Le père de Mery, plus cultivé et plus respecté dans le village, prend ses distances vis-à-vis de l'ancien combattant; celui-ci est devenu un fanfaron à cause des biens que lui a légués son ancien maître français. Leur malatendu menace d'entraver l'amour naissant entre leurs enfants. Dans le méli-mélo, Absourahmane enlève Mery et l'épouse selon l'exigence de la tradition, au moment où leurs pères se réconcilient.

Kakandé est le récit d'un instituteur déboussolé, «frais émoulu de l'École Normale William Ponty». Maître Bangoura est cartésien consacré et positiviste doctrinaire. Il méprise toute référence aux valeurs africaines. Son indiscrétion le met en conflit avec un Grand Prêtre vénéré et craint, même par les Européens. Bangoura vacille et sombre face aux sciences occultes du Grand Prêtre.

Dambougouda est une épopée qui a lieu à la fin du XVIIIe siècle. Le royaume bambara de cette époque est réduit en cendres par l'anarchie, les rapines favorisées par des roitelets et des cavaliers qui s'entre-tuent. Le roi N'golo Diarra, personnage historique, vient rétablir l'ordre, étendre l'empire, appuyé par des génies apaisés et des généraux disciplinés. Son héritier N'ki a une épouse rêveuse, la princesse Niagalin. Tiraillée par une aspiration des plus grandioses, celle-ci oblige le prince à forer un canal du Niger à Bambougou où elle est soigneusement protégée dans une forteresse contre des invasions peul. N'ki agit avec force et autorité, mobilise toute une population qui, en trois mois, creuse un canal de 30 kilomètres pour que la princesse puisse «prendre un bain dans une eau vive».

Dans son ouvrage Niane contraste l'Afrique précoloniale et l'Afrique coloniale. Son intention n'est pas de peser la gloire de l'une et l'avilissement de l'autre. Grâce à une parole libre et puissante que contrôle un style à la fois analytique et poétique, il fait état de quelques réalités historiques, expose des faits divers, méprisables ou non, de ces deux moments de l'Afrique. L'Afrique pré-

coloniale avait des royaumes organisés, y compris l'Empire bambara dont l'auteur est fier. Mais, comme Yambo Ouologuem, il refuse de taire les exactions qui s'y faisaient. De même, à l'instar de Beti, Oyono, Césaire et Damas, il condamne sans ménagement les travaux forcés, les réquisitions, l'assimilation, le larbinisme introduits en Afrique par la colonisation occidentale. Néanmoins il semble plus optimiste qu'un bon nombre d'écrivains africains contemporains. Il croit que l'humanité africaine peut trouver en elle-même les germes de sa propre résurrection. Il met à profit la fantaisie Niagalin pour donner l'exemple d'un nationalisme progressiste et créateur.

L'ouvrage de Niane, comme *Le Roman comique* de Paul Scarron, est une collection de nouvelles intercalées. Une idée commune définie par la recherche permanente d'une Afrique réhabilitée relie *Mery*, *Kakandé* et *Bambougouba*: aucune de ces nouvelles n'a plus de crédit que l'autre.

Willy A. Umezinwa

Mes chansons de toujours, Paris, L'auteur, 1955, 31p. − Préface de Léopold Sédar Senghor.
Recueil de poèmes de Flavien Ranaivo.

Mes chansons de toujours se compose de treize poèmes d'inégale longueur en vers libres non rimés dans lesquels Flavien Ranaivo affirme de façon très nette son «moi» profondément malgache. Ici plus que dans ses autres œuvres, il nous fait goûter à une poésie typique de la Grande Île par sa forme d'une part et ses sujets d'autre part. Comme toujours il puise son inspiration dans la terre de ses ancêtres et dans le folklore du pays.

La rédaction de *Mes chansons de toujours* s'est faite en deux temps: l'une au pays et l'autre à l'étranger puisqu'il a écrit ses «Monodies» pendant qu'il se trouvait au Kenya, en Arabie Séoudite et en France.

Malgache, Flavien Ranaivo a su le rester non seulement dans le ton mais encore dans la syntaxe même de ses poèmes. Si dans *Hain-teny* il a réussi à faire apprécier aux non-initiés toute la finesse de ces poèmes d'amour, dans *Mes chansons de toujours*, et notamment dans le poème «Rencontre», il dévoile au reste du monde une autre forme de poésie bien malgache faite de conseils fondés sur l'observation et si chers au cœur des habitants de l'île. Ici plus que dans ses autres œuvres, on constate que Flavien Ranaivo est le poète du dialogue, de ce dialogue qui se veut accessible puisqu'il réussit à recréer l'atmosphère très simple de ces «poèmes-conversations» qui font l'originalité de la poésie locale. Sa dualité de poète malgache d'une part et d'artiste de la langue française d'autre part se retrouve dans cette partie de son œuvre. En effet, pour faire apprécier au lecteur tout ce que cette poésie comporte de subtil et d'intime, Flavien Ranaivo emploie un français très pur et très dépouillé dont le charme n'a d'égale que sa simplicité. Tout l'art du poète malgache se révèle admirablement ici car il a réussi à faire du français un outil qui est sien et dont il se sert avec habileté. Flavien Ranaivo occupe une place particulière dans la littérature malgache, il est un de ses «métis culturels» selon l'expression de Léopold Sédar Senghor.

Dans la partie écrite à l'étranger, Flavien Ranaivo laisse apparaître deux aspects de sa poésie. Le premier est qu'il reste le poète engagé qu'il a toujours été: Flavien Ranaivo n'a jamais pris part aux luttes de l'Indépendance. Il s'est toujours tenu à l'écart des problèmes de la négritude et a refusé d'y chercher son inspiration. C'est un des traits qui le différencie de son compatriote Jacques Rabemananjara et qui fait de lui une exception parmi les poètes africains de son temps. La deuxième partie nous permet de découvrir le second aspect: un nouveau Flavien Ranaivo aux prises, pour la première fois, avec une poésie impersonnelle. En effet «Monodies» nous montre un poète lyrique hors du contexte malgache et de ses sources locales d'inspiration. Certes les trois poèmes qui composent «Visions sidérales» sont courts mais ils nous permettent de voir que Flavien Ranaivo reste poète même lorsqu'il n'a plus recours au tréfonds de son âme malgache pour son inspiration. Son talent reste remarquable et Flavien Ranaivo souligne ainsi ce que Léopold Senghor a écrit: ses «Monodies» sont «plus libres, peut-être plus authentiques parce que plus actuelles, en tout cas plus perceptibles à nous».

Jean-Paul Koenig

Mes transes à trente ans, Astrida (Butare), Groupe Scolaire des Frères de la Charité 1955, 2 tomes, 487p. Tome I: **De mal en pis**, 206p.; Tome II: **De pis en mieux**, 281p.

Roman de Saverio J. Naigiziki.

Le roman a deux sous-titres. On lit sur les deux tomes «Histoire vécue mêlée de roman»; sur le premier tome: «1. De mal en pis» (206 pages), et sur le second: «2. De pis en mieux». Malheureusement, à la suite d'une erreur, la couverture du second tome porte également «De mal en pis», sous-titre qui est rectifié à la page de garde du volume. Enfin, pour compliquer encore les choses, les trois premiers chapitres (sur quatre) du 1er tome (120 pages en tout) ont été couronnés à la Foire Coloniale du Heysel à Bruxelles en 1949 sous le titre de «Escapade ruandaise» (et édités par G.A. Denys, rue des Bouchers à Bruxelles, avec une préface de M. J.M. Jadot, président de l'Association des Écrivains et Artistes Coloniaux de Belgique).

Mes transes à trente ans est l'unique roman paru au Rwanda à ce jour. Et encore n'est-ce guère un roman mais plutôt une très longue chronique, sous forme de journal et de lettres, des événements qui font la vie du héros, entre le 16 octobre 1945 et le 18 février 1946. Justin Nayigiziki (sur la couverture il s'écrit

Naigiziki) est accablé d'éternels ennuis: «partout déçu, sans cesse déçu, et d'ordinaire à la veille d'une chance certaine» (p 109). Le nom que lui a donné un père particulièrement perspicace et dépité ne signifie-t-il pas «Qu'ai-je fait à Dieu?» (p. 109)... Pourtant, il est d'un caractère plutôt optimiste. En réalité, il doit ses «transes» à la faiblesse de son caractère, à une allergie à toute autre activité qu'intellectuelle («car la houe me pèse», p. 445). Représentant à Nyanza de la Nuco, une firme commerciale d'Usumbura, Justin est un louche combinard (p. 200), un sauteur de femmes, un faiseur de ripailles qui court la gueuse (p. 54). Il se saoule au pombé (bière de banane), trafique de l'or et spécule avec l'argent de la Compagnie. En outre, il distribue à ses amis en difficulté, sous forme de prêt, l'argent de la Nuco. Justin a une épouse légitime, Zabella, mais il possède une jeune et jolie maîtresse, «ma femme devant les hommes, sinon devant Dieu» (p. 5), Suzanne. Bien qu'elle soit enceinte de Justin, celui-ci ne s'en considère pas moins comme un fervent catholique assidu des missions et sans cesse aux basques des Pères. Un inventaire par le représentant de la Nuco à Astrida va révéler le déficit de la compagnie. Pour échapper à la justice, Justin s'enfuit. Il traverse tout le pays pour gagner le Tanganika, mais en est refoulé. On le voit alors revenir à Nyanza puis en repartir pour l'Uganda, y faire du tourisme souvent pimenté d'aventures qui tournent mal. A un moment, il revient au Rwanda, regagne ensuite l'Uganda, d'où finalement il pourra rentrer chez lui à Astrida, presque tous ses problèmes pécuniaires ayant été réglés par le bon Père Norsen (p. 414). Une autre préoccupation de Justin, une fois qu'il est en route vers l'Uganda, est d'amener Suzanne à rompre leur liaison de péché et de la faire baptiser. Il semble y réussir, Suzanne brûlant du zèle fervent des catéchumènes (p. 406); pourtant l'épilogue nous apprend que si l'enfant qu'elle porte en son sein meurt sans que Justin l'ait vu,

elle rachètera cette perte «par la naissance de deux autres enfants dont l'aîné, reconnu par Justin, porte gaillardement [...] le prénom provisoire de Hugo» (p. 485)... Pourtant, un des prétendus objectifs du vagabond avait été de renouer avec son épouse Zabella.

Voilà autant d'incidents qui marquent les pérégrinations de Justin au cours des 487 pages du volume. L'auteur les assaisonne souvent d'une foule de considérations copieusement arrosées de «pombé» et de prières. La religion y tient une place prépondérante. Les déplacements fébriles et stériles du héros sont avant tout l'occasion, pour l'auteur, de nous offrir une somme de réflexions sur l'existence, une décoction de la philosophie de la vie d'un Rwandais érudit à l'époque coloniale (1945-1946). Il va traiter tous les sujets imaginables: l'histoire de son pays (p. 102 et 146); l'enseignement du christianisme («On ne doit pas aimer aux dépens de soi», p. 111); la ville et les mœurs qui s'y désagrègent «dans le mélange sordide des clans et des castes» (p. 126); la responsabilité des femmes et leur inconduite (p. 128); les bienfaits de la catholique Belgique qui réalise l'essor du Rwanda de concert avec l'Église (p. 128); l'amélioration de la condition féminine (p. 129); la définition de la vie qui, «sortie des mains lumineuses de Dieu, [...] ne peut être que belle et bonne malgré ce que l'homme en a fait» (p. 135); l'appréhension du concept «temps» (p. 140); les «divins paradoxes» qui font que les pauvres gens, «par-delà le fumier de leurs misères, ne voient qu'injustice» (p. 195); le comportement hautement contestable des nations conquérantes qui ont privé le Rwanda de belles provinces (p. 278, 294, 346, 476); le sort des hirondelles et des bergeronnettes après leur mort (p. 304); la corruption des fonctionnaires, quelle que soit leur nationalité (p. 80, 188, 297, 494); les mœurs des Ugandais (p. 346); les conceptions belge et anglaise de la colonisation: l'auteur ne ménage pas ses louanges à l'égard de la Belgique autoritaire ni ses critiques à l'égard de la tolérance britannique, tolérance qui frise l'indifférence (p. 348-349); et l'expansion que le Rwanda connaît dans ses rêves (p. 448)... Sa critique la plus vive est adressée aux mulâtres, «créatures que Dieu crée en colère» (p. 308): comme les Asiatiques, nés «dans le hasard des rencontres fortuites», ces enfants «ne vont pas sans obscurcir, de façon inquiétante, l'avenir flottant des vrais Africains» (p. 308-309).

Un passage particulièrement amusant est celui où Justin, faute de connaître la langue locale, s'adresse, en latin, à un abbé: «Quid tibi, vir», ce qui le fait passer pour un «fou latinisant» (p. 447). Les digressions abondent: rencontrant un ancien ami de collège, Julien, il retrace avec lui le sort de chacun de leurs 22 condisciples (p. 231, 232...)!

Ailleurs (p. 278), il voit dans les trois volcans du Nord une représentation des «trois groupes humains» du pays: le Muhabura, le plus haut, qui «symbolise la puissance et l'autorité et semble, dans sa hautaine majesté, présider de toute sa masse, aux destinées de nos volcans éteints», et qui, pour Justin, représente le Mututsi; le Gahinga, «moins haut et, comme par respect toujours découvert, représente le Muhutu, symbolise l'abondance, et, passif ou résigné, suit de près son suzerain, tel un satellite de planète»; le Sabynyo grimaçant, maudit et bouffon, qui symbolise le Mutwa. Si l'on songe que Justin est Muhutu, on se demande si cette révérence n'est pas avant tout politique...

On est en outre constamment perdu dans les innombrables collines que Justin ne manque jamais de décrire. (Quand on sait que le Rwanda est connu comme «le pays des 1000 collines»...) Qu'on en juge: «Gikirambawa, Malembe, Kyinkanga, Buhimba, Sazagne, Muza... collines sœurs, collines bien connues dans le Buzanga Nord...» (p. 101). Ce voyage en zigzag (p. 206) permet des aperçus intéressants sur le mode de vie de ce tout petit pays perdu dans les hautes montagnes où les gens ont un caractère retors, à la fois généreux et renfermé, de bergers et de paysans agriculteurs. Religion, bière de banane, femmes légitimes et autres, antagonisme de clans, recherche de l'argent... telles sont les préoccupations de ce peuple dont Justin est un membre particulièrement excentrique.

L'auteur lui-même a déploré l'inégalité et le «maniérisme» (p. 2) de son style. Il est incontestablement pénible, l'auteur n'ayant aucune notion des niveaux de langue.

Pénétré du rôle bénéfique de la Belgique dans l'évolution de son pays (p. 351), le grand enfant sensible, le rêveur doublé d'un aventurier (p. 236) répand, très souvent dans ses interminables lettres, ses réflexions religieuses: «L'homme, indépendamment de diverses anomalies, n'a qu'une vocation: faire le bien en dépit de tout et de tous. C'est la seule grandeur ici-bas qui prépare et assure déjà le bonheur du ciel» (p. 244); son sens aigu de la morale: «La morale est une règle à suivre, mais pas une affaire à manier» (p. 285); son sens poétique, parfois un peu scolaire: «Sous un peu de vent folâtre, les bananeraies ivres de rêve et battant des feuilles, dansent gaîment comme des filles à la noce» (p. 112).

Il s'agit essentiellement de «Transes» intellectuelles sans aucun caractère revendicateur.

François Salien

Mirages de Paris, Paris, Nouvelles Éditions Latines, 1937 / Édition de 1964, 188p.

Roman d'Ousmane Socé.

Dès sa naissance, le héros, Fara, se révèle être un enfant sensible et d'une intelligence sans pareille. Il a des traits qui le marquent pour toujours: yeux noirs, «expressifs, intelligents et déjà malheureux». Il aime les tam-tams et les airs africains. Il aime les livres et la récitation des textes sacrés, tant à l'école musulmane qu'à celle des Blancs. De plus, Fara commence à s'adonner aux rêves et «un dangereux amour de l'exotisme prend corps dans son âme d'enfant encline aux illusions dorées». Aussi éprouve-t-il le désir de voir Paris, «ville de surmonde, bâtie par des géants».

Le rêve de Fara se transforme en réalité puisque Fara fait partie d'une délégation de Sénégalais à l'Exposition Coloniale de Paris. Le voyage a lieu dans un steamer qui révèle «des mirages de pays inconcevables de beauté». Au départ, c'est l'inquiétude, la surexcitation, l'amour et la peur de l'inconnu. À Paris, tout se passe bien. Fara rencontre une belle Française et c'est le coup de foudre. La liaison est condamnée par les parents mais le couple passe outre et vit maritalement. Malheureusement, Jacqueline Bourciez meurt en couches. Ses parents adoptent l'enfant et Fara sombre dans la solitude et le désespoir. Au moment où le ministère des Colonies décide de le rapatrier en Afrique, il plonge dans la Seine où il croit voir sa Jacqueline qui lui tend la main.

Fara est le symbole par excellence de ce que Albert Memmi appelle «l'homme dominé»: «Dans tout homme dominé, il il y a une certaine dose de «refus de soi».» Refus de soi, acceptation de l'Autre comme être supérieur. Fara est un Nègre qui aspire au paradis blanc. À bord du bateau qui l'emmène en France, il est le seul à ne pas craindre la mer. C'est un «homme de culture» admiré par les siens et ébloui, à son tour, par la culture française qu'il fera vite sienne.

Fara, le colonisé type, n'hésite pas à soutenir la supériorité de la France par rapport à l'Afrique. Pour lui, la France, microcosme de l'Europe, est un pays d'inconcevable beauté:

En Europe, une longue suite de générations, par un effort tenace, avait accumulé un patrimoine de travail et de savoir gigantesque; et combien le patrimoine de sa pauvre Afrique lui parut faible! Il comprit pourquoi le

Blanc, héritier et dépositaire de cette richesse, le regardait hautain.

En somme, l'Afrique attend tout de l'Europe. Dans ses discussions avec les Français, Fara ne leur parle pas de la culture de son continent, mais de la géographie. Fara représente la vague moderne qui terrasse tout élément ancien. Pris dans le piège blanc, l'Afrique devient pour lui un sujet exotique de conversation.

En arrivant en France, l'opprimé s'est déjà assimilé aux croyances de l'oppresseur. «Le racisme», écrit Memmi, «est le symbole et le résumé de toute oppression». Qui dit racisme dit domination et le rapport hiérarchique Blanc-Noir est établi dès les premières pages du roman de Socé. «Les hommes blancs bâtirent à côté du village un autre qui commandait le premier.» L'un est planifié, propre; l'autre, bâti à l'aventure, malpropre. Cette comparaison donne le ton de tout le texte; le Blanc s'impose toujours au Noir. Des exemples du racisme blanc prolifèrent dans *Mirages*... Il y a trois Sénégalais au restaurant du bateau: «Le maître d'hôtel pour éviter une promiscuité peut-être déplaisante les avait séparés des Blancs et leur avait réservé les tables de coin, à droite du navire.»

Mais on trouve parfois chez Fara des moments de lucidité et de contestation qui lui permettent de s'insurger contre le racisme. Après un premier temps d'illusions à Paris, Fara ressent le dépaysement et la détresse. Le rêve cède le pas à une réalité choquante. Le héros dénonce «l'ironie protectrice» des Parisiens et décide de «protester jusqu'au jour du jugement dernier» contre le préjugé, l'ignorance, l'injustice et l'hypocrisie...: «devant un Noir», affirme-t-il, «le monsieur pense avoir affaire à un grand enfant et le Noir croit se trouver en présence d'un grand enfant blanc». Mais ici encore, Fara reste prisonnier de sa mentalité de colonisé; puisque dans son analyse, le Blanc est porteur de traits supérieurs. Aussi trouve-t-il que Jacqueline est une jeune fille à la démarche souple et insouciante, aux cheveux en or fin automne: «Entre le front droit, un peu têtu et le petit nez en l'air, très espiègle, les yeux bleus reflétaient une nature tendre.» C'est une suave étoile, un rêve blond que Fara contemple avec chaleur. Il parle un français impeccable et très apprécié de Jacqueline. Dès leur première rencontre, c'est Jacqueline «belle comme une déesse», qui joue le rôle de l'homme. Fara, pris d'émotion, monte vers elle, elle qui est toujours calme, ordonnée, équilibrée: «Fara, dont l'émoi se devinait à sa respiration qui gênait le débit de sa parole», étreint avec violence la Française. Le sang de ce Nègre charrie du feu, son corps «brûle vêtement», alors que son amie, toujours condescendante, le gronde de sa folie. La liaison, c'est bien celle du sauvage qui se fait civiliser par la Blanche parfaite éprise d'exotisme. C'est encore Jacqueline, «douée du bon sens atavique», qui décide enfin que le couple doit s'installer à Paris. C'est elle qui apprend à Fara les bonnes manières françaises: l'homme doit, lui aussi, faire la cuisine, servir le café à sa femme au lit...

Jacqueline croit à la hiérarchie des couleurs; c'est dire que sans ses qualités particulières, Fara serait demeuré pour elle un autre sale Nègre: «Quand on rencontre un Noir dans la rue, dit-elle, on ne se rend pas compte en quoi il peut différer d'un autre.» Pendant longtemps, Jacqueline se tient à l'écart, effarouchée par le contact possible de Fara et, lorsqu'elle accepte le contact, elle n'en reste pas moins hautaine. L'événement le plus important du roman, c'est ce moment où Fara renonce à l'Afrique. Et il le doit à sa «Mlle Jacqueline». «Sans vous», crie-t-il, «sans Paris, mon cœur perdra sa force et sa jeunesse... Il me faut désormais Vous et Paris, Paris dans Vous et Vous dans Paris.» On comprend donc que son ange blanc mort, Fara n'ait plus de raison de vivre.

Le style de *Mirages...* est fait d'éléments réalistes et exotiques. L'auteur propose peu de réponses aux nombreuses questions soulevées. Les Nègres sont tristes et amers, «meurtris par la vie, altérés d'oubli, et ils viennent dans ce paradis artificiel noyer leur ennui». Fara et son ami africain suggèrent le métissage comme solution au racisme; pourtant, l'exemple même de Fara montre que le brassage racial est une mystification. Et la mort? Et le suicide? Pourquoi pas le retour définitif au bercail? *Mirages de Paris* démontre clairement que la négritude assimilationniste ne peut pas résoudre le problème nègre.

Femi Ojo-Ade

Mission terminée, Paris, Éditions Corréa, Buchet/Chastel, 1957, 254p.

Roman de Mongo Beti (Pseudonyme d'Alexandre Biyidi — Autre pseudonyme: Eza Boto).

À la fin de *Mission terminée*, l'auteur écrit notamment :«Je vous demande pardon si je me suis laissé aller» (p. 250). En effet, le sujet du récit n'est pas du tout l'accomplissement d'une mission, mais bien la longue narration des vacances (sans grand intérêt) que passe, dans «l'arrière-brousse» (p. 53), un jeune étudiant puceau — du moins au départ — et qui a raté l'oral du son bac au collège d'Ongola. Rentré penaud et fort inquiet des réactions de son père — heureusement, il est absent —, il se voit, grâce à son érudition, confier par le patriarche Bikokolo la tâche de ramener au village la femme de Niam, celle qui a joué «l'enfant de la nuit» (p. 22) six mois plus tôt. Ce qui amène Jean-Marie Medza à séjourner à Kala, un village de «péquenots» de «bushmen», qui vont être extrêmement impressionnés par ce savant, bardé de diplômes, parlant français et chevauchant une étincelante bicyclette (celle du chef de son canton qui a obtenu, en contrepartie, que Jean-Marie ne lorgnerait aucune de ses six femmes...).

De la page 37 à la page 200, lorsque réapparaît «l'épouse Niam, l'objet de ma mission, mon Hélène — celle pour laquelle j'étais venu faire une guerre de Troie tout à fait digne de Kala», Mongo Beti relate avec force détails les événements qui meublent les semaines de Medza à Kala. Car «cette espèce de poule [la femme de Niam] est allée faire une tournée du côté de ses petits copains» (p. 62), et Jean-Marie va se contenter de l'attendre en compagnie de Zambo, son cousin, et de ses amis, Yohannès le Palmipède, Pétrus Fils-de-Dieu et Abraham le Désossé, tous de joyeux lurons qui ne songent qu'à se soûler au vin de palme, qu'à trousser les filles, qu'à critiquer les Anciens, mais jamais à travailler...

Il assiste à un jeu de boules terriblement dangereux où s'illustre Zambo et repousse – effrayé par son inexpérience – les efforts de Yohannès en vue de lui fournir une fille pour la nuit. Medza devient la coqueluche de Kala! Chaque veillée, celui qui a été «sur les mêmes bancs que les fils des Blancs» (p. 52) est invité chez un notable pour y répondre à toutes les questions que pose l'assistance. Des cadeaux le remercient et l'oncle Mama, le père de Zambo qui l'héberge, devient une sorte d'impresario. Il doit bâtir un enclos pour contenir brebis et béliers qui s'accumulent. En outre, les matins, Jean-Marie se mue en instituteur pour les petits; et les après-midi, il répond aux questions de la jeunesse qui, moins fortunée, se contente de lui offrir des poulets.

Il retient l'attention d'une jolie fille, Eliza, une affranchie parfumée que personne n'a encore pu posséder. Mais Jean-Marie, toujours complexé, la repousse et prétend préférer «une petite fille toute jeune et qui ne sache pas tout de A à Z» (p. 111). Zambo, entremetteur né, lui trouve une gamine de 15 ans: Edima, une des filles du Chef. De multiples beuveries jalonnent l'existence de Jean-Marie. Au cours des fêtes données à l'occasion du mariage du Chef avec sa septième femme, Zambo lui amène Edima. À grand renfort de whisky, Medza parvient à ses fins. Mais la mère d'Edima surprend sa fille entre les bras du jeune étudiant. Sans trop savoir ce qui se passe, il se retrouve marié à Edima et reçoit même

des cadeaux! D'après Fils-de-Dieu, le flagrant délit est un coup monté par le Chef pour caser sa fille. Embarrassé, Jean-Marie, malgré un sincère attachement pour Edima, se demande ce qu'il va faire de cette épouse... Sur ces entrefaites, la femme Niam réapparaît au village et accepte de retourner chez son mari. Jean-Marie quitte donc Kala, sa mission accomplie! Il lui reste, bachelier manqué, à affronter son père avec une épouse inconnue; ce père, «terreur à peu près constante» (p. 230), qui l'a forcé à faire des études, qui lui a interdit toute vie sexuelle, qui est un usurier prospère, est «un exemple vivant de ce que le matérialisme mercantile et hypocrite de l'Occident allié à une intelligence fine peut donner de plus admirable, de plus étonnant chez un homme de chez nous» (p. 232)... Au moment où arrive la délégation de Kala amenant Edima à son époux (ainsi que la femme de Niam), Jean-Marie, pris de panique, s'enfuit! Trois jours plus tard, il revient chez lui et c'est alors qu'éclate une dispute au cours de laquelle, avec insolence, Medza ridiculise son père qui tente vainement de le battre.

Le livre finit alors qu'il quitte la case familiale pour les aventures de la ville, laissant Edima (elle épousera le frère aîné) et regrettant le bonheur qu'elle lui aurait procuré...

Signalons que l'étudiant réussira tout de même son bac à la seconde session!

Le roman de Beti est plutôt la chronique d'une tranche de la vie de Jean-Marie Medza, celle de sa libération de la tutelle paternelle après un séjour particulièrement flatteur pour son amour-propre à Kala. Le jeune étudiant est une personnalité très ambiguë: fier de ses connaissances livresques, terrorisé par un père qu'il déteste mais qu'il admire pour son astuce, insolent vis-à-vis de ses supérieurs et effrayé par les réalités de l'existence, hostile à toute forme d'autorité et surtout à celle traditionnellement reconnue aux Anciens, avide de jouissances faciles (boisson, filles, danse, chahut...), il est épris de liberté même s'il ne sait quoi en faire une fois qu'il la possède. Mongo Beti aime la peinture des parents-mantes religieuses: il en va ainsi de la mère de Banda dans *Ville cruelle*, de la mère de Perpétue dans le roman du même nom, du père à la mentalité de «flic» (p. 230) de Jean-Marie; autant de parents égoïstes et abusivement possessifs qui dominent leurs enfants par un chantage affectif ou par excès d'autorité. Mais à côté des aventures picaresques du héros, l'évocation des «péquenots» ou des habitants de l'arrière-brousse fait l'intérêt du roman. Naïfs, grossiers, brutaux, les villageois de Kala témoignent d'une surprenante avidité de s'instruire et de connaître le monde qui les entoure et dont ils ignorent pratiquement tout. Jouisseurs sans artifice, tout proches de la nature dont ils ont les qualités et les défauts, ils n'ont pas encore été pollués par une civilisation importée, mais pâtissent de tous les péchés de leur monde perdu; qu'il s'agisse de la luxure, de l'avarice, de la boisson, du désir de posséder, de la ruse, de la soif de dominer ou de l'hypocrisie, Beti n'attaque plus directement la colonisation; il s'attache surtout à nous montrer l'envers des qualités qu'on attribue généralement et généreusement aux Noirs de brousse et à leur conception de la vie. Si Mama évoque la parenté et la communauté de sang (p. 125) ce n'est pas pour inculquer à son neveu les vertus traditionnelles, mais pour lui voler la moitié de son troupeau; si le Chef de Kala accueille Medza et le comble de cadeaux, c'est pour lui refiler sa fille comme épouse et pouvoir ainsi disposer en ville de quelqu'un d'instruit «pour l'aider plus efficacement dans ses sales combines» et «se faire recevoir» (p. 215); si la mère d'Edima crie au scandale et bat sa fille, «c'est une vaste rigolade», «c'est du chiqué», assure Zambo (p. 196) qui est convaincu que la mère veut, pour satisfaire sa vanité, «annoncer à tout le village que c'est à sa fille que [Medza

avait] accordé [sa] préférence». Quant au père de Medza, son comportement est une caricature de l'exploitation des qualités traditionnelles africaines d'entraide, d'accueil et de générosité.

L'aspect bon enfant de la vie en brousse dissimule une existence décadente, un réseau d'exploitation des riches par les pauvres et de relâchement des mœurs. Le Palmipède fait remarquer à Jean-Marie qu'il a bien de la chance d'avoir reçu gratuitement une épouse; et lui devra se «rabattre sur une vieillerie, une espèce d'orange pressée: une veuve ou une fille qui est passée entre toutes les mains. Comme ça, j'en aurai pour moins cher» (p. 217).

Mission terminée fait rire, mais, comme chez Molière, le rire offusque à peine la pénétrante et amère critique d'une société viciée et en voie de décomposition.

Le roman est mal construit: il faut, pour suivre les aventures insignifiantes de Medza, cette patience à laquelle convie l'auteur (p. 37): les digressions abondent; le style est uniformément plat. L'auteur inaugure une technique d'interpellation du lecteur: «vous souvient-il?» (p. 13) mais c'est pour l'abandonner aussitôt! Les personnages ne possèdent aucune individualité: qui distinguerait Fils-de-Dieu du Palmipède ou du Désossé? Les dialogues ne présentent pas d'intérêt même si les portraits et les descriptions retiennent parfois l'attention; l'humour y est rare et généralement fort épais... Les Blancs ne sont plus guère critiqués. Mais Beti écrit pour eux: «Parfois aussi, c'était le regard de mon oncle Mama que je rencontrais: son visage respirait un contentement étrange, à peu près celui d'un vieux paysan français qui vient de marier sa fille au plus beau parti du département» (p. 93-94). Aussi donne-t-il de la vie en milieu rural africain une vision catégorique: «C'est souverainement dérisoire, la vie» (p. 198).

François Salien

Mogariennes, Paris, Présence Africaine, 1970, 54p.

Recueil de poèmes de Cheik Aliou Ndao.

Les vingt et un poèmes de cette collection, d'une très grande variété, peuvent se classer en trois catégories: ceux qui sont inspirés par une femme, ceux qui s'inspirent de la nature et ceux qui sont un appel à la justice humaine. Ces poèmes varient pour la plupart entre dix et cinquante vers, mais les deux poèmes principaux sont bien plus longs. «Un cygne sur la mer» se compose de plus de 250 vers, et «Hello Joe» de plus de 160.

Le point de départ d'«Un cygne sur la mer» est une ville européenne, probablement Swansea en Angleterre. D'un ton nostalgique et d'un style parfois hermétique, le poète passe en revue les principales villes de la vallée du Niger. Chaque ville est décrite comme une femme, et chacune – Bamako, Ségou, Mopti – a sa personnalité. Mais ce n'est pas une simple visite touristique. Ces villes deviennent presque sacrées, et le narrateur y fait un pèlerinage, un retour aux sources, poussé par le destin «comme la sève sous l'écorce / Le termite dans la terre / Le sang inondant nos artères». Cette force vitale et les images cosmiques donnent au poème une portée universelle. S'y trouvent l'Europe et l'Afrique, l'océan et la plaine, l'histoire glorieuse et la misère, l'abnégation et la révolte: «Mais la silhouette d'Albouri Ndiaye / ... Fait sourdre mon sang / Plus violent que la marée sur les polders / Rompant les digues de la patience vers la Liberté.»

Dans «Hello Joe», le narrateur fait le réquisitoire du soldat américain. Il établit le contraste entre le quotidien paisible que le soldat vit chez lui et la violence à laquelle il participe à l'étranger, le contraste entre la «barbarie» des autres pays et la «civilisation» des États-Unis où abondent les gangsters. Mais c'est surtout la richesse des Américains qui provoque des malentendus: «Dis-leur Joe que notre amitié / Ne se vend pas comme un quart d'heure / D'amour chez une catin.»

Plusieurs images dominent et se retrouvent dans la plupart de ces poèmes. Les plantes, et surtout les fleurs, s'associent en général avec les femmes, tantôt reposantes («et ma vie s'immobilise / Comme le palmier dans l'oasis / De ses yeux», «Eïram»), tantôt dangereuses («Prisonnier de tes cheveux accrochés / Aux buissons de mes rêves», «Viana»). Les multiples références aux oiseaux représentent la liberté ou le mouvement vers la liberté («Libérant l'espoir sous l'aile des oiseaux», «Nègre perdu»; «Lâchant la bride à la merci des cigognes / Mes bras ont fouetté les nuages», «Un cygne sur la mer»). Dans le seul poème en anglais, «Nkrumah's Voice», cette association est très forte: «This man is a bird's wing / In our heart / A seed in our blood.»

Que ce soit par la beauté déchirante des paysages qu'il décrit ou par sa colère dirigée contre les injustices humaines, Cheik Ndao communique sa passion de transformer le monde avec «le poids des mots / Qui brisent les cages» («Nègre perdu»).

Lauren Yoder

Mon amour en noir et blanc, Yaoundé, Éditions CLÉ, 1971, 111p.

Roman de Rémy Gilbert Medou Mvomo.

Comme l'indique le titre, *Mon amour en noir et blanc* est l'histoire d'un adolescent noir épris d'une jeune fille blanche, avec tout ce qu'une telle union peut comporter d'insolite et de provocant aux yeux d'une société bornée et naïvement raciste. Mais c'est surtout un intéressant témoignage sur la situation matérielle et morale des jeunes Africains venus étudier dans la métropole, un exposé sensible et détaillé de leurs difficultés d'adaptation, leurs problèmes économiques, leur isolement, les réactions plus ou moins hostiles de l'entourage, les vexations quotidiennes auxquelles ils sont exposés et l'espèce de dépersonnalisation qui en résulte. Amboise, le héros de l'histoire, affirme:

> Les parents africains qui envoient leurs enfants en Europe ne comprennent que rarement la sorte de personnage qu'ils obligent ces enfants à devenir. Surtout si ces parents-là ne sont pas très aisés et que les enfants sont encore de tout jeunes adolescents.

Amboise compte pourtant parmi les privilégiés, dans la mesure où il bénéficie d'un accueil relativement sympathique de la part de ses camarades de collège et des habitants du Chambon, modeste bourgade touristique du massif central. Sympathie à laquelle se mêle à vrai dire beaucoup de condescendance et qui s'avère impuissante à compenser le déracinement comme à surmonter les préjugés racistes, toujours prêts à ressurgir à la moindre occasion, c'est-à-dire aussitôt que l'exilé prétend échapper au rôle qui lui est arbitrairement imposé.

C'est avec une émotion teintée d'ironie que l'auteur analyse les rapports d'Amboise avec la population locale, évitant ainsi le double piège de la sensiblerie apitoyée et de la critique rancunière. Une série de menus faits, pris sur le vif et racontés à la première personne, lui permet d'illustrer les mille et une blessures d'amour-propre infligées à un adolescent sensible par un entourage ignorant et aveugle, pour qui le Noir est essentiellement un objet de curiosité exotique et dont le comportement général se règle sur une demi-douzaine de clichés colonialistes. Mais c'est surtout aux réactions de la victime qu'il accorde une attention particulière.

Écartelé entre le besoin de plaire, c'est-à-dire la tentation de se conformer à l'image que les Blancs se sont faite de lui, et le besoin d'affirmer sa personnalité, séparé de ses frères de race, coupé de ses références culturelles sans avoir pour autant accès à celles des Blancs, constamment forcé de justifier son existence aux yeux d'autrui ou aux siens propres, le jeune déraciné n'a finalement le choix qu'entre une solitude tragique ou le mensonge. Et si, d'aventure, l'amour lui procure la chance de surmonter cette épreuve, le scandale qui en résulte le jette dans un dilemme encore plus douloureux que le précédent. En effet, la liaison d'Amboise et de Geneviève se heurte à une condamnation catégorique non seulement de la part des Blancs mais aussi de la part des parents du jeune homme qui l'interprètent comme une trahison. Cependant, avec un optimisme peut-être un peu forcé, le héros se dit prêt à soutenir la lutte. Pleinement conscient des difficultés qui l'attendent («un monstre avec des têtes qui semblaient se multiplier à l'infini»), mais sûr à présent de ses forces et de son courage, il envisage l'avenir avec sérénité et conclut sur une note d'espoir:

> Je tenais la barre ferme et, si l'on n'arrêtait pas le vent, celui-ci soufflait en poupe, le bateau était long et la mer et le ciel se mariaient à l'horizon.

Laure Hesbois

Mon cœur de saisons, Kinshasa, Éditions du Mont Noir, Coll. Objectif 80, série Jeune littérature, n° 8, 1972, 34p.
Recueil de poèmes de François-Médard Mayengo.

Mon cœur de saisons est une somme de vingt et un poèmes qui démontrent tous comment le cœur du poète adopte diverses attitudes face aux changements qu'il vit: tantôt satisfait en saison sèche, tantôt inquiet en saison pluvieuse; heureux en présence de la lune et du soleil: ce sont là des sentiments purement personnels. Cependant, son cœur, triste par moments, ne désespère pas: «Cœur tourné bien retourné / [...] / Trouveras-tu, cœur décoloré bien coloré?» (p. 4).

Un fait frappe: il n'est aucun poème dans lequel on ne trouve le mot «cœur» ou qui ne fasse allusion à l'âme. Pour Mayengo, le cœur est guide du cœur en tant que conseiller. C'est aussi le juge qui punit la faute, mais qui sait quand même pardonner.

Le cœur, ce «vase en tuma» à travers lequel la musique «glisse son parfum», fredonne des mélodies pour la vie de l'autre, pour la beauté. N'est-ce pas là un cœur sensible: «N'importe où, n'importe quand / [...] / Beauté! / Je t'adore, ô ma déesse» (p. 11)!

Mayengo est l'un des rares poètes zaïrois qui exploitent le thème du mythe de la nuit. En effet, la nuit, le cœur du poète est sombre; le jour, son cœur est clair, joyeux. De sorte que l'angoisse l'étreint, la quiétude le ravive: «La Nuit est noire / La Nuit est foncée, teignant tout de son souffle ténébreux» (p. 7).

L'écriture poétique de Mayengo est encore tâtonnante, peu ferme. La thématique, quant à elle, s'inspire du romantisme.

Kankolongo Mbuyamba

Monsieur le Maire, Lettres ouvertes, Issy-les-Moulineaux, Les Classiques africains, 1978, 104p.

Lettres ouvertes de Joseph Charles Doumba.

Dans les neuf lettres qui constituent cet ouvrage, Doumba emploie le style épistolaire «afin d'éviter à [ses] correspondants municipaux, mais aussi aux lecteurs, la monotonie, la longueur, l'impersonnalité et la solennité ainsi qu'une certaine langue par trop recherchée et spécialisée» (p. 10). Les maires apostrophés sont évidemment des personnages imaginaires, administrant des villes non moins imaginaires. À titre d'observateur, à la fois modeste, discret et lointain, du développement urbain, l'auteur distribue «ici un éloge, là un encouragement, ailleurs un blâme, parfois un conseil» (p. 88) aux premiers magistrats des villes choisies. Il se refuse cependant à jouer au conseiller juridique auprès de cet autre maire soupçonné d'avoir dilapidé les fonds municipaux.

D'entrée de jeu, Doumba se dit pas-sionné par la ville qu'il croit être le lieu idéal d'épanouissement de l'homme moderne (p. 8). Cet amour le pousse à dénoncer les défaillances des villes en général et des bidonvilles des pays du Tiers-Monde en particulier. En effet, mal planifiée, mal exécutée, mal entretenue et mal gérée, la ville trahit son rôle premier de lieu d'épanouissement de l'individu pour devenir repoussante et inhospitalière.

Pour Doumba, la santé d'un pays se voit dans celle de ses villes. Or, il y a des maires qui, comme celui de Ratamor, le sont «en titre et en écharpe» mais pas «en chair et en os» (p. 20). Ils abdiquent leurs fonctions d'inventeurs et de superviseurs quand ils ne les ignorent pas. Alors, sur des sites qui ne manquent parfois ni de charme ni de potentiel prolifèrent des villes dans lesquelles ni le citadin ni ses besoins primaires et essentiels n'ont de place. Les injustices sociales, l'insalubrité, l'entassement humain, entre autres, découlent de ce manque de politique d'ensemble.

En tant que chef de chantier, le maire devrait s'entourer d'une équipe de spécialistes pour mener à bien ses objectifs. C'est l'objet essentiel de la lettre adressée à Monsieur Koum Ndang, maire de Kaol. Le bon développement de la ville étant l'affaire de tous, le maire devrait rechercher la participation de tous. Cet engagement collectif pourrait aider à préserver l'émerveillement qu'ont certains citadins de la ville, à supprimer l'horreur que d'autres en ont, et à transformer la déception qu'elle inspire à d'autres en enthousiasme productif en créant chez eux un sentiment d'appartenance. On devrait inclure dans les structures de la ville le patrimoine culturel pour faciliter l'épanouissement des habitants. La ville, comme le corps humain, doit faire montre d'une certaine harmonie globale.

La lettre au maire de Sam est une dénonciation de la malhonnêteté et de la corruption qui ruinent les finances de la cité et compromettent son développement. Avec Mme le maire de

Souan, l'auteur fait l'apologie de l'égalité des sexes dans l'occupation des fonctions de maire. Il s'indigne des causes de stagnation de Kongar dont le maire, décadent, a fait son fief depuis l'indépendance du pays. Doumba décrie le gigantisme sauvage de Djoumbi à laquelle le maire impose son rêve de grandeur. Au Premier Magistrat d'une ville naissante telle Ratamor, l'auteur conseille d'être clairvoyant, modeste et circonspect. Doumba met sur ses gardes un maire-député et l'exhorte à ne pas céder à la tentation de politiser l'équipe municipale pour la mettre au service de la politique politicienne. Il invite tous les maires à choisir judicieusement leurs collaborateurs, leurs objectifs et leurs moyens d'action. Dans tous les cas, selon lui, dynamisme et politique d'ouverture sont essentiels. Les sous-titres et chacune des lettres sont toujours révélateurs du contenu de la missive.

Monsieur le Maire aborde plus d'un problème épineux de la cité moderne. Le citadin du continent noir ou du Tiers-Monde y retrouve plus aisément des traits de sa ville. Cependant, Ratamor, Souan, Sisse, Ponce, Mayok, Kaol, Kongar, Sam et Djoumbi combinent des aspects d'à peu près n'importe quelle ville du monde tant les points abordés sont divers et percutants. On comprend que Doumba adresse ses doléances de citadin convaincu à «tous les maires du monde» (p. 102).

Dorothée Kom

Monsieur Thôgô-Gnini, Paris, Présence Africaine, Coll. Théâtre, 1970, 117p. Comédie de Bernard Binlin Dadié.

Monsieur Thôgô-Gnini a marqué le retour de Bernard Dadié au théâtre, après une longue période consacrée à d'autres genres littéraires.

Comédie en six tableaux, *Monsieur Thôgô-Gnini* relate la rencontre, vers 1840, des «Blancs» venus commercialiser l'huile de palme avec un personnage malveillant (porte-canne du roi mais

véritable maître du royaume): Thôgô-Gnini.

Personnage principal de l'œuvre, Thôgô-Gnini (en malinké: «celui qui veut arriver à tout prix») est un parvenu cupide et vaniteux qui rejette toutes les valeurs humaines, accepte mal sa couleur, terrorise ses concitoyens et n'hésite pas à exercer une tyrannie cruelle sur l'ensemble de la population et, en particulier, sur N'Zékou, jeune homme qui avait tenté de s'opposer à lui et qui sera emprisonné.

Thôgô-Gnini devient le jouet, «l'auxiliaire le plus précieux» des colonisateurs; sa démesure et sa naïveté le conduiront aux pires excès.

Après une parodie de tribunal, N'Zékou sera néanmoins libéré et Thôgô-Gnini condamné.

Utilisant un contexte historique riche d'enseignements, Bernard Dadié donne à son lecteur un spectacle actuel où l'homme et l'ironie se complètent pour créer une satire virulente d'un certain type de personnage qui ne doit que très peu à l'imagination de l'auteur et beaucoup à son sens critique de l'observation.

Par cette recomposition fidèle d'un univers de compromission et de lâcheté, ayant pour décor l'Afrique en 1840, Dadié fait une vigoureuse dénonciation d'une situation passée mais qui a, parfois, d'étranges résonances d'actualité. Il ne s'agit pas pour l'auteur de faire une simple relation chronologique de faits historiques mais de donner, au terme de l'énoncé, une leçon actuelle de l'événement passé.

Tripartite par sa structure (la pièce peut être découpée en trois parties comprenant chacune deux tableaux: la présentation, le «crime» de Thôgô-Gnini, le châtiment de Thôgô-Gnini) et tricéphale par ses personnages (les Blancs, Thôgô-Gnini, N'Zékou), cette comédie est une pièce simple, employant un vocabulaire quotidien et ne comportant aucune difficulté d'interprétation première.

Dadié y analyse le double rapport de subordination existant entre le représentant du pouvoir local, Thôgô-Gnini, et les colonisateurs européens, d'une part (subordination acceptée et même encouragée naïvement), et d'autre part, entre le rebelle N'Zékou et Thôgô-Gnini (subordination refusée et finalement rompue).

Plus que des personnages, Dadié utilise des symboles: les Blancs sont anonymes et stéréotypés dans leur rôle de colons, ils abusent du pouvoir et se jouent de la crédulité de Thôgô-Gnini, ce dernier est le complice africain, le Nègre blanchi, le despote naïf et cruellement stupide; N'Zékou est le jeune révolté, sage, proche des valeurs traditionnelles, il est l'anti-Thôgô-Gnini, sa victime et le porte-parole du peuple.

Cette symbolique des personnages permet à Dadié de passer de l'analyse d'un destin individuel à celui, collectif, du peuple tout entier aux prises avec la mégalomanie dangereuse de son chef et la volonté colonisatrice et sans scrupule des Blancs.

La musique et les nombreuses indications scéniques accentuent le grotesque et la caricature, et, bien que la pièce soit avant tout une comédie, elle a néanmoins des accents de parabole dramatique.

Sous une apparence anodine et burlesque, la pièce de Dadié a une densité de signification qui permet à son auteur d'aborder les problèmes économiques, sociaux, religieux, raciaux. Le Pouvoir, la Justice, l'Église ne sont pas épargnés et Dadié se livre à une stigmatisation du pillage intensif de la colonisation et des complicités locales qui le rendirent possible.

Refusant un manichéisme simpliste et ne tombant jamais dans la facilité, Dadié restitue, sans se départir du contexte historique, un univers accessible à tous, et, malheureusement, d'une grande actualité.

La fin heureuse confère à la pièce une conclusion morale; elle permet au comique de supplanter définitivement le drame et à Dadié d'imposer ses aspirations.

La moralité triomphe à l'issue de cette pièce et montre la confiance que l'auteur a, non dans l'appareil judiciaire qu'il ridiculise mais dans la Justice vécue par le peuple et qui prend sa source dans la sagesse populaire.

Représentée dans la plupart des pays africains francophones (lors du Festival Panafricain d'Alger en particulier), *Monsieur Thôgô-Gnini* a dépassé l'audience du continent pour être jouée en France et au Canada. C'est sans doute l'une des œuvres théâtrales africaines d'expression française les plus célèbres actuellement.

Le ton, l'engagement e le militantisme de l'auteur font de Dadié un dramaturge dans la lignée de Brecht en Allemagne, de Césaire aux Antilles. Nous pensons tout particulièrement à *La Résistible Ascension d'Arturo Ui* et à *La Tragédie du Roi Christophe*.

Bernard Magnier

Mort (La) de Chaka, Paris, Présence Africaine, 1962, 61p.

Pièce en cinq tableaux de Seydou Badian (Seydou Badian Kouyaté).

Le héros-victime du drame est le capitaine zoulou, Chaka, un homme au destin spécial selon les siens. Par la force de l'épée, Chaka a réussi à sortir son peuple d'une situation de misère et d'oppression. Il a lui-même entraîné son armée qui est devenue la mieux organisée et la mieux disciplinée de l'entourage, ce qui lui a permis d'exterminer plusieurs tribus voisines.

La pièce donne une version de la fin du grand conquérant. Chaka est à l'apogée de son règne. Une guerre est en perspective. Or, voilà que les Généraux de son armée se déclarent fatigués des invasions et des guerres qui marquent le règne de Chaka. Ils veulent mettre fin aux exploits de leur chef pour jouir des fruits de leurs nombreuses victoires. Les discussions ne tardent pas à changer de ton: certains voudraient plutôt se débarrasser de Chaka, car «c'est Chaka le mal».

Cependant les Généraux sont très mal à l'aise, car ils ne peuvent refuser de combattre sans perdre l'estime du peuple. Ils décident donc d'aller à la guerre mais avec l'intention de régler le cas de Chaka au champ de bataille. Loin de leurs villages en terrain ennemi, Chaka sera obligé de les écouter. Mais à leur grande surprise, Chaka exclut les Généraux du projet d'attaque. Ceux-ci avaient comploté de trahir leur chef et de le livrer à l'ennemi. Aussi agissent-ils vite et ils se rendent au lieu de combat pour négocier avec l'ennemi. Malgré cette trahison, Chaka remporte la victoire, une victoire dont il ne peut jouir; car peu après la bataille, quatre hommes viennent le tuer à la prière. En mourant, Chaka annonce la venue d'«Oum Loungoum» — l'homme blanc dont ses agresseurs deviennent les sujets.

Seydou Badian présente la situation de manière objective — les excès, l'impatience et l'intransigeance de Chaka sont soulignés au même titre que la peur et la jalousie des Généraux. Certains gestes de Chaka, tel le massacre des Généraux, restent inexplicables et déroutent ses subalternes. C'est ainsi que les plus modérés des Généraux se laissent entraîner par les arguments des plus radicaux. Si bien que, rendu au champ de bataille, Dingana, qui prêchait le dialogue avec Chaka au départ, est celui qui songe à le livrer à l'ennemi. Le dramaturge semble préférer le dialogue comme moyen de résoudre les problèmes.

Chaka mérite beaucoup d'égards mais le respect qu'on lui voue paraît exagéré. Tous les honneurs lui sont réservés alors que ses soldats contribuent aussi à son succès. La présence de l'unique femme, Notibé, qui suit les guerriers jusqu'au champ de bataille, est plutôt insolite. D'autres ambiguïtés jalonnent le texte également. Il en va ainsi des jeunes gens qui viennent saluer Chaka après le combat. On sait que ce sont les jeunes du village de Chaka, mais on sait aussi qu'il y a cinq jours de marche entre le village et le champ de combat. Ces jeunes ont-ils suivi l'armée?

La tragédie de Chaka est exprimée dans un langage très éloquent. Soulignons toutefois que la plupart des répliques sont très longues (deux pages), et qu'il y a très peu d'action. Le langage solennel convient à la gravité de la situation évoquée.

Gertrude Edem

Mourir pour vivre, Paris, Éditions Saint-Germain-des-Prés, 1976, 85p.

Tragédie en cinq actes d'Alkaly Kaba.

Le royaume des Somonobozos a des traditions rigoureuses: le roi, que désigne le grand sorcier en présence des notables parmi les quelques candidats retenus, ne règne que sept ans au terme desquels il est étranglé par la main du sorcier pendant son sommeil, crime rituel qui ouvre au roi «l'univers des sublimes», «le monde pur des purs» (p. 14, 23), et assure au peuple bénédiction et protection du «ciel et de ses larmes de génie» pour les sept années à venir (p. 33). C'est ainsi qu'est montré, au premier acte, le sacrifice du présent roi, Sada, qui accepte sa mort non sans crainte ni réprobation: «Personne n'a droit à la vie d'un autre», dit-il tristement à la reine première, Kenda, avant d'entrer dans son dernier sommeil (p. 20).

L'action se noue aux deuxième et troisième actes; d'une part, avec la révolte ouverte de Kenda qui clame, devant le sorcier et les notables, son amour pour le roi défunt, amour interdit par la coutume, et dénonce la barbarie de la tradition: «Dans quel monde sommes-nous? Un monde qui punit l'amour légitime et qui offre la vie des autres pour sa Joie et sa Paix» (p. 35); d'autre part, avec la nomination d'un nouveau roi, Kalaî, qui n'a brigué le trône que pour changer les choses, en particulier pour mettre fin à une pratique si étrangère aux «vraies valeurs humaines» (p. 47):

Oh! Perle Noire
Ma lumière — Mon Afrique!

Je vais donner par amour pour toi
Une longue leçon de Sagesse nouvelle
À tes fils,

dit-il lyriquement (p. 51), et, plus pro-saïquement: «En venant au pouvoir, j'avais pour objectif la suppression pure et simple de cette tragédie ridicule» (p. 53).

Les trois protagonistes sont, dès lors, en place: le sorcier, Kolodo, gardien de la tradition et mémoire de son peuple (p. 28); Kenda, l'épouse fidèle par delà la mort, pour qui l'amour seul donne à la vie son sens et son humanité (p. 44); Kalaï, enfin, qui représente, face à la mort rédemptrice, le désir de vivre mais aussi l'intelligence, la science et la raison.

En effet, le spectateur qui se croyait plongé dans un lointain passé apprend progressivement, par le personnage de Kalaï, que l'action est contemporaine, voire très contemporaine, comme le laissait entendre le Prologue: le royaume des Somonobozos fait partie d'une république indépendante; l'action commence en 1961 (p. 53), se poursuit en 1968 (p. 47) et s'achève en 1970 (p. 75). Quant au nouveau roi, lorsqu'il s'est porté candidat, il était professeur de sciences au collège de la capitale (p. 38, 46). Chacun des trois personnages principaux incarne donc une valeur claire: la tradition, l'amour et l'intelligence scientifique.

En déduire qu'il s'agit d'une pièce à thèse simplificatrice serait cependant injuste. Certes, l'auteur soutient sans ambages le combat de Kalaï et abuse, trouveront certains, d'un didactisme qui ne laisse rien dans l'ombre: ainsi est exaltée dans la dernière réplique «cette volonté de bannir certaines traditions qui avilissent la race noire» (p. 85) (l'auteur ajoutant aussitôt: «Mais Seigneur, tout n'est pas à bannir. Je le sais...»), mais Kalaï n'est pas sans faiblesses ni défauts: il est pusillanime devant la mort même s'il en accepte le principe pour faire «éclater le scandale à la face du monde» (p. 66); et il n'hésite pas à se mettre sous la protection de la police. Il affiche une assuran-

ce et une prétention passablement ridicules: «Par ma parole de scientifique, Kolodo, tu perds la bataille de l'intelligence parce que tu te passionnes» (p. 68). Il n'a que mépris pour son adversaire et les coutumes qu'il combat sans jamais essayer de les comprendre. Le sorcier Kolodo n'incarne en aucune façon les forces du mal: il fait loyalement et humainement son métier de sorcier et de bourreau. S'il regrette que Sada ait gémi comme une femme lorsqu'il l'étranglait (p. 22), il reconnaît que lui-même pourrait aussi trembler devant la mort. Il choisit Kalaï parce que coule dans ses veines le sang d'un homme qui a vaincu la folie par la sagesse (p. 38). Face au roi qui le nargue avec un aveuglement infantile (IV, 2), c'est lui, incontestablement, qui a le beau rôle. La reine première, Kenda, est moins heureusement traitée: elle montre moins de complexité que d'inconséquence: il est surprenant que, par amour pour le roi défunt, elle prenne fait et cause pour le sorcier-assassin contre le nouveau roi, son nouvel époux, prolongeant ainsi un système dont elle a horreur.

Tragédie, précise le sous-titre; drame plutôt qui s'achève dans un bain de sang: incapable de venir à bout de Kalaï trop bien protégé, trop bien renseigné, Kolodo, le sorcier, qui sait que «les Somonobozos ne [lui] pardonneront jamais sa défaite», se poignarde «pour vivre dans leur mémoire en homme respecté» (p. 83); Kenda se saisit de l'arme, la plonge dans le cœur de Kalaï «par haine et pour venger [son] amour» (p. 84), et la retourne contre elle «pour vivre dans l'autre monde avec celui qu'[elle a] aimé et qu'[elle] aime toujours» (*ibid.*). Fin un peu grand-guignolesque peut-être, mais qui permet à l'auteur de dégager explicitement la morale, d'inspiration stoïcienne, de sa pièce: chacun des trois personnages est «mort pour vivre», qui un idéal, qui l'honneur, qui l'amour (p. 84-85), trois valeurs fondamentales entre lesquelles il est impossible de choisir.

Michel Hausser

Murmure et soupir, Paris, P.J. Oswald, 1972, 37p.

Recueil de poèmes de Christophe Nguedam.

Murmure et soupir compte trente poèmes qui traitent des thèmes de la perte, du désespoir et d'un «avenir riche en possibilités de grandeur». En général, Nguedam esquisse une situation typique ou une métaphore colorée afin de donner corps à une idée abstraite. Par exemple, dans «L'union fait la force», la solidarité communautaire des fourmis sert de modèle aux hommes. Dans «Convoitise», les désirs ardents deviennent les abeilles qui bourdonnent dans la ruche. Dans d'autres poèmes, le sort de milliers d'Africains anonymes est figuré par l'image d'hommes en marche à travers un désert où le vent sec efface toute trace de leur passage, ou encore par un paria qui hurle sa faim et son isolement devant une foule de spectateurs en liesse.

Ces situations et ces métaphores colorées servent de prétextes à l'expression d'une sensibilité angoissée qui vacille entre l'anticipation et le désespoir. Dans la mesure où cette sensibilité fait contraste avec la torpeur de la plupart des hommes, elle devient un critère de valeur. Par exemple, les spectateurs se sentent justifiés dans leur indifférence vis-à-vis de la misère du paria, parce qu'ils le prennent pour un fou. Contrairement à ces spectateurs, le poète compatit aux souffrances du paria et comprend mal un tel manque de pitié à son égard. Le point de repère de Nguedam n'est donc pas la réalité objective, mais la réponse subjective de l'âme sensible.

Trempée dans le romantisme français du dix-neuvième siècle, cette attitude tend à l'introspection et au sentimentalisme. Parfois elle dégénère en une pitié de soi exagérée. Dans «Un cas de suicide au Natal», ses propres jours se revêtent de la couleur des feuilles mortes, et lui-même se sent aux prises avec un destin sur lequel il n'exerce plus le moindre contrôle. Dans «Sur la terre en passant», il entend sonner le glas de sa propre mort dans chaque chant d'oiseau, et il entrevoit son sépulcre dans tous les buissons des alentours. Si Nguedam penche pourtant vers la mélancolie, il tâche de découvrir des raisons pour espérer: le mot d'un ami, la noix de kola partagée, la fleur s'épanouissant parmi les épines, l'oiseau se perchant sur la cime d'une maison délabrée. Toutes ses images sont tirées de la vie quotidienne de l'Afrique, mais son style poétique et son idéalisation de l'âme sensible sont calqués sur les modèles romantiques européens.

Richard Bjornson

Murmures, Kinshasa, Éditions Lettres Congolaises, Office National de la Recherche et du Développement, 1967, 15p.

Recueil de poèmes de Clémentine Nzuji.

Murmures est le premier recueil de poésie publié par l'auteur. L'œuvre s'inspire de l'impressionnisme dont la poétesse tire le principe essentiel de sa création. Sensations visuelles et tactiles, émotions, couleurs, tout se fond dans une forme libre et variée d'une vitalité débordante, que ternit parfois une teinte de sentiment tragique («Le cri dans le silence», «L'affamé»: «Il marchait droit / Mais tout son être se penchait / sur les soupirs de la misère / sur les bourdonnements de ses désirs / sur la mort / Il rêvait du lieu de repos éternel /», p. 8). Pourtant Clémentine Nzuji se révèle étonnamment sage dans sa façon d'accepter les paradoxes inhérents à tout ce qui est vie. L'accent particulier qu'elle donne à son identification avec la nature dans le poème «Ce n'est pas ma faute...» («Prenez-moi pour arbre / pour vent / pour fleur / ou pour eau / si vous voulez me comprendre»), et son indubitable sincérité dans l'expression de ses sentiments (qu'ils soient maternels, fraternels ou sexuels), lui octroient une place à part entière parmi les poètes contemporains.

Le fait que le recueil ne fasse aucune allusion à une appartenance raciale ou politique suggérerait que l'auteur a dominé sa condition au cœur d'un monde pluraliste, souvent cruel et paradoxal. Mis à part le sentiment de commisération humaine qu'elle exalte dans «La misère du peuple» et dans «Miroirs», Clémentine Nzuji termine son recueil avec des chants d'amour, où l'union du couple s'établit en harmonie avec le cosmos («Il était venu», «Gaieté», «Aux pieds de Stanley» et «Le soir»).

Comme la plupart des poètes africains, Clémentine Nzuji ponctue son expression d'effets rythmiques étudiés qui pourraient avoir été inspirés par la musique folklorique congolaise. Mais les figures poétiques les plus remarquables se trouvent au cœur du vocabulaire, dans le choix des mots, dans leur consonance agréable ou choquante, pour l'oreille et pour l'esprit («La fureur des tendres violences»). Clémentine Nzuji est une poétesse accomplie, dont le plus grand mérite est d'être profondément sincère avec elle-même, n'ayant pas eu d'autre prétention que celle de se définir honnêtement, dans la vie et dans l'espace. Sa poésie est simple et accessible à tous les dilettantes.

Josette Hollenbeck

Muzang, Kinshasa, Éditions Ngongi, 1976, 77p.
Pièce de théâtre de Musas Mangol Mwamb'a.

Muzang est un long poème construit à partir d'un rite kanyok qui est une invocation des ancêtres, force vitale du clan.

Il avait lieu lorsque famine, guerre, sécheresse, épidémie ou quelque sort affreux frappait le clan. Ce rite consistait à envoyer chez les ancêtres un homme sain de corps et d'esprit. À travers lui, il s'agissait véritablement d'une rencontre entre les vivants et les morts: l'élu avait pour mission de les rencontrer tous, de leur demander conseil et de leur transmettre le désir des vivants de vaincre la calamité et de retrouver la paix. Cet élu revenait alors à la vie avec les recommandations des ancêtres que le plus initié des vivants traduisait à tout le clan rassemblé sur la place publique.

Cependant, Muzang n'est pas seulement un rite. Il est aussi, d'une certaine manière, un chef prestigieux, un grand conquérant, un héros mythique, ou simplement un meneur d'hommes. C'est encore et surtout un «messie», autour duquel s'affairent Dieu-Letel-a-Letel, les ancêtres, le peuple et la nature; tous réconciliés par le sacrifice du meilleur fils du clan, générateur de paix, de prospérité et de joie de vivre.

Ainsi, quelles que soient les manières de l'interpréter, Muzang représente indubitablement un chef, un héros original. En lui sont réunies, à l'échelle des géants, toutes les qualités nobles et viriles: la bravoure, la puissance, le sens de l'honneur et du dévouement, la fidélité à son clan et à la parole donnée, l'horreur de la lâcheté et de la trahison. Ses faits et gestes sont extraordinaires et surhumains.

Cette pièce de théâtre, qui tient, depuis sa publication, l'affiche dans toutes les salles de spectacle de Kinshasa, est donc une évocation rituelle élaborée à la manière d'une épopée. Avec *Muzang*, Musas Mangol Mwamb'a se situe logiquement dans la suite de Seydou Badian et de Senghor (avec *La Mort de Chaka* et *Chaka*). Il s'agit d'une pièce qui fait honneur à l'Afrique traditionnelle avec tout ce qu'elle avait comme coutumes et mystères. On comprend que cette œuvre ait été retenue pour représenter le théâtre zaïrois au deuxième festival mondial des arts nègres à Lagos.

Yamaina Mandala

Mvett (Le) I, Paris, Présence Africaine, 1970, 155p.
Mvett (Le) II, Paris, Présence Africaine, 1975, 310p.
Récits de Tsira Ndong Ndoutoume.

Dans son introduction au premier volume du *Mvett*, Tsira Ndong Ndoutoume nous donne quelques détails autobiographiques. Il était directeur d'école au Gabon quand il s'est initié à l'art de jouer du Mvett, quand il a pris la décision de retourner à la source culturelle de son peuple Fang.

Qu'est-ce que le Mvett? Le mot mvett désigne à la fois «l'instrument utilisé, le joueur, et les épopées racontées». D'après l'auteur, le mot Mvett pris dans son sens le plus large est «synonyme de culture Fang».

Le premier problème auquel se heurte l'auteur est celui de la transmission par écrit d'un art oral. «Tsira Ndong joue du Mvett sur du papier! / Mvett! Mvett! Mvett! Tu te meurs! Tsira Ndong joue du Mvett sur du papier! / Quel scandale...» (II, 68)! Il craint de trop modifier le vrai sens du Mvett. L'art traditionnel du Mvett est un art total, car la musique de l'instrument, le mime du joueur et les réactions de l'auditoire se complètent. «L'instrument dicte le récit», dit Tsira Ndong, et le joueur «traduit et mime». «Rien au monde ne peut remplacer le cadre du village, l'atmosphère du corps de garde, le rythme des grelots et des baguettes, la mélodie du Mvett, les trépidations des plumes d'oiseaux et de peaux de bêtes sur la tête et les bras du joueur» (I, 18). L'auteur est déchiré entre le désir de préserver la tradition dans un livre et celui de sauvegarder sa pureté.

La matière des épopées est l'histoire légendaire du peuple Fang, surtout à l'époque des grandes migrations. Le Mvett chante dans ses épopées l'hostilité de deux peuples ennemis: le peuple d'Engong (les Immortels) et le peuple d'Okü (les Mortels). Ces derniers luttent contre les Immortels dans l'espoir de leur «arracher le secret de leur immortalité». Ces luttes se déroulent dans un monde merveilleux où la magie vient s'ajouter à la force des bras des héros, où les êtres humains, du moins les initiés, peuvent se transformer en animaux et où le transport peut s'effectuer à dos d'oiseau, sur des anneaux de fer ou par des rivières souterraines. Les épopées sont innombra-

bles, mais les deux volumes du *Mvett* de Tsira Ndong n'en présentent que deux.

Le thème principal des deux épopées est la recherche de l'immortalité. L'homme a des origines sacrées, et durant son séjour sur la terre, il n'est pas totalement séparé de ce monde d'origine. Il y est relié par son contact avec les ancêtres et les esprits qui peuvent s'adresser directement à Dieu. Dans le monde de tous les jours, les vieillards peuvent, eux aussi, servir d'intermédiaires entres les hommes et Dieu. C'est dans le monde imaginaire du Mvett que les hommes peuvent accéder à l'immortalité par la Force et l'Intelligence.

Quel est le rôle social et culturel du Mvett et du joueur de Mvett? En tant qu'historien, le Mvett se voit obligé de flatter l'auditoire. C'est pour cette raison que chaque épisode commence par une longue généalogie qui chante les hauts faits des grandes familles présentes. Il est intéressant de noter que c'est souvent la généalogie du Mvett lui-même qui reçoit la plus grande attention.

Le Mvett explique que son rôle est double: il veut plaire et instruire. La musique et les récits transportent le public dans un monde idéal: «On attend celui qui secrète les mélodies», disent ceux qui écoutent, «Ses paroles rafraîchissent comme le jus de canne à sucre» (II, 143).

Mais le Mvett a aussi un but éducatif. Il veut préserver la culture Fang et se pose en gardien de la tradition que les jeunes délaissent. «Le Mvett... / Enseigne le courage et la sagesse. / Et ressuscite la tradition qui se fourvoie dans la nuit de l'oubli» (I, 154). Il annonce qu'il veut présenter ce qui est «vrai» et «défendu». Car «les hommes craignent les vérités crues, / Mais les aiment adoucies par le Mvett» (II, 39).

Tourné souvent vers le passé et la tradition, Tsira Ndong reconnaît pourtant l'importance du moment actuel. Il cache parfois des commentaires politiques dans sa présentation du monde légendaire et idéal. Il pousse ses frères à revendiquer des changements. Il prétend être dangereux car il «en connaît trop» sur les gens, Africains ou Européens, qui sont au pouvoir. Il dit que «les Blancs et leurs acolytes» s'approprient le pays (II, 228). Tsira Ndong a connu la prison, pour avoir chanté la vérité.

Ces épopées de Tsira Ndong représentent un élément important dans la préservation de la culture Fang et dans le développement de sa littérature. La transmission par écrit de la littérature orale, la présentation des légendes merveilleuses et la facilité de tenir en haleine le lecteur des narrations mouvementées font de Tsira Ndong Ndoutoume un maître dans l'art du Mvett. Pour le chercheur, *Le Mvett* est très révélateur de la technique de la littérature orale, des valeurs Fang traditionnelles et de la philosophie africaine.

Lauren Yoder

Mystère (Le) de l'enfant disparu, Léopoldville, Bibliothèque de l'étoile, 1962, 86p.
Conte de Timothée Malembé.

Timothée Malembé situe son conte folklorique «au matin de la colonisation, entre les régions de Mangai et d'Oshwé, dans le bassin de Kasaï» au Congo belge (p. 4). Il reprend le conte ancestral dans une langue simple, élémentaire, et essaie de garder le charme et le drame d'un récit oral autour du feu dans son village. Il s'agit du compte rendu de trois années que, jeune, Kalamay, son ancêtre, passa en captivité. Kalamay nous raconte lui-même ses aventures et ses conversations brèves et naïves avec ses ravisseurs Bankutu, ses amis et son amie Wokama, elle aussi captive. Les événements se suivent dans l'ordre chronologique: la capture de Kalamay pendant que son village brûle; sa tentative de fuite du village Bankutu avec Wokama dans la forêt où ils se perdent et leur retour au point de départ; une autre tentative après quelques années les mène aux mains d'une autre tribu; on assiste finalement à la réunion de Kalamay avec sa propre famille.

Malembé prétend nous raconter l'histoire en griot traditionnel, donnant à son récit toute la force d'une présentation dramatique: «Un tout vivant, pittoresque, animé» (p. 3). Mais ce faisant il nous décrit les coutumes traditionnelles, transcrit des dialogues typiques, et présente un mélange de sagesse proverbiale et de croyances religieuses aussi bien que chrétiennes. L'œuvre se termine par un chant-poème: «La mère a pleuré son fils bien-aimé / Parce qu'il eût été assassiné / elle le pleure enfin parce que retrouvé / Mais Kalamay survit / Le voilà, le voici» (p. 83).

Le style naturel et sans artifice traduit le désir de l'écrivain de «conserver la vigueur du récit original». Malembé ne se soucie du devenir de ses personnages que dans la mesure où ils sont en rapport direct avec Kalamay. Bien que Donald Herdeck ait dit que Malembé «explore la matière folklorique de son peuple d'une façon plus mythique que réaliste», nous trouvons des détails réalistes bien esquissés: «Pris de peur, les chiens ne savaient où se cacher et c'est en vain qu'on les poussait à mordre les ennemis» (p. 10). Certes le conte de Malembé n'est ni didactique ni politique ni même tout à fait psychologique. Malembé nous rapporte une légende, sans commentaire, sans jugement. Le récit présente le héros-enfant comme il se voit et comme il voit son univers.

Charlotte H. Bruner

Mystères (Les) du Bani, Monte-Carlo, Éditions Regain, 1960, 126p.
Roman folklorique soudanais, Tome I, d'Amadou Oumar Bâ.

Amadou Oumar Bâ a écrit ce texte pour présenter la culture, la religion et les mœurs des peuples qui, vus de l'extérieur, ne sont que des hommes et des femmes qui mènent un rude combat contre le monde naturel et la nature humaine. Bilaly, propriétaire d'une pirogue chargée de voyageurs et leurs bagages, entreprend la navigation du Bani pour monter jusqu'à la ville de Djenné où habite sa famille.

A.O. Bâ profite du récit de voyage pour raconter plusieurs légendes, contes, histoires et anecdotes. L'auteur a recours à divers procédés: conversations des voyageurs et incidents divers donnent l'occasion d'évoquer tel ou tel autre conte.

Une étude attentive des expériences psychiques et littéraires des voyageurs montre que le fleuve les emporte de plus en plus près de leur destination au rythme d'une conscience de plus en plus approfondie de la culture et de la moralité. Ce «roman folklorique» est aussi didactique. De nouveaux horizons s'ouvrent aux voyageurs. L'agencement du récit, les activités socio-culturelles et le rôle important que joue la navigation, en tant que symbole de la vie qui passe, rappellent *Palace of the Peacock*, du Guyanais Wilson Harris.

Le style de Bâ est sans surprise, clair et lucide, le mouvement des phrases nous emporte très souvent en un voyage lointain, au-delà du texte écrit. Un livre admirable pour les jeunes, même si la réflexion n'y est pas toujours accessible aux jeunes esprits.

Une première lecture des *Mystères du Bani* pourrait donner l'impression qu'il s'agit d'une série d'histoires racontées au hasard pour émerveiller le lecteur. Pourtant l'on a affaire à un texte qui mérite une analyse sociologique et idéologique exhaustive.

Il y a plusieurs catégories d'histoires racontées ou vécues par les voyageurs: histoires d'êtres humains et de leurs expériences avec des êtres surnaturels; histoires d'êtres surnaturels; histoires d'animaux qui se métamorphosent; histoires de bonté et de dégénérescence humaines; histoires de courage individuel; et histoires de mœurs ethniques diverses.

L'histoire est souvent accompagnée d'une exhortation morale explicite mais l'auteur laisse parfois deviner l'enseignement moral véhiculé.

Une certaine vision manichéenne se dégage de ce roman fortement imprégné de pensée islamique. A.O. Bâ oppose les forces du Bien et du Mal sans les mettre directement en conflit. L'histoire de Déda et de sa marâtre (p. 12-18) et celle des deux camarades partis à la recherche de la fortune (p. 86-91) sont structurellement proches. Un individu bon et simple est victime de la méchanceté d'un homme pourtant réputé généreux en vertu des pratiques sociales et des croyances religieuses. La nature et les forces psychiques qui auraient normalement éliminé la victime agissent de façon à procurer richesse et bonheur à l'exploité. L'exploiteur, par sa convoitise, essaie d'imiter les procédés qui ont amené son ancienne victime en contact avec les forces psychiques, mais échoue et meurt, dévoré par des bêtes féroces. À la fin du conte, on loue le Créateur qui n'abandonne jamais les siens. Dans ce cas, comme ailleurs dans le texte, il ne semble pas y avoir de contradiction entre l'affirmation de la foi musulmane et la procession de génies, de diables de toutes sortes, d'oiseaux qui parlent et d'autres phénomènes du genre.

La punition des méchants est à la fois religieuse et sociale. Il s'agit d'un avertissement et d'une exhortation relatifs aux responsabilités humaines et communautaires de l'individu. Comme la marâtre a trahi son rôle de mère, le camarade qui a déserté son compagnon moribond agit d'une façon qui risque de déséquilibrer la société. Si à la base des relations humaines les normes ne sont plus respectées, la communauté sera détruite.

Telle est la situation dans le conte évoqué par la vue d'un immense baobab formé de trois parties symétriques. Une femme débauchée et ses jumeaux avaient été transformés en baobab pendant leur fuite de leur communauté qui s'était abandonnée à l'ivresse et à une décadence morale généralisée. Au bord du fleuve, la jeune mère se retourne pour regarder le village en flammes et, telle la femme de Lot (Genèse XIX, 26), elle et ses enfants se métamorphosent. Selon le Coran (XI, 81) la femme de Lot périt dans les flammes.

Si le fleuve joue un rôle important dans le texte de Bâ, le feu en tant qu'élément symbolique est presque aussi important. Des esprits se transforment en boules de feu et se promènent ainsi parmi les cimes des arbres. Un griot étranger au village est carbonisé par le Komo qu'il est venu vaincre. Les flammes purifient la terre de toute une communauté dégénérée. La présence divine est partout évidente mais toujours au service de l'équilibre communautaire...

A.O. Bâ souligne l'importance de l'oralité dans un contexte précis. La profondeur philosophique et littéraire du texte réside en une structure symbolique implicite qui produit une symbolique explicite.

Tout existe en fonction du fleuve. Le Coran emploie très souvent l'image des ruisseaux, mais plus souvent celle du fleuve, pour symboliser l'abondance des dons de Dieu. L'eau en tant qu'élément vital est ainsi évoquée: «... nous avons créé, à partir de l'eau, toute chose vivante» (XXI, 30).

Pour bien apprécier la symbolique des *Mystères du Bani*, le lecteur occidental est obligé de faire des recherches dans plusieurs domaines mais la grande richesse culturelle du texte nous révèle des détails importants sur la production littéraire africaine.

Frederick Ivor Case

N

Nasse (La), Yaoundé, Éditions CLÉ, 1971, 152p.
Roman de Patrice Ndedi-Penda.

Il y a dans ce roman trois catégories de personnages. Il y a d'abord les jeunes, attachés au modernisme, au libéralisme dans l'amour et les épanchements du cœur. La seconde catégorie se compose de vieux, rivés aux traditions, emportés par leur individualisme matérialiste et leur rôle de directeurs de conscience des jeunes. Pour relier ces deux groupes antagonistes, il y a un groupe de pacificateurs et d'entremetteurs. Dans le premier groupe se trouvent les deux amoureux Charles Dandè Nkakè et Colette Longo: ils s'aiment tendrement et partagent les mêmes intérêts. Pour ces jeunes gens bien éduqués, comme pour leurs camarades, Rose-Catherine Lambé, Simon-Pierre et Jacques, «le mariage doit être et être seulement l'union librement consentie de deux êtres. Voilà pourquoi le Créateur nous a fait libres, considèrent-ils, de choisir, dans tous les domaines» (p. 144). Or, le groupe de vieux, malmené et ballotté par Ekandè, un corrompu qui ne s'exprime qu'en billets de banque et qui «ne ménage jamais sa fortune pour parvenir à ses fins» (p. 63), croit que l'amour devrait être bien circonscrit et bien pesé. Le mariage doit apporter des avantages financiers et sociaux aux parents de l'épouse. Pour ces vieux, la communion des âmes et les sentiments du cœur ne comptent guère. On comprend qu'ils accordent tout leur appui au mariage de convenance que Longo veut arranger entre sa fille Colette et le sous-préfet Ekandè. Il suffit de jeter par-ci par-là billets et bouteilles pour avoir le soutien total d'une classe sans laquelle aucun mariage n'est possible dans la société traditionnelle africaine. Devant ces vieux, les jeunes amoureux se révèlent comme «des souris au fond d'une souricière» (p. 64). Toutes les tentatives de pacification entreprises par les parents de Charles, l'oncle de Marie-Thérèse chez qui se cache Colette, ne parviennent pas à dénouer la crise. Il faut que les pauvres amoureux s'abandonnent aux caprices du destin dont le représentant humain le plus actif est l'énigmatique tante Marie qui se conduit comme un véritable ange noir. La dernière intervention de cette menteuse éteint tout espoir de dénouement satisfaisant pour Charles et Colette. À la fin, la volonté des vieux l'emporte et les trois acteurs, Charles, Colette et même Ekandè, restent insatisfaits, tristes et abattus. Charles n'épouse pas Colette qui se trouve poussée malgré elle dans le foyer d'Ekandè.

Dans un style limpide, enrichi de proverbes et de palabres, Ndedi-Penda nous présente une analyse sérieuse de la tradition africaine du mariage. La scène des fiançailles et les discussions sur la dot apparaissent comme des essais sociologiques, mais le romancier fait surtout preuve de son talent créateur dans les dialogues.

Samuel Ade Ojo

Nden-Bobo, l'araignée toilière, Yaoundé, Éditions Abbia/CLÉ, 1966, 40p.
Conte beti par Gaspard et Françoise Towo-Atangana.

La première question que se pose le lecteur de *Nden-Bobo* est de savoir s'il s'agit bien d'un conte ou d'une fable. À en croire les auteurs, ils se trouvaient dans un groupe d'auditeurs assistant à une veillée traditionnelle africaine lorsque, minuit passé, les femmes de la *sixa* étant allées se coucher, «il nous vint à l'esprit de demander au joueur de Mvett ... de nous faire entendre un morceau de son choix dont il pouvait attester l'ancienneté. Il nous annonça aussitôt l'histoire de *Nden-Bobo...*» («Présentation», p.8).

Cette anecdote montre que *Nden-Bobo* remplit les deux principales conditions qui, d'après Senghor, permettent de qualifier un récit de conte. Premièrement le conte africain est d'un sérieux tel qu'il n'est point destiné aux femmes et aux enfants. Deuxièmement, comme l'affirme Senghor au sujet de Birago Diop, le conte traditionnel africain doit remonter à une époque historique bien reculée, et le conteur ne doit jamais prétendre à l'originalité. Il est un simple traducteur des dires d'un griot ou Mbon-mvet.

Quant aux autres caractéristiques du conte, Senghor écrit encore:

Le conte est un récit dont les héros sont des génies et des hommes, et qui est sans portée morale. Il nous introduit dans le monde surréel du merveilleux, où l'âme vit d'émotions essentielles; il participe du mythe... (Préface aux *Nouveaux contes d'Amadou Koumba*, p. 8).

On voit donc que, malgré quelques imperfections comme le recours à un personnage animal, *Nden-Bobo* est un conte par le sérieux de son sujet, son ancienneté attestée, l'absence d'une morale évidente et le caractère sacré que lui confère le conteur, ou Mbon-mvet. Mais il l'est surtout par l'importante question qu'il soulève au sujet de l'existence humaine.

En effet *Nden-Bobo* s'organise autour d'une simple pratique chrétienne: la communion. Dieu, présenté comme un bon père, fait faire la première communion à son fils. Pour célébrer cet événement, il organise une grande fête au ciel, à laquelle sont invités tous les habitants de la terre, y compris Nden-Bobo, l'araignée toilière. Cette dernière profite de l'occasion pour dresser un foudroyant réquisitoire contre son hôte dans le but de mettre en cause la notion même de bonté divine. Dieu écoute sans chercher à se justifier. Au contraire, conscient de sa toute-puissance, il se contente de châtier l'accusateur même quand les charges déposées contre lui paraissent fondées. Et l'histoire se termine comme elle a commencé, par une parodie de la messe et de la communion chrétiennes.

Mais au-delà de cette histoire apparemment banale, c'est la grande question de l'existence humaine qui se pose: comment réconcilier la croyance chrétienne en la Bonté absolue de Dieu et l'existence du Mal? Il s'agit là d'un problème qui a préoccupé des générations de philosophes et notamment les existentialistes. Et si Dieu ne se soucie nullement de fournir des réponses aux accusations de Nden-Bobo, c'est que le conteur veut nous faire sentir à quel point est absurde cette condition dans laquelle l'homme se trouve. Il veut également souligner la profonde différence qui existe entre cette conception chrétienne de Dieu et l'image que l'Afrique traditionnelle se fait de son Dieu. Pour l'Africain en effet, Dieu se conçoit comme un esprit tout à fait bon, par opposition aux mauvais esprits qui sont seuls responsables des maux dont l'existence humaine est accablée.

Ainsi, *Nden-Bobo* illustre, d'une façon humoristique, le problème de l'opposition, dans le domaine de la croyance religieuse, entre la société traditionnelle africaine et celle du monde occidental.

Egbuna P. Modum

Ngando, Bruxelles, Éditions A. Deny, 1948, 117p. – Préface de Gaston D. Périer.

Roman de Paul Lomami-Tshibamba.

Ngando est le texte le plus connu de Lomami-Tshibamba. *Ngando* fut l'événement littéraire du Congo belge, ayant obtenu le premier prix au concours littéraire de la Foire Coloniale de Bruxelles en 1948; cet événement fut également la première reconnaissance de ce qu'ailleurs on appelait depuis quelques années la négritude, ces valeurs nègres que le colonisateur belge avait assez largement ignorées. Gaston Périer, «Secrétaire de la Commission pour la Protection des Arts et Métiers Indigènes», souligne que «[...] jamais un Occidental n'aurait pu montrer, avec autant de lucidité, le rôle du surnaturel dans la vie journalière et psychologique de l'Africain, constamment partagé entre la réalité et l'extraordinaire spirituel» (p. 5). Il est vrai aussi que Gaston Périer rapporte les qualités artistiques de Lomami Tshibamba, qui s'appelait alors Paul, à «l'application patiente de ses maîtres de race blanche et à la valeur de leur éducation littéraire» (p. 6). ...La langue de *Ngando* est certes correcte et le style haut en couleur, mais ils doivent sans doute plus à la personnalité de Lomami Tshibamba et à sa passion pour l'œuvre de Jules Verne qu'aux vertus pédagogiques de ses «maîtres de race blanche».

«Ngando» signifie en lingala et en kikongo, langues parlées à Kinshasa, crocodile. Un personnage important de ce livre est donc ce «gigantesque lézard» qui est de fait, dans la croyance populaire, un agent privilégié de la sorcellerie: «les féticheurs et les «ndoki» tout particulièrement sont les usagers familiers de «Ngando». Ils entrent dans sa carcasse et se font transporter sous l'eau dans des localités éloignées pour ravir quelqu'un puis se font ramener avec leur butin humain à leur point de départ. Parfois, dociles à des groupes d'initiés, les «ngando» remplissent seuls des missions dangereuses et «ravissent des êtres humains pour les amener à ceux qui les ont commissionnés» (p. 19). Il faut approfondir un peu cette croyance populaire, car le roman s'appuie entièrement sur elle. Dans un avertissement au lecteur, Lomami Tshibamba distingue trois forces auxquelles l'homme est soumis: la force de «l'être premier», qui fait vivre l'homme; la force du «mal», qui veut le détruire et qui «domine la force du bien parce que celle-ci, après nous avoir créés, demeure malheureusement indifférente à notre sort»; la troisième force enfin, «la force protectrice» détenue par un homme initié aux mystères qui le font entrer en contact avec les esprits, entretenir avec eux des commerces réguliers, et parvenir à les soumettre à ses ordres. Cet homme-là, c'est celui que nous appelons «nganga nkisi», «le féticheur» (p. 13-14). Les «ndoki», quant à eux, sont les agents de la force du mal, les adversaires des «nganga nkisi».

On sait à présent dans quelle mystique s'inscrit *Ngando*, mystique quotidienne pour le Congolais, dépassant de loin les exigences romanesques, toujours valable pour comprendre l'homme zaïrois, et peut-être l'Africain en général. Dès lors il n'est pas surprenant que nous soyons devant une histoire banale, l'histoire d'un enfant qui fait l'école buissonnière. Le personnage principal est le petit Musolinga, douze ans, fils de la bonne «mama» Koso et de Musemvola, riveur dans un chantier naval. Musolinga préfère la baignade dans le fleuve, à la «Douane» où se fait la traversée vers Brazzaville, aux leçons du maître d'école; il aime aussi, avec ses petits complices, chaparder des mangues chez la vieille Ngulube, qui est de fait une «ndoki», «affiliée à la secte protégée par Elima, le génie aquatique, qui favorise les pêches des membres de la secte» (p. 39). Cette femme doit donc offrir de temps en temps une victime à Elima; comme elle déteste Koso elle décide de se transformer en crocodile et d'enlever Musolinga. Voici le petit nageur emporté par un crocodile dans l'île Mbambu, où doit avoir lieu un gigantesque sabbat. Prévenu de la catastrophe, Musemvola va consulter, avec quelques amis, le féticheur Mobokoli, qui lui offre les moyens de sauver son enfant, à condition de ne prononcer aucune parole; l'enfant sera ramené vivant, mais l'oubli de cette consigne lui sera fatal ainsi qu'à ses sauveteurs.

On le voit, avec *Ngando*, nous sommes d'emblée dans la tradition des grands mythes, des grands voyages dans le monde de la mort, monde de forces et d'interdits, éloquemment évoqué par un auteur particulièrement sensible à son mécanisme, car au fond il s'agit bien d'une «machine infernale», qui repose sur une conception précise de la causalité: il n'y a pas de mort naturelle, il y a nécessairement un responsable — ici la vieille Ngulube qui avait déjà «mangé» toute sa famille pour plaire aux esprits.

La «philosophie» de *Ngando* est ainsi circonscrite. À la fois tragique et initiatique, ce court roman est important à ce titre, car peu d'œuvres romanesques ont jusqu'ici utilisé cet imaginaire-là, avec cette précision quasi scientifique, mais il faudrait encore en souligner d'autres aspects. Nous sommes certes dans un univers «merveilleux», mais également dans un monde sociologiquement bien défini. *Ngando* est un remarquable témoignage sur le Léopoldville des années 20. Bien qu'écrit en 1948, le texte se situe en effet dans l'enfance de Lomami Tshibamba, au temps où il vivait au bord du Congo et refusait de fréquenter l'Institut Saint-Joseph. Ce témoignage ne porte pas seulement sur la vie des enfants abandonnés à eux-mêmes, peut-être plus nombreux à cette époque que dans le Kinshasa du président Mobutu; des touches précises concernent la vie des adultes, voire la situation des colonisés dans une grande ville. Les pénuries de vivres ne sont pas rares: «Rien d'intéressant au marché, lequel était presque désert car il y avait pénurie de vivres. Koso et son amie eurent pourtant la bonne fortune d'arriver au moment où un boucher portugais exposait sur l'étal quelques morceaux de viande de bœuf et de cochon, préalablement pesés, reliquat de la vente de la veille aux Européens» (p. 37). Le chômage est une réalité quasi quotidienne: «être chômeur était devenu une faute punissable d'emprisonnement. Et la rafle commençait dès la pointe du jour, de maison à maison» (p. 48). Au bout de ces rafles les vexations de la police «indigène» et puis la fameuse prison de Ndolo, à cette époque perdue dans les champs, d'où l'on pouvait entendre chaque matin «les femmes détenues résumer dans de tristes complaintes les misères qui se passaient dans l'enceinte de Ndolo» (p. 63). Remarquons qu'en regard de ce monde malheureux la sorcellerie devient une manière de lutter contre le pouvoir des colonisateurs blancs et à la fin d'un «discours de feu» un esprit s'adresse ainsi à une assemblée de sorciers: «Lorsque nous parviendrons à vaincre les Blancs il nous sera tout à fait facile de regagner notre place dans la vénération et dans la crainte des Noirs. À partir d'aujourd'hui c'est la guerre déclarée contre les Blancs» (p. 76)!

On devine ce qu'un tel témoignage a pu coûter à un auteur «indigène»: deux ans après la parution de son livre, Lomami Tshibamba dut s'exiler à Brazzaville, où il dirigea durant dix ans la fameuse revue *Liaison*. Mais en plus d'un monde sociologiquement bien défini, *Ngando* est une œuvre éminemment poétique. Nous ne faisons pas ici allusion à l'écriture, mais à la «fabrication» des lieux, à la «figuration» de l'invisible, car cet imaginaire, ce mythe, que nous avons évoqué, apparaît comme une réalité et cette réalité est entièrement une création de l'auteur. *Ngando* contient une véritable «géographie» de la sorcellerie, dont le centre est cette île Mbamu au milieu du Congo, juste en face de Kinshasa, apparemment inhabitée, mais «la nuit venue, Mbamu est le lieu de prédilection des ndoki des deux rives, qui y vont, accompagnés évidemment de leurs inséparables messagers nocturnes: les hiboux, les grandes chauves-souris et les lucioles, se livrer à d'horribles sabbats auxquels participent tous les mauvais génies de la terre» (p. 28-29). Ces sabbats, l'auteur les décrit avec force détails, faisant là un véritable travail de cinéaste, veillant aux éclairages, aux bruits, aux dialogues, aux chants, etc. Certaines falaises, à l'entrée du Stanley Pool, sont un autre lieu important de cette géographie satanique; «ces falaises de «Mangéngéngé» servent de lieu de réunion des grands esprits pour l'examen de la situation. Ils ont revêtu ses parois de la matière qui leur donne depuis lors de la lueur pendant la nuit, qu'il y ait ou qu'il n'y ait pas réunion des grands esprits» (p. 82). Ainsi *Ngando* apparaît comme un merveilleux poème de l'eau, apparenté aux épopées et aux contes, enraciné comme eux dans les croyances profondes d'une société, mais pris dans l'étau colonial et luttant à sa manière contre lui.

Pierre Haffner

N'ganga Mayala, Yaoundé, Éditions CLÉ, 1977, 74p.
Tragédie de Ferdinand Mouangassa.

N'ganga Mayala est une tragédie en trois actes qui se passe à une époque et dans un pays indéterminés. Écrite non pour plaire, mais pour édifier «tous les Africains épris de liberté, de justice et de paix» (p. 5), la pièce montre les difficultés rencontrées par le roi N'ganga Mayala quand il tente d'améliorer les institutions de son pays. Ses efforts sont entravés par un voisin belliqueux, par des nobles aux aspirations antidémocratiques et par son propre fils Makaya qui, séduit par les attraits du pouvoir, se prépare à régner en maître et, dans ce but, assassine le chef de l'armée.

La pièce ne sert pas uniquement à énumérer les dangers auxquels fait face un souverain réformateur, mais elle présente aussi les idées politiques et sociales de l'auteur. À travers nombre de ses personnages, il préconise un gouvernement à la tête duquel règne un roi aidé de ses conseillers. Pourtant, le fait d'appartenir à la famille royale n'assure pas automatiquement le trône. Le roi doit remplir certaines conditions morales qui prouvent son dévouement à son peuple et qui le rendent digne de son titre de «Serviteur du Peuple» (p. 13). Quant aux conseillers, ils sont choisis parmi le peuple et la noblesse pour représenter des intérêts divers. Le peuple, le vrai souverain, délègue donc les fonctions administratives, mais il participe activement à la défense du pays puisque tous, hommes et femmes, doivent s'enrôler dans l'armée.

La réorganisation s'étend jusqu'au domaine de la justice et l'auteur recommande l'abolition des supplices et de la peine de mort pour les remplacer par les travaux forcés car ces derniers profitent à la société en général (p. 30-31). Mais dans le cas d'un crime contre l'État, seule la peine de mort peut le punir comme l'indique le sort tragique de Makaya condamné à s'empoisonner. Cependant, tout bon système judiciaire ne peut exister que si la société traite ces citoyens de façon impartiale. C'est pourquoi, Mouangassa rêve d'améliorer le sort de la femme et de changer son rôle dans la société. En donnant comme successeur à N'ganga Mayala sa fille Lozi, il prêche l'égalité des sexes (p. 41-43).

La situation cornélienne – le père vote la mort de son fils –, un ton distingué, la tentative de décrire des sentiments et leurs fluctuations rapprochent cette pièce des tragédies françaises. Mais, comme son but est d'éduquer des spectateurs pour la plupart illettrés, le texte reste facile à comprendre. Un nombre restreint de personnages et un décor réduit à l'essentiel permettent de jouer cette tragédie dans des conditions rudimentaires.

Claire L. Dehon

Nigérianes, Dakar/Abidjan, Nouvelles Éditions Africaines, Coll. Woï, 1974, 47p.
Recueil de poèmes de Lamine Diakhaté.

Nigérianes est un recueil de dix-neuf poèmes numérotés, écrits en vers libres et sans ponctuation. Comme le suggère le titre, chaque poème est un hommage adressé à la côte du Bénin et à la femme, promesse d'avenir et symbole de toute l'Afrique. Les thèmes majeurs sont ceux de l'espoir et de la vie que le poète annonce et illustre dès le premier poème. «Les rêves à la dérive / les appels murmurés / Les silences chuchotés / les syllabes scandées des chants susurrés / les images à bout d'index / fixées à l'horizon / les rires confiés à l'écho qui s'enfuit / les regards irradiants / torches dans la nuit qui se voile» (p. 6). Tel un exilé, l'auteur se souvient et chante les richesses auxquelles il s'identifie. Ce sont tout à la fois les jeunes filles le soir, la femme peule devenue Lamantin, l'homme reflet du pays millénaire auquel il avait parlé et qui l'avait reconnu, les peuples opprimés: peuples de l'exil, de l'angoisse et de la faim, et enfin la migration ancestrale il y a cinq mille ans. «La gazelle verte du crépuscule / du Bénin / conserve de ce lointain périple / le goût pour le silence / l'amour du mot essentiel / et le pouvoir d'écouter / battre le pouls du monde.» À travers la poésie et le rêve d'éternité qui lui est propre, les mythes revivent, la nature se vêt de couleurs flamboyantes, et les rites sont célébrés.

Le poème donne forme au regard que le poète jette sur l'Afrique. Bien qu'il ne sache plus quel est son fleuve «du Zaïre du Nil du Zambèze / du Djoliba et du Sénégal», l'auteur s'apparente néanmoins aux écrivains engagés contemporains. Le style témoigne de son attachement profond à la culture ancestrale, à la terre africaine et à la collectivité avec laquelle il demeure solidaire.

Josette Hollenbeck

Nini, mulâtresse du Sénégal, in Trois écrivains noirs (Eza Boto, Jean Malonga, Abdoulaye Sadji), Paris, Présence Africaine, Cahier spécial de *Présence Africaine*, 1954, p. 291-426. Roman d'Abdoulaye Sadji.

Le roman, situé à Saint-Louis durant l'époque coloniale, raconte une courte période de la vie de Nini. Mulâtre, elle vit avec les seules parentes qui lui restent, grand-mère Hélène et tante Hortense, mulâtres elles aussi. Nini commence à sortir avec un de ses collègues de bureau, le Français Martineau, et leurs rapports deviennent toujours plus intimes. Mais le rêve plusieurs fois répété d'épouser un Blanc et de partir pour la France sera une fois encore déçu. Martineau rentre en Europe et épouse une compatriote, avec laquelle il retournera en Afrique. Sa grand-mère étant morte, Nini, pour fuir les commérages et les mesquineries de ses amies, part pour la France, «patrie perdue», après avoir vendu la maison qui lui fournissait un modeste revenu.

L'auteur affirme, dans la Préface, qu'avec ce roman, où Nini représente «l'éternel portrait moral» des mulâtres, il a voulu offrir «comme dans un miroir» la réalité de ce qu'elles sont. Le roman, écrit à la troisième personne, de forme simple et linéaire, comporte des interventions fréquentes du narrateur qui explique, commente, et surtout ironise sur l'attitude absurde de Nini. Elle est représentée comme une jeune fille sans culture et sans principes moraux. Elle est frivole comme toutes les jeunes mulâtres qui sont ses amies. Elles ont en commun le mépris le plus absolu pour les Noirs et l'aspiration au mariage avec un Blanc.

C'est à elles que s'opposent en partie tante Hortense et grand-mère Hélène. Si, dans leur jeunesse, elles ont, elles aussi, refusé la tradition en bloc, embrassant la religion catholique et passant d'un amant blanc à l'autre, en espérant toujours qu'ils les épouseraient, la dernière partie du roman, et de leur vie, apparaît sous le signe d'une modification positive. En effet, au moment de la plus grande nécessité, la première n'hésite pas à s'adresser à un parent noir haut placé pour obtenir une place pour sa nièce. La seconde commence, peu avant sa mort, un procès irréversible de refus de la religion catholique et de la culture européenne, en se rapprochant à nouveau et totalement de la tradition et des cultes ancestraux.

Ce conflit de générations, comme également l'attention particulière pour la femme que l'on retrouve dans ce roman, sont des thèmes typiques de Sadji; dans le récit suivant, *Maïmouna*, celui-ci placera à nouveau au centre de son œuvre un personnage féminin impliqué dans le conflit classique des générations et dans le choix entre tradition et modernité.

L'aliénation culturelle, le drame du déracinement que Cheikh Hamidou Kane décrira si bien dans *L'Aventure ambiguë*, se présente donc, dans un des premiers romans négro-africains, comme un acte volontaire de reniement de ses propres origines. Non seulement Nini refuse, indignée, la proposition de mariage d'un jeune employé africain, mais elle en arrive à démissionner du très bon poste gouvernemental qu'un parent noir lui a obtenu à son insu, parce qu'elle ne peut «pas accepter de devoir [sa] situation à un Noir, serait-il le plus illustre de toute sa race».

La société du roman se révèle ainsi nettement divisée en trois: les Mulâtres, les Noirs et les Blancs. Les Noirs apparaissent tout à fait exempts de préjugés raciaux; les Blancs sont racistes dans l'ensemble.

Le long épisode du bal pascal reproduit, dans une «mise en abîme» classique, la structure sociale du roman. Il y a trois clubs où l'on va danser: celui des Blancs, où les Mulâtres et les Noirs des Antilles ont accès à condition d'être accompagnés par des Blancs; celui des militaires où Blancs et Noirs se rencontrent sans problèmes; celui des Noirs «évolués» où seulement quelques Blancs négrophiles aiment se rendre, ainsi que les Antillais qui se sentent traités par les Français comme des Blancs de seconde catégorie.

Mais, hors de l'enceinte du club, d'autres Noirs restent là et regardent les indigènes «non évolués». Le problème racial se complique donc à cause des implications culturelles et socio-économiques.

Les Noirs sont acceptés dans le cercle militaire parce qu'ils peuvent être utiles en temps de guerre. Mais à leur tour, les Noirs sont en partie «acculturés», et leur cercle, où les bals européens alternent avec des bals sud-américains d'origine africaine et où le modèle offert est donc l'Africain européanisé, est présenté par l'écrivain comme le cercle idéal: «Les filles noires qui reviennent de leurs tam-tams ne sont pas indifférentes à cette musique ailée qui fait tourner mieux que les mélopées des sandiayes...». Sadji se révèle donc séduit par l'Europe, plus qu'il n'y paraîtrait à première vue, «acculturé» lui aussi.

La figure de grand-mère Hélène, son retour aux traditions, prend à ce moment-là une importance particulière pour bien comprendre le message de ce roman qui ne veut pas être une négation du métissage mais seulement la condamnation du reniement des racines africaines et de la culture ancestrale.

Franca Marcato-Falzoni

Njangaan, Dakar/Abidjan, Nouvelles Éditions Africaines, 1975, 37p.
Scénario de Chérif Adramé Seck pour le film réalisé par Mahama Traoré.

Njangaan est un jeune garçon enthousiaste et intelligent. Son père, musulman orthodoxe et patriarche intransigeant, décide de faire de lui un homme connaissant «Dieu et les affres de la vie». Aussi l'envoie-t-il auprès de Serigne Moussa, dans un village dénommé Ndrame, afin qu'il y reçoive une formation appropriée. Mais peu à peu, du disciple de Dieu qu'il était, Njangaan devient un instrument aux mains de son «serigne» et est sujet à toutes sortes de brimades. Sur l'ordre de celui-ci il suit son maître à la recherche d'un travail plus lucratif à la ville. Il finit par y mourir, renversé par une voiture, alors qu'il lui demandait l'aumône.

Le roman relate l'aventure du jeune garçon tiraillé entre des forces incontrôlables et qui assiste impuissant à l'exploitation de sa misère puis à son anéantissement. Son passage brutal du village natal à la dara, ensuite à la ville, symbolise le passage d'une enfance heureuse et insouciante à l'agonie et à la mort. Les personnages que l'auteur met en scène sont tous des victimes, soit d'un obscurantisme religieux, soit de leur propre milieu social.

À travers son intransigeance de père et de mari, son entêtement à ne pas manquer à la coutume, Modou War s'avère être un personnage profondément aliéné. Son fanatisme religieux, la confiance aveugle qu'il accorde au marabout bloquent ses facultés mentales et font de lui et des siens des jouets entre les mains du sordide Serigne Moussa. C'est au nom de ce fanatisme suicidaire qu'il trompe à deux reprises la confiance de Njangaan, ferme les yeux sur les brimades inhumaines et la monstrueuse injustice à laquelle Serigne Moussa le soumet. Modou War menace même de répudier sa femme qui tente désespérément de sauver son fils et, à la mort de ce dernier, interdit à quiconque de se lamenter car il s'opposerait ainsi à la volonté divine. Grâce à son jeu habile, Serigne Moussa sort victorieux de cette situation et laisse derrière lui une mère défaite. Elle seule aurait pu arracher Njangaan à son tragique destin, mais vivant dans un milieu où la soumission et la résignation sont le lot de la femme, elle se trouve réduite à l'inaction et assiste impuissante à la mort de son fils. *Njangaan* est un cri d'alarme et de révolte que C.A. Seck lance à la société sénégalaise pour s'élever contre les crimes odieux commis par l'excès de zèle religieux.

Mahama Johnson Traoré a fait de ce court roman un film d'où ressortent clairement la signification sociale et la beauté des images du texte.

Niang Sada

Noces sacrées (Les dieux de Kouroulamini), Présence Africaine, 1977, 155p.
Roman de Seydou Badian.

Noces sacrées raconte l'histoire de Besnier, un commerçant français qui a acheté au Mali la figure de N'Tomo, puissant dieu traditionnel. Possédé par le dieu, il se trouve ensuite incapable de travailler. Les médecins européens ne pouvant l'aider, Besnier rentre en Afrique demander le secours d'un jeune médecin africain lui-même aussi sceptique quant aux pouvoirs de la religion traditionnelle que l'était Besnier au commencement. Le roman est raconté du point de vue de ce médecin (Badian lui-même est médecin), qui accepte peu à peu que Besnier soit possédé par N'Tomo, et qui l'aide à rendre la figure aux membres du culte. À la fin du livre, Besnier devient membre du culte de N'Tomo, dont le chef est un Européen converti; le médecin et la fiancée française de Besnier qui assistent à la cérémonie semblent aussi prêts à se convertir.

La narration se présente souvent au moyen de témoignages que le médecin africain reçoit de plusieurs membres de la société coloniale, dont un vieux prêtre français qui a des preuves du pouvoir de N'Tomo. La plupart des Européens croient en secret à ce culte. Si Badian veut défendre la tradition contre l'influence de la culture européenne, il lui semble nécessaire, pour établir la valeur de cette tradition, de montrer que les Européens l'acceptent. *Noces sacrées* ne met pas directement en valeur la tradition, mais montre son pouvoir sur des colons français. La culture africaine est toujours définie à partir de l'Europe.

Cette perspective donne un accent très colonialiste au roman, accent qu'on ne trouve pourtant pas dans *Le Sang des masques* (1976). La société traditionnelle prônée par Badian est moins souvent décrite que celle de la colonie française. Le vieux prêtre de N'Tomo, Tiémoko-Massa, fait montre d'une dignité que le médecin et donc le lecteur ne comprennent pas. La cérémonie des dévots de N'Tomo est remplie de chants poétiques qui expriment une sagesse au-delà de la rationalité occidentale. Mais cette sagesse peut difficilement se communiquer dans un genre comme le roman.

Néanmoins, le portrait du médecin, fait du mélange d'une tradition qu'il croit avoir rejetée et d'une culture scientifique qui ne peut pas expliquer la maladie de Besnier, réussit à présenter le dilemme psychologique de l'assimilé qui veut retrouver la culture de ses ancêtres sans renier son éducation occidentale. À la fin du roman le médecin accepte les vérités religieuses et morales de l'Afrique de son père.

Le roman se compose souvent d'histoires racontées au médecin, même de longues histoires racontées par d'autres à ceux qui les répètent au médecin (donc de doubles «flash-back»). Cette technique contribue à créer une certaine distance entre la narration et le lecteur, distance qui exprime bien l'aliénation du médecin de la société coloniale et aussi de la société traditionnelle qu'il veut retrouver.

Adèle King

Nocturnes, Paris, Seuil, 1961, 45p.
Recueil de poèmes de Léopold Sédar Senghor.

Paru peu après l'accession de Senghor à la présidence du Sénégal, ce recueil de poèmes est, pour ainsi dire, le couronnement d'une carrière poétique. Il assura d'ailleurs la consécration à son auteur qui se vit décerner en 1963 le Grand Prix International de Poésie par la Société des poètes et artistes de France. *Nocturnes* se compose d'un groupe de «Chants»: «Chants pour Signare», «Chant de l'Initié», et d'un groupe de cinq «Élégies»: «Élégie de Minuit», «Élégie des Circoncis» «Élégie des Saudades», «Élégie des Eaux» et «Élégie pour Aynina Fall». Notons que «Chant de l'Initié» avait déjà paru en 1947 dans le premier numéro de *Présence Africaine* et «Chants pour Signare» avait fait l'objet d'une plaquette spéciale en 1949, sous le titre de *Chants pour Naëtt*. Les «chants» sont des poèmes lyriques sentimentaux d'un poète quadragé-

naire qui s'adresse tantôt à une femme, tantôt à l'Afrique, tantôt aux deux à la fois en jouant subtilement sur l'ambiguïté et la personnification: «Oh mon amie couleur d'Afrique, prolonge ces heures de garde... / Et nous baignerons mon amie dans une présence africaine» («Chants pour Signare»).

Les «Chants pour Signare» avaient été, à l'origine, dédiés à la première femme de Senghor, Ginette Éboué, Africaine de la diaspora puisque Guyanaise, tandis que le «Chant de l'Initié», qui porte en épigraphe deux vers ouolofs, l'est au Sénégalais Alioune Diop, fondateur de la revue *Présence Africaine*.

De composition relativement plus récente, les «Élégies» offrent plus de retenue dans leur expression, plus de sérénité dans leurs préoccupations. Parmi celles-ci, il y a par exemple les réflexions d'un chef d'État qui se penche sur son passé, examine son rôle et s'interroge sur ce qu'il doit faire dans l'avenir. C'est aussi la méditation d'un homme mûr frisant la soixantaine, sur le point de s'écrier comme Saint-John Perse: «Grand âge nous voici!» Parvenu au sommet des honneurs, il en vient à prendre conscience de leur vanité et de leur vacuité:

La splendeur
des honneurs est comme un Sahara
un vide immense, sans erg ni hamada,
sans herbe,
sans un battement de cils, sans un
battement de cœur.
(«Élégie de Minuit»).

Au milieu du faste, il y a aussi les responsabilités et la routine stérile, inhérentes aux fonctions présidentielles: les veilles obligatoires sous la lumière artificielle loin du firmament étoilé, l'absence du recueillement nécessaire à toute création artistique. Point de place pour le commerce du cœur, pour l'émotion, pour l'expression sentimentale, bref, pour la vraie poésie. Il faut désormais se conformer aux exigences du monde moderne, au protocole, aux horaires, à la régularité monotone de l'horloge qui, tel un phare qui tourne vingt-quatre heures sur vingt-quatre, règle la vie d'un haut fonctionnaire à la manière d'«une mécanique précise et sans répit, jusqu'à la fin des temps» («Élégie de Minuit»). Cette existence minutée qui tue le poète en l'homme finit par devenir infernale: «Et si c'était cela l'Enfer, l'absence de sommeil ce désert du poète / Cette douleur de vivre, ce mourir de ne pas mourir...» (*ibid.*).

On retrouve également dans *Nocturnes* les thèmes favoris de Senghor, en particulier celui de la négritude, traité sous ses divers aspects. Comme dans *Chants d'ombre, Hosties noires, Éthiopiques,* le poète entend rendre hommage au monde noir, et le nouveau titre évoque à souhait l'univers de ceux qu'on appelle parfois les «fils de la nuit». Pour la plupart des poètes occidentaux, la nuit est synonyme du mal («un noir dessein!»), génératrice de crimes («Minuit l'heure du crime!») ou de malheurs («Oceano Nox!») et ils préfèrent chanter la lumière. Il en est donc tout différemment de Senghor qui a l'audace d'écrire «Le Grand-Midi stupide» quand Valéry parle de «Midi le juste». Associant la nuit à l'Afrique, Senghor compose une véritable symphonie en noir où la lumière n'est d'ailleurs pas absente pour montrer sa possible coexistence avec sa sœur la nuit et aussi pour mettre celle-ci en valeur par opposition. Et il est rare de trouver dans un poème de langue française contrastes plus frappants d'ombre et de lumière, de jour et de nuit, de blanc et de noir, de transparence et d'opacité: «Une main de lumière a caressé mes paupières de nuit», lit-on au début de «Chants pour Signare»; et dans «Chant de l'Initié»: «Flûte d'ébène lumineuse et lisse, transperce les brouillards de ma mémoire.»

On trouve encore dans «Élégie de Minuit»: «Seigneur de la lumière et des ténèbres»; et dans «Élégie des Circoncis»: «Nuits d'enfance, Nuit bleue Nuit blonde ô lune... / Le poème se fane au soleil de midi il se nourrit de la rosée du soir [...] Surgisse le soleil de la mer des ténèbres.»

Senghor dispose de toute une gamme de tons qui vont de l'éclat fulgurant à l'opacité, de la blancheur lactée au bleu nuit.

Ce que le poète semble surtout apprécier dans la nuit et tout ce qui la rapproche de l'Afrique, c'est non seulement sa beauté, mais aussi le sentiment de paix qu'elle lui apporte par opposition à la lumière éclatante, aveuglante, qu'il a parfois tendance à associer avec la civilisation blanche. À preuve ces vers de «Chants pour Signare»:

Et je reposerai longtemps sous une
paix bleu noir
Longtemps je dormirai dans la paix
Joalienne
Jusqu'à ce que l'Ange de l'Aube me
rende à la lumière
À ta réalité brutale et si cruelle, ô
Civilisation.

Cette douceur de vivre quasi arcadienne au noir pays s'oppose, en effet, aux dures réalités d'un monde civilisé qui a su envahir les métropoles africaines. Et Dakar est loin de faire exception. C'est pour cela que le poète rêve de prendre son dernier repos à «Joal-l'Ombreuse» qui représente une partie de l'Afrique non atteinte par la civilisation.

Toi seigneur du Cosmos, fais que je
repose sous Joal-l'Ombreuse
Que je renaisse au Royaume d'enfan
ce bruissant de rêves
Que je sois le berger de ma bergère
par les tanns de Dyilôr
Où fleurissent les morts...
(«Élégie de Minuit»).

Devenu un maître dans le domaine de la connaissance, homme très *éclairé,* détenteur d'un pouvoir, donc *porte-flambeau* de son peuple, le poète semble à présent regretter l'innocence et la simplicité pastorales et enfantines de son Joal natal qu'il lui arrive d'appeler «notre mère» («Chants pour Signare»: pour un orchestre de jazz). Il est intéres-

sant de noter ici encore l'association de
la terre natale avec la femme noire à qui
Senghor continue de rendre hommage en
vrai poète de la négritude. Et cette femme peut être mère, amie, sœur ou terre.
Dans le poème qu'accompagne un orchestre de jazz, Senghor exalte la beauté
d'une amie d'enfance qu'il a été obligé
de quitter pour faire ses études en terre
étrangère:

> La plume du talbé chantait tes cils, l'o
> deur des parchemins teignait tes mains
> Mieux que henné mieux qu'antimoi
> ne» («Chants pour Signare»).

Mais Senghor ne tarde pas à élargir sa
vision de la femme africaine en la suivant
dans différentes contrées du monde où la
traite servile l'aura jetée: «Contre l'épaule de la nuit cubaine», ou encore en Haïti: «Prêtresse du Vaudou en l'Île ensorcelée», ou enfin en Amérique: «Tu m'as
filé souvent des blues.» «Pour orchestre
de jazz» rappelle le célèbre poème «Femme Noire» de *Chants d'ombre* avec cette
différence que celui-ci est dédié à la femme africaine tandis que celui-là s'adresse
à toutes les femmes de la diaspora noire.
Cet élargissement de perspective provient
sans doute du désir du poète d'universaliser sa conception de la négritude à tous
les êtres issus du continent africain.

Plusieurs poèmes ont pour thème des
traditions ancestrales auxquelles Senghor
attache beaucoup de prix. C'est le cas,
par exemple, de «Chant de l'Initié» et de
«Élégie des Circoncis» où les rites qui
accompagnent le passage de l'adolescence à l'homme ont lieu précisément la
nuit en pleine nature à laquelle les postulants s'identifient: «Nuits chères Nuits
amies, et Nuits d'enfance, parmi les
tanns parmi les bois» («Élégie des Circoncis»).

Ainsi que nous le décrit Camara Laye
dans *L'Enfant noir*, les jeunes gens, soumis aux rudes épreuves de l'initiation,
doivent se lancer dans la nature et braver
tous les dangers comme le lion qui est
symbole de force, de courage et de virilité. L'enfant doit mourir avec toutes

ses craintes, toutes ses faiblesses, son
innocence et son ignorance, pour que
naisse l'adulte avec la sagesse et les responsabilités qu'il doit partager dans la
communauté: «Et que je meure soudain
pour renaître dans la révélation de la
Beauté» («Chant de l'Initié»).

Analogiquement, Senghor souligne
que «se désintègre la syntaxe, que
s'abîment tous les mots qui ne sont pas
essentiels» (*ibid.*). Le poète africain doit
lui aussi se dépouiller des artifices puérils
d'expression empruntés à la rhétorique
occidentale, pour renaître à la poésie qui
est sienne, une poésie elliptique, chargée
de rythme: «Le poids du rythme suffit,
pas besoin de mots-ciment pour bâtir sur
le roc la cité de demain» («Élégie des
Circoncis»). Il n'est point étonnant, dès
lors, qu'un grand nombre des poèmes qui
composent *Nocturnes* soient accompagnés d'instruments musicaux choisis par
le poète lui-même pour marquer le rythme. Ce sont, en général, des instruments
traditionnels africains tels le khalam, le
balafong, le rîti, le tama, le tam-tam, le
gorong, le talmbatt et le mbalakh, auxquels s'ajoutent parfois la flûte, la clarinette, la trompe, voire tout un orchestre
de jazz. Dans ce dernier cas, le poète
a sans doute voulu associer à son chant
ses frères de la diaspora noire américaine. Cette alliance de la poésie et de
la musique reprend d'ailleurs la tradition
orale de la littérature africaine chantée
par les griots. Le rythme fait en effet
partie intégrante de la culture africaine
et s'associe à toutes les manifestations de
la communauté, de la naissance à la
mort. Si Senghor fait dire aux jeunes initiés qui vont naître à la vie d'homme:
«Le rythme chasse cette angoisse qui
nous tient à la gorge / La vie tient la
mort à distance» («Élégie des Circoncis»), il fait également accompagner son
«Élégie pour Aynina Fall», jeune leader
syndicaliste sénégalais mort pour sa cause, d'un gorong avec la précision: «rythme funèbre». Dans ce «poème dramatique à plusieurs voix» qui élève au rang
divin un jeune Noir: «Il était élancé com

me un rônier / Il était noir comme Osiris le Dieu», le rythme donne un relief tout spécial à la polyphonie des chœurs des jeunes filles et des jeunes gens:

Woï Nina! woï

....

Fall! Fall! Fall! Fall!

La poésie de Senghor reste donc essentiellement africaine grâce à cette place prépondérante qu'elle accorde au rythme.

Il est curieux de noter que Senghor dédie au Portugais Humberto Luis Barahona de Lemos, l'«Élégie des Saudades», dans laquelle il se plaît à évoquer l'origine portugaise de son nom «Senghor». Et, à l'en croire, il aurait aussi du sang portugais dans les veines: «J'ai retrouvé mon sang, j'ai découvert mon nom l'autre année à Coïmbre, sous la brousse des livres.»

De parents Sérère et Peul, et revendiquant de plus quelque ancêtre blanc, le partisan du métissage culturel pourrait donc proclamer comme son confrère Damas que «trois fleuves coulent dans mes veines» («Black Label»). Et, à l'instar de ce dernier, c'est de toute évidence la négritude qui est ici privilégiée et qu'il a choisi de chanter: «Mon sang portugais s'est perdu dans la mer de ma négritude.»

Sur le plan culturel, Senghor ne peut nier l'influence de l'Europe, tant s'en faut! Mais, à lire certains poèmes de *Nocturnes*, on pourrait dire que sa culture européenne se perd dans son africanité. Comme Césaire et Damas, tous les prétextes lui sont bons pour re-naître à l'Afrique et s'exprimer en Africain. Mais c'est un Africain qui a dépassé les frontières du terroir pour s'identifier à tous ses frères noirs de la diaspora.

Daniel L. Racine

Normes (Les) du temps, Kinshasa/ Lubumbashi, Éditions du Mont Noir, 1974, 71p.
   Recueil de poèmes de Jean-Baptiste Tati-Loutard.

Ce recueil de poèmes s'inscrit dans le prolongement des trois recueils antérieurement signés par Tati-Loutard. L'œuvre se veut celle de maturité: «Déjà le temps comme la mer se retire», «Que des miens sont de retour à la terre / Qui s'en boursoufle» (p. 60). En fait, le créateur est à mi-temps à peine d'une carrière qui se poursuit, féconde, si l'on en juge par les publications ultérieures: *Chroniques congolaises* (1974), *Les Feux de planète* (1977).

L'image marine, prédominante chez ce poète né à proximité du littoral, perdure dans cette réflexion sur le temps; le sous-titre, *Le Retour de la mer*, clin d'œil complice au lecteur des publications précédentes, devient en exergue: «Ce sont les vagues qui se retournent», comme le temps nous roule dans ses volutes, ou comme la démarche de l'artiste retourne les êtres ou les choses pour en révéler la profondeur, le non-dit.

La mer demeure, tourmentée, menaçante ou séductrice, associée à la présence maternelle: «Et la mer brise loin des sables / contre la mince paroi du cœur des mères.» Son image reste liée à celle de la mort: naufrage des pêcheurs, noyade des esclaves jadis: «les morts dissous dans le sel des flots».

Le paysage marin est au centre d'un jaillissement pictural. Scintillement, mouvement, toutes les nuances du bleu profond prolongent dans l'imagination du voyageur le spectacle de l'Océan («L'herbe est devenue bleue...»). L'auteur, qui a œuvré pour la promotion des peintres de son pays, témoigne d'une grande acuité dans la sensibilité visuelle. Il ne dément jamais son attrait pour la couleur et la lumière.

La femme est présente dans la mère proche et lointaine à la fois: «avec toi je vis comme la vague du large / brumeuse au loin dans la lumière» (p. 21). L'amante est perçue comme l'étrangère, fille de New York, égarée «où la lune n'est plus au sommet de la nuit»; femme séparée de l'homme par le rideau de pluie

(«Corps dans la pluie»); être qui se dérobe: «Je suis arrivé devant le champ du rêve / Dévasté par l'absence» (p. 26). Cet appel aura pour écho, dans le recueil de 1977, les beaux poèmes sur l'épanouissement féminin (*Les Feux de la planète*).

La quête de l'identité passe par l'image de la mère qui ancre dans la réalité: «J'ai circulé dans tes racines / dans tes nervures comme la sève / dans les profondeurs du palétuvier» (p. 23). Le souci des origines impose une vision du père tôt disparu: «mort dans le tronc de l'arbre / qui t'a donné naissance». L'arbre de vie est un défi au temps. Il représente l'arbre généalogique mais aussi l'univers entier, feuillage, oiseaux et fleuves.

Le recueil analysé est un approfondissement de la relation de l'homme avec le temps. La considération du devenir historique, l'apogée et le déclin des cités – l'exemple de Comagène –, cède le pas à la méditation sur le temps humain, le déroulement de la vie contemplée du haut de l'âge, procédé inauguré dès le premier recueil.

Le poème tire argument des contraintes du temps, de ce qu'il impose d'inéluctable à l'homme: le rythme de la vague, la périodicité de la lune, le retour des saisons pluvieuses, la révolution du soleil: «Que deviendrai-je demain quand le temps rejaillira dans le soleil» (p. 26)?

Les Normes du temps est une tentative pour conjurer, maîtriser, «normaliser» nos rapports avec la dimension temporelle. La femme est un élément fixe («La femme-clocher») mais aussi le soleil, salué comme le «Saint-Patron des artistes».

Le thème de l'artiste est au centre des préoccupations de l'auteur. Le chapitre «Vie et mort d'artiste» fait suite aux poèmes réunis dans les *Racines congolaises* et dans *L'Envers du soleil*, sous le titre de «La vie poétique» et «La vie poétique (suite)», sujet repris et développé dans une nouvelle en prose: *Un pari d'artiste* (*Chroniques congolaises*, 1974).

Le drame naît de la condition sociale de l'artiste; misère, incompréhension et isolement l'accablent: «Tes doigts tremblants vont lâcher l'anse du sort». Le public et l'épouse trahissent celui qui porte en lui un immense idéal. La mort est la compagne familière du poète ou du musicien: maladie, suicide ou mort violente. Elle peut être l'élimination physique par le pouvoir ou une fraction de ceux qui le détiennent: «À un chanteur mort». Le poème «Le cancer d'un jeune artiste», avec le corbillard qui s'en va seul sur les cahots de la Tsiémé (dans le recueil de 1970), est comme une annonce et une préfiguration du poème inséré dans le recueil de 1974: «À un chanteur mort», dédié au musicien Franklin Boukaka (*Les Normes du temps,* 1974).

Le poète devient le symbole de l'homme face à son destin, mais qui se veut plus fort que la fatalité, «oiseau né de mon temps / dont le bec encore s'ouvre sur l'aurore» (p. 47).

Quelle est la valeur de l'œuvre, défi au temps, «qui réserve son éclat pour les générations futures» (p. 44)? Le recueil poursuit une réflexion sur la création esthétique, démarche peu habituelle, jusqu'à une date récente, dans l'ensemble de la littérature africaine. La méditation sur l'art s'exprime dans les maximes qui précèdent la partie versifiée. Elles complètent les pages semblables qui clôturaient *Les Racines congolaises* et précédaient *L'Envers du soleil*.

L'auteur insiste sur la ferveur nécessaire à l'acte créateur; il renoue avec l'inspiration: «l'espace d'une illumination»; il reconnaît la nécessité d'une exigence intérieure appelée soif, insatisfaction. Le poète refuse l'encadrement trop strict de l'artiste: «Il n'y a pas de doctrines fécondes, il n'y a que des inspirations fécondes.» Il défend la liberté du créateur, point de vue qui a son importance, formulé par un homme aux responsabilités reconnues, dans un contexte politique dirigiste.

L'écriture est une manière digne de résister au temps. Le vers reste sobre, d'un lyrisme délicat, mélodie maintenue sur le mode mineur. La pensée est moulée dans un vers libre, souple. Les poèmes courts sont souvent construits en fonction de la chute ou de la flèche finale (p. 46). La conscience de l'inéluctable est génératrice d'une révolte contenue. La fuite dans le rêve et le scintillement des images sont toujours contrôlés.

Le déroulement en spirale du temps, la volute, convient pour décrire les structures de ces poèmes. Elle confirme l'interprétation que donne Roger Chemain de l'esthétique loutardienne − esthétique baroque (voir *Panorama critique de la littérature congolaise*, 1979).

Arlette Chemain-Degrange

Notre fille ne se mariera pas!, Paris, ORTF/DAEC, Coll. Répertoire Théâtral Africain, 9, 1971, 187p.
Pièce en deux actes de Guillaume Oyono M'bia.

Oyono M'bia écrivit *Notre fille ne se mariera pas!* en 1969 pour le Concours Théâtral Interafricain organisé par l'ORTF. L'œuvre reçut le deuxième prix du jury et fut par la suite radiodiffusée dans toute l'Afrique francophone. Elle exploite si bien les possibilités de la radio qu'elle ne se prête pas facilement à une représentation sur scène. De ce fait, le public africain la connaît beaucoup moins qu'elle ne le mérite.

«Dans tous les cas, je me sers des variations sur le thème du mariage pour illustrer certains aspects de notre vie sociale», observe Oyono M'bia à propos de son théâtre. *Notre fille ne se mariera pas!* ne fait pas exception à cette règle. Ici, c'est le mariage de Charlotte qui permet à l'auteur de mettre en relief l'antagonisme fondamental entre les vieilles traditions d'une part et la vie moderne, la médiocrité des fonctionnaires qui continuent à «faire le blanc» au détriment du progrès social, d'autre part.

Le premier acte, dont l'action nous rappelle celle de *Jusqu'à nouvel avis*, se situe à l'intérieur et aux alentours de la concession de Mbarga, le chef du village de Mvoutessi. Mais au lieu d'attendre l'arrivée de sa fille de Yaoundé, comme c'était le cas avec Abessolo dans la pièce précédente, Mbarga, lui, se prépare à un voyage à la capitale. Il a une double mission: informer sa fille Charlotte de la décision des Anciens qu'elle ne doit pas se marier et lui demander 150 000 CFA pour payer la dot de sa huitième femme Delphina qu'il a récemment épousée.

Gakoulos, le transporteur grec, arrive dans son car. Au milieu d'une excitation chaotique, les cadeaux destinés à Charlotte − plantains, macabos, volailles, etc. − sont chargés sur le toit. Mais on ne trouve pas le bélier qui s'est échappé. À la suite d'un malentendu avec Mbarga à propos du fameux bélier, Gakoulos refuse d'attendre. Pour compliquer encore les choses, Mbarga doit calmer le mécontement des membres de sa famille qui ne l'accompagneront pas dans son voyage.

Mevoung, riche étudiant à l'École d'Administration de Yaoundé, arrive d'un village avoisinant dans sa Mercédès. Faisant preuve de tact, conscient de ses devoirs envers ses parents moins fortunés, prodigue de son argent, il incarne aux yeux des villageois tout ce qu'ils espèrent de Charlotte. Il boit l'*arki* clandestin distillé par Matalina, la première femme de Mbarga, et ensuite lui fait cadeau de 2 000 francs. À la déception générale, il révèle que le fiancé de Charlotte travaille dans l'agriculture tout comme eux. Un autre car arrive. Les cadeaux − y compris le bélier maintenant retrouvé − sont chargés ainsi que quatre femmes et un nombre indéterminé d'enfants. Le départ a finalement lieu, accompagné des cris des villageois et de leur conseil à Charlotte: «Qu'elle ne se marie pas avant ne nous avoir enrichis.»

Le décor et l'atmosphère changent radicalement au début de l'acte II où nous nous retrouvons à Yaoundé dans la luxueuse villa des amis de Charlotte: Atangana et Colette. Au cours d'une conversation entre Colette et Charlotte, nous apprenons le mariage de celle-ci à l'agronome Essindi. Atangana arrive et ensemble ils essaient de trouver la meilleure façon d'annoncer cette nouvelle aux parents de Charlotte dont l'arrivée est imminente. Lorsque Charlotte téléphone à son bureau, on lui annonce l'arrestation de ses parents. Au commissariat de police, Atangana, qui s'apprête à exercer son influence en tant que conseiller technique pour les faire relâcher, découvre avec surprise que le Commissaire est déjà intervenu en leur faveur et les a tous invités au cinéma du quartier. Une telle magnanimité vient de son attachement à Maria, la sœur de Charlotte, qu'il a engagée quelques jours auparavant comme secrétaire particulière malgré son manque de formation professionnelle.

Charlotte et ses deux amis rentrent chez elle pour confronter Mbarga et Matalina. Leur opposition à son mariage a entièrement disparu. Le Commissaire leur a expliqué qu'Essindi, loin d'être un simple paysan, est au contraire un important administrateur. Mbarga accepte également que Maria devienne la cinquième femme de son nouveau patron. Ce double mariage, déclare-t-il fièrement, sera célébré à Mvoutessi. Ces unions servant les intérêts de chacun, la pièce se termine sur une note de soulagement général.

Notre fille ne se mariera pas! est la troisième pièce de la «trilogie matrimoniale» d'Oyono M'bia. Cette fois, les hommes de Mvoutessi n'ont guère plus de succès avec leur fille à marier qu'avec Juliette (*Trois prétendants... un mari*) et Matalina (*Jusqu'à nouvel avis*) qui, toutes les deux, se révélèrent des investissements décevants.

Les personnages du premier acte sont surtout les membres de la famille de Mbarga ainsi que quelques archétypes sociaux: le catéchiste, le transporteur blanc, l'étudiant du village voisin. Nous les suivons dans leur vie quotidienne: les commérages des femmes, leurs disputes domestiques ou leurs rêves d'un avenir plus agréable; les conversations des hommes qui roulent sur la chasse, les prouesses sexuelles, les tabous chrétiens et la vie de la grande ville. L'idée qu'ils se font du salaire et du pouvoir de Charlotte «qui commande tout le monde au ministère» souligne leur ignorance totale du monde dans lequel elle évolue.

Le dialogue pétille de vie. Exclamations, salutations, chansons bulu, transcriptions d'images colorées s'insèrent dans un français populaire pour recréer d'une façon très crédible l'ambiance de cette région du Sud Cameroun oriental où cohabitent fong et bulu, langages pleins de «camerounismes savoureux». Ce portrait animé de l'Afrique traditionnelle se juxtapose au monde complexe et moderne de l'acte II, un monde associé au progrès et à l'acceptation des valeurs occidentales. L'abîme semble si énorme que l'on se demande comment ces deux mondes pourront jamais se rejoindre. Colette, Atangana et Charlotte sont, comme l'annonce Oyono M'bia, «tous membres de la redoutable Élite intellectuelle». Colette représente l'acculturation française poussée à l'extrême. Elle n'a d'africain que la race. Le reste est entièrement français: la langue, les goûts, les manières, les émotions et la mentalité arriviste. Elle rejette tout ce qui lui rappelle ses origines africaines jusqu'à son apparence physique qu'elle essaie de transformer le plus possible. Son fils, Jean-Pierre, doit manger du camembert et d'autres produits importés qu'elle achète au supermarché parce que «c'est la culture». Partisane enthousiaste de l'émancipation féminine, elle dénonce «le parasitisme social» de ceux qui sont sans cesse à l'affût des cadeaux que pourraient leur offrir les parents aisés. L'ironie réside dans le fait que Colette n'est pas elle-même émancipée puisqu'elle vit dans une prison créée par son immense besoin d'impressionner les autres. Et l'on n'aurait pas tort de la considérer comme le parasite social par excellence.

La caricature cède le pas à une image plausible de la nouvelle Afrique avec Atangana et Charlotte: une symbiose équilibrée de valeurs traditionnelles et occidentales. Bien qu'ils aient adopté des aspects de la culture occidentale et qu'ils reconnaissent la désuétude de certaines idées traditionnelles, ils ne demeurent pas moins conscients et respectueux de leur patrimoine africain. Atangana habite une villa luxueuse, boit du whisky et s'habille à l'européenne pour son travail. Mais il se rend compte de l'ampleur des sacrifices que ses parents ont consentis pour lui. Charlotte éprouve les mêmes sentiments. Si les espoirs que les membres de sa famille ont placés en elle sont extravagants, elle sait qu'ils ne comprendront jamais les différences séparant son monde du leur. «Le parasitisme social» et la polygamie condamnés avec véhémence par Colette ne représentent, pour Atangana et Charlotte, que deux aspects de la vie traditionnelle nés de la nécessité économique. Le développement national les fera sans doute disparaître. En attendant, c'est à l'Africain instruit de la ville d'aider ses frères et sœurs moins privilégiés de la campagne. De ce point de vue, Charlotte s'étant mariée très peu de temps après la fin de ses études en France, on pourrait l'accuser d'ingratitude ou même d'irresponsabilité sociale, puisqu'elle réduit ainsi les chances qu'auraient eu d'autres enfants de Mvoutessi d'acquérir une meilleure éducation. La «Note sur la pièce» qui introduit l'œuvre semble suggérer qu'Oyono M'bia partage cette opinion:

> Permettre à un de ses enfants de poursuivre ses études constitue pour une famille de paysans africains une lourde charge à laquelle chacun, oncle, tante, cousin même éloigné, doit contribuer.
>
> Aussi, n'est-il pas juste, lorsque cet enfant a terminé ses études et obtenu une belle situation, qu'il aide à son tour ceux qui l'ont tellement aidé?
>
> Mais après tout, n'a-t-elle pas le droit, également, d'épouser l'homme qu'elle aime et de mener une vie normale?

De nouveau, la bureaucratie administrative est la cible favorite des attaques satiriques d'Oyono M'bia. Dans *Trois prétendants... un mari* et *Jusqu'à nouvel avis*, nous entendions beaucoup parler de la corruption, du favoritisme, de la justice arbitraire. Maintenant, nous en sommes directement témoins dans les actions et les déclarations de l'Agent de Police et du Commissaire-Adjoint. Apparences, titres, relations importantes les impressionnent, et suivant leur interlocuteur, ils passent des insultes à l'obséquiosité avec la plus grande aisance. Le Délinquant reçoit une amende de 8 000 CFA et sa mobylette est mise à la fourrière car il circule dans Yaoundé sans possibilité d'éclairage pendant la journée. L'Agent, remarquant qu'il ne porte pas de cravate, traite Atangana comme un minable jusqu'au moment où il apprend que c'est un conseiller technique. De son côté, le Commissaire-Adjoint jette en prison, sans jugement, des conducteurs de car et autorise ses subalternes à les maltraiter. La famille de Mbarga échappe à un tel sort grâce à Marie, devenue la maîtresse-secrétaire du Commissaire de Police.

La violence de la critique sociale de l'auteur est tempérée par son humour intarissable. *Notre fille ne se mariera pas!* est enfin et surtout une pièce gaie. Tout prête à rire: la vulgarité paillarde de Mbarga, le français déformé et les fréquents malentendus de Gukoulos («macaboo sans tomber», par exemple, devient «macchabées sans tombeau»), les réponses mécaniques des femmes de Mbarga, les *lazzi* de Nkatefoé et du Motor-Boy qui chargent le car, les brusques changements de ton de l'Agent de Police, le Commissaire-Adjoint qui s'empêtre dans des titres sans fin, même les indications scéniques. La grande variété des techniques comiques de l'auteur — comique de mots, de situation, de gestes — doit autant à Molière et à la Commedia dell'arte qu'à la tradition littéraire camerounaise créée par Ferdinand Oyono, Mongo Beti, et poursuivie par Bebey et bien d'autres. Oyono M'bia croit avec ces glorieux prédécesseurs et contemporains qu'il est beaucoup plus efficace de corriger les mœurs en riant qu'en poussant des cris de protestation qui feraient réagir la censure. C'est pourquoi il place des personnages picaresques dans des situations de la vie quotidienne qui révèlent à la fois des vices sociaux et la bonne humeur avec laquelle on peut les combattre.

Norman Stokle

Nouveaux (Les) Contes d'Amadou Koumba, Paris, Présence Africaine, 1958, 176 p. — Préface de Léopold Sédar Senghor.

Recueil de contes de Birago Diop.

Birago Diop est contemporain de Sadji, de Senghor et de toute cette génération de Nègres qui ont marqué un tournant dans la vie intellectuelle de notre temps. Parmi les Africains, les Antillais, les Afro-Américains, les Afro-Brésiliens et les autres qui ont affirmé au monde qu'ils étaient eux aussi des êtres humains, il y a la voix calme et rassurante de l'auteur de «Souffles», poème que l'on retrouve dans plusieurs anthologies à travers le monde.

Scientifique modeste et dévoué, Birago Diop a su concentrer dans «Souffles» l'essence de la religion traditionnelle africaine. Il a su traduire dans un langage concis, un style lucide, pur et un rythme envoûtant, l'essentiel de toute religion humaine. Déjà, dans *Les Contes d'Amadou Koumba*, Diop avait démontré que le scientifique qui travaille sur des réalités concrètes et qui doit faire montre d'un pragmatisme fondamental pouvait aussi exprimer une sensibilité profonde et attacher une très grande valeur aux procédés littéraires de son peuple.

On pourrait dire que *Les Nouveaux Contes d'Amadou Koumba* sont la version perfectionnée du premier recueil. Diop a éliminé certains contes et en a ajouté d'autres dans son deuxième recueil dont la richesse littéraire est telle que l'on n'hésite pas à parler de chef-d'œuvre.

Bien qu'Amadou Koumba soit la source de la majeure partie de ce travail, suggère L.S. Senghor dans la Préface du recueil, les contes témoignent des capacités artistiques du vétérinaire Diop. Doit-on conclure que Diop se cache derrière Amadou Koumba ou bien qu'il s'agit d'une tentative de s'effacer pour ne pas trop attirer l'attention sur l'écrivain? Dans *Soundjata*, Djibril Tamsir Niane a employé un procédé analogue. On pourrait même citer le cas de *Une vie de boy* par F. Oyono et se demander si entre le griot traditionnel et l'écrivain moderne, ou entre le texte écrit et son auteur contemporain, il n'existe pas une tension esthétique que la critique n'a pas suffisamment étudiée.

C'est Birago Diop, écrit Senghor, qui est finalement responsable de ce qui a été imprimé sur les pages de ce livre. Mais à l'intérieur de son conte, Diop se sert d'un certain nombre de procédés qui illustrent de façon astucieuse ses dettes envers la tradition et la continuation d'une parole énoncée dans l'espace ancestral.

Dans *Les deux gendres*, Gayndé-le-Lion, qui est du côté de la justice, pousse un rugissement «...qui s'entend encore de nos jours». Dans *La cuiller sale*, c'est la marâtre qui pousse des cris qui «s'entendent encore de nos jours». Il est vrai que ce procédé permet au conteur d'établir le lien entre les enseignements du passé et l'actualité du message mais il établit également sa propre crédibilité en se faisant le lien essentiel qui avertit et enseigne.

Ce qu'on a déjà écrit sur *Les Mystères du Bani* par Amadou Oumar Bâ est valable pour *Les Nouveaux Contes d'Amadou Koumba* quand il s'agit de classer les contes selon leurs formes.

L'apport de Diop est la vitalité de ces êtres: hommes, femmes, enfants, bêtes, arbres. Tandis que dans *Les Mystères du Bani*, tout se justifie au nom de Dieu et de l'Islam, les personnages de Diop sont souvent sans religion définie ou de simples adeptes de ce qu'on appelle religion traditionnelle africaine.

Le Boli est un conte qui mériterait d'être comparé en détail avec le poème «Souffles». Le lecteur sait que la statuette est un objet inanimé qui se laisse manipuler à souhait. Mais l'essence de la statuette, son ombre, s'anime, se métamorphose, travaille, chante, et influe sur le sort de l'homme. Si la manifestation humaine du Boli contraste avec Tiéni-le-Forgeron c'est parce qu'il incarne l'esprit ancestral alors que Tiéni-le-Forgeron n'est qu'un faible être humain. Ce contraste nous invite à respecter les objets de culte.

Pourtant, comme tous les contes de Birago Diop, *Le Boli* est un commentaire sur la vie de l'homme contemporain. Si, dans ce conte, l'écrivain se montre sévère envers les cultivateurs sédentaires, et sympathique envers les Peuhls-bergers (p. 65), il en va tout autrement dans *La Roussette* (p. 50). Dans *L'os*, Diop traite de l'exclusion des femmes de certains rites islamiques (p. 35) et évoque dans *Le Prétexte* la condition des:

... petits talibés des écoles coraniques qui mendient leur pitance le matin, leur repas au milieu du jour et leur provende de nuit (40).

Cette institution, on le sait, est un crime contre la dignité humaine, une manifestation de la décadence religieuse. Et Diop ne ménage pas ses mots en parlant de ceux qui abusent de la religion:

Nous les appelions «petits serignes», vous les qualifiez maintenant de «grands fainéants». L'espèce est toujours la même: pleine de fausse onction et insinuante, parasite-type, inconstante et vagabonde (41).

Certes, il existe dans les contes des musulmans dignes et justes, généreux et sincères. Pourtant, ils ne font jamais de travail vraiment productif. Le commentaire social de Diop insiste sur les réalités économiques. On a souvent l'impression que le cadre religieux sert de prétexte pour analyser la gourmandise et l'avarice des gens. Ainsi, Diop emploie les procédés traditionnels du conte pour signaler l'importance de la responsabilité communautaire.

Les contes *Dof-Diop* et *Liguidi-Malgam* illustrent bien le cas de l'individu naïf et sincère qui devient victime de la méchanceté de ses proches parents. La victime est discréditée et déshumanisée par un procédé qui repose sur des malentendus astucieux. Ce qui nous intéresse particulièrement est le fait que la victime – la seule personne consciente de la vérité – est considérée comme mentalement instable parce que la communauté ne voit que l'aspect superficiel des choses. Plusieurs romanciers et dramaturges africains se servent de ce «fou littéraire» comme symbole; l'écrivain nous invite à approfondir notre vision du monde. Chez Diop c'est surtout l'eau qui symbolise la conscience vitale. Dans *Samba de la nuit*, les frères de Samba ne l'acceptent qu'à partir de la traversée du Grand Fleuve. Au retour, la méchante sorcière sera éliminée après le passage de ce même fleuve. Il en va de même dans *Khary-Gaye* où le Grand Fleuve est source de justice et de bonheur, de jeunesse éternelle et de vérité. Encore une fois il faut évoquer *Les Mystères du Bani* où A.O. Bâ fait du fleuve le véhicule de ses contes et l'élément qui détermine l'éducation des voyageurs. On sait que l'eau comme symbole littéraire et religieux remonte au Coran et bien au-delà. Dans un système cosmique établi, l'être humain doit savoir lire les signes, interpréter les symboles et écouter les éléments s'il veut survivre.

L'enseignement de *Khary-Gaye* est formel:

...tant sommes-nous tous ainsi, nous enfants d'Adama N'Diaye, que même l'absence de soucis peut finir par nous peser (96).

Comme l'a bien signalé L.S. Senghor, dans sa préface, la fable africaine exprime une vérité morale, «elle est connaissance du monde et leçon de vie sociale».

Maître de l'image, du rythme, de la comparaison et de la concision, B. Diop nous lègue un monde mieux décrit et mieux analysé que celui des anthropologues et sociologues. Le mouvement de son texte, la sensibilité de la vision ainsi que son humour contribuent à l'éducation des gens de toutes les cultures et de tous les âges.

Frederick Ivor Case.

Nouvelle (La) Romance, Yaoundé, Éditions CLÉ, 1976, 196p.

Roman d'Henri Lopes.

Le titre de ce roman, *La Nouvelle Romance*, laisse, dans un premier temps, le lecteur un peu perplexe. Rien, en effet, de sentimental dans ce récit. Nous n'assistons pas au développement d'un amour, mais plutôt à la totale désagrégation d'un couple, Bienvenu N'Kama et sa femme, Wali. Toutefois, le passage tiré des *Cloches de Bâle* d'Aragon et donné en exergue au roman révèle l'intention et de l'œuvre et de l'auteur: «La femme des temps modernes est née et c'est elle que je chante. Et c'est elle que je chanterai» (p. 5). C'est donc la femme, la femme de l'Afrique moderne que Lopes place au centre de son œuvre.

La structure narrative de *La Nouvelle Romance* est hautement significative. Les deux personnages principaux, Bienvenu et Wali, mari et femme, ne forment pas vraiment un couple, au sens habituel du terme. Ils sont situés sur deux voies parallèles. Chacun est relié, pour sa part, à un milieu, à une vision des choses, et représente ainsi quelques-unes des nombreuses facettes de l'Afrique d'après l'indépendance aux prises avec des problèmes complexes. Le récit dépasse donc l'aventure individuelle pour rejoindre l'aventure collective. Bienvenu N'Kama, dit Delarumba, est un footballeur au faîte de la gloire, «l'empereur du ballon rond». Sa renommée sportive, le standing qu'il doit afficher — rien de moins qu'une Mercédès: «il lui fallait un vaisseau qui montrât son rang» (p. 7) —, lui

ouvrent l'accès du milieu favorisé qui détient le pouvoir. Wali, comme toute femme mariée, se voit confinée dans l'ombre de son mari et elle accepte mal de continuer le rôle de soumission que la société réserve à la femme.

L'événement qui joue la fonction d'embrayeur de l'action romanesque est la nomination de Bienvenu à un poste diplomatique à Bruxelles. Rien ne prédisposait «l'idole du stade» à tenir un tel rôle. Comment un simple certifié, un petit comptable de banque, travailleur indiscipliné et peu responsable, peut-il être investi d'une mission diplomatique? C'est le népotisme qui rend la chose possible. Les motivations du nouveau diplomate sont claires: la diplomatie paie bien et elle offre des avantages personnels dont Bienvenu entend tirer le plus grand bénéfice. Ce personnage n'évolue pas dans le récit. Il est lancé à la recherche de toutes les satisfactions possibles: mener la grande vie, liquider toutes ses frustrations, se payer des femmes blanches, au point d'en oublier complètement ses devoirs à l'endroit de sa propre femme. Dans sa course aux plaisirs, rien ne l'arrête. Tous les moyens sont bons: détournement de fonds, trafic de drogue, abus de confiance, etc. Malheureusement, le système politique semble favoriser ces chevaliers d'industrie et, comme prix de ses malversations à Bruxelles, Bienvenu est d'abord rappelé dans son pays, puis il arrache une mutation à Washington où tout va pouvoir continuer dans la superficialité, dans l'irresponsabilité. Bienvenu demeure l'un des profiteurs du système en place.

Il en va tout autrement pour Wali qui, dès le départ, possède une conscience aiguë des grands problèmes de sa société et, en particulier, de la condition de la femme de son pays. Elle est sensible à l'injustice du sort fait à la femme: liberté pour l'homme, fidélité pour la femme. Avec les moyens qui sont les siens — elle a quitté ses études en classe de cinquième, au moment de son mariage: elle doit prendre en charge les enfants de la sœur de son mari —, elle consacre une partie de son temps à des cours d'alphabétisation et à des cours d'éducation ménagère qu'elle donne aux femmes de son quartier. Deux de ses amies, Awa, institutrice adjointe, l'intellectuelle du groupe qui rêve d'être écrivain, et Élise, la célibataire, couturière de son métier, qui entend tirer parti de la «générosité» des hommes en mal d'aventures, contribuent, chacune pour sa part, à la remise en question que Wali a entreprise.

C'est le même élément moteur qui va accélérer le processus d'évolution de Wali, soit le départ pour Bruxelles où elle accompagne son mari. La conduite de ce dernier, que le séjour en Europe ne corrige en aucune façon, lui fait prendre conscience qu'elle ne récupérera jamais son mari. Au lieu de prendre son mal en patience, elle pense à elle-même, au sort de ses sœurs, et elle décide de tout faire pour que les choses changent. La réflexion, la lecture, des discussions avec des amis belges, les cours qu'elle suit à l'université populaire lui permettent d'acquérir son autonomie et de mieux identifier ce que l'Afrique peut emprunter à l'Europe. Le rappel de son mari au pays ne la plonge pas dans le désarroi. Elle ne le suivra pas. Avec l'aide d'Awa qui étudie alors à Paris, Wali pourra allier travail et études. Elle se préparera ainsi à travailler plus efficacement à la transformation de la société et tout spécialement à la libération de la femme.

La Nouvelle Romance témoigne jusqu'à quel point l'œuvre littéraire négro-africaine colle de près aux problèmes de la société africaine en mutation. Même si le regard de l'auteur ne se porte que sur quelques secteurs de cette société, les problèmes posés rejoignent des questions fondamentales: le tribalisme, l'héritage colonial mal assimilé, la permanence de certaines valeurs traditionnelles face à des situations nouvelles, le pouvoir monopolisé par les hommes. Ces thèmes sont communs à nombre d'œuvres romanesques. Lopes aborde

cependant un thème nouveau, celui de la condition de la femme africaine, en particulier de la femme «moderne». Elle est jeune. Elle a étudié à l'école occidentale et elle veut jouer un rôle social en conformité avec l'évolution que connaît la société africaine.

Le drame de Wali, de la femme «moderne», vient de ce que l'homme ne veut pas que la femme sorte de son rôle traditionnel: «Elle [Wali] n'est plus qu'une employée de maison, chargée de l'approvisionnement, du soin et de la garde d'une progéniture plus nombreuse qu'elle n'aurait souhaité et (dans le cas précis de Wali) qu'elle n'a pas enfantée» (p. 14). La représentation du sort de la femme est quelque peu caricaturale. Ce qui est confirmé par l'opposition extrême qui sépare Wali et Bienvenu. Le mari s'accorde toutes les libertés hors du foyer. Il veut sa part des «privilèges» réservés au petit nombre et réagit comme un adolescent attardé: il n'entend rien donner en retour, ni assumer quelque responsabilité que ce soit, ni partager quoi que ce soit avec sa femme. Pour lui, Wali est une femme: elle n'a donc rien à dire, elle doit être soumise à son mari et, dans les circonstances, soumise aux caprices de ce dernier. Wali, par contre, est lucide devant la situation qu'est la sienne et qu'elle partage avec ses sœurs. Aussi décide-t-elle de devenir un agent du changement social.

Cette construction en antithèse, parmi d'autres, engendre plusieurs niveaux de sens. Non seulement la femme est-elle en mesure de jouer un rôle actif dans la nouvelle société, mais il apparaît également que certaines attitudes de l'homme constituent des blocages qui freinent ou entravent l'évolution harmonieuse de cette même société. Aucune solution définitive n'est proposée. L'œuvre demeure ouverte et elle pose des questions fondamentales qui engagent l'avenir de l'Afrique. L'écriture, sans prétention, recourant à des moyens très simples, remplit pleinement la fonction critique qui caractérise la création romanesque négro-africaine.

Fernando Lambert

Nouvelles interdites, Lyon, Fédérop, 1978, 150p.
Recueil de nouvelles d'Alexandre Kum'a N'dumbe.

Les *Nouvelles interdites* comprennent neuf récits, dont le thème principal est la future et véritable libération de l'Afrique. Le recueil traite surtout de la situation au Cameroun, mais une des nouvelles se situe en Afrique du Sud, et l'auteur insiste à plusieurs reprises sur la portée panafricaine de sa critique du système néo-colonial.

Selon N'dumbe, beaucoup d'Africains dans les pays néo-colonisés courent après leurs seuls intérêts égoïstes et vivent de l'exploitation de leurs frères. Ils le font, et les autres l'acceptent, parce qu'ils ont assimilé la vision du monde de leurs anciens maîtres européens. N'dumbe met cette situation en cause et ébauche des valeurs à partir desquelles on pourrait construire une société meilleure. Ainsi, les *Nouvelles interdites* sont-elles encadrées par deux histoires sur le vieux Momba, qui respecte la sagesse traditionnelle, tout en reconnaissant la nécessité de faire face au monde moderne. Quand il parle, les jeunes du village l'écoutent avec grand intérêt. C'est lui qui leur explique la signification de l'école – symbole de l'intrusion européenne et de ses séquelles «néo-colophones» dans la vie africaine. Momba lui-même se méfie d'un établissement où on enseigne tout ce qui est logique et rien de plus. «À l'école, avoue-t-il, j'ai toujours peur... qu'on ne me cache l'essentiel.» À son avis, l'essentiel est l'image d'un homme digne, libre et solidaire, et non les connaissances abstraites et futiles qui aveuglent les Africains et les déshumanisent. Devant l'embarras d'un ami savant qui commence à soupçonner l'existence des êtres que les sciences européennes ne sont pas en mesure

d'expliquer, Momba ne peut s'empêcher de rire, car il y reconnaît la force des ancêtres, que l'autre a toujours niée. L'instruction qu'a reçue cet ami lui a caché quelque chose d'essentiel, en brisant les liens qui devraient le rattacher à son passé et à ses frères africains; raison pour laquelle Momba conseille aux jeunes de brûler leurs écoles et de libérer le savoir technique en lui trouvant un contenu nouveau, c'est-à-dire préserver les valeurs héritées du passé pour mettre à l'épreuve les croyances modernes et pour créer un avenir plus humain.

L'histoire de Momba donne au recueil de N'dumbe son contenu idéologique. Les autres récits se divisent en deux groupes. Le premier dépeint les faits divers qui reflètent une décadence de mœurs causée par la diffusion des idées européennes. Le second présente des événements qui signalent une prise de conscience contre les régimes brutaux et hypocrites qui prônent des mythes trompeurs. Dans ce contexte, la mort gratuite d'un gosse, l'intérêt d'un militaire pour des livres proscrits, l'exécution d'un commandant respecté, et la résolution d'un jeune révolutionnaire font état d'un esprit d'opposition en plein épanouissement.

Comme Ngugi Wa Thiongo et Sembène, N'dumbe voit dans la littérature un instrument pour élever le niveau de conscience politique de ses compatriotes. Dans *Nouvelles interdites*, il calque ses récits sur des incidents qui, à une exception près, ont eu lieu au Cameroun. Mais ce genre d'incident n'est pas rapporté dans les journaux. On les étouffe sous les mythes officiels de prospérité, de paix et d'ordre public. Derrière ces mythes, il y a pourtant une réalité pénible qui ressemble à «une eau stagnante». Selon N'dumbe, personne n'a le droit de se contenter d'un bonheur personnel dans une telle société. D'ailleurs, c'est ce qu'apprend le héros d'une des nouvelles quand il entre dans l'opposition et quitte la femme qu'il aime. Pour être digne d'elle, il doit travailler pour le redressement d'une société où tout le monde peut aimer sans contraintes. Autrement, tout bonheur ne serait qu'illusoire et éphémère. En publiant ses *Nouvelles interdites*, N'dumbe espère amener ses lecteurs à une prise de conscience semblable.

En particulier, il dirige cet appel vers ses compatriotes camerounais. Depuis l'indépendance, le gouvernement mis en place et soutenu par les autorités françaises a connu une forte opposition. Plusieurs écrivains et intellectuels se sont solidarisés avec ce mouvement. Un certain nombre d'entre eux ont choisi de vivre hors du pays pour échapper à un régime qu'ils regardent comme illégitime. Leurs œuvres dressent un réquisitoire contre ce pouvoir et plaident pour la révolution. Le plus connu de ces expatriés est Mongo Beti, mais N'dumbe, Paul Dakeyo et d'autres partagent et son destin et ses idées politiques. Les *Nouvelles interdites* s'inscrivent donc dans une tradition grandissante de littérature camerounaise engagée.

Richard Bjornson

Nuit (La) de ma vie, Paris, Debresse, 1961, 48p.
Recueil de poèmes de Jean-Paul Nyunaï.

Du premier poème «Suprême Essence» qui est une reprise poétique des paroles de l'Éternel, «Je suis le commencement et la fin, l'alpha et l'oméga», jusqu'au dernier poème du recueil, «Tu viendras voir», *La Nuit de ma vie* aborde une foule de problèmes dont l'originalité réside moins dans le contenu que dans la méthode d'approche.

«Leçon de choses» tout comme «La couleur n'a pas d'yeux» constituent un véritable jeu poétique qui ne cadre pas avec le projet annoncé par l'auteur: le «devoir d'écrire pour tous ceux qui, par le vaste monde, se posent des questions». Dans «Leçon de choses», Nyunaï joue avec le mot «essentiel» comme Rimbaud avec les lettres de l'alphabet. Avec «La couleur n'a pas d'yeux» commence chez le poète l'attente. Mais qui attend-il? Est-ce cette mystérieuse «Elle» de «Leçon de choses»?

Dans *La Nuit de ma vie*, l'espoir («Style III», «Illuminations») alterne avec la rage la plus subite («Pistes»). C'est à ces heures de vacuité que l'ombre de la mort plane sur l'œuvre de Nyunaï («Je boirai la glace de la mort») et qu'il rêve à l'holocauste, au sacrifice suprême («Holocauste à l'aube»). Peut-être l'auteur a-t-il compris qu'il faut guérir de la vie par la mort afin d'accéder à la suprême Essence. Pour Nyunaï, tout est occasion de méditer sur l'existence. Peut-être pense-t-il comme Malraux ou Camus que si «une vie ne vaut rien, rien ne vaut une vie». Pour Nyunaï comme pour les philosophes, savoir si la vie vaut ou non la peine d'être vécue, c'est résoudre le problème fondamental de l'existence («Impasse»).

Devant la ronde des saisons («Saisons»), les souvenirs, comme les eaux d'une digue trop longtemps contenues, refluent à la mémoire («Les dents de la nuit», «Un oiseau envolé dans un Lullaby»). Lorsque le poète découvre l'homme derrière la bête («Révélation»), il rêve à la fusion de l'altérité et de l'ego («Toi que je suis»), reprenant à son compte le cri de Victor Hugo: «Insensé qui crois que je ne suis pas toi».

Nyunaï devient alors le chantre de l'amour et du bonheur qui sont pour lui:

une dédicace du temps
narquoise sur le feuillet blafard de la
vie
une vision bipenne qui s'échappe du
présent
et que le regard interroge
la tyrannique réalité d'une attente
une larme contenue
un sourire entrevu
l'opium d'un souvenir...
C'est peut-être cela l'amour
C'est peut-être cela le bonheur
éternels torrents
Sur nos cœurs d'argile.

Viendront alors les louanges à la mère, à qui Nyunaï offre «neuf corbeilles de fleurs de fruits et de douces pensées» («Offrande»).

Et, lorsque le verbe du poète erre comme «un pèlerin des grottes sacrées», il n'a qu'un vœu: avoir une bouche neuve et un verbe neuf pour dire à l'être aimé qu'il l'aimera, «avant tout après tout / et plus que tout».

L'automne, qui voit jaunir le feuillage des arbres, devient «un matin de souvenir» tout illuminé par l'image de l'être aimé qui, comme un oiseau, s'est envolé. Mais entre le passé et le présent vécu, le poète a vieilli. Que l'amour soit contrarié par les caprices de l'amante («Confession»), qu'on n'ait aimé en l'autre qu'une image fictive («Masque d'amour»), «l'amour d'une femme / est un amour qui tue» («Chambre d'amis»). Encore faut-il préciser qu'en amour, l'homme et la femme se livrent à un jeu de cache-cache. Et lorsqu'au souvenir du fruit défendu l'homme rend la femme responsable de ses malheurs, c'est le cri de haine contre cet être qui est à l'origine de sa déchéance, qui l'a réduit à mourir alors qu'il était un Dieu, un immortel. L'amour de l'homme et de la femme ne sera en fin de compte qu'un jeu d'hypocrisie polie («Les ailes vertes») qui les précipite l'un vers l'autre.

Malgré cette note amère, il faut faire de la vie un véritable banquet, boire à satiété («Libation»). C'est alors le vertige qui confond tout, qui fusionne les races, les tendres robes, «fragiles corolles» («Bas-fonds»). Chez le poète, la fête n'étourdit pas au point d'abrutir. Le poète reste toujours assez lucide pour donner des conseils («Style V») et inviter à la sago («Sagesse»). Lorsque la solitude se fait sentir, l'auteur interroge sa jeunesse, et «ses pas évidés» «jettent pêle-mêle / Sur le pavé sans issue de [ses] chutes / ce qui reste de [son] Espoir» («Parchemin»).

C'est vraiment la mort des rêves («Quand le rêve meurt») et Nyunaï conçoit le projet d'une vie sans tambour qui coulerait «comme une eau calme entre deux rives sans bruit» («Heure de vie»).

Témoin des scènes de la vie («Babillage»), Nyunaï n'est pas tendre quand il juge la vie à deux. C'est ainsi que le mariage devient une sorte de pagode aux entrées et aux sorties multiples, «Une pagode toute en succulences et toute en amertumes» («Il est dans la vie une pagode»).

Pessimisme ou lucidité objective? Sans doute l'un et l'autre. La vision que Nyunaï a de la vie n'est pas des plus enthousiastes. S'il rêve de libération («La délivrance surgira»), la liberté est une initiation douloureuse. «La liberté est si lourde à porter...» surtout lorsqu'on la confond avec le libertinage et qu'on brûle la chandelle par les deux bouts. Rien n'est parfait dans la vie de l'homme, l'espoir et le désespoir se donnant la main comme la pluie et le beau temps dans la nature. Doit-on dès lors s'étonner que «l'homme qui rit est aussi un homme malheureux» et que «ce qu'on nomme bonheur, c'est aussi le malheur». C'est là le message de «Tu viendras voir».

La jeunesse qui est l'âge de l'illusion et des grands rêves ouvre bientôt les portes à la vieillesse et à la mort. Et le temps, tel que nous le présente l'auteur de *La Nuit de ma vie,* est un nectar qui use l'homme et enterre sa jeunesse. L'homme est un être impuissant en face du temps qui passe. Il ne peut que se consumer en vœux stériles, car il ne peut rien faire contre le temps qui passe. Devant les succulences de la vie, le temps s'écoule, impuissant peut-être lui-même à rester immobile entre les doigts de l'homme. Et dans sa course folle, il emporte les heures propices au bonheur et à l'amour. Avec «Épilogue», «La question», «Comme le temps passe», Nyunaï renouvelle le chant des poètes sur le temps qui fuit et fait couler dans nos veines le venin de la mort.

Joseph-Modeste Tala

Ô pays, mon beau peuple! Paris, Amiot-Dumont, 1957, 234p.

Roman d'Ousmane Sembène.

Ce roman, divisé en trois parties, raconte l'histoire d'un jeune homme, Oumar Faye, qui, après huit ans de séjour (dont quatre de guerre) en Europe, retourne avec sa femme blanche, Isabelle, au pays natal. Accueilli avec des sentiments mitigés, Oumar se trouve dès le début aux prises avec des difficultés émanant du conservatisme de ses parents et de la domination politico-économique des colons orgueilleux. Il essaie inlassablement d'apporter un état d'esprit nouveau à son peuple. Écartant le métier traditionnel des Faye, à savoir la pêche, il décide de se lancer dans la culture dans le but ultime «de créer une coopérative agricole avec un bureau de vente qui sera responsable devant les cultivateurs et qui soutiendra leurs intérêts». Les nouvelles orientations du jeune homme provoquent l'animosité féroce des colons et des oligopoles qui voient en lui une menace pour leur position privilégiée. Perspicace, Oumar arrive à mobiliser les paysans et à mettre sur pied une véritable force de travail... ce qui fera de lui un cultivateur conséquent. Sa mort sera l'œuvre des adversaires (Blancs) paralysés de peur par ses activités agricoles et la défense légitime de ses compatriotes opprimés. Mais Oumar Faye avait déjà donné le signal.

Ô pays, mon beau peuple! est une œuvre de contestation. Le héros, Oumar Faye, se révolte contre l'ordre des choses colonial; il met en question certaines valeurs et coutumes traditionnelles et pratiques sociales qui, pour lui, sont hostiles à tout esprit de progrès. Si Oumar et son père, Moussa Faye, ne semblent jamais s'entendre, c'est surtout en raison de la divergence de leurs idées sur la religion et la tradition. Tandis que le fils est préoccupé par des problèmes concrets de survie et de bien-être matériel de son peuple, le père, iman de la mosquée et pilier d'un monde conformiste, ne cherche de satisfaction que dans un pèlerinage à La Mecque. Quant à sa mère, son souci principal est celui du déséquilibre familial que pourrait provoquer la présence d'une femme blanche. Son inquiétude à cet égard détermine, la plupart du temps, ses réactions racistes. Tous les efforts d'Oumar visent à convaincre ses parents et amis qu'«il y a certaines choses qui ne doivent plus être». Le vrai problème posé par la présence d'une Blanche dans une famille qui se veut exclusive et inaltérable n'est pas celui d'un simple conflit de valeurs ou d'une opposition entre Noirs et Blancs; il est plus spécifiquement celui de l'inertie sociale face aux exigences d'une vie moderne.

Cependant, si Oumar est pour le progrès, cela n'implique par qu'il renonce à toutes les valeurs traditionnelles. Certes, il déteste l'étroitesse d'esprit de ses parents, c'est-à-dire leur manque d'appréciation objective, conséquence de leur conservatisme et appartenance zénophobe à un monde replié sur lui-même. Il dénonce le sectarisme, la puérilité de certains préjugés de caste et l'indolence d'un peuple paralysé par ses croyances religieuses. Mais, il ne nie pas les possibilités médicales de la sorcellerie de Rokhaya, sa mère; il ne dédaigne pas de se servir du «Cougourang», cet esprit des cultivateurs casamanciens qui oblige les paysans à combattre collectivement et énergiquement les sauterelles qui dévastent la terre.

Tout en exprimant la nécessité des innovations, le romancier montre que les structures sociales doivent être assez flexibles pour s'accommoder aux nouveautés. Par contre, le besoin de changement, le désir d'adapter les techniques industrielles aux conditions locales n'entraînent pas nécessairement la suppression des valeurs fondamentales du peuple.

Plus important encore, le roman présente un révolté qui œuvre pour l'éradication du colonialisme en tant que système d'aliénation économique. Ni l'administration ni les compagnies ne se soucient des problèmes des cultivateurs qui, quel que soit l'état de la récolte, doivent payer l'impôt: «Le malheur des paysans, dit Oumar, ne touche pas l'administration.» Les colons considèrent comme subversifs tous les efforts d'Oumar pour améliorer les conditions de vie de ses compatriotes. Le héros s'adonne au travail pour trois raisons: d'abord créer une ferme modèle dont profitera son peuple; libérer ensuite la paysannerie casamancienne de l'aliénation des produits de ses travaux: «Je vivrai cent ans rien que pour voir une seule fois les cultivateurs fixer eux-mêmes le prix de leur labeur»; il veut enfin montrer aux colons obnubilés par le complexe de supériorité et à son peuple subjugué que «ce n'est pas la race qui fait l'homme, ni la couleur de sa peau». S'il arrive à cohabiter paisiblement avec Isabelle, si les parents de la femme se montrent compréhensifs et si Pierre, l'homme d'affaires, sympathise avec les Noirs, c'est que la qualité humaine n'est pas fonction de la pigmentation de la peau.

Ô pays, mon beau peuple! chante, par des mots simples, l'amour d'un peuple et d'un pays pauvres mais dont l'avenir est prometteur. Il chante surtout l'amour de la terre dont l'auteur fait des éloges émouvants et bucoliques, éloges qui font songer à une églogue virgilienne. On y discerne des similitudes frappantes avec *Gouverneurs de la Rosée* de l'Haïtien Jacques Roumain, notamment dans la conception du héros et dans la description de la terre et du travail agricole.

Yaw Safo Boafo

Ô toi qui ne dors, Yaoundé, Imprimerie St-Paul, 54p.

Recueil de poèmes de Martin Sop Nkamgang.

Ô toi qui ne dors se compose de trente-quatre poèmes. Il est difficile de percevoir le principe qui commande l'ordre de succession de ces textes. En dépit du désordre chronologique imposé par l'auteur, il est possible de classer les poèmes en trois groupes, tout en admettant que ce classement thématique n'est pas rigoureux.

Dans le premier groupe entrent des textes écrits à différentes époques mais qui développent tour à tour les thèmes de l'amour, de l'amitié et de la mort. Ensuite, le deuxième groupe est constitué par des textes écrits aux séminaires de Mélong et d'Otélé, entre 1948 et 1958. Ce sont surtout des prières que le poète, alors séminariste, adresse tantôt à «Dieu», au «Seigneur», tantôt «À la sainte Vierge», «À la sainte Thérèse de Lisieux» ou même à sa défunte mère («In memoriam»). Le poète souffre de l'absence de sa propre mère; mais il espère qu'un jour, à force de prier, il jouira du bonheur procuré par «le sein de sa mère», comme l'Enfant Jésus auprès de la mère idéale, «l'être le plus cher», c'est-à-dire sainte Marie. Ce qui caractérise l'attitude du poète ici, c'est sa pleine confiance en Dieu et en toutes les figures de sainteté de la tradition chrétienne catholique.

À ces deux cycles succède un troisième, celui du maquis. L'auteur a passé la majeure partie de l'année 1960 dans les montagnes de l'Ouest, otage des «upécistes». Forcé d'être le témoin oculaire de la souffrance du peuple, il consacre le peu d'énergie qui lui reste à prier pour le salut de «la patrie Cameroun» déchirée par «tant de haine dans les cœurs». Tout en affirmant que les responsables de la tragédie sont les «colons» (les Français, s'entend), il attribue une part de responsabilité au peuple même qu'il accuse de n'avoir pas su défendre une cause juste. Ses prières ont pour objectif d'implorer le pardon de Dieu.

Malheureusement le «Tout-Puissant» oppose à la violence du cri du peuple en danger la surdité d'une pierre. Frustré, le poète proscrit la prière de ses préoccupations quotidiennes; il invite ses semblables à déclarer Dieu *persona non grata* et à rechercher l'issue de secours dans «un combat de tous les jours», sur la terre. De l'avis du poète déçu, le salut de l'homme sera l'œuvre de l'homme. Mais il semble hâtif de conclure qu'il a déchiré sa soutane une fois pour toutes.

Force est de constater que dans les poèmes d'amour surtout, nulle parole n'est proférée qui ne soit déjà entendue ailleurs. Une recherche plus honnête, un travail plus approfondi auraient élevé l'écriture à un plus haut niveau, ce qui aurait donné à cette œuvre traversée d'un courant humaniste certain plus de mérite. L'art de Sop Nkamgang est inégal, et c'est dommage. Des vers bien travaillés en côtoient d'autres (plus nombreux) dont la facture prosaïque satisfait difficilement le lecteur en quête de «bonne poésie». Tels le début et la fin de «Propos sur l'amour». Le septième texte du recueil rappelle par trop un certain Verlaine (*Romances sans paroles*, 1874). Qu'on lise donc ces deux vers de notre poète: «Il fait froid dans mon cœur / Comme il pleut sur mon toit.» Il s'agit d'un cas polémique conflictuel fréquent dans la littérature africaine de langue française. L'on n'ira pas, cependant, jusqu'à conclure que *Ô toi qui ne dors* est un chef-d'œuvre avorté. Il est à souhaiter que dans ses publications poétiques ultérieures (qui tardent à venir), Sop Nkamgang se détourne du chemin de la facilité scripturale. La poésie camerounaise de langue française y gagnerait beaucoup.

Isaac Célestin Tcheho

Obali, Libreville, S. éd., 1974, 64p.
Pièce en cinq actes de Joséphine Kama-Bongo.

Obali, première pièce d'une femme dramaturge gabonaise, a été représentée à Libreville le 25 mars 1974 dans le cadre du premier festival culturel gabonais.

L'obali est une coutume du haut Ogoué qui prévoit le droit pour un veuf de réclamer à sa belle-famille une femme nouvelle pour maintenir l'union entre les familles. C'est aussi par voie de conséquence le mariage imposé à une jeune fille contre son gré.

Onteinté, veuf depuis 18 ans, demande à Wounga, son beau-frère, qu'on lui donne une femme en remplacement de son épouse défunte; Ngondo, désignée, refuse catégoriquement car elle est amoureuse d'un jeune homme, Tsougoudja, dont elle attend un enfant.

Onteinté, mécontent, annonce qu'il viendra chercher Ngondo après son accouchement mais l'enfant de Ngondo tombe gravement malade. Le féticheur consulté révèle que ce sont les ancêtres d'Onteinté qui veulent tuer l'enfant de Ngondo et la malédiction ne peut être levée que par Onteinté lui-même qui doit parler aux ancêtres.

On réunit les familles et Onteinté reproche vivement à Tsougoudja, père de l'enfant, de vouloir enterrer les coutumes. Il exige qu'on lui donne en mariage Wali, fille d'Ongoumou et sœur de Tsougoudja.

Mais la palabre africaine est là pour apaiser. Wali propose d'épouser Ngassala, neveu d'Onteinté. Alors satisfait puisque l'équilibre interfamilial est rétabli, Onteinté s'adresse aux esprits de ses ancêtres pour obtenir la guérison de la fille de Ngondo.

Joséphine Kama-Bongo a bien su mettre en valeur une situation coutumière difficile en faisant triompher un compromis favorable à la jeunesse.

Robert Cornevin

Odyssée (L') de Mongou, Paris, Hatier, Coll. Monde noir, 1977, 128p.
Roman de Pierre Sammy.

Dans *L'Odyssée de Mongou*, l'auteur fait montre de ses qualités de pédagogue. L'aventure est celle d'un jeune chef bandia décidé à conduire son peuple dans la voie du progrès tracée par le Blanc Danjou. Défiant ce peuple qui le tient pour fou, Mongou se fait le disciple de l'étrange vieil homme, épouse ses idées généreuses et ne tarde pas à faire de Limanguiagna, son village, un véritable pôle d'attraction. Il ne montre pas moins d'empressement à accueillir Bobichon, le successeur de Danjou qu'une santé défaillante a forcé au départ. En effet, venus prendre possession du territoire de Limanguiagna, Bobichon et ses compagnons trouvent auprès du jeune chef un accueil d'une étonnante cordialité. C'est que pour Danjou les nouveaux venus portent les promesses d'une vie meilleure. Du reste, Limanguiagna ne tarde pas à devenir une petite ville coloniale où les bienfaits de la présence blanche sont partout étalés et presque unanimement acceptés par les habitants qui découvrent, avec satisfaction, l'ère de l'argent.

Quand Bobichon décide d'installer une école, non seulement Mongou consent à y laisser aller les enfants de Limanguiagna, malgré la réticence des siens, mais encore il se constitue lui-même écolier au grand tollé des anciens bandia. C'est qu'il a compris que l'école est le seul moyen d'accéder au monde de la civilisation et du progrès. Mongou, devenu Simon-Pierre par la magie du baptême, n'entend pas priver son peuple

de ce progrès, quoi qu'il lui en coûte.

La guerre qui éclate chez les Bawé (autre terme pour désigner l'homme blanc), et pour laquelle le concours des Bandia est sollicité, apparaît au jeune chef comme l'occasion providentielle d'achever son appropriation du monde bawé. On comprend dès lors que l'impétueux Mongou s'obstine à faire partie du corps expéditionnaire. La découverte de Marseille est pour lui et les siens le signe de l'entrée dans un monde nouveau où il leur est donné d'admirer les victoires prodigieuses des Blancs dans le domaine technique. Mongou en est d'autant plus frappé qu'au lieu de suivre les autres sur les champs de bataille, il est conduit à Paris, extrême distinction, et introduit presque sans transition dans ce que le pays de Danjou, Bobichon et les autres a de plus huppé.

L'accueil qui lui est réservé est bien à la hauteur des services rendus à la France colonisatrice qui lui assure deux années de séjour à Paris. Mongou en profite pour compléter, par l'expérience quotidienne, sa connaissance du monde bawé acquise à l'école de son village. C'est avec une tête pleine d'idées nouvelles pour le progrès de son peuple qu'il regagne Bangui, complètement séduit.

L'Odyssée de Mongou ainsi résumé est un roman pas comme les autres. En effet le comportement des personnages qui y sont mis en scène, la nature des rapports qui les unissent les uns aux autres, la vision du colonisateur et du colonisé qui s'en dégage, tout cela tranche avec ce à quoi les écrivains nous avaient jusque-là habitués. Image inattendue que celle de Danjou, de Bobichon, de Sicar, etc. qui apparaissent comme des hommes dévoués à la cause des Noirs, prêts à donner leur vie pour leur mieux-être. Ainsi, Pierre Sammy, dont le roman, pour l'essentiel, embrasse la même région et la même période que *Batouala*, présente de l'homme blanc une tout autre vision que René Maran dont on connaît le ton de réquisitoire. Le

Blanc n'est plus ici celui qui brime, qui exploite honteusement, qui moissonne où il n'a pas semé, mais au contraire un être qui donne l'exemple du travail acharné, qui incarne la volonté de progrès pour les Noirs, qui rêve de faire «d'une contrée hostile un paradis». Pierre Sammy le veut dépourvu de préjugés, empreint d'humanité, comprenant que tous les hommes de la terre ne sont «qu'une seule et même chair». Bref le Blanc n'est plus celui qui sème la mort mais celui qui apporte la vie; non seulement il ne s'acharne plus à détruire les valeurs nègres, mais encore il se montre respectueux de la hiérarchie. C'est dire que, même s'il est loin de «laver» complètement le colon dans son roman, l'auteur de *L'Odyssée de Mongou* en donne une image fort positive.

L'attitude des Noirs ne manque pas elle aussi de surprendre; et d'abord cette ouverture presque spontanée de Limanguiagna au monde occidental. Au lieu d'être celui qui prêche révolte et refus, Mongou se révèle être chef qui adhère et qui pousse son peuple à faire de même; un chef qui voit en l'homme blanc non l'ennemi à abattre mais le maître dont il faut reconnaître la supériorité et suivre l'exemple. «Quand le soleil se lève, la lune doit se cacher», dit Mongou à ce sujet. Et à propos de son attitude face à l'école, on ne peut s'empêcher de penser à *L'Aventure ambiguë* de Cheikh Hamidou Kane où la résistance à «l'école nouvelle» est d'abord farouche à cause des dangers qu'elle comporte pour les valeurs traditionnelles. Mongou quant à lui n'en voit à aucun moment l'aspect négatif, et représente sans doute l'unique adulte que l'on voie dans la littérature africaine se proposer à l'école moderne.

Il n'en faut pas plus pour reconnaître au roman de Pierre Sammy une sorte de singularité. De toute évidence, l'auteur de *L'Odyssée de Mongou* n'entend pas emboîter le pas à ses devanciers. En effet, il se refuse à toute accusation, à toute dénonciation, à toute révolte, voire à toute passion. La sérénité du ton, l'absence de toute polémique de quelque importance entre colonisateurs et colonisés, la volonté inébranlable de Mongou d'assimiler les choses de la civilisation, tout cela témoigne de la volonté de l'auteur d'inaugurer, entre Blancs et Noirs, un nouveau type de rapports.

Mais comment ne pas considérer que le livre de Pierre Sammy, aux accents étrangement passéistes, a quelque chose d'un peu gênant? Comment ne pas être frappé par ce tableau qui est, sans doute, l'un des plus élogieux jamais dressé sur l'action coloniale dont les seuls aspects positifs semblent fasciner l'auteur? Comment comprendre une telle exaltation de la science, de la technique, du savoir-faire de l'Occident dont les dangers ne sont à aucun moment relevés. On a presque le sentiment à la fin du livre que Pierre Sammy propose à l'homme noir de se dépouiller entièrement de sa personnalité pour se laisser emporter par le courant occidental.

Sur le plan purement esthétique, *L'Odyssée de Mongou* est un roman de composition simple et de lecture facile. L'auteur y adopte un style linéaire sans faille et une structure itinérante qui s'adaptent bien au caractère aventurier de l'histoire. L'action reste peu élaborée et le texte est émaillé de nombreux épisodes qui ont pour intérêt de renseigner le lecteur sur le pays, ses traditions d'hospitalité, sa brousse, mais aussi sur les péripéties de l'implantation et de l'action coloniales. Par ailleurs *L'Odyssée de Mongou* tient du récit oral et révèle la profonde connaissance que Pierre Sammy a de son milieu traditionnel.

André Ntonfo

Olende ou le chant du monde, Libreville, Ministère de l'Éducation Nationale, 1975, 45p.

Conte recueilli par Jean-Paul Leyimangoye.

Durant un congé au Gabon, Jean-Paul Leyimangoye rencontre Casimir Onguele qui lui livre dans sa totalité la légende d'Olende.

Il a mis en œuvre les contes et légendes qui ont baigné son enfance dans *Olende ou le chant du monde*. Dans sa présentation, l'auteur marque bien l'importance du conte dit le soir tombé devant l'assemblée du village: «Ces légendes qui livrent des arbres généalogiques, les mythes et étalent les combats guerriers durant souvent plusieurs heures voire plusieurs jours...»

Olende est l'un de ces contes-là que Jean-Paul Leyimangoye recueillit de la bouche d'Onguele, célèbre conteur.

Il s'agit d'un univers à trois dimensions: le monde d'En Bas et son esprit dominant *Ndziani a Ntsye*, le monde d'En Haut et son esprit *Ndziami a Ntana*, ainsi que le monde intermédiaire, celui des fantômes ou Edju.

Ndziami a Mbede réunit ses enfants pour dire que la cérémonie obungu est ajournée car il doit se rendre auprès d'un ami agonisant. Mais Soumbou, son fils, désobéit, se maquille et s'en va à la cérémonie où il chante et danse avec enthousiasme. Il rencontre alors une belle jeune fille nommée Agnassa qui s'avère être un fantôme et qui est revenue sur terre pour séduire un jeune homme. Agnassa s'enfuit; il la poursuit, mais au moment où il va l'étreindre elle disparaît. Soumbou continue sa poursuite... à travers de multiples épisodes.

Il s'agit d'une chantefable comportant de nombreuses parties chantées qui coupent le texte à plusieurs reprises comme pour donner de nouveaux motifs au sens du merveilleux si présent dans les légendes gabonaises.

Robert Cornevin

On joue la comédie, Paris, ORTF-DAEC, 1973, 56p.

Pièce de théâtre de Senouvo Agbota Zinsou.

On joue la comédie est parue en 1973 après les premiers essais de Zinsou avec *L'Amour d'une sauvage* et *La Fiancée du Vodou* en 1969. Elle a remporté le grand prix du concours théâtral interafricain de 1972. Les deux premières œuvres restent dans la tradition du théâtre «classique» africain, développant le thème du conflit entre la vieille génération, attachée aux traditions, et les jeunes «intellectuels» qui veulent modifier le comportement de leurs parents. Avec *On joue la comédie*, Zinsou marque une évolution par rapport à ses premières tentatives et fait preuve d'une originalité dans la création théâtrale en Afrique francophone.

La scène se passe à Johannesburg, Pretoria, Salisbury, et ailleurs encore, partout où existe une oppression raciste contre les Noirs. Des comédiens contestataires dénoncent le racisme et l'apartheid et les tournent en ridicule. Le meneur de jeu, Kuma, qui a pris le pseudonyme de Chaka, en souvenir du grand chef Zulu qui au début du XIXe siècle voulait constituer un puissant empire noir, est recherché par la police de l'État raciste. Mais quand les policiers le découvrent, lui et ses compagnons font semblant de n'être que de simples comédiens dont le souci est de s'amuser et d'amuser le public. Une première fois, les policiers blancs croient à ce jeu et laissent Chaka continuer sa comédie. Puis ils reviennent, maintenant assurés que la troupe de Chaka est un groupe de contestataires. Mais au moment où ses comédiens et lui allaient être arrêtés, Chaka réussit à désarmer les policiers blancs et à les faire prisonniers.

Il leur propose alors un marché: que chaque policier écrive à sa femme pour l'inviter à le rejoindre dans le maquis. Ensuite Chaka et quelques-uns de ses disciples iraient sous la conduite d'un des policiers dans les prisons d'Afrique du Sud comme de nouveaux prisonniers puis profiteraient de ce subterfuge pour libérer les personnes qui avaient été arrêtées pour avoir dénoncé l'apartheid. Alors les policiers pourraient être libres, avec leurs femmes. L'un des policiers accepte et le tour est joué. Chaka revient au maquis avec les prisonniers libérés. Mais pendant que lui et ses «disciples» se réjouissent de cette victoire sur l'a-parthied, Chaka, dont la tête a été mise à prix, a été arrêté par un traître déguisé en femme qui s'est infiltré dans le groupe. Chaka est maintenant entre les mains des autorités de l'État raciste qui le condamnent à la peine capitale après un semblant de jugement. Un disciple de Chaka, déguisé en femme, lui rend visite en prison. Chaka lui suggère un plan pour le libérer: «Le jour de l'exécution qui aura lieu en public, nous allons jouer une comédie.» Des compagnons de Chaka tous habillés en filles tenteront de séduire les militaires blancs et de libérer finalement Chaka. Mais les soldats de l'ordre raciste veillent et, à la dernière minute, les disciples de Chaka, décidés à libérer leur chef par tous les moyens, engagent le combat contre eux. Dans cet affrontement les hommes des deux camps tombent. Le Messager de la justice est-il mort lui aussi!

On joue la comédie est une satire du pouvoir charismatique et du messianisme qui tiennent trop souvent lieu de pratique politique et d'idéologie en Afrique. Mais c'est une satire en situation. Les comédiens sont dans la rue en Afrique du Sud et s'ils se réfugient dans le messianisme et l'eschatologie, c'est en partie pour dépasser l'oppression présente. Cette fuite dans l'imaginaire rappelle *Les Nègres* de Genet mais l'imaginaire de Zinsou s'enracine dans les formes populaires nationales. On y trouve le burlesque du concert-party, la danse et le chant qui forment la structure de la cantate; enfin, la parodie de prière exécutée par Kuma et son groupe de comédiens, scandée par la reprise en chœur de la formule «A-men!» rappelle la liturgie des religions syncrétiques. Le Dieu qui va investir le présentateur de la mission de Chaka est celui de la mythologie populaire des églises chrétiennes africaines: «Nkoulou Nkoulou dans le ciel: il porte une robe blanche bien brodée, une couronne d'or, un sceptre dans la main droite et un globe dans la main gauche. Il a les cheveux blancs et une longue barbe dorée et il a des tics.»

Le théâtre de Zinsou est donc un théâtre éclectique. Il intègre tout élément qui paraît susceptible de créer une communication «chaude»: slogans publicitaires:

«Coke! Coke! Tout va mieux avec Coca-Cola»!

ou bandes dessinées: Chaka le Messie devient «Grand Président de la Répression! Pardon: de la République».

On joue la comédie témoigne d'une volonté d'ébranler langage, rythme et idéologie pour créer un langage nouveau. Des litanies burlesques parodient celles, éloquentes, d'Aimé Césaire dans le *Cahier d'un retour au pays natal*:

Merci qui fabriquez gros canon
boum boum
Merci papa qui fabriquez eau de feu
Merci papa qui fabriquez argent
Merci papa qui fabriquez église jolie
jolie.

Nolivé, la femme noire dans le poème dramatique de Senghor, devient un travesti, comme ces personnages féminins qui foisonnent dans le concert-party. Dans cette fête de la farce, la négritude a l'odeur de la fange dans laquelle se vautre le cochon et le mot a engendré un néologisme: hangritude (han signifie cochon). Cet iconoclasme généralisé n'est qu'une manière toute personnelle de Zinsou de renouveler la forme du théâtre africain.

Simon A. Amégbléame

Optimiste (L'), Astrida (Butare), Groupe Scolaire des Frères de la Charité, 1954, 58p.

Pièce en trois actes de Saverio J. Naigiziki.

L'Optimiste est une pièce en trois actes divisés chacun en deux tableaux de quatre scènes chacun. Il y a huit personnages, tous masculins. En 1954, aucune jeune fille rwandaise n'aurait osé (ni su) jouer une pièce en français. Le thème développé est celui des relations raciales au Rwanda entre les Tutsi seigneurs et maîtres des vaches d'une part, et les Hutu, vassaux travailleurs de la terre ou commerçants d'autre part. Assez étonnamment, on sent que l'auteur, pourtant Hutu, reconnaît, tout en les déplorant, la supériorité et le prestige que s'arrogent les Tutsi. S'insurgeant contre le contrat de vassalité sans échéance qui le lie à son suzerain tutsi, le Hutu constate, avec une ironie amère, que l'injustice cessera «quand le Muhutu n'aura plus une âme de serf. Il faudra pour cela le créer une seconde fois» (p. 9). Et c'est un Hutu qui croit qu'«en nivelant les conditions, la formation [...] tend de plus en plus à remplacer la race par la chasse et suscite de fâcheuses prétentions dans la cervelle de l'évoluant Muhutu» (p. 5). Le Tutsi, lui, «n'a jamais pu se suffire. Il se soutient toujours, bon gré mal gré, sur les bras vigoureux et la générosité sincère d'un Muhutu» (p. 48).

L'occasion d'illustrer cette lutte de castes est fournie par les amours du Hutu Jules, fils du cabaretier Joseph, et de la jeune et jolie Monica, fille de Martin, de race tutsi. La prétention de Jules d'épouser une Tutsi est considérée par les parents comme scandaleuse. Joseph parle de «bêtise sociale» (p. 12); Martin, lui, crie au «scandale social» (p. 16) et au crime de «lèse-société» (p. 18). Le fait que Jules soit fils d'un riche commerçant et pourvu d'un diplôme d'assistant agronome ne l'empêche pas de n'être qu' «un Muhutu fieffé. Avec une forte dose de servilité atavique...» (p. 49). Tous les vieux sont d'accord: on ne brave pas l'opinion (p. 53). Personne ne se soucie le moins du monde du bonheur des deux jeunes gens. Les deux pères entendent obtenir totale obéissance. Joseph rappelle à son fils: «Tu restes mineur aussi longtemps que je vis» (p. 12); et Martin dit de sa fille, avec des accents cornéliens dans la voix: «Je l'aime mieux morte que mariée à ce vil Muhutu» (p. 16). Lui fait-on remarquer que les temps sont changés, le Tutsi répond: «Elle est de mon sang. Bien plus

de mon sang que de son temps. Elle connaît mieux son destin: le respect qu'elle me doit; les intérêts de ma maison... auxquels elle se doit de sacrifier ses amours» (p. 21). «À bas l'évolution», répète-t-il obstinément (p. 35).

L'idylle se terminera pourtant par une union inter-raciale après une série d'événements dramatiques et même tragiques. Coup de théâtre: Monica, menacée d'un mariage tutsi, disparaît. Au troisième acte, sa mère, déjà malade, meurt de chagrin. Jules retrouvera celle qu'il aime, intacte, dans un couvent de sœurs où elle tente d'entrer comme postulante. Considérée comme scandaleuse, l'équipée de Monica provoque le retrait du prétendant tutsi. Martin reconnaît alors le dévouement de Jules et se convertit à une alliance avec une Hutu...

Une finale célébrant l'essor d'un nouveau Rwanda dans la compréhension raciale et l'ébranlement des traditions sclérosées n'emporte guère l'adhésion du lecteur.

Le style de cette pièce, qui n'a rien d'une comédie et qui aurait très aisément pu verser dans la tragédie, est généralement attirant, quelquefois étonnant par son mélange de style noble et de parler trivial. L'action y traîne, surtout au deuxième acte, et pâtit évidemment de l'absence, sur la scène, de Monica, ce qui interdit toute scène entre les amoureux (qui restent des personnages tout à fait secondaires) et limite la pièce à une palabre entre anciens préjugés raciaux bien arrêtés.

François Salien

Ordalies (Les), sonnets d'outre-temps, Paris, Présence Africaine, 1972, 64p. — Préface de Robert Mallet.

Recueil de poèmes de Jacques Rabemananjara.

Les Ordalies se composent de trente-trois sonnets en vers alexandrins répartis en sept groupes.

Rabemananjara a choisi ce titre car il accepte, pour se justifier, de se soumettre à l'action de l'eau et du feu. En effet

Rabemananjara revient sur la scène littéraire après dix ans d'absence pendant lesquels il se trouvait dans l'arène politique. Madagascar a maintenant affermi son indépendance. Le pouvoir a changé de mains et le parti auquel appartenait le poète a été évincé par le parti de l'opposition. Des changements auxquels Rabemananjara n'a pas pris part ont eu lieu. La vie quotidienne des Malgaches s'est détériorée. *Les Ordalies* ont alors une double portée: Rabemananjara veut affirmer son innocence en se dissociant du nouveau régime, d'une part, et souligner son retour à la poésie, d'autre part.

L'auteur malgache ne voudrait pas que l'héritage des Ancêtres soit souillé par une influence étrangère. Les nouveaux dirigeants au pouvoir, de tendance opposée au régime précédent, ont banni tous les anciens du pouvoir et les ont placés en résidence surveillée. C'est à nouveau l'exil pour Rabemananjara mais cette fois sur la terre natale. Cette situation lui rappelle sa vie passée mais cette fois la prison n'a pas de barreaux.

Les Ordalies représentent un véritable message au peuple malgache. Rabemananjara clame bien fort son innocence en se justifiant auprès de son peuple: il est étranger aux malheurs politiques qui frappent son pays.

Le langage a toutefois changé: le ton militant des périodes troubles de l'indépendance cède le pas au ton de l'ange déchu.

Mais *Les Ordalies*, c'est avant tout un retour vers ses premières amours; en effet, Rabemananjara n'a pas oublié ceux qu'il avait délaissés pour se jeter dans la lutte politique. On pourrait dire que c'est un peu comme le retour du guerrier qui, fatigué d'une longue bataille, revient retrouver dans son foyer la chaleur de la vie familiale.

Le lyrisme de Jacques Rabemananjara ne s'est pas affaibli, bien au contraire. Dix ans d'absence n'en ont pas atténué l'intensité. Toute l'âme malgache, avide de poésie sentimentale, se retrouve dans ces sonnets et, par cet aspect de l'œuvre, on peut dire que Rabemananjara reste profondément malgache.

Les Ordalies suivent bien la trajectoire tracée par les *Rites millénaires*. On y retrouve des éléments semblables: émotion, confidences poussées jusqu'à l'exaltation. L'amour du pays natal n'a pas été oublié puisque sur sept chapitres qui composent l'ensemble de l'œuvre, trois sont destinés à Madagascar. Il faut d'ailleurs souligner en passant que Jacques Rabemananjara reprend la forme du poème *Lamba* dans lequel l'île revêt la forme d'une femme.

Lyrique de nature, passionné de tempérament, sincère par conviction, plus féru de justice que de manœuvres politiques louches, Rabemananjara a choisi l'alexandrin comme porte-parole de ses idées et le sonnet comme véhicule de son message.

Pour la première fois, l'auteur malgache a su trouver une forme d'expression parfaite pour évoquer ses sentiments. Bien que le sonnet passe pour être démodé, il ne faut pas pour cela en diminuer sa valeur expressive. C'est par formation d'abord et par goût ensuite que Rabemananjara est resté fidèle à une écriture que l'on pourrait appeler classique, tant par le ton et le rythme que par la couleur locale: c'est là que se trouve toute la saveur des *Ordalies*.

Jean-Paul Kœnig

Os (L') de Mor Lam, Dakar/Abidjan, Nouvelles Éditions Africaines, 1977, 73p.

Pièce en quatre tableaux de Birago Diop.

L'Os de Mor Lam fut d'abord publié sous forme de conte dans le premier numéro de la revue *Présence Africaine* en 1947 et repris tel quel par l'auteur dans *Les Contes d'Amadou Koumba* publiés chez Fasquelle la même année. La mise en scène au théâtre Daniel Sorano pendant la saison 1967-1968 est donc une sorte d'anniversaire: vingt ans! Et la publication de cette version théâtrale en 1977 est un double anniversaire: le conte et la revue qui l'avait publié pour la première fois avaient tous deux trente ans. Il faut noter que ce n'est pas la première fois que *L'Os* est joué. Déjà, en 1962, la radio tunisienne en avait présenté une adaptation radiophonique. D'autres contes avaient également attiré l'attention des dramaturges. En 1950, le conte *Maman Caïman* fut joué à Rouen tandis qu'en 1955 une adaptation de *Mamelles* fut présentée au public. *Les Ballets Africains* de Keita Fodéba jouèrent aussi une adaptation de *Sorzan*. *L'Os de Mor Lam* s'inscrit donc dans une longue tradition dramatique.

Le thème de la pièce tirée du conte est apparemment simple: c'est la description de la façon dont l'avarice, la gourmandise, la cupidité et le non-respect de la tradition poussent Mor Lam à ne pas vouloir partager un jarret de bœuf avec son frère-de-case, Moussa Mbaye; la conséquence en est que Mor Lam ne mangera pas l'os, perdra la vie et que Moussa héritera et de l'os et de la femme.

Dans le premier tableau qui comporte un acte et trois scènes, Birago Diop nous expose la situation qui va donner naissance au drame: d'abord, la femme de Mor Lam, Awa, est informée par son amie Oumi que le *Tong-Tong*, ou partage de viande, aura lieu bientôt dans Lamène, village privé de viande depuis plusieurs années. Dans la deuxième scène, Mor Lam, qui a surpris la conversation des deux femmes, n'est pas content et renvoie Oumi chez elle. Dans la dernière scène de ce tableau, Mor Lam confirme le prochain partage de viande et donne des instructions à sa femme sur la façon de préparer le jarret qui lui échoira.

Le deuxième tableau qui comporte un acte et deux scènes se déroule sur la place des palabres de Lamène. La première scène qui rassemble autour de Mame Magatte Lam d'autres notables du village expose l'arrivée du taureau, sa mise à mort et son partage équitable.

Elle permet au spectateur de savoir que l'animal que tâtait Mor Lam au jarret avait rué et avait failli le tuer. La cupidité de Mor Lam était si bien connue que l'un des notables disait de lui que «son ventre le conduirait au tombeau s'il l'avait sur le dos». Dans la scène II, Moussa Mbaye, qui cherchait son ami Mor Lam, vient se joindre aux notables. Et c'est l'occasion de découvrir un autre aspect de la personnalité de Lam: pour être sûr de manger seul son os il avait décidé de s'enfermer chez lui et de négliger ses devoirs religieux. Moussa Mbaye, qui ne peut croire que Mor Lam refuserait de le recevoir en dépit de la tradition qui lui impose comme devoir de lui offrir l'hospitalité, décide d'aller le voir chez lui.

Le troisième tableau, qui est de loin le plus long, comporte deux actes (acte III divisé en 3 scènes et acte IV divisé en 6 scènes). L'acte III montre Mor Lam contrôlant, en fin gourmet, les moindres détails de la préparation de l'os et, juste au moment où il s'est amolli à point, Moussa Mbaye fait son apparition et refuse de repartir malgré l'accueil glacial qui lui est réservé. Pour s'en débarrasser, Mor Lam feint de tomber malade. Peine perdue car Moussa Mbaye a compris qu'il s'agit d'un stratagème. Mor Lam fait le mort en espérant ainsi faire partir son ami mais celui-ci persiste à demeurer. Le matin, la nouvelle de la mort de Mor Lam fait le tour du village et, malgré les supplications d'Awa, Mor Lam continue de faire le mort. On assiste à toutes les étapes des cérémonies funéraires, depuis le lavage du corps jusqu'à la mise en bière; et à chaque étape, Awa essaie vainement de raisonner son homme.

Dans le quatrième tableau à scène unique, Mor Lam, pris à son propre piège, se débat contre Abdou Djambar, l'ange de la Mort. Et dans l'Épilogue, les notables donnent Awa à Moussa Mbaye qui s'empresse de demander l'os.

L'Os de Mor Lam est une pièce dont la leçon est difficile à dégager. En effet, il est très facile de ne voir en Mor Lam qu'un Harpagon que son vice pousse vers la tombe. Mais en fait le problème clé que pose la pièce est celui de la liberté et du choix. Mor Lam s'est dressé contre la Tradition qui lui impose de recevoir un ami parasite et de partager avec lui son repas. Il a estimé que la loi de l'hospitalité avait des limites. Dans une société que l'autosubsistance force à être communautaire, il réclame le droit à l'individualisme, le droit de dire non à des valeurs jugées par lui caduques. Au-delà de l'égoïsme mesquin, Mor Lam symbolise dans l'Afrique d'aujourd'hui le conflit permanent qui oppose ceux qui invoquent la tradition pour mieux exploiter et ceux qui pensent que la culture n'est pas une tradition figée mais une réalité vivante que les conditions socio-économiques sécrètent. Le problème de Mor Lam est qu'il affirme jusqu'au bout son non-conformisme. Sa femme, Awa, qui a joué jusqu'à la fin le jeu de la tradition — obéissance et soumission — aurait pu redevenir libre après le décès de son mari. Mais elle est remise, sans aucune révolte de sa part, à Moussa Mbaye. On assiste alors à ce phénomène fantastique qui fait que Mor Lam, qui a rejeté la tradition, et sa femme, qui a joué le rôle que lui impartit la même tradition, se retrouvent tous deux prisonniers. Et le vainqueur, Moussa Mbaye, qui hérite et de l'os et de la femme, démontre clairement en poussant la tradition à son extrême limite que ce qui compte c'est le masque. Le voile (ici la tradition) que vous utilisez détermine la récompense ou la sanction sociale. *L'Os de Mor Lam* est d'un pessimisme égal à celui des *Maximes* de La Rochefoucauld. Quand Birago Diop, dans l'Introduction, nous dit qu'«il faut jouer le Jeu de la Tradition, celui de la Société dans laquelle nous vivons, [que] NOUS NE SOMMES PAS LIBRES», on se prend à se demander où ce somnanbulisme nous a menés au moment de la conquête coloniale, où cette apathie nous mènera dans une Afrique néo-colonisée où la Tradition fait bon ménage avec les

formes les plus sournoises de l'exploitation économique, de la domination politique et de l'asservissement culturel. Heureusement, Birago Diop ne conclut pas. «C'est au Spectateur à RÉFLÉCHIR», nous dit-il. Soyons sûrs qu'il n'y manquera pas.

Noureini Tidjani-Serpos

Oseille (L') / Les Citrons, Paris, J.P. Oswald, Coll. Poésie/prose africaine, 12, 1975, 73p. – Préface de Simon N'Tary.

Recueil de poèmes de Maxime N'Debeka.

Le recueil de N'Debeka comprend treize poèmes ou groupes de poèmes, numérotés de IV à XVI, car «les trois premiers demeurent jusqu'ici introuvables» (p. 14) – aléa de l'emprisonnement. Les poèmes IV et V sont en quatrains, assonancés dans le IV. Les autres poèmes sont en vers libres. Quelques-uns sont divisés en parties numérotées: le VIIIe en 22, brèves; le Xe en 10, longues pour la plupart; le XVIe en 11, de longueur moyenne. Les poèmes VI, XV et surtout VII présentent une mise en pages à effet.

Si le recueil n'offre pas d'unité de structure, il étale une thématique fortement dramatisée: celle du prisonnier qui affronte lucidement sa douleur et reste convaincu de la valeur de son sacrifice.

Celui qui a été condamné à mort puis mis en réclusion criminelle à perpétuité – telle était sa situation, en 1972-1973, années pendant lesquelles il a composé son recueil – et enfin assigné à résidence surveillée, n'a plus le choix: il ne peut écrire que «derrière une grille» et doit laisser à son lecteur le soin de «décrypter le langage du poète», comme le souligne le préfacier, qui fait écho au poète lui-même: «Que de jungle ne faut-il pas dresser / Pour de vert du maquis vêtir les mots» (p. 47).

L'entreprise de N'Debeka est authentiquement poétique. Peut-elle être en même temps engrenée fermement dans les rouages de la révolution / résistance populaire? N'Tary qualifie le poète de «poète du peuple», alors qu'en bonne partie *L'Oseille* / *Les Citrons* reste illisible à ce même peuple — moins peut-être à cause d'un problème de communication par le moyen de la langue française, que parce que l'écriture est trop hermétique. Hermétisme indispensable dans les circonstances, mais l'hermétisme n'est pas monnaie courante du peuple. N'Debeka raterait-il sa cible? Il est difficile de sortir de l'impasse. Mais ne suffit-il pas que parmi la volée des flèches lancées, une seule atteigne la cible?

Dans cette optique, N'Tary aurait-il raison de privilégier le «célèbre poème» intitulé «980 000» (VII) — ce nombre avait été semé dans le poème VI. Ce poème, écrit-il, est «tombé dans le domaine public [...] atteignant par là [...] à cet universel sans lequel une œuvre nationale s'étiole dans son jardin». Le poète d'ailleurs révèle son intention: «Le vocabulaire du silence / ne dit plus au figuré» (p. 31). Aussi les «mathématiques» étalées ici sont-elles simples et l'éloquence est-elle populaire, à supposer qu'on commence la lecture du poème au vers 30 (il en contient 124): «980 000 nous sommes / 980 000 affamés / brisés / abrutis / Nous venons des usines / Nous venons des forêts / des campagnes / des rues» (p. 26). La force de production se met au pas et en marche: «Nous venons à 980 000 / Nous entrons sans frapper / Et apparaissent 20 000 / 20 000 prophètes / 20 000 qui font des miracle.» L'affrontement est vif: «Mais nous ferons nous-mêmes / nos miracles» (p. 27). Éclate la fraternité: «Venez, venez vous tous / Paysans ouvriers / Chômeurs étudiants / La terre est pour tous / 20 000 s'en sont emparés» — le poète a déjà précisé la position des deux camps en face à face: «Terre sait / que la ville est un labyrinthe sans issue» (p. 23). D'une logique indiscutable il tire cette conclusion: «Un million moins 20 000 / Nous sommes 980 000 / Nous sommes les plus forts» (p. 28).

Telles sont les vraies mathématiques et non celles de l'imposteur: «zéro à deux faces / zéro coupé en deux / et entier aux deux faces» (p. 57). Conclusion égale engagement: «Arrachons notre part» (p. 28). Pour ce qui est de lui, il écrira plus tard: «Voyez / de mon front part un tunnel d'espoir / Mon cri marche vers la vie géométrique» (p. 57), qui est «ascendante» (p. 50). La proclamation est claire et retentissante. Elle a des échos plus loin dans le recueil: «Ô Afrique noire Afrique mienne» (p. 38), «Nom de Dieu! Il faut bien / qu'un jour je me fasse comprendre / [...] nous avions tout pour être heureux» (p. 39). C'est le coup de trompette en grande plaine.

Tout le reste du recueil est mis en sourdine et assombri, mais non moins agressif, dans une demi-obscurité où souterrains et abîmes se rejoignent dans une vie dont on peut sentir toute l'horreur: «la peur dedans / la peur dehors [...] les ténèbres de l'autre prison / l'espace des ténèbres dans l'espace de mon cœur» (p. 63).

Le poète est virtuose de l'image. Certaines sont électrisantes, renouvelant les sources africaines et non africaines: «J'ai revu le soleil hennir / Plonger ses dents aiguës / Dans les moutons noirs des ciels de ville» (p. 22); «Ah le supplice du silence / La pensée mange le bois / Du meuble de la mémoire» (p. 30); «Les lianes et les lattes de soleils / font des nasses peu résistantes» (p. 48); «chaque bras qui s'agite / coud. sur la veste des murs / un bouton invisible de vide» (p. 53); «le temps se fend la chair dans les filets des rêves» (p. 64). Cette pure poésie naît dans un imaginaire à deux axes.

D'une part, il est en résonance avec la nature: «La nature déploie le merveilleux orchestre / La terre le ciel [...]» (p. 18). Dans cette réalité matérielle s'insèrent toutes les expériences humaines: celle-là même qu'on peut associer à l'exotisme, des «tilapias» (p. 43) aux langues vernaculaires, dont «Tala munua

[...]» (p. 55-56). Mais que de dangers guettent l'acquis des équilibres millénaires: «Des jeux pop / fabriquent des éclipses / pour jouer aux soleils neufs» (p. 51)! Si l'écologie humaine n'épouse pas l'ordre naturel, l'ordre spirituel, comment survivre: «l'homme mâche la kola / avec des petits piments secs / pour les cracher dans les yeux de l'homme» (p. 41)? Les images fondamentales sont amples, profondes, et à vrai dire pacifiantes: elles étendent un baume sur les plaies de l'isolement et de l'inaction qui font souffrir le poète. Parmi toutes, la lumière (car elle existe) est rassurante comme la présence du divin qui loge dans l'œuvre. Et les oiseaux, la mer — tout ce qui évoque la liberté. Il faudrait citer en entier la belle allégorie du voilier (p. 17-19) au milieu d'un grand spectacle cosmique auquel sont conviés «Hommes de tous pays / Blancs Jaunes Noirs / Afrique de toute religion / de tous les ventres / venez venez» (p. 45). Spectacle à l'affiche aujourd'hui même! Le voilier a des ancres concrètes qu'il jette dans les eaux de l'actualité. Quel secret cache le poète dans sa référence à «Une page du journal / *La Vie Catholique*» où «je te [il s'agit de Jean Ferrat] re-découvre / toi enchanteur et ensorceleur de mon adolescence» (p. 37)? Et dans cette Dédicace du poème XIV «à un ami», ce «Peslo», «Mort que la mort ne tue pas» (p. 59)?

D'autre part, l'axe de la lutte pour la vie: le poète est en quête surréaliste. Emprisonné, il démonte l'absurdité de sa situation: «Qu'est-ce monde / Où l'on passe à travers les ventres du grillage / sans rencontrer ni même croiser / son semblable / Qu'ai-je avec un monde / Qu'ai-je avec l'univers / Un œuf de vide / Du vide dans la prison d'une vessie de vide» (p. 49-50). Sous la menace de l'absurde, l'imagination du poète-prisonnier prend position par rapport à l'absurde, comme en une thérapeutique homéopathique, et taille dans le réel à coups de cinglante ironie, de juxtapositions insolites, de ruses schizophréniques qui sont autant de charbons ardents ou de crachats au visage et à la conscience de «l'Humain-cannibale» (p. 37). Si la sensorialité synesthésique a beau jeu: «L'œil a le bras presbyte» (p. 21) — les oiseaux «jouent des chansons / aux odeurs de lumière» (p. 42), les images surréalistes que le poète hisse à la pointe de ses armes verbales — provocation, appel à l'action — vomissements ou éruptions volcaniques, ont l'amère saveur de «l'oseille / les citrons», faits pour étonner, choquer, éveiller. Le voilier, il faut le voir «craquer [...] / [sous] la «soukousse» [qui] fend [ses] toiles», puis «mordu par un banc de sable», et avec lui «mon âme se gaver de boue» (p. 18).

Au-dessus de cette mer en furie, de ce champ de bataille et de tranchées où éclatent les obus, où la terre même gronde, un Ange de l'ensorcellement amoureux passe et repasse. N'Tary a bien dit que ce recueil est «un pathétique Chant d'Amour». L'amour est moins la cible qui reçoit que le centre d'où irradient toutes les richesses du cœur humain, sans lesquelles la vie est un désert. Dans la gravité du moment, le gracié en sa prison élève à sa plus haute pureté l'attachement à la femme africaine, symbole elle-même de tout le passé («Sœurs fidèles») et de tout l'avenir («Épuisants lendemains que les leurs») (p. 15): «D'où vous viennent Ce courage / Mères femmes Cette force / [...] / Braves des Braves Vous êtes / Des temples où tout l'univers / Prosterne son énorme tête / En murmurant une prière» (p. 15-16). Ce poème du début est un portail. À l'intérieur de l'œuvre, l'Amour a un nom.

Pour N'Debeka, l'heure est venue dans sa prison de nommer Madé. La tentation du désespoir l'assaille: «Venu le temps enfin / Enfin le temps de Partir / [...] / Partir pour dormir / [...] / Du sommeil des siècles / Dans un lit sans horloge / [...] / Dans l'écurie de la mer» — imposante image de la mort! Jaillit alors le «NON» et se révèle la source de sa force: «Ô Madé mon amour Mon amour» (p. 33). L'émotion ranime la volonté: «Là où mon œil s'évanouit [sa sombre prison] / Tu balaies de ta lumière / Comme le phare dans le port / Tu couds les toiles du voilier / Et le vent de ton amour souffle» (p. 33-34). En effet: «Espoir Mon seul espoir» (p. 34). Et ce rebondissement vers la vie: «Ô amour Madé mon Amour / [...] / le blindage fait de ton pagne / renforce ma camisole de force / et je puis me tenir en équilibre / sur les trottoirs fuyants de l'absurde» (p. 45). Quel hommage à cette femme, l'unique, que ces aveux: «Tu trembles amour Mon amour / l'alcool de l'absurde te fait peur.» Et sache aussi que ««L'homme n'est ni élan ni envol / l'homme est chute» (*id.*). Et n'est-ce pas à Madé que le poète songe en écrivant la nostalgique «Lettre à M.» (poème XV)?

Tout au long de cette vie d'enfer dont le poète raconte les cauchemars, l'âme africaine chante: «chansons de lumière / plus de chants encore / et plus de lumière» (p. 42). Sa rythmique ne s'arrête pas, scandant le recueil, de poème en poème, de ses innombrables répétitions et échos, tel ce refrain-rengaine «Est-ce tout dit / tout dit / dis tout / dis!» qui revient quatre fois dans le poème XI, et les jeux litaniques, quasi rituels, nombreux: «Amour mon amour» des dizaines de fois; «Eux [...]» (6 fois, p. 53); «Vous étiez vingt et cent / Vous étiez des milliers» (4 fois, poème X) − lancinements de la douleur, ou invitations à la berceuse...

Le cœur a émergé des ténèbres, car il a senti l'envahissement d'une certitude. L'amour a eu un fruit. Le poète chante triomphalement. Après avoir évoqué le spectre des génocides européens d'enfants et de vieillards, N'Debeka revêt sa paternité: «J'attends Ô combien j'attends / que tu m'amènes un jour Mon petit enfant» (p. 42). Mais «la rencontre serait-elle impossible aussi / entre toi et moi Mon petit enfant».

En dépit de tout il engagera ce dialogue familier, familial, avec l'Enfant, son enfant, Corinne, et qui est aussi Passé, Présent et Avenir: «J'ai attendu de toi Mon petit enfant / Un cri un seul: «papa» (p. 41). Et l'incantation s'élargit, s'étend au monde à sauver. Le recueil se termine avec «Cartes postales à Corinne» − où apparaît l'horrible mot «TORTURE» (p. 66) mêlé à des réminiscences («Ecce homo») et à des jeux de mots autour de «tortue» (p. 68) − et dont la dernière (n° 11) place au firmament de l'œuvre les gouttes de sang d'un sacrifice tendre et presque souriant: «Garde-toi de prendre / des vacances dans ton pays / où je fais du tourisme / pour nous deux Mon enfant» (p. 70). Ces derniers mots du poète avaient présenté leur envers, leur autre face, de tendresse, elle aussi, plus qu'humaine: «Tout reste plus dur / aux bourreaux qu'aux victimes / aux vivants qu'aux disparus» (p. 45).

Ainsi parle le sauveur qui veut assumer le sacrifice pour la collectivité. Il avait mis en avant-poème à son œuvre cette parole «chrétienne» d'Antigone: «Je ne suis pas venue sur la terre pour partager la haine; je suis venue pour partager l'amour» (p. 13). C'est là le périmètre de la suprême comptabilité: «C'est tellement plus pratique pour tous / de vivre de fraternité que de haine» (p. 50). Pour cela il fallait d'abord qu'il ait remporté la première victoire contre lui-même: «Et les dernières murailles / De la bastille de «je» tombent» (p. 16). Jusqu'à la fin, le poète reste sur la brèche. Sur le seuil, entre la vie et la mort, il équilibre son engagement politique et sa certitude d'avoir dans l'Amour une raison de vivre et de mourir, et prononce l'éternelle prophétie: «Voici venue l'ère / de l'espèce nouvelle / un genre humain nouveau» (p. 42).

Léo A. Brodeur

P

Pagne (Le) noir. Contes africains, Paris, Présence Africaine, 1955, 174p.

Recueil de contes de Bernard Binlin Dadié.

Le Pagne noir regroupe seize contes évoquant la vie africaine et ivoirienne par l'intermédiaire d'un très dense bestiaire; il emprunte son titre à l'un de ces contes.

Le héros principal (présent dans dix des seize contes) est Kacou Ananzé, l'araignée. Il ne possède aucun signe zoologique de son espèce mais jouit d'un anthropomorphisme lui permettant de prendre successivement l'aspect des animaux les plus divers mais également celui de l'homme. Il est ce personnage dont Bernard Dadié nous raconte lui-même la métamorphose:

Un jour, Dieu invita toutes les créatures de la terre à une grande fête. Chaque convive tenait à se présenter dans le plus bel habit. Araignée courut chez les uns et chez les autres, demandant à chacun un peu de poil, de feuille, un peu de plume, d'écorce. De ces plumes et de ces poils, de ces écorces et de ces feuilles, de tout ce qu'il eut, il se fit le plus bel habit qu'on eût jamais vu. Chacun se reconnut en lui...

Ce personnage est caractérisé par sa ruse et son habileté qui l'autorisent à se rendre maître des situations les plus délicates. Il est craint des autres animaux et on lui attribue des qualités qui en font un être d'exception (il est tour à tour grand propriétaire terrien dans *Le champ d'igname*, l'ami et le confident de Dieu dans *La vache de Dieu*, admiré et d'une très grande beauté dans *La bosse de l'araignée*).

Cependant, malgré son intelligence («je suis un être intelligent et de bon conseil», dit-il dans *La dot*), sa ruse, sa malice, ses richesses et sa beauté parfois, il est généralement vaincu et humilié à la fin du conte. En effet, les contes où «sévit» Kacou Ananzé sont, dans leur ensemble, divisés en deux temps: vainqueur dans une première partie, il devient victime dans la seconde, par le fait de son orgueil, de son avarice, de son égoïsme ou de sa curiosité (il se blesse dans *Le miroir de la disette*, devient bossu dans *La bosse de l'araignée*, se voit dépossédé de ses richesses et humilié par Tortue dans *Araignée et Tortue,* etc.).

Outre ce personnage central, au demeurant fort peu sympathique pour le lecteur, bien d'autres aspects retiennent notre attention dans ce recueil. Il est curieux de noter que de nombreux contes expliquent, d'une manière originale, les caractéristiques zoologiques de certains animaux; il en va ainsi du groin du porc dans *Le groin du porc*, de la démarche de l'hyène dans *La vache de Dieu*, de la noirceur de la langue du mouton dans *Le bœuf de l'araignée*. Ces explications, à la fois littéraires et zoologiques, donnent un ton fantaisiste et humoristique au recueil.

Bien que le conte donne à son auteur une très grande latitude, Bernard Dadié ne se démarque pas de la réalité africaine. L'une des préoccupations principales de ses personnages est la famine. Tout au long de ce recueil, la famine et ses conséquences apparaissent comme des éléments moteurs de l'intrigue; c'est elle qui pousse à se surpasser ou châtie ceux qui auraient enfreint la règle du conte, c'est-à-dire celle de la Nature. La famine n'est pas présentée comme un élément indépendant et rajouté mais comme une composante intégrante de l'histoire. Elle devient parfois un personnage à part entière qui décide de l'évolution du conte et donne une issue favorable ou néfaste, selon l'attitude des héros confrontés à celle-ci.

La démesure est aussi l'une des caractéristiques du recueil, fidèle en cela à la tradition. Les personnages vont et viennent, agissent, se combattent, dominent ou sont dominés, dans l'excès. Kacou Ananzé, à l'image des autres personnages, ne connaît que rarement une vie calme et paisible; dépendamment des situations il sera tantôt en possession d'une richesse inouïe et tantôt accablé par une misère sans pareille.

Que Bernard Dadié nous entraîne dans le rêve le plus insensé ou la réalité la plus dure, la poésie n'est jamais absente et donne à ses contes leur réelle dimension, celle qu'il s'était à lui-même fixée: «Les contes ne sont pas des bavardages enfantins, ni des radotages de vieilles gens mais résument les aspirations de tous les gens.»

Le lyrisme, l'humour, le rêve et la réalité se côtoient dans ces contes, que la simplicité de la langue rend accessibles à tous et qui mettent en scène l'univers dans son intégralité. Il n'est pas, en effet, un élément minéral, végétal, animal ou humain qui ne participe à l'énoncé d'une morale dont la règle primordiale demeure la sagesse. C'est en cela que le conte, bien que conservant son particularisme national ou ethnique, devient, selon la formule de l'auteur: «un élément de solidarité et d'universalité».

On ne peut lire *Le Pagne noir* et le récit de la vie tumultueuse de Kacou Ananzé, l'araignée, sans évoquer ses «compères» littéraires que sont le Renard du Moyen-Âge français, Leuk,

le lièvre sénégalais ou Lapin, le héros des contes antillais; ils sont tous les témoins et les héritiers d'une réalité culturelle que leurs auteurs ont contribué à transmettre.

Bernard Magnier

Palabre (La) stérile, Yaoundé, Éditions CLÉ, Coll. Abbia, 1968, 140p.
Roman de Guy Menga.

La Palabre stérile a obtenu le Grand Prix Littéraire de l'Afrique Noire en 1969, et, en 1979, le roman en était déjà à sa quatrième édition, ce qui témoigne assez clairement de la qualité et de l'intérêt de l'œuvre, même si la matière romanesque nous ramène aux années 1960 qui ont vu naître les Indépendances africaines.

La Palabre stérile appartient à la première vague de romans qui a suivi les Indépendances, tout comme *Le Fils d'Agatha Moudio* (1967) du Camerounais Francis Bebey. D'une part, la société de référence des romanciers n'est pas encore décolonisée et, d'autre part, la grande caractéristique de ces romans, c'est la focalisation sur la vie de l'Africain, la perspective narrative qui fait voir les choses de l'intérieur, qui restitue les personnages et l'action dans la vision propre à l'Africain, dans son système de valeurs culturelles cohérent et spécifique.

Le roman de Guy Menga raconte une large portion de la vie de Vouata. Dès le départ, le récit montre dans quelles circonstances dramatiques le jeune homme, devenu doublement orphelin, et de père, et de mère, est rejeté par les gens de sa famille et de son village et poussé vers la ville. Les deux temps forts du récit s'organisent autour de deux événements principaux: son mariage avec Loutaya et son adhésion à la secte des Matswanistes. L'unité narrative est assurée par le thème de l'impuissance qui frappe apparemment le héros.

L'intention du récit est claire: mettre en lumière, à travers ce que vit le person-

nage central, Vouata, les valeurs fondamentales de la société africaine et son
mode de fonctionnement. L'éclairage
culturel porte aussi bien sur les valeurs
traditionnelles que sur l'intégration de
valeurs nouvelles. Ainsi revivent les
cérémonies de purification, en particulier le Nkassa ou l'épreuve du poison, les
démarches qui entourent le mariage, les
coutumes qui concernent l'époque de la
grossesse, la pratique traditionnelle du
divorce. Apparaissent également les réponses apportées par les Africains aux
situations nouvelles, en particulier le
Messianisme ou le regroupement autour
de la figure d'un grand résistant, ici
André Matswa, de sorte que la libération de l'Afrique passe par un mouvement mystique, du moins dans un premier temps.

L'œuvre est donc beaucoup plus soli
de que ne le laisse entendre Robert
Pageard dans *Littérature négro-africaine
d'expression française* (1979), lorsqu'il
écrit: «*La Palabre stérile* [...] est un
roman social dont les premières pages
ont la sécheresse d'une relation anonyme
de faits divers et les dernières l'invraisemblance du mélodrame» (p. 85). Le
critique n'a pas su reconnaître le modèle
de récit dont s'inspire l'auteur congolais.
Ce sont, en effet, les caractéristiques du
conte africain que l'on retrouve: intrigue simple et linéaire, impliquant un personnage central, rôle de premier plan
tenu par le narrateur, valeurs morales
vécues par le héros et dénouement un
peu chargé sans doute, mais qui constitue la récompense méritée par l'honnêteté et l'humanité de Vouata. Par ailleurs,
on note dès ce premier roman que l'auteur donne au dialogue une place plus
grande que dans le conte traditionnel.
On comprend mieux cette présence lorsqu'on sait que Guy Menga a vu deux
de ses pièces de théâtre, *La Marmite de
Koka-Mbala* et *L'Oracle*, couronnées par
le Grand Prix du Concours théâtral interafricain de L'O.R.T.F., en 1967-1968.

De l'aveu même de l'auteur, c'est
pour le public africain le plus large que
ces œuvres sont écrites. Cette écriture
simple, ce récit sans prétention atteignent sans doute l'objectif de l'auteur,
si l'on en juge par la popularité que *La
Palabre stérile* et ses autres écrits connaissent auprès des lecteurs africains,
jeunes et moins jeunes.

Fernando Lambert

Papassidi, maître-escroc, Dakar / Abidjan, Nouvelles Éditions Africaines, 1975,
80p.
Comédie de Bernard Binlin Dadié.

Papassidi, maître-escroc met en lumière toute la corruption qui caractérise le système socio-politique ivoirien.
Le titre de la pièce est une sorte d'antiphrase puisque les vrais héros de la pièce
sont Aka et sa femme Djoua. Dans les
huit tableaux qui constituent la pièce, on
les voit se battre contre l'absurdité d'un
système qui ne reconnaît que la loi du
plus fort. Aka, ancien tirailleur, ancien
fonctionnaire renvoyé pour absentéisme,
s'est reconverti comme écrivain public.
Mais le gouvernement, las de recevoir des
pétitions, interdit ce métier. Devenu chômeur, Aka va apprendre à ses dépens que
la majorité ce n'est pas le peuple mais
«c'est le commandant de cercle, son gendarme, son juge, son commissaire de
police». Que ce soit au dispensaire ou
dans les bureaux, Aka, comme Dieng,
le héros du *Mandat* d'Ousmane Sembène, se heurte à l'indifférence parce qu'il
n'a pas de relations. À tous ces problèmes viennent s'ajouter des difficultés
supplémentaires que les visites de la
famille viennent créer. Et puisque l'on
ne réussit dans le système qu'en étant
un coquin, Djoua et Aka vont, en désespoir de cause, s'adresser à Papassidi qui
prétend détenir la boîte magique qui
multiplie l'argent; ce dernier essaiera
de les berner et sera arrêté.

Comme dans *Monsieur Thôgô-Gnini*,
Bernard Dadié promène un regard
extrêmement critique sur la société
ivoirienne d'aujourd'hui. En confon-
dant sciemment dans le premier tableau

la période coloniale et la période des Indépendances par la technique du théâtre dans le théâtre, l'auteur veut nous dire que rien n'a fondamentalement changé. La situation d'Aka et de Djoua est si dramatique que très souvent la comédie frôle la tragédie et le rire devient très grinçant. Mais l'auteur, comme dans *Monsieur Thôgô-Gnini*, utilise un dénouement artificiel – l'arrestation de Papassidi – pour dénouer la crise et rendre Djoua et Aka riches. Ce dénouement n'est pas la seule faiblesse de la pièce. Bernard Dadié utilise les procédés comiques traditionnels de manière un peu crue: les quiproquos, les répétitions, les mots d'esprit, le comique de situation n'ont aucun effet de surprise. On sent le métier, la connaissance des techniques. De toute évidence Bernard Dadié est cette fois-ci plus intéressé par le thème et l'urgence du message que par l'aspect stylistique. Il est néanmoins certain que les drames et les tragédies de Bernard Dadié sont incontestablement supérieurs à ses comédies.

Noureini Tidjani-Serpos

Paroles de semence suivi de **Grains de philosophie**, Paris, P.J. Oswald, 1975, 55p.
Recueil de poèmes et de pensées de Christophe Nguedam.

Le recueil contient deux œuvres, précédées d'un «Poème liminaire»: *Paroles de semence*, qui comprend trente-deux poèmes de diverses longueurs (de quatre à trente vers libres, groupés en «strophes» irrégulières dans dix-sept poèmes) et *Grains de philosophie*, numérotés de I à XLII.
Paroles de semence manque d'unité de structure, si on la cherche dans la continuité, la progression, cet élément qui répond à une attente, stimule la curiosité. L'unité profonde est dans le poète: on peut la reconstituer.
Nguedam manifeste son âme religieuse, discrètement, mais clairement: sa foi s'exprime par le langage de la révélation

biblique, évangélique. Des vérités sont énoncées. D'abord, le point de départ réaliste: «En ce monde exécrable, / Dénué de toute saveur, / Où nous sommes exilés pour la rançon / De notre gloire» (p. 14). Puis le principe: «La Toute-Puissance» peut s'exaspérer «contre les éléments souvent surpris / À l'écart du droit chemin» (p. 24); elle s'en prendra surtout «à notre orgueil» (p. 26). Que l'homme pécheur s'écrie: «Prends pitié de moi»; qu'il ne demande qu'une grâce: être un «très humble et très fidèle / Serviteur inutile» (p. 38). L'équation est exacte et juste: il s'agira «d'avoir été honnête / Au cours de la traversée / Pour mériter / l'Éternité bienheureuse» (p. 43). Dans la perspective de cette destinée il ne peut y avoir qu'un unique nécessaire (Luc, X, 42).
Le poète est à la fois idéaliste et pratique. Il brûle de «la soif de l'infini» (p. 44). Elle dynamise plusieurs pièces, où la poétique bachelardienne décèlerait une verticalité active: «je voudrais désormais / Investir toutes mes forces / Ascensionnelles» (p. 19), «Vers / Les plus hautes cimes» (p. 42). Mais il n'ignore pas «Quelle somme d'efforts / Et de courage» (p. 15) il lui en coûtera pour «se grandir sans cesse / Aux dimensions de l'éternel» (p. 44). Il se dispose d'abord à approfondir sa propre vie: «Bientôt je retournerai au pays / De mon être / Me labourer avec soin. / J'y étais déjà incendier toutes / Les broussailles de mon cœur» (p. 19). «Sur le chemin de la vérité / Je suivrai toujours pas à pas / La marche obscure du temps» (p. 31), afin d'arriver un jour «titub[ant] de fatigue / Au seuil de l'Éternité» (p. 28). On lui demandera de rendre compte, car noblesse oblige (c'est le ton donné au recueil). Voilà la morale solidement appuyée. Elle est illustrée diversement, par exemple: que l'attrait de la femme joue un rôle dans la vie, le poète ne saurait le nier (p. 12, 18, 22, 25, 35), mais la charité vraie peut conduire au sacrifice face à cet attrait (p. 23).
Le poète a reçu et partagera la bonne

nouvelle qu'est l'essentiel de sa foi:
«Sème le bien autour de toi» («la joie»,
«l'amour»), «Pour tous les hommes» −
«L'homme est le même sous tous les
cieux» (p. 14). Et il parle aux enfants,
à son «papa» (p. 29), à sa Patrie (p. 20).
Aussi sa manière montre-t-elle le lien
entre la pédagogie évangélique et la
pédagogie africaine. Le recours aux paraboles lui est familier comme l'enseignement par le conte traditionnel: ce qui
explique que certains poèmes soient
anecdotiques (p. 16, 27). Nguedam exploite la fable (p. 32), l'énigme (p. 30),
l'allégorie (p. 12, 18, 19), le symbole
(p. 13, 16, 17, 26...): autant de formes
dont la source génétique réside dans le
système de l'analogie universelle. Au
départ, donc, le poète doit observer la
nature, en découvrir le sens: «L'Orage,
c'est le Seigneur» (p. 24); l'oiseau est
l'image de la liberté (p. 36); «une étoile
dans la nuit», c'est «l'infime Moi / Perdu dans l'univers incommensurable»
(p. 44) − le Moi/étoile éclos dans la foi,
qui seule rend tout poète optimiste. Et
aussi reconnaître l'équilibre de toutes
choses: s'il se désole de «la sécheresse
sur les collines de Batié» (p. 40), il chante aussi les pluies «bienfaisantes» (p. 33).
Car le secret de toute vie terrestre est
dans la fertilité (p. 13, 14, 19, 21), elle-
même symbole de la fécondité spirituelle. Aux fortes images des prophètes ne
le cède pas cette description de la fin
qui menace «l'ingrat [...] revêche / À toute semence de fraternité»: «L'inconscient
tombera, / Énorme, / Comme un éléphant, / Et l'amas de sa pourriture /
Engraissera l'Humanité!» (Prélude, p. 9).
Comment n'être pas moralisateur dans
les traces de Celui − le poète le nomme:
«Mon Dieu, mon Rédempteur» (p. 38) −
qui a dit: «Faites ça et vous vivrez»?
Le philosophe-moraliste a des responsabilités sociales, politiques, économiques: il y étend sa réflexion, comme par
exemple sur le capitalisme (p. 34). Le
poète de son côté ne refuse pas de s'amuser avec des poèmes fantaisistes (p. 16,
27, 39). Il a aussi le talent de la chanson

qu'on qualifierait de médiévale (p. 18, 21, 33).

La deuxième œuvre, *Grains de philosophie*, ne fait que prolonger, dans une
sorte d'exercice de la pensée, l'entreprise
des *Paroles de semence*, mais dans un
dépouillement adéquat.

Léo A. Brodeur

Paroles intimes, Paris, P.J. Oswald, 1972, 37p.
Recueil de poèmes de Patrice Kayo.

Les *Paroles intimes* se composent de
deux douzaines de poèmes. Ce sont en
effet des chants profonds, en partie sur
les thèmes de l'amour, de la fraternité,
de l'amitié, et en partie consacrés à la
bien-aimée, qui prend par moments les
traits d'une mère.

Cette œuvre d'un lyrisme simple et
subtil évoque l'univers de l'attachement
à la terre natale et dénote la solitude et
l'angoisse du poète face à un destin
incertain à maîtriser, le sien, celui de son
Cameroun natal et celui du continent
noir tout entier.

Mais *Paroles intimes*, par delà l'hymne, se caractérise par une rigueur de pensée et une réflexion pertinente sur la
nature des problèmes des hommes, des
hommes noirs, qui débouche bien souvent sur une profession de foi en même
temps que sur une prise de position.

«À la nuit», «Prière sur mon rocher»
sont des poèmes d'exploration des profondeurs pour se connaître soi-même, ce
qui est une démarche essentielle et préalable à toute approche des problèmes des
autres et du monde. On retrouve l'expression de la préoccupation du poète
relative aux contradictions de l'homme
partagé entre la tergiversation et le désir
d'agir qui font partie de la dynamique de
la vie.

Parallèlement, sont dominants l'engagement et le besoin de changement du
poète à l'égard de la condition d'existence de ses congénères. Car, même après
l'écroulement de tant de monuments
d'espoir... «le désespoir est un volcan /

la foi une bombe».

Mais la foi «chrétienne» et son dogme rebutent le poète, qui s'insurge contre l'attitude non violente qu'ils imposent à l'individu et qui fait toujours triompher le méchant. Ici est posé le problème du bien et du mal, dans le monde de Dieu, face à ceux qui portent les coups et ceux qui les encaissent. En même temps que le problème de la pauvreté, du bien-être et des classes sociales.

Cependant le poète garde toujours l'espoir du renouveau. En témoignent «L'aube», «La source», «Une gerbe», malgré l'angoisse douloureuse qui l'étreint parce que le désir de nuire de quelques-uns reste toujours inquiétant, préoccupant.

Le drame auquel Patrice Kayo consacre son expression et qui explique que la moitié des *Paroles intimes* soit dédiée à l'amour de la bien-aimée en tant que recours ultime pour l'apaisement de son âme, est le drame de tout un peuple, de toute une race, de tout un continent en proie à un destin implacable aggravant de plus en plus les problèmes d'organisation sociale et d'édification des mentalités pour parvenir à trouver son équilibre et son bien-être dans le monde contemporain.

En cela les poèmes de Patrice Kayo sont vraiment des paroles intimes.

Yves-Emmanuel Dogbé

Patron de New York, Paris, Présence Africaine, Coll. Chronique, 1964, 311p. Chronique de Bernard Binlin Dadié.

Patron de New York, le récit d'un voyage en Amérique, en date du 18 mars 1963, est le prétexte d'une analyse de cultures semblable à *Un Nègre à Paris* (1959). Il y a cependant une différence essentielle. Bien qu'il se présente comme un étranger un peu naïf à Paris, Dadié connaît à fond la culture qu'il décrit. À New York il est vraiment étranger, dans un monde qu'il qualifie toujours de «nouveau» par rapport aux deux civilisations anciennes auxquelles il appartient:

à savoir l'africaine et la française. Il se sert de deux points de repère qui lui fournissent tous les deux les instruments d'analyse d'un pays qu'il trouve à la fois dynamique, barbare, matérialiste et naïf. Une bonne partie de ses critiques de l'Amérique aurait pu provenir de la plume d'un Français, même si les valeurs spirituelles qu'il avance sont essentiellement africaines. Quant à la condamnation de la discrimination raciale aux États-Unis, elle est nettement le fait d'un Africain qui voit plus loin que les circonstances particulières de l'histoire américaine.

L'intrigue – la visite aux États-Unis – est bien mince. Le livre commence avec le voyage, les services de l'immigration, l'arrivée à l'hôtel. Ensuite s'entassent des observations de la vie à New York, sans que le narrateur se présente souvent en scène. Plus de cent pages plus tard il revient comme visiteur à l'Université de Michigan, où il suit un cours d'anglais, va à une réception du président de l'université (occasion de se moquer des cérémonies officielles où trouver un verre d'eau sans glaçons est impossible), et observe les matchs de football, le «homecoming» américain. Puis arrivent le «Thanksgiving», le «X-mas» et un voyage à Washington, D.C. À la capitale, Dadié se livre à une vision surréelle des lits américains. Si beaucoup de lits relèvent encore du FBI, les «lits musiciens» font des tintamarres de joie parce que l'Amérique fait un effort pour «dominer l'emprise de l'acier et la rigueur mécanique qui la paralyse». Une note d'espoir est introduite à la fin, l'espoir que les États-Unis deviendront «les couleurs unies», que le Noir américain aura enfin sa pleine part dans la vie nationale.

Ici, le personnage est moins naïf que le Tanhoe Bertin du *Nègre à Paris*, mais ce n'est pas tout à fait Dadié lui-même. Apparemment, il connaît très peu d'anglais; il a des conversations ridicules au téléphone et ne comprend pas un mot du discours du président de l'université. En vérité, les jeux de mots entre l'anglais et le français, qui sont un des procédés stylistiques d'où ressort l'humour du livre, montrent une réelle connaissance de l'anglais.

Ce personnage n'a cependant pas une grande importance en lui-même. Ce sont plutôt les jugements sur la vie américaine, soutenus souvent par une comédie d'incidents et de jeux de mots et par un style amusé et bienveillant, qui constituent l'essence du livre.

Le titre, *Patron de New York*, est un exemple de l'ambiguïté voulue: patron signifie «modèle», dans le sens que tout le monde, dit Dadié, est plus ou moins Américain, à l'époque contemporaine; il veut aussi dire «directeur», car l'Américain se croit tout-puissant et veut coloniser le monde ancien.

La satire porte sur le matérialisme qui caractérise la société américaine, une société qui manque de cœur, de rapport avec la terre et qui fait du dollar un dieu; l'auteur se moque aussi de la mécanisation de la vie et des machines qui remplissent des rôles humains: le narrateur s'amuse de la distribution automatique de la nourriture. En Amérique, les hommes sont souvent réduits au rang de la machine; la société est tellement homogène que tout semble taillé à partir d'un même patron. L'isolement physique rend les gens si peu cosmopolites que même à l'Université de Michigan il n'a trouvé que «des hommes ne parlant aucune autre langue du monde». La vraie vie de famille est pratiquement inexistante. Sur ce dernier point, *Patron de New York*, qui paraît en 1964, a des accents prophétiques: «Un cataclysme menace l'Amérique, le deuxième déluge s'annonce, celui des femmes. Le nouveau Noé américain osera-t-il prendre une femme dans sa barque?» Dadié perçoit le malaise profond des rapports entre hommes et femmes américains. Mais la solution qu'il propose – un retour à la famille du type africain – est plutôt conservatrice: «Ils oublient ici qu'une femme traîne après elle cinquante brillantes étoiles et que prendre une Américaine, c'est épouser cinquante et une stars. Les nôtres se contentent de jouer à la femme dressée pour amortir les chocs... Le mieux serait d'attendre qu'avec le temps ils deviennent nègres... mais qui veut être nègre?»

La situation du Noir américain est un thème essentiel du livre. À la manière de Senghor, Dadié voit les Noirs comme le levain de la société blanche. Harlem fait vivre l'Amérique. Il représente le rythme, la vitalité: «Harlem chaque soir embouche la trompette de Jéricho aux pieds de Wall Street.» Bien que le ton reste léger, il fait une critique mordante de la discrimination raciale. À partir du conte bien connu aux États-Unis, *Bébé-Noir* (*Tar-Baby*), Dadié construit d'une façon bien africaine une explication de la situation du Noir, devenu le goudron dont les multiples routes américaines sont couvertes: «Le Nègre jusque sur les autostrades joue son rôle: rendre l'existence agréable à d'autres. Mais lorsqu'il relève la tête, c'est le chauffeur qui perd la sienne.»

L'unité de *Patron de New York* ne se fait ni autour d'une chronologie de voyage, ni même dans une suite de thèmes logiquement développés, mais dans une série de symboles récurrents. Bien souvent, une interprétation naïve et comique de ces symboles permet de renforcer des thèmes sérieux. Dans le drapeau américain il «manque certainement une étoile noire». L'Âne du Parti démocrate peut témoigner de leur humilité, mais il a «si bien engraissé qu'on le prendrait pour un Veau d'Or». Le signe du dollar est un S «barré par deux traits, les cornes du diable, pour en souligner le caractère démoniaque». Quant à la Statue de la Liberté, restée à l'entrée du continent, elle est dépassée par l'Empire State Building. Même la nourriture américaine semble symbolique: la pomme montre que les Américains n'ont pas peur de la tentation du serpent; ils boivent tellement de lait qu'ils ne comprennent pas pourquoi les Noirs ne blanchissent pas.

Le comique constitue une arme contre la vulgarité américaine. Les Américains doivent, dit le narrateur, se servir des serviettes de papier parce qu'ils croient encore camper sur un nouveau continent. S'étonner des prétentions de la société, «c'est oublier que Providence est une ville américaine». L'observation des mœurs mène quelquefois à une critique indirecte de l'Afrique. Les professeurs eux-mêmes font la queue au restaurant universitaire; ils n'ont pas les «vanités puériles» d'autres pays.

Le ton léger, les allusions fréquentes à la Bible et à la culture européenne, le refus de se prendre trop au sérieux font que le style constitue la meilleure façon de montrer, par contrastes, les défauts de la société américaine. *Patron de New York* n'est pas une critique exclusivement négative des États-Unis. Quoique l'Amérique, dans son énormité et sa puissance, éclaire bien les tares de la civilisation occidentale, Dadié n'oublie pas que «l'Amérique intégrait ses Noirs en 1863 avant que l'Europe ne se partage l'Afrique». Le Christ attend pour revenir, dit-il, l'unisson des voix des Blancs et des Noirs, et cet unisson pourrait aussi bien avoir lieu au nouveau monde que dans l'ancien. La perspective qui ressort du livre — l'amour de l'homme malgré ses faiblesses et ses coutumes étranges, l'espoir que l'homme prenne enfin soin de «tous les frères de Jésus le Christ» — dépasse une critique de cultures et place *Patron de New York* dans une littérature qui prône un humanisme universel.

Adèle King

Pauvre Alexandrine, Lomé, *Togo-Presse,* du 11 octobre au 18 novembre 1964. Roman de Félix Couchoro.

Jeune vendeuse de bouillie au village de Zowla, Alexandrine attire par sa mine l'attention du maître d'école Alex. Il lui propose de l'aider à préparer son CEPE en candidate libre puisqu'elle vient juste d'y échouer.

Avant de donner sa réponse, Zizi va participer au tam-tam de Glidji. Sa beauté est remarquée de Folli Gbovi qui, après la danse, l'emmène chez lui et en fait sa maîtresse. Quelques semaines plus tard, Zizi est enceinte; ses projets d'études sont abandonnés et elle doit épouser Folli. Ce dernier, pour se dédouaner du «fait accompli» que constitue la grossesse de Zizi, offre une grosse dot. Mais la tante de Zizi refuse la dot sans donner de raisons. Quelques mois plus tard la police arrête Folli; il a été reconnu coupable d'avoir détroussé un marchand nagot; à cette occasion, les langues se délient, et en particulier celle de la tante de Zizi qui révèle à sa nièce qu'elle a toujours su que son mari était un bandit.

Folli est condamné à trois ans de prison. C'est plus que ne peut attendre Zizi. Les complices de Folli veulent le faire évader car ils craignent qu'il ne les dénonce. Cela sert les plans de Zizi: Folli s'évade et s'exile au Ghana. Zizi, décidée à se remarier, relance habilement le maître d'école. Ce dernier est toujours sensible au charme de Zizi malgré une maternité. Il la demande en mariage et l'épouse.

Dix ans passent au cours desquels ils ont trois enfants. Après une mutation à Sokode, les revoilà à Glidji au moment où Folli y revient. Il retrouve Zizi et lui demande de partir avec lui au Ghana... C'en est trop pour Zizi qui le dénonce à la police. Or Folli s'est trompé de quelques jours sur le délai de prescription légale et il doit toujours des comptes à la justice.

Les gardes togolais conduits par Zizi viennent l'arrêter. Il tue le premier mais est abattu par le second. Le chef de la bande, venu demander des explications sur son comportement à Zizi, reconnaît le caractère exorbitant des demandes de Folli, et se satisfait des explications de Zizi.

Avec son mari Alex, la voilà enfin tranquille et elle remercie le ciel.

À la différence des autres feuilletons de Félix Couchoro, celui-ci se passe dans un village et met en scène une jeune paysanne. On y retrouve un des thèmes centraux de son œuvre: la nécessité d'une éducation des jeunes filles qui leur permettrait d'échapper aux mauvaises fréquentations. La peinture de la vie villageoise est pleine de pittoresque et l'utilisation du langage quotidien fait appel à de nombreux togolismes. C'est là une originalité notable.

Alain Ricard

Pauvre (Le) Christ de Bomba, Paris, Robert Laffont, 1956, 371p.
Roman de Mongo Beti.

Le Pauvre Christ de Bomba est une œuvre de jeunesse — Beti a vingt-quatre ans lorsque le roman est publié –, pourtant c'est une œuvre forte. Dès sa parution, elle a heurté de front les autorités religieuses et coloniales du Cameroun qui ont fait interdire ce roman, considérant que la critique du système colonial y était trop violente pour qu'on puisse fermer les yeux. En fait, l'auteur met au centre de son œuvre un missionnaire catholique, le Père Drumont, habituellement désigné par le sigle R.P.S. (Révérend Père Supérieur), qui, après vingt ans d'efforts apostoliques, découvre l'étendue de son échec. La colonisation y est ainsi contestée dans l'une de ses principales assises, le Christianisme.

L'intention déclarée de l'auteur n'était pas d'abord de faire une œuvre littéraire de première grandeur, mais bien de dénoncer l'entreprise européenne en Afrique. Il se trouve toutefois que *Le Pauvre Christ de Bomba* occupe le premier rang des romans négro-africains des années 1950-1960. Cela tient à la fois à la qualité de l'écriture et à la structure même de l'univers romanesque.

Le Pauvre Christ de Bomba se présente sous la forme d'un journal personnel, celui du jeune Denis, «boy» ou valet du Père Drumont, «le pauvre Christ», supérieur de la mission de Bomba. Le narrateur, témoin impliqué dans l'action romanesque, nous présente la mission centrale de Bomba dans ses beaux et ses mauvais jours, mais il nous raconte surtout la tournée du missionnaire dans une région satellite de Bomba, le pays des Tala que le bon Père a abandonnés pendant deux ans, afin de les punir de leur inconduite en regard des valeurs chrétiennes. Ce voyage donne lieu à une double initiation, celle du R.P.S. qui découvre la cause de son échec: son incompréhension totale des Africains, responsable d'une erreur initiale: l'apôtre qu'il devait être s'est transformé en bâtisseur, en administrateur; initiation également du jeune Denis qui, à la fois naïf et lucide, apprend à connaître le vrai visage de ses frères et les valeurs qui les font vivre.

Pendant longtemps, la critique occidentale n'a vu dans ce roman qu'une contestation vitriolique, à la Voltaire, du Christianisme. Cette lecture se révèle très superficielle et très partielle. Le thème principal est bien celui de la religion; mais, au fond, il s'agit de la rencontre de deux religions, l'africaine et l'européenne, de la résistance des croyances traditionnelles face au Christianisme, de la déception des Africains qui attendaient leur part des valeurs matérielles que semblait privilégier la religion importée d'Europe.

L'univers romanesque du *Pauvre Christ de Bomba* est, en fait, plus complexe. C'est la société coloniale dans son ensemble qui est représentée et qui est montrée en porte-à-faux par rapport à la société africaine. D'un côté, le missionnaire qui déblaie le terrain pour l'administrateur colonial, celui-ci protégeant celui-là; l'administrateur qui met en place une certaine infrastructure au prix de la sueur des Noirs, pour servir les intérêts des commerçants et des exploitants forestiers blancs. De l'autre côté, la société africaine représentée, d'une part, par les gens de la forêt et, d'autre part, par ceux qui vivent dans le rayonnement immédiat des Blancs.

Les Tala forment le premier groupe. Ils connaissent les Blancs. Ils ont pris le temps de les jauger, d'évaluer ce que ces derniers pouvaient leur offrir. Ils ont jugé le missionnaire qui recourt à deux poids, deux mesures: «Suppose que des

Blancs aient dansé ce soir à notre place; suppose que tu aies été près de leur fête, est-ce que tu serais allé briser leurs trompettes et leurs guitares? Parle-moi en toute sincérité, Père» (p. 80). Les Tala n'acceptent pas qu'on leur ravisse leurs danses, qu'on leur interdise la polygamie, le meilleur moyen à leur avis d'avoir de nombreux enfants, qu'on les empêche d'être eux-mêmes. Ils prennent donc leur distance du monde colonial pour conserver leurs croyances, leur sorcier et voyant, Sanga Boto, pour vivre en fin de compte selon leur propre échelle de valeurs.

Le second groupe est composé des gens de la mission: catéchistes, instituteurs, cuisiniers, boys, manœuvres, femmes de la sixa, élèves de l'école primaire, et aussi des gens qui habitent le long de la route. Tous se trouvent en quelque sorte transplantés hors de leur milieu naturel. Le R.P.S. en vient à se demander: «Leur adhésion, toute formelle, au christianisme, ne serait-elle pas une réaction de défense...» (p. 202)? Est-ce le mirage des valeurs nouvelles du Christianisme et de l'Occident qui les transforme? Est-ce tout simplement l'égoïsme qui dort au fond de tout homme et qui se réveille? On remarque, en effet, dans ce groupe, la recherche des intérêts personnels et, par voie de conséquence, l'exploitation du faible, particulièrement de la femme. Pour tous, en tout cas, le séjour à la mission se termine en catastrophe. Tous, les jeunes et les autres, sont mêlés de près ou de loin à un réseau de prostitution qui s'est organisé dans le cadre de Bomba, à l'insu du R.P.S., mais favorisé par la négligence et par une certaine naïveté de ce dernier.

L'action romanesque est donc dramatique. Beti la traite toutefois fort habilement, en recourant à l'ironie et à l'humour, à la dialectique du tragique et du comique. De toute façon, Beti peut braver les nouveaux interdits posés par la colonisation, tout en remettant en question le monde qu'on tente d'imposer aux Africains. Pour ce faire, il n'y a pas d'ar-

me plus efficace que le rire. Il faut dire que la société coloniale, par ses prétentions, par ses incohérences, par ses représentants, spécialement le missionnaire et l'administrateur, et la société en voie d'être colonisée prêtent à tous les ridicules. Les travers des premiers et des seconds sont d'autant plus manifestes que la toile de fond du roman est constituée par le peuple, possesseur d'un sens très poussé de la relativité des valeurs et détenteur également du rire qui redonne à toute chose sa juste place.

L'art de Beti joue de tous les moyens propres au comique. Tout est vu, dans un premier temps, à travers le prisme déformant et grossissant de l'ironie qui pousse à l'occasion jusqu'à la parodie et à la caricature. Cette représentation est toutefois tempérée par l'humour. L'auteur adopte, en effet, comme perspective narrative le regard neuf et innocent d'un jeune garçon de quinze ans. Ce narrateur-acteur, le «boy» Denis qui consigne tout dans son journal, rapporte fidèlement, du moins en apparence, la conduite et le discours des adultes blancs ou noirs. Mais la naïveté aidant, il inverse allègrement les valeurs – ainsi, Denis ne comprend pas pourquoi le R.P.S. s'élève contre les filles-mères, parce que toutes, tenant absolument à faire baptiser leur enfant à la mission, doivent payer plus cher que les autres –; il multiplie ainsi les occasions où il suspend son jugement pour présenter comme normales des situations qui touchent à l'absurde. Le résultat obtenu est à la fois dénonciation et compréhension de l'intérieur.

Tous les procédés utilisés concourent à mettre en évidence la double prise de conscience qui se dégage de l'œuvre. D'abord, la prise de conscience du Père Drumont qui, avouant n'avoir rien compris à rien, reconnaît l'échec total de sa mission apostolique à Bomba, dénonce les intérêts réels de la colonisation et ne trouve pas d'autre issue que de rentrer définitivement en Europe. Prise de conscience également de Denis qui, après avoir mis à jour les intentions cachées, la fausseté et l'hypocrisie engendrées par la colonisation, découvre, en fin de compte, l'homme avec sa complexité et ses calculs, en somme, les grandeurs et les misères de l'homme, que ce dernier soit blanc ou noir. Les yeux ainsi dessillés, Denis décide de tourner la page, d'oublier son adolescence et de faire face à la vie. Voilà en quoi *Le Pauvre Christ de Bomba* garde toute son actualité et déborde les thèmes anticoloniaux, si prisés à l'époque où le roman a été écrit. Voilà ce qui en fait un grand roman.

Fernando Lambert

Pélandrova..., Montivilliers, Les Éditions du C.E.D.S., 1975 (?), 401p. – Préfaces d'Armand Rajaonarivelo et d'Albert Rakoto-Ratsimamanga.
Roman de Pélandrova Dreo.

Pélandrova... est le roman autobiographique d'une sorcière malgache. Juste après la mort de son premier-né, Boto, elle quitte son mari, Maka, et accepte un poste de domestique chez les Févet, un vétérinaire français et sa femme. Elle sème la zizanie dans ce ménage en se jouant de sa maîtresse et en séduisant son patron grâce à des herbes magiques. Manipulant la vie de plusieurs membres du «cercle européen», elle se tire d'affaire avec les «maîtres» avant d'être empoisonnée par une rivale.

Le roman se situe à Androy dans un cadre grandiose que l'auteur décrit avec des accents lyriques. En sociologue ou en ethnologue, Dreo parle des rites, des coutumes, des superstitions et de la mentalité des Antandroy. Tous ces récits font partie intégrante du roman et nous imprègnent inconsciemment du mode de vie malgache. Mais le roman est plus qu'un traité sur la vie d'Androy et d'une sorcière. On y voit aussi la description de la vie d'une petite société européenne dans cette province isolée. À l'arrière-plan est évoquée la situation politique et sociale de Madagascar pendant le référendum qui a conduit à l'indépendance.

Avec beaucoup de dextérité Pélandrova tire les ficelles qui gouvernent les vies de ceux qui l'entourent. Bien que toutes les passions se trouvent dans cette histoire (la justice, la vengeance, la jalousie, la vanité, l'ambition), il est intéressant de constater que l'amour vrai n'y est pour rien. La personnalité de Pélandrova est à la fois complexe et fascinante car elle s'abandonne à des réactions instinctives en cherchant une réponse à ses besoins. Elle réussit à s'introduire et à être acceptée dans le cercle colonial mais cette nouvelle existence est loin d'être sans problèmes pour elle: «J'avais trois pirogues: ma vie de sorcière, la nouvelle existence de civilisée dans laquelle je me suis forgée et l'amour que j'éprouvais pour Mouché [le vétérinaire]. Tripartite, mon existence me procura une émotion anxieuse... Le monde nouveau dans lequel je vivais ne répondait pas davantage à tous mes besoins.»

Le roman est un vrai trésor sociologique car en plus de la vie intime des Antandroy, les rites et les coutumes sont évoqués. Les Antandroy vivent étroitement liés à la nature qui les entoure et la vie est d'une intensité suprême. Cette intensité est soulignée par la cérémonie du Sandrate à laquelle Dreo nous fait assister: il s'agit de l'effort final d'un malade pour écarter la mort. Elle consiste en une danse frénétique du mourant et des villageois. Dreo n'oublie pas un seul détail de cette scène fascinante, qui nous subjugue. Importantes aussi sont les évocations de la politique de la fin de l'époque coloniale. Ici on voit non seulement la vie des Européens à Androy mais aussi celle des Antandroy, pour la plupart illettrés. Pour les Européens il s'agit de maintenir les convenances sociales tout en se permettant une liberté complète d'action. Pour les pauvres Antandroy qui ne se soucient de rien en dehors de leur vie quotidienne, le référendum représente un vote pour une liberté qu'ils ne comprennent pas. Ils votent «oui» pour l'indépendance avec un feuillet jaune «couleur de la citrouille» car cette couleur évoque ce produit nourrissant du peuple Antandroy dans sa lutte quotidienne contre la faim.

L'aspect psychologique du roman est souligné par une sorte de scène où toutes les passions humaines jouent tour à tour leur rôle. Pélandrova est un personnage singulier. On suit difficilement sa pensée car elle s'abandonne à des réactions instinctives. Les autres personnages, eux aussi, mettent en jeu une fine psychologie pour satisfaire leurs ambitions. Bien que tout le monde participe à ce jeu, c'est Pélandrova qui dirige l'action. Elle trompe sa maîtresse en séduisant son mari et manipule les affaires de Jeanne Braudoux, une enquêteuse, et de Davet, un ministre.

Du point de vue sociologique, Pélandrova ne ressemble pas aux autres femmes malgaches. Elle dit elle-même que «la soumission de la femme est la base de tout foyer malgache, voire, la pierre angulaire». Bien qu'elle affirme le devoir d'une femme envers son mari, Pélandrova mène sa vie d'après ses propres principes. Elle n'hésite pas à quitter son mari, pour s'établir ailleurs: «Après la mort de Boto, plus rien ne me retenait au foyer; je quittais Maka sans un regard en arrière, pour vivre ma vie, une vie décousue peut-être, mais tellement exaltante.» Elle glisse entre les cultures africaine et européenne, crée son propre style de vie et prend ses propres décisions. Pélandrova a une très forte personnalité. Chez elle, l'affirmation de soi prime sur tout; elle ne cherche que sa propre satisfaction: «Je voudrais vivre, respirer et dépenser mes énergies, travailler pour assurer ma subsistance ou voir couler le temps près des heures, procréer un autre Boto.» Elle rejette alors les valeurs traditionnelles et la domination mâle si flagrante dans la société qui l'entoure.

Lire ce livre c'est faire un voyage en Androy, rencontrer son peuple et ceux qui sont venus le coloniser. Mais c'est avant tout voir avec les yeux d'une femme singulière les contradictions nées de la rencontre de deux civilisations fondamentalement différentes.

Regina Lambrech

Perdrix (La) blanche, Yaoundé, Éditions CLÉ, 1966, 79p.
Recueil de contes de Jacques Bengono.

Le conte-titre raconte l'histoire d'Owoundi, habile et illustre chasseur d'un village du pays Beti et des environs. Pourtant, depuis quelque temps, Owoundi, quand il va à la chasse, ne retrouve plus que des pièges maculés de sang mais vides. Seule une maigre perdrix blanche l'attend un matin alors que son désespoir atteint son comble. L'oiseau emprisonné supplie le chasseur dans la langue des humains de lui laisser la vie sauve. Tout à coup pris d'une pitié contraire à ses instincts de chasseur, l'homme fléchit. Peu après, une mystérieuse maladie le cloue au lit pendant trente lunes (mois). Owoundi, même malade, reste dominé par sa compassion pour les habitants du village désormais privés de viande. Il reprend donc le chemin de la brousse. Au retour, le soir, il se heurte, à l'orée du village, à une barrière d'êtres difformes et nauséabonds qui réclament des parties de leurs corps prétendument arrachées par ses pièges. Ils lui bloquent le chemin et menacent de le tuer. C'est alors qu'apparaît un cortège royal volant, dont le roi n'est autre que la fameuse perdrix blanche. En récompense à la magnanimité de son sauveur de jadis, le roi ailé sauve Owoundi de la mort. Il comble ensuite le chasseur de somptueux cadeaux avant de le ramener, guéri et riche, derrière sa maison. C'est là qu'au petit matin, sa femme, éberluée mais heureuse, retrouve le mari dont elle s'apprêtait à porter le deuil. Owoundi aura ainsi appris qu'un bienfait, eût-il bénéficié à un maigre oiseau, n'est jamais perdu.

Le deuxième conte, *Koulou et Zée*, cherche à mieux faire rire quiconque sait réserver son rire pour la fin. Par la faute de Zée, Koulou la tortue et Zée la panthère, jadis amies, vivent maintenant dans une profonde haine mutuelle bien masquée par les apparences. Chacune fourbit ses armes et tend des pièges à l'autre. Mais la bataille finale se fera conformément à une ingénieuse proposition de Koulou: tendre des pièges aux abords des champs de manioc de Zée pour attraper les voleurs. Cette dernière, sûre d'avoir le plan idéal pour supprimer sa rivale, jubile. Mais la morale de la compétition entre le lièvre et la tortue de La Fontaine prévaut puisque c'est Koulou qui rira la dernière après avoir servi une leçon en règle à sa prisonnière Zée sur la sagesse qui triomphe de la mesquinerie et de la méchanceté.

Les sept portes et les sept clés est une peinture allégorique des dangers qui guettent le chrétien dans la forêt beti. La foi de Maria-Madelina, pieuse épouse du catéchiste Eloundou, est mise à l'épreuve par Satan déguisé. Elle ne lui échappe que grâce à un miracle provoqué par sa fille Élisa dont la foi n'a aucun rapport avec son très jeune âge (cinq à six ans). À dix ans, la dévotion d'Élisa lui vaut «le paradis terrestre» et les sept clés qui ouvrent les portes du château magique. L'accès à la septième pièce lui est cependant interdit. Après bien des années, Élisa, qui ne manque pourtant de rien, cède à «la curiosité des femmes» et retrouve Satan au rendez-vous. Cette rencontre avec le mal lui vaut l'expulsion du paradis. De plus, elle devient muette et amnésique. Abossolo, un chasseur, la trouve dans une forêt et l'emmène au village où il l'épouse peu après.

Élisa donne six fois naissance à des enfants que l'Ange de la Mort emporte aussitôt. Elle recouvre l'usage de la parole à chacune de ces occasions mais elle ne peut se rappeler l'histoire des sept clés que son visiteur exige en échange de la vie de ses enfants. Tout se réalise au septième accouchement qui a lieu à sept mois comme les précédents. Élisa se libère de son purgatoire en racontant l'histoire requise. La mémoire et la parole lui rendent sa pureté et l'Ange de la Mort peut enfin la conduire devant le Maître Suprême du paradis céleste auprès de qui reposent déjà ses parents. Pendant ce temps, sur terre, on la prend pour une sorcière anthropophage qui brûle en enfer si elle ne se transforme pas en gorille pour terroriser le village.

L'auteur de *La Perdrix blanche* approuve et dénonce les superstitions et les croyances, selon qu'elles renforcent ou affaiblissent sa thèse. Il ne se soucie guère des morales parfois contradictoires qui se dégagent de ses récits. Même si on sent le souffle de l'art oratoire africain dans l'ouvrage, il faut reconnaître que les détails descriptifs que donne l'auteur sont sans aucun doute le fruit d'une imagination qui frise parfois le grotesque.

Dorothée Kom

Perpétue et l'habitude du malheur, Paris, Bichet/Chastel, 1974, 303p.
Roman de Mongo Beti.

Essola Wendelin est un partisan rubéniste. Il adhère aux idées révolutionnaires de Ruben qui a fondé le «Parti Progressiste Populaire», en abrégé, le P.P.P. Le but est l'accession du pays à une indépendance réelle. Mais Essola est arrêté par la police du dictateur Baba Toura, le nouveau maître du pays à la solde de l'ancienne autorité coloniale. Il est déporté dans le nord du pays, où il passe plusieurs années dans un camp de concentration appelé Moundongo.

À la fin, il abjure en échange de sa libération, de sa réintégration immédiate dans la fonction publique, et de sa nomination comme Professeur de cours complémentaire. On sait en effet qu'il a préparé par correspondance la Propédeutique, et l'a passée avec succès. Essola revient dans son village où il retrouve une famille détruite: son frère Martin est devenu un ivrogne; sa sœur Antonia a quitté le village et s'est installée en ville; sa petite sœur Perpétue, mariée à Édouard, un homme sans cœur, est morte alors qu'elle attendait son troisième enfant. Et sa mère, Maria, mère dénaturée, est devenue dure à l'égard de ses enfants. Essola l'accuse d'avoir assassiné Perpétue par cupidité.

Wendelin Essola entreprend une longue enquête pour connaître la vérité sur cette mort. Il rend visite à tous ceux qui ont connu Perpétue de près. Le féticheur Komedzo qui l'a soignée; Crescentia, son amie d'école; Katri, la femme d'Amougou, son cousin; Antonia, sa sœur aînée; Anna-Maria, la femme de Dupont, fonctionnaire subalterne, patriarche de Zombotown, quartier nord d'Oyolo.

Au bout de cette enquête, il sait enfin ce qui s'est passé: Katri, la femme d'Amougou, son cousin, lui apprend qu'après avoir été mise à l'école chez les sœurs à Ngwa Ekéleu, Perpétue en fut retirée par sa mère qui avait résolu de la marier à Édouard, que l'on disait très riche et protégé de l'autorité, moyennant la somme de 100 000 francs (cent mille francs); Anna-Maria et le vampire expliquent que Perpétue a vécu dans la misère sous la férule d'un mari méchant et idiot, qui l'a livrée à un policier influent, Mbarg'Onana, pour qu'il réussisse son concours de fonctionnaire subalterne; après un premier enfant qu'elle eut d'Édouard, et qui fut appelé Charles-Wendelin, elle en eut un autre, de Mbarg'-Onana, cette fois; puis voulant retrouver sa liberté en amour, Perpétue a aimé Zeyang qui a juré de la délivrer des griffes du mari jaloux et cruel. Mais l'enfant qu'elle attendit de Zeyang ne put naître car Perpétue mourut. Sans doute de maladie, mais surtout de chagrin pour avoir été séquestrée par son mari, et séparée de son amant, Zeyang.

Essola apprend trois choses: après la mort de Perpétue, Mbarg'Onana a été arrêté et déporté dans le Nord; Édouard a été accusé d'avoir assassiné sa femme sous l'empire de la jalousie; mais il s'en est réchappé, parce qu'il était secrétaire général de la Cellule U.A. (Union Africaine) de Zombotown; Zeyang, accusé par Édouard, a été arrêté et exécuté par le pouvoir de Baba Toura.

Son enquête terminée, Essola apprend que c'est Martin, son ivrogne de frère, qui a volé à sa mère les 100 000 francs de la dot de Perpétue. Essola prend la décision de venger sa sœur Perpétue sur la personne de Martin: il le soûle d'abord, l'entraîne ensuite dans la forêt et l'attache à l'arbre à fourmis, où il meurt; puis Essola va se livrer à la gendarmerie de Ntermelen; mais il est relâché parce qu'il a une carte du parti de Baba Toura, qu'il a obtenue après avoir abjuré. Il retourne à Mimbo, son lieu d'affectation, où il fera venir Crescentia, l'amie d'enfance de Perpétue avec qui il a eu une aventure passagère pendant son enquête, et qu'il épousera, sans doute.

On peut étudier le roman selon quatre axes: *sacrifices, politique, désillusion, mort*: le roman est avant tout une série de sacrifices imposés à la jeune fille, Perpétue, par sa mère, son frère et son mari. Ces sacrifices s'observent à travers un certain nombre de liaisons dangereuses, néfastes, mortelles, comme nous le verrons plus loin.

La toute première est la liaison Perpétue-Édouard. Perpétue est un jouet entre les mains de sa mère. Elle la met à l'école des religieuses à Ngwa-Ekeleu. Elle l'en retire quelques années après sans la consulter; elle la marie à Édouard sans demander son avis; et le soir même où elle l'a fait sortir de la mission, elle la livre au plaisir du futur mari sans que cette liaison ait reçu le sacrement de mariage.

Perpétue est tout simplement sacrifiée à l'ambition et à la cupidité de sa mère Maria qui a un besoin effréné d'argent. Pourtant Perpétue est prête à accepter qu'on la traite ainsi: c'est le sort général de la jeune fille africaine: elle ne participe pas aux décisions qui règlent et déterminent sa vie, son mariage étant l'affaire de sa famille. Mais ce que Perpétue ne peut tolérer, ce sont les liaisons sentimentales de son mari: il y en a deux: liaison avec la putain qu'Édouard amène au lit conjugal en en chassant l'épouse légitime; liaison d'Édouard avec Sophie, sa seconde épouse. Toutes ces liaisons humilient profondément Perpétue, et font d'elle un être résigné; elle va regretter son amour sacrifié à un homme qui ne le mérite pas.

La liaison d'Édouard et de Mbarg'-Onana, le policier influent, est non seulement humiliante pour la jeune femme, mais criminelle; Édouard va sacrifier son épouse à ses ambitions: il veut réussir dans la vie, devenir «quelqu'un», mais ayant échoué à son huitième concours, il ne lui reste qu'une solution: utiliser sa femme, la jeter dans les bras de Mbarg'Onana. Perpétue, devenue jouet entre les mains de son mari, ne pourra résister jusqu'au bout; elle deviendra une monnaie d'échange au service du mari et objet à plaisir d'un amant qu'elle n'aura pas choisi.

Comble de malheur, de cette liaison non voulue naîtra un enfant; ce sera le second enfant de Perpétue, dont le père sera Mbarg'Onana, et qu'Édouard acceptera comme s'il l'avait fait lui-même.

Mais personne n'est fait pour être l'éternel souffre-douleur des autres. C'est ce qui explique la révolte de Perpétue qui va prendre sa première grande décision de femme. Elle va aimer pour la première fois par elle-même et pour elle-même le seul homme qu'elle ait jamais vraiment aimé, Zeyang. Mais le nouveau sacrifice que son mari va cruellement lui imposer la conduira à la mort. Perpétue, privée du seul être qu'elle aime, se languit, se meurt petit à petit, et s'éteint à 20 ans, dans la solitude du lieu où son mari l'a séquestrée, sans avoir eu le temps de donner le jour à son troisième enfant, l'enfant que lui a fait Zeyang.

Ainsi disparaît Perpétue, l'innocente mal mariée sacrifiée aux appétits d'une mère cupide, d'un frère fainéant et ivrogne, et d'un mari ambitieux, idiot et sans scrupules.

Perpétue est aussi un roman politique. Perpétue ne serait pas morte, n'aurait pas été la victime du monde sans scrupules de Maria, Édouard et Martin si Wendelin Essola n'avait pas été arrêté et déporté dans le Nord; et ceci est arrivé à cause de son adhésion au P.P.P. et de sa fidélité à Ruben. Essola est accusé d'avoir trahi sa famille, en l'abandonnant au profit de Ruben. Cette situation est d'autant plus déplorable que la fidélité d'Essola et ses malheurs de prisonnier politique n'auront servi à rien, puisque Ruben a échoué, qu'Essola a abjuré en échange de sa liberté et de sa réintégration dans la fonction publique. Pire, la mort de Perpétue a entraîné celle de Zeyang, calomnié par vengeance par Édouard, le secrétaire général d'une cellule politique, et exécuté sur ordre de Baba Toura.

La désillusion est corollaire de l'échec politique. Essola qui revient du camp de concentration dans le Nord est déçu; il constate que l'indépendance n'a rien changé. Il trouve même que la condition de l'ancienne colonie est pire: des actes inhumains se multiplient, vandalisme (incendie de Kola Kola, dévastation des forêts, scandales de tous genres, népotisme, tribalisme, régionalisme, détournements de deniers publics, corruption, favoritisme, etc.); multiplication des moyens de coercition: dictatures, tortures, camps de concentration qui engendrent une formidable psychose du Nord comme sécrétant le mal politique de l'ancienne colonie; Baba Toura, lui-même originaire du Nord, est considéré comme *le mal* par excellence, par opposition à Ruben, *le bien* par excellence; désillusion aussi parce que la dictature de Baba Toura est cautionnée par le silence coupable des autres pays africains; c'est une véritable conspiration des pouvoirs africains au détriment des masses africaines, parce que tous ces pouvoirs souffrent des mêmes maladies: régimes militaires, régimes policiers qui inondent les pays d'indicateurs chargés de vendre les innocents indésirables. Désillusion enfin causée par la lâcheté des organisations internationales: l'ONU, l'OUA, etc. Donc l'indépendance avec Baba Toura, c'est pire que la dépendance.

Après les échecs, la désillusion,

l'homme n'attend plus rien de la vie; il meurt. Perpétue est par excellence le roman de la mort spirituelle, morale et/ou physique. Édouard est mort moralement. Déçu par huit échecs au concours, rien de ce qui est respectable ne l'est plus: il vend tout, pourvu qu'il parvienne à ses fins: sa femme et ses amis; il n'a plus aucune notion de justice, ayant décidé, pour parvenir, non de combattre l'injustice, mais de s'y faire un nid, et de survivre à l'abri du besoin, dans la sécurité qu'offre l'adhésion aux idées du plus fort.

Essola est mort spirituellement et politiquement; car la liberté qu'il vient de retrouver en abjurant sa foi dans la justice pour laquelle il s'est battu, cette libération, cette liberté est une véritable mort; il est devenu un être lâche, qui s'est vendu au pouvoir, en devenant son esclave.

Il y a aussi la mort morale de Maria la cupide; la mort sociale d'Antonia qui fuit la famille pour se réfugier dans la sécurité factice de la ville; la mort intellectuelle, spirituelle et morale de Martin qui trouve refuge dans l'alcool, ce qui favorise sa mort physique. Il y a enfin la mort de Perpétue. Poussée à bout, elle est morte non seulement moralement (elle a pris un amant, Zeyang, et attend un enfant de lui) mais aussi physiquement, comme mourra également, du reste, Zeyang.

Perpétue a été empêchée d'être une vraie *chrétienne*; elle a été empêchée d'être elle-même (elle n'a pu réaliser son vœu d'être infirmière); elle a été empêchée d'être femme et d'aimer librement Zeyang; elle a été empêchée d'être mère (son mari n'ayant pas permis qu'elle aille accoucher auprès de sa mère Maria, ce qui était synonyme de salut). Désormais il n'y avait plus qu'une issue à cette vie d'enfer: la mort.

On admirera ici l'art du récit, celui-là même que l'auteur a exploité dans *Remember Ruben* (1974). L'auteur s'efface totalement et laisse les personnages agir les uns sur les autres, n'intervenant que de temps en temps lorsqu'il y a changement de scènes, ou de personnages. Le langage est celui des personnages: ce sont des hommes du terroir ou des bas quartiers des faubourgs nègres des villes coloniales; langage au vocabulaire simple, mais approprié.

Jean-Pierre Makouta-Mboukou

Piments sang, Paris, Debresse, 1963, 31p.
Recueil de poèmes de Jean-Paul Nyunaï.

L'œuvre plonge ses racines aux sources de la négritude. De «Style IX» à «Télédict», c'est la colère devant «la cale pourrie des raids négriers», l'indignation devant la Puissance destructrice du monde civilisé. Alors par la voix du poète, l'Afrique dit «Ce que seule elle peut dire aux as des astres vecteurs de désastres».

Elle dit la peine immense «des échines besognes», dévoile les drames «du paysan du mineur / du portefaix du prisonnier du traître du sicaire du / bourreau des dogmes».

Si le présent est invivable, demain sera fait de «la liesse» et l'Afrique «découvrira le signe [...] des pâturages affranchis», car, malgré les massacres, l'Afrique est pour Nyunaï une sorte de phénix, cet oiseau mythologique qui, une fois brûlé, renaissait de ses cendres. C'est ainsi que toujours, «l'on verra furieusement renaître / mille têtes où seulement une tête tombe / mille bras où seulement un bras tombe / et mille voix et mille feux». C'est là le message de «Cabalistique».

«Style VII», quant à lui, sera l'hymne à la liberté. Mais il ne s'agit pas d'une liberté facile. La voie royale qui conduit à la liberté est faite d'embûches et il n'y a que les téméraires pour atteindre l'objectif. C'est une ascension difficile, voire douloureuse. En vérité la sente qui y conduit «est malaisée pour qui doute». La liberté nécessite la foi, une foi tenace, une foi de tous les instants. Et Nyunaï compare, pour l'Afrique enchaînée, «le terrible jour de la délivrance» à une bête terrible ayant la force des dieux.

«Style XV» est un appel au réveil d'une Afrique dont le sein jadis débordait «de fraternité / de rythme / d'intimités / de quiétude / d'union», cette Afrique dont les enchantements étonnaient «les barbares maraudeurs».

Il est donc urgent de réhabiliter l'Afrique: «aujourd'hui demain après-demain / toujours / parce qu'il nous faut éplucher ton chabraque / des Siou plê missié / Ce jour d'hui qui t'a fait idoine docile et carnavalesque». L'on doit mettre fin au drame de cette Afrique qui rime avec affres, où le fouet résonne, où dominent la répression, le racisme, l'exploitation. Tâche d'autant plus urgente que «Quelque part tique la particule des cadavres» et qu'un «nouveau code régimente les rondes de la ciguë sur les rides du patient où chemine encore la vie».

Chez Nyunaï, mettre fin à cette barbarie, «c'est plus qu'un simple espoir / car le pire ne saurait durer».

Défenseur des opprimés, l'auteur de *Piments sang* fait de «Style XXV» la coumbite «des sans noms sans patrie tous sans patrimoine». Le poète s'est donné pour mission d'exalter les damnés de la terre, tous ces êtres mis au ban de la société, «les sans race sans don aux pieds plats à plateaux». Il accuse les prétendus civilisateurs du genre humain des crimes commis au nom de la civilisation. Le ton est donné dans le poème «Ce jardin»: «un jardin plein de roses / roses amères des roses aveugles barbelets clous / fosses de vinaigre de vitriol crachements de sang / des robes de plomb c'est peut-être cela le progrès et le désauvagement».

«Kongombio» est chargé d'un message dont le destinataire n'est pas nommé. Mais tout laisse penser que ce message est destiné aux aventuriers de tout poil qui ont dévasté l'Afrique au nom de la civilisation. Alors le poète leur dira «nos sarbacanes à crocs de vipères / macérant l'éolipile pachyderme / nos calebasses épatées et mûres / du sang arraché au testicule de l'ennemi».

Témoin des injustices dont son peuple est victime, Nyunaï dénombre dans «Sanguina» «les pères les mères de lynchés vendus pourris». C'est alors qu'il veut dresser un «Mausolée» aux héros méconnus de l'Afrique. C'est un véritable retour aux sources, non dans le but inavoué d'une contemplation stérile, mais pour un bain de jouvence. L'auteur veut s'accrocher à son passé, se donner comme modèles «ceux qui furent Behanzin Keïta Chahka Idkong Manga Makoko Samba Samory».

Nyunaï veut parler des jours anciens, mais «en frondes braquées en volcans en frondaisons». C'est un véritable défi aux aigles sans règles ni foi qui ont transformé l'Afrique des succulences en un monde de déchéance et de pestilence.

Le poète, «Œil debout», découvre et nous invite à voir:

«l'orpailleur obstiné des nuits exsangues
il teuf-teuf le sperme violet de tes espérances
et gigote crapuleusement le butor contre toi Ô Mahami la chose même abîme».

Si la faim, la sueur, le sang sont les «Signes du Sacre», si l'Afrique est un monde paria,

«il faut pourtant
que ce cœur consente
dans le mépris l'injustice la trahison
il faut
qu'un jour aux limites du derme
Paria?
l'Exact efface la trace consacrée».

Mais comment cela est-il possible? Dans «Signes du Sacre», Nyunaï répond:

«il te suffit
il te suffira ô cerne
plus pur que l'érythème qui t'éjacule
il te suffira de rester
b
ê
t
e

même libre?
    oui
comme avant».

Dans «Télédicte», l'auteur veut hâter l'ère de la négritude, «Cette ère du retour à la barbarie», car pour Nyunaï mieux vaut encore l'état du bon sauvage que celui du civilisé barbare. L'auteur condamne sans appel ceux qui avaient prétendu apporter le salut mais qui n'ont fait que des orphelins, des veuves, des esclaves.

C'est pourquoi l'heure du défi nègre doit sonner sans attendre. L'auteur traduit les aspirations d'un peuple courbé par le fouet, la colonisation et l'exploitation. La colère du poète devant les gloires oubliées ou méconnues, les êtres dépersonnalisés et déshumanisés, tout cela est traduit, en vers secs et durement martelés. Très souvent, un rappel historique est pour Nyunaï l'occasion de se perdre dans une sorte de labyrinthe poétique, voire dans la nuit abyssale de l'inconscient.

Œuvre aux relents surréalistes, *Piments sang* reste fort hermétique. Mais cet hermétisme peut n'être que la traduction d'une colère viscérale que seule une sympathie profonde peut permettre de comprendre lorsque l'auteur parle de «ce bougnoul de Nègre de fils de dzighène».

La littérature pour Nyunaï n'est pas divertissement ni chansonnette. Et si la création artistique n'est pas de la vie prise au piège, ni de la photographie, mais un texte, c'est-à-dire le résultat plus ou moins réussi de l'alchimie du langage, l'artiste doit s'en servir pour livrer aux autres les drames collectifs. *Piments sang* est une œuvre engagée où l'auteur refuse de cultiver les fleurs de serre en oubliant les fleurs de sang. Et du reste, comment le pourrait-il dans «un monde où les roses ne sont plus des roses du poète, mais le sang du martyr, l'amertume du traître ou la rage de l'opprimé»?

Mais au-delà du souci de faire de l'œuvre d'art le reflet du monde où il vit, il y a chez Nyunaï un rêve innocent, celui de voir un jour l'œuvre d'art accomplir sa fonction ludique qui est sa mission première; alors le chant du poète pourra «cesser d'être un cri, pour célébrer de nouveau les noces de la beauté et de l'amour».

                    Joseph-Modeste Tala

Pinthioum Fann, in *Théâtre*, Paris, Présence Africaine, Coll. Théâtre, 1972, p. 77-139.
        Pièce d'Abdou Anta Kâ.

Dire que *le lieu* de ces cinq actes est le Centre Hospitalier de Fann près de Dakar, établissement pour malades mentaux africains encore traités en ces jours de postcolonialisme par des médecins français, c'est souligner l'absurdité qui va présider à l'application d'une thérapie européenne au contexte sénégalais – à commencer par la langue parlée par les malades: Ouolof, Sérère, Mandingue, Dogon, Maure, Peul... et Breton. Car l'une des originalités du Centre est que par psychothérapie inversée «les malades soignent parfois ici les médecins» (p. 110).

Faut-il donc parler ouolof ou français? Abdou Anta Kâ a opté pour la France encore que ce soit l'«African Studies Center» de UCLA (University of California at Los Angeles) qui lui ait décerné, pour cette pièce même, le prix annuel 1969 de la revue *African Arts* (bilingue pendant les quatre premières années de sa parution). On devine qu'à la représentation, la pièce de Kâ pourra facilement s'adapter et basculer en dialecte selon la nature du public. La métaphore générale de la pièce permet toutes les variations possibles sur la raison «en allée» et la vie à l'envers ainsi que de grandes libertés dans l'expression des vérités premières énoncées avec immunité par ces «Maîtres-Fous» – le film de Jean Rouch qui date de 1957 était lui aussi un psychodrame socio-politique. Avec eux, nous franchissons le mur de l'asile pour n'en plus sortir et vivre parmi les «percutés» internés, les médecins blancs qui les observent et les infirmiers qui les négligent. Kâ sait de quoi il parle puisqu'il y a passé quelques temps et la Préface rend hommage au professeur Collomb qui tentait de communiquer avec ses malades en les encourageant à reconstituer le cadre et le milieu tradiionnels de leurs ethnies respectives (civilisations, croyances, structures sociales).

Le tam-tam du Fare-Lambe invite les spectateurs à assister au Pinth: assemblée générale et publique du village de Fann. C'est le début du «cycle fannique» de la déraison / permission / réinternement aux définitions changeantes. Par un premier acte confus et bruyant, on est plongé dans la palabre africaine sous l'autorité chahutée du Diaraf, chef du village; chacun «se déclare» — notables, médecins, internés et leur famille, personnel et l'hôpital — à l'occasion de la séance habituelle, truquée de confession-publique-des-rêves pour le bénéfice des recherches psychiatriques françaises. À l'ordre du jour il y a aussi l'élection d'un nouveau chef Diaraf. La déraison accélère les péripéties; rivalités, intrigues, intérêts sont déguisés sous les «maraboutages» et les «nègreries». Les structures sociales en la personne du Diaraf, de la lingère et des Kangames, ensuite la famille sénégalaise, le couple, la femme, l'éducation des médecins blancs et Dieu même sont renversés par un principe de folie. On devine, plus qu'on ne comprend, qu'un complot se prépare, monté par deux pensionnaires contestataires: le «lieutenant», passablement imprévisible, et surtout Ibnou, l'âme et le héros de la pièce, étudiant anarchiste, porté sur la bouteille d'où son surnom d'Éthylique Chronique(ur), puisqu'il publie aussi la feuille-journal de l'asile intitulée *Pinthioum Fann*. Tous deux proposent comme candidat un troisième malade: le «garde républicain», invisible (jusqu'au IVe acte) et énigmatique. Nos sympathies sont incertaines car ils sont contrés par Cheick, un jeune qui paraît «responsable».

À l'aube, le IIe acte prélude aux élec-

tions et nous fait pénétrer plus avant dans le labyrinthe de l'hôpital. Ibnou poursuit sa campagne dans les réduits du personnel — c'est grâce aux réactions alarmées des garçons de salle, des cuisiniers, des infirmiers, des lingères que nous comprenons mieux la collusion, le trafic des faveurs et des cigarettes dénoncés par Ibnou. L'administration médicale laisse faire conformément à sa méthode. Après l'agitation, la défection inexplicable du «lieutenant» accroît encore la solitude et l'angoisse d'Ibnou.

Précisément, le IIIe acte nous englue dans l'intimité à l'européenne des chambres individuelles si contraire à la vie africaine: dans celle du garde républicain toujours endormi, Ibnou jure de servir la communauté par l'entremise de son mystérieux candidat; il y reçoit l'épouse de celui-ci, Garmée (la mieux née) Dicko, femme peule radieuse. En la séduisant à demi il s'assure le moyen de faire pression sur son mari. Dans la chambre du peintre malade Carlos, et tout en contemplant ses toiles, nous sommes mis en présence des visiteurs officiels de l'extérieur, le secrétaire général du syndicat et le représentant du ministre, promoteurs du Sénégal officiel, pays pilote qui se considère à l'avant-garde de l'Afrique. Ils emmèneront avec eux Cheick dont l'opportunisme sera fort bien utilisé par les fonctions publiques.

Le ton change au IVe acte où le garde qui a pris figure de sphynx-à-oracle parle enfin. Sous son uniforme Gallo Dicko est l'incarnation et le chantre du peuple peul. Cet acte est celui de la dignité du passé africain, il chante la longue marche des Peuls vers l'intérieur, anabase de ceux qui refusèrent l'acculturation. La vision du garde dans l'évocation de la grandeur, de la souffrance et de la décadence du peuple peul s'achève dans la tristesse du renoncement, des reproches et du pardon de l'épouse devenue étrangère.

Six mois plus tard l'acte final est celui du Grand Pinth; notre garde est devenu le nouveau Diaraf — il va maintenant nous révéler la grande «leçon africaine». Avec les visiteurs européens comiquement respectueux, nous assistons à l'apothéose de Fann: les sept grands électeurs kangames des sept ethnies présentes sont amenés à la prise de conscience collective qui est le véritable sujet de la pièce; ils vont apprendre à se connaître par la pure poésie des proverbes, des anecdotes, des prières, analysant leur raison d'être là, internés mais unis. Évoluant à l'africaine de palier en palier, d'une gamme à l'autre comme la «pensée sauvage», ensemble ils accèdent à la révélation du savoir-vivre de l'Être par la mise en pratique de la Vie comme Partage (le contraire du refus des autres, illustré par la ségrégation de l'asile). «Il faut aller plus loin» pour «avoir la paix». Les sirènes de voitures et de motards qui clôturent la pièce annoncent le retour de Cheick. Tous se lèvent pour l'accueillir à nouveau parmi eux.

À l'encontre de son théâtre d'adaptation, c'est ici la pièce la plus originale et la plus personnelle d'Abdou Anta Kâ. Si elle manque de rigueur, son sujet l'en exonère: théâtre en liberté. La logique africaine procède à rebours du rationalisme cartésien pratique. Le professeur breton lui aussi lutte contre le même ennemi: «Le compas et l'équerre». Avec cet *Éloge de la folie* au Sénégal, nous ne sommes pas loin de Peter Weiss (*Marat-Sade*), de Ken Kesey (*Cuckoo's Nest*), plus proche encore de Genet et de Jean Rouch – tout comme chez eux, l'asile est la métaphore de la société déboussolée. Les malades et médecins participent au même psychodrame sur les structures de l'État. Le Sénégal néo-colonisé et son président acculturé sont griffés au passage. Mais la satire sociale n'est qu'un des aspects ludiques de la pièce (la seule de Kâ où paraissent des visages blancs). La fantaisie et la gratuité naissent du lieu scénique et mental, aucun personnage n'est vraiment central, aucune nécessité ne les régit, les fils individuels se perdent dans la trame collective essentielle. Kâ nous convertit à sa folie sage, son propos

n'est jamais direct ni abrupt, c'est par étapes que l'on accède à la dignité humaine pour la partager. Cette farce tragique est aussi un voyage intérieur vers les structures mentales de la pensée qui aboutit à un mode de vie, à une éthique africaine: la Vie est Partage.

Jean Decock

Pitié pour ces mineurs, Kinshasa, Éditions Bobiso, 1977, 62p.
Pièce de théâtre en trois tableaux d'Ama-Bulie Latere.

L'action se déroule dans une colonie de l'Afrique australe. Des mineurs veulent aller en grève pour une augmentation de salaire. Les maquisards les rejoignent et proposent de les aider, jugeant qu'on ne peut dissocier le social du politique. Pendant la concertation, ils sont surpris par une patrouille, arrêtés et jetés en prison.

Le Colonel, impitoyable et sadique, est le symbole d'un système colonial sans pitié. Il massacre lui-même les femmes (p. 15) et «s'occupe» de Pedro (p. 32). Arrêté, jugé et condamné par les maquisards, il est relâché grâce à leur Général qui veut faire de lui «un messager» de leur cause. Les maquisards sont surpris et le Colonel reprend le dessus. Il tente vainement de convertir le Général et finalement s'exclame, implacable: «... si vous avez manqué à votre devoir, moi je ne faillirai pas au mien. Jamais» (p. 59)! Pour lui, «entre la Mère Patrie et une réserve d'indigènes [...] le choix est» ...clair. Il tue le Général.

Les mineurs sont désorganisés et certains ont peur de mourir, peur pour les leurs: «Je suis père de douze enfants [...], douze enfants à nourrir et à vêtir. Et vous voulez faire la grève, vous voulez voir couler le sang comme en 1941. Non... [...] Je ne marcherai pas» (p. 19). Les hommes hésitent à revendiquer leurs droits. Les femmes encouragent leurs époux: malgré la menace d'une mort certaine, elles ne divulguent pas le lieu de la réunion. Le soldat-interprète cache la vérité au Colonel, mais une femme la lui dit: «Où sont nos maris? [...] ...volatilisés avec la cendre de nos cases brûlées, au fond de nos marmites qui réclament, noyés dans les mares des larmes de nos gosses affamés» (p. 15). Cette courageuse attitude contraste avec celle des hommes: le soldat-interprète (p. 16); le détenu gréviste: «...je n'ai pas voulu de cette grève! Je suis victime [...] de la démence de ces écervelés» (p. 38); le deuxième Juge tremble devant la mort (p. 58). Cette prise de conscience de la femme africaine (les femmes massacrées, Mazeba) a été peinte par Ousmane Sembène dans *Les Bouts de bois de Dieu* et *L'Harmattan*. Elle confirme l'hypothèse qu'une révolution africaine doit tenir compte de la contribution de la femme.

Latere a un style clair, adapté au théâtre. Son langage direct déclenche des images véridiques et poignantes. Il est humoristique et ironique. Le Colonel dit au Général: «Que je vous adore et ...vous plains aussi! Philosophe maintenant et Saint dans quelques fractions de seconde...» (p. 59). Pour un premier écrit, Latere révèle des talents prometteurs.

Tshonga Onyumbe

Plaie (La), Paris, Albin Michel, 1967, 253p.
Roman de Malick Fall.

Le héros de *La Plaie* est Magamou Seck, jeune villageois qui va chercher un miracle à la ville de N'Dar. Selon Yaye Aïda, sa mère traditionaliste liée définitivement au sol ancestral, partir est une fuite, voire une trahison. Pour elle, la ville symbolise la misère et la décadence alors que son fils y voit beaucoup de choses séduisantes, réalisables seulement au paradis. L'adolescent part la tête remplie d'images. La mère verse de chaudes larmes. Elle a cette prémonition que quelque destin destructeur attend son petit là-bas, en dehors du périmètre communal.

Magamou fait de l'auto-stop sur la piste. Il se croit sur la route d'un bonheur idyllique lorsque le chauffeur d'un camion-benne freine à son premier appel. «Ivre de [sa] joie, si pure, si exaltante, si aérienne», le jeune homme monte à côté du chauffeur et pense même ne plus revoir le village maudit et «son quarteron de diseurs d'avenir», de pauvres hères superstitieux acculés par l'ignorance et la barbarie. Pourtant le rêve se transforme vite en cauchemar. Le jeune homme au visage gai perché sur la banquette se trouve enfoui dans la boue d'un marigot. Il y a eu un accident terrible. «On découvre une blessure qu'on dit profonde. On y introduit une pincée de gros sel... La plaie saigne toujours. On ne s'en occupe plus.» Alors, avant d'arriver à ce paradis nommé N'Dar, voilà le héros devenu «l'homme-à-la-plaie» dans un village étranger. La plaie est infectée, elle atteint des proportions gênantes, les mouches y trouvent un foyer convenable, et la victime en vient à tout détester, y compris lui-même: «Le sentiment d'un homme diminué, infirme, objet de la vindicte publique, commence à faire son chemin en moi. Je devrais me détruire quelque jour, proprement, avant que la vermine le fasse. C'en est trop de déchoir si bêtement.»

Tel est le décor de ce roman fait de contradictions, qui met en cause toute l'existence humaine, tant l'individu que la société qui l'encadre. Riches, pauvres, oppresseurs et opprimés, colonisateurs et colonisés, Blancs et Noirs, l'Europe et l'Afrique sont présents. Et l'accusateur principal — qui est aussi le principal accusé — c'est Magamou qui symbolise sa société. Il traîne sa plaie pourrie jusqu'à la ville de N'Dar, s'installe en marge de la société tout en cherchant éperdument la compagnie, la chaleur d'autrui. On l'arrête et le jette dans une cage de l'hôpital, précisément dans cette section où l'on surveille les fous. Il s'échappe pour retrouver sa liberté dans la prison des rues. Entre-temps, il rencontre Sérigne Massall, saint homme qui fréquente les morts, et Khar-l'Ancien, guérisseur africain et dépositaire de véritables connaissances traditionnelles. Les deux concourent à faire disparaître l'horrible plaie. Le patient s'en réjouit, il se croit l'homme le plus heureux du monde et s'adonne à espérer un destin utopique. Vain espoir; car, une fois la plaie disparue, Magamou est oublié de tous. Au lieu de réaliser la solidarité si désespérément recherchée, il n'atteint que la pire solitude. Pour renaître, l'homme-à-la-plaie se précipite dans la foule du marché, saisit un coutelas et transforme sa cheville droite en charpie.

Or, cet homme géant de forte carrure et d'une vigueur herculéenne, cet «emmerdeur public numéro 1», c'est le porte-parole de tous ceux qui, pour une raison quelconque, demeurent étrangers à la vie. Au plus fort de ses déboires, Magamou est nanti d'une clairvoyance étonnante, son acrimonie envers la majorité privilégiée nous pèse lourd sur le cœur, sa soif d'amour et son espoir de se concilier l'amitié des hommes nous forcent à l'auto-analyse. Les amis de Magamou se retrouvent au marché où les solitudes se donnent la main dans l'espoir de se perdre dans une chaleur vivifiante. On s'indigne face à l'inhumanité des autorités qui arrêtent le pauvre mendiant à la plaie pourrie. Les femmes accusent les hommes de lâcheté devant la police qui traîne Magamou à l'hôpital. Cependant, elles ne font rien d'autre que pérorer. Et c'est l'une d'entre elles, cette poissonnière atroce nommée Khotou-Lalo, qui affirme à la police que la folie de l'homme-à-la-plaie a atteint son paroxysme, et qui a ainsi provoqué son arrestation. C'est encore elle, tartuffe sans honte, qui se dit prête à embrasser Magamou.

Pour Magamou, la recherche d'un havre de réconciliation devient une maladie, une espèce de plaie. Épave, il hait l'obscurité des profondeurs et déteste l'anonymat. Muet, il veut coûte que coûte parler, se faire entendre, crier. «En parlant de moi, en se plaignant de moi, elles reconnaissent mon existence, m'acceptent en quelque sorte.» C'est un esclave par amour, constamment repoussé par l'amant.

Pourquoi tant insister sur cet aspect de la société? L'auteur met l'accent sur le côté sordide de la société africaine et dénonce les mythes qui propagent des valeurs de solidarité et de fraternité. La loi, entendue par tous, est celle du chacun pour soi. S'il y a solidarité, c'est la solidarité dans la boue, dans la pourriture. Voilà le caractère de cet «insondable et cher peuple» à qui Magamou veut tellement s'attacher.

Mais la solitude n'est pas la seule plaie de ce peuple. En fait, la plaie est symbole de tous les éléments du roman de Malick Fall: solitude, arrivisme, matérialisme, aliénation, vente de soi et des siens, inconscience. Magamou attaque impitoyablement toutes ces plaies.

On connaît bien l'histoire du Blanc installé en colonie: être comme les autres chez lui, il devient roi extraordinaire parmi les réputés barbares de la colonie. Il jouit de privilèges inouïs et s'accorde paisiblement le droit de piétiner tous les éléments de la culture locale. Magamou, intelligent, malin, engagé à sa façon, vomit sa haine pour les Blancs racistes et leurs collaborateurs nègres. Les premiers ont pris le pays et saisi l'âme du Nègre. Mme Bravère est une dame à la langue fourchue. Ancienne propriétaire d'une maison close, elle est experte en affaires louches. Le Dr Bernardy, «vingt ans de brousse», ivrogne invétéré, est toujours en train d'insulter les Nègres. Et les Nègres blancs sont les pires ennemis de l'Afrique. Mme Renaud, née Khardiata au village de Magamou, fait passer sa vieille maman pour une bonne et prend son bain de soleil avec un zèle catholique. Elle est abonnée à la revue *Elle* mais elle ne sait pas lire. Daouda est fier «de n'avoir jamais enfilé un boubou ou mangé un mets africain ou couché avec une négresse», et plus fier encore d'avoir oublié la langue maternelle.

La critique sociale proposée par Magamou est intimement liée à son amour pour les siens:

Pour avoir partagé avec eux des jours durs, des angoisses abruptes, des peines sans remède. Pour avoir goûté avec eux des joies pures, exhumé et actualisé un passé commun. Pour s'être ceint les reins devant une menace collective d'aliénation...

Mais on se demande comment Magamou arrive à aimer ce peuple dont l'attitude envers le pauvre aliéné est loin d'être sympathique. On se demande même si Magamou aime réellement les siens. Sa prétendue affection n'est-elle pas une maladie, voire une plaie qu'il doit soigner.

Cette question est d'ailleurs posée à Magamou par son double, «ce double de moi-même qui me force à voir clair». Le double, voix persistante, moqueuse et encore plus maligne que celle de l'homme-à-la-plaie, accuse, attaque, rit et, finalement, essaie de sauver Magamou. Celui-ci tente de se suicider. Le double lui dit qu'il faut s'accrocher à la vie. Les accusations s'empilent sur celui qui a fait vocation d'accusateur:

De quoi peux-tu sérieusement te plaindre? Es-tu, avais-tu été vraiment malheureux? N'avais-tu pas délibérément choisi un destin à part? Après tout, qui n'avait pas voulu faire soigner sa plaie?

Et encore:

Es-tu sûr que la société soit réellement comme tu l'as cyniquement dépeinte? Te voilà haineux, seul contre tous. On n'a jamais raison contre tous.

Alors, il arrive à Magamou, roi de la nuit, d'adorer l'aube, de rêver à la chaleur du corps humain. Il arrive à cet homme, à l'imagination morbide et à l'esprit dur comme l'acier, de pleurer. Magamou a horreur du sang. Il est humain et Africain; un Africain qui, lui aussi, adore les Françaises, «de véritables poupées! quel soin! quels parfums»! Il n'est pas tendre pour les femmes noires. Magamou caresse des rêves «farcis de confort bourgeois et de luxure». Ses thèses, arguties, astuces, sont parfois un effort pour cacher sa jalousie envers autrui. Magamou est un hypocrite, un Noir blanchi, un complexé et un tissu de contradictions. Magamou, c'est la complexité: «Ondoyant, fuyant, divers, Magamou est un véritable feu follet, écho fidèle de toutes les sensations, refuge de toutes sortes de sentiments.»

La diversité de ton est la qualité essentielle de *La Plaie*. Magamou aime l'Afrique mais il est convaincu qu'elle doit évoluer. Elle doit évoluer vers sa vérité première qui est «à la confluence de nos expériences, de nos idées et de nos croyances». Cette vérité est enracinée dans la sagesse des premiers temps qui nous avertit du danger du rêve outré: «L'oiseau a beau s'éterniser dans les airs, il revient toujours à terre.»

Ce sont des leçons dures à avaler qu'enseigne le roman. Magamou est une sorte de provocation permanente. Étranger par excellence parmi les siens, homme sans visage, sans privilèges, il crache dédaigneusement sur la plaie de la société. C'est «une tête qui accuse», un être qui «ne regrette pas son passage sur la terre». «Il nous force à regarder au dedans de nous-mêmes, à ramener à la surface nos cloaques, à nous mépriser... Le courage est de remettre en cause nos certitudes.»

Femi Ojo-Ade

Pleurs et fleurs pour Méliane, Dakar/Abidjan, Nouvelles Éditions Africaines, 1974, 80p.
Recueil de poèmes de Mamadou Diallo.

Le présent recueil comprend vingt-six poèmes et un conte. Par sa variété de tons et de thèmes, il offre au lecteur une promenade à travers les multiples états d'âme de l'auteur et donne de ce dernier une vision quasi exhaustive.

Le poète se voit comme un homme en retrait qui «vogue loin des sarcasmes, loin des orgasmes / revêtu de sa djellaba de quartz». Il baigne dans une sorte d'aura, à l'abri de la fausseté et des faiblesses de la nature humaine. Ainsi détaché, il se dévoue, corps et âme, au but qu'il s'est fixé. «Rendre à la vie les transports retenus depuis les au revoir sans mouchoir», faire éclater à la face du monde les sentiments depuis longtemps étouffés, tel est le rôle du poète selon Mamadou Diallo. Il a le pouvoir de transformer et de créer. Il est celui qui, par la force irrésistible de ses mots, arrache de ces «musées muets» que sont la nature et le milieu social «un concert de merveilles mortelles». Le poème, par conséquent, devient une force purificatrice, source de vie et de vitalité: «L'eau de mon poème telle la rosée du matin / arrosera le jardin de ta face couleur d'aurore.»

Témoin de son temps, le poète se fait griot et chante la gloire de «ceux qui crurent en le bonheur de l'homme»: la reine Djim-Betdu, le roi Behanzin «du Dan Homey», les princes du Saloum et du Baol, les princes du Cayor et du Fouta, les cavaliers ardos du Macina, la reine amazone Abla Pokou. Sous son stylet d'or les personnages héroïques de l'histoire africaine entrent dans le mythe, et la légende du peuple Baoulé se mue en genèse. Il devient enfant rebelle lorsque, du fond de ses entrailles, il s'insurge contre «la laideur des guerres d'occupation» au nom de la mascarade civilisation, «des guerres d'extinction» au nom de la burlesque supériorité «de l'homme sur l'homme»; il dénonce le chef africain aux «yeux d'envie», aux «yeux trempés de joie», aux «yeux teintés de convoitise», aux «yeux de proie», prêt à vendre ses congénères à l'homme à peau d'ambre dont l'humanité disparaît sous la force brutale et aveugle du «long fusil à canon lisse». La révolte le brûle lorsqu'il évoque «la couleuvre colonialiste / les banquiers soudoyeurs».

Avec l'apparition de la femme (mère ou amante), de la forêt nourricière et protectrice, du village natal, de «l'enfance enfouie sous les brumes du sablier», de «la nuit vêtue de contes et de maximes», le lecteur pénètre dans un monde majestueux où règnent l'amour et la beauté.

Si dans *Pleurs et fleurs pour Méliane* nous assistons sans cesse à une alternance entre la joie et l'angoisse, la révolte la plus violente et une générosité débordante, c'est que pour Mamadou Diallo la poésie est quelque chose de tiraillant qui tient l'âme en errance. Le poète est une victime des dieux, «l'enfant théorème sans corollaire / sur qui les génies ont déversé le poids de la poésie». La solitude le ronge; quand il s'approche, l'homme s'enfuit, horrifié, et la femme le salue d'un sourire moqueur. Condamné par les dieux, rejeté par les siens, il s'écrie: «l'équation de mes peines est à / plusieurs inconnues / encombré de la tête aux pieds par ce lourd / tribut de la civilisation».

Malgré la variété de tons, les poèmes de Mamadou Diallo sont d'une grande sérénité, témoins d'un sens profond de l'histoire africaine et des problèmes qui assaillent ce continent. La force envoûtante des vers, la luminosité des images tirées en grande partie de la nature, la sonorité de certaines scènes créent une ambiance magique où l'auteur essaie d'ouvrir les yeux à ses lecteurs.

Niang Sada

Poèmérides, Paris, P.J. Oswald, 1972, 51p.
Recueil de poèmes d'Abdoulaye Mamani.

À la manière d'une éphéméride, *Poèmérides*, recueil d'une trentaine de poèmes, s'effeuille, donnant en une forme succincte à penser ou à rêver, à se souvenir aussi. Abdoulaye Mamani est avant tout épris de liberté, et c'est sous le signe de la liberté qu'il place cette plaquette avec son tout premier poème, intitulé «Liberté». C'est parmi «les éternels humiliés de l'histoire» qu'il déclare trouver son «arpège». Quelle voie choisir? «Sinon celle de la lutte» («Contestation», «Sang», «Révolte», «Cantique des pauvres», «Obole»). Mamani trouve des accents à la Damas pour maudire «leur civilisation», qui semble «un carcan» autour de son cou «meurtri» («Civilisation», «Obole», «Cosmos», «Poème inachevé»). Mais il chante aussi «la joie et l'espoir», «la sérénité de l'espoir» («Confidence», «Espoir», «Offrande»). Il a l'âme «toute frémissante / de joie et d'amour» («Temps des moissons»). Enfin, il chante discrètement mais ardemment la Femme, «source vive» («Femme», «Serment», «Requiem pour l'Inconnue»). Et surtout, il souffre de son exil, allant «Ivre, / telle la feuille / dans le fol tourbillon du vent / ...d'un pays à l'autre / buvant l'insulte / et l'humiliation» («Exil»), et gardant la nostalgie de son pays («Rappel», «Nostalgie») dont il évoque les beautés diverses, au fil des saisons («Chant nègre», «Bois d'Afrique», «Nuits d'Afrique», «Temps des moissons», «Message»). Le recueil se clôt sur un étrange poème sans mots, tout en chiffres (de 1 à 19), intitulé «ooooo» peut-être la musique des sphères? Mamani retrouve la parole pour le couplet final: «Heureux celui / qui trouvera la clef / l'âme solitaire / est insondable.»

Danielle Chavy Cooper

Poèmes africains, Paris, Seghers, 1950, 47p.
Recueil de poèmes de Keita Fodeba.

Des œuvres publiées par la première génération des poètes noirs de langue française, qu'on pourrait appeler génération de la négritude, les *Poèmes africains* sont certainement l'une des plus originales. Sans doute le lecteur occidental pour qui la poésie implique une forte individuation du style et de la pensée n'accordera-t-il ni poids ni prix à une *prose* (car, comme Sissoko, Keita refuse toute versification, tout découpage linéaire), une prose banale, riche en clichés, parfois approximative («il faisait tard»), sans autre apprêt que quelques refrains («C'était l'aube», «il défricha... défricha...») ou d'exceptionnelles marques lexicales («Homme et femmes [...] achalandèrent les ruelles naguère taciturnes»). Mais ce n'est pas à l'esthète

occidental que ces textes sont adressés.

Un seul des sept longs poèmes qui composent la seconde édition fait appel à une expérience individuelle, le dernier, «Noël de mon enfance»; encore s'agit-il d'une scène collective: la bande des écoliers allant chanter de maison en maison dans le quartier blanc. Tous les autres sont des scènes ou des récits concernant la collectivité et dans lesquels l'individualité du narrateur n'a pas à se manifester et ne se manifeste pas: un hymne au Niger («Chanson du Djoliba»), une scène paysanne («Moisson à Faraba»), un conte («Sini-Mory»), une histoire de chasse («La légende du toubab Bailleux») et deux récits de caractère politique fondés sur des faits authentiques («Minuit» et «Aube africaine»). Africains, ces poèmes le sont donc effectivement par leur contenu et la transparence du sujet qui les énonce, indifférent à ses émotions propres, simple porte-parole des croyances, des préoccupations et des intérêts du peuple pour lequel il écrit.

Africains, ils le sont en outre par les genres traditionnels dans lesquels ils s'insèrent: hymne, chronique ou conte. Il est notable que le récit domine et l'on sait que la tendance à la «narrativisation» est assez spécifique de la littérature populaire, telle, en particulier, qu'elle est organisée dans l'Afrique de l'Ouest. Dans l'Avant-propos à la «Chanson de Djoliba» l'auteur annonce qu'il présente là un «autre aspect du lyrisme africain», les chants que les conteurs mandingues consacrent aux «éléments majestueux de la nature».

Africains, ils le sont enfin par la forme qui leur est donnée. En effet, Keita ne pratique pas l'adaptation littéraire comme le font, entre autres, un Birago Diop ou un Dadié qui, sous le nom de contes ou de légendes, donnent à *lire* des versions très «écrites» conformes aux habitudes du public occidental, il donne à *voir* et à *entendre*, au sens propre, un *mélodrame*. Voici comment est présenté le premier poème:

Au lever du rideau, dans une case mandingue, jeunes gens et jeunes filles causent autour d'un feu de bois. Un griot guitariste joue «Minuit». Un autre commente l'air.

On prendra garde à la dernière phrase: la musique assume la fonction principale; les paroles du récitant n'ont qu'un rôle accessoire: apporter un commentaire à la musique. Tous les poèmes sont ainsi composés. Le texte se présente comme la succession d'airs musicaux rigoureusement nommés: «Niki-Mo», «N'Koro-Maramani», etc., séparés par des strophes de longueur variable. Keita précise lui-même qu'il a «essayé d'approprier aux diverses situations les airs qui constituent l'essentiel de l'interprétation». Ainsi le poème devient-il une véritable partition à laquelle manque seulement, pour le lecteur non mandingue, la notation musicale. Poème total donc qui réalise les vœux de Senghor mieux qu'il ne le fait lui-même par la mention, assez formelle, de quelques instruments de musique, pratique, au reste, irrégulière et à laquelle il renoncera.

Les *Poèmes africains* ont été considérablement remaniés sous le titre d'*Aube africaine* (1965). Deux poèmes disparaissent: «La légende du toubab Bailleux» et «Noël de mon enfance»; un autre y prend place, publié précédemment, avec «Minuit», en 1952: «Le Maître d'école», simple saynète passablement burlesque. La nouvelle version, beaucoup plus brève que la précédente, supprime les notes infrapaginales, omet les précisions attestant la nature *mélodramatique* de l'ensemble et substitue aux indications musicales typiquement malinké la simple mention d'instruments africains et européens: «Musique de cora», «Musique de flûte». On peut regretter cette occidentalisation qui édulcore sensiblement l'originalité du texte. Mais la nouvelle ordonnance fait apparaître une composition plus élaborée et plus nettement idéologique. S'ouvrant sur «Minuit» qui raconte une exécution sommaire des débuts de l'époque colo-

niale (1892), le recueil se clôt sur le destin de Naman, vétéran de la Seconde Guerre mondiale qui trouve la mort dans la sanglante répression de Thiaroye (1944). L'œuvre s'inscrit donc sans ambiguïté dans l'histoire coloniale de la Guinée et signifie explicitement la prochaine libération de «la Patrie africaine».

Michel Hausser

Poèmes de combat et de vérité, Honfleur/ Paris, P.J. Oswald, 1967, 85p.

Recueil de poèmes de Sikhé Camara.

Conformément à son titre, ce recueil de poèmes est celui d'un militant nationaliste africain, originaire de Guinée, qui est devenu par la suite un personnage important du gouvernement de Sékou Touré.

Aussi bien, dans une sorte de Préface intitulée «En guise de liminaire», l'auteur cite des extraits d'écrits de trois dirigeants et écrivains noirs qui se sont illustrés dans la lutte contre le colonialisme; de Sékou Touré, un message adressé en 1961 à un colloque de la Société Africaine de Culture, d'Aimé Césaire, son *Discours sur le colonialisme*, et de Frantz Fanon, *Les Damnés de la terre*.

Les thèmes des pièces du recueil s'inspirent en droite ligne de ces trois maîtres à penser. Ainsi dans «J'ai de la mémoire», Sikhé Camara évoque le temps de l'esclavage et de la colonisation et les souffrances endurées par les peuples noirs, avant de conclure par un appel à remplir la mission qui leur incombe désormais: «Redonner à l'Afrique / Sa place / Ses droits / Sa raison de vivre.»

La résistance à la conquête coloniale fait l'objet d'un autre poème, «Les inutiles», c'est-à-dire les Africains embourgeoisés, que l'auteur accable de son mépris en les apostrophant au nom des souverains africains qui luttèrent pour la grandeur ou l'indépendance de leur royaume, tels Samory, le Damel du Cayor, Soundiata Keita, Béhanzin, etc.

Mais bien entendu, le poète ne borne pas son propos à l'évocation du passé. Il entend définir également les tâches immédiates qui incombent aux militants africains. Ainsi, dans «Aube nouvelle», qui exalte le «nom» du président Sékou Touré au référendum de 1958 et la proclamation de l'indépendance de la Guinée, Sikhé Camara proclame son refus du tribalisme et des différences sociales: «Non à l'éternelle opposition entre les ethnies [...] / À l'antagonisme / Entre les villes et les campagnes / Entre l'intellectuel et le manuel.»

Dans un autre poème, «Unité», l'appel à l'union de toute la nation se prolonge par un autre appel à l'union de toute l'Afrique dans une perspective résolument panafricaniste. Il développe un thème similaire dans «Aux dimensions vraies», poème dédié à Fanon, en utilisant la métaphore prêtée à un souverain dahoméen qui, pour sceller l'unité de son peuple, l'exhortait à boucher les trous d'une jarre, symbole de la nation. Au demeurant, la solidarité noire que prône Sikhé Camara s'étend outre-Atlantique, avec un poème intitulé «À mon frère de Harlem», dédié conjointement au grand panafricaniste américain W.E.B. DuBois et aux écrivains noirs des États-Unis, Richard Wright, Claude McKay et Langston Hughes.

Tous ces «Poèmes de combat et de vérité» sont en vers libres et l'auteur use volontiers de répétitions en forme de litanies.

C'est le cas entre autres de «Debout», dédié cette fois à Césaire, où le poète écrit:

Elle est debout debout
L'Afrique humiliée angoissée
L'Afrique honteuse inquiète
Debout l'Afrique complexée désespérée
L'Afrique fataliste opprimée sclérosée
Elle est enfin debout debout
L'Afrique débarrassée délivrée.

Claude Wauthier

Poèmes de l'Afrique noire. Feux de brousse. Harmakhis. Fleurs et chardons, Paris, Debresse, Coll. Debresse-poésie, 1963, 171p. – Préface de Pierette Micheloud.

Recueil de poèmes de Fily-Dabo Sissoko.

Des trois sections de l'œuvre, seule la seconde, «Harmakhis», a fait l'objet d'une publication antérieure (Paris, La Tour du guet, 1956, 113p.). La première et la troisième semblent inédites.

Quelques rares poèmes sont datés, la plupart dans la première section (de 1910 à 1928), aucun dans la seconde, un seul dans la troisième (1938), ce qui, vu la date tardive de publication, donne à l'ensemble un caractère rétrospectif, non pas «mémoires d'une âme», pour reprendre une formule classique, mais plutôt, comme pour *Leurres et lueurs* de Birago Diop, mémoires d'une vie. Cependant, le style n'accusant aucune variation significative, il est vraisemblable que les poèmes les plus anciens ont été remaniés, à moins que la date ne réfère qu'à l'événement rapporté.

Le fait le plus notable est que ces *Poèmes* sont écrits en prose. Certes, le lecteur occidental ou occidentalisé ne s'étonne plus qu'un poème adopte une forme linéaire, mais il le peut lorsque, comme ici, il est écrit de manière apparemment facile et prosaïque. À vrai dire, Sissoko ne s'inscrit nullement dans la lignée des poètes en prose français et témoigne avec une remarquable discrétion d'une recherche originale. Écrivant en versets le fragment de mémoire qu'est *La Savane rouge* et, maintenant, en prose ce qu'il nomme *Poèmes*, il invite le lecteur à se défaire de ses habitudes littéraires. A-t-il trouvé un modèle dans les *Poèmes africains* de Fodeba Keita (1950) écrits, eux aussi, en prose? Sans doute pas car la technique de Keita est notablement différente. Toutefois les titres de ces deux recueils sont comparables. Tous deux prétendent dégager une spécificité africaine. En ce sens, le titre de Sissoko peut être interprété de plusieurs façons. Faut-il comprendre: dont l'objet porte sur l'Afrique, dont l'origine (le sujet) est l'Afrique ou dont l'expression est africaine? Les trois sens sont acceptables.

Facile et prosaïque, le style de ces *Poèmes* ne l'est qu'en première lecture. On note une certaine recherche lexicale: quelques vocables rares ou affectés: «coruscation» (p. 37 et 95) et «coruscants» (p. 119), «épistaxis» (p. 107), le pluriel «euphories» (p. 156)... quelques noms référant à la culture occidentale comme «paladins» (p. 15), «éphèbes» (p. 76 et 96), «ondines» (p. 89 et 122), «lied» (p. 163) (où l'on peut voir, car cet usage se retrouve chez un Dadié, une «rémanence» de l'enseignement dispensé à l'École William Ponty), mais surtout, en grand nombre, des termes géographiques, zoologiques, botaniques, etc., puisés dans le fonds malinké: «bowal» et «difolo», «bida» et «kontofolio», «balanzan» et «doubalen»... Exotisme complaisant? Non, car la traduction est exceptionnelle. Si, ordinairement, on comprend sans peine qu'il est question d'un arbre, d'un serpent, d'un oiseau, il est malaisé de les reconnaître ou, simplement, de les voir: Sissoko s'adresse aux lecteurs (éventuels) de son terroir. Le principal est, ici, la précision des termes. À cela près le vocabulaire (les clichés sont nombreux) et la syntaxe sont assez neutres. Mais il est une marque stylistique plus significative: une ponctuation par moments fort étrange:

Si tu dors, c'est que, tu es en paix
(p. 42).

Est-ce m'aimer que de me fausser compagnie, au moment où j'ai le plus, besoin de ton assistance (p. 144)?

Fautes? On en a parfois l'impression et l'on se dit que Sissoko, alors emprisonné, n'a pas relu ses épreuves. Mais quand le procédé se répète, il a chance d'être intentionnel. Dans ces conditions, l'écriture n'est pas première mais transcrit une parole proférée, donc rythmée (Sissoko avait lu Marcel Jousse). Ce procédé, si occasionnel soit-il, joint à une prose ordi-

nairement prosaïque, amène à déplacer le poétique de l'expression vers le contenu et vers le sujet proférant: ce qui est poétique, jusque dans sa banalité même, c'est tel phénomène africain et le fait de l'énoncer (on mesure tout ce qui sépare Sissoko d'un Francis Ponge auquel un Français serait tenté de l'associer). Simultanément, l'auteur donne l'illusion que le texte lu n'est que la traduction d'un texte original malinké.

Le sujet proférant est sans doute l'individu Sissoko qui dit parfois «je», comme on vient de le voir, et s'émeut devant la mort d'autrui, singulièrement des jeunes filles, mais ce «je» peut désigner tout autre, un jaloux, une amoureuse ou quelque anonyme. Que Sissoko s'exprime communément au nom d'une collectivité, le prouvent la fréquence de «nous», l'absence encore plus fréquente de tout sujet: n'importe quel regard, n'importe quel écrivain pourvu qu'ils soient malinké, enfin le fonds de «sagesse africaine» auquel, assez régulièrement, l'auteur, amateur de sentences et de proverbes, demande comparaisons, explications, interprétations, conseils moraux, etc.

En dernier lieu, l'objet de ces poèmes est, sans exception, l'Afrique. Les trois sections qui composent ce recueil laissent attendre certaines différences d'inspiration. Il n'en est rien. Par exemple, un poème intitulé «Le feu de brousse» (p. 82-83) figure dans la deuxième, non dans la première section. À tout le moins perçoit-on, ici et là, quelques séquences plus homogènes, la prolifération de certains types de scène. Mais les trois titres intérieurs révèlent clairement les trois «thèmes» fondamentaux du recueil. «Feux de brousse» montre la réalité naturelle (paysages, phénomènes atmosphériques, faune et flore...) dans sa relation avec l'homme, l'homme collectif étant toujours concerné, sentimentalement, intellectuellement, métaphysiquement, par ce qui est vu. «Fleurs et chardons» se réfère surtout aux joies, plaisirs, beautés, aux épreuves, tourments, deuils de la vie quotidienne, une Épigraphe de Marc-Aurèle soulignant ce que l'observateur peut en tirer pour faire jaillir de lui «la source du bien». «Harmakhis» (introduit par quelques mots de la «Prière sur l'Acropole»), qui reprend le titre du premier poème de cette section, désigne le grand sphinx, symbole du mystère de l'Afrique, de la vie et de l'homme. Si, pour plus des deux tiers, l'ouvrage est composé de scènes et de tableaux, sans autre désir, apparemment, que de décrire le réel, il importe d'insister sur le fait qu'aucun de ces textes, très généralement brefs, n'est gratuit. Explicitement ou non s'en dégagent une légende, une croyance, un présage, une règle de vie, un souhait, une peur, une interrogation sans réponse dont l'angoisse est voilée par la simplicité du ton: «Et moi-même: quelle direction prendrai-je, le jour de mon départ, qui se rapproche chaque matin» (p. 153)?

Au total, avec une grande discrétion, une grande économie de moyens, une œuvre plus «africaine» que tant d'autres, complaisantes et chantournées, issues de cette même génération de la négritude, une œuvre énigmatique à force de clarté.

Michel Hausser

Poèmes de la mer, Yaoundé, Éditions CLÉ, Coll. Abbia, 1968, 64p.
Recueil de poèmes de Jean-Baptiste Tati-Loutard

La mer, chez ce poète né dans un village de pêcheurs, sur le littoral congolais, est au centre d'un réseau d'images qui structure toute l'œuvre, depuis le premier recueil sus-cité jusqu'au plus récent, *Les Feux de planète* (1977).

L'image marine est riche de connotations multiples. La rumeur lointaine et sourde de l'océan est liée au paysage d'enfance et à l'environnement matériel. L'enfant, jusqu'à cinq ans, n'avait jamais vu la mer mais l'entendait, mystérieuse, au-delà des lagunes et des champs. Les premiers vers, poèmes de l'exil, écrits pendant le temps des études en France, font une part égale au souvenir de la mère et de la mer («Nouvelles de ma mère», «Depuis la tombe d'une mère», «Rendez-vous familial», «Apparition au Carnaval»).

La mer est une puissance généreuse, dispensatrice de subsides, «avec sa cargaison de poissons». Mais plus souvent elle s'oppose à l'image maternelle bénéfique; marâtre redoutée, elle suscite la méfiance.

La situation géographique dans la rade de Loango, où demeurent les vestiges de l'ancien wharf, le passé de cette baie vouée aux échanges avec le Portugal et l'Europe depuis le XVe siècle, introduisent une dimension historique. La mer est perçue comme complice des départs en esclavage. Le flux qui apportait les bateaux des négriers et la verroterie remportait «le bois d'ébène»: «Le sang des esclaves est devenu bleu dans les veines de la mer.»

La mer roule sur le sable des coquillages assimilés aux ossements des esclaves jetés par-dessus bord, ou à ceux des pêcheurs noyés: «route sous-marine pavée d'os». Hydre dévorante, la mer par gros temps «engloutit dans ses fronces l'homme tombé en son sein», développera l'auteur, dans *Les Normes du temps* (1974).

La fascination de la mer est celle de la mort. Elle constitue un tombeau, hiératique et sacré, immobile dans son éternel recommencement: «Elle est notre sarcophage antique.»

Son rôle ambigu dissimule un pouvoir de séduction traître: «sa robe de reptile bleu». Sa nocivité est neutralisée quand «La mer / vieille rapace lasse marche à pas de colombe parmi les graviers». Dans ce pays, les sirènes ont nom «mamy wata» ou «kikambissi».

Les algues et les coquillages rejetés avec l'écume sur le rivage, ou ceux qui peuplent les fonds marins, figurent les désirs troubles, les sentiments refoulés: «Ventre mêlé de poulpes».

Ces poèmes exaltent l'homme qui livre à la mer un combat sans merci. Ils présentent la lutte épique du pêcheur contre l'élément mouvant, sa pirogue chevauchant les vagues. Le pêcheur devient le prototype de l'homme qui dompte les forces hostiles.

Le spectacle marin suscite une méditation philosophique et une interrogation religieuse, position qui sera révisée dans les ouvrages suivants et en particulier dans *Les Chroniques congolaises* (1974), nouvelles qui poursuivent une insidieuse démystification. La méditation philosophique dans «La fable de l'homme», «La chance de l'homme», se poursuivra avec «Le sens de la vie» dans les autres recueils.

Le premier livre met en place les thèmes qui nourriront toute l'œuvre ultérieure. L'auteur expérimente des procédés comme l'inversion du regard: la terre vue de la mer, la vie imaginée du haut de la vieillesse.

L'inspiration traditionnelle et le respect du patrimoine national dans son intégrité amènent l'auteur à valoriser un «chant funèbre des pygmées».

La partie lyrique est complétée par une Postface: «Poésie nègre et retour aux sources». Elle exprime une prise de position par rapport aux théories de la négritude. Ce point de vue, opposé à toute inféodation servile, sera en partie repris dans le discours prononcé par la délégation congolaise au Festival Panafricain d'Alger, en 1969.

Arlette Chemain-Degrange

Poèmes diplomatiques, Paris, P.J. Oswald, 1976, 110p.

Recueil de poèmes d'Eugène Sama.

Les *Poèmes diplomatiques* ont été écrits dans un but de recherche – recherche de soi et de compréhension de l'homme, de la politique et du monde.

Eugène Sama chante les souffrances des déshérités, des opprimés, des révoltés, et le sacrifice de ceux qui sont morts pour la dignité et pour la liberté de l'homme, dans tous les pays du monde. C'est ainsi qu'il rend hommage à Eugène Pottier, Malcolm X, Hô Chi Minh, Lumumba, Che Guevara, Allende, etc. Il

revendique le droit de lutter contre l'assujettissement des peuples au profit d'une minorité impérialiste blanche qu'il nomme, et qu'il dénonce: l'OTAN, la CIA, l'Église. Il exhorte les peuples à s'unir: «Tordons à l'ennemi le cou / Pour que s'installe la liberté / Et que s'élève une nouvelle humanité» («Chaîne d'amitié»). Eugène Sama fait appel à tous les combattants, qu'ils soient ouvriers, intellectuels ou paysans, afin que triomphe l'internationalisme prolétarien, dans un climat de paix et d'amour universel.

Quel qu'il soit, philosophe humanitaire ou politicien convaincu, philanthrope ou utopiste, Eugène Sama demeure un fils d'Afrique, et son attachement pour son pays n'est rien moins que passionné, comme en témoignent «Fils d'Afrique», «Congo», «Jeunesse de mon pays», «Jeune Congolais», «À un fils», «Fils du Congo» et «À mes Parents».

Son style s'apparente plus à la harangue qu'à la poésie. La simplicité de l'expression témoigne du soin particulier qu'a pris l'auteur pour que son message soit entendu et compris, et souligne enfin l'intérêt propagandiste de sa mission.

Josette Hollenbeck

Poèmes et contes d'Afrique, Paris, *Le Cercle de la Poésie et de la Peinture,* (Revue mensuelle, février-mars 1958, n° 25-26), 31p.

Écrits de Paul Typamm Akakpo

Poèmes et contes d'Afrique est un ouvrage composite. Les sept poèmes et quatre contes qui le composent évoquent, de manières différentes, la vie ancestrale, mais aussi, chose relativement rare dans la littérature africaine d'expression française, certains d'entre eux expriment les sentiments personnels de l'auteur vis-à-vis de ses parents et enfants.

Les poèmes font revivre le village natal avec ses divertissements au son du tam-tam et les veillées pendant lesquelles les vieux racontaient des histoires. Ils recréent aussi les beautés du paysage, des clairs de lune, de la rivière Lentere, source de joie et de vie. Ces pièces décrivent des endroits chers au poète et d'agréables moments passés alors que les autres disent la nostalgie de Typamm de vivre loin de ses filles et de ceux qui l'ont éduqué (p. 15, 19). Dans la même veine, «Mélopée filiale» et «Quand on est» chantent l'amour de la mère et du prochain.

La deuxième partie du livre est composée de quatre contes. Tout d'abord, *Mawu et ses trois enfants* et *L'araignée et la tourterelle*, deux contes étiologiques expliquent respectivement pourquoi les bras et les jambes doivent «servir» le corps (p. 22) et pourquoi les hommes écoutent leur intelligence et les animaux leur instinct (p. 25). Suivant la manière typique des contes-devinettes *Une femme et ses trois garçons* repose sur la question: «Lequel est le plus méritant?» et le dernier conte, *Une cruelle expérience du roi Andonglo*, dénonce la cupidité tout en soulevant un problème épineux: «Qui est le plus coupable, le tentateur ou celui qui succombe à la tentation» (p. 23, 29)?

Visiblement, l'auteur ne cherche pas l'originalité dans cette partie, mais il veut préserver quelques contes qui l'ont bercé. De plus, en transcrivant ces textes, il reconnaît implicitement la valeur et l'à-propos de la sagesse ancestrale. En fait, lorsqu'il souligne l'importance de l'obéissance et lorsqu'il adopte un concept tel que «Il n'y a personne qui ne connaisse rien et il n'y a personne qui connaisse tout» (p. 25), Typamm rappelle à son lecteur, tout comme le faisaient les anciens conteurs, la modeste place que l'homme tient dans l'univers.

Claire L. Dehon

Poèmes peul modernes, Nouakchott, Imprimerie Mauritanienne, 1965, 47p. (Études Mauritaniennes, 1965), 45p. (D'abord publiés in «Dix-huit poèmes peul modernes», présentés par Pierre F. Lacroix, in *Cahiers d'Études Africaines*, II, 8, 1962, avec traduction de l'auteur).

Recueil de poèmes de Amadou Oumar Bâ.

Ce recueil de poèmes bilingues (peul-français), numérotés et dépourvus de titre, illustre les rubriques suivantes: Des femmes et du mariage, Dendiraagu (parenté à plaisanterie), Des voisins, Des types nouveaux, De la politique. Oumar Bâ propose deux traductions pour chacun de ces poèmes: une traduction littérale et une autre plus élaborée.

Ces poèmes sont de courtes épigrammes, généralement pleines d'humour, qui tiennent compte à la fois de la tradition arabe et de la sagesse traditionnelle peul pour s'attaquer à certains aspects de la société Haalpularen de la Vallée du Sénégal.

Ils sont récités au cours de veillées organisées par des «intellectuels», mais ceux qui les composent doivent appartenir à l'aristocratie pour bénéficier en même temps de la liberté d'expression nécessaire et de l'impunité souhaitable!

Le poète s'attaque aux travers de la société de son temps: hésitations de la jeune femme qui voudrait bien épouser un homme riche mais qui préférerait la fougueuse jeunesse à la maturité impuissante (I), difficulté que rencontre l'homme pauvre lorsqu'il veut s'attacher une femme (IV).

Il exerce aussi sa verve caustique sur ses voisins Sérères, Maures et Goréens, dont il égratigne allègrement la réputation (IX, X, XI).

L'auteur évoque enfin les transformations qui affectent la société dans laquelle il vit: c'est l'apparition d'une politique nouvelle avec la formation de la fédération du Mali (XVIII), mais aussi les métamorphoses qui engendrent des types d'hommes nouveaux: le galonné (XII), l'étudiant (XIII) qui écrit des lettres pour les analphabètes, l'aventurière habituée aux escales (XV).

Dans ce recueil, Oumar Bâ fait preuve d'une grande liberté d'expression que justifie son statut social mais que réclame aussi les sujets traités, habituels chez les auteurs d'épigrammes: la femme, l'argent, le pouvoir...

Jacqueline Falq

Poésie (La) est dans l'histoire, Paris, P.J. Oswald, Coll. Janus, 1960, 42p.

Poème de Pierre Makombo Bamboté.

À la lecture d'un tel titre on ne peut douter d'une poésie attentive aux événements. Le long et unique poème qui suit ne dément pas cette première impression.

Dans un style parfois heurté dont les mots arrivent sans ornement, Pierre Bamboté nous invite à partager ses souvenirs, ses nostalgies, ses espoirs, son histoire, celle des «fiancés de la juste colère». Broyés au fil de la mémoire, les vers s'allongent, s'étirent en longues phrases dans un désordre apparent où se mêlent le poids terrible du passé et l'appel à une fraternité sans oubli, au-delà de l'injustice et de l'horreur.

Bamboté feuillette le livre sanglant de l'Histoire des peuples opprimés. Il réunit, dans son cortège douloureux et tragique, l'Indien et l'Africain, «ceux qui ont bu chaque génération le miel noir de bouche amère». Il ne peut oublier «les bateaux qui charriaient à travers champs dévastés de longue date les minerais à chair noire», mais il refuse cependant la rancune inutile («leur en avoir voulu autrefois, c'était hier») afin de préserver un devenir auquel il aspire («par-dessus toutes les douleurs, aimons le frère»).

Comme bien d'autres textes de la même époque (ce recueil fut publié en 1960), *La Poésie est dans l'Histoire* est un exorcisme littéraire; rejet de la facilité occidentale, dénonciation des crimes, hommage aux héros des Indépendances, les thèmes conduisent tous vers cet élan généreux qui, malgré quelques faiblesses, parvient à conquérir le lecteur. Cette poésie appartient à une génération qui revendiquait essentiellement le droit d'être entendue. Vingt ans ont passé mais il n'est pas sûr que cette quête ne soit pas encore d'actualité.

Bernard Magnier

Politicos, Yaoundé, Éditions CLÉ, Coll. Théâtre, 1974, 64p.

Comédie en cinq actes de Jean Mba Evina.

Jean Mba Evina appartient à la génération des écrivains camerounais qui s'est signalée au public à partir de la deuxième décennie de l'Indépendance. *Politicos* a été jouée plusieurs fois à Yaoundé par différentes troupes de théâtre depuis sa parution en 1974. C'est elle qui représenta le Cameroun littéraire au Deuxième Festival Mondial des Arts Nègres à Lagos en 1977.

L'action, dans cette comédie en 5 actes, se déroule au village d'Ebozok non loin d'Ambam, arrondissement natal de l'auteur. Le personnage projeté au-devant de la scène dès le titre est Politicos, un villageois illettré «qui prend la politique comme une grande aventure». Assuré d'une popularité qui n'existe que dans son imagination, il se porte candidat aux élections municipales, en même temps que plusieurs autres ambitieux dont le Chef du village. Au cours d'une vérification d'identité en vue de l'établissement des listes électorales, le Sous-Préfet découvre que Politicos n'entretient pas ses plantations de cacaoyers et ne s'acquitte pas de ses obligations fiscales. Disqualifié au profit de Ndong Zélard, le seul qui ait payé ses impôts sans contrainte, il est conduit en prison.

Le sujet traité par le dramaturge est important dans la société camerounaise postcoloniale. L'indépendance a créé une situation permettant aux nationaux de prendre en main le leadership du pays à la ville comme à la campagne. Mais tels qu'ils apparaissent dans *Politicos*, très peu d'entre eux sont préparés intellectuellement, psychologiquement et moralement à assumer des responsabilités aussi lourdes: la campagne (comme la ville) regorge d'aventuriers dont Politicos est le prototype. Pour eux, «l'indépendance n'apporte que des droits et non des devoirs».

Aucun d'entre eux n'hésite devant

des moyens tels que la gabegie, la médisance, la démagogie, la corruption pour obtenir le soutien des électeurs. L'intention avouée de l'auteur est de circonscrire ce problème à l'espace du village. Mais, en réalité, il dépasse ces limites pour peindre également la ville dans le même esprit critique: aucun représentant de la ville (Sous-Préfet, Député, gardes et interprètes qui les accompagnent) n'a une meilleure conception de la politique. Si les villageois les corrompent, c'est parce qu'ils savent d'avance qu'ils sont corruptibles.

Trois personnages se distinguent par leurs réflexions pertinentes. Nyamoro, le père de Politicos, déconseille aux habitants d'Ebozok de se mêler de politique car celle-ci est devenue «une maladie cruelle». Cause de l'exode rural, elle favorise l'oisiveté — «la politique», répète Nyamoro, «ne défriche pas les champs» - et suscite des querelles vaines entre les fils du pays. Pour Salifou la meilleure politique est celle qui garantit effectivement «l'intérêt d'une masse. C'est l'intérêt général pour le bien public». Malheureusement, avec à sa tête un opportuniste de l'envergure du Chef Martin, Ebozok n'est pas prêt à suivre cette voie de la sagesse. Aussi, par l'entremise de Koulikouli, l'auteur entreprend-il de critiquer cette société décadente. Tout niais qu'il paraît, Koulikouli a le jugement assez droit pour constater avec amertume que ses frères de race qui ont succédé aux Blancs sont pires que ceux-ci. Passant en revue les faits marquants de l'histoire africaine de l'époque coloniale, il conclut que le sort de la population locale ne s'est guère amélioré. Mais il n'hésite pas à entrer dans la danse, contrairement à Salifou, le «pur».

Les allusions de Koulikouli à la Loi-Cadre, à l'Autonomie, au rôle de l'O.N.U... surprennent le lecteur car rien dans la pièce ne permet de préciser l'origine de sa culture étonnamment riche. C'est plutôt Salifou, l'étudiant bachelier, qui était le mieux placé pour citer l'histoire récente avec autant de doigté. Par ailleurs, le Chef Martin et Politicos s'expriment tantôt dans un français impeccable, tantôt dans une variété de «petit nègre», sans que l'auteur parvienne à justifier ces contrastes. Ces incohérences sont dues au fait que le dramaturge, dans une œuvre aussi courte, ne pouvait approfondir ni le thème ni la peinture des personnages: Jean Mba Evina érige la schématisation en procédé d'art dramatique. Non sans succès.

Quelques proverbes ponctuent de temps à autre le discours des personnages. Mais leur langage semble bien moins imagé que celui que tiennent, dans la réalité quotidienne, les gens de la civilisation sylvestre. La fadeur (ou peu s'en faut) de leur langage est à rapprocher sans doute de leur superficialité en politique, que l'auteur satirise dans un style simple mais pas simpliste.

Isaac-Célestin Tcheho

Poupée (La) ashanti, Yaoundé, Éditions CLÉ, 1973, 224p.
Roman de Francis Bebey.

Ce roman qui a pour cadre l'Accra de Nkrumah représente la dimension urbaine d'une chronique de la vie africaine dont *Le Fils d'Agatha Moudio* nous donnait l'aspect rural. L'indomptable Agatha trouve ici une âme-sœur en la personne d'Edna, Vivante, analphabète et têtue, Edna a connu les dures réalités de la vie à un âge tendre et tient beaucoup à son indépendance. Cependant, elle a plus de chance qu'Agatha. Car la clé de cette indépendance réside non pas dans la prostitution, mais dans l'étal où elle aide Mam, sa grand-mère, au marché d'Accra. C'est là qu'elle rencontre Spio, jeune fonctionnaire idéaliste dont la nature et la formation semblent tout à fait opposées aux siennes. Instruit, cultivé, ambitieux mais scrupuleux, Spio a hâte de construire une société juste où ses talents lui assureront une belle carrière. Leur amour naissant se développe dans le contexte d'une manifestation .es femmes du marché. Le but de cette dernière est la restitution du permis de travail d'une collègue, Madam Amiofi, dont le mari fait partie de l'opposition politique au Docteur. Poussé par son amour pour Edna, Spio plaide la cause de Madam Amiofi auprès de son patron, l'Inspecteur-Général. Celui-ci essaie maladroitement de marchander les faveurs de la jolie fille de Madam Amiofi contre la restitution du permis. Son attitude enflamme la colère des femmes du marché qui descendent alors dans la rue. Ignorant l'art de contrôler les manifestations, la police a recours à la violence. Dans la mêlée qui a lieu devant le Parlement, plusieurs manifestantes sont tuées ou blessées. Edna est atteinte d'une balle dans le dos. Faisant fi de toute prudence, Spio expose l'Affaire Amiofi directement au ministre concerné. Son audace lui vaut une affectation disciplinaire à Tamalé, petite ville perdue au nord du pays. Afin d'éviter d'autres troubles publics, le Docteur forme une Commission d'Enquête officielle pour étudier les causes de l'agitation. Les membres de la Commission suppriment toute information compromettante et innocentent les coupables. Madam Amiofi retrouve son permis de travail. Spio revient à Accra après un exil de neuf mois, et nullement découragé par les différences qui les séparent, il fait face à l'avenir avec Edna qu'il prend pour femme.

Inspiré par le séjour qu'effectua Bebey à Accra en 1960, ce roman constitue un hommage aux femmes du marché: l'un des rares groupes de pression démocratique toujours actifs sur le continent africain à l'ère des dictatures militaires et des régimes à parti unique. L'auteur y exprime également son amère déception devant l'orientation prise par nombre d'États africains après les Indépendances.

Les personnages, les décors, l'action permettent à Bebey de donner une vue très large de la vie urbaine et de trans-

mettre ainsi son message social. Bien qu'appartenant à la fiction, la manifestation des femmes du marché d'Accra apparaît parfaitement authentique. «Elle aurait pu avoir lieu», nous dit l'auteur. «Il y a eu beaucoup de manifestations de ce genre à Accra ou à Lagos.» Nous voyons des vendeurs du marché, des écrivains publics, des agents de police, des bureaucrates et administrateurs ambitieux dans leurs bureaux, à leurs étals, sous leur arbre, s'amusant dans les boîtes de nuit, ou cherchant à résoudre les difficiles problèmes de l'ordre public et de la justice. Nous lisons les descriptions détaillées des rues d'Accra, du Parlement, et de toute une variété d'activités quotidiennes dans des endroits publics ainsi que dans la maison de Mam. Fréquemment, l'auteur émaille son récit de commentaires peu flatteurs ou de digressions hilarantes sur les média, les transports en commun, les scribes, le marché de Nima, la bicyclette de Tante Princess, ou les malheurs des musiciens ghanéens à Ouagadougou. Le ton est généralement léger et la charmante ironie de Bebey atténue la sévérité de sa critique sociale.

Dans cette opposition des femmes du marché à la machine bureaucratique, l'ignorance s'oppose à l'éducation, la corruption à la morale, la révolte à la résignation, et l'injustice à la lutte pour les droits de l'individu. Des tensions existent également, mais à un niveau moindre, entre la jeunesse irrévérencieuse (Spio, Edna) et la vieille génération, respectueuse des traditions (Mam, Tante Princess) tout comme entre les instruits (Spio, Angela, Gin) et les analphabètes (Edna).

Le pouvoir et l'argent occupent le centre de cette scène sociale agitée. Ils ouvrent toutes les portes, détournent toutes les règles, compensent tous les défauts et accordent la respectabilité sociale. On tâche donc de les obtenir et de les garder par tous les moyens, légitimes ou non. Chacun exploite au maximum l'autorité dont il est investi ou les privilèges dont il jouit pour son propre compte. La corruption est une manière de vivre. Edna trompe ses clients au marché et leur vend des peignes de plastique pour de l'ivoire. Ses collègues-vendeurs l'aident à se débarrasser des victimes mécontentes en avançant de fausses accusations. Bunefo, l'instituteur, séduit ses élèves; et plus tard, sa position de médecin le protégera contre toute condamnation criminelle. L'Inspecteur-Général est un séducteur. Les membres de la Commission gouvernementale ferment les yeux devant les excès de leurs alliés politiques. Le Docteur lui-même sacrifie la justice au réalisme politique. Son choix des membres de la Commission dont certains ont trempé dans l'Affaire Amiofi assure à l'avance un verdict qui n'embarrassera ni son parti ni son gouvernement. Dans cette jungle où la corruption et le matérialisme règnent à outrance, les symboles concrets de la richesse et du pouvoir ne manquent jamais d'impressionner, qu'ils se présentent sous la forme de chaises en cuir, de havanes, de luxueuses voitures, de la manipulation des gens ou de la violation de la loi. La respectabilité publique dépend de l'importance du compte en banque. L'argent et le pouvoir sont les deux faces d'une même médaille: «Les gens importants sur cette terre, ce sont ceux qui ont de l'argent.»

Les personnages de Bebey sont des produits de l'Afrique noire contemporaine, tout comme Madame Vauquer et Fagin viennent tout droit des sociétés française et anglaise du dix-neuvième siècle. Ils manquent d'individualité. Il en va ainsi d'Edna et de Spio dont le portrait physique demeure vague. Le fait que tous les personnages, quel que soit leur niveau d'études, parlent un français impeccable surprend encore plus. Mais cette entorse à la réalité ne semble pas préoccuper Bebey. Ce qu'il cherche surtout, c'est de créer des personnages qui puissent servir de «baromètre social». Edna, par exemple, est la «poupée ashanti», un archétype qui reflète les attitudes, les valeurs et les problèmes de nombre d'individus de sa génération; et Spio est le jeune Africain instruit et imbu de rêves utopiques, qui se met à gravir l'échelle administrative. Son exil à Tamalé sert de leçon à tous ceux qui tenteraient d'ignorer la hiérarchie et de menacer le statu quo. La mentalité de Mam et de l'Inspecteur-Général, le cadre de leur vie quotidienne sont familiers aux habitants de Dakar, de Lagos, de Douala ou de Brazzaville. Le patriotisme de l'une et l'incompétence de l'autre sont choses courantes dans l'Afrique contemporaine.

Edna a hérité de l'orgueil professionnel et du sens civique de sa grand-mère. À la différence de Mam, cependant, elle appartient à la nouvelle génération. Elle manque de patience et elle a des aspirations plus élevées. Alors que Mam souscrit au principe de l'immobilité sociale et regarde avec résignation le népotisme du Docteur, Edna, quant à elle, révèle des tendances plus démocratiques. Elle comprend la nécessité de l'instruction pour le développement de l'individu et du pays. Elle a honte de son analphabétisme. De plus si les femmes du marché ont porté le Docteur au pouvoir elle se demande pourquoi aucune n'est entrée au gouvernement. Et pourquoi acceptent-elles d'être gouvernées par des imbéciles? On ne s'étonne donc pas de voir Edna et non Mam à la tête de la manifestation, son écharpe flottant au vent comme un étendard de défi. Tout le long de l'action, Edna reste le point de mire de notre attention. Son apprentissage du métier de vendeuse sous la ferme tutelle de sa grand-mère, son amour naissant pour Spio, ses relations parfois turbulentes avec ses deux amies Gin et Angela, ou encore son dévouement total à la cause des femmes du marché nous révèlent peu à peu une société à la recherche d'une identité nouvelle. Identité fondée sur l'alliance difficile des traditions africaines séculaires et des idées importées de l'Occident. Cette alliance se concrétise sur le plan personnel à la fin du livre par le mariage de Spio et d'Edna. Leur avenir est symbolique de la destinée de tout le continent. Espérons qu'il n'y aura pas divorce.

Norman Stokle

Pour toi, Nègre mon frère, Monte-Carlo, Éditions Regain, 1960, 154p.
Poème dramatique de Toussaint Viderot, dit «Mensah».

Écrit dans une perspective d'introspection raciale et historique, *Pour toi, Nègre mon frère* est un long récit dramatique participant à la fois du théâtre et de la fiction. Il se divise en deux longues scènes encadrées de deux pièces en vers libres, «Retour au pays natal» et «Pour toi, Nègre, mon frère», Épilogue qui prête son titre à l'ensemble.

Le récit met en scène les souvenirs d'un jeune Africain qui, de retour sur un navire à destination de Dakar, se remémore les incidents que lui contaient pendant son enfance son père, son grand-père ainsi que d'autres membres de la tribu. Pour avoir ignominieusement succombé à la séduction matérielle de l'étranger et troqué les frères de sa race, le chef Fagnon est condamné à mort par le conseil de ses fils. Leur résistance à la corruption s'organise autour du protagoniste Akakpo, fils aîné et farouche défenseur de l'honneur de la tribu et de l'héritage ancestral. Avec le concours du «charlatan du pays», le chef est empoisonné et Akakpo, proclamé son successeur. Quelques mois après la mort du parjure, et après une harmonieuse période d'entente collective, deux «étrangers», que l'on devine être des aventuriers blancs, obtiennent la permission de s'installer dans le village. Exploitant la supériorité de leur technique agricole, et introduisant un nouveau système social, celui du labeur rémunéré, ils entreprennent le démantèlement subreptice des institutions sociales indigènes en engageant les services d'un groupe de transfuges. Une lutte intestine s'ensuit au cours de laquelle Akakpo est assassiné.

Les colonisateurs poursuivent alors une œuvre systématique d'affranchissement économique, politique et religieux prophétiquement vouée à l'échec. Cependant, grâce aux raisonnements persistants et avertis du lucide et habile Hawoué, partisan d'Akakpo, des villageois jadis «convertis» reprennent conscience des valeurs essentielles de leur héritage ancestral et de l'entreprise spécieuse des nouveaux venus.

Cette œuvre de Viderot est une œuvre au ton tragique où se mêlent également des accents d'humour et de satire. C'est surtout une œuvre à message, fondée sur une observation historique réaliste, qui met à nu, impitoyablement et impartialement, certaines des racines du conflit Afrique-Occident dans la phase de la rencontre colonialiste. Comme le soulignent les poèmes du Prologue et de l'Épilogue, c'est un portrait de la personnalité africaine, «le portrait de l'âme nègre», que veut esquisser Viderot, à travers une tragique histoire de trahison et de perte d'identité. Ce qui fait la valeur de ce récit, c'est son observation intense et lucide des comportements humains, de leur abjection mais aussi de leur noblesse. On en remarquera le contrôle et la sobriété, en dépit de quelques faiblesses stylistiques dues sans doute à l'adhésion uniforme de Viderot au mode spontané de la narration orale. Peu remarquée malgré son originalité, cette œuvre est riche de significations historiques et éthiques. Elle représente une contribution empirique importante à la définition de la négritude.

Des nombreuses lignes de force ramifiant ce récit se dégage en particulier un schéma à la fois sociologique et éthique. *Pour toi, Nègre mon frère* met en effet en scène une expérience de conflit et de rupture. Dans un premier temps, c'est le commerce du cupide Fagnon qui vient menacer l'unité de ce peuple agraire dont le système de tradition est inséparablement lié au labeur agricole. Après la mort du «père parjure» et le renouement symbolique du pacte ancestral avec le devin (fin de la scène I), «la bonne gestion» d'Akakpo constitue à réinstaurer la mise en valeur de la terre, qui garantit l'autonomie économique du groupe, et qui avait toujours suffi «aux besoins économiques de ceux qui sont dépourvus». Ainsi l'installation des étrangers dans le village, qui attirent quelques autochtones sous leur dépendance, va-t-elle à l'encontre de la volonté de ceux qui «sont restés attachés à la terre, qui continuent à en tirer tout leur revenu, leur subsistance vitale». Composer avec les valeurs d'«aliénation matérielle» de l'intrus constitue également un acte de reniement du passé, de déshonneur et de trahison des ancêtres, thèmes qui soustendent continuellement le récit. Au thème de la corruption matérielle et de l'assujettissement économique s'ajoute celui de la domination intellectuelle et religieuse, autres «chaînes invisibles» que déploient les étrangers. L'esclavage de fait qu'avait toléré le père est maintenant remplacé par l'esclavage insidieux de l'endoctrinement raciste. C'est un portrait saisissant de la personnalité colonialiste que fait ici Viderot, non seulement dans la caricature onomastique des personnages (Cailloux, Vinaigre, Lézard), mais surtout dans l'analyse grinçante et révélatrice de leur tentative de subversion et de destruction de l'ordre africain traditionnel (la leçon de catéchisme, scène II).

La trame complexe des traditions sociales et religieuses, leur symbolisme psychique et spirituel et la force de résistance au niveau individuel aussi bien que collectif qu'elles représentent occupent une place de choix dans l'œuvre de Viderot. Troublé par les rêves inquiétants de sa mauvaise conscience, Fagnon a recours au devin qui consulte pour lui le FA, «oracle divinatoire». De même, la superstition et l'égarement de son épouse Adinouhé conduiront celle-ci à une consultation fatale de mauvais sorcier, jadis le complice de Fagnon. Après la disparition du père, l'esprit Foun-Mégdi, divinité du mauvais sort, exige

l'exorcisme par le sacrifice qui scellera le retour de l'ordre et de la paix. Plus tard, Akakpo n'organisera pas sa rébellion sans une visite significative à la case aux «objets symboles des dieux et des esprits de morts».

La tradition orale, dont découle la structure narrative du récit, joue également un rôle fondamental. L'aparté didactique du conte du chien et de la panthère, dans la scène I, en est un exemple représentatif. *Pour toi, Nègre mon frère* est enfin une œuvre universalisante débordant, par ses dimensions éthique et métaphysique, son cadre purement africain. C'est un examen passionné mais lucide de la conscience humaine qu'y conduit Viderot, un examen des problèmes du mal et de la responsabilité morale plaçant le récit, selon l'auteur lui-même, sous le signe «gidien» (en réalité socratique) du «trouve-toi toi-même».

Bernard Arésu

Pour une noix de palme, Yaoundé, Éditions CLÉ, Coll. Pour Tous, 1974, 60p. Nouvelle de Tuyinamo-Wumba.

Pour une noix de palme est une nouvelle à laquelle Tuyinamo-Wumba joint quatre autres textes: *La poule et les poussins*, *Kyolu*, *3+1 = ?* et *Bonne année*. Utilisant le cadre de la vie urbaine, l'auteur critique quelques comportements humains qui lui paraissent injustifiables.

Il s'attaque premièrement à l'habitude qu'ont les gens d'avoir d'abord recours à la force et ensuite à la pensée. De plus, les hommes se laissent aller à la violence pour des raisons futiles, comme ici à cause de deux enfants qui se disputent une noix de palme. Puis, l'auteur condamne la façon dont les maris traitent leurs femmes, ces dernières étant toujours victimes de superstitions diverses. Entre autres, elles sont rendues responsables de n'importe quel événement désagréable ou tragique qui arrive à la famille: accident, maladie ou mort. Elles en sont punies et si dans le temps un châtiment corporel ou même la peine de mort rachetait pareille faute (voir Joseph Owono, *Tante Bella*), de nos jours les maris se contentent de profiter de la situation pour se débarrasser légalement d'une femme trop vieille et en épouser une plus jeune. Les femmes sont donc traitées comme des objets dont on dispose à loisir. La troisième nouvelle s'inspire des contes traditionnels où il est question de déjouer un mauvais sort jeté par une personne jalouse. Ici, la victime désignée est plus rusée que son ennemi, elle parvient à renverser la situation et à provoquer la mort de celui qui lui voulait du mal. L'auteur semble approuver cette conduite car, suivant la morale ancestrale, l'envie est un très vilain défaut et toute personne attaquée a le droit de se défendre et même de se venger. La quatrième nouvelle se moque des croyances erronées à propos de la conception, de la jalousie et de la vanité masculine. La dernière pièce ridiculise durement un vieillard vaniteux et blâme tout homme qui abuse de l'alcool (un des trois fléaux qui ravage l'Afrique selon Beti, *Perpétue*, p. 132).

Contrairement à des auteurs plus traditionalistes comme Brou de Binao Komenan, Tchicaya U Tam'si et Pliya, Tuyinamo-Wumba choisit des sujets actuels, des personnages aux aspirations modernes et il insiste sur les méfaits de nombreuses coutumes anciennes. Mais ceci ne veut pas dire qu'il renonce entièrement à sa culture puisqu'il cite des proverbes en lingala (traduits pour les lecteurs qui ne comprendraient pas cette langue). Il a ainsi écrit un petit livre plaisant dans lequel il propose une manière de vivre adaptée au vingtième siècle et une philosophie qui unit la sagesse de la tradition animiste à la morale chrétienne.

Évitant de longs paragraphes descriptifs, le texte, clair, facile à suivre, se compose de dialogues rapides, parfois ironiques et les quelques expressions en lingala lui donnent un ton familier et bon enfant.

Claire L. Dehon

Préludes à la terre, Kinshasa, Éditions du Mont Noir, Coll. Objectif 80, Série jeune littérature, 1971, 47p.

Recueil de poèmes de Mukala (Dieudonné) Kadima-Nzuji.

Ce recueil est composé de douze poèmes plus un quatrain de dédicace et un «Avant-poème» où l'auteur explique son propos: écrire des «Paroles pour la Terre», des «Paroles d'Homme», «exhumées des profondeurs de nos consciences». Quelques vers de Paul Éluard tirés de *Pouvoir tout dire* (1951), et placés en exergue, donnent le ton de l'ouvrage. «Je veux montrer la foule et chaque homme en détail / Avec ce qui l'anime et qui le désespère...»

Les poèmes de Kadima-Nzuji ressemblent à «un cheminement de sève»; ils sont pleins d'images hardies et vigoureuses, dans une langue impeccable, et s'organisent en trois grandes parties: «Hors de moi, poème de la création», «Paroles pour la Terre» et «Chant tellurique pour un cheminement de sève». Le recueil s'achève sur un «post-scriptum intérieur, poème décanté» où l'auteur précise ce qui fait selon lui l'originalité de son art. Il ne s'agit pas de susurrer, de murmurer «dans le secret des nuits / de douces confidences». Pas davantage de crier «comme ouragan qui se déchaîne». La poésie, pour Kadima, est «sang», «sève qui dégoutte / des tempes tatouées du tam-tam / au dernier soir des noces». L'œuvre est vibrante, digne, énergique, parfois grinçante comme «une porte rouillée / que l'inconnu force et referme / sur sa misère et son agonie». Par moments, le chant tellurique de Kadima-Nzuji prend un ton rimbaldien, dans une floraison incantatoire d'images inusitées de violence et de beauté, accompagnées de «rudes ressacs» de tout l'être, à la dimension cosmique, «jusqu'au rire perdu des étoiles / Dans la chevelure délivrée / de l'Atlantique». La tête du poète est pleine de mirages, et son cœur pareil à «une amande d'espoir / Dans la pulpe juteuse de la vie».

Danielle Chavy Cooper

Premier Chant du départ, Paris, Seghers, Coll. Poésie 55, Cahiers «P.S.», n° 454, 1955, 61p.

Recueil de poèmes de Martial Sinda.

Martial Sinda a composé la plupart des vingt-deux poèmes en vers libres de ce recueil après une longue absence de son pays natal. La longueur des poèmes varie énormément, depuis un poème de cinq vers jusqu'à un poème qui en comporte cent quatre.

Le recueil se divise en trois parties. La première partie porte le titre du recueil, «Premier Chant du départ», et est dominée par un ton de nostalgie. Sinda chante tour à tour l'Afrique, la région de Brazzaville et sa famille. Il établit de saisissants contrastes entre le continent européen blanc d'hiver et l'Afrique souriante. La musicalité des vers dépend de la répétition savamment agencée des mots et des sons. De temps en temps éclate une image particulièrement concrète de la vie quotidienne: «De mon aile, / J'ai caressé / L'échine des enfants noirs / Qui mangeaient du manioc / Avec du poisson séché» («Ô vent»).

Dans la deuxième partie, sans titre, le ton de tristesse s'efface devant la révolte croissante du poète. Au lieu de la douce Afrique de la première partie, Sinda présente l'Afrique des plaintes, l'Afrique de la misère, l'Afrique subjuguée. Le rôle de la poésie est, ensemble avec la musique, de soutenir l'Afrique jusqu'à l'établissement d'un ordre nouveau. Le tableau que peint Sinda n'est pas seulement négatif. Le poème le plus pessimiste est intitulé «Clarté de l'aube», et l'image de l'aube est reprise dans les poèmes qui suivent.

La troisième partie, «Chants pour une jeune Congolaise», apporte un apaisement. Le ton des poèmes est plus personnel et plus lyrique. Deux thèmes s'entrecroisent: le thème de l'amour et de l'ivresse de la vie, et le thème de la mort toujours présente qui y fait contraste. Le dernier poème du recueil, sans

titre, reprend en la modifiant l'image du vent du premier livre. Caressant et embaumé avant, le vent est maintenant sinistre et déchirant. Même ici, pourtant, l'espoir ne meurt pas. «Espère, espère encore, / Tout semble finir. / Mais non, au bout est le port» («Le vent sinistre»).

Différents de ton, les trois textes du recueil sont reliés par le thème de la communication, du langage. La plupart des poèmes s'adressent à un interlocuteur déterminé. L'Afrique du poète se définit comme le pays des «contes», des «commentaires», du «langage hiéroglyphique». Le vent, en tant que communicateur, est important comme motif. Et la meilleure communication est un langage secret: «Ô ma tendre Mère, parle-moi / Toujours en notre langue secrète» («Pour ma mère»).

Deux poèmes, pour être plus authentiquement communiqués par le tam-tam, ont été écrits en langue bantoue (langage hiéroglyphique pour l'étranger), avec traduction en français. Les objets aussi font l'effort de communiquer. Les tam-tams et la guitare balali, par exemple, appellent à la joie et à l'unité. La houe est à la fois symbole de l'Africain qui souffre et arme de la Nouvelle Afrique («La Daba»). Ainsi le langage sert à décrire la situation actuelle et à appeler un monde meilleur où la famille aura repris son importance et d'où la misère aura disparu. Sinda invoque souvent la poésie et la musique qui ont un travail particulier à accomplir: «Bercez-nous toujours / jusques à la création d'une nouvelle Afrique / Mais toujours Noire» («Tam-Tam, Tam-Tam-Toi»).

Lauren Yoder

Premiers Essais, Élisabethville, Éditions de l'Essor du Congo, 1947, 61p. – Préface d'Olivier de Bouveignes.

Recueil de poèmes de Lokolé (Antoine-Roger) Bolamba.

Comme le titre l'indique ce sont là les premiers balbutiements de Bolamba en poésie et en même temps la première manifestation poétique zaïroise. Dès lors, l'on comprend assez facilement le jugement que Kadima-Nzuji, critique zaïrois, porte sur cette œuvre:

> Œuvre d'extrême jeunesse et de facture scolaire au travers de laquelle l'auteur nous transmet ses émois, ses rêveries et ses spleens... (*Bibliographie littéraire de la République du Zaïre 1931-1972*, p. 18).

Ce recueil comporte vingt-huit poèmes, souvent trop courts, qui abordent des sujets familiers, parfois même banals. À titre d'exemple ces quelques vers: «Qu'elle est charmante la poupée / Aux yeux roses, au nez fin» (p. 15). Tout le recueil est un ensemble de petits tableaux simples et gracieux à travers lesquels le poète évoque surtout les différents paysages de son terroir qui ont exercé leur charme sur sa sensibilité: «La demeure de ma famille / Était construite en terre grise» (p. 16).

Poésie simple, elle exprime par endroits une sorte de naïveté enfantine ou mieux encore une manière de «sensiblerie primitive»: «Kapinga, c'est pour vous cette belle tomate / La mangue que voici, dont vous aimez l'odeur» (p. 17).

À ces quelques extraits, l'on s'aperçoit qu'il s'agit là des exercices scolaires d'un néophyte qui s'essaie pour la première fois à l'écriture poétique. Si le fond est pauvre, le recueil révèle une certaine maîtrise de la langue française dont témoignent surtout un choix précis des termes et une syntaxe correcte.

Kankalongo Mbuyamba

Présence, Paris, Présence Africaine, 1966, 47p.
Recueil de poèmes d'Amadou Moustapha Wade.

Ce recueil de poèmes a paru dans un numéro spécial de *Présence Africaine* publié à l'occasion du Festival Mondial des Arts Nègres de Dakar.

Par leur ton et leur démarche, ces poèmes de Wade se rangent, aux côtés de ceux de David Diop, d'Aimé Césaire et d'un poète contemporain comme Ibrahima Sourang, dans la tradition des œuvres engagées où le poète se fait le témoin et le chantre des tragédies de son temps et de sa race.

Écrite pour un peuple («À mon peuple»), la poésie de Wade évite, à l'exception de quelques pièces, le lieu commun personnel. Véritable chef-d'œuvre élégiaque composé à la mémoire de son ami David Diop, «David» est une de ces exceptions, qui fait revivre, en des accents tour à tour angoissés et sereins, le destin tragique et prophétique du poète sénégalo-camerounais: «Mais oui je me rappelle / Au sein des solstices / La courbe bien faite de tes lèvres / Accoucheuses de cratères / Pour dire la vie et la raison d'aimer.»

Wade évoque sans cesse l'itinéraire complexe et tourmenté de l'histoire africaine, y révèle une conscience aiguë de ses souffrances et de ses tribulations, tout particulièrement en ce qui concerne la longue nuit de l'expérience coloniale et de la Seconde Guerre mondiale. Les abondantes références à la violence, à la destruction, à la «démence» et à la séparation constituent dans cette poésie un témoignage politique et littéraire important dans l'histoire de la pensée africaine. «Mille neuf cent quarante-deux», «Rappelle-toi», «L'exil» et «À Salimata» retracent ainsi l'atrocité physique et psychique de la grande guerre, à laquelle Wade associe la douloureuse expérience de l'Afrique coloniale humiliée et écrasée («Les 'civilisateurs'», «À tous mes camarades de lutte», «Quand je reviendrai» et surtout «Mares de sang»).

Face à la folie d'une époque meurtrière, cette Afrique demeure cependant source de paix et d'espoir, de vaillance spirituelle, source d'une inspiration humaniste chantant, dans de nombreux poèmes, un message serein de fraternité optimiste («C'était une nuit d'Europe», «Close concordance»).

La poésie de Wade est donc un hymne à la vie et au renouveau, comme le montrent des poèmes de circonstance tels que «Lettre du Sénégal», dédié à Sékou Touré, ou «Sénégal éternel», dans lequel l'image de la violence, du sang et de la nuit des poèmes tragiques revêt une valorisation toute positive de vie et de créativité. Dans «Liberté», Wade évoque, sur un mode éluardien d'énumération, un idéal humaniste de solidarité et d'amour à la fois national et universel. Cet idéal de vitalité s'affirme en des images encore plus saisissantes dans «À un paysan noir», où il devient «force [qui] éclate dans l'aube dépliée» et conduit à l'évocation sereine des versets de «Confluence», dédiés à Léopold Senghor.

Présence, dont le titre affirme la mission d'une civilisation aussi bien qu'une foi humaine et humaniste, est fait d'images vives et de formules percutantes révélant une perception exacerbée et tranchante de la réalité. La maîtrise sûre de son verbe poétique, la structure sans cesse variée du vers et de la strophe confirment le génie d'un poète remarquable.

Bernard Arésu

Président (Le), Honfleur, P.J. Oswald, Coll. Théâtre africain, 1970, 92p. — Préface d'Henri Lopes.

Drame satirique en trois actes de Maxime N'Debeka.

Maxime N'Debeka est venu à la littérature à la suite d'une semaine culturelle qu'il organisa comme Directeur de la Culture au Congo, en 1967. N'Debeka est avant tout un poète dont l'œuvre ne cesse d'évoluer: *Soleils neufs* (69), *L'Oseille les citrons* (75), *Les Signes du silence* (78).

L'unique pièce de théâtre qu'il a publiée jusqu'à présent a pour argument l'ascension, le règne et la chute d'un dictateur.

L'humour n'est pas absent de cette œuvre, satire vigoureuse du pouvoir personnel. Le ton est amer et destructeur; la satire n'épargne ni le peuple ni ses dirigeants: «La foule est contente. Elle demandait le changement, quelqu'un l'a

opéré à sa place. Aucun effort ne lui a été demandé» (p. 14). Les gardes qui représentent la classe des humbles sont bientôt désabusés: «En fait, pour nous rien n'est changé.»

La pièce veut analyser comment, dans un pays évidemment mythique, un puissant confisque le pouvoir et quel est le rôle de l'argent: «J'aime bien qu'on m'adore plus que les dieux, mais je préfère encore l'or.»

Le texte fait le procès des nouveaux courtisans. «Le Président» qui prend acte de son ascension suprême sait que: «Eux avec leur or chercheront à m'arracher des parcelles de pouvoir».

L'intervention du magicien auprès de l'homme de confiance Mazaku n'est pas forcément une réhabilitation de la médecine traditionnelle («Les Blancs se perdent dans ma maladie, lui soulage mes côtes»). Le magicien donne aussi ce qu'il appelle «des conseils pratiques». «Je me sers en plus de l'argent des pouvoirs obscurs pour arriver au but.»

La consultation dégénère en conspiration contre le chef suprême et contre son fils qui constitue une autre forme de danger: l'idéalisme.

Les rapports prince-sujets se compliquent des rapports père-fils. La mort du fils sera justifiée par un discours faussement philosophique du père: «L'État vient de désaltérer quelqu'un d'une soif d'impossible.»

Le Président finit par confisquer également l'épouse de son conseiller Osse, dans une scène, qui fait crier au scandale, où le chef fait danser les Ministres.

À la fin de la pièce, un autre prend la place du Roi, Osse, qui est présenté comme l'allié du peuple et tente de réinstaurer les valeurs saines: «Creusez dès maintenant. Au-dedans de vous est la source de l'homme, et c'est une source qui peut jaillir toujours si vous creusez toujours.»

Ainsi la pièce finit comme elle a commencé, sur les vivats de la foule qui laissent le lecteur sans illusion.

Un schéma semblable servira d'ossature à une comédie-farce-sinistre d'un style différent, écrite presque une décennie plus tard: *Le Destin glorieux du maréchal Nnikon Nniku Prince qu'on sort* (1979) de Tchicaya U Tam'si.

En dépit d'une langue très belle, la pièce de Maxime N'Debeka s'essouffle quelque peu au deuxième acte. Cette œuvre qui se voudrait politique présente l'esquisse d'un personnage de tyran, véritable génie du mal. Mais elle se situe en fait sur un terrain métaphysique et moral: on y chercherait en vain la mise en évidence des forces sociales, nationales ou extérieures qui, en Afrique ou ailleurs, portent au pouvoir et soutiennent les dictatures.

La pièce est une œuvre de jeunesse. Si jamais N'Debeka, plus mûr, revenait un jour au théâtre, il pourrait sans doute écrire une pièce marquante. Il nous paraît capable de donner au théâtre congolais cette langue poétique qui manque encore au répertoire national, malgré les recherches de Sylvain Bemba concernant surtout la dramaturgie et si l'on excepte *Le Zulu* de Tchicaya U Tam'si.

Arlette et Roger Chemain

Presque-songes, Tananarive, Henry Vidalie, 1934 / **Presque-songes**, in **Presque-songes. Traduit de la nuit**, Tananarive, Imprimerie officielle, 1960, p. 27-83. — Préface de Jacques Rabemananjara.

Poèmes traduits du hova par Jean-Joseph Rabearivelo.

Jean-Joseph Rabearivelo, né sur les Hauts-Plateaux malgaches, réussit, en un temps où deux civilisations s'affrontaient à Madagascar, cette gageure d'être un homme de lettres accompli tout en exerçant les métiers les plus divers. Les angoisses de l'existence matérielle, la drogue, un métissage culturel mal accepté, un état dépressif plus accentué encore qu'à l'ordinaire? Toutes les hypothèses ont circulé dont aucune n'est pleinement convaincante, pour expliquer le processus qui le poussa au suicide à 36 ans.

Trois ans avant sa mort, en 1934, paraît son premier recueil de poèmes en vers libres, *Presque-songes*, qui fut initialement écrit en français puis traduit en malgache par l'auteur — ce qu'il confirme dans son journal intime — et ce bien que l'ouvrage portât la mention «poèmes hova traduits par l'auteur». Le recueil compte 28 poèmes, de longueur, de thèmes et de factures très différents. *Presque-songes*, c'est l'écart qui existe entre la vision sensible, physique si l'on peut dire, de la réalité et la transcription littéraire de cette vision: la présentation du réel par l'écriture n'est jamais qu'une traduction très imparfaite et mensongère, une re-présentation, une transfiguration ou pour tout dire un faux: *Presque-songes*.

Ce réel ainsi transformé, ce sont les paysages («Haute futaie», «Soirs d'hiver»), les hommes («Le bien vieux», «Flûtistes»), les mille choses quotidiennes et immuables de l'Imerina («Naissance du jour», «Le bœuf blanc», «Le vent», «Danses», «Valiha», «Lambe»). Ce sont les rondes et les comptines («Ronde pour mes enfants présents», «Mesures du temps»), mais aussi les préoccupations littéraires ou artistiques de l'auteur. («Lire», «Le poème», «Imprimés», «Reconnaissance à Paul Gauguin».) C'est encore le thème de la mort, qui sous-tend les œuvres majeures de Rabearivelo, avec ces «Thrènes» qui ferment le recueil.

C'est dans ces évocations les plus simples, les plus ordinaires que le poète a voulu montrer toute la relativité du réel, et par là même son inadéquation à un monde matériel qu'il transforme au gré de sa fantaisie et de sa vision intérieure, où le zébu devient colline, sa bosse pignon et ses cornes croissant de lune. Le drame du poète, c'est qu'il appartient au domaine du réel et qu'il en est séparé. Ce que nous percevons de lui dans *Presque-songes*, c'est un être qui n'est pas encore libéré de la gangue des objets matériels et projette sur ces objets sa façon d'être au monde, ce qu'il voudrait que le monde soit. Il en résulte une ligne discontinue des poèmes, des discordances de rythme, une instabilité formelle singulière et très moderne de ton.

Transformer en songes, donc embellir ce qui est dur, laid ou simplement banal, améliorer le quotidien, tenter de l'idéaliser, c'est l'essentiel de *Presque-songes*; gardons-nous cependant de tenter d'expliquer ces poèmes par un recours trop facile à la vie de l'auteur. Car s'il est vrai que des événements de sa vie ont influencé certains des poèmes de *Presque-songes* (ses enfants, l'amour du jeu, sa boulimie de lecture), nombre d'entre eux, la plupart même, sont bien au-delà de la simple autobiographie. À tenter de définir le poète du dehors, nous risquons de l'enfermer dans une vision trop étroite.

Il y a aussi dans *Presque-songes* des influences littéraires qui, si elles sont moins précises que celles de ses recueils de vers précédents, n'en sont pas moins sensibles. Rabearivelo paraît avoir suivi la même évolution que celle de beaucoup de poètes africains bien que ses contacts avec les écrivains noirs ou maghrébins d'expression française semblent avoir été rares, Jean Amrouche excepté, et qu'il n'ait en aucune façon participé au mouvement de la négritude, combat dont on ne trouve aucune trace dans son œuvre poétique. L'itinéraire en est devenu classique: Parnassiens, Symbolistes, Surréalistes. C'est chez ces derniers sans doute qu'il faudrait chercher l'influence, dans la facture des divers poèmes, avec cette restriction importante qui fait dire à P. Valette qu'à «l'encontre de beaucoup d'entre eux, Rabearivelo n'a pas sombré dans le rite surréaliste et s'est toujours interdit une poésie gratuite, coupée de la réalité».

Claude Ralambo

Primitives, Paris, P.J. Oswald, 1972, 72p.
Recueil de poèmes d'Eugène N'Goma.

Par sa forme (adjectif au pluriel) et par sa signification le titre s'insère dans une tradition bien attestée de la littérature négro-africaine de langue française.

Il implique certains lieux communs auxquels l'auteur ne se dérobe pas: évocation idyllique du passé antécolonial (p. 34-35), drames de la traite, de la colonisation, de l'apartheid, dénoncés parfois avec une ironie grinçante (p. 28-29, 32-33, 36-37), regrets de l'enfance (p. 40-41), «Soleils majeurs» d'Afrique qui hantent les rêves du poète enveloppé, en Angleterre, dans «le suaire blanc et froid / Qu'est la neige» (p. 33-43, etc. Mais l'œuvre dote le mot «primitives» de sens plus originaux. Sauf erreur, l'adjectif n'apparaît qu'une fois dans le texte, à la fin du poème «Conception»: «La plainte primitive [...] Dans la nuit tropicale [de] La Vierge [qui] devient mère» (p. 15). Il semble que, au-delà de l'éternel coït fécondant de l'homme et de la femme, ce soit l'union *primordiale* entre l'homme et les éléments naturels que l'auteur ait en vue. S'il en est ainsi, le poème le plus significatif serait «Un songe» (p. 26-27): «Un songe m'a dit / Que je sors d'un limba au tronc creux [...] / J'ai vécu dans les fleuves, / Poto-poto est mon nom», etc.

L'inspiration la plus neuve est sans doute à chercher dans les textes où les choses et les éléments, singulièrement la mer sauvage déroulée de Loango à N'Djéno, tiennent le premier rôle ou s'associent étroitement au travail et à la vie des hommes. «N'Djéno» (p. 7-8), «Embouchure» (p. 11-12), «Larme au vin» (p. 25), «Rivage et symphonie» (p. 57), etc. Si le rythme et l'accent sont fréquemment à la hauteur de l'intention comme dans le poème liminaire, «N'Djéno», tout de violence et de déflagrations, avec des vers très brefs, sans verbe, on assiste parfois à une régression vers un syllabisme assonancé, moins «primitif» que néo-classique: «Quel dieu invoquerai-je / Pour que le grand manège / Des vagues endormies / Reprenne sa furie (p. 21)»? plus acceptable, cependant, lorsqu'il est mis au service de l'ironie, comme dans la fable parodique «L'anophèle et le gecko» (p. 20).

En fin de compte, le sentiment qui

anime ces pages n'est nullement la joie virile de se retremper dans les origines pour en tirer la force d'assumer son histoire individuelle et collective, mais, tout au contraire, une crainte et, donc, une fuite devant le réel et le présent, le *souvenir* étant seul à veiller toujours «car lui seul n'est pas fait de terre» (p. 65). Tout se passe comme si la mort, si fréquemment évoquée, était plus vraie que la vie. Le poète parle de son «âme fatiguée» (et la compare curieusement à un fiacre dont le frein a lâché et qui dévale la côte en arrière, p. 45), de sa fatigue d'être né (p. 52), de sa «nostalgie incurable» (p. 46), etc. Ce n'est pas un hasard si le livre s'achève sur une vision de l'automne et l'annonce de l'hiver et du froid, loin de l'Afrique: «Vermont» (p. 70-71). Romantisme littéraire appris à l'école du Blanc, comme on le dit volontiers? Ce n'est pas évident. En dépit de quelques clichés, il ne sonne pas faux.

Michel Hausser

Princesse Mandapu, Paris, Présence Africaine, Coll. Écrits, 1972, 192p.
Roman de Pierre Makombo Bamboté.

On pourrait dire qu'avec *Princesse Mandapu* est né le véritable «nouveau roman» africain. Voici un ouvrage qui ne doit rien à la structure traditionnelle du roman français, modèle pour tant de romanciers africains, au moins à leurs débuts; le roman n'a pas non plus recours au simple «flash-back» pour introduire quelque variété dans l'architecture linéaire de l'ouvrage, procédé favorisé par des écrivains qui se veulent «contemporains»; *Princesse Mandapu* révèle une action inquiétante, hermétique, parfois onirique, qui avance par à-coups, en fonction d'un style saccadé, elliptique, mi-familier, mi-poétique. Il appartient au lecteur de combler les lacunes, de deviner les transitions, d'interpréter les silences.

Pour l'inspiration de son roman, Bamboté plonge dans la matrice de sa terre centrafricaine pour en retirer une histoire à la fois violente, grotesque et pathéti-

que, nourrie d'événements familiers et peuplée d'une galerie de portraits inoubliables. En tête, le patriarche, Alphonse Batila, surnommé «Monsieur Boy» par un Français de l'époque coloniale, servi par ses trois femmes, Mandapu, Ya et Za, dont la personnalité des deux premières est très nettement ébauchée. Monsieur Boy a hérité d'un vague emploi administratif au départ de «ces messieurs les colonisateurs», quand il s'est établi comme «grand personnage», comme «bon papa public» pour les habitants de la petite ville d'Uandja, à quelque sept cents kilomètres de Bangui. Il y exerce son pouvoir tyrannique, tout en continuant à procréer ses nombreux enfants, en dépit de son âge avancé. Un de ceux-ci est la petite éponyme, fille de Ya, une enfant qui ne fait que des entrées sporadiques dans l'action, comme si elle s'y était égarée accidentellement. Son nom veut dire: «Le prix de cette affaire». Mais de quelle affaire s'agit-il? Peut-être d'un commerce mystérieux, sinistre, qui unit Boy à un Arabe, Mokta, personnage rusé, puissant, brutalisé par le patriarche au cours d'un affrontement violent mais inexpliqué. La petite Mandapu, qui paraît destinée dès sa naissance à payer un jour de sa vie, meurt dans un dénouement irrationnel — brûlée au troisième degré quand une marmite d'eau bouillante se renverse.

Cet ouvrage de Bamboté s'avère indépendant de toute influence de la part de ses prédécesseurs ou contemporains africains, comme de celles de grandes traditions littéraires européennes; si l'on devait faire une comparaison, ce serait avec William Faulkner, mais nous ignorons si le poète centrafricain connaît les romans de l'Américain. Quoi qu'il en soit, celui qui ose s'émanciper de l'académisme linguistique, qui pèse si lourd sur le français de tant de romanciers noirs, s'est également libéré de toute nécessité de proclamer une obédience quelconque à une idéologie ou attitude politique. La force et la valeur de ce roman, comme création littéraire, ressortent en grande partie de sa gratuité, de son détachement. Seules de vagues allusions au départ des colonisateurs, parsemées dans le monologue intérieur du «grand fonctionnaire», permettent de situer l'action dans la période postcoloniale (l'Avertissement sur la couverture l'attribue, à tort, aux «années 1930»); mais il n'y a réquisitoire ni contre le colonialisme ni contre le néocolonialisme comme il s'en trouve dans d'autres romans depuis les Indépendances, pour présenter des exploiteurs des sociétés «en voie de développement» ou des leaders de nouvelles républiques africaines. Si Monsieur Boy use démesurément des pleins pouvoirs dont les anciens administrateurs semblent l'avoir doté, Bamboté ne rend aucune situation socioéconomique ou politique directement responsable du phénomène grotesque et autocratique qu'est ce patriarche. Si le lecteur avide de récolter une documentation sur la vie actuelle en République Centrafricaine peut faire dans ce roman une abondante moisson, ce n'est pas parce que l'auteur en a fait un traité sociologique. Si Monsieur Boy, ce fonctionnaire terrible et grotesque, semble la caricature d'un chef d'État africain, il ne faut pas en déduire l'intention de Bamboté de satiriser les nouvelles dictatures. Bref, ni polémique ni tract, cet ouvrage doit être jugé, en dépit de son agressivité, selon les règles normales de l'art romanesque. D'après ces critères, les mérites et l'originalité en sont indéniables.

Dorothy S. Blair

Prisonnier du regard, Dakar/Abidjan, Nouvelles Éditions Africaines, 1975, 90p.
Recueil de nouvelles de Lamine Diakhaté.

Le présent recueil comprend deux nouvelles de longueur à peu près égale. La première, qui donne son titre au recueil, relate l'aventure de trente-cinq adolescents, tous originaires du village de Seane, subitement frappés par «la main lourde de la conscription» pour aller se battre aux côtés des troupes françaises durant la Deuxième Guerre mondiale. Le cœur rempli de courage et sous le regard quelque peu inquisiteur de leurs parents et amis, ils quittent le village au lever du jour. Pour dix-neuf d'entre eux, ce sera la dernière fois qu'ils auront foulé la terre natale, victimes soit d'un climat trop rude, soit des balles adverses, ou du travail forcé dans les mines de charbon et de sel du Haut Pays. Cette nouvelle est à la fois l'histoire de leur aventure et un hommage qui leur est rendu.

Forts d'une éducation traditionnelle où le courage inspire respect et admiration, les jeunes conscrits acceptent résolument leur sort dont ils ne découvriront la véritable nature qu'un peu plus tard. Disséminés parmi le reste de la troupe afin d'éviter les rébellions, ils doivent faire face d'une part à la menace permanente de la mort inhérente à la guerre et d'autre part à l'isolement et à la solitude dans un monde aux valeurs totalement différentes du leur. La parole qui, tout au long de leur adolescence, avait donné forme et vie à leur existence, s'estompe pour faire place à une langue que l'on parlait «avec violence et hargne», à un univers de «bois, de cris, de détonation», où un mirador géant dominant tout le camp leur «inspirait un sentiment permanent d'oppression» et d'insécurité. Devant un tel bouleversement, le narrateur se plonge dans un profond silence et investit toute sa force dans son regard: «J'étais deux yeux qui refusaient de se fermer.»

Ce dernier se considère comme un élu de Dieu, sauvé de la mort pour venir dire «l'épopée des dix-neuf de Seane qui errent encore sans sépulture à travers les nuages du pays où en décembre l'eau devient aussi rigide que pierre». Dans la tradition même des griots africains, Diakhaté est un historien qui fait revivre le passé et un poète qui rend hommage aux martyrs trop vite oubliés de la guerre.

La deuxième nouvelle du recueil, intitulée *Le Madihou de Pikine*, décrit la naissance, le développement et la destruction d'une mystification religieuse.

Désabusé par une vie monotone, Serigne Mor décide de se faire proclamer «Madihou» ou envoyé d'Allah sur terre pour réformer les mœurs bafouées de la société. Aussi s'installe-t-il à Pikine, loin du bruit et de la foule désordonnée de la grande ville, pour y mener une vie rythmée par les prières et le jardinage. Le mystère de sa solitude, son incapacité à parler le wolof dans un milieu wolof, et surtout la propagande incessante de son intendant aidant, il réussit à attirer quelques hommes qui bientôt portent le nombre des fidèles à un chiffre considérable. Au fur et à mesure que la popularité de Serigne Mor-Madihou se répand auprès des badauds de Dakar désormais résolus au chômage, et même au sein de quelques employés municipaux qui abandonnent leur poste, la foule des adeptes s'agrandit et, avec elle, une nouvelle agglomération voit le jour sous le regard impuissant de l'administration municipale. La ferveur est à son comble lorsque arrivent des étudiants qui, par des questions portant sur la nature même du Madihou, mettent au grand jour la tricherie de Serigne Mor.

Avec un ton et une structure qui s'apparentent beaucoup au conte, le texte est une condamnation sans appel d'une certaine foi religieuse qui sert de paravent à des ambitions personnelles. Du fond de sa solitude interrompue par les rapides incursions de Samba Diop, de son silence mystérieux auquel l'astreint une redoutable connaissance de Dieu, Serigne Mor goûte aux délices d'un confort matériel nouvellement acquis. En acceptant tel quel le jeu de l'intendant qui consiste à exagérer les maux de la société afin de mettre en valeur l'urgence de la mission du maître, les fidèles se révèlent certes sincères dans leur foi religieuse mais facilement victimes de manipulations sordides.

Tout comme Sherif Adrame Seck dans *Njangaan*, Lamine Diakhaté, dans cette nouvelle, lance un cri d'alarme à la société sénégalaise contre les faux prophètes dont les buts intéressés ternissent la religion musulmane. En ce sens, l'action des étudiants islamiques est un acte de purification du dogme, en même temps qu'une tentative de redonner aux croyants abusés leur dignité d'hommes libres.

Niang Sada

Procès (Le) de Lat-Dior – Drame sénégalais, Paris, ORTF / DAEC, Coll. Répertoire théâtral africain, 1972, 160p.

Pièce de théâtre de Mamadou Seyni-Mbengue.

Cette œuvre a été primée au Concours Théâtral Interafricain en 1970. M'Bengue crée un «Tribunal de la Postérité» pour juger les «Grands de l'histoire». La pièce est le récit d'un prétendu procès contre Lat-Dior N'Gone Latyr, ancien souverain du Cayor, au Sénégal. On assiste aux témoignages de son règne qui servent à nous situer dans l'histoire et à nous faire connaître cet homme qui a vécu à la fin du siècle dernier. Le Tribunal finit par le juger innocent et le proclame héros et martyr de l'indépendance de son pays.

Bien qu'elle soit une œuvre d'imagination, cette pièce puise ses sources dans l'histoire du Sénégal. Le procès doit répondre à cette ultime question: «Lat-Dior fut-il un héros national, un monarque au service de son pays ou au contraire, un roi au service de ses ambitions personnelles, plus préoccupé à guerroyer qu'à apporter la paix et le bonheur à son peuple?» La technique de question-réponse dans le cadre d'un procès sert à souligner l'importance des faits présentés car l'accusé et l'avocat doivent s'expliquer avec précision.

Au cours de sa plaidoirie l'avocat de la défense évoque une image saisissante de Lat-Dior: il le rapproche de ces oiseaux étranges dont les ailes géantes les empêchent de voler et qui, à chacune de leurs tentatives pour s'élever vers les nues, voient leur élan se briser inexorablement sur le sol, mais qui n'en continuent pas moins obstinément à vouloir s'arracher de la terre. En d'autres termes, dans tous ses projets, Lat-Dior a délibérément accepté de défendre son pays et son peuple et de faire, comme les oiseaux, des tentatives qui, malheureusement, ont toujours abouti à un dénouement tragique.

M'Bengue évoque ici l'univers dans lequel le héros, Lat-Dior, a réagi sur le plan politique. En présentant cette esquisse de la vie de l'homme sous forme de procès, au lieu de nous présenter Lat-Dior comme héros, il nous amène à bien connaître le personnage en question. Le lecteur comprend lui-même que Lat-Dior était un héros et un exemple pour les générations présentes et à venir. La vision de l'auteur n'est pas seulement politique mais aussi morale car il prêche une certaine connaissance de l'histoire. Cette connaissance servira d'exemple et d'inspiration à l'Afrique moderne car Lat-Dior s'est comporté en homme de son pays. Chacune de ses actions a été faite dans le but d'avancer l'indépendance de son pays. Il dit lui-même qu'il n'a jamais aimé jouer le rôle de témoin passif car le sort de son pays ne pouvait le laisser indifférent. Du point de vue moral il a voulu créer, entre son peuple et lui-même, des liens indissolubles pour que, ensemble, ils puissent lutter contre la colonisation.

Un des passages clés de cette pièce traite de la construction du chemin de fer employé par les Français comme instrument de pénétration et de domination. Est-ce que Lat-Dior a livré son pays à l'envahisseur en autorisant sa construction? Cet aspect socio-économique est le pivot de cette pièce. La question est examinée en faisant appel au témoignage de Lat-Dior et à celui des témoins, y compris les griots. On finit par comprendre que cette construction avait eu des résultats malheureux pour les Cayoriens et que Lat-Dior a dû s'y résigner pour éviter une guerre.

L'auteur a su présenter, sous la forme d'un procès, les faits les plus saillants de la vie et du règne de Lat-Dior dans le but d'éveiller la conscience des Sénégalais et de les rendre fiers du passé de leur pays.

Regina Lambrech

Prophétie (La) de Joal suivie de **Équinoxes**, Yaoundé, Éditions CLÉ, 1976, 64p.

Recueil de poèmes de Samuel-Martin Eno Belinga.

Les deux poèmes, *La Prophétie de Joal* et *Équinoxes*, d'Eno Belinga, ont paru trois ans après *Masques nègres* (1972). À propos de la genèse de *La Prophétie de Joal*, Max Dippold écrit dans l'Introduction:

Le dernier jour d'un voyage au Sénégal, Eno Belinga a trouvé sur la plage de Joal un immense coquillage qui orne maintenant un rayon de sa bibliothèque. C'est un coquillage magique dont les enfants du monde entier et les poètes possèdent le secret: en appliquant contre l'oreille le trophée de Joal, Eno Belinga entendit le mugissement faible de l'Atlantique. Derrière ce lointain déferlement des vagues, derrière la crête blanche de l'écume surgit soudain l'image radieuse de la Joal céleste, Jérusalem nouvelle (p. 11).

À cette vision messianique, il faut ajouter que Senghor, lui aussi, avait évoqué, à deux reprises dans ses *Chants d'ombre*, sa région natale de Joal. Pour le poète sénégalais, Joal symbolise avant tout l'ombre de la demeure familiale où était assurée la parfaite sécurité de l'enfance grâce notamment à «la fraîcheur première des bois et des regrets» («Porte dorée»). Mais aussi Joal figure dans «Joal» comme un lieu de rencontre et de synthèse de cultures qui permet aux «rhapsodies des griots» de se mêler aux «voix païennes rythmant le *Tantum Ergo*».

La Prophétie de Joal s'inspire donc des poèmes de Senghor de la même manière qu'un autre poème de l'*Anthologie* a prêté son titre à *Masques nègres*.

Mais, tandis que les poèmes de Senghor célèbrent l'enfance du poète et constituent un cri de désir nostalgique du paradis ancestral, le poème de Belinga est consacré à «une lumineuse cité de l'avenir» (M. Dippold). C'est la raison pour laquelle il importe de le juger avant tout à travers sa vision prophétique.

Cette vision, nous confie Eno Belinga, n'est point de la même nature que celle d'un homme politique puisqu'elle est libre de tout dogmatisme. Elle se hisse en revanche au niveau supérieur de la prise de conscience et de la participation par la poésie. Car Eno Belinga avait bien proclamé dans »Émotion créatrice» de *Masques nègres* que la poésie était connaissance et participation: «Et comment dire en des termes banals / Non pas ce que j'ai vu, entendu, touché, senti / J'ai goûté mais ce que j'ai connu et vécu?»

Le choix poétique que fait Eno Belinga dans *La Prophétie de Joal* semble donc voulu, médité et peut se résumer ainsi: au commencement existaient des valeurs incontestablement nègres. Ces valeurs avaient du mérite puisqu'elles assuraient l'identité du Nègre. Elles provenaient de ses pères qui les tenaient d'un grand maître. Ce dernier a bien voulu léguer à ses enfants ces valeurs en leur demandant de les garder jalousement comme patrimoine culturel. Les enfants ont maintenant le devoir de se bâtir un avenir prometteur et ne peuvent le faire qu'avec des éléments positifs pris dans leur patrimoine.

Il existe donc trois thèmes principaux dans *La Prophétie de Joal*. Le premier est le thème de la conservation jalouse de tous «les talents que tu as reçus de tes pères» (Chant II). À ce sujet, le poète fait appel aux enfants de la négritude pour préserver la culture traditionnelle de toute attaque intérieure et extérieure. Le second thème, qu'on pourrait appeler la doctrine de Noé, qualifie le premier: le poète-prophète fait ressentir aux Noirs la nécessité de sauvegarder dans leur patrimoine les éléments positifs qui peuvent servir à la construction d'un monde nouveau. Le troisième thème est celui du complexe de la tour de Babylone. Le poète évoque les conséquences horribles qui attendent ceux qui ne voudraient pas, pour une raison ou pour une autre, participer à la tâche sacrée de la construction du monde nouveau.

En conclusion, *La Prophétie de Joal* est un poème symbolique qui s'exprime en paraboles. Elle se déroule en huit chants dont l'unité structurale et thématique est assurée par la façon bien ordonnée des trois principaux thèmes.

Dans *Équinoxes*, Eno Belinga explore, à travers les images de la montagne et de l'amour, le thème familier de la polarisation du ciel et de la terre, du sommet et de la profondeur. Le poète ne conçoit pas comme irréductible l'écart qui sépare le haut du bas mais il préconise des voies privilégiées, susceptibles de conduire de la profondeur au sommet. Et la poursuite de ces voies privilégiées est censée correspondre au désir inné chez l'homme d'atteindre à la perfection, à l'absolu.

C'est ainsi que dans «Musée en altitude» et «Mont-aux-vents», Eno Belinga voit le mont Fébé, situé à proximité de Yaoundé, comme un lieu d'évasion et de repos qui contraste vivement avec le bruit et le matérialisme de la ville:

> J'attends ici, j'attends encor un peu
> dans la demeure
> Du sommet du mont-aux-vents et je
> puis voir
> Yaoundé tournée vers le sommet du
> mont et
> Qui tend les bras vers l'altitude de
> son salut («Mont-aux-vents»).

Le poète reprend le thème de Noé et développe l'image de la montagne comme lieu de passage permettant à l'homme d'aller des enfers terrestres vers les bonheurs célestes. Ainsi conçu, le mont Fébé devient «le purgatoire entre l'enfer et le ciel» vers lequel doit courir quiconque veut parvenir au bonheur absolu. Le mont est d'autant plus sacralisé qu'il est un lieu de conservation des trésors artistiques de l'Afrique ancestrale:

. . . . Mont-Fébé qui
Es musée en altitude tu es le mont du
salut
Car tu abrites le souffle qui t'habite
et nous délivre («Musée en altitude»).
Le joueur de mvet est dans la montagne en compagnie
De la mère et du fils unique qui illumine le vase sacré,
La terre cuite et le bronze bamoun,
bamiléké («Mont-aux-vents»).

Dans «Un mot sous la porte», «Un
hiver canadien», «Une femme au soleil
de midi», «Songe», «Pharaon et le téléphone» et «Cénotaphe», le poète développe le thème de l'amour, sentiment
qui devrait permettre à l'homme, selon
lui, de combler l'écart entre le matérialisme de la vie quotidienne et la recherche
du bonheur absolu. L'amour se présente
ainsi comme une sublimation qui transporte celui qui aime vers une existence
de béatitude qui naît soit de l'espérance
(«Un mot sous la porte»), soit du souvenir et de l'attente («Un hiver canadien»),
soit encore de la contemplation de la pureté («Une femme au soleil de midi») ou
même du concept de l'immortalité («Cénotaphe»). L'amour équivaut au fil de
téléphone qui permet au poète de fuir
cette existence matérialiste pour une vie
sublime («Pharaon et le téléphone»).

Egbuna P. Modum

Q

Quand s'envolent les grues couronnées, Paris, P.J. Oswald, 1976, 66p.
Recueil de poèmes de Frédéric Pacere Titinga.

«Ici c'est Manéga... La bataille eut lieu... Ici furent ensevelis des Grands...» «Ici», c'est la terre des anciens «où il n'a que très peu plu depuis le début du siècle...». Comme si de la nuit au jour, une malédiction s'était abattue sur Manéga. Manéga, «cette tombe fermée sur Mille larmes et mille pensées», est ce qui hante. Avec ses fantômes, sa terre craquelée et ses «nègres qui ne sont même pas des hommes».

On pourrait, à partir du contenu, résumer ce recueil. Il y a une démarche constante vers le sommet, le sommet qui est en même temps la fin, le moment «où s'envolent les grues couronnées». Il y a un récit que l'on peut suivre du début à la fin, et alors, tout à coup, le recueil de poèmes devient un texte unique, non plus des poèmes mis ensemble mais un seul et long poème. Ce poème commence avec la défaite de Manéga.

Les grands de Manéga étant ensevelis, les vainqueurs partis, il y a eu les Nakomsé, parmi lesquels un certain philosophe à la barbe blanche, récitant continuellement son refrain, tout en ignorant que ceux à qui il s'adresse ne lui accordent même pas le statut d'homme. Continuellement, en refrain, comme dans un chant, les mêmes gens reviennent: l'enfant Tibo pris en otage par l'école des Blancs

ce pays qui a pour nom La liberté,
L'égalité et La fraternité
ce philosophe à la barbe de poussière
et ces tomates creuses.

Ici, le poème tout entier est un réquisitoire, une condamnation et les allusions se font des plus directes.

Il y a bien sûr le thème du colonialisme, celui de l'Afrique aux forêts sacrées dévastées par le colonisateur. Il y a l'aliénation que l'enfant subit, devenant étranger à lui-même, mais il y a surtout les grues couronnées plantées dans leurs assises.

Si l'écriture est en même temps forme et contenu (même s'il est souvent arbitraire de séparer les deux), on peut dès lors affirmer que ce recueil se lit aussi au niveau de la forme, comme si l'auteur voulait lancer une sorte de défi. Des pages de trois lignes, des lignes d'un mot et enfin des textes pleins de points d'exclamation.

Titinga appartient à la seconde génération de poètes africains, celle qui s'est nourrie des rêves d'indépendance et qui a fini par se révolter contre les mensonges du «philosophe à la barbe de poussière». Sa poésie est marquée par cette désillusion; ne dit-il pas: «Courage à tous ceux des trempes exceptionnelles, / Qui ne se désillusionnent pas encore.» Mais il y a quand même un espoir car à la fin une rencontre est promise dans la vallée «quand les grues couronnées s'envoleront».

Abdoul Doukouré

R

Racines (Les) congolaises, précédé de **La Vie poétique**, Honfleur, P. J. Oswald, 1968, 67p.

Recueil de poèmes de Jean-Baptiste Tati-Loutard.

Les Racines congolaises rassemblent les poèmes du retour aux sources après l'exil dû aux études en Europe. Cependant, contrairement à ce qu'on pourrait attendre d'une telle démarche, ce n'est pas l'Afrique et ses valeurs traditionnelles, son passé, ses rites, ses paysages habités par les mânes, qui sont exaltés. La Femme Noire, surprise «à l'heure où la lune atteint / le plus haut niveau de ses crues de lumière» (p. 25), devient ici «L'Ève congolaise» (*id*). Dans le seul changement d'épithète réside une évolution idéologique.

Déjà le concept de nationalité l'emporte sur celui d'Africanité, comme *L'Anthologie de la Littérature congolaise d'expression française* (1975) préparée par J.-B. Tati-Loutard le laissera implicitement pressentir.

Certes, dans le second recueil élaboré par le poète de Loango, la nation est présente par ses caractéristiques géographiques, comme dans ces *Visages du Congo*, ouvrage rédigé par l'auteur pour l'État congolais, en 1975. Mais sont exprimées également des préoccupations sociales.

Des poèmes sont inspirés par les réalités physiques du pays: le littoral, le fleuve, la forêt, les pluies tropicales. Comme dans *Les Poèmes de la mer* (1968), l'image de l'Océan s'impose, portant la fascination de la mort: «Et c'est la naissance d'un immense désir d'enfouissement dans les remous obscurs» («L'appel de la mer», p. 53).

Le pêcheur représente l'homme aux prises avec les difficultés quotidiennes, qui lutte pour construire son destin, mais demeure le plus souvent victime de ce même destin. Le pêcheur est en permanence confronté à la mort, risquant le naufrage: «Hier un pêcheur s'est emmêlé dans l'écume / Et la vague est morte avant le sable / Qui devait ramener son corps parmi nous » (p. 35).

L'image du fleuve prolonge celle de la mer. Son eau est menace mortelle «là où les rives serrent plus fort le fleuve / entre leurs jambes» (p. 35) — ou poissonneuse et nourricière. Le fleuve Congo fait l'unité du pays qu'il traverse presque de part en part «portant à la mer / sa fraîche moisson d'herbe et d'eau douce» (p. 36).

La forêt est une autre forme du moutonnement de la mer. Elle suggère l'infini et l'inexploré. «Nous avons d'autres espaces», écrit le poète.

Les pluies équatoriales abondantes et saisonnières ont un rôle fécondant. Elles sont bénéfiques à la collectivité et au poète: «Venez, pluies congolaises! Marchez avec moi!» «La paysanne redresse l'arc humide de son dos / Sur les sillons qui s'en vont en rangs serrés / À la recherche de grandes pluies» (p. 38). Les orages tropicaux ont une incidence sur l'homme.

«Au corps mûr en éveil / mais qui brûle encore trop», l'amant suggère: «Fais-toi silence / Attends que la pluie ou la nuit sème / entre nous quelques graines de douceur» (p. 40).

À l'élément aquatique aux valences contradictoires, certes, mais à dominante positive: mer poissonneuse, fleuve, pluies, toutes eaux en mouvement, s'opposent le soleil destructeur et son semblable apprivoisé, le feu.

Autre composante indissociable de la représentation de l'Afrique typique, le soleil est ici perçu dans son rôle desséchant et blessant. Le soleil maléfique marque, de «L'écusson de l'enfer», «le marbre noir du front» (p. 38).

Dans «La quête du sens», l'homme est confronté à la mort quand il se trouve face à la mer et face au soleil. Celui-ci marque les limites de l'humain. «En toi s'ouvre ma déchirure», écrit l'auteur, dans une réflexion métaphysique.

Lumière et chaleur agressent la nature ou l'homme: «Les crocs du soleil mordent la terre» (p. 38). Midi, heure où le soleil est à son apogée, est «mort et silence» (p. 73). Le soleil au zénith interdit la poésie, quand «Midi craque». Le poète fuit la lumière crue du jour. Car l'astre au sommet de sa course détruit, avant d'être supplicié à son tour (p. 73), image qui renvoie sans doute au couchant incandescent.

L'astre, Râ, est saisi dans sa révolution diurne, symbole du temps qui dévore – allusion au cadran solaire sans doute. Il est censé égrener les heures de l'horloge angoissante.

La courbe de la passion épouse celle de l'astre, tension triomphante à midi et apaisement nocturne (p. 40). Le soleil à la verticale nuit à l'épanouissement de l'homme, de l'amour, comme de la création poétique. Le clair-obscur et l'intimité ombreuse conviennent mieux.

La femme apparaît quand le soleil s'efface. Le soleil couchant libère «L'Ève congolaise» (premier poème), mise en compétition non pas avec l'aurore, comme dans la poésie baroque du XVe siècle, mais avec le couchant.

La femme recueille une parcelle de la lumière du cosmos, intermédiaire entre l'astre qu'elle reflète et le mortel, elle qui «fait mousser sur ses lèvres / la lumière qu'elle reçoit du jour» (p. 37).

Ève est plus proche des lueurs des constellations nocturnes: «Tu viens à moi comme l'étoile descend / Sur la mer» (p. 31). La femme est parcelle de lumière apprivoisée.

À l'astre aveuglant, le poète préfère ses représentations euphémisées. Il tolère la lumière sous ses formes ténues, fragiles, celle qui palpite dans l'obscurité: braise opposée à la cendre, diamants, étoiles. L'auteur éprouve une fascination pour cette féerie que compose le ciel étoilé. Le monde terrestre lui apparaît alors comme le reflet inversé de ce scintillement cosmique.

Les vers du second recueil contiennent en germe une poésie cosmique, fondée sur la diffraction, la pulvérisation de la lumière, qui aboutira au dernier titre élaboré: *Les Feux de la planète* (1977).

Le soleil met en valeur l'ombre qu'il délimite, les grands pans d'ombre que découpent les fins d'après-midi (p. 38), ombre salvatrice, réveil de la vie. Dans la palette du peintre, l'ombre est bleue: «plaines bleues» après la canicule (p. 38), «maris bleus» (p. 41). L'ombre bleue est une fois la froideur de l'Europe (p. 72); elle est plus souvent profondeur réconfortante: «ombre bleue du soir», «sein bleu» du fleuve, «cristal d'une étoile coupée à ras d'azur» pour suggérer le rayonnement d'un poète.

On se souvient de l'intérêt de J.-B. Tati-Loutard pour les peintres de son pays et de ses articles sur l'art dans la presse locale.

Face à ces composantes mouvantes, l'eau, la trajectoire solaire, le scintillement des lucioles et des étoiles, apparaît un élément fixe: l'arbre. Il conduit des profondeurs souterraines nocturnes à la lumière du ciel. Élément chtonien par ses racines, il est lié au firmament par ses frondaisons.

Un poète a une importance fondamentale dans ce recueil: Baobab. Il joue un rôle important dans le processus de ré-enracinement. Il permet le lien avec les générations défuntes: «Je suis venu replanter mon être près de toi / Et mêler mes racines à tes racines d'ancêtres» (p. 43). L'arbre, protecteur des ébats amoureux (p. 27), est sécurisant jusque dans la mort qui est retour à la terre «à son pied» (p. 43).

L'auteur s'identifie à l'arbre: «Je me donne en rêve tes bras noueux» (p. 43). Rien d'étonnant alors que l'arbre éclabousse l'aube de chants d'oiseaux, symboles de la poésie. («Le concert matinal – métamorphose», p. 39).

L'identification à l'arbre donne au poète sa solidité tranquille, par delà la quête, l'inquiétude, la déchirure solaire: «Et je me raffermis quand ton sang fort / Passe dans mon sang» (p. 43).

* * *

Le ré-enracinement est aussi obtenu par l'engagement social: «Je suis à l'aube d'un peuple qui commence sa marche / Puissé-je le voir sortir de sa mue dans toute la sueur / de son âme [...] / Dans une grande transpiration de lumière» (p. 55). Un verset fait ainsi l'articulation entre la poésie de la nature et la poésie urbaine. Ces vers envisagent un avenir radieux que démentent les préoccupations exprimées conjointement.

Dans le chapitre «Retour au Congo», le poète se détourne de la contemplation du soleil stérile: «soleil de midi / étrange calvitie» (p. 37), pour prêter attention au développement économique d'une «renaissante / Afrique où l'usine lève sa narine / Parmi les hautes palmes» (p. 37). L'industrialisation fera respirer l'homme nouveau, comme le suggère l'image de la narine.

Cependant l'écrivain est sensible aux maux du sous-développement: «Je suis revenu par une lune maigre», écrit-il à Tchicaya U Tam'si (p. 31). La misère est dénoncée de façon discrète, celle des paysannes en sueur courbées sur la glèbe (p. 38), celle des citadines: «pagnes déchirés par les barbelés de la misère»

(p. 41). Notons l'expression de la «misère oblongue le long du fleuve», et le sous-titre d'un poème «Le pauvre sous les étoiles».

S'il prétend renoncer à débattre de l'existence de Dieu: c'est «un pacte ancien dont je ne me mêle pas» (p. 45), l'auteur ne peut se désintéresser de la condition de l'homme: «Puis-je te dire [...] / Une seule fois dans l'entre-deux jours / Ta misère est un pacte dont je ne me mêle pas?» («Cela me concerne», p. 45).

Ainsi l'engagement est explicite dès 1968. Dans le dernier chapitre intitulé «Vœux», l'auteur refuse la tentation du romantisme et de la quête philosophique vaine: «J'ai renoncé à mon rêve de mourir suavement / Au large du grand Congo» (p. 71). Il revendique le droit de lutter avec le peuple: «Qu'on me laisse aider mon peuple» (p. 71).

* * *

Ce projet nécessite une définition du rôle du poète. D'une part il associe son sort à celui des travailleurs journaliers, en insistant sur l'obligation du travail en poésie («Travail et poésie», p. 67). D'autre part il poursuit une réflexion sur la poésie qui pourrait contenir les fondements d'un art poétique.

Le chapitre qui termine le recueil: «La vie poétique (suite)» se présente comme la continuation d'un chapitre qui précède la partie versifiée de l'œuvre. L'auteur trouve, dans «La vie poétique» – qui se poursuivra à la fin de *L'Envers du soleil* et des *Normes du temps* –, une formulation originale de sa pensée.

Une série de maximes, qui tiennent à la fois du proverbe traditionnel et des Pensées des moralistes classiques, condensent tour à tour: définitions de l'acte poétique, réflexions sur l'écriture, directives pour la conduite de la vie poétique.

Ainsi une réflexion sur la poésie encadre, sous la forme de ces versets en prose ou sous la forme de poèmes, la partie centrale de l'œuvre.

Arlette Chemain-Degrange

Raison d'État, Kigali, Chez l'Auteur, 1975, 83p.
Pièce en trois actes de Joseph Ntirushwa.

L'action se passe – selon une note liminaire de l'auteur – «à une période obscure, dans la région des Grands-Lacs». On peut imaginer qu'il s'agit du XVᵉ siècle dans le royaume tutsi du Rwanda.

L'acte I se déroule dans un petit État «hissé sur les hauteurs», le royaume du Soleil. Le roi Mengisa préside un conseil de notables: la sécheresse sévit dans le¡ pays depuis un an. Le noble Kraala s'en prend aux faiseurs de pluie dont il exige la démission «pour inaptitude professionnelle» (p. 9). Il propose ensuite de faire la guerre au royaume de l'Est, situé dans la plaine fertile. Le noble chargé de la divination prend alors contact avec les dieux qui répondent: «Vous remporterez une grande victoire sur l'ennemi si vous êtes assez intelligents» (p. 16), et ajoutent que le libérateur sera «une jeune femme» et le chef des opérations «un déserteur» (p. 17). Stupeur des notables qui estiment que l'esprit divin est «paranoïaque et dénué de tout bon sens» (p. 17)! Leur décision: le roi Mengisa sera le commandant et Kraala sera le «libérateur». Kraala, appuyé par Ayalé, refuse cette gloire mais Mengisa approuve la suggestion.

Brusquement, le conseil est suspendu: la reine vient annoncer à son mari que leur fille, Nuramia, entretient une liaison coupable avec le joueur de harpe Ayalé qualifié par la reine de «minable» et de «goujat» (p. 22). Le roi n'est pas très affecté par cette révélation: il estime que, quelle que soit la tradition, il n'a pas à imposer un mari à sa fille: celle-ci doit se choisir un époux, c'est la voie du progrès. Il s'engage même à approuver le penchant de sa fille – au grand étonnement de celle-ci. C'est le moment que choisit pour se présenter un envoyé de Kulila, roi de l'Est; il vient réclamer, pour son maître, la main de Nuramia. Mengisa se dit heureux de ce partage de

sang (p. 35).

L'acte II a pour décor le palais de Kulila. Nuramia a épousé le roi de l'Est; Kraala et Ayalé sont «consul et ambassadeur» (p. 37) du Soleil à la cour de Kulila. Une servante, Libala, chante son amour sans espoir (elle n'est pas noble) pour Ayalé tandis que Kandisa, la reine-mère de l'Est, annonce son suicide imminent tant lui pèse la dignité où l'enferme son rang. Avoir surpris Nuramia dans les bras de Kraala lui a fait comprendre que, vouée à un «pourri de la noblesse» (p. 45), elle n'a jamais connu le bonheur.

On apprend alors que le mariage entre Nuramia et Kilila repose sur une double duperie. Si Kulila a épousé Nuramia, c'est pour qu'elle lui donne un fils qui pourra conquérir le royaume du Soleil car «nul ne peut vaincre un peuple sinon par sa race» (p. 47). Par contre, Mengisa a décidé que Nuramia, une fois enceinte, se suiciderait, assassinant ainsi le fils de Kulila et que lui, Mengisa, en tant que «libérateur», se sacrifierait sur le sol du royaume de l'Est, assurant ainsi la victoire de son peuple.

Lors d'un banquet offert à Kulila et à tous ses notables, et au cours duquel Kraala interprète une chanson ironiquement intitulée «Raison d'État», Ayalé endort par sorcellerie toute l'assistance. Kulila, à moitié endormi, tombe amoureux d'Ayalé qu'il prend pour Kami-la-voleuse-de-cœurs! Tout le monde sombre dans la folie: tandis que la servante Libala neutralise le régent du royaume, le noble Majiani qui l'aime, Ayalé et quelques hommes égorgent tout le monde.

L'acte III a toujours pour décor le palais de l'Est. Il débute par une longue scène. Par amour pour Ayalé, Libala repousse la demande en mariage du noble Majiani, ce que celui-ci n'estime pas «raisonnable». «Ce mot est étranger à notre genre» (p. 80), répond Libala, qui ne trouve pourtant pas ce prétendant «plus moche que ça» (p. 63).

Kandisa, une ivrognesse invétérée, accuse de complot Kraala, Ayalé et Libala. Kraala annonce au roi et à Nuramia que Mengisa s'est ouvert la poitrine sur le sol du royaume de l'Est. Kulila voit s'évanouir tout espoir de paix et, sachant sa mort proche, se met à délirer. Quant à Nuramia, elle va se tuer pour libérer sa race de la menace de l'Est puisque avec elle mourra le fils de Kilula, ce fils ennemi du Soleil. C'est une mort pour raison d'État... La pièce finit alors que, dans un grand élan lyrique, elle compare le couteau sacrificateur à un mari qui la pénétrerait et, entendant la voix de son père l'appeler, dit adieu «aux chers humains de la terre» en s'effondrant sur le Ribona, tambour sacré, symbole de la puissance royale (p. 83).

Étrange et déconcertante, par son mélange de fantasmagorie et de cruauté machiavélique, cette pièce est une authentique tragédie. Tous les ingrédients propres à ce genre s'y retrouvent: caractères dramatiques; sujet historico-légendaire; personnages du plus haut rang social; action inspirant pitié et terreur; passions humaines aboutissant, dans leur déchaînement, à une catastrophe.

L'auteur a voulu porter à la scène le sort du royaume du Soleil: comment va-t-il pouvoir triompher du royaume frère mais ennemi qui l'a vaincu par trois fois déjà? Telle est la problématique que doivent astucieusement résoudre les trois actes.

On peut reprocher à Ntirushwa d'avoir trop négligé le sort des individus et de s'être exagérément soucié de manifester l'inéluctable marche écrasante du destin. Les personnages sont de simples pions, de sorte qu'on ne peut s'attendrir, par exemple, sur le sort pourtant particulièrement atroce de Nuramia. L'objectif du dramaturge est sans doute d'illustrer que l'essentiel n'est pas la vie ou la mort d'un Roi ou d'une Princesse, mais bien l'avenir d'un Royaume. Il a fait de Mengisa et de Kulila de simples figurantes: Mengisa n'apparaît qu'au premier acte; Kulila a un rôle encore plus limité: vingt-cinq répliques... Kraala, lui, est le meneur de jeu. Préposé du destin, il va organiser toute cette perfide supercherie (l'auteur parle de «malice» — note, p. 1) qui permettra, dans un carnage général, d'assurer le triomphe du Soleil. Nuramia nous apparaît comme une figure très discutable: tantôt (acte I) avec Ayalé et (acte II) avec Kraala, elle se comporte comme une humaine aux faiblesses indéniables; tantôt (acte III), elle se révèle être le symbole même de l'abnégation. Les autres caractères sont plutôt falots et n'affirment guère de personnalité. En outre, de multiples digressions viennent distraire: intrusion, en plein conseil des notables, du récit des écarts amoureux de Nuramia; interventions de Libala en faveur de la condition féminine; attaques contre les différences de classes sociales; démêlés amoureux avec Majiani... En fait, on n'est au courant du drame qu'à partir de la scène 3 de l'acte II et surtout de la scène 3 de l'acte III.

L'auteur affirme, au dos de sa brochure, avoir essayé «d'adapter le style à l'époque». Le ton tragique est souvent respecté («Pour ne pas être noble, je n'en suis pas moins une femme», p. 39), mais parfois Ntirushwa se perd dans les niveaux de langue: «Je ne te trouve pas plus moche que ça» (p. 63). Certes, c'est une servante qui parle, mais une servante de tragédie n'utilise pas pareil langage... De plus, nombreux sont les anachronismes: «conditions climatiques» (p. 8), «miliciens» (p. 13), esprit «paranoïaque» et «subversif» (p. 17), etc. Un certain humour le plus souvent grossier se révèle par-ci par-là.

Par ailleurs, l'auteur attaque quelques préjugés. Ainsi il critique les prétentions d'une noblesse imbue de sa supériorité (p. 7, 39, 41, 66, 71, 72). La tradition est une cible favorite: Mengisa critique la dictature de l'âge et celle des parents dans le choix des conjoints de leurs enfants (p. 28-29).

Notons enfin, comme le signale l'auteur — au dos de l'ouvrage —, que cette intrigue a été «puisée essentiellement aux récits de conquêtes qui opposèrent le Rwanda à ses voisins» et que «*Rai-*

son d'État s'appuie sur les contes de Robwa et de Bagorozi». Un des mérites de la pièce est, en effet, de nous révéler la mentalité de l'ancien Rwanda. Tout imprégnée de magie, même si elle est particulièrement sanguinaire, tortueuse et cruelle, elle atteste aussi des qualités de noblesse de cœur, de total dévouement, d'absolue abnégation: l'individu de haute naissance, à tout le moins, n'hésite pas à se sacrifier pour le bien de la communauté.

La pièce de Joseph Nirushwa n'est pas parfaite; elle manque d'un resserrement tragique qui en intensifierait l'intérêt. Pourtant elle représente une intéressante tentative de faire vivre un théâtre rwandais d'expression française.

Signalons que Ntirushwa a écrit cinq autres pièces, mais qu'elles sont toujours inédites.

François Salien

Ramitou, mon étrangère, Yaoundé, Éditions CLÉ, 1971, 139p.
Roman de Joseph-Jules Mokto.

Étudiant à Douala, Jules rencontre Ramitou qui est issue d'une ethnie autre que la sienne. Mais les parents du jeune homme lui avaient déjà choisi une femme du village natal. Après plusieurs épreuves qui ressemblent fort à des ordalies, le jeune couple et leur enfant vivent un bonheur idyllique au sein de la famille de Jules.

Le romancier semble vouloir traiter de plusieurs sujets d'une importance capitale en Afrique. Le traditionalisme conservateur associé à tort avec «les vieux», l'ethnocentrisme de bon nombre de gens, le déracinement caractéristique des jeunes qui habitent les grands centres urbains, la prostitution, la misère engendrée par la vie urbaine et l'aliénation culturelle de ceux qui ont reçu une formation européenne sont autant de sujets abordés par Mokto.

La sincérité ne manque pas dans ce roman. Pourtant, l'analyse idéologique des problèmes soulevés fait défaut. Le lecteur y trouve un exposé adéquat de certaines situations sociales sans en trouver l'interprétation. Les brèves remarques sur le passé colonial et sur les grandes différences de classe qui séparent les riches des miséreux ne permettent pas d'identifier la vénalité des agents du néo-colonialisme qui sont maintenant les architectes des institutions socio-politiques du pays.

Mokto semble se soucier de la situation sociale de la femme qui est un simple objet d'échange entre familles. Mais le romancier est aussi attentif aux conséquences de l'institution qu'est la dot pour les hommes. C'est un jeune homme, Domche, qui souffre le plus des exigences de la dot. Il est emprisonné pour avoir volé une somme importante au bureau de poste où il travaillait. En général, le parti pris masculin du narrateur/protagoniste voile la préoccupation qu'il semble éprouver au sujet de l'exploitation de la femme.

Le «Mot de l'auteur» qui précède le roman indique clairement qu'il s'agit d'un roman autobiographique. Pourtant, nous savons que Mokto est devenu journaliste et professeur au niveau secondaire. C'est dire que certains détails de sa vie ont été modifiés. Ceci laisse perplexe le lecteur qui ne sait plus comment situer le narrateur du récit. S'agit-il de Mokto lui-même ou bien d'une voix narrative à l'intérieur du texte? On sait que l'auteur est souvent présent dans la narration à cause des nombreuses explications topographiques qui ne se justifient d'ailleurs pas. L'auteur africain qui se croit obligé d'expliquer sa culture au sein de son ouvrage ne semble pas écrire pour les Africains.

C'est surtout en ce qui concerne les niveaux de langue que le message idéologique de *Ramitou, mon étrangère* devient clair. Il ne s'agit pas d'un message explicite de l'auteur. La signification idéologique réside dans les catégories choisies par Mokto. Selon leur classe sociale ou bien leur niveau d'instruction, les Africains s'expriment dans une langue que

Mokto appelle le pidgin. Jules et Ramitou s'expriment en un français soigné.

Ce court roman peut être analysé de plusieurs manières. Il serait surtout intéressant d'étudier la conception qu'a l'auteur de sa tâche. Le romancier essaie-t-il d'étaler ses connaissances en matière de rédaction ou veut-il, tout simplement, montrer qu'il est émancipé? À l'évidence, l'écrivain ne cherche pas à faire avancer son peuple par une analyse lucide de sa situation socio-politique, ou par une synthèse des possibilités qu'offre l'avenir. Ce roman publié en 1971 représente l'expression littéraire d'une époque déjà révolue.

Frederick Ivor Case

Randonnées (Les) de Daba (de Ouadda à Bangui), Paris, Éditions de la Farandole, Coll. Mille Épisodes, 1966, 164p.
Roman de Pierre Makombo Bamboté.

Il s'agit d'un roman destiné à la jeunesse (12-16 ans), en particulier à la jeunesse française. L'auteur indique qu'il a écrit sur son enfance; ainsi s'explique la vérité des paysages et des nombreux tableaux de mœurs rurales que l'ouvrage renferme. La vie du broussard est idéalisée et un projet d'action pour améliorer ses conditions d'existence est discrètement présenté. Le texte n'est donc pas que récréatif; il mérite de retenir l'attention de l'historien et du sociologue.

L'ouvrage est illustré par dix dessins de Marie-Thérèse Makombo Bamboté, épouse de l'auteur, à qui le livre est dédié.

Une carte sommaire permet de suivre les déplacements du jeune héros entre Ouadda, Bambari, la région de Dangassou et Bangui.

Les références à la situation coloniale sont très peu nombreuses. Le roman se termine par l'envol du jeune Daba, boursier, vers un collège français; pour Pierre Bamboté, cet événement eut lieu en 1949. On peut donc estimer que ces souvenirs se rapportent à la période 1936-1949.

On distingue trois parties dans l'ouvrage. Le chapitre I, intitulé «Les jours et les nuits à Ouadda», évoque la vie du foyer de paysans, installé dans les savanes sèches du Nord, où est né Daba. Les chapitres II à VIII (p. 21-70) sont consacrés au voyage Ouadda-Bambari, qui va séparer quasi définitivement l'enfant de ses parents, et à la vie d'interne au collège de Bambari, ville dans laquelle Daba a une tante qui est infirmière; cette partie contient le récit d'un premier voyage dans la région de Bangassou, dont la famille de Daba paraît originaire (village de Bao). C'est la découverte d'une vie clanique chaleureuse dans une région plus humide et plus verdoyante. Les chapitres IX à XIV introduisent dans l'action le jeune Guy Roche, Marseillais, lauréat d'un concours qui lui a permis de gagner un voyage en Afrique. Il s'agit d'une inévitable concession au genre et à la nécessité commerciale. Ce jeune Européen vit totalement en milieu africain et fait à son tour connaissance avec la vie des habitants de Ouango, Bangassou et surtout Bao où il séjourne trois mois dans une atmosphère pleinement fraternelle.

L'aventure est réduite à sa plus simple expression. Les scènes de chasse aux lions (III), aux caïmans (X) et au filet (XIII), toujours proches des mœurs réelles, apportent, avec les péripéties scolaires, la tension nécessaire.

L'Afrique de la tradition jouit de la faveur de l'auteur. En témoignent des portraits comme ceux de la tante Somboya, princesse et thaumaturge (IX), du conteur Moussoujourou (XI), du vieux Calacoulé (XIII), des anciens de Bao dont la gravité est frappante à l'époque de la grande fête agricole qui est en même temps celle des ancêtres (XIII). La chaleur de la solidarité villageoise et le prestige des femmes dans cette société apparaissent constamment. Les arts (peintures murales, récits, traditions historiques, forge, tressage) sont honorablement mentionnés. Il n'existe dans ce roman qu'un seul personnage antipathique, celui de Monsieur Bila, le «grand personnage» ladre et poltron qui ne songe qu'à accroître ses troupeaux en abusant des avantages que lui donne sa formation scolaire car il sait «lire, écrire et compter»; bien que soucieux de prestige dans son clan et dans sa région natale, Monsieur Bila n'appartient déjà plus à l'Afrique ancienne dont il méconnaît les valeurs.

Les historiens de la naissance de l'Afrique moderne s'intéresseront aux *Randonnées de Daba*. Ils y trouveront maintes remarques sur l'introduction de la culture du coton (jolie image de Bambari la cotonnière au petit matin, p. 62) et sur l'économie de brousse dans les années 1930. Le problème des communications était et reste vital. Le voyage en camion de Ouadda à Bambari (400 kilomètres en deux jours) illustre l'épopée de la route africaine avec les personnages du chauffeur (l'oncle) et de l'apprenti (Titiya). L'acheminement de tout courrier fait problème, plus encore le recours à un poste hospitalier. Ce livre apporte enfin un nouveau témoignage sur l'école et l'époque coloniales: le directeur, Monsieur Jadis, et le cuisinier, Z'oignons, ont l'un et l'autre leur dignité.

Les chapitres XII et XIII montrent Daba, ses camarades de classe et Guy s'employant à alphabétiser des broussards avides de savoir. Les «professeurs» viennent à en perdre la notion du temps. Les mentors ont à cœur, en retour, de participer aux travaux des champs. Ils suggèrent diverses améliorations. Guy apprend le sango, langue véhiculaire du Centrafrique. Un tel didactisme peut paraître idyllique mais il traduit une foi vigoureuse dans la possibilité d'établir l'équilibre entre le savoir moderne et l'éducation traditionnelle.

Ce livre, à la langue très simple, peut encore, en 1980, faire mieux connaître la République Centrafricaine aux jeunesses de langue française et la leur faire aimer.

Robert Pageard

Récit (Le) du cirque... de la Vallée des Morts, Paris, Buchet-Chastel, 1975, 155p.
Roman de Mohamed-Alioum Fantouré.

Alioum Fantouré renouvelle complètement sa manière d'écrire entre son premier livre, *Le Cercle des tropiques* (1972), et le second, *Le Récit du cirque...* Si la prise de position reste la même, à savoir la révolte contre les sévices et l'oppression dans des pays soumis à de véritables régimes totalitaires, la mise en place des éléments représentatifs de ces systèmes a évolué.

Le premier récit narre l'installation, dans un pays mythique, d'un régime despotique, au moment des Indépendances. Le second livre saisit l'exercice de ce pouvoir dans sa pleine rigueur et tente une rééducation de ses agents.

D'une facture très moderne, à l'opposé du «réalisme» habituellement constaté chez nombre d'auteurs africains, ce roman, qui se donne pour une pure fiction (rôle du metteur en scène), n'en est pas moins lourd de significations très actuelles, et vigoureusement «engagé».

En marge de tous les conformismes littéraires romanesques, cette œuvre intègre des séquences empruntées au théâtre, au cinéma; elle retient les procédés du «nouveau roman», et n'exclut pas le recours au conte traditionnel pour expliquer par exemple l'origine du «Rhinocéros tacheté», mythe du pouvoir brutal, mi-animal, mi-homme, ruse et force associées. Cette œuvre révolutionnaire dans sa forme est également violente dans sa dénonciation de la coercition et de la violation des droits de l'homme.

Le roman narre une représentation donnée à un public enfermé dans une salle de spectacle qui devient une prison. Le destinataire du récit est ainsi représenté dans le récit. Les spectateurs subissent une série de représentations-visions, mimées ou filmées.

Les métamorphoses des visages humains qui éclatent sur l'écran, les gros plans, les «travellings-avant», ont pour fonction de violenter le public agressé par la représentation de sévices parfois insoutenables.

Les ruptures dans la continuité narrative introduisent un effet de distanciation qui interdit au lecteur l'identification et le goût de la romance. Les enchaînements sont ménagés par le metteur en scène – «manipulateur», Saïbel-Ti. Les acteurs improvisent leur rôle dans un scénario qu'eux-mêmes créent à partir de leur propre jeu, procédé emprunté à Pirandello (v. *Ce soir on improvise* ou *Six personnages en quête d'auteur*).

Le spectateur participe au jeu et peut programmer lui-même certaines séquences, déterminer le choix des personnages à mettre en présence, par un procédé électronique, en jouant sur les touches d'un clavier situé dans les accoudoirs de son fauteuil.

La première partie du roman reconstitue l'arrivée en avion de hauts fonctionnaires de retour d'un congrès. La cabine des passagers hermétiquement close, génératrice d'angoisse, est l'espace fermé où se préparent les délations, les éliminations. L'on y assiste à une confrontation entre le chef de la police, Inquisiteur Mille, et son adjoint, Vice-I-Mille, suspect pour s'être découvert une conscience.

Les scènes qui composent le récit sont associées très librement, quand elles ne s'annulent pas l'une l'autre. Ainsi l'arrestation et la mort de Vice-I-Mille font l'objet de plusieurs versions concurrentes. La «première hypothèse» [*sic*] selon laquelle le sujet meurt criblé de balles à sa descente d'avion est contredite par la «seconde hypothèse» selon laquelle, dans une automobile-tombeau, symbole psychopompe, il s'écrase contre un arbre.

Fahati, le représentant du culte du Rhinocéros, laissé pour mort à l'issue de son combat avec I Mille, dans la maison-labyrinthe de Kikée, réapparaît dans la seconde partie du récit pour effectuer

un long périple dans la Vallée des Morts, précédant le combat définitif avec la Mort, avant l'arrivée au Mont Dounouya.

Le décor de l'action est une contrée mythique: «Cepays» qui s'est substitué au «Pays des marigots du Sud», décrit dans le roman précédent, île cernée de marécages symboliques. Au centre est érigée la forteresse du Mont Dounouya (réplique du Mont Koulouma dans *Le Cercle des tropiques*). Une vallée, en partie souterraine, conduit à ce lieu imprenable. Au plus profond, le fleuve Faha aux eaux glauques y graine toutes les turpitudes. Dans cette vallée sont précipitées les victimes du régime ou leurs cadavres, quand les sujets ont commis l'erreur de «se découvrir une conscience».

Dans cet enfer hanté par les fauves avides de charognes, infesté par les mouches, dans une nature hostile, sylve humide, végétaux en putréfaction, le représentant du pouvoir inhumain du Rhinocéros effectue une longue marche, son calvaire. Sa mort signifie-t-elle une rédemption? annonce-t-elle la fin des crimes politiques? La fin du récit laisse peu d'illusions.

La prise de conscience est sollicitée à plusieurs niveaux. Afrikou, allégorie des peuples de ce continent comme son nom l'indique, entraîne Fahati dans la vallée pour le sensibiliser aux maux dont il est responsable. Sans doute veut-il aussi réveiller la conscience politique de Kikée, l'Africaine frivole, qui les accompagne dans la première partie du trajet. Les spectateurs internés dans la salle de cinéma représentent le peuple d'Afrique rendu apathique, auquel on veut faire prendre conscience des abus auxquels il est soumis de la part de régimes despotiques et tortionnaires.

Enfin les spectateurs immédiats représentent un public plus large, extérieur au roman, le spectateur de la télévision occidentale ou l'habitué des salles obscures, indifférents aux actualités retransmises sur les écrans, ou très passagèrement ému. À ce consommateur à la sensibilité émoussée par les média dont le rôle est ici parodié, le récit entend faire prendre conscience des drames du Tiers Monde.

Ceci sans illusion. La dernière formule: «Retournez à votre indifférence», ironique et désabusée, peut-elle se lire par antiphrase? Le lecteur peut-il demeurer indifférent?

Arlette Chemain-Degrange

Récompense (La) de la cruauté, suivi de **N'gobila des M'swata**, Kinshasa, Éditions du Mont Noir, Coll. Objectif 80, Série jeune littérature, n° 10, 1972, 91p.

Recueil de nouvelles de Paul Lomami Tshibamba.

Ces deux nouvelles de longueur à peu près égale et toutes deux composées de courts chapitres sont des légendes inventées par l'auteur, à travers lesquelles il oppose le pouvoir blanc au monde noir. Ce trait commun nous autorise à mêler les deux récits dans cette présentation.

De quoi s'agit-il? *La récompense de la cruauté* est l'histoire d'un monstre, «le Belzébuth de Kilimani», sorte de King-Kong recouvert d'écailles traité de «fâcheux cabotin hurleur» jusqu'à ce qu'une expédition typiquement coloniale, composée de prêtres, de savants, de soldats et d'administrateurs, le découvre, l'anéantisse sous l'effet de la peur et soit elle-même anéantie. *N'gobila des M'swata* se situe au début de la colonisation, à l'époque où Stanley imposait aux chers Noirs son «fastidieux traité d'amitié». N'gobila, chef de la tribu guerrière des M'swata, n'entend pas se soumettre à Mistantèle, c'est-à-dire à l'Administrateur belge, et à ses «laptots», «Noirs étrangers que Stanley avait mis à sa disposition, à la fois débardeurs et miliciens». N'gobila affame puis anéantit Mistantèle et ses hommes.

Ces deux nouvelles sont à la fois des témoignages et des œuvres d'imagination. Lomami conclut ses récits en disant: «Ici s'arrête la part du narrateur, éternel menteur, à qui échoit l'atavique mission de colporter et de perpétuer les légendes du terroir», mais ces légendes s'appuient très scrupuleusement sur des caractéristiques précises de la colonisation — ses débuts avec *N'gobila*, son apogée avec *La récompense* — au Congo belge. Sociologiquement, politiquement, historiquement et géographiquement ces «menteries apothéotiques» constituent donc un genre bien particulier, à la limite du réel, du crédible et du possible, où l'imagination prend en charge la vérité.

Pour cerner cette vérité il faut considérer le «Belzébuth de Kilimani» et *N'gobila* comme des symboles, qui renvoient tous deux à l'Afrique traditionnelle, la grande Afrique, celle que «le règne des étrangers» ne saura jamais réellement soumettre (*N'gobila*), à moins de s'anéantir avec elle (*La récompense*). Dès lors les deux nouvelles apparaissent comme des rêveries philosophico-politiques sur la «résistance» africaine, à l'instar des épopées peules ou des récits songhaï, évoquant la lutte contre le colonisateur français, mais avec les marques spécifiques d'un imaginaire subéquatorial, dont Lomami Tshibamba, avec ses créations de monstres et ses mises en scène sabbatiques — la fin de *La récompense* comme celle de *N'gobila* —, est l'un des tenants les plus éloquents dans la littérature d'expression française.

Pierre Haffner

Refrains sous le Sahel, Paris, P. J. Oswald, Coll. Poésie/prose africaine, 14, 1976, 89p. — Préface de Joseph Ki-Zerbo.

Recueil de poèmes de Frédéric Pacere Titinga.

Le recueil se compose de seize poèmes retraçant les diverses étapes qui amènent le Noir à prendre conscience de son moi. Les neuf premiers poèmes évoquent les sentiments que ses conditions historique et sociale lui imposent: la tristesse, l'attente, la jalousie, le désespoir, la séparation. Ensuite, le poète énumère chronologiquement une série de sacrifices subis par les générations précédentes et qui, de nos jours, influencent encore la vie du Noir.

«Né dans un village» au milieu «des morts qui partagent le destin des vivants», le Noir est «né dans la tristesse» («Manéga», «Je suis triste»). Sa destinée scandaleuse lui vient de ce que, en dépit de sa révolte, il doit quitter «la terre de ses pères» et oublier son passé d'homme fier et libre («Offrande»). Seul l'amour lui apporte quelques maigres joies, hélas plus imaginaires que réelles («La fenêtre voisine»). Sa tristesse innée a pour origine aussi «Tous ces tirailleurs Sénégalais», ces «Zouaves inconnus» qui sont «Morts ou ressuscités au pied des Mont-Valérien, / Ou dans les flammes des Soldats inconnus» («Aux Anciens Combattus») en servant une cause qu'ils n'ont pas choisie. L'histoire a donc appris au Noir à pleurer, mais heureusement aussi à exalter ceux qui se sont révoltés contre les envahisseurs car le souvenir de leurs actions les rend pareils à la «Lumière de Vérité [qui] éclaire la Terre d'ébène» («Héros d'ébène»). «C'est notre destin d'être [nous les Noirs] conçus sur un champ de bataille, / Nés sur un champ de bataille, / Nous mourrons sur un champ de bataille, / Pour la gloire de la Patrie» («La Deuxième Guerre»)! La vie ressemble donc à une bataille qui ruine le pays des ancêtres et «Sur les ruines de la Patrie, / Des termites, / Des termites ont construit une termitière» («La termitière»)! Malgré cette destruction continue, «Demain le soleil sera haut dans le ciel» («Hymnes des décombres»), les Noirs oublieront le passé et «reviendront [...] la hache sur l'épaule [...] Pour tamtamer et danser sous les yeux des ancêtres» («L'éternel retour»).

Pour exprimer ce message finalement optimiste, l'auteur utilise de courtes phrases, une langue simple avec quelques néologismes seulement, comme «tamtamer». La tradition littéraire et des écrivains comme Senghor ont influencé le style, en particulier lorsque l'auteur cite des séries de noms ou lorsqu'il répète un refrain au lieu de créer de longues métaphores. D'un autre côté, la mise en pages et l'emploi de majuscules imitent les techniques utilisées dans certaines œuvres de Mallarmé ou de Cendrars par exemple. L'emploi apparemment capricieux de la typographie voile un peu la logique du texte.

Claire L. Dehon

Regard (Le) du roi, Paris, Plon, 1954, 255p.
Roman de Camara Laye ou Laye Camara.

Entre deux œuvres autobiographiques, Camara Laye compose une œuvre imaginaire, aussi lourdement chargée cependant des mêmes dynamismes sociaux, culturels et idéologiques agencés dans un même contenu géographique. *L'Enfant noir* (1953) se terminait par un départ, douloureux pour celui qui était heureux dans sa famille à Kouroussa, pour un séjour d'études à Paris; *Dramouss*, par le retour au pays natal. Pendant les années passées chez les Français, c'est la situation inverse de la sienne qu'analyse l'auteur du *Regard du roi*: la vie d'un Français émigré chez les Africains.

Le lieu de la fiction est l'Afrique noire. Bien que l'auteur ne le précise pas, le lecteur, aidé des autres romans, peut reconnaître, bien contrastées, la Haute et la Basse Guinée: savane de forêt, saison sèche et climat humide. Dans le nord, Adramé, dans le sud, Aziana, villes fictives non épargnées par l'invasion des institutions européennes. Le décor est africain, assidûment régionalisé, et bien décrit par la présentation des nombreuses données de la vie quotidienne sous tous ses aspects: climat, nourriture, logement, relations sociales, le tout tenant d'une physiologie particulièrement affectée par la chaleur et les odeurs.

Le temps semble se situer dans la période coloniale finissante, ce que suggère la situation du héros dans une

Afrique qui reprend son autonomie et son ascendant.

Le roman est divisé en trois parties: «Adramé» (124p.), «Aziana» (72p.) et «Le roi» (52p.), comprenant respectivement 5, 3 et 2 chapitres. L'action se situe sur deux plans dont le premier est double: il y a l'aspect matériel qui représente l'intégration progressive de Clarence dans la collectivité africaine, et le volet spirituel qui traite de l'évolution intérieure du héros.

Le récit se déroule en fonction de deux points de vue: celui du héros et celui des Africains. Arrivé de France, rejeté par les siens, Clarence, un raté sans fonction, sans acquis, doit repartir à zéro dans ce pays étranger. Témoin du passage du roi sur l'esplanade d'Adramé dans le nord du pays, il conçoit que «servir le roi» apporterait une solution à tous ses problèmes mais il ne parvient pas jusqu'au roi. Des Africains s'offrent à le conduire vers celui-ci lors de son passage dans le Sud. Après une série de pérégrinations et d'événements auxquels il ne comprend rien, Clarence est vendu au naba d'Aziana, qui lui réserve un mystérieux gagne-pain. C'est là qu'a lieu, un jour, la rencontre désirée avec le roi.

Dans l'intrigue, toutes les initiatives sont prises par les Noirs. Un mendiant philosophe rencontré à Adramé se met à la tête de l'équipée qui se complète par les adolescents jumeaux Noaga et Naoga. Au cours d'épisodes souvent humoristiques, Clarence révèle son incapacité de s'adapter à la nature et aux coutumes africaines. La deuxième partie du roman commence par l'arrivée à Aziana, où Clarence au service du naba est occupé à son insu à «engrosser tout le sérail». L'opération est menée sous le couvert d'un mariage avec Akissi («quelle femme changeante», constate seulement Clarence), à la faveur de la nuit qui facilite la substitution des femmes, d'ailleurs aidées par les effets de fleurs aphrodisiaques, et grâce à la complicité de toute la population, du maître des cérémonies surtout, de Samba Baloum, l'eunuque du naba et du forgeron Diallo (qui offre des ressemblances avec le père du romancier dans *L'Enfant noir*). Dissimulation et mensonges prennent des proportions épiques; de même la moisson des petits sang-mêlé. Quand Clarence aura appris la vérité («cette comédie!») de la bouche de Samba Baloum, il tombera encore, malgré tout, victime de la sorcière Dioki qui l'aura fasciné par l'entremise d'un de ses serpents.

Au cheminement physique et à l'initiation sociale de Clarence correspond sa métamorphose intérieure. Il a assimilé la vision du monde de l'Afrique noire, il a appris à vivre à l'africaine: ce qu'on attendait de lui. Le roi, qui, entrevu à Adramé, avait fait l'objet d'un acte de foi entière de la part de Clarence, peut à présent l'appeler et le prendre sous sa responsabilité, comblant ainsi tous ses désirs.

La critique aura à souligner la remarquable habileté avec laquelle Camara Laye trame chacun des plans de son roman et les combine dans une tridimensionnalité dont on pourrait dire, selon la conception McLuhanesque, qu'elle est «le médium qui constitue le message même»: édifiée sur la nature, une société porte à son sommet un roi (ou le traditionnel chef) par lequel elle rejoint la divinité, source de sa puissance et de sa perpétuation. Ici la régionalité disparaît sous l'armature de l'universalité. Ici émerge l'unité organique d'une œuvre à la thématique riche et diversifiée où s'appellent les contraires: l'angoisse et l'espoir, le tragique et l'humour, la nature et le surréel. Ultimement, l'amour y abolit l'absurde, le divin transfigure l'humain. Un rapprochement avec *La Modification* de Butor permettra d'approfondir une réflexion structuraliste sur le chef-d'œuvre de Camara Laye, dont le sujet est le passage d'un univers matérialiste à un univers spiritualiste, sur quoi l'auteur s'exprime clairement: «Je n'ai jamais séparé le monde Visible et l'Invisible» («Kafka et moi», *Dimanche-Matin*, 2 janvier 1955).

Pour ce qui est de la qualité littéraire de l'œuvre, la critique peut reconnaître à l'auteur le double mérite d'avoir réussi à conserver dans un abondant dialogue typiquement africain la forme orale du discours, les jeux de la parole et une dialectique spontanée d'ordre analogique, tout en tissant son récit dans un style esthétiquement efficace, parfois résolument réaliste comme par l'injection d'un vocabulaire malinké dans les scènes croquées sur le vif, parfois souplement retenu pour entourer de discrétion des scènes qui auraient pu être scabreuses, et parfois puissamment évocateur dans les épisodes les plus mystérieux ou complexes, au point d'être «presque hors du langage littéraire» (Mercier et les Battestini) — aussi faut-il constater des affinités avec l'entreprise surréaliste. Et Senghor de consacrer cette originalité de Camara Laye: «Un Européen n'écrit pas comme cela» (*Liberté I*).

Le Regard du roi, roman symbolique, juge-t-on généralement: voyage terrestre, symbole de l'itinéraire spirituel, donc: roman métaphysique. On l'a également qualifié de roman précurseur de la révolte (Achiriga), d'œuvre purement littéraire que peuvent immortaliser des valeurs esthétiques (Okeh). À vrai dire, chacun a raison. Œuvre de caractère psychanalytique aussi. Les indices sont nombreux: sommeil, rêve, hallucination, atteignant au-delà des interprétations freudiennes les profondeurs mythiques de Jung, par exemple dans l'épisode des femmes-poissons (anima = symbole féminin de la femme = ville portuaire souvent personnifiée par la sirène), et dans une autre perspective, l'introspection et l'auto-évaluation. Pas de risque chez Laye que la psychanalyse tourne à vide dans un exercice artificiel. Elle est fondée sur une philosophie solide, essentiellement africaine par son côté réaliste et axée sur l'évidence de la vie dans l'au-delà. Que la philosophie de Camara Laye soit en opposition radicale avec certains systèmes de pensée contemporains, la preuve en est qu'elle lui a permis d'exorciser

le pessimisme de Kafka dans une œuvre qu'il avait annoncée comme conçue sous son influence.

Mais la dimension spirituelle de l'œuvre constitue la base d'une interprétation plus spécifique encore, dans le sens d'une inspiration mystique. Au-delà de l'ascèse, qui est l'étoffe même de l'action, les images et un mode privilégié d'appréhension du monde invisible sont conjugués pour rendre présente une réalité supra-naturelle, d'ordre proprement mystique, celle-là même qu'a connue un Charles de Foucauld. Le cheminement géographique et socio-culturel de Clarence est symbolique de sa conversion. Il est mystifié par l'aspect physique du voyage: ses sens sont assaillis par l'étrange, par l'hallucination, puis effectivement par l'expérience synesthésique et la drogue. De la mystification il passe au mystère. Au dernier degré, il est emporté dans une aventure authentiquement mystique. Envahi par le sentiment de sa misérable condition humaine, il est conduit à la découverte de la vérité totale sur lui-même. Entré dans le creuset de la purification par l'humiliation et le dénuement, il en sort rempli de l'espoir en une puissance surhumaine qui peut le sauver malgré son indignité. Quelqu'un a «entendu sa prière secrète». Or, on n'a pas «le dernier mot avec Dieu». Quand Dieu se manifeste, le merveilleux (plutôt que le fantastique) éclate, comme aux dernières pages du roman.

Nonobstant l'allégeance musulmane de Camara Laye, on ne peut passer sous silence un fait important dont la critique doit tenir compte. La symbolique étalée dans le titre et la fin du roman fait écho à une symbolique très précise et bien documentée de la religion chrétienne. La dernière scène du roman rappelle les plus hauts sommets de la littérature mystique, qu'il s'agisse du récit d'une stigmatisation («ce fut comme un trait de feu qui le transperça»), de l'apparition du Christ présentant son cœur à l'amour comme à Paray-le-Monial («dans la nuit de ce torse, il y avait

[...] un léger battement»), ou d'un avant-goût de l'immortalité bienheureuse («Alors le roi referma lentement les bras, et son grand manteau enveloppa Clarence pour toujours» – ce sont les derniers mots de l'œuvre). Le symbole du regard aussi trouve sa place, pour ne citer qu'un exemple tiré d'un document de révélations personnelles à Gabrielle Bossis, *Lui et moi*, en date du 2 février 1940: «Humilie-toi et marche fidèlement. Marche. [...] Je suis le Regard. [...] Je suis Celui qui appelle afin que vous veniez sans crainte vous jeter sur Mon cœur.»

En plus des rapprochements déjà mentionnés du *Regard du roi* avec d'autres œuvres de la littérature universelle, a été proposée la comparaison avec *L'Aventure ambiguë* de Cheikh Hamidou Kane, *Le Grand Meaulnes* d'Alain-Fournier, *Le Pauvre Christ de Bomba* de Mongo Beti, *La Réponse du Seigneur* d'Alphonse de Chateaubriant ainsi que des romans de Lewis Carroll et de Bernard Dadié. On sait aussi que Camara Laye a lu Baudelaire, Claudel, Flaubert (*La Tentation de saint Antoine*, dont le début descriptif crée l'ambiance du premier chapitre, «L'esplanade» du *Regard du roi*, et dont la fin reflète le même type de dénouement), La Bruyère, Rimbaud...

Les liens à découvrir entre les trois œuvres de Camara Laye prendraient un net relief à l'étude du cas d'échostructure (réflexion, duplication, mises en abyme) qu'elles présentent.

Léo A. Brodeur

Remember Ruben, Paris, Union Générale d'Éditions, Coll. 10/18, 1974, 313p. Roman de Mongo Beti.

Remember Ruben présente Mor Zamba, un enfant errant sur les chemins d'Afrique, arrivant au village d'Ekoumdoum, où il éprouve la valeur et les limites de la morale du clan: hospitalité et honnêteté traditionnelles, mais aussi étroitesse d'esprit et cruauté. En 1940 Mor Zamba, robuste jeune homme ennemi de toute injustice, est interné par les forces françaises dans un camp, et séparé de son ami de village Abéna, lequel s'engage dans l'armée, en vue d'un but politique mystérieux. En 1944 Mor Zamba, libéré, rejoint le grand port Fort-Nègre [Douala], et son faubourg miséreux Kola Kola, où le leader Ruben entretient l'esprit de révolte contre la puissance coloniale, puis contre le dictateur local que celle-ci a hissé au pouvoir. Mor Zamba achève son éducation révolutionnaire à travers sa pratique de chauffeur de camion en pays bamiléké, à travers la guérilla urbaine, la répression et un second séjour en prison. Lorsque Ruben est tué en 1958, et que s'annonce la chute du faubourg dissident, Abéna, rentré au pays après dix-neuf années de guerres coloniales, et devenu chef de maquis, peut sceller ses retrouvailles avec Mor Zamba en lui confiant la mission de rallumer à Ekoumdoum la guerre populaire.

Remember Ruben offre un tableau inoubliable de la misère matérielle et morale dans un pays colonial ou néo-colonial: d'une part l'arbitraire généralisé, la férocité et la ruse, la violence de l'affairisme colonial, d'autre part la flagornerie, l'avilissement des hommes et des femmes. Mongo Beti a su pousser très avant la personnalisation des centres antagonistes: Fort-Nègre, la ville coloniale, citadelle blanche, métropole, «Nabab» dont «l'œil furtif guettait les signes de relâchement du faubourg»; en face, Kola Kola au «dénuement tempétueux» et sa «débandade grouillante de bicoques» où l'on «solde des biens de déroute à une clientèle toujours problématique», Kola Kola en proie à la faim, mais Kola Kola aux «instincts belliqueux», Kola Kola «libéré à la discrétion tantôt de ses propres songes, tantôt des fantasmes de la propagande négrière».

Remember Ruben pourrait se lire à la lumière référentielle du pamphlet de

Mongo Beti: *Main basse sur le Cameroun* (1972), qui donne des précisions sur les lieux, les dates, les protagonistes de la tragédie camerounaise. Mais la force du roman est telle qu'il se suffit à lui-même. Loin d'être linéaire, l'intrigue est à la fois circulaire et démultipliée en parcours individuels qui, positivement ou a contrario, illustrent le désarroi d'une jeunesse, la nécessité du retour effectif, corps et âme, au pays natal, et le pathétique des amitiés fidèles: Mor Zamba, enfant prodigue d'un village, et qui ne cesse d'y revenir, pour le régénérer; son «frère» Abéna, jeune paysan brûlé aux feux des guerres d'Indochine et d'Algérie, rentré pour implanter en sa patrie un front de guérilla; Mor Kinda, plus équivoque, né en brousse mais acquis à la vie urbaine, et qui «jongle» avec machiavélisme pour déjouer les plans de répression; Jean-Louis enfin, jeune parasite devenu indicateur de police, trahissant son faubourg natal. On le voit: aucun monolithisme, aucun didactisme simpliste dans ces personnages traversés de contradictions multiples qui sont aussi celles de la genèse problématique — entre réel et idéal — d'une nation et d'une société à naître, dans un processus de décolonisation véritable, ou fictive.

On trouvera aussi, moins individualisés, ceux que Mongo Beti a désignés comme les artisans possibles ou les alliés potentiels du mouvement patriotique: le docker de Douala, le petit transporteur bamiléké, et la masse des paysans, sur qui l'auteur porte un regard non pas métaphysique, mais rapporté à la réalité des rapports sociaux. «Les péquenots, ce sont les éternels paumés, ceux qu'on exploite et trompe éternellement.» Quant au chef historique, l'intellectuel Ruben, dirigeant de l'Union des Syndicats, puis du Parti Progressiste Populaire, organisateur des groupes d'autodéfense, il demeure généralement à l'arrière-plan du roman, et n'est éclairé que par quelques «flashes» brefs qui sont les équivalents littéraires d'une aura de légende.

Les personnages ne sont pas simples prétextes à dissertation, ce qui ne signifie pas que l'auteur soit absent de son livre: on le voit au contraire réagir vivement à chaque situation, multiplier les interventions personnelles, les appréciations laudatives, attendries, ou critiques, ce qui renforce, jusqu'au seuil de la saturation parfois, la cohérence idéologique du corps romanesque.

Remember Ruben tire une partie de son pathétique de la situation même dont il rend compte: temps faible d'un processus révolutionnaire, marqué par le reflux des forces d'un peuple qui vient à peine d'être mis en mouvement. Avec un sens affirmé de la progression dramatique, Mongo Beti met l'accent sur l'offensive des forces coloniales, la montée des périls face aux noyaux de résistance, l'arrestation de militants, la torture.

Il démonte le mécanisme exemplaire de la passation du pouvoir à un fantoche, lequel a pu prendre peu à peu force et assurance (selon la psychologie politique du romancier), du fait de «l'insouciance béate» du peuple, de son inexpérience, du fait aussi des lâchages et des lâchetés de ces éléments corruptibles dont Mongo Beti, avec la sombre vigueur d'un sermonnaire, dresse un portrait qui va bien au-delà du constat habituel au roman de mœurs.

Après avoir montré comment un leader peut organiser des délinquants en combattants, l'auteur analyse le processus inverse: grignotage des énergies populaires, dégradation de la pratique politique en coups de main qui tournent au fait divers. On n'oubliera pas certaines scènes particulièrement prégnantes: les retrouvailles entre les deux amis Mor Zamba et Ouragan-Viet, dans le fracas et les éclairs des explosions qui dénoncent et permettent de stopper une attaque de l'ennemi; le jugement du traître, piégé dans le faubourg, et mené devant une cour de justice populaire constituée de jeunes au visage masqué.

Face à l'acuité de l'analyse, on ne

manquera pas d'être frappé par le sentimentalisme prononcé qui imprègne l'œuvre: l'auteur a ouvert son livre sur des scènes villageoises de tonalité rousseauiste; il a choisi pour héros un homme naturellement fort, pur et généreux, multiplié les scènes attendrissantes, montré en actes ce qu'est la vraie et la fausse amitié, présenté la tragédie d'êtres frustrés d'affection, et de la société qui les ferait vivre dans la transparence des cœurs.

Un lecteur français rapprochera cet idéalisme romanesque de celui de Romain Rolland. Nul schématisme pourtant dans ce jeu de valeurs qui oppose la ville au village, les bons aux méchants; il y a au contraire approfondissement dialectique par rapport aux premières œuvres de Mongo Beti (*Ville cruelle, Le Pauvre Christ de Bomba*) et par rapport à ces structures de bipartition quasi mystique, ville/campagne, qui ont sévi tout un temps dans le roman africain.

L'attention passionnée que Mongo Beti porte à son peuple est exempte de tout souci ethnographique qui n'aurait pas de portée révolutionnaire immédiate: c'est ainsi que l'auteur évite de rapporter la parole traditionnelle paysanne et qu'il informe peu sur les coutumes. La majeure partie de l'action se passe en milieu urbain, les personnages parlent l'argot français ou local, ou bien le pidgin qui mêle les langages des deux dernières puissances européennes à avoir occupé le Cameroun: l'Angleterre et la France.

Plus généralement, c'est la tête et le cœur, non les sens, qui semblent avoir dicté le texte: *Remember Ruben* est pauvre en correspondances visuelles, auditives, ou olfactives, et les images y sont presque toujours d'ordre intellectuel. C'est le camion du petit transporteur «Tréteau fugitif et tourmenté comme la vie»; c'est le réseau des chemins «graciles ou sinueux», en tout cas aimés du petit peuple, qui s'oppose à la route des Européens, dans les campagnes, aux grandes artères, dans les villes; c'est le fleuve, image inverse du «surplace» politique dont souffre le pays, le fleuve qui semble devoir un jour porter les hommes noirs vers leur émancipation; c'est le port, qui leur permet de s'ouvrir aux idées nouvelles.

Également d'ordre intellectuel est la profondeur de temps que Mongo Beti a donnée à son roman: longue attente du retour de l'absent, nostalgie d'une trop brève «époque merveilleuse» (après la guerre, et avant la reprise en main par les autorités coloniales), espoir d'un avenir où le peuple sera enfin libéré. Au dernier épisode, Ouragan-Viet explique à de futurs maquisards le maniement des armes légères, avant de les envoyer en campagne: «Prenez tout votre temps, faites soigneusement les choses, ne vous souciez pas des délais, le temps ne compte pas pour nous.»

Dans ce souci du fusil, dans cette orientation en direction du monde paysan, et dans cette stratégie de la durée, on aura reconnu une conception proche des théories maoïstes.

Et si le temps romanesque est brouillé dans *Remember Ruben*, ce n'est pas semble-t-il par concession à une mode, mais parce que le roman travaille comme une enquête sur des drames demeurés longtemps ignorés, et parce que l'intrigue, avec ses retours en arrière et ses «flashes forward», paraît suivre le récit d'un narrateur au premier degré, lequel ne serait autre que Mor Zamba lui-même, dont l'auteur signale simplement qu'il a survécu, et qu'il se livre à une fringale de lectures.

Remember Ruben marque le temps du bilan et de la réflexion après l'échec des premiers affrontements: le mouvement populaire a encore à effectuer une longue marche intellectuelle, morale et militaire avant que ne prenne forme le destin du pays et de sa population. Littérairement, la rencontre d'un romancier épris de psychologie et d'une théorie de la révolution qui donne le primat à l'idéologie a permis ce livre d'engagement total, portant à leur température de fusion drames privés et tragédie publique.

Régis Antoine

Remous de feuilles, Kinshasa, Éditions du Mont Noir, 1972, 46p.
Recueil de poèmes d'Élisabeth-Françoise Mweya.

Composé de trente-neuf poèmes écrits entre 1966 et 1970, *Remous de feuilles* contient des textes d'inégale longueur et de ton différent où se côtoient les thèmes les plus traditionnels de la littérature universelle (amour, angoisse, souffrance, désespoir, etc.) et les poncifs exploités par les tenants de la négritude (exaltation des attaches originelles, évocation de l'Afrique-mère, du tam-tam séculaire, des masques, etc.). Le recueil apparaît comme l'exaltation d'un amour jeune, exubérant et à travers lequel les premiers émois d'une adolescence qui se cherche jaillissent à la découverte de l'autre, l'Ami: «Mon frère, mon ami / Tu te souviens» (p. 17).

En effet, dès la Dédicace (à «Symphorien Nwanba, mon ami disparu», lors de tristes événements des étudiants de l'Université Lovanium le 4 juin 1969), l'on sent frémir chez Mweya une passion de vivre, un désir de se saisir au-delà du paraître: «Nos regards, eux, / N'ont pas cessé de vivre» (p. 4).

Dans «Prière de l'âme noire», «Tam-tam», «Kilimandjaro», «Me revoilà Afrique» et «Masque», Mweya reprend à son compte, en forçant par endroits le ton, les échos qui rappellent Senghor, («Senghor, sois mon chemin / Guide-moi vers ma source pour / boire à la manière des initiés»), le Birago Diop de «Souffles», de façon sporadique aussi ceux de Verlaine des *Romances sans paroles* et enfin de Musset des *Nuits*.

Mais il va sans dire qu'avec des textes d'inspiration personnelle, Mweya retrouve son accent, amorce le processus du dévoilement de son for intérieur douloureusement aux prises avec les vicissitudes de la vie et qui laisse échapper des plaintes traduisant des sentiments de culpabilité: «Livre-moi ton cœur / Que s'y lise l'immense pardon» (p. 5).

De sorte que nous rencontrons, tour à tour, dans ses poèmes des regrets poignants d'un amour éteint à peine né, d'un élan implicite mais vif pour reconquérir l'innocence première qui se veut effort de récupération à partir d'une prise de conscience de la redoutable réalité mise à nu, le tout exprimé dans un langage spontané et pathétique qui est le reflet même d'une révolte intérieure: «Si j'avais su / [...] J'aurais tué» (p. 11).

Qu'importe! Mweya n'est pas seulement la cantatrice de mélodies tristes et désespérées — quoiqu'elles occupent la majeure partie de son recueil — elle est aussi porteuse de la joie, de l'ivresse qu'offrent «les matins roses du monde» dans l'accomplissement continu de nos actes: «Vie, fleur parfumée / Je te salue» (p. 17).

De l'autre côté de l'amour, à l'autre bout de la vie, il y a la mort. Elle est pour le poète une «descente aux enfers», une quête sans fin d'un bonheur (peut-être) impossible à atteindre dans ce monde, un cheminement lent mais sûr vers l'essence de toute chose, vers la découverte essentielle de sa propre identité, car, dit-elle: «Tu m'as appris les charmes de la mort» (p. 7)!

Remous de feuilles est une poésie toute simple, toute lucide, faite de mots courants mais qui touchent le lecteur par leur charge évocatrice. Pas de lyrisme gratuit. Le lyrisme de Mweya est un lyrisme tragique.

Kankolongo Mbuyamba

Rencontres essentielles, Paris, Imprimerie Edgar, 1969, 127p.
Roman de Thérèse Kuoh-Moukouri.

Ce roman ressemble à une autobiographie car les événements sont relatés au présent et à la première personne. Cependant, bien que le problème de la mésentente conjugale soit très commun dans la vie, la distance entre la réalité et l'œuvre d'art est obtenue grâce à des procédés tels que le refus de donner le nom complet de la narratrice (elle s'appelle «Flo», ce que le lecteur n'apprend qu'à la page 46) et le refus de situer avec précision les lieux et les dates de l'action. L'auteur cite simplement le nom d'un pays ou d'une ville. Quant à l'époque, elle serait impossible à définir si un des personnages ne mourait dans le même accident d'avion que le poète David Diop (malgré cette indication il faut consulter un ouvrage spécialisé pour savoir que c'est en 1960).

Le récit suit l'ordre chronologique des faits. Au début, Flo explique comment elle alla en France pour étudier, y rencontra Joël et l'épousa. Ensuite, rentrée au Cameroun, elle décrit sa vie conjugale, la désagrégation de son mariage et ses plans pour ramener son mari auprès d'elle. L'œuvre se termine par la mort de la maîtresse de Joël. Cette fin brutale n'élimine pas pour autant toute ambiguïté. En effet, en conclusion, Flo admet considérer l'enfant adultérin comme son seul espoir de bonheur (p. 125) alors qu'une citation précédant le premier chapitre fait croire qu'elle réussira à sauver son ménage de l'ennui et de la discorde (p. 5).

Avec le divorce et l'infidélité d'un conjoint, l'auteur soulève ici un problème courant dans la littérature africaine contemporaine. De nombreux livres se lamentent sur la légèreté des femmes qui se vendent comme de la pacotille (*Le Journal de Faliou*, 1972, de Rémy Medou Mvomo; *L'Homme qui tua le crocodile*, 1972, de Sylvain Bemba); alors que d'autres se plaignent des hommes sans scrupules qui ne se soucient guère de leurs responsabilités et qui doivent prouver leur masculinité par le nombre de leurs maîtresses ou de leurs épouses légitimes (*Tante Bella*, 1959, de Joseph Owono).

Souvent débattue, la question du mariage et de la fidélité prend des caractères différents suivant les pays. Comme la plupart des romans camerounais touchant ce sujet, *Rencontres...* en présente un aspect avec pour fond un mélange de la vie traditionnelle et de la vie occidentale. Ainsi, Flo, jeune femme moderne, fait des études avancées, elle se marie par amour et sans demander le consentement de sa famille. D'un autre côté, voyant la science impuissante à la rendre mère, elle demande l'aide des sorciers et elle attribue l'échec de son mariage, non pas à des conflits de personnes, mais au fait qu'elle manque à sa mission de femme en ne parvenant pas à avoir d'enfant, faute grave d'après la coutume (p. 49, 111). De plus, suivant les habitudes ancestrales, elle recueille une jeune fille abandonnée par sa famille et l'enfant que son mari eut en dehors du mariage.

À l'encontre d'œuvres encourageant à préserver les pratiques ancestrales (*Le Roi miraculé*, 1958, de Mongo Beti), l'auteur ne se moque ni ne critique cette nouvelle culture née d'un mélange d'usages anciens et nouveaux. La coexistence des deux mondes se retrouve partout en particulier dans la manière de voir et de comprendre la vie car, comme le dit la belle-mère de Flo: «Nous ne devons pas renoncer à croire à ces forces-là, même si nous sommes chrétiens. Bien sûr, le Très Haut, le Dieu vivant est au-dessus de ces créatures. Mais il y a des forces invisibles très dynamiques qui mènent les êtres et les choses» (p. 57).

Pareille dualité se remarque jusque dans le style du roman. On y voit l'imitation du style occidental dans le fait qu'un peu à la manière de La Bruyère, Flo fait le portrait de quelques Français (p. 13-17) et qu'elle décrit, chose rare chez ses compatriotes, les nuances changeantes de ses sentiments (p. 100-105). En outre, contrairement aux habitudes des écrivains camerounais, le roman n'est ni humoristique ni didactique. Par contre, le récit secondaire décrivant le passé de Zimba et le manque d'intérêt pour une suite logique et bien menée des épisodes rapprochent *Rencontres* de la littérature orale traditionnelle.

Claire L. Dehon

Rencontres et passions, Bordeaux, éd. Jean Germain, Coll. Les nouveaux cahiers de la jeunesse, 1962, 68p. – Préface de Léon Gaillet de l'Académie Montesquieu.

Plaquette de 28 poèmes de Bazou Gibirila.

Sous un titre romantique, le jeune auteur, reçu dans les salons bordelais, rime plus ou moins laborieusement, de 1959 à 1961, ses menues émotions, son amour pour sa femme et ses enfants, sa reconnaissance pour ses protectrices, ses rencontres passagères d'êtres (un mannequin, un homme de bien, une coquette) et de paysages: «Un parc aux fonctions tutélaires» (p. 24), le phare de Cordouan, le camping d'Hendaye, etc. L'Afrique est, néanmoins, présente dans le premier poème qui associe Bordeaux où il réside, Cotonou, «son patelin natal» (p. 15), et Pointe-Noire d'où, semble-t-il, est originaire sa femme, Congolaise (p. 48), qu'il nomme curieusement (à cause du «sein bruni»?) son Andalouse (p. 47) et surtout, à la fin du recueil, dans six poèmes: évocation des palmeraies où dansent, «sylphides légères» (p. 51), les porteuses d'eau, où évoluent « ... hommes et femmes, heureux, forts et radieux / Comblés de santé, de bonheur et d'abondance» (p. 55), hommage aux «honorables défunts» qui reposent «Dans le sein maternel de notre digne Afrique» (p. 56-57); et deux poèmes plus «engagés», les deux derniers, qui tiennent compte des très récentes Indépendances et visent à «réveiller la conscience des valeurs d'endurance, de ténacité, la conscience de labeur dans le cœur des jeunes Africains» (p. 60).

Formellement, la base de la composition est le sonnet (seize poèmes) et l'alexandrin au rythme assez souvent incertain.

Les beaux vers viennent comme à un rendez-vous (p. 58), parfois (volontairement?) boiteux: «Bordeaux, puis-je te faire une gaie confidence? / Il existe en Afrique, au pays du *beau* soleil / Deux cités courtoises, riches d'attrait pour l'œil» (p. 1).

Quelques essais de vers de sept (p. 41-44, 49-53), neuf (p. 64-66), onze (p. 48) et quatorze syllabes (p. 61-63) s'y ajoutent.

Les modèles sont, à l'évidence, les classiques français (Racine est cité, p. 59), et, pour les plus récents, Samain, Coppée, Verlaine, ce qui est explicable, l'auteur poursuivant alors des études médicales. Connaissait-il les poètes de la négritude? Rien ne l'indique. Au moins ce modèle était-il impraticable dans le milieu où il vivait et pour lequel il écrivait.

En définitive, intérêt non pas littéraire ni poétique mais sociologique.

Michel Hausser

Ressac de nous-mêmes, Paris, Présence Africaine, Coll. Poésie, 1967, 52p. – Préface d'André Terrisse.

Recueil de poèmes de Siriman Cissoko.

Ce poème lyrique du Malien Malinké, Siriman Cissoko, qui vit au Sénégal, commence par un refus des genres généralement reçus, et cherche à retrouver le vrai chant malien; «Je récuse mes cris des îles à blues, à swings, à jazz / Et je récuse l'esclave que je fus. / Et je m'élance de l'âpre chant d'exil vers les tamtams / Qui me battent dans le sang.» Pour réaliser son «dessein de chanter un chant durable», femmes, rêves et souvenirs lui servent de clefs aux portails qui s'ouvrent sur un voyage interne, au bout duquel il trouve que sa mission sera une œuvre qui suivra le chemin des griots.

Sans présenter une analyse de la misère culturelle de l'Afrique contemporaine, Cissoko reconnaît partout dans son poème que la vie citadine a déraciné les Africains. Pour lui, la poésie sert de lien avec le passé: «Nous sommes les enfants de l'attente et du poème. / Nos pères émigrent, et nous partons.» Poète de la négritude (d'affirmation mais pas de révolte), il veut «que renaissent coutumes et costumes de temps anciens». «Toutes villes de ce monde», symboles du moderne et du non-africain, sont «hostiles à l'esprit». L'idéal c'est le village édénique où l'on peut «vivre au cœur de la brousse, là où les hommes sont simples, et simple la vie; / Là où durables sont les alliances».

Poète visionnaire, Cissoko lève sa voix orphique pour chanter les louanges de la femme africaine, sa «fiancée violemment africaine», et du «harem en [son] âme» comme image qui le lie avec la vérité africaine perdue. En effet, la femme est le symbole parfait de l'africanité qui doit être rappelée de la ville. Voulant trouver un moyen pour que ses «paroles atteignent [sa] princesse qui habite la Métropole», il se représente les griots Malinkés comme «porteurs du salut» et «ambassadeurs qui dorment en lui». À un griot il déclame: «Sous la cendre des langues mortes, à ton souffle violemment / Se rallument les vocables éteints», et modestement il décide de suivre leur exemple pour aider à rapatrier la beauté africaine.

Beaucoup de griots sont célébrés dans *Ressac de nous-mêmes*, mais le poème devient presque un hymne de cour pour Senghor, «maître du langage». Lyrique, Cissoko avoue ouvertement l'influence de Senghor dans la place privilégiée qu'il donne aux femmes. La saveur abstraite du titre trahit une inspiration plus moderne que traditionnelle. «Ressac» désigne quelque chose qui vient de loin, des profondeurs puissantes et inépuisables; c'est dire que «les enfants... du poème» tels que Cissoko sont très modernes, en dépit de leur désir d'être traditionnels. La modernité chez Cissoko se traduit parfois par une préciosité somptueuse et ambiguë, et surtout par la place importante donnée à la synesthésie. En fin de compte c'est un poète qui rappelle la définition que Baudelaire a donnée à la beauté: elle est moitié tradition et moitié nouveauté.

Stephen H. Arnold

Ressacs (Les), Kinshasa, Éditions Lettres Congolaises, Office National de la Recherche et du Développement, 1969, 40p.

Recueil de poèmes de Mukala (Dieudonné) Kadima-Nzuji.

Les Ressacs: une somme de seize poèmes écrits entre les années 1964 et 1968 retrace l'itinéraire spirituel du poète farci d'inquiétudes incessantes depuis la prise de conscience de cette «interaction des forces» qui, de l'intérieur, bouleverse la vie des hommes. Le recueil nous offre une thématique assez variée. L'auteur traite de la fraternité et de l'amitié entre les hommes, prône une vision «communielle» dans un élan d'amour. Hélas! Que de préjugés raciaux, ethniques, sociaux! Que de haines et d'embûches sur le chemin de la fraternisation, de la planétarisation! Loin de se résigner à cette dure réalité, le poète veut agir, secouer la torpeur de ceux qui ne bougent pas, car: «Il est temps de franchir / Ces barbelés, ces barrières, ces frontières.» À l'instar de Léopold Sédar Senghor – chantre de la beauté presque idéalisée de la femme noire –, Kadima-Nzuji exalte en termes élogieux et respectueux la Femme-mère: «Puisque tu enfantes l'Homme qui aime / [...] Femme je te salue.»

De plus, le repli sur soi et la rumination morose ne suffisent pas à compenser la souffrance de son peuple. Devant la violence omniprésente, le poète ne peut plus se contenir, il dénonce: «Là, dans les forêts obscures, bat encore / le sourd tam-tam le tambour sourd de la mort [...].»

Que faire pour sauver ses frères de sang? Physiquement et matériellement impuissant, le poète fourbit ce fusil qu'est l'écriture et invoque de toutes ses forces la paix, pour assurer parmi les hommes une véritable concorde: «À quand la Communion des peuples / L'enlacement des continents autour du Soleil?» Même si la paix, la concorde panhumaine, tarde à se concrétiser, le poète avec une candeur attachante, invite ses frères à goûter la joie de vivre. Les poèmes de jeunesse sont aussi des chants d'espoir. Car: «Qui nous donnera d'accorder nos cœurs / [...] Nos chants au dur appel du tam-tam.» «Ces poèmes d'entre deux âges, l'enfance et l'âge mûr [écrit Faïk-Nzuji Madiya], du plus ancien au plus moderne, ressemblent à ce mouvement violent que produisent les vagues sur elles-mêmes lorsqu'elles se heurtent au rivage. Mouvement qui leur donne un aspect immatériel qu'ont ces poèmes d'eau et de feu.» Ajoutons que ce recueil est une poésie symbolique qui unit la musicalité du rythme à la légèreté de l'expression et qui fait ressortir par-ci par-là quelques thèmes classiques du romantisme (tristesse et espoir, solitude, amour... au sens gnomique) et du négro-africain (exaltation de la femme noire...). Mais à tout prendre, une poésie intimiste, qui sort du fond du cœur.

Kankalongo Mbuyamba

Retour (Le) au bercail, Tananarive, Imprimerie nationale, 1962, 38p.
Recueil de poèmes de Flavien Ranaivo.

Le Retour au bercail se compose de vingt poèmes d'inégale longueur en vers libres non rimés dans lesquels Flavien Ranaivo reprend les thèmes chers au cœur des Malgaches: l'amour, la nature et la notion du temps. Son lyrisme profond nous promène à travers ses souvenirs, ses anniversaires, ses amours et ses soucis. Ce voyage dans le passé n'est pas sans tristesse puisqu'il nous montre la solitude du poète.

Si Flavien Ranaivo n'a pas délaissé la forme du hain teny, si caractéristique de ses œuvres, c'est parce que, tout en restant dans un genre qui lui est très familier, il a réussi à apporter des éléments nouveaux.

Tout d'abord, l'auteur malgache adopte le ton du dialogue aux accents parfois confidentiels pour nous faire part de la nostalgie profonde dans laquelle il se trouve parce qu'abandonné par ceux qu'il aime et séparé de ceux qui lui sont chers. Il faut souligner en passant le poème «Il est des baisers», analyse remarquable du baiser dont les nuances laissent percevoir la délicatesse du sentiment qui les anime.

Ensuite, il serait vain de chercher une forme fixe, voire d'essayer de définir les poèmes qui composent ce recueil. Flavien Ranaivo fait intervenir dans son œuvre le facteur temps sous toutes ses formes: le temps de l'oubli, des séparations et de l'éloignement.

Enfin il faut mentionner le changement survenu dans le style. Le vocabulaire s'est fait plus simple, plus net et plus concis. Flavien Ranaivo a su toutefois garder un certain ton qui frise la préciosité et qui ajoute au charme de la lecture de son œuvre.

Le Retour au bercail ne signifie pas exil mais plutôt réflexion et recueillement, montrant ainsi que l'éloquence d'autrefois a fait place à la maturité d'aujourd'hui.

Jean-Paul Kœnig

Retour (Le) au village, Issy-les-Moulineaux, Éditions Saint-Paul, Les classiques africains, 1978, 141p.
Roman de Kollin Noaga.

Kollin Noaga est certainement l'un des écrivains voltaïques les plus connus des lecteurs nationaux. Il tient cette célébrité du fait qu'en tant qu'agent de police (perçue souvent comme un appareil de répression) on ne s'attend pas à ce qu'il écrive des ouvrages de la trempe de ceux qu'il a déjà offerts au public.

Kollin Noaga fait son entrée sur la scène littéraire avec *Dawa en Abidzan* (1974), un essai, où l'auteur, documents officiels à l'appui, démontre comment les travailleurs voltaïques en Côte-d'Ivoire sont l'objet d'une exploitation scandaleuse.

Ce sujet tabou, parce que trop passionnant, fut repris sous la forme d'un roman quatre ans plus tard, sous le titre

Le Retour au village.

Continuant sur sa lancée iconoclaste, Kollin Noaga publie *Haro! Camarade Commandant* (1978), qui est une forte diatribe contre le personnel de commandement (préfets et sous-préfets) voltaïque.

Kollin Noaga, aux yeux des lecteurs voltaïques, représente «l'enfant terrible», celui pour qui il n'existe pas d'interdit. Et il lui a fallu seulement trois ouvrages pour être aussi célèbre que les meilleurs des auteurs voltaïques.

Le Retour au village retrace la vie d'un jeune Moaga (singulier de Mossi) Tinga, parti en Côte-d'Ivoire à la recherche de la fortune. Le bilan de plusieurs années de séjour dans ce qu'il croyait être un «Eldorado» s'avère négatif. Il a tout souffert: inutilité de patientes années de travail, brimades des fonctionnaires, mépris des grands, tours pendables des égaux en misère, indigence des relations d'amour ou d'amitié.

Le Retour au village mêle curieusement au drame de Tinga un comique dont le personnage même est le ressort principal. Le récit constitue une somme de portraits plus vrais que nature, de scènes prises sur le vif et tout cela sous une plume alerte, et dans une verve picaresque. *Le Retour au village* parle aux Voltaïques d'eux-mêmes. Il n'y a pas de lecteur qui ne découvre, sous les traits de Tinga, soit un cousin, soit un frère, soit un oncle.

L'ouvrage est aussi un miroir qui, en permettant de se voir, oblige même ceux qui ne voulaient pas se regarder, non seulement à le faire, mais à reconnaître que tout, sur le visage, n'est pas aussi beau qu'on voulait le laisser croire. Dans ce sens, *Le Retour au village* est une œuvre de réflexion sur les relations humaines, inter-étatiques et même internationales, principalement dominées par l'intérêt personnel.

Dans ce récit, comme dans ses autres publications, Kollin Noaga se veut la voix de ceux qui sont écrasés au nom des règles et des lois auxquelles ils ne comprennent rien et qui ne semblent d'ailleurs pas les concerner.

Jean-Pierre Guingane

Réveil dans un nid de flammes, Paris, Seghers, 1969, 88p.
Recueil de poèmes de Tshiakatumba Mukadi Matala.

Recueil de trente-six poèmes faits de «foudre et de feu» pour reprendre les propres termes de l'auteur. *Réveil dans un nid de flammes* exprime le cri amer et pathétique d'un homme révolté, dépouillé, qui refuse la tragédie de son peuple, de son pays violé, massacré de l'intérieur comme de l'extérieur.

D'emblée, la réalité décrite par le poète est violence, autopsie poignante de la situation de ses frères de sang; en effet, s'exclame-t-il: «Entendez le soupir des enfants» (p. 15).

De sorte que tout au long de ce recueil, Matala s'ébroue, se lamente, se refuse d'accepter les malheurs qui rongent ses frères, son pays, son continent. Assumant le destin des siens avec l'honnêteté et le défi qui sont l'honneur même de l'homme, il fourbe son ahan, éclate de «foudre et de feu», la réalité débordant de douleur: «Des champs fertilisés / Par les cendres des os calcinés» (p. 65).

Que faire? La seule solution est celle de l'engagement. Le poète engage donc sa dignité sur la foi des mots qui sont serment. Il fait acte de fidélité à son terroir qui l'interpelle: «réveille-toi, Tshiakatumba, on incendie ton pays et tu brûles les noix des palmes?» Dès lors, comment rester insensible à cet appel? Le poète se décide et se confie à un ami: «Je me veux le brasier couvant sous la cendre. / Je me veux la guêpe à la morsure venimeuse» (p. 26).

S'il refuse les affres que souffre son pays dans le présent, il se tourne aussi vers le passé — pour re-joindre son moi profond et authentique — pour réclamer à Tervuren (musée colonial belge) de lui restituer fétiches et masques, son patri-

moine ancestral paganisé par l'Occident:
«Tervuren rends-moi mes sculptures /
[...] / Tervuren sans rancune je réclame
mon héritage» (p. 24).

Matala n'est pas seulement le dénonciateur de la détresse des temps passé et
présent de ses frères, de son pays, de son
continent — il se reconnaît en Javier
Heraud, le poète guérillero, et se fait son
compagnon, puis se sent dans la peau de
Padmore, de Fanon, dans leur lutte
pour la liberté — mais il est aussi le griot
et le visionnaire. Le temps futur ne doit-
il pas être aux retrouvailles? «Au nom de
la race razziée / Tends la main et embrasse le survivant» (p. 67).

Réveil dans un nid de flammes est
une poésie engagée, violente et grave où
courent constamment la foudre et le feu.
C'est aussi une poésie de l'événement
historique qui rejoint celle de Mudimbe,
son compatriote, dans *Déchirures*, et celle
d'Aimé Césaire, son congénère antillais.
N'est-ce pas avec les paroles de ce dernier qu'il s'est présenté au début de son
recueil? «Un oiseau sans peur / Jette son
cri de flamme jeune / dans le ventre
chaud de la nuit.»

Kankolongo Mbuyamba

Revenant (Le), Dakar / Abidjan, Nouvelles Éditions Africaines, 1976, 127p.
Roman d'Aminata Sow Fall

Bakar, fonctionnaire à Dakar, a une
sœur, Yama, qui est possédée par le désir
de paraître et recherche toutes les occasions possibles pour «matraquer» les
voisins par des étalages de cérémonies, de
fêtes, de dons et de nourritures de toutes
sortes. Ces manifestations se situent
bien dans la tradition des nobles sénégalais, mais ici elles sont poussées à l'extrême. Le mariage de Bakar et la naissance
de sa fille sont autant d'événements qui
l'engagent dans un engrenage de dépen-
ses et de dettes et le conduisent finalement en prison pour détournement de
fonds. Tout au long de son emprisonnement, pas un mot ne lui est transmis de
la part de l'ingrate Yama. Il purge sa

peine, cinq longues années durant lesquelles sa femme, sous la pression de sa
famille, le quitte et demande le divorce.
À sa sortie de prison, il découvre que
plus personne n'accepte de l'embaucher.

Peu de temps après, Yama humilie
Bakar, maintenant chômeur, en l'envoyant prestement promener devant toute une assemblée; et ce dernier se décide enfin à prendre sa revanche. Il se
blanchit la peau au moyen d'une de ces
crèmes utilisées par certaines femmes
africaines, s'arrange pour faire croire
qu'il s'est noyé, et se présente — en
«revenant» — un soir que la famille est
rassemblée pour la cérémonie de deuil
qui, comme toujours, avait été pour
Yama une occasion de se pavaner. Presque méconnaissable, il entre et ramasse
l'argent recueilli selon la coutume —
argent qu'il destine à une jeune femme
qui l'avait aidé dans ses moments de
désespoir. Tout d'abord figée par la
frayeur, Yama devient folle tout à coup
et s'enfuit dans la nuit en criant et en
déchirant ses vêtements.

Le thème principal de ce roman est
donc une accusation en bonne et due
forme du malaise bien connu en anglais
sous le nom de «keeping up with the
Joneses». Ce syndrome qui s'exprime par
le désir de toujours égaler ou surpasser
les autres en étalages de richesses jouit
au Sénégal d'une faveur et d'une persistance singulière, régies par des règles
bien établies. Ici le désir d'éblouir atteint
son apogée au moment absurde où Yama
offre au nouveau-né non pas *une* baignoire, mais bien *six*. Ceci en plus, naturellement, de trois valises d'effets,
de deux cents pagnes et de cent mille
francs.

Un autre élément majeur de ce
roman est l'aspect essentiellement ironique de la vie, souligné par l'auteur à
plusieurs reprises. Par exemple, Fall
nous fait entendre les communiqués
nécrologiques, les émissions radiophoni-
ques de condoléances. Pendant son
séjour en prison, Bakar s'habitue à écouter la radio, qui est presque omnipré-

sente, et remarque que les gens sont tellement pressés d'entendre prononcer leur propre nom sur les ondes, qu'ils en oublient souvent de mentionner celui de la personne décédée. Parallèlement, quand Bakar lui-même prétend s'être noyé, le communiqué débite des noms à n'en plus finir, et surtout ceux de personnes qui, comme Bakar le remarque amèrement, ne s'occupaient nullement de sa santé de son vivant.

Aminata Sow Fall, femme africaine, n'oublie pas de se pencher sur la condition de la femme sénégalaise. Yama, bien sûr, est un personnage négatif, mais il est toutefois possible d'avancer que la participation active de ce genre de femmes à la société et au monde des réceptions peut servir de compensation; on sent que si ces femmes jouissaient de plus de liberté et d'occasions de remplir des rôles valables, elles auraient alors la possibilité d'appliquer utilement leur pouvoir d'organisation. Néanmoins, Yama est une privilégiée. D'autres femmes souffrent en silence. Maïmouna, la femme du meilleur ami de Bakar, se voit mise au service de la cuisine pour tous les amis que son mari reçoit à la fin de chaque semaine, au détriment de ses propres enfants, pour qui il reste très peu à manger. La mère de Bakar, qui fait du blanchissage pour augmenter les revenus familiaux, doit se plier aux accès de colère de son mari, qui n'hésite pas à envoyer dans la poussière le linge propre. Après quoi, elle ne peut manquer de s'agenouiller devant lui chaque jour selon la coutume. Et Aïssa, la femme de Bakar, élevée dans un milieu «où toute tentative de libération était considérée comme un scandale, comme une trahison» (p. 63), ne peut que se soumettre à la volonté de ses parents. Seule Hélène Ndiaye, la jeune travailleuse chez qui Bakar trouve quelques moments de répit et de tranquillité, apparaît comme un personnage vraiment positif. Elle est franche, amicale et naturelle, et vit sa vie sans contraintes – dans les limites, bien sûr, de son maigre salaire. Il apparaît donc clairement que la femme sénégalaise a encore un long chemin à parcourir avant de pouvoir assumer pleinement sa personnalité et son rôle dans l'Afrique de demain.

Quant au protagoniste principal, c'est un homme assez ordinaire, honnête, à la personnalité assez faible. Il se compare lui-même à un jouet ballotté par «les caprices du milieu» et se laisse volontiers diriger par le destin. Il se rebelle quelque peu vers la fin, lorsque lui vient l'idée baroque de se transformer en revenant et de se venger du mépris de sa sœur.

Contrairement à Ayi Kwei Armah qui, dans *L'Âge d'or n'est pas pour demain*, fit la critique de la société ghanéenne dans un style répétitif et truffé d'images nauséeuses, Aminata Sow Fall accuse certains aspects de la société sénégalaise d'aujourd'hui d'une manière convaincante mais retenue. Fall a fort bien assumé sa responsabilité de première romancière dans le monde des lettres francophones de l'Afrique de l'Ouest.

Anita Kern

Rêves du soir, Kinshasa, Centre Africain de Littérature, 1973, 31p.

Recueil de poèmes de Bokamba-Bouka Epotu.

Epotu n'est pas de ces écrivains qui croient qu'on peut écrire pour ne rien dire. Pour lui, l'art ou plutôt la poésie (puisqu'il s'agit ici de poésie) est quelque chose de sérieux. On lit dès les premières pages de son livre: «Poème, Tu es la vie, tu es la mort, et tu es le témoin du vivant... Poème, Tu diras aux générations vivantes ma pensée, ma joie, ma vie et mon message.» C'est dire qu'Epotu est par excellence un écrivain engagé comme d'ailleurs la plupart des écrivains africains.

Dans ce petit recueil divisé en trois parties, l'auteur nous révèle sa vision du monde – une vision à la fois optimiste et pessimiste. Dans la première partie,

«Suave fleur simple», Epotu chante l'amour et la beauté: «Quand on s'aime fort il faut si peu pour vivre.» Mais cette joie est aussitôt suivie par la déception, la douleur et la souffrance. C'est précisément le thème de la deuxième partie: «Soupir du vent». L'amour et la douleur sont inextricablement liés car l'absence de l'un fait ressentir la présence de l'autre. Avec la troisième partie, «Chant de deuil», on arrive «sur ce chemin silencieux» qui mène inévitablement à la mort. Cette contradiction qui oppose l'amour et la beauté à la douleur et à la mort ne doit pas pour autant donner lieu au désespoir car, affirme l'auteur, «la vie sans le courage de mourir c'est la servitude».

Sur le plan stylistique, Epotu a fait preuve d'une grande maîtrise de la langue française. Conformément à la haute idée qu'il se fait de la poésie, l'auteur s'applique à employer des mots rares pour mieux exprimer ses pensées; d'où le reproche de pédantisme qu'on lui a parfois fait. Grâce à son don de l'évocation et de l'observation, il use abondamment de métaphores pour faire passer son message. C'est ainsi qu'il évoque l'incertitude de la vie avec les images de la «brume», du «brouillard», des «nuages» et de la «mer». Il faut cependant signaler que la référence de l'auteur à l'«hiver» et à la «neige» est mal à-propos dans le contexte africain où il situe son œuvre.

En somme, le recueil révèle Epotu comme un jeune écrivain qui se cherche et qui promet de trouver un équilibre entre la quête du message et l'esthétique. C'est là que réside l'originalité de l'auteur.

Raymond Elaho

Roi (Le) Albert d'Effidi, Yaoundé, Éditions CLÉ, 1976, 196p.
Roman de Francis Bebey.

L'intrigue de ce roman a lieu dans trois villages rivaux, à l'époque qui précède l'indépendance du Cameroun. Cha-que village a son champion. Albert, marchand, et donc «capitaliste», a réussi à amasser une petite fortune. Lui seul parmi les villageois a un magasin dans une rue du centre-ville, au même rang que les négociants blancs et asiatiques. Il roule à bicyclette et rapporte dans son village des marchandises et des cadeaux qu'il distribue royalement. Au commencement du livre, il vient de choisir comme nouvelle femme, Nani, fille de Toutouma. Ce dernier est un influent syndicaliste et ancien ouvrier des chemins de fer. Toutouma et Albert, qui sont de la même génération, ont ainsi développé une profonde amitié. Une troisième force complique encore la situation: Bijoumou, jeune homme représentatif de la jeunesse, défie la tradition: il demande directement à Nani de l'épouser, sans suivre les démarches habituelles; il boit gin et whisky au lieu du vin de palme; de plus, il pilote une Vespa, à la consternation des gens de la région. Fonctionnaire du gouvernement, il doit son prestige à son emploi, mais beaucoup plus à son véhicule qui lui vaut le titre de «Vespasien».

L'action procède en étapes irrégulières, inattendues et drôles. Bebey est maître dans l'art du dialogue dramatique, qui s'inspire de l'art du griot. «Il n'y a, dit-il, aucune transition de l'art de conter à l'art de chanter, de jouer de la musique... Je n'ai pas connu un musicien de chez moi qui me racontât...» Quand Myriam prédit quelque malheur, Nani demande: «Un petit malheur venant du ciel, ou bien de la Mission publique?». Quand Myriam essaie de persuader Nani que son père est bon, car «s'il était mauvais, est-ce qu'il parlerait si souvent de justice?», Nani répond: «Myriam, c'est-à-dire que toi aussi tu es communiste, n'est-ce-pas? Car je crois que toi aussi, tu recherches la justice, non?» (p. 43-44).

Bebey exploite les contradictions de l'Afrique actuelle. Il oppose la fidélité à la tribu et la loyauté à la tradition quand il traite du village d'Effidi sauvant son fils Bikounou, accusé d'ivresse et emprisonné au Village-des-Palmiers. Bebey présente des paysans qui veulent se gouverner et il montre les difficultés des gens qui ignorent tout du fonctionnement des partis et de la bureaucratie. La rivalité entre Albert et Bikounou, pour Nani, se transforme en lutte politique. Effidi se divise en deux camps pour élire un député pour la période postcoloniale. Qui d'Albert ou du Vespasien choisira-t-on?

Dans un style léger et humoristique, Bebey fait une critique sociale très perspicace. Alors que les vieux du village insistent pour que l'on garde la tradition, l'auteur montre qu'il faut adapter les mœurs traditionnelles aux circonstances actuelles. Albert pardonne son adultère à Nani et offre de la laisser à Bikounou en disant: «Il ne faut plus forcer nos filles à épouser des hommes que nous avons choisis pour elles.» Nani se montre femme émancipée, ne suivant ni la route traditionnelle ni la liberté de choix qu'Albert lui accorde. Elle surprend tout le monde en choisissant Albert: J'aime cet homme parce qu'il sait comprendre toutes les choses de la vie» (p. 180-181).

Bebey croit aussi que l'avenir de l'Afrique ne repose ni sur le passé ni sur un futur sans technologie. Comme il l'affirme en plaisantant au cours d'un entretien: «Le choix n'est pas simple. Je vis avec ces appareils: le piano, les machines d'enregistrement, les disques. Ce n'est qu'après avoir découvert la machine à écrire», dit-il, «qu'il a commencé à raconter ses histoires». Les personnages du roman sont comme lui, inévitablement, les enfants de la machine: Albert a sa bicyclette; Toutouma, son chemin de fer; et Bikounou, sa Vespa. Pour résoudre les conflits, il faut les utiliser tous, les hommes et la machine, chacun à sa manière. Quand Albert essaie une auto, c'est le désastre qui s'ensuit.

Bebey lui-même a des activités multiples. Jeune, il étudie des sujets divers et fait des études techniques et classiques. Plus tard il étudie à Paris, puis travaille à New York et à Accra. Avec Nkrumah il rêve d'unité africaine, mais en journaliste, il se plaint de la censure. «Être journaliste pour raconter ce qu'il est bon de raconter et non pour dire ce qu'il y a à dire, ça, je ne le voudrais pas.» Aux États-Unis, il vit une démocratie réussie mais imparfaite. Pendant dix ans aux Nations unies il travaille à l'élaboration d'un programme de média pour le Tiers Monde. Mais il se sent étouffé par la bureaucratie: Bebey se moque du culte de «l'authenticité». «L'authenticité», affirme-t-il, «n'est pas issue d'une recherche; elle ne se fabrique pas.» Le père Bonsot, Européen et Blanc, qui reproche aux gens d'Effidi de ne pas parler leur langue à l'église, reste néanmoins ridicule et raciste. «Ne savez-vous pas que Dieu vous a fait différents des Latins» (p. 30)? Le même père Bonsot qui tient à «la personnalité africaine» se doute-t-il de sa vision caricaturale de cette personnalité? Bebey évite les jugements catégoriques et absolus. Il croit que les Africains ne peuvent échapper ni au passé ni au présent et trouve même un avantage dans la colonisation française: «les notions imposées étaient une très bonne chose dans la mesure où elles nous donnaient la possibilité d'un choix».

Dans ses autres œuvres, Bebey traite également des valeurs traditionnelles et modernes, de la vieillesse et de la jeunesse, de l'authenticité. Ici, l'aspect qui domine est celui de l'héritage colonial. En Afrique, les Européens se sont généralement établis sur les côtes et leur influence y est très accentuée. Dans beaucoup de cas, cependant, les régions intérieures n'ont guère été affectées par l'aventure coloniale. En conséquence, Bebey constate que le colonisé des côtes se croit supérieur à ses frères de l'intérieur. Ces sentiments persistent et divisent un pays, comme le Cameroun: «Pendant de très longues années auparavant, nous, les gens de la côte, avions pensé que nous étions beaucoup plus évolués que ceux de l'intérieur et que c'était nous qui allions diriger le pays.»

Quand les Européens ont quitté le pays en laissant le pouvoir gouvernemental aux mains des chefs de l'intérieur, ils ont légué un problème supplémentaire à la jeune nation.

Bebey espère pour son pays une voie modérée qui permettra de préserver les traditions tout en tirant parti des avantages du développement technique. Son héros, Albert, est généreux, mûr, modéré et réfléchi. Il accepte la vie comme elle est; il en profite raisonnablement pour fonder un nouveau ménage, une nouvelle nation. Selon Albert, «une femme, dit un vieux proverbe, c'est comme un sentier. Quand tu t'y engages, il ne faut pas penser à ceux qui l'ont emprunté avant toi... À présent, je suis heureux que l'incident se soit produit, parce que j'imagine que notre ami Toutouma ne va plus me refuser la main de sa fille. Car Effidi a défloré Nani, et cela se sait de tout le monde. C'est donc à Effidi seul que Toutouma peut donner sa fille. Et moi, je me vante d'être le meilleur mari qu'Effidi puisse donner à Nani» (p. 112). Le roman se termine dans la joie et dans la dignité.

Tous les commentaires de Bebey sur son œuvre sont tirés de: Norman Stokle, «Entretien avec Francis Bebey», 20 août 1977, *Présence Francophone*, n° 16, Printemps 1978.

Charlotte H. Bruner

Roi (Le) miraculé, Paris, Buchet / Chastel, 1958, 254p.
Roman de Mongo Beti.

Dans *Le Roi miraculé*, Mongo Beti s'intéresse à la question vaste et complexe de la rencontre des cultures africaine et européenne. Il se propose principalement de décrire comment certains Camerounais ont tenté de concilier tradition et modernité durant la dernière phase de colonialisme (1945-1960) et comment ils se sont adaptés aux exigences de l'administration française et de l'Église catholique. Cette situation historique spéciale n'a pas été sans confusion, c'est pourquoi Beti choisit de présenter en une fresque composite divers personnages et attitudes typiques sans chercher à insister sur un aspect particulier.

Le sujet du roman est simple malgré la variété des questions soulevées. Un jour, le chef de la tribu des Essazam, Essomba Mendouga, tombe gravement malade. Sa tante Yosifa vient lui rendre visite et, en catholique convaincue, elle le baptise vu qu'il est sur le point de rendre l'âme. Cependant, un miracle se produit lorsqu'elle enroule un chapelet autour des mains d'Essomba; il commence à recouvrer la santé. Dès qu'il guérit, il lui faut se conduire comme tout bon catholique, c'est-à-dire répudier ses vingt-neuf épouses pour n'en garder qu'une. Mais son intention de respecter les ordres du père Le Guen déclenche toute une série de réactions plus ou moins violentes car, suivant la coutume, les femmes répudiées doivent retourner dans leurs clans — qui ne veulent pas d'elles — et même abandonner leurs enfants au chef. Comme Essomba choisit d'épouser sa dernière et plus jeune femme, sa première épouse, Makrita, devient furieuse. Elle convoque les jeunes gens de son clan et organise avec eux une bagarre générale. La situation ne se rétablit que lorsque l'administration française obtient le déplacement du missionnaire trop zélé. Le chef garde toutes ses femmes, tandis que son jeune frère se convertit et se marie religieusement, montrant au reste de la tribu l'exemple à suivre par les nouvelles générations.

À cette intrigue, Beti ajoute des éléments lui permettant d'exprimer ses idées sur plusieurs autres sujets. Ces éléments sont représentés par des personnages en conflit avec leur clan, avec leurs compatriotes ou leurs supérieurs à cause des visions différentes sur la manière de vivre et sur les façons d'administrer et d'évangéliser le territoire. Ainsi, la question du choix entre la vie française ou la préservation de la coutume s'est posée pour les Camerounais dès la fin de la Deuxième Guerre mondiale. Beti décrie la coutume et ses excès. Elle est symbolisée ici par les vieux dépeints comme «une interminable procession claudicante, toussotante et bedonnante» quand ils ne sont pas de «tristes emmerdeurs, oisifs, gourmands, inutilement bavards» se conduisant comme des clowns (p. 65-69, 131, 168, 210). La plupart du temps, les jeunes ne valent pas mieux que leurs parents car ils ne rêvent que de bagarres et ils vivent plus souvent d'expédients que d'un travail honnête (Kris, p. 129; Maurice et Cécile, p. 69, 141; Ntolo, p. 83). L'auteur reproche en plus à la coutume d'avoir encouragé les hommes à être paresseux, à boire et à ne penser qu'aux jouissances sexuelles alors que leurs femmes s'épuisent aux travaux des champs (p. 47). Pour lui, la coutume est un carcan qui empêche les êtres de réagir contre le destin. Il regrette ainsi que les villageois n'aient même pas pensé à emmener leur chef à l'hôpital et que, passifs, ils le laissent mourir sans soins (p. 55, 111). En fait, il reconnaît que ce n'est pas vraiment la coutume qui est mauvaise, mais plutôt les hommes qui en abusent ou qui s'en servent pour dominer des êtres plus faibles qu'eux. Pour être respectés, les vieillards devraient commencer par être respectables (p. 78; *Mission terminée* explique encore mieux ce point de vue).

À l'opposé de ces «conservateurs», plusieurs personnages incarnent typiquement les «progressistes». En particulier Bitama, le jeune intellectuel qui ira se perfectionner en Europe. Il aborde ses études avec sérieux, mais en enfant intelligent de la ville, il retourne auprès de son clan pendant les vacances pour apprendre à connaître sa famille et ses coutumes. Son intérêt pour les siens ne l'empêche pas de critiquer leur tendance à l'alcoolisme, tout aussi bien que leur conversion au catholicisme, cet «attrape-négros» (p. 130). C'est le seul personnage dynamique du roman parce qu'il évolue au cours de l'histoire comme s'il était en train de subir une initiation traditionnelle (il apprend de nombreuses vérités sur la nature humaine, p. 123,

129-130, 178-179, 192-194). Il symbolise le jeune Noir idéal tourné vers l'avenir, mais s'intéressant au passé, cherchant à améliorer sa condition, tout en rêvant d'aider ses compatriotes à suivre son exemple. C'est pourquoi il se dévoue au Parti Progressiste Populaire, bien que ce dernier ait été interdit par les autorités françaises: «on est là sur cette foutue planète; on est noir, mais on a beau chercher autour de soi [...]. On ne trouve personne à sa ressemblance. Alors tu te sens bizarrement solitaire, tu voudrais inventer des hommes qui soient noirs comme toi, que tu puisses voir autour de toi, des gens qui existent vraiment» (p. 127); soulignons que les questions politiques sont une obsession chez Mongo Beti, ainsi qu'en témoignent ses écrits ultérieurs: *Main basse sur le Cameroun* (1972), *Remember Ruben* (1974), *La Ruine presque cocasse d'un polichinelle* (1979). À ce vœu, Kris, le jeune homme au «genre voyou», le «citadin», «l'évolué», oppose un pessimisme destructeur: «il y a comme cela des races pas viables, de même qu'il y a des individus pas viables, il faut se faire une raison à propos des uns et des autres» (p. 128). Au contraire de ces gens qu'il méprise, Kris, l'opportuniste, s'adapte à toutes les situations et il profite de chacune (il n'hésite pas à fabriquer du vin de palme pour payer ses études malgré l'interdiction de la loi, p. 105, 107, 176). Il représente avec Pierre M..., le futur médecin qui s'intéresse plus à la politique qu'à sa profession, et avec le frère du chef, Mekanda, les jeunes gens ambitieux, pas toujours moraux et réagissant d'une manière instinctive plus qu'intellectuelle à chaque nouvelle situation.

À côté de cette opposition entre coutume et vie moderne, il y a le conflit entre deux perceptions du colonialisme, l'une «ancienne» et l'autre «progressiste», incarnées par deux Blancs aux noms évocateurs de Lequeux et Palmieri. Lequeux au «sévère visage, les lèvres pincées et toutes les apparences d'un père austère» est «l'administrateur hors classe des colonies» pour qui seuls les mots «ordre» et «devoir» ont du sens (p. 114, 203). Quant à Palmieri, étudiant en sociologie, bien intentionné, paternaliste au cœur tendre, voulant civiliser et pacifier, il se montre tout aussi ignorant que Lequeux des Camerounais et de leur culture (p. 209-210, 230-233). L'auteur ne critique pas ici le colonialisme autant qu'il l'avait fait dans *Ville cruelle* (1954) ou dans *Le Pauvre Christ de Bomba* (1956) (il se contente d'en rappeler les maux les plus graves: travaux forcés et levées de volontaires pendant la Deuxième Guerre mondiale par exemple, p. 7). Cependant, il remarque que les Blancs n'ont aucune raison de se croire supérieurs aux Noirs ni aux commerçants grecs et que, en dépit de toute leur science, ils réagissent toujours suivant des théories sociales n'ayant rien à voir avec la réalité (p. 31, 230-233, 236-244).

Si les administrateurs manquent de clairvoyance, les missionnaires ne sont pas mieux qualifiés. Ne s'occupant pas de l'antagonisme entre animisme et catholicisme, Beti montre surtout les rapports tendus entre un évêque qui désire une évangélisation rapide et le prêtre Le Guen, homme intransigeant qui préfère la qualité de la conversion à la quantité d'ouailles. Le frère Schlœgel, sans renoncer à son ministère, n'en respecte pas toujours les vœux (p. 25, 28-30, 163).

Ces conflits entre Blancs, entre Noirs, entre races et cultures permettent aussi de toucher à l'importante question de la libération de la femme. Traditionnellement, le Noir traite la femme comme une partie de ses possessions, comme «un épi de maïs! Le broute quiconque a de bonnes dents» ou comme «un svelte palmier, y grimpe quiconque est muni d'une ceinture» (p. 146). Les hommes ont tant seriné pareils adages aux femmes qu'elles acceptent leur sort. Elles sont nées pour être malheureuses et si elles se trouvent par hasard sans mari, donc sans maison où dormir et sans

champs à cultiver, elles ne sont plus rien dans le groupe (p. 157-158). Sa défense de la condition féminine n'empêche pas l'auteur d'apprécier les difficultés résultant de toute transformation du milieu social. Mais il revient aux jeunes générations de s'adapter petit à petit à des mœurs nouvelles.

Beti prêche donc une assimilation partielle de la civilisation française. Pour ce faire, il raconte dans l'ordre chronologique (juillet-décembre 1948) des événements qui sont le fruit de son imagination. Mais son livre n'est pas une chronique puisqu'il ne donne à aucun personnage ni à aucune action une place prépondérante. Cette fresque est donc faussement objective. En effet, l'auteur ne prévient pas toujours le lecteur sur le nombre de jours ou de semaines qui séparent les événements. Il crée délibérément une confusion temporelle. De plus, son humour prouve bien qu'il n'a pas cherché à reproduire une réalité historique. Cet humour prend la forme de l'ironie, de la satire, de la caricature ou même des sobriquets de son invention (p. 29, 95; 116; 65, 67; Lequeux, «attrape-négros»). Le style mi-sérieux, mi-comique cache l'importance du message grâce aussi à des images complexes et inattendues mais toujours suggestives: «Après lui avoir toute sa vie dissimulé le vrai visage des choses, le voile du quotidien, qui s'envolait en lambeaux, le jetait comme une tempête dans une île inexplorée, où il se retrouvait solitaire comme jamais il ne lui était arrivé» (p. 15). Enfin, le merveilleux contribue aussi à l'atmosphère singulière du livre. Il se présente sous la forme de visions, de prémonitions, de rêves, de l'apparence fantastique d'un personnage (p. 22-23; 26-27; 135-139; 34-35). La guérison miraculeuse du chef en est un exemple. Le style orne une histoire faussement véridique tout en agrémentant les différentes leçons qu'elle contient.

Claire L. Dehon

Ronde (La) des jours, Paris, Seghers, Coll. Pierre Seghers, 476, 1956, 59p.

Recueil de poèmes de Bernard Binlin Dadié.

La Ronde des jours a confirmé Bernard Dadié dans son rôle de premier homme de lettres dans son pays, la Côte-d'Ivoire. C'est de ce petit recueil de vingt-huit poèmes de forme variée que l'on tire fréquemment les exemples de son génie. Les thèmes qu'il y exploite le caractérisent et se retrouvent dans ses œuvres ultérieures: la Négritude et la louange de l'Afrique; la protestation contre la guerre entre hommes; la tendresse des liens familiaux; l'affirmation positive de la joie, «la symphonie du Rire des hommes»; le rêve de la fraternité, quelle que soit la couleur de la peau. Dadié ne nie pas la présence des maux, la désolation et la pauvreté pour celui qui rentre en Afrique «courbé sous le poids de son indigence»; la nécessité, dans un monde d'indifférence et d'oppression, de croire à l'avenir, «feuille au vent, je vais au gré de mes rêves»; le besoin de retrouver la force après les déceptions de la guerre et les persécutions de l'homme: «Donne-moi la force de les chérir [les enfants] et accorde / mon luth pour chanter l'Afrique.» Mais en dépit des obstacles, il insiste: «J'aime la Vie! J'aime la Joie! J'aime l'Amour!»

Il est vrai que la Négritude comme expression de l'harmonie entre les Noirs de la Diaspora est un thème qu'on retrouve chez nombre de ses congénères. Mais Dadié en présente un aspect original quand il envisage l'Afrique-Mère recevant ses enfants errants: «Sèche tes pleurs, Afrique! tes enfants te reviennent... / Ils reviennent te vêtir / de leurs rêves et de leurs espoirs.» En mettant l'accent sur la fraternité, élément central du mouvement de la Négritude, Dadié s'imagine diseur de bonne aventure qui trouve une nouvelle explication des lignes de la main: «Les lignes de nos mains / ni Jaunes / ni Noires / ni Blanches / ne sont point des frontières / des fossés entre nos villages / des filins pour lier des faisceaux de rancœurs. / Les lignes de nos mains / sont des signes de Vie / de Destin / de Cœur / d'Amour / de douces chaînes / qui nous lient / les uns aux autres...».

Le poème «Je vous remercie Mon Dieu», sans doute le mieux connu de cette collection, révèle la profondeur de sa foi. Senghor a défini la Négritude comme «l'ensemble des valeurs culturelles du monde noir... une pierre d'angle dans l'édification de l'Universel, qui sera l'œuvre de toutes les races». Dadié fait écho au poète-président et souligne les valeurs du travail accompli et de la joie de vivre. Selon Dadié, c'est l'homme noir qui fait le travail journalier de l'homme, travail difficile et douloureux, mais c'est aussi lui qui crée la joie. «Je vous remercie mon Dieu, de m'avoir créé Noir, / Je porte le Monde depuis l'aube des temps / Et mon rire sur le Monde, / dans la nuit / crée le jour.»

David Diop reconnaît la puissance de ce recueil quand il écrit: «Notre continent doit à Bernard Dadié ses plus beaux accents d'amour et de fidélité. *La Ronde des jours*, autant que les légendes, est un hymne à la grandeur de l'Afrique, un acte de foi, le *credo* que tout Africain redira.»

Charlotte H. Bruner

Royaume (Le) de sable, Dakar / Abidjan, Nouvelles Éditions Africaines, 1975, 254p.

Roman de Mamadou Seyni Mbengue.

Le Royaume de sable est un roman historique qui évoque la période troublée, des années 1910, où les petits royaumes du Sahel résistaient encore à l'autorité française. Le récit s'ouvre à Verdun pendant la Première Guerre mondiale au moment où le commandant Mayol apprend la mort héroïque du lieutenant Madior Fall. Réfléchissant sur le caractère fier du Cayorien qu'il a affronté cinq ans auparavant en Afrique, Mayol reconnaît que Madior était un grand homme et le propose pour la croix de la Légion d'Honneur.

Le reste de l'histoire, raconté par Mayol, donne un compte rendu de la révolte cayorienne et sert à justifier l'estime qu'il a pour ce soldat sénégalais. À une époque où l'administration coloniale vient d'adopter une politique dure en dépouillant Madior de son autorité de prince héritier, Mayol commande une garnison près de Thiès. C'est lui qui est chargé d'attraper le Cayorien, suite à une fausse accusation fomentée par Henri de Saint Gall, l'administrateur principal du cercle, et par Dergane Fall, chef corrompu d'une province voisine. Bien que Mayol comprenne les aspirations légitimes de Madior et de son peuple opprimé, il reste convaincu que l'autorité française est la seule capable de restaurer la paix parmi les royaumes belliqueux de la région. Seul et sans armes, il propose à Madior un traité de paix, mais après l'avoir provoqué en duel pour mettre un terme honorable à l'insurrection; il ne peut cependant empêcher la bataille tant souhaitée par Saint Gall, qui répudie les promesses de son commandant. Les Cayoriens, qui manquent d'armes modernes, sont presque tous décimés. Si Madior et un petit groupe de fidèles échappent au massacre, c'est grâce à l'attitude éclairée du nouveau commandant qui, influencé par Mayol, refuse de mener une guerre à outrance. Furieux de cette décision, Dergane Fall s'attaque au chef cayorien et trouve une mort bien méritée. Pendant cinq ans Madior s'exile en Mauritanie, où il continue de lutter contre le colonialisme. Là aussi les Français triomphent, mais quand la Première Guerre mondiale éclate, Madior s'identifie à la cause française. Il traverse à pied le désert pour regagner son pays, où il espère s'intégrer dans le corps expéditionnaire. À son arrivée à Saint-Louis, il apprend que toutes les charges contre lui ont été levées à la suite d'une enquête sur les intrigues de Saint Gall. Sa réconciliation avec les Français s'achève quand il enrôle un bataillon de Cayoriens pour la guerre en Europe. C'est ainsi qu'il se trouve sur le champ de bataille de Verdun.

Cette trame fait nettement ressortir le sens que Mbengue veut donner à la vie de Madior. Comme bien d'autres écrivains africains contemporains, il fouille l'histoire de son pays pour créer un personnage vraisemblable, dont la résistance héroïque peut servir de modèle aux lecteurs. Pourtant, à la différence de Mongo Beti ou de Ngugi Wa Thiong'o, Mbengue réduit la situation coloniale à un simple cas de corruption individuelle. D'après son récit, l'oppression des Cayoriens résulte de la mauvaise foi de Saint Gall et de Dergane Fall, et non de la nature du colonialisme français. Les intrigues de tels hommes paraissent souvent réussir, mais le dénouement du *Royaume de sable* fait supposer que le destin est toujours enclin à récompenser le bien et à châtier le mal. Ainsi, les abus de pouvoir sont-ils perçus comme des déviations temporaires d'une politique foncièrement bienveillante. Pour contrecarrer ces tendances, il faut, selon Mbengue, passer outre aux désirs égoïstes et viser la fraternité universelle. Mayol le fait en essayant d'établir la paix en pays cayorien, tandis que Madior accepte de se battre pour la France.

Ce roman révèle donc une morale idéaliste selon laquelle les bons et les méchants se distinguent, non pas par leur race ou leur nationalité, mais par leur probité et leur foi en un idéal. Dergane Fall et Saint Gall sont mus par l'égoisme, tandis que Madior et Mayol sont animés par l'espoir de réaliser un but qui dépasse l'ambition personnelle. Le succès de ceux-ci et l'échec de ceux-là constituent une sorte de justice idéale qui renforce la position idéologique de Mbengue. En général, ses héros doivent sortir gagnants, parce qu'ils jouissent d'appuis qui manquent aux traîtres. Par exemple, Mayol et Madior se sentent en harmonie avec eux-mêmes et avec le monde, car ils agissent toujours selon la réalité telle qu'ils la voient. Jamais ils n'essaient de paraître ce qu'ils ne sont pas. Leurs convictions les préparent à affronter de rudes épreuves et à compter sur la fidélité absolue de leurs amis. Par contre, Saint Gall et Dergane Fall mènent des vies mensongères. Ils ne peuvent se fier aux subalternes, et ils ont toujours peur que leurs ruses soient éventées. La morale en est que les bons sont destinés à prévaloir grâce à la force qu'ils puisent dans leur idéal et leur solidarité avec ceux qui partagent leur bonne volonté.

En fin de compte, Mbengue suggère que les vraies visées du colonialisme français ont toujours été compatibles avec les aspirations africaines à la dignité et à l'indépendance. Au début du roman, l'idée d'une telle conciliation ne serait pas venue à l'esprit de Madior, qui agonise devant un choix typique dans les pays colonisés: il poursuit son rêve de rétablir un royaume où son peuple puisse vivre en liberté et selon ses coutumes traditionnelles. Il leur épargne ainsi un combat où ils sont voués à l'anéantissement. Cette alternative ne lui permet aucunement de vivre en paix avec lui-même, mais dès que la lutte est engagée, il affronte la mort sans broncher pour défendre son idéal. Après sa défaite et eu égard à la droiture de Mayol, il se ravise et commence à voir que les idéaux français peuvent servir de garant pour les aspirations des Cayoriens. À Verdun, comme au Sénégal, il fait preuve d'une noblesse d'âme qui sert d'exemple aux générations suivantes. Selon Mbengue, leur faut la capacité de croire en un idéal et le courage de le poursuivre. Mais on peut se demander si la mort prématurée de Madior n'est qu'un sacrifice inutile dans une lutte confuse. La Première Guerre mondiale n'était pas un simple conflit entre le bien et le mal. Des millions de soldats y ont péri sans pour autant faire avancer la cause de la justice. Dans des conditions atroces où l'individu est écrasé par les événements absurdes, la mort d'un héros sénégalais ne porte pas la signification que Mbengue entend lui donner.

De telles contradictions témoignent d'un manque de pénétration en ce qui concerne l'injustice structurelle de l'entreprise coloniale en Afrique. Néanmoins, *Le Royaume de sable* mérite d'être lu. On a fait des reproches semblables à Camara Laye tout en reconnaissant son talent descriptif. Comme Laye, Mbengue emprunte ses techniques aux griots et aux romanciers européens, et comme lui, il crée de nombreuses scènes inoubliables. Par exemple, lorsqu'un officier français s'éveille d'une stupeur d'ivresse et tire sur un gamin qui vient de voler un morceau de pain, l'enfant meurt et un vieux sergent français le porte aux villageois accablés de douleur. Lui-même et des Européens se trouvent unis devant la tristesse de la condition humaine. Cette scène émouvante révèle le talent de Mbengue à évoquer des sentiments qui s'accordent avec son humanisme universalisant et son respect pour les héros de son pays. C'est ainsi qu'il ranime les longueurs du texte et rachète une vision du monde somme toute assez naïve.

Richard Bjornson

Royaume (Le) de Sinaban, Yaoundé, Éditions CLÉ, 1973, 63p.
Conte d'Aïdra Chérif Fodekaba.

Fodekaba se sert du conte traditionnel pour raconter la fondation du «Royaume de Sept Collines Sacrées». Suivant de près le modèle de *Soundjata* de D.T. Niane, Fodekaba présente une légende mi-historique, mi-mythique qui traite de la migration ancienne du héros Sinaban et de l'occupation du terroir actuel où il a fondé son royaume. Dans ce conte l'auteur est plus qu'un simple amuseur, il est historien et moraliste. Son univers de diables et d'interventions merveilleuses dévoile une coloration psycho-sociologique à cause de l'importance accordée au respect des règles imposées par les êtres surnaturels et au jeu des relations familiales. Dans ce monde l'individu est toujours responsable envers le groupe et il ne peut rien sans l'assistance des génies protecteurs qui se sentent trahis si l'homme devient trop indépendant.

La structure de ce conte insiste sur la valeur de la tradition orale. Le génie Djiguissèbè raconte l'histoire du père de Sinaban, dont le fils est plus tard initié aux mystères de cet univers par son propre génie. Dans cette même tradition, Fodekaba nous raconte la cosmogonie et la généalogie de ce royaume. Dans une narration qui doit être écoutée plutôt que lue, l'auteur emploie la voix du griot pour créer l'atmosphère authentique de la fable. Pour souligner cette qualité non littéraire, il commence et termine son texte avec le même proverbe qui suggère la morale du conte — l'importance de la continuité et les liens avec le passé.

Cette épopée guinéenne évoque un monde fataliste dirigé par des forces surnaturelles au milieu desquelles Sinaban est engagé. Tous les motifs familiers du conte traditionnel sont là — le héros courageux et fidèle à ses promesses; son voyage et les dures épreuves subies; sa réussite éventuelle grâce à la magie et à la sagesse de son génie protecteur. Le conte comporte trois intrigues. Dans la première, le père de Sinaban, investi de pouvoirs surnaturels, réussit à tuer le tyran Kohoulen mais parce qu'il s'est opposé aux ordres de son génie il est condamné à mort. Sinaban est choisi par le même génie qui lui révèle son destin de roi puissant et lui explique les sept étapes du voyage qui devrait précéder la fondation du royaume. Dans la dernière intrigue, le fils unique de Sinaban hérite du royaume à la mort de son père, mais il est tôt atteint d'un malheur parce qu'il n'est pas conscient du pouvoir du génie. Il est enfin initié aux secrets par son propre génie et connaît un destin glorieux. *Le Royaume de Sinaban* est le récit des aventures fantastiques qui permettent à Fodekaba de révéler la façon de penser de tout un peuple.

J. Michael Dash

Ruine (La) presque cocasse d'un polichinelle (Remember Ruben 2), Paris, Éditions des Peuples Noirs, 1979, 320p.

Roman de Mongo Beti d'abord paru en feuilleton dans la revue *Peuples Noirs — Peuples Africains*, n° 2 (mars-avril 1978) à n° 8 (mars-avril 1979) inclusivement.

Dans *La Ruine presque cocasse d'un polichinelle* (*Remember Ruben 2*), Mongo Beti reprend l'histoire de Mor Zamba, qui s'était terminée à la veille de l'Indépendance dans *Remember Ruben* (1974). Ce récit commence en janvier 1960, date à laquelle le Cameroun oriental est devenu un État souverain, et se termine douze mois plus tard. Il retrace les péripéties de Mor Zamba et de deux autres rubénistes, dépêchés par Abéna, chef du mouvement révolutionnaire P.P.P., pour libérer sa ville natale, Ekoumdoum. Le début du roman, qui comprend trois parties et un Épilogue, retrace le trajet interminable qui conduit les rebelles, sous le couvert de la clandestinité, de Kola Kola à Ekoumdoum.

Dans la deuxième partie du récit, les deux camarades de Mor Zamba tentent de s'infiltrer dans Ekoumdoum alors que celui-ci se dérobe aux siens, tapi dans la forêt aux abords du village. La tentative d'infiltration échoue lorsqu'on découvre l'identité des rubénistes. Les trois militants se replient alors sur Tambona où ils se lient d'amitié avec un médecin protestant tout en essayant de formuler une nouvelle tactique pour prendre Ekoumdoum.

Celle-ci se présente grâce aux femmes d'Ekoumdoum qui, dans la troisième partie du roman, se rendent à Tambona à la recherche d'antibiotiques pour enrayer une épidémie qui décime les enfants du village. Les rubénistes réussissent, avec les antibiotiques du missionnaire protestant, à enrayer l'épidémie et gagnent ainsi l'appui actif de la population féminine, aigrie par l'exploitation du chef, du missionnaire catholique et de leurs maris.

La révolte des femmes, que dirige

Ngwane Eligui la Jeune, oblige le chef polygame et son fils à libérer leurs nombreuses épouses, symbole de leur pouvoir. Privé de ces deux alliés, le père Van den Rietter quitte sa mission et se réfugie à Mackenzieville où il trouvera la mort. Libéré de la tyrannie du chef, comme de celle des missionnaires, le village se met alors à reconstruire Ekoumdoum dans la joie. L'euphorie est de courte durée car l'acolyte de Van den Rietter, le Frère Nicolas, reparaît. Ses intentions étant bonnes, Ekoumdoum l'accueille, mais ce retour inopportun indique que la mission des rubénistes n'a pas été accomplie sans faille.

Il est aisé de voir dans ce dernier roman la filiation avec les œuvres précédentes de l'auteur, qu'il s'agisse du plan formel ou thématique.

Nous reprenons en effet le fil de l'histoire de Mor Zamba; cependant, le léger optimisme suggéré à la fin de *Remember Ruben* (1974) ne trouve plus d'écho ici. C'est que la situation n'est plus celle d'avant l'Indépendance où tous les espoirs étaient permis. Comme dans *Perpétue* (1974) le récit se déroule après l'Indépendance, période souvent marquée par la déception comme l'avait si bien montré Ngugi Wa Thiong'o dans *Et le grain ne meurt* (1967). Tout comme Ngugi qui fourre sa plume dans la plaie du Mouvement Mau-Mau afin de mieux faire saisir la portée de l'Indépendance kenyane, Mongo Beti retrace les événements qui portèrent le Cameroun du stade colonial à celui de l'Après-Indépendance, par le biais du récit de Mor Zamba. C'est probablement grâce à l'exil que Mongo Beti peut se pencher sur le rôle de l'UPC au moment de l'Indépendance camerounaise car le sujet reste trop brûlant pour être matière à roman au Cameroun même.

Remember Ruben est écrit sous le signe de la culpabilité du «nous» narratif, des villageois d'Ekoumdoum, car ceux-ci ont une dette à acquitter envers celui qu'ils avaient bafoué. La culpabilité ne colore plus le récit car les villageois ont oublié leur dette envers Mor Zamba. C'est en effet la difficulté de restituer les événements du passé qui sous-tend le récit collectif que constituent les deuxième et troisième parties du roman. Ce point de vue, qui se veut le creuset de plusieurs récits, reflète la volonté des villageois de se créer des héros ainsi qu'une histoire nationale. La restitution du passé serait le point de départ de l'Indépendance véritable ainsi que le souligne la fin du roman qui se lit: «C'est ici que commence véritablement cette histoire.»

La religion joue un rôle important dans *La Ruine presque cocasse d'un polichinelle* car le parallèle entre les couples Mor Zamba / Abéna et St-Jean-Baptiste / Jésus-Christ ne laisse pas de doute. C'est en effet Mor Zamba qui prépare la voie pour Abéna, le véritable chef du PPP. L'attente du chef annoncée par Mor Zamba rappelle celle de l'UPC, sans chef depuis la mort de Ruben Um Nyobe en 1958.

Dans une confrontation entre le père Van den Rietter et les rubénistes, ceux-ci, sans toutefois renier le Christ, lui font comprendre qu'il faudrait un messie noir pour les peuples noirs. Alors que Mongo Beti suggérait dans *Le Pauvre Christ de Bomba* que les ancêtres africains avaient une religion parfaitement valable avant l'arrivée du Christianisme, l'auteur, tout comme Williams Sassine dans *Saint Monsieur Baly* (1973), pense que c'est un messie noir, adapté à la spécialité culturelle africaine, et non un retour aux sources qu'il faudrait.

Pour la première fois, l'Islam est évoqué dans un roman de Mongo Beti. Cependant, il n'est pas question d'idéologie religieuse comme chez W. Sassine qui met les enseignements du Christianisme et de l'Islam dos à dos pour les rejeter en faveur d'un messie noir. Ici les signes extérieurs de cette religion sont employés par les rubénistes pour pénétrer dans Ekoumdoum sans être reconnus. Si les villageois sont fascinés par le marabout et son acolyte, c'est que ceux-ci se servent de «trucs» magiques pour s'attirer leur appui, car il n'est jamais question des enseignements de Mahomet.

Le missionnaire catholique, le père Van den Rietter, ne fait pas pour autant figure d'homme d'Église au sens religieux du terme. Celui-ci, qui fait partie de la même génération de missionnaires que le R.P. Drumont dans *Le Pauvre Christ de Bomba*, cherche à rendre les villageois «productifs» et travailleurs afin de transformer l'économie d'Ekoumdoum. Comme ce dernier, il cherche, lui aussi, à transformer les mœurs noires lorsqu'elles heurtent sa sensibilité; si toutefois il lui arrive d'encourager les villageois à conserver certaines de leurs coutumes, ce n'est que lorsque ces pratiques servent ses propres intérêts.

Dernier bastion du pouvoir blanc, le missionnaire se raidit devant la soif de liberté manifestée par ses ouailles. Son incapacité à s'adapter aux nouvelles données de l'Indépendance oriente l'action vers une confrontation entre le missionnaire et le village, l'obligeant à quitter Ekoumdoum. Le village se montre toutefois incapable de se débarrasser de l'influence blanche car le Frère Nicolas, qui symbolise le début de l'ère néo-coloniale, revient s'installer au village.

Si les femmes dans les autres romans de Mongo Beti ont été des prétextes pour l'action comme dans *Le Roi miraculé* et *Mission terminée*, ou bien des objets sexuels comme dans *Le Pauvre Christ de Bomba*, ici elles jouent un rôle déterminant non seulement parce qu'elles gagnent la sympathie du lecteur comme cela avait été le cas dans *Perpétue*, mais parce qu'elles mènent l'action à son apogée.

Le titre de la première partie de *Remember Ruben*, «Tout pour la femme, rien pour le fusil», indiquait clairement que la femme n'avait aucun rôle à jouer dans la révolution. Dans *La Ruine presque cocasse d'un polichinelle*, ce sont elles, les membres les plus opprimés de la société, qui font la révolution car les hommes, restés sous la coupe du chef et des anciens, sont incapables de mener une action de grande envergure. Les femmes de Mongo Beti sont tout aussi héroïques que celles d'Ousmane Sembène dans *Les Bouts de bois de Dieu*. Leur action laisse supposer que le destin de l'Afrique est étroitement lié au sort de la femme africaine.

Dans cette «geste africaine», Mongo Beti tente d'apporter sa contribution à la construction nationale camerounaise qui ne pourra se faire que lorsqu'elle aura incorporé tous ses éléments, y compris les femmes et les dissidents révolutionnaires.

Eloise A. Brière

Rythmes, Kinshasa, Éditions du Mont Noir, Coll. Objectif 80, Série Jeune Littérature, n° 5, 1972, 34p.
Recueil de poèmes de Philippe Elébé.

Rythmes s'adresse aux jeunes lecteurs. Elébé emploie des thèmes lyriques traditionnels: l'amour, la désolation de l'amant rejeté, l'absence d'une sœur morte ou d'un frère décédé. Il exprime les sentiments bien compréhensibles aux jeunes et donc appropriés pour une série intitulée «Jeune Littérature». Il exploite souvent les répétitions de la langue indigène, mettant ainsi l'accent sur le rythme des chants toujours accompagnés d'indications instrumentales: «chant pour Xylophone, Tam-Tam, et Lokolé» ou «pour deux Tam-Tams et un Likémbé».

Les premiers poèmes accusent l'influence de Senghor, à qui Elébé dédie son œuvre: la «Vénus Noire» (sœur de «Femme Noire») rappelée de l'étranger «à travers les mers ma nostalgie»; l'identification de la femme noire à l'Afrique et à la Négritude, «toi la poésie en mouvement». Elébé, mélangeant les symboles chrétiens et européens au vocabulaire congolais, se montre également «métis culturel»: «Longondo, les voix des femmes veulent psalmodier ta bravoure comme la cloche du village qui chante la tombée du jour / Kili Ngondongondo Kili...» (5). De temps en temps, comme

Birago Diop dans «Souffles», Elébé invoque les forces persistantes dans la nature. Dans «Trésor caché» il écrit: «Je te cherche partout: / Dans l'air qui siffle...» (p. 8) ou dans la lamentation «Amba ma sœur», «Où donc es-tu Amba?... / Qu'es-tu donc devenue, / Toi qui durant notre enfance / Courais derrière mon ombre? / Ngongolon-gongo... Le bruit montant de la vie / Le vent qui souffle. / Et passe à travers le feuillage, / L'ombre des choses...» (p. 18-19).

Ces poèmes s'apparentent généralement à des chansons, à des danses, et à des comptines. Le poète présume de la participation traditionnelle de l'assistance. Les chants sont le parler direct, la palabre, souvent un dialogue entre griot et chœur, un entretien entre revenants et vivants, ou un cri élégiaque à un être cher qui ne veut ou ne peut pas répondre. Ainsi, le poète met en garde sa bien-aimée contre les tentations du monde: «Ne vends pas ton cœur pour un collier d'or» (p. 33), ou lui reproche sa légèreté: «tu es vraiment une sorcière / à la face d'anges» (p. 12). Déprimé et seul, il désire quitter la vie solitaire. «À la danse on me bat / Toujours moi. / Aux jeux on ne bat / Que moi... / Vivre dans ce village de nos pères / Est pour moi un calvaire» (p. 10). Elebé invoque souvent la mort – «Chant pour tam-tam funèbre». Dans plusieurs de ses poèmes, les voix humaines appellent les ancêtres; les morts appellent les vivants; l'évocation du passé renforce les mœurs traditionnelles dans ses rythmes.

On peut comparer ses thèmes traditionnels au deuil que traduisent les poèmes Ewe: «La solitude», «Envie de Mourir» et «Complainte pour une mère morte» dans la collection de *La Poésie africaine* d'Ulli Beir ou encore la comptine «Koko Oloro» d'Idandre par Wole Soyinka.

Charlotte H. Bruner

Rythmes du khalam, Paris, Nouvelles Éditions Latines, 1962, 61p. – Préface de Geoges Larché.
Recueil de poèmes d'Ousmane Socé.

Comme l'annoncent le titre et l'Avant-propos, le khalam, «la guitare africaine», donne sa forme et une partie de son sens à cette mince plaquette de seize poèmes dont l'audience est faible. Figurativement, ces pages rappellent celles du Guyanais L.-G. Damas. Socé adopte en effet un vers très bref (de 4, 5 mots en moyenne), ce vers étant *régulièrement* utilisé tout au long du recueil. Sauf en de très rares exceptions ponctuelles, il faut sans doute interpréter le pluriel «rythmes» («Ce ne sont que rythmes authentiques / De la guitare africaine») comme désignant *des* poèmes fondés sur *le* rythme du khalam tenu pour preste et régulier. Dans ce même Avant-propos, Socé dit encore ignorer si ces poèmes «procèdent / De la poésie ou de la prose». De fait, à n'envisager que le vocabulaire et la syntaxe, mis à part quelques anaphores et refrains, quelques métaphores d'usage, quelques symboles, la langue est celle de la prose neutre, celle que l'on retrouve chez Sissoko, Keita et, à un moindre titre, Dadié. À peu près seul, donc, le découpage linéaire fait de ces textes de poèmes: «New York dansait / Sous les lambris de Waldorf / Tous les rythmes du monde», ce qui justifie l'adéquation entre poème et rythme signifiée par le titre: le rythme est poème et réciproquement.

Le rythme, figuré, en quelque sorte, par la forme de l'espace textuel, offre, en outre, un leitmotiv, pour ne pas dire le noyau sémantique du recueil. «La guitare africaine» revient à plusieurs reprises, associée à d'autres instruments de musique, trompettes ou tam-tams, mais aussi aux voix qui chantent, celle des humains, celle des oiseaux, et presque toujours à la danse. Rythme de la musique et du chant, rythme de la danse, Socé les retrouve partout, à New York et à Mexico, à Paris et à Porto Rico où le conduisent ses obligations d'ambassadeur, d'où l'impression d'une fraternité rythmique à l'échelle du monde (seule l'Asie n'a pas été visitée).

Enfin, tout son rythmé, que résum la chanson du khalam, réveille, ou plutôt entretient et rythme la *conscience africaine* du sujet. Le poème prend souvent appui sur une situation individuelle, (un moment, un lieu, une présence déterminés), mais la dépasse immédiatement pour affirmer la présence du passé historique. La perception ici et maintenant d'un rythme, qu'il soit premier ou provoqué par les images et les pensées pré-

sentes, déploie dans la conscience et dans l'écriture la geste grandiose des empires de l'Afrique de l'Ouest («Reconquête», «Résurrection...») ou des héros de la cause noire («La chanson d'Haïti», «Tomango»). Ainsi est affirmée, avec une grande économie de moyens, à la fois l'identité africaine du Nègre et la présence de l'Afrique au monde, gage d'avenir et de réconciliation.

Michel Hausser

S

Sahéliennes, Dakar/Abidjan, Nouvelles Éditions Africaines, 1975, 24p.

Recueil de poèmes de Youssouf Guèye.

Youssouf Guèye appartient à ce qu'on peut appeler la seconde génération de la négritude. Sénégalais comme Léopold Sédar Senghor, le jeune poète est beaucoup plus militant que le père de la Négritude.

Les sept poèmes du recueil abordent la question nègre dans sa dimension universelle. Le poète va aux États-Unis, «sommets de soleils multicolores». Il y arrive plein d'espoir, ébloui du mythe de cette grande civilisation occidentale. Cependant, le mythe n'est que mystification. L'ensemble des poèmes nous décrit le processus de démystification de Guèye. L'Amérique, c'est le tourbillon, le désarroi, l'enfer. Le calme ne se réalise qu'au moment où le voyageur rentre en Afrique.

Sahéliennes ressemble à un conte. La thématique en est bien «naturelle»: l'Africain et ses frères de la diaspora demeurent victimes d'une société blanche et raciste. L'auteur se pose alors une question: Comment promouvoir la fraternité nègre pour résister à l'oppression?

«Nuits d'Amérique», le premier poème du recueil, traite de la division qui sépare l'Africain et l'Afro-Américain Jerry, exilé d'Afrique, «mon frère assoiffé d'Hier et broutant les pousses de Demain». L'Amérique, c'est un catalogue de tragédies: misère, peur des flics, «l'abject désir de mourir assis», «nos matins en délire». La contradiction et la haine de soi sont des réalités quotidiennes; le frère révolutionnaire ou anarchiste de Harlem se voit harcelé par la majorité des frères larbins et mouchards aux aurores figées dans le temps, c'est-à-dire sans espoir et sans avenir.

Si Harlem symbolise les faux espoirs qu'offre le Nord des États-Unis, le Sud est une cellule sans horizon. Matin du Sud, matins inquiets, matins indolents en «Amérique sans entrailles», «vomissant ses machines... et ses sueurs blanches d'hommes noirs».

L'Africain et l'Afro-Américain sont à la fois proches et éloignés l'un de l'autre. L'un souffre aux États-Unis mais il sait bien que c'est une expérience passagère. L'autre ne sait où aller chercher refuge. Découragé par la nuit américaine, l'Africain pense à partir. Il se souvient du pays natal et demande au frère américain: «Viendras-tu, mon frère sur nos rives?»

Le retour en Afrique n'est pourtant pas aussi paisible qu'on pourrait le croire: car l'Afrique n'est pas encore libre. Il y a la révolution à achever en Guinée-Bissau, en Angola, en Afrique du Sud. Ici Guèye rejoint Aimé Césaire qui invite la race nègre à se mettre debout: «Et nous voici debout dans l'étrange clarté du petit jour d'opale.» C'est la prise de conscience culturelle et politique: «nos serments de présence aux rendez-vous futurs». La guerre de libération africaine se rapproche de la lutte du Noir américain contre les «requins blancs». La violence est inéluctable; la fraternité, de prime importance.

Femi Ojo-Ade

Saint Monsieur Baly, Paris, Présence Africaine, 1973, 224p.
Roman de Williams Sassine.

Un nommé Baly se voit retraité contre son gré après quarante ans d'une carrière pédagogique plus ou moins médiocre. Acculé pour la première fois de sa vie à une solitude morbide, quoiqu'il se sente encore bouillant d'ambition, le sexagénaire décide de réaliser un vieux rêve en fondant une école de village où il pourrait dispenser un enseignement approprié aux besoins des Africains. Une première tentative échoue pitoyablement après deux ans mais permet au protagoniste de récupérer, d'adopter et d'héberger un groupe de mendiants, lesquels apporteront leur précieux concours au succès de la deuxième tentative.

Telles sont les grandes lignes de l'histoire qui serait banale si ce n'était de l'occasion qu'elle fournit à Sassine de faire à sa manière la revalorisation de l'africanité et, notamment, de la religion et de la culture africaines. En effet, *Saint Monsieur Baly* exauce par la création littéraire le vœu autrement irréalisable de certains Africains: le retour à l'Afrique d'antan.

Au début du roman, deux religions sont en présence: le Christianisme, représenté par François, un malheureux lépreux, ainsi que l'Islam, représenté par l'aveugle Mohamed et le protagoniste. Mais au fil de l'histoire, ces personnages se défont tour à tour de leur foi. La conversion de Baly constitue l'un des sommets dramatiques du roman. Au fur et à mesure que se multiplient les déboires de son école, sa foi connaît une évolution de plus en plus marquée. Les allusions au Christianisme, où il puisait naguère des paroles réconfortantes, se font plus rares. Entre-temps, il prête une oreille de plus en plus complaisante aux propos blasphématoires de François, lui serinant l'inefficacité des dieux étrangers (c'est-à-dire du Christianisme et de l'Islam). Enfin, le jour où les maîtres en grève saccagent l'école et bratalisent Baly,

celui-ci se convertit à la nouvelle religion authentiquement africaine prêchée par le lépreux, religion incarnée par «nos divinités du passé» et par les ancêtres que Baly va désormais invoquer au désert.

Nul doute que ses prières soient exaucées puisque maître Baly réussit par la suite à fonder une école primaire aussi viable que durable. Avec un tel héritage et compte tenu de son abnégation et de sa persévérance devant l'hostilité concertée de l'administration coloniale et de quelques compatriotes, Baly sera considéré à sa mort comme un saint. Un saint noir au sein de la nouvelle religion de la «Sainte Afrique», avec «ses prophètes, ses anges et ses diablotins tout blancs».

Quant à la culture africaine, l'auteur préconise également le retour à l'authenticité, c'est-à-dire aux valeurs naguère bafouées de l'africanité, dans la mesure où celles-ci peuvent insuffler un peu de vie aux normes branlantes des temps modernes. En faisant réhabiliter des mendiants par Baly, il s'en prend implicitement à l'individualisme exacerbé de nos jours, lequel érige en éthique l'axiome du plus fort. Le rôle de Baly démontre aussi que la véritable charité doit ignorer le mépris. Ainsi, pour venir en aide aux pauvres, le maître vibre-t-il au même diapason que ceux-ci, même jusqu'à se confondre avec eux en attrapant la lèpre de François.

Situé à l'époque coloniale et d'un ton manifestement anticolonialiste, *Saint Monsieur Baly* fait montre, cependant, d'un utopisme flagrant. Mais il s'agit, semble-t-il, d'un pessimisme exacerbé maquillé en utopisme. La réhabilitation des miséreux et la revalorisation de la religion et de la culture africaines sont des questions que l'on remue en Afrique depuis des décennies sans leur trouver de solutions satisfaisantes, et que Sassine résout comme par enchantement. Tant que la structure fondamentale de l'économie n'aura pas été réformée, il y aura miséreux dont le sort sera rendu plus intenable par un individualisme outrancier. Le retour à une culture des ancêtres est peut-être souhaitable mais impossible, étant donné que d'autres valeurs se sont soudées presque indissolublement aux valeurs authentiquement africaines. Quant à la venue d'un «Dieu noir», peut-être faudrait-il voir dans ce terme la revendication allégorique de chefs d'État noirs; mais on sait à quoi s'en tenir depuis les «Indépendances».

Peut-être est-ce au nom de l'authenticité africaine que Sassine pratique aussi le mélange de genres et de techniques, trait caractéristique de la littérature traditionnelle africaine. En effet, on constate d'abord le mélange de techniques narratives: la narration à la troisième personne couvre les deux tiers du roman alors que le reste est raconté à la première personne sous la forme d'un journal tenu par le protagoniste. Ensuite la facture romanesque met en évidence la prose, la poésie aussi bien que des chants accompagnés de danse. Mais il n'y a là rien de gratuit: l'unité dans la diversité que représente la forme est comme le pendant stylistique de la solidarité du groupe que mène le vieux maître, malgré la nature disparate de ses élèves, parmi lesquels on note un lépreux philosophe et un aveugle clairvoyant. De par la place de choix qu'il réserve à des miséreux mis plus bas que terre, *Saint Monsieur Baly*, ouvrage écrit avec talent et passion, ne va pas sans rappeler certains romans d'Ousmane Sembène (*Les Bouts de bois de Dieu* et *Xala*, par exemple) et *La Plaie* de Malick Fall.

Victor O. Aire

Sang (Le) des masques, Paris, Robert Laffont, 1976, 253p.
Roman de Seydou Badian.

Dédié aux filles d'élection (les tonmousso) du groupe d'âge de l'auteur. *Le Sang des masques* est un chef-d'œuvre assuré de survivre: le niveau d'écriture auquel il se tient, la portée de son contenu moral et de son registre pathétique, sans mièvrerie, lui gagneront au fil des années une double audience, en Afrique et à l'extérieur.

Le héros, Bakari, est revenu au village natal après un séjour de trois ans dans la capitale. Il se heurte maintenant à la jalousie des jeunes coqs du village contre lesquels il doit se battre et qui essaient d'attenter à sa vie, traîtreusement. Bakari dérange aussi le pouvoir du «favori des morts», âme damnée du chef de canton. S'il a gagné le cœur − non le corps − de sa sœur-âme Nandi, elle ne sera jamais sa femme et devra suivre à la ville son époux Amadou, un commis-chef qui se corrompt peu à peu. Là, elle refuse de céder à l'atmosphère de laxisme généralisé; Bakari se sacrifiera pour sauver la réputation d'Amadou, afin de préserver l'intégrité de la jeune femme: «protéger Nandi, telle était la vérité de Bakari».

Le Sang des masques est avant tout un roman de conflits moraux et le héros, Bakari, le «produit» d'un village de la brousse bambara où l'éthique pèse très fortement.

La loi morale traditionnelle veut que le pire des malheurs soit «la honte parmi ses semblables». Imprégnation de la présence parentale: être brouillé avec ses parents, c'est être «enfant de rien», «homme sans racines», «homme de faible substance». Plus précisément, héritage moral maternel, car au Mali comme en d'autres pays d'Afrique, la valeur d'un homme dépend de celle de sa mère: «Sanata était mal élevée. Son comportement diminuerait les enfants nés de ses entrailles.»

Mais ce capital éthique n'a rien de figé: il permet à un chef de village médiocre de se hisser jusqu'au seuil de l'héroïsme; un élément asocial peut se régénérer rituellement et prendre en charge les intérêts matériels et moraux de la communauté villageoise. Une nouvelle légitimité est parfois fondée: celle des chefs locaux qui ont su résister au pouvoir colonial.

Car la loi morale s'exerce sur un monde où la notion première est celle du pouvoir: institutions sociales et culturelles telles que: maître-des-battues pour la chasse, maître des villages, maître du Bois-sacré; pouvoir qui émane des défunts. À ce réseau complexe de pouvoirs et de devoirs s'opposent les réalités — plus simples — de la ville: «qui cogne y est grand, qui débourse y est grand». Jeunes gens et jeunes femmes, loin des fiançailles platoniques de la tradition, y font connaissance de clubs très spéciaux: «Les Grands Crâneurs»; «Soyons Gaies»...

À la différence pourtant de maint roman africain, l'opposition ville/village n'est pas traitée ici selon une optique manichéenne:

> Le village ne niait pas les réalités de la ville... Le village demeurait fort de ses vérités qui, un matin, surgiraient au cœur de la ville, bouleverseraient les esprits, anéantiraient le mensonge et les fausses idoles avant de se transformer en suc dans la chair secrète de cette terre souillée.

Certes, les scènes villageoises de pêche ou de travail communautaire sont plus précisément décrites que le travail urbain, mais la pensée dialectique de l'auteur ne néglige pas pour autant de «prendre le pas convenable aux pistes nouvelles».

Le lecteur qui chercherait le pittoresque touristique dans *Le Sang des masques* serait déçu: la relation développée de scènes rituelles, nuit des masques, nuit des vieux, initiation qui «bâtit» un couple, n'est pas décrite pour le regard extérieur, mais selon un point de vue indigène. Lorsqu'il y a documentation anthropologique, c'est par insertion étroite dans le corps du récit, ou dans l'énonciation du texte. En particulier, c'est indirectement, et sans volonté didactique, que nous sommes confrontés à la philosophie des forces errantes, des forces primordiales (sang et esprit), au totémisme de l'Élan protecteur, à l'ontologie qui lie entre elles les générations:

> ancêtre enrichi des saisons qu'il n'a pas connues, libéré des entraves qui affaiblissent, fort des vérités apparues après lui et perméable à toutes les lois

qui composent le bonheur commun, à un humanisme enfin à la fois spiritualiste et pratique:

> Je suis la chair de toute chair, la source, le maître de ce qui est.
> — Non, ton âme est rêve, tu es main du néant.
> — Je suis la vie.
> — Tu abrites et nourris ce qui abolit la vie.
> — Pourquoi suis-je inachevé?
> — Pourquoi cette faim? Reviens.
> — Tu m'as dit: accomplis-toi!
> — Tout est en toi. Ailleurs il n'y a que piège.

Les textes ésotériques qui expriment cette philosophie et cette sagesse populaires surprennent par leur qualité poétique:

> Tous les autres sont morts. Nous les avons enterrés pour la santé de nos rêves...
> Vous êtes l'eau du puits, la nuit à mi-course. Vous habillez la boue... Si le bouffon s'empare du bâton et du bonnet de chef, l'ancêtre devient alibi. La loi exhibition de croupe.

La langue de cet ouvrage est chargée de métaphores: mourir c'est «glisser vers la nuit de l'argile»; l'aurore c'est lorsque paraissent «les cils du soleil». Langue qui s'objective dans les chants, les proverbes et les collages de la parole traditionnelle (comme dans *Les Soleils des indépendances*, d'Ahmadou Kourouma). À cela s'ajoutent d'autres langages: emploi de la cola, gestuelle sociale (en particulier les claques sur les cuisses), références aux conduites animales, symbolique des chiffres (3, le chiffre mâle).

Richesse d'un texte, donc, dans lequel disparaît le narrateur: pas de discours d'auteur qui entachent tant de romans africains, pas d'humour extérieur; de rares descriptions, plus rarement encore accompagnées de figures qualifiantes (métaphores d'auteur, épithètes).

Un critique, R. Pageard, a justement parlé de tendresse et de délicatesse; ce sont ces qualités, auxquelles il faut ajouter un sens très sûr de l'authenticité, qui confèrent au roman de Seydou Badian une physionomie particulière, sans l'écarter toutefois de la tendance anti-impérialiste africaine, celle d'Ousmane Sembène, Mongo Beti, Henri Lopes, et en d'autres langues que le français, Ngugi, André Brink, Luandino Vieira.

Regis Antoine

Sang (Le) des Noirs pour un sou, Paris, Nouvelles Éditions Debresse, 1972, 55p.

Pièce en deux actes et huit tableaux de Philippe Elébé. Adaptation du roman de Peter Abrahams, *Mine Boy (Rouge est le sang des Noirs)*.

Dans *Le Sang des Noirs pour un sou,* Philippe Elébé présente une tranche de vie des bas-quartiers de Johannesburg. Le personnage principal est Xuma, un Noir du Nord, qui arrive de son village («il n'y a rien à faire chez moi») et vient travailler dans les mines. Leah, une femme qui tient un débit de boissons clandestin alors que son mari est en prison, le prend sous sa protection (acte I). Au chantier minier, Xuma se fait vite remarquer par sa force et son courage. Un Blanc, Paddy, dit «Le Rouge», le prend dans son équipe et tente de devenir son ami. Paddy invite Xuma à venir dîner chez lui. Xuma est d'abord rétif («Dans ce pays, il est difficile que les Blancs et les Noirs puissent s'entendre. Les Blancs considèrent les Noirs comme du bétail»). À travers la conversation de Xuma, de Paddy et de la femme de ce dernier, Di (acte II, scène 5), s'opèrent une analyse et une mise au point de la situation raciale qui s'avèrent indispensables à la présentation du message de l'auteur. Il y a d'ailleurs plus loin une autre scène du même ordre, encore entre Paddy et Xuma (scène 10), alors que Paddy sert de catalyseur, et force Xuma à une prise de conscience et une prise de position.

Les scènes à la mine (conditions de travail dangereuses, surveillance armée, vexations, fatigue) alternent avec les scènes de la vie quotidienne dans le misérable quartier où habite Xuma avec ses

frères de race. Une paire de souliers neufs (II, 6) est l'occasion d'une joyeuse célébration chez Leah. Celle-ci se livre avec son compère, le vieux Daddy, à une burlesque et irrésistible pantomime qui déchaîne les rires, rares moments de gaieté chez ces déshérités. Bagarres et alcoolisme sont monnaie courante (I, 1; II, 9). Le soir, musique et danse collective sur la place publique apportent cependant une détente; les Noirs s'y défoulent, et la vie reprend ses droits. À la faveur de ces danses, les couples se font et se défont. Xuma est attiré par Eliza, jeune institutrice, nièce de Leah, et aussi par Maisy, jeune illettrée au grand cœur. Eliza représente la jeune évoluée anxieuse d'échapper à son milieu, «obsédée par les choses des Blancs» (II, 4: «je veux vivre comme eux, aller où ils vont, et faire ce qu'ils font»). Malgré la réelle attirance qu'elle éprouve pour Xuma, elle s'enfuit et l'abandonne. Maisy, beaucoup moins compliquée, est la bonne camarade, sur qui Xuma peut toujours compter.

Coup sur coup, l'abandon d'Eliza (que Xuma impute aux Blancs), l'arrestation de Leah par la police (parce qu'elle vendait «de la bière à ses frères de race») et l'accident dans la mine, qui tue Johannes et Chris, font sortir Xuma de sa coquille. Il n'est plus le jeune villageois «confus, effrayé et soumis». Il tient tête au directeur de la mine aux côtés de Paddy le Rouge: les mineurs ne redescendront pas tant que la mine n'aura pas été réparée. «Notre vie vaut plus que toutes les mines de la terre. Nous ne voulons pas vendre notre sang pour un sou» (II, 11). Mais la confrontation ne peut aboutir qu'à la répression brutale et à l'arrestation de Paddy, Xuma et quelques autres mineurs. Maisy attendra Xuma, «que ce soit long ou pas». La pièce finit sur les pleurs de Maisy et de la vieille Ma Plank, laissées seules.

Pièce engagée et réaliste, *Le Sang des Noirs pour un sou* sait unir simplicité et grandeur, dignité et pathétique, et est un éloquent plaidoyer. L'auteur s'y montre fidèle à lui-même – à son attachement bien connu pour la justice sociale, la fraternité humaine et l'authenticité africaine. Par l'esprit généreux qui l'anime, *Le Sang des Noirs*... serait à rapprocher de la pièce d'Elébé publiée l'année suivante, *Chant de la terre, chant de l'eau* (1973), adaptation libre du célèbre roman de Jacques Roumain, *Gouverneurs de la Rosée*, dont la pensée a fortement marqué Elébé.

Danielle Chavy Cooper

Sans rancune, London, édité par Scotland (Diffusé en Belgique par Remarques Congolaises. Diffusé en France par Présence Africaine), 1965, 145p.
Roman de Thomas R. Kanza.

Sans rancune: tel est le message de réconciliation légué au héros par son père, le sage Mahwaka, et c'est sur ces généreuses paroles que lui-même conclut le récit de ses rencontres avec les Blancs. Le texte est composé de deux parties distinctes mais complémentaires. La première, dont l'action se situe au Congo, est une étude détaillée des rapports entre l'administration coloniale et les populations indigènes. La seconde, dont l'action se situe en Belgique, décrit les impressions d'un étudiant noir transplanté dans la métropole et découvrant avec surprise un nouveau visage de l'homme blanc.

Modeste employé de bureau au service de l'administration européenne, Kabuku, le narrateur, se trouve dans une situation privilégiée pour en analyser les rouages et pour en dénoncer les abus. Par ailleurs, fils d'un notable africain, il est également bien placé pour comprendre les réactions de ses compatriotes, tout en conservant une certaine distance par rapport à ceux-ci. Son témoignage peut donc passer pour relativement objectif. En fonction de son expérience personnelle, les administrateurs coloniaux se divisent en deux catégories tranchées: d'un côté les mauvais maîtres, les tyranneaux stupides et arrogants du modèle

Rolain, petit fonctionnaire borné, imbu de son autorité subalterne et fier de la terreur qu'il inspire. De l'autre, les bons chefs, du type Pirot ou Herrens, sincèrement préoccupés du sort de leurs administrés, capables de parler la langue du pays, respectueux des coutumes locales, cherchant à collaborer avec les notables congolais. L'opposition, complaisamment soulignée dès le début, se manifeste de façon particulièrement spectaculaire lors de la cérémonie d'adieux organisée en l'honneur de Pirot, cérémonie dont la foule profite pour prendre sa revanche et pour manifester ouvertement sa sympathie et son hostilité. Notons qu'une place à part est réservée dans le tableau au représentant de l'Église, le père Félix, qui, par générosité ou diplomatie, s'applique à contrôler les excès et à atténuer les heurts. De l'insolence voilée à la révolte ouverte, de l'admiration naïve à la reconnaissance émue, le texte présente une gamme de réactions variées. Mais c'est probablement ce conseil donné par Mabwaka à son entourage qui résume le mieux la position globale de l'auteur: «Respectez celui qui vous respecte, négligez celui qui vous méprise.» «Sans rancune.» Le voyage en Europe qui amène Kabulu à découvrir un nouveau visage du Blanc et à établir avec lui de nouveaux rapports permet du même coup de mieux comprendre le phénomène colonial. À son arrivée dans la métropole, le jeune Noir est frappé du changement soudain qui s'opère chez ses compagnons de voyage. Au choc culturel et au dépaysement s'ajoute pour lui la surprise causée par le comportement inattendu de ses anciens maîtres, brusquement dépouillés de leur prestige. Le redoutable Rolain lui-même n'est plus qu'une pauvre créature apeurée qui, dans le trouble causé par les funérailles de son père, balbutie machinalement et sans mesurer l'ironie de la situation la formule de paix tombée des lèvres du sage africain et que, toute rancœur enfin effacée, le fils répète avec ferveur et gravité: «sans rancune».

Laure Hesbois

Sans tam-tam, Yaoundé, Éditions CLÉ, 1977, 127p.
Roman d'Henri Lopes.

Ce roman épistolaire, écrit pendant un répit que laissèrent à l'auteur ses fonctions ministérielles, énonce une demi-douzaine de Lettres «du même au même» (tels sont les en-têtes des missives). Seule la dernière lettre qui émane du destinataire, s'en remet à un éditeur pressenti.

Il s'agit de la correspondance qu'adresse Gatsé, isolé dans une école «de brousse», professeur de français dans un Collège d'Enseignement Général de l'intérieur du pays, à son ami ministre. Celuici lui a donné la possibilité de retrouver un poste politique à un haut niveau, en lui offrant de devenir Conseiller Culturel à Paris. Mais le modeste Gatsé, qui a jadis eu des tâches de responsable sur le plan national, préfère désormais demeurer «à la base», proche des élèves et construisant ainsi plus sûrement, affirme-t-il, le pays de demain et le socialisme, en exerçant son métier avec conscience et application, plutôt qu'en assurant de hautes fonctions politiques. Il croit en sa tâche, bien souvent ingrate, profondément satisfaisante cependant.

Gatsé n'est pas idéalisé. La polygamie lui autorise plusieurs épouses. Il partage ses attentions entre Sylvie, l'intellectuelle, la première aimée qui ne lui donne pas d'enfants, et Marie-Thérèse, la seconde épouse rencontrée pendant le voyage d'études de sa première femme en Europe, qui a fait de lui un père heureux. Les deux femmes décrites s'entendent et coexistent harmonieusement.

Les lettres de Gatsé ont pour motivation le fait qu'il tente de justifier sa position par rapport aux engagements qu'il élude (le poste de Responsable) et à ceux qu'il accepte (professionnels).

L'auteur des Lettres met en garde son lecteur: «À accepter trop vite les hauts postes, sans en avoir le mérite, on engendre des sociétés médiocres, où la corruption et le «matabiche» règnent sans partage. Or, l'Afrique a besoin d'ouvriers et de techniciens meilleurs que ceux de tous ces pays qui nous grugent en faisant notre éloge» (p. 61).

Il revalorise également la profession enseignante: «ce métier obscur mais plus intelligent que celui de bureau, plus sain que les affaires, plus créateur que tout autre. Le contact permanent avec l'enfance [l'] empêche de vieillir et [le] maintient attentif à bien des injustices» (p. 112).

De son ami, les réponses ne nous sont pas transmises, soit qu'il garde le silence, soit que l'auteur nous donne à lire ses propos indirectement, à travers les réponses du correspondant. Le jeu subtil des rapports entre narrateur et destinataire n'est pas un des moindres intérêts de ce texte qui sollicite une lecture à plusieurs niveaux.

Le rôle de l'intellectuel dans la «révolution» et le problème des rapports de l'intellectuel et du Parti Unique sont au cœur du débat. Le malaise de celui qui reste en marge et les compromissions de celui qui se rallie à la cause de l'État sont analysés avec le sens des nuances. Une satire au ton juste de certains régimes en vigueur dans le Tiers Monde, comme ailleurs en Europe ou dans le monde, est conduite avec pertinence et humour. La scène de la visite de l'inspecteur est un morceau de bravoure. Le contresens d'un ministre sur «La Cuvette congolaise» — une région du Nord du pays —, qu'il confond avec les cuvettes des revendeuses, est à peine caricatural.

Les poètes à la solde du régime, ou les arrivistes usant du verbe pour se promouvoir, sont l'objet d'une satire aux effets comiques certains. Le ridicule les discrédite. La poésie investit le récit dans les passages qui concernent la vie au bord du fleuve, les conditions bucoliques de l'écriture sous la paillote, dans le vide dominical. La vie «de brousse» est retrouvée dans sa lenteur et sa quotidienneté, le match du dimanche, les visites des officiels.

La seconde et très longue lettre est

consacrée au récit de l'enfance quelque part dans le Moyen Congo, à M'Pala, en pays Batéké. Le père cuisinier chez le Commandant blanc, la mère qui trime à travailler la terre, la sévérité de l'éducation, les mœurs dures, les maladies, la volonté du travail bien fait, sont rapportés sans sensiblerie, avec une tendresse distancée. Le récit sans concessions aux stéréotypes créés par les romans de F. Oyono, et sans idéalisation comme dans les romans de Camara Laye, renouvelle le thème de l'enfance africaine située à la fin de l'époque coloniale.

Des emprunts à une langue locale, au français d'Afrique: «ndumba», courtisane plutôt que prostituée, «poto-poto», boue ou torchis, «mbongui», case des hommes, case à palabre, au cœur du village, «molungue», vin de sève, situent le texte dans une région et une époque, lui donnant des «racines congolaises». Par ailleurs le lieu en est abstrait, vague; l'action peut se situer partout en Afrique, ainsi chaque lecteur se sentira concerné.

Une langue contrôlée, toute d'intelligence et de finesse, garde son efficacité et donne au récit son style.

Un rapprochement avec les romans épistolaires ou la littérature (satirique) du XVIIIe siècle est proposé dans le *Panorama critique de la littérature con golaise contemporaine* (1979) de A. et R. Chemain.

Arlette Chemain

Sansoa, Paris, ORTF-DAEC, Coll. Réper toire Théâtral Africain, 3, 1969, 68p. Drame en six actes de Pierre Dabiré.

Dans la pièce, deux thèmes sont abordés, celui des travaux forcés (cf. la pièce de Germain Coffi Gadeau, *Les Recrutés de Monsieur Maurice* qui, un an après avoir été interdite en 1942, fut jouée sous le titre *Le Chant du retour*) et celui de l'enrôlement obligatoire de jeunes Africains comme tirailleurs dans la Deuxième Guerre mondiale (cf. aussi le film de Sembène Ousmane, *Emitaï*, 1971). Dans l'Introduction, l'auteur écrit:

Les faits de cette pièce sont historiques et authentiques. J'ai modifié le nom des personnages, certaines des personnes concernées vivant toujours. Le lieu où se déroule la scène est évidemment le village où j'ai grandi.

Pendant l'époque coloniale, Sansoa, fils unique d'un vieux couple de cultivateurs dont il est le seul soutien, est enrôlé avec d'autres jeunes gens pour les travaux forcés; dans le camp on le sélectionne avec les plus robustes pour en faire «un bon tirailleur». Il sera envoyé dans la capitale, puis en Europe pour y combler avec les autres les vides laissés par les soldats blancs de la puissance coloniale engagée dans un conflit armé. Trois fois ses parents recevront des nouvelles: un ami, déclaré inapte, leur rapporte les vêtements civils de leur fils envoyé en uniforme dans la capitale; puis une lettre accompagnée d'une photo leur annonce sa mutation en Europe; et, à la fin de la pièce, la nouvelle de sa mort, dans un style télégraphique: «Sansoa décédé front».

Dans une autre version de la pièce, jouée au Zaïre en 1973 sous le titre «Sansoa et sa fiancée», probablement transformée sans l'accord de l'auteur, le dénouement est différent: la fiancée de Sansoa, mentionnée plusieurs fois dans la pièce de Dabiré, apparaît sur scène et se suicide en apprenant la mort de Sansoa. Un critique kinois déplore ce dénouement, «quelque peu calqué sur le modèle de l'héroïsme cornélien» et qui, à son avis, ne correspond en rien à la réaction d'une Africaine dans une telle situation (Oissa-Fum' Ukany Iyolela).

Du texte écrit émane une certaine atmosphère de résignation. L'auteur n'accuse ni ne juge. Mais de l'histoire de la colonisation il tire l'image réaliste et représentative d'une destinée humaine et le spectateur se retrouve concerné même s'il n'a pas vécu lui-même les temps de l'esclavage et de ses variantes modernes.

Le travail obligatoire a tout de l'esclavage: tout tremble devant le commandant tout-puissant, qui choisit dans la troupe deux jolies filles pour son compte personnel; les conditions de vie sont inhumaines — ordre de tirer sur quiconque tente de prendre la fuite, représailles contre les membres de la famille au cas où la tentative de fuite réussirait. Mais le seul à être accusé de façon explicite est le chef de canton, le collaborateur:

> Tout ceci est dû à la lâcheté de notre chef de canton. Il se range du côté du Commandant pour faire souffrir ses propres frères. C'est toujours les pauvres qui sont choisis pour tout faire.

Sans scrupules, soucieux de ses avantages et de ceux de son clan, loué par ses supérieurs étrangers, «estimé en haut lieu», généreux aux frais des autres, il a mauvaise réputation auprès de ses sujets à cause de sa dureté à l'égard des fuyards, de la brutalité de ses acolytes passés maîtres dans l'art de manier le fouet. Il dissimule la vérité sur le sort réservé à ceux qui ont été emmenés pour ne pas compromettre le programme des colons. «Il a reçu tout pouvoir pour s'être soumis le premier au Blanc»; on le craint mais on n'ose pas élever la voix contre lui; on ne peut que soupirer silencieusement en pensant avec nostalgie aux libertés perdues: «Quand reviendra-t-il, le bon vieux temps!»

De façon générale, une atmosphère de pressentiments plane, et, dès la première scène, la fin tragique est déjà annoncée. Les adieux de Sansoa, lorsqu'il apprend qu'il doit partir, sont présentés comme définitifs et pleins de résignation comme s'il tournait irrévocablement la page sur sa vie passée, présente et future au sein de la communauté villageoise à laquelle il est arraché brutalement. Ses adieux sont symbolisés dans la pièce par un détachement progressif de tout bien matériel: à son père il offre en cadeau d'adieu les deux boubous qu'il avait en réserve; à sa mère trois pagnes qu'il avait achetés en vue de son mariage; il leur enverra plus tard ses habits civils; au camp, il partage ses derniers cauris et arachides entre ses camarades; à la fin il ne restera de lui qu'une photo, même pas sa dépouille sur laquelle sa mère eût pu verser des larmes.

Autre leitmotiv: l'attitude défaitiste des parents dont les propos commencent toujours par «il faut que», «nous n'y pouvons rien», «il en a toujours été ainsi», «il n'y a pas d'autre issue». Ils redoutent les représailles et se résignent à la nouvelle situation avec fatalisme. On espère même que le fils ne s'échappera pas et qu'il ne se dérobera pas aux travaux forcés. En lui faisant ses adieux son père emploie un proverbe qui, en ces circonstances, prend une signification ambiguë: «Quand on a saisi le serpent par la queue, on doit aller jusqu'à la tête»; cet encouragement à une persévérance active appliquée à une situation passive concrétise ici les conséquences néfastes de l'éducation traditionnelle face à l'impérialisme colonial.

Révélatrice serait aussi une analyse de l'accueil réservé à cette pièce qui a reçu le Prix des Auditeurs. Doit-on voir là une préférence du public africain pour le «théâtre-tribune», pour le théâtre de documentation «au détriment du théâtre-fiction» (rapport de l'O.C.O.R.A. du 8 oct. 1968), ou sa prédilection pour des thèmes historiques de l'époque coloniale, et interpréter avec le critique kinois cité plus haut la mort de Sansoa comme symbole «aux yeux de tous du méfait de l'homme blanc face au peuple africain»? Doit-on avec Nzuzi Nzita reprocher à la pièce que ce drame «n'apporte aucune solution aux problèmes qui se posent à notre continent» (*Salongo* du 23 août 1973)? Doit-elle son succès à la forme de présentation choisie par l'auteur, «encore très proche de l'art des griots» selon Kanika Mwana-Ngombo (*Zaïre* du 11 février 1974 ou à sa charge émotive exempte de tout verbalisme?

Wolfgang Zimmer

Saran ou la reine scélérate, suivi de **La Langue et le scorpion,** Yaoundé, Éditions CLÉ, Coll. Abbia, 1968, 105p.
Pièces de théâtre d'Eugène Dervain.

Eugène Dervain a tiré le sujet de ces deux pièces de l'épopée bambara, laquelle pourrait bien être désignée comme «La Geste de Da Monzon», étant donné le parallèle existant entre ces récits épiques de l'histoire du Soudan et la littérature française inspirée par les exploits de ses héros médiévaux. Les faits historiques qui forment la trame du drame se sont déroulés à la période précoloniale du XIXe siècle, quand la majeure partie du Soudan central était soumise au royaume de Ségou. Le prince Da Monzon, devenu roi de Ségou à la mort de son père Monzon, se voit attribuer le beau rôle dans l'épopée bambara, comme nous le dit Lilyan Kesteloot dans son Introduction aux chroniques de l'histoire de Ségou (cf. *Da Monzon de Ségou, épopée bambara*, Tome 4, 1972): «Quels que soient les conflits où il se trouve engagé, nous apprend-elle, Da Monzon est présenté comme le souverain légitime qui punit l'audacieux qui l'a défié.» Pourtant, dans *Saran ou la reine scélérate* — de loin la plus importante des deux pièces, sur le plan littéraire — c'est Da Monzon qui provoque une querelle injuste avec son voisin, le vieux Douga, roi de Koré, coupable seulement d'être souverain d'un royaume prospère, convoité par le Ségou.

Dans le Prologue, Dervain explique son intention de puiser dans le riche réservoir de la légende africaine, exactement comme les écrivains français de l'époque classique ont trouvé leur inspiration dans la mythologie hellénique. Au lieu des Créon, des Antigone, des Ismène débattant des problèmes antiques, explique-t-il, il offrira comme exemple de l'Afrique «classique» le roi Koré Douga et sa reine préférée, Saran, fatalement éprise d'un beau prince, Da Monzon, et qui se tuera avec son mari à cause de sa passion coupable.

Dervain utilise la version de cet épisode racontée par le griot Sory Komara et traduite en français par Hampaté Ba. Le lecteur trouvera des extraits dans les textes recueillis par Lilyan Kesteloot, cités plus haut. En voici le résumé: Le jeune prince Da Monzon vient camper à la porte de Koré sous prétexte de réclamer le griot, Tiécoura, qui s'en était allé de la cour de Ségou en insultant le roi Monzon. Saran, la jeune reine, observe Da à la dérobée pendant que le roi Koré Douga le reçoit courtoisement. «Elle resta foudroyée par sa splendeur virile», dit le griot; «le désir et l'amour spontané qu'elle éprouva lui ôtèrent contenance et contrôle de ses actes». Elle persuade ses servantes de l'aider à sortir la nuit pour escalader la muraille d'enceinte et se rendre au campement de Da lui déclarer son amour. Se refusant tous les deux à se donner l'un à l'autre dans l'adultère, ils s'allient contre Douga pour assurer sa défaite. Le lendemain Saran mouille la poudre à fusil des guerriers de Koré et fait connaître à Da le rituel par lequel son mari s'est fait protéger par le dieu-caïman. Vaincu par son adversaire, déshonoré par sa femme, Douga se suicide, mais Saran ne jouit pas des fruits de sa trahison; elle meurt avec les autres prisonniers pris à Koré par Da Monzon victorieux. Le griot, Tiécoura, cause de la guerre, se tue aussi, plutôt que de retourner captif à Ségou.

Par son sujet, par le déroulement de l'action, par l'opposition entre les personnages (Douga — Da Monzon; Douga — Saran; Saran — Da Monzon; Tiécoura et son père, griot du roi Monzon), cet épisode possède bien des éléments d'une tragédie classique. Dervain a su les exploiter avec maîtrise, en y ajoutant, de son cru, une densité dramatique, une unité de structure et d'action, un langage noble et éloquent et une profondeur psychologique entièrement convaincante. Cependant, tout en se proposant de suivre l'exemple des auteurs classiques (et il est possible de trouver un parallèle entre Saran et Médée), Dervain a traité le caractère de son héroïne avec un certain romantisme. Au début de l'action, loin d'être «la reine scélérate», c'est une jeune femme, à peine sortie de l'adolescence, que nous rencontrons, et qui attire notre entière sympathie. Mariée à un vieillard, noble, sage et généreux, la reine adulée n'est point heureuse; elle s'ennuie, languit, se tourmente et rêve d'un amour romantique. Son ennui rappelle celui du Fantasio de Musset. Quand sa servante lui reproche sa tristesse, Saran lui répond qu'elle possède tout en effet, sauf l'amour. Elle croit que seul le griot, Tiécoura, saura dissiper sa mélancolie en lui contant les histoires de la Cour de Ségou et de Tombouctou, mais surtout les exploits du jeune prince beau et brave, Da Monzon. Dans l'acte II, quand elle affronte Da pour lui offrir son cœur, Saran s'est muée d'une enfant languissante en une femme dominée par la passion. Elle fait fi des convenances, traîne son honneur et celui de son mari dans la boue et finit par être coupable d'une trahison des plus méprisables.

La suite tragique des événements de l'acte III est non seulement fidèle à la narration que nous a transmise l'épopée bambara, mais c'est le dénouement exigé par la justice dramatique, la moralité et l'architecture classique de la pièce: la mort de Saran aux mains des guerriers de Ségou est le châtiment logique de sa double trahison, celle de son pays et de son mari; le preux Koré Douga se tire une balle dans la bouche plutôt que de vivre dans la honte d'avoir été trahi par sa femme. Quant à Da Monzon, victorieux, il se rend toutefois compte de la futilité de cette campagne tragique: il avait provoqué la guerre pour un griot qu'il ne réussit pas à ramener en triomphe à Ségou; il avait succombé à la passion d'une femme qu'il ne réussit pas à posséder. Il se demande à la fin s'il ne sera pas hanté par une fatalité destructrice, s'il n'est pas condamné à voir semblable aboutissement de toutes ses campagnes.

La deuxième pièce de l'ouvrage, *La Langue et le scorpion*, est plus courte et moins complexe, moins riche en incidents et tensions dramatiques, en plus d'être lâchement structurée. Au lieu d'une tragédie de la passion et de la fatalité aux dimensions classiques, épiques, il s'agit d'une moralité baroque tissée autour d'un proverbe bambara: «Avant de mettre un scorpion dans la bouche, il faut s'assurer que la langue est en lieu sûr.» Autrement dit, avant de s'exposer à un grand danger, il faut prendre des précautions adéquates.

L'épisode de l'épopée d'où Dervain tire cette pièce est la rébellion de Tiéma, roi de Kârta, contre Da Monzon. Le Kârta, province du Ségou, est soumis à l'impôt et au «cadeau de nouvel an». Cette servitude indispose Kârta Tiéma, qui décide de s'en affranchir. Il transforme le cadeau de nouvel an en injure. C'est ici l'inspiration d'une scène pleine de suspense quand le messager du Kârta s'acquitte avec insolence de sa mission, tandis que Da Monzon, qui n'est plus le jeune protagoniste ambitieux, impitoyable, de *Saran*, mais un souverain sage, digne, d'âge mûr, maîtrise à peine sa colère. Mais il sait attendre le moment propice pour sa vengeance, contre laquelle tous les fétiches de Tiéma sont impuissants.

Suivant la version du griot Gorké, traduite par Hampaté Ba, Dervain évoque avec précision, économie et brio le déroulement des principaux tableaux du drame. Le point culminant en est la scène de l'injure. Il oppose de façon saisissante les deux rois, tous les deux orgueilleux: Kârta Tiéma hâbleur, téméraire et insouciant contraste énergiquement avec Da Monzon prudent, avisé, calculateur, dont la dignité ne trahit pas le courroux qu'il couve. Le langage et le style de cette pièce sont des plus vigoureux, riches en images populaires, parfaitement accommodés au thème et au caractère des interlocuteurs.

Dorothy S. Blair

Savane (La) rouge, Avignon, Les Presses Universelles, 1962, 141p.
Roman de Fily-Dabo Sissoko.

L'ouvrage, ébauché dès 1936, paraît composé pour l'essentiel aux environs de 1960. Se donnant comme un «livre de souvenirs», il ne couvre que quelques années de l'adolescence de l'auteur, de 1911 à 1917. La première partie, «Les cheminements du destin», est centrée sur les années d'apprentissage à l'École Normale d'Instituteurs de Saint-Louis du Sénégal, transférée à Gorée en 1913 (la fameuse École William Ponty); les deux autres sur les aspects contradictoires de la ville de Dori, au Nord-Est de la Haute-Volta, où, après deux ans passés à Ouagadougou comme moniteur, Sissoko occupe son premier poste d'instituteur.

Autobiographique, *La Savane rouge* l'est sans doute puisque l'auteur, du seuil de la vieillesse, considère son enfance et décèle, apparemment sans peine, ce que tant d'autobiographes cherchent en vain, les lignes de force, les événements clés et les enchaînements qui font d'une vie un «destin»: pressentiment de la mort de sa mère, qui se produit en effet et bouleverse sa vie; découverte des contraintes culturelles et coloniales; rencontres successives d'un maître à penser, le professeur-administrateur Fernand Froger, l'un des dédicataires de l'œuvre, qui lui inculque, entre autres, «le goût de l'effort personnel» et «les vertus du non-acquiescement»; puis d'un père spirituel, Modibo Issa, qui lui montre «la voie droite»; d'une mère affective, enfin, Dikourou Boubou, de lignée royale, qui lui explique les arcanes de la société de Dori, acceptation d'une double idéologie: d'une part ce qu'on pourrait appeler l'humanisme politique du XVIIIᵉ siècle, de l'autre la «sagesse noire» (à laquelle il consacre un recueil de proverbes en 1955).

Cependant, si cette évocation de l'adolescence, qui prédomine dans la première partie, ponctue l'ensemble de l'ouvrage, non seulement elle est discrète mais encore elle n'offre qu'un prétexte à des considérations d'un autre ordre. Aussi bien *La Savane rouge* échappet-il à ce qu'on entend généralement, en Europe, par autobiographie et apparaît-il comme profondément original.

«Je» est rare et cède volontiers la place à «nous», nous, écoliers ou élèves-maîtres, nous, mes sœurs et moi, nous, les Malinké, etc., et s'éclipse même au profit de «il», singulier ou pluriel. En outre, les scènes auxquelles les auto-biographes se plaisent, non parfois sans complaisance, sont exceptionnelles. L'événement est expliqué, commenté plus que décrit. La description, les détails n'interviennent que dans la mesure où l'auteur n'est pas exclusivement concerné. L'amateur de révélations intimes sera déçu. À propos d'une jeune veuve, surnommée «la belle des belles», il apprendra seulement que Sissoko, du fait de l'opposition de sa famille, se trouva «dans la situation de Titus face à Bérénice» et qu'il «en souffre encore». Tant de réserve tranche sur les grands éclats narcissiques auxquels l'autobiographie occidentale habitue ses lecteurs.

Si le texte offre peu de scènes, il comporte en revanche quelques tableaux dont l'auteur s'est fait une sorte de spécialité, principalement dans les *Poèmes de l'Afrique noire*, où deux d'entre eux, du reste, sont repris: «Le soleil noir» et «La lune et le néant». On relève, parmi d'autres, le retour des pêcheurs de Guet N'Dar (p. 19), l'arrivée à Dori (p. 48-49) et, surtout, l'évocation minutieuse des divers quartiers de la ville (p. 54) avec leurs bâtiments, leurs couleurs, leur végétation et leur faune humaine, mais aussi leur légende:

Il est dit que dans la cité d'Alou Seydou, celui qui arrive le matin, passe sa journée;
celui qui arrive le soir, passe la nuit, retenu sans doute, par les effluves qui montent du Koussouniébé (p. 53).

À prendre au pied de la lettre l'ultime conseil du «maître» Froger, «l'injonction delphique: *Connais-toi toi-même*» (p. 47), on s'attend à ce que l'auteur explore systématiquement son caractère, ses impressions, ses sentiments, ses idées. On a vu que, tout au contraire, il se préoccupe bien plus des autres que de lui-même. Telle est bien la seconde spécialité littéraire de Sissoko: son goût pour le portrait. Son premier ouvrage publié (1953) ne porte-t-il pas le titre de *Crayons et portraits*? Mis à part une esquisse du Peuhl (p. 62-63), c'est à des individus qu'il s'intéresse, monarques ou simples particuliers, dont il souligne les traits qui font d'eux les représentants d'une classe ou, surtout, d'un caractère, comme l'attestent certains sous-titres: «Le Glorieux», «Le Dandy», «Le Nouvelliste», dont le modèle est vraisemblablement à chercher du côté de La Bruyère, sinon de Théophraste — bien que ni l'un ni l'autre ne figurent parmi les lectures reconnues par l'auteur (p. 22-23, 44-45 et 58-59) — modèles aux dires de l'auteur, choisis parmi «tant d'autres, des anciens aux modernes». Sissoko est un bon représentant de cette première génération de colonisés qui, conscients de la richesse d'un passé qu'ils connaissent bien (que de références à l'histoire précoloniale) et indignés que l'on ose prétendre que «le cerveau d'un enfant noir [soit] un cerveau vierge» (p. 23), ne s'en passionnent pas moins pour la pensée occidentale, sans exclusivité (l'œuvre est composée sous les auspices de Camus et de Sri Aurobindo, cités en épigraphe). Mais, pour Sissoko, comme pour quelques autres, acculturation n'entraîne ni aliénation ni métissage. Pourrait-il, autrement, commencer son ouvrage par ces mots: «Je crois aux présages / Je crois aux pressentiments»? Pourrait-il, autrement, réaliser «l'injonction delphique» en regardant vivre et en essayant de comprendre autrui, en insistant moins sur les «tranches de [sa] vie» que sur celles de ses contemporains?

«Livre de souvenirs», dit Sissoko. Ne relève-t-il pas davantage, en fin de compte, des mémoires que de l'autobiogra-

phie? Les souvenirs n'offrent qu'un contrepoint. L'essentiel est fourni non par un événement domestique, si douloureux soit-il comme la mort d'une mère, ou une déception individuelle, un échec scolaire, voulu par le destin et rapidement compensé par un brillant succès, mais par un événement politique beaucoup plus grave et lourd de conséquences, qui justifie le titre et pour lequel tout le texte est écrit: la révolte des Touareg du Gourma, qui dura huit mois en 1916, et la cruelle répression qui la suivit. Au visage heureux de Dori, «Dori quand c'est d'or», auquel est consacrée la seconde partie, succède, dans la troisième, le visage hideux de la violence: «Dori quand c'est «dôdi» (que l'auteur traduit euphémiquement par «m...!»), double violence, celle de potentats africains comme l'askia Daoûd V, mais aussi et surtout celle de la colonisation qui tout à la fois provoque le soulèvement et le noie dans le sang. C'est, pour Sissoko, l'occasion de démonter les causes profondes et occasionnelles du conflit, de souligner, documents officiels à l'appui, la brutalité des combats et des exécutions, de porter un jugement très critique contre l'administration coloniale et la colonisation dont il a compris très tôt (p. 22) l'iniquité foncière. Son engagement politique date de là. Et il est douloureux de penser qu'il mourra lui-même victime d'une violence dont la dénonciation est d'autant plus vive qu'elle s'exprime sans éclat ni cris. Il parle d'une «allée de parkansonias [...] où, des corps suppliciés, des âmes envolées errent encore; et en appellent à la vengeance divine» (p. 52). Comment ne pas songer qu'il est devenu l'une d'elles?

Écrit dans un style sans grand apprêt mais, curieusement, sous forme de versets, cet ouvrage, remarqué peu après sa parution, puisqu'il reçut une mention spéciale au Festival des Arts nègres (Dakar, 1966), est, depuis, tombé dans l'oubli. Son originalité, sa richesse et sa simplicité le font regretter.

Michel Hausser

Secret (Le) de Ramanou, Lomé, in *Togo-Presse*, du 10 janvier au 2 mars 1968. Roman de Félix Couchoro.

Nous sommes en 1912. Marcus Wolf, riche commerçant allemand, a beaucoup d'amis à Anecho. Il épouse une fille du pays, Bertha, et de cette union naît une petite fille. La guerre menace et il annonce à sa femme qu'il doit retourner en Allemagne; avant son départ, il lui remet une enveloppe contenant un secret. Elle ne doit pas ouvrir l'enveloppe avant vingt ans.

La guerre s'achève et Marcus ne revient pas. Bertha met sa fille en pension. Elle épouse Ramanou, un riche commerçant yoruba. En 1930, sa fille Fanny part pour Dakar où elle a été admise à l'école de sage-femme. Elle revient en 1934 et s'installe à Anecho. À la date prévue, Bertha confie à Ramanou l'enveloppe remise par son premier mari. Il y apprend qu'un trésor est caché à Anecho, mais il est impossible de le récupérer! C'est maintenant l'immeuble d'une maison de commerce.

Il manœuvre pour y faire employer son fils et ce dernier, à la faveur de la guerre, en devient gérant. Aucun obstacle ne s'oppose plus à son désir de récupérer le trésor. L'idéal serait de marier Fanny et son fils, ce qui maintiendrait le trésor dans la famille. Ce plan échoue, aussi fait-il jurer «sur la bible» à Bertha de ne rien dire du secret à sa fille. Le trésor est déterré: c'est un lingot d'or qu'il vient confier à sa femme Bertha qui en est la propriétaire. Pour prix de ses peines, elle lui en donne le tiers.

Cet or fascine le riche Ramanou, insatiable comme tous les riches, et il est offensé de n'en recevoir qu'un tiers. Bertha meurt peu après, et il reste seul détenteur de l'or. À quelque temps de là arrive d'Allemagne un touriste, A. Hartman, qui n'est autre que Marcus Wolf. Il reprend contact avec son ami, Koubreman, doué de voyance, qui lui révèle que Ramanou a volé le lingot. Il retrouve sa fille, lui révèle tout, et, grâce au sérum

de vérité qu'ils font absorber à Ramanou, ils réussissent à récupérer le lingot et à obtenir la confession de Ramanou, assassin de Bertha par amour de l'or. Le remords pousse Ramanou à se pendre. Le roman s'achève sur le départ de Hartman qui partage son or avec Fanny, sa fille.

Ce roman est dans l'œuvre de Félix Couchoro le seul représentant du roman historique. Il met d'autre part en scène, outre les yoruba du Togo que Félix Couchoro introduit souvent dans ses romans, un Allemand de l'époque coloniale dépeinte comme une époque de bonheur. Le terme de roman historique qu'emploie Félix Couchoro est cependant impropre car l'anecdote est certes provoquée par les remous de l'Histoire, mais elle ne se hisse jamais à un degré suffisant de généralité.

Alain Ricard

Secrétaire (La) particulière, Cotonou, Librairie Notre-Dame, 1970 / Yaoundé, Éditions CLÉ, Coll. Théâtre, 1973, 94p.

Comédie satirique en quatre actes de Jean Pliya.

Âgée de 18 ans à peine, Nathalie, la secrétaire particulière de M. Chadas, a déjà deux ans d'ancienneté à son poste. Elle doit sa position non pas à ses talents de sténodactylo mais à la facilité avec laquelle elle cède aux avances de son patron. Avec l'arrivée de Virginie, secrétaire de direction diplômée, Nathalie se sent menacée mais continue à bénéficier de la protection du chef de service, M. Chadas. Celui-ci en impose à ses subordonnés du haut d'une autorité obtenue à coups d'intrigues et de relations. Bientôt, l'influence de M. Chadas commence à décliner. Alors, malgré les assurances de protection qu'il donne à Nathalie, celle-ci échoue à l'examen de compétence professionnelle. Plus tard, lorsque Nathalie lui annonce sa grossesse – dont il est responsable – il la répudie. Mais le scandale éclate et M. Chadas est arrêté pour détournement de mineure et pour avoir brutalisé sa secrétaire.

Cette comédie dénonce l'attitude néo-colonialiste qu'incarne M. Chadas, représentant corrompu de la nouvelle élite administrative. Sous les dehors d'un patriote dévoué, M. Chadas singe le comportement de l'ancien colonisateur. Tout en réclamant à la réunion syndicale la revalorisation des traditions et des mœurs africaines dans le cadre de l'indépendance nationale, il interdit à ses employés de porter des vêtements traditionnels au bureau sous prétexte que le costume traditionnel n'est pas une tenue correcte. Chef de service au «Ministère des Affaires prolétariennes», son rôle n'est pas de servir le peuple: pour lui, l'indépendance signifie «transfert aux autochtones des passe-droits hérités de la période coloniale» (Fanon).

Comme dans *Xala* (1973) d'Ousmane Sembène ou *Monsieur Thôgô-Gnini* (1970) de Bernard Dadié, l'un des aspects les plus frappants de cette nouvelle bourgeoisie est l'esprit sybarite. M. Chadas est un jouisseur qui ne laisse passer aucune occasion de profiter de sa position. Sa vie s'organise autour du principe du plaisir dans une société à reconstruire. Ainsi, au bureau, il passe une bonne partie de son temps à organiser ses heures de loisir, à recevoir des «visiteuses parfumées et agréables à regarder», à jouir de son autorité. C'est un fin gourmet qui apprécie la bonne chère, le Côtes-du-Rhône et le Beaujolais et qui aime faire sa partie de belote quotidienne arrosée de bière.

Le paraître est un élément important dans le monde de M. Chadas, qui affiche le visage d'un fonctionnaire compétent par le langage et la tenue. Il prêche la ponctualité, la conscience professionnelle, le désintéressement, la haine de la corruption, mais ses actes démentent ses paroles. Il manie à merveille le langage administratif pour créer l'illusion d'une activité intense et ordonnée là où il n'y a que paroles ronflantes. On le voit arriver au bureau «en veste, avec un nœud papillon, l'air supérieur, affairé, lunettes sur le nez, une grosse serviette sous le bras». Une fois que le scandale éclate dans son bureau et qu'il ne contrôle plus les apparences, il est abandonné par son protecteur, le Ministre, qui doit, lui aussi, pour sa survie politique, protéger sa propre réputation et celle de son département.

Cette comédie aborde également le thème de l'émancipation de la femme. Le pôle de la domination mâle est représenté par le paysan et par M. Chadas. Quand le paysan gronde chez lui, il s'attend à ce que ses quatre femmes s'agenouillent. Incrédule, M. Chadas se tord de rire quand Denise se présente comme avocate. Les jeunes filles comme Nathalie acceptent le rôle de femme soumise et d'objet sexuel pour améliorer leur situation matérielle. D'autres, comme Virginie et Denise, se révoltent contre cette domination mâle et défendent vigoureusement leurs droits. Virginie, femme moderne, se déclare opposée à la dot; Denise défend non seulement la jeune fille qui attend un enfant de M. Chadas, mais aussi l'enfant qu'elle porte elle-même.

Dans *La Secrétaire particulière,* Jean Pliya condamne les rapports de domination — vestiges du passé colonial — qui entravent l'épanouissement de la société. Si Pliya critique l'attitude du planton qui joue le rôle de «patron» dans la salle d'attente en y reproduisant l'arbitraire et le «bakchich» pratiqués par son chef de service, il réserve ses traits les plus satiriques pour M. Chadas qui tyrannise tous ceux — employés, clients ou femmes — qui tombent sous sa coupe. L'auteur perçoit la femme libérée comme un agent de la «dé-néocolonisation»: Virginie remplit avec compétence sa responsabilité professionnelle et fait mentir les préjugés de classe en prenant un homme moins diplômé qu'elle comme fiancé; Denise défend les faibles et les opprimés et fait condamner les malfaiteurs, y compris M. Chadas.

Gary Warner

Shango... / 527

Sentier et chemin, Bukavu, Éditions Kivu-Presses, 1977, 52p.
Recueil de poèmes de Ngu-Mongala Vurutoro-te-Nzapa Nate.

Sentier et chemin est un recueil de poèmes en vers libres qui abordent plusieurs thèmes et ne suivent aucune ligne tracée. Un recueil où tout se mélange: la nostalgie («Le sentier du village, «Le champ du village»...), la religion («Dieu», «Pardon»...), la culture («Ma plume», «Modernisme»), le patriotisme («À la jeunesse Zaïroise»), la philosophie, la louange... L'ensemble est un kaléidoscope riche en sentiments, en images et en couleurs. Des souvenirs et des réflexions sur le sentier du village, sur le chemin de la ville.

Le poète écrit «pour divertir un nombre d'âmes...», «pour donner matière à devinette»... et surtout pour «se libérer de certaines idées qui le tiennent prisonnier». Il affirme délivrer «un certain message transmissible». La poésie étant un domaine diffus et trop personnel, il est délicat d'analyser des poèmes. D'ailleurs le poète soutient que l'on ne peut interpréter avec exactitude des poèmes écrits par un autre (p. 3).

Chaque poème est un ensemble clos qui a son histoire, son alpha et son oméga. Le tout ne peut faire ressortir un cheminement logique. Diversité des personnages cités ou servant de symboles (Bacchus, Idi-Dada, Youri Gagarine, p. 10; César, p. 15; David, Goliath, Cléopâtre, Gavroche kinois, Bernard Dadié...). Usage de langues diverses (le latin. «Clamamus ad te!», p. 8; le lingala: «Moindu ya ngolo / Nameka yo na nami?», p. 40); sa langue maternelle: «Aé mbi'ya me!». p. 43). Rapprochement des villes, des continents, des montagnes... tout cela semble un fouillis apparemment inextricable. Étalage de connaissances ou vantardise de voyageur? Plutôt franchise de langage et liberté de la plume. Cette dernière est un outil complice («Plume sage plume assoiffée / De connaissances parbleu!», p. 31). N.-M. Naté est marqué

par la nostalgie de son pays (quatre poèmes sur vingt-cinq), la religion (trois poèmes) et l'amour (trois poèmes), thèmes auxquels il consacre plusieurs poèmes. Sans lien entre elles, les pièces défilent comme des diapositives projetées en désordre.

Le poète laisse les mots affluer, s'entrechoquer et se mélanger. Cette explosion de vocabulaire, son langage en somme, déroute et crée un effet de surprise («...poitrine bombée à la prussienne», p. 13; «fleurissaient Boul'Mich'», p. 29; «...seul Kasanda dokta», p. 40; «Ruzizi-Maneken-Pis-Arrosoir», p. 46...). Parfois, ne sachant comment traduire sa pensée, il recourt aux néologismes et aux comparaisons («parasolpluies», p. 23; «Gavroche kinois», p. 26; «Les Quillet-Larousse», p. 40...).

N.-M. Naté écrit pour se libérer de certaines idées qui le font suffoquer. La poésie, «ce bicéphale d'animal», est pour lui «un champ où pousse un amalgame de plantes vivrières sans toutefois se gêner» (p. 4).

Faciles à comprendre, difficiles à interpréter, tels sont les vers de ce poète qui se trace une voie originale. Ce qui ressort également de son premier recueil, *Bananes citronnées*, suivi de *Caprices* (1977). Sans doute a-t-il raison d'éviter les sentiers battus et les pastiches.

Tshonga Onyumbe

Shango, suivi de Le Roi Éléphant, Paris, P.J. Oswald, 1968, 89p.
Pièces de théâtre d'Ola Balogun.

Shango, la première pièce, est fondée sur la mythologie yorouba. Shango est le dieu du tonnerre. La pièce explique la naissance de cette légende en en regroupant les deux versions traditionnelles.

Bashorun, le chef du conseil des Anciens, vient, au nom du conseil, se plaindre auprès du roi de la tyrannie du pouvoir. Pris d'un accès de colère, Shango le condamne à mort et menace «quiconque oserait élever la voix contre la conduite du roi» (p. 22), de lui faire subir le même sort. De plus, il invite ses courtisans à ne jamais oublier que les Yorouba étaient des esclaves avant son règne. En apprenant la condamnation à mort de Bashorun, Oya, la femme de Shango, met en garde celui-ci contre un orgueil qui risque de le mener à sa perte.

Mécontent de la tyrannie de Shango, Jagun, le commandant en chef de l'armée yorouba, s'en va voir Ajaka, le roi destitué par Shango, pour le convaincre de reprendre son trône. Ajaka accepte de mener un soulèvement contre Shango. Il pense aussi que pour consolider sa prise de pouvoir, il faudra éliminer le général une fois la victoire assurée. Shango, pour sa part, apprend que les deux généraux de son armée conspirent contre lui. Conseillé par Akani, il leur ordonne de faire un duel à mort. Il compte empoisonner le survivant. Le duel a lieu et Jagun est tué. Entre-temps, Shango consulte un sorcier qui lui promet un charme de la part de la déité Ori, charme qui peut transformer Shango en «maître de la foudre» (p. 44).

Convaincu d'être effectivement le maître de la foudre, Shango se rend sur une colline surplombant la ville royale pour faire une démonstration de son charme. Au moment crucial, cependant, Shango laisse tomber le charme et la foudre frappe et détruit le palais royal. Shango s'enfuit dans la forêt avec sa femme Oya et ils s'y suicident. Mort, Shango franchit la ligne qui sépare les mortels d'avec les dieux et devient un dieu lui aussi.

Croyant que la mort de Shango affaiblira les Yorouba, autrefois esclaves des Owus, ces derniers préparent une invasion. Ajaka reprend son trône, mène la bataille contre les Owus et en sort vainqueur. Shango, devenu dieu, menace de détruire les siens par la foudre parce que l'on avait oublié de lui faire des sacrifices avant d'aller en guerre. Mais on l'apaise avec un sacrifice.

Balogun nous fait le résumé de la pièce par l'intermédiaire d'un narrateur. Celui-ci la clôture par une sorte d'épilogue. Entre les deux apparitions du con-

teur, Shango et son entourage jouent la légende devant nous. Shango se présente comme un monarque absolu. Il croit pouvoir tout faire maintenant qu'il a libéré les Yorouba du joug des Owus. Comble d'arrogance, il se prend, lui, un vivant, pour l'égal des dieux. Il ne comprend rien quand le sorcier lui dit trois fois que «nul ne peut devenir semblable des dieux et rester homme» (p. 44). Il s'attend à ce que ses sujets lui obéissent aveuglément et il va jusqu'à éliminer tous ceux qui le contrarient. Afin de consolider son emprise sur ses sujets, il se lance à la conquête des éléments avec lesquels il peut les terroriser davantage. Mais l'ennemi le plus redoutable de Shango n'est personne d'autre que lui-même: «ton orgueil te perdra», lui dit sa femme. Le sorcier répète la même chose quand il lui dit: «la vérité pourra te sauver de toi-même» (p. 44). Aveuglé par le pouvoir, il n'écoute que le courtisan Akani car celui-ci ne lui dit que des choses susceptibles de lui plaire. Il finit par se détruire en visant plus haut qu'il n'est humainement possible.

La mort de Shango ne va pas nécessairement amener chez les Yorouba des jours meilleurs. Aux dires d'Ajaka, le successeur de Shango, il faut, pour gouverner les «hommes [...] les mépriser profondément...» (p. 36).

Ajaka, comme les autres personnages de la pièce, est utilisé pour expliquer la légende de Shango. Le sorcier et le conteur nous apprennent que Shango est plus qu'un homme: il est l'homme. Le sorcier nous dit que Shango «c'était moi, c'était toi, c'était nous tous ici présents. Shango était l'image de ce pouvoir caché qui habite chez l'homme, de cette puissance grandiose et terrifiante qui est le propre de tout homme» (p. 66).

Le Roi Éléphant est un conte dramatisé. L'Éléphant se fait couronner roi grâce à l'éloquence du Coq. En guise de récompense, le Coq est nommé Premier Ministre. Sans perdre de temps, le nouveau roi annonce l'institution de «quelques petits impôts, afin de pouvoir mener une vie digne d'un roi» (p. 79). Les festins du couronnement sont à peine terminés qu'une grande famine s'abat sur la forêt. Les animaux meurent par milliers et seul le roi garde son embonpoint. Avec quelques prières, mais surtout grâce aux menaces, le Coq lui arrache son secret: le roi se fait nourrir par un arbre magique qui laisse tomber des fruits sur commande. Mais il ne faut surtout pas trop demander à l'arbre. Le Coq ne respecte pas cette condition et finit par vouloir l'arbre en entier. Celui-ci tombe et écrase le Coq dans sa chute. Les racines de l'arbre se transforment en soldats qui, affamés, commencent par manger le Coq. Ensuite, ils tuent le roi pour le manger et bouleversent ainsi tout l'ordre des choses dans la forêt.

Comme dans tous les contes, il y a une morale à retenir; elle porte sur la cupidité. C'est elle qui perd le roi et son Premier Ministre. Mais l'on a aussi affaire à une parodie de notre organisation sociale: Roi, Premier Ministre et processus de prise de pouvoir. Pour se choisir un roi, les animaux se réunissent dans la forêt pour connaître les «programmes» des prétendants au trône. La Tortue joue le rôle d'historiographe de la gent animale. Cela nous renseigne sur ce qui s'est passé depuis le couronnement du Roi Éléphant en faisant des comparaisons avec la société humaine. Elle compare la famine au sous-développement chronique chez les hommes. Cela nous dit que les animaux n'aiment pas cette terminologie et qu'ils préfèrent celle de la «forêt en voie de développement, ce qui a l'immense avantage de ménager les susceptibilités» (p. 82). Mais peut-on sortir d'une mauvaise situation en recourant simplement à une belle terminologie?

Les solutions proposées au cours des réunions «entre les animaux pour examiner la situation» (p. 83) ressemblent étrangement à celles proposées par les hommes pendant des périodes difficiles. La Tortue nous apprend que «les uns disaient qu'il fallait tuer tous les lapins de la forêt afin d'empêcher

notre nombre d'augmenter trop rapidement» (p. 83). Chez les hommes, cela s'appelle génocide. Les religieux fanatiques, quant à eux, «pensaient qu'il fallait nous résigner à notre état, et que le ciel finirait bien par nous envoyer de quoi manger» (p. 83). Il va sans dire qu'aucune de ces solutions n'est efficace. La situation s'aggrave à tel point que le monarque est remplacé par les militaires. C'est une méthode de changement de gouvernement assez connue dans nombre de pays sous-développés, ou si l'on préfère, de pays en voie de développement. Mais comme en général l'on accepte difficilement le régime militaire, la Tortue nous dit qu'il y a «un vieux sorcier dans la forêt voisine qui s'appelle forêt de Chine. Quelques jeunes animaux sont allés le consulter» (p. 88) et elle espère «qu'à leur retour, ils sauront [les] délivrer et de la famine et de la soldatesque» (p. 88). La référence est évidente.

Ola Balogun est peut-être le premier Africain anglophone à avoir publié un ouvrage de création en langue française.

Tar Adejir

Si le feu s'éteignait..., Bamako, Éditions Populaires du Mali, Coll. Hier, 1967, 145p. – Préface de Michel Verret. Récits de Massa Makan Diabaté.

Ce recueil comporte seize textes, très variés d'inspiration. Leur seul point commun, comme l'indique l'auteur dans son Avertissement, est d'être issus de la tradition malienne.

S'il faut opérer un classement pour rendre compte de cette diversité, nous distinguerons les récits historiques, ceux qui expliquent l'origine d'une donnée sociologique (les griots, les races), les légendes et enfin une devinette.

Les «récits historiques» sont les plus nombreux puisqu'ils constituent à eux seuls la moitié du recueil.

En premier lieu, les récits empruntés au cycle de Soundjata. Ils n'ont pas le souffle épique des récits suivis, mais ils présentent tous les détails importants donc intéressants. Un de ces récits, par exemple, met en valeur le rôle joué auprès de Soundjata par sa sœur Djégué qui réussit à voler à Soumangourou son redoutable secret. On apprend aussi comment Soundjata est mort, dans *La légende de Boubakar*. D'autres textes enfin éclairent certains points de l'histoire du fondateur de l'empire mandingue, telle la rébellion de Diolofing Mansa, dans *La légende de Tira Makan*.

Massa Makan Diabaté fait aussi revivre d'autres grandes figures du passé de son pays: Bina Ali de Ségou et son adversaire le magnanime Amadou d'Amdallaye, Ba Bemba, prince de Daban l'imprenable, Kokou Sira Maghan, prince de Ségou opposé à Samory Touré.

On lira aussi avec intérêt les deux récits expliquant l'origine des griots et des races.

Les Malinké expliquent comment les deux frères du grand chasseur qui réussit à abattre le fameux buffle de Do devinrent griots: ils étaient seulement capables de chanter les exploits ...des autres! Aussi particulière et intéressante est l'explication de l'origine des races qui débouche sur l'époque de la colonisation.

On trouve enfin des légendes aux personnages dignes de nous faire rêver: la belle Awa qui va se changer en sirène, Mady, le beau jeune homme solitaire qui se jette aussi au fond de l'eau, et Amadou qui tue le serpent protecteur de Ghana pour sauver de la mort la femme qu'il aime, Aminata, provoquant ainsi *La ruine de Ghana*.

Le choix des sujets retenus par l'auteur montre son amour des actions nobles et héroïques, son admiration pour ceux qui aiment la paix et la fraternité; on notera aussi une certaine tendresse pour les femmes, pour leur grâce et leurs qualités parfois étonnantes (lire en particulier *Sambou*).

Mais ce qui différencie ce recueil des autres semblables, c'est la façon toute particulière dont l'auteur présente les griots. Neveu du grand Kélé Monson,

Massa Makan Diabaté connaît fort bien cette caste. C'est pourquoi l'introduction aux récits (on hésite à parler de contes!) est tout aussi intéressante que les récits eux-mêmes. On peut tracer la silhouette de quelques personnages qui pourraient prendre place dans un roman: le vieux Solo, surnommé Sikasso, capable de transformer un cauchemar en récit très sérieux; Bagué, le griot aveugle, parfois irascible; le trio sympathique que forment le grand-père, la grand-mère et le petit-fils, Birama, qui va bientôt sortir de l'enfance.

Les récits sont agrémentés de chansons traditionnelles, de nombre de proverbes vifs et piquants illustrant les thèmes qui intéressent les hommes du monde entier: l'amour, la guerre, la mort...

Le style de l'auteur est recherché, souvent élégant, émaillé de jeux de mots, de formules bien tournées. On le souhaiterait parfois plus proche du français populaire pour toucher un public plus vaste, mais de toute façon le français ne saurait être qu'une langue de traduction!

Jacqueline Falq

Siang, Yaoundé, Éditions CLÉ, Coll. Pour Tous, 1971, 44p.

Nouvelle de Oscar Pfouma.

Écrit en 1969 à une période où l'auteur autodidacte traversait «des difficultés matérielles et psychologiques» dues au fait qu'il était «en chômage», ce récit, qui n'est point autobiographique, a été tout de même inspiré par la «vie fort enrichie d'expériences diverses» de l'auteur. *Siang* est l'histoire de Siang, un jeune menuisier qui, à la mort de ses parents, a été élevé par son oncle Kidjina, «homme cruel et perfide». Il menait donc chez cet oncle «une vie de bête», la vie «sans plaisir et sans distraction d'un esclave». Un jour, au bord d'un ruisseau, Siang fait la connaissance de Youana, «une jeune femme d'une vingtaine d'années, au visage maigre mais séduisant». Celle-ci réussit à le séduire et cette aventure amoureuse provoque chez le jeune homme le désir de l'émancipation, de la libération, voire de la révolte.

Le reste du récit relate l'aventure du «nouveau» Siang, de Siang «émancipé» et «révolté». Devenu «un homme tout à fait différent du timide masochiste qu'il était», Siang se métamorphose en sadique audacieux, méprisant, menaçant et violent. Après avoir étranglé la méchante femme de son oncle, il fuit le village de Sanguala pour se diriger vers le village d'Abam. La violence est déclenchée: Siang se bat avec Mayo (chef de son village et ami de son oncle) et les deux meurent; Kidjina tue Satan (ami de Siang et frère de Babylone) tandis que Babylone tue Kidjina pour venger son frère. Babylone s'échappe. Telle est l'aventure tragique de Siang.

A travers ce récit de violence et de vengeance, on voit apparaître trois thèmes principaux. D'abord l'amour qui est facteur de changement dans le monde. C'est l'amour, et non les simples relations physiques entre Siang et Youana, qui pousse Siang à chercher une vie nouvelle. Il y a aussi le thème de la révolte symbolisé par Siang qui lutte contre l'oppression et l'exploitation économique et idéologique dont il est l'objet. Révolte sans doute justifiée et dont l'échec s'explique par son manque d'expérience. Il y a finalement le thème de la violence qui semble liée à la construction d'une nouvelle société africaine — une société où les Africains comme Kidjina et le chef Mayo ne pourront plus s'entendre avec les colonisateurs pour exploiter l'Afrique.

Parmi les qualités artistiques d'Oscar Pfouma, notons la simplicité de son vocabulaire, la précision de ses phrases et surtout le pouvoir de tenir son lecteur en haleine par son art du suspense. On peut lui reprocher le manque de profondeur dans le portrait psychologique des personnages tels que Kidjina et Mayo. Est-ce trop exiger de l'auteur dans un récit d'à peine quarante-quatre pages?

Raymond O. Elaho

Signes (Les) du silence, Paris, Éd. Saint-Germain-des-Prés, Coll. Poésie sans frontière, 1978, 60p. — Préface de Simon N'Tary.

Recueil de poèmes de Maxime N'Debeka.

Le recueil paraît dans des circonstances qu'il est particulièrement intéressant de connaître. Condamné à mort (1972) puis gracié, N'Debeka est ensuite passé à la détention à perpétuité, puis en résidence surveillée (cinq ans avant la parution du présent recueil). Forcé au silence, donc, il ne lui reste qu'à s'ingénier à transmettre son message, par signes.

Le sous-titre ouvre la piste: «Un seul poème en plusieurs morceaux» (numérotés de I à XXI, chacun ayant comme titre un extrait du morceau — les vers libres ont en moyenne cinq mots). Du genre casse-tête. Le poète n'écrit pas pour le grand public (bien que dans sa pensée celui-ci en soit bénéficiaire), d'autant plus que les quelques mots congolais dans le texte ne sont qu'une épice, car la révolution est internationale. Aussi, nonobstant son nom, N'Debeka pourrait passer pour l'un ou l'autre des poètes français surréalistes — des pages entières ont la verve, la couleur, le lyrisme de Prévert, jusqu'à ses spasmes électronico-mécaniques. L'inspiration serait surréaliste, mais l'écriture paye un lourd tribut aux conceptions post-surréalistes qui ont tourné le dos à l'automatisme. Le poète mène son jeu.

«La parole poétique ne vaudrait pas [...] une seule minute d'intérêt si elle n'entrouvrait pas au peuple le lourd portail qui donne accès à l'utopie» (p. 10), écrit Simon N'Tary dans sa Préface, donnant ainsi l'orientation de la lecture de N'Debeka, précisant plus loin «qu'un problème réglé uniquement dans la fiction ne signifie pas qu'il soit résolu dans la réalité» (p. 11). L'optique est-elle ouvertement marxiste, ou fallait-il opter pour l'ambiguïté? L'œuvre «considérée dialectiquement» (*id.*) en est une d'engagement, mais sa lisibilité difficile dicte l'approche sémiologique: une telle analyse devra être faite éventuellement, car l'œuvre est importante.

Le premier signe de l'interprétation voulue par le poète est l'usage qu'il fait de la parole — parole plutôt que mot, comme il ressort du titre. Il fouille de tous côtés, interrogeant et dépeçant son entreprise d'écrivain. Il s'est demandé essentiellement pourquoi écrire (ou communiquer), si ce but n'est pas atteint: conduire à l'action. Il faut empêcher les mots de trahir, de divertir. Donc, les faire exploser: distinguer mots et réalité. Sous le titre «Le guet-à-pens»: «des morts vivent dans mes mots / des mots meurent dans mes morts / des vivants veillent dans mes mots / des morts dorment dans mes vivants» (p. 27). Le mot d'ordre: «Lynchez la poésie» (p. 23, 24, 28) — il y a lieu de lui rattacher ce condensé d'un art poétique: «la poésie n'est jamais épaisse / n'étant rien du tout» (p. 30) — a comme pendant: «sans croquer l'homme» (p. 28).

L'homme d'action a un projet, une stratégie qu'il veut communiquer. Dans l'inactivité à laquelle il est réduit, il ne peut se mettre à l'œuvre que sur un seuil dangereux: «Où commence le paysage / quand / et où donc se termine le rêve» (trois vers répétés: p. 19, 35, 47, 57). D'un côté, la réalité. Le poète constate un état de fait: «Toutes les soifs y trouvent à boire / toutes les faims y trouvent à manger» (diptyque répété: p. 46, 47, 48). Il demande aussitôt: «mais est-ce bien vrai vraiment?». D'ailleurs, est-ce l'essentiel? Et la question fondamentale: «Où est donc la place du poète?» (p. 47) n'aura qu'une réponse dont il sait devoir assumer la responsabilité: «provoquer la Réaction / le silence et le Sahara» (p. 39). Car le rêve est là, de l'autre côté — et c'est tout l'objet de l'œuvre — énoncé dès le Morceau I: «Ouvrons cette page / et avançons dans le paysage / de mon cerveau / du monde imaginé» (p. 19): l'Utopie...

À celui qui a vu la mort de près, tout devient sérieux. Le préfacier reproche au poète «son pessimisme, ses ruminations, qui pourraient, malgré lui, s'affubler du masque du défaitisme» (p. 15). Mais l'Africain a ses ressources, d'âme et de corps. Le préfacier a vu «l'autre face» de cette œuvre aux «qualités de tendresse profonde, d'attachement quasi mystique à la condition humaine, et d'une capacité d'humour noir» (*id.*) qu'il rapproche de celui de Tchicaya U Tam'si.

Sous l'étourdissant feu d'artifice d'images, de jeux de mots, de symboles, N'Debeka, évoluant sur une corde raide, ne perd pas le contrôle de son spectacle. Il est d'une présence quasi physique. Un inventaire de la terminologie anatomique, de 208 substantifs (sur 1616) désignant plus de 70 composants du corps humain (sans tenir compte des formes adjectivales et verbales, ni du secteur physiologique), confirme l'aveu du poète: «La poésie prend / forme humaine» (p. 27). En définitive, N'Debeka est poème. Et son poème est aussi diversifié que l'homme et sa vision du monde, qui reste vitalement africaine.

Il lui faut être Africain, avec toute la richesse d'âme du fervent et du croyant, pour écrire ces premiers vers du Morceau XXI: «Ya la poésie qui s'amuse / à m'imaginer réel partout / déplumez le vol des mots / cassez les vitres des pages / qui croit encore me trouver / dans le paysage du cerveau / de mon monde imaginé / voyez déjà Moi n'est nulle part / dans cette voix qu'on voit» (p. 55). Est-il plus neuf témoignage de l'oralité? De la liberté dont l'œuvre resplendit? De la transcendance du spirituel font foi ces trois vers: «creusons le sous-sol des soleils / c'est bien ailleurs qu'il nous faut / trouver la roche de la lumière» (p. 49).

Léo A. Brodeur

Sikasso ou la dernière citadelle, suivi de **Chaka**, Paris, P.J. Oswald, Coll. Théâtre africain, n° 15, 1976, 99p.

Pièces de théâtre de Djibril Tamsir Niane.

Sikasso... raconte le siège de la ville de Sikasso, forteresse la plus redoutable du Soudan, perdue par les rois soudanais qui n'ont pas su s'entraider à temps.

Niane peint ici la tristesse d'un roi, Ba Bemba, qui, tout en reconnaissant que les querelles entre les tribus du Soudan auraient dû se taire devant le danger qui les menaçait, n'a pas réussi à entrer en pourparlers avec le roi voisin, Almany Samory. La première journée se caractérise par le travail en commun de ses sujets pour défendre leur ville. Les soldats français attaquent et Sikasso tombe devant les canons de l'ennemi. Le roi se donne la mort sur son trône et les soldats de Sikasso, qui veulent montrer le chemin de l'entente et de l'unité à ceux qui vont venir, continuent la lutte jusqu'au dernier.

La vision de l'auteur est purement politique car il veut que l'histoire des héros de Sikasso serve d'exemple: il espère faire de la tragédie qu'a subie Sikasso une «terrible leçon que l'Afrique contemporaine doit méditer». La division des rois du Soudan a causé leur perte et les querelles tribales ont été bien exploitées par les conquérants. L'Africain d'aujourd'hui doit apprendre à travailler avec ses compatriotes pour arriver à soutenir son indépendance. Niane semble souligner le travail qui est celui de tout Africain et sa philosophie d'engagement est clairement établie par le récitant qui dit à la fin de la pièce: «Il y a de cela bien des années, des hommes mouraient en héros, pour ne pas voir leur patrie asservie. Semence de liberté, semence d'union, l'Afrique est prête, la terre africaine nubile t'appelle. Ô Liberté!»

Chaka est une pièce en deux tableaux dont le premier raconte la jeunesse de Chaka qui vivait sous l'oppression de ses camarades. Le second raconte le règne de Chaka, qui, grâce au génie Issanoussi, trouve le pouvoir et la gloire qu'il recherchait. Malheureusement, Chaka perd le sommeil à cause de la haine dans laquelle ses sujets le tiennent pour ses cruautés. Ses frères finissent par l'assassiner.

Niane a su évoquer dans cette pièce le grand choix qu'a fait Chaka — il avait délibérément choisi le Pouvoir. Par lui, ce pouvoir était une fin en soi. C'est là le terme de son pacte avec Issanoussi, le génie. À la suite de Senghor, Kâ, Mofolo, Badian et Nénékhaly-Camara, Niane traite le thème du pouvoir mais il va un peu plus loin puisque dans l'univers de la pièce, les oppresseurs sont aux prises avec les opprimés. Chaka a trouvé le pouvoir qu'il recherchait mais à quel prix? «Me voici au sommet de la gloire, dans le désert aride de la Toute-Puissance... Redouté, vénéré le jour; je me retrouve seul la nuit sans soutien, sans le réconfort d'une voix sincère. J'ai peur. Oui, Chaka a peur.» À la fin de cette pièce seule la mort ouvre les bras à Chaka.

On voit ici la chute d'un roi qui, en Théophile moderne, a vendu son âme au génie pour avoir un pouvoir qui finit par le consommer. De là le pathétique réel de la pièce à travers la simplicité de son langage et de son thème. Terrible avertissement pour certains leaders africains qui seraient tentés de penser uniquement au pouvoir et non aux besoins de leur peuple.

Regina Lambrech

Simon Kimbangu ou le Messie noir, Paris, Nouvelles Éditions Debresse, 1972, 68p.

Drame en cinq actes de Philippe Elébé.

Des trois pièces de Lisembé Elébé publiées jusqu'à présent (*Simon Kimbangu, Le Sang des Noirs pour un sou, Chant de la terre, chant de l'eau*), c'est *Simon Kimbangu ou le Messie noir*, qui a remporté le plus de succès auprès du public et de la critique, en partie sans doute à cause du sujet charismatique et de l'emprise du kimbanguisme sur la population congolaise, mais aussi parce que c'est une œuvre puissante, pleine de dignité et qui fait honneur à son auteur.

Lisembé Elébé a composé ce drame en 1969 alors qu'il était Attaché de Presse à l'ambassade du Zaïre à Alger. Pu-

bliée en 1972 à Paris sous le nom de Philippe Elébé, nom utilisé alors par l'auteur, cette pièce a été créée à Kinshasa au
Théâtre de la Colline. Elébé y serre de
près la vérité historique: «les personnages de la pièce ont existé réellement et
leur action est conforme au rôle qu'ils
ont effectivement joué dans ce drame»
(Note de l'auteur). La difficulté était,
non de «raconter», «mais plutôt de
transposer le récit en action». Par conséquent, le dramaturge a été forcé de «raccourcir certains faits» et de faire un
choix parmi les données de l'histoire. Les
trente années de détention de Simon
Kimbangu, sur qui s'étend le silence, de
1921 à 1951, se trouvent condensées en
deux brèves scènes (V, 4,5) sitôt après la
grande scène du jugement (V, 3), mais
l'effet dramatique n'en est que plus fort.

Une citation de Jean Jaurès placée en
exergue donne le ton de l'œuvre: «Le
courage, c'est de chercher la vérité et de
la dire, c'est de ne pas subir la loi du
mensonge triomphant qui passe.» En célébrant «le kimbanguisme et son prophète», Elébé fait le procès de «la trilogie
coloniale – Administration, Église et Capital» – qui s'est liguée contre Kimbangu et ses disciples pour étouffer «un
mouvement jugé subversif», qui était en
fait le premier éveil du peuple congolais
sous la colonisation belge, au moment
où, en France, René Maran publiait son
Batouala (1921).

À l'acte premier, Kimbangu à N'kam-
ba est encore «un simple catéchiste».
Une nuit, il entend la Voix du Très-
Haut qui lui enjoint de quitter sa maison
pour aller porter la Parole divine parmi
ses frères de race. Il prend peur, mais le
Révérend Jennings le rassure et l'encourage avec bonté: «Fais ce que la Volonté
Divine te demande!»

L'acte II est consacré aux miracles
de Kimbangu. L'acte s'ouvre sur la grande scène où, comme la Voix de Dieu le
lui avait commandé au premier acte,
Kimbangu guérit un enfant malade. Puis
c'est un paralytique qu'on lui amène;
tel le Christ, il lui ordonne de se lever et

de marcher. Le chef du village, Mbemba,
jusque-là hésitant, est convaincu que le
Dieu de Kimbangu est plus fort que l'Esprit des Ancêtres et les fétiches du village; il devient le premier des disciples de
Kimbangu.

À l'acte III, on voit Kimbangu lutter
contre «les mensonges des sorciers», condamner les danses lascives (scène 1), la
polygamie (scène 3), le fétichisme (scène 4), et réussir là où les missionnaires
blancs ont échoué. Les cantiques remplacent la magie (scène 5). Sur la place du
village, parmi une grande foule de fidèles (scène 6), Kimbangu choisit ceux qui
vont devenir les Douze Apôtres (Judas y
compris). «Allez à travers tout le pays»,
leur dit-il, «et prêchez la parole de Dieu.»
Simon est vraiment devenu «Le Messie
noir» qu'avaient annoncé l'appel de
Dieu à l'acte I et les miracles à l'acte II.
C'est l'apothéose de Kimbangu, au faîte
de son prestige spirituel.

L'acte IV montre les réactions des
autorités coloniales devant la prise de
conscience du peuple congolais à travers
le kimbanguisme, qui dépasse maintenant la question religieuse et est devenu
un problème politique et économique,
mettant en cause la suprématie des Blancs.
Le Révérend Jennings est le seul à défendre Kimbangu. L'Église catholique, en la
personne du Révérend Père van Cleemput,
réclame l'arrestation immédiate de Kimbangu «au nom de Sa Sainteté le Pape et
de Sa Majesté le Roi». Kimbangu, proscrit, se cache. Les soldats envoyés pour
l'arrêter brutalisent la population qui
reste cependant farouchement loyale à
Kimbangu. Mais le Judas parmi ses Apôtres le trahit pour un cadeau dérisoire de
l'homme blanc. Les paroles de Kimbangu
au moment de son arrestation rappellent
celles du Christ: «Je suis Simon Kimbangu que vous cherchez... Ne cherchez pas
la bagarre! Ces soldats ne savent pas ce
qu'ils font» (scène 8). C'est alors le Calvaire et la Passion de Simon Kimbangu.
Tout au long de la pièce, le parallélisme
entre le Messie noir et le Messie judaïque
est soigneusement entretenu et s'impose

à l'esprit.

Le drame atteint son point culminant à l'acte V, puisque c'est celui du procès, pour lequel Elébé a utilisé des documents historiques, puis de l'emprisonnement à perpétuité de Kimbangu, et enfin de sa mort.

Simon Kimbangu ou le Messie noir est solidement construit, dans un style dramatique continu, écrit dans une langue simple et digne. Le ton est toujours juste, évitant la grandiloquence. Aux moments d'exaltation ou de ferveur, des passages lyriques, véritables poèmes ou chants, interrompent la trame de la prose, et accentuent l'émotion. Ce sont les paroles du Très-Haut à l'acte premier (scène 3), les prières et les prédications de Kimbangu (I, 2; II, 4; III, 2; IV, 2; V, 4), son chant d'amour à son village natal (I, 3) son entretien avec Mbemba lorsque le filet se resserre autour d'eux (IV, 6). De même, les passages où s'expriment la vie traditionnelle et les croyances africaines: l'invocation du féticheur (II, 1), la croyance aux Esprits des Ancêtres et la danse des sorciers (III, 1), les plaintes et la malédiction de Mandombe (IV, 4) enfin l'improvisation du conteur du village en défi aux autorités coloniales (IV, 6). Elébé le poète rejoint alors Elébé le dramaturge.

Danielle Chavy Cooper

Sinistré d'Abidjan, Lomé, *Togo-Presse*, du 12 février 1965 au 1er avril 1966.
Roman de Félix Couchoro.

Sinistré d'Abidjan est un roman tout à fait suggestif, dans le pur style social et moralisant qui caractérise l'œuvre de Félix Couchoro. La qualité littéraire ou stylistique de ce roman, encore plus que celle des autres, semble accuser une médiocrité «à la mesure de celle du roman colonial lui-même pris dans son ensemble». Mais le thème de l'insertion ou de la reconversion sociale y est développé avec persuasion et s'appuie sur le drame de l'expulsion des ressortissants du Togo et du Dahomey (actuellement Bénin) de la Côte-d'Ivoire en octobre 1958.

Le jour de l'an 1958, la jeune et ravissante Fatou, fille du riche El Hadj Pedro, de la communauté yorouba d'Agoué (actuellement, en terre béninoise), va de maison en maison avec un groupe d'amies, chantant et souhaitant la bonne année aux gens, comme le veut la coutume. Elle est repérée par le vieux El Hadj Bello, chef de la communauté, qui lui propose de l'épouser. (Mais, peu à peu, il ne sera plus question de cet homme jusqu'à la fin du roman.) Quelques mois après l'entrevue entre Fatou et le chef, Nelson Yao, le personnage central du roman, rentre d'Abidjan, où il est employé à la CFCI. Il retrouve Fatou à la ferme d'El Hadj Pedro, où le père de Nelson est gardien. Les deux jeunes gens s'aiment et leurs parents consentent non seulement à leur mariage mais à ce que Fatou rejoigne Nelson à Abidjan. Or, peu de temps après les fiançailles, la Côte-d'Ivoire expulse Togolais et Dahoméens, et Nelson rentre au pays en catastrophe. Sachant qu'il aurait du mal à trouver un emploi de bureau en raison du nombre de sinistrés, son futur beau-père décide de l'orienter vers l'agriculture et de l'aider à s'installer à son compte. Il épouse Fatou, et, avec l'assistance financière, les conseils et les enseignements d'El Hadj Pedro, ils réussissent à construire une vie économique remarquable.

Il est frappant de voir avec quel acharnement Couchoro fait passer son message, communique ses opinions sur les coutumes, ses réflexions sur les événements. On a l'impression qu'il sacrifie la forme pour donner du relief et du poids au fond, avec redites, récapitulation des détails exposés et décrits plus haut, annonce des actions et des événements à venir, comme dans une dissertation.

Dans *Sinistré d'Abidjan*, en dehors du refoulement des Togolais et Dahoméens par le peuple et le gouvernement ivoiriens, qu'il critique et condamne vivement, en montrant qu'avec le dialogue entre pays voisins et des mesures simples on pouvait mettre fin à l'immigration sans avoir besoin de recourir aux actions dramatiques et sauvages d'octobre 1958, Couchoro tient à inciter ses compatriotes sinistrés à refaire leur vie en retournant à la terre – la terre, elle, ne trahit pas celui qui s'y consacre, dit-il – au lieu de chercher un emploi de bureau difficile à trouver. Et il fait appel à la générosité, à l'aide de tous ses concitoyens capables de contribuer à la réinsertion des sinistrés dans la vie économique du pays.

Avec les avances sans succès du chef de la communauté yorouba à la jeune Fatou, Félix Couchoro prend le contrepied de la coutume qui laisse le champ libre aux vieux d'épouser les jeunes filles et de les introduire au sein de leurs nombreuses vieilles femmes. L'effacement progressif dans le récit du chef El Hadj Bello est significatif, du moment qu'il apprend les fiançailles de Fatou avec Nelson. D'autres renseignements que dispense ce roman concernent la réussite assurée de toute entreprise grâce à un travail méthodique et acharné, ce qui est le cas de Nelson Yao; l'intérêt accru qu'un beau-père doit manifester à l'égard de son gendre, consistant à lui accorder toute l'assistance dont il a besoin jusqu'à ce qu'il parvienne à assurer la subsistance de sa famille. Le père de Fatou, El Hadj Pedro, est riche. Il peut entretenir son gendre et sa fille; il peut aussi recruter à son service son gendre; mais il a choisi de l'aider à s'élever à son niveau, car il a estimé que c'est le seul procédé positif à long terme.

De plus, non seulement Couchoro donne en exemple Nelson quand il assiste ses anciens camarades d'Abidjan en difficulté ou dans la misère en leur distribuant quelques sommes d'argent sans rien dire à Fatou, mais aussi il apprécie les épouses des sinistrés, qui apportent une contribution efficiente à l'effort des hommes pour se construire une nouvelle vie en vue de pourvoir aux besoins vitaux de leur famille. Et l'on voit Nelson, le fils idéal, l'enfant noir modèle, bâtir un logement pour son père et sa mère chez lui, à côté de son propre logement, pour qu'ils vivent avec lui et sa femme jusqu'à la fin de leurs jours.

Couchoro lui-même est un modèle d'écrivain par rapport à son temps. À notre avis, il est le précurseur du roman social africain, un roman centré sur la vie quotidienne africaine, sur l'édification sociale et morale de l'homme africain, pour une vie communautaire de plus en plus heureuse. Un roman social axé sur l'avenir.

Yves-Emmanuel Dogbé

Situation difficile, in *Théâtre populaire en République de Côte d'Ivoire,* Abidjan, Cercle culturel et folklorique de la Côte-d'Ivoire, 1966, p. 112-115.
Sketch de Bernard Binlin Dadié.

Situation certainement difficile pour Kouao et sa maîtresse, Akassi, qui sont pris en flagrant délit par Amoba, la femme de Kouao, revenue à l'improviste de chez ses parents.

L'histoire est bien simple: Kouao invite une jeune fille au foyer sous prétexte que sa femme voyage trop souvent au village et qu'il a enfin décidé d'aimer. On frappe à la porte: c'est Amoba! Un délai mal expliqué permet à Akassi de glisser sous le lit; mais il reste des traces – les «deux» verres et le bracelet de la cousine dont Kouao oublie le nom. Amoba ne se laisse pas prendre par la vague de mots tendres ou les gentilles propositions de son mari. Finalement elle découvre Akassi et c'est la bagarre qui met fin au sketch.

Bernard Dadié ridiculise l'infidélité de Kouao mais il semble en plaider la cause en même temps: la femme mariée est partagée entre ses parents et son mari d'où ses absences parfois prolongées du foyer conjugal. La solitude qui s'ensuit rend le mari téméraire et vulnérable. Cependant on sait très bien que c'est toujours la femme – mariée ou maîtresse – qui sort perdante de ce genre de situation.

Gertrude Edem

Sofas (Les), suivi de L'Œil, Paris, P.J. Oswald, Coll. Théâtre africain, 26, 1975, 122p. – Présentation par Jean Favarel. Pièces de Bernard Zadi Zaourou.

Drame en sept tableaux avec épilogue, *Les Sofas* traite d'une dispute tragique entre le chef mandingue Samoury Touré et son fils Karamako, qui vient de passer quatre ans à Paris. Depuis des années, Samoury prépare son peuple à la guérilla, et il entend que son fils le soutienne et ranime les masses. Cependant, Karamako accepte maintenant les idéaux démocratiques de la France, dont il connaît bien la supériorité militaire. Persuadé que la brutalité et l'injustice sont incompatibles avec les souhaits véritables du peuple français, il se croit capable de faire entendre raison au commandant Archinard. Le véritable conflit se situe donc au niveau de la résistance à outrance du père et de l'humanisme pragmatique du fils.

Tout en évoquant la réalité quotidienne des gens simples, Zadi Zaourou encastre ce thème dans un moment précis de l'histoire mandingue. Par exemple, la pièce commence sur une place publique où quelques hommes discutent de la situation: ils détestent la guerre, mais ils détestent encore plus les Européens qui sont en train de saccager leur pays. Ils ne sont pas convaincus par les arguments de Karamako, et leur scepticisme met en doute le bien-fondé de son attitude conciliante. Néanmoins, Karamako prend contact avec le commandant, ce qui tourne l'opinion contre lui et oblige Samoury à le faire juger. Karamako affirme avoir agi seulement dans l'intérêt de son peuple, mais un griot soutient que son crime est d'être revenu «truqué» de France. L'Épilogue relate l'exécution de Karamako et les succès militaires de Samoury et de ses guerriers, les «sofas», dont les exploits brûlent jusqu'à nos jours dans les cœurs mandingues. L'attitude intransigeante de Samoury se voit donc justifiée par les actions héroïques de ceux qui ont puisé l'inspiration dans son empressement à sacrifier son propre fils pour promouvoir l'indépendance de son peuple.

Quand les historiens et les griots racontent la vie de Samoury Touré, cet incident peut leur échapper, mais en insistant sur un tel fait divers, Zadi Zaourou fait ressortir l'ambiguïté du personnage. Selon lui, Samoury est un homme intègre qui sait agir pour assurer sa liberté et son identité, alors que Karamako est un idéaliste bien intentionné qui s'est laissé transformer par son contact avec ses maîtres, les colonisateurs.

Zadi Zaourou invite ses congénères à regarder l'histoire comme une série de moments décisifs. C'est ainsi qu'il décrit le châtiment de Karamako comme un point tournant où l'avenir des Mandingues se décide. Le génie en est que ce moment décisif renferme en même temps le conflit éternel entre la résistance et la collaboration aussi bien que la lutte entre générations.

L'Œil traite du sentiment populaire aux prises avec la corruption bureaucratique qui s'est installée un peu partout en Afrique depuis l'Indépendance. Le principal protagoniste de la pièce est Sôgôma Sangui, un gouverneur du quartier qui remplit ses fonctions d'une manière autoritaire et intéressée. Lorsque sa femme trouve une lettre compromettante destinée à une de ses maîtresses, il promet, pour apaiser sa colère, de l'envoyer aux États-Unis, où l'on peut remplacer l'œil qu'elle a perdu à la suite d'un accident de la route. Toutefois il faut trouver quelqu'un qui accepte de céder un œil. La tâche est dévolue au petit gangster Django, qui a pour modèles les «durs» héros des westerns américains. Celui-là s'impose à un fonctionnaire besogneux afin qu'il oblige sa femme à fournir l'œil nécessaire pour l'opération. Or, selon les rumeurs qui courent dans les quartiers populaires, la pauvre femme du fonctionnaire meurt, et l'incident sert à cristalliser le mécontentement des masses. Limogé par le roi et jeté en prison, Sôgôma est ensuite réhabilité et promu à un poste supérieur. Sa femme est reçue au cours d'un cocktail chez le gouverneur général. Pourtant, les étudiants et les ouvriers s'unissent autour de l'événement symbolique et se mettent en route vers la villa où l'on sanctifie l'échange infâme des yeux. À la fin, les invités du cocktail sont paralysés par la peur, tandis que les petites gens s'emparent d'armes diverses pour mettre fin au régime arbitraire.

Comme *Les Sofas, L'Œil* est un drame à thèse, une parabole qui met en conflit l'élan vital du peuple africain et la mesquinerie des élites européanisées. Mais Sôgôma et Django n'ont pas l'idéalisme de Karamako. Leur égoïsme matérialiste est caractéristique d'une mentalité qui va croissant dans les villes modernes du continent. Au lieu de la solidarité avec leurs ancêtres et leurs compatriotes, ils ne cherchent que l'occasion de s'enrichir aux dépens des autres. Ce sont eux qui dominent les bureaucraties dans maints pays, et le seul espoir de les éliminer repose sur la volonté populaire. Même les masses peuvent dénoncer l'injustice et l'arbitraire. Dans sa Préface, Zadi Zaourou estime que l'écrivain doit avoir un «troisième œil du sorcier» pour découvrir les vents malsains qui secouent son pays. Selon lui, chaque génération doit développer les moyens de représenter la réalité qu'elle vit.

Richard Bjornson

Sola ma chérie, Yaoundé, Éditions CLÉ, Coll. Abbia, 1966, 126p.
Roman de René Philombe.

Cette nouvelle est, selon le Prologue, un «roman social» et se présente comme une «autocritique» de certaines pratiques qui persistent en Afrique noire à l'époque contemporaine.

Sola, jeune fille originaire de la capitale, Yaoundé, et de condition très modeste, est «vendue» par ses parents besogneux. C'est-à-dire qu'ils la donnent en mariage au vieux planteur Nkonda du village de Mbani uniquement pour recevoir la dot. Depuis trois ans la pauvre petite citadine, naguère si heureuse, si fraîche, dépérit à la campagne à côté de ce vieillard laid et encroûté qui a trente ans de plus qu'elle et qui la fait travailler aux champs comme une esclave. Tancée par certaines femmes jalouses et accusée à tort d'adultère, elle a aussi très peur de son mari et n'aspire qu'à fuir. C'est alors qu'un jeune cousin de Nkonda, du nom de Manga, arrive en visite avec son ami Tsango. On commence à parler de la vie dans la capitale, des danses nouvelles, mais Nkonda, furieux contre les nouvelles coutumes, renvoie sa femme à la cuisine. Plus tard, après force discussions au sujet de la coutume de la dot, condamnée vivement par les deux jeunes gens, Sola vend la mèche en criant «Fifi a raison!» lorsque Tsango s'exprime là-dessus avec une éloquence toute particulière. Il n'est que trop évident que ce n'est pas la première fois que lui et Sola se rencontrent. Ce Tsango, c'est le même qui, étudiant sans le sou à Yaoundé, avait été le prétendant de Sola. En l'absence de son mari, celle-ci implore Tsango de l'enlever et Nkonda, rentrant de la messe, trouve la maison vide. Au comble de la rage et du désespoir, le vieillard taillade une photo de Tsango trouvée sur la table. Personnage pitoyable, le vieux planteur sera condamné à errer aveuglément à la recherche de sa Sola à jamais perdue.

Toute l'action du roman se résume dans l'histoire simple et directe d'une jeune et belle fille dont la vie risque d'être gâchée par un mal qui subsiste même après l'Indépendance — celui de la dot à l'africaine, c'est-à-dire une dot versée par le futur mari à la famille de celle qu'il courtise. C'est d'autant plus triste que le père alcoolique n'hésite pas à «vendre» sa fille pour entretenir son vice.

Bien que l'action du roman ait lieu en 1961, et qu'on n'y parle jamais de l'Indépendance, elle est quand même mise en cause. À quoi bon «se libérer» des Blancs si, en fin de compte, on reste toujours prisonnier d'un passé dominé par la superstition, l'*omiam* (le commérage), et des coutumes qui réduisent la femme à l'état de domestique ou pire! Les Blancs partis, la domination injuste des uns par les autres continue.

La religion, elle aussi, est mise en cause là où elle paraît s'en tenir à des formules qui enferment ses adeptes dans un puritanisme qui sied mal à la nature.

Que dire de la délicieuse petite Sola? Est-elle aussi timide qu'elle le paraît au premier abord? Le contraste est voulu entre elle, la citadine, et les paysannes. Elle est plus jolie, plus enjouée et connaît déjà une autre façon de vivre. Il est facile de croire à sa beauté, à sa gaîté naturelle, car les jeunes gens et les enfants sont spontanément attirés vers elle. Même au pire moment, elle ne semble pas blâmer le système social de ses malheurs. Lors de la discussion si agitée sur la dot, elle se met, comme les autres femmes, du côté de la tradition. Que vaudrait une femme que son futur mari ne priserait pas assez pour verser une dot? Les réactions de Sola sont instinctives: c'est contre nature d'avoir un mari si vieux! Une jolie jeune femme devrait avoir le droit à des distractions! Non, plutôt que d'envisager son malheur sous le signe d'un problème social, c'est au *destin* qu'elle s'en prend. C'est en quelque sorte une Carmen africaine qui vit de l'instinct et «pense pour elle-même» une fois venu le moment de se faire enlever par Tsango. Surtout, pas de discussions philosophiques! Agir c'est vivre. Que les institutions sociales ou religieuses s'y opposent (en l'occurrence le fait d'être la femme légitime de Nkonda) ne tient pas contre sa «justice» à elle. Elle suivra son penchant naturel.

Tsango est un personnage plus nuancé, moins franc, presque timoré par moments. Il est quelque peu atteint de la maladie des *évolués*. C'est un amateur de théorie sociale, un fonctionnaire qui a peur de regimber contre «le système». Il faudra toute la passion et la hardiesse

de Sola pour le pousser à agir en dehors du règlement, faire taire ses doutes et vaincre son platonisme. En fin de compte, c'est la rage contre la situation injuste de Sola qui le convainc de passer outre.

On sent toute l'ironie de l'auteur à l'égard de Tsango et de Manga, ces évolués qui théorisent à volonté, mais qui sont presque désarmés devant le drame de la réalité quotidienne. Pour peser dans la balance, il faut se mettre plus concrètement du côté de ceux qui souffrent. Que valent leurs airs empruntés face au mal réel?

Nkonda est peut-être le personnage le plus intéressant du roman. Il réunit en lui contradictions et inconséquences. Il est ironique qu'il n'ait pas eu d'instruction parce qu'il est le fils d'un noble et que son père n'a pas voulu qu'il aille à l'école des Blancs. Il est aussi ironique de voir l'admiration qu'il voue à certains aspects de la culture blanche (presque toujours les pires!) et sa rage devant les «idées nouvelles» quand elles sont introduites chez lui. Lui qui aurait même voulu épouser une Blanche! Il veut maintenir sa suprématie traditionnelle en tant qu'homme, en tant que mari, mais il va à l'encontre de cette même tradition en «marchant vers la tombe» sans enfants. Toutefois, bien qu'on sente chez lui l'égoïste suprême, il devient pitoyable dans son égarement après le départ de Sola. Malgré ses méfaits, on ne peut pas s'empêcher de sympathiser un tant soit peu avec ce pauvre vieillard, car lui aussi est prisonnier de son passé, d'un mode de vie mal adapté au monde moderne.

L'intrigue est toute simple et tend vers un seul but – la libération de Sola. L'auteur l'a voulue simple «à dessein», car, nous dit-il, «Je destine [ce roman] au peuple, or le peuple a fort peu de goût pour tout ce qui est trop assaisonné». Le style en est «naïf» au sens que ce terme avait au XVIe siècle, c'est-à-dire ressemblant, sincère, sans artifice, spontané. Cette simplicité sans apprêt, populaire, est plus convaincante, plus vraie que le style de certains auteurs africains qui ont passé de longues années à étudier en Europe. Philombe, lui, n'était jamais sorti du Cameroun avant son voyage aux États-Unis en 1977. Est-ce pour cela que sa langue a plus de saveur et semble plus authentique? Humoriste à l'occasion, il présente tout naturellement les vices aussi bien que les vertus du peuple. Chez lui, pas d'image idéalisée de la vie paysanne à la George Sand. Il a le don de saisir sur le vif tous les bruits, les odeurs, l'ambiance de ces scènes de la vie quotidienne. C'est dans l'allégresse générale que l'on sent battre le pouls du peuple que connaît si bien l'auteur. Tout le monde se lance dans les bagarres avec un naturel et une verve qui reflètent une grande joie de vivre — tout cela teint d'un petit sourire ironique qui fait penser au *Roi miraculé* de Mongo Beti. Philombe ne condamne pas l'ignorance du petit peuple, mais il n'est pas non plus aveugle devant ses faiblesses. Il connaît ses inconséquences et ses défaillances. Comme un bon pasteur, il comprend son prochain sans l'excuser. Philombe, en se mettant du côté de l'amour vrai (de Sola et Tsango), se met en même temps du côté de toutes les valeurs spécifiquement humaines et contre toute influence qui tendrait à ravaler l'homme au niveau de la bête. C'est un moraliste et un idéaliste qui ne suit pourtant aucune idéologie contraignante. Pour lui, la vraie justice se trouve dans la fraternité.

D. Knecht Loring

Soleil (Le) de l'aurore, Paris, P.J. Oswald, Coll. Théâtre africain, 30, 1976, 96p.
Pièce d'Alexandre Kum'a N'dumbe.

N'dumbe donne une leçon d'optimisme au peuple africain désireux de créer un État digne de ce nom. *Le Soleil de l'aurore* est une pièce qui décrit la lutte de libération d'un peuple d'abord dominé par l'administration coloniale, et soumis ensuite aux exactions du néocolonialisme. L'intrigue retrace les grandes lignes de la révolution et de la libération et présente un schéma abstrait qui rappelle l'expérience de la plupart des nations africaines anciennement colonisées.

La pièce débute avec le désir du président de contrer une rébellion menée par son frère de sang, leader d'un parti politique interdit. Un retour en arrière révèle que le président avait été mis au pouvoir par l'administration coloniale. La veille de l'Indépendance, ladite administration avait créé un parti fantoche fidèle aux aspirations des colons. Pour le président, l'Indépendance veut dire enrichissement personnel, orgies et vacances en métropole. Par contre, le frère du président se préoccupe avant tout des vrais besoins du peuple et reste attaché aux idéaux démocratiques. Capturé, ce frère deviendra un martyr de la révolution. Il est exécuté dans la dernière scène et le peuple prend conscience de son sort. Il reprend le chant de l'espoir, se mobilise et continue la marche vers la libération.

L'action est soutenue par des personnages abstraits, des voix qui symbolisent des métiers, des partis pris politiques et des attitudes pour et contre la révolution. À part les attitudes de l'administration coloniale et du gouvernement, toutes marquées par le désir de sauvegarder leurs propres intérêts, on signale plusieurs autres voix, par exemple celles des acteurs, numérotés de un à quatre, celle de la femme, de la petite fille, des combattants et des blessés. Ces voix représentent l'intérêt du peuple et on les considère comme une seule voix représentant le chœur de la pièce. Il s'agit d'une voix instruite qui sait bien l'histoire des Noirs et qui transperce les apparences de la fausse liberté; elle cite une liste d'injustices contre lesquelles les Noirs ont dû lutter: esclavage, mépris, discrimination, illégalité; elle reconnaît l'importance des valeurs africaines traditionnelles; elle sait comment mener à bien une révolution populaire. En somme, cette voix est le vrai héros de la pièce. Mais, munie de justifications tirées de l'histoire et de méthodes révolutionnaires incontestables, la voix du peuple révèle en fait un plan de libération pour tout peuple opprimé.

Les œuvres qui traitent de la libération du peuple africain sont légion. Mais *Le Soleil de l'aurore* trouve son originalité dans la façon de combiner le passage de l'administration coloniale au régime néo-colonial et à la faiblesse de celui-ci. En présentant ces deux changements sous forme d'un schéma abstrait, l'auteur peut mieux accentuer les grandes lignes des circonstances historiques. Il va de soi que la pièce sert à rappeler, d'une façon poignante, quoique fictive, une des réalités marquantes de l'histoire africaine.

Un jeu linguistique dynamique et explosif, des phrases courtes et une langue simple créent un rythme rapide qui s'accorde avec le thème de la nécessité pour le peuple d'agir contre l'oppresseur. «Le président assassine son frère / Qui est ce président / Le président assassine ce frère / Qui est ce frère / Nous avons la mémoire courte / Nous oublions si vite / Le père oublie / La mère oublie / La sœur oublie / Le frère» (p. 14).

Le lecteur se sent pris dans une rhétorique entraînante qui aboutit à une poésie lyrique et à des chants collectifs: «Inventons nos armes / Des armes qui mettront en déroute / Le colon / Des armes qui abattront / Le traître / Inventons nos armes / Des armes forgées ici / Par nos cerveaux / Par nos mains / Par nos moyens / NOS ARMES» (p. 27). La répétition et l'usage également insistant du «nous» collectif viennent accentuer l'idée de la solidarité du peuple! «Nous vengerons les fils du pays / Nous riposterons à l'ennemi / Nous vengerons le sang versé / Nous ferons couler le sang du traître... / Nous combattrons aux quatre coins du monde / Nous libérerons notre pays» (p. 86).

Le Soleil de l'aurore témoigne de la survivance de l'efficacité de la parole ou du pouvoir du nommo comme arme de libération. Il en était déjà ainsi dans *Les Armes miraculeuses* d'Aimé Césaire.

Paul R. Bernard

Soleil (Le) noir point, Paris, Présence Africaine, 1962, 72p. – Préface de Pierre Stibbe.

Pièce en 64 tableaux de Charles Nokan.

L'intention didactique prédomine dans cet ouvrage composé à la fin de la période coloniale, en 1959, et publié deux ans après la proclamation de l'indépendance de la Côte-d'Ivoire, pays qui offre, avec la France, le cadre dans lequel ont lieu les événements que relate Nokan.

Tanou, adolescent en quête de savoir, quitte sa Côte-d'Ivoire natale et la belle Amah qu'il aime, pour aller poursuivre ses études à Paris. Là, il se lie avec Sarah, la fille de sa logeuse, et plus tard il connaît la misère, en compagnie de trois autres étudiants noirs qu'il héberge. Mais voilà qu'un curieux accident (il se fait écraser le testicule) lui fait perdre tour à tour Sarah, à Paris, et Amah, en Côte-d'Ivoire, qui finit par épouser quelqu'un d'autre. Tanou n'en décroche pas moins son baccalauréat et décide de rentrer au pays natal où il inaugure, avec l'appui de quelques jeunes élèves du secondaire, une campagne d'alphabétisation et de sensibilisation politique. Plus tard il crée une Association de Gnasséens dont les membres s'efforceront de «réaliser un socialisme purement africain» et de «donner à [leur] pays un patrimoine culturel convenable». C'est encore la période de la Loi-Cadre et parce que l'équipe qui vient d'accéder au pouvoir ne partage pas les points de vue des membres de l'Association, ceux-ci, ainsi qu'un jeune enseignant français favorable à leur prise de position, subissent toutes sortes de tracasseries policières. À la fin, il ne reste plus à Tanou que l'espoir de voir un jour ses rêves politiques devenir réalité.

Il ne fait pas de doute que l'avenir de son pays préoccupe l'auteur de *Le Soleil noir point*. Si son parti pris didactique le fait tomber dans un certain manichéisme, c'est qu'il tient à souligner qu'entre les deux tendances politiques en présence, aucun compromis n'est possible: il y a, d'un côté, les étudiants, avec Tanou en tête, qui représentent les forces du bien et qui rêvent à la création d'une Afrique vraiment indépendante et forte, et de l'autre, les politiciens dont *il nous est dit* qu'ils ne font que défendre leurs intérêts et faire le jeu du colonialisme.

On s'étonnera peut-être de ce que l'auteur ait pu faire tenir à une Africaine des propos du genre: «l'amour physique te préoccupait. Pourtant à la différence des Noirs, tu n'étais pas à même de me le procurer intensément», qui traduisent une obsession raciale, sinon raciste, de l'Occident. Et si quelques poncifs nous font seulement sourire (à l'étranger, Tanou revoit «l'Afrique avec son mystérieux visage et sa vie intense» et ne peut s'empêcher de dire de Paris que «tout y est artificiel»), certaines précisions données frisent l'invraisemblable: c'est ainsi que Tanou se fait «fatalement» écraser le testicule et que de retour dans son village natal, il enseigne à la fois l'anglais et le français à «des hommes et des femmes de tout âge» qu'on retrouve bientôt penchés sur des pages de Rousseau, Marx et Nietzsche!

L'intérêt de ce livre réside surtout dans la forme que Nokan lui a donnée: en se servant d'une série de tableaux de longueur variable qui représentent autant d'unités de pensée, Nokan a trouvé une forme originale qui participe à la fois du roman et du poème et qui ne manque pas de frapper l'imagination du lecteur. M. a M. Ngal avait bien raison de dire que «l'originalité de Nokan est moins dans ce qu'il dit que dans la manière de le dire».

Jonathan Ngate

Soleils (Les) des indépendances, Montréal, Les Presses de l'Université de Montréal, 1968, 170p.
Roman d'Ahmadou Kourouma.

Lorsqu'en 1968, Ahmadou Kourouma fit paraître *Les Soleils des indépen-* *dances,* il fut immédiatement accueilli et salué comme l'un des grands romanciers africains. Si l'idéologie contenue dans ce roman ne fut pas unanimement approuvée, le style, en revanche, par sa nouveauté, séduisit de nombreux critiques. Dans le même temps, paraissait *Le Devoir de violence* de Yambo Ouologuem. On vit alors la possibilité d'un nouveau départ du roman africain d'expression française. C'était il y a quinze ans...

Il y avait une semaine qu'avait fini dans la capitale Koné Ibrahima, de race malinké, ou disons-le en malinké: il n'avait pas soutenu un petit rhume... Comme tout Malinké, quand la vie s'échappa de ses restes, son ombre se releva, graillonna, s'habilla et partit par le long chemin pour le lointain pays malinké natal pour y faire éclater la funeste nouvelle des obsèques.

Ainsi débute *Les Soleils des indépendances.* Fama, le héros, doit se rendre aux funérailles. Il arrive en retard. Insulté, il s'emporte, se bat mais il est contraint à la fuite. Rejeté par les siens, il rejoint sa femme Salimata.

Dans cette première partie, Ahmadou Kourouma dresse un portrait des deux personnages de ce couple qui, tour à tour, vont devenir les héros de ce livre. Fama n'est pas n'importe qui: «Fama Doumbouya! Vrai Doumbouya, père Doumbouya, mère Doumbouya, dernier et légitime descendant des princes Doumbouya du Horodougou, totem panthère [...]. Un prince Doumbouya.» Or, cet «illustre» personnage «né dans l'or, le manger, l'honneur et les femmes» est devenu «un charognard» contraint à vendre ses «mérites» depuis que «les Indépendances tombèrent comme une nuée de sauterelles sur l'Afrique à la suite des Soleils de la politique». Salimata, quant à elle, est «une femme sans limite dans la bonté du cœur, les douceurs des nuits et des caresses, une vraie tourterelle; fesses rondes et basses, dos, seins, hanches et bas-ventre lisses et infinis sous les doigts, et toujours une senteur de goyave verte»... Ce couple demeure sans enfant car

Salimata est atteinte d'une «stérilité sè- che» que rien n'a pu vaincre. Cependant, si l'on en croit la prédiction faite par le marabout le soir de l'excision de Salima- ta, celle-ci n'est pas seule responsable : «Ton mari ne fécondera pas les femmes. Il est stérile comme le roc, la poussière et l'harmattan.»

Fama est donc humilié par le destin qui pèse sur son union mais aussi par sa déchéance sociale, lui qui, après avoir lutté contre la colonisation, espérait obtenir une récompense matérielle ou honorifique mais les Soleils des Indépen- dances ne brillèrent pas pour lui.

Ce roman va ainsi rendre compte de l'humiliation subie par cet homme, bles- sé dans son amour-propre, dépossédé de ses biens et rejeté par les siens.

Dans la seconde partie, la mort de son cousin Lacina va accroître la détresse de Fama et le confronter à la cruauté de son propre destin. Successeur légitime de son cousin, Fama, après de multiples humiliations administratives, préside les funérailles et reçoit les honneurs dus à son rang. Le «royaume» offert à Fama est dérisoire, les habitants sont «tous faméliques et séchés comme des silures de deux saisons», et il décide de repartir pour la capitale. Il est alors arrêté et con- damné à vingt ans de prison pour activi- tés contre-révolutionnaires. Le Prince «aux gestes royaux et aux saluts majes- tueux» est devenu «un vaurien, un margouillat, un vautour, un vidé, un stérile, un réactionnaire, un contre- révolutionnaire». Quelques années plus tard, le Président, «la mère de la Répu- blique», libère tous les prisonniers et leur remet «une liasse de billets de ban- que». Malade, exclu, Fama bénéficie de cette mesure mais personne ne l'attend à sa sortie de prison. Il veut alors retour- ner dans son pays natal pour y rejoindre «la mort [qui] était devenue son seul compagnon [car] ils se connaissaient, ils s'aimaient»...

«Roman du désenchantement», «ro- man de la déchéance de l'aristocratie féodale et de l'instauration de la bour-

geoisie africaine», ce livre est aussi un roman de l'échec. Celui-ci consommé sans le moindre espoir de salut: spolié, déchu, humilié, Fama n'a d'autre issue que la mort. Échec de la vie, échec de la mort (il meurt en pays Horodougou mais loin de son village), mais aussi échec au- delà de la vie et de la mort car Fama meurt sans laisser d'héritier.

À double titre Fama est une victime: illettré, il ne peut prétendre à une place dans la société moderne, sans héritier, il est déconsidéré auprès des représentants de la société traditionnelle. Il rejette alors la faute sur les Indépendances dont il attendait beaucoup et dont il n'obtint rien («Mais alors qu'apportèrent les Indé- pendances à Fama? Rien que la carte d'identité nationale et celle du Parti uni- que»).

Sans doute l'attitude de Fama a-t-elle pu choquer et être jugée réactionnaire mais il est avant tout une victime assu- mant sa propre détresse individuelle. Il vit une situation absurde qu'il ne maîtri- se absolument pas. Fama erre dans un monde dont il n'a pu suivre la rapide évolution et nous assistons à sa terrible agonie. La mort de ce vieux chef tradi- tionnel peut être perçue comme une métaphore de la mort de l'Afrique tra- ditionnelle mais on peut également ana- lyser ce roman comme le récit de la Passion d'un homme seul et démuni. Don Quichotte perdu devant des moulins qu'il ne peut qu'«entrapercevoir», s'il est le symbole d'une génération d'hommes, il est aussi celui d'un destin individuel qui fait de ce personnage l'un des héros les plus tragiques de la littérature roma- nesque africaine.

Parallèlement à ce drame, la femme tient une place importante dans ce roman car, bien qu'exclue des grandes décisions de Fama, elle n'en est jamais totalement absente. Qu'il s'agisse de Sali- mata, à la recherche d'une maternité im- possible — cette quête qui guide sa vie comme elle influence sa réponse aux sé- ductions dont elle est l'objet —, ou de Mariam, la seconde épouse de Fama, «moqueuse comme une mouche et féconde comme une souris», toutes deux dépassent le rôle secondaire que l'intrigue leur donnait. Les différences, les rivalités, les jalousies de ces deux femmes sont exploitées par Kourouma, comme le sont, par ailleurs, les fantasmes de Salimata, afin de nous décrire un univers féminin trop rarement évoqué dans la littérature africaine. L'excision, le viol de Salimata par le génie Tiécoura sont revécus, avec violence, entre rêve et réalité, de même que nous sont décrites les tâches quotidiennes de l'épouse et de la co-épouse. Opposées et complices, Salimata et Mariam sont à l'image même du roman qui, sans cesse, tourmente et déchire son héros entre deux pôles irréconciliables.

Les lieux où séjourne Fama sont, là encore, témoins de ce déchirement permanent. D'une part la ville, cette métropole surpeuplée, pleine d'agitation, où le passé et l'avenir se côtoient sans que le présent puisse y trouver sa place. D'autre part, le village, misérable et abandonné de ses habitants, où deux personnages désuets veillent encore sur un passé qui n'est plus.

Modernisme ou tradition, Salimata ou Mariam, ville ou village, les tentations, les personnages ou les lieux se retrouvent pour confondre Fama. L'idéologie de ce roman n'est certes pas favorable à l'instauration de cette bourgeoisie, arriviste et suffisante, mais elle n'est pas tendre non plus vis-à-vis des chefs traditionnels, corrompus et serviles. Kourouma renvoie dos à dos les anciens et les nouveaux maîtres, réalisant une analyse pessimiste de l'Afrique qui, selon lui et telle son héros, erre sans trouver refuge entre la tradition formelle de l'Afrique ancestrale et les abus inacceptables de l'Afrique moderne et indépendante.

Outre cette analyse, le livre de Kourouma est riche d'enseignements sur la vie quotidienne, tant à la ville qu'à la campagne, et sur les mentalités qui se heurtent, se mêlent, se rejettent ou

se tolèrent. L'intérêt sociologique et politique de ce roman n'est donc pas à réfuter mais il serait injuste de le définir par ces deux seuls qualificatifs.

En effet, pour dire et transmettre tout cela, Kourouma crée un langage neuf qui brise le carcan littéraire traditionnel et confère à son œuvre une originalité exceptionnelle. La langue utilisée par l'auteur n'est certes pas le français académique tel que nous le rencontrons ordinairement dans bon nombre de romans. Kourouma fait une synthèse habile entre le français qu'il adopte comme support et le malinké qu'il traduit et adapte. La confrontation (ou la communion) de ces deux langues donne naissance à un style imagé et inattendu qui ne laisse jamais le lecteur indifférent. La syntaxe est soumise à un rythme inhabituel qui, loin de lasser, aiguise l'attention.

Les expressions et proverbes savoureux abondent: ainsi Fama est «analphabète comme la queue d'un âne», lire et écrire pour un ministre est «aussi futile que des bagues pour un lépreux», réunir deux femmes rivales ne se fait pas car «on ne rassemble pas les oiseaux quand on craint le bruit des ailes». Aucune page n'est exempte de ces tournures acérées et parfaitement réalistes même si, parfois, certaines d'entre elles demeurent sibyllines («là où les graterons percent la coque des œufs de pintade, ce n'est pas un lieu où le mouton à laine peut aller»).

Les images sexuelles et scatologiques sont nombreuses: «les jeunes malinkés débarquant de France sont impolis à flairer comme un bouc les fesses de sa maman, arrogants comme le sexe d'un âne circoncis», «les lois, les ordres, les circulaires étaient aussi nombreux que les poils d'un bouc et aussi complexes et mélangés que le sexe d'un canard», jurer fidélité au Parti, au Comité et à la Révolution est «aussi infaisable que manger les crottes d'un chien», ou, plus loin, les paroles peuvent «sonner le silence comme le pet de la vieille grand-mère dans le cercle des petits-enfants respectueux».

Nous n'oublierons pas dans ces citations quelques formules dont la portée dépasse aisément celle du roman: ainsi donner plus qu'on ne peut «c'est offrir ses yeux pour regarder avec sa nuque» ou encore ce jugement sans appel: «en politique le vrai et le mensonge portent le même pagne».

Loin de parer d'ornements inutiles et gratuits les propos du narrateur ou des personnages, ces proverbes, expressions ou images enrichissent la pensée de leurs auteurs et complètent l'adéquation des discours à leur environnement. Le bestiaire, très riche et varié, est, en ce domaine, un aide précieux. La comparaison avec les animaux, sauvages ou domestiques, rend plus accessibles les métaphores et contribue à rapprocher l'homme des autres êtres vivant dans la nature.

La personnalité du narrateur, un griot, n'est pas étrangère à l'utilisation de ces procédés. Le récit est entrecoupé d'avertissements qui s'adressent soit au lecteur («vous paraissez sceptique», «vous ne le savez pas parce que vous n'êtes pas malinké», «dites-moi en bon malinké que pouvait-il chercher encore») soit à son héros («tu te devais d'exécuter le vieux féticheur»).

La parole (la palabre) est ainsi réhabilitée et remise à sa juste place, elle n'est plus un simple instrument mais joue un rôle prépondérant dans l'évolution de l'intrigue. Le narrateur n'est plus un être omniscient et extérieur mais au contraire il participe à l'action qu'il crée par le verbe sans pour autant se confondre avec les personnages. Il est l'élément moteur de l'illusion romanesque tout en ramenant le lecteur à sa propre réalité.

Conjointement à cet usage de la parole, la structure réserve, quant à elle, des surprises au lecteur qui attendrait un récit linéaire. Kourouma utilise le procédé du «flash-back» (le rôle de Salimata est révélateur à ce sujet). Prétextes ou alibis, l'auteur revient en arrière, change de lieux, au rythme de la pensée de ses personnages ou de ses intentions narratives. L'espace et le temps n'ont plus leurs dimensions initiales. Ce bouleversement spatio-temporel rend compte avec force de la complexité de nos raisonnements qui n'ont que bien rarement un déroulement cohérent et chronologique.

C'est ainsi qu'Ahmadou Kourouma a su trouver un style original pour décrire, sous un éclairage nouveau, une réalité collective, par le biais d'une destinée individuelle, et dresser un bilan critique d'une situation qu'il déplorait. L'issue fatale du héros qui «se mourait, se consumait dans la pauvreté, la stérilité, l'Indépendance et le parti unique» vient ponctuer avec un pessimisme tragique ce roman... Les questions sont posées, elles demeurent sans réponse. On peut le reprocher à Kourouma sans lui refuser le mérite de provoquer la réflexion et d'apporter un plaisir certain au lecteur. À ce jour, *Les Soleils des indépendances* demeure inégalé et une très courte sélection de romans africains ne pourrait omettre ce titre.

Bernard Magnier

Soleils neufs, Yaoundé, Éditions CLÉ, Coll. Abbia, 1969, 111p. — Préface d'Henri Lopes.
Recueil de poèmes de Maxime N'Debeka.

Dans ce recueil, l'ordre des poèmes suit une progression, du lyrisme individuel à l'engagement collectif puis à la désillusion naissante. Le message personnel et sentimental s'adresse à l'aimée avec tendresse («Nostalgie») ou reproche, après la trahison.

L'amour à deux devient amour du pays: «Un Congo libre pour un seul peuple». Le vers joue sur l'ambiguïté entre la dénomination du fleuve et celle du pays qui portent le même nom. En même temps la prise de conscience politique est sollicitée.

Le souvenir de l'esclavage et de la colonisation resurgissent pour alimenter la colère noire:

Ils sont venus un soir
[...]

546 / *Soleils neufs*

Voler et
Violer la négraille.
Civiliser la négrerie (p. 33).

L'auteur rappelle «le goût de la chicotte», «les airs de negro spirituals non oubliés» (51). Fait-il allusion au combat anticolonial ou aux luttes postérieures à l'Indépendance lorsqu'il écrit: «Chaudes / Les cendres du souvenir rouge / Le sang de nos mains» (55). L'histoire récente est notoirement prise en compte. Le poète salue Lumumba, héros de la libération du Congo-ex-belge, actuel Zaïre. Parodiant un poème d'Éluard construit sur le refrain «J'écris ton nom», il inscrit au palmarès des héros «Encore un nom», celui du révolutionnaire Guevara. Le poète souffre avec les peuples opprimés: «On dirait bien notre chanson d'antan au Vietnam.»

Il rend rituellement hommage aux «morts du 13 août». Ce sont les victimes des Journées de 1963 durant lesquelles «le peuple congolais» a renversé «le régime néo-colonial» mis en place en 1960 lors de l'obtention de l'indépendance et «a opté pour la voie socialiste-léniniste», ainsi que le souligne Jean-Guy Bambi dans *Chronique des principaux faits et événements au Congo*.

En tout, l'écrivain pourfend l'injustice: il dit son refus des «poèmes mystificateurs» et leur préfère les «poèmes aigres» (50), «poèmes hérisson». L'agressivité du «cannibale» est revendiquée pour nourrir un mouvement de révolte nègre. L'ambition du poète est d'être «cet ouragan qui soufflera sur la cendre des servitudes» (50).

Son espoir est immense. Il est avide de «pages blanches et nues pour y déposer / la route du soleil». L'habite «le rêve d'une île nette et pure au large de l'espoir», «une île nette et pure comme le premier regard de l'enfant» (64).

Le recueil est porté, comme toute l'œuvre, par une aspiration à un idéal, la quête d'une vie meilleure, faite avec la participation des femmes, des enfants, et dans la compréhension mutuelle entre les êtres, de quelque nation qu'ils

soient.

Avec les poèmes de la dénonciation alternent des poèmes comme «Aube» ou «Aurore». L'auteur imagine la paix et le silence — étrange, insolite — qui pourraient succéder au fracas des combats.

Le goût irrépressible de la vie qui est pour lui «pleurer et rire, chanter et danser» — la vie «bonne à danser», comme il le redira dans *Les Signes du silence* —, s'actualise dans l'image de la femme aimée et de l'enfant, surtout, figure toujours présente dans l'œuvre, préservée même dans les vers plus grinçants, les vers acides de la production ultérieure.

Cependant une certaine amertume s'insinue dans cet enthousiasme. L'auteur est blessé de ce que la poésie s'écoute «en buvant le thé», alors qu'il se sent investi d'une mission si grave: susciter l'élan au combat pour la justice, entretenir l'espoir, mettre en garde contre les formes dévoyées du progressisme.

Dans certains poèmes, l'ardeur combative le dispute au pessimisme naissant:

On peut sentir comme un présage
d'une lutte vaine
[...]
d'un rêve et d'un espoir
pendus au musée des futilités.

Il perçoit «les Congo Oye / aux goûts de palabres et de deuils».

Il se moque avec impertinence des «barbes fausses des révolutionnaires» dont il parodie le langage. Il se méfie des politiciens habiles en discours: «Ceux qui savent trop tendre l'arc des mots» (89). Il démasque les arrivistes, «ceux qui savent flairer les fauteuils nus» (89). Quand la lutte profite à quelques-uns, il lui en coûte de «surprendre des gens / dormir dans nos sueurs».

Le poème «L'aube s'enrhume» détecte des «ratées», les «bavures» de la Révolution. Le malaise personnel s'exprime dans l'image du «piano désaccordé»: «Brazzaville ne chante plus à l'unisson». Regrettant l'élan de 1963, il constate: «Les jardins d'août ne verdissent plus» (94).

Le poème intitulé «Soleils neufs»,

qui donne son titre au recueil et acquiert par là un sens fondamental, insiste sur cette déception en contradiction avec l'enthousiasme qu'implique sa formulation.

Un autre sujet de crainte est l'attitude de la génération montante qui bafoue le patrimoine traditionnel. Outre le goût prononcé pour la facilité: «Brazzaville s'est vêtue de Paris dans «Tango», les enfants ne mangent plus de rats», ne gaulent plus, ne maraudent plus les mangues. Pire. «On tisse des rideaux de fer autour des manguiers.» La ville se déshumanise.

L'écrivain au contraire sauvegarde des emprunts au parler ancien: «mâtondô» (merci), «matanga» (fête de levée de deuil), «m'bonghi» (foyer des hommes). Le ton se fait intimiste pour décrire la case misérable ou la chaleur du village autour de l'abri à palabre.

Dans ce recueil où l'auteur cherche sa voie, s'essayant au poème court et incisif: «Je songe», «Il y a», «Moscou», «Femme d'esclave» ou au mouvement ample «Chut», «Un nom», «Enfant», apparaît déjà une préoccupation esthétique.

Une réflexion sur le langage sera développée dans *L'Oseille les citrons* (1976) et *Signes du silence* (1978).

Le premier recueil oppose les «poèmes gras, bavards, et muets» du «civilisé» aux «poèmes maigres et aigres» du «Nègre». Il réfléchit à l'usure des mots, «ces petits mots ces petits riens» qui doivent pourtant donner sa force à son message, «mots baïonnettes» (83).

Arlette Chemain-Degrange

Solitude, Paris, P.J. Oswald, 1973, 78p. Recueil de poèmes de Lisembé Elébé.

Solitude est un délicat «journal poétique» intime. Alors qu'*Orphée rebelle* (1972) représente une double inspiration, lyrique et polémique, le poète mettant l'accent sur sa «rébellion» devant la situation politique de l'Angola, *Solitude* est uniquement et purement lyrique, exaltant la tendresse et la passion, puis l'anxiété et le chagrin de la séparation. Ce sont donc des thèmes romantiques qu'exploite ici le poète, non sans rappeler parfois des rythmes de Musset: «J'ai perdu ma force et ma vie / quand j'ai connu la vérité...», de Verlaine: «je pleure dans mon cœur», «c'est bien de la peine / de ne savoir pourquoi... / mon cœur a tant de peine», ou encore d'Éluard, tout en empruntant parfois le ton badin de Villon et de Marot: Elébé est donc en bonne compagnie! Il ne s'agit pas d'imitation, ni de pastiche; la sincérité du poète est totale et s'exprime dans une langue transparente, simple, lumineuse et poignante.

Elébé commence par créer le climat émotionnel, sous l'ombre tendre et protectrice de sa mère, à qui il semble dédier le recueil: «Mama», «Ton ombre». Puis il recrée le cadre africain, et évoque puissamment une Afrique toute de mouvement d'abord: «Afrique danse», «Rythme dans le corps», «Tam-tam-tam-tam», «Tam-tam», puis de sérénité et de tendresse: «La nuit», «Soleil du lointain», «Au bord du fleuve Congo». Ensuite viennent les poèmes d'amour: «Ton anniversaire», «Sambi», «Fille de mon pays», «Ma Négresse», «Perle Noire», «Vénus Noire», «Ève Noire», «Sœur africaine», dans une exaltation grandissante et passionnée. Les deux poèmes consécutifs «Où es-tu?» introduisent une note mystérieuse et mélancolique avant d'évoquer un tendre souvenir: «Blanche Colombe». L'anxiété et la tristesse se mêlent ensuite à la tendresse, dans la hantise de perdre l'aimée, «Près de toi», «À la gare», «Train d'adieu», «Je suis seul», pour aboutir alors à un «Océan de désespoir». Le cœur du poète connaît des alternances de chagrin et d'apaisement, de renouveau d'espoir, de regrets, et de résignation à l'inévitable dans les derniers poèmes du recueil, «Solitude», «Petite étoile», «Message», «Dernière tendresse», «Elle est partie», «Dernier adieu», «L'amour perdu», et comme un écho attristé, «Amour perdu», qui fait penser à un Ronsard moderne prédisant à Hélène qu'un jour viendra où elle le regrettera à son tour...

La poésie d'Elébé utilise avec effet le procédé du parallélisme des phrases et des répétitions avec variations, du type «fille de mon pays / fille du soleil». Les mêmes notations se retrouvent d'ailleurs d'un poème à l'autre, ce qui établit une certaine tonalité et donne une impression de continuité, d'harmonie profonde et d'intensité. Dans plusieurs poèmes, l'emploi de mots écrits en majuscules, TOI, MAMA, SAMBI, ADIEU, souligne le rythme syncopé de ces poèmes, comme des battements de tam-tams, et intensifie l'émotion, comme un cri.

Lisembé Elébé a été en 1972 le lauréat du Prix Littéraire de Poésie Mobutu, et, la même année, a représenté la République du Zaïre à la Biennale Internationale de Poésie de Knokke en Belgique.

Danielle Chavy Cooper

Somme première, Kinshasa, Éditions Lettres Congolaises, ONRD, 1968, 71p.
Recueil de poèmes de Masegabio Nzanzu.

Somme première est le reflet des idées souvent exprimées par l'auteur dans les éditoriaux de la revue *Dombi*. Pour lui, la poésie, qui est expression artistique par excellence, ne doit pas être écrite avec les mots de tous les instants. Il faut, au contraire, des termes peu usités pour exprimer ce qui vient du cœur. C'est ainsi que ce recueil abonde en termes qui obligent le lecteur à recourir plusieurs fois au dictionnaire pour en comprendre le sens exact. D'où le reproche qui lui fut fait dans certains milieux culturels du pays d'avoir délibérément compliqué ses écrits.

Quoi qu'il en soit, Masegabio apparaît dans ce livre comme le poète des angoisses et des sollicitations. Le préfacier souligne que l'auteur veut «dire ces choses mouvantes que sont la révolte, l'effroi, l'attraction du désastre, ces choses impondérables que sont les tentations et les désespoirs, les dire les fixe, leur donne poids et consistance objective. Dire poétiquement, c'est approfondir le sentiment mais s'en libérer, en immobiliser le tourbillon et la frénésie, grâce au tourbillon verbal qui reçoit une forme et enfin, les dominer».

«Les tâches grasses / De ce SOS pour mon sang qui coule / sont les seules oasis perdues / où ce sang se coagule / à grande perte de vitesse / rares moments de répit / où mon cœur en détresse / bivouaque.» Pour lui c'est la seule façon d'exorciser le mal, de briser son carcan, et d'obtenir la délivrance. À partir de ce moment, on peut «se vautrer les yeux mi-clos dans la frénésie amère / et attendre ainsi le soir du crépuscule / l'aube d'un soleil nouveau». La vigueur avec laquelle l'auteur s'exprime d'un bout à l'autre de ce recueil le rapproche de Léon-Gontran Damas avec lequel on notera beaucoup de similitudes dans l'écriture. On peut donc regretter que Masegabio, qui aurait pu s'imposer comme un poète de talent, ait rangé sa plume après la parution de son premier recueil.

Yamaina Mandala

Sorcière (La) (ou Le Triomphe du dixième mauvais) (1958), in **Le Théâtre populaire en République de Côte-d'Ivoire**, Abidjan, Cercle culturel et folklorique de Côte-d'Ivoire, 1966, p. 36-46.
Drame en trois actes et six tableaux de François-Joseph Amon d'Aby.

Le héros, Sanoussi, nommé Boulouté (c'est-à-dire «dixième mauvais») à la naissance, revient chercher sa mère et sa sœur à Kongosso, village d'où il a été expulsé il y a vingt-cinq ans. Sa venue se révèle salutaire pour tout le monde.

La Sorcière conte les tribulations d'Ahossan Alloua, tribulations qui mènent à l'abrogation de la cruelle coutume de «dixième mauvais». Le peuple de Kongosso craint tellement les esprits des ancêtres que toute coutume établie est respectée sans remise en question. C'est ainsi qu'Ahossan Alloua se voit exclue de la société à cause de sa dixième grossesse. Alloua doit faire exécuter son dixième enfant à la naissance et purifier le village par le sacrifice d'un bélier blanc.

Au moment critique où l'on va enterrer le nouveau-né, arrive un colporteur, étonné par cette coutume inhumaine. Il demande et obtient l'enfant. Il l'emmène, l'élève et l'appelle Sanoussi. À l'âge de vingt-cinq ans, Sanoussi se montre un si bon guerrier que son père, colporteur-Empereur, fait de lui l'héritier de son empire. Le jeune héritier part avec ses compagnons de guerre en quête de sa mère et de sa sœur. Les guerriers arrivent à Kongosso juste à temps pour empêcher la mort d'Alloua, qui avait été injustement accusée de sorcellerie. L'identité de Sanoussi étonne tout le monde... Après une telle illustration de la cruauté de certaines traditions, le chef du village se dispense de l'avis de son féticheur et abolit sur-le-champ la coutume du dixième mauvais. Sanoussi est nommé de nouveau – Blou.

Le sacrifice humain est une des coutumes les plus décriées au monde. Il s'agit essentiellement d'une pratique des peuples sédentaires ignorants. Amon d'Aby reconnaît aux indigènes le crédit d'avoir trouvé une solution à ce problème. Il n'est point question des Blancs dans la pièce.

Les expressions de d'Aby sont conformes, pour la plupart, au mode traditionnel de calcul. Ainsi, la distance est évaluée en «jours de marche». Par contre, des précisions, comme «Sud-Ouest» pour indiquer la direction, paraissent empruntées à la culture occidentale. Aussi voit-on difficilement un colporteur devenir Empereur avec des guerriers à son service. Le charlatanisme peu simulé du féticheur invité contredit la pratique suivie du chef féticheur du village.

Étant donné le rôle secondaire de la sorcellerie dans l'action présentée, *Le Triomphe du dixième mauvais* est un titre plus juste pour la pièce.

Gertrude Edem

Souche (La) calcinée, Yaoundé, Éditions CLÉ, 1973, 204p.
Roman de Denis Oussou-Essui.

La Souche calcinée est l'histoire d'une vie, celle d'un jeune étudiant ivoirien, Kongo Lagou. Comme les jeunes gens de sa génération, Lagou n'a qu'un rêve: l'Europe. Il quitte Koliaklo, son village natal, pour aller faire des études en France. Mais par l'incurie coupable d'Akoua, un de ses compatriotes et ancien camarade de classe, Lagou se trouve démuni, sans le sou. C'est la lente descente dans l'enfer de l'indigence et de la misère. Kongo Lagou, malgré un brillant début dans son collège, est contraint de chercher du travail pour survivre. Nous assistons à sa course à l'emploi, une course sans merci pour le Nègre sans qualification. Les besognes dures, voire sales, les horaires éprouvants, les repas maigres mettront le jeune homme au bord de la dépression nerveuse. Lagou n'aura pour subvenir à ses besoins qu'une santé sans faille, son intelligence et sa bonne conscience. Mais que valent la santé, la bonne conscience, l'honnêteté et la bonne volonté de surmonter les obstacles dans un monde dur et inhumain, où la générosité se paie par l'indifférence et la cruauté des riches? Lagou vivra en sursitaire devant la vie et devant l'avenir. Grâce à la générosité de certains de ses camarades et surtout à sa volonté tenace, Kongo, après de nombreux déboires, finit par redresser la barque et termine brillamment ses études universitaires. Au terme de ses hésitations et de ses doutes Lagou n'a plus qu'un rêve: rentrer au bercail, retrouver les siens, malgré la mort de sa mère et d'Antoinette, son amour d'enfance.

La Souche calcinée est une œuvre très riche qu'un simple résumé ne saurait épuiser. Denis Oussou-Essui aborde la plupart des problèmes auxquels se heurtent, à l'instar de Lagou, les étudiants africains sans bourse. Lorsque celui-ci revoit sa vie en France, il a la nette conviction d'une existence gâchée. Alors qu'il avait quitté les siens pour aller à la conquête de la lumière, il découvre qu'il a été obligé par la force des choses d'être manœuvre pour subsister, pour pouvoir vivoter. «Quel déshonneur que de venir en France, de traverser cinq mille kilomètres d'océan pour devenir manœuvre! Autant rester en Afrique pour abattre la jungle sauvage.» Pourtant, malgré cette évidence, la France continuera à exercer sur lui une sorte d'attraction magnétique, même lorsqu'il aura terminé ses études.

Mais un jour vient où le paradis le plus merveilleux se transforme en enfer. Alors, c'est le vide, une sorte de gouffre empli de ténèbres qui réduisent les gestes au tâtonnement. Le paradis devient une sorte d'exil où l'homme est un éternel insatisfait, tourmenté, nostalgique, amer. C'est la porte ouverte aux pensées sombres même lorsqu'on reste convaincu comme Lagou que les intentions sont pures et qu'il suffit de marcher à grands pas, sans détourner le regard. Mais, comme le reconnaît le héros de *La Souche calcinée,* «la marche est dure quand on n'a que l'espoir et le cœur pour guides, l'intention pour confidente, le courage pour arme, la solitude pour amie».

Lagou sera donc un homme seul, et c'est là une des dimensions de l'œuvre. L'homme seul, devant son destin, malgré la sympathie éphémère des autres. Mais chez Lagou, il s'agit d'une solitude psychologique et non physique. C'est ainsi qu'entouré par la chaleur de ses camarades du Collège d'Épernay, Kongo Lagou se sent dépaysé; il se retrouve affreusement seul quand, au cours des promenades, pendant les récréations et les jeux, au dortoir ou à l'heure du coucher, il veut partager ses impressions intimes avec un familier. La solitude du héros n'est donc que la conséquence du dépaysement et de l'exil.

Mais *La Souche calcinée* est aussi une crise et une prise de conscience. Lagou,

qui a l'impression d'avoir gâché son existence, s'interroge sur son séjour en Europe. C'est à ces moments de réflexion que le jeune Ivoirien fera de son angoisse devant des jours incertains le reflet de la condition humaine. Personne ne pouvant répondre aux nombreuses questions qui le torturent, l'auteur conclut que «pour Lagou, il eût été, sans aucun doute, plus salutaire qu'il ne fût pas né». Nous voilà revenus à la fameuse formule de Shakespeare: «Être ou ne pas être». Pour celui qui comme Lagou réfléchit sur sa condition d'homme, il est des moments de grande vacuité qui peuvent conduire au désespoir, lorsqu'on sait que les sacrifices consentis peuvent ne pas porter des fruits et que la mort peut nous faucher avant qu'on ait pu en profiter.

En situant l'action de son œuvre autour des années 1950, Oussou-Essui a voulu surtout se faire le porte-parole de sa génération. Il remet en question un courant de pensée fondé sur les préjugés de race. La soif de liberté d'Ambrose, le compagnon de voyage de Lagou, traduit le désir d'émancipation d'une génération d'hommes. *La Souche calcinée* devient donc une œuvre politique, non pas parce que l'auteur défend les idéologies d'un quelconque parti politique, mais parce que les problèmes posés concernent le destin d'un groupe d'hommes. Le «one day we shall be free» qui n'était pour Ambrose qu'un vœu devient à la fin de l'œuvre une réalité. C'est l'âge de la régénérescence nègre. Sur le plan purement humain, l'adresse de Lagou comme ouvrier et ses prouesses intellectuelles sont une preuve qui détruit le mythe de la paresse des Nègres. Pour Oussou-Essui, «les valeurs de l'esprit n'ont pas de frontières».

Les conflits tels que l'auteur nous les fait vivre dans l'œuvre n'ont pas de base raciale. Contrairement à la tendance générale qui rend l'homme blanc responsable de tous les malheurs de l'Afrique, Oussou-Essui prend le chemin inverse. S'il aborde lui aussi le problème de la renaissance du Nègre et de la décolonisation, il rend les Nègres responsables de la plupart de leurs maux. Dès lors, comme le dira Lagou, après les Indépendances, il faut désormais laisser les Blancs tranquilles. Il ne s'agit donc plus d'un problème de Blanc à Noir, de race à race. Maître de son destin, le Noir doit se sentir responsable de ses actes et cesser d'incriminer les Blancs. Les Noirs doivent cesser de limiter leur idéal au bifteck. Ce n'est qu'en regardant cette vérité en face que la négraille pourra sortir un jour de la malédiction qui plane sur elle depuis la nuit des temps.

La souche, c'est aussi la source, immuable. C'est ce qui reste attaché à la terre nourricière, le permanent. *La Souche calcinée*, c'est l'exaltation d'une race, mais aussi l'exaltation de l'homme. La souche, c'est sans doute l'image de la Patrie qui reconnaît toujours ses fils malgré les longues nuits d'exil.

Le roman de Denis Oussou-Essui est une œuvre sombre où l'ombre du malheur plane sur les promesses du bonheur, où l'amitié et l'amour, l'espoir et le désespoir, le rêve et l'amère désillusion se donnent la main comme la pluie et le beau temps dans la nature.

Joseph-Modeste Tala

Souffle (Le) des ancêtres, Yaoundé, Éditions CLÉ, Coll. Abbia, 1965, 107p.
Recueil de nouvelles de Jacques-Mariel Nzouankeu.

À la page 8 de son Introduction, l'auteur parle de la conception de la vie qui est «mise en relief dans ces six histoires». Mais en fait il n'y en a que quatre, où, comme nous avertit Nzouankeu, il est question des dieux africains, «et plus particulièrement des dieux camerounais, tels qu'ils sont représentés dans la conception populaire et traditionaliste, et que l'on identifie le plus souvent aux ancêtres». Avant de raconter ses histoires, Nzouankeu énumère quelques-unes de ces forces mystiques et leurs intermédiaires auprès des hommes: les devins et les sacrificateurs.

Les récits eux-mêmes sont tissés autour du conflit permanent qui oppose les dieux aux hommes, conflit qui naît de la différence de conception qu'ont les uns et les autres du but de la vie. D'après les dieux, les hommes devraient vouer leur existence à la recherche de la perfection, en se rapprochant le plus possible des divinités toutes-puissantes. «Qu'importe si, pour atteindre cette perfection», nous avertit l'auteur, «nous nous contredisons, nous nous haïssons, nous nous dédoublons ou que nous mentons à nous-mêmes ou que nous compromettons même notre bonheur. [...] L'homme qui recherche la perfection ne cherche pas à sauver sa vie de la mort mais à la livrer à la mort.» Ce serait, selon cette métaphysique traditionnelle, expliquer l'hésitation des dieux — par ailleurs tout-puissants — à préserver la vie de leurs sujets, parce qu'ils ne souhaitent pas les empêcher de se hisser au rang de dieux.

En l'occurrence, il existe deux interprétations des histoires que raconte Nzouankeu. Pour ses lecteurs africains l'auteur cherche à restaurer le crédit des dieux; «il voudrait montrer aux rebelles, aux incrédules et à tous ceux qui sont conquis par le rationalisme occidental, l'exemple d'un châtiment exemplaire» assigné par «le souffle des ancêtres» — c'est-à-dire les forces divines. Pour d'autres, son ouvrage est «une satire des rites et des cultes ancestraux», où l'auteur cherche à rendre les dieux odieux et à ridiculiser ceux qui se livrent à d'abominables pratiques. Qu'il s'agisse de la condamnation de la superstition, ou de l'exaltation de la toute-puissance des dieux ancestraux, les nouvelles de Nzouankeu nous expliquent le contexte religieux du croyant traditionnel camerounais.

Il faut souligner que Nzouankeu appelle son recueil «nouvelles» et non pas «contes»; en dépit de l'élément traditionaliste, il ne s'agit pas de récits puisés dans le patrimoine folklorique du terroir, mais des inventions de l'auteur pour illustrer son thème. Ainsi, chacune de ces nouvelles se termine par un décès qui, en fait, est soit un sacrifice exigé par une divinité, soit un châtiment infligé pour désobéissance à un décret divin. Dans celle qui donne son titre au recueil, *Le souffle des ancêtres*, un roi offense le devin Arabia en laissant sa fille choisir un époux sans lui faire consulter les dieux. Arabia pourtant annonce le jugement de ceux-ci: Fatima est trop belle pour que quiconque l'épouse. La nuit venue, Fatima s'enfuit dans la forêt pour rejoindre son amant, tout en bravant la colère des dieux. Une tornade s'élève. «C'est comme si de leur demeure, les dieux avaient soufflé sur les hommes.» Ces forces mystiques, soulevées des entrailles de la terre, détachent une grosse branche qui s'abat sur la jeune princesse. Le lendemain le cadavre déchiqueté, sanglant, de cette créature hardie qui avait osé affronter les dieux, est découvert au pied de l'arbre.

C'est également une tornade «en pleine saison des pluies», qui foudroie Yagpa, coupable d'avoir coupé du bois dans la forêt sacrée, d'en avoir construit une case et d'avoir mangé de la chair de panthère alors que celle-ci est traditionnellement réservée au roi. Ces actes présomptueux, voire scandaleux, valent au sacrilège le courroux des *Dieux de Bangoulap* dans l'histoire ainsi intitulée.

Ces deux résumés pourront donner une idée et de l'élément anecdotique des quatre nouvelles et de la philosophie qui s'en dégage. Une narration trop diffuse, diluée dans des détails qui se veulent réalistes, semble nuire à l'atmosphère de mystère, où les puissances surhumaines régissent le destin des hommes. Les défauts dans la structure des récits et le manque d'orientation claire de leur message empêchent le lecteur de sentir l'omniprésente menace de ces forces mystiques. D'autre part, l'aspect réaliste n'est pas assez convaincant pour nous faire compatir au sort de leurs victimes.

L'intérêt de ce livre dépend moins de ses qualités littéraires que de l'effort qu'a fait Nzouankeu pour ressusciter les croyances de son pays natal. Il ne nous dit pas s'il croit sincèrement que ce dévouement exclusif, cette obéissance forcée aux puissances impitoyables et vengeresses sont compatibles avec le progrès du Cameroun contemporain. La réimpression en 1971 du livre sorti en 1965 témoigne de l'intérêt qu'il a suscité.

Dorothy S. Blair

Souffles de printemps, Tananarive, Imprimerie Vidalie, 1947, 47p. — Préface de E.C. Abraham.
Recueil de poèmes de P. Nomyard.

Écrit en 1947, ce recueil de vers ne reflète en rien la sombre époque traversée par Madagascar et dont certains écrivains malgaches ont laissé la malheureuse image. C'est une question de choix.

La poésie de P. Nomyard est plate: elle n'accroche par rien; aucune aspérité, tout y est clair, lisse, léché et parfaitement anonyme. À tel point qu'il ne reste de ces quarante-sept pages de vers qu'un vague souvenir à peine agaçant, suffisant cependant pour montrer le bien-fondé de ces quelques mots de Valéry aux rimeurs impénitents: «Certains se font de la poésie une idée si vague qu'ils prennent ce vague pour l'idée même de la poésie»...

C'est la poésie à l'usage de l'école primaire coloniale, dont les ingrédients sont connus: beaux sentiments, grandeur d'âme, foi en Dieu. Soyons juste: nous échappons cependant au couplet sur la patrie. (Il est vrai qu'en 1947, la patrie est un sujet brûlant qui demande un tout autre engagement.) Le tout, assaisonné de petits oiseaux dans leurs nids de fleurettes et de lilas dont la mise en place laborieuse — on ne voit guère ici d'autre terme adéquat — suffit sans doute à justifier le titre du recueil.

Souffles de printemps est une œuvre de jeunesse; à ce titre, il lui sera beaucoup pardonné. Néanmoins, les sujets choisis par l'auteur relèvent plus du fait divers que des thèmes poétiques traditionnels: un accident, des bavardages de bureau, des souvenirs de pensionnat, un cadeau d'examen... Le vers, lui, est classique quoique lourd, et bien éloigné de ces «brises printanières» auxquelles les compare E.C. Abraham dans sa Préface. Plus gênantes sont les notes dont l'auteur accompagne ses textes et qui constituent autant d'injures au lecteur supposé ignare ou faible d'esprit: Ainsi:

«que sa grâce et son temps fassent en vous (1) renaître...»
(1) vous = toi et les tiens
«de l'espoir du chrétien (2) qui réchauffe et ranime...»
(2) l'espoir du chrétien = la vertu d'espérance
«tu n'as point ce charme pour moi»... (3)
(3) distinguer entre ce charme d'amour et le charme extérieur de la tenue.

Si l'ambiguïté est un des ressorts de la poésie, les vers de P. Nomyard ne laissent, eux, aucune équivoque possible. Afin qu'il n'y ait aucun doute sur ses intentions ou sur son art, l'auteur les précise au demeurant dans des commentaires détaillés, toujours en note: «Ce poème n'est que l'expression de ce qu'évoquaient en nous, entre trois et dix ans, les tonnerres de Tana... Une différence: là régnait la confusion, ici il y a de la composition. Quelques idées en plus aussi sans doute, telles les invocations finales.»

Souffles de printemps est une de ces œuvres affligeantes par leur banalité dont regorge la littérature noire d'expression française. Mais cette littérature est presque toujours intéressante comme phénomène historique et politique; ce n'est pas le cas ici. Quant au plaisir du texte, puisqu'il n'en reste guère que cela à considérer, eh bien, il n'en procure tout simplement pas!

Claude Ralambo

Soumission (La), roman congolais, Paris, L'Harmattan, 1977, 150p.
Roman de Dominique M'Fouillou.

Le roman se divise en deux grandes parties. La première, qui commence en 1936, fait revivre la traumatisante expérience de la colonisation telle qu'elle a été vécue dans le village de N'Tsanga. Elle relate «comment fut bâti l'Empire colonial et comment les hommes rendus à l'état de bêtes ont pris part, même de très loin, à des guerres occidentales... comment des êtres qui vivaient paisiblement ont été brusquement incorporés dans le système international de l'exploitation des hommes». La deuxième partie qui se déroule quinze ans plus tard évoque les amours de N'Konta, personnage principal du roman et de N'Tona, une amie d'enfance.

Les thèmes abordés dans la première partie du roman ne sont pas nouveaux dans le domaine de la littérature africaine. Il s'agit de l'implantation du système colonial avec tout ce qu'il comporte d'injustice, d'oppression et d'exploitation. C'est l'imposition par la force d'une «civilisation étrange et agressive... une civilisation féroce, à l'humour acide, au verbe drôle et méchant» qui a réussi à mettre les Africains dans un état de soumission, d'où le titre de l'ouvrage. Cependant cette soumission ne s'est pas faite aisément. Pour lutter contre leur dignité bafouée, contre les impôts, les tortures, les pendaisons, les hommes battus à mort ou forcés de cultiver la terre au profit de la métropole sans rétribution ni compensation, les indigènes organisent des foyers de résistance puis des insurrections qui sont vite réprimées. M'Fouillou insiste sur l'impact désastreux de la colonisation car celle-ci a vigoureusement ébranlé les fondements de la vie traditionnelle africaine: «nous marchons sur les ruines de notre histoire, de notre culture, de notre civilisation», affirme-t-il avec une pointe de pessimisme. Si le système colonial est parvenu à ce but spectaculaire, c'est qu'il était fondé sur des préjugés de race. Le système s'est affirmé et s'est maintenu grâce à des institutions comme l'école, véritable lieu d'acculturation. C'est à l'école que l'écrivain avoue avoir fait la connaissance de ses «nouveaux ancêtres, les Gaulois». À côté des tribulations d'un peuple que le colonialisme plonge dans la peur, l'inquiétude, le ressentiment et la haine, l'auteur fait émerger des souvenirs rafraîchissants.

La deuxième partie du roman sort un peu plus des sentiers battus. Elle se déroule à N'Tsanga M'Vimba, nouveau village construit après que les Blancs et les miliciens aient détruit N'Tsanga. Cette seconde partie est toute de sentiments et de sensations dans l'évocation des amours à peine avouées de deux jeunes gens dont les attitudes sont empreintes d'une certaine pudeur souvent liée à l'amour charnel dans un contexte authentiquement africain. Ce sont de longues promenades, des souvenirs évoqués, des gestes à peine ébauchés, des aveux voilés qui aboutissent cependant à une demande en mariage.

Le roman a pour mérite de faire ressortir de façon toute naturelle de nombreux aspects de la vie socio-culturelle du Congo: la vie communautaire et paisible, caractéristique des villages africains, les coutumes et les traditions telles que le culte des morts, la relation entre morts et vivants, les cérémonies du veuvage. On y trouve également une saisissante description des marchés africains, de leurs origines et du rôle qu'ils jouent dans la vie économique, sociale et culturelle du village.

Cependant la structure du roman laisse quelque peu à désirer; le lien entre les deux parties est pratiquement inexistant; les personnages principaux: N'Konta, le narrateur, sa mère et N'Tona, sa future épouse, manquent de vigueur. L'histoire est contée de façon on ne peut plus classique, linéaire, simplement chronologique, et se termine sur une note plutôt décevante. Le style lui–même se veut, surtout dans la seconde partie, d'un lyrisme pas très heureux et certaines tournures de phrases feraient tiquer les puristes.

Irène d'Almeida

Soundjata ou l'épopée mandingue, Paris, Présence Africaine, 1960, 156p.

Roman épique de Djibril Tamsir Niane.

Soundjata est l'épopée d'un grand personnage africain qui a vécu au XIIIe siècle. Les principaux événements de sa vie sont vérifiables dans des chroniques de l'époque comme dans beaucoup de livres d'histoire de l'Afrique.

Les jambes percluses depuis sa naissance, Soundjata rassemble toutes ses forces à l'âge de sept ans pour voler au secours de sa mère offensée. Son étonnante force physique et sa générosité attirent la jalousie et les craintes de la mère de l'usurpateur du trône. Soundjata, vrai héritier du trône, est exilé avec sa famille. Pourtant, dans la version de l'épopée écrite par Niane, ce n'est qu'après l'enlèvement du griot de Soundjata que la rupture définitive se fait entre celui-ci et l'usurpateur. L'itinéraire de la famille exilée mène à Mema où meurt la mère de Soundjata, la veille de son départ pour la reconquête du pays natal. Comme le chemin de retour retrace toutes les vicissitudes de la famille exilée, Soundjata en profite pour sceller des alliances, saccager, puis soumettre des peuples qui deviennent ses vassaux.

La bataille de Krina (1235) oppose Soundjata et Soumaoro (Soumangourou). La victoire des forces du Bien contre celles du Mal est incontestable et Soundjata peut ensuite procéder à l'établissement de son ordre impérial.

Dans son Avant-propos, Niane écrit que l'épopée est le travail du griot Mamadou Kouyaté. Niane situe le griot dans le contexte culturel africain et en même temps nous présente ses propres qualifications de transcripteur. L'épopée commence par les déclarations du griot Mamadou Kouyaté qui souligne l'importance de l'art de parler, le rôle de ses ancêtres dans l'histoire des Mandingues et ses propres connaissances. Ce procédé est utilisé au début, au milieu et à la fin du texte. Le griot ne s'efface pas devant son travail, il tente d'accorder à sa famille la place qui lui est due. Le grand conquérant, Soundjata, semble moins important que le griot enlevé dont les vicissitudes marquent les principales étapes structurales de l'épopée.

Dans ce genre littéraire ce ne sont ni la précision historique ni la vraisemblance qui comptent. Les faits principaux étant bien connus, il importe de structurer l'épopée de telle façon que l'assistance (le lecteur) soit tout à fait absorbé(e) par le réseau de symboles, de prophéties, de menaces, d'intrigues et de vengeances.

La vision manichéenne de l'univers des hommes doit être aussi nette que possible et dans ce domaine il n'y a pas d'ambiguïté. C'est précisément ce que le roi de Mema a dû comprendre lorsqu'il a refusé de donner la sépulture à la mère de Soundjata. Le suspense produit par la présence des forces du Bien et du Mal est cristallisé autour de deux surhommes qui s'opposent l'un à l'autre; la défaite de Soumaoro signale la fin des difficultés de Soundjata et le commencement de son apothéose.

Soundjata est une épopée qui remonte très loin dans l'histoire politique et littéraire de l'Afrique. Pourtant, il y a de fructueuses comparaisons à faire entre *Soundjata...* et plusieurs épopées européennes. En effet, une étude approfondie du genre montrerait sans doute que l'épopée correspond à un moment précis de l'évolution de l'humanité. Les mythes psychiques, les exploits fantastiques et le comportement héroïque répondraient à la situation socio-économique de l'époque où est née l'épopée. La différence essentielle entre les épopées européenne et africaine est que celle-ci continue à vivre. La spécificité topographique du texte est secondaire si l'on analyse la structure de l'œuvre et ce sont les apports des siècles de littérature orale et vivante qui nous renseignent sur le peuple gardien de l'épopée.

En écrivant *Soundjata*, Djibril Tamsir Niane a produit un texte d'une très grande valeur littéraire. Le mariage de la parole et du mot est tout à fait remarquable. L'auteur a réussi à produire, en

français, le ton, l'esprit et même les rythmes de l'oralité africaine. Il a su maîtriser la langue française pour la soumettre aux exigences culturelles africaines. Le travail de Niane dépasse la transcription pure et simple parce qu'il est lui-même historien et qu'il a sans doute modifié la parole du griot Mamadou Kouyaté. La structure de l'épopée écrite en français, les procédés linguistiques, stylistiques et phonostylistiques nous démontrent que Niane a beaucoup travaillé son texte et qu'il continue, à sa manière, la tradition griotique.

Mais si l'on reste émerveillé par l'héroïsme et le fantastique de l'épopée et si l'on convient du travail méticuleux de l'écrivain, le lecteur averti peut douter de certains aspects sociaux du texte.

Sogolon Kedjou, mère de Soundjata, n'est que la récompense donnée à de jeunes héros qui ont débarrassé le royaume du buffle (en fait la sœur du roi) qui le dévastait. Les chasseurs *donnent* Sogolon comme présent à Maghan Kon Fatta. Le roi épouse la fille mais ne réussit à la posséder que par le viol. Soundjata, sauveur du peuple Mandingue, est le résultat de cet acte abominable. Le style des épopées rend acceptable ce genre d'acte, la femme étant un simple moyen par lequel le destin d'un pays ou d'un homme s'accomplira. Le mythe fait de Sogolon une femme-buffle pourvue d'une force extraordinaire. Le roi, mortel ordinaire, devra donc vaincre une force supérieure à la sienne. Mais cette force se manifeste sous la forme d'une femme et sa conquête par la ruse remet à sa place celle qui ne voulait pas se donner.

De la même manière, Nana Triban, sœur de Soundjata, était envoyée de force pour être l'épouse de Souamoro. Son évasion et les secrets qu'elle révèle à Soundjata aident beaucoup ce dernier. Son rôle sert à apaiser un tyran et à faciliter le triomphe de Soundjata.

Soundjata ne donne à la femme, située en plein milieu du drame, aucun moyen d'agir. Elle est entièrement assujettie aux exigences d'une forme littéraire fondée sur l'apologie du mâle.

De cette façon l'épopée nous encourage à louer les efforts d'un despote qui devient la source de toute justice et de toute loi. Comme la démocratie communautaire existait déjà en Afrique et que le despotisme n'est pas un phénomène étranger à notre époque, il n'y a rien d'anachronique dans les remarques qui précèdent. Parce que l'épopée africaine vit toujours, le lecteur de *Soundjata* et le spécialiste de l'épopée devraient s'interroger sur la signification de l'expression individualiste à travers une création qu'on dit collective.

L'ethnocentrisme des principaux personnages de l'épopée ainsi que celui du griot frappent par leur négation des autres peuples. Doit-on croire que le griot prostitue son art en le mettant au service d'un despote? À travers les siècles, l'épopée aurait-elle servi à rallier le peuple autour d'un chauvinisme ethnique pour la plus grande gloire du trône? La mystification et la propagande ne sont donc pas le fait de notre seule époque. Elles existent depuis les premiers pas de la société communautaire.

Il n'empêche que *Soundjata* est un beau texte où la symbolique et le style, le récit historique et le mystère psychique enrichissent notre appréciation de la littérature. *Soundjata* appartient à un contexte bien défini. Les perspectives spatiale et diachronique de l'épopée sont de première importance bien que la narration du texte attire notre attention sur la synchronie.

Frederick Ivor Case

Sourd-muet, je demande la parole, Dakar/Abidjan, Nouvelles Éditions Africaines, 1978, 176p.
Roman de Moussa Ly Sangaré

Sourd-muet, je demande la parole est une autobiographie, ou à tout le moins un récit à la première personne, le «je», qui passe de «l'âge d'or», celui de la petite enfance, à «l'âge de bronze», celui de la scolarité et de l'initiation, enfin à «l'âge d'airain», celui de la maladie incurable.

L'âge d'or est éclairé par des figures parentales dessinées avec tendresse ou humour: une mère encore jeune, marchande ambulante; un grand-père fantasque et colérique. À la période suivante, le narrateur essuie les avanies propres à la condition d'écolier, expérimente la cruauté des enfants et celle des pédagogues, traverse enfin les épreuves physiques et morales de la circoncision. A contrario, la prévenante présence du père accompagne le héros le long d'un itinéraire qui s'assombrit peu à peu.

En effet, la surdité, et bientôt l'aphasie partielle, attaquent le pré-adolescent. La mort du père aimé est l'occasion d'un rite dont on questionnera l'efficacité: Ma grand-mère maternelle s'approcha de son pas mal assuré. Je disparus sous les plis du poêle funéraire, et l'odeur du camphre me griffa la muqueuse des narines. L'étoffe teinte à l'indigo battit l'air de ses pans, secouée par les bras momifiés de l'aïeule, puis je fus délivré. C'était fait. D'après le principe de la métempsycose, par ce geste symbolique l'esprit le meilleur du défunt m'avait été transmis. Contagion de la morbidité? L'écolier aux résultats prometteurs se transforme en «fruit sec» et «songe-creux». Un employeur partiellement brutal l'atteint dans ses forces vives et le jeune homme qui avait été footballeur émérite devient, du fait des brutalités patronales, une «espèce de ruine fonctionnelle», un «fantôme vacillant» à qui ses membres n'obéissent plus. Cette épave corporelle, fascinée un temps par la mort, finit quand même par accepter de «lutter pour survivre».

Moussa Ly Sangaré n'est pas le premier infirme à avoir pris par l'écriture ses distances avec la déchéance physique. Mais on ne peut qu'être sensible à une joie d'écrire qui ne le quitte jamais: de là sans doute ces bonheurs d'expression qui portent la lecture dans un mouvement constant. C'est un homme très cultivé et précocement mûri qui est à l'origine de tous ces passages, tantôt palpitants de colère, tantôt sereins comme un regard de justice transcendante porté sur les êtres et les choses. Si le cortège d'adultes successivement rencontrés a toute l'étoffe humaine désirable en ce genre de récit, le ton le plus fréquent est celui de la révolte contre des mœurs si cruelles que le jeune circoncis en vient à envier les oiseaux, car «ils n'ont pas de phallus».

Il faut le souligner: ce texte est habité par une pensée lucidement laïque, qui a pesé en toutes choses le poids d'humanité qu'elles recèlent. De là peut-être vient que la froide détermination finale de l'infirme, survivre, effraie autant qu'une tentative de suicide.

Également éloigné du sentimentalisme et du triomphalisme, ne militant pour aucune cause particulière ou collective, ce livre écrit dans les mutilations brille de l'éclat particulier aux œuvres de dissidence.

Régis Antoine

Sous l'orage – Kany, Paris, Présence Africaine, 1963, 155p.
Roman de Seydou Badian.

L'œuvre peut se résumer ainsi: un père, Benfa, est ravagé par les soucis; un grand événement se prépare: c'est le mariage de Kany, sa fille. Celle-ci est l'orgueil de la famille: elle est allée à l'école, sait lire et écrire, mais elle est aussi l'occasion de quelque inquiétude: un jeune homme instruit, Samou, s'intéresse à elle, et veut l'épouser, alors que Benfa la destine à Famagan, un riche marchand qui a déjà plusieurs femmes. Kany n'aime pas Famagan; elle rêve de réaliser le vrai amour avec Samou. Birama, un de ses frères, esprit moderne, la soutient, alors que Sibiri, le frère aîné, traditionaliste, apporte son appui total aux idées du père. De cette situation naît un conflit de générations qui oppose les anciens, les aînés, aux jeunes, aux cadets. Mama Téné, l'épouse de Benfa, est partagée

entre la totale obéissance qu'elle exige de sa fille pour que son père ne la maudisse pas, et le désir de la voir heureuse.

L'oncle Djigui, frère aîné de Benfa, demeuré dans le village ancestral, est prêt à comprendre la jeunesse. Il interviendra, le moment venu, en faveur de Kany.

Le conflit est terrible: aucun terrain d'entente. Mama Téné croit pouvoir résoudre la crise en allant solliciter le concours du féticheur Tiékoura qui exige un coq rouge et d'autres sacrifices. Le père, Benfa, croit mettre fin à la crise en envoyant Kany et Birama se retremper, pendant les vacances scolaires, dans l'esprit ancestral, auprès de leur oncle Djigui. Il y réussit en partie, puisque Birama se fait initier aux mystères de la science de la nature, est admis dans la société secrète des chasseurs et participe à leur veillée annuelle. Pourtant Kany et Birama trouvent en leur oncle un puissant allié. De retour en ville, une lueur perle au bout du long tunnel: Samou est accueilli par le père, Benfa, qui, par ce geste feint, espère endormir l'impétuosité de ses enfants et chasser l'intrus. Mais le stratagème échoue. Car à l'intervention de l'oncle Djigui s'ajoute celle de quatre autres anciens qui raisonnent Benfa et font comprendre à Famagan qu'il se bat pour une cause perdue d'avance. Celui-ci se retire donc. Et c'est la victoire des cadets sur les aînés. «Héré», le bonheur, entre de nouveau dans la famille. L'orage est passé. Et Kany devient l'épouse de Samou.

On peut organiser l'analyse du roman selon quatre axes principaux: les *personnages*, le *conflit de générations*, le *compromis et l'équilibre*, et enfin le *triomphe de l'école étrangère*.

Les personnages sont très nombreux. Leur connaissance livre en partie la clé de l'œuvre.

Benfa: le père de famille est un représentant intransigeant de la tradition.

Sibiri: son fils aîné, qui a été à l'école du père, partage inconditionnellement ses idées.

Fadiga: le muezzin, n'est pas de la

famille; représentant la foi, il est aussi un inconditionnel de la tradition.

Famagan: riche marchand, il soutient la tradition d'autant plus rageusement qu'il a la prétention d'ajouter Kany à ses femmes déjà nombreuses.

Kany: le nœud du roman, se bat pour ne pas être livrée à Famagan, parce qu'elle a donné son cœur à Samou.

Birama: frère de Kany, farouche moderniste, est un ennemi de la tradition. Sa soif de connaître le conduit aussi bien à l'école des Blancs qu'à celle des anciens. Mais il ne déteste la tradition que dans ce qu'elle a de déshumanisant.

Samou: le philosophe, à qui Kany a donné son cœur, est ennemi de la mauvaise tradition lui aussi; il a décidé d'épouser Kany coûte que coûte.

Sidi: c'est le révolutionnaire, pour qui la tradition est à mettre au pilori.

Mama Téné: épouse de Benfa, veut ménager la chèvre et le chou et sollicite à la fois le féticheur et le Dieu du ciel.

Tiékoura: le féticheur, a accepté, sollicité par mama Téné, d'entrer en communication avec les puissances invisibles, en faveur de Kany, mais surtout pour que l'orage passe sans gravité.

Mama Coumba: mère de Samou, ne demande que le bonheur de son fils; elle s'en remet au Dieu du ciel.

Djigui: frère aîné de Benfa, à qui Benfa doit obéissance, interviendra en faveur de Kany.

Tiéman-le-soigneur: un jeune sage; il interviendra pour que Benfa permette à Kany de continuer ses études, afin que Famagan, perdant patience, renonce à elle au profit de Samou.

Mamari, Aladji, Koniba et *Siré* sont quatre anciens qui interviennent en faveur de Kany en prêchant la sagesse aussi bien à Benfa qu'à Famagan.

Nous avons laissé de côté des comparses qui ne jouent qu'un rôle secondaire.

Le conflit de générations et de cultures est un des trois centres d'intérêts du roman. Deux camps se dressent farouchement l'un contre l'autre. Il y a d'abord les anciens: Benfa, Sibiri, le muezzin Fadiga et Famagan, le marchand. Ils confisquent la liberté, tout pouvoir de décision individuelle, rejettent les acquis de la civilisation, y compris les notions d'hygiène. La seule réponse qu'ils donnent aux jeunes est celle-ci: «Mon père et le père de mon père ont fait ainsi. Si tu t'en trouves mal, va-t'en avec les Blancs» (p. 26). En un mot, les anciens continueront donc à faire comme leurs pères et les pères de leurs pères; il n'y a aucune raison que cela change. Ainsi donc, enracinement dans la tradition sous toutes ses formes. Viennent les jeunes, Kany, Birama, Samou, Sidi, etc., qui revendiquent leur indépendance, tout en rejetant ce qui fait la force des anciens: les croyances, l'explication inacceptable des maladies, les sacrifices aux esprits, la condition humiliante de la femme. Et leur porte-parole, le révolutionnaire, Sidi, dit avec rage: «Il faut absolument flanquer toutes ces mœurs par-dessus bord» (p. 59). On craint donc le divorce entre les deux classes d'âges, les deux classes culturelles.

Mais la cassure définitive sera évitée grâce à la présence des modérés: mama Téné, mama Coumba, Tiéman-le-soigneur, Mamari, Aladji, Koniba, Siré et Djigui. Ceux-ci vont canaliser les différents courants antagonistes vers un certain compromis, vers la réconciliation, qui consacrera, en fait, la défaite de la tradition et le triomphe de l'école étrangère.

La réconciliation exige un compromis et un équilibre préalables. Les jeunes ne peuvent tout nier, tout briser, sans détruire l'Afrique éternelle. Les anciens ne peuvent non plus catégoriquement ignorer les changements qui s'opèrent, les revendications de la jeunesse, sans étouffer dans l'œuf leur propre survie, car la jeunesse est l'avenir de la vieillesse. C'est Tiéman, le sage, qui entreprend cette tâche de réconciliation; il dit:

Il n'est pas question pour vous de fuir votre milieu... cherchez à sauver ce qui doit être sauvé, et essayez d'apporter vous-mêmes quelque chose aux autres... Il ne s'agit pas évidemment de tout accepter. Mais faites un choix. Les coutumes sont faites pour servir les hommes, nullement pour les asservir. Soyez réalistes. Brisez tout ce qui enchaîne l'homme et gêne sa marche (p. 143).

Birama, l'intraitable moderne, a déjà amorcé le compromis: il s'est fait initier aux mystères de la chasse, en revivant, avec son oncle Djigui, les conditions de la vraie négrité; il a enfin compris comme Tiéman, le sage, qu'on ne peut totalement se défaire de sa nature.

Si Tiéman, le jeune, a «conscientisé» les jeunes, ce sont les anciens qui vont «conscientiser» les anciens, pour les rendre sensibles au compromis. Le conseil de Mamari, Aladji, Koniba et Siré est simple: il ne faut pas faire de leurs enfants des adversaires. L'histoire se chargera de leur donner tort ou raison. Il faut que les enfants aussi participent à la construction de la maison, à leur manière. Ne sont-ils pas, eux aussi, des maillons de ce grand filet qu'est la famille nègre?

La maison n'est belle que lorsque chacun y reconnaît sa part de labeur... Leur route, ils la découvriront après des pistes jalonnées d'épines; mais ils la découvriront, car «de la racine à la feuille la sève monte toujours, et ne s'arrête pas» (p. 181).

Donc l'équilibre semble être obtenu par le compromis nécessaire. Ce sont cependant, cet équilibre et ce compromis, en apparence bénéfiques, qui assureront le triomphe de l'école étrangère.

«L'école étrangère» doit être entendue au sens de modèle à imiter servilement. Ce n'est pas une fausse accusation. C'est une réalité dans le roman: l'école étrangère tend à tout envahir: le corps, par les facilités matérielles qu'elle promet; l'esprit de liberté qu'elle détruit par la prison technique qu'elle apporte; la conscience d'un monde nègre inadapté qu'elle crée; les manières nègres qu'elle détruit. On constate une propension à la vie indépendante, un désir d'expliquer

l'inexplicable, c'est-à-dire une intervention de la science qui chasse le mystère affectionné par les anciens. Mais il y a aussi un penchant à l'égoïsme, à l'individualisme, à la vanité, à l'irresponsabilité, à l'irrespect envers les vieux et la coutume. Finalement, même si les jeunes croient encore au Dabi (oiseau de mauvais augure, p. 67), et au gnamatou (oiseau de bon augure, p. 178), ils sont irrésistiblement et irréversiblement attirés par l'école étrangère. Ils tournent le dos à l'ombre dans laquelle sont noyés les quartiers nègres de la ville et font face aux lumières éclatantes de la ville européenne, qu'ils ne font que traverser, malheureusement, pour se replonger dans l'ombre de la ville nègre. Tout cela est significatif: le désir de quitter les ombres nègres, les insuffisances du monde noir, est une chose; le pouvoir de les quitter définitivement en est une autre.

Le roman semble dire: La tradition, en perte de vitesse, entend sonner son glas. Elle n'est plus qu'un espoir: un jour les jeunes reviendront, non vers elle concrètement, mais vers la sagesse qu'elle recèle, quand ils auront enfin compris.

Ce temps viendra-t-il jamais? Dans le programme de l'école étrangère y aura-t-il jamais une faille pour que la sagesse africaine s'y glisse, et sauve l'Afrique? C'est la question qu'on pourrait se poser après avoir lu ce roman.

Le style est simple, dépouillé, imagé. Faisant parler des hommes du terroir, l'auteur a souvent recours au langage simple et soigneusement traduit de la terre, aux proverbes et dictons décodables par tous. Le ton est mesuré et nuancé.

Jean-Pierre Makouta-Mboukou

Souvenirs d'enfance, Paris, La Pensée Universelle, 1975, 159p.
Récit autobiographique de Lisembé Elébé.

Les *Souvenirs d'enfance* de Lisembé Elébé sont composés d'une vingtaine de textes brefs qui sont autant de petits tableaux de mœurs. L'auteur y décrit en termes simples et parfois naïfs la vie quotidienne d'un enfant du peuple dans un des quartiers populaires de Kinshasa (Quartier Citas). Comme l'indique le titre, il s'agit de notes autobiographiques et la sincérité du témoignage ne fait aucun doute. Au fil du récit se précise une représentation sans fard de la communauté indigène et de ses rapports avec le monde des Blancs. La juxtaposition des deux univers suffit à rendre flagrante l'injustice du système colonialiste, sans qu'il soit besoin d'y ajouter aucun commentaire agressif. Comme la plupart de ses compatriotes Lisembé Elébé ignore la rancune (voir l'ouvrage de Thomas R. Kanza qui porte justement ce titre). En effet c'est un des mérites, et non des moindres, de la jeune littérature africaine que d'avoir si vite surmonté son légitime ressentiment à l'égard de l'oppresseur et de pouvoir le juger avec sérénité. Une autre qualité de l'écrivain noir consiste à parler de la misère sans honte et sans ostentation. C'est en quelque sorte une constante existentielle sur laquelle on n'a pas besoin de s'attarder. Ainsi, faire la queue des heures entières devant le seul robinet d'eau potable du quartier fait partie des rites normaux de la journée (p. 19). Manger à sa faim est un événement exceptionnel qui ne se produit qu'à l'occasion de fêtes solennelles (p. 55). Déterrer de la viande avariée, se battre pour quelques détritus récupérés au dépotoir public est une occupation banale qui ne mérite d'être mentionnée qu'en cas d'accident (p. 77). «Pêcher» des pigeons (p. 81), chaparder des fruits, trafiquer de l'alcool sont de simples mesures de survivance, souvent hélas contrariées par l'intervention de la police. L'humiliation et la peur ne sont pas des émotions passagères mais un état chronique. Posséder une machine à coudre (en état de marche ou non...) ou une bicyclette apparaît comme le sommet de la réussite (p. 86). Ces données se suffisent à elles-mêmes et l'auteur se contente de les exposer. Aucune amertume. Au contraire, l'impression dominante du tableau est la joie de vivre. L'auteur insiste sur la vitalité bruyante de ses concitoyens, leur bonne humeur, leur ruse face au Blanc, leurs plaisirs simples. Il est regrettable qu'il cède parfois à un moralisme un peu rigide et se croie tenu de dénoncer sévèrement les ébats nocturnes dont il est le témoin (p. 105).

À l'opposé, le monde blanc est le monde de l'opulence et de la puissance corrompue. Somptueuses villas gardées par des chiens, eau courante à volonté, rutilantes voitures américaines, tout cela appartient à un univers féerique que l'on contemple de loin, avec une admiration craintive. La faveur éventuelle des maîtres est imprévisible. Leurs motifs sont impénétrables et leur courroux sans cesse à redouter. Deux exemples suffisent à illustrer la brutalité de l'appareil répressif: les sévices infligés aux écoliers et les rafles effectuées par la police dans les quartiers indigènes (p. 49). Passons charitablement sous silence la débauche et la vénalité des fonctionnaires: seule Tante Bioso pourrait dire de quelles complaisances se paie l'indulgence d'un policier en service (p. 48).

Au total, ces petits textes sans prétention et sans apprêt constituent un précieux témoignage sur l'ancien monde colonial. La justesse et la précision des détails alliées à la simplicité du langage en font involontairement un sévère réquisitoire.

Laure Hesbois

Souvenirs du village, Kinshasa, Éditions Okapi, 1971, 92p.
Récit de Batukezanga Zamenga.

«Ni un roman, ni un conte, ni une autobiographie», selon l'auteur, et pourtant tenant un peu des trois à la fois, *Souvenirs du village* reflète l'enfance rurale commune à beaucoup d'Africains et revendique le recours à l'authenticité des traditions ancestrales, mot d'ordre du gouvernement zaïrois depuis le début des années 70. Le jeune Mbadio, dont le nom signifie «Un Tel» ou «Monsieur-Tout-le-Monde», comme pour souligner le caractère général d'une telle expérience, reçoit de son père une précieuse éducation. Celui-ci l'initie aux «secrets de la vie» et lui inculque la sagesse. «Le véritable héritage que lègue un père est d'avoir ouvert le chemin de la vie à ses enfants», avec la conviction, aussi, que «chacun est responsable de sa destinée». Une chaude affection unit le père et le jeune garçon, et les leçons reçues au village portent leurs fruits en même temps que se révèlent l'attachante personnalité de l'écrivain ainsi que sa sérénité et sa sagesse.

Batukezanga Zamenga se consacre à l'étude des sociétés en mutation. Dans les neuf chapitres de ces *Souvenirs du village,* il présente les bases de la vie africaine traditionnelle: le respect de la famille, la leçon des ancêtres, les relations entre l'homme et la nature, le secret des plantes (palmiers et autres), la maison clanique et l'histoire du clan, le travail, les jeux, les chansons, les contes, les fables, les énigmes et les devinettes, les proverbes par lesquels se transmettent sagesse et bon sens. Zamenga examine aussi l'importance de la chasse en tant que «manifestation de solidarité du village», les échanges et transactions au marché, et enfin le mariage, la mort et les coutumes funéraires, c'est-à-dire tout le cycle de la vie. L'ouvrage est dédié à ses parents et à son frère aîné, dont les ombres traversent ce livre tout vibrant de chaleur humaine.

Danielle Chavy Cooper

Soweto Soleils fusillés, Paris, Éditions Droit et Liberté, 1977, 162p. – Préface d'Oliver Tambo.

Recueil de poèmes de Paul Dakeyo.

Quoique fondé sur un événement concret, le massacre de Soweto, le recueil de Paul Dakeyo recouvre les thèmes idéologiques esquissés dans les recueils précédents. La poésie «événementielle», due à la contrainte de l'extérieur, déclenche le processus créateur, sa virulence et son côté acerbe.

La naissance de l'œuvre, liée à un événement historique donné, poursuit sa quête de justice qui devient une lutte où l'amour et la paix triomphent par le chant de la compassion. Dans ce sens, la littérature devient une arme qui transforme la société. Elle est le reflet direct de la vie, surtout dans ses chants d'accusations contre les tyrans, contre la «négraille lâche et amorphe».

Ce livre est préfacé par Oliver Tambo, «président de l'African National Congress d'Afrique du Sud», qui souligne que: «Le mot d'ordre du peuple sud-africain est «La victoire ou la mort». Il est déterminé à renverser l'apartheid, le racisme et le colonialisme, quel qu'en soit le prix» (p. 8). Un poème en anglais, «So where to», traduit en 1976 par Sikose Mji, militante étudiante de Soweto, est inclus au début du livre. Puis suit une lettre liminaire du poète mauricien, Édouard J. Maunick (Prix Apollinaire), qui considère que les poèmes de *Soweto Soleils fusillés* «nous parlent de revenir pour bâtir la cité possible. Les enfants de Soweto, dans la chute de leurs corps-hosties, ont remué assez de poussière fertile pour que recommence l'ensemencement» (p. 15). Pour universaliser ses chants d'accusations, Paul Dakeyo fait appel à plusieurs registres illustrateurs de différentes cultures: des Sud-Africains, des Nord-Africains, des Français, des Brésiliens, etc. Solidaire des maux des peuples opprimés, le poète devient rebelle, brise le silence et inaugure, par son verbe, un nouvel ordre.

La poésie de Paul Dakeyo est en prise directe avec la vie, elle est une parole sans truchement, dénudée de toute contorsion linguistique et de toute illusion métaphysique. Elle est un chant d'arme contre les avatars de l'exil sous toutes ses formes, en même temps qu'une célébration du retour non seulement au sol natal mais à la liberté et à la joie, bref aux essences humaines qui font de nous des êtres fraternels.

L'ampleur de ce chant prend souvent

une forme messianique car le poète transforme la souffrance de l'exil en possibilités de reconstruction d'un peuple avec sa terre. Et les «génocides orchestrés» portent l'espoir d'un nouvel espace à fonder, d'une composition des éléments disparates ancrés dans un dialogue symphonique avec l'homme libéré.

Ici la misère, la faim, la mort, le corps mutilé se métamorphosent en un immense cri douloureux, chargé néanmoins d'une lourde cargaison d'amour.

Le jeu du clair-obscur dans la topographie géographique aussi bien que corporelle s'organise autour d'une quête de l'amour et du mot susceptible de mettre fin aux fusillades et aux prisons. Ainsi l'exil est négatif dans son vécu, mais positif en ce qu'il est générateur d'une parole qui éveille la conscience, et déclenche l'action qui ne peut être que le retour à la source fondamentale des valeurs humaines.

Ce second volet thématique du retour revient, aussi lancinant que celui de l'exil. Désir profond de retour à la terre, au soleil fleuri, à l'eau, au pain... au commencement de la vie, l'aurore, l'avenir de la jouvence. Mais ce retour n'est pas un simple mouvement spatial; il est plutôt conjugaison de la Terre avec l'Amante, une nouvelle géographie où liberté et lumière sont reines, un amalgame des racines du corps et de la terre pour célébrer l'unité des êtres et des peuples, seule possibilité de sauvegarde dans ce siècle de discorde et de désastre.

Le massacre des enfants de Soweto n'est pas seulement un leitmotiv qui revient sans cesse dans la pensée de Dakeyo, il est l'exemple concret d'une barbarie à éliminer, d'un mal à combattre par le resserrement fraternel, seul apte à nous faire sortir de notre solitude et au bout de laquelle il peut y avoir rencontre jubilante du feu de l'amour et de l'amitié. Ce feu est double dans *Soweto Soleils fusillés*: d'une part celui de la lumière et de la liberté; de l'autre, celui de la souffrance, de l'injustice et de la mort.

Antagonisme perpétuel et récurrent, duel constant que la voix du poète maîtrise pour sortir glorieuse par la force même de sa tendresse.

Avec ses compatriotes, René Philombe et Fernando D'Almeida, à qui il a été comparé, Paul Dakeyo projette un nouveau souffle dans la poésie camerounaise en particulier et africaine en général. Son œuvre se poursuit vigoureuse et authentique, allant par delà l'espace de l'exil, brisant les monstres de la nuit et des ténèbres maléfiques, d'où le titre de son nouveau recueil paru en 1980: *J'appartiens au grand jour*.

Hédi Bouraoui

Stèles pour l'avenir, Paris, Présence Africaine, 1978, 79p.
Recueil de poèmes de Théophile Obenga.

Stèles pour l'avenir est l'œuvre d'un homme dans toute la force de l'âge, riche d'une triple expérience d'érudit, de philosophe et d'homme politique.

Le titre, cela va de soi, fait référence à Victor Segalen et c'est effectivement dans la lignée de l'auteur de *Stèles*, et dans celle de Saint-John Perse, que se situe le lyrisme altier de Théophile Obenga.

Solidement architecturé, le recueil se divise en cinq parties animées d'un mouvement d'involution, le champ de vision se rétrécissant de l'une à l'autre cependant que s'accomplit la focalisation sur une zone sans cesse plus restreinte, mais aussi plus intime et plus profondément scrutée. La première partie, «Entre l'oubli et l'attente», représente la confrontation avec le temps, «l'oubli», le passé, et «l'attente», l'avenir.

Nous passons de l'infini du temps à l'infini de l'espace dans la deuxième partie «L'appel des étoiles», qui s'achève par un mouvement nous ramenant à notre planète, la Terre.

Nulle angoisse pascalienne face à ces «espaces infinis» mais fusion, participation: l'homme

se soude
au cosmos
filament voyageur
dans le système
du monde.

La troisième partie, «Horizons et mythes», évoque l'Égypte pharaonique et le passé africain.

Puis c'est l'Afrique actuelle, libérée, qui est chantée dans «Grandes eaux», et enfin, dans la cinquième et dernière partie, «Poèmes pour ce pays nôtre», le Congo devient le centre de l'inspiration.

Le rétrécissement du champ du cosmos à l'Afrique, puis au Congo, s'accompagne d'un enrichissement intérieur, d'un élargissement de la conscience, cependant que la lucidité se substitue au doute et l'affirmation à l'interrogation.

Le mystère de l'Univers suscite chez l'auteur «la passion de comprendre le monde», ce qui le conduit à être l'historien de son continent, puis l'artisan conscient du devenir de son pays.

La démarche scientifique du chercheur non plus que la praxis du politique ne parvenant à épuiser le champ des possibles, il reste la poésie, moyen de «psalmodier le trop-plein du monde».

Novateur par l'ampleur de la vision philosophique, Théophile Obenga, par la passion nationale et l'ouverture à l'avenir, rejoint aussi la tradition lyrique congolaise déjà illustrée par Tchicaya U Tam'si, Tati-Loutard et N'Debeka.

Roger Chemain

Sur la terre en passant, Paris, Présence Africaine, 1966, 112p.
Roman de François-Borgia Marie Evembe.

Désespoir, angoisse: tels sont les maîtres-mots de ce bref récit linéaire dont le héros – plus exactement, la victime – passe et trépasse sur une terre inhumaine, engluée dans l'injustice, la maladie, la mort.

Ouverture brutale: quelque part à Yaoundé, de nos jours, un jeune ouvrier, Iyoni, se lève avec les coqs, se rend à «un W.C. rudimentaire» et constate qu'il

est gravement malade. Evembe ne mâche jamais ses mots: «Iyoni chiait du sang, un sang traître, un sang bandit, un sang vilain, dégénéré, un sang noir» (p. 9). Il n'y a pas là scatologie; c'est le premier moment d'un trajet où Iyoni, en lutte avec son corps, va devoir affronter aussi le «corps social».

Il se retrouve à l'Hôpital Central. Monde étrange, aux noms exotiques («Pavillon Jamot, Pavillon Pasteur, Pavillon Larrey...», p. 25); monde férocement bureaucratique (il ne faut cesser de présenter des «papiers»); monde cruel sur lequel règnent des infirmiers crasseux et des médecins indifférents. On pense à Kafka et, surtout, à d'autres auteurs africains engagés dans une critique acerbe de la démission de certains corps professionnels pourtant essentiels (cf. Le Mandat d'Ousmane Sembène, Afrika Ba'a de Rémy-Médou Mvomo).

Le récit glisse de l'odyssée individuelle à la peinture acide de la nouvelle société africaine. Rescapé de l'enfer hospitalier, Iyoni est propulsé gratte-papier dans un ministère par la grâce d'un ami d'enfance devenu ministre – et prototype de l'arriviste politique. Le voilà plongé, ahuri mais critique, dans l'Univers du Paraître: réceptions spectaculaires où «l'État-Major de la Maffia des Indispensables» (p. 93), pantins bardés de titres ronflants, accompagnés de leurs inévitables secrétaires blanches, se trémoussent au son des derniers airs importés, sous les yeux d'un vieux planton hâve (les romans anticoloniaux d'Oyono ne sont pas loin; seule l'époque a changé...).

L'église où pénètre Iyoni – car il a toujours aimé chanter la messe – sera-t-elle un havre? Non: les étoiles qu'il y voit n'annoncent pas une naissance divine, mais l'évanouissement qui le guette. Vomissant dans la rue à sa sortie, il est brutalisé par un agent qui l'accuse de trop boire... Un peu plus tard, il meurt.

L'œuvre d'Evembe est âcre et sans pitié. Il ne semble pas y avoir de recours: à la terre empuantie correspond un ciel vide. Ce pessimisme existentiel est pourtant né, en partie, par la présence d'un sentiment de révolte vivace: tout n'est pas perdu, semble dire l'auteur, si l'on n'accepte pas les tares, les abdications, les spectacles frauduleux de la société contemporaine.

Ce livre coup de poing dément formellement — a posteriori — ce qu'écrivit Mongo Beti, en 1956, à propos de *L'Enfant noir* de Camara Laye: «Afrique noire, littérature rose»...

Jean-Pierre Gourdeau

Sur les traces de mon père, Bujumbura, Éditions des Presses Lavigerie, 1968, 143p.

Écrit de Michel Kayoya.

Le livre porte en sous-titre: «Jeunesse du Burundi à la découverte des valeurs», et la première partie s'intitule «À la découverte du Moi». Il ne s'agit donc pas d'un roman mais d'un recueil de réflexions sur l'Homme en général et spécialement sur l'homme africain, spirituellement, moralement et sociologiquement désaxé par l'aventure coloniale.

Dans ces «Pensées», l'argument est des plus ténus (il sera d'ailleurs abandonné sans façon). Au cours d'un voyage en chemin de fer qui les amène à Gand, s'ébauche un début de dialogue entre l'auteur et un étranger. Il s'agit d'un alibi qui permet à Kayoya de se livrer à des réflexions sur l'Homme qu'il juge à travers le Blanc et surtout à travers son père. Qu'il est difficile de réussir à devenir «un homme pour l'humanité»! Sa confrontation avec le monde occidental crée en effet en lui un «état de doublure» (formule peut-être assez gauche pour évoquer cette ambiguïté dont a parlé Cheikh Hamidou Kane). Il est partagé entre, d'une part, la voie paternelle, celle d'un humanisme vécu, inséré dans la quotidienneté, et, d'autre part, les valeurs nouvelles importées par le colonisateur. Il évoque la beauté des paysages de son terroir; la relation privilégiée, «active», que son peuple entretient avec la vache, créature noble; le problème du conflit de générations que connaît la jeunesse assoiffée de savoir et d'argent; le rôle de la femme européenne égale de l'homme et celui de la femme africaine toute de «don-accueil»; l'importance qu'accordent les Barundi à Imana (Jahvé, à peu de chose près)...

L'humanisme de son père est altruisme, respect de la personnalité de l'autre, pitié pour l'autre, harmonie de vie. Aussi Kayoya se sent-il mal à l'aise dans une société vouée au mouvement, à la concurrence, à l'individualisme, à la tyrannie de l'argent.

Pour illustrer cet état de «doublure», Kayoya rapporte cinq témoignages de jeunes qui réexposent les mêmes problèmes, les mêmes interrogations, à savoir: les relations avec les Blancs et le jugement à porter sur eux; l'accueil de la mère noire; la place de la culture ancestrale; la valeur de la nouvelle philosophie de vie; l'individualisme de l'Occident; l'aliénation d'un travail salarié; la position inconfortable du chrétien qui, malgré les impératifs d'amour du prochain, maudit les Blancs et leur capitalisme; la volonté des jeunes Africains de mettre leur expérience au service d'une humanité meilleure.

La seconde partie du livre s'intitule «Regards sur le monde: engagement». Un étudiant de l'Université Patrice Lumumba à Moscou y retrace son itinéraire psychologique (on n'a aucune peine à identifier cet étudiant). Le capitalisme avec sa soif, non de vivre mais bien de posséder, l'étouffe et fait de lui un «chien rasé». Il est déshumanisé et réduit à une machine à produire comme la vache occidentale: elle est laitière ou bête de somme. Puisque le capitalisme veut à tout prix faire haïr le communisme, Kayoya, par esprit de contradiction, va vouloir connaître de près cette idéologie — quitte à parcourir l'URSS avec un faux passeport... Le désenchantement est total. Mis à nu, le communisme dégrade l'homme, lui nie toute personnalité, le réduit à un «simple moyen de plan économique» et, étant religion de non-religion, entend extirper tout sentiment de toute religion.

Le livre se termine par un bref Épilogue: l'auteur y prend nettement parti – au lieu d'esquiver la réponse comme le permet le couteau qui tue Samba Diallo. Il définit clairement le rôle de l'Afrique dans le monde – avec des réminiscences senghoriennes – et lui assigne comme objectif un personnalisme social où seraient diminués l'individualisme et l'ultralibéralisme. Il prône un retour à la philosophie ancienne enrichie des apports utiles de la culture importée, un humanisme à la mode de son «adorable père» qui permettra à l'Afrique de se construire elle-même.

Sur les traces de mon père n'est pas une œuvre à lire d'un bloc: c'est un livre de chevet. Méditation poétique où s'entremêlent religion, politique, morale et sociologie, son message est fécond pour tout homme, quelles que soient sa race ou sa religion.

Écrit en une langue soignée, hormis quelques tournures inattendues, le livre se présente comme une suite de «poèmes en prose» rappelant un peu le verset claudélien, mais plus proche de la prose que de la poésie.

Sur les traces de mon père est certainement un des écrits qui reflète au mieux l'imprégnation de l'écrivain noir par sa littérature orale traditionnelle. Non seulement on y retrouve les procédés indispensables à l'oralité – comme les redites, les répétitions conscientes, les phrases parfois incomplètes –, mais on y constate que le Noir aspire, lui aussi, à un humanisme de symbiose qui, par delà les idéologies, permet l'épanouissement d'un altruisme véritable, d'un don-accueil, d'un échange de «donner et recevoir» (Senghor) inspiré d'un Imana venu du fond de la tradition africaine et enrichi des valeurs d'amour de la doctrine de Jésus-Christ.

François Salien

T

Tam-tam noir, Abidjan, Éditions Africaines, 1970, 44p.

Recueil de poèmes de Mamadou Diallo.

Tam-tam noir nous offre des chants universels et humanistes dans lesquels Mamadou Diallo célèbre l'espoir et l'amour tout en conservant à ces sentiments une coloration africaine. Le ton déclamatoire et les thèmes politiques des deux derniers poèmes témoignent des luttes anticoloniales de l'auteur. Pourtant, dans la plupart des pièces du recueil, Mamadou Diallo dépasse la poésie de circonstance et exalte la mission de l'homme noir lors de la renaissance du monde. Le poète se voit comme un Prométhée moderne capable de cambrioler «les astres en fleurs / Pour nourrir la race des hommes / Ma race...» ainsi qu'un aède traditionnel qui s'inspire du patrimoine culturel et légendaire de l'Afrique.

Chez Mamadou Diallo nous sommes loin de la poésie de l'amertume et du déchirement personnel provoqués par l'angoisse de l'assimilé culturel. Ici, le lecteur assiste à une affirmation de la culture indigène de l'Afrique dans des épopées cosmiques, des chants à la gloire de la patrie et des visions lyriques de l'Orphée noir qui insistent sur le rêve d'ensemencer «l'amour / Dans le cœur des hommes». L'humanisme optimiste du poète s'inspire des accents senghoriens pour renforcer l'effet de l'émotion exprimée. Tout comme son précurseur, il emploie des images panthéistes pour fêter la réunion de l'homme et de «la terre promise». Le rythme lent et mélodieux du verset de Senghor est sensi-

ble dans cette collection mais souvent sans l'intensité du lyrisme de ce dernier. Par exemple, «Le soir tombe, sanglant sur les pas de la nuit» n'est qu'une imitation pâle des images senghoriennes où la poésie et le mystère s'harmonisent. Il faut signaler aussi que malgré l'influence de Senghor, Diallo recourt volontiers au vers libre. Le poème, qui a donné le titre du recueil, utilise un style dépouillé et haché qui évoque le rythme lancinant du tam-tam.

La poésie de Mamadou Diallo suit les dernières tendances de l'idéologie de la Négritude. Il ne s'agit plus d'une Négritude militante mais d'une vision poétique, toujours ancrée dans des traditions africaines, qui envisage la civilisation de l'universel «des mains / Sans couleur / Sans odeur / Mais emplies de paix et d'espoir immense».

J. Michael Dash

Tam-tams crépitants, Kinshasa, Centre Africain de Littérature, 1974, 31p.

Recueil de poèmes de Tito Gafudzi Yisuku.

Les poèmes composant ce recueil, d'un ton simple et direct, établissent un dialogue avec le lecteur sur des thèmes et des rythmes variés. Tous exaltent les valeurs africaines dans un sens positif et serein, dans la perspective de l'authenticité zaïroise. Ces poèmes sont ancrés dans le *concrétisme*, mouvement culturel original dans lequel le poète voit la «planche de salut» de la littérature nationale moderne d'expression française, libérée de «la double prison de la colonisation d'une part, du chaos, de la rébellion et de l'anarchie d'autre part».

Le poète se voit à la fois comme un «témoin oculaire» de la transformation de la mentalité sociale nationale et comme «artisan de l'orientation nouvelle». Le concrétisme sert alors, comme la poésie de la Négritude, à une prise de conscience, accompagnée de la réaffirmation du «trésor» de la culture traditionnelle, mais ceci au cœur de la vie actuelle, des faits, des «banalités de la quotidienneté». Ainsi Yisuku n'hésite-t-il pas à introduire dans ses poèmes la mayonnaise, les cuisses de grenouille, l'autobus, le courant électrique, le poste de télévision, les lunettes, d'où l'accusation qui lui a été parfois faite d'employer un langage prosaïque à côté d'images poétiques flamboyantes. «Vivre la vie concrète», «dans son milieu, dans son époque», à la recherche «du vrai et du beau» qu'il faut savoir découvrir dans les choses les plus simples, voire les plus banales, tel est le programme de Tito Gafudzi Yisuku, pour qui écrire est une profession de foi, une affirmation tranquille. «Je sens que ma hutte est en flammes», dit-il, «tout, autour de moi, tout brûle. Si je ne fais rien, il ne restera plus rien de mon existence sur cette terre des ancêtres...» Les poèmes «À quoi bon», «La plainte de midi», «Pétillements», «Dépouillement», «Murmures», «Retrouvailles», marquent les étapes de la pensée du poète (défini par lui-même comme «celui qui reçoit et qui donne»). C'est donc un élargissement de *Cœur enflammé* (1973), dans lequel le poète chantait uniquement l'amour et la femme. Ce thème est présent cependant dans *Tam-tams crépitants* où Yisuku trouve des accents quasi senghoriens pour faire l'éloge de la femme noire dans les poèmes intitulés «Femme aux yeux de perles» et «Viens boire, ma sœur», et chante de façon originale la vitalité triomphante d'une future maternité («Le fruit»). Dans «Belle nuit d'Afrique», c'est la mélodie qui l'emporte, mais pour la majeure partie, le staccato de l'expression correspond bien au titre même du recueil, à sa force et à son émotion. Tito Yisuku sait utiliser les «rythmes lancinants» du tam-tam et du likembe ou le souffle de sa corne de buffle comme un authentique poète de l'africanité, comme ses aînés, Léopold S. Senghor (sur qui Yisuku a écrit un essai), Birago Diop, David Diop et Tchicaya U Tam'si, et cela avec ses propres images (par exemple, «ma route serpentée», le feu qui «dévale» bois et savanes), toujours dans une sobriété admirable et une sincérité totale.

Ici, j'ai retrouvé
Ma personnalité
Et ma dignité.
Ici,
Je suis chez moi («Retrouvailles»).

Danielle Chavy Cooper

Tante Bella, roman d'aujourd'hui et de demain, Yaoundé, Librairie «Au Messager», 1959, 295p.
Roman de Joseph Owono.

La situation de la femme en Afrique noire, avant les Indépendances, a beaucoup préoccupé le Camerounais Joseph Owono. Après avoir publié une étude sociologique, «Le problème du mariage dotal au Cameroun français» dans *Études camerounaises* (n° 39-40), mars-juillet 1953), il reprend sa thèse sous forme de roman, dans l'espoir de convaincre le grand public de la nécessité d'améliorer la condition de la femme.

Pourtant les deux parties de *Tante Bella* n'épousent pas tout à fait la forme romanesque. La première partie met en présence une série d'interlocuteurs, amis et connaissances du narrateur, Grospieds, qui reprennent au cours de plusieurs rencontres à Yaoundé une longue discussion sur le mariage dotal et l'évolution de la femme noire. Le débat commence dans un milieu d'hommes, composé d'une demi-douzaine d'anciens camarades de classe qu'avait invités Grospieds. À peine ses amis réunis, le narrateur lance son débat préféré: appuyer l'émancipation des femmes noires. Les uns sont tout à fait hostiles à la moindre mise en cause de la coutume de la dot; les autres sont assez sceptiques mais prêts à écouter les arguments de leur hôte. Ils sont rejoints par la femme de Grospieds, par un pharmacien européen dont la femme est une Camerounaise, titulaire du baccalauréat de sage-femme, et par une jeune institutrice camerounaise, «ex-boursière métropolitaine, elle aussi titulaire du baccalauréat et du C.A.P.». L'auteur précise la classe sociale des personnages pour bien montrer qu'il s'adresse à ses contemporains «évolués» des années cinquante et non pas aux vieux notables, gardiens de la tradition.

La conversation se prolonge tard dans la nuit. L'hôte, appuyé par les trois femmes, soutient que le mariage dotal est responsable de la diminution des maladies vénériennes, mais aussi du long martyre subi par beaucoup de femmes, victimes de la cupidité paternelle et de la brutalité des maris. Leurs adversaires prétendent que ce ne sont que les paresseux, qui ne désirent pas travailler pour amasser la dot, qui ne peuvent pas se marier; que beaucoup de jeunes filles fuient volontairement le mariage et préfèrent une vie libertine; et que la coutume doit avoir des avantages puisqu'elle persiste si longtemps. Il faut dire qu'Owono n'entreprend pas avec trop de zèle le rôle d'avocat du diable. L'Européen intervient, de façon assez discrète, pour suggérer qu'en dehors des problèmes sanitaires et démographiques exposés par sa femme, la dot est aussi responsable des complexes d'infériorité chez la femme noire, qui la rendent malhabile à remplir son rôle d'éducatrice de ses enfants, et de ceux de supériorité chez l'homme qui risquent de rompre l'harmonie des ménages.

À la fin de cette soirée, le pharmacien et sa femme invitent l'assemblée à se réunir de nouveau chez eux le dimanche suivant, pour fêter l'anniversaire de leur fille, en insistant sur la présence des épouses, que Grospieds n'avait pas cru

nécessaire d'inviter. L'occasion ne pourra être plus belle pour approfondir le sujet. À défaut d'une véritable intrigue, l'auteur agrémente cette première partie de l'ouvrage de maints détails sur le ménage de Grospieds, de ses familiers. Ainsi, la question de la prostitution lui sert de prétexte pour raconter l'histoire d'une certaine Dora rencontrée dans le fameux quartier Mozart à Douala: élevée par des sœurs, destinée au noviciat, elle fut arrachée à la Mission par son père qui la maria à un vieux polygame répugnant, dont elle subit le viol et où elle souffrit tant qu'elle se sauva plusieurs fois, pour être toujours renvoyée chez le vieux. Elle connut beaucoup de jeunes gens qui voulaient l'épouser, mais aucun d'entre eux ne pouvait amasser assez d'argent pour rembourser sa dot. En désespoir de cause, elle s'enfuit à Douala où elle sombra dans la prostitution. Cette histoire finit bien, car le narrateur eut la possibilité de sauver cette fille de la perdition en l'aidant à rejoindre une formation sanitaire catholique où il avait des connaissances.

À proprement parler, *Tante Bella...* commence avec l'histoire de Dora qui couvre la deuxième partie de l'ouvrage. À la fin du dîner offert par le pharmacien français, celui-ci propose de lire à ses invités, pour jeter plus de lumière sur les mariages africains et les souffrances de la femme africaine, un document communiqué par un jeune instituteur, ami de Grospieds. Il s'agit de la biographie de sa tante Bella, que cet ami lui a envoyée pour l'aider dans la lutte en faveur de l'émancipation de la femme. Inutile de dire que la lecture de cette histoire pathétique lui vaut de nouveaux sympathisants même parmi ceux qui ne cachaient pas leur hostilité face à tout changement de la condition féminine.

L'histoire commence par un de ces chapitres quasi classiques du roman négro-africain des années 1950: la description de l'éveil de la nature dans un petit village paisible et des activités quotidiennes typiques des habitants. Une vieille borgne livre à son neveu préféré des confidences sur sa vie de femme, lui révèle ses espoirs, ses déceptions et fait des réflexions sur la condition générale de la femme. C'est un calvaire inimaginable que l'existence de tante Bella depuis le jour où, âgée de six ans, elle est arrachée à son existence heureuse de fillette adorée de sa mère pour rejoindre le ménage d'un vieux polygame, dont elle était devenue l'épouse authentique et légale, à l'âge de deux ans, quand son père dut la lui offrir pour rembourser une dot, en échange d'une fiancée décédée. Victime de la jalousie des co-épouses, comme de la brutalité des hommes, accusée de la mort de son propre enfant et soupçonnée d'être responsable de celle du vieux mari, forcée de subir le supplice réservé aux veuves de chef et les violences d'un nouveau mari cruel, elle ne songe jamais à se révolter contre les traditions et les hommes. Tante Bella est l'incarnation de la coutume et de la soumission passive à l'autorité reconnue de l'homme.

Pourtant, Owono reste optimiste quand il écrit son roman en 1954. Malgré la résistance et la franche hostilité qui persistent parmi les «évolués», autant que dans les milieux traditionnels, le mouvement pour l'émancipation de la femme africaine est en marche. D'ailleurs, pour assurer un «happy-end» à la mélancolique histoire de son héroïne, Owono ajoute un épilogue: la découverte tant soit peu miraculeuse du testament de l'officier qui aurait protégé Bella lors de l'occupation allemande du Sud-Cameroun. Elle aurait vécu dix-huit mois de bonheur auprès d'un jeune hobereau qui lui aurait donné une fille, Olga, avant de disparaître au cours de la Première Guerre mondiale. En vertu de ce testament, Olga hérite d'un titre de noblesse prussien et d'une immense fortune, qu'elle utilise pour mettre sur pied, en collaboration avec son cousin – l'instituteur qui raconte la vie de sa mère Bella – le Centre d'Éducation et d'Artisanat Féminin. On y recueille des veuves, des prostituées, des infirmes qui reçoivent une instruction gratuite et apprennent un métier qui leur permet de vivre décemment et – ajoutons-le – indépendamment des hommes qui les auraient brutalisées et avilies. Le roman d'Owono donne un portrait type du même Grospieds; champion de l'émancipation des femmes, il n'est pourtant pas à l'abri de tout blâme. Dans la première partie du livre, l'auteur lui fait dire: «Moi j'étais satisfait de la mienne femme, justement parce que son éducation profitait à ma famille, et je soutins, en réponse à toutes les questions que je m'étais posées, qu'il valait mieux éduquer et affranchir nos femmes, car nous sommes les premiers à bénéficier de leur éducation.» L'auteur donne aussi à ses lectrices un petit cours de «science conjugale», c'est-à-dire la bonne manière de transformer un époux infidèle, insensible, voire violent, en un mari modèle lui prouvant que les femmes méritent du respect.

Dans l'Épilogue, Owono fait exprimer à l'instituteur J.R. Abanda ses regrets de n'avoir pu offrir un tableau des peines de sa tante, de «le colorer par la gemme de ses douleurs» et de n'avoir pu «qu'en ébaucher les traits dans un style pâle et décoloré».

Si *Tante Bella* n'est pas au premier rang des œuvres romanesques de l'Afrique noire, l'ouvrage d'Owono reste une étude sociologique unique par la lumière qu'il jette sur la condition de la femme africaine de la première moitié du XXe siècle.

Dorothy S. Blair

Tarentelle noire et diable blanc, Paris, P.J. Oswald, Coll. Théâtre africain, 1976, 136p.
Pièce de théâtre de Sylvain Bemba.

Cette pièce, la plus ambitieuse de Sylvain Bemba, veut brosser une vaste fresque de l'histoire du Congo, de la conquête coloniale à la fin des années vingt. Elle se compose d'un Prologue et de trois épisodes comprenant chacun de six à sept scènes. Chaque épisode porte un sous-titre indiquant la période historique dépeinte: premier épisode: de 1890 à 1916: conquête militaire de la région; deuxième épisode: 1916-1920: construction du C.F.C.O. en vue, naissance d'un marché du travail; troisième épisode: suite des années vingt: la colonisation s'installe et s'enracine.

Ce type de structure rappelle davantage les «journées» du théâtre du siècle d'Or que le resserrement de la dramaturgie classique. En outre, la présence de deux narrateurs dont les discours alternés commentent et éclairent l'action, l'intervention de personnages symboliques comme les «hommes-arbres», représentant les forces de la culture traditionnelle avant de se confondre symboliquement avec les hévéas saignés à blanc pour satisfaire la cupidité des compagnies concessionnaires, celle du «Dieu Michelin», le «Bidendum» des affiches publicitaires, incarnant les intérêts économiques métropolitains, rattachent à l'évidence la pièce à un théâtre de type épique.

Le premier épisode nous montre comment Ibouanga, malgré les objurgations de sa femme Koussalouba, vend son âme et celle des siens à Monsieur Faustino, marchand italien, en échange d'une pacotille dérisoire.

Oubliant leurs valeurs ancestrales, ses descendants n'auront plus d'autre destin que de trimer dans l'espoir, le plus souvent déçu, d'acquérir les marchandises que Monsieur Faustino et ses émules exposent à leur convoitise dans les factoreries qu'ils ont créées.

Le deuxième épisode nous montre l'évolution de Faustin, fils d'Ibouanga et de Koussalouba. Séparé des siens qu'il ne connaît pas, ignorant que son âme a été «vendue», ainsi qu'en témoigne son nom, il est d'abord milicien, et nous le voyons au retour d'une expédition répressive au cours de laquelle il s'est «distingué», puis «capita», c'est-à-dire contremaître, sur les chantiers du C.F.C.O. en cours de construction, ma-

niant la chicotte avec férocité, et enfin dans une mine d'or, appartenant à Monsieur Faustino, mais faisant preuve maintenant d'une mansuétude complice envers les travailleurs placés sous son autorité: c'est qu'entre temps sa mère, Koussalouba, vieille magicienne usée par les épreuves, vaincue mais irréductible, lui est apparue, s'est fait reconnaître et lui a expliqué qui il était.

Le troisième épisode nous montre la révolte de Faustin, son affrontement avec son maître et sa mort face au peloton d'exécution, prix de la reconquête de son âme.

Par cette évocation allégorique de l'époque coloniale, l'auteur entend mettre en garde le spectateur contre le risque de génocide spirituel qui lui paraît, comme il l'explique dans son Avertissement, menacer aujourd'hui encore le continent africain.

Le titre, *Tarentelle noire et diable blanc*, joue sur les mots «tarentelle» et tarentule, comme l'explique l'exergue précédant le Prologue:

Tarentelle: danse vive du midi de l'Italie. Tarentule: nom usuel d'une grosse araignée commune aux environs de Tarente. Sa piqûre passait pour causer un grand assoupissement... qu'on ne pouvait dissiper qu'en s'agitant.

La tarentelle noire, c'est donc la danse, valeur ancestrale «nègre» entre toutes, par laquelle les Noirs tentent de résister à l'engourdissement spirituel consécutif au choc de la colonisation. Quant au «diable blanc», il s'intègre, bien sûr, dans une réactualisation du mythe de Faust.

Nous avons pu voir avec *L'Enfer, c'est Orféo* (1969) que Sylvain Bemba s'inspire volontiers de ce procédé qui fut à l'honneur dans le théâtre français de la fin des années quarante avec *Les Mouches* de Sartre, l'*Antigone* d'Anouilh et, avant eux, *La Machine infernale* de Cocteau.

La tentative est-elle heureuse? Observons d'abord qu'elle était au départ hasardeuse, les civilisations africaines traditionnelles, toutes d'équilibre et de mesure, nous paraissant dépourvues d'esprit faustien.

L'attribution du nom de Faustino au personnage qui joue le rôle de Méphisto, le tentateur, crée et entretient une certaine confusion.

Quant au «Faust congolais», il se partage en fait en deux personnages: d'une part Ibouanga qui vend son âme et celle des siens, non pas en échange de l'amour, du pouvoir et du savoir, mais d'une pacotille sans valeur, lunettes de soleil, cravates multicolores, alcool de traite, et d'autre part Faustin qui reconquiert au prix de sa vie ce que son père n'a pas su ou voulu défendre.

Si ce dédoublement accorde l'aventure de Faust au mouvement de l'histoire, il nous paraît aussi entraîner une déperdition de la force du mythe: ce qui montre bien la difficulté de son adaptation à un contexte de civilisation différent de celui qui l'a vu naître.

Cette réserve n'est pas la seule que nous formulerons à l'encontre de cette pièce; dans son *Avertissement*, Sylvain Bemba cite les écrits de Romain Rolland défendant son «théâtre du Peuple» et notamment ce passage: «La fin de l'art n'est pas le rêve, mais la vie. L'action doit surgir du spectacle de l'action.» Or, dans *Tarentelle noire et diable blanc*, la vie et l'action sont quelque peu écrasées par le discours. Les procédés de distanciation l'emportent sur la matière à «distancier». Trop de choses nous sont racontées, trop peu de choses nous sont montrées sur la scène, en action.

L'impression générale est donc réservée. Mais un semi-échec consécutif à une haute ambition n'est-il pas, en fin de compte, préférable à tant de «réussites», dues au refus de sortir des sentiers battus et au respect des conventions, théâtrales ou autres?

Roger Chemain

Technique pour rien, suivi de **Civilisation des autres**, Paris, Librairie Saint-Germain-des-Prés, 1973, 143p.
Recueil de poèmes et Nouvelle de Makombo Bamboté.

Technique pour rien est un recueil de poèmes en deux parties. La première partie, intitulée «Nouvelle de la terre», comprend cinq pièces. Elle est dédiée à Gilles Vigneault, poète québécois. La deuxième partie comprend un seul poème: «Sylvie Dallaire en ce Québec». Dans *Technique pour rien* on dirait que Bamboté s'essaie à la technique avant-gardiste québécoise, l'écriture automatiste. C'est sans doute pour cela qu'il dédie «Nouvelle de la terre » à Gilles Vigneault. Pour le lecteur non initié, les poèmes sont très difficiles à comprendre, tant ils sont saccadés. On peut aussi penser que Bamboté se livre ici à une parodie de l'art automatiste, écriture qui semble de plus en plus sacrifier la compréhension à l'autel d'une technique ésotérique. Quoi qu'il en soit, l'étude de *Technique pour rien* relèverait surtout de la psychanalyse.

La nouvelle est sous-titrée «Le journal d'un paysan de l'Afrique centrale». Il s'agit d'un vieux célibataire qui souffre d'une hernie. Kpasa a perdu son père très tôt et a été élevé par un oncle. Ayant vécu la période coloniale et les aléas des Indépendances, les souvenirs de ces deux époques refluent dans sa mémoire de manière incohérente. À mesure que son journal progresse, des histoires plus précises se font jour. Il nous parle de son groupe ethnique et du fondateur de ce groupe, de sa filleule, de la colonisation et surtout d'un parent, André B..., ou Kolé, «qui alla à M'Bangi pour être fait Monseigneur» (p. 110): il fut catéchiste sans plus. Vers la fin de sa vie, il préféra la compagnie des femmes à sa vocation, ce qui le perdit.

Parti en voyage avec Kpasa, Kolé drague une femme au bord de la rivière. Arrivé à destination, il passe tout son temps avec la femme dont le mari, chauffeur de son état, se trouve à M'Bangi. Kpasa rentre seul chez lui. Survient le mari et une rixe s'ensuit. Kolé est poignardé et meurt trois jours plus tard, «dans un hamac, sur la route de [...] Uango», loin de chez lui.

L'histoire de Kolé ressemble beaucoup à celle de la plupart des jeunes qui ont quitté la société traditionnelle pour se rendre en ville en quête d'une nouvelle vie depuis la colonisation. Selon Kpasa, sans passé solide, pas d'avenir qui vaille. La «civilisation des autres» est venue bouleverser celle du pays. À l'étranger, les fils du pays n'ont appris qu'à «s'enfler comme des crapauds» (p. 119). La découverte des diamants dans une des régions du pays n'a fait qu'augmenter le coût de la vie. D'ailleurs, l'argent que gagnent les jeunes dans les travaux de mines est dépensé en un tournemain dans les drogues ou dans l'alcool. Très peu, comme Udambi, reviennent au village après avoir passé une partie de leur vie en ville. Mais ceux-là sont considérés comme un véritable fléau par les maris. Kpasa blâme les colonisateurs, «nos piétineurs de Français» (p. 122), pour les changements qui se sont opérés dans sa société. Mais il n'est pas moins sévère pour le nouveau régime en place. Les impôts ont augmenté et la vie devient de plus en plus difficile pour les paysans comme lui.

Il n'empêche que *Civilisation des autres* n'a pas pour objet de critiquer la société postcoloniale. Il s'agit davantage des réminiscences d'un vieux sur son passé. La technique de la nouvelle, comme celle des poèmes, emprunte beaucoup à l'écriture automatiste. Auteur de plusieurs ouvrages sous le nom de Pierre Bamboté, l'écrivain semble avoir décidé de changer non seulement de prénom mais aussi de style.

Tar Adejir

Témoignages, Paris, P. J. Oswald, 1976, 80p.
    Recueil de poèmes de Jean-Blaise Bilombo-Samba.

Les pages de ce petit recueil posent quelques questions qui tiennent à l'essentiel de ce qu'on nomme la poésie francophone, si grosse d'accomplissements majeurs et de maladresses, de potentialités, de risques et de manœuvres... *Témoignages* est à l'heure actuelle la pièce unique de Jean-Blaise Bilombo-Samba. Couronnée par le concours «Zone des Tempêtes» du journal *Africasia*, elle est bien contemporaine de la révolution congolaise; le recueil est d'ailleurs préfacé par Henri Lopes, ministre de la république et lui-même poète et romancier engagé.

Dans un pays où nombreuses sont les langues vernaculaires, J.-B. Bilombo-Samba écrit en français pour s'exprimer, pour être lu en Afrique aussi bien qu'en Europe: de toute évidence, l'heure n'est pas venue pour lui de s'interroger à ce sujet, le jeune écrivain ne faisant que rarement surgir la parole d'Afrique: «Sa ngolo o, zolo salu» (lutte, aie foi dans le travail).

Si cette poésie est indigène, c'est par d'autres voies, en particulier par le jeu d'images topiques: «ce râle noir des babouins du mayombé», ou encore:
    Je veux que d'un commun accord...
    Nous extirpions de nos boyaux endo
                 loris
    le tampon moite de sang sombre
    tatoué par la bilharzie
    et couvé par la mère tsé tsé.

La francophonie, ou plutôt francographie, ne peut être en ce cas suspectée de concession à l'esprit néo-colonial, car le recueil crie ses options militantes en faveur de la révolution et du socialisme, en faveur du patriotisme congolais mais aussi de l'internationale des peuples. Cette postulation pour le paysan austère du Congo, pour le Vietnamien ou le Palestinien, devient gênante lorsqu'elle se marque de volontarisme; mais elle sait aussi trouver la phrase juste: «Je me donnerai à outrance pour eux / Pour qu'ils fassent flagrant délit de leur famine.»

La faim du Tiers Monde est un thème

obsessionnel de ce petit livre, qui atteint ainsi, pathétiquement, une portée universelle:

Midi est ce moment qui crépite dans
les ventres vides
Midi est ce moment qui traverse les
gosiers
Et se fige dans les yeux secs!
Ah! les regards dépossédés se font
silex tranchants.

J.-B. Bilombo-Samba nous oblige à voir d'où partent les pays dits en voie de développement: «La tige, les jambes de l'aveugle notre force / La fleur le regard du paralytique notre lumière / Et tous deux l'un dessus l'autre d'avancer.»

Cette parole échappe rarement à la violence verbale, à l'éréthisme, et de ce fait agacera plus d'un lecteur occidental; plus grave, elle n'évite pas toujours le registre discursif, ou le slogan où se dissout la poésie, risquant d'encourir le reproche que son préfacier formulait dans *Sans tam-tam:*

quant à ma poésie, ce n'était ni plus ni moins qu'un discours politique, disons de la prose où l'auteur allait à la ligne...

Mais le discours de J.-B. Bilombo-Samba n'est pas toujours platement assertif: ses vœux connaissent les processus dialectiques: «bâtir sur l'œuvre des bâtisseurs de négations... / suicider les suicides prémédités», qui mèneront au seuil d'une révolution culturelle et morale: «Puis nous fuira l'homme violé l'homme volé / L'homme-résignation l'homme machination.»

Enfin un bon nombre de ces pages ont une charge véritablement poétique. D'abord parce que le jeune Congolais se cherche passionnément: «ai-je vraiment grandi», et part à la rencontre de l'autre, ce qui est doublement caractéristique de son lyrisme. En outre, le texte vit, pour reprendre une distinction célèbre, de la «logique de la métaphore»; il se fait souvent flot d'images déferlantes, comme le grand fleuve du pays:

Rameurs austères aux raisons torri-

des sur les braises d'érosion
Sourdement hors des fleuves de sang
et d'aboulie
Armé de pagaies acariâtres des fou-
dres de la colère...
Quel suspens au bout des crues!

Certes Bilombo-Samba ne tient pas le registre majeur de ses compatriotes Tchicaya U Tam'si ou Tati-Loutard; il n'a pas été retenu dans le *Panorama critique de la littérature congolaise* (1979) de R. et A. Chemain. Mais son écriture, forte donc de mots «enceints d'images», forte de ses jeux de sonorités et d'un vocabulaire individualisé (entropie involontaire?) par les mono ou dissyllabiques, cette écriture plus marquée d'hyperboles que d'éblouissements ne laisse pas de prendre rang et fonction parmi ce que produisent les porte-parole des grandes masses déshéritées de la planète. Qui oserait refuser aux poètes le droit de traduire ce drame immense?

Régis Antoine

Temps de mémoire, Paris, Présence Africaine, Coll. Poésie, 1967, 64p. – Illustrations de Papa Ibra Tall.
Recueil de poèmes de Lamine Diakhaté.

Les vers de *Temps de mémoire* reprennent dans une certaine mesure les thèmes et les accents de *Primordiale du sixième jour* (1963), dont ils paraissent être la suite naturelle.

Le titre indique la nostalgie dont ces poèmes sont imprégnés, tandis que les deux parties du recueil suggèrent les deux interprétations que le poète prête à ce[s] «Temps». Il s'agit d'abord de l'«Afrique»: les poèmes sont à la fois très personnels et engagés dans l'universel africain. Les «Temps de mémoire» sont ici ceux des origines du poète lui-même, de l'«homme ancien» dont il descend, et des origines d'une «terre millénaire», temps de «la sérénité des premiers âges», le temps qui lui a légué sa mission de poète et qui a fait de lui le dépositaire de la sagesse du passé en lui inspirant le respect dû aux patriarches «maîtres de patience, dédaignant la parole inutile»: «Ils m'ont ouvert les portes de leur univers / sur mon front la marque du silence / Lors du Royaume de la parole précise.»

Ainsi, à maintes reprises le poète réitère son lien avec les origines et insiste sur son rôle d'interprète: «Mon pouvoir n'est-il pas de dire?» De plus: «Je suis à la recherche de l'homme qui SAIT / Moi J'EXPRIME.»

Le dernier poème de cette section «Afrique», intitulé «Songes», un long dialogue entre La Voix de Braise et Le Continent, est un message d'espoir, d'unité et de paix. Diakhaté y présente l'Afrique comme la «Mère des continents», dont l'Europe est la fille aînée, l'enfant prodigue dont elle célèbre le retour, dans l'euphorie des Indépendances des années suivantes. «Les maillons dans la chaîne d'espoir» ont noms: Sédar, Kwamé, Habib et Félix, Ahmed et Modibo, et, encore plus loin, Julius, Hamani, Baléwa et Philibert, Milton, Ahmadou et Haïlé.

Par contre, les poèmes de la partie «Amérique» s'inspirent des événements de l'histoire récente du Nouveau Monde: la révolte de Saint-Domingue, le mouvement de non-violence dans le Sud, la longue marche de Selma à Montgomery dans l'Alabama pour revendiquer les droits civiques, l'assassinat de John F. Kennedy. Les noms qu'il évoque dans ce contexte sont d'abord ceux des pionniers de l'émancipation des esclaves: Abraham Lincoln en tête; et de nos jours les poètes et musiciens noirs: Louis Armstrong, Duke Ellington, Marian Anderson, Langston Hughes. Ceux-ci font-ils cependant le poids? Là où la partie «Afrique» se termine sur une note d'espoir, le poème «Sur le tombeau de John Kennedy», qui clôt la partie «Amérique», a des relents de désespoir: «Marian Anderson porte le deuil sur les fibres / de sa gorge / Plus que la voix de la Négritude orpheline / Elle porte le deuil de l'Espoir».

Pour émouvants que soient ces souvenirs de martyrs du Nouveau Monde, les vers de cette deuxième partie du recueil ne réussissent pas à transcender la chronique et à se muer en véritable poésie, telle que nous la retrouvons dans les accents à la fois personnels et universels du poète de l'Afrique:

«Mon essence est un parfum de sept fois mille ans / mon essence de gongo d'arôme de sel / c'est l'essence de l'or fin sous sa gangue / des entrailles du sol. / De mes doigts a fleuri le visage de l'Antique / dans sa patine de rêve et de silence. / Point je ne suis virtuose / mon sens est d'équilibre / ma passion un soleil rivé au Zénith. / Je suis fait pour le mirage...»

Dorothy S. Blair

Temps (Le) des amants, Kinshasa, Éditions Mandore, 1969, 45p.
Recueil de poèmes de Clémentine Nzuji.

Le Temps des amants est un recueil de seize poèmes dont le thème commun est la passion amoureuse. Nzuji y chante «la volupté d'être femme» et l'amour partagé, «l'âme enivrée» et «l'Alpha et l'Oméga réunis» dans le temps aboli. Elle le fait avec flamme et discrétion à la fois. «La quiétude et le frisson» sont les deux pôles entre lesquels oscillent ses poèmes. La sensualité de la femme s'épanouit à travers des pièces comme «Caresse», «Frôlement», «Prélude», «La fièvre» et «Jubilation»: «... Magie de ses doigts palpitants / Sur les pétales de ma poitrine»...

Il y est question de «chairs insatiables», d'«élan sauvage», de «sarabande effrénée» et de «désirs étanchés». Mais cette franche évocation de l'amour physique s'accompagne de l'accord des âmes et se voile de rêves, de nostalgie et de tendresse. Les images marines abondent (mer, sable, vagues, remous, embruns, «marée douce et fluide», «flux montant et descendant») et donnent à ces poèmes un caractère mythique et semi-irréel. Il en est ainsi de «Eldorado» («ce pays de chimères où nous voguons»), de «Ma solitude» («les vagues de nostalgie», «les flots d'effusion») et de *Embruns de vagues* («ses lèvres d'Orphée»). Des notations ardentes comme «les braises brûlantes / D'étincelles...» se transcendent «dans l'immatérielle rêverie» («L'arôme d'encens») et s'évanouissent devant «les yeux embués / D'un reflet de rêve qui s'estompait» («Départ»). «Tu es...» (six strophes de trois vers chacune, parallèles de structure) est un petit chef-d'œuvre de simplicité et d'émotion: «... Toute la paix / Et la joie rencontrée».

Le poème final, «Longtemps après», atteint à une émouvante sérénité dans la simplicité totale et linéaire de l'expression.

Dans ce recueil, brillant et limpide, Nzuji cultive la mélodie auditive des voyelles et pratique savamment l'allitération («Le stellaire scintillements», «Et sombra ma solitude»). Des échos de sons et de rythme soulignent la structure des poèmes. Il en va ainsi du poème initial, «Le temps des amants», qui donne le ton à tout l'ouvrage:

Dans un tourbillon de pure folie
Nos corps siamois s'enlacent
Puis s'envolent, enivrés.
Dans les délices de douce furie
Nos âmes siamoises s'étreignent
Puis s'éteignent, évanouies.

L'année de parution de cet ouvrage, 1969, fut aussi l'année où Faïk Nzuji Madiya remporta le Premier Prix de Poésie au Concours National Léopold Sédar Senghor pour *Impressions* (1969), autre recueil de poèmes, et reçut pour son œuvre poétique et ses études linguistiques la Médaille d'Argent du Mérite Arts, Sciences et Lettres du Zaïre.

Danielle Chavy Cooper

Temps (Le) des hymnes, Paris, José Millas-Martin, Coll. Les Paragraphes littéraires de Paris, 1975, 72p.
Recueil de poèmes de Denis Oussou-Essui.

Temps (Le) des hymnes réunit des poèmes écrits entre 1953 et 1973. De lon-gueur très variée (le plus court a onze vers, le plus long huit pages), ils ne sont pas présentés dans un ordre strictement chronologique, mais groupés selon des thèmes généraux.

La première partie, «Hymne à la nuit ou poèmes d'exil», comporte, à l'exception de «La fatigue des chemins», écrit en Afrique, des œuvres de jeunesse écrites en France, surtout en Normandie et en Touraine, au cours des années cinquante. En général tristes et même pessimistes, ces poèmes traitent de la solitude, de la pauvreté, de la misère; mais quelquefois le poète fait entendre une exhortation («Conseil à la jeunesse») ou un souhait («Justice soit faite») plus optimistes.

La seconde partie, «Hymne à l'amour ou les pulsations de l'aube», écrite elle aussi en grande partie en France, est plus courte et réunit des poèmes d'amour: amour pour un père assassiné, amour pour une mère restée en Afrique, amour enfin pour sa femme: «Elle est blanche comme le papier: / Elle est papier. / Je suis noir comme l'encre: / Je suis encre» («L'encre et le papier»).

La dernière partie, «Hymne à la patrie ou chants d'espoir et du lendemain», écrite en grande partie en Côte-d'Ivoire, élargit la portée du recueil. Denis Oussou-Essui ne raconte plus seulement une aventure personnelle, mais l'aventure du monde noir: le jazz, le racisme aux États-Unis, les changements de la société africaine, les Indépendances. Dans l'un des poèmes («L'élan des aigles»), il célèbre la voix de Myriam Makeba («fille du soleil pétrie des flammes de l'Enfer»), les films d'Ousmane Sembène, les sacrifices de Lumumba, N'Krumah, Cabral, l'œuvre de Sékou Touré, Houphouët-Boigny et Senghor («Toi qui n'as jamais oublié l'Afrique»). Il sait aussi évoquer les problèmes de l'Afrique moderne: excès, coups d'État, assassinats, trahisons: «Mon frère d'hier, aujourd'hui mon ennemi / Me tend le poignard, quand je voudrais sa main» («La fin du crépuscule»).

Au cours des années, la poésie d'Oussou-Essui est devenue plus libre. Alors qu'au début, dans les années cinquante, le poète semblait tenté par le vers classique et la forme fixe, les derniers poèmes ont plus de force car ils sont écrits en vers plus longs, plus libres, avec des rimes plus spontanées. Ces poèmes touchent davantage le lecteur car ils évoquent des thèmes qu'il a développés dans ses romans et qui lui tiennent à cœur. De même que la forme a évolué au cours des vingt années que couvre ce recueil, une évolution se dessine dans la personnalité du poète: *Le Temps des hymnes* nous fait assister à la transformation d'un adolescent idéaliste, amoureux romantique, en un homme mûr très conscient des problèmes de l'Afrique de demain.

Émile Langlois

Termites, Paris, P.J. Oswald, Coll. Théâtre africain, 32, 1976, 61p. – Préface de Gaoussou Kamissoko.

Comédie en deux actes d'Eugène Dervain.

Un événement insolite vient troubler le calme d'une ville: à peine le dernier étage d'un immeuble en cours de construction est-il achevé qu'il disparaît. Tous dans la ville, du simple veilleur à Dieu le Père, s'appliquent à élucider ce phénomène extraordinaire. Cet événement absurde perturbe la vie quotidienne et provoque des réactions qui vont de l'étonnement irrationnel et des essais d'explication d'une logique apparemment séduisante à la déclaration de guerre qui anéantit totalement la ville.

Les réactions des personnes concernées et leurs excuses permettent à l'auteur de se livrer à une critique de la société urbaine de l'Afrique contemporaine. On pense que la prétendue disparition mystérieuse de l'étage dissimule un travail mal fait, on met en doute la probité des fournisseurs; on imagine des vols. Abondant en effets comiques, un autre essai d'explication qui met en cause la responsabilité de l'architecte

est rapporté dans une cascade verbale pseudo-logique: il s'agirait d'un affaissement de terrain, l'immeuble trop lourd s'enfonçant étage par étage dans le sol.

Les hypothèses proposées pour expliquer le phénomène s'éloignent de plus en plus des réalités quotidiennes: un marabout fanfaron est chargé de l'enquête; on suppose l'intervention de soucoupes volantes; une désintégration atomique; on mobilise une armée équipée de compteurs Geiger; on soupçonne une action séditieuse de la faction rivale ou une grève de contestataires; on charge le directeur de l'Office Central Bull de tirer des renseignements de ses ordinateurs: «Mathématiquement les étages n'ont pas été volés». La foi en la science et en la technique, ainsi que la confiance fondamentale dans les capacités du marabout, sont tour à tour ridiculisées.

La recherche des responsabilités permet à l'auteur de faire une satire de la société: chacun pense d'abord à soi et à sa carrière et tente de prouver son intégrité; on rejette la faute sur le supérieur jusqu'à ce que Dieu le Père, instance morale suprême, courroucé par cette démission collective, s'indigne: «Personne n'est jamais responsable ici». C'est le début d'une tension qui s'exerce alors de haut en bas, du Ministre au Chef de la Sûreté; le climat d'insécurité va s'amplifiant; chacun fait des efforts désespérés pour se disculper et rejeter les accusations et les menaces sur plus faible que soi. Le veilleur de l'immeuble est arrêté, on le force à de faux aveux.

Pour se sauver de cette situation, le Chef de la Sûreté cherche l'ennemi véritable à l'extérieur et lui déclare la guerre; la ville est réduite à néant. Seuls quelques individus échappent à cette fin apocalyptique.

À la critique sociale se mêle une caractérisation très nette des personnages: le comportement verbal des protagonistes est nuancé, leur compétence linguistique aussi. Le comique côtoie le sérieux: côtés ridicules de la vie quotidienne, scènes de ménage, fierté du veil-

leur aux paupières circoncises, salutations d'usage en bambara, ton visionnaire
d'une folle qui prêche l'abandon à l'inévitable malgré la clairvoyance de ses
rêves.

Parue tout d'abord dans *Fraternité-
Matin* du 21 avril 1970, l'Introduction
de Kamissoko juge *Termites* comme un
«*Monsieur Thôgô-Gnini*» plus symbolique» et voit dans «l'histoire de cet immeuble au quatrième étage sans cesse
rebâti et sans cesse disparu» un symbole
de «l'impuissance de certaines gens qui
portent en eux-mêmes, comme l'immeuble inachevé, leurs termites rongeurs,
leur corruption, leur médiocrité».

Wolfgang Zimmer

Terre des ancêtres, Kinshasa, Éditions
Basenzi, 1974, 125p.
Roman de Batukezanga Zamenga.

Terre des ancêtres transcende le
temps et brouille les pistes, sous le masque de l'humour et d'une feinte naïveté.
Ce livre tient à la fois de la science-fic-
tion, de la fable millénaire, de l'histoire
et de la farce. C'est un ouvrage d'une
grande originalité, écrit avec verve, qui
fait parfois penser à *La Revanche de
Bozambo* de Bertène Juminer, à Voltaire et à Alfred Jarry. Dans ces onze
chapitres dont chacun expose un aspect
différent de l'histoire coloniale, on
trouve un sens aigu de l'observation, et
une ironie féroce, qui frappe juste, et
qui divertit.

Zamenga imagine deux planètes:
Toto, surpeuplée, où se pose le problème de l'espace vital, et Kobo, «planète considérée comme mystérieuse par
les Totoziens» (I). C'est la course à
travers l'espace vers Kobo; engins et
satellites sont lancés à qui mieux
mieux par différents «clans» rivaux.
Les premiers à atterrir sur Kobo sont les
«mayelenotes», des «savants de l'espace» venus de Toto (II). La guerre
éclate; les Koboziens, avec leurs pierres
et leurs flèches, défendent farouchement
«leur planète et leur liberté», mais mal-

gré leur courage, ils doivent se soumettre
aux envahisseurs (III). Satana, le chef de
l'expédition, présente un rapport au Roi
(avec conférence de presse) où il vante la
fertilité du sol kobozien et ses extraordinaires richesses minières. S'ensuit alors
une «ruée des colons vers le nouveau
monde», comptant trouver dans l'exploitation des richesses koboziennes la
solution des problèmes totoziens. Ainsi
commence «un vaste programme de
colonisation réparti en plusieurs décennies». Les Koboziens dépossédés s'efforcent de préserver la culture kobo par le
moyen de sociétés secrètes qui transmettent croyances et traditions à une élite
d'initiés qui forment «la réserve et la ferme de la civilisation kobozienne» (IV).

Cependant, d'un bout à l'autre de
Kobo, la construction du chemin de fer
est non seulement cause de grandes souffrances mais encore elle bouleverse les
ordres social, philosophique et religieux.
La polygamie et le matriarcat sont présentés comme des conséquences de la
dureté des temps (V). Le besoin de main-
d'œuvre, le commerce de l'ivoire, font
naître la traite dans les régions côtières
d'abord, puis de village en village. «L'o-
pération fut dure et dramatique.» Hommes et femmes deviennent esclaves jusqu'à ce que l'opinion mondiale combatte
et supprime la traite (VI). Zamenga utilise ici des souvenirs de famille directement transmis, puisque son arrière grand
père fut un de ceux qui furent capturés,
puis affranchis. Notons aussi que cette
planète imaginaire s'appelle «Kobo»,
comme le lieu de naissance de l'auteur.

Par la suite, la rivalité des diverses
puissances totoziennes se trouve évoquée
à travers la succession des «expéditions
coloniales, explorateurs, drapeaux» sur
Kobo, qui est divisée sans qu'on tienne
compte de l'appartenance des tribus. Les
Koboziens se trouvent malgré eux l'enjeu (et les victimes) des querelles entre
«Rois, Empereurs et Présidents des Républiques». Une guerre généralisée éclate
d'ailleurs sur Toto, où les «musées-
têtes de morts» deviennent des sites tou-

ristiques une fois la guerre finie (VII)!

À Kobo, les colons totoziens connaissent bien des déboires. Une astucieuse campagne de sabotage (VIII) est menée contre la pratique du portage en hamac (sièges saupoudrés de poil à gratter) et pour résister à l'implantation de certaines cultures (faire bouillir les graines avant de les planter)... L'humour du conteur anime de petits tableaux satiriques où les colons dupés apparaissent comme des marionnettes ridicules. L'effort de développement scientifique des colonisateurs prête aussi à d'énormes canulars. En ce qui concerne maladies importées et vaccinations, cela tourne au tragi-comique (IX).

Les deux derniers chapitres, les plus développés, présentent la «vaste campagne d'évangélisation» de la colonisation, avec ses «bouffonnes» et sinistres conséquences (X), et les cocasses rivalités entre les différentes Églises (XI): «la Sainte, l'Église dissidente et l'Église de l'Armément» (l'Armée ment? l'Armée du Salut?). M. le Pasteur et M. l'Abbé se trouvent aux prises dans une scène grand-guignolesque. Ce ne sont que malentendus, dialogues de sourds, incompréhension mutuelle entre les Totoziens parlant par paraboles et les Koboziens «proverbiaux». L'interprétation littérale par les Koboziens des enseignements des missionnaires (partage avec les pauvres, pardon des injures, Immaculée Conception, Jugement Dernier) donne lieu à des saynètes d'un comique fort savoureux. Comme Mongo Beti dans *Le Pauvre Christ de Bomba* (1956), Batukezanga Zamenga montre le lien étroit, la collusion, entre la religion et l'administration coloniale. Son arme est la dérision. Zamenga passe sans effort du factuel au grotesque, et sa verve burlesque se déchaîne ici au plus grand plaisir du lecteur.

Historien de son temps, Zamenga évoque encore le kimbanguisme et les persécutions. Mais il passe rapidement sur la «longue période de lutte contre Toto» et la «première nuit» de la libéra-

tion de Kobo, sa «période sombre» due à l'inexpérience et à la perte d'identité, jusqu'à ce que le «mouvement de recours à l'authenticité» fasse briller «la flamme de la liberté sur la planète Kobo». Les derniers mots du livre sont: «le prix de la liberté».

Dans *Terre des ancêtres*, Zamenga, homme de bon sens, se révèle à la fois historien, humoriste et humaniste. C'est par «l'hénaurmité» de la plaisanterie que l'homme peut dominer le dramatique de la situation où il est jeté, et rectifier l'absurde. *Rire* n'est-il pas le propre du philosophe?

Danielle Chavy Cooper

Testament, Kinshasa, Éditions du Mont Noir, Coll. Objectif 80, Série Jeune Littérature, n° 1, 1971, 47p.
Recueil de poèmes de Gaby Sumaili.

Exception faite des poèmes ouvertement descriptifs, délibérément écrits dans un style militant et dramatique (ou même parfois belliqueux, comme pour certains poèmes de Ray Autra dans *Vers la Liberté*), *Testament* est un recueil d'envolées lyriques. L'auteur essaie d'y chanter l'Afrique, d'y approfondir le «message de l'Équateur» et d'enrouler ses lecteurs dans un tissu complexe, mélange d'images historiques, géographiques, animales et musicales.

Son style exclamatif fait parfois penser à celui de Jacques Rabemananjara, mais ce dernier est toutefois moins impénétrable. Certaines combinaisons recherchées plaisent, tel ce «vol fatidique des vautours fulgurants» (p. 36), mais d'autres comme le jeu de mots sur «l'étang» et «les taons» ne sont pas heureux (p. 32).

L'amour sincère de l'auteur pour son pays, pour son continent si fécond en richesses de l'âme et du corps, se répand en souvenirs, en prières et en incantations. Il chante le passé, les «vertus des ombres ancestrales», mais aussi les rythmes endiablés de «Kin-l'enchanteresse». Il manie le langage avec un talent indéniable et en tire des phrases imagées et frappantes. Toutefois, il est clair que Sumaili n'écrit pas pour la majorité de ses compatriotes, car seule l'élite peut le suivre dans ses sentiers métaphoriques, et peut-être solitaires.

Anita Kern

Tipoye (Le) doré, Paris, P. J. Oswald, 1976, 80p.
Roman de Placide N'Zala-Backa.

Le Tipoye doré, c'est d'abord le récit d'une enfance africaine, dans un hameau de la forêt congolaise, au temps de la colonisation française. Texte au départ didactique, et apparemment orienté vers un public extérieur au Congo; mais aussi roman centré autour de la figure du père, un chasseur pauvre qui initie son jeune fils aux pratiques de capture du gibier. Texte imprégné d'un environnement culturel qui enrobe bientôt le récit de manière convaincante. Au fil des pages, on se pénètre de l'animisme des chasseurs, on est confronté au concept africain de «force» et à la présence psychique permanente du monde des Ancêtres.

Après avoir rempli son office de légateur culturel, le père du jeune héros meurt; la mère devenue veuve doit partir avec son enfant pour un village plus important. Le récit se fait alors témoignage et réquisitoire: les exactions coloniales dont souffre la population indigène apparaissent plus insoutenables les unes que les autres; du point de vue du colonisé, on est à même de constater l'envers de ce qui fut appelé «l'action civilisatrice de la France»: corvées de travail payées à coups de fouet obsédants, racket généralisé des paysans par le représentant de la puissance coloniale, caricature d'infrastructure sanitaire, manque d'écoles, quadrillage des villes et séquestration sans jugement et sans motif autre que l'arbitraire colonial le plus obtus. Avec *Le Tipoye doré*, on est plus près de la dénonciation d'un Seydou Badian (*Le Sang des masques*, pour le

Mali) et surtout d'un Mongo Beti (*Perpétue, Remember Ruben, Le Pauvre Christ de Bomba*, pour le Cameroun) que des mésaventures survenues aux personnages d'Oyono. En particulier, on ne retrouve plus le sourire désabusé du *Vieux Nègre et la médaille* d'Oyono, dans l'épisode tragique de la répression qui s'abat sur un médaillé de la guerre de 1914-1918, que l'administration coloniale fait brûler vif.

Les forces coloniales ayant transformé le village en désert, la mère et le fils partent pour la partie indigène de Brazzaville. Le jeune homme, militant du mouvement matswaniste, subit les conditions horribles de détention dans un camp colonial: fouet, corvées choisies avec machiavélisme parmi celles qui peuvent le plus vite infester les prisonniers... Le livre s'ouvre enfin sur des perspectives meilleures, celles de l'Indépendance, annoncée par les discours politiques des leaders de la transition et par les hymnes émancipateurs de la secte matswaniste.

Le Tipoye doré, roman des années d'apprentissage du héros, écrit à la première personne, plaît par sa concision, en dépit de sa nature hétérogène: récit, puis témoignage, puis transcription de textes historiques et culturels, en dépit aussi d'une pratique réductrice dans la conjugaison des verbes.

La dénonciation y travaille les signes et symboles du colonialisme: impôt des trois francs, tipoye (chaise à porteurs où se prélassait le Blanc) aussi bien que les portraits-charges: celui des colons, brossé en quelques notations habiles, celui de la mère africaine, bien proche des mères de Mongo Beti: «Elle personnifiait à elle seule la misère, l'ignorance, l'impuissance, l'incertitude, la peur, la subordination, la faiblesse, les malheurs de tout un peuple.»

Roman matswaniste, a-t-on dit. Certes, et plus profondément que par exemple *La Palabre stérile* de Guy Menga, si l'on s'en tient à la ferveur des prières, au messianisme du texte. Mais le roman, et les notes d'auteur, distinguent la fonction nationaliste du mouvement matswa d'avec ses «transes» mystiques. Placide N'Zala-Backa sait dire les limites du matswanisme à la lumière, semble-t-il, de la conception marxiste de la religion (à la fois opium du peuple et protestation d'une âme opprimée); en ce sens, ce roman s'inscrit dans les orientations générales de la révolution du Congo, où il connut d'emblée une grande audience.

Régis Antoine

Tounka. Une légende de la mer, Dakar, Imprimerie Abdoulaye Diop, 1952/Paris, Présence Africaine, 1965, 95p.

Nouvelle d'Abdoulaye Sadji.

Tounka est le récit du conflit inexorable entre les puissances divines et les faibles mortels. Le personnage principal n'est pas Tounka mais N'galka, qui n'apparaît qu'au quatrième chapitre du récit. Les trois premiers chapitres (sur huit) décrivent la migration et l'installation des ancêtres de Tounka et nous préparent à son entrée en scène. Quant à N'galka, il est présenté comme «le meilleur cultivateur, le meilleur lutteur, le meilleur pêcheur de toute la côte...; [il est] l'unique survivant d'une lignée de grands cerveaux [...], un homme de valeur, un homme supérieur aux autres humains» (p. 31-35). Ces attributs font de lui une sorte de Prométhée noir, un favori des puissances de la mer qui lui donnent une des leurs en mariage. N'galka épouse cette princesse au cours d'une somptueuse fête dans le Royaume des mers. Il promet, comme on le lui demande, de garder jalousement le secret sur les origines de sa femme et de ne pas laisser ses enfants épouser les filles des hommes.

Fidèle à son engagement, N'galka présente sa femme comme étant originaire du Cap-Rouge. Leur union est bénie par la naissance d'un enfant à qui N'galka donne le nom de Tounka, en mémoire de son aïeul. Mais ce baptême n'aura lieu qu'après la cérémonie d'initiation chez les divinités des eaux.

Les activités étranges et surhumaines de cet enfant prodige ainsi que le comportement énigmatique de sa mère ne cessent d'étonner les villageois. Ce qui pousse les patriarches à inviter N'galka à une réunion au «pintch». Au cours de cette réunion, on fait promettre à N'galka de prendre pour deuxième épouse une fille de la tribu. Cela permettra à N'galka, concluent les vieux sages, de protéger sa lignée et de conserver par là les principes traditionnels. Dès ce nouveau mariage, le pacte ourdi avec les puissances marines est ébréché. Un commentaire malencontreux et anodin de N'galka sur la frigidité de la princesse des eaux permet aux femmes du village, toujours loquaces, de répandre certaines informations diffamatoires au sujet de Goudi. Elle se sent désormais mal à l'aise et non désirée, le secret sur son identité étant connu. Ainsi traitée de paria, elle quitte le monde des faibles mortels.

Commencent alors les tribulations de N'galka et du village qui doivent subir la colère des dieux, furieux de ce que N'galka et les villageois aient porté atteinte à la dignité de Goudi. Comme dans la tragédie grecque, rien ne peut arrêter la descente vertigineuse de N'galka vers la chute finale, maintenant qu'il est pris dans le filet des dieux courroucés. Le malheur descend aussi sur le village qui est inondé et qui perd beaucoup de ses fils dans la catastrophe. N'galka paye de sa vie son imprudence. «Les génies de la mer avaient été les plus forts», nous rappelle tristement Sadji.

Sadji présente bien l'univers tragique dans lequel les faibles mortels, comme dans la mythologie grecque, sont victimes de la rivalité entre des dieux, alors que chacun d'eux veut être l'esprit protecteur des êtres. Ici, il s'agit de la rivalité entre les dieux de la mer et les génies du désert. Tiraillés d'un côté et de l'autre par ces esprits antagonistes, les mortels s'en remettent à eux comme des jouets.

Le conflit entre les forces divines toujours mystérieuses et inexorables et les mortels toujours ignorants, aveugles, très souvent imprudents et qui cherchent à tâtons une échappatoire (on retrouve là l'âme de la tragédie classique) se reproduit ici dans une poésie et un réalisme extraordinaires.

Bien que ce monde apparaisse au premier abord comme un univers mystérieux et clos, Sadji rappelle qu'il s'agit d'une représentation du Sénégal avec sa topographie, ses traditions sur le mariage, ses danses rituelles de la pluie, ses fétiches, ses totems, rites et tabous, son parler (expliqué parfois en notes), ses tam-tams de noms et de tailles différents, son artisanat primitif (la coiffure, la fabrication des barques et des habits ainsi que la construction des cases) et enfin sa vie communautaire. Le temps chronologique y est rarement mesuré en années, mois, semaines, jours et heures — tous termes occidentaux. Il est exprimé en saisons ou en pluies (pour indiquer les années) en soleils (pour indiquer l'heure et le jour) et en lunes (pour indiquer le mois). De plus, les précisions spatiales sont données en nombre de journées de marche. C'est véritablement un univers primitif (dans le vrai sens du mot) et païen, c'est-à-dire qui n'est pas encore souillé par les civilisations européenne et/ou musulmane. Aucun lettré, et a fortiori aucun assimilé, n'apparaît dans cette société primitive. Dans la vie des citoyens, tout est régi par les patriarches appelés «les cerveaux du peuple» et les «ndjites». On est mis devant cette Négritude des Sources que Senghor présente dans ses premiers poèmes (cf. *Chants d'ombre*) et que Birago Diop peint dans ses contes et poèmes, et surtout dans «Souffles». C'est un monde où les génies tutélaires des lieux sont assez facilement invoqués, où les forces cosmiques sont encore présentes chez les humains, où les spectres des aïeux apparaissent pour avertir leur progéniture des dangers, où l'homme est près de la nature et de ses mystères. Plus que Senghor et Diop, Sadji remonte un peu loin pour nous peindre, dans cette légende, les premiers temps des Sénégalais et leurs luttes pour survivre.

Comme dans ses deux romans, *Nini* (1954) et *Maïmouna* (1953), romans à héros féminins, Sadji se révèle ici comme un grand peintre de la femme. Les mortels féminins — Tyôvâne (Le Maître féticheur), Mame N'Dack (La Voyante), N'diaré et les jeunes femmes anonymes ainsi que le monde marin des princesses et des naïades — sont décrits en profondeur avec leurs habitudes et sentiments spécifiquement féminins: jalousie, commérages. On les voit dans leurs rôles de mères et d'épouses. Par contre, les hommes, y compris N'galka, Tounka et les patriarches, sont définis par leurs actions toujours marquées par une virilité farouche et une intrépidité souvent imprudente.

Samuel Ade Ojo

Traduit de la nuit, Tunis, Éditions des Mirages, 1935, 69p.

Poèmes traduits du hova par Jean-Joseph Rabearivelo.

Traduit de la nuit est inséparable de son pendant, *Presque-songes*. L'un et l'autre procèdent d'une même vision, d'une même langue, d'une même écriture. Les deux recueils sont à ce point complémentaires que Rabemananjara a pu écrire «qu'ils représentent les deux faces d'une même réalité, d'une même ethnie poétique, mais les deux faces vues au travers d'un prisme-boomerang. La dernière œuvre [*Traduit de la nuit*] est le choc en retour de la première [*Presque-songes*] comme celle-ci était l'annonce et la préfiguration de celle-là».

Dans ce recueil qui compte trente poèmes en vers libres, sans titre, simplement numérotés, Rabearivelo atteint cette fois un art entièrement dépouillé de réminiscences ou d'imitations. En poète de la nuit, comme le furent Novalis ou Supervielle, il trouve enfin là le terrain qui s'accorde à sa sensibilité, l'espace qui convient à la mesure de ses rêves. Le titre du recueil est révélateur: *Traduit de la nuit*. Mais quelle nuit? Nuit intérieure? Nuit extérieure? L'une et l'autre; cependant que l'on ne s'y trompe pas: la symbolique traditionnelle, «Jour — Lumière — Vie — Bonheur», «Nuit — Obscurité — Mort — Malheur», est à peu près inversée chez Rabearivelo. Si dans *Presque-songes* le réel, le jour, est presque toujours une entrave à la vie véritable, la nuit favorise la création poétique, et, en ce sens, elle est image de vie intimité, bienfaisance: «Velours de prunelles / lisse comme le cuir blanc des lis, / et plus fragile qu'ongle d'enfant.» «Ombre parturiente», c'est la nuit féminine, douce au poète et créatrice.

Butinez-y abeilles de mes pensées,
Chargez-vous aussi du pollen stellaire
pour les prairies de la terre
et demain lorsque s'y noueront
les roses sauvages de les poèmes,
nous aurons des cynorrhôdons aériens
et des semences sidérales.

En fait, il y a deux nuits chez Rabearivelo: celle qui s'éloigne du jour, privilégiée, tout entière contenue dans le regard du poète qui réfléchit (laissons à ce mot son ambiguïté) le ciel nocturne, intemporelle et profonde; c'est de cette nuit-là que sont nés les plus beaux poèmes de Rabearivelo, d'une perfection formelle encore jamais atteinte. Mais il y a aussi l'autre nuit: celle qui se rapproche du jour, avec laquelle renaît l'agression, la menace, où tout ce qui était courbe et douceur devient ligne droite et fibre. La facture même du poème reproduit alors cet univers traumatisant et hostile:

clair de lune, clair de lune — et après?
ne bois pas trop de lait qui fuit
du pis de cette chienne sauvage et
                                                    borgne
qui aboie dans les ruines du ciel...

On a voulu découvrir, voire reconnaître, dans *Traduit de la nuit*, une inspiration surréaliste. Pourtant rien n'est plus éloigné des procédés littéraires de cette école. La poésie de Rabearivelo n'est pas une poésie cérébrale; elle ne naît pas d'un coup de dés. Elle est issue d'une réalité profondément enracinée dans la terre malgache où l'individu-microcosme perpétue les moindres variations du macrocosme-univers. Par ailleurs, certains biographes de Rabearivelo, Robert Boudry par exemple, se sont plu, donnant ainsi du recueil une vision incomplète et trompeuse, à ne voir dans *Traduit de la nuit* que la forme symbolique de l'expression de la solitude du poète, l'impossibilité où il se trouve de s'évader de sa condition: en un mot — et la tentation est grande pour le critique — c'est la nuit coloniale ou colonialiste! En ce cas, comment expliquer ces incantations quasi amoureuses: «Ô reine sans visage, ô belle âme de ce qui change, ô sœur et fille tour à tour de cette lune qui vient de naître à l'orée d'un verger!»

Rabearivelo se soucie peu de faire une œuvre engagée: il est trop tôt — nous sommes en 1935 — pour que le mouvement de la Négritude ait prise sur lui, trop tard déjà pour refuser — et le veut-il seulement? — une culture qu'il a faite sienne sans équivoque.

Mais ne ramener ses poèmes qu'à une somme d'artifices littéraires appliqués à des événements déterminés, c'est oublier que comme tous les grands poètes, Rabearivelo fait partie d'un monde «irréductible à celui du réel».

Claude Ralambo

Traversée (La) de la nuit dense ou les travailleurs africains en France, suivi de **Cris rouges**, Paris, P. J. Oswald, Coll. Théâtre africain, 19, 1972, 96p.
Pièce de théâtre et recueil de poèmes de Zégoua Nokan.

La Traversée de la nuit dense relate l'aventure de trois jeunes prolétaires africains qui, contraints par le chômage à une vie de parasites dans la capitale imaginaire de Tangouana, décident d'aller travailler en France. Grâce à l'aide morale et financière d'aînés de leur village, et malgré la corruption de l'administration, ils peuvent partir. Au foyer d'Aubervilliers, ils mènent une vie très dure, qui conduit l'un d'entre eux à la mort, mais une vie de militant, enrichie de contacts avec les étudiants et la gauche française, favorise leur prise de conscience politique et provoque la décision de rentrer en Afrique continuer la lutte révolutionnaire.

Le recueil de poèmes qui suit la pièce, *Cris rouges,* aborde des thèmes qui la prolongent.

Comme toute l'œuvre dramatique, romanesque, ou poétique de Nokan, *La Traversée de la nuit dense* est centrée sur le didactisme révolutionnaire. L'auteur veut écrire pour le peuple des pièces édifiantes selon les grands principes du réalisme socialiste. Pour cela, il utilise dans la construction de son univers dramatique des symboles extrêmement simples, immédiatement compréhensibles pour le public populaire qu'il veut toucher. Le lieu de l'action — un taudis à Tangouana, un foyer à Aubervilliers, un cimetière à Thiais... — est aussi symbolique que le temps: — la nuit (cf. le titre), signe de la misère, s'oppose au soleil, promesse de vie heureuse, de même que l'hiver, terrible pour les travailleurs immigrés, s'oppose au dimanche d'été alors que se promènent les bourgeois.

Dans cet univers au symbolisme volontiers manichéen où les bons (les révolutionnaires) s'opposent aux méchants (les bourgeois), il va de soi que les personnages n'ont guère de profondeur psychologique et représentent avant tout des rôles. De ce point de vue, le nom même du principal héros, Tassouma, est significatif puisqu'il signifie «feu» en dioula, langue véhiculaire de Côte-d'Ivoire, comprise par tout le peuple, en milieu urbain. Comme tel, il neutralise la nuit froide et obscure par la chaleur et la lumière qu'il représente. Il s'oppose à son camarade Dramane, coupable d'individualisme, et, partant, traître à la cause révolutionnaire, dont le destin logique est par conséquent la mort.

Selon le principe suivi par Nokan, il faut en effet encourager la ferveur révolutionnaire du public en punissant les méchants ou les faibles et en montrant des héros qui, ne connaissant ni doute ni faiblesse, sont de véritables chevaliers de la révolution.

La Traversée de la nuit dense est une pièce engagée qui dénonce le néocolonialisme à un double niveau: en Afrique, où règne le chômage et sévit une administration corrompue, et en France, avec cette nouvelle traite des Noirs que représente la venue des travailleurs immigrés.

Comme toujours, dans ce type d'œuvre dramatique, les personnages positifs font de longs discours didactiques pour analyser la situation politique actuelle et annoncer un avenir meilleur, dans la fraternité de tous les peuples. Mais comme l'éducation du peuple passe aussi par l'exaltation, ces tirades prennent volontiers un ton poétique, le héros se livrant à de véritables prophéties où les révolutionnaires deviennent les «hommes-ouragans, hommes-cascades, hommes-pluies» et les «hommes-panthères» et les «pourritures du monde» qui seront balayés. C'est sans doute pour renforcer chez le lecteur cet effet d'exaltation que la pièce, telle qu'elle a été publiée chez Oswald, est suivie de *Cris rouges,* ce recueil de poèmes révolutionnaires au ton violent.

D'une façon générale tout le théâtre de Nokan peut faire penser à celui de Daniel Boukman, mais *La Traversée de la nuit dense* est à rapprocher particulièrement de la pièce intitulée *Les Négriers* qui, elle aussi, dénonce l'exploitation des travailleurs antillais sur le marché du travail français.

Jean Dérive

Tribaliques, Yaoundé, Éditions CLÉ, 1971, 102p. — Préface de Guy Tirolien. Recueil de nouvelles d'Henri Lopes.

Tribaliques ne marque pas vraiment l'entrée en littérature de l'écrivain Henri

Lopes, puisqu'il avait auparavant signé des poèmes publiés dans *La Nouvelle Somme de poésie du monde noir* (1966) et dans l'Anthologie de *La Poésie contemporaine de langue française* (1973).

Mais ce recueil de nouvelles se situe à l'origine de la carrière de romancier de cet auteur congolais. Le livre connaît depuis 1970 un succès de librairie sans cesse renouvelé (la sixième édition est prévue à ce jour). Cela tient en partie à l'actualité toujours vérifiée des thèmes abordés. Ces récits posent des problèmes au niveau continental et sous une forme accessible à un large public.

Les trois premières nouvelles traitent du mariage et de la vocation des femmes, de leur rôle dans la société africaine contemporaine. Les personnages mis en scène sont partagés entre leur intérêt pour les études (Appolline) ou leur métier (M'Ba) et les sollicitations matrimoniales. La fille de Ngouakou doit se consacrer à la cuisine pour apprendre à satisfaire le mari. Faut-il exclure les études supérieures pour se plier à l'unique devoir de perpétuer l'espèce? Un roman ultérieur, *La Nouvelle Romance* (1976), donnera de ce sujet un développement magistral.

Dans *Ah! Appolline* l'on voit comment la fille est sacrifiée aux exigences de sa famille, à la nécessité de faire instruire les petits frères et au tribalisme. Elle n'épousera pas son semblable qu'elle aime, mais le diamantaire riche qui appartient à son ethnie.

M'Ba exerce le noble métier d'enseignante que l'auteur saura revaloriser dans un roman ultérieur: *Sans tam-tam* (1978). L'opposition est entre celle qui travaille et attend au pays d'une part, et l'ancien fiancé d'autre part, marié en Europe, où il demeure (*La fuite de la main habile*). Le quatrième protagoniste, l'ami qui rapporte l'histoire, est-il un consolateur potentiel? Le récit est une rétrospective qui s'ouvre et se clôt sur l'interrogation embarrassée du voyageur qui doit apporter à M'Ba la mauvaise nouvelle. Le corps du récit consiste à expliquer cet embarras.

La dénonciation du contraste entre le discours politique officiel et le comportement individuel et privé commande la structure de la nouvelle, *M. Le Député Ngouakou Ngouakou*, député à l'assemblée, qui prend position contre la sujétion des femmes à la tribune, se comporte avec le pire racisme en sa demeure. L'épisode de la lycéenne séduite et méprisée confirme cette duplicité.

La nouvelle, qui commence par l'énoncé du discours face auquel chaque apport ultérieur du récit s'inscrit comme un démenti, finit par l'audition de sa retransmission à la radio.

Les trois nouvelles suivantes ont en commun, indirectement, une description de la situation néo-coloniale, dans les années soixante. L'une traite du cas de la servante mal payée — «la boyesse» — qui sollicite une avance pour acheter des médicaments pour son fils et reçoit cet argent quand les chants funèbres lui apprennent sa mort. Cette nouvelle qui fait indéniablement penser à *La Noire de...* de Ousmane Sembène, insiste davantage sur l'opposition de classes plutôt que sur l'incompréhension raciale.

Fait exceptionnel dans la littérature négro-africaine, la guerre d'Algérie est prise en considération par un narrateur et sert d'argument à un récit. Nommé ambassadeur de son pays à Alger, *l'ancien combattant* y prend une maîtresse qui se révèle être la fille d'une militante du F.L.N., qu'il a jadis fait exécuter lorsqu'il servait comme sous-officier dans l'armée coloniale française. Le malaise nous est communiqué avec une grande économie de moyens.

L'honnête homme est le titre donné par antiphrase à celui qui, insuffisamment rigoureux, se compromet avec le médecin d'une compagnie étrangère. La scène dans le bureau du préfet est rapportée par le témoin chargé de mission. Blessé dans son sentiment national, il ne fera peut-être pas d'autre rapport que ce récit qui nous est livré.

Le problème de la réinsertion au pays du fonctionnaire revenu d'Europe à la fin de sa formation est abordé en même temps que celui de l'engagement politique d'anciens étudiants. Est posé le problème des rapports de l'intellectuel avec le pouvoir. Ce dernier thème sera aussi développé dans *Sans tam-tam*.

La bouteille de whisky est celle que savoure l'homme à qui l'on vient mettre les menottes. Il refait mentalement son itinéraire depuis son indifférence coupable à la cause des siens jusqu'à son engagement progressif dans la lutte, qui l'a conduit à coller des tracts et à cette arrestation. L'accord retrouvé avec sa conscience compose la perspective des sévices encourus.

Ces sévices sont ceux auxquels ne résiste pas le docteur impliqué dans un complot car son nom de praticien figure sur le carnet d'un suspect. Le médecin mourra sous la torture, mort imputée au suicide. La nouvelle est un fort réquisitoire contre les violences infligées aux condamnés politiques. Le récit commence et finit par l'embarras du commissaire qui narre les faits pour justifier cet embarras: «Comment leur expliquer qu'il ne faut pas?»

Chaque unité narrative, en général, finit comme elle a commencé, la situation finale est un retour à la situation initiale mais enrichie par le développement qui en a fourni l'explication. Chaque nouvelle est une réflexion sur une situation passée, revécue dans la conscience du narrateur. Le dénouement demeure ouvert. Le récit n'assène pas de conclusions. L'auteur pratique l'euphémisme, la litote, l'interrogation qui dérangent les bonnes consciences.

Le titre d'une nouvelle d'Ousmane Sembène, *Prise de conscience,* pourrait servir de fil directeur à la lecture des *Tribaliques*. Chacune des nouvelles fait le récit d'une prise de conscience sentimentale ou politique. La prise de conscience est également au niveau du lecteur que l'énoncé de ces mésaventures rendra plus lucide.

Dans le *Panorama critique de la littérature congolaise contemporaine* (1979),

R. Chemain montre comment le tribalisme, malgré le titre donné au recueil, n'est pas le seul frein au développement ou à l'épanouissement humain qu'analyse l'auteur, dès sa première œuvre. Ce titre symbolise les différents handicaps, les pesanteurs sociologiques qui affectent la société d'après les Indépendances.

La langue est précise, contrôlée; des incidentes introduisent l'humour. L'œuvre a la ferveur de la jeunesse.

Arlette Chemain

Trois petits cireurs, Yaoundé, Éditions CLÉ, Coll. Pour Tous, 1972, 63p.
Nouvelle de Francis Bebey.

Mamou, Nyassa et Abdel forment une équipe de cireurs devant un hôtel de luxe. À la fin de la journée, ils se partagent les gains, mais pendant la journée, dans la lutte pour attirer la clientèle, ils se battent souvent entre eux. Chaque client discute des problèmes sociaux et philosophiques avec le trio. Mamou, le plus sage, est lent à juger du caractère des gens, et ses deux camarades le méprisent lorsqu'il accepte de veiller sur la voiture d'un homme qu'ils appellent «l'Arrogant». Pendant que Mamou fait la sieste à côté de la voiture, Nyassa et Abdel volent de l'argent d'un portefeuille laissé sur le siège. Convaincu que ses copains ont honnêtement gagné une coquette somme, il en accepte le partage et réalise son rêve, l'achat d'une paire de chaussures pour ses pieds nus. Quelques jours plus tard, «l'Arrogant» invite les trois à voir un film qu'il a tourné. Ils se voient sur l'écran en train de voler l'argent de la voiture. Au lieu de les faire arrêter comme ils le craignent, «l'Arrogant» les remercie pour avoir rendu possible une si bonne séquence.

Ce petit ouvrage traite essentiellement des préjugés de tous ordres. Les trois enfants représentent la jeunesse africaine et sa possibilité de sortir du sous-développement. Ayant un sens aigu de la dignité, les trois petits cireurs ont des discussions idéologiques sérieuses et raisonnées sur le racisme et les rapports sociaux. Les clients discutent souvent de la valeur du travail des cireurs et de leurs semblables. Le sentiment de Bebey est assez transparent; il admire beaucoup ces jeunes «débrouillards». Paul, un client qui est visiblement son porte-parole, affirme: «Ce continent a besoin de petits cireurs au zèle excessif, à tous les niveaux. Car ces petits hommes possèdent au moins l'une des deux qualités qui font le plus défaut à l'Afrique, le courage au travail, l'autre qualité étant un peu d'imagination.»

Bebey se montre souvent poète et philosophe dans cette nouvelle destinée aux jeunes Africains. Sans offenser les lecteurs adultes, il exprime son admiration pour les jeunes d'une façon presque romantique. À la place du sauvage noble, il met l'enfant, le sous-développé, noble dans ses haillons: «seul l'enfant à l'œil innocent sait faire siennes les souffrances des autres» et «perpétue de son regard la lumière vivifiante des premiers temps». *Trois petits cireurs* est plein d'espoir et d'optimisme. «La fin du monde n'est pas proche. L'arbuste qui fleurit auprès de la lave encore brûlante porte en lui l'espoir d'une terre qui se moque éperduement des volcans en feu... et l'enfant qui naît est semblable.»

Stephen H. Arnold

Trois prétendants... un mari, Yaoundé, Éditions CLÉ, 1964, 123p.

Comédie en cinq actes de Guillaume Oyono M'bia.

Trois prétendants... un mari présente les efforts d'une famille villageoise pour marier Juliette, jeune collégienne, à la manière traditionnelle, c'est-à-dire «au plus offrant». Juliette rentre du lycée pour apprendre qu'elle a un prétendant, Ndi, jeune paysan qui a déjà versé cent mille francs à ses futurs beaux-parents. Ces derniers, comptant sur les possibilités immenses que pourrait offrir le deuxième prétendant, Mbia, qui est fonc-

tionnaire, décident de le substituer à Ndi. Celui-là affiche son importance, à l'admiration générale, par la parade fastueuse de sa prétendue munificence. C'est là l'essentiel pour la vieille génération. Indignée, Juliette refuse constamment d'épouser l'un et l'autre parce qu'elle aime un jeune lycéen, Oko. De plus, elle croit qu'elle aurait dû être consultée avant la conclusion de ce mariage inopportun... ce qui, naturellement, offusque les parents. Pour avoir gain de cause, Juliette vole les trois cent mille francs déjà versés pour financer son mariage avec son jeune ami, promettant par la suite d'épouser sur-le-champ «le premier venu qui [...] donnera trois cent mille francs». Entre temps, l'incapacité du célèbre sorcier à découvrir le voleur met les villageois au désespoir; il fallait trouver quelqu'un d'assez riche pour rembourser les deux prétendants qui, face à la voracité des vieux, renoncent à leur projet de mariage. Écartant d'abord le marchand Tchetgen pour son ennuyeuse frugalité, la vieille génération intransigeante se résoudra enfin à accepter volontiers Oko, le jeune fiancé déguisé «en grand homme».

Pièce réaliste dont la couleur locale et le naturel de la diction ne manquent pas de frapper, *Trois prétendants... un mari* traite d'un sujet aussi actuel qu'important. Le mariage de Juliette ne sert en réalité que de prétexte au conflit des générations et à l'opposition entre modernisme et traditionalisme. Alors que la jeune génération, dont l'attitude est symbolisée par Juliette, cherche à individualiser l'amour et le mariage, et partant à les épurer des embarras financiers, tous les traditionalistes (en l'occurrence les vieux, représentés notamment par Abessolo, Mbarga et Atangana, et les jeunes analphabètes – Oyono et Matalina), les considèrent comme une affaire de parents (au sens africain) de qui dépend le choix ultime des époux. Les jeunes veulent bien avoir le droit de choisir leur conjoint; mais ce faisant, ils modifient la conception traditionnelle du mariage. Par contre, les vieux comptent sur le mariage pour s'enrichir aux dépens des prétendants qui doivent dédommager généreusement les parents des efforts consentis pour élever les filles. Notons que la position de la jeunesse semble être appuyée par le gouvernement camerounais. L'article 9 de la loi du 7 juillet 1966 affirme sans ambages que «le versement et le non-versement total ou partiel de la dot [...] sont, d'ordre public, sans effet sur la validité du mariage».

Grâce à leur formation, les jeunes perçoivent bien le caractère rétrograde de certaines coutumes: pourquoi, par exemple, ne pas les consulter sur des affaires importantes qui les concernent? La loi reconnaît la justesse de cette revendication: «il n'y a pas de mariage sans consentement des époux». Et pourquoi empêcher la participation des femmes aux palabres? Cependant, les vieux, préoccupés par la conservation des valeurs traditionnelles, résistent aux nouvelles tendances. Se confrontent donc deux visions divergentes du monde dont les sources sont enracinées respectivement dans la tradition et l'école nouvelle. Confronté au désir des jeunes de suivre leur volonté, Abessolo se plaint: «les écoles ont tout gâté!... Tout, Tout».

On sent que l'auteur sympathise avec les jeunes, et qu'il souhaiterait l'émancipation des femmes et l'assouplissement des coutumes relatives au mariage. Mais le dénouement fantaisiste de la pièce indique que l'objectif premier d'Oyono M'bia est de divertir. Dans l'ensemble, il essaie de ridiculiser les efforts des vieux pour imposer un mariage incongru à Juliette. Par l'intermédiaire de la caricature, il se moque des fonctionnaires et des subalternes, et se gausse des sorciers ignorants qui exploitent la jobardise des crédules.

Trois prétendants... un mari est une comédie qui, en bien des endroits, rappelle, d'une façon frappante, les farces de Molière. Oyono emprunte beaucoup aux techniques moliéresques: répétition des mots, jeu verbal, sticomythie, quiproquo, malentendu, etc. La structure de la pièce est classique: le respect de la règle des unités doit être souligné. Mais le thème reste authentiquement africain et rappelle *Sous l'orage* de Seydou Badian.

Yaw Safo Boafo

Trois (Les) Volontés de Malic, Paris, Larousse, Coll. Les livres roses pour la jeunesse, 1920, 20p.
Nouvelle d'Ahmadou Mapaté Diagne.

Lorsqu'en 1916 Birago Diop commence sa scolarité en français après un début à l'école coranique, Ahmadou Mapaté Diagne, qui n'enseigne déjà plus à la rue Thiong, n'aura pas le futur fabuliste comme élève. Diagne aura cependant une influence tout aussi directe sur l'auteur des *Contes d'Ahmadou Koumba*. Après la guerre, la librairie Larousse s'adresse à Ahmadou Mapaté Diagne pour un livre de lecture visant spécifiquement les écoliers africains. Puisant son inspiration dans le thème des trois volontés traditionnelles des contes de fées, Diagne compose *Les Trois Volontés de Malic*. À ce petit récit aux dimensions ultra-modestes et sans prétention littéraire revient néanmoins l'honneur d'être le premier texte romanesque original composé en français par un autochtone des colonies françaises d'Afrique.

Passons ici la parole à Birago Diop qui nous relate les souvenirs de ses premières années de classe:

Sur le chemin qui s'ouvrait [...] et qui montait vers le savoir et la découverte du monde et de soi, je me sentis concerné pour la première fois en matière de «Littérature» par un petit livre de la Bibliothèque rose: *Les Trois Volontés de Malick* [sic], écrit par un instituteur sénégalais, Mapaté Diagne, dit «Tête Carrée», que je n'avais qu'entraperçu un jour dans la cour de l'École. [...] Ce jour lointain, je devais être dans le même état d'esprit que les jeunes écoliers qui défilent maintenant dans ma clinique de vétérinaire de quartier, pour bien s'assurer que je suis le Birago Diop, dont ils disent les «récitations» et lisent les contes (*La Plume raboutée*, Présence Africaine, Les Nouvelles Éditions Africaines, 1978).

Le récit de Diagne n'a de commun avec les contes de fées que son titre. Les intentions de l'auteur sont réalistes, moralistes et didactiques; mais les vœux de son éponyme n'ont besoin d'aucun génie ni d'intervention surnaturelle pour se réaliser.

Dans le village de Diamagueune (l'auteur nous explique que le mot veut dire «la paix vaut mieux»), dans l'immédiat après-guerre, les «Toubabs» viennent de faire construire une école. Lors d'une palabre, le commandant explique aux villageois qu'on a dépensé beaucoup d'argent pour que leurs enfants apprennent à lire, à écrire et à parler le français et n'aient pas besoin d'interprète pour causer avec les Blancs. «Les petits qui auront passé par l'école seront plus tard des hommes travailleurs, honnêtes, justes et bons» et ils développeront des habitudes de politesse et de respect de leurs aînés. L'auteur suggère donc que sans ce concours apporté par les colonisateurs, les villageois seront incapables d'inculquer ces qualités à leurs enfants.

Le premier vœu de Malic, orphelin de père («un brave soldat sénégalais qui était tombé glorieusement dans la forêt épaisse du Dahomey»), que la mère ne veut pas confier à la nouvelle école, est tout simplement de partager les avantages de cet enseignement dont il est assoiffé. Il finit par vaincre l'opposition de sa mère en menaçant de se suicider! Malic se distingue par son application, son intelligence, sa bonne mémoire. Dans son enthousiasme pour son nouveau savoir, il répète à ses deux grands-pères et à leur vieux griot tout ce qu'il vient d'apprendre, tous les jours, à la sortie des classes.

Fort de ce premier succès, Malic exprime son second vœu, à savoir accompagner ses cousins à l'école de la ville, dont il est exclu en dépit de son progrès phénoménal, à cause de sa petite taille. Cette fois-ci, c'est un fonctionnaire blanc, ami de l'administrateur, qui joue le rôle du bon génie des contes de fées. Ce vœu exaucé, il lui reste à vaincre les préjugés de caste des siens quand il veut apprendre à travailler le fer pour devenir forgeron ou ajusteur, ce qui est considéré comme un déshonneur dans sa famille. Le petit raisonneur finit par convaincre ses aînés que les temps de parler d'origine et de caste sont révolus; que les hommes ne se distinguent plus que par le travail, par l'intelligence et par leurs vertus, prévoyant ainsi l'avènement d'une «méritocratie».

Quelques années plus tard, muni de son diplôme de forgeron-ajusteur, Malic installe son atelier dans son village, devenu entre temps une ville importante. Toujours aussi travailleur, sobre, sérieux et modeste, il gagne beaucoup d'argent et soigne ses vieux parents qui ne regrettent pas de l'avoir laissé apprendre un métier.

Le langage et le style sont aussi simples que l'intrigue et le caractère des personnages. Entièrement convaincu des mérites des écoles françaises – surtout de la supériorité de celles-ci, sur les écoles coraniques –, Diagne veut offrir à la jeunesse de son pays une lecture édifiante, inspirée par des situations locales; en même temps il souhaite vaincre les préjugés des aînés et chanter à cœur ouvert les louanges des colonisateurs français. Le chef du village, sûr des bonnes intentions de ceux-ci, ayant combattu auprès du «bon commandant Faidherbe», proclame sa préférence pour «l'amitié de ce grand Français à celle d'un Damel injuste et sanguinaire». Il aimait répéter que Faidherbe avait sauvé le Sénégal de la barbarie. Plus tard le petit Malic, ayant bien appris sa leçon d'histoire, entreprend d'expliquer à ses grands-pères comment les «Toubabs étaient devenus les collaborateurs et les vieux amis des Wolofs».

Lorsqu'il essayait modestement de suppléer à la pénurie des manuels scolaires dans cet immédiat après-guerre, le bon pédagogue Mapaté Diagne n'aurait jamais rêvé qu'il engendrerait une longue lignée de romanciers noirs, qui utiliseraient avec élégance et aisance le français qu'il enseignait; des auteurs de romans à thèse par-dessus le marché — mais d'une thèse tout opposée à la sienne. De la génération des élèves pour qui il écrivit *Les Trois Volontés de Malic* naîtra le mouvement de la Négritude: les contemporains de Birago Diop inciteront leurs compatriotes à s'enorgueillir de leurs propres traditions, de leur propre histoire, à ressusciter la gloire de leurs Damel et de leurs guerriers. Ils dénonceront les conquérants blancs et l'exploitation de leurs pays par les colonisateurs. Et ils n'hésiteront pas à dénoncer les écoles françaises dont Diagne dit tant de bien. On peut rapprocher *Les Trois Volontés de Malic* de *Climbié* (1956) de Dadié, qui raconte la sévérité des enseignants en Côte-d'Ivoire dans les années vingt, et de *Mission terminée* (1957) de Mongo Beti, roman qui condamne impitoyablement le système pédagogique au Cameroun dans l'entre-deux-guerres.

Dorothy S. Blair

Trône (Le) d'or, Paris, ORTF-DAEC, Coll. Répertoire théâtral africain, 6, 1969, 111p.

Pièce en cinq actes de Raphaël Atta Koffi.

Le royaume de l'Abron, État tributaire du grand royaume d'Achanti, est doté d'un trône «aux lames d'or» qui devient l'objet de convoitise du roi de l'Achanti. Face à cette convoitise, la reine de l'Abron, Yangouman, et le ministre Adou opposent dynamisme et intransigeance. Mais le roi Adinngra est plus attiré par les plaisirs charnels que par le désir de protéger son honneur et de défendre son royaume.

Ainsi, lors de l'absence de la reine, partie en campagne contre un État tributaire révolté, et malgré la réticence d'Adou, le roi décide de céder le trône d'or au roi de l'Achanti. Offusquée, la reine commande un autre trône d'or qu'elle refuse de céder à l'Achanti. La guerre est déclarée, et presque tous les guerriers de l'Abron sont tués; le roi et la reine préfèrent se donner la mort plutôt que de se rendre au roi de l'Achanti.

À travers cette pièce, Raphaël Atta Koffi soulève certains problèmes se rapportant à la situation politique et sociale de l'Afrique pré-coloniale. En effet, le thème de la violence, qui est présent d'une manière permanente dans la pièce, est révélateur des rapports entre les différents royaumes du continent africain, rapports caractérisés par des vagues successives de révolte et de répression. Ainsi, la révolte de l'Abron est réprimée par le roi de l'Achanti comme la révolte des Cramans l'est par la reine de l'Abron.

Se révolter, c'est vouloir détruire l'état de vassalité et devenir libre. Les mouvements de révolte traduisent donc la volonté de liberté et d'indépendance chez les opprimés. Mais cette volonté comporte des risques et implique des sacrifices qui remettent finalement en question la nécessité de la révolte initiale. Les guerriers de l'Abron ont payé cher ce désir de liberté.

En outre, le thème de la violence pose le problème des rapports entre la liberté individuelle et la liberté collective. La reine a-t-elle le droit de sacrifier tant de vies au nom de l'abstraction qu'est la liberté? Le roi, qui conseille la modération, voire la soumission, n'est-il pas plus réaliste eu égard à la finalité de l'aventure? Atta Koffi semble opter pour la deuxième alternative, d'autant plus que la reine est présentée comme le symbole de l'intransigeance aveugle, de l'orgueil mal placé et d'un comportement suicidaire. Face à une défaite imminente, à la perte de la liberté acquise dans la révolte, à une humiliation inévitable, elle préfère le suicide collectif — elle tue le roi et se tue. Cependant, pour s'assurer que, même morts, ils ne seront pas objets de ridicule, elle ordonne la mise à mort d'une femme enceinte, pour que leurs têtes soient enterrées dans son ventre une fois l'enfant enlevé. Cet acte de courage et d'honneur est bien l'exemple d'une situation où la vie même de l'individu est définie en fonction des exigences de la Raison d'État, une raison d'État dont l'aspect bénéfique pour le bien-être collectif semble douteux. On doit sacrifier la femme enceinte pour que la famille royale garde intact son honneur.

Ce constat illustre bien les rapports entre l'aristocratie et le peuple. En effet, le peuple est quasiment absent de cette pièce. C'est à travers les réflexions des aristocrates qu'on constate que le bien-être du peuple est l'un des derniers soucis de la noblesse. Ce peuple est surtout victime d'une guerre pour laquelle on ne lui demande pas son avis, victime du mépris et du dédain de l'aristocratie, et enfin, après la guerre et la mort des guerriers, il est la victime directe de la répression et de l'oppression perpétrées par les Achantis.

Raphaël Atta Koffi dénonce donc implicitement tout discours mystificateur d'une société africaine pré-coloniale où, selon certains, il n'existe pas de classes ni de lutte de classes. La stratification sociale révélée dans cette pièce constitue une preuve de l'existence des rapports d'oppression et d'intimidation entre la noblesse et le peuple.

Néanmoins, cette aristocratie respecte profondément certaines règles du jeu et un comportement digne de cette classe. C'est ainsi que lorsque Yoboi, fils de Yangouman, malgré les promesses faites à la reine avant sa mort, trahit cette confiance en révélant où sont les têtes du roi et de la reine, le roi des Achantis ordonne sa mort, car la trahison est contraire aux principes de l'aristocratie. Les membres de la noblesse doivent en effet exhiber des qualités telles que le sens de l'honneur, le courage, la virilité et le sentiment guerrier.

Raphaël Atta Koffi a réussi dans cette pièce à restituer l'univers traditionnel de l'Afrique, un univers caractérisé par l'amour du verbe, l'hospitalité et la sagesse ancestrale dont les détenteurs sont les vieux. Mais cette restitution, en apparence réaliste, devient un détail face à la permanence de la violence, une violence nettement destructrice. Atta Koffi, préoccupé par ce thème, oublie de respecter certaines règles de la création littéraire telles que la vraisemblance du comportement et du dialogue des personnages. La scène de la guerre, par exemple, semble pour le moins confuse, la reine est plus un démon qu'un être humain.

Malgré ces quelques défauts, et bien que les causes de la guerre semblent pour le moins ridicules et enfantines, *Le Trône d'or* constitue néanmoins une préoccupation plausible d'un des drames qu'a connus l'Afrique pré-coloniale.

Kester Echenim

U

Uhuru, Paris, Debresse, 1970, 55p.
Recueil de poèmes de Lisembé Elébé.

Comme il aime à le dire, Lisembé Elébé est le poète du peuple. En effet, pratiquement dans tous ses écrits, Elébé s'est toujours efforcé de traduire les préoccupations profondes de la masse. On comprend dès lors qu'il ait demandé à son lecteur, dans «Orphée rebelle» de ne point s'étonner s'il utilise les mots de tous les jours dans ses œuvres. Ce souci est la caractéristique principale de *Uhuru*. Car, à l'exception de quelques poèmes dédiés à sa mère, à sa femme, ou de quelques vers purement romantiques, *Uhuru* (qui signifie liberté en swahili) est le chant du combat que mène l'Afrique pour se défaire de toutes les formes d'exploitation, et pour son affirmation sur l'échiquier international.

Ainsi, qu'il parle des atrocités qui se sont déroulées dans son pays pendant les cinq premières années de l'Indépendance (Lianza), ou de la lutte armée des anciennes colonies portugaises, c'est, en définitive, toute la situation de l'Afrique qui est exprimée dans ce recueil en des termes très touchants. La condition de l'homme africain reste l'infrastructure même de ce livre. Elébé transcende les particularités de sa propre nation pour s'appesantir sur le sort de tous les Africains, où qu'ils se trouvent. Et, malgré les souffrances endurées ici et là, il croit en la force de l'homme, et par là même, en la victoire de l'Afrique. Cette conviction lui vient du fait, comme le soulignait le critique français Louis Perche,

«que tout ce qu'il y a de vivant en lui, poète, et en nous tous, appartient au futur, et doit y être consacré».

C'est pour cela qu'il ne s'est pas empêché de prédire, dès 1970, la victoire de l'Angola et du Mozambique. C'est pour cela, aussi, qu'il annonce la victoire de son continent sur les forces du mal, «Afrique / Mon Afrique / Ceux qui croyaient sucer ton sang durant des siècles / Ceux qui espéraient par la force brutale / Te soumettre comme une bête de somme / Verront une Afrique nouvelle surgir / Là où la force des armes semait la terreur et le deuil / Et quoi de plus doux aujourd'hui / Que le visage des enfants d'Afrique / Le visage des hommes affranchis: indépendance, liberté».

La tension qui caractérise ce recueil et la vigueur avec laquelle Elébé s'exprime d'une page à l'autre font penser à certains écrits d'Aimé Césaire. Elles montrent clairement qu'Elébé «croit en une poésie d'action, celle qui répond à tout ce qui existe, et pèse sur l'individu».

Yamaina Mandala

Un enfant comme les autres, Yaoundé, Éditions CLÉ, 1972, 58p.
Récit de Pabe Mongo.

Un enfant comme les autres s'inscrit dans la tradition des «souvenirs d'enfance». C'est un recueil de vignettes qui retrace l'enfance villageoise d'un jeune Africain élevé en milieu traditionnel. Dans un style léger et souvent humoristique, Pabe Mongo décrit certains membres de sa famille, raconte des événements du village, et relate des situations où l'on voit l'enfant commencer à acquérir la sagesse nécessaire pour s'adapter à son milieu.

L'auteur le montre aux prises avec les adultes aussi bien qu'avec ses pairs. La grand-mère, ce «puits d'expérience», est une source d'histoires et d'explications de toutes sortes. Mais il arrive que le comportement de l'enfant serve de leçon aux grandes personnes. Il en va ainsi de l'histoire de l'oncle Bamiass, homme mis à l'écart à cause d'une maladie incurable, puis réintégré dans la collectivité grâce à la bonté innocente de l'enfant qui lui rend visite sans permission.

Mais la vignette la plus réussie met en scène un couple batailleur, Brigitta, femme alerte qui adore les disputes et «se fait même un point d'honneur d'être battue en public par son mari», et Ababa, qui, lorsqu'il est provoqué, se doit de battre sa femme pour ne pas devenir la risée du village. Le jeune enfant, dont un des passe-temps favoris est d'assister à des scènes de ménage au clair de lune, est donc «toujours le premier sur les lieux du drame». Il vient voir, naturellement, comment il va battre sa femme plus tard. Quant au couple qui se dispute, sa querelle publique lui permet de voir ceux qui se tiennent à distance au lieu d'accourir les séparer.

Anita Kern

Un enfant d'Afrique, Paris, Librairie Larousse, 1970, 256p. — Illustrations de Pierre Leroy.

Roman d'Olympe Bhêly-Quénum.

Si nous hésitons à considérer cet ouvrage comme de la véritable «littérature», nous ne faisons que suivre les indications de l'auteur qui qualifie son *Enfant d'Afrique* comme un livre de lecture pour les moins de quatorze ans et qui précise dans sa Préface son intention d'écrire «pour les enfants africains un livre qui puisse être aussi pour ceux d'autres continents une petite fenêtre ouverte sur l'Afrique». Ainsi, nous retrouvons ici moins l'auteur d'*Un piège sans fin*

ou du *Chant du lac* que le Bhêly-Quénum qui avait collaboré aux sept volumes d'enseignement du français en Afrique anglophone intitulés *Practical French*. Il est vrai que depuis la parution en format scolaire d'*Un enfant d'Afrique*, la librairie Larousse s'est dessaisie des droits d'auteur (1974) pour permettre à Bhêly-Quénum de le faire rééditer sous forme de roman, sans «l'appareil scolaire» et les illustrations. Mais jusqu'à présent il n'a pas donné suite à ce projet.

Les cinquante-quatre chapitres d'*Un enfant d'Afrique* illustrent la vie d'Ayao Kilanko, âgé de six ans au début du récit. Quand l'histoire se termine, il est sur le point de quitter l'École Primaire Supérieure de son pays pour entrer à l'École Normale Supérieure William Ponty, au Sénégal. Ayao, surnommé «Petit Homme», avant-dernier des huit enfants d'un riche cultivateur d'oranges, habite un village fictif de Yougourou quelque part dans une colonie qui se veut représentative de l'Afrique-Occidentale Française. On assiste à la vie de famille en brousse, dans tous ses menus détails — les activités des enfants et des adultes, une excursion au marché dans la ville la plus proche, une traversée en pirogue, un voyage en train. On apprend comment se fait la cueillette et la vente de la récolte des oranges, comment couper des joncs et en faire des paillasses, comment tendre un piège pour un porc-épic ou un anaconda et quelles sont les formalités à suivre pour faire entrer un enfant à l'école sous le régime colonial.

L'auteur reconnaît lui-même la minceur de l'anecdote de son livre, son but étant en tout premier lieu de «donner l'illusion d'une histoire vécue» dans «une Afrique réelle», construite d'après ses «observations de voyageur à travers le continent africain». L'élément didactique, manifestement plus important que l'élément anecdotique, est toujours mis en évidence, aussi bien dans le langage, dans le caractère des personnages que dans la matière des divers incidents.

Pour ce qui est des personnages, l'auteur a soin de les présenter comme des modèles de conduite à ses jeunes lecteurs et lectrices: les adultes sont compréhensifs, affectueux, les enfants diligents, obéissants — leurs rares incartades sont punies et ils ne recommencent plus. Le grand élève qui brime le petit Ayao quand celui-ci arrive à l'école pour la première fois ne tarde pas à le prendre sous sa protection et à l'aider dans ses leçons. Le Blanc, nouvellement arrivé de France pour prendre la direction de la coopérative fruitière et qui commence par traiter les jeunes Kilanko de «bande de négrillons», finit par s'amender et apprend à les respecter. Il se lie même d'amitié avec eux. D'ailleurs son manque de politesse à son arrivée en Afrique est attribué à son enfance malheureuse d'orphelin élevé par l'Assistance Publique (leçon de tolérance et de compréhension humaine). Chacun des camarades d'Ayao, comme ses frères et sœurs, profite à sa manière de son éducation; la plupart d'entre eux choisissent un métier et s'orientent qui vers la médecine, qui vers l'enseignement, qui vers l'agriculture, la couture ou la technique. Même la grande sœur, Sita, qui est décidée à ne quitter ni son village ni sa famille, y met en pratique les leçons de couture, de cuisine et d'hygiène apprises à l'école. Quant au jeune Ayao, il réalise son ambition de devenir instituteur, non pas pour suivre les vieilles traditions coloniales en faisant «potasser le programme scolaire essentiellement français» imposé par Paris, mais «pour adapter l'enseignement au milieu, sans pour autant couper l'élève du programme dont l'assimilation lui permettrait de décrocher son diplôme». L'adolescent Ayao va plus loin dans ses ambitions pédagogiques: après le succès de ses premières tentatives d'alphabétiser ses père et mère illettrés, il construit une école dans son village natal, sur un terrain que lui offre son père. Cette école de Yougourou sera entièrement vouée à l'instruction des paysans adultes et de leurs enfants, instruction à laquelle Ayao et Sita — bien que mère de famille nombreuse — consacreront leur vie.

Ainsi, le message fondamental de ce livre est-il la valeur «d'une bonne éducation», comme le constate explicitement le jeune instituteur de l'École Primaire d'Ayao, lors de la distribution des prix.

«Croyez-en un grand frère: l'enseignement des Blancs permet, à nous autres Africains, de voir plus clair dans nos propres traditions, d'expliquer nos cultures et notre personnalité au monde des Blancs désireux de les connaître. L'enseignement des Blancs, s'il ne peut nous rendre nécessairement égaux aux Blancs eux-mêmes parce que nous n'avons ni les forces ni les moyens techniques sans lesquels l'homme n'est rien, nous permet tout au moins de nous adresser à eux dans leur propre langue...» Un demi-siècle sépare la publication d'*Un enfant d'Afrique* du premier livre de lecture composé par un Noir et visant spécifiquement aux écoliers africains: *Les Trois Volontés de Malic* (1920) d'Ahmadou Mapaté Diagne. De dimensions plus amples, d'un style et d'une langue plus recherchés, le livre de Bhêly-Quénum ferait le panégyrique de la langue française et des mérites de l'instruction. Mais l'auteur dahoméen va plus loin et voue au français un véritable culte. Dans sa recherche des mots savants (qu'il avait déjà affectionnés dans ses romans précédents) il devient maintenant plus royaliste que le roi, plus pédant que les pédagogues, plus français que les Français. Si les romans d'Anatole France ont fait découvrir au jeune Ayao un style admirable, l'auteur de l'ouvrage où celui-ci évolue ne paraît pas se fier à ce modèle, ni à l'axiome de Boileau: «La simplicité plaît sans étude et sans art.» Il préfère dire «anacarde» pour le fruit que tout le monde appelle le cajou et donner son nom scientifique de «salicoque» à la crevette grise. Le milieu est «abiotique», le figuier «acarpe», le directeur de l'école est «misonéiste», les paysans d'une certaine région «ichtyophages». Le vent poursuit un mouvement «sinusoïdal» et les enfants traînent les pieds «tels des manœuvres exténués, *habbrenés* par un labeur interminable». Ce qui risque de rendre ce texte un tantinet rébarbatif pour les jeunes lecteurs auxquels il est destiné.

Dorothy S. Blair

Un enfant du Tchad, Paris, Sagerep, L'Afrique Actuelle, 1967, 112p.
Récit de Joseph Brahim Seid.

Un enfant du Tchad est l'autobiographie romancée de Seid, alias Abakar. Fils de musulmans, Abakar connaît une enfance calme et heureuse. À cause d'un exploit pugilistique à l'âge de sept ans, l'on décide, suite à une réunion de famille, de le «dompter» en l'inscrivant à l'école coloniale. À neuf ans, il fait la connaissance de Frédéric, «Faki d'Allah», «apôtre de Nabi Issa», prêtre. Les sucres d'orge et les chocolats aideront Frédéric à convertir Abakar à sa religion. D'ailleurs, seule la mort viendra rompre les liens qui unissent les deux individus. En fait, le père Frédéric a, à toutes fins pratiques, usurpé la place des parents d'Abakar depuis qu'il connaît ce dernier.

À l'issue de ses études primaires, diverses pérégrinations conduisent Abakar au Cameroun, au Congo, au Soudan, en Égypte et même à un petit séjour en prison. Il effectue également deux voyages en France. Il revient du premier nanti d'un diplôme de magistrat mais repart pour «parfaire [sa] formation». Il pratique son métier au Tchad depuis un certain temps quand son futur beau-père, Montounga, lui donne ses premières leçons sur le droit coutumier. Abakar comprend alors l'incongruité des préceptes qu'il applique dans le contexte tchadien. Mais la littérature lui ouvre une voie sur l'évasion puisqu'il l'enseigne dans ses moments perdus. Malheureusement pour lui, il s'exprime trop librement et aborde des sujets jugés délicats. Ce comportement lui vaut un rappel à l'ordre de la part de ses supérieurs. Il

faut rappeler que le vent de libération souffle sur l'Afrique et que l'administration coloniale sent ses structures menacées. Au lendemain de l'Indépendance du pays, Abakar est nommé ambassadeur. Il s'agit pour lui d'une «récompense».

La chronologie et la durée des événements du récit ne sont pas exemptes de confusion surtout dans la deuxième moitié du texte. Ainsi, on ignore à quelle période de son cheminement Abakar commence à mettre en question le système qu'il sert. Même si son supérieur l'appelle «jeune magistrat», on se demande à quel moment de la carrière d'Abakar a lieu le rappel à l'ordre.

Par contre, le texte abonde en détails sur la vie privée de Seid, d'où la prépondérance de l'aspect autobiographique sur le littéraire. De plus, le narrateur parle de deux voyages d'études en France en deux bouts de phrases perdus dans un long paragraphe. L'inadaptation d'Abakar à son retour au Tchad prouve combien il a perdu contact avec les réalités culturelles de son pays depuis qu'il fréquente l'école des Blancs.

Un enfant du Tchad passe en revue les villages et les ethnies du Tchad, et souligne le caractère diversifié de sa population. Seid relève de façon ironique certains abus des traditions qu'il oppose implicitement aux mérites de certaines valeurs étrangères. Il montre aussi certaines faiblesses et certaines dissensions de la communauté des expatriés vues à travers les yeux du jeune Abakar et racontées par un narrateur omniscient.

Un enfant du Tchad aborde nombre de thèmes de la littérature africaine. Mais il lui manque la perspicacité d'*Une vie de boy* (1956) de Ferdinand Oyono, la profondeur de *L'Aventure ambiguë* (1961) de Cheikh Hamidou Kane ou l'humour d'*Un Nègre à Paris* (1959) de Bernard Dadié.

Dorothée Kom

Un fusil dans la main, un poème dans la poche, Paris, Albin Michel, 1973, 285p. Roman d'Emmanuel Dongala.

Un fusil... est le premier roman d'Emmanuel Dongala mais il révèle déjà un écrivain engagé qui lie avec succès prose et poésie.

Le héros en est Mayéla dia Mayéla, originaire d'un pays centrafricain nommé Anzika, fils et petit-fils de personnalités extraordinaires. Formé en Europe, il rentre en Afrique pour devenir guérillero en Afrique australe. Son grand-père a tué à coups de sagaie le premier missionnaire blanc qui était entré asperger d'eau bénite sa case, et son père, ayant pris la retraite de sa situation de fonctionnaire colonial, a trouvé la mort dans sa nouvelle auto qui le portait au village natal. Tout en préparant un doctorat en sciences physiques en France, Mayéla, «révolutionnaire conséquent», a décidé de rejoindre le maquis pour montrer l'exemple aux collègues idéalistes. Tout commence par un coup de tête: un assistant français l'insulte au laboratoire. Devenu héros en Faculté, il rêve de devenir héros authentique en Afrique. C'est alors qu'il décide de rompre radicalement et de renoncer à la masturbation intellectuelle. Après un discours qu'il prononce, il est expulsé de France mais il ne se plaint de rien, car au lieu de continuer à écrire, à parler, il préfère le fusil, le coup direct.

En Afrique australe – au Zimbabwe, précisément – il rencontre deux autres hommes, eux aussi héros à leur manière: le vieux Marobi, ancien employé des mines sud-africaines, et donc victime de l'apartheid, et Meeks, jeune révolutionnaire noir américain résolu à connaître, voire à vivre l'Afrique, son Afrique. Le roman décrit l'expérience commune des trois hommes dont le destin est définitivement lié par l'acte révolutionnaire. Avec d'autres camarades, ils prennent d'assaut Litamu, ville importante qu'ils nomment la nouvelle capitale du pays. Toute la communauté est en liesse. Malheureusement, on oublie la force de frappe de l'ennemi soutenu par ses frères puissants nommés France, Portugal, Espagne... «La grande solidarité blanche n'est pas un mythe.» Au cours de célébrations nationalistes, des avions lancent des bombes incendiaires au napalm, des bombes lacrymogènes, des bombes meurtrières. C'est le sauve-qui-peut général. Meeks et une poignée de camarades luttent héroïquement jusqu'à la mort; Marobi disparaît, seul Mayéla réussit à s'échapper. Il traverse les frontières, est arrêté dans un pays voisin réactionnaire, puis rencontre un médecin qui l'aide à s'enfuir. Il finit par rentrer au pays natal et en devient le président. À son poste, Mayéla trouve difficile de réaliser ses rêves révolutionnaires. Après cinq ans, il est défait par un putsch dont l'instigateur ressemble à ce qu'il était avant d'accéder au pouvoir. Emprisonné, Maléya est enfin fusillé «au nom de la révolution».

Le roman de Dongala pose nombre de questions sur la révolution et l'indépendance africaines. Qu'est-ce que la révolution? Au nom de qui? Le révolutionnaire s'engage-t-il? Est-ce pour son propre compte ou bien pour libérer le peuple? Comment lier le rêve du poète à l'action directe du combattant armé d'un fusil? Enfin, comment éliminer le décalage entre la bourgeoisie et le peuple? À ces questions il faut ajouter celles qui portent sur le destin du Noir dans le monde: le Noir américain comprend-il l'Afrique? Et le Noir d'Afrique connaît-il vraiment l'essence de cette Afrique dont il est si fier? Les personnages en M – Marobi, Meeks et Mayéla – vivent pleinement le dilemme africain et c'est la marque de leur authenticité et de leur engagement. Les trois hommes symbolisent les convergences et les divergences de cette révolution qui cherche encore sa raison d'être, tout comme ils sont symboles de cette Afrique toujours empêtrée dans la mauvaise foi, dans la fausse indépendance, dans le néo-colonialisme.

John Marobi est un paysan «traînant sa vieille carcasse», un analphabète qui, doué de la fameuse sagesse africaine et sincèrement engagé dans la lutte zimbabwéenne, a été un oncle Tom exécrable en Afrique du Sud: craintif, il fuyait à l'arrivée de la police. Il buvait pour oublier. Arrêté avec le professeur noir progressiste et frère de son ami, il a tout fait pour plaire à la police: «Si ce Blanc pouvait lire dans mon cœur, il verrait bien que je ne cherche noise à personne; tout ce que je veux, c'est aller faire mon boulot à la mine et nourrir ma famille. J'ai un fils qui va à l'école. [...] Je suis prêt à me mettre à genoux devant vous.» Libéré, le lâche a même menti aux siens en racontant l'histoire de son arrestation. Pourtant, lâcheté, hypocrisie, connivence, oncle-tomisme n'ont pas d'importance puisque Marobi reconnaît lui-même sa «maladie blanche» et est tout prêt à s'en guérir. À l'encontre de Meeks qui se demande pourquoi on combat, Marobi demande pourquoi avoir attendu si longtemps avant de combattre. Bref, combattre, c'est se libérer, c'est se sauver, c'est survivre. C'est aussi jeter le masque de faux héros pour retrouver le vrai visage d'homme.

Meeks est jeune: «Grand et fort, bien bâti et dans la force de l'âge, il contraste singulièrement avec le paysan futé et sec qui semble avoir atteint un état biologique sur lequel le temps n'a aucune prise». Meeks est d'origine bourgeoise. Ancien étudiant d'Oberlin College, université de privilégiés, il a pourtant vécu le racisme américain. Venu d'Alabama, il a fini par croire à la seule solution des fusils. Cas ironique mais en même temps naturel, c'est cette éducation américaine qui l'a mené à son destin africain. D'abord, il a connu l'image d'une Afrique cannibale, exotique. Puis, il a connu celle de l'Afrique romantique des années 60, des guerriers armés de flèches chassant les bandits blancs, du «paradis perdu retrouvé». Finalement à l'université, il a pris conscience des réalités et s'est engagé politi-

quement.

Il a quitté les États-Unis pour le maquis africain. L'orateur – «c'est le don de la parole qui nous caractérise et non pas le rythme» – a donc transformé la parole en action. Le rêveur a retrouvé l'Afrique réelle. Meeks se pose beaucoup de questions. Selon son ami Mayéla, il est tellement marqué par la civilisation occidentale qu'il voit tout à travers elle. Il ne peut pas comprendre comment coexistent en Marobi l'engagement révolutionnaire et «une croyance superstitieuse venue du fond des âges». L'essentiel reste qu'il quitte le monde des livres et du verbe pour entrer dans l'action véritable. Le faux héros de Watts, le faux héros universitaire, le bourgeois change de peau pour renaître en véritable héros d'Afrique. À Litamu où il laissera enfin sa peau, Meeks retrouve la liberté perdue depuis quatre siècles. Il a l'impression que le monde va vraiment changer. Imbu de ferveur nationaliste, il brandit le drapeau zimbabwéen. Exaltation. Solidarité. Il pleure de joie. «Non seulement j'ai retrouvé l'Afrique, mais l'Afrique m'a retrouvé. [...] Mon vieux Marobi, la vie n'est pas absurde, elle vaut la peine d'être vécue; même s'il faut souffrir pendant quatre cents ans pour vivre enfin un jour comme celui-ci, ça en vaut la peine!»

Mayéla vit le même jour de victoire que son ami Meeks et cela n'étonne pas, étant donné qu'ils se ressemblent profondément l'un et l'autre. Ils sont jeunes, ils sont poètes. Ce sont des idéalistes devenus combattants. «À la différence du père Marobi», de dire Meeks au sujet de lui-même et de son ami, «nous sommes venus avec une certaine idée dans la tête, un fusil dans la main et un poème dans la poche.» Alors, plus que Meeks, Mayéla vit le dilemme du Nègre privilégié engagé dans la lutte populaire. Bourgeois par excellence, le jeune Mayéla de l'Avant-Indépendance est bien nanti, épris de la magie de la langue française. Il a la marotte du pouvoir et de la richesse. Pour lui, le changement, c'est acheter une Porsche pour remplacer sa moto. Son idéal de liberté, c'est d'attirer l'attention, de devenir héros devant les siens, de boire de la bière importée et d'être le meilleur orateur du pays. Ce Mayéla-là, âgé de seize ans au jour de l'Indépendance, se trouve dans un bar et, faute de héros, la foule le charge et le soulève en triomphe. Maléya passe toute sa vie à chercher la solidarité avec le peuple mais il n'y arrive guère. En fait, le héros demeure peu ou prou attaché à son passé bourgeois: souvenirs du «beau temps», plats délicieux, bière fraîche, se prélasser dans la chaise longue; entendre les «voix sauvages, ces chansons, ces cris divers qui montent des faubourgs noirs de la ville».

Meeks paraît se comprendre et comprendre Mayéla plus que ne le fait celui-ci. Mayéla oublie son état d'acculturé, d'aliéné, d'assimilé, bref de civilisé doué de ce que Meeks appelle «une intelligence purement analytique [...] incapable de synthèse». Raisonneur excessif, il ne sait pas que «deux et deux font cinq», comme le dit Aimé Césaire. Lorsqu'il appelle Meeks un Occidental, Mayéla ne sait pas qu'il est occidental, lui aussi. Irrémédiablement idéaliste et naïf, le héros de Dongala dénonce sans cesse les «manœuvres réactionnaires des impérialistes néo-colonialistes».

Or, l'échec du président Mayéla est justement dû à sa naïveté et à son idéalisme, voire à ce *don de la parole* sur lequel le romancier met constamment l'accent. Le problème consiste à savoir comment l'homme de la parole peut se transformer en homme d'action, comment rendre complémentaires le fusil et le poème. La même caractéristique marque Mayéla adolescent-écolier, jeune homme-étudiant et adulte-président, à savoir, celle d'orateur. Mayéla a la langue bien pendue, une personnalité charismatique qui sait mener facilement la foule. Il possède de nombreux slogans: «Camarades», «Un seul peuple, un seul pays», «Tout pour le peuple, rien que le peuple!», «Mayéla et Meeks, Lumumba et Malcolm X». Ce sont des passionnés qui essaient de libérer le peuple par la parole. Pourtant, le peuple a des désirs réels, des besoins urgents: nourriture, vêtements. Devenu président, Mayéla fait des promesses ambiguës, il amorce un programme peu réaliste. Même avant de devenir chef d'État, il est condamné par des étudiants rentrés d'Europe comme «phraseur néophyte apparemment de gauche qui veut imposer au peuple une dictature militaro-bureaucrato-ploutocratique». Le nouveau président nationalise les banques étrangères, les puits de pétrole et les mines d'uranium. Quelle folie! Les puissances étrangères se fâchent. Anzika se retrouve seul et c'est la chute du gouvernement Mayéla. Cet homme, qui a voulu «montrer au monde qu'il peut tenir tête seul et devenir ainsi un leader incontesté de l'Afrique», finit par craindre sa propre ombre. Sa milice armée torture le peuple flottant, elle persécute tout critique du régime et Mayéla, ivre du pouvoir, devient de plus en plus démagogue, rêveur. Les promesses nationalistes d'antan se transforment en une politique égocentrique. Mayéla cultive le rôle du héros universaliste; Anzika s'engage contre les expériences nucléaires dans l'atmosphère; Anzika soutient le peuple vietnamien; Anzika décrète un embargo contre les voitures françaises parce que la France vend des armes à l'Afrique du Sud... et Anzika a une situation financière catastrophique, et les Anzikais n'ont rien à manger...

«Le président Mayéla, grand guide éclairé du peuple anzikais, grand timonier qui mène sans peur le pays à travers les écueils innombrables placés par le monde impérialiste et leurs valets locaux», le messie, s'avère aussi fantoche que celui qu'il a remplacé. Seul, il questionne son engagement: «le vrai engagement, dit-il, c'est celui de Meeks, peut-être». Devant la foule, il se sert encore de la parole, mais il est trop tard. On le houspille, on le condamne, on le tue. Il a raté son destin: «J'aurais dû devenir écrivain, romancier, poète.» Déception. Désillusion. Démythification. Démystification. «Ce n'est pas de nous que viendra le sang nouveau! Nous sommes toujours les couscous de l'histoire. Nous courons toujours derrière le miroir aux nègres que nous tendent l'Europe et l'Amérique.»

Le constat majeur, c'est que l'Afrique n'est pas plus une réalité pour Mayéla l'Africain que pour Meeks, l'Américain. L'Afrique, tout est résumé dans sa forme ambiguë: Afrique de sorcellerie, de superstitions, de fétiches; Afrique de théocratie réactionnaire; Afrique de l'apartheid; Afrique d'apathie; Afrique de paysans apolitiques très compliqués à comprendre; Afrique des Nègres «galonnés et bedonnants assis sur la masse du peuple d'où ils tirent puissance, richesse et gloire, et pour lesquels conserver le pouvoir est plus important que l'action politique». Afrique sans juste milieu; «l'une des poubelles du monde riche»; Afrique de mouchards et d'agents doubles. Afrique du néo-colonialisme. Dans un tel univers, les rêveurs survivent difficilement, les purs meurent vite. Mayéla fait cette constatation gênante, mais trop tard. Lui et ses amis font passer le message du romancier, à savoir, que nous tous, Africains, sommes plus coupables que les maîtres blancs; car nous ne cessons de perpétuer le système colonial.

En fin de compte, dans ce kaléidoscope d'événements, de scènes, d'images, où le passé, le présent et le futur sont mélangés pour donner un ensemble impressionnant et varié, la manière est fonction de l'histoire. Ce va-et-vient stylistique – on commence par le présent, on retourne au passé pour voler vers le futur et revenir au présent à travers le passé récent – ce voyage à plusieurs escales est symbole de la vie des personnages et du peuple. Si l'on parle ici d'illogisme, c'est dans le sens où la vie elle-même est essentiellement illogique.

Ce qui marque le récit, c'est l'esprit de corps fondé sur la sincérité. Sincérité d'un Marobi qui confesse son accord tacite avec le système d'apartheid: «Creuser son petit trou privé, s'y terrer et oublier que dehors, là-haut, il y avait le soleil qui brillait.» Sincérité d'un Meeks qui ignore l'Afrique mais la cherche désespérément et se sacrifie pour elle. Sincérité d'un Mayéla privilégié doué de talents extraordinaires mais prêt à tout perdre pour créer un homme nouveau. Et sincérité du romancier résolu à contester l'héroïsme, l'engagement et l'indépendance africains. «L'ennemi du noir n'a-t-il pas été le Noir lui-même, depuis le temps de l'esclavage jusqu'à aujourd'hui?» Même les révolutionnaires les plus sincères – ils s'appellent ici Marobi, Meeks, Mayéla – font partie de ce peuple coupable. Car ils trouvent encore difficile de s'immoler totalement; ils ne cessent de protéger leurs illusions particulières au plus profond d'eux-mêmes; ils ont tant besoin de croire et font parfois trop confiance aux amis qui sont pires que l'ennemi. Ce que nous montre la vie des héros de Dongala, surtout celle de Mayéla, c'est que l'action révolutionnaire risque de devenir une position réactionnaire. L'activiste peut se transformer en agent du néo-colonialisme. Il est difficile d'assumer totalement la révolution, de s'y immoler avec tout le désintéressement nécessaire. Les héros sont tiraillés entre le romantisme, le rêve (un poème dans la poche) et la réalité (un fusil dans la main); la synthèse en est bien gênante. Le dilemme persiste toujours. Les trois M de Dongala s'engagent dans une lutte valable, mais en dehors de leurs pays respectifs. Seul Mayéla finit par lutter chez lui mais, là encore, il y a ambiguïté; Anzika, c'est la marche inéluctable du héros vers le désarroi et la mort.

La vie de Mayéla est une série de questions: «Ma vie a-t-elle été un échec?» «Mon règne a-t-il été celui du confusionnisme?», «Que faire?». Les réponses sont parfois positives, encourageantes, symbolisées par la victoire de Litamu.

C'est le bonheur de Marobi libéré de son ombre hallucinatoire et lié aux camarades du maquis zimbabwéen: «l'essentiel, c'est la tâche que nous accomplissons ensemble malgré ces raisons égoïstes». C'est la joie de Meeks, moribond, ébloui par la figure de Yamaya, femme révolutionnaire: «Pureté et beauté! Tu es la femme de rêve de tous les hommes [...]. Femme éternelle, mère, humus de notre vie, éternelle femme noire!» C'est aussi le contentement de Mayéla observant la nature et rencontrant des gens aux approches de son pays natal: «la bonté, la beauté, l'amour et la paix existent bien dans ce monde, il ne faut désespérer de rien». C'est enfin le soleil qui explose dans toute sa munificence.

S'il y a aussi l'image de la misère, de la mort, c'est que le chemin menant à la liberté définitive du peuple demeure long et rigoureux et que l'espoir et l'engagement d'une poignée d'individus ne résoudraient pas le problème du néo-colonialisme, cette hydre à têtes multiples. Ce roman fait immédiatement penser à deux drames d'Aimé Césaire, *La Tragédie du roi Christophe* et *Une saison au Congo*. En abordant le thème de l'Africain rentré s'engager dans la lutte révolutionnaire au pays natal, il nous rappelle *Wirriyamu*, roman de Williams Sassine et, en traitant de la solidarité, il doit certaines de ses idées à l'existentialisme sartrien.

Femi Ojo-Ade

Un Nègre à Paris, Paris, Présence Africaine, 1959, 219p.
Chronique de Bernard Binlin Dadié.

Le premier des trois récits de voyage de Dadié, *Un Nègre à Paris*, se présente comme une longue lettre d'un clerc africain, Tanhoe Bertin, qui fait son premier voyage à Paris. La lettre s'adresse à un ami qui ne connaît pas l'Europe. L'intrigue est très mince: une description du voyage, une série d'aperçus sur la vie parisienne, organisés plutôt par thèmes

que par ordre chronologique; la préparation pour le retour à Dakar. Si *Un Nègre à Paris* n'est pas un roman, le narrateur est cependant un personnage fictif, un *persona*, qu'on ne doit pas identifier avec son créateur. Tanhoe Bertin se montre toujours plein de bonne volonté et de modestie. Il se présente comme un homme moyen qui partage bien des faiblesses des Parisiens qu'il observe. Lui, comme les Français, veut se montrer plus confiant qu'il ne l'est. Comme tous les hommes il subit l'attrait des jolies femmes et il se rend quelquefois ridicule en essayant d'attirer leur attention. S'il connaît à fond l'histoire de la France et admire la civilisation française, il regarde la vie parisienne du dehors: des gens dans la rue, la vie aux cafés, les nouvelles des journaux. Il adopte souvent une attitude naïve devant ce qui peut sembler incompréhensible dans la société française. Ses commentaires servent à montrer jusqu'à quel point la civilisation française, regardée d'un œil neutre, partage les ridicules, les intolérances de toute l'humanité. Parlant de la division des chrétiens entre protestants et catholiques, par exemple, il dit. «cette querelle hélas, porte le nom d'un saint: Barthélemy. On n'a pu me dire auquel des deux camps il appartenait».

À la manière du Huron de Voltaire, Tanhoe Bertin satirise les prétentions culturelles des Français qui estiment, par exemple, que leur langue, «pour avoir fait le tour du monde, avoir même été adoptée par des Négrillons, peut être entendue par Dieu». Il esquisse d'un trait léger la contradiction du Parisien moderne qui «votera contre la guerre et paiera des revolvers à son enfant». La civilisation française n'est pas si rationnelle que ceux qui se vantent de leur logique cartésienne veulent le croire. Aux génies africains correspondent les journalistes de Paris: «Personne n'entreprend une action, ne fait un geste sans penser à eux.» Si le ton est souvent amusé, le fond de la critique est sérieux. La France est un «monde de clans où aucune place n'est faite aux hommes libres sans préjugés».

Le voyageur explique à son ami en Afrique quelques incidents de l'histoire reliés aux monuments qu'il visite. Son but réel n'est pourtant pas d'enseigner l'histoire de France au lecteur africain, mais de faire voir au lecteur français jusqu'à quel point sa culture est fondée sur une histoire mêlée de légende, comme celle de l'Afrique traditionnelle. Le narrateur pense aux interprétations diverses de la chute de la Bastille. Elles lui prouvent que malgré la documentation écrite, en France comme en Afrique, «chacun présente une histoire selon son optique, son milieu».

Malgré le ridicule et l'esprit borné qu'il trouve à Paris, Tanhoe Bertin veut continuer à admirer ce que la France a donné à la civilisation universelle; il croit que Paris est «une seconde patrie pour tout homme». Il cherche ce qu'il faut garder des apports coloniaux en Afrique: par exemple, l'émancipation de la femme.

Un humanisme universel ressort du livre comme en étant la valeur principale. Dadié veut détruire toute barrière entre les hommes: «Sous leur dure carapace, ils demeurent des hommes comme nous, emportés par le tourbillon du temps vers on ne sait quel destin.» (Il est entendu qu'il s'adresse au lecteur français à qui il dit: «Les Africains demeurent des hommes comme vous.») Le catholicisme de Dadié est évident: Dieu existe, bien que les hommes se soient souvent trompés sur les moyens de le servir, et qu'ils soient partout — en Europe et en Afrique — capables d'une grande intolérance. Comme il le fera plus tard à New York et à Rome, il se demande ce qui arriverait si le Christ revenait aujourd'hui à Paris.

Le narrateur, qui ne semble pas toujours comprendre ce qu'il voit, rappelle d'une façon ironique les auteurs européens de récits de voyage qui trouvaient l'Afrique incompréhensible. Au lieu de peindre les mœurs africaines comme plus admirables, plus rationnelles que les Eu-

ropéens ne le croient, Dadié montre le ridicule de toute civilisation vue du dehors. Le but, c'est de montrer que la civilisation européenne n'est pas supérieure aux autres civilisations, et donc de faire valoir la culture africaine. Ce but est atteint d'une façon ironique, souvent comique, et sans l'amertume de beaucoup d'écrits anticolonialistes de l'époque.

Le style ironique et très réussi, le portrait de l'observateur naïf, la comédie des mœurs, tout contribue à faire d'*Un Nègre à Paris* une œuvre d'art qui dépasse de loin un simple récit de voyage, qui montre une vision de l'humanité reliant les races, les cultures diverses, Dadié défend à sa manière et de façon efficace la culture africaine.

Adèle King

Un père aux abois, Yaoundé, Éditions CLÉ, Coll. Clé-Théâtre, 6, s.d., 34p.

Drame en quatre actes de Joseph Kengni.

Monogame et chrétien de surcroît, le vieux Waman, 70 ans et père de deux enfants, se ruine pour les faire instruire à l'école des Blancs. Profondément ancré dans les coutumes ancestrales, son ami Noussi, 69 ans, polygame et père d'une nombreuse progéniture, s'évertue à maintenir celle-ci loin de l'influence, maléfique selon lui, de l'école nouvelle.

Un père aux abois traite donc d'un aspect spécifique des conflits culturels qui déchirent l'Afrique. Bien qu'il ne soit pas coupé de l'univers traditionnel, Waman se refuse, en dépit du prix à payer, à cloîtrer sa modeste descendance: il enverra ses enfants à l'école. Du reste, administrateurs, auxiliaires de la santé et divers commis de la place ne sont-ils pas tous des produits de l'école des Blancs et un incontestable défi à une époque désormais révolue, si glorieuse fût-elle? Noussi réplique qu'il est impossible de prédire les conséquences de l'école des Français qui n'est sans doute qu'une autre version des travaux forcés qui ont marqué la période de colonisation allemande. À preuve, les jeunes qui en sortent se font déjà remarquer par leur insolence et leur rejet des mœurs traditionnelles.

Sur l'invitation de Noussi, un sorcier viendra confirmer, par une démonstration pour le moins ridicule et au prix de quelques volailles, les appréhensions de Noussi et le danger de la voie qu'a choisie Waman pour ses rejetons.

Le vieux chrétien ne démord pourtant pas et se fait en plus délester d'une somme de quinze mille francs dans ses démarches pour obtenir, au bénéfice de son fils, une copie d'acte de naissance à la sous-préfecture.

Joseph Kengni dénonce tour à tour les tares de certaines coutumes africaines, les extravagances des jeunes intellectuels et la corruption qui paralyse l'administration locale. Mais il reste que, pour qui connaît le pays et la culture bamiléké, certains grossissements, qui frisent l'invraisemblable, affaiblissent quelque peu l'argumentation. Il est impensable par exemple que dans une région où le registre d'état civil était pratiquement inconnu jusqu'à une date récente, l'auteur donne à ses personnages un âge aussi précis. Il est également vrai que le peuple reste davantage tributaire de la position du soleil que du cadran d'une montre pour sa notion du temps. Aucun doute que le sorcier du village est généralement plus fin joueur.

Le texte révèle cependant un aspect distinctif de l'art oratoire des Bamiléké: l'amour du langage imagé et proverbial. Le brillant succès du fils de Waman dans ses études et le dépit dans lequel sombre Noussi consacrent le triomphe de l'ordre nouveau. C'est aussi un signe des temps.

Ambroise Kom

Un piège sans fin, Paris, Stock, 1960, 254p.
Roman d'Olympe Bhêly-Quénum.

Ce roman est découpé en dix-sept chapitres: deux parties de neuf et huit chapitres respectivement. Le livre traite de la vie malheureuse d'Ahouna, depuis sa tendre enfance jusqu'à sa mort tragique à 35 ans. Olympe Bhêly-Quénum recourt à un procédé — dont il ne tire d'ailleurs pas entièrement parti —: Ahouna raconte toute une partie de sa vie à un personnage qui restera toujours dans l'ombre, Monsieur Houénou (on découvre son nom à la page 47), un riche socio-archéologue qui recherche «des statuettes et des objets de l'art dahoméen du IIIe au XVIIe siècle» (p. 149). Cet érudit a recueilli un de ses compatriotes en détresse et lui a offert l'hospitalité dans sa ferme de Zado; c'est ainsi qu'il apprend l'histoire d'Ahouna — il s'agit de la première partie du livre.

Ahouna est le fils de Bakari et Mariatou, famille musulmane aisée de Kiniba dans le Nord du Dahomey. Il a un frère qui meurt à 17 ans, vers 1915, et une sœur, Séitou, de 10 ans son aînée. Le narrateur nous détaille les malheurs de cette jeune femme: à 19 ans, elle épouse un Blanc, Tertullien, qui l'emmène à Cotonou. Mais ce n'est qu'un bonheur éphémère: ils ont un fils puis des jumeaux. Hélas, considérant que «c'est, aussi bien dans son pays que dans sa race, une avanie que de s'unir à une négresse au point d'en avoir des enfants» (p. 13) et «qu'il ne pouvait faire l'amour avec elle sans qu'il y eût de conséquence dont les résultats étaient ces gamins de sang mêlé» (p. 13), Tertullien rentre en France, abandonnant sa maîtresse et sa progéniture. Séitou, humiliée, refuse de retourner dans sa famille, se prostitue pour élever ses enfants, puis rencontre un jeune homme de Conakry, Camara, qui l'épouse. La trame narrative ramène le lecteur à Kiniba où Ahouna mène une vie de pâtre doué pour la musique: aventures diverses du jeune garçon, moissons, vie de troupeaux, récoltes... L'existence semble devoir être heureuse.

Mais le ton change subitement: des calamités incessantes s'abattent sur la famille: le choléra décime les troupeaux, des criquets dévastent les moissons, le père Bakari, tenu de participer au travail obligatoire de construction d'une route, refuse et prétend payer un miséreux qui le remplacera. Le Commandant blanc ne l'entend pas de cette oreille et cravache Bakari qui préfère se tuer de sa dague plutôt que de s'humilier.

La mort de son père ramène au foyer familial Séitou, son mari Camara et leurs cinq enfants. Camara raconte combien sa vie, jusqu'au moment où il a quitté sa famille, a été malheureuse, en proie qu'il était à la jalousie de sa sœur aînée, à l'hostilité de sa mère et à la faiblesse de son père.

Pourtant le bonheur semble vouloir sourire de nouveau et Ahouna rencontre une très jolie jeune fille qui, admiratrice des talents musicaux du jeune Noir, lui lance une orange. Ahouna, tombé aussitôt amoureux, improvise des chants lyriques louant sa belle qui s'appelle Anatou et qui cède bientôt aux avances du jeune homme. Et, bien qu'Anatou lui ait fait remarquer qu'«une orange peut être très amère ou très douce sans qu'on le sache tant qu'on ne l'a pas pelée» (p. 89), le mariage a lieu. Une fois de plus, amour et musique rendent la vie très plaisante, d'autant plus que le jeune couple a bientôt trois enfants. Anatou et Ahouna sont mariés depuis treize ans lorsque, subitement, celle-ci accuse son mari de la tromper avec une jeune fille qui passe par les pâturages. Déchaînée, Anatou va même jusqu'à affirmer qu'Ahouna veut le tuer! L'intervention du père d'Anatou, Fanikata, n'arrange rien. Désespéré de voir son foyer détruit, ulcéré par l'injustice flagrante des reproches, usé par ces accusations incessantes, Ahouna décide de s'enfuir lorsque sa femme hurle «À l'assassin» alors qu'il veut s'approcher d'elle. Il n'emporte avec lui qu'un poignard.

Après plusieurs jours d'errance et de famine, il rencontre, au bord d'un marigot, une femme qui, effrayée de son apparence, crie «Au voleur! Au reve-

nant! À l'assassin! À l'assassin!» (p. 144). Dans un accès de démence, Ahouna, qui a cru reconnaître la voix de sa femme, poignarde la pauvre étrangère et s'enfuit.

C'est ce tueur que Monsieur Houénou recueille au bord du chemin dans la scène qui ouvre le roman.

La seconde partie – fort longue – retrace l'arrestation d'Ahouna, mis en croix et porté en procession à travers la ville de Gammé jusqu'en prison.

À ce point, le récit s'attarde longuement sur les malheurs d'Affôgnon, un voleur qui finira par se suicider dans sa cellule. Boullin, un toubab, assassin de sa femme et de sa maîtresse, retient ensuite l'attention de l'auteur qui évoque la vie dans cette gendarmerie-prison et, surtout, l'horreur des travaux forcés qu'accomplissent les détenus – tous des meurtriers –, Noirs ou Blancs, aux Carrières de granit où des accidents épouvantables se produisent dans l'indifférence totale des gardes-chiourmes.

Ahouna attend son jugement mais le frère et certains des fils de Kinhou, sa victime, estiment que le bagne n'est pas une punition suffisante. Le frère, Houngbé, s'étant fait interner sous le prétexte d'un vol de cabri, propose à Ahouna de s'évader. Celui-ci accepte car il veut à tout prix tuer Anatou, responsable de ses malheurs. Mais, à peine a-t-il franchi le mur de la prison qu'il est assailli par le clan Kinhou qui le ramène à Zounmin, le village où a eu lieu le meurtre. On l'enchaîne sur un pilori puis on allume le bûcher assemblé sous la victime. Ahouna meurt en prononçant le nom d'Anatou. Les Kinhou sont arrêtés et les restes calcinés d'Ahouna seront ensevelis, avec le Kpété et le tôba dont il jouait si bien, à Kiniba, au pied de la montagne Kinibaya où il a rencontré un peu de bonheur et surtout beaucoup de malheur.

Ce récit... sans fin – manifestement imprégné de l'influence de Camus et de son angoisse existentielle – n'a sans doute jamais prétendu, sérieusement (malgré l'indication), être un roman. Ce serait plutôt un essai destiné à illustrer la thèse de la «viduité» de l'existence, comme l'écrit malencontreusement Olympe Bhêly-Quénum (p. 114-142)[1], qui veut évidemment dire le vide de l'existence.

Pour l'auteur, la vie est une succession de moments de bonheur et de moments de malheur. L'être humain est «un faisceau de contradictions imbéciles» (p. 235) préférant «l'indifférence et le néant à tous les espoirs de vivre encore» (p. 235).

La mésaventure d'Ahouna est certes la plus développée du livre; mais, comme l'histoire de Séitou, comme celle de Camara, comme celle d'Affôgnon, comme celle de Boullin, celle du couple maudit Ahouna-Anatou est un échantillon de l'absurdité d'une existence sur laquelle l'individu ne dispose d'aucune prise. Anatou (que l'on connaît très peu) est un jouet dément entre les mains de puissances absurdes et ubuesques. Pour les dieux, les êtres humains ne sont que des fantoches qu'ils malmènent au gré de leur fantaisie. Et la vie se confine dans le labyrinthe d'un château d'où tout espoir de sortir est vain. Après treize ans de mariage heureux, la femme d'Ahouna devient tout à coup définitive la proie définitive d'une jalousie pathologique et injustifiée. Devant l'ampleur de son malheur, Ahouna sombre dans une démence criminelle. On sent chez ces personnages une démesure qui en fait les héros d'une épopée-caricature de la condition humaine.

Devant l'outrance même du malheur qui frappe Ahouna, le lecteur pense effectivement que la vie est un «énorme piège tendu à l'homme par Allah» (p. 142). *Un piège sans fin* fourmille de personnages (près d'une centaine!) mais ce ne sont que des marionnettes dans les mains de l'auteur. Ahouna est

un être à peine cultivé, «un illettré», mais doué d'un «sens psychologique insoupçonnable» (p. 148). Sa bravoure et sa générosité ne lui sont d'aucun secours lorsqu'il est assailli par l'adversité.

Anatou sombre dans la folie; et les vagues explications de son père, Fanikata, relatant un amour de jeunesse pour Pylla sont peu convaincantes; d'ailleurs Fanikata considère qu'elle mérite d'être enfermée dans un asile d'aliénés (p. 133). Bakari, le père d'Ahouna, et Camara, le mari de Séitou, viennent simplement appuyer la thèse générale: «La vie est une sale invention d'Allah» (p. 58).

Du côté des femmes, aucune ne se distingue par sa personnalité. Elles sont toutes aussi effacées les unes que les autres. Les oppresseurs sont plus colorés mais sans relief. Toupilly est le type même du Blanc-commandant de gendarmerie qui traite ses détenus de «sales nègres» (p. 171); Mauthonier le policier est trop bon pour être vrai. Affôgnon, Boullin, Mme Nicéphore, Solange... sont des figures pâles. Monsieur Houénou, un Noir qui a étudié en France, est épris d'idéal et médite sur cette phrase: «Sachez et croyez fermement que votre vie doit être une mort continuelle...» (p. 152). Les vengeurs de Kinhou, ses fils et son frère Houngbé se caractérisent par leur soif de vengeance et leur vaniteuse stupidité.

La construction du roman souffre de cette absence d'intrigue charpentée, de personnage central, de caractères authentiques. De plus, l'histoire est mince et doit se dérouler dans deux décors.

Le récit est très fortement marqué par des techniques qui relèvent de la littérature orale. Il en va ainsi du rêve d'Houénou (p. 149), du conte du vieux Dakô (p. 223), de l'oracle (p. 230) et des fréquentes digressions.

Les scènes de l'univers de forçats et leurs souffrances aux Carrières, si elles sont d'un réalisme frappant, n'ont rien à voir avec l'action, car Ahouna n'a pas encore été jugé et n'est donc pas ba-

---

1. Giono l'avait fait avant lui dans *Les Vraies Richesses*; voir cependant, chez Bhêly-Quénum, «ourdire» (p. 61) et «toute-puissante» (p. 174).

gnard. On se demande d'ailleurs vraiment pourquoi il est emmené aux Carrières d'extraction de granit, puisqu'il n'y travaille pas... De même, le récit des aventures de Séitou (p. 13-14) est abandonné pour une longue évocation des charmes de la vie champêtre et communautaire.

En somme, un livre mal construit; son attrait ne viendra certes pas de l'intérêt qu'aurait pu ou dû présenter son intrigue, trop morcelée!

Ce qui attire le lecteur, c'est la façon dont l'auteur exploite toute une série de thèmes dont le plus remarquable est celui du rôle de la musique dans la vie des paysans. Ahouna joue avec dextérité du kpété (sorte de flûte) ou du tôba (sorte de harpe) et parvient à traduire ses sentiments les plus intimes.

Bhêly-Quénum traite de la condition féminine en adepte de la tradition musulmane: les femmes sont soumises et obéissantes. En général, la polygamie est de règle. Lorsque Anatou accuse Ahouna d'adultère, Fanikata répond à sa fille que son mari a le droit et la liberté de faire ce qui lui plaît (p. 131).

L'auteur attaque vigoureusement les préjugés et les croyances aux dieux, aux oracles et aux autres fétiches, sources de calamités et crédules.

Le style d'Olympe Bhêly-Quénum est simple et très mouvementé. Un passage recourt au style périodique (p. 95) et rassemble les réactions de Fanikata à l'annonce du suicide provoqué de Bakari; mais il est raconté par la pauvre Ibayâ, paysanne illettrée, totalement incapable de parler de cette façon, d'autant plus que le texte abonde en imparfaits du subjonctif... Certains passages sont vraiment comiques par leur prétention, placés qu'ils sont dans la bouche de villageois sans culture; ainsi Anatou plagie Jules César (p. 113), et le vieux Dakô, ce «nonagénaire décharné et velu», parle des écuries d'Augias (p. 22)! Plus plausible est la référence, appuyée, à l'acte gratuit gidien, par

Houénou...

L'intérêt du livre, roman de la Malédiction, résulte de l'espèce de hantise qu'il laisse planer sur le lecteur au récit de l'atroce destinée de l'homme vulnérable et sans défense pris dans l'engrenage d'absurdités qu'est cette «existence sans issue» (p. 56). Ahouna, qui disparaît atrocement en fumée sur son bûcher, symbolise la vanité de la vie, «désert de pourritures où les hommes s'acharnent à des choses futiles et vaines» (p. 56).

Un piège sans fin illustre dans le registre épique et sur le ton de la tragédie grecque le Destin s'acharnant sur le pauvre Noir innocent qu'il condamne à une fin horrible, comme le sera aussi le dernier chef légitime de Doumbouya, «tant qu'Allah ne décollera pas la damnation qui pousse aux fesses du nègre»...

François Salien

Un sorcier blanc à Zangali, Yaoundé, Éditions CLÉ, Coll. Abbia, 1970, 189p.
Roman de René Philombe.

Contrairement aux autres livres de Philombe, *Un sorcier...* a pour héros un Blanc, le père Marius. S'étant peut-être inspiré du *Regard du roi* (1954) de Camara Laye, l'auteur raconte le voyage d'un prêtre zélé auprès d'une tribu païenne. Mais le père Marius, au lieu d'évangéliser les Noirs et de vivre selon les concepts chrétiens, subit une transformation comparable à celle d'un Noir qui serait en voie d'accéder au rang respecté d'ancien de la tribu. En effet, ses aventures ne lui apprennent pas l'humilité, l'abnégation ou les beautés de l'ascétisme, mais elles lui révèlent son courage, sa facilité d'adaptation aux situations extravagantes, son respect pour le savoir et pour des valeurs jusquelà inconnues (p. 166). Plusieurs éléments du récit suggèrent qu'il s'agit d'un voyage initiatique. Ainsi, le prêtre doit traverser de nuit une forêt terrifiante et, une fois arrivé à Zangali, il est forcé de se retirer dans un endroit particulièrement sauvage et d'y vivre par ses propres moyens. Pour devenir pareil à un «grand sorcier», il lui faut élucider un mystère, celui de la maladie qui décime périodiquement les habitants de Zangali (p. 151-159). Son intransigeance chrétienne ébranlée, il sort plus fort et plus sage de ces épreuves, mais sa victoire est payée, symboliquement, par la mort du vieux chef de Zangali, ce «trait d'union [...] entre le monde des hommes et le monde des esprits» (p. 106). Dès lors, le père Marius le remplace et prend le rôle d'intermédiaire du vieux chef. Ses maladresses n'arrêtent guère son ascension spirituelle. Dans les romans camerounais en général, l'homme n'a pas vraiment d'influence sur son destin, il est poussé par des forces extérieures et c'est un peu à son corps défendant qu'il réussit ou qu'il échoue (*Mission terminée, Sur la terre en passant, Le Journal de Faliou, Une vie de boy*).

Parce qu'il est le jouet du destin, l'homme sage doit se préparer à accepter ce qui lui arrive. À l'instar du conte didactique traditionnel, l'auteur propose une leçon. En prenant un prêtre blanc comme héros, Philombe suggère deux choses : ainsi, même christianisé, un homme peut toujours trouver des valeurs irremplaçables dans la sagesse ancestrale ; ensuite, si un prêtre blanc parvient à découvrir ces valeurs, n'importe quel esprit un peu curieux pourra le faire. Le roman encourage donc le Noir à s'intéresser à sa culture traditionnelle et à y puiser sa force morale. À partir de cette leçon centrale, l'auteur fait, parfois avec humour, un certain nombre de remarques sur la société et partage ses critiques entre les Blancs et les Noirs. Ainsi, si le colonialisme est un «enfer» (p. 15), les sociétés noires qui permettaient l'esclavage ne se montraient pas plus humaines (p. 17-18). De plus, Philombe se moque des hommes en général tels les Français qui «gazouillent» et qui «souillent la main» (ils serrent la main, p. 14), tels les Allemands dont la langue est un amalgame de «syllabes croassantes comme des godasses et âpres

comme des pétarades» (p. 14), tel un Noir, possédant des esclaves, qui «tenait physiquement d'un singe et moralement d'une panthère» (p. 19).

Les deux niveaux du récit, c'est-à-dire la critique sociale et l'évolution spirituelle du père Marius, ne se superposent pas. Le début du roman critique les hommes et en même temps présente un couple d'esclaves dont le fils devient l'aide du prêtre. Ensuite, le point de vue change, l'attention de l'auteur se porte sur le prêtre. Ce changement provient de ce que Philombe préfère une représentation dynamique aux descriptions statiques. Il choisit quelques scènes caractéristiques qui montrent les personnages en action et qui révèlent leur personnalité aussi bien que leur situation sociale. La structure du roman en est déséquilibrée, mais l'auteur ne s'intéresse visiblement pas à ce type de régularité car, en plus, il introduit cinq épisodes secondaires qui développent des thèmes accessoires. Cette liberté dans la présentation rappelle la structure lâche des contes oraux. *Un sorcier blanc à Zangali* est ainsi un mélange de techniques traditionnelles et occidentales tout autant qu'un appel à la tolérance culturelle et religieuse.

Claire L. Dehon

Une aube si fragile, Dakar / Abidjan, Nouvelles Éditions Africaines, 1977, 189p.
Roman d'Ibrahima Signaté.

L'action se déroule dans les années qui ont suivi la proclamation de l'Indépendance, en tout cas avant 1966, année de la chute de Kwame Nkrumah (p. 20). Elle se situe dans l'imaginaire République de Songa dont la capitale est Douma, à quelque 5 000 kilomètres de Paris, quelque part en Afrique noire.

Albert Kotoko, étudiant en Lettres, marié à une Française (Marie-Louise), idéaliste qui a milité au Parti Communiste Français, décide de rentrer au pays. Peu porté à collaborer avec les dirigeants en place, issus du mouvement politique qui a précédé l'Indépendance, Kotoko reste en marge de la vie publique officielle, participe à la création d'un Mouvement Clandestin d'Opposition qui échoue, est arrêté et condamné à mort. Le dernier chapitre est consacré au procès. La durée de l'action en terre africaine ne paraît pas excéder une année.

Le roman est divisé en quatorze chapitres. Il est dédié à la mémoire d'Outel Bono, exilé politique tchadien assassiné à Paris à l'époque où François Tombalbaye gouvernait le Tchad. Une citation de Bertolt Brect souligne la faiblesse de la volonté populaire dans certains États.

Un poème, qui est senghorien dans le fond et dans la forme, intitulé «Leaders», sert de préface. Le verset suivant résume l'esprit du poème et du roman: «Nous veillerons jusqu'à l'aube porteuse de justices partagées.»

La technique du récit est fortement influencée par le cinéma. Le chapitre I montre Kotoko au décollage de l'avion qui le ramène à Douma après cinq années d'études en France. Suit une série de scènes rétrospectives qui occupent les chapitres 2 à 5. Parmi ce retour dans le passé, il faut citer: le dialogue entre Kotoko et son ami tchadien Ahmed, celui-ci continuant à opter pour l'exil tandis que Kotoko veut être «utile aux paysans sans faire de la politique» (p. 19); la description d'une manifestation aux abords de l'ambassade des États-Unis à Paris à l'époque de la guerre du Viêt-nam (phase américaine); le dialogue entre Kotoko et le docteur Bruno, dans la clinique où Marie-Louise a fait hospitaliser l'étudiant, blessé dans une rencontre avec la police – dialogue qui montre que des soucis différents préoccupent l'idéaliste africain et l'idéaliste européen –; la description d'une certaine «dolce vita» parisienne des années 1960 vue à travers la journée qui marque le début de la liaison entre Kotoko et Marie-Louise; la scène de la rencontre

avec Bellou le mythomane (chapitre IV – personnage fréquent dans la littérature traitant du milieu africain en Europe).

Le chapitre VI transporte le lecteur dans le milieu africain de Douma. Le député Tounka reçoit dans sa résidence d'un quartier populaire à l'occasion d'un baptême. Un échange de propos accusateurs a lieu entre le notable et le jeune intellectuel. Un flash rétrospectif présente le père de Kotoko, homme attaché à la tradition, d'esprit indépendant, conservateur par haine de l'inconnu.

Au chapitre VII, Kotoko souligne dans une lettre dont Ahmed est le destinataire l'influence néfaste qu'une vision idyllique de l'Europe exerce sur la société africaine. Il divise en deux catégories les anciens étudiants revenus au pays: les marginaux, restés fidèles à eux-mêmes, d'une part; les intégrés, soucieux d'accéder à un certain standing social, d'autre part. Macoub, haut fonctionnaire dissident, qui va être l'inspirateur du Mouvement Clandestin d'Opposition, voit la cause d'une certaine débauche dans «la recherche de l'étourdissement qui étouffera le cri profond de la conscience et rendra l'existence plus supportable» (p. 105).

Au chapitre VIII apparaît le personnage de Kanfory, le «révolutionnaire par instinct», venu au marxisme via Le Caire. Le Mouvement Clandestin est défini comme une «coalition sans âme et sans principe», ce qui explique son futur échec malgré la faiblesse de la position des gouvernants. Une scène chez le coiffeur Kora (chapitre IX) met en évidence le peu d'intérêt du peuple pour les querelles politiques, lesquelles ne sont à son point de vue que celles des «gros bonnets» (p. 130 et 156).

Le chapitre XII est le plus remarquable sur le plan artistique. L'évocation de l'atmosphère pesante qui précède l'arrivée de la tornade tropicale est habilement combinée avec celle de la montée de l'angoisse dans le convoi du mercenaire Julien Bedaut au fur et à mesure que les camions qui transportent des armes dissimulées se rapprochent de la frontière du Songa. Le chauffeur Alpha, qui va mourir tragiquement une heure plus tard, est en proie à un désarroi qui n'est pas seulement le sien mais celui de tout un peuple laissant se dissoudre une spécificité lentement constituée: «Quel destin aurait été celui de l'Afrique si elle avait vécu en vase clos, si elle était restée pure de toute influence étrangère, si ses civilisations et ses mœurs avaient pu mûrir, puis s'évanouir sans entraves! Hélas, songeait-il, la vieille Afrique, notre Afrique se meurt et celle qui naît à sa place, nous avons beau la scruter, nous ne voyons pas à quoi elle ressemble» (p. 156).

La torture occupe une grande place dans les chapitres XIII et XIV. Kotoko fait preuve de force d'âme. Sa défense d'une «génération qui a rêvé, comme aucune autre, à l'indépendance» emporte l'adhésion populaire. C'est sur cette victoire morale, qui laisse entrevoir la grâce des condamnés, que s'achève le livre.

D'un intérêt dramatique soutenu, *Une aube si fragile* vaut par les tableaux de mœurs, par les portraits (particulièrement ceux du père et de Kanfory) et surtout par ses nouveaux apports: un nouveau regard sur la relation Europe-Afrique et l'analyse de l'état d'âme de l'étudiant africain expatrié en fin de scolarité. L'Africain, qui vit l'originalité de sa culture, y attache moins d'importance que l'Européen, angoissé par le vide moral qu'il sent autour de lui. Le peuple africain reste, sur le plan moral, protégé par ses coutumes et par la réalité de la grande famille; la lutte politique lui semble, comme toute importation, source d'impureté (p. 156). En revanche, la réussite matérielle de l'Europe est enviée aussi bien par les classes sociales qui ont plus ou moins reçu l'éducation étrangère que par le peuple. Vue d'Afrique, cette réussite fascine totalement. Si l'étudiant vivant en Occident a pu exorciser ce démon, il doit savoir qu'il le retrouvera en pleine vigueur dans son pays et qu'il

devra l'affronter de nouveau. Le champ de bataille s'est déplacé et il faut le rejoindre. Tel est le principal message que contient *Une aube si fragile.*

Robert Pageard

Une eau dormante, Paris, Radio France Internationale, Coll. Répertoire théâtral africain, 21, 1975, 103p.
Pièce de théâtre de Sylvain Bemba.

Cette pièce a obtenu le Prix des Auditeurs du Concours théâtral interafricain de 1972. Elle a été représentée pour la première fois le 22 juin 1972 par la troupe théâtrale de l'A.P.N. (Armée Populaire Nationale) à Brazzaville.

L'action se déroule vers les années trente, dans le nord de la colonie du Moyen Congo. Composée de dix-sept brefs tableaux, la pièce raconte la lutte du pêcheur Olessa contre le propriétaire de l'étang où il exerce son métier, Sosso, et son complice le chef sorcier Olouo.

Pour obtenir le droit de pêcher dans l'étang de Sosso, Olessa doit lui donner une dame-jeanne de vin, une pièce d'étoffe et abandonner les deux tiers de sa pêche au propriétaire (deux paniers de poissons sur trois). Dépourvu d'argent, il doit emprunter, à un taux usuraire, auprès du chef sorcier Olouo.

Sosso convoite la femme d'Olessa, Bobomela, qui résiste à ses avances; il la menace de réduire son mari à la misère.

De fait, pendant deux mois, Olessa rentre bredouille de toutes ses expéditions de pêche. Pour conjurer le mauvais sort, auquel Olouo attribue cette malchance persistante, il doit faire des sacrifices, et par conséquent s'endetter davantage auprès du chef.

À bout de misère, Bobomela cède à Sosso; aussitôt la pêche devient florissante pour Olessa. Bien que le chef et le propriétaire attribuent ce changement de fortune à l'efficacité d'un dernier sacrifice, le pêcheur n'est pas sans subodorer qu'on le conduit désormais à un autre étang, plus poissonneux. Rappelons que nous sommes dans une région de forêt dense inondée et que pour un étranger au village comme Olessa, il est difficile de s'y repérer, ce qui rend cette substitution moins invraisemblable qu'il n'y paraît.

Malgré l'abondance de sa pêche, Olessa ne parvient pas à s'acquitter de sa dette envers le chef. Il demande à Sosso de se contenter d'un panier de poissons jusqu'à ce qu'il en soit libéré. Le propriétaire refuse, au nom du respect de la tradition, appuyé par Olouo auquel, du reste, il rétrocède secrètement un des deux paniers de poissons reçus.

Olessa décide alors unilatéralement de modifier le taux de ses redevances et annonce qu'il ne livrera plus désormais qu'un panier sur trois.

Ce faisant, il heurte de front les intérêts des deux notables, gardiens vigilants d'une «tradition» qui fait d'eux des privilégiés.

Une lutte à mort s'engage alors entre eux et lui, lutte au cours de laquelle il n'aura d'abord pour allié que le seul Ekomba Véritas qui, né à Brazzaville, passe au village pour fou parce qu'il se refuse à la soumission envers la tradition.

Olessa est d'abord, à la demande des notables, arrêté et battu par un «Mboulou-Mboulou» (milicien), mais ne cède pas. Du moins comprend-il ainsi qu'il n'a rien à espérer de l'administration, laquelle s'appuie sur le chef pour faire rentrer l'impôt, assurer l'ordre et recruter des prestataires.

Les privilégiés organisent alors la disparition de Bobomela: on trouve son pagne auprès d'un étang; on la croit noyée: en fait, elle se dissimule chez son amant Sosso.

Le sorcier Olouo, consulté, drogue Olessa et lui fait entendre la voix de la disparue: elle conseille à son mari de se soumettre et de prêcher la soumission aux jeunes gens du village, lesquels, sensibles à son exemple, commencent à faire preuve d'un esprit de contestation qui inquiète les nantis. Bien que troublé,

il refuse.

Le chef-sorcier décide d'organiser une épreuve de lutte traditionnelle entre Olessa et Sosso. Si le premier gagne, il continuera à exploiter l'étang aux conditions qu'il a définies: vaincu, il sera dépouillé de tous ses biens et deviendra l'esclave du vainqueur.

Combat fort inégal, car Sosso est un champion renommé de lutte traditionnelle, et truqué puisque Olouo fait absorber un «breuvage magique» aux deux adversaires, la calebasse d'Olessa contenant une drogue qui lui trouble l'esprit.

Il serait donc vaincu si Véritas ne dévoilait la machination, entraînant l'intervention décisive des villageois.

La pièce s'achève par le spectacle des notables poursuivis et molestés par le peuple, cette «eau dormante» qui, réveillée par l'exemple d'Olessa, «devient torrent».

* * *

«C'est Marx au village», dira-t-on ironiquement à la lecture de ce trop schématique résumé. En effet, ce sont bien des «rapports de production» qui sont ici dévoilés, de même que «l'idéologie» – la tradition – qui assure leur «reproduction»; et il s'agit bien d'une pièce didactique.

Mais c'est précisément le cadre villageois et l'époque déjà lointaine qui assurent «l'effet d'éloignement» propre à préserver la pièce de l'aspect édifiant qu'elle eût sûrement revêtu à se dérouler de nos jours et en milieu urbain.

Faire apparaître une forme de «lutte de classes» en milieu traditionnel n'est du reste pas chose si courante dans la thématique de la littérature africaine.

Les brefs tableaux, écrits dans une langue simple, concise, dépourvue de cette éloquence parfois facile à laquelle, en d'autres pièces, il arrive à Sylvain Bemba de s'abandonner, sont d'une grande efficacité scénique.

La référence au modèle brechtien s'impose d'autant plus que l'auteur se refuse constamment à «héroïser» Olessa, «homme seul face à la société». Livré à lui-même il serait vaincu sans gloire; c'est l'intervention du peuple qui assure la décision.

Que cela heurte les tenants d'une théâtralité plus traditionnelle est démontré par la réaction des acteurs de la troupe de l'A.P.N. qui ont exigé de l'auteur un autre dénouement dans lequel Olessa, seul, triomphe de son adversaire — le peuple n'intervenant que pour applaudir et parachever la victoire d'un homme seul, supérieur à l'humanité commune.

Mais d'être ainsi réduit à crier passivement «Viva» devant les exploits d'un héros, le peuple, contrairement à l'intention explicite de la pièce, ne reste-t-il pas «une eau dormante»...?

Roger Chemain

Une main amie, Bamako, Éditions Populaires du Mali, 1969, 325p.

Roman de Yoro Diakité.

Issue d'une famille paysanne, Marie-Thérèse ne peut trouver du travail à la campagne. Elle s'installe à Cannes dans l'espoir de gagner sa vie et sera tour à tour employée de maison et serveuse de bar au «Cheval Blanc» avant de tenter «l'Aventure Africaine» en compagnie de son mari.

L'action d'*Une main amie* se déroule à deux endroits différents et met en scène des personnages pour le moins disparates que l'auteur nous révèle à travers le regard innocent de Marie-Thérèse. À Cannes elle fait l'expérience de la vie urbaine avec ses attraits et son cortège de déshérités. Chacun des personnages qui l'entourent est aux prises avec un drame particulier. Madame Simone, veuve sans enfant, ne peut désormais trouver de sens à sa vie qu'en se rendant utile auprès des autres. Elle se fait l'adepte d'une profonde morale religieuse fondée sur la charité chrétienne. Pour Anne-Marie, abandonnée par le père de son fils, la vie se limite au

«moi». Le regard froid et haineux qu'elle jette sur les clients du «Cheval Blanc» laisse filtrer un profond dépit envers l'existence humaine et sa vanité. Monsieur Martin, bien que conscient de sa condition d'exploité, se fait tout petit dans l'ombre afin de subvenir aux besoins de sa famille, tandis que la patronne épie les déplacements de son mari pour donner libre cours à ses escapades extra-conjugales. Tous ces personnages sont en quête d'une humanité que leur milieu ne peut leur offrir. À travers eux, c'est une dénonciation sans fard de la société occidentale. À leur contact, Marie-Thérèse apprend à s'ouvrir à l'autre, à le reconnaître en tant qu'être humain et à l'apprécier quelle que soit sa condition sociale.

Au moment où pour des raisons financières, son mari et elle s'embarquent pour le Sénégal, alors colonie française, cette ouverture d'esprit acquise à Cannes est devenue l'un des traits dominants de sa personnalité. À Makana, tandis que ses compatriotes chargés du fonctionnement du poste se regroupent au sein d'un microcosme figé dans ses préjugés raciaux et coloniaux, étouffant par sa routine, Marie-Thérèse, armée de ses principes généreux, entreprend de longues discussions avec Oumou, sa domestique, sur le village de Makana, ses habitants, leurs coutumes et leurs mœurs. Peu à peu, il s'établit entre ces deux personnages un courant d'échanges culturels où se clarifient les malentendus engendrés par la situation coloniale.

À bien des égards, *Une main amie* apparaît comme un plaidoyer pour la communication et la compréhension entre les hommes, quelle que soit leur origine sociale ou raciale, comme une invitation à aller vers l'autre. Aussi bien à Cannes qu'à Makana, Marie-Thérèse se pose comme l'intermédiaire qui veut à tout prix briser le mur de la séparation.

Les descriptions vivantes et pittoresques, le ton simple et convaincant, les fréquents coups d'œil que l'auteur jette au lecteur, font du texte un véritable roman où narrateur et lecteur sont engagés dans une conversation intime.

Niang Sada

Une si belle leçon de patience, Paris, ORTF/DAEC, Coll. Répertoire théâtral africain, 15, 1972, 128p.
Pièce de théâtre de Massa Makan Diabaté.

La ville de Sikasso, où règne Ba-Bemba, souverain du Kénédougou, est assiégée par les troupes de Samory Touré, qui viennent de remporter une importante victoire, avant de camper sous les murs de la ville.

Pourtant, malgré la pression de son entourage, Ba-Bemba refuse le combat avec Samory. Les raisons cachées de cet étrange comportement se découvrent petit à petit: Ba-Bemba réserve toutes ses forces pour repousser l'assaut que les Blancs se préparent à lui livrer.

Ba-Bemba a donc donné aux siens, ainsi qu'à Samory, une «belle leçon de patience». Tel est le sujet de ce drame historique en trois actes.

La structure dramatique de la pièce est commandée par le coup de théâtre final. L'auteur prépare soigneusement la révélation que fera Ba-Bemba pour expliquer enfin sa façon d'agir. Ce que veut Ba-Bemba, c'est affronter Samory «à l'horizontale» et non «à la verticale», comme le fait le guerrier armé de son sabre.

L'intrigue est simple, peut-être même un peu trop schématique. Le premier acte se déroule dans le camp de Samory; l'armée se repose après sa victoire... Il ne se passe pas grand-chose mais, à la fin de l'acte, Samory annonce brutalement le siège de Sikasso.

Le second acte se déroule à la cour même de Ba-Bemba. Tous ceux qui entourent le roi le supplient de repousser Samory, puisque leurs troupes sont plus nombreuses que celles de l'ennemi. Ba-Bemba refuse nettement, sans donner d'explication. Ba Mousso Sano, veuve de

Tiéba, ancien souverain du Kénédougou et frère de Ba-Bemba, décide alors de lancer ses propres troupes dans la bataille.

C'est au troisième acte que se situe la rencontre entre le héros de l'acte I: Samory, et celui de l'acte II: Ba-Bemba. Le roi du Kénédougou révèle alors le secret de sa conduite que certains avaient qualifiée de lâche! Les Blancs s'apprêtent à attaquer Sikasso; une alliance entre ennemis héréditaires est donc nécessaire pour les tenir en échec.

Si l'intrigue — mis à part le coup de théâtre magistral du dernier acte — manque de rebondissements, les personnages sont, dans l'ensemble, bien campés. Ils sont souvent l'incarnation visible d'un symbole. Samory, c'est le conquérant au caractère changeant, toujours assoiffé de conquêtes. Ba-Bemba, c'est le chef qui pèse ses actes, acceptant une honte provisoire et personnelle pour sauver son pays d'un péril réel. Ba Mousso Sano symbolise la fécondité et la résistance de Sikasso. À côté de ces personnages un peu raides dans leur livrée d'honneur, vivent des personnages secondaires un peu plus nuancés. Nous citerons en particulier Kémé Birama, général en chef des armées de Samory, las de guerroyer et désireux de retourner au village pour y goûter les joies de la paix.

Cette fresque historique offre, en les opposant, l'attitude de deux chefs également prestigieux, face au danger: celle de Samory, fondée sur la force de ses armées et le courage de ses soldats; celle de Ba-Bemba, calme et réfléchie, négligeant le danger présent pour préserver l'avenir.

Cette «belle leçon de patience» est donnée à tous, dans un style soutenu. On relève de nombreuses formules bien frappées, des sentences sonores, riches de hautes vertus. On notera aussi avec intérêt la scène au cours de laquelle le griot donne une leçon de mots à Naganfaly, le second de Kémé Birama, et compose avec lui un chant de louange.

C'est donc un fragment d'épopée

plein de grandeur, un épisode touchant de l'histoire du Mali, que propose Massa Makan Diabaté, dans *Une si belle leçon de patience*.

Jacqueline Falq

Une victoire indésirable, Dakar/Abidjan, Nouvelles Éditions Africaines, 1976, 63p. Recueil de nouvelles de Pascal Koffi Teya.

Le recueil est composé de trois nouvelles, dont la première et la plus importante (31 pages) donne son titre à l'ouvrage. Toutes trois s'inspirent du merveilleux légendaire africain et ont un but moral, légèrement satirique.

À Lécogodi vivait un roi très sage, bon et vertueux, qui se nommait Kannigan. Tous les habitants l'aimaient. Ils vivaient heureux et en paix avec leurs voisins. Avec l'or de la rivière sacrée ils se faisaient des colliers, ornaient le trône, la couronne et tous les objets familiers de la cour. Le travail y était considéré comme un exercice, et le commerce y était inconnu. Chaque année, une confrontation pacifique avait lieu entre les meilleurs représentants célibataires des divers royaumes. Chaque lutteur recevait en récompense une belle jeune fille, symbole de l'amitié et de la fraternité entre les peuples. Le corps de l'histoire présente les combattants, les chants de leurs griots et la magie de leurs féticheurs. Le combattant le plus sympathique est Guinan, 32 ans, de Lécogodi, avec qui nous partageons le combat intérieur contre la peur. Mais les dieux n'aident que ceux qui s'aident (tel est le but moral de l'histoire), et Guinan sort vainqueur des combats. Ainsi finit le récit écrit à la gloire du royaume de Kannigan, véritable Eldorado à la Voltaire.

La femme et le secret (6 pages) est l'histoire d'un vieux couple que déchire l'idée de la séparation finale. Akoua jure de suivre son mari dans la mort. Plus sage, Kra ne croit qu'aux choses possibles et met sa femme à l'épreuve. Il lui confie un secret en lui faisant jurer sur l'honneur de n'en parler à personne. Il prétend devoir se rendre à la ville. Akoua garde le secret quatre jours; après quoi il devient si populaire qu'il va jusqu'à la chambre du roi et de ses notables. Akoua serait condamnée à avoir la langue coupée, sans l'heureuse intervention de son mari, qui fait valoir les soixante ans de bonheur dans l'amour qu'elle lui a donnés. Moralité: celui qui aime sa femme lui dit toujours la vérité.

Comment les fidèles de Hadj perdirent la foi (18 pages) nous présente un village musulman, Korobo, où le chef Adoi et ses sujets formaient une grande et heureuse famille. Vint un marabout du Niger âgé de soixante ans, dont le savoir et la forte intelligence des préceptes de l'Islam lui obtinrent de nombreux disciples. Bientôt il ouvrit sa boutique, fit construire sa mosquée et constitua son village. Fort intolérant de nature, Hadj s'ingénia à provoquer des luttes continuelles entre les gens de l'ancien village et ses disciples. Assez courroucés par cet état de choses, le féticheur Guinamaugau et son chef Adoi décidèrent de prouver l'imposture de Hadj. Kpalissé, un féticheur grand et fort de leurs amis, s'introduisit vêtu de blanc par le toit de la mosquée, pendant la prière du soir. Il fut pris pour un djinn. Tous les fidèles crurent en Allah. Kpalissé s'empara d'un croyant, remonta sur le toit et renvoya boubou, bonnet, chapelet... Au retour du fétiche, personne ne crut plus en Allah, pas même Hadj. Ainsi fut démasqué l'imposteur, et ainsi «la peur eut-elle raison de la foi» (p. 63). L'histoire du Hadj devint légende, puisque la paix revint à Korobo, et que les deux communautés religieuses y cohabitèrent fraternellement.

Josette Hollenbeck

Une vie de boy, Paris, Julliard, 1956, 191p.

Roman de Ferdinand Oyono.

Une vie de boy est l'histoire du jeune Toundi Ondoua Joseph qui, brûlant d'aller vivre en ville, se fait enrôler comme boy à la mission catholique de Dangan auprès du père Gilbert, curé de la paroisse. Après la mort du curé, qu'il appelle «son bienfaiteur», Toundi passe au service du chef d'unité administrative. Quelques mois d'estime et de bonheur auprès de son nouveau maître se transforment en haine, après l'arrivée de «Madame», l'épouse du «Commandant» aux mœurs légères qui ne laissent pas de scandaliser tout Dangan, et plus particulièrement le personnel domestique de la résidence, dont le boy.

Pour se débarrasser de Toundi Ondoua, témoin gênant de ses faits et méfaits quotidiens, «Madame» monte contre lui toutes les forces coloniales de la place, à commencer par M. Moreau, son amant, qui n'est autre que le régisseur de la prison de Dangan. Sans défense et sans parole, Toundi est arrêté, brimé, séquestré, battu à mort. Évacué à l'hôpital «Crève nègres», il n'y est guère mieux traité par le médecin blanc, trop solidaire de ses compatriotes européens pour tenter de le sauver des sévices des gardes. Toundi réussit cependant à s'enfuir en Guinée espagnole grâce à la complicité d'un infirmier indigène. Mais il est trop tard, puisque le jeune homme succombe, peu de temps après sa récupération par les Guinéens, aux fractures des côtes occasionnées par des coups de crosse du garde Djafarro. Il aura tout juste eu le temps de confier les cahiers de son journal intime au narrateur — son compatriote camerounais —, journal qui constitue l'histoire d'*Une vie de boy*. Le sujet du roman peut donc se résumer comme suit: journal d'un jeune paysan nègre qui devint boy des Blancs en ville et en mourut. C'est, en fait, une sorte de De Suppliciis, récit des tribulations, du martyre de Toundi.

Sur le plan spatio-temporel, le récit se subdivise en six épisodes qui correspondent aux six «stations» ou lieux de supplice du héros. L'auteur adopte un ordre chronologique renversé et nous fait d'abord assister aux derniers moments d'agonie du jeune Toundi, en *Guinée espagnole*, avant de remonter le fil de son histoire dramatique. C'est alors que nous parcourons les divers lieux de séjour qui sont autant d'étapes douloureuses et mortifiantes pour le jeune adolescent.

Séjour à *l'hôpital Crève nègres* de Dangan à la suite des tortures subies de la part des tortionnaires; séjour d'enfer à *Fia,* le village natal, auprès d'un père particulièrement atrabilaire et brutal; séjour à la *mission catholique de Dangan* comme boy «non rémunéré» des pères; séjour à la *résidence du Commandant* où sa présence devient vite encombrante pour ses maîtres; séjour enfin à la *prison de Dangan*, où Toundi est littéralement broyé.

Le récit d'*Une vie de boy*, qui s'ouvre ainsi par l'odeur de la mort, évolue dans une véritable atmosphère funèbre qui accompagne l'existence peu enviable du héros. Ainsi plane sur le texte, du premier au dernier épisode, le spectre de la mort. C'est ce qui fait que ce roman n'a presque pas de sommet, de moment nodal privilégié vers lequel culmine le récit. *Une vie de boy*, de ce fait, est dominé sur le plan tonal par le mode mineur. L'œuvre serait interprétée en musique sur le «lacrimoso».

Cette note pathétique qui caractérise la vie de Toundi est codifiée par le thème du Mal. Et ce maître-thème lui-même est orchestré sous forme dialectique. Ainsi combattent, sur la scène romanesque, deux forces. La force du Mal, génératrice des maux dont souffre le héros: la haine, l'exploitation, la ségrégation raciale, les préjugés coloniaux, l'injustice, la cruauté...; la force du Bien, minoritaire du reste, productrice de vie et porteuse d'espoir: la solidarité nègre, l'endurance, le courage, la serviabilité, la compassion, l'évasion. Le héros se trouve donc tiraillé entre cette double offensive de mort et de salut.

Comme on le voit, *Une vie de boy* est un véritable «œil vivant» braqué sur la vie intime, familiale, familière des maîtres blancs. Présentée sous la forme d'un journal intime, l'œuvre entend démasquer ou mettre à nu les détails secrets de la société coloniale, à travers faits, méfaits et exactions des forces ou instances dirigeantes, sans exception: forces religieuses, à l'instar du père Vandermayer, vicaire de Dangan; forces administratives et politiques, à l'exemple du Commandant, du médecin blanc, de l'ingénieur agricole; forces juridiques, à l'exemple de M. Moreau, le régisseur de la prison; forces économiques et commerciales, à l'instar des commerçants gréco-libanais, tels Janopoulos et Kriminopoulos.

La signification profonde de cet ouvrage, que certains critiques ont voulu, à tort, autobiographique (Oyono n'ayant jamais été boy comme Toundi Ondoua et n'ayant jamais eu envers son père une haine prononcée comme ce dernier), réside certainement dans cette impression de déchéance et de déshumanisation que laisse la vie du héros. Dès son premier roman, Ferdinand Oyono entend bien remplir cette mission qu'il assigne au romancier camerounais en particulier et à l'Africain en général dans *Chemin d'Europe*, à savoir: «lever le rideau de fantasmagorie» jeté sur la société coloniale. Œuvre de démystification donc, de dévoilement des malheurs d'une race en proie aux forces qui se veulent «civilisatrices» mais qui en fait, comme dit l'auteur du *Discours sur le colonialisme*, sont des forces «de décivilisation, de chosification, d'ensauvagement».

Mathieu-François Minoyono-Nkodo

V

Véhi-Ciosane ou Blanche-Genèse, in Vé-
hi-Ciosane ou Blanche-Genèse, suivi du
Mandat, Paris, Présence Africaine, 1965,
p. 5-123.
Nouvelle d'Ousmane Sembène (ou
Sembène Ousmane).

Véhi-Ciosane... porte sur la décadence
de Santhiu-Niaye, petit hameau agricole
accablé par le rude climat et par l'exode
des jeunes gens. Les hommes mûrs de
Santhiu-Niaye passent leurs journées entre la prière à la mosquée et les palabres
sous le «beintanier». La religion et la tradition prennent une importance accrue
dans une existence aussi stérile. Les femmes constituent une «sous-classe» pour
laquelle les préoccupations des hommes
sont de simples aberrations. Les jeunes
femmes célibataires mènent une vie sans
espoir et l'une d'entre elles est même
devenue enceinte des œuvres de son père.
La mère déshonorée se tue, le père incestueux est assassiné par son fils, ancien
combattant et déséquilibré mental. La
fille et son enfant seront éloignés de Santhiu-Niaye.
Très rarement analysée par la critique, cette nouvelle révèle, sans ambigui-
té, la pensée de Sembène sur la condition
des femmes, sur l'Islam et sur les structures sociales d'un système de castes. Les
colonisateurs blancs et leur système
jouent un rôle marginal dans cette nouvelle où l'auteur cherche à analyser les
tares de la décadence morale, issue de la
stagnation sociale et culturelle. On pourrait objecter que Sembène n'a pas suffisamment insisté sur l'emprise socio-
économique du capitalisme français sur

un peuple vaincu. Le fait que le seul
Blanc à paraître dans la nouvelle soit un
commandant qui arrive à Santhiu-Niaye
pour y régler une affaire d'impôts indique que l'auteur voudrait rappeler au lecteur cette présence qui s'apparente à
celle des vautours.
Mais il s'agit avant tout de peindre
clairement la décadence de la société
africaine. L'auteur étudie en profondeur
des aspects bien limités de la vie. Ngoné
War Thiandum, imbue de sentiments
d'infériorité religieuse et sociale devant
un mari incestueux, devient arrogante
devant sa seule amie, la griotte Gnagna
Guissé. Sans cesse conscientes de leur
appartenance à des castes différentes, les
deux vivent les mêmes réalités sociales et
économiques mais se montrent intransi-
geantes quant à leur position et leurs devoirs quotidiens. Dans ce monde où il
n'y a pas de renouveau culturel, les traditions ancestrales et la religion se dégra-
dent progressivement.
Les hommes, préoccupés de leurs
jeux et de leurs palabres sous le «beintanier», sont jaloux de leurs privilèges de
caste. La rivalité qui existe entre l'imam
et son concurrent qui n'avait pas réussi à
accéder à ce poste tant convoité aboutit
à une scission au sein de la mosquée.
Mais il y a surtout l'inceste qui soulève
de nombreux problèmes.
On s'interroge sur les mariages entre
hommes mûrs et jeunes filles qu'ils ont
connues dès la naissance et qu'ils ont même fait baptiser. On s'interroge aussi sur
la notion de caste supérieure et de «sang
noble» que dévastent pourtant les exactions du chef. On met en doute l'effica-

cité de la religion dans un contexte social et moral où elle maintient une neutralité coupable.

Le père incestueux, chef de village, est tué par son fils qui exécute en fait le désir d'un oncle qui convoite la chefferie. La religion se tait et la communauté s'arrange pour que rien ne soit révélé de ces crimes. La jeune mère est chassée de la communauté comme si son départ allait exorciser les habitants du village; ceux-ci ne semblent pas comprendre que le mal est profondément enraciné dans les institutions locales et que seule une véritable révolution peut produire la société saine et juste que d'aucuns souhaitent.

Dans l'Avant-Propos de *Véhi-Ciosane*, Sembène exprime l'espoir que l'enfant qui porte le nom de la nouvelle annonce le renouveau qu'il faut dans un monde aussi désespéré. La naissance d'un enfant conçu dans le malheur déclenche une série de bouleversements sociaux et moraux qui annoncent sans doute un monde plus juste. *Véhi-Ciosane* est une nouvelle de la tradition réaliste où les descriptions détaillées aident à approfondir la compréhension du contexte décrit. L'intention allégorique de la nouvelle est claire mais il faut un travail attentif de la part du lecteur pour en déceler la signification. Les éléments culturels hors texte sont aussi importants que la symbolique de la nouvelle. Certains thèmes de cette pièce resurgissent dans *Les Bouts de bois de Dieu* (1960), dans *Voltaïque* (1962) et *Xala* (1973). Pourtant, dans *Véhi-Ciosane* l'intensité des drames et du style dans le traitement de la dégradation morale est singulière. Certes, l'isolement de Santhiu-Niaye, son exiguïté et sa faible population produisent le cadre dans lequel la misère humaine est étalée mais c'est dans la pensée des individus – et surtout dans celle de Ngoné War Thiandum – qu'on se débat comme dans un enfer. Il est significatif que chacun des problèmes personnels qui tourmentent l'esprit des villageois soit un problème majeur au niveau de la communauté. Par

son style et sa structure, *Véhi-Ciosane* est un récit à thèse sur la corrélation entre la moralité de l'individu et celle de la société. Si la plupart des faits de la nouvelle sont plutôt négatifs, Sembène introduit néanmoins une note d'espoir: Déthyè Law, muezzin et griot du village, ne se lasse pas de rappeler aux hommes leurs responsabilités personnelles dans tout ce qui arrive à Santhiu-Niaye. C'est à travers ce littéraire traditionnel que Sembène signale l'importance de la production culturelle comme force de régénération. L'engagement de Déthyè Law est identique à celui de l'écrivain contemporain, conscient de son rôle dans la société.

Véhi-Ciosane a été porté à l'écran sous le titre *Niaye* (1964).

Frederick Ivor Case

Ventre (Le), Paris, Présence Africaine, Coll. Poésie, 1964, 136 p.

Recueil de poèmes de Gérald Félix Tchicaya U Tam'si.

Sans doute serait-il assez artificiel de vouloir à tout prix déceler une évolution significative dans la production du poète, depuis 1955. On circule facilement d'un recueil à l'autre, chez Tchicaya, et il est difficile d'en isoler un plus particulièrement. L'œuvre de ce dernier forme en effet un tout, sans pour autant être jamais close sur elle-même. Elle se développe comme un arbre touffu à partir d'un certain nombre d'images fondamentales qui en constituent justement les racines.

Dès *Le Mauvais Sang*, on trouvait déjà cette alternance constante, si caractéristique de la manière de Tchicaya, entre un lyrisme intime où le sarcasme et l'autodestruction avaient leur place et un lyrisme de célébration qui s'attachait à l'évocation de la grandeur du peuple noir. On percevait en particulier dans ce premier recueil, par delà le rire, le souci de dire solennellement que les temps enfin étaient venus, qu'une force irrépressible surgissait et allait triompher du destin hostile qui pendant tant de siècles avait paralysé l'Afrique: «Je suis l'acier trempé, le feu des races neuves / Dans mon gros sang rouge écument troublants des fleuves» («Le gros sang»). Impression que venait renforcer le recours au vers régulier que le poète devait par la suite abandonner et qui produisait une tonalité solennelle.

Cette foi dans l'avenir, ce ton prophétique ne disparaissent nullement des recueils qui vont suivre mais leur écho demeure plus affaibli. L'équilibre – relatif, d'ailleurs – entre les deux postulations que nous évoquions à l'instant, et sur lequel reposait *Le Mauvais Sang*, cède peu à peu la place à un lyrisme de l'éclatement, sensible en particulier dans la focalisation de plus en plus nette qui s'opère, dans *À triche-cœur* puis *Épitomé*, sur l'image de la Passion et de la Crucifixion, et, d'une façon plus générale, sur le thème du Corps déchiré.

Le Ventre est composé d'une série de poèmes répartis en quatorze sections qui se succèdent comme les tableaux d'un spectacle. Quatorze façons différentes pour le «Je» qui monte et assume ce spectacle de voir et de dire une même réalité tourmentée et dont beaucoup voudraient sans doute détourner le regard. Cet aspect dramatique – au sens technique du terme qui se manifestait déjà dans *Feu de brousse* – sous-titré justement «Poème parlé en dix-sept visions» – se trouve cette fois souligné explicitement dans plusieurs passages du recueil et notamment dans la section intitulée «L'affiche» où le poète joue avec le lexique du théâtre:

Sur l'affiche:
Tout un éclat d'abcès mûr!
Le nom de l'auteur
sanguinolait lentement
fit la queue au guichet.

Le spectacle ainsi présenté recouvre une réalité que le lecteur circonscrira facilement et dans laquelle il reconnaîtra les principaux éléments de la tragédie congolaise. Paysages, fleuve, Lumumba, Kinshasa, tribunal, torture, salle de festin, soldatesque, impérialisme, etc.: tout

y est. Mais en même temps on ne manquera pas d'être frappé par la façon dont le poète se refuse à donner un sens à ces éléments, à les ordonner selon un schéma qui nous permettrait de nous y retrouver. Théâtral par la place qu'y occupe l'élément visuel – l'image –, le sens de la scène, du dialogue, voire du sketch, comme dans la section «Les corps et les biens» où alternent les propos du devin, de l'arpenteur, du constructeur, du poète et du soldat, *Le Ventre* s'inscrit cependant dans une perspective bien particulière, celle qui justement entend s'écarter résolument de l'illusion réaliste et de la dramaturgie engagée et transparente.

Ce caractère – Claire Cea devait, à l'occasion d'une réédition d'*Épitomé*, parler de «théâtre anti-théâtre» – se manifeste en particulier dans la façon dont le poète annule toute possibilité de progression dramatique, d'une section à l'autre du recueil. Celles-ci, en effet, se juxtaposent plus qu'elles ne se suivent selon une ligne qui aurait un sens. De plus, elles se chevauchent fréquemment, par un jeu subtil de transitions et de reprises de mêmes vers. En outre, sur le plan plus général de la structure du recueil, on sera sensible à la façon dont celui-ci s'organise selon un schéma circulaire qui nous conduit du ventre au ventre, seule notion à laquelle il paraît possible de se raccrocher au sein de cet univers complètement désintégré, parce que tout simplement «le ventre reste».

Il n'y a pas de mot qui *a priori* ne puisse receler une valeur poétique, produire un effet poétique; le mot «ventre» comme les autres. À cet égard, Tchicaya n'innove pas complètement. Quel que soit le caractère provocant du titre que ce dernier a donné à son recueil, le mot utilisé ici ne s'inscrit pas moins dans un réseau de connotations qui remonte très loin dans l'histoire de la poésie. On sait que celles-ci, traditionnellement, se répartissent selon deux axes principaux. D'un côté la série des images qui dérivent de celle, primordiale, du sein maternel:

chaleur vitale, repos fœtal, sentiment de
sécurité, sommeil, oubli bienfaisant,
milieu liquide, mort, etc., éléments auxquels vient mettre inéluctablement fin
cet événement qui s'appelle la naissance;
de l'autre la série des images qui gravitent autour de la fonction intestinale:
goinfrerie, manducation, digestion, ex-
crétion, qui pourra donner lieu à une thématique de l'égout (*Les Misérables* de
Hugo) ou de la décharge (*Les Météores*
de Tournier), goût du sang, cannibalisme
de l'ogre, etc.; à quoi s'ajoute cette variante du thème de l'ogre que constitue
l'image de la femme dévorante et dont
la tradition orale africaine, ainsi que
l'a souligné en particulier Denise Paul-
me, offre de nombreux exemples.

Ces deux séries de connotations sont
largement présentes dans le texte de
Tchicaya. Le ventre apparaît ainsi comme un recours toujours possible, le
moyen par lequel l'homme tente de mettre fin à l'angoisse que suscite le spectacle d'un monde sanglant:

Le port
d'où nous partîmes
à la recherche d'un ventre commun
nous préservant de la fosse commune
(«Chant pour pleurer un combattant»).

De même: «Soudain j'aurai la bouche /
couverte par ce ventre / ce sera l'ultime
tombe...» («Le trésor»).

Parallèlement, le ventre apparaît
également comme l'organe qui permet
d'abolir sur le mode de la manducation
provocante la réalité insupportable du
monde:

Le soleil soudain ruisselait,
Quel cœur avais-je alors?
J'avais la molaire d'un cannibale
converti et buvais dans les calices
les délices / d'une agonie
(«Le festin»).

Deux séries d'images, deux manières
de récuser le réel. Celles-ci, d'ailleurs,
peuvent se trouver combinées: «Dormir,
dîner, sous le ciel jamais vert!»
(«Le festin»).

Mais Tchicaya ne se contente pas de
procéder à une variation à partir de ces

deux sujets d'images. Il va plus loin en
faisant du ventre le protagoniste solitaire
et multiforme qui s'oppose, selon le
mode du dialogue dramatique, aux Autres
que leurs crimes ou leurs illusions naïves
ont rendus aveugles:

Chaque fourmi a sa charge de grains
pour d'interminables déroutes
déjà la route rompt les pieds
plie chaque ombre au niveau du ventre.
Tous les yeux s'arment de socs;
Un lézard glousse d'hésitation.
Je ne parviens à tatouer
sur mon nombril
que ce à quoi me liait
mon cordon ombilical («Le festin»).

Formulation intéressante qui laisse
entrevoir comment le ventre va devenir
le principe même de la parole poétique.
En effet, le repliement sur soi connoté
fréquemment par l'image du nombril —
comme c'est le cas ici — ne correspond
pas seulement à une attitude de fuite,
visant à la recherche d'un espace clos où
se réfugier; il est en même temps l'occasion qui permet de découvrir, au-delà de
l'expérience individuelle du poète, le
caractère d'abord viscéral de la condition
humaine et, partant, la nature des liens
de solidarité qui peuvent s'instaurer entre les hommes.

De là découle cet élan vers autrui qui
constitue une des lignes de force du recueil et dans lequel se dessine ainsi la
figure fraternelle de ceux auxquels le
poète s'adresse:

Le désir me ferme les yeux:
mon ventre tombe du sommeil
éclate sur une masse d'hommes
Il devient une source
tout au long du flot
Il les rassure
Et doucement il les mène à la mer
(«Le festin»).

De même, on sera sensible à la façon
dont le poète envisage dans «Chant pour
pleurer un combattant» non plus le simple don de soi-même, mais l'échange et
l'accroissement mutuel de la force vitale:

Ne pleure pas
Marche debout!

Il est mort le dos au vent:
Retourne-lui le ventre;
S'il a le ventre dur
C'est qu'il est mort debout!
Ne pleure pas
Marche debout!
Frappe ton ventre au sien
Il ramollira le tien
Comme la soie du drapeau
Fais-le, toi, qui sais rire!

L'affirmation de cette solidarité viscérale où se lit comme la nostalgie de temps où l'humanité n'avait pas encore inventé ni la société ni l'État et que le poète appelle de ses vœux en souhaitant que «La brousse à nouveau vierge / couvre de son ventre pur / notre retraite aux flambeaux» («Le festin») conduit l'écrivain à préciser à maintes reprises la conception qu'il se fait de la poésie. Sur ce plan, on sera sensible à l'opposition qui court tout au long du recueil entre la poésie du ventre et la poésie du cœur, et qui se manifeste avec insistance par un double refus. Au niveau thématique, tout d'abord, on notera la façon dont le poète récuse le principe d'un lyrisme reposant sur l'expression du sentiment. Et cela, qu'il s'agisse du déchirement:

Les lendemains de l'homme
prennent leurs engrais [...]
dans les délices ressucés
et moi ma solitude ses engrais
dans le refus
d'être un cœur déchiré
à la main
ou même au couteau
                    («Comme à Montségur»)

ou, tout simplement, de l'amour:

Mon ventre ne sera plus là pour
lever la main et jurer
qu'il ne dira que la vérité,
toute la vérité, à savoir:
que je n'ai jamais eu de trace d'amour
                    sur mon ventre
                    («D'un chant à l'autre»).

À un niveau plus proprement technique, théorique, formel, d'autre part, on sera sensible à la vigueur que déploie le poète pour tourner en dérision les caractères que l'on s'accorde habituellement à reconnaître à la poésie: harmonie, qualités plastiques, transfiguration du réel pour aboutir à la constitution d'un objet poétique, aventure poétique:

Les litanies, les perles de verre
Les crématoires, la pacotille.
Mon siècle a tout inventé
même des poètes dont la bouche
est un point final sur le silence
des vagues sur certaines plages
                              mondaines
                    («Le festin»).

Visiblement, le poète n'entend pas rejoindre le troupeau de ceux qui marchent avec «les sonnailles à l'âme» pour reprendre l'expression qui sert de titre à l'une des sections du recueil et qui revient par ailleurs comme un leitmotiv.

Cette critique n'épargne évidemment pas la poésie négro-africaine à laquelle nous sommes habitués. Et là encore, le lexique utilisé par Tchicaya est significatif: «négromanie», «négropole», «négromancie des amers», «cirrhose patriotique du foie», etc. Mais au-delà de cet élément contingent que les circonstances politiques et littéraires imposent à l'attention du poète, se manifeste – et c'est là sans doute ce qui fait la force et la cohérence du propos tenu par Tchicaya – une critique radicale de toute poésie. Pour ce dernier en effet il y a une incommensurabilité entre l'expérience réelle de l'homme et le texte poétique, celui-ci ne pouvant se réaliser et manifester son pouvoir qu'à la condition de trahir celle-là, en occultant en particulier le caractère *organique* de la personnalité humaine. C'est cette «distance infinie» que souligne ici Tchicaya à partir d'une double opposition entre la vérité et le mensonge, le corps et l'âme:

Il faut que je me refasse
selon ce que ma tête me fera...
Ah! repos à ma conscience!
Je suis libre de flâner!
J'avale des sabres, je mens
Je me mutile avec une guitare andalouse
je me berce à jouer de l'arc-en-ciel
Et puisque tout est musical, politique,

prostitution, paresse, négromanie
trahison
je suis Jonas dans le ventre
de mon amour à genoux et pieux
où je flâne
le nez contusionné!
Mais l'âme en érection
(«Des sonnailles à l'âme»)!
On voit ainsi à quel prix se paye la beauté poétique.

Sur le plan de l'écriture enfin, quelques aspects méritent d'être relevés. Continuant ce qu'il avait déjà expérimenté dans *Épitomé*, Tchicaya use largement du procédé consistant à articuler le texte poétique à partir d'une phrase en exergue. Celle-ci, qui se signale à l'attention du lecteur par une présentation typographique particulière, remplit diverses fonctions. Elle peut, par exemple, annoncer, comme le «sommaire» d'un chapitre, le contenu du poème ou de la série de poèmes qu'on va lire. Ainsi, la section IV, «Le festin», s'ouvre par la formule significative: «Je m'interdis / aux fines bouches / en poésie»; elle contribue également à accentuer le caractère musical de nombreux textes par la dissonance qui ne manque pas de s'établir entre la voix grêle qui joue un rôle d'ouverture et le corps même du poème violent et multiforme.

Par ailleurs, Tchicaya renonce, contrairement à ce qui se passait dans *Le Mauvais Sang*, à une conception de la poésie fondée sur l'harmonie et le rythme et nous avons vu la raison profonde qui le conduisait à adopter cette perspective.

N'en concluons pas cependant que *Le Ventre* se réduise à un pur cri sauvage et soit dépourvu de toute règle prosodique. Sur ce plan, outre le fait que Tchicaya dissimule plus qu'il n'abandonne l'alexandrin ou le vers de six syllabes qui constituent le noyau de nombreux développements poétiques, on sera attentif à la façon dont ce qui paraît perdu du côté de l'harmonie se trouve compensé par la mise en relief et la permanence de certaines structures grammaticales: «Qu'est-ce que Kin? / Kin est la ville / où le fleuve a la main / sur mon cœur» («Le trésor»), et, plus particulièrement, par l'usage généralisé des principales articulations logiques du discours («or», «afin que», «pourtant», «ainsi», «mais», «certes», etc.) qui viennent conférer au texte le rythme de la période oratoire.

La voie suivie par Tchicaya U Tam'si n'est pas celle de la facilité. L'acharnement souvent sarcastique avec lequel le poète se dépouille pour ne plus laisser voir aux autres que le caractère *organique* de sa personnalité, la seule forme d'existence qu'il entende assumer, pourra surprendre ceux qui attendent de la poésie en général et de la poésie africaine en particulier un lyrisme de célébration triomphante. Mais en même temps on ne manquera pas de constater que c'est par ce dépouillement lucide et douloureux que se trouve affirmée cette fraternité viscérale avec les autres hommes et qui va bien au-delà des accents narcissiques ou généreux propres à la poésie du cœur.

Bernard Mouralis

Ventres creux, Kinshasa, Centre Africain de Littérature, 1974, 39p.
Écrits de Muepu Muambia-di-Mbuyi Kalala.

Poète et prosateur, l'auteur réunit les deux tendances dans *Ventres creux*. Marqué d'un réalisme parfois choquant mais toujours tendre, le recueil se compose de quatre récits avec trois poèmes intercalés.

Comme on nous l'annonce dans l'Avant-Propos, les héros sont des victimes du «bourbier» kinois. «Tous se trouvent aux prises avec de grosses difficultés et se sentent coincés par des questions d'argent. Pour s'en sortir, quelques-uns finiront par devenir dévoyés.» Kalala dépeint les victimes de tous les âges: l'enfant sans père, âgé de trois ans, frappé par le kwashiorkor; sa mère sans le sou contrainte, après de vains efforts pour le soigner chez un féticheur, à le mener à la «saloperie d'hôpital» où l'on lui conseille de payer le *matabish* pour que l'enfant ait un lit. Il y a aussi Wanda, une jeune fille de seize ans nantie d'un «sex-appeal accrochant», que la misère pousse à se vendre à tout venant.

Est aussi victime de l'argent ma' Yowani, vieille veuve qui a tellement honte du chômage auquel sont réduits ses fils qu'elle emprunte une forte somme d'argent pour consulter le féticheur du quartier. Pour elle, c'est «une question de vie ou de mort», il faut sauver l'honneur de ses enfants.

La Misère que peint le livre est symbolisée par les quartiers de la capitale avec leurs rues sales et pleines de trous; des rues où «les immondices traînent partout», où les maisons sont des cabanes minables. L'Homme y vit comme un animal hanté par la Mort. La misère n'est nullement due à la paresse ou à la fainéantise de l'Africain. Car celui-ci veut travailler et le fait dès qu'il en a l'occasion. Mais très souvent, il n'y a rien à faire. Il en va ainsi de Mfumu Landu, jeune diplômé d'État, qui ne trouve rien à faire. C'est qu'il lui faut payer pour trouver un emploi et il se refuse à ce genre de manœuvre; d'ailleurs, il n'a pas d'argent. Mais «crevé comme un chien de chasse», il vole le féticheur et on le jette en prison.

Tous les personnages sont étroitement liés entre eux. Mfumu est le frère de Wanda, la jeune prostituée. Le féticheur que vole Mfumu est un escroc qui vit sur le dos de Nzavu, la pauvre sœur de Mfumu et Wanda. Enfin, Nzavu, c'est la mère de l'enfant qui souffre du kwashiorkor dans le premier conte du recueil.

Chez Kalala, l'homme est contraint de se vendre, de perdre son humanité, de s'abaisser au niveau des bêtes pour survivre. L'argent s'impose en maître comme un vautour prêt à détruire le misérable être humain. Et voilà la tragédie de l'Afrique: ce qui doit servir l'homme l'asservit; ce qui doit le sauver l'asphyxie.

Pourtant, la masse — et c'est peut-être la seule consolation de cet univers tragique — trouve son petit bonheur dans l'espérance d'un avenir meilleur.

Femi Ojo-Ade

Vers de nouveaux horizons, Paris, Éditions du Scorpion, Coll. Alternance, 1965, 192p.
Roman de Denis Oussou-Essui.

Ce roman se range d'emblée dans le premier courant d'œuvres romanesques négro-africaines par le traitement du thème de la revalorisation de la vie rurale cher à Abdoulaye Sadji (*Maïmouna*) et à Mongo Beti (*Ville cruelle*)... Mais il se démarque de ces deux œuvres et en constitue par là même une sous-catégorie, en raison de la vision évolutive qu'il développe, et qui en fait l'importance, la supériorité.

L'histoire se déroule dans la Côte-d'Ivoire de l'époque coloniale. Dans le village de Koliaklo, situé à l'est du chemin de fer Abidjan-Niger, la famille Bessongo subit, comme dans toutes les communautés rurales, les travaux agricoles forcés institués par l'Administrateur blanc. Le Commandant a placé des hommes de main dans chacun des villages, des gardes-cercle, pour faire exécuter les travaux dans ses champs et pour recueillir auprès des femmes la quotidienne «tine de graines de palmier proprement décortiquées». Ici, le chef des gardes-cercle est Jean, «colosse noir joufflu, à la bouche proéminente meublée de dents taillées en biseau... recruté dans une région lointaine, ne parlant pas un mot de «baoulé».

Irrité par les coups de chicotte et les manières esclavagistes du garde-cercle, Charles, le fils aîné des Bessongo, s'était enfui d'un champ et resta une dizaine d'années sans donner de ses nouvelles à sa mère, sa sœur, Mariéna, et son frère, Georges, son père, lui, étant battu à mort le lendemain, accusé de complicité avec son fils.

Un jour, Jules, un autre évadé des travaux forcés, revient au village avec une lettre de Charles, qu'il a rencontré à Gbêhêklo (Bouaké). Puis il finira par rentrer lui-même. La vie évoluée de la ville, qui l'intéresse et l'attire, il la conçoit comme le produit de l'instruction et de la scolarité. Aussi lorsque son frère Georges lui fait part de son désir d'aller à l'école, après avoir été impressionné par l'instruction de Kongo, le seul lettré du village, et après avoir appris à lire et écrire auprès de lui, Charles est très enthousiasmé et prend la résolution de tout mettre en œuvre pour que ce rêve se réalise. Il conduira Georges à Bouaké et le confiera aux Bossoin, une famille amie, puis il le fera inscrire à l'École régionale publique de Bouaké. Mais la vie de boy, dure, accapareuse, chez les Bossoin, aura raison des ambitions de Georges et il les quittera, puis se retrouvera à la rue. Quand il rentre au village après avoir travaillé successivement chez le berger de Socrouba, Fatou la prostituée et Sall Oumar le bijoutier, il apprend la mort de son frère Charles, puis sa sœur Mariéna mourra en couches peu de temps après, victimes l'un et l'autre de la sorcellerie et du primitivisme de la vie rurale.

Ce qui fait la valeur stylistique des dix-sept chapitres de *Vers de nouveaux horizons* est la narration imagée propre au discours oral africain. Mais ici, l'imitation de la tradition orale est poussée à un degré tel qu'elle devient excessive. Par contre, l'excès qu'on reproche au premier courant romanesque négro-africain, et auquel Oussou-Essui a su magistralement échapper, est la préconisation pure et simple d'un retour au mode de vie rurale traditionnelle en condamnant la ville et tout ce qu'elle implique de progrès, d'évolution, tout ce qu'elle représente d'apports occidentaux ou provenant des autres civilisations et cultures.

Si Charles et d'autres ont fui leur village, ce n'est pas pour s'envoler vers d'autres horizons de prédilection en tant que tel, mais plutôt pour marquer leur opposition à la représentation et à la présence dénaturantes, destructrices, de la vie rurale, que sont l'autorité exploiteuse de l'Administrateur blanc et les travaux forcés surveillés par les gardes-cercle, agents de la civilisation citadine.

La vie rurale est harmonie et liberté. Harmonie avec le rythme des saisons et avec la nature. Liberté vis-à-vis des membres de sa communauté, dans la solidarité et l'interdépendance. Aussi, toute forme de coercition ne peut-elle qu'entraîner la désagrégation de la vie rurale. Et nous assistons à la disparition progressive de cette famille-témoin, à commencer par le père Bessongo, Charles et Mariéna. En raison de son âge, et de son chagrin, la mère Bessongo finira logiquement par mourir, et il ne restera que Georges, qui symbolise l'élément dynamisant et évolutif pour l'amélioration (et non la transformation) de la vie du village.

En fait, quand Georges dit à sa mère: «Un jour ou l'autre, il me faudra repartir. Non, je ne te laisserai pas seule ici, mais tu viendras avec moi. Nous irons chez Sall Oumar, et quand j'aurai suffisamment appris, c'est ici que nous reviendrons...» (p. 189), et qu'il se met à énumérer en qualité de quoi il pourra revenir dans le village (agriculteur, géomètre, médecin ou poète), il est certain qu'il n'a pas l'intention de transformer le village de Koliaklo en ville, mais d'en faire un village heureux et prospère où il bannirait l'esclavage et empêcherait «d'autres Mariéna».

La vie urbaine et la vie rurale apparaissent ici comme les deux faces de la même Afrique, les deux aspects de la même réalité. Et le village a besoin de l'apport de la ville pour pouvoir s'améliorer, apport qui passe par l'instruction et la scolarisation des jeunes ruraux. Le vieux Ando, l'oncle de Georges, avait appréhendé cette nécessité impérieuse de faire venir l'instruction de la ville à Koliaklo. Il dit à Kanga, sa sœur, lorsque celle-ci manifeste son opposition au projet de Charles d'envoyer son frère Georges à l'école: «Tu exagères, Kanga!... L'école est une bonne chose et je suis entièrement d'accord avec Charlot. Georges doit y aller. C'est lui qui viendra lire et écrire nos lettres. Ainsi, au lieu de courir chez Kongo, nous aurons notre propre «écrivain». Bien sûr, toi, ma sœur, tu es loin de pouvoir comprendre ça; tu ne vis plus que pour tes fétiches. Mais moi, je crois que la magie du papier est plus puissante que la tienne» (p. 89). «Du courage! Je suis avec toi», criera-t-il à Charles avant qu'il ne disparaisse de la maison de sa tante.

Mais si Kanga, sa sorcière de tante, ne voulait pas de l'école de la ville, c'était parce que, d'une part, elle se sentait bien à l'abri avec les traditions ancestrales et les fétiches, et que, d'autre part, elle avait des raisons personnelles de décourager toute promotion des enfants de la mère Bessongo, avec qui elle avait eu de vifs accrochages.

Mais le refus de l'école et de son évolution par la vieille Kanga relève de l'inconscience et de la naïve insouciance qui caractérisent la vie d'une catégorie d'Africains, ceux qui pensent, en préconisant un retour impossible à l'«authenticité» du passé africain, que les facteurs de la culture et de la civilisation traditionnelles sont, tels quels, à même d'apporter des solutions satisfaisantes aux problèmes modernes qui se posent au continent.

Le roman d'Oussou-Essui est une œuvre tout à fait évolutive. En fait, il faut que l'Afrique rurale, l'Afrique tout court, s'ouvre à de nouveaux horizons, car c'est de cela que dépend sa survie et son développement socio-économique. Et toute l'histoire semble conçue pour soutenir et défendre cette thèse-là, avec, de part en part, des réflexions pertinentes de l'auteur montrant sa position au sujet du conflit qui met face à face l'Afrique de la tradition et l'Afrique de la modernité.

Yves-Emmanuel Dogbé

Vers la liberté, Pékin, Librairie du Nouveau Monde, 1961, 64p.
Recueil de poèmes de Mamadou Traoré (Pseudonyme: Ray Autra, par inversion des syllabes de son patronyme).

Comme le rappellent les pages autobiographiques rédigées «En guise d'Avant-Propos» à cette édition, Mamadou Traoré s'opposa farouchement dans tous ses actes à l'Administration coloniale et au colonialisme. Ces pages liminaires rappellent que la première version de ce recueil, ronéotypée en 1950, avait été interdite en 1955 par le Gouvernement français pour «atteinte au crédit de l'État», l'auteur lui-même étant l'objet de nombreuses tracasseries.

De fait, ces dix-huit poèmes sont un bon exemple de poésie strictement militante. Aucune recherche littéraire, ni dans le vocabulaire qui est celui de la conversation courante ou des meetings (on s'étonne de lire, p. 52, «sycophantisme»), ni dans la syntaxe, simple et cursive. N'étaient la quasi-absence de ponctuation et le découpage en vers inégaux, on aurait souvent l'impression de lire un texte en prose: «Notre commerce avec les blancs / A commencé par un simple troc / Ils débarquaient sur nos côtes / Étoffes, fusils, verroteries, alcools / Horribles alcools / Et emportaient / Or, ivoire, épices, café» (p. 1). Un rythme est pourtant sensible, celui de l'éloquence passionnée, grâce à un très grand nombre d'anaphores, de répétitions, de symétries:

Je l'ai vu
Le paysan
Le paysan de chez nous
Le brave paysan africain courbé sur
 sa terre
Labourant, semant, désherbant, mois-
 sonnant
Sous la pluie
Sous le soleil
L'impitoyable soleil
De l'aube au crépuscule
Labourant, semant, désherbant, mois-
 sonnant
Par tous temps
Du matin jusqu'au soir
Afin que rentre le riz
Le riz du Commandant (p. 24).

Rhétorique élémentaire? Sans doute, mais combien efficace (la réaction de l'Administration coloniale et du Gouvernement français le prouve) et qui semble attester l'authenticité du cri, à la fois celui de l'indignation et de l'espoir, indignation contre les sévices passés et présents de la colonisation, espoir que cet appel à la lutte sera entendu et suivi (cf. p. ex., «J'ai choisi», p. 47-50).

Ces poèmes, écrits pour l'essentiel entre 1945 et 1950, paraissent le fruit d'une immense déception, que Ray Autra partageait alors avec des centaines de milliers de ses congénères: l'effort de guerre imposé aux civils et aux combattants africains pour la défense de la démocratie et de la liberté était assorti d'une promesse: «Nous sucerons ensemble le nectar de la justice / Ensemble, nous viderons la coupe de l'équité» (p. 12). Mais, la victoire acquise, les choses n'ont pas changé et le Nègre se retrouve «Gros-Samba comme devant» (p. 11). Dès lors, son devoir est d'arracher par tous les moyens, ici par la plume, l'exécution de ces promesses:

J'EXIGE
Ma part
Ma large part
De LIBERTÉ (p. 44).

Il est dommage que ce vigoureux pamphlet, ce cri de colère légitime, qui témoigne d'une époque précise (comme le soulignent les nombreuses notes historiques de l'auteur), soit à ce point méconnu des historiens de la littérature africaine.

Michel Hausser

Veste (La) d'intérieur, suivi de **Notes de veille**, Paris, Nubia, 1977, 112p.

Recueil de poèmes de Gérald Félix Tchicaya U Tam'si.

La Veste d'intérieur, suivi de *Notes de veille* a reçu en 1977 le prix de poésie Louise Labbé (la grande poétesse française du XVIe siècle), décerné par un jury entièrement féminin, composé notamment de Suzanne Prou, Solange Fasquelle, Pierrette Micheloup et Claudine Chonez.

Dans leur *Panorama critique de la littérature congolaise contemporaine* (1979), Roger Chemain et Arlette Chemain-Degrange écrivent: «Comme le suggère le titre, Tchicaya y donne libre cours à un lyrisme plus intimiste que dans les poèmes précédents. Non que cette veine ait jamais été absente de sa poésie, tant s'en faut, mais jamais encore elle n'avait à ce point dominé l'ensemble d'un livre. Si les divers textes de Tchicaya U Tam'si sont autant de modulations, infiniment variées, d'une même symphonie, disons qu'avec *La Veste d'intérieur,* les vibrations des cordes se substituent à la stridence des cuivres et au tonnerre des percussions...

La succession des poèmes est savamment ménagée. Les thèmes s'entrelacent subtilement: mort, amour, vie, limites de la maison, ouverture sur le monde, mise en valeur du jardin, parodie du «cultivez votre jardin» de Candide, thème de la nature et plongée dans le passé de l'homme, méditation, sont ramenés à un chant lyrique.

À trois siècles de distance, ce chant lyrique du poète congolais évoque, à certains égards, celui de Louise Labbé, dite la «belle cordelière» qui tenait salon littéraire à Lyon, qui a chanté dans ses *Élégies* – indique le dictionnaire – «la joie de vivre et le malheur d'aimer».

Mais c'est le malheur d'aimer, plus que la joie de vivre, qui constitue le fil conducteur du recueil de Tchicaya.

Ainsi dans le poème intitulé «Litanies»:

lèvres de pierre
baisers flétrissants
mains reniées
poids de la bouche
épouillant l'amour.

Le poète s'accuse d'ailleurs lui-même d'avoir trop cru à cet amour, car, comme il le dit dans *Dialogues*, «il fallait que meure la fleur / Je reconnais avoir eu tort / avoir trop misé sur l'été».

Reste alors un atroce goût d'amertume et l'impuissance à effacer les blessures:

à quoi bon le musc
Comment restaurer
ce visage que de trop
vénéneuses caresses
ont froissé à mort.

À ce désespoir, le poète cherche douloureusement une issue qui se refuse:
c'est le thème de plusieurs des pièces
du recueil, où la «porte», la «clé», la
«fenêtre» prennent valeur de symbole.

La porte est «de pierre», la fenêtre
«s'interdit de promettre», et la clé «ne
cède pas», car «ce n'est pas la bonne».
Dès lors, la sérénité que promettait
l'amour, le poète ne pourra la trouver
que dans la mort, «l'alibi de circonstance / pour un cœur qui n'en pouvait plus».
Les images d'impasse étaient déjà présentes dans de précédents recueils, comme
dans *Le Ventre*, où l'un des poèmes a
pour titre «Fermez la porte, on meurt».

Le cycle de cette poésie lyrique — telle qu'elle répond à sa définition même —
est fermé par une formule lapidaire
(inscrite en marge du poème et imprimée
en italique — procédé typographique
dont Tchicaya use dans plusieurs des
morceaux du recueil): «Fais l'amour: /
engendre la Mort...»

Ce n'est pas la première fois qu'avec
La Veste d'intérieur Tchicaya se livre à
ces navrantes introspections. Après les
premiers recueils militants qui dénon-
çaient l'esclavage et la colonisation, ou
encore l'hypocrisie de l'Église (en particulier dans *Épitomé*), il avait abordé
dans *Arc musical* le récit de ses tourments intérieurs.

Toutefois, la veine politique n'est
pas absente de ce dernier recueil. Mais
cette fois, l'auteur (dont on sait l'attachement à Patrice Lumumba) s'en prend
— comme bon nombre d'écrivains africains — à la nouvelle classe dirigeante
africaine, celle qui a trahi les espoirs nés
de l'Indépendance.

C'est le thème de «Cris»:
Voici les caciques
les macaques d'hier
les princes d'aujourd'hui
s'épouillant se dépouillant

m'épouillant t'épouillant
poux de cul par terre
peuple-souverain-les masses
à coups de slogans on sodomise.

On trouve dans ce parti pris de vulgarité, dans l'insulte aux despotes comme
un avant-goût de la dernière pièce de
théâtre de Tchicaya, *Le Destin glorieux
du Maréchal Nnikon Nniku, Prince qu'on
sort* (1979), satire ubuesque des dictateurs africains.

Les *Notes de veille* qui suivent *La
Veste d'intérieur* sont une suite de pensées et de poèmes très courts, sans titre,
sur des sujets variés, de la politique à la
peine d'amour, en passant par la religion.
Un poème sur la guerre du Viêt-nam:
Il y a du plomb perdu
pour un livre promis
écrit au napalm
à quelques lieues de Dong Doc
précède ainsi un mot d'auteur prêté au
Christ après sa résurrection: «Sus à la
mort!» suivi d'une pensée sur les tourments d'un amant inlassable: «J'aurais
voulu la bouche à la place du cœur et
vice-versa.» La dernière ligne de ces
notes prises dans la solitude des nuits
ressemble à une accusation: «La main
qui ne répond pas pousse au suicide.»
D'un bout à l'autre du livre, on retrouve
le grand talent d'un écrivain à la sensibilité écorchée qui sait accoupler de façon
insolite les mots pour en faire jaillir l'indicible.

Des vers comme «On l'a vu faire un
abat-jour / avec la soie de l'ombre de ses
cils», ou bien encore:
c'est à genoux que une à une
se ramassent les notes du chant
ta bouche triste les lape
lors de la fête des corps
ont leur place dans les meilleures anthologies.

Claude Wauthier

Victoire de l'amour, Léopoldville, Bibliothèque de l'étoile, 1954, 128p.
Nouvelle de Dieudonné Mutombo.

Victoire de l'amour est une nouvelle

qui traite de l'idylle d'un jeune couple léopoldvillois. En dépit de nombreux interdits, Marie-Louise, de la tribu Baluba, est amoureuse d'Aristide, de la tribu Bakongo. Malgré les protestations de sa famille, Marie-Louise garde confiance en son fiancé condamné par erreur pour vol de bijoux chez son patron. À la fin du récit Mutombo conseille au lecteur «de s'assurer avant le mariage de la réalité d'un amour réciproque et sincère» (p. 127).

La nouvelle décrit la vie urbaine et ses maux: problèmes de chômage, bureaucratie, tribalisme. Mutombo montre d'abord l'attrait qu'exerce la ville sur un jeune homme seul: l'ivresse, les mauvais amis, les filles légères; puis, quand Aristide rencontre Marie-Louise, Mutombo affirme, pour soutenir la probité de son héros, les valeurs de l'Église catholique, de la famille, du travail. Tout en respectant certaines traditions, l'auteur suggère qu'il faut les adapter à la vie moderne. «Nous ne sommes plus à l'époque de nos aïeux qui passaient leurs journées à palabrer» (p. 48).

L'histoire se passe dans le quartier indigène mais l'influence coloniale est partout présente: les noms chrétiens des personnages, l'école religieuse où les jeunes gens font connaissance, la mise occidentale des protagonistes, la bijouterie «Au Coffret d'Or», les embouteillages de la capitale, la célébration du mariage à Noël. Le lecteur devine aisément qu'en réformateur, Mutombo se vante de s'être affranchi des mœurs traditionnelles. Il s'adresse à l'élite de son pays et semble recommander industrialisation et christianisation: «Aussi est-il recommandable à l'élite congolaise de combattre la malencontreuse coutume qui veut que les jeunes gens acceptent, même contre leur gré, le mariage arrangé par leurs parents» (p. 126). En créant un héros qui adopte les valeurs européennes, l'auteur, lui-même intellectuel et chrétien (*Dieudonné*), reconnaît la force de la structure coloniale et semble s'incliner devant les valeurs culturelles qu'elle véhicule.

Cette courte nouvelle a un certain mérite littéraire. Le développement de la trame est rapide et direct. Les personnages, presque idéalisés, ont des petits défauts et sont donc sympathiques et vraisemblables. Le lecteur se réjouit de leur succès ultime. Même si pour Charles Larson le roman d'amour n'est pas du tout africain, cette nouvelle qui rappelle *Sous l'orage* de Seydou Badian et *Trois prétendants, un mari* de G. Oyono-M'bia, attire le lecteur par la sincérité et la simplicité du ton.

Charlotte H. Bruner

Vieilles Chansons des pays d'Imerina, Tananarive, Imprimerie officielle, 1939, 54p.
Recueil de poèmes de Jean-Joseph Rabearivelo.

Vieilles Chansons des pays d'Imerina est l'une des dernières publications de Rabearivelo. Ce recueil de poèmes en prose, si l'on peut sans trahison nommer poèmes la traduction de cette forme spécifique de la littérature malgache qu'est le «hain-teny», est incontestablement l'œuvre la plus originale et la plus authentiquement «merina» de l'auteur. Car l'Imerina est longtemps restée le lieu privilégié d'une culture singulière dont on se plaît à chercher l'origine en Malaisie.

Par leurs thèmes, essentiellement «hova», ces vieilles chansons plongent, toutes réminiscences littéraires oubliées, dans le folklore des Hauts-Plateaux de Madagascar fait d'ironie subtile et de discrète nostalgie. Dans les soixante-cinq pièces du recueil, pour la plupart chansons d'amour, quel que soit le thème sur lequel brode le poète, amants déçus, trompés, séparés ou jeunes gens en mal d'amour, c'est le clair-obscur qui domine; ainsi le veut le «hain-teny» ou «paroles savantes». Courts dialogues riches d'images, semés de proverbes, discours symboliques tels qu'ils se répétaient autrefois aux veillées, volontairement hermétiques, ces poèmes mêlent la réalité merina la plus familière – rizières et collines, tombeaux des ancêtres et remparts de terre rouge – à une poésie raffinée, voire précieuse, dont l'écriture touche au grand art.

En aucun cas cependant, ces *Vieilles Chansons des pays d'Imerina* ne peuvent être considérées comme représentatives de l'âme malgache, mais seulement des Hauts-Plateaux de Madagascar. Il va de soi que l'impact de ces textes sera très différent selon l'origine et la culture du lecteur. Ce qui sera vu par le lecteur malgache comme une transposition, une traduction libre du vieux fonds poétique traditionnel dont on admirera la géniale version française, va révéler au lecteur étranger le sentiment de sa profonde différence. Et c'est là qu'est, semble-t-il, le nœud de la question. L'originalité des *Vieilles Chansons des pays d'Imerina* ne tient pas tant aux thèmes traités ni à la langue utilisée qu'à l'alliance de ces deux composantes. Ce recueil constitue en quelque sorte une parfaite illustration du phénomène de fusion culturelle que l'on rencontre à différents niveaux dans les processus d'acculturation de la majorité des pays anciennement colonisés d'Afrique ou d'Asie. Acculturation que Rabearivelo ne ressent pas nettement comme un dualisme contraignant, mais plutôt comme la chance étonnante de pouvoir participer à deux cultures, à deux mondes.

Outre ses remarquables qualités littéraires, le recueil réalise donc dans un syncrétisme sans défauts, et mieux que toutes ses autres œuvres, le vœu cher à l'auteur: «Qui donc me donnera de pouvoir fiancer / L'esprit de mes aïeux et ma langue adoptive.» Ayant ainsi dépassé l'inévitable tentative de rejet de toute culture étrangère – il fut un temps où le poète tentait de «se débarrasser des oripeaux chrétiens et occidentaux» –, c'est une greffe réussie que nous donne Rabearivelo avec ces *Vieilles Chansons des pays d'Imerina*».

Si réussie, qu'un Jean Paulhan en France, qu'un Flavien Ranaivo à Mada-

gascar («Hain-Teny», «L'ombre et le vent», «Mes chansons de toujours»), n'hésiteront pas à puiser à la même source.

Claude Ralambo

Vieux (Le) Nègre et la médaille, Paris, Julliard, 1956, 221p.
Roman de Ferdinand Oyono.

Le Vieux Nègre et la médaille porte sur les tribulations du vieux Meka au sein de l'appareil colonial de son pays. Pour le récompenser d'avoir donné ses terres à l'Église et ses deux fils à «la guerre où ils ont trouvé une mort glorieuse», le Haut-Commissaire décide de l'honorer de la médaille de l'amitié à l'occasion de la fête du 14 juillet. Le roman qui se déroule du 10 au 15 juillet est ainsi bâti autour de l'enthousiasme que suscite la grande nouvelle dans l'entourage de Meka et de l'immense désillusion qui suit la mésaventure de la décoration. En fait, la médaille est un prétexte que se donne Oyono pour révéler, à sa manière, la nature des rapports qui existent entre colonisateurs et colonisés dans la petite localité de Doum.

Meka, dans sa naïveté, est tout heureux de la distinction et salue avec joie l'ère nouvelle où il va enfin s'établir une communication directe entre Blancs et Noirs. L'auteur ménage précieusement les aspirations de Meka pour permettre au lecteur de mieux mesurer le désenchantement du Nègre qui, à peine sorti des cérémonies qui devaient sceller l'entente cordiale avec les Blancs, se voit arrêté, bousculé, craché et jeté en prison pour s'être perdu, sous l'empire du vin, dans le quartier blanc. Oyono nous invite aussi à une observation des personnages antinomiques de l'univers colonial, un monde résolument coupé en deux et habité par deux types d'individus: les Nègres d'un côté et les agents du système colonial de l'autre.

Postes de police, casernes et forêts séparent le quartier blanc de celui des Noirs. La société blanche est peuplée de colonisateurs-types, tous aussi assoiffés de pouvoir les uns que les autres. Ils s'entourent d'une horde de domestiques et de cyniques hommes de main autochtones. Le Haut-Commissaire est un individu mystérieux qui se contente de quelques apparitions à l'occasion des fêtes nationales, c'est-à-dire le 14 juillet et le 11 novembre. Fouconi, le Commandant du Cercle, est le personnage officiel le plus en vue. Sa domesticité compte sept personnes: une femme de chambre, un boy, un cuisinier, un jardinier, un blanchisseur, une sentinelle et un chauffeur. Il affiche auprès de ses administrés une suffisance et un paternalisme dédaigneux. Gosier d'Oiseau, son plus proche collaborateur, est un commissaire de police qui se plaît, avec le Régisseur de prison, à semer la terreur parmi les Nègres.

L'action des missionnaires n'est pas différente de celle de leurs congénères laïcs. Oyono insiste d'une manière particulière sur le rôle inhibiteur de la religion catholique, véritable «opium du peuple», facteur d'assujettissement et de duperie. Sous le fallacieux prétexte qu'elles «ont plu au bon Dieu», les missionnaires ont pris les terres de Meka. De plus, les ouvriers indigènes qui travaillent sur ces terres reçoivent pour tout salaire «le merci du prêtre, la communion ou la grâce et l'indulgence du bon Dieu». Pourtant, même la confession n'est pas gratuite de l'autre côté! Passons outre à la ségrégation raciale que pratique l'Église à la Sainte Table et au cimetière. Bref, Oyono jette un doute systématique sur les bonnes intentions de ceux qui prétendent sauver l'âme noire de la damnation. L'écrivain camerounais *confond* laïcs et missionnaires blancs et dénonce avec humour l'hypocrisie fondamentale des uns et des autres.

Les protagonistes africains ne suscitent guère plus de sympathie. Meka et les siens ont une propension naturelle à la bonne chère et un goût fort aiguisé pour le commérage. Ils sont tous, ou à peu de chose près, des *primaires* qui, en face des problèmes de la vie, s'émeuvent, s'inquiètent quelque peu mais ne s'y attardent jamais. Leur portrait physique et moral est des plus répugnants, des plus laids. Meka n'a plus d'ongles et ses pieds «n'avaient pas été faits pour pénétrer dans des chaussures». Il croupit dans la misère matérielle malgré les sacrifices qu'il a consentis auprès de l'administration coloniale. Pis, Meka fait montre d'une naïveté coupable pour un homme de son âge. Il en va pareillement de Nti qui est atteint de l'éléphantiasis. C'est un homme mûr qui n'est pas moins parasite puisqu'il vit aux crochets de Meka. Evina, ancien cuisinier des prêtres, est un vaurien dont les mains tremblent comme des feuilles au vent. Il passe ses journées à se chauffer au soleil, en attendant la mort. Mvondô, malgré son jeune âge, est déjà atteint de vieillissement. Il est «sans cheveux, ridé et rugueux comme un vieux lézard». Nua, quant à lui, est «sec comme une viande boucanée et [a] la mâchoire continuellement en mouvement».

Malgré les vexations des dominants, la «faune» nègre ne respire nullement la révolte et n'entretient dans ses entrailles aucun rejeton capable de tenir tête, à la manière des protagonistes d'un Ousmane Sembène dans *Les Bouts de bois de Dieu* (1960), à l'oppresseur blanc. Bien plus, Meka et les indigènes de Doum aspirent ardemment à s'assimiler au monde de l'*Autre*. Dès que le commandant annonce au vieux Nègre qu'il sera décoré, il court aussitôt s'acheter une nouvelle veste et des chaussures. Il espère – et tout s'arrête là dans sa recherche aveugle de la «blanchité» – que la médaille lui donnera quelque «importance» et qu'il sera désormais exempté de «diverses corvées» comme le lui souhaite Engamba. Les protagonistes nègres du récit d'Oyono ne se méfient pas du colonisateur et ne tirent aucune leçon des exactions du système en place. Ils accueillent leurs maîtres avec enthousiasme et ne demandent qu'à s'approprier leurs valeurs.

Certes l'Afrique de Ferdinand Oyono

est différente de l'image idyllique qu'en donne *L'Enfant noir* (1953) de Camara Laye. Toujours est-il que l'écrivain camerounais se plaît à révéler, dans une ironie mordante, il est vrai, un univers où le Nègre, prisonnier d'un système qu'on lui impose, pèche néanmoins par excès de naïveté et de passivité. Au pays de Meka, tout tient du théâtral et de la bouffonnerie. Les gens vivent sans organisation apparente. Nulle part, on ne trouve la moindre présence du chef. On croit avoir affaire à des anarchistes qui, par là même, prêtent le flanc à une extrême malléabilité de la part du colonisateur. Si le monde blanc paraît fondamentalement pervers et vicié, le monde noir est faible et irrémédiablement condamné à l'ineptie.

Contrairement à Mongo Beti (cf. *Ville cruelle*, 1954), à Ousmane Sembène (cf. *Les Bouts de bois de Dieu*, 1960) ou même à David Diop (*Coups de pilon*, 1956), Oyono n'est pas un apôtre de l'action directe. Meka et les Nègres de Doum sont des individus sans envergure, des personnages pâles et falots. Ils ont une certaine idée du bonheur mais ils sont incapables de la défendre. Après la désillusion de la décoration, Meka et les siens sombrent dans une résignation surprenante.

La technique satirique et humoristique d'Oyono fait essentiellement appel à la *conscience* de l'oppresseur pour l'inviter à modifier ses structures. Autrement le Nègre, qui n'est visiblement pas prêt à lutter pour sa libération, restera à jamais soumis et on pourra faire de lui ce que l'on voudra.

Ambroise Kom

Ville cruelle, Paris, Éditions Africaines, 1954, 219p.

Roman d'Eza Boto (pseudonyme d'Alexandre Biyidi, plus connu sous le pseudonyme de Mongo Beti).

Dès son entrée dans les lettres africaines — entrée tardive par rapport à celle du Sénégal ou de la Guinée, par exemple, puisqu'elle se situe après 1950 — le Cameroun produit un écrivain qui d'emblée se hisse au niveau des plus grands romanciers, comme ces cours d'eau souterrains qui sont déjà de grands fleuves dès leur résurgence: Eza Boto. Cela est tout à fait stupéfiant lorsqu'on sait qu'à l'année de publication de son premier roman, Biyidi n'a que 22 ans, âge précoce pour un Africain de cette époque. Malgré ce jeune âge, Eza Boto a su, dans son ouvrage, appréhender, avec une remarquable finesse de sensibilité discriminatoire, les problèmes du Cameroun de ces années d'avant la loi-cadre, c'est-à-dire d'un Cameroun aux prises avec les exactions du colonialisme le plus obtus, à travers ce drame banal, mais tragique au fond, du villageois Banda.

Celui-ci, pour se marier et accomplir ainsi le désir qui seul maintient en vie sa mère grabataire, au sortir de huit années stériles à l'école primaire, travaille d'arrache-pied dans la cacaoyère héritée d'un père — qui l'a laissé, très jeune, orphelin — et produit deux cents kilogrammes de cacao n'ayant «rien que de la bonne qualité» et dont il espère que «les fils de voleurs de Grecs» lui «donneront suffisamment d'argent» pour la dot de dix mille francs que lui réclament ses beaux-parents. Mais pour n'avoir pas su sacrifier à une certaine pratique en vogue dans le milieu des affaires — «mouiller la barbe» aux contôleurs —, il voit saisir et jeter au feu le fruit de son labeur et, du même coup, s'envoler l'espoir de faire plaisir à sa mère. Il ne lui reste plus que la ressource de voler un Grec, et il compte, pour réaliser ce projet, sur le concours de Koumé, jeune émeutier recherché par la police pour le meurtre de son patron et dont il vient de rencontrer la sœur, Odilia, dans le bar où il noyait son chagrin dans la bière de maïs. Nouveau malheur! Au moment où il cherche à faire évader de la ville par nuit ténébreuse et par chemin forestier son nouvel ami par trop méfiant, celui-ci tombe dans un fleuve et se noie avec son secret. Néanmoins, en le renflouant, il découvre sur son corps une somme de quinze mille francs qu'il décide de s'approprier. Pour augmenter sa surprise, le hasard le met en présence de la valise perdue d'un Grec à la trouvaille de laquelle est attachée la généreuse récompense de dix mille francs. Enfin, pour combler la mesure à son bonheur, riche maintenant de vingt-cinq mille francs, il épouse, sans dot, Odilia, qui accepte cette «réplique même de son pauvre frère, plus intelligent et plus réfléchi».

Cette trame idyllique, encore que non écrite pour elle-même, est confectionnée avec un art consommé de la préparation et de l'imbrication. Tel fait que l'on croit anodin, ou telle indication d'apparence sans portée, s'avère par la suite avoir été un jalon planté par l'auteur pour conduire avec rigueur au dénouement le plus logique et le plus vraisemblable.

En tout état de cause, le véritable intérêt de l'ouvrage se trouve moins dans les heurs et malheurs d'un jeune Camerounais des années cinquante désireux de prendre femme, que dans les allusions qu'il contient, nombreuses et claires, à la politique, à l'administration, à la société et à la religion de l'époque coloniale, en un mot, dans la rencontre de l'œuvre et de l'histoire.

À cette époque correspond une confrontation entre civilisations qui atteindra son paroxysme dans l'émeute ouvrière de 1955 et dont on pressent ici les grondements anté-éruptifs dans les violentes oppositions à l'Occident colonisateur.

La politique coloniale, dans son occupation de l'espace, discrimine la campagne et la ville. Celle-ci, comme la plupart des innovations des Blancs, s'est instituée pour le malheur des Noirs. Elle apparaît comme une aire cyclonale qui attire violemment l'air frais de cette zone de haute pression que constitue la campagne: aussi forme-t-elle une région tempétueuse qui désaxe et dépayse ceux qui s'y établissent, venant de la zone d'authenticité de la campagne, cependant qu'elle ne se présente pas comme un

ensemble homogène. Tanga comprend deux quartiers: le Tanga des Noirs et le Tanga des autres, «ou le Tanga étranger», où se trouvent les bâtiments administratifs et le Centre commercial qu'on aurait aussi bien fait d'appeler «le Centre grec». Tanga affiche ainsi dans sa configuration même le type de relations sociales qui unissent ses habitants: la ségrégation et le racisme: «Deux Tanga... deux mondes... deux destins». Le quartier des Blancs tourne le dos à celui des Noirs, très significativement; le Centre commercial est un coupe-gorge où le colon blanc, sous la protection d'un commissaire de police arbitraire et de ses sbires inconditionnels, unis les uns aux autres «comme l'ongle et le doigt», gruge les paysans (Banda) dans l'achat de leur cacao et où le patronat (M.T.), en recourant aux mêmes protections, frustre les ouvriers (Koumé) de leur salaire pour s'enrichir à leurs dépens.

Brimé à la fois par les allogènes et par ses congénères, le Noir ne sait plus à quel saint se vouer, les siens et son Dieu ayant été voués, eux, aux gémonies par les missionnaires qui n'ont pas su les remplacer, leur préoccupation majeure étant de gagner de l'argent en pratiquant la simonie, car un Blanc, fût-il missionnaire, «c'est d'abord l'argent, beaucoup d'argent, et encore de l'argent... Un Blanc veut gagner de l'argent un point c'est tout». De ce point de vue le missionnaire ne diffère pas du colon grec, comme il est de connivence, par solidarité de race, avec l'administrateur pour lequel il travaille en dépersonnalisant l'indigène dans ses écoles qui n'apprennent «jamais à faire ce qu'on fait habituellement dans une école» si ce n'est «à arracher les pommes de terre», si ce n'est le «catéchisme et des refrains latins»; en le déracinant de sa culture pour le laisser sans prises sur la tradition ni sur la modernité, pire, avec du mépris pour les siens; en se faisant son agent de renseignements par la divulgation du secret de la confession...

C'est de ce complexe de supériorité, de cette discrimination raciale et de cette ségrégation dans l'espace, de cette exploitation de l'homme noir par l'homme blanc et du Noir par le Noir, de cette intelligence de larrons en foire entre colonisateurs, missionnaires et commerçants blancs — joints à la vie d'automates dans un «univers concentrationnaire» d'hommes qui ont perdu la pureté apportée de leur forêt toute proche et avec elle, «la joie, la vraie joie, joie sans maquillage, la joie nue, la joie originelle» — à la vie d'hommes «veules, vains [ayant] un certain penchant pour le calcul mesquin, pour la nervosité, l'alcoolisme, d'hommes vidés de leur substance et sans leur raison de vivre, qui ne savent où ils vont et pourquoi ils y vont...», c'est de toutes ces oppositions et contradictions, ces exactions et injustices, que Tanga tire sa qualification de «ville cruelle», ville où il ne fait pas bon vivre pour le Noir, qui rejette hors les murs ceux qui, comme Banda le protagoniste, ont le cœur pur et les mains innocentes, ou tue ceux qui, y ayant vécu, veulent s'en échapper, à l'instar de Koumé, le deuxième personnage qui, par sa prise de conscience de sa personnalité de Nègre, sa fierté innée, sa révolte contre les abus du patronat, la revendication de ses droits, son refus de la brimade, son sens de la justice jusqu'au soulèvement, symbolise ce mouvement interne qui a poussé les Camerounais à refuser la situation coloniale pour revendiquer et obtenir d'abord leur autonomie puis leur indépendance.

Il faut également signaler que la critique à structure antithétique d'Eza Boto s'attaque aussi à l'élite traditionnelle qui se définit d'une part par sa basse et complaisante soumission aux colonisateurs (administrateurs, missionnaires, commerçants grecs) devant lesquels elle «n'a jamais pu paraître sans avoir envie de pisser»; de l'autre par son opiniâtreté à défendre la tradition qui préserve dans un conservatisme aveugle et justifie captieusement les pouvoirs qu'elle détient et dont elle abuse au point de susciter de nombreux conflits avec la jeune génération. Ainsi, *Ville cruelle* est une satire lucide, impartiale et impitoyable contre

les abus, qu'ils soient le fait de la colonisation ou celui de la hiérarchie traditionnelle gérontocrate.

Malgré l'effort d'Eza Boto pour transposer avec fidélité l'atmosphère camerounaise de l'époque dans son ouvrage, celui-ci ne reflète que faiblement les événements tels qu'ils se sont déroulés effectivement, car, de propos délibéré, l'auteur a voulu édulcorer la réalité en l'additionnant d'éclats de rire et d'explosions de joie, d'anesthésiantes beuveries et de vertes plaisanteries qui, s'ils ne montent pas du tréfonds de l'être, n'en font pas moins oublier, la nuit venue dans le Tanga indigène, les misères de la vie ou de la ville (ce qui est tout un) en créant un paradis artificiel exempt de toute souffrance.

Néanmoins, cet art du clair-obscur et de la demi-teinte a su nous communiquer l'horreur de cette «ville cruelle» dans un décor tissé d'oppositions de toutes sortes où l'angoisse tragique qui naît de la «certitude d'être vaincu» ne nous fait pas nous départir de la sagesse que la vie est une lutte où l'espoir de vaincre ne doit pas nous abandonner un seul instant.

Louis-Marie Ongoum

Ville (La) où nul ne meurt (Rome), Paris, Présence Africaine, 1968, 212p.
Chronique de Bernard Binlin Dadié.

La Ville où nul ne meurt (Rome), le troisième des récits de voyage de Dadié, raconte son voyage, du 24 mars au 3 avril 1959, à Rome, qu'il décide de visiter, dit-il, parce qu'il s'ennuie un peu à Paris et qu'il veut voir un vieux peuple dont la sagesse lui paraît proche de celle de l'Afrique. (En fait, Dadié allait au Deuxième Congrès des Écrivains et Artistes Noirs qui eut lieu à Rome du 26 mars au 1er avril 1959, mais il ne fait aucune allusion à cette manifestation. Le motif du voyage semble être une idée fixe de Rome, «nom magique».) *La Ville...,* une lettre adressée à un ami en Afrique, suit de près les étapes du voyage. Le «moi» ressemble aux narrateurs des récits précédents, *Un Nègre à Paris* et *Patron de New York*. C'est un naïf, un modeste («je connais un peu le dialecte des Parisiens») et un individu qui n'a pas peur de se moquer de lui-même. Il semble, cependant, plus près de Dadié lui-même, c'est-à-dire moins «fictif» que dans les livres précédents.

Pendant le voyage en car à Orly, le narrateur, qui est assis près d'un vieux rabbin, amorce une réflexion sur la religion, la guerre et la société. Il s'agit en fait des principaux thèmes du livre. Ce début prend vite un ton sérieux qui – procédé caractéristique chez Dadié – cède bientôt le pas à la comédie du passage à la douane. Arrivé à Rome, le narrateur se comporte tout à fait en touriste; il visite les monuments, va voir le Pape, éprouve quelques difficultés à manger des spaghetti, paie un champagne trop cher aux hôtesses d'une boîte de nuit et se laisse prendre par un marchand de camées dans la rue. Celui-ci ne lui délivre que la moitié des bijoux payés. Il garde cependant une affection pour les Romains, à cause de quelques gentillesses qu'ils manifestent à son égard et surtout à cause d'une gaieté, d'une générosité qui contrastent avec la rigueur parisienne. La narration de son séjour à Rome comprend plus d'incidents précis que dans les récits précédents. Il prend un tramway où tout le monde le regarde comme un barbare jusqu'au moment où il aide une vieille dame à en descendre. L'épisode donne lieu à quelques réflexions sur la difficulté qu'ont les Européens à accepter un homme de couleur différente, réflexions présentées, cependant, sans amertume. Le narrateur semble avoir décidé de garder sa bonne humeur en tout temps. Quelques petits incidents, notamment lorsqu'il regarde de jolies femmes dans la rue, laissent voir, cependant, une nostalgie de son pays, une tristesse rare dans l'œuvre de Dadié.

Le style de *La Ville...* est plus simple, moins ironique que celui des récits précédents, mais contient des éléments d'une satire typique de l'œuvre de Dadié. On justifie la guerre en Europe, dit-il, parce qu'il «paraît que cela redonne un coup de fouet aux affaires périclitantes, c'est-à-dire, moins il y a de consommateurs... davantage les hommes s'estiment heureux». Quand on lui dit qu'il faut voir le Pape, «j'eus alors la pénible impression qu'on rangeait ce vénérable vieillard parmi les vestiges des temps anciens». Dadié se sert toujours de symboles autour desquels il organise ses thèmes: le Banco di Santo Spirito, le «Papillon» (chanson populaire à Rome), quelques monuments, surtout l'ange au sommet du château de Saint-Ange qui remet l'épée au fourreau et renie donc la violence.

Le lecteur visé n'est plus l'étranger à qui s'adresse la satire du *Nègre à Paris* (1959) et du *Patron de New York* (1961), mais l'Africain de l'époque des Indépendances. Dans *La Ville...* (1968), Dadié veut donner des leçons de sagesse à ses frères africains. Sans doute pense-t-il à l'Afrique quand il se moque du népotisme des empereurs romains. Rome était trop belliqueuse; l'Afrique, dit-il, ne doit pas l'imiter. Ayant vu un enfant abandonné dans une église romaine, le narrateur pense: «Dieu fasse que de telles habitudes jamais ne prennent pied sur nos bords. Nous devrons créer une société qui permette à l'homme de vivre, aux familles de maintenir les liens qui les lient les unes aux autres.»

Dadié compare souvent les coutumes de l'Europe et de l'Afrique; si celles de l'Afrique semblent meilleures, c'est seulement parce que les Africains sont moins corrompus par l'économie moderne. Une fois entrés dans la ruée vers l'or du monde européen, les Africains seront peut-être pires, «piétinant tout jusqu'à nos propres enfants». Le narrateur trouve qu'il ressemble aux Italiens qui chantent, qui rient, qui ont plus de contact physique entre eux que les Français. Les Italiens ont leurs fétiches: les statues de Rémus et Romulus que le narrateur voit partout dans les rues et dont il raconte la légende à la manière d'un conte africain. C'est peut-être, déclare-t-il, parce que l'Italie a été marquée par «les vieux contacts qu'elle a eus avec le continent d'en face». Dadié joue avec l'histoire romaine pour soutenir sa conception de ces rapports. C'est de retour d'Afrique, dit-il, que César dit «Veni, vidi, vici». Les Italiens ont appris plus tard qu'on ne vainc pas la vieille Afrique si facilement. Le nom de César veut dire, dans la langue punique, «éléphant», choisi comme emblème de la Côte-d'Ivoire. Les César avaient essayé de s'élever au niveau des dieux. N'y a-t-il pas ici une leçon pour l'Afrique? N'est-il pas temps que les nations ne mettent plus à leur tête des chefs-animaux, ni de nouveaux dieux, mais «des 'chefs-hommes', conscients du prix des larmes de l'homme ou de la force explosive de son rire»?

C'est à l'Afrique aussi que s'adresse le thème principal du livre: la nécessité de garder la fraternité entre hommes. La visite à Rome n'est qu'un prétexte pour illustrer ce message. Le narrateur est à la recherche d'un pays où l'argent n'est pas un dieu, où on s'occupe des affamés, des misérables; après avoir vu le Banco di Santo Spirito, il lui faut toute son ingénuité pour maintenir que ce pays est Rome: «Banco di Santo Spirito! Est-ce pour dire que l'argent, esprit du monde moderne, devrait désormais jouer un rôle plus humain? Unir les hommes, les familles, les peuples, les nations, au lieu de les diviser en pauvres et en riches?... Rome m'apparaît trop humaine pour qu'il en soit autrement.» Il se rend compte, cependant, que Rome est une ville moderne dominée par l'argent, la publicité, la mécanisation industrielle. Même l'Église s'est montrée trop souvent intolérante et s'est laissée marquer par l'or. Rome reste cependant le siège du christianisme, dont le message est «révolutionnaire»: «Aimez-vous les uns, les autres». Le Christ n'a pas levé la main sur les soldats qui le brutalisaient. Pour ne pas perdre sa foi religieuse, Dadié décide: «Le christianisme ayant manqué à sa mission devrait être repensé à l'échelon de l'homme». Après avoir vu le Pape, il semble prêt à croire que cet effort de repenser le christianisme peut

réussir. Dans la personne du Pape, «le passé, le présent et l'éternité se nouent». Dadié peut donc terminer le livre sur la note optimiste que traduit le titre:

Adèle King

Vingt-cinq ans d'escalier ou la vie d'un planton, Dakar/Abidjan, Nouvelles Éditions Africaines, Coll. Vies africaines, 1975, 143p.
Récit autobiographique de Seydou Traoré.

Dans les dernières années, plusieurs récits autobiographiques sont venus enrichir les lettres africaines francophones. Certains donnent un aperçu de la vie parfois difficile et amère des Africains sous la férule des coloniaux dont ils ne comprenaient souvent pas les mœurs; d'autres emmènent le lecteur sur le chemin de la révolution et de l'indépendance qui suivirent inévitablement ces premiers moments. Le récit de Seydou Traoré, dont l'enfance se situe dans un passé déjà lointain (son histoire commence en 1922), appartient plutôt au premier genre, mais Traoré nous raconte son passé sans grande rancune.

À l'âge de huit ans, après deux ans d'école coranique, le petit Seydou, orphelin de mère, est mis au travail par son père pour aider à payer l'impôt. Ainsi commence une vie bien mouvementée, Seydou Traoré devenant tour à tour boy à tout faire, garçon, maître d'hôtel du gouverneur, planton, et le reste, au service d'une série de maîtres ou de maîtresses dispersés en Afrique-Occidentale Française.

Originaire de Nara, au Soudan, il part d'abord à Bamako avec son premier patron, un comptable; pendant ce voyage, il commence à faire l'expérience de la diversité des mœurs et des statuts des habitants de son continent. Il apprend aussi que les Blancs ne se ressemblent pas tous: le second patron est bien plus gentil que le premier, mais le troisième, un directeur d'école chez qui Seydou passe l'année suivante, le traite d'une façon lamentable. En 1924, Traoré suit son patron à Koulikoro, qu'ils quittent en bateau un peu plus tard, en direction de Gao, pays des Djermas et des Touaregs. Bien qu'il puisse préciser le jour, la date, et même l'heure, il semble que la mémoire de l'auteur ne soit pas toujours très sûre, car quelques pages plus loin il affirme avoir quatorze ans, alors que nous sommes apparemment toujours en 1924.

Quoi qu'il en soit, nous assistons par la suite à une série de va-et-vient interminables, qui finit malheureusement par ressembler aux maigres notes d'un journal de bord, se réduisant plus ou moins à une simple liste de départs et d'arrivées sans grands détails — et aussi sans grand intérêt.

Pour ce qui est de sa famille, Traoré nous laisse sur notre faim. Il ne lui accorde vers la fin du livre qu'un court paragraphe où sa femme est évoquée en deux lignes, et ses enfants en quatre. Il aurait mieux fait de raccourcir un peu la liste de ses voyages, ou peut-être de moins s'étendre sur les chicanes de ses compagnons de travail, pour nous donner un peu plus de détails sur sa vie familiale en tant que serviteur ou planton. L'on ne peut tout de même pas croire à l'absence de péripéties qui auraient sans aucun doute rehaussé l'intérêt de ce récit.

Traoré s'attarde un peu trop sur la bonté et la naïveté du gentil Seydou, qui ne fait jamais de mal à personne, à qui les autres serviteurs cherchent souvent querelle, et qui s'entend avec toutes les races de gens qu'il découvre sur son passage, même avec les membres d'une inquiétante société secrète à Sanga. De telles qualités semblent un peu trop belles pour être vraies.

Ceci dit, il reste que le récit de Traoré abonde en détails sur la vie des coloniaux et des autochtones dans les années qui précèdent la Deuxième Guerre mondiale. Les moyens de voyager, l'alimentation, les salaires, les qualités ou les défauts des patrons, le faste des gouverneurs (cf. l'arrivée de Blaise Diagne),

tout s'y trouve à foison.

La vie d'un serviteur n'était pas facile. Souvent le patron disait: on part demain! et voilà de nouveau le pauvre en route. Un de ses patrons surtout, un inspecteur d'enseignement, «ne se reposait jamais», nous dit l'auteur. À peine arrivés dans un village, le patron se mettait en route pour l'école, et une fois l'inspection terminée, ils repartaient presque immédiatement pour le village suivant, à un rythme exténuant pour le pauvre garçon qui devait s'occuper des bagages, des repas, du logement, et ainsi de suite à chaque étape.

Au hasard des patrons, de leurs affaires, de leurs retours en France, Seydou Traoré fit l'expérience de plusieurs modes de vie, apprit diverses langues et s'habitua petit à petit aux bonnes manières françaises (comment dresser la table pour les invités, de quel côté servir et desservir). Malgré la difficulté pour un jeune Africain sans grandes ressources de franchir les distances ouest-africaines, il arriva quand même à retourner dans sa famille pour revoir les siens; il constata alors que son expérience de villes comme Dakar avait creusé un abîme entre lui et les autres membres de sa famille restés au pays et qui ne pouvaient pas imaginer des choses comme la mer.

Il est curieux de noter que Traoré se tait sur les années 40-45. S'il dit avoir fait la grève en 1945, il ne nous donne aucun détail à ce sujet, si ce n'est qu'il en perdit son emploi chez le Haut-Commissaire. Ici encore nous aurions aimé en savoir plus long sur la vie au Sénégal en temps de guerre, ainsi que sur la grève en question.

Par la suite, il semble que l'auteur ait épuisé ses souvenirs, car il nous parle peu des années cinquante; nous apprenons seulement qu'un jour, il se mit à dicter ses mémoires et qu'il reçut en 1962 la décoration de Chevalier de l'Ordre National du Mérite.

On ne peut donc pas dire que ce récit soit le livre le plus enrichissant sur la vie en Afrique-Occidentale Française pendant la première moitié du siècle. Sa valeur sociologique est néanmoins indiscutable.

Anita Kern

Violent était le vent, Paris, Présence Africaine, Coll. Écrits, 1966, 181p. Roman de Charles Nokan.

Dans la Préface, Nokan explique pourquoi il a écrit cet ouvrage qui reste assez difficile à classer. Les peuples colonisés, naguère unis dans la lutte anticoloniale, sont devenus la proie d'un individualisme bourgeois qui cause progressivement la désintégration des nations.

Pour bien souligner son message, Nokan a recours à des genres divers dans *Violent était le vent*. L'auteur nous informe que son texte obéit à «l'esthétique baoulée» et qu'il a tenté de capter l'essentiel de cette esthétique pour rompre avec le concept de «roman artificiellement très unifié et monotone». Nokan avoue qu'il cherche l'expression révolutionnaire à travers la forme et le fond.

Dans ce contexte bien défini, Kossia, le protagoniste, raconte son enfance idyllique, son adolescence, sa vie d'étudiant en France, son retour au pays natal, son arrestation et ses démêlés avec les agents du néo-colonialisme. À la fin du texte, c'est un ami, Samois, qui raconte l'histoire de Kossia assassiné par les bourreaux du chef d'État Kôtiboh.

Violent était le vent exige du lecteur un grand effort intellectuel. Les variations de style correspondent à la progression des idées élaborées dans le texte. L'expression stylistique est différente à chaque étape de la narration.

Mais la poésie romantique des premières pages, où l'auteur raconte son enfance, cède rapidement le pas à des procédés stylistiques qui traduisent les réalités du colonialisme.

En France, Kossia vit l'exploitation et l'humiliation des travailleurs africains. Son ami Djahah, fils de médecin, épouse une Française et se soumet volontairement à ses beaux-parents en devenant «le factotum de la maison». De cette façon l'humiliation a deux faces. Les travailleurs africains correspondent aux petits cultivateurs, à la masse des colonisés qui ont été systématiquement asservis par la bourgeoisie étrangère. Djahah, dans son larbinisme, correspond à la nouvelle bourgeoisie parasitaire des pays néo-colonialisés qui se vautre dans la négation de sa dignité.

Nokan a consacré un ouvrage entier aux ouvriers africains en France (*La Traversée de la nuit dense* suivi de *Cris rouges*, 1972) et l'on pourrait dire que toute son œuvre traite de l'affirmation des colonisés.

Kossia n'épouse pas son amie française parce que son enfance et ses expériences en France, bref toute son évolution philosophique, lui a montré que son premier devoir est de lutter pour la liberté des siens. Ayant constaté que les ouvriers africains en France n'attendent qu'à être formés par les intellectuels pour constituer une force progressiste à leur retour au pays natal, Kossia comprend ses propres responsabilités envers les jeunes. De retour chez lui, il devient professeur et donne des cours sur l'histoire révolutionnaire du peuple. C'est ainsi que vers la fin du texte, l'auteur revient dans une scène qui a lieu dans une salle de classe, sur l'évocation du Prologue où se succèdent les noms de grands héros africains.

Mais Kossia lutte contre des forces puissantes qui l'assaillent de toutes parts: son compagnon de voyage français lui conseille de collaborer avec le régime de Kôtiboh et la mère de Kossia lui conseille la soumission. Le thème de la tentation du fils du pays rentré après de longues années d'études à l'étranger a souvent été traité. Pourtant, rares sont les auteurs africains qui ont poussé l'analyse de ce phénomène aussi loin qu'Ayi Kwei Armah dans *Fragments* (1970). Mais alors que la démence, c'est-à-dire l'attitude non conformiste du protagoniste de *Fragments*, et sa mort ne permettent aucun espoir de changements révolutionnaires, le travail de Kossia trouve un écho dans les propos de Samois.

Nokan introduit dans son texte un élément essentiel. Il ne se contente pas d'exposer les tares de la société mais il propose la construction d'une nouvelle communauté fondée sur l'interdépendance des individus. Comme Ousmane Sembène l'a bien démontré dans *Les Bouts de bois de Dieu* (1960) et comme Jacques Roumain l'avait déjà souligné dans *Gouverneurs de la Rosée* (1944), un seul individu ne peut pas porter en lui la somme de tous les sentiments révolutionnaires. L'efficacité de la lutte et l'espoir du peuple résident dans la continuation de la révolution après la mort du protagoniste. La mort de Kossia répond donc à une double logique: idéologique et littéraire. Au désespoir d'un Ayi Kwei Armah on peut opposer l'optimisme révolutionnaire de Roumain, Sembène et Nokan.

Violent était le vent commence et se termine dans la poésie. Les premiers mots sont l'évocation de noms héroïques et les derniers mots annoncent «une aurore inouïe» vers laquelle nous marchons.

Bien que le discours idéologique soit important dans le texte, le critique littéraire doit en analyser attentivement la symbolique, l'ironie, les voix narratives et l'allégorie. Le procédé stylistique, genre journal intime, permet à l'auteur une grande liberté littéraire à l'intérieur de l'ouvrage et en même temps lui permet une expérimentation dans le domaine de la temporalité.

Le texte de Nokan ne se prête pas aux analyses superficielles. L'auteur s'y est engagé complètement dans l'espoir de produire une œuvre littéraire et idéologique qui réponde aux exigences d'un peuple opprimé.

Frederick Ivor Case

Voix (Les) dans le vent, Yaoundé, Éditions CLÉ, Coll. Théâtre, 1970, 168p.
Tragédie de Bernard Binlin Dadié.

Avant de devenir célèbre comme poète, conteur, chroniqueur et romancier, Bernard Dadié avait manifesté très tôt son intérêt pour le théâtre. Déjà à dix-sept ans, il composa pour ses camarades de l'École Primaire Supérieure de Bingerville une comédie, *Les Villes*, dont le texte n'a pas été préservé. Quatre ans plus tard, sa chronique dramatique, *Assémien Déhylé*, écrite pour les représentations dramatiques de William Ponty, lui valut un débouché sur la scène à Paris, lors de l'Exposition Internationale. Ensuite, pendant une trentaine d'années, Dadié négligera le théâtre en faveur d'autres genres littéraires; puis il publiera entre 1970 et 1973, coup sur coup, quatre œuvres dramatiques qui illustrent sa maîtrise du drame satirique, situé dans un cadre socio-politique ou historique. Des trois pièces publiées en 1970, la satire féroce des maux du colonialisme, *Monsieur Thôgô-Gnini*, avait déjà remporté un grand succès sur la scène de plusieurs villes africaines, ainsi que lors du Festival Panafricain de la Culture, à Alger en 1969. La seconde, *Les Voix dans le vent*, aura une portée plus universelle. Bien que située dans un royaume africain imaginaire, elle s'attaque à tous les dictateurs et à tous les régimes tyranniques; mais elle dépasse l'intérêt souvent éphémère de la seule satire politique pour atteindre à la grandeur d'une tragédie allégorique, qui analyse la psychologie complexe d'un tyran fictif mais archétypal, et expose l'influence corruptrice du pouvoir.

Sur un plan très superficiel, *Les Voix dans le vent* pourrait être presque comme une variante sur le thème de l'élection du successeur d'un roi africain. Le sujet est traditionnel puisqu'il inspira, une trentaine d'années auparavant, plusieurs jeunes auteurs qui ont participé à la naissance d'une littérature dramatique négro-africaine en langue française. Mais le traitement qu'en fait Dadié est complexe, poétique, profondément original et d'un tragique intrinsèque.

La structure de la pièce est circulaire: elle s'ouvre et se referme au moment de la déchéance du roi Nahoubou, ce qui assure son unité classique. Dans la première scène nous trouvons le roi en proie à l'insomnie, tourmenté par «les voix dans le vent» qui lui reprochent ses innombrables crimes, dont le matricide et le fratricide. Les voix de ses victimes le hantent et la vigilance de ses gardes ne réussit pas à les chasser. Comme dans son désarroi il recherche le sommeil, le roi est confronté à une vision de son enfance et de toute sa carrière précédente. Marqué par sa mère comme un enfant de mauvais augure, ensuite traqué et spolié par les fonctionnaires du roi dirigeant alors son pays, méprisé et abandonné par sa femme, Nahoubou traduit son désir de vengeance en une soif du pouvoir et une ambition effrénée de devenir roi à son tour. Tel Macbeth, il accède au trône au prix des crimes les plus abominables, qui lui permettent de réaliser les prophéties surnaturelles du sorcier, qui n'est que le porte-parole de ses propres ambitions.

Nous voyons ensuite Nahoubou devenu un tyran autocratique et impitoyable, bien avancé dans sa carrière de guerrier et de pilleur, mais incapable d'acheter la seule chose qu'il continue à convoiter: l'amour de la belle Losy. Le peuple finit par se révolter à son tour. Resté seul, dépouillé de tout, nous retrouvons le roi à la fin de la pièce, comme au début, hanté par les voix qui lui demandent des comptes. Entouré de ces fantômes, il ne lui reste que le royaume des morts à explorer.

Dans les limites imposées par les normes théâtrales, Dadié esquisse la naissance, l'évolution et la déchéance du tyran grisé par la puissance dont il dispose: un sujet de tragédie classique. La psychologie de tous les caractères est parfaitement convaincante, non seulement du roi Macadou Nahoubou lui-même, mais aussi de ceux qui ne font qu'une apparition brève. Il en va ainsi des parents du jeune Nahoubou, du sorcier et de la jeune Losy. Le dialogue est toujours dramatiquement approprié, soit au parler familier des parents de Nahoubou et de sa

première femme, soit à l'éloquence fantomatique des voix dans le vent, soit aux déclamations extravagantes et creuses du roi persécuté par sa conscience et entraîné dans la folie.

Depuis les Indépendances, le thème de l'abus du pouvoir par un dirigeant africain se voit de plus en plus traité dans la littérature négro-africaine, surtout dans le roman; mais aucun ouvrage romanesque ou dramatique n'atteint la finesse ni le ton authentiquement tragique des *Voix dans le vent*. Par son mélange de poésie et de réalisme, par sa portée universelle, la pièce de Dadié se rapproche des tragédies shakespeariennes: *Macbeth* ou *Coriolan*.

Dorothy S. Blair

Voleurs (Les) de bœufs, Tananarive, Imprimerie Luthérienne, 1965, 44p.
Roman de Rabearison.

Rabearison soutient par ses écrits et de façon inconditionnelle la cause du Président de la République Malgache de l'époque, Philibert Tsiranana, et semble le plus souvent considérer que la prose administrative et les ordonnances et décrets du Code Pénal font partie intégrante de çe qu'on appelle les «Belles-Lettres».

Les Voleurs de bœufs, écrit en 1965, se veut sans prétention: l'auteur prévient le lecteur dès la première page. Dieu merci... «Ne recherchez pas dans cet ouvrage des clefs ni des anagrammes. C'est un roman. L'auteur a voulu seulement prouver que les vols de bœufs sont des crimes et que le Chef de l'État a très bien fait d'avoir agi à temps.»

C'est donc un roman où des voleurs de bœufs «tsimihety» (ethnie de la côte Ouest de Madagascar) ...volent des bœufs, ce qui est pour eux, outre un sport collectif, une tradition séculaire, en même temps qu'une lourde perte pour les éleveurs dont la richesse et la considération se comptent, dans ces régions d'élevage contemplatif, au nombre de têtes de bétail. Les gendarmes et autres autorités compétentes rattrapent les voleurs et les mettent en prison. Ils en sortiront. Mais les voleurs ont des fils, des frères, des amis, qui à leur tour volent d'autres bœufs. Mais il y a encore d'autres gendarmes, et le roman pourrait très bien ne jamais finir si, par bonheur, la législation «anti-vol de bœufs», loi nº 59-23 du 17-1-59, l'ordonnance nº 60-106 du 27-9-60, etc.

De toute manière, la législation en question n'arrête pas les vols; c'est du moins ce qui semble ressortir du roman. Seul le remords le peut. Il y a intervention d'un pasteur à cet effet. La fin se voudrait-elle morale? Que l'on en juge d'après cette phrase édifiante qui clôt l'ouvrage. «Tiamanana s'en allait pensif. Il revit ces bœufs qu'il avait tués, ces familles qu'il avait ruinées. Il fut hanté. Il s'arrêta torturé par des remords profonds. Il rêva en pleine journée et il beugla comme s'il était une vache.»

La trame du roman, extrêmement confuse et encombrée, alourdie de détails juridiques tout à fait superflus, la langue utilisée, lourde et souvent incorrecte, rendent la lecture de cet ouvrage pénible et d'un intérêt très limité.

Et pourtant le vol de bœufs est une réalité socio-économique malgache très actuelle encore, et dont l'étude, menée dans une perspective sociologique, même sous forme romancée, serait d'une grande utilité pour la connaissance de ces cultures de la côte Ouest de Madagascar, souvent négligées au profit de celles des Plateaux «merina». Car plus encore qu'une tradition, c'est toute une culture qui dépend de ces vols de bœufs, aspect que le roman néglige complètement.

Il est donc fort regrettable que Rabearison n'ait envisagé le problème que sous l'angle de l'apologie gouvernementale; comment servir une culture sans desservir un régime ou vice-versa. Il est de ces dilemmes...

Claude Ralambo

Voltaïque, Paris, Présence Africaine, 1962, 215p.

Recueil de nouvelles d'Ousmane Sembène.

Voltaïque se place entre deux œuvres majeures: *Les Bouts de bois de Dieu* (1960) et *L'Harmattan* (1964). Entre ces romans historico-épiques, *Voltaïque* montre qu'Ousmane Sembène est un excellent nouvelliste, qui, à l'occasion, écrit également un poème, une fable ou un conte.

Comme nouvelles proprement dites, particulièrement centrées sur la vie quotidienne (en Afrique ou en France, mais toujours avec des Africains), voici *Devant l'Histoire, Un amour de la rue sablonneuse, Prise de conscience, Chaïba* et surtout *Ses trois jours* et *La Noire de...*; comme fable voici *Communauté*, qui stigmatise l'hypocrisie religieuse, de même que les contes *Mahmoud Fall* et *Souleymane*; comme poème voici «Nostalgie», qui est un hommage à l'héroïne de *La Noire de...*, mais également *La mère*, texte très lyrique sur la dignité de la femme; deux textes enfin, *Lettres de France*, le plus long du recueil, véritable court roman épistolaire et *Voltaïque*, récit didactique sur les origines des balafres, mais aussi sur la lutte pour la liberté, qui, symboliquement, donne son titre au recueil.

On trouvera des ramifications thématiques de ces textes dans toute l'œuvre de Sembène. Cinq ans auparavant il avait publié *Le Docker noir*; cet univers nous est rappelé par *Lettres de France, Chaïba* et, dans une certaine mesure mais comme a contrario, par *La Noire de...* Le thème de la polygamie, qui sera développé dans *Le Mandat* ou dans *Xala*, se retrouve dans *Ses trois jours* et *Souleymane*; celui de la religion, que reprendra le film *Ceddo* (dont il existe une version littéraire en ouolof), se trouve dans *Communauté* et *Mahmoud Fall*; celui de la dignité des femmes, que pleurera *Véhi-Ciosane* et qui avait déjà si largement parcouru *Les Bouts de bois de Dieu*, dans *La mère* et cette

Noire de..., à la fois nouvelle, poème et film; des thèmes plus proprement politiques enfin, avec *Prise de conscience*, auquel on peut rapprocher *Un amour de la rue sablonneuse* – l'Afrique nouvelle corrompue par les fonctionnaires et, déjà, le néo-colonialisme –, *Devant l'Histoire* qui, par le biais d'une séance de cinéma, fait défiler toute une société d'Africains partagée entre deux cultures; et *Voltaïque* qu'on peut considérer également comme une parabole politique, le négrier noir Momutu rappelant comme par anticipation ces hommes politiques africains qui vendent leurs peuples... Soulignons que ces trois textes rappellent ou annoncent les groupes de camarades de *Ô pays, mon beau peuple,* les discussions des *Bouts de bois de Dieu* ou de *L'Harmattan,* et cette figure moderne de l'esclavage décrite dans *Émitaï.*

Au risque de paraître partial, car encore une fois chacun de ces treize textes a sa place dans l'œuvre de Sembène et chacun mérite une analyse particulière, retenons les trois qui, dans l'ordre, sont les plus importants: *Ses trois jours, Lettres de France* et *La Noire de...* Curieusement, mais ce n'est sans doute pas un hasard, ces trois nouvelles ont pour centre la femme africaine, considérée du point de vue de la polygamie, du mariage forcé et de l'exil, de l'exil et de l'exploitation, ou peut-être simplement de l'exploitation, qui serait comme le dénominateur commun des conditions féminines décrites ici, qu'on retrouve encore une fois dans *Un amour de la rue sablonneuse, La mère* et *Souleymane.* Ce n'est pas un hasard, puisque l'on connaît le respect dont Ousmane Sembène entoure cette femme africaine, qu'*Émitaï* ou *Ceddo* vont exalter à l'extrême.

Ses trois jours, récit à la troisième personne auquel se mêlent de nombreux dialogues, est un véritable «portrait intérieur» d'une femme, Noumbé, qui attend son «tour», c'est-à-dire les trois jours que, selon la tradition, son mari polyga-me devra lui consacrer, à elle qui est la première de ses quatre épouses, et la mère de ses cinq premiers enfants. Ce portrait est hallucinant, comme si la description était moins celle d'un auteur qui observe que celle d'un double qui raconte. Voici donc une véritable passion, au sens religieux du terme, car l'attente de Noumbé sera vaine, son mari n'apparaissant que dans la nuit du troisième jour, avec des compagnons de goguette qui ne trouvent pas mieux que de condamner l'attitude des femmes: «depuis qu'elles ont des associations, ces bougresses, elles croient qu'elles vont diriger le pays», au moment où Noumbé, épuisée par son attente, s'effondre, terrassée par une crise cardiaque. Au passage c'est l'hypocrisie de ces mariages que Sembène met en relief, les co-épouses mentant l'une à l'autre, mais ne pouvant «consentir à plus d'humiliation, autrement ce serait l'anéantissement complet», et se laissant en définitive mener par une phallocratie si bien ancrée qu'elles se condamnent elles-mêmes: «Quand les femmes se mettaient à faire le procès de la polygamie, le verdict tombait sur les femmes [...]. L'homme était blanchi, c'est un faible de nature, qui finit par être pris dans les pièges tentateurs que lui tend la femme.» Cette ambiguïté fondamentale de la polygamie en fait une situation véritablement tragique, que seule, sans doute, une attitude politique – celle qui est évoquée à la fin de la nouvelle – saurait déjouer.

Avec *Lettres de France*, Sembène inaugure, par un artifice littéraire certes, cette «parole aux négresses», qui consiste à laisser entièrement à la femme le soin d'exprimer sa vie intérieure et que l'on retrouvera dans la version cinématographique de *La Noire de...* Cet artifice est le roman épistolaire, l'auteur se contentant d'être une sorte d'enquêteur ou de collectionneur: «j'ai trouvé ces bouts de lettres. J'ai rassemblé ce que j'ai pu». D'un certain point de vue nous ne sommes pas loin de la nouvelle *La Noire de...*; ici comme là il s'agit d'une jeune femme, Nafi, qui vit en France, en exil, enfermée, une France triste, sans soleil, «un monde maussade, lugubre, qui m'oppresse, m'assassine à petits coups, jour après jour», une France réduite aux murs d'une chambre, correspondant spatial de cette autre forme de l'oppression conjugale: le mariage forcé avec un vieux navigateur de 73 ans, Demba, sans espoir de retour. Une sorte de *Noire de...* à l'envers donc, puisque là l'oppression viendra de l'exploitation par les patrons blancs, différence d'une extrême richesse qui permet à Sembène de nous introduire ici dans l'univers des Africains de Marseille, ces dockers et ces navigateurs pour lesquels on connaît son admiration, et, par la rencontre de Nafi avec un jeune militant, Arona, d'introduire en même temps le thème de la prise de conscience politique dans le contexte du référendum de 1958 et de la guerre d'Algérie. Arona devient dès lors l'espoir, avec lui Nafi retrouve une certaine joie de vivre, son univers s'éclaircit et la mort du vieux Demba sera le signe de son retour en Afrique. Avec Arona, soulignons-le, nous sommes devant le révolutionnaire sembénien type, et l'on peut penser qu'il emprunte certains traits à l'auteur lui-même: comme lui il est «un mélange d'autorité, de mauvais garçon, de révolutionnaire et d'homme à la page»; comme lui il est «responsable de l'Association des travailleurs noirs en France»; comme Bakayoko dans *Les Bouts de bois de Dieu*, il paraît ne pas vouloir lier son destin à une femme, et comme pour lui «seuls les buts comptent, il ne fait pas de quartier et ne pardonne jamais». Voici donc une femme qui sort grandie en conscience et en courage de cet exil et de cette oppression, seule sans doute, mais avec toutes les armes nécessaires à la lutte.

La Noire de... limite son projet à la description systématique d'une sorte de mise à mort, comme l'était *Ses trois jours*, dans un contexte non plus de mariage ou de sexe, mais de société, de classe et de race: Diouana, comme Nafi, est attirée par la France, heureuse en somme d'y aller, comme mue par une force d'attraction irrésistible: «Diouana voulait voir la France et revenir de ce pays dont tout le monde chante la beauté, la richesse, la douceur de vivre...» cette France où doit régner la liberté, la fortune et le bonheur, véritable miroir aux alouettes dont un personnage de vieux marin, Tive Corréa, voudrait protéger la jeune femme: «chez moi, en Casamance, on dit que c'est l'obscurité qui chasse le papillon». Cette obscurité, Diouana devra en faire l'expérience la plus douloureuse, la plus extrême, puisqu'elle n'en sortira que par le suicide, prix de la prise de conscience de sa situation d'esclave, d'humain réduit à l'état de chose: «C'est après mûres réflexions [...] qu'elle se dit qu'elle n'était d'abord qu'objet utilitaire, et ensuite qu'on l'exhibait comme un trophée. [...] Les voisins disaient: c'est la Noire de... Elle n'était pas noire pour elle. Et cela l'ulcérait.» Cette nouvelle a été inspirée à Sembène par un véritable fait divers («À Antibes, une Noire nostalgique se tranche la gorge») et se situe à la fin de l'époque coloniale; en 1966 il en tira son premier long métrage, qui obtint de multiples récompenses internationales, et l'actualisa: ici il ne s'agit plus de l'exploitation coloniale, mais néo-coloniale, fondamentalement pareille donc, et nouvelle version de la traite à laquelle se réfère directement l'auteur dans son poème «Nostalgie», qui rend un dernier hommage à Diouana, cette martyre.

Pierre Haffner

W

Walanda (La Leçon), Paris, Éditions Saint-Germain-des-Prés, 1976, 76p.
Récit de Alkaly Kaba.

Walanda est un court récit qui, tout en racontant une histoire d'amour assez banale, devient intéressant, voire excellent, par sa simplicité classique et par son style fondé sur l'oralité. La vieille mère d'un jeune pêcheur du Niger raconte l'amour de son fils pour une jeune danseuse du «Bara» qu'il voit de sa barque danser un soir sur la dune rose qui domine le fleuve. Il y a, bien sûr, un obstacle à leur amour car cette fille avait quitté son village pour se rendre à Gao avec un fiancé qui l'avait séduite par les richesses et la vie facile qu'il offrait. Ce jeune homme représente une nouvelle génération corrompue par le matérialisme. La jeune fille, mal à l'aise dans une société qui l'éloigne de ses racines, retrouve un soir au coucher du soleil, par le rythme de la danse, son authenticité et éblouit en même temps le jeune pêcheur. Celui-ci, naïf et noble, cherche d'abord l'amitié de la fille, lui offre en cadeau un poisson et cherche même l'amitié du fiancé malgré l'attitude méprisante du citadin. Se laissant aller à une violente jalousie, ce dernier essaie de donner une leçon au jeune pêcheur. Mais il sera humilié et chassé de la dune et la jeune fille de la terre sera réunie au maître des eaux.

La richesse de ce récit se fonde sur cette dimension symbolique et surtout sur le langage imagé et poétique de la narration. Le récit mis dans la bouche de la vieille mère, en même temps naïve et sage, nous permet de savourer les aphorismes et les tournures de phrases issus de la tradition orale. Les jugements simplistes – les riches trop méchants méprisent et font toujours tort aux pauvres trop vertueux – deviennent acceptables dans la bouche d'une aïeule qui offre une leçon de morale aux jeunes du village en leur enjoignant de fuir les séductions vides de la vie moderne qui mènent à l'égoïsme et se résument en possessions matérielles dont la plus ridicule est le «cheval de fer», l'automobile. Elle s'attaque en particulier à la ville où la beauté naturelle se transforme en indécence. La vieille narratrice est surtout obsédée par la propreté de la dune rose. Si les colporteurs d'une nouvelle civilisation viennent la polluer, il faut que les gens du village ramassent et enterrent cette saleté pour la faire disparaître. Sur cette dune la jeune fille du village et de la terre est redevenue reine du «Bara» et a retrouvé sa pureté. En se mariant avec le jeune homme du fleuve, symbole de la fécondité, elle a retrouvé ses origines et son authenticité.

Récit des plus simples, il charme précisément par sa simplicité et par la voix de la vieille Afrique que l'auteur a réussi à nous faire entendre. Il existe une adaptation cinématographique réalisée par l'auteur au Mali.

Edward C. Rathé

Wazzi, Dakar/Abidjan, Nouvelles Éditions Africaines, 1977, 154p.
Roman de Jean Dodo.

Wazzi occupe une place importante

dans la carrière littéraire de l'auteur. C'est son premier roman sur le colonialisme. Le roman est en effet une analyse d'une situation typique de l'époque où les colonisateurs blancs vivaient en ménage avec des Africaines, leurs «moussos» (des bonnes à tout faire). Wazzi, la jeune héroïne, est victime des réalités socioculturelles de l'Afrique sous la colonisation. Elle vit dans le village de Zakaria avec ses parents, mais à l'âge de se marier, la tradition lui interdit d'épouser l'homme de son choix. Les parents de Wazzi ont décidé de donner leur fille en mariage à Guina, vieillard riche qui pourra leur donner l'argent nécessaire pour payer les impôts que les colonisateurs blancs réclament. C'était le seul moyen pour eux d'«éviter la chicotte et l'humiliation». Par ailleurs, avide de pouvoir, le père de Wazzi a aussi donné sa fille en mariage au grand devin nommé Yopo en échange de «gbakoui», le grand fétiche de celui-ci. Il jouissait par là d'un «pouvoir considérable sur tous les autres de la communauté du village». Ne pouvant plus supporter la situation embarrassante créée par son père qui la pousse à épouser deux hommes en même temps, Wazzi fuit la maison de ses parents.

Avec la deuxième partie du roman (vingt ans plus tard), on retrouve Wazzi, sous le nom de Madeleine, chez un exploitant forestier blanc nommé René David, un quinquagénaire. Elle vit désormais avec cet homme qui envisage de l'épouser bien qu'il soit déjà marié en Europe. Après plusieurs années d'humiliations et de déceptions chez David qui refuse d'ailleurs de la présenter en public comme sa femme, Madeleine quitte la maison de David pour vivre une autre aventure à Abidjan. La troisième partie du livre relate les tribulations de Madeleine à Abidjan et sa rencontre avec un jeune Africain nommé Assamoa qui accepte de l'épouser. L'histoire de *Wazzi* se termine alors avec le mariage d'Assamoa et Madeleine et avec la lettre de regret que celle-ci reçoit de David. «Faisons la paix, et souhaite me rencontrer un jour avec ton heureux époux», conclut la lettre.

Les deux grands thèmes du livre sont d'une part la critique de certaines coutumes africaines et d'autre part le procès du colonialisme. Comment expliquer par exemple la soumission perpétuelle de la femme à l'homme ou l'imposition d'un mari à une femme? Quant au colonialisme, ses maux sont évidents: la persécution et l'humiliation des Africains qui n'arrivent pas à payer leurs impôts, l'apartheid où «la résidence des Blancs» est toujours séparée de celle des Noirs, le racisme qui fait que David désignait Madeleine comme sa «mousso» en présence de ses amis forestiers pour dire qu'elle n'était qu'une «bonne à tout faire».

Mais il faut noter que Jean Dodo ne critique pas tous les colonisateurs blancs. Dans le «journal intime» de Wazzi on trouve la vision morale et philosophique du monde de l'auteur: la «fraternité». Il ne croit pas en la division du monde en deux blocs — les mauvais et les bons — ; il oppose au mauvais David d'autres bons colonisateurs blancs qui savent distinguer le bien du mal. Par exemple, Wazzi a été élevée par un administrateur blanc, Monsieur Lelong, qui n'admettait pas les traitements injustes que sa femme infligeait à la petite fille. Wazzi avoue d'ailleurs dans son journal intime que c'est grâce à cet administrateur qu'elle sait «rédiger en français».

Jean Dodo ne hait donc pas les colonisateurs blancs, même ceux qui ont exploité l'Afrique, car comme il le dit lui-même: «Ces exploitations auront été pour moi la «felix culpa», car il a fallu cela pour que nous écrivions en français, et prenions conscience de nous-mêmes.» Voilà donc ce qui explique le style «volontairement tempéré» du livre et la référence significative à l'histoire d'Aniaba. Les paroles de Louis XIV au prince Aniaba résument donc la morale du livre: celle d'une fraternité nécessaire entre Blancs et Noirs: «Prince Aniaba, il n'y a donc plus de différence entre vous et moi, que du noir au blanc.»

Par son style et surtout par les thèmes traités, *Wazzi* nous fait penser à *Une vie de boy* de Ferdinand Oyono et à *Sous l'orage* de Seydou Badian.

Raymond O. Elaho

Wirriyamu, Paris, Présence Africaine, Coll. Écrits, 1976, 208p.

Roman de Williams Sassine.

Kabalango, un écrivain africain francophone, s'achemine vers son pays natal en traversant un petit village d'un territoire lusophone autour duquel gronde la guerre des nationalistes contre le fascisme portugais. En attendant le car hebdomadaire à destination de son pays, il fait connaissance avec «ce petit village agonisant, dans cette colonie oubliée avec des hommes perdus».

Voilà Wirriyamu, où le voyageur devient une sorte de confesseur public pour des gens, tant noirs que blancs, dégoûtés de l'existence. Tout se passe comme si, déjà saigné à blanc par l'exploitation et les sévices des colonisateurs, vidé de ses hommes vaillants, sommeillant dans une amère lassitude, le village n'attendait que le coup de grâce, lequel ne tarde pas, telle une délivrance, à lui être assené. Et ce, au moment où se joignent à Wirriyamu deux fils importants de l'intrigue: à savoir, d'une part, l'enlèvement par des nationalistes d'Augustinho, fils du Commandant portugais, d'Arriaga, et, d'autre part, les efforts de celuici pour retrouver son fils et ses ravisseurs.

Arrivé le premier à Wirriyamu, le Commandant d'Arriaga fait systématiquement malmener, torturer, violer et exécuter les villageois, afin de leur faire dévoiler la «cachette» des nationalistes, lesquels se dirigent entre temps vers le même village. Lorsque se termine le combat inévitable qui suit leur arrivée à Wirriyamu, tous les villageois sont morts ainsi que les soldats portugais, à l'exception de quatre captifs. La suprême et tragique ironie de cette triste histoire,

c'est que l'otage, au nom duquel d'Arriaga martyrise la soixantaine d'âmes de Wirriyamu, est tué au cours du combat, et par les siens encore. Autre ironie, qui aurait peut-être provoqué une crise cardiaque chez le commandant raciste et fasciste s'il avait survécu, c'est que, au cours de la longue traversée de la forêt avec ses ravisseurs, Augustinho s'est progressivement converti à la cause des nationalistes, jusqu'à se croire «au bord du plus grand rêve réconciliateur de sa vie».

Composé de quatre parties (intitulées première, deuxième, troisième journées et «Quelques mois après»), dont les trois premières se subdivisent, telle une chronique de guerre, en des récits horaires de longueur variable, *Wirriyamu* est un roman fait essentiellement de saisissants portraits se complétant par bribes au fur et à mesure de la lecture, où l'analyse psychologique, la vie intime des personnages, leurs déceptions et leurs rêves prennent le pas sur l'histoire événementielle.

Se dévoilant dans de longs dialogues rapportés par un narrateur à optique flottante, les personnages se présentent comme des épaves, des êtres désaxés, habités, d'une part, par la tendance à bâtir des rêves, malgré tant d'autres déjà avortés, et d'autre part, par une curieuse préoccupation de la mort, notamment de la leur.

Le poète et romancier, Kabalango, qui pourrait passer pour le protagoniste, avait rêvé jadis de rentrer d'Europe «les bras débordants de mérites», mais malchanceux, il n'en rentre, au bout de huit ans, qu'avec une tuberculose chronique qui menace de l'achever d'un moment à l'autre, et l'obsession de toujours «recommencer sa mort». Hanté aussi par la peur de mourir avant d'atteindre son village natal, il connaît au cours de son séjour à Wirriyamu une sorte de reconnaissance: à la suite du massacre du village, il épouse la sœur du chef des militants. Bien qu'il meure quelques mois après, en recevant à dessein les balles d'assassins destinées à son beau-frère, il lui est assuré une immortalité symbolique de par l'enfant que porte son épouse ainsi qu'en raison de ses inoubliables poèmes qui ferment le roman, le vengeant ainsi de toutes les maisons d'édition qui avaient refusé ses manuscrits, parce que «trop dénonciateurs».

Condélo, le camarade d'infortune qui goûte avec le poète une fraternité faite de réminiscences et de rêveries, avait nourri, lui aussi, de beaux rêves. Cet albinos, fils naturel, dit-on, du père Fidel (autre inadapté, tiraillé jusqu'à l'apostasie entre son apostolat et des obsessions sexuelles), avait rêvé en vain de se faire médecin. Mis au pilori à cause de son albinisme, Condélo constitue, néanmoins, un lien entre les personnages, qui l'ont presque tous côtoyé d'une façon ou d'une autre. Il est aussi la mauvaise conscience de certains individus de Wirriyamu qui cherchent à l'abattre pour son sang qui «porte bonheur». Songeant toujours à sa mère, jadis éventrée par le métis Jones devenu l'adjoint du Commandant d'Arriaga, l'albinos fuit ses persécuteurs, mais, paradoxalement, quand le Portugais, Amigo (fils de colons, propriétaires terriens, tués au cours de révoltes d'ouvriers), le traque jusqu'à sa cachette montagnarde, il se délecte d'avance de la mort qui va lui ouvrir le royaume de sa mère. Cependant, lorsque son chien, Patience, le défend en égorgeant le Portugais, Condélo enterre celui-ci charitablement en regrettant ne pouvoir trouver une prière pour lui. Juste avant le grand massacre, ce paria de Wirriyamu sera saigné à mort par l'assassin de sa mère.

La même tendance à remâcher des rêves avortés et à en édifier d'autres se manifeste chez le couple d'aventuriers français, Robert et Germaine, propriétairès de l'unique hôtel du village, lesquels végètent en Afrique depuis vingt-deux ans, le mari ayant fui les conséquences de ses crimes de guerre. Les nouveaux châteaux en Espagne qu'il bâtit sur sa collecte d'objets d'art et de diamants s'écroulent à leur tour avec la crise cardiaque qui emporte sa femme et avec sa propre mort au cours de la boucherie de Wirriyamu.

Il est encore d'autres rêveurs déçus ou optimistes dans ce roman de condamnés à mort qui s'ignorent: le Commandant rêve de monter au pouvoir au Portugal; le Capitaine David, réfugié politique, condamné à mort par contumace, rêve de réussir un coup d'État dans son pays; Américano, fils du vieil Ondo (prophète d'apocalypse, dont les fantasmes frisent la folie), cherche à se transformer en Blanc. Si le vieux Kélani ne se fait plus d'illusion sur la colonisation portugaise, il n'en cesse pas moins de chercher à retrouver ce qu'il a «perdu» au moyen des fumées d'un tabac hallucinogène.

Mais le rêve, on le sait, n'est qu'une échappatoire provisoire. Comme le dit Kélani: «Lui [Américo] et moi, chacun à sa manière, cherchons un prétexte pour nous accorder avec les Portugais...» Ce que fuient de la sorte tous les villageois, c'est la néantisation, la déshumanisation, voire la mort à petit feu que sécrète la colonisation portugaise, dont le massacre de Wirriyamu constitue la dramatisation symbolique. La seule consolation, si l'on ose dire, réside en ce que cette boucherie procure aux séquestrés de Wirriyamu la meilleure échappatoire qu'il y ait: celle de la mort, le plus sûr garant d'une liberté et d'une invulnérabilité éternelles.

Rien d'étonnant alors que tout le long du roman les personnages fassent preuve implicitement ou explicitement d'une profonde hantise de la mort. C'est que, d'une part, cette obsession thanatique exacerbée constitue un intersigne éloquent de la boucherie finale, et que, d'autre part, elle est la figuration symbolique de la situation socio-politique et économique de ce petit village somme toute blafard et insignifiant. Elle est la dramatisation d'un fascisme atroce et «mortifère» pratiqué en Afrique cinq siècles durant par le Portugal, sous la politique hypocrite et raciste du lusotropicalisme.

Sassine se livre donc à un subtil procès de la prétendue mission «civilisatrice» du Portugal dans ses territoires d'outre-mer, considérés comme une extension de la nation lusitanienne et où, selon Salazar, cité par le Commandant d'Arriaga, «il ne saurait... y avoir de nationalisme qui ne soit portugais». Heureusement, la marche de l'Histoire a depuis donné tort à ces conquérants colonialistes attardés.

* * *

Le village de Wirriyamu ne figure peut-être sur aucune carte topographique; le pays lusophone dont il est censé faire partie n'est peut-être ni la Guinée-Bissau, ni l'Angola, ni le Mozambique. Toujours est-il que ces trois pays se devinent dans le roman à certains indices: le premier est proche d'un pays francophone ami et collaborateur (cf. l'aide matérielle et morale que la République guinéenne ne cessa de prodiguer aux militants du P.A.I.G.C.); le deuxième, aux mines de diamant, à l'origine bantou de certains personnages, à la guerre intestine qui marque l'approche de l'indépendance (et peut-être aussi à la proximité d'un pays francophone, séparé par un fleuve important). Enfin, le Mozambique semble se reconnaître à la présence du Commandant d'Arriaga (cf. Kaulza de Arriaga, généralissime des forces portugaises au Mozambique de 1969 à 1973). On ne peut donc rien affirmer catégoriquement, sinon que Wirriyamu se présente comme l'image synthétique de ces trois pays lusophones africains.

Ce souci de synthèse expliquerait peut-être également le caractère quelque peu décousu de la chronologie: alors que certains détails portent à croire que la tragédie de Wirriyamu se situerait aux années soixante (Robert et Germaine, venus en Afrique peu après la Deuxième

Guerre mondiale, y sont depuis vingt-deux ans), il est fait allusion, au préalable, à des événements se passant en 1974, dont le coup d'État qui amena le Général de Spinola au pouvoir. Mais, tout bien considéré, force nous est de conclure que Sassine vise moins une quelconque précision topographique ou temporelle que la mise en relief de la pérennité et de l'actualité du fascisme portugais en terre africaine. C'est ce que concourt à réaliser du reste le recueil de citations empruntées à des défenseurs de la colonisation portugaise, allant du savant Antonio Enes, débitant en 1893 ses propos racistes, jusqu'à Rui Patricio, se plaignant (dans *Le Monde* du 19 mars 1974) des attaques lancées mondialement contre la politique portugaise en Afrique, en passant par les paroles fascistes de Caetano et Salazar, entre autres.

Écrit dans un style limpide et coulant, mariant avec maîtrise les avantages du roman, en forme de journal intime, à ceux de la narration omnisciente à la troisième personne du singulier, pratiquant un heureux mélange de genres (prose, poésie, conte, chant), ce récit pathétique de la tragédie d'un petit village est une œuvre passionnante, marquée au coin d'une fougue lyrique, par laquelle Williams Sassine réalise le rêve avorté du chef des nationalistes, à savoir «devenir un grand écrivain de la souffrance humaine». Paru peu après l'indépendance des pays lusophones africains, *Wirriyamu* (qui rappelle *Le Cercle des Tropiques* d'Alioum Fantouré, *Saint Monsieur Baly* du même Sassine, et *Landlocked* de Doris Lessing) est, à date, le meilleur hommage rendu au vaillant combat des militants nationalistes contre leurs anciens maîtres lusitaniens.

Victor O. Aire

X

Xala, Paris, Présence Africaine, Coll. Écrits, 1973, 171p.

Roman d'Ousmane Sembène.

Xala raconte la grandeur et la décadence d'un membre du «Groupement des Hommes d'Affaires» qui, à la Chambre de Commerce de Dakar, veulent reprendre à l'ancienne puissance coloniale certains secteurs non déterminants de l'économie sénégalaise.

Le héros, El Hadji, mû par le besoin de s'activer et de paraître, est un ancien syndicaliste de l'enseignement passé au moyen commerce de monopole, puis à la participation aux Conseils d'administration de plusieurs sociétés. Voulant multiplier les biens de consommation, les femmes légitimes et la progéniture, il épouse, à l'âge de cinquante ans, une très jeune fille, mais il ne peut consommer ce troisième mariage, car il a été frappé du xala, sortilège ouolof d'impuissance sexuelle. Pour s'en délivrer, il part en quête de devins et de guérisseurs et l'un d'eux, Sérigne Mada, lui fait recouvrer sa virilité moyennant la remise d'un chèque. Cependant, hanté par son xala, El Hadji a laissé s'accumuler le laisser-aller commercial et financier. Il voit se retourner contre lui ses collègues négociants qui l'excluent de leur groupe, les créanciers qui saisissent ses biens, puis Sérigne Mada dont le chèque est sans provision, et qui rétablit le xala. Un mendiant, paysan naguère spolié de ses biens de clan par la cupidité d'El Hadji, se découvre alors l'instigateur du xala; à la tête des épaves humaines de Dakar, il organise dans une des villas d'El Hadji une séance de pillage et de rédemption: El Hadji devra se dénuder et accepter que crachent sur lui tous les gueux.

Le livre a été écrit d'après un fait divers, et Sembène Ousmane a connu la victime. Par delà une apparente liberté dans l'agencement des épisodes, dont chacun impose d'emblée son ton propre, *Xala* révèle la force de sa structure et de sa symbolique.

L'axe le plus visible est l'évolution du héros au cours d'une durée romanesque de quatre mois. Aux premières pages, tous les espoirs semblent permis à El Hadji: la réussite politique de ses amis, qui viennent de gagner la présidence de la Chambre de Commerce, amplifie sa promotion personnelle, qu'illustre sa troisième union. Au nom de l'obéissance à l'Islam, il a su faire taire les opposants à ce mariage: ses deux premières épouses et sa fille aînée, étudiante progressiste hostile à la polygamie. Lors de la réception nuptiale, le concert des griots et les accords de l'orchestre occidental se sont joints pour flatter son orgueil «d'authentique Africain» et de notable évolué. Le soir venu, au faîte de son pouvoir commercial et conjugal, il a dédaigné les pratiques magiques qui devaient lui assurer une nuit heureuse...

Alors s'annonce le syndrome d'impuissance sexuelle et, bientôt, économique: défaut de sève séminale, non-renouvellement de son stock de marchandises, manque d'approvisionnement du compte bancaire. Le négociant qui aimait à dire qu'il avait de la «surface» ressent désormais l'incapacité de communiquer avec ses subordonnés, sa famille, ses pairs, et une «impression de rétrécissement» des lieux où il vit. Naguère connu pour son esprit d'entreprise et son dynamisme, le voici prostré, passif, objet de harcèlement de la part de ses femmes, dans leurs villas respectives, de ses collègues, à la Chambre, de ses créanciers enfin, à son magasin, seul lieu qu'il garde en propriété provisoire. Et ce sont les autres qui prennent les initiatives: son beau-père, son chauffeur, sa jeune épouse. L'ancien «capitaine» ès polygamie, le mâle africain, régresse vers le monde de l'enfance et de ses peurs; non seulement il obtempère alors aux prescriptions des magiciens, mais «l'atavisme du fétichisme» renaissant en lui, il éprouve les souffrances morales spécifiques des «envoûtés».

Pourtant, sa mise à l'écart du groupe des négociants déclenche une réaction inattendue: contre un monde de néobourgeoisie dont il était jusque-là partie prenante, il emprunte le langage critique des dissidents, résurgence de ses anciens discours de syndicaliste et de discussions récentes avec sa fille:

Fils du pays, nous sommes étrangers aux affaires, les vraies, celles qui rapportent... Qui sommes-nous? De minables commissionnaires, moins que des sous-traitants... Le colon est devenu plus fort, plus puissant, caché en nous... Notre État est un État de ploutocratie.

Au long de ce parcours, de cet axe de narration, des scènes répétées en écho ou en contraste rendent plus denses les significations. À la cérémonie de noces, qui réunissait des invités nantis, dévoilant leur esprit de luxe et de lucre, leur futilité et vulgarité, répond à la fin du roman la scène d'invasion infamante des «éclopés, aveugles, lépreux, culs-de-jatte, unijambistes», étalant leur convoitise d'affamés et leur esprit de revanche sociale. La répétition parodique, de scène à scène, entre l'accaparement mercantile des premiers et l'avidité des seconds à dévaliser une villa, entre l'audace dans le parasitisme et le sans-gêne dans le saccage, entre la laideur morale et la hideur physique, entre la corruption des âmes et la pourriture des plaies, souligne formellement la violence des oppositions de classes et la nécessaire réappropriation par le peuple des biens de la nation, spoliés par les complices locaux du néo-colonialisme.

D'autres mots, d'autres scènes en opposition désignent la difficulté de communiquer entre générations différentes (p. 27, 40), le passage subit de l'état d'épouse à celui de prostituée, ou la relativité des jugements en matière de comportement individuel, Sembène étant tout, sauf un moraliste de la vie privée.

Pas plus que la morale personnelle, l'attitude religieuse ne sera jugée dans *Xala* en dehors des rapports économiques et sociaux qui, en dernière analyse, règlent tout. Le mélange d'animisme et d'Islam qui constitue le fond de la spiritualité des personnages n'est donc jamais attaqué en tant que tel. Si l'auteur se moque des magiciens charlatans, il montre un sérigne qui réussit à guérir son patient en combinant prière coranique et sacrifice de génisse; quant aux personnages fiables, la fille aînée, un médecin-chef, ils croient à la réalité du xala.

Le récit d'Ousmane Sembène tend à prouver que le droit marital coranique, que les lois polygamiques laissent à l'épouse une certaine marge d'action mais que, pour reprendre un mot célèbre, «les eaux glacées du calcul égoïste» contaminent tous les rapports familiaux. La satire de l'écrivain sénégalais porte en fait sur le détournement de l'Islam par des pratiques fétichistes, ou par l'abus du nom de Yalla, ou par l'insertion des formules sacrées en des circonstances tout à fait profanes.

Mais la véritable cible du roman est l'aliénation: économique, linguistique, morale. Les œuvres précédentes de Sembène avaient montré des Africains marins, dockers, employés transplantés à Marseille, pour qui ne se posait guère le problème de la déculturation. Dans *Xala*, au contraire, il s'agit d'une mince couche de privilégiés, émigrés de l'intérieur: spécialistes de l'import-export, des marchandises leur passent entre les mains, qui n'ont pas été produites sur place. Les nourritures, les modèles culturels viennent de l'étranger: non seulement la viande de boucherie, la bière, le cantal, l'évian, l'anjou, les romans-photos, les radios internationales, les modes vestimentaires, la décoration gothique, mais aussi: «la maîtrise saxonne, le flair américain et la politesse française». Même dans ce milieu frelaté, même en faisant la part du principe de coupure culturelle à l'intérieur de chaque individu, le contact de civilisations ne va pas sans problèmes: résistance des anciens à l'acculturation bourgeoise et du train de vie «féodal africain». La critique de ces fantoches et de leurs succédanés de comportements à l'occidentale s'exerce avec une rare maîtrise de l'objectivation et de la distanciation romanesques, car Ousmane Sembène n'intervient presque jamais en son nom: il fait parler ses personnages et les éléments de sa mise en scène.

Dans un pays où «le verbe est tison ardent», les joutes oratoires à l'ancienne mode voisinent avec les américanismes, le retour de certains jeunes au parler ouolof et le crachat, langage oral et non verbal des dernières couches de la société. Le narrateur lui-même ne garde de la langue africaine que quelques vocables, appelés à rendre le relief des rites religieux ou des pratiques conjugales; le plus souvent, Ousmane Sembène «parle peuple», usant d'une syntaxe simple mais efficace, d'une série de petites phrases en coups de cravache dont le passage suivant pourra rendre compte: «Dans un taxi, Sérigne Mada sortit de sa poche son chapelet. Un long chapelet avec des perles en ébène incrustées de fils argentés. Il l'égrenait avec fureur. Les paupières fermées, les lèvres bruissaient. Il renouait l'aiguillette à El Hadji Abdou Kader Bèye.» Mais c'est le langage des objets et des décors qui signifiera au mieux la problématique de l'authenticité: aux jardins des villas bourgeoises de Dakar, abondamment arrosés et luxuriants de toutes leurs

plantes décoratives, s'oppose l'aridité des villages de l'intérieur aux arbres calcinés, au bétail décharné. Or, c'est au cœur de cette brousse, dans un hameau déshérité, au contact direct d'un sol à la senteur chaude et par une profonde nuit d'Afrique «d'harmonie grandiose et tranquille», que s'effectue le premier dépouillement et donc la première guérison du héros, après qu'il ait un moment renoncé à son automobile, qu'il se soit dénudé et qu'il ait retourné au monde élémentaire: l'eau du puits, la terre nue, les étoiles.

En effet, *Xala* fonctionne comme une parabole de dépouillement: la colonisation et la bourgeoisie néo-coloniale ont spolié le peuple; il appartient littérairement au romancier patriote de «mettre à nu» ces spoliateurs. Le mendiant a annoncé au chauffeur qu'El Hadji «deviendra un homme comme toi et moi», c'est-à-dire non seulement un être viril, mais partie intégrante du peuple.

Cet espoir de régénération se fonde sur les précédents errements du héros, sur sa récente régression, son retour à une certaine africanité et sa mise en dissidence. Aussi bien sera-t-il aidé dans cette révolution culturelle par ceux qui lui sont toujours restés fidèles: sa première femme, figure de musulmane exemplaire, son chauffeur Modu, brave homme du peuple, sa fille aînée Rama, la patriote. Mais quelle portée, autre que rédemptrice, peut avoir l'ultime subversion de la horde mendiante? Autour de la villa, déjà les forces de l'ordre sont en position de tir. La vertu romanesque de *Xala*, son rythme haletant comme un hallali, son principe de dévoilement progressif d'où naît le suspense, son exigence d'une lecture attentive à chaque détail, sa symbolique enfin, n'auront donc fourni qu'une fable pour l'avenir?

L'accueil excellent réservé au roman par la critique (voir en particulier l'article de Martin T. Bestman dans le n° 48 de *L'Afrique littéraire et artistique*) et par un large public africain (*Xala* est devenu un classique universitaire), puis l'enthousiasme déclenché par l'adaptation cinématographique, légèrement différente du roman, qu'Ousmane Sembène en a tirée, constituent une reconnaissance globale : ce court roman a bien la force et la forme des grandes œuvres de conviction militante.

Régis Antoine

Z

Zulu (Le) in **Le Zulu**, suivi de **Vwène le fondateur**, Paris, Nubia, 1977, p. 7-132.
— Préface de Patrick de Rosbo.
Pièce en trois actes de Gérald Félix Tchicaya U Tam'si.

Après Thomas Mofolo et bien d'autres, c'est au poète U Tam'si que l'histoire du grand Chaka, le génial chef de guerre devenu un symbole d'indépendance nationale et d'unité pour les populations noires d'Afrique australe, a inspiré une pièce montée avec succès au Festival d'Avignon.

Cette fresque historique s'insère d'emblée dans la tradition épique et a pour originalité de proposer une lecture à la fois politique et métaphysique, qui ne cesse de renvoyer à des situations contemporaines, du projet unificateur de Chaka et des moyens parfois machiavéliques qu'il met en œuvre pour le réaliser. En même temps, un symbolisme soigneusement structuré situe cet épisode à la fois magnifique et tragique de l'histoire de la nation zoulou dans le contexte de la colonisation et de la résistance à l'homme blanc.

Se sentant appelé à un rôle exceptionnel, Chaka commence par tenter d'expliciter les signes prémonitoires (rêve, armes sanglantes) et le message sibyllin (la mer et la blancheur présentées comme signes de danger) qui le désignent, et qui vouent en même temps à un échec possible son entreprise de création d'une vaste nation. Succédant à son père défunt, Chaka s'oppose alors à son suzerain, Ding'Iswayo, dont U

Tam'si fait un souverain traditionnel, fort soucieux de préserver les coutumes tribales — en bref, un conservateur — tandis que Chaka incarne une stratégie progressiste qui ne répugne pas aux réformes. À la différence de l'image habituelle du grand guerrier, U Tam'si nous présente une interprétation plus subtile du chef pour lequel la guerre n'est, de toute évidence, que la politique poursuivie par d'autres moyens. Il a recours à l'intrigue sans scrupules moraux: ainsi, il fait part à son souverain de son désir d'épouser Noliwé, la sœur de celui-ci, au moment où il aurait pu ouvertement s'allier à Zwidé, un autre vassal mécontent de Ding Iswayo. Il temporise et, lorsque Zwidé défait et tue le souverain, il peut le condamner à mort pour rébellion. S'inspirant des événements pour donner libre cours à son goût du pouvoir, il a de sa mission une idée si élevée qu'il n'hésite pas à instituer un culte qui l'honore comme Zulu, envoyé des dieux, sinon comme «imperator». Tout à son projet de création d'une nation puissante et unie, Chaka s'épuisera en préparatifs de défense (la construction d'une digue rappelle ici l'érection de la Citadelle par le souverain haïtien Christophe dans la pièce de Césaire) dans un dessein aussi réaliste que démesuré. Il se trouve également bientôt en butte à des querelles domestiques: persuadé de sa fourberie, Noliwé fait sans cesse allusion à ses crimes et Chaka se trouve amené à la tuer. Désormais solitaire, rencontrant de plus en plus l'incompréhension de son peuple lorsqu'il veut conjurer le présage («Je dois réorganiser les armées en vue de cette campagne du Sud... Le danger viendra de la mer»), il ne manque pas d'une grandeur hautaine et tragique dans sa chute graduelle et inéluctable. Certains des siens s'allient aux envahisseurs européens; d'autres complotent contre lui, comprenant trop tard, comme Ndlébé, qu'ils ont été, en fait, les instruments du destin en précipitant la chute de leur chef et contraignant leur pays à l'impuissance.

Dans des termes qui ne sont pas sans rappeler les événements tragiques de la fin de l'empire romain, Chaka refuse d'assumer cet héritage de nouvelle servitude que l'histoire voudrait lui attribuer à son corps défendant. Il se donne la mort, à la fois par désespoir et pour transcender l'idée qu'il nourrit de lui-même. Son échec historique n'ôte rien à la dimension de cet homme plus grand que nature et dont la vision n'est même pas entachée par ses manœuvres, tant sa conception de sa mission l'emporte sur des sentiments personnels égoïstes.

Le dramaturge met dans la bouche de ses personnages des propos à la fois grandiloquents et poétiques qui reflètent une certaine conception de la tragédie, à la fois moderne et africaine; mais c'est surtout son utilisation, comme leitmotiv, du symbole du «danger blanc venu de la mer» qui parvient à unifier et à aérer une prose éclatante, pleine de belles envolées et de rythmes vigoureux.

Michel Fabre

1.– INDEX ALPHABÉTIQUE DES AUTEURS PRÉSENTÉS

«Il donne autant que possible l'année et le pays de naissance (et/ou d'adoption) de chacun d'entre eux [...] L'(es) œuvre(s) recensée(s) de chaque auteur suit(vent) son entrée. L'ordre alphabétique est de rigueur quand il y a lieu» (voir p. 8).

2. INDEX DES GENRES

«On s'est aussi risqué à un index des genres..., index purement indicatif tant il est vrai, on le sait, que de nombreux ouvrages africains défient le découpage traditionnel des genres» (voir p. 8).

RÉCIT

ROMAN

SCÉNARIO POUR FILM

THÉÂTRE

LISTE DES COLLABORATEURS
ET DE LEUR INSTITUTION D'ATTACHE

A

ADEJIR, Tar. Ahmadu Bello University, ZARIA, Nigeria
AIRE, Victor O. University of Jos, JOS, Nigeria
ALMEIDA (d'), Irène A. University of Calabar, CALABAR, Nigeria
AMÉGBLÉAME AGBÉKO, Simon. Université du Bénin, LOMÉ, Togo
ANTOINE, Régis. Université de Nantes, NANTES, France
ARÉSU, Bernard. Rice University, HOUSTON, Texas, USA
ARNOLD, Stephen H. University of Alberta, EDMONTON, Alberta, Canada

B

BERNARD, Paul R. Saint Mary's University, HALIFAX, Nova Scotia, Canada
BJORNSON, Richard. The Ohio State University, COLUMBUS, Ohio, USA
BLAIR, Dorothy Sara. 3 Croft Road, Withdean, BRIGHTON, United Kingdom
BOAFO, Yaw Safo. University of Cape Coast, CAPE COAST, Ghana
BOLOKO-MULARIKA, Florence. Université du Zaïre, LUBUMBASHI, Zaïre
BOURAOUI, Hédi. York University, DOWNSVIEW, Ontario, Canada
BRIÈRE, Eloise A. Rutgers University, NEW BRUNSWICK, New Jersey, USA
BRODEUR, Léo A. Université de Sherbrooke, SHERBROOKE, Québec, Canada
BRUNER, Charlotte H. Iowa State University, AMES, Iowa, USA

C

CASE, Frederick Ivor. University of Toronto, TORONTO, Ontario, Canada
CHAVY COOPER, Danielle. Monterey Institute of International Studies, MONTEREY, California, USA
CHEMAIN-DEGRANGE, Arlette. Université Marien Ngouabi, BRAZZAVILLE, Congo
CHEMAIN, Roger. Université Marien Ngouabi, BRAZZAVILLE, Congo
CORNEVIN, Robert. Centre d'Études et de Documentation sur l'Outre-Mer, BOURG-LA-REINE, France

D

DASH, Jean Michael. University of The West Indies, MONA, KINGSTON, Jamaica
DECOCK, Jean. University of Nevada, LAS VEGAS, Nevada, USA
DEHON, Claire L. Kansas State University, MANHATTAN, Kansas, USA
DÉRIVE, Jean. Institut Universitaire de Technologie, SAINT-NAZAIRE, France
DOGBÉ, Yves-Emmanuel. 678, avenue de Bir-Hakeim, LE MÉE-SUR-SEINE, France
DOUKOURÉ, Abdoul. University of Liberia, MONROVIA, Liberia

E

ECHENIM, Kester. University of Benin, BENIN CITY, Nigeria
EDEM, Gertrude. McGill University, MONTREAL, Quebec, Canada
ELAHO, Raymond O. University of Benin, BENIN CITY, Nigeria
EMETO, Julie. Box 557, Enugu, Anambara State, Nigeria

F

FABRE, Michel. Université de la Sorbonne Nouvelle (Paris III), PARIS, France
FALQ, Jacqueline. Centre d'Étude des Civilisations, DAKAR, Sénégal

G

GATEMBO, Nu-Kake. Institut Supérieur de Kikwit, KIKWIT, Zaïre
GOURDEAU, Jean-Pierre. Université de la Sorbonne Nouvelle (Paris III), PARIS, France
GUINGANE, Jean-Pierre. Université de Ouagadougou, OUAGADOUGOU, Haute-Volta

H

HAFFNER, Pierre. Université des Sciences Humaines de Strasbourg, STRASBOURG, France
HARROW, Kenneth. Michigan State University, EAST LANSING, Michigan, USA
HAUSSER, Michel. Université de Bordeaux III, BORDEAUX, France
HESBOIS, Laure. Université Laurentienne, SUDBURY, Ontario, Canada
HOLLENBECK, Josette. Appalachian State University, BOONE, North Carolina, USA

J

JOUBERT, Jean-Louis. Université Paris Nord (Paris XIII), VILLETANEUSE, France

K

KAYO, Patrice. École Normale Supérieure, YAOUNDÉ, Cameroun
KERN, Anita. P.M.B. 1196, Station O, TORONTO, Ontario, Canada
KING, Adèle. University of Canterbury, CHRISTCHURCH, New Zealand
KŒNIG, Jean-Paul. University of North Carolina, GREENSBORO, North Carolina, USA
KOM, Dorothée, Faculté des Lettres, RABAT, Maroc
KONÉ, Amadou. Université d'Abidjan, ABIDJAN, Côte-d'Ivoire
KOTCHY, Barthélémy. Université d'Abidjan, ABIDJAN, Côte-d'Ivoire

L

LAMBERT, Fernando. Université Laval, QUÉBEC, Québec, Canada
LAMBRECH, Regina. Université Jean Moulin, Lyon III, LYON, France
LANGLOIS, Émile. Mount Holyoke College, SOUTH HADLEY, Massachusetts, USA
LEE, Sonia M. Trinity College, HARTFORD, Connecticut, USA
LEINER, Jacqueline. University of Washington, SEATTLE, Washington, USA
LORING, D. Knecht. St Olaf College, NORTHFIELD, Minnesota, USA

M

MAGNIER, Bernard. C.L.E.F., 69, quai D'Orsay, PARIS, France
MAKOUTA-MBOUKOU, Jean-Pierre. Université d'Abidjan, ABIDJAN, Côte-d'Ivoire
MANDALA, Yamaina, B.P. 858, KINSHASA / LIMETE, Zaïre
MARCATO-FALZONI, Franca. Istituto di Filologia Romanza, BOLOGNA, Italia
MBUYAMBA, Kankolongo. Université du Zaïre, BUKAVU, Zaïre
MINYONO-NKODO, Mathieu-François. Université de Yaoundé, YAOUNDÉ, Cameroun
MODUM, Egbuna P. University of Nsukka, NSUKKA, Nigeria
MOURALIS, Bernard. Université de Lille III, VILLENEUVE D'ASCQ, France

N

NGANDU, P. Nkashama. Université du Zaïre, LUBUMBASHI, Zaïre

NGATE, Jonathan. University of Michigan, ANN ARBOR, Michigan, USA

NOUTY, Hassan el. University of California at Los Angeles, LOS ANGELES, USA

NTONFO, André. Université de Yaoundé, YAOUNDÉ, Cameroun

O

OJO, Samuel Ade. University of Lagos, LAGOS, Nigeria

OJO-ADE, Femi. University of Ife, ILE IFE, Nigeria

OKEH, Peter Igbonekwu. University of Benin, BENIN CITY, Nigeria

ONGOUM, Louis-Marie. Université de Yaoundé, YAOUNDÉ, Cameroun

ONYUMBE, Tshonga. Université du Zaïre, MBANDAKA, Zaïre

P

PAGEARD, Robert. 7, Promenade Venezia, VERSAILLES, France

R

RACINE, Daniel L. Howard University, WASHINGTON D.C., USA

RALAMBO, Claude. Lycée Jules Ferry, LANGON, France

RATHÉ, Edward C. York University, DOWNSVIEW, Ontario, Canada

RICARD, Alain. C.N.R.S. / I.L.T.A.M., TALENCE, France

S

SADA, Niang. York University, DOWNSVIEW, Ontario, Canada

SALAMI, Sabit Adegboyega. The Polytechnic, IBADAN, Nigeria

SALIEN, François. Université Nationale du Rwanda, RUHENGERI, Rwanda

STOKLE, Norman. University of Tulsa, TULSA, Oklahoma, USA

STORZER, Gerald H. Brooklyn College, CUNY, BROOKLYN, New York, USA

T

TALA, Joseph-Modeste. I.P.N., Ministère de l'Éducation Nationale, YAOUNDÉ, Cameroun

TCHEHO, Isaac-Célestin. Université de Yaoundé, YAOUNDÉ, Cameroun

TIDJANI, Evelyne Gonçalves. University of Benin, BENIN CITY, Nigeria

TIDJANI-SERPOS, Noureini. University of Benin, BENIN CITY, Nigeria

U

UMEZINWA, Willy A. University of Jos, JOS, Nigeria

W

WARNER, Gary. McMaster University, HAMILTON, Ontario, Canada

WAUTHIER, Claude Georges René. Agence France Presse, PARIS, France

WONGO, Eric Sahr. Cuttington University College, MONROVIA, Liberia

Y

YODER, Lauren. Davidson College, DAVIDSON, North Carolina, USA

Z

ZIMMER, Wolfgang. Universität des Saarlandes, SAARBRÜCKEN, Deutschland

TABLE DES MATIÈRES

LIVRES ET AUTEURS NÉGRO-AFRICAINS
publiés par les Éditions Naaman

Collection LITTÉRATURES

N° 3. **Littératures ultramarines... Collectif.**

N° 4. **Destin de la littérature négro-africaine...** Iyay Kimoni.

Collection POUR TOUS

N° 1. **Ali/Foreman, le combat du siècle à Kinshasa, 29-30 octobre 1974,** introduit par une étude sur la **République du Zaïre...** Aloys Kabanda.

Collection THÈSES OU RECHERCHES

N° 4. **Le Capital international et ses effets en Namibie.** Médard Ilanga Nyonschi.

N° 11. **Les Écrivains noirs et le surréalisme.** Jean-Claude Michel.

N° 12. **L'Homme et l'identité dans le roman des Antilles et Guyane françaises.** André Ntonfo.

Collection TRADUCTION

N° 1. **Esanzo, chants pour mon pays.** Antoine-Roger Bolamba. Traduction en anglais par Jan Pallister.

Contes et nouvelles (Amorces)

N° 10. **Contes et nouvelles du monde francophone. Concours 2.** Quinze auteurs.

N° 14. **Contes et nouvelles de langue française. Concours 3.** Cinq auteurs.

N° 19. **Contes et nouvelles de langue française. Concours 4.** Six concurrents, neuf auteurs.

N° 124 (Création). **Contes et nouvelles de langue française. Concours 5.** Sept auteurs. d'Afrique (2), de Belgique (3) et du Québec (2).

À PARAÎTRE

- **Images socio-politiques dans le roman négro-africain.** J. Bernardin Sanon.
- **Poésie de la négritude: approche structuraliste.** Marcien Towa.

Juin 1983

Les Éditions Naaman de Sherbrooke (Québec, Canada) publient et diffusent une revue culturelle, indépendante, internationale, d'information et de création, porte-parole des auteurs de langue française (alf), des auteurs français nés, ayant longtemps vécu ou vivant hors de France, et des amis de la langue française:

Écriture française dans le monde
C.P. 457
Sherbrooke (Québec, Canada)
J1H 5J7

Réalisation: Prof. Antoine Naaman.
Révision: Louise Boissonneault, Jacques Côté, Priska Degras, Jacques Lafleur, Antoine Naaman et Ambroise Kom.
Maquette de la couverture: Blanche Dubrûle. Dessin, «Oiseau en perles», œuvre contemporaine du peintre togolais Paul Ahyi, intégrée dans le bâtiment central des Maisons de l'Entente à Lomé.

ÉDITIONS NAAMAN
C.P. 697
SHERBROOKE (Québec, Canada)
J1H 5K5

Typographie de l'Atelier de la Cascade
1130 sud, rue Bowen, Sherbrooke, Québec, Canada

METROLITHO INC. SHERBROOKE

ISBN 2 - 89040 - 242 - 8

Imprimé au Canada

Printed in Canada